상법요론

상법요론

나승성 지음

한국학술정보(주)

머•리•말

상법요론은 상법 전체를 한권의 서브노트로 만들어 보기 위한 시도에서 출발하였으나 상법이 일목요연하게 잘 요약되었다고 볼 수는 없다. 그럼에도 불구하고 출간하는 것은 상법을 공부하는 필자가 재직하고 있는 학생들의 수요와 수업자료로 활용하고 싶은 필자의 욕심에서 세상에 내놓게 되었다.

앞으로 이 작업에 더 압축적이면서 정치한 요약으로 한 눈에 상법을 이해하기 쉽게 요약할 수 있는 교재로 거듭하여 내놓을 것을 약속드린다. 이에는 필자의 더 많은 공부와 심도 있는 연구가 진행되면서 그 완성도도 높아질 것이라 생각한다. 처음 시작하는 마음으로 출간한 이 책에 대해 많은 격려와 독자들의 좋은 지적을 기다린다.

본서를 출간하기 위해 애쓰신 한국학술정보(주) 관계자 분들과 편집작업을 하느라 애쓰신 출판부 윤옥화씨에게 깊은 감사를 드린다.

2009. 2.

나승성

목●차

상법요론

■ 제2편 상행위 / 63

■ 제3편 회사법 / 139

■ 제4편 어음·수표법 / 392

■ 제6편 해상법 / 624

제 1 편   상 법 총 칙

나 승 성

2009

제1편 상법총칙

1.1. 서론

1.1.1. 상법의 의의

1.1.2. 상법의 지위

1.1.3. 상법의 이념과 특징

1.1.4. 상법의 법원과 효력

상법총칙상행위법 대계

상법총칙

1편 : 상법 및 상법학의 개념
 - 상법의 개념
 - 상법의 지위
 - 상법의 특색과 경향
 - 상법의 법원과 효력범위
 - 상법의 역사와 상법학
 - 상법의 적용기준

2편 : 상인과 그 영업
 - 상인
 - 상인의 보조자
 - 영업/영업활동/영업재산

상행위법

1편 : 상행위법 서론
 - 상행위법 개념
 - 상행위의 개념

2편 : 상행위법 총칙
 - 상행위에 관한 특칙
 - 유가증권
 - 상법상 특수계약

3편 : 상행위법 각칙
 - 매매업 : 상사매매
 - 대리상영업
 - 중개업
 - 위탁매매업
 - 운송업
 - 운송주선업
 - 창고업
 - 공중접객업
 - 새로운 상행위

1.1.1. 상법의 의의

1.1. 서론

1.1.1. 상법의 의의

1.1.1.1. 형식적 의의의 상법

- 형식적 의의의 상법인 제정되어 있는 상법전을 의미함. 현행 상법전은 제1편 총칙, 제2편 상행위, 제3편 회사, 제4편 보험, 제5편 해상으로 구성되어 있음

1.1.1.2. 실질적 의의의 상법

- 실질적 의의의 법은 일정한 생활관계의 내용과 특성에 따라 통일적·체계적으로 파악되는 특수한 법역임 따라서 실질적 의의의 상법이란 상법전의 유무에 관계없이 상적 생활관계를 규율하는 법의 총체라 할 수 있음
- 이러한 실질적 의의의 상법의 기준이 되는 상적 생활관계를 어떻게 정의하느냐에 따라 상법의 대상 및 적용범위가 결정되게 됨(상법의 대상론에 관한 논의)

1.1.1.3. 상법의 대상론

① 실증설 : 상법은 경제상의 상에 필요한 여러 법률제도를 모아 놓은 것에 불과 → 실질적 의의의 상법을 부인하는 결과가 됨
② 생활관계의 내용으로 상법을 통일적으로 파악하려는 견해
- 발생사적 관련설 : 발생사적으로 재화의 전환을 매개하는 경제상의 상으로부터 분리·발전한 영업의 총체로 보는 견해
- 매개행위본질설 : 상은 본질적으로 매개행위에 불과함

1.1.1. 상법의 의의

③ 생활관계의 성격으로부터 접근하는 견해
- 집단거래설
- 상적색채설
④ 생활관계의 내용과 성격을 종합적으로 고려하는 견해
- 기업법설(통설) : 일반적으로 상법을 기업(회사)에 관한 법으로 이해하는 것이 일반적임
- 상인법설

☞ 통설에 따른 실질적 의의의 상법 : 기업에 관한 법규의 전체
- 기업 : 계획성·계속성 + 영리성 + 시장성 + (법률적)독립성 + 경제적 단위체
- 특별법 : 일반 경제활동에 관한 민법에 대한 특별법
- 법규의 전체 : 사법관계 + 공법관계(수직적이 아닌 수평적 관계)

1.1.1.4. 실질적 의의의 상법과 형식적 의의의 상법의 상호관계

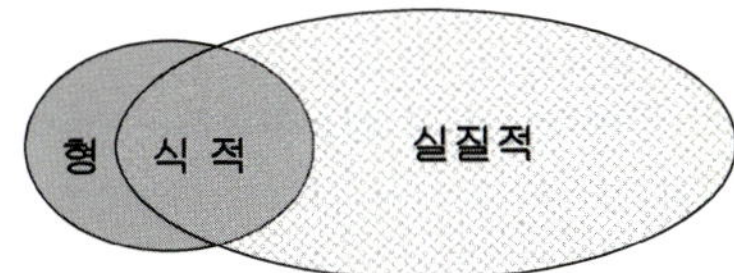

1.1.2. 상법의 지위

1.1.2. 상법의 지위
- 상법의 지위를 다른 법들과 비교하여 검토하는 것은 상법의 적용여부 및 그 법적 효과 등을 이해하는데 필요함

1.1.2.1. 상법과 민법과의 관계
- 민법이나 상법은 개인이나 법인들의 사법적 생활관계에 적용되는 법들이라는 점에서는 공통점을 가짐 → 민법과 상법을 통일하여 하나의 법체계로 하자는 논의(민·상법 통일론)
- 민법은 일반적인 생활관계를 바탕으로 하나, 상법은 상인이라는 특별한 신분에 일정한 행위(상행위)만을 규율대상으로 한다는 점에서 두 법의 구별이 의미 있음이고 할 것임
- 상법이 특별한 규정이 없는 경우에는 민법의 내용을 전제로 하고 있음

☞ 민법의 상화(상법의 민화)
- 경제생활이 발전하면서 일찍이 상법 또는 상거래에서 승인되었던 원리나 제도가 민법의 제도로 되어가는 현상
- 민법의 상화현상에도 불구하고 일반적으로 상법은 상행위 내지 기업적 생활관계를 규율하고 부단히 발전하는 특성상 새로운 규범에 대한 수요로 인하여 상법은 민법보다 빠른 속도로 새로운 법질서를 창조해 나가는 점에서 민법과 다른 내용을 가짐

민법원칙변경 또는 보충	법정이율, 유질계약허용, 상사유치권, 금전소비대차, 수임자의 보수, 소멸시효 등
민법제도를 특수화한 제도	상인(人), 상업사용인(대리), 운송계약(도급계약), 회사(법인)
민법에 없는 특수한 제도	상호, 상업장부, 상업등기, 상호계산, 보험, 공동해손, 해난구조.

1.1.2. 상법의 지위

1.1.2.2. 상법과 노동법의 관계
(1) 노동법 : 대내적으로 기업주와 기업보조자간의 노무관계를 규율
(2) 상법 : 대외적으로 기업보조자의 제삼자와의 거래관계를 규율
☞상법과 노동법을 접목하려는 시도로 프랑스의 노동주, 독일의 공동결정제도, 종업원지주제도
  등이 있음

1.1.2.3. 상법과 경제법의 관계
(1) 경제법 : 공공성을 중시하여 국민 경제적 입장에서 경제관계를 규제
(2) 상법 : 영리성을 존중하여 상인의 자유로운 영리활동을 보호
- 상법과 경제법의 관계에 대해 양자는 다른 이념과 원리하에 존재하는 법이므로 상법과 경제법
  은 전혀 별개의 법이라는 학설(분리설: 대립설)이 다수설임
- 반면에 소수설인 합일설(통합설)은 상법의 이념은 입법정책에 따라 달라질 수 있는 것이고,
  상법이 발전함에 따라 경제법의 통제주의적 정책은 상법의 이념에 포함되어 경제법이 상법에
  흡수·통합된다는 설임(소수설)

1.1.2.4. 상법과 어음법·수표법과의 관계
- 어음 · 수표는 결제의 수단으로서 주로 기업에 의하여 이용되고 있는 점에서, 상법 역시 상행
  위와 관련한 법이라는 점에서 모두 상행위와 관련성을 갖는다는 점에서는 비슷함
- 그러나 어음 · 수표는 지급의 수단이라는 점에서 실체적인 내용을 규율하는 상법과 차이가
  있을 뿐만 아니라, 어음은 상인이 아닌 경우에도 이용되고 있음은 점에서는 구별됨

1.1.3. 상법의 이념과 특징

1.1.3. 상법의 이념과 특징

1.1.3.1. 상법의 이념
  상법의 이념은 기업을 유지.강화하고 기업활동을 왕성하게 하며, 거래를 보호하는데 있음

1.1.3.1.1. 기업의 유지·강화
  상법은 기업의 유지·강화를 위하여 기본적으로 영리성을 보장하고, 인력보충과 자본의 집중을 용
이하게 하되, 소유와 경영을 분리시킴으로써 위험을 분산시키고 기업의 해소를 방지함으로써 기업
의 유지를 강화하고 있음

1. 영리성의 보장
  영리성을 보장하기 위하여 상인의 보수청구권과 상인이 상인에게 금전을 대여한 때 또는 타인을
위하여 대신 금전을 지급한 때에는 그 상인은 법정이자를 청구할 수 있는 규정을 두고 있음
  민사 법정이율이 연5%임에 비하여 상사법정이율은 연6%인 것도 같은 취지임

2. 자본의 조달과 집중
  기업은 영업에 소요되는 자금을 원활하게 조달하게 하기 위하여 상법은 이를 위하여 소규모 기업
에 적합한 익명조합제도를 두어 익명조합원은 출자만 하고 영업자는 영업만 담당하도록 하는가 하
면, 각종 회사는 필요한 경우 합병도 자유롭게 할 수 있도록 하고 있음.
  주식회사는 주식과 사채의 증권화로 유통성을 보장함으로써 자본의 조달이 용이함

1.1.3. 상법의 이념과 특징

3. 노무의 보충

기업이 필요한 노동력의 공급을 위해 상법은 상인에게 종속한 보조자인 상업사용인과 독립한 상인
으로서 보조적 활동을 영업으로 하는 대리상, 중개인, 위탁매매인 등에 관한 규정을 두고 있으며,
합명회사 사원에게는 당연기관의 지위를 부여하여 경영에 참여할 수 있도록 하고 있음

4. 위험부담의 완화

- 기업에 출자한 자들의 위험분산과 유한 책임은 기업을 유지하는 데 매우 중요하여 출자자는 보험제
  도 등을 이용하여 위험을 분산할 수 있으며, 주식회사나 유한회사 사원의 유한책임제도 역시 같음
- 운송인의 책임과 관련하여 고가물에 대한 특칙을 두거나 정액배상주의를 택한 것도 같은 취지임

5. 기업소멸의 방지

- 설립된 기업이 쉽게 소멸하는 것도 방지할 필요가 있는데, 상법은 이를 위하여 ① 영업이 양도되어
  도 그 동일성을 유지하는 영업양도에 관한 규정 ② 상호는 영업과 함께 양도하여야 한다는 상호만
  의 양도제한 ③ 본인이 사망하여도 영업이 존속하는 한 상사대리권은 존속한다는 특칙 ④ 회사의
  합병, 계속, 조직변경, 분할 및 분할합병, 주식교환 및 주식이전에 관한 규정을 두고 있음
- 이 외에도 주식회사의 1인회사 인정, 회사설립의 무효와 취소는 소에 의해서만 할 수 있으며, 소의
  심리 중 하자의 보완을 이정하고 법원의 재량권에 의한 소의 기각도 인정함
  설립에 관여한 발기인이나 성립 후에 신주를 발행하는 경우에 이사는 자본충실책임을 짐

1.1.3. 상법의 이념과 특징

6. 기업의 강화

(1) 독립성의 보장

- 회사의 법인성을 인정한 것은 회사가 구성원의 사망, 능력에 따라 법률적으로 여향을 받지 않도록
  하기 위한 것임. 특히, 개인기업의 독립성을 보장하기 위하여 다음과 같은 규정을 두고 있음
- 상호제도는 기업주와 기업을 구별하고, 상업장부제도는 기업재산과 사용재산을 구별하고, 상업사
  용인제도는 기업의 사용인과 가사 사용인을 구별하고 영업소는 기업의 주소로서 개인의 주소와 구
  별하는 개념임
- 또한 본인 사망시 상사대리권이 존속하는 것도 기업은 자연인으로부터 독립한 것임을 나타냄

(2) 기업경영의 전문화

기업경영의 전문화는 기업의 소유와 경영의 분리에서 찾을 수 있는데 회사에서는 기관자격과 사원
자격을 분리함.
주식회사의 이사회제도, 인적회사의 업무집행사원제도가 있으며, 지배인, 익명조합, 영업의 임대차
및 경영위임 등이 이에 속함

1.1.3. 상법의 이념과 특징

☞ 기업의 유지·강화제도

1. 기업존립의 기반형성	
영리성의 보장	영리성을 전제로 하는 상인·상행위·회사개념(46, 169), 유상성을 인정하여 상사법정이율의 인상(54; 민379), 상인간의 소비대차 및 체당금의 이자청구권(55), 상인의 보수청구권(61)
자본집중의 촉진	익명조합제도(78), 합병제도(174~175), 주식회사제도(288이하), 수권자본제도(289), 주권제도(355), 주주유한책임(331), 상환주식·전환주식·전환사채·신주인수권부사채; 선박공유(753 이하) 등
인력 보충	상업사용인·대리상·중개인·위탁매매인·합명회사 제도 등
위험부담의 완화	① 기업위험의 분산 : 회사제도, 보험제도, 공동해손제도 등 ② 기업담당자의 유한책임 : 합자회사 유한책임사원·주주 및 유한회사의 사원의 유한책임, 선박소유자 등의 책임제한(746), 공동해손분담의무자의 책임제한(835), 해난구조료 지급의무자의 책임제한(852) 등
2. 기업활동의 보장	
기업의 독립성 보장	상호, 상업장부, 본인의 사망시 대리권의 불소멸, 회사의 법인격 부여
기업경영의 합리화	기업의 소유와 경영의 분리, 이사회, 기업의 임대차, 기업의 경영위임
3. 기업해소의 방지	
	영업양도, 회사의 조직변경, 회사계속제도, 합병제도, 분할제도, 주식교환, 주식이전, 정리제도, 회사설립무효의 소의 제소의 제한 등

1.1.3. 상법의 이념과 특징

1.1.3.1.2. 기업활동의 원활도모와 거래의 안전보호
- 상법은 기업활동의 원활을 도모하면서도 기업의 활동과정에서 비롯되는 거래의 안전을 보호하고 있음
- 예컨대, 기업에 각종의 공시의무를 부여하여 외관을 존중하며 책임을 가중하고 있는데, 이는 민법에서는 거래의 실체적 진실에 중점을 두는 것에 비해 기업활동에 있어서는 거래의 정형화 및 거래를 신속하게 처리함으로써 거래를 보호하고자 하는 것임
- 상법은 기업활동의 원활화와 거래관계의 신속한 확정을 위하여 거래객체를 유가증권화하는 한편 계약의 청약 및 이행과 관련하여 간이·신속주의를 택하고 있음
- 기업거래가 불특정 다수를 대상으로 반복해서 대규모로 발생하므로 거래방식을 정형화할 필요가 있음
- 운송·은행·신탁·보험·상품매매 등의 거래에서는 보통거래약관을 이용시에 발생할 수도 있는 작성자 측의 우월적 지위의 남용에 따른 폐해방지를 위하여 법률로서 규제하고 있음

(1) 거래객체의 유가증권화
- 운송물에 대한 권리를 유가증권화한 화물상환증(128)과 선하증권(813), 임치물에 대한 권리를 증권화한 창고증권(156), 주식과 관련한 주권(335), 신주인수권증서, 신주인수권증권 그리고 사채권(478)에 관한 규정을 두고 있음

(2) 간이·신속주의
- 기업활동은 동종의 행위가 반복적으로 행하여지는 것이므로 편리하고 신속하여야 한다는 취지에서 다음과 같은 규정을 두고 있음

1.1.3. 상법의 이념과 특징

① 상행위의 대리 : 대리인이 본인을 위한 것임을 표시하지 아니하여도 본인에게 법률효과가 귀속됨(익명주의, 즉 비현명주의를 취하고 있으나 민법은 본인을 위한 것임을 대리인이 표시하여야 하는 현명주의 취함)

② 상사계약의 청약의 효력 : 대화자간의 청약의 효력은 상대방의 즉시승낙이 필요함(민법과 동일). 그러나 격지자 간에는 승낙기간을 정하지 않은 청약을 받은 자는 승낙의 통지(상당한 기간 내)를 하여야 청약의 효력이 발생하고 승낙의 통지가 없으면 실효함
상법은 발신주의이나 민법은 도달주의를 취하고 있음. 한편, 지연된 승낙은 청약의 효력이 발생하는 것이 아니라 새로운 청약으로 의제

③ 상시거래관계가 있는 경우 계약의 청약에 대한 상인의 승낙여부 통지의무 : 격지자간에 승낙기간을 정하지 않은 경우 청약을 받은 자가 상인인 경우에는 지체 없이 낙·부의 통지를 하여야 함.
이를 해태하면 청약을 승낙한 것으로 봄(민법은 통지의무가 없음)

④ 상인간의 매매시 매도인의 공탁 및 경매권 : 매수인이 목적물의 수령을 거부하거나 이를 수령할 수 없는 때에 매도인이 선택적으로 행사함(민법상 매도인은 이러한 권리가 없음)

⑤ 상인간의 매매시 확정기 매매의 해제권 : 당사자 일방이 이행시기를 경과한 때 상대방이 즉시 청구하지 않으면 계약은 해제된 것으로 봄(민법의 확정기 매매는 계약해제시에 의사표시가 필요함)

⑥ 상인간의 매매시 매수인의 목적물검사·하자통지의무 : 매수인이 목적물을 수령한 때 지체 없이 이를 검사하고 하자 또는 수량부족이 있음을 발견한 때에는 즉시 매도인에게 통지를 발송하지 아니하면 대금감액,계약해제 또는 손해배상 청구권을 상실함. 의무를 위반하면 매도인에게 하자담보책임을 묻지 못함(민법은 매수인이 6월 내에 발견하면 됨)

⑦ 상사채권의 소멸시효 : 상사채권의 소멸시효는 5년의 단기시효(64, 민사채권의 소멸시효는 10년)를 적용하며, 유가증권을 상실한 때에는 제권판결에 의하여 증권의 효력을 상실시킴(65, 민 521)

1.1.3. 상법의 이념과 특징

☞ 거래의 원활과 안전을 위한 상법상의 제도

1. 거래의 원활화		
(1) 계약자유주의	유질계약의 허용(95) 등	
(2) 간이신속주의	①계약체결상의 간이신속	상행위의 대리(48), 계약체결의 효과(51, 52), 계약청약에 대한 낙부통지의무(53) 등
	②계약이행상의 간이신속	매도인의 공탁 및 자조매각권(67), 운송인의 운송물공탁경매권(142, 143)
	③계약관계처리상의 간이신속	확정기매매의 해제(68), 매수인의 목적물검사 및 하자통지의무(69), 상사채권의 단기소멸시효 등
	④대금지급상의 간이신속	상호계산(72이하), 어음교환제도 등
	⑤채권양도추심상의 간이신속	주권, 화물상환증 등 각종의 유가증권제도
	⑥거래방식의 정형화	주식과 사채의 청약서 제도, 보통거래약관

1.1.3. 상법의 이념과 특징

2. 거래의 안전			
(1) 공시주의	①등기제도	상업등기제도(34 이하), 선박등기(743) 등	
	②공고제도	상업등기의 공고, 정관에 의한 공고방법의 확정(289①)	
	③열람제도	재무제표 등 서류의 비치 및 열람제도(448) 등	
(2) 외관주의	표현지배인(14), 명의대여자의 책임(24), 부실등기에 의한 책임(37), 상호속용 양수인의 책임(42), 자칭사원의 책임(215), 유사발기인의 책임(327), 표현대표이사의 행위에 대한 회사의 책임(395), 사실상의 회사제도(190, 328, 562 등), 유가증권의 문언성(131, 157)		
(3) 엄격책임주의	①주의의무의 가중	상인의 목적물보관공탁의무(60, 70, 71), 매수인의 목적물검사 및 하자통지의무(69), 해상운송인의 감항능력주의의무(787)	
	②무과실 책임	공중접객업자의 수하물에 관한 책임(152) 발기인의 자본충실책임(321)	
	③연대책임	다수당사자간의 채무의 연대책임(57①), 순차운송인의 연대손해배상책임(138①), 이사감사의 책임(399①, 401①, 414) 등	
	④이행담보책임	중개인의 개입의무(99), 위탁매매인의 이행담보책임(105) 등	

1.1.3. 상법의 이념과 특징

1.1.3.2. 상법의 특성
- 상법은 민법에 비하여 경제의 발전에 대응하기 위하여 매우 유동적이고 진보적이며, 국가 간 교역에 의한 국가 간 제도의 절충으로 세계적으로 통일화되는 경향이 있음
- 상법은 지역적 · 민족적 특성에 의하여 영향을 받는 것이 아니라 합리적인 이해관계에 따라 정해지는 세계보편적인 것이라 할 수 있음
  ① 영리성
  ② 기업의 유지
  ③ 거래의 원활과 안전 : 공시주의, 외관주의
  ④ 국제성(세계통일적 경향)
  ⑤ 진보성

1.1.4. 상법의 법원과 효력

1.1.4. 상법의 법원과 효력

1.1.4.1. 상법의 법원
- 법원(法源)이라 함은 법의 존재형식을 말함
- 상법 제1조의 상사의 의미는 실질적으로는 기업생활과 관련된 모든 재산법적 생활관계를 의미하며, 형식적으로는 상법전이 규정하여야 할 모든 사항을 말함
- 법의 존재 형식은 제정법 또는 관습법, 판례 등의 형태로 존재하는데, 상법의 법원이라고 할 수 있는 것에는 상사제정법, 상관습법, 상사자치법이 있음
- 보통거래약관, 판례, 학설, 조리는 상법의 법원성에 대해 논의가 나뉨

1.1.4.1.1. 상사제정법
- 상사제정법이란 국가가 그 입법권에 근거하여 성문의 형식으로 제정한 법으로 상법전, 상사특별법, 국제상사조약이 있음
- 상법전 시행에 관한 특별법령으로 상법시행법이 있음
- 상법전에 부속된 특별법령으로는 상법의 일부규정의 시행에 관한 규정, 선박소유자 등의 책임제한에 관한 법률, 상업등기처리규칙, 외국인의 서명날인에 관한 법률 등이 있음
- 독립한 특별법령으로는 은행법, 상표법, 부정경쟁방지법, 약관규제에관한법률 등이 있음
- 국제상사조약 및 일반적으로 승인된 국제법규는 국내법과 같은 효력을 가지므로 상법의 중요한 법원이 됨

1.1.4. 상법의 법원과 효력

1.1.4.1.2. 상관습법
- 상관습은 상인간의 거래에 있어서 보편화된 관행으로서 상거래의 특수성에 따라 일반적으로 또는 지역적으로 특정분야에서 형성되는 것이고, 상관습법은 상관습으로부터 더 나아가 법적 확신을 얻어 기업에 관한 법으로서 인정되는 상법의 원칙

☞ 관습법의 요건
① 같은 행위가 다수인에 의하여 반복, 계속되는 사실적인 관습이 존재하여야 함
② 관습이 법적 확신을 얻어야 함
③ 관습이 공공의 질서와 선량한 풍속인 공서양속에 반하지 않아야 함
④ 관습이 법령의 규정에 의하여 인정되거나 또는 원칙적으로 법령에 규정이 없는 사항에 관한 것이라야 함

1.1.4.1.3. 상사자치법
- 상사자치법은 회사 또는 단체가 조직 및 구성원에 관한 사항을 스스로 제정한 자치법규로 정관이 있음

1.1.4.1.4. 보통거래약관
- 약관이라 함은 그 명칭이나 형태 또는 범위를 불문하고 계약의 일방당사자가 다수의 상대방과 계약을 체결하기 위하여 일정한 형식에 의하여 미리 마련한 계약의 내용이 되는 것
- 약관이 상법의 법원이 되는가 여부에 대하여 크게 약관의 법원성을 긍정하는 견해와 부정하는 견해로 나뉘어짐

1.1.4. 상법의 법원과 효력

1.1.4.1.5. 상사판례법
- 판례의 법원성에 대해 학설이 나뉘나 부정설이 다수설임

1.1.4.1.6. 학설
- 학설에 대해서는 부정하는 것이 일반적임(다수설)

1.1.4.2. 법규의 적용순서

1.1.4.2.1. 상법전과 상관습법
- 상법 제1조는 상사에 관하여 상법전에 규정이 없으면 상관습법을 적용하고 상관습법이 없으면 민법의 규정에 의한다고 규정하고 있음

☞ 상사관계의 상법 적용순서
- 상사자치법(정관) → 상사특별법령·상사조약 → 상법 → 상관습법 → 민사자치법 → 민사특별법령·민사조약 → 민법전 → 민사관습법 → 조리

1.1.4. 상법의 법원과 효력

1.1.4.3. 상법의 효력
- 상법의 효력은 시간, 장소, 인 및 사항에 의한 제한을 받음

1.1.4.3.1. 시에 관한 효력
- 신상법은 동순위의 구상법을 변경하나 신상법은 상사특별법을 변경하지 않음
- 법률불소급의 원칙이 적용, 다만 소급적용이 기득권을 침해하지 않고 당사자에게 이익이 되는 경우에는 소급적용됨

1.1.4.3.2. 장소에 관한 효력
- 상법은 국내법이므로 한국 내에 적용됨. 따라서 외국법인도 국내에서 영업을 하는 한 상법의 적용을 받음
- 다만 예외적으로 국제사법에 의한 준거법에 의하여 우리 상법이 한국 외에서 적용되는 일도 있고, 이와 반대로 외국상법이 한국 내에서 적용되는 경우도 있음

1.1.4.3.3. 인에 관한 효력
- 상법은 속인법 주의에 따라 한국인에게 적용됨. 그러나 예외적으로 국제사법상 특정한 경우에는 우리 상법이 외국인에 대하여 적용되는 경우가 있고, 반대로 외국 상법이 한국인에게 적용되는 경우가 있을 수 있음
- 소상인에게는 지배인, 상업등기, 상호, 상업장부에 관한 규정이 적용되지 아니함

1.1.4. 상법의 법원과 효력

1.1.4.3.4. 사항에 관한 효력
- 상법은 상사에 관한 사항에 대해서만 적용됨(상 1) 공법인의 상행위에도 상법이 적용됨(상 2)
- 어음·수표행위를 포함하여 거래행위와 관련하여 일정한 사항이 발생한 때에 당사자 일방에게만 상행위가 되는 행위인 일방적 상행위에도 전원에 대하여 상법을 적용함(상 3)

제1편 상법총칙

1.2. 상 인
1.2.1. 상인의 의의
1.2.2. 상인자격의 득실
1.2.3. 영업능력

1.3. 기업의 인적 설비
1.3.1. 상업사용인제도 총설
1.3.2. 지배인
1.3.3. 부분적 포괄대리권을 가진 상업사용인
1.3.4. 물건판매점포사용인
1.3.5. 상업사용인의 의무

1.2.1. 상인의 의의

1.2. 상 인
1.2.1. 상인의 의의
1.2.1.1. 총 설
1.2.1.1.1. 상인의 의의
- 상인이란 영리행위를 하는 주체로 형식적으로는 기업생활관계에서 발생하는 권리의무의 귀속의 주체이고, 실질적으로 보면 기업에 내재하여 기업활동을 영위하는 자임
- 상인은 반드시 실질적으로 경영활동의 담당자가 되어야 하는 것은 아님. 개인기업의 경우에는 영업주가 상인이지만 회사기업의 경우에는 회사 그 자체가 상인이 됨

1.2.1.1.2. 상인에 관한 입법주의

(1) 실질주의(상행위법주의, 객관주의, 상사법주의) : 상행위개념을 정하고, 상인 결정(상4조, 당연상인) → 실질적으로 특정한 행위를 상행위로 정하고 이러한 상행위를 영업으로 하는 자를 상인으로 하는 입법주의

(2) 형식주의(상인법주의, 주관주의, 상인법주의) : 상인개념을 정하고, 상행위 결정(상5조, 의제상인) → 실질주의와는 달리 행위의 실질적인 내용을 구별하지 않고 어떠한 행위든지 일정한 형식을 갖추고 상인적 방법으로 영업하는 자를 상인으로 하는 입법주의

(3) 절충주의 : 현행상법(현행상법은 상법4조와 5조에서 양 주의를 모두 병행) → 이는 실질주의와 형식주의를 절충하여 상행위를 영업으로 하는 자뿐만 아니라 일정한 형식을 갖추고 상인적 방법으로 영업을 하는 자도 상인으로 인정하는 입법주의

☞ 우리상법의 입법주의

형식주의설	절충주의설	형식주의에 가까운 절충주의설
상법 제4조의 당연 상인은 영업적 상행위를 기초로 하고 있는데, 이 때의 영업적 상행위는 영업의 주체인 상인과의 관련에서만 그 상행위성이 인정되므로, 결국 우리상법은 형식주의라는 견해	상법 제4조의 당연상인은 영업적 상행위를 기초로 해서 상인개념을 정하고 있고, 의제상인은 상행위와는 무관하게 상인개념을 정하고 있어, 전체적으로 절충주의라는 견해	절충주의의 특색으로 절대적 상행위의 존재를 강조하면, 우리상법이 절대적 상행위를 인정하고 있지 않기 때문에 형식주의라고 볼 수 있으나, 순수한 형식주의가 아니기 때문에 형식주의에 가까운 절충주의라는 견해

1.2.1. 상인의 의의

1.2.1.2. 당연상인

1.2.1.2.1. 의의

– 당연상인이란 자기명의로 상행위를 하는 자를 말함. 당연상인의 요건으로는 ① 자기명의로 ② 46조의 상행위를 ③ 영업으로(영리목적 + 계속성) 하여야 함

1) **자기명의는 자기의 계산으로**와 구별됨. 당연상인은 그 행위의 결과 발생하는 권리의무의 주체이면 되는 것이지, 영업상의 이익이 누구에게 귀속되든 상관없음.

2) **자기명의는 영업행위의 담당자**과 구별됨. 즉 스스로 영업행위를 하지 않고 타인에게 대리 시켜도 무방함.

(1) 자기 명의로 하는 자

자기명의라는 뜻은 '자기가 그 상행위에서 생기는 권리의무의 귀속의 주체가 된다'라는 뜻.

3) **자기명의는 기업을 소유하는 것이나 기업위험을 부담하는 것과 구별됨.** 즉 기업을 소유하지 않는 경우나 또는 기업위험을 부담하지 않는 경우에도 상인이 됨.

4) **자기명의는 행정관청에 대한 신고명의인이나 납세명의인과 구별됨.** 즉 행정관청에 대한 신고명의인이나 납세명의인과 반드시 일치할 필요는 없음.

5) **자기명의는 타인의 명의로 영업을 하는 경우에** 그 명의인과 구별됨. 따라서 명의대여가 있는 경우에는 명의대여자는 상인이 되지 못하고 명의차용자가 상인이 됨.

1.2.1. 상인의 의의

1.2.1.2.2. 당연상인의 상행위

– 당연상인이 되기 위한 상행위는 상법 제46조에 규정된 기본적 상행위를 말하는 것으로 다음과 같은 요건이 필요함

(1) 영업성 : 영업성이란 영리성, 계속성 및 영업의사를 그 요건으로 함

  ① 영리성 : 이익을 추구하려는 의도가 있어야 함

  ② 계속성 : 동종의 행위를 계속적으로 하려는 의도가 있어야 함

  ③ 영업의사 : 행위가 대외적으로 인식될 수 있어야 함

(2) 기업성 : 기업성이 있어야 하므로 오로지 임금을 받을 목적으로 물건을 제조하는 자는 기업성이 없으므로 상행위에서 제외됨

(3) 기본적 상행위

  ① 동산, 부동산, 유가증권 기타의 재산의 매매

  ② 동산, 부동산, 유가증권 기타의 재산의 임대차

  ③ 제조, 가공 또는 수선에 관한 행위

  ④ 전기, 전파, 가스 또는 물의 공급에 관한 행위

  ⑤ 작업 또는 노무의 도급의 인수

  ⑥ 출판, 인쇄 또는 촬영에 관한 행위

  ⑦ 광고, 통신 또는 정보에 관한 행위

  ⑧ 수신, 여신, 환 기타의 금융거래

  ⑨ 객의 집래를 위한 시설에 의한 거래

  ⑩ 상행위의 대리의 인수

1.2.1. 상인의 의의

⑪ 중개에 관한 행위

⑫ 위탁매매 기타의 주선에 관한 행위

⑬ 운송의 인수

⑭ 임치의 인수

⑮ 신탁의 인수

⑯ 상호부금 기타 이와 유사한 행위

⑰ 보험

⑱ 광물 또는 토석의 채취에 관한 행위

⑲ 기계·시설 기타 재산의 물융에 관한 행위

⑳ 상호·상표 등의 상호허락에 의한 영업에 관한 행위

㉑ 영업상 채권의 매입·회수 등에 관한 행위

(2) 특별법상의 상행위

1) 담보부사채신탁자에 의한 사채총액의 인수

2) 신탁법에 의한 신탁의 인수

1.2.1. 상인의 의의

1.2.1.3. 의제상인

1.2.1.3.1. 서

- 상법에 한정적으로 열거된 상행위와는 관계없이(농업, 임업, 수산업 등) 그 상인적 설비와 상인적 방법에 의하여 상인을 정한 것이 의제상인임
- 의제상인이 되기 위하여는 기본적 상행위 이외의 행위를 반드시 '영업으로' 하여야 함

1.2.1.3.2. 설비상인

- 점포 기타 유사한 설비에 의하여 상인적 방법으로 영업을 하는 자로 설비상인은 ① 상인적 설비와 ② 상인적 방법의 두 가지를 요함

(1) 상인적 설비

- '점포 기타 유사한 설비'란 사회 통념상 상인적 설비를 말하는데, 이는 물적설비 뿐만 아니라 인적 설비를 포함한다고 봄. 예를 들어 농산물을 행상하는 자는 의제상인이 될 수 없으나 농산물을 점포 기타 유사한 설비에 의하여 판매하는 자는 의제상인이 될 수 있음

(2) 상인적 방법

- 상인적 방법이란 당연상인이 기업을 경영함에 있어서 보통 필요로 하는 설비를 갖추고 당연상인과 같은 방법으로 영업을 하는 것을 말함

(3) 판례

- 약 5,000평의 사과나무 과수원을 경영하면서 그 중 약 2,000평 부분의 사과나무에서 사과를 수확하여 이를 대부분 대도시의 사과판매상에 위탁판매 한 경우에 당연상인이라고 할 수 없고, 점포 기타 유사한 설비에 의하여 상인적 방법으로 영업을 하지도 않았으므로 의제상인에도 해당하지 않음(大判 1993.6.11, 93다7174, 7178(반소))

1.2.1. 상인의 의의

- 계주가 여러 개의 낙찰계를 운영하여 얻은 수입으로 가계를 꾸려 왔다 할지라도 계주가 상인적 방법에 의한 영업으로 계를 운영한 것이 아니라면 계주를 상법 제5조 제1항 소정의 의제상인이나 같은 법 제46조 제8호 소정의 대금, 환금 기타 금융거래를 영업으로 운영한 것에 해당한다고 볼 수 없음(大判 1993.09.10, 93다21705)

1.2.1.3.3. 민사회사

- 회사가 상행위를 하지 아니하더라도 상인으로 보는 것임(원양어업에 종사하는 회사 등)

	공통점	차이점
상사회사	설립 조건에 좇아 설립되고, 상법의 적용에서는 상사회사에 관한 규정이 준용됨.	상행위를 영리의 목적으로 하는 회사(당연상인)
민사회사		상행위 이외의 행위를 영리의 목적으로 하는 회사(의제상인)

☞ 당연상인과 의제상인 비교

	공통점	차이점
당연상인 (상사회사)	상인자격을 취득하는 면과 상법의 적용 면에서는 차이가 없음.	1. 기본적 상행위를 영업으로 하는 자 2. 상법 제46조 각 호의 행위를 자기명의로 할 때 '당연히' 상인이 됨.
의제상인 (설비상인, 민사회사)		상법 제46조 이외의 행위를 영업으로 할 때에 법에 의하여 상인으로 '의제' 됨.

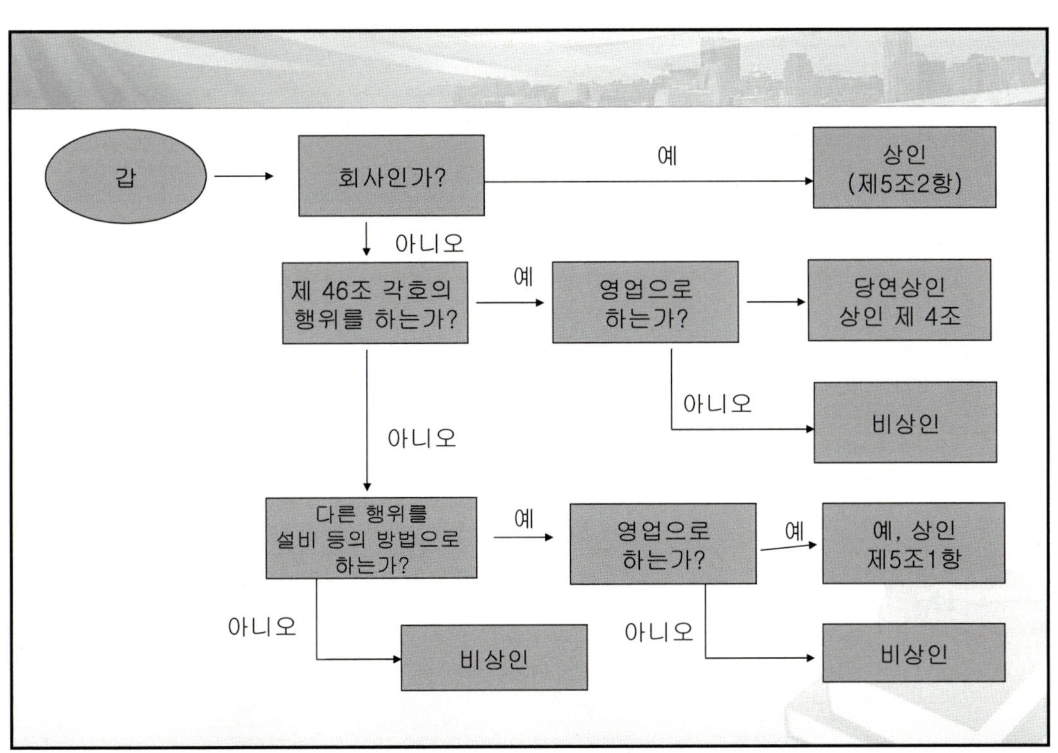

1.2.1. 상인의 의의

1.2.1.4. 소상인
- 완전상인과 소상인은 기업규모의 대소에 따른 상인구별

(1) 개념
- 1,000만원 미만의 자본금을 가지고 영업을 하는 상인(상9조)
- 자본금액이 1,000만원에 미달하는 상인으로서 회사가 아닌 자.
  회사 중 합명회사나 합명회사는 자본금액의 제한이 없으므로 1,000만원 미만의 자본을 가진
  회사가 존재할 수 있으나 합명회사나 합자회사라도 이는 회사이므로 소상인이 될 수 없음.

(2) 규정적용의 특수성
- 지배인, 상호, 상업장부, 상업등기의 규정은 적용이 배제되어 소상인에게 적용되지 않음
- 소상인에 대하여는 지배인, 상호, 상업장부 및 상업등기에 관한 규정이 적용되지 않음.
  적용되지 않는다는 뜻은 소상인이 그러한 제도를 이용하여야 할 상법상의 의무가 없다거나
  또는 소상인이 그러한 제도를 이용하더라도 상법상 보호 받지 못한다는 의미임

1.2.2. 상인자격의 득실

1.2.2. 상인자격의 득실

1.2.2.1. 서설
(1) 상인능력 : 상인자격을 취득 할 수 있는 법률상의 지위를 상인능력이라고 하는바, 이러한
    상인능력은 법이 권리능력자에 대하여 일반적으로 인정함
(2) 상인자격 : 상인능력이 있는 자는 상법 제 4조와 제 5조의 요건을 구비함으로써 상인자격을
    취득
(3) 영업능력 : 상인자격을 취득한 자가 스스로 유효한 영업활동을 할 수 있는 능력을 영업능력
    이라고 함 즉, 민법에서의 행위능력은 상법에서는 영업능력에 해당함

1.2.2.2. 자연인의 상인자격

1.2.2.2.1. 상인자격의 취득
(1) 자연인: 자연인은 생존한 동안 권리능력이 있으므로, 생존한 동안 원칙적으로 아무런 제한
    없이 자기의 의사에 기하여 상법 제 4조 또는 제 5조의 요건을 구비하여 상인자격 취득
(2) 회 사 : 설립등기를 할 때 법인격과 상인자격을 취득하는 태생적 상인
(3) 회사 이외의 법인, 자연인 : 영업준비행위(점포의 임차, 사용인의 고용 등)가 객관적으로
    인정될 때 상인자격을 취득하며, 이 때의 영업의 준비행위는 보조적 상행위가 됨

1.2.2. 상인자격의 득실

1.2.2.2.2. 상인자격의 상실
(1) 자연인 : 자연인의 상인자격은 영업의 종료로써 소멸
(2) 회사 : 청산종결 → 법인격 소멸
 1) 사법인 중 영리사인(회사)인 경우에는 '청산을 사실상 종결한 때'에 법인격의 소멸과 함께 상인
  자격을 상실
 2) 사법인 중 공공법인 및 일반공법인이 부수적으로 영업을 함으로써 상인자격을 취득하는 경우,
  그 상인자격의 상실시기는 자연인인 상인의 경우와 같음
(3) 회사 이외의 법인, 자연인 : 영업폐지 등 기업활동을 사실상 종결한 때

1.2.2.3. 법인의 상인자격
1.2.2.3.1. 법인의 상인자격의 취득
(1) 사법인
 1) 영리법인
- 영리법인은 회사이며 회사에는 상행위를 목적으로 하는 상사회사는 당연상인이고, 상행위 이외
 의 영리를 목적으로 하는 민사회사는 의제상인임
- 회사의 상인자격은 회사의 성립에 의하여 취득하게 되고, 청산의 종결에 의하여 상인자격을
 상실함
- 회사는 법인격을 취득하기 이전에는 설립중의 회사로서 여러 가지 설립준비행위를 하게 되는데,
 이러한 설립중의 회사의 행위를 보조적 상행위로 인정하고 있음

1.2.2. 상인자격의 득실

 2) 비영리법인
- 비영리법인은 그 본래의 목적이 비영리 사업이므로 이와 관련해서는 상인이 될 수 없음. 다만 공
 익법인도 공익을 달성하는데 필요한 또는 유익한 수단으로서 영업을 하는 경우에는 그 범위 내
 에서는 상인자격을 취득한다고 봄(통설)

 3) 중간법인
- 중간법인(협동조합, 새마을금고, 신용조합)은 조합의 성질을 가지고 있어서 원칙적으로 상인자
 격이 인정되지 않음.
- 여신행위를 회원에게 하는 경우에는 상인이 안 되나 비회원에게 비회원에 대한 신용사업을 영위
 하는 경우에는 그 범위 안에서 상인이 된다고 봄

(2) 공법인
- 국가나 지방자치단체와 같은 일반공법인은 그 목적이나 활동에 제한이 없으므로 상인능력이 있
 고, 따라서 상인자격을 취득할 수 있음.
- 특별법에 의하여 설립되는 특별공법인(농지개량조합법에 의한 농지개량조합)은 각각의 법률에
 의하여 법인격 부여의 목적이 비영리적인 특정사업에 한정되어 있고 이외의 사업은 할 수 없으
 므로 상인자격을 취득할 수 없음

	취득	상실
자연인	개업준비행위	영업폐지(파산, 사망, 영업양도)
법인	설립등기	실질적 청산 종결시(파산)

33

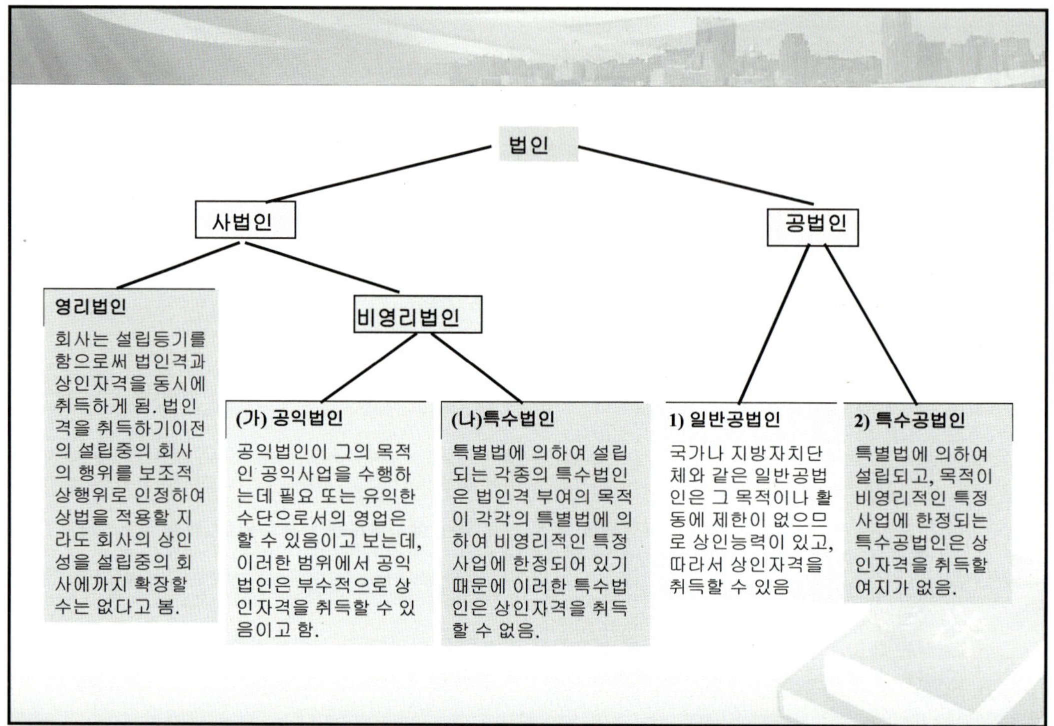

1.2.3. 영업능력

1.2.3. 영업능력

1.2.3.1. 서
- 자연인 또는 법인이 상인자격을 취득하였다고 하여 당연히 그가 스스로 유효하게 영업행위를 할 수 있는 능력을 갖는 것은 아님
- 민법상 행위무능력자는 상법상 상업무능력자로서 그의 영업행위에는 일정한 제한을 받음. 다만 상법은 영업행위의 특수성(집단성, 반복성, 거래안전 등)으로 인하여 특별규정 두고 있음

1.2.3.2. 자연인의 영업능력
상법의 규정은 민법의 능력(특히 행위능력)에 관한 규정을 적용
(1) 영업의 허락 : 미성년자, 한정치산자가 법정대리인의 허락으로 영업을 할 때에는 그 영업에 관하여는 능력자로 봄(등기 요, 상6조)

(2) 무한책임사원 : 미성년자, 한정치산자가 법정대리인의 허락으로 회사의 무한책임사원이 된 때는 사원자격으로 인한 행위에는 능력자로 봄(상7조)

(3) 영업의 대리 : 법정대리인이 무능력자를 위해 영업의 대리를 하는 것 → 등기 要, 대리권의 제한은 선의의 제3자에게 대항하지 못함(상8조)

1.2.3.3. 법인의 영업능력
- 특수공법인(농지개량조합)·특수사법인(협동조합, 상호보험회사)과 같은 특수법인이 아닌 한 영업능력이 있음

1.2.3. 영업능력

☞ 미성년자가 스스로 영업을 하는 경우

- 미성년자는 상인자격을 취득하여도 원칙적으로 스스로 유효한 영업을 할 수 없고, 법정대리인의 허락을 얻은 경우에만 유효하게 영업행위를 할 수 있음

- 미성년자가 법정대리인의 허락을 얻어 스스로 영업을 하는 경우에는 거래의 안전을 위하여 이를 상업등기부에 등기하여야 함

- 법정대리인은 이 허락을 취소 또는 제한할 수 있는데, 다만 선의의 제3자에게 대항하지 못함

- ☞ 법정대리인이 영업을 대리하는 경우

- 법정대리인은 미성년자를 대리하여 영업을 할 수 있는데 이 경우에는 미성년자가 상인이 되는 것이지 법정대리인이 상인이 되는 것은 아님

- 법정대리인이 미성년자를 대리하여 영업을 하는 경우에도 거래의 안전을 위하여 상업등기부에 등기하여야 함

- 법정대리인의 대리권에 대한 제한은 선의의 제3자에게 대항하지 못하는데, 이 대리권의 범위는 법률에 의하여 정하여지는 것이지 등기사항이 아니므로 이의 제한도 등기사항이 아님

1.2.3. 영업능력

☞ 미성년자가 인적회사의 무한책임사원인 경우

- 미성년자가 법정대리인의 허락을 얻어 인적회사의 무한책임사원이 된 때에는 그 사원자격으로 인한 행위에는 능력자로 봄

- 미성년자가 법정대리인의 허락을 얻어 인적회사의 무한책임사원으로서 활동하는 경우에도, 상인은 (인적)회사가 되는 것이지 사원(미성년자)이 되는 것은 아니므로 상법 제7조는 상인자격과는 전혀 무관함

☞ 한정치산자

한정치산자의 영업능력은 미성년자의 그것과 같음. 다만 미성년자의 경우에는 법정대리인이 제 1차적으로 친권자이고 친권자가 친권을 행사할 수 없거나 친권자가 법률행위의 대리권 및 재산관리권을 행사할 수 없는 경우에 한하여 후견인이 제 2차적으로 법정대리인이 될 수 있을 뿐이나, 한정치산자의 경우에는 법정대리인이 후견인뿐임

☞ 금치산자

금치산자의 경우에는 언제나 영업능력이 없으므로, 금치산자 자신이 법정대리인의 허락을 얻어 유효한 영업행위를 하지 못함 그러므로 금치산자의 경우에는 법정대리인이 금치산자를 대리하여 영업을 할 수밖에 없는데, 이 경우에도 미성년자 또는 한정치산자의 경우와 같이 법정대리인이 이를 등기하여야 함

1.3.1. 상업사용인제도 총설

1.3. 기업의 인적 설비

1.3.1. 상업사용인제도 총설

1.3.1.1. 상업사용인의 의의와 필요성

- 상업사용인이란 특정 상인에 종속하여 상인의 대외적인 영업활동을 보조하는 자로서 고용계약이 반드시 요구되지는 않음.
- 대외적으로 활동하는 보조자이므로 외부적 영업활동과 관계없는 내부적 활동보조자(운전기사, 청소부 등)는 상업사용인이 아님
- 상업사용인은 영업주의 영업활동을 보조하는 자이므로 자연인에 한함

1.3.1.2. 상업사용인의 종류
① 지배인
② 부분적 포괄대리권을 가진 사용인
③ 물건판매점포의 사용인

1.3.2. 지배인

1.3.2. 지배인

1.3.2.1. 지배인의 의의

- 영업주에 갈음하여 그 영업에 관한 재판상, 재판 외의 모든 행위를 할 수 있는 대리권을 가진 상업사용인(상 제11조)으로 상인의 활동을 대외적으로 보조하는 포괄적 대리권을 가진 상업사용인을 말함
- 상업사용인 가운데 가장 넓은 범위의 대리권을 가진 자라고 할 수 있음. 지배인의 이러한 포괄적 대리권을 지배권이라 하는데 이러한 지배권은 임의대리권이나 그 권한과 내용에 있어 상법에 의해 포괄적, 정형적이며 획일적 성격을 갖는 것으로 규정되어 있음 (제11조 제1항, 제3항 참조)

1.3.2.2. 지배인의 선임·종임

(1) 선임

- 영업주 또는 영업주의 대리인이 선임(지배인은 다른 지배인을 선임할 수는 없고 다른 사용인에 대해서는 선임 또는 해임할 수 있음)
- 선임행위의 성질 : 지배권의 수여행위로 고용계약이나 위임계약과의 결합일 필요는 없다고 보는 견해와 대리권수여행위와 결합한 고용계약 또는 위임계약으로 보는 견해로 나뉨
- 지배인은 자연인에 한할 뿐 반드시 행위능력자일 필요도 없고, 특별한 자격을 갖고 있을 필요도 없음. 다만 직무의 성질상 감사와의 겸임은 허용되지 않으나, 이사는 지배인을 겸할 수 있음

(2) 종임

- 대리권 소멸의 일반원칙(대리인의 사망, 금치산, 파산, 위임종료 등), 영업의 폐지, 회사의 해산, 해임 등. 다만 이는 상사대리권으로 영업주의 사망으로 소멸되지는 않음(상 50조)

1.3.2. 지배인

(3) 등기
- 지배인의 선임과 종임은 등기사항이나 대항요건에 불과하므로(제13조) 등기하지 않아도 선임 또는 해임의 사실만으로 즉시 지배권이 발생 또는 소멸되는 효력 발생

1.3.2.3. 지배인의 권한

(1) 대리권의 성질
① 포괄성(상11조 1항)
- 그 영업에 관한 재판상·재판외의 모든 행위를 할 수 있음
- 재판상의 행위라 함은 소송행위와 관련하여 지배인이 소송대리인이 되거나 소송대리인을 선임할 수 있고, 재판 외의 행위라 함은 영업에 관한 모든 적법행위를 말함
- 영업전반에 관한 권한이 있으나 영업외의 사항 예컨대, 정관의 변경, 영업폐지 등과 같은 기본적 행위와 영업과 관련이 없는 영업주의 일신전속적 성질의 것과 대리권의 양도는 할 수 없음
② 불가제한성(획일성)(상11조 3항) – 선의의 제3자에게 대항하지 못함

(2) 대리권의 범위
- 객관적·추상적으로 판단(포괄성) : 지배인의 어떤 행위가 영업주의 영업에 관한 것인가의 여부는 지배인의 행위 당시의 주관적인 의사와는 관계없이 그 행위의 객관적 성질에 따라 추상적으로 판단
- 영업전반이 아니라 상호 또는 영업에 의해 개별화된 특정한 영업에 한정

1.3.2. 지배인

1.3.2.4. 공동지배인
(1) 의의
① 공동지배인이란 수인의 지배인이 영업에 대하여 공동으로 지배권을 행사하는 것
② 취지 : 지배권의 남용 방지(등기 가능)
(2) 선임 : 선임행위 + 등기(대항요건)
(3) 지위
① 능동대리 : 적용, 공동대리인 중의 일부가 타인에게 지배권을 위임할 수 있는가에 대해 지배권의 포괄적 위임은 명백히 공동지배인제도의 입법취지에 반하므로 인정될 수 없다고 할 수 있으나, 특정한 사항에 관한 지배권의 개별적 위임은 공동지배인 제도의 입법취지에 반한다고 볼 수 없다는 이유로 이를 긍정하는 견해와 부정하는 견해로 나뉨
② 수동대리 : 부적용, 1인만으로 가능(법 12조 2항), 거래의 원활과 신속
③ 불법행위 : 부적용, 단 거래와 관계된 불법행위에는 적용
④ 내부적 행위 : 부적용

공동지배인	능동대리	수동대리
효력	능동대리의 경우에는 공동지배인이 공동으로 하여야만 그 법률효과가 발생함. (제12조 2항)	공동지배인 중 1인에 대하여 만 하여도 그 법률효과가 발생한다(상 제12조 2항)
등기	공동등기는 제3자에 대하여 중대한 영향을 미치는 사항이므로 공동지배인의 선임,종임 및 그 변경은 등기를 하여야 한다(상 제 13조)	

1.3.2. 지배인

(4) 위반의 효과
① 단독대리행위의 무효
② 제3자의 구제가능성 : 상법 14조, 민법 126조, 민법 756조

1.3.2.4.1. 지배권의 남용
- 지배권의 남용이란 지배인이 객관적으로는 대리권의 범위 내에 속하지만, 주관적으로 자기 또는
  영업주 이외의 제3자의 이익을 꾀하기 위하여 대리행위를 하는 것을 말함
- 지배권 남용행위의 효력에 대한 학설
① 원칙적으로 유효하나 상대방이 지배인의 대리권의 남용을 알았거나 알았을 경우에는 무효로 하는
  심리유보설
② 원칙적으로 유효하지만 상대방이 지배권남용행위를 안 경우에는 영업주에 대한 권리행사는 허용
  되지 않는다는 권리남용설
③ 원칙적으로 유효하나 제3자가 알았거나 알지 못한데 중대한 과실이 있는 경우에만 그에게 무효를
  주장할 수 있음은 대리권제한설
④ 지배권남용행위는 영업주의 이익을 침해하여 지배인의 의무에 반하므로 원칙적으로 무효이나 상
  대방이 중대한 과실없이 그 사정을 모른 경우에는 상대방의 이익을 보호하기 위하여 무효를 주장
  할 수 없다는 이익형량설

1.3.2. 지배인

1.3.2.5. 표현지배인
(1) 의의
- 본점 또는 지점의 영업주임 기타 유사한 명칭을 가진 사용인(법 14조)
- 취지 : 명칭사용자로서 거래상대방의 신뢰를 보호하는 제도(외관법리)

(2) 요 건
① 영업주임 등 표현지배인을 나타내는 명칭을 사용할 것
- 지점장, 영업부장, 상무(判例) : 지배인을 지칭하는 명칭
- 지점차장(判例), 지점장대리, 영업소주임 : 명칭 자체로 표현지배인 불가. 명칭자체로서 상위직의
  사용인의 존재를 추측할 수 있게 하는 것이며 표현지배인이 아님
- 지사장, 영업소장 : 보험회사의 경우 부정됨(判例)
- 건설회사 현장소장 : 특정된 건설현장에서 공사의 시공에 관련된 업무만을 담당하는 자이므로
  특별한 사정이 없는 한 표현지배인이라고 할 수 없음(判例). 부분적 포괄대리권을 가진 상업 사용인
  으로 봄
- 기타 유사명칭 사용(영업주임) : 지점차장은 유사명칭 아님(판례)
② 본점 또는 지점의 실질을 갖출 것(다수설·판례)
- 영업소의 실질여부에 관한 학설
        - 형식설 : 영업소의 외관만 있으면 충분
        - 실질설 : 영업소로서의 실질을 갖추어야 함(다수설, 판례)
② 영업주의 표현명칭 사용에 대한 명시적·묵시적인 허락(귀책사유)
③ 지배인의 권한 내의 행위(재판행위와 불법행위는 적용 안됨)
④ 상대방의 선의 및 중과실이 없어야 함
- 판단시기(법률행위시, 유가증권의 경우는 취득시)
- 중과실 면책설 : 선의 + 중과실 없을 것(통설, 판례)

1.3.2. 지배인

(3) 효과
- 지배인과 동일한 권한이 있는 것으로 의제. 다만 재판상 행위 제외(제14조 1항)

<사례>
S중공업㈜의 전주영업소장 갑은 본사의 허락 없이 보증인 을의 S중공업㈜ 본사에 대한 보증채무를 해제하여 주었음. 을은 A가 S중공업㈜의 제품을 구입할 때 그 대금지급을 보증하기 위하여 액면금 3천만원의 약속어음을 발행하여 S중공업㈜에게 교부하였던 것임. 갑이 을의 보증채무를 해제해 준 이유는 을이 보증채무의 해제를 조건으로 갑으로부터 S중공업㈜의 제품을 구입하기로 약정하여 이미 그 제품을 구입하였기 때문임. A는 물품대금을 지급하지 아니하므로 S중공업㈜은 보증인 을에게 그가 발행한 어음의 지급을 구하자. 을은 S중공업의 전주영업소장 갑이 자신의 보증채무를 해제하여 주었으므로 보증채무가 소멸되었다고 주장하였음. 이에 대하여 S중공업은 갑은(표현지배인이 아니어서) 보증채무를 해제할 권한이 없다고 주장함

1. 표현지배인의 행위에 대해 영업주가 상업 제14조에 의한 책임요건으로서 영업소의 실질 여부는 문제 삼지 않는 것이 타당하다고 본다(그러나 판례는 실질을 고려하므로 이에 따르면 S중공업㈜의 전주영업소는 영업소로서의 실질을 갖춘 장소로 볼 수 없을 것이다). 그러나 설문의 경우 지배인의 권한 내의 행위라 할 수 없어 표현지배인이 성립하지 아니함
2. 민법 제126조의 표현대리성립과 관련하여 을에게 과실이 인정되므로 S중공업은 표현대리의 행위에 대한 책임을 부담하지 않음
3. 사용자 책임과 관련하여 사용자와 피용자 관계에 있음이고 보여지지 아니하므로 S중공업에게 사용자 책임을 인정하기는 어려움

1.3.3. 부분적 포괄대리권을 가진 상업사용인

1.3.3. 부분적 포괄대리권을 가진 상업사용인
1.3.3.1. 의의
- 부분적 포괄대리권을 가진 상업사용인이란 영업의 특정한 종류 또는 특정한 사항에 관한 재판외의 모든 행위를 할 수 있는 권한을 위임을 받은 사용인을 말함
- 보통 회사의 부장 · 과장 · 계장 · 대리 등의 명칭을 가진 상업사용인이 이에 해당

1.3.3.2. 선임 · 종임
- 부분적 포괄대리권을 가진 사용인의 선임·종임은 지배인의 경우와 비슷하나 다른 점은 영업주(상인)뿐만 아니라 지배인도 부분적 포괄대리권을 가진 사용인을 선임할 수 있으며, 지배인의 선임 · 종임은 등기사항이지만 부분적 포괄대리권을 가진 상업사용인의 선임과 종임은 등기사항이 아님

1.3.3.3. 권한
- 부분적 포괄대리권을 가진 상업사용인은 영업의 특정한 종류 또는 특정한 사항에 대한 재판외의 모든 행위를 할 수 있음
- 부분적 포괄대리권을 가진 상업사용인은 ① 그 대리권이 특정사항에 관하여만 포괄성과 정형성을 갖는 점 ② 그 대리권은 재판상의 행위에는 미치지 않는 점 ③ 지배인이 선임할 수 있는 점 ④ 등기사항이 아닌 점 등에서 지배인과 구별
- 다만 부분적 포괄대리권을 가진 상업사용인도 위임받은 사항에 대해서는 포괄적인 대리권을 가지고 있고(포괄성), 대리권을 제한하여도 선의의 제3자에게 대항할 수 없는 점(정형성, 불가제한성)은 지배인과 같음
- 대리권의 제한 : 대리권의 제한으로 선의의 제3자에게 대항하지 못함

1.3.4. 물건판매점포사용인

1.3.4. 물건판매점포사용인
- 물건판매점포사용인은 판매에 관한 모든 대리권이 있는 것으로 보는 자를 말함.
- 물건을 판매하는 점포의 사용인은 비록 영업주로부터 판매에 관한 위임을 받지 않은 경우라도 그 판매에 관한 모든 권한이 있는 것으로 봄.
- 이는 물건판매점포사용인이 그 점포에 있는 물건의 판매에 대한 대리권이 있는 것과 같은 외관이 있으므로 그 외관을 믿고 거래한 자의 거래의 안전을 위하여 인정된 것임.
- 물건판매점포사용인의 대리권의 의제는 악의의 제3자에게는 적용되지 않음.
- 이러한 물건판매점포사용인의 권한이 인정되기 위한 요건으로는 ① 점포 내이어야 하고 ② 물건을 판매하는 것이고 ③ 구매자(제3자)가 선의이어야 함.

1.3.5. 상업사용인의 의무

1.3.5. 상업사용인의 의무
1.3.5.1. 서설
- 의의 : 협의의 경업피지의무 + 겸직금지의무
- 취지 : 상인과 상업사용인 사이의 신뢰관계 유지, 상인의 이익 보호
- 유사제도 : 영업양도인, 대리상, 합명회사사원, 합자회사 무한책임사원, 물적회사의 이사 등에게도 인정

1.3.5.2. 의무의 내용
- 상법은 상업사용인의 부작위의무로 경업금지의무와 겸직금지의무를 규정하고 있음.

1.3.5.2.1. 경업금지의무
(1) 의의
- 상업사용인은 영업주의 허락 없이 자기 또는 제3자의 계산으로 영업주의 영업부류에 속한 거래를 할 수 없음(상 17①)
- 영업주의 허락은 방법을 묻지 않으며, 계산으로 한다는 것은 거래로 인한 경제적 효과의 주체가 된다는 뜻이며, 영업주의 영업부류에 속하는 거래란 영업주의 영업목적인 거래를 말함

(2) 경업금지의무위반의 효과
1) 계약 해지권·손해배상청구권
2) 탈취권(개입권)
- 경업금지의무를 위반한 경우
  상업사용인의 계산 → 영업주의 계산으로
  제3자의 계산 → 그 사용인에 대하여 이득의 양도 청구
- 손해배상청구권은 손해의 입증 요하나 대개 소극적 손해로서 입증 어려움 → 영업주의 입증의 곤란을 해결하고 이익을 보호
3) 행사기간 : 거래한 날로부터 2주간을 경과하거나 그 거래가 있은 날로부터 1년(제척기간)

1.3.5. 상업사용인의 의무

1.3.5.2.2. 겸직금지의무
(1) 의의
- 상업사용인은 영업주의 허락 없이 다른 회사의 무한책임사원, 이사 또는 다른 상인의
  사용인이 되지 못함(상 17 ①)

(2) 겸직금지의무위반의 효과
- 겸직금지의무위반의 경우 그러한 지위에 취임한 행위 그 자체는 유효하고, 영업주는 그 상업
  사용인에 대하여 계약을 해지하거나 또는 손해배상을 청구할 수 있을 뿐(상 17 ③), 탈취권의
  행사는 인정되지 않음

제1편 상법총칙

1.4. 상 호
1.4.1. 상호의 의의
1.4.2. 상호의 선정
1.4.3. 상호권
1.4.4. 상호의 이전과 폐지
1.4.5. 명의대여자의 책임

1.5. 상 업 장 부
1.5.1. 상업장부의 의의
1.5.2. 상업장부의 종류

1.6 영 업 소
1.6.1. 영업소의 의의
1.6.2. 영업소의 종류
1.6.3. 영업소의 법적 효과

1.4.1. 상호의 의의

1.4. 상 호

1.4.1. 상호의 의의

- 상호란 상인이 영업상 다른 상인과 식별되고 자기를 표시하기 위하여 사용하는 명칭(상호사용권 +
  상호전용권(통설)).
- 상호는 명칭이므로 문자로 표시되고 발음될 수 있는 것 이여야 하므로 기호.도안 등은 상호가 될
  수 없음
- 상호는 상인의 명칭이므로 상인이 아닌 각종 협동조합 등의 명칭은 상호가 아님. 또한 상호는 영업
  상의 명칭이므로 영업과는 관계없이 자연인을 표시하는 성명·아호·예명 등은 상호가 아님
- 외국문자로 된 상호는 법률상 등기할 수 없으므로 외국어는 그 발음을 한자 또는 한글로 표시하는
  경우에만 등기할 수 있는 상호로 인정됨
- 소상인이 그의 영업을 위하여 특별한 명칭을 사용하더라도 소상인에게는 상호에 관한 규정을 적용
  하지 않기 때문에 상호가 아님
- 상호는 곧 상인의 신용 등을 나타내어 중요한 경제적 가치를 갖게 되므로, 상호를 보호할 이유가
  있게 되는데, 상호를 규율하는 법으로는 상법 이외에도 부정경쟁방지 및 영업비밀보호에 관한 법
  률, 상표법 등이 있음
- 상호는 인격적 성격(성명권같은 지배권적인 성격)을 갖는 재산권(향수하는 이익, 양도성)

1.4.2. 상호의 선정

1.4.2. 상호의 선정

1.4.2.1. 상호 선정에 관한 입법주의

(1) 상호선정의 입법주의

- 상호자유주의 : 상호를 영업의 실체적 내용과는 관계없이 아무렇게나 쓸 수 있음은 주의.
- 상호진실주의 : 상호를 영업의 실체와 합치되게끔 사용하여야 한다는 주의.
- 절충주의 : 상호 선정 시에는 영업의 실체와 부합하게 함으로써 상호진실주의를 기초로 하지만
  영업의 양도나 상속에 있어서는 종전 상호의 속용을 인정하는 주의. 상법의 입장

(2) 상호자유주의 원칙

- 상인은 그 성명 또는 기타 명칭으로 상호를 정할 수 있음(상 18조). 상호에는 자기의 이름뿐만
  아니라 타인의 이름을 사용하는 것도 가능하며, 타인의 사용과 구별되는 용어가 아닌 통속적인
  용어로 쓰이는 경우에는 무한대로 사용할 수 있음

(3) 상호자유주의 예외

- 상호는 상인을 다른 상인과 식별하는 표지역할을 함으로써 신용 등의 경제적 효과가 있으므로 이를
  악용하는 것을 막기 위하여 일정한 제한을 가하고 있음
- 상법은 회사의 상호, 회사상호의 부당사용 금지, 주체를 오인시킬 상호의 사용금지, 명의대용자의
  책임 등을 규정하고 있음
  - 회사의 상호: 합명 · 합자 · 주식 · 유한회사라는 종류 표시 문자 사용해야 함(상 19조)
  - 회사가 아니면 회사임을 표시하는 문자를 사용 못함(상 20조)
  - 특수사업(은행, 신탁, 보험) 목적의 회사는 업무도 표시

1.4.2. 상호의 선정

(4)부정한 목적으로 타인의 영업으로 오인할 수 있는 상호의 사용금지(상23조 1항)
- 부정한 목적이란 '어느 명칭을 자기의 상호로 사용함으로써 일반인으로 하여금 자기의 영업을 그 명칭에 의하여 표시된 타인의 영업으로 오인시키려고 하는 의도'
- ☞ 타인이 영업으로 오인할 수 있는 상호
  ① 그 타인의 영업과 동종 영업에 사용되는 상호
  ② 각 영업의 성질이나 내용, 영업방법, 수요자층 등에서 서로 밀접한 관련을 가지고 있는 경우
  ③ 타인의 상호가 현저하게 널리 알려져 있어 일반 수요자들로부터 기업의 명성으로 인하여 절대적인 신뢰를 획득한 경우
- 가등기 상호뿐만 아니라, 미등기 상호의 부정한 사용도 방지하기 위한 것임. 부정한 목적으로 사용하는 이상 그 상호가 현실로 타인의 상호인지 아닌지, 그것이 상호로서 등기되어 있는지 어떤지 묻지 않음.
- 동일한 특별시·광역·시·군에서 동종영업으로 타인이 등기한 상호를 사용하는 자는 부정한 목적으로 사용하는 것으로 추정.
- 이에 위반하여 상호를 사용하는 자가 있는 경우에 이로 인하여 손해를 받을 염려가 있는 자 또는 상호를 등기한 자는 그 폐지를 청구할 수 있음

(5)상호단일의 원칙
- 하나의 영업에 대해 하나의 상호를 사용하여야 함(상21조 1항)
- 회사의 경우에는 상호가 영업에 관해서만 회사를 나타내는 명칭이 아니라 회사의 전인격을 나타내는 명칭이므로, 회사가 수개의 영업을 하더라도 하나의 상호를 사용해야 함
- 동일한 영업에 대한 상호단일의 원칙을 명문화한 것은 소비자를 보호하고 타인의 상호선정 자유의 부당한 제약을 방지하고자 하는데 있음
- 지점의 상호에는 본점과의 종속관계를 표시하여야 함(상21조 2항)

1.4.2. 상호의 선정

1.4.2.2. 상호의 등기
(1) 의의
- 상호는 상인과 그 거래상대방인 일반대중에게 큰 이해관계가 있으므로 법률은 상호를 공시하기 위하여 상호등기제도를 마련함
- 개인상인의 경우에는 상업등기부에 자유로이 할 수 있고, 회사의 경우에는 회사등기부에 반드시 등기하여야 함
- 타인이 등기한 상호는 동일한 특별시·광역시·시·군에서 동종영업 상호로 등기 못함
- 일단 상호를 등기한 경우에는 그 상호의 변경·폐지는 등기사항이므로 상인은 상호의 변경·폐지의 등기를 하여야 할 의무가 있음
- 상호를 등기하면, 동일상호의 등기배척 및 부정목적의 사용이 추정되는 효과가 있음

(2) 성질
1) 다수설 : 상호전용권의 내용
2) 소수설 : 등기법상의 효력만, 침해에 따른 배타적 권리가 아니다

(3) 예외 : 행정구역 변경, 지점소재지의 상호

(4) 입증책임의 완화(법 23조 2항) : 부정목적, 손해의 염려를 입증할 필요가 없음

1.4.2. 상호의 선정

1.4.2.3. 상호의 가등기(상22조의2)
(1)의의
- 상호의 등기요건이 갖추어지기 전에 타인이 동일 또는 유사상호를 등기함으로 인해 받을 수 있는 불이익을 줄이기 위한 제도
* 가등기를 할 수 있는 경우
　①물적 회사의 설립 시
　②회사의 상호나 목적, 또는 상호와 목적을 변경하고자 할 때
　③ 회사의 본점을 이전하고자 할 때

(2) 가등기의 효력
- 상법 22조(상호등기의 효력)의 적용에 있어서는 상호의 등기로 봄
- 가등기도 타인이 등기한 상호는 동일한 특별시·광역시·시·군에서 동종영업의 상호를 등기하지 못함.
- 이때의 상호의 가등기는 상호등기로 보므로 이러한 경우에도 등기상호권자는 타인에 대한 사전등기 배척권을 가짐

(3) 가등기의 절차
- 상호의 가등기에 있어서 본등기를 할 때까지의 기간, 공탁금의 공탁과 그 회수, 가등기의 말소 기타 필요한 절차는 대법원 규칙으로 정함

1.4.3. 상호권

1.4.3. 상호권
1.4.3.1. 상호권의 의의
- 상호권이란 상인이 상호에 대하여 갖는 권리로써,적법하게 선정한 상호를 타인의 방해를 받지 않고 상호를 사용할 수 있는 상호사용권과
- 타인이 부정한 목적으로 자기가 사용하는 상호와 동일 또는 유사한 상호를 사용하는 경우에 이를 배척할 수 있는 상호전용권을 말함

1.4.3.2. 상호권의 법적 성질
　상호는 상인을 나타내는 명칭이므로 명예권 등과 관련하여 인격적인 성질을 가지고 있으며, 아울러 상호를 양도함으로써 재산적 이익을 얻을 수도 있으므로 재산권적 성질도 아울러 갖고 있음
　(겸유설; 다수설)

1.4.3.3. 상호권의 내용
1.4.3.3.1 상호사용권 : 타인의 방해를 받지 않고 상호를 사용할 수 있는 권리
- 상호사용권은 상인 자신이 적법하게 선정한 상호를 타인의 방해를 받지 않고 사용할 수 있는 권리
- 상호사용권은 다른 상인이 동일상호로 등기한 경우에도 사용폐지를 요구 받지 아니할 뿐만 아니라 손해배상청구를 받지 않고 계속해서 사용할 권리를 가짐
- 상호사용권은 등기된 상호이든 미등기 상호이든 그 내용에 있어서는 차이가 없음
- 적극적 권리이지만, 상호사용권으로는 타인이 동일상호를 사용하는 경우 배척할 수 있는 권리는 아님

1.4.3. 상호권

1.4.3.3.2. 상호전용권

(1) 의의
- 상호전용권이란 상인이 전용하여 타인이 부정한 목적으로 동일 또는 유사상호를 사용할 경우 그 사용을 배제하는 권리로 배타적으로 사용할 수 있는 권리임(상23조)
- 이 상호전용권은 등기여부에 관계없이 인정되는 권리이지만, 등기에 의하여 상호전용권이 배타성이 더욱 강화됨. 상호사용권보다 배타적 권리가 강화된 것임

(2) 요건
1) 부정한 목적: 일반인으로 하여금 자기 영업을 그 명칭에 의해 표시된 타인의 영업으로 오인 시키려는 의도(판례).
   判例 : 허바허바칼라 상호 양도후 새허바허바칼라 → 부정목적 O
   判例 : 마산의 '고려당'에 서울의 고려당 마산분점 → 부정목적 X
   判例 : 수원보령약국이 서울의 보령제약과 오인할 가능성 X
2) 유사상호의 사용 : 동일 또는 유사한 상호를 법률상 및 사실상 사용
3) 손해를 받을 염려

(3) 효력
1) 등기전의 상호전용권
① 사용폐지청구권
- 사용폐지청구권이란 상호사용자가 다른 상인이 사용하는 자기의 상호사용을 못하게 하는 권리. 등기전이라면 상호권자가 타인의 부정한 목적에 대해 입증하여야 함

1.4.3. 상호권

② 손해배상청구권
- 상호의 부정사용자에 대하여 상호권자는 위의 상호사용 폐지청구권을 행사할 수 있음은 물론 손해 배상을 청구할 수 있음 (상 23③)
- 동일한 특별시·광역시·시·군에서 동종영업으로 타인이 등기한 상호를 사용하는 자는 부정한 목적으로 사용하는 것으로 추정 (상 23④)
③ 상호등기 말소청구권
- 미등기한 상호권자라도 타인이 등기한 경우 사후에 등기말소 청구권 가능(사전 아님)
④ 과태료의 제재
- 타인의 상호를 부정 사용한 자는 200만원 이하의 과태료에 처함(상28)

2) 등기후의 상호전용권
- 타인이 등기한 상호는 동일한 특별시·광역시·시·군에서 동종영업의 상호로 등기하지 못하며 (상22조), 동일한 특별시·광역시·시·군의 타인이 등기한 상호를 사용하는 자는 부정한 목적으로 사용하는 것으로 추정(상23조 4항)
- 상호를 등기하면 상호사용폐지청구권의 요건이 완화되고, 유사상호의 등기배척권이 발생하는 등 상호권이 강화됨
① 사용폐지청구권
- 피해자가 등기상호권자인 경우에는 상호의 부정사용으로 인하여 손해를 받을 염려가 있음을 입증 하지 않아도 당연히 상호전용권을 행사할 수 있음(상 23② 후단)
② 등기상호권자의 사전등기 배척권
- 타인이 등기한 상호는 동일한 특별시·광역시·시·군에서 동종영업의 상호로 등기하지 못함 (상 22)

1.4.3. 상호권

상호전용권	등기 전	등기 후	
①상호사용폐지청구권 손해배상청구권	절반있음(상호권자가 등기 전에는 부정목적 손해를 입증해야함)	있음	
②등기배척권	없음	있음	
③등기말소권	없음	있음	①의 청구권과 경합

1.4.4. 상호의 이전과 폐지

1.4.4. 상호의 이전과 폐지

1.4.4.1. 상호의 이전

1.4.4.1.1. 상호의 양도

(1) 양도의 의의

- 상호권자가 상호권을 타인에게 양도하는 것을 말함. 상법은 영업을 폐지하는 경우와 영업을 양도하는 경우에만 상호를 양도할 수 있는 것으로 하였음
- 상호의 양도는 상호양도인과 상호양수인과의 합의에 의해서 효력이 생기며, 이에 특별한 방식이 있어야 하는 것이 아님.
- 다만 등기된 상호의 양도는 등기하지 아니하면 제3자에게 대항 하지 못하도록 하고 있음

(2) 원칙

- 영업과 함께 하여야 하며 상호만의 분리양도는 불가능(영업폐지시에는 상호만의 양도가 가능).
- 상인의 신용이나 영업상의 명성이 상호에 화체 되어 상호자체가 재산적 가치를 갖게 되는 바, 사인은 이러한 상호권을 다른 재산권과 같이 타인에게 양도할 수 있음.
- 또한 상호는 재산권적 성질을 가지므로 양도와 함께 상속도 가능함

(3) 상호의 양도는 등기하지 않으면 제3자에게 대항하지 못함(상25조 2항)

(4) 영업과 함께 양도시의 효과 : 경업피지의무 + 양수인의 변제책임

1.4.4.1.2. 상호의 상속

- 상호는 재산권적 성질을 가지므로 양도와 함께 상속도 가능함.
- 상호상속의 등기는 상호양도의 등기와는 달리 상호이전의 대항요건이 아님(통설)

1.4.4. 상호의 이전과 폐지

1.4.4.2. 상호의 변경과 폐지

(1) 상호를 등기할 자는 변경·폐지한 경우에 등기를 하여야 함(상40조)

(2) 변경·폐지한 경우 2주간 내에 변경·폐지의 등기를 하지 않으면 이해관계인은 그 등기의 말소 청구를 할 수 있음(상27조)

(3) 정당한 사유없이 2년간 상호를 사용하지 않으면 그 상호를 폐지한 것으로 봄(상28조)

1.4.5. 명의대여자의 책임

1.4.5. 명의대여자의 책임

1. 의의

- 타인에게 자기의 명의를 대여하여 영업을 하게 한 경우, 그 명의를 믿고 거래한 외부의 제3자를 보호하기 위한 규정(외관주의와 금반언의 법리)(법 24조)
- 타인에게 자기의 성명 또는 상호를 사용하여 영업을 할 것을 허락한 자는 자기를 영업주로 오인하여 거래한 제3자에 대하여 그 타인과 연대하여 변제할 책임이 있음
- 명의대여자 책임제도는 외관을 신뢰하고 거래한 제3자를 보호하기 위한 외관이론의 표현이며 상호 진실주의를 간접적으로 인정한 규정임

☞명의대여와 표현대리의 異同

명의대여	구분	표현대리
외관존중		
영업주 오인의 문제	논점	대리권 오신의 문제
명의사용허락에 대한 책임	귀책사유	대리권 수여의 표시에 대한 책임
명의사용자,대여자 연대책임	책임자	표현대리인은 무책임 본인만이 책임(통설)
명의대여자-책임 有 권리 無	제3자와의 관계	본인-책임 有 권리 有

2. 취지 : 외관주의

1.4.5. 명의대여자의 책임

1.4.5.1. 요건
1. 외관존재(대여자명의의 사용)
(1)상호의 동일성
　1) 대리점이란 명칭 사용은 X(判例)
　2) 영업소, 지점, 출장소는 명의대여자 책임 有
(2) 영업동일성 요부
　1) 긍정설(사회통념에 따라 판단) : 다수설, 判例(호텔 → 나이트클럽, 인정)
　2) 부정설

2. 외관부여
(1) 명의대여자의 상인성
- 判例 : 명의대여자가 상인이 아니고 명의차용자의 행위가 상행위 아니어도 됨
- 명의대여자로 인정됨에는 상호는 물론 명의를 대여한 경우도 포함되므로 명의대여자가 상인임을 요하지 않으며, 국가나 지방자치단체 기타 공공기관도 명의대여자가 될 수 있음.그러나 명의차용자는 상인이어야 함.
(2) 영업으로 할 것 : 1회적이면 표현대리의 문제
(3) 명의사용의 허락 : 명시적 또는 묵시적 허락(부작위가 일정한 의무위반인경우에 인정)
- 영업외관이 존재하고 상대방이 선의인 경우 인정하여야 할 것
- 명의대여자의 책임이 발생하기 위해서는 자기의 성명 또는 상호를 타인이 사용하도록 허락하였어야 함.
- 허락은 명시적으로 할 수도 있고 묵시적으로 할 수도 있음
- 타인이 자기의 성명 또는 상호를 임의로 사용함을 알고 방치한 경우는 묵시에 의한 허락이 있는 것으로 봄.

1.4.5. 명의대여자의 책임

(4) 외관의 존재
- 명의차용자의 영업이 명의대여자의 영업인 듯한 외관이 존재하여야 함
- 이러한 외관의 존재는 명의대여자의 영업을 하지 않는 경우에는 명의의 동일성만으로 인정되나, 명의대여자가 영업을 하는 경우에는 영업외관의 동일성까지 인정되어야 함
- 그러나 판례는 반드시 명의차용인 영업이 명의대여자의 영업과 동일성을 가질 필요가 없다고 하고 있음.
- 명의차용자가 대여된 상호를 자신의 상호로 등기하더라도 명의대여자는 연대책임을 부담함
(5) 상호속용의 영업양도 : 긍정설 vs 부정설
(6) 명의차용자의 사용인 : 직접 명의사용 허가가 없는 한 책임을 지지 않음(判例)

3. 외관 신뢰
(1)오인설 : 선의만 있으면 됨
(2)경과실면책설 : 선의, 무과실 요건
(3)중과실 면책설 : 선의 + 중과실 없을 것(통설, 判例)
(4)제3자의 선의
- 명의차용자와 거래한 상대방은 거래를 함에 있어서 명의대여자를 영업주로 오인하였어야 함
　여기서 상대방이란 명의차용자와 거래한 직접의 상대방을 가리킴.
- 상대방이 명의대여자를 영업주로 오인한 데에는 악의 또는 중과실이 없어야 하며, 악의 또는 중과실에 대한 입증책임은 명의대여자에게 있음

1.4.5. 명의대여자의 책임

1.4.5.2. 효과

(1) 책임의 성질 : 부진정연대책임

- 명의대여자는 자기를 영업주로 오인하여 거래한 제 3자에 대하여 명의차용자와 연대하여 변제할 책임이 있고, 이 경우 명의대여자와 명의차용자의 책임은 부진정 연대책임관계에 있음. 명의대여자가 제 3자에게 변제한 경우에는 명의 차용자에게 구상할 수 있음

(2) 책임의 범위

1) 영업상 거래에 관련한 : 채무불이행, 원상회복의무 등도 포함

- 명의대여자는 명의차용자가 부담한 영업상의 거래로 인한 책임을 짐.
- 영업상의 거래로 인한 책임에는 거래상의 이행책임, 목적물에 대한 담보책임, 불이행시의 손해배상책임, 계약해제시의 원상회복의무에 대한 채무도 책임범위에 포함된다는 것이 판례의 입장임

2) 허락한 영업범위 내의 채무

　判例 : 수산물매매의 중매영업행위 → 냉동명태매매 : X

　判例 : 정미소 경영에 관한 영업행위 → 정미소의 점유부분에 대해 임대차 : X

(3) 불법행위책임 : 거래와 관련된 불법행위에만 책임 有

(4) 어음행위

1) 영업활동과 관련한 어음행위 : 포함됨

2) 어음행위에 대해서만 명의대여를 한 경우 : 부정설 vs 긍정설(유력설)

1.5.1. 상업장부의 의의

1.5. 상업장부

1.5.1. 상업장부의 의의

- 상업장부란 상인이 영업활동과 관련하여 그 영업상의 재산 및 손익의 상황을 명백하게 하기 위하여 상법상 작성이 강제되는 장부임
- 상법은 상인이 영업상의 재산 및 손익의 상황을 명백히 하기 위하여 회계장부 및 대차대조표를 작성하도록 하고 있는 것임
- 상인이 아닌 상호보험회사나 각종의 협동조합이 작성하는 장부나 상법상 작성의무가 없는 소상인이 작성하는 상업장부는 상법상의 상업장부가 아니며, 또 상인이 임의로 작성하는 장부도 상업장부는 아님
- 상업장부로서 회계장부와 대차대조표가 있음

(1) 회계장부

- 영업상의 거래 기타 기업재산의 일상의 동적 상태를 기록하기 위한 장부를 말함. 따라서 회계장부에는 거래와 기타 영업상의 재산에 영향이 있는 사항을 기재하여야 함.
- 이러한 회계장부에는 매일매일의 거래를 기재하는 전표,이를 거래의 발생순서 또는 거래의 유형 등에 따라 작성하는 분개장, 종합하여 기재하는 원장 등이 있음

(2) 대차대조표

- 일정시기에 있어서의 기업의 총재산을 자산·부채·자본의 과목으로 나누어 기업재산의 구성상태를 일목요연하게 하는 개괄표로 재정일람표를 말함(정태적 재산상태 표시)
- 상인은 영업을 개시한 때와 매년 1회 이상 일정시기에, 회사는 성립한 때와 매 결산기에 회계장부에 의하여 대차대조표를 작성하고, 작성자가 이에 기명날인 또는 서명하여야 함
- 대차대조표에 기재할 재산은 동산, 부동산, 채권 기타의 재산임. 채무도 소극재산으로 기재하여야 함

1.5.1. 상업장부의 의의

☞ 상업장부와 재무제표의 이동

	상업장부	재무제표
공통점	①상인이 작성하는 장부이다. ②상법상의 의무로서 작성함. ③대차대조표는 상업장부와 재무제표에 다 같이 포함됨.	
종류	①대차대조표 ②회계장부	①대차대조표 ②손익계산서 ③이익잉여금처분계산서 또는 결손금처리계산서 ④현금흐름표(기업회계기준)
차이점	①모든 상인에게 적용됨. ②법원에 제출의무가 있음. ③후일의 분쟁에 대비 하기 위한 것	①주식회사.유한회사에만 적용. ②감사에게 제출의무가 있음. ③모든 이해관계인의 이익을 보호하기 위한 것.
자산 평가 방법	①유동자산의 평가:원가주의,시가주의,저가주의(삼원주의) ②고정자산의 평가:원가주의,통상감각상각,우발감가상각	①유동자산의 평가:원가주의,저가주의(이원주의) ②고정자산의 평가:원가주의,통상감각상각,우발감가상각 ※특칙(무형의 영업권 평가)

1.5.2. 상업장부의 종류

1.5.2. 상업장부의 종류

1.5.2.3. 상업장부에 관한 의무

1.5.2.3.1. 작성의무

- 소상인을 제외한 모든 상인은 상업장부를 작성할 의무를 부담함(상 29 ①, 9).
- 상인은 영업을 개시한 때와 매년 1회 이상 일정시기에, 회사는 성립한 때와 매 결산기에 회계장부에 의하여 대차대조표를 작성하고, 작성자가 이에 기명날인 또는 서명하여야 함(상 30②).
- 상업장부의 작성의무는 상인자격을 상실할 때에 종료함.
- 상업장부의 작성에 관하여 상법에 규정이 없는 것은 일반적으로 공정타당한 회계관행에 의하여 작성하여야 함(상 29 ②).
- 상법에 있는 규정으로는 상법장부(상 29-33) 및 회사편의 주식회사와 유한회사의 계산규정 등임.
- 공정타당한 회계관행은 기업회계기준이라 할 수 있음.
- 개인상인의 경우에는 회계장부를 작성하는 것으로 확정되지만, 회사의 경우에는 별도의 확정절차가 따로 규정되어 있음.

1.5.2.3.2. 제출의무

- 법원은 신청에 의하여 또는 직권으로 소송당사자에게 상업장부 또는 그 일부분의 제출을 명할 수 있음(상 32).
- 제출의무를 부담하는 자는 상인 또는 상업장부의 보존의무를 지는 자로서 소송당사자임.

1.5.2. 상업장부의 종류

1.5.2.3.3. 보존의무

- 상법은 후일 분쟁에 대비해 상인으로 하여금 상업장부와 영업에 관한 중요서류를 보존하도록 하고 있음.
- 이에 따르면 상인은 10년간 상업장부와 영업에 관한 중요서류를 보존하여야 함(상 33①). 다만, 전표 또는 이와 유사한 서류는 5년간 이를 보존하여야 함(상 33 ①).
- 기간은 상업장부에 있어서는 그 폐쇄한 날로부터 기산함(상 33 ②).
- 위 장부와 서류는 마이크로필름 기타의 전산정보처리조직에 의하여 이를 보존할 수 있음(상 33 ③).
- 이 규정에 의하여 장부와 서류를 보존하는 경우 그 보존방법 기타 필요한 사항은 대통령령으로 정함(상 33 ④).

1.5.2.3.4. 제재

- 상업장부의 작성ㆍ보존의 해태 또는 부실기재에 대한 상법상의 일반적 제재는 없으므로 불완전 의무임. 그러나 회사에 있어서는 그 부정작성 또는 부실기재에 대하여 업무집행사원ㆍ이사ㆍ감사ㆍ검사인ㆍ청산인ㆍ지배인 등은 500만원 이하의 과태료의 제재를 받음(상 635 ① ix).
- 파산의 경우에는 개인상인이라도 상업장부 등을 작성하지 않거나 부실기재를 하는 등의 일정한 경우에는 형사적 제재를 받을 수 있음.

1.5.2. 상업장부의 종류

1.5.2.4. 자산평가원칙

1.5.2.4.1. 유동자산의 평가 : 선택주의 및 저가주의

- 유동자산은 취득가액ㆍ제작가액 또는 시가에 의함. 그러나 시가가 취득가액 또는 제작가액보다 현저하게 낮은 때에는 시가에 의함(상 31 I).
- 상법총칙상 유동자산의 평가는 취득가액(제작가액).시가주의.저가주의의 삼원주의를 채택하고 있으나 주식회사ㆍ유한회사의 경우에는 원칙적으로는 원가주의에 의하고 예외적으로 저가주의를 취함으로써 이원주의를 채택하고 있음(상 452).
- 유동자산이란 1년 이상 동일형태를 계속하지 못하고 빈번하게 변동하는 자산으로 현금, 재고자산 등이 이에 해당함.

1.5.2.4.2. 고정자산의 평가

- 고정자산은 취득가액 또는 제작가액으로부터 상당한 감가액을 공제한 가액에 의하되, 예측하지 못한 감손이 생긴 때에도 상당한 감액을 하여야 함(상 31 ii).
- 즉 고정자산의 평가는 원가를 기준으로 하되, 여기서 내구성 등을 고려한 통상감가상각을 하고, 천재지변 등의 돌발적 사고나 사변이 있는 경우에는 다시 이에 따른 우발감가상각을 함.
- 주식회사ㆍ유한회사의 경우에도 동일방법으로 고정자산을 평가하지만(상 452 ii, 31 ii), 무형의 고정자산인 영업권의 평가에 관하여는 특칙(상 452 vi, 583)을 두고 있음.
- 고정자산이란 그 성질상 형태의 변화에 1년 이상이 소요되는 자산으로 토지, 건물, 특허권 등이 이에 해당함.

1.6.1. 영업소의 의의

1.6 영 업 소

1.6.1. 영업소의 의의

- 기업의 존재와 활동을 공간적으로 통일하는 일정한 장소, 경영활동의 중심지 즉 영업소라 함은
상인의 영업활동의 중심지로 자연인 의 주소에 대응되는 개념으로 이러한 영업소는 영업활동의
지휘나 명령이 이루어지고, 그 영업활동의 결과가 귀속되는 장소임
- 속성, 개념적 징표
① 기업활동의 장소적 중심지 :
- 영업활동이 지속적으로 이루어지는 일정한 장소로서 영업에 관한 중심지. 따라서 이러한 결정
또는 명령에 따라 구체적으로 거래를 기계적으로 하거나 사실행위를 하는 데 불과한 공장·창고
등은 영업소가 아님
- 또한 영업소는 주소의 경우와 같이 단순히 공간적 내지 장소적 관념이므로, 특정한 장소에 있는
점포 기타의 물적 설비를 뜻하는 것이 아님
② 계속성 : 어느 정도 시간적 계속성 要. 따라서 일시적인 매점 등은 영업소가 될 수 없음
③ 단위성 : 인적 조직과 물적 조직에 의한 하나의 단위임

1.6.2. 영업소의 종류
1. 종류 : 본점, 지점
(1) 의의
1) 본점 : 기업활동전체의 지휘명령의 중심점으로서의 지위를 가진 영업소
2) 지점 : 본점의 지휘를 받으면서도 부분적으로는 독립된 기능을 하는 영업소.
- 어떠한 영업장소가 상법상 지점으로서의 실체를 구비하였다고 하려면 그 영업장소가 본점 또는
지점의 지휘·감독 아래 기계적으로 제한된 보조적 사무만을 처리하는 것이 아니라, 일정한 범위
내에서 본점 또는 지점으로부터 독립하여 독자적으로 영업활동에 관한 결정을 하고 대외적으로
거래를 할 수 있는 조직을 갖추어야 함. 그러므로 독립적인 결정권이 없는 보험회사의 지사는
영업소가 아님.

1.6.1. 영업소의 의의

3) 출장소·사무소·매점 등은 본점 또는 지점에 있어서의 조직·활동의 구성부분을 이루고 있는 데 불
과하고 그 자체는 영업소가 아니지만, 경우에 따라 결정될 것이지,당사자가 붙인 명칭 여하에 의하
지 않음. 대리점은 대리상의 영업소이지 본인인 기업의 영업소가 아님
(2) 본점과 지점의 관계 : 각 영업별로 주종관계 성립

2. 1명의 상인이 수개의 영업소 가능
(1) 1인이 수개의 영업을 하는 경우 : 각 영업별 영업소
(2) 1인이 하나의 영업을 하는 경우 : 본점과 지점

3. 영업소의 판단 : 영업소인지의 여부는 영업활동의 실질에 의하여 객관적으로 결정(통설)
- 객관적.종합적 판단 : 실질에 따라 판단할 것. 즉 영업소인지 여부는 객관적인 사실의 문제이지, 당
사자의 의사의 문제가 아니다. 그러나 기업이 영업소에 관하여 사실과 상위한 등기를 한 경우에는
기업은 이를 선의의 제 3 자에게 대항할 수 없음(상 39조). 또한 형식적 의의의 영업소와 실질적
의의의 영업소가 다른 경우에 제 3 자가 형식적 의의의 영업소를 신뢰 한 경우에는, 기업은 외관법
리에 의하여 선의의 제 3 자에게 대항할 수 없다고 봄
- 금반언의 원칙 : 등기된 영업소와 다른 경우 §39

1.6.3. 영업소의 법적 효과
1.6.3.1. 일반적 효과
(1) 변제장소 : 상행위로 인한 채무이행의 장소가 됨(특정물인도채무를 제외하고는 채권자의 영업소)
    (상 56조, 민 467조 2항)
(2) 지배인의 선임단위 :
(3) 등기관할의 표준 : 등기소 및 법원의 관할결정의 표준(상인의 영업소 소재지의 법원)
(4) 재판적 등의 표준 : 민소법상 서류송달의 장소가 됨(수령인의 영업소) (민소 183조 1항).

1.6.3. 영업소의 법적 효과

2. 본·지점에 대한 효과
(1) 등기관할의 표준
(2) 재판적 등의 표준
(3) 주주총회 기준지 : 본점
(4) 비치장소

3. 지점에 대한 효과
(1) 지점거래로 인한 채무이행장소 (상 56조)
(2) 지점에서의 등기
(3) 영업양도의 단위 : 상업등기의 대항력을 결정하기 위한 독립적 단위가 되고, 지점에 있어서의
    등기가 없는 이상 본점에 있어서의 등기를 지점거래에 원용할 수 없음(상 35조, 38조).

4. 지점의 특수효과
(1) 본점소재지의 등기사항은 원칙적으로 지점소재지에서도 등기해야(상35조) : 지점에 등기가
    없으면, 지점거래는 등기가 없는 것으로 봄(상38조)
(2) 지점마다 지배인을 둘 수 있음(상10조)
(3) 지점거래의 채무이행 장소(상56조)
(4) 지점의 영업만을 분리하여 양도 가능

Ⅴ. 관련문제
    표현지배인이 지배인으로 믿을 만한 명칭을 사용하는 영업은 영업소로서의 실질을 요하는가?
(1) 형식설
(2) 실질설(다수설, 判例)

♣ 메모 ♣

제1편 상법총칙

1.7. 상 업 등 기
1.7.1. 상업등기의 의의
1.7.2. 상업등기의 목적
1.7.3. 등기사항
1.7.4. 상업등기의 절차
1.7.5. 상업등기의 효력

1.8. 영 업 양 도
1.8.1. 영업양도의 의의
1.8.2 영업양도의 절차
1.8.3. 영업양도의 효과
1.8.4. 기타

1.7.1. 상업등기의 의의

1.7. 상 업 등 기

1.7.1. 상업등기의 의의
- 상업등기란 일정한 사항을 공시할 목적으로 상법의 규정에 의하여 등기할 사항을 법원의 상업 등기부에 하는 등기를 말함(상 34조)

☞ 상업등기와 다른 등기와의 차이점
- 상업등기는 상호등기를 제외하고는 일정한 사실의 등기임. 이 점에서 상업등기는 권리등기인 부동산등기와 구별됨
- 상업등기는 상법의 규정에 의하여 등기할 사항을 등기하는 제도임. 따라서 민법에 의한 부동산등기나 법인등기에 의한 상호회사의 등기,특별법에 의하여 설립되는 법인의 등기 등은 상업등기가 아님
- 상업등기는 법원이 관할하는 상업등기부에 하는 등기임. 따라서 행정관청이 취급하는 특허권, 상표권 등의 등록과도 구별됨

1.7.2. 상업등기의 목적
- 상업등기는 상인의 영업에 관한 일정한 사항을 공시하여 거래의 원활과 안전을 도모하려는 제도

1.7.3. 등기사항
- 등기사항 이란 상법의 규정에 의하여 상업등기부에 등기하도록 정하여진 사항을 말함. 어떠한 사항을 등기사항으로 할 것인가는 입법정책상의 문제임
- 등기사항이 너무 간단하면 기업공시의 목적을 달성할 수 없고, 그렇다고 너무 상세하면 기업의 기밀을 폭로하는 결과가 됨. 따라서 등기사항은 기업의 신용유지와 제 3 자의 보호에 관한 사항으로 상법에 일일이 개별적으로 규정되어 있음

1.7.4. 상업등기의 절차

- 그러므로 상법에 등기사항으로 규정된 것이 아닌 사항은 등기할 수도 없고, 잘못하여 등기가 된 경우에도 등기의 효력이 발생하지도 않음.

☞ 등기사항
1) 상인 일반에 관한 사항, 개인상인에 관한 사항, 회사에 관한 사항
2) 반드시 등기하여야 하는 절대적 등기사항과 상대적 등기사항
3) 법률관계의 창설에 관한 설정적 사항과 법률관계의 해소·면책에 관한 사항
- 상법총직은 지점소재지에서의 등기사항에 관하여 특별히 규정하고 있음. 즉 본점소재지에서의 (절대적)등기사항은 다른 규정이 없으면 지점소재지에서도 등기하여야 하나(상35조), 지배인은 선임된 본점 또는 지점에서만 등기하면 됨(상13조).
- 상법이 상업등기에 관하여 규정하는 것은 상업등기의 실체적 법률관계 및 중요한 절차사항이며, 절차관계의 상세한 것은 비송사건절차법 및 상업등기처리규칙에서 규정하고 있음
- 상업등기부에 는 상호, 무능력자, 법정대리인, 지배인, 합명회사, 합자회사,주식회사,유한회사,외국회사에 관한 9가지가 있음(비송사건절차법 136)

1.7.4. 상업등기의 절차
1.7.4.1. 신청주의
- 상업등기는 원칙적으로 당사자의 신청에 의함(상 34조, 40조).
- 당사자라 함은 기업의 법적 주체인 상인 이라는 뜻이 아니고 '등기사항의 관계자' 를 의미함.
- 신청에 의해 영업소를 관할하는 법원의 상업등기부에 등기(상34조)
- 상업등기의 신청은 서면의 신청서로 하여야 하는데, 이 신청서에는 일정한 사항을 기재하고 신청인 또는 그 대표자나 대리인이 기명 날인하여야 한다(비송 150조 2항)

1.7.4. 상업등기의 절차

1.7.4.2. 등기소의 심사권 : 상법 또는 비송사건절차법의 규정에 따른 심사
(1) 형식적 심사주의(판례)
- 등기공무원은 신청사항의 형식적 적법성 내용만 심사 (신청권한이 있는 자의 신청인가, 신청서가 그 방식에 적합한가, 신청사항이 상법의 규정에 의한 등기사항인가, 신청사항이 관활등기소에 속하는가 등)
(2) 실질적 심사주의
- 형식적 심사 + 신청사항의 사실여부까지 판단(실질적 심사)
(3) 수정실질적 심사주의
- 신청사항이 진실과 상이하다는 의심이 있는 경우에만 실질적 심사 가능
- 등기공무원은 기록관에 불과하므로 신청사항의 실체적 진실성까지 심사할 수 없는 점에서 보면 형식적 심사주의의 면이 있으나, 등기공무원은 등기한 사항에 관하여 착오가 있어나 빠진 것이 있음을 발견한 때에는 이를 수정할 수 있는 점(비송 233조)에서 보면 실질적 심사주의 면도 있음
- 따라서 우리 나라의 비송사건절차법상 상업 등기에 관한 등기공무원의 심사권은 절충주의의 입장이라고 할 수 있음
- 그러므로 등기공무원은 신청된 등기사항의 진실성에 대하여 의문이 있는 경우에는 이를 심사할 권한이 있으나, 그렇지 않은 경우에는 이를 적극적으로 심사할 권한이 없다고 할 것임

3. 등기의 공시
- 개별적공시(등기부의 열람, 등본·사본의 청구)

1.7.5. 상업등기의 효력

1.7.5.1. 일반적 효력(37조 1항) : 상업등기의 본질적 효력

1.7.5.1.1. 등기전의 효력 (소극적 공시의 원칙)

① 등기사항을 선의의 제3자에게 대항하지 못함 : 제3자가 등기사실을 주장은 가능

② 선의의 제3자 : 거래상대방에 한하지 않고 등기사항에 관해 정당한 이해관계를 갖는 자를 포함

1.7.5.1.2. 등기후의 효력(적극적 공시의 원칙)

- 등기사항을 선의의 제3자에게도 대항가능. 단 제3자가 정당한 사유로 인해 몰랐을 경우에는 그에게 대항하지 못함
- 정당한 사유란 등기부의 소실 등으로 등기부의 열람 또는 등·초본의 교부청구가 불가능한 경우 등 객관적 사유를 가리킴
- 정당한 사유에 대한 거증책임은 제3자가 짐

☞ 외관보호규정과의 관계

- 표현대리, 표현지배인, 표현대표이사 등의 경우에는 제3자의 악의가 의제되지 않고 선의의 제3자에 대해서는 대항할 수 없도록 하여 등기를 하면 일단 제3자의 악의가 의제되는 상업등기의 적극적 공시의 효력과 상반됨
- 이렇게 상업등기의 적극적 효력에 관한 제37조의 규정에 우선해서 표현책임에 관한 규정(상법 제14조 등)이 먼저 적용되는 것에 대해 학설은 상법 제14조가 상법 제37조의 예외라고 보는 예외설, 제14조가 제37조에서 규정한 정당한 사유라고 보는 정당 사유설, 제14조와 제37조는 차원을 달리하는 규정이라는 이차원설 등이 대립하고 있음

1.7.5. 상업등기의 효력

1.7.5.1.3. 일반적 효력이 미치는 범위

사법적 효력 거래관계에서는 적용되나 공법적 거래관계에서는 적용되지 않음

(1) 비거래관계

- 비법률행위 예컨대, 불법행위 · 부당이득 · 사무관리와 같은 법률관계에도 상업등기의 일반적 효력이 미치는가에 대하여 학설은 부정설(다수설), 수정부정설(소수설) 및 긍정설(소수설)로 나뉘어 있음.

(2) 상호양도

- 상호의 양도는 등기하지 아니하면 제3자에게 대항하지 못한다(상 25 ②). 이러한 상호양도의 변경등기의 대항력은 제3자의 선의 · 악의를 불문하고 발생함. 따라서 상호의 양도는 상업등기의 일반적 효력에 대한 예외규정으로 보는 견해(다수설)와 상호양도와 상업등기는 각각 적용되는 경우가 다를 뿐 예외규정으로 볼 수 없다는 견해(소수설)로 나뉜다.

(3) 지점거래

- 영업소가 본점 · 지점 등 수 개 있을 때에는 본점소재지에서 등기할 사항은 다른 규정(상 13)이 없으면 지점소재지에서도 등기하여야 하며(상 35), 지점소재지에서 이를 등기하지 않으면 본점소재지에서의 등기사항은 그 지점의 거래에 관하여는 일반적 효력이 미치지 않음(상 38).
- 따라서 등기할 사항을 본점에서만 등기하고 지점에서는 등기를 하지 않았다고 한다면 지점의 거래에 있어서는 그 사항을 가지고 선의의 제3자에 대항하지 못함.

1.7.5. 상업등기의 효력

1.7.5.2. 특수적 효력
　상업등기 중 일정한 사항에 대하여 제3자의 선의·악의를 불문하고 등기 그 자체만으로 효력이 발생하는 경우를 상업등기의 특수적 효력이라고 함

1.7.5.2.1. 창설적 효력
- 창설적 효력이란 등기에 의하여 비로소 법률관계가 형성 또는 설정되는 효력을 말함. 창설적 효력은 제3자의 선의·악의에 관계없이 발생하므로 제37조는 적용되지 않음
　① 상호양도등기로 특별한 대항력을 취득(상25조 2항)
　② 상호가 그 등기로 배타성이 완성되는 것(상22조, 상23조)
　③ 회사의 설립등기로 회사가 성립(상172조)
　④ 회사의 합병등기로 회사합병의 효력발생(상234조)

1.7.5.2.2. 보완적 효력
- 등기 후 등기원인이 되는 법률관계의 전제 사실관계의 하자를 치유
① 설립등기 후 주식인수인이 주식청약서의 흠결을 이유로 인수의 무효를 주장하거나, 사기·강박·착오를 이유로 인수를 취소하지 못함(상320조 1항)
② 증자등기 후 1년이 경과하면 주식청약서·신주인수권증서의 요건의 흠결을 이유로 그 인수무효를 주장하거나 사기·강박·착오를 이유로 인수를 취소하지 못함(상427조)

1.7.5.2.3. 부수적 효력(해제적 효력)
- 어떤 행위의 허용 또는 면책의 기초가 되는 것
① 설립등기로 주권발행, 주식양도 가능(상355조, 상335조 2항, 상319조)
② 퇴사등기 후 2년이 경과하면 인적회사사원의 책임소멸(상225조)
③ 해산등기 후 5년이 경과하면 인적회사사원의 책임소멸(상267조 1항)

1.7.5. 상업등기의 효력

1.7.5.3. 부실등기의 효력

1.7.5.3.1. 상업등기의 추정력
- 객관적 진실과 다른 사항이 등기·공고되면 그 사항은 일단 진실하다는 사실상의 추정을 받게 됨 (통설, 판례).
- 등기소의 심사권이 철저하지 못하여 법률상 추정력을 인정하기 어렵기 때문에 이러한 추정력이 입증책임을 전환시키는 법률상 추정력을 생기게 하는 것은 아님
- 판례도 법인 등기부에 이사 또는 감사로 등재되어 있는 경우에는 특단의 사정이 없는 한, 정당한 절차에 의하여 선임된 적법한 이사 또는 감사로 추정된다라고 판시하고 있는 점으로 미루어, 사실상의 추정력을 인정한 것으로 생각됨

1.7.5.3.2. 제한적 공신력(상39조)
(1)의의 : 고의 또는 과실로 인해 사실과 상위한 사항을 등기한 자는 그 상위를 선의의 제3자에게 대항하지 못함(상39조)
(2)요건
① 외관의 존재 : 사실과 상위한 사항이 등기되어야 함.
② 귀책사유 : 등기신청인에게 고의 또는 과실이 있어야 함. 부실등기의 원인이 상인 자신에게 있는 경우만 해당하고 등기관의 착오나 제3자의 허위등기에 대하여는 선의의 제3자도 보호 받지 못함
③ 제3자가 선의이어야 함. 선의란 등기와 사실이 상위함을 알지 못하는 것이며, 선의에 과실이 있는가는 묻지 않음

1.8.1. 영업양도의 의의

1.8. 영업양도

1.8.1. 영업양도의 의의

1.8.1.1. 영업양도의 개념
- 영업의 양도라 함은 일정한 영업목적에 의하여 조직화된 총체(영업자산) 즉 물적, 인적 조직 그리고 사실관계까지도 그 동일성을 유지하면서 일체로서 이전하는 것을 말함
- 양도된 영업의 동일성 여부는 일반사회 관념에 의하여 결정되어져야 함. 영업양도가 이루어졌는가의 여부는 단지 어떠한 영업재산이 어느 정도로 이전되어 있는가에 의하여 결정되어야 하는 것이 아니고 거기에 종래의 영업조직이 유지되어 그 조직이 전부 또는 중요한 일부로서 기능할 수 있는가에 의하여 결정되어야 함
- 영업재산의 일부를 유보한 채 영업시설을 양도했어도 그 양도한 부분만으로도 종래의 조직이 유지되어 있음이고 사회관념상 인정되면 그것을 영업의 양도라 볼 것이지만, 반면에 영업재산의 전부를 양도했어도 그 조직을 해체하여 양도했다면 영업의 양도로 볼 수 없음
- 영업양도가 있음이고 볼 수 있는지의 여부는 양수인이 당해 분야의 영업을 경영함에 있어서 무(無)로부터 출발하지 않고 유기적으로 조직화된 수익의 원천으로서의 기능적 재산을 이전받아 양도인이 하던 것과 같은 영업적 활동을 계속하고 있음이고 볼 수 있는지의 여부에 따라 판단되어야 함
- 이러한 영업양도는 채권계약이므로 양도인이 재산이전의무를 이행함에 있어서는 상속이나 회사의 합병의 경우와 같이 포괄적 승계가 인정되지 않고 특정승계의 방법에 의하여 재산의 종류에 따라 개별적으로 이전행위를 하여야 할 것임
- 즉 영업양도가 있었다고 인정하려면 당사자 사이에 영업양도에 관한 합의가 있거나 영업상의 물적, 인적 조직이 그 동일성을 유지하면서 양도인으로부터 양수인에게 일체로서 포괄적으로 이전되어야 함. 합의가 있기 위해서는 영업양도 당사자 사이의 명시적 또는 묵시적 계약이 있어야 함

1.8.1. 영업양도의 의의

1.8.1.2. 영업양도의 법적 성질
(1) 양도처분설 : 양도처분설은 영업양도를 객관적 의의의 영업 즉 영업재산을 이전하는 것으로 보는 견해
　　- 영업재산양도설(다수설 , 判例)
　　　　① 영업재산을 물건 + 재산적 가치가 있는 사실관계로 파악
　　　　② 이러한 조직적 재산을 동일성을 유지하면서 이전하는 채권계약
　　　　③ 영업의 동일성(判例) : 영업조직 자체의 이전
　　　　④ 영업조직(判例) : 인적조직의 승계
　　- 영업조직양도설
　　- 영업유기체양도설
(2) 지위교체이전설 : 영업의 양도는 영업자인 지위 또는 영업의 경영자인 지위의 교체 또는 승계라고 보는 견해
(3) 절충설 : 위의 두 입장을 절충한 것
　　- 지위·재산이전설
　　- 기업자체이전설

1.8.1.3. 영업양도와 구별되는 개념
- 영업양도와 합병은 기업결합방식의 일종으로 기업유지의 이념을 실현시키는 제도라 할 수 있으며, 인적회사는 총사원의 동의, 물적회사는 총회의 동의와 같은 내부적 절차가 동일하나 다음과 같은 점에서 차이가 있음.

1.8.1. 영업양도의 의의

☞ 영업양도와 회사합병의 비교

구분		영업양도	합병
공통점		① 기업의 집중에 이용 ② 기업의 유지강화에 이용	
성질상의 차이		①개인법상,거래법상의 현상 ②채권계약, 혼합계약 ③특정승계 ④일부양도 가능	①단체법상, 조직법상의 현상 ②준물권계약 ③포괄승계 ④일부합병 불능
절차상의 차이	①주체	자연인도 가능	회사만이 주체가 될 수 있음.
	②계약형식	불요식계약	요식계약(물적회사는 합병계약서 작성필요)
	③채권자보호절차	영업양도 후 선의의 채권자, 채무자 보호규정이 있음.	합병전에 채권자보호절차를 취함.
	④등기	개별적인 이전등기 필요	합병등기가 효력발생요건
효과상의 차이	①인격소멸	법인격은 소멸하지 않음.	소멸회사의 법인격이 소멸함.
	②이행행위	영업재산을 개별적으로 이전	재산이나 사원이 포괄적으로 이전함.
	③경업금지의무	다른 의사표시 없는 한 부담	문제될 여지가 없음.
	④무효 주장	계약의 일반원칙에 의함. 제한없음	제소권자가 제소기간내(6月)에 訴만으로 주장
	⑤ 반대주주의 주식매수청구권	없음	있음

1.8.2. 영업양도의 절차

1.8.2 영업양도의 절차

1.8.2.1. 양도계약의 당사자
- 영업의 양도인은 상인으로 개인 또는 회사이다. 영업의 양수인은 상인이든 상인이 상인이 아니든 관계없음.
- 영업양도의 당사자가 상인인 경우에는 아무런 문제가 없으나, 회사인 경우에는 영업의 소유자인 출자자단체의 일정한 의사결정절차를 밟아야 함.
- 만일 이러한 출자자 단체의 의사결정절차를 밟지 않고 회사의 대표기관이 영업양도(양수)계약을 체결하였다면 그 계약은 무효임

1.8.2.2. 양도계약의 체결
- 영업양도 계약의 당사자가 상인 개인인 경우에는 개인의 의사에 의하여 계약이 체결되겠지만, 단체인 경우에는 단체구성원의 의사를 결정할 절차가 필요
(1) 회사가 양도인인 경우
① 합명・합자회사
- 회사가 존속 중 영업양도를 하는 경우 ➜ 총사원의 동의(정관변경이 필요한 경우 : 상204조)
- 해산 후(청산 중)에 영업양도를 하는 경우 ➜ 총사원의 과반수의 결의(상 257조, 269조).
② 주식・유한회사 : 주주총회, 사원총회의 특별결의(영업의 전부・중요한 일부 양도시 : 상374, 576조)
(2) 회사가 양수인인 경우
①합명・합자 : 총사원의 동의(정관변경이 필요한 경우 : 상204조)
②주식・유한 : 영업전부를 양수할 때만 주주(사원)총회의 특별결의(상374조)

1.8.2. 영업양도의 절차

(3) 양도계약의 방식 : 특별한 규정 없음. 낙성·불요식의 계약
① 양도인이 회사인 경우에는 회사의 종류에 따라 다음의 절차를 밟아야 함.
- 인적회사가 회사의 존속 중에 영업양도를 하는 경우에는 총사원의 동의를 요하나(상 204조, 269조) 물적회사는 회사의 해선 전후를 불문하고 영업양도에는 주주총회의 특별결의를 요함(상374조1항1호, 576조 1항)
② 양수인이 회사인 경우에는 다음의 절차를 밟아야 함
- 양수인이 회사인 경우에는 상법규정이 없으므로 영업양수에 의하여 정관의 목적을 변경하여야 하는 경우에는 이를 위하여 총사원의 동의를 요함(상 204조, 269조)

1.8.2.3. 양도계약의 효과

(1) 당사자간의 효과
- 적극적 효과(영업재산의 이전의무) : 각각의 재산에 대해 개별적인 이전절차와 제3자에의 대항요건을 구비하여야. 근로관계는 양수회사에 포괄적으로 승계됨(판례)
- 당사자 간에 영업양도계약이 체결된 경우에 양도인은 양수인에게 영업을 이전할 의무를 부담하고, 양수인은 양도인에게 양수대금을 지급할 의무를 부담(민 563 참조)
- 이전되는 재산의 범위에 대해서는 영업양도 계약에서 구체적으로 정해지겠지만 재산의 내용은 물건, 고객관계, 영업비결 등도 포함됨
- 이전방법은 개별적으로 이전행위를 하여야 하고 각각 이전행위의 효력발생요건 및 대항요건을 개별적으로 갖추어야 함
- 영업양도와 관련하여 고용관계도 양수인에게 이전되는가와 관련하여 판례는 기업이 사업부문의 일부를 다른 기업에 양도하면서 그 물적 시설과 함께 양도하는 사업부문에 근무하는 근로자들의 소속도 변경시킨 경우에는 원칙적으로 해당 근로자들의 근로관계가 양수하는 기업에게 승계되어 그 계속성이 유지된다고 함

1.8.3. 영업양도의 효과

1.8.3. 영업양도의 효과
- 상법은 영업양도 후의 양수인을 보호하기 위하여 양도인에게 경업피지의무를 부여하고(상 41), 또 영업으로 인한 양도인의 채권자 및 채무자를 보호하기 위하여 양수인에게 일정한 책임을 부과하고 있음(상 42-45).

1.8.3.1. 대내관계(경업피지의무)
① 당사자간에 다른 약정이 없으면 양도인은 10년간 동일한 특별시·광역시·시·군과 인접한 특별시·광역시·시·군에서 동종영업이 불가능(상42조 1항)
② 약정이 있으면 20년 한도 내에서만 약정이 유효함(20년을 초과하는 약정은 초과부분만 무효)
③ 양도인이 이에 위반한 경우에는 양수인은 양도인에 대하여 폐지청구 및 손해배상청구가 인정되나 개입권 행사는 인정되지 않음
④ 양도대상인 재산에 하자가 있는 경우 양도인은 양수인에 대하여 물건의 하자로 인한 담보책임(민 580)과 권리의 하자로 인한 담보책임(민 569-579)을 지고, 매상고나 수익에 대하여 허위의 진술을 한 경우에는 계약체결상의 과실로 인한 책임을 짐

1.8.3.2. 대외관계(제3자에 대한 관계)
1.8.3.2.1. 영업상의 채권자의 보호
(1) 양수인이 양도인의 상호를 속용하는 경우
1) 원칙
- 영업양수인이 양도인의 상호를 계속 사용하는 경우에는 양도인의 영업으로 인한 제3자의 채권에 대하여 양수인도 변제할 책임이 있음(상 42 ①).

1.8.3. 영업양도의 효과

2) 상호의 속용
- 상호의 속용은 형식상 양도인과 양수인의 상호가 완전히 동일한 것임을 요하지 않고, 양도 인의 상호 중 그 기업주체를 상징하는 부분을 양수한 영업의 기업주체를 상징하는 것으로 상호 중에 사용하는 경우를 포괄한다고 할 것임
- 영업양도인이 사용하던 상호와 양수인이 사용하는 상호가 동일할 것까지는 없고 다만 전후 의 상호가 주요 부분에 있어서 공통되기만 하면 상호를 계속 사용한다고 보아야 함
- 예컨대, 영업양도인이 사용하던 상호인 "주식회사 파주레미콘"과 영업양수인이 사용한 상 호인 "파주콘크리트 주식회사"는 주요 부분에서 공통된다고 보아, 상호속용에 따른 영업양 수인의 책임이 인정됨

3) 양수인의 책임
- 양수인은 양도인의 영업상의 채무에 대하여 무한책임을 지며, 양도인의 제3자에 대하여 가 지고 있는 모든 항변을 대항할 수 있음.
- 양수인이 책임을 진다고 하여 양도인인이 책임을 면하는 것은 아니며, 양도인과 양수인은 부진정연대채무의 관계에 있음
- 그러나 영업양수인이 양도인의 상호를 계속 사용하는 경우에는 양도인의 영업으로 인한 제 3자의 채권에 대하여 양수인도 변제의 책임이 있음이고 규정되어 있을 뿐이므로, 양도인에 게 대한 채무명의로서 바로 양수인의 소유재산을 강제집행 할 근거는 되지 못함(판례)
- 양수인이 영업양도를 받은 후 지체 없이 양도인의 채무에 대한 책임이 없음을 등기한 때에 는 책임이 없음. 양도인과 양수인 모두가 지체 없이 제3자에 대하여 그 뜻을 통지한 경우에 그 통지를 받은 제3자에 대하여도 같음(상 42 ②).
- 영업으로 인하여 발생한 채무란 영업상의 활동에 관하여 발생한 모든 채무를 말하는 것이므 로 불법행위로 인한 손해배상채무도 이에 포괄됨

1.8.3. 영업양도의 효과

(2) 양수인이 양도인의 상호를 속용하지 않는 경우
- 양수인이 양도인의 상호를 속용하지 않는 경우에는 그 상호와의 관련성이 없기 때문에 그 양도전 상호의 신뢰를 보호할 이유가 없으므로 양수인은 양도인의 영업으로 인한 채무를 변 제할 책임이 없음(민 454 참조).
- 그러나 영업양수인이 양도인의 상호를 계속 사용하지 아니하는 경우에도 양도인의 영업으 로 인한 채무를 인수할 것을 광고한 때에는 양수인도 변제할 책임 있음(상44).

(3) 양도인의 책임의 존속기간
- 영업양수인이 상호를 속용하는 경우 또는 속용하지 않는 경우에도 채무인수를 광고하여 변 제의 책임이 있는 경우에는 양도인의 제3자에 대한 채무는 영업양도 또는 광고 후 2년이 경 과하면 소멸함(상 45). 이 기간은 제척기간임

1.8.3.2.2. 영업상의 채무자의 보호
(1) 양수인이 양도인의 상호를 속용하는 경우
- 양도인의 영업으로 인한 채권에 대하여 채무자가 선의이며 중대한 과실없이 양수인에게 변 제한 때에는 그 효력이 있음(상 43).
- 선의란 영업양도가 있었다는 사실을 알지 못하는 것을 말하고, 중대한 과실이란 조금만 주 의를 하였더라면 위 사실을 알 수 있었을 때를 말함

(2) 양수인이 양도인의 상호를 속용하지 않는 경우
- 양수인이 양도인의 상호를 속용하지 않는 경우에는 상법에 규정이 없으므로 민법의 일반원 칙에 따라서 해결하여야 할 것임.
- 따라서 양수인에게 변제한 경우에는 채권의 준점유자에 대한 변제(민 470)로 되지 않는 한 변제의 효력이 없음

1.8.4. 기타

1.8.4. 기타

1.8.4.1. 영업전부의 임대계약
- 영업의 임대라 함은 인적·물적 요소가 유기적으로 결합된 기능적 일체로서의 영업, 즉 영업양도에 있어서와 동일한 의미의 영업을 그 동일성을 유지하면서 타인에게 임대하는 계약을 말함. 임차인은 자기의 명의와 계산으로 영업을 경영하게 되며, 따라서 상인자격을 가짐
- 이러한 영업의 임대차계약은 대부분 지배종속회사 사이에 이해관계가 있을 수 있기 때문에 상법은 물적회사의 경우에는 주주총회 또는 사원총회의 특별결의(상 374, 576), 합명회사와 합자회사의 경우에는 총사원의 동의를 얻도록 하고 있음(상 204, 269).
- 영업전부의 임대계약의 효력은 당사자 간의 계약에 의하되, 계약에 정함이 없으면 민법의 임대차에 관한 규정이 유추적용 된다고 할 것임

1.8.4.2. 경영위임계약
- 경영위임계약이라 함은 수임자인 제3의 경영자가 자기의 계산으로 그러나 위임회사의 수권 하에 위임회사 명의로 그 영업을 수행하는 것을 내용으로 하는 채권계약임
- 경영위임계약은 단지 제3의 경영자가 위임회사의 수권을 받아 위임회사의 명의로 영업을 수행한다는 점에서만 영업의 임대차와 차이가 날 뿐 그 이외의 점에서는 영업임대차와 같아, 이를 내부 임대차라 하기도 함

1.8.4.3. 타인과 영업의 손익전부를 같이하는 계약
- 타인과 영업의 손익 전부를 같이하는 계약이라 함은 어느 회사가 일정기간 다른 자와 영업상의 손익을 합산하여 합의된 기준에 따라 그 결과로서의 이익을 분배 또는 손실을 분담하는 계약을 말함.
- 타인과 영업의 손익 전부를 같이하는 계약은 손해공통계약 혹은 이익공통 계약으로서 민법상의 조합계약임. 따라서 계약에서 합의되지 아니한 부분에 대하여는 민·상법의 계약에 관한 일반 규정, 특히 민법의 조합에 관한 규정이 적용됨

1.8.4. 기타

1.8.4.4. 기타 이에 준하는 계약

1.8.4.4.1. 경영관리계약
- 경영관리계약은 회사가 제3경영자에게 자신의 영업을 자기 명의와 계산으로 수행하도록 위임하는 계약을 말함.
- 이 경영관리계약은 순수한 위임계약으로서 다만 그 대상이 경영일 뿐이며 수임인은 경영활동에 대해 위임인으로부터 일정한 보수를 받게 됨.

1.8.4.4.2. 지배계약
- 어느 회사가 자신의 경영을 다른 기업에게 전적으로 복종시키는 것을 내용으로 하는 계약이 지배계약임.
- 지배계약의 체결에 의하여 지배기업은 종속회사의 이사회에 대하여 합법적인 지시권을 갖고, 종속회사는 이 지시에 따라야 할 의무를 짐
- 그리하여 종속회사의 이사회는 자신의 독자적인 판단에 따른 경영을 할 수 없게 됨은 물론, 경영 목표도 종속회사의 고유이익이 아니라 지배기업의 이익으로 변경됨.

1.8.4.4.3. 이익이전계약
- 이익이전계약은 어느 회사가 자신의 이익의 전부나 일부를 다른 기업에게 이전할 것을 내용으로 하는 계약임.
- 대부분의 경우 지배계약과 함께 체결되어 계약콘체른 형성수단으로 이용되고 있음.

제 2 편 상 행 위

나 승 성

2009

2.1. 서 론
2.1.1. 상행위법의 의의와 특성
2.1.2. 상행위의 의의와 종류

2.2. 통 칙
2.2.1. 민법 총칙편에 대한 특칙
2.2.2. 민법 물권편에 대한 특칙
2.2.3. 민법 채권편에 대한 특칙
2.2.4. 유가증권에 관한 규정
2.2.5. 상호계산
2.2.6. 익명조합

상행위

    총칙--

        <u>**통칙**</u>

            상행위의 의의 : 기본적상행위/준상행위/보조적 상행위

            상행위의 종류 : 일방적/쌍방적

            민법에 대한 특칙

            유가증권

            상인간의 매매

        <u>상호계산</u>
        <u>익명조합</u>

    각칙--

        대리상

        중개업

        위탁매매업

        운송주선업

        운송업

        공중접객업

        창고업

2.1.1. 상행위법의 의의와 특성

2.1. 서 론
2.1.1. 상행위법의 의의와 특성
2.1.1.1. 상행위법의 의의
    상행위는 영업활동에 관한 것으로 이를 규율하는 상행위법은 실질적 의의의 상행위법과 형식적 의의의 상행위법으로 나뉨.

2.1.1.1.1. 실질적 의의의 상행위법
    실질적 의의의 상법이 기업과 관련된 것으로 이해하는 이상 실질적 의의의 상행위법 역시 기업의 활동과 관련되는 법규의 총체로 이해되고 있음.

2.1.1.1.2. 형식적 의의의 상행위법
- 형식적 의의의 상행위법은 "상행위"라는 명칭을 가진 상법전 제2편을 말함.
- 상행위법의 총론이라 할 수 있는 부분에는 기업에 공통되는 내용(민법에 대한 특칙, 상호계산, 익명조합)을 규정하고 있고, 각칙부분에는 대리상, 중개업, 위탁매매업, 운송주선업, 운송업, 공중접객업, 창고업 등에 대해 규정하고 있음.

2.1.1.1.3. 양자의 관계
- 실질적 의의의 상행위법과 형식적 의의의 상행위법 양자가 일치하는 것은 아니며, 실질적 의의의 상행위법의 모든 내용이 형식적 의의의 상해위법에 규정되어 있는 것은 아님.
- 예컨대, 보험업이나 해상운송업 등은 실질적 의의의 상행위이지만 2편 상행위법에 규정되어 있지 않음.

2.1.1.2. 상행위법의 특성
- 상거래는 집단성·반복성 등의 특징이 있으므로 민법에 비해 영리성·유상성·신속성 및 정형성을 갖고 있음.
- 뿐만 아니라 기업조직에 관한 법규가 기업을 둘러싼 여러 이해관계인에 대한 법률관계의 획일적인 처리의 필요상 그 대부분이 강행법규성을 갖는 것에 비해, 상행위법은 계약적인 성질이 강하여 임의법규성을 가짐.

2.1.1. 상행위법의 의의와 특성

2.1.2. 상행위의 의의와 종류
2.1.2.1. 상행위의 의의
2.1.2.1.1. 상행위의 의의
상행위의 의의는 실질적 의의의 상행위와 형식적 의의의 상행위가 있음. 실질적 의의의 상행위는 행위의 내용이나 성질을 실질적으로 파악하여 상행위를 정하는 것이고, 형식적 의의의 상행위란 상법 및 특별법에서 상행위로 규정되어 있는 상행위임.

2.1.2.1.2. 상행위에 관한 입법주의
- 상행위를 어떻게 정할 것인가에 관한 입법에는 객관주의·주관주의 및 절충주의가 있음.
- 객관주의는 행위의 주체 즉 누가 그 행위를 하는가에 관계없이 오로지 행위의 객관적 성질에 의하여 상행위를 정하는 주의이고, 주관주의는 상인의 개념을 먼저 정하고 그 상인의 영업상의 행위를 상행위로 하는 입법주의임. 절충주의는 위의 두 가지 요소를 병용한 것임.
- 상법상의 상행위에 관한 입법은 주관주의적 절충주의로 보는 견해와 주관주의에 입각한 입법이라고 보는 견해(통설)로 나뉘어 있음.

2.1.2.2. 상행위의 종류

☞ 상행위의 분류

고유 상행위	기본적 상행위	절대적 상행위	담보부사채신탁법상 사채총액의 인수행위	절대적 상행위
		영업적 상행위	당연상인이 영업으로 하는 행위(46)	
	보조적 상행위		(당연·의제)상인이 영업을 위하여 하는 행위(47)	상대적상행위
준상행위			의제상인이 영업으로 하는 행위(66)	

2.1.2. 상행위의 종류

2.1.2.2.1. 고유의 상행위와 준상행위
- 고유의 상행위란 상행위법이 원칙적으로 적용되는 행위를 말하며, 준상행위란 상행위법이 원칙적으로 준용되는 행위를 말함.
- 고유의 상행위에는 당연상인이 영업으로 하는 기본적 상행위, 당연상인이 영업을 위하여 하는 보조적 상행위, 의제상인이 영업을 위하여 하는 보조적 상행위가 있음.
- 준상행위란 의제상인이 영업으로 하는 행위를 말함. 수산회사가 물고기를 잡아 가공하여 판매하는 행위 등이 그 예임.
- 점포 기타 유사한 설비에 의하여 상인적 방법으로 영업하는 자(설비상인)나 회사(민사회사)는 고유의 상행위를 하지 않더라도 상인으로 보고 그 행위에는 상행위 통칙에 관한 규정이 준용됨(상 66)

2.1.2.2.2. 기본적(영업적) 상행위와 보조적 상행위
(1) 기본적(영업적) 상행위
- 영업적 상행위는 상인이 영업으로 하는 상행위로, 이에는 당연상인이 영업으로 하는 상행위인 기본적 상행위와 의제상인이 영업으로 하는 상행위인 준상행위가 있음.
- 영업으로 한다고 함은 영리를 목적으로 동종의 행위를 계속 반복적으로 하는 것을 의미함.
- 기본적 상행위는 상법 제46조에 규정된 21종의 행위에 해당하는 것이어야 하는데, 21종의 상행위는 제한적 열거로 봄(통설).
- 신종 상행위는 의제상인으로 보아 상법을 적용하게 되므로 신종의 상행위가 상법의 적용을 회피할 수는 없음.
(2) 보조적 상행위
- 상인이 영업을 위하여 하는 행위는 상행위로 보는데(간주), 이러한 상행위를 보조적 상행위라 함(47 ①). 상인의 행위는 영업을 위하여 하는 것으로 추정함(상 47 ②).
- 영업을 위하여 하는 행위란 영업과 관련된 행위, 예컨대 영업자금의 차입·사무소의 임대 등이 이에 해당됨.
- 기본적인 상행위와는 달리 법률행위에 한정하지 않고, 최고·통지, 준법률행위, 사실행위도 보조적 상행위에 포함함.
- 불법행위도 영업과 관련된 것이면 보조적 상행위에 포함되는지에 대해 학설은 나뉘나 판례는 보조적 상행위에 포함되지 않는다고 봄.

2.1.2. 상행위의 종류

2.1.2.2.3. 일방적 상행위와 쌍방적 상행위
(1) 일방적 상행위
    일방적 상행위란 당사자의 일방에게만 상행위가 되는 행위임. 이러한 일방적 상행위인 경우에
    도 전원에게 상법이 적용됨(상 3).

(2) 쌍방적 상행위
-   쌍방적 상행위란 당사자의 쌍방 모두에게 상행위가 되는 행위임. 상법의 일부규정 중에는 쌍방
    적 상행위에만 적용되는 것도 있음(상 55, 58, 67 등).
-   쌍방적 상행위의 예로는 금전소비대차에서 발생하는 법정이자청구권, 상사유치권, 상사매매에
    있어서 매도인의 목적물의 공탁, 경매권 등 3가지가 있음.

2.1.2.2.4 절대적 상행위와 상대적 상행위
-   절대적 상행위란 그 행위의 객관적 성질상 고도의 영리성으로 인하여 당연히 상행위로 인정되
    는 것으로 상사특별법인 담보부사채신탁법상의 사채총액의 인수가 이에 해당하고 상법상에는
    이러한 절대적 상행위가 없음.
-   상대적 상행위란 그 행위의 객관적 성질상 영리성이 그렇게 강하지 않아 당연히 상행위로 되지
    는 못하고, 이를 영업으로 반복·계속하거나 영업을 위하여 함으로써 상행위가 되는 것으로, 영
    업적 상행위, 준상행위, 보조적 상행위 등이 이에 해당함.

2.1.2.2.5 사법인의 상행위와 공법인의 상행위
-   사법인 즉 회사의 상행위는 당연히 상법의 적용을 받으나, 공법인의 상행위에 대하여는 법령에
    다른 규정이 없는 경우에 한하여 상법을 적용함(상 2).

2.1.2. 상행위의 종류

2.1.2. 영업적 상행위의 유형
    상법 제46조는 상행위의 21가지의 유형을 규정하고 있는데, 이러한 열거된 상행위를 영업
    으로 하면 당연상인이 되나 임금을 받을 목적으로 물건을 제조하거나 노무에 종사하는 자의
    행위는 제외됨.
(1) 동산, 부동산, 유가증권 기타의 재산의 매매
-   매매의 목적물은 동산, 부동산, 유가증권 기타의 재산이며, 매매는 재화를 금전과 교환하는
    계약뿐만 아니라, 유상취득(매수)과 유상재양도(매도)를 목적으로 하는 행위이며, 유상으로
    하는 한 교환, 소비대차, 소비임치 및 대물변제 등도 포함함(통설).
-   법률행위에 의한 취득에 한하기 때문에 농업·임업·어업 등 원시산업에 있어서 사실행위레
    의하여 원시취득한 물건을 양도하는 행위는 여기의 매매에 해당하지 않음(다수설).
-   농민이 가꾼 농작물을 파는 행위는 상인적 설비와 방법에 의하여 파는 의제상인의 준행위로
    서 간주되지 않는 한 상행위가 되지 못함.
-   또한 선점·취득시효·상속·불법행위 등 법률사실에 의한 취득과 유상이 아닌 증여·유증 등 무
    상의 법률행위에 의한 취득은 여기에 해당하지 않음.
(2) 동산, 부동산, 유가증권 기타의 재산의 임대차
    동산, 부동산, 유가증권 기타의 재산에 대해 임대차를 '영업으로 하는' 때에 상행위가 됨. 임
    대차는 이익을 얻고 임대할 목적으로 이를 하여야 함.
(3) 제조, 가공 또는 수선에 관한 행위
-   제조는 재료에 노동력을 가하여 전혀 다른 물건을 만드는 것을 말하며(기계, 기구의 제작
    등), 가공이란 재료의 동일성을 변하지 않으면서 형상, 색채, 재료 등의 형식적인 변화를 가
    하는 것이고(세탁, 염색, 도정 등), 수선이란 물건의 용도에 따른 기능의 불완전을 보완하는
    것(자동차 등의 기계 수리업, 시계수리점 등)임.
(4) 전기, 전파, 가스 또는 물의 공급에 관한 행위
    대가를 받고 전기, 전파, 가스 또는 물의 계속적 공급을 인수하는 계약으로 전기회사, 가스
    회사, 수도사업, 전파공급계약, 방송사업, 냉방업 등이 그 예임.

2.1.2. 상행위의 종류

(5) 작업 또는 노무의 도급의 인수
  작업도급의 인수란 건물이나 도로 등과 같은 부동산이나 선박에 관한 공사의 도급을 인수하는 것을 말하며, 노무의 도급의 인수란 하역업이나 인부청부업 등을 말함.

(6) 출판, 인쇄 또는 촬영에 관한 행위
  출판은 문서·도화 등을 인쇄하여 판매하는 행위이고, 인쇄는 기계적·화학적 방법에 의하여 문서·도화의 복제를 인수하는 것임.

(7) 광고, 통신 또는 정보에 관한 행위
  광고업이나 광고대행업, 통신사업자, 흥신소 등의 행위를 말함. 정보에 관한 행위는 타인의 경제적 신용에 관한 사항의 조사·보고를 인수하는 행위를 말함.

(8) 수신·여신·환 기타의 금융거래
－ 수신은 예금·적금의 수입, 유가증권 기타 채무증서의 발행에 의하여 불특정 다수인에게 채무를 부담함으로써 자금을 획득하는 거래를 말하고, 여신은 자금을 타인에게 대여하는 거래를 말하며, 환은 종류가 다른 통화로 교환하는 업무를 말함.
－ 기타의 금융거래에는 채무의 인수, 어음의 할인, 보증 등 금융기관이 행하는 기타의 은행업무를 말함.

(9) 객의 집래를 위한 시설에 의한 거래
  목욕탕, 극장, 여관, 병원, 독서실 등의 시설을 이용시켜 영업하는 행위를 말함.

(10) 상행위의 대리의 인수
  위탁자에게 상행위의 대리를 인수하는 것을 말하며, 체약대리상의 행위가 여기에 속함. 위탁자에게 상행위가 되는 행위이면 영업적 상행위이든 보조적 상행위이든 불문.

(11) 중개에 관한 행위
  동산매매, 금전대차, 결혼상담소, 직업알선 등의 행위처럼 타인 간의 법률행위의 매개를 인수하는 행위를 말함. 중개인이 중개하는 법률행위는 상행위뿐만 아니라, 민사상상의 행위를 포함함.

2.1.2. 상행위의 종류

(12) 위탁매매 기타의 주선에 관한 행위
  주선에 관한 행위란 자기명의로 타인의 계산으로 법률행위를 할 것을 인수하는 행위를 말하며, 위탁매매인(상법 제101조), 운송주선인(상법 제114조), 준위탁매매인(상법 제113조)의 행위가 이에 해당함.

(13) 운송의 인수
  물건 또는 사람의 운송을 인수하는 행위를 말함.

(14) 임치의 인수
  임치의 인수란 타인을 위하여 물건 또는 유가증권을 보관하는 것을 인수하는 행위, 즉 임치계약을 말함. 창고업자의 업무행위가 대표적이며, 주차장이나 일시물건보관소의 업무행위도 이에 해당함.

(15) 신탁의 인수
  신탁이란 '위탁자와 수탁자와의 특별한 신임관계에 기하여 위탁자가 특정의 재산권을 수탁자에게 이전하거나 기타의 처분을 하고, 수탁자로 하여금 수익자의 이익이나 특정의 목적을 위하여 그 재산권을 관리, 처분하게 하는 법률관계'를 말함.

(16) 상호부금 기타 이와 유사한 행위
－ '신용계업무'라 함은 일정한 계좌수와 기간 및 금액을 정하고 정기적으로 계금을 납입하게 하여 계좌마다 추첨·입찰 등의 방법에 의하여 계원에게 금전의 급부를 약정하여 행하는 계금의 수입과 납부금의 지급업무를 말함(상호저축은행법 제2조 2호).
－ '신용부금업무'라 함은 일정한 기간을 정하고 부금을 납입하게 하여 기간의 중도 또는 만료 시에 부금자에게 일정한 금전을 납부함을 약정하여 행하는 부금의 수입과 납부금의 지급업무를 말함(상호저축은행법 제2조 3호).
－ 전통적으로 해온 계의 업무도 여기에 해당함.

(17) 보험
－ 보험은 보험계약자가 보험료를 납부하고 보험자는 보험계약자의 재산이나 생명 또는 신체의 사고에 대하여 보험금을 지급하는 것을 말함.
－ 보험은 영리보험의 인수만을 의미하며, 상호보험, 의료보험 또는 기타 사회보험은 포함되지 않음.

2.1.2. 상행위의 종류

(18) 광물 또는 토석의 채취에 관한 행위
광물 또는 토석을 채취하여 판매하는 행위가 여기에 해당 됨.

(19) 기계·시설 기타 재산의 물융에 관한 행위
- 리스란 「대여시설 이용자가 선정한 특정물건을 시설대여 회사가 새로이 취득하거나 대여 받아 대여시설 이용자에게 대통령령이 정하는 일정기간 이상 사용하게 하고, 그 기간에 걸 쳐 일정대가를 정기적으로 분할하여 지급받으며, 그 기간 종료 후의 물건의 처분에 관하여 는 당사자 간의 약정으로 정하는 물적 금융을 말함(시설대여업법 제2조 제1호).

(20) 상호·상표등의 사용허락에 의한 영업에 관한 행위
- 프랜차이즈제공자가 프랜차이즈 인수자에 대하여 자기의 상호·상표·기타 영업표지 등을 사 용하여 영업할 것을 허락하는 한편, 자기의 지시와 통제 하에 영업할 것을 약정하고, 이에 대하여 프랜차이즈인수(이용)자는 프랜차이즈제공자에 대하여 일정한 사용료를 지급하기로 하는 계속적인 채권계약관계」라고 할 수 있음.

(21) 영업상 채권의 매입·회수 등에 관한 행위
팩토링이란 거래기업이 그의 외상매출채권을 팩토링회사에게 양도하고, 팩토링회사는 거래 기업에 갈음하여 채무자로부터 매출채권을 추심하는 동시에 이와 관련된 채권의 관리, 장부 작성 등의 행위를 인수하는 것을 말함.

2.2.1. 민법 총칙편에 대한 특칙

2.2. 통 칙
2.2.1. 민법 총칙편에 대한 특칙

2.2.1.1. 상행위의 대리와 위임

2.2.1.1.1. 대리의 방식
- 민법상 대리를 하는 경우에 본인을 위하여 한다는 의사표시를 하여야 본인에게 효력이 있으 나, 상행위의 대리인은 본인을 위한 것임을 표시하지 아니하여도 그 행위는 본인에 대하여 효력이 있음. 그러나 상대방이 본인을 위한 것임을 알지 못한 때에는 대리인에 대하여도 이 행의 청구를 할 수 있음(상 48).
- 이 경우에는 본인과 대리인이 부진정연대책임을 지게 됨. 이 때 상대방의 과실 유무는 묻지 않음. 이 상행위의 대리에 관한 특칙은 민법상 현명주의(민 115)에 대한 예외규정으로 상거 래의 신속·안전을 위한 것임. 그러나 어음·수표상의 행위는 반드시 본인을 대리한다는 의 사표시를 하여야 함(현명주의).
- 그렇지 않으면 어음행위자가 문언성에 따라 책임을 지게 되기 때문임. 따라서 어음행위의 대리에는 본조가 적용되지 않음.

2.2.1.1.2. 본인의 사망과 대리권의 존속
- 상행위의 위임에 의한 대리권은 본인의 사망으로 인하여 소멸하지 아니함(상 50).
- 상사대리는 본인의 인격보다는 영업자체를 대리하는 것이므로 기업의 영속성과 거래의 신 속과 안전을 위하여 본인의 사망이 대리권의 소멸사유가 되지 아니하도록 한 것임.
- 상행위의 위임에 의한 대리권이라 함은 위임계약의 목적인 행위가 상행위인 경우를 말하는 것이 아니라, 대리권을 수여하는 행위인 위임 자체가 상행위인 경우를 말함(통설). 예컨대, 지배인을 선임하는 행위는 영업주 본인을 위한 보조적 상행위가 되는 것임. 회사에는 사망 이란 것이 없으므로 본조가 적용될 여지가 없음.

2.2.1. 민법 총칙편에 대한 특칙

2.2.1.1.3. 상행위의 수임인의 권한
- 상행위의 위임을 받은 자는 위임의 본지에 반하지 아니한 범위 내에서 위임을 받지 아니한 행위를 할 수 있음(상 49).
- 민법상의 수임인도 사정변경의 경우에 임기응변의 조치를 취할 수 있으므로 상법의 규정은 민법의 원칙을 구체적으로 표시한 것으로 주의적 규정임(주의규정설 : 다수설).

2.2.1.2. 소멸시효기간
- 상행위로 인한 채권은 본법에 다른 규정이 없는 때에는 5년간 행사하지 아니하면 소멸시효가 완성함. 그러나 다른 법령에 이보다 단기의 시효의 규정이 있는 때에는 그 규정에 의함(상 64).
- 예컨대, 상법에는 운송주선인(1년), 창고업자(1년), 공중접객업자(6개월), 보험금청구권(2년) 등이 있고, 어음·수표법, 민법 등과 같은 다른 법률에도 단기소멸시효기간(3년, 1년, 6월 등)을 두고 있음. 상사채권의 소멸시효기간을 민사채권의 10년(민 162 ①)보다 단기로 규정한 것은 상거래의 신속한 해결을 위한 것임.

2.2.2. 민법 물권편에 대한 특칙

2.2.2. 민법 물권편에 대한 특칙
2.2.2.1. 일반상사유치권
2.2.2.1.1. 일반상사유치권의 의의
- 당사자 간에 다른 약정이 없는 한 상인 간의 상행위로 인한 채권이 변제기에 있는 때에는 채권자는 변제를 받을 때까지 그 채무자에 대한 상행위로 인하여 자기가 점유하고 있는 채무자소유의 물건 또는 유가증권을 유치할 수 있음(상 58).

2.2.2.1.2. 요건
- 일반상사유치권이 성립하기 위해서는 ① 당사자의 쌍방이 상인이어야 하며 ② 피담보채권이 당사자 쌍방을 위하여 상행위가 되는 행위 즉 쌍방적 상행위에 의하여 생기고 또 변제기에 있어야 하며 ③ 유치목적물의 경우 점유취득원인은 채무자에 대한 상행위로 인한 것이고 목적물은 채무자의 소유이어야 하며 목적물의 범위는 물건(부동산도 포함; 통설) 또는 유가증권에 한하고 ④ 유치목적물과 피담보채권과는 개별적인 관련성을 요하지 않고 영업을 통하여 관련되어 있으면 족함(일반적 관련성).
- 채권과 유치권의 목적물과의 견련관계를 필요로 하지 않는 것은 상행위의 개성상실과 계속성에 기초를 두고 있기 때문임. 상사유치권이 성립한 후에 채권자 또는 채무자가 상인자격을 잃더라도 유치권은 그대로 존속함.
- 타인으로부터 양수한 채권은 원칙적으로 피담보채권이 되지 못하나, 합병·상속과 같은 포괄승계의 경우와 지시식 또는 무기명식의 유가증권상의 채권을 양수한 경우에는 피담보채권이 될 수 있음. 금전채권에 한하지 않고 금전으로 전환할 수 있는 채권도 포함하며, 영업과 관련한 불법행위로 인한 손해배상청구권도 포함된다고 봄.
- 상인 간의 유치권은 당사자 간의 특약으로 이를 배제할 수 있음(상 58 단서). 배제의 특약은 묵시적으로도 할 수 있음.

2.2.2. 민법 물권편에 대한 특칙

2.2.2.1.3. 효력

- 상인 간의 유치권의 효력에 관하여는 상법에 규정이 없으므로 이에 관한 민법의 규정에 따른다. 따라서 유치권자는 변제를 받을 때까지 목적물을 유치할 수 있으며(민 320), 유치물의 과실에 대해 다른 채권보다 먼저 그 채권의 변제에 충당할 수 있음(민323).
- 또 유치목적물이 파산재단에 속하는 재산인 때에는 유치권자는 그 목적재산에 대하여 별제권을 가짐(파산법 84).

☞ 민사유치권과 상사유치권과의 차이

	민사유치권	상사일반유치권
공통점	① 유치권을 행사하기 위해서는 채권이 변제기에 도래하여야 함. ② 당사자의 특약으로 배제되어 있지 않아야 함.	
당사자	일방이 상인	쌍방이 상인
피담보채권	상행위와 무관	쌍방적 상행위
채권의 목적물	무관	채무자소유자의 물건, 유가증권
목적물과 피담보채권과 관계	피담보채권과 견련성 유관	피담보채권과 견련성 무관
점유취득원인	상행위와 무관	상행위로 점유

2.2.2. 민법 물권편에 대한 특칙

<각종 유치권의 비교>

	민사유치권	상사유치권 (58조)	대리상 (91조)	위탁매매인 (111조)	운송(주선)인 (120조)
당사자	상인·비상인을 불문	쌍방이 상인	대리상과 본인	위탁매매인과 위탁자	위탁자와 운송(주선)인
목적물의 소유권	소유권의 귀속에 제한이 없음	채무자소유	소유권의 귀속에 제한이 없음		
목적물의 점유	적법한 점유(점유취득원인 불문)	채권자의 상행위로 점유취득	본인을 위하여 점유하는 물건 또는 유가증권(91조)	위탁자를 위하여 점유하는 물건 또는 유가증권	운송물
피담보채권	물건 또는 유가증권(유치물)에 관련하여 발생한 채권	쌍방을 위하여 상행위가 되는 행위에 의한 채권(변제기에 있어야)	거래의 대리 또는 중개로 인한 채권(변제기에 있어야)	위탁자에 대하여 생긴 채권(변제기에 있어야)	운송물에 관하여 수령할 보수, 운임 기타 체당금이나 선대금
목적물과 피담보채권의 관련성	개별적인 견련관계 필요	개별적인 견련관계 불필요	개별적인 견련관계 불필요	개별적인 견련관계 불필요	개별적인 견련관계 필요

2.2.2. 민법 물권편에 대한 특칙

2.2.2.2. 상사질권 : 유질계약의 허용
- 민법은 채무자보호를 위하여 질권설정자가 채권변제기 전의 계약으로 질권자에게 변제에 갈음하여 질물의 소유권을 취득하게 하거나 법률에 정한 방법에 의하지 아니하고 질물을 처분할 것을 약정하지 못하도록 함으로써 유질계약을 금지시고 있음(민 339).
- 그러나 상법은 상거래의 당사자의 경제적 자위능력을 인정하여 민법에서와 같은 후견적 보호규정이 불필요하므로 상행위로 인하여 생긴 채권을 담보하기 위하여 설정한 질권에 유질계약을 허용하고 있음(상 59).
- 유질계약의 허용범위에 대해 당연히 쌍방적 상행위에는 적용되나 일방적 상행위의 경우에도 적용된다고 봄(다수설).

2.2.3. 민법 채권편에 대한 특칙

2.2.3. 민법 채권편에 대한 특칙
2.2.3.1. 채권총칙에 대한 특칙
2.2.3.1.1. 법정이자
- 이자있는 민사채권의 이율은 다른 법률의 규정이나 당사자의 약정이 없으면 년 5푼이나, 상행위로 인한 채무의 법정이율은 년 6푼임(상 54).
- 상사법정이율은 상행위로 인한 채무나 이와 동일성을 가진 채무, 예컨대 채무불이행으로 인한 손해배상채무, 계약해제로 인한 원상회복의무 등에 관하여 적용 되는 것이고, 상행위가 아닌 불법행위로 인한 손해배상채무에는 적용되지 아니 함(大判 2004. 03. 26, 2003다34045).

2.2.3.1.2. 다수채무자의 채무
- 민법에서는 채무자가 수인인 경우에는 특별한 의사표시가 없으면 각 채무자는 균등한 비율로 채무를 부담하나(민 408), 상법에서는 수인이 그 1인 또는 전원에게 상행위가 되는 행위로 인하여 채무를 부담한 때에는 연대하여 변제책임 있음(상 57 ①).
- 상사채무의 연대책임의 취지는 상사거래에 있어서의 인적 담보를 강화하여 채무이행을 확실히 하고 거래의 안전을 도모함으로써 상거래의 원활을 기하려는 것으로 민법상 다수당사자 간의 채무이행에 있어서의 분할채무원칙에 대한 특별규정임(大判 1987. 06. 23, 86다카633).
- 조합의 채무는 조합원의 채무로서 특별한 사정이 없는 한 조합채권자는 각 조합원에 대하여 지분의 비율에 따라 또는 균일적으로 변제의 청구를 할 수 있을 뿐이나, 조합채무가 특히 조합원 전원을 위하여 상행위가 되는 행위로 인하여 부담하게 된 것이라면 상법 제57조 제1항을 적용하여 조합원들의 연대책임을 인정함이 상당함(大判 1998. 03. 13, 97다6919; 大判 1995. 08. 11, 94다18638; 大判 1992. 11. 27, 92다30405).

2.2.3. 민법 채권편에 대한 특칙

[판례] 연대책임 부정한 케이스(大判 1987. 06. 23, 86다카633)

- 연대채무를 부정한 사례로는 기업 그룹의 조달본부가 그룹 산하의 계열회사의 소요물품을 구입한 사건에서 조달본부는 계열회사를 개별적으로 대리한 것에 불과할 뿐 공동하여 구입한 것으로 인정하지 않은 경우도 있음.
- 계열회사들의 효율적인 물품구매 및 경비절감을 위하여 그룹內에 조달본부를 설치하여 各 계열회사들은 각자 필요한 물품을 물품구매요구서를 첨부하여 위 조달본부에 구매요구하면, 조달본부는 그룹 회장의 결제를 받아 납품업체와 계약을 체결하고 납품업체는 조달본부장의 요구에 따라 실수요회사인 各 계열회사에 물품을 인도하고 세금계산서를 발행하여 왔다면 위 조달본부는 법인격 없는 그룹內의 편의상 기구에 불과한 것으로서 조달본부의 물품구매행위는 同 그룹안의 各 독립한 법인체인 계열회사들이 조달본부에 그 대행을 위임하거나 이에 관한 대리권수여에 따른 행위로 봄이 타당하고,
- 따라서 各 거래는 계열회사와 물품공급회사 사이에 이루어진 것으로서 그 법률효과는 그 당사자에게만 직접 미치고 유관관계가 없는 다른 계열회사는 아무런 권리의무가 발생하지 아니하는 제3자의 지위에 있음에 불과하다 할 것인즉,
- 조달본부에서 물품을 발주구입 하였다는 사실을 들어 상법 제57조 제1항 소정의 수인이 그 1인 또는 전원에게 상행위로 인하여 부담하는 공동구매라고는 할 수 없으므로 위 각 계열회사들 사이에 同 법조에 따른 연대 채무관계는 발생할 수 없다고 할 것임.

2.2.3. 민법 채권편에 대한 특칙

2.2.3.1.3. 채무자와 보증인의 연대
- 민법에서는 보증인이 있는 경우에 그가 주채무자와 연대하여 보증한다는 특약이 없는 한 일반보증으로 보증인은 최고 및 검색의 항변권을 가지나(민 437), 상법에서는 보증인이 있는 경우에 그 보증이 상행위이거나 주채무가 상행위로 인한 것인 때에는 보증인이 연대보증을 한다는 의사표시를 하지 않은 경우에도 그 보증은 연대보증이 됨(상 57②).
- 보증이 상행위라 함은 상인이 영업으로 또는 영업을 위하여 보증을 하는 경우를 말하며, 이는 채권자를 보호하기 위한 것이 아닌 채무자인 상인의 책임을 무겁게 하기 위한 것이므로 채무자가 상인인 경우에만 적용되는 것이며, 채권자만 상인인 경우에는 적용하지 않음(다수설).
- 주채무가 상행위로 인한 것 때라 함은 주된 채무가 채무자의 상행위로 인하여 발생한 경우를 뜻함.

☞ 연대보증과 보증연대의 차이점

	연대보증	보증연대
의의	보증인이 주채무자와 연대부담하는 채무	수인의 보증인 사이에 연대 특약이 있는 경우
성질	.부종성:0(주채무 소멸하면 보증채무도 소멸) .보충성: 없음(최고·검색의 항변권 없음). .분별의 이익: 없음(어느 채무에 대하여도 주채무의 전액청구가능)	.부종성:X(주보증채무 소멸하면 타보증채무 소멸) .보충성: 있음(최고·검색의 항변권이 있음) .분별의 이익: 없음 .채권자에 대한 관계: 보통 보증과 같음

2.2.3. 민법 채권편에 대한 특칙

2.2.3.1.4. 상사채무의 이행
(1) 채무이행의 장소
- 민법상 채무이행의 장소는 당사자 간의 채무이행의 장소에 대해 합의를 하지 않으면, 특정물의 인도는 채권성립 당시에 그 물건이 있었던 장소에서, 특정물인도 이외의 채무변제는 지참채무(채권자의 주소·영업소)이든 추심채무(채무자의 주소·영업소)이든 관계없이 채권자의 현주소에서 또는 영업의 경우에는 채권자의 현영업소에서 하도록 하고 있음(민 467).
- 상법은 상사채무의 이행장소에 대하여 지점거래에 있어서의 채무이행장소에 대하여만 규정하고 있는데, 지점에서의 거래로 인한 채무이행의 장소가 그 행위의 성질 또는 당사자의 의사표시에 의하여 특정되지 아니한 경우에는 특정물의 인도 이외의 채무의 이행은 그 지점을 이행장소로 봄(상 56)고 규정하고 있음.
- 따라서 상법규정에 의하면 본점에 해당하는 민법상의 채권자의 영업소가 아닌 지점에서 거래한 경우와 특정물 이외의 거래의 경우에는 지점을 이행장소로 보는 것이며, 특정물의 경우에는 민법처럼 채권성립 당시에 그 물건이 있었던 장소에서 하게 될 것임.

(2) 채무이행의 시기
- 법령 또는 관습에 의하여 영업시간이 정하여져 있는 때에는 채무의 이행 또는 이행의 청구는 그 시간내에 하여야 함(상 63).
- 민법상으로는 명문의 규정이 없지만 신의성실의 원칙상 이와 동일하게 해석되어야 하므로, 이 상법의 규정은 민법에 대하여 특칙으로서의 의미는 없고 주의규정에 불과함(주의적규정설 : 통설).

2.2.3. 민법 채권편에 대한 특칙

2.2.3.2. 채권각칙에 대한 특칙
2.2.3.2.1. 상사계약의 성립시기
(1) 대화자 간의 계약의 성립시기
- 민법에는 대화자 간의 계약의 성립시기에 관하여 특별한 규정을 두고 있지 않으나, 상법은 대화자 간의 계약의 성립시기에 대하여 규정하고 있음. 즉 대화자 간의 계약의 청약은 상대방이 즉시 승낙하지 아니한 때에는 그 효력을 잃음(상51).

(2) 격지자간의 계약의 성립시기
- 상법은 격지자간의 계약의 성립시기에 관하여 승낙기간을 정한 경우에 대하여는 특별히 규정하고 있지 않고, 승낙기간을 정하지 않은 경우에 대하여만 특별히 규정하고 있음. 즉 격지자간의 계약의 청약은 승낙기간이 없으면 상대방이 상당한 기간 내에 승낙의 통지를 발송하지 아니한 때에는 그 효력을 잃음(상 52 ①).
- 이때 연착된 승낙은 청약자가 이를 새 청약으로 봄(상 52 ②, 민 530). 이 때의 상당한 기간은 청약이 상대방에게 도달하여 상대방이 그 내용을 받아들일지 여부를 결정하여 회신을 함에 필요한 기간을 가리키는 것으로, 이는 구체적인 경우에 청약과 승낙의 방법, 계약 내용의 중요도, 거래상의 관행 등의 여러 사정을 고려하여 객관적으로 정하여짐(大判 1999.1.29, 98다48903).
- 그런데 격지자간의 계약에 있어서 승낙기간을 정하지 아니한 경우에는 민법에 의하면 상당기간 내의 승낙통지의 불도달을 해제조건으로 하여(민 529) 승낙통지를 발송한 때에 계약이 성립하고 또 그 효력이 발생하나(민 531), 상법에 의하면 승낙통지를 발송한 때에 확정적으로 그 계약이 성립하고 또 그 효력이 발생함(상 52 ①).

2.2.3. 민법 채권편에 대한 특칙

- 따라서 이때에 민법에 의하면 불도달에 의한 불이익을 승낙자가 부담하나(승낙통지가 청약자에게 도달하지 않으면 일단 발효한 계약은 그 효력을 잃게 됨), 상법에 의하면 불도달에 의한 불이익을 청약자가 부담하는 점에서(승낙자는 승낙통지를 발송하기만 하면 계약은 발효하고 그 도달 여부와는 무관함), 민·상법은 차이가 있게 됨.
- 또한 이 때에 상당기간 내에 발송하였으나 상당기간 경과 후 도달한 청약은 민법에 의하면 지연된 승낙으로 새로운 청약으로 볼 수 있으나(민 529, 530), 상법에 의하면 지연된 승낙이 아니므로 새로운 청약으로 볼 수 없다는 점도(상 52 ①·②), 민.상법상의 차이라고 볼 수 있음.
- 격지자간의 계약에 있어서 승낙기간을 정한 경우에는 상법이 특별히 규정하고 있지 않아 상사계약의 경우에도 민사계약의 경우와 동일하게 승낙의 통지를 발송한 때에 성립하고 또 그 효력이 발생하나(민 531), 승낙기간 내의 승낙의 불도달을 해제조건으로 함(민 528 ①).

2.2.3.2.2. 계약청약을 받은 자의 의무
- 민법상 계약의 청약은 철회하지 못하게 함으로써, 청약자는 청약에 구속되나(민 527) 청약을 받은 상대방은 청약에 대하여 낙부통지의무를 부담하지 않음.
- 반면에 상법에서의 계약의 청약은 상거래의 신속을 도모하고 상대방의 지연된 승낙거절로 인하여 청약자에게 발생하는 손해를 방지하고, 상대방의 거래시마다 승낙통지 필요 없이 계약을 체결시킬 수 있는 상대방의 편의를 위하여 일정한 경우에는 청약을 받은 상인에 대하여 낙부통지의무(상 53)와 물건보관의무(상 60)를 부과하고 있음.

2.2.3. 민법 채권편에 대한 특칙

(1) 낙부통지의무
- 상인이 상시 거래관계에 있는 자로부터 그 영업 부류에 속한 계약의 청약을 받은 때에는 지체 없이 낙부의 통지를 발송하여야 함. 이를 해태한 때에는 승낙한 것으로 봄(상53).
- 민법상으로는 청약을 받은 자가 승낙여부에 대한 통지를 할 의무를 부담하지 않으나 상거래의 신속함을 위해 낙부의 여부를 통지하도록 한 것임.
- 청약을 받은 자는 상인이어야 하나 청약자는 반드시 상인일 필요가 없으나 상시거래관계에 있어야 함. 또한 영업 부류에 속한 거래이어야 하는데, 영업 부류에 속한 거래라 함은 청약을 받은 상인이 영업으로 행하는 기본적 상행위(당연상인의 경우) 또는 준상행위(의제상인)에 속하여야 하며, 보조적 상행위는 제외됨.

(2) 물건보관의무
- 상인이 그 영업부류에 속한 계약의 청약을 받은 경우에 견품 기타의 물건을 받은 때에는 그 청약을 거절한 때에도 청약자의 비용으로 그 물건을 보관하여야 함. 그러나 그 물건의 가액이 보관의 비용을 상환하기에 부족하거나 보관으로 인하여 손해를 받을 염려가 있는 때에는 그러하지 아니함(상60).
- 이는 상거래에 있어 청약을 받은 상인에게 일정한 범위 내에서 청약과 동시에 송부 받은 견품 등 물건에 관하여 그 청약을 거절하는 경우라도 이를 반송할 때까지 보관의무를 지움과 아울러 그 보관에 따르는 비용의 상환을 구할 수 있음을 정한 규정임. 보관을 함에 있어서는 선량한 관리자의 주의의무를 요함(통설).
- 본 규정은 송부 받은 물건의 현상이나 가치를 반송할 때까지 계속 유지, 보존하는데 드는 보관비용의 상환에 관하여 규율하고 있을 뿐 그 물건이 보관된 장소의 사용이익 상당의 손해의 배상에 관한 규정은 아님.

2.2.3. 민법 채권편에 대한 특칙

2.2.3.2.3. 상사매매
- 상인 사이에 행하여진 상행위에만 적용되는 상사매매에 관한 특칙은 매도인의 목적물의 공탁·경매권(상 67), 확정기매매의 해제(상 68), 매수인의 목적물 검사·하자통지의무(상 69) 및 매수인의 목적물 보관·공탁의무(상 70, 71) 등임.
- 상사매매에 관한 규정은 상인 간의 상행위에만 적용되므로 일방이라도 상인이 아닌 경우이거나 상행위가 아닌 때에는 상사매매에 관한 규정이 적용되지 않고 민법상의 매매에 관한 규정이 적용됨.

(1) 매수인의 수령지체 : 매도인의 공탁권 또는 경매권
1) 공탁권
- 상인 간의 매매에 있어서 매수인이 목적물의 수령을 거부하거나 이를 수령할 수 없는 때에는 매도인은 그 물건을 공탁할 수 있음. 이 경우에는 지체 없이 매수인에 대하여 그 통지를 발송하여야 함(상 67①).
- 매매의 목적물을 공탁하여 인도의무를 면할 수 있음은 민법규정과 같으나, 다만 매수인에 대하여 그 공탁의 통지를 발송만 하면 되는 점이 통지가 도달되어야 하는 민법(민 458 ③, 111)과 다를뿐 큰 차이점이 있는 것은 아님.

2) 경매권(자조매각권)
- 상인 간의 매매에 있어서 매수인이 목적물의 수령을 거부하거나 이를 수령할 수 없는 때에는 매도인은 그 물건을 상당한 기간을 정하여 최고한 후 경매할 수 있음. 이 경우에는 지체 없이 매수인에 대하여 그 통지를 발송하여야 함(상 67①).
- 이 경우에 매수인에 대하여 최고를 할 수 없거나 목적물이 멸실 또는 훼손될 염려가 있는 때에는 최고 없이 경매할 수 있음(상 67②)

2.2.3. 민법 채권편에 대한 특칙

- 매도인이 그 목적물을 경매한 때에는 그 대금에서 경매비용을 공제한 잔액을 공탁하여야 함. 그러나 그 전부나 일부를 매매대금에 충당할 수 있음(상 67③).
- 민법에서는 공탁이 원칙이고, 경매의 경우에는 법원의 허가를 얻어서 할 수 있음은 점에서 차이가 있음. 즉 민법상으로는 변제의 목적물이 공탁에 적당하지 아니하거나 멸실 또는 훼손될 염려가 있거나 공탁에 과다한 비용을 요하는 경우에 한하여 변제자는 법원의 허가를 얻어 그 물건을 경매하거나 시가로 방매하여 대금을 공탁할 수 있을 뿐, 경매대금으로 매매대금에 충당할 수 없음(민 490).

(2) 확정기매매의 해제
- 상인 간의 매매에 있어서 매매의 성질 또는 당사자의 의사표시에 의하여 일정한 일시 또는 일정한 기간 내에 이행하지 아니하면 계약의 목적을 달성할 수 없는 경우에 당사자의 일방이 이행시기를 경과한 때에는 상대방은 즉시 그 이행을 청구하지 아니하면 계약을 해제한 것으로 봄(상68).
- 상인 간의 확정기매매의 경우에는 별도의 계약해제의 의사표시조차도 필요 없이 계약을 해제한 것으로 보는 것임. 그러나 민법은 계약의 성질 또는 당사자의 의사표시에 의하여 일정한 시일 또는 일정한 기간 내에 이행하지 아니하면 계약의 목적을 달성할 수 없을 경우에 당사자일방이 그 시기에 이행하지 아니한 때에는 상대방은 최고를 하지 아니하고 계약을 해제할 수 있음이고 규정하여 민법상 해제의 의사표시가 필요하다는 점에서 차이가 있음(민545).
- 판례에 따르면 상인 사이에 이루어진 선물환계약은 그 약정 결제일에 즈음하여 생길 수 있는 환율변동의 위험(이른바 환리스크)을 회피하기 위하여 체결되는 것으로서 그 성질상 그 약정 결제일에 이행되지 않으면 계약의 목적을 달성할 수 없는 상법 제68조 소정의 확정기매매라고 판시하고 있음(大判 2003. 04. 08, 2001다38593).

2.2.3. 민법 채권편에 대한 특칙

(3) 매수인의 검사·통지의무
- 민법에서는 매매의 목적물에 하자 또는 수량부족이 있는 경우에 매도인이 하자담보책임을 지고, 매수인에게는 악의인 경우에는 계약한 날로부터 1년 내, 선의이면 그 사실을 안 날로부터 1년 또는 6월내에 대금감액청구권, 계약해제청구권, 손해배상청구권이 인정됨(민 570 이하).
- 상인 간의 매매에 있어서 매수인이 목적물을 수령한 때에는 지체 없이 이를 검사하여야 하며 하자 또는 수량의 부족을 발견한 경우에는 즉시 매도인에게 그 통지를 발송하지 아니하면 이로 인한 계약해제, 대금감액 또는 손해배상을 청구하지 못함.
- 매매의 목적물에 즉시 발견할 수 없는 하자가 있는 경우에 매수인이 6월 내에 이를 발견한 때에도 같음(상 69①). 매도인이 악의인 경우에는 적용하지 아니함(상 69②).
- 검사의 정도와 방법은 그 목적물을 거래하는 상인에게 일반적으로 요구되는 객관적인 주의 의무를 가지고 하면 됨.
- 검사없이 통지의무만 이행하여도 담보책임을 물을 수 있음이고 보는데, 검사는 통지의무를 이행하기 위한 작업에 불과하기 때문임. 검사와 하자통지의무는 담보책임을 추궁하기 위한 전제요건이므로, 매수인이 이에 대한 증명책임을 짐.
- 매수인의 목적물의 검사와 하자통지의무에 관한 규정의 취지는 상인 간의 매매에 있어 그 계약의 효력을 민법 규정과 같이 오랫동안 불안정한 상태로 방치하는 것은 매도인에 대하여는 인도 당시의 목적물에 대한 하자의 조사를 어렵게 하고 전매의 기회를 잃게 될 뿐만 아니라, 매수인에 대하여는 그 기간 중 유리한 시기를 선택하여 매도인의 위험으로 투기를 할 수 있는 기회를 주게 되는 폐단 등이 있어 이를 막기 위하여 하자를 용이하게 발견할 수 있는 전문적 지식을 가진 매수인에게 신속한 검사와 통지의 의무를 부과함으로써 상거래를 신속하게 결말짓도록 한 것임(大判 1987. 07. 21, 86다카2446).

2.2.3. 민법 채권편에 대한 특칙

- 매수인의 검사.통지의무는 상인 간에서만 적용된다는 점에서 일방적 상행위를 규정한 제3조의 예외라 할 수 있음.
- 판례도 매수인에게 즉시 목적물의 검사와 하자통지를 할 의무를 지우고 있는 상법 제69조의 규정은 상인 간의 매매에 적용되는 것이라고 판시하고 있음(大判 1993.06.11, 93다7174, 7181(반소)).

(4) 매수인의 보관·공탁의무
- 매수인의 목적물의 검사와 하자통지의무의 경우에 매수인이 계약을 해제한 때에도 매도인의 비용으로 매매의 목적물을 보관 또는 공탁하여야 함.
- 그러나 그 목적물이 멸실 또는 훼손될 염려가 있는 때에는 법원의 허가를 얻어 경매하여 그 대가를 보관 또는 공탁하여야 함(상 70①). 이 경우 매수인이 경매한 때에는 지체 없이 매도인에게 그 통지를 발송하여야 함(상 70②).
- 그러나 목적물의 인도장소가 매도인의 영업소 또는 주소와 동일한 특별시·광역시·시·군에 있는 때에는 이를 적용하지 아니함(상 70③).
- 매도인이 매수인에게 인도한 물건이 매매의 목적물과 상위하거나 수량이 초과한 경우에 그 상위 또는 초과한 부분에 대해서도 같음(상71).
- 민법에서는 매매목적물의 하자 또는 수량부족으로 매수인이 계약을 해제한 때에 당사자는 원상회복의무만을 짐(민 548).
- 매수인이 보관·공탁·경매의무를 위반한 때에는 매도인에 대하여 손해배상책임을 진다는 점에서 매수인의 목적물 검사·하자통지의무를 위반한 경우와 다름.

2.2.3. 민법 채권편에 대한 특칙

2.2.3.2.4. 소비대차의 이자
- 민법상 소비대차는 특약이 없는 한 무이자가 원칙이나(민 598, 600 601), 상인 간에서 금전의 소비대차를 한 때에는 대주는 법정이자를 청구할 수 있음(상 55 ①).
- 상인 간에만 적용되므로 상인과 비상인 간의 소비대차에는 적용이 없음.

2.2.3.2.5. 보수청구권
- 민법상 위임계약에서 수임인은 특별한 약정이 없으면 위임인에 대하여 보수를 청구하지 못하나(민 686 ①), 상인이 그 영업범위 내에서 타인을 위하여 행위를 한 때에는 이에 대하여 상당한 보수를 청구할 수 있음(상61).
- 영업범위 내에서의 행위이어야 하는데 영업으로 하여야 하기 때문에 영업으로 하는 기본적 상행위 뿐만 아니라 영업을 위하여 하는 보조적 상행위도 포함됨.

2.2.3.2.7. 상사임치
- 민법은 무상수치인의 주의의무에 대하여 보수 없이 임치를 받은 자는 임치물을 자기의 재산과 동일한 주의로 보관하여야 한다고 규정하고 있으나(민 695), 상법은 일반상인의 무상임치책임에 대하여 상인이 그 영업범위 내에서 물건의 임치를 받은 경우에는 보수를 받지 아니하는 때에도 선량한 관리자의 주의를 하여야 한다고 규정하여(상 62), 민법상 무상수치인의 주의의무보다 그 주의의무를 가중하고 있음.
- 선량한 관리자의 주의라 함은 임치받은 자의 직업 또는 지위에 있는 자에게 요구되는 정도의 객관적 표준에 의한 주의를 가리킴.
- 다만, 수치인이 적법하게 임치계약을 해지하고 임치인에게 임치물의 회수를 최고하였음에도 불구하고 임치인의 수령지체로 반환하지 못하고 있는 사이에 임치물이 멸실 또는 훼손된 경우에는 수치인에게 고의 또는 중대한 과실이 없는 한 채무불이행으로 인한 손해배상책임이 없음(大判 1983. 11. 08, 83다카1476).

2.2.3. 민법 채권편에 대한 특칙

2.2.3.2.6. 체당금의 이자
- 민법상 수임인(민 688 ①)과 수치인(민 701)에 대하여는 체당금에 대한 법정이자청구권을 인정하고 있으나, 사무관리의 경우에는 관리자가 본인을 위하여 필요비 또는 유익비를 지출한 때에는 본인에 대하여 그 상환을 청구할 수 있음고만 규정하여(민 739 ①) 관리자에게 체당금에 대한 법정이자청구권을 인정하고 있지 않음.
- 상인이 그 영업범위 내에서 타인을 위하여 금전을 체당한 때에는 체당한 날 이후의 법정이자를 청구할 수 있음(상 55②).
- 체당이란 널리 타인을 위하여 그의 채무를 변제하기 위하여 금전을 지출하는 것을 가리키며, 체당은 영업을 위하여 하여야 함.

2.2.3.2.8. 상사시효
- 상행위로 인한 채권은 본법에 다른 규정이 없는 때에는 5년간 행사하지 아니하면 소멸시효가 완성함. 그러나 다른 법령에 이보다 단기의 시효의 규정이 있는 때에는 그 규정에 의함(상64).
- 상사시효제도는 대량, 정형, 신속이라는 상거래 관계 특유의 성질에 기인한 제도임
- 당사자 쌍방에 대하여 모두 상행위가 되는 행위로 인한 채권뿐만 아니라 당사자 일방에 대하여만 상행위에 해당하는 행위로 인한 채권도 5년의 소멸시효기간이 적용되는 상사채권에 해당하는 것이고, 그 상행위는 상법 제46조 각 호에 해당하는 기본적 상행위뿐만 아니라, 상인이 영업을 위하여 하는 보조적 상행위도 포함됨.
- 상사시효가 적용 되는 채권은 직접 상행위로 인하여 생긴 채권뿐만 아니라 상행위로 인하여 생긴 채무의 불이행에 기하여 성립한 손해배상채권도 포함됨(大判). 그러나 불법행위로 인한 채권, 비상인 간의 채권거래에는 적용되지 않음.

2.2.3. 민법 채권편에 대한 특칙

- 소멸시효는 객관적으로 권리가 발생하여 그 권리를 행사할 수 있는 때로부터 진행하고 그 권리를 행사할 수 없는 동안만은 진행하지 않음.
- '권리를 행사할 수 없는'경우라 함은 그 권리행사에 법률상의 장애사유, 예컨대 기간의 미도 래나 조건불성취 등이 있는 경우를 말하는 것이고, 사실상 권리의 존재나 권리행사 가능성 을 알지 못하였고 알지 못함에 과실이 없다고 하여도 이러한 사유는 법률상 장애사유에 해 당하지 않음(大判 2006. 04. 27, 2006다1381).

2.2.3. 민법 채권편에 대한 특칙

☞ 민법에 대한 상법의 특칙

		민법	상법
총칙	대리의 방식	현명주의	X
	본인의 사망과 대리권	대리권 소멸	대리권 존속
	상행위의 수임인의 권한	선량한 관리자의 주의의무로 위임 밖의 행위도 가능	위임 밖의 행위도 가능(주의적 규정)
	소멸시효기간	10년	5년
물권	유치권	일방이 상인(채권과 목적물 견련필요)	쌍방이 상인(채권과 목적물 견련불요)
	유질계약의 허용여부	불허	허용
채권총칙	법정이율	년 5%(년 5分)	년 6%(년 6分)
	연대채무	원칙적 균등한 비율 부담	연대채무
	연대보증	일반보증(최고.검색의 항변권O)	연대보증(최고.검색 항변권 X)
	채무이행의 장소	지참채무이행	지점거래 채무이행장소만 규정
	채무이행의 시기	거래관습, 신의칙	영업시간 내(주의적 규정)

2.2.3. 민법 채권편에 대한 특칙

☞ 민법에 대한 상법의 특칙

[채권각론]	민법	상법
대화자 간의 계약성립시기	규정 없음	청약과 동시에 승낙하여야 효력 발생
격지자간의 계약성립시기	[승낙기간을 정한 경우의 청약의 효력] * 승낙기간을 정한 계약의 청약 - 그 기간 내에 승낙통지를 받지 않은 경우 → 청약의 효력 상실 - 통지가 보통 그 기간 내에 도달할 수 있는 발송인 경우에 미리 지연의 통지를 발송한 경우를 제외하고는 연착의 통지를 하여야 함(통지 안하면 청약유효) - 연착된 승낙 - 새로운 청약으로 봄	규정 없음(민법규정 적용) → 승낙자의 승낙통지 발송으로 효력발생하나 승낙통지가 청약자에게 불도달을 해제조건으로 하여 효력발생
	[승낙기간을 정하지 않은 경우 청약의 효력] 상당한 기간 내에 승낙의 통지가 도달한 때에 성립 :청약자가 상당한 기간 내에 승낙통지를 받지 않은 경우 청약 효력 상실(승낙불도달 불이익은 승낙자 부담) - 연착된 승낙 - 새로운 청약으로 봄	청약은 승낙기간이 없으면 승낙자가 상당한 기간 내에 통지를 발송하면 확정적으로 계약 성립 및 효력 발생(승낙 불도달 불이익은 청약자 부담) - 연착된 승낙 : 새로운 청약 X
	* [계약의 성립시기] 계약의 성립은 승낙의 통지를 발송한 때에 성립	

2.2.3. 민법 채권편에 대한 특칙

☞ 민법에 대한 상법의 특칙

[채권각론]	민법	상법
계약청약 받은 자의 의무	청약자 - 청약철회 불가	피청약자-낙부통지의무, 물건보관의무
변제자, 매도인의 공탁권	채권자가 변제거부, 변제수령불령, 공탁시 통지	매수인이 수령거부, 수령불능, 공탁시 통지
변제자, 매도인의 경매권	변제의 목적물이 공탁에 적합하지 않거나 멸실 또는 훼손될 염려가 있거나 공탁에 과다한 비용을 요하는 경우 법원의 허가를 얻어서 하여야 하고, 경매대금은 공탁하여야 함.	공탁과 같고 민법상의 경매권의 요건 불필요(선택적 행사), 다만 수령의 최고를 요하나 최고가 불가능하거나 목적물이 멸실 또는 훼손될 염려가 있는 경우에는 최고 없이 가능하고, 경매대금은 공탁않고 매매대금 충당가
정기행위, 확정기 매매	해제권 발생, 별도의사표시 요	별도의 의사표시 없이 해제
매수인의 검사.통지의무	X	O
매수인의 보관.공탁의무	X	O
소비대차의 이자	무이자원칙	이자원칙
수임인.수치인 보수청구권	보수청구권 불인정	보수청구권 인정
체당금의 이자	체당금 법정이자 청구권 없음	체당금에 대한 법정이자 청구권 인정
무상임치인의 주의의무	자기 재산과 동일한 주의의무	선관주의의무

2.2.4. 유가증권에 관한 규정

2.2.4. 유가증권에 관한 규정
2.2.4.1. 유가증권의 의의
2.2.4.1.1. 유가증권의 개념
- 일반적으로 유가증권이란 재산적 가치 있는 사권(사권 중 재산권만 해당하고 신분권은 해당하지 않음)이 표창된 증권을 말함.
- 이러한 유가증권이 되기 위해서는 두 가지 요소가 필요한데, 그 첫째는 재산적 가치 있는 사권의 화체화(化體化 : 무형의 권리를 눈에 보이는 형태로 바꾸는 것)이고, 둘째는 권리의 행사와 관련하여 어느 정도 증권소지가 필요한가 하는 결합요소임.
- 즉 유가증권은 재산권 예컨대, 채권증권(화물상환증, 창고증권, 선하증권, 어음, 수표 등)이나 사원증권(주권)을 유통시키기 위하여 서면에 화체시켜, 그 권리를 행사하기 위하여 권리의 발생, 행사, 이전의 전부 또는 일부단계에 증권의 소지를 요하는 두 가지 요소로 결합되어 있음이고 할 수 있음.
- 증권의 소지가 어느 정도로 요구되는가에 대하여 네 개의 학설이 있음.
  ① 제1설은 권리의 발생.이전.행사의 전부 또는 일부에 증권의 소지를 요하는 것이라고 하고(다수설),
  ② 제2설은 권리의 이전(처분)과 행사에 증권의 소지를 요하는 것이라고 하고,
  ③ 제3설은 권리의 이전(처분)에 증권의 소지를 요하는 것이라고 하며,
  ④ 제4설은 권리의 행사(주장)에 증권의 소지를 요한다는 것이라고 함.
- 결론적으로 유가증권인지 여부는 화체될 수 있는 권리인가 여부와 그 화체된 권리가 발생, 행사, 이전될 수 있는 가에 따라 결정될 것임.
- 예컨대, 창고증권(화물상환증, 선하증권)은 화체될 수 있고 이전이 가능하므로 유가증권이라 볼 수 있을 것임.

2.2.4. 유가증권에 관한 규정

- 승차권 역시 운송에 대한 채권을 나타내고 양도가 가능하므로 유가증권으로 볼 수 있을 것이나(통설), 항공권은 승객의 이름이 적혀있고 양도가 금지되는 것이 일반적이므로 이전을 할 수 없으므로 유가증권으로 볼 수 없을 것임.
- 상품권은 물품구입에 대한 권리가 화체된 것이고 양도가능 하므로 유가증권으로 볼 수 있을 것임.
- 금권(지폐, 우표, 수입인지)은 그 자체가 법률상 특정한 가치를 보유하는 증권이기 때문에 재산적 가치를 표창하는 것이 아니기 때문에 유가증권이 아님.

2.2.4.1.2. 유가증권의 종류
(1) 완전·불완전유가증권
- 권리의 발생·이전·행사의 전부에 증권의 소지를 요하는 유가증권을 완전유가증권이라고 하고, 권리의 발생·이전·행사의 일부에만 증권의 소지를 요하는 유가증권을 불완전유가증권이라 함.

(2) 기명·무기명·지시·선택무기명증권
- 기명증권이란 증권상에 특정인을 권리자로 기재한 유가증권으로서 지시증권이 아닌 것을 말함. 무기명증권(소지인출급식 유가증권)이란 증권상에 권리자가 기재되어 있지 않고 증권의 정당소지인을 권리자로 인정하는 유가증권임.
- 지시증권이란 증권상에 특정인을 권리자로 지정하지만, 한편 그가 지시하는 자도 권리자로 인정하는 유가증권임. 선택무기명증권(지명소지인출급식증권)이란 증권상에 특정인을 권리자로 지정하여 그 기재자가 권리를 행사하거나 또는 증권의 정당한 소지인도 권리자가 될 수 있음은 뜻을 기재한 유가증권임.

2.2.4. 유가증권에 관한 규정

(3) 설권·비설권증권
- 증권의 작성에 의하여 비로소 권리가 창설되는 증권을 설권증권이라 하고, 이미 존재하는
  권리를 단순히 증권에 표창한 증권을 비설권증권이라고 함.

(4) 유인·무인증권
- 증권상의 권리의 발생이 증권의 발행행위 자체 외에 그 증권을 발행하게 된 원인관계와 관
  계를 갖고 있는 증권을 유인증권(요인증권)이라고 하고, 증권상의 권리의 발생이 그 원인관
  계와 관계가 없는 증권을 무인증권(불요인증권, 추상증권)이라고 함.

(5) 증권에 표창된 권리의 종류에 의한 분류
- 채권증권이란 금전, 물건의 지급을 청구할 수 있는 권리, 즉 채권이 표창된 유가증권이며 물
  권적 효력이 인정되며 아래에 증권을 제외한 모든 유가증권이 채권적 유가증권임.
- 물권증권 물권을 표창하는 증권으로 우리나라는 인정하지 않고 있음.
- 사원권증권이란 회사의 사원의 지위를 표창하는 유가증권으로 주권이 여기에 해당함.

2.2.4.1.3. 유가증권과 구별되는 증권유가증권과 구별되는 증권
(1) 증거증권
- 증거증권은 실질적인 법률관계의 유무나 내용을 증명하는 자료로서만 의미가 있는 증서임.
  따라서 그 증서의 유무에 의하여 법률관계의 유무나 내용 자체가 변하는 것은 아니고 단지
  증거로 쓰이는 것으로 차용증서, 영수증 등이 있음.

2.2.4. 유가증권에 관한 규정

(2) 면책증권
- 면책증권이란 채무자가 증권의 정당한 소지인에게 변제를 하면 악의 또는 중대한 과실이 없
  는 한 면책되는 효력이 부여되는 증권을 말함. 예금증서, 철도수하물상환증 등이 그 예다.

2.2.4.2. 유가증권에 관한 특례
- 금전의 지급청구권, 물건이나 유가증권의 인도청구권을 표시하는 유가증권에는 특별한 규
  정이 없을 경우에는 민법의 증권채권에 관한 규정(민 508~525) 및 어음법 규정의 일부(어
  12 ① 및 ②)를 준용하고 있음(상 65①).
- 금전의 지급을 목적으로 하는 유가증권이란 어음.수표.채권 등을 의미하고, 물건의 지급을
  목적으로 하는 유가증권이란 화물상환증.창고증권.선하증권.상품권 등을 의미하고, 유가증
  권의 지급을 목적으로 하는 유가증권이란 승차권.승선권 등의 지급을 청구할 수 있는 유가
  증권을 의미함. 유가증권 중 사원권을 나타내는 유가증권인 주권에는 적용되지 않음.

2.2.5. 상호계산

2.2.5. 상호계산
2.2.5.1. 상호계산의 의의
2.2.5.1.1. 상호계산의 개념
- 상호계산은 상인 간 또는 상인과 비상인 간에 상시 거래관계가 있는 경우에, 일정한 기간의 거래로 인한 채권채무의 총액에 관하여 상계하고 그 잔액을 지급할 것을 약정하는 계약을 말함(상72).
- 상호계산은 민법상의 상계(민 492)와 유사하나, 민법상의 상계는 개별적인 채무를 소멸시키는 단독행위이나 상법상의 상호계산은 포괄적인 채무를 소멸시키는 계약이라는 점에서 양자는 구별됨.

2.2.5.1.2. 상호계산제도의 목적
- 상호계산제도는 반복적 거래의 경우 개별 거래마다 변제를 하게 되면 번거롭게 되므로, 일정기간 내의 채권.채무의 총액을 일괄하여 상계하고 그 잔액만을 지급하게 함으로써 계산을 간편하게 할 수 있기 위한 제도임.

2.2.5.1.3. 대상채권.채무
- 상호계산에 계입되는 채권.채무에는 일정한 제한이 있음. 즉 상호계산능력이 있는 채권.채무는 원칙적으로 거래에서 생긴 채권.채무로서 금전채권에 한함.
- 따라서 거래가 아닌 불법행위.사무관리 등에 의하여 발생한 채권.채무는 상호계산능력이 없으며(통설),
- 금전채권이라도 어음 기타의 유가증권상의 채권.채무는 상호계산능력이 없음. 이는 유가증권상의 채권은 증권의 제시, 거절증서의 작성 등 특수한 행사방법을 필요로 하기 때문임.

2.2.5. 상호계산

- 그러나 어음 기타의 상업증권으로 인한 채권채무를 상호계산에 계입한 경우에 그 증권채무자가 변제하지 아니한 때에는 당사자는 그 채무의 항목을 상호계산에서 제거할 수 있음(상73).

2.2.5.1.4. 상호계산기간
- 당사자가 상계할 기간을 정하지 아니한 때에는 그 기간은 6월로 함(상74).

2.2.5.2. 상호계산의 효력
2.2.5.2.1. 상호계산기간 중의 효력 : 소극적 효력
(1) 당사자 간의 효력(상호계산불가분의 원칙)
- 상호계산제도는 일괄결제의 제도이므로 상호계산에 관한 계약이 체결되면 상호계산기간 내의 상호계산에 계입된 채권.채무는 개별성을 잃으므로 시효가 개별적으로 진행하지도 않고, 당사자가 임의로 계입된 채권.채무를 채권.채무 항목에서 누락시킬 수 없고 개별적으로 채권.채무에 대해 이행을 청구하지도 못함. 이를 상호계산불가분의 원칙이라 함.
- 다만 (어음상의 채권은 상호계산의 대상은 아니지만) 어음 기타의 상업증권으로 인한 채권채무를 상호계산에 계입한 경우에 그 증권채무자가 변제하지 아니한 때에는 당사자는 그 채무의 항목을 상호계산에서 제거할 수 있음(상73).
- 따라서 당사자 간에 불가분의 원칙이 지켜지므로 당사자는 계입된 채권에 대하여 이행의 청구나 상계에의 제공 등 개별적인 권리의 행사를 할 수 없을 뿐만 아니라 양도·입질·압류 등도 할 수 없음.
- 아울러 상호계산에 계입된 채권은 소멸시효가 정지되고 이행지체도 생기지 않음. 다만 변제기가 변하는 것은 아니므로 이자를 붙일 수는 있음(상76).

2.2.5. 상호계산

(2) 제3자에 대한 효력
- 제3자가 상호계산에 계입된 채권.채무를 개별적으로 양수.입질.압류할 수 있는가의 문제는 상호계산불가분의 원칙이 제3자에게도 미치는가에 대한 문제로서, 학설은 상호계산의 효력은 제3자에게도 미친다는 견해(절대적 효력설).
- 상호계산의 효력은 제3자에게 미치지 않는다는 견해(상대적 효력설) 및
- 상호계산의 효력은 압류의 경우에만 제3자에게 미친다는 견해(절충설)로 나눔.
- 절충설에 의하면 상호계산의 불가분성에 관한 상법의 규정은 강행규정은 아니고 당사자 간의 계약에 의한 양도금지에 지나지 않으므로 당사자가 약정에 반하여 그 중 일부채권을 제3자에게 양도하거나 입질한 경우에는 선의의 제3자에 대하여는 유효하다고 보나, 압류의 경우에는 당사자 간의 계약으로 국가의 강제집행권까지 저지할 수는 없으므로 제3자의 선의·악의를 불문하고 유효하다고 봄.

2.2.5.2.2. 상호계산기간만료 후의 효력 : 적극적 효력
(1) 잔액채권의 성립
상호계산기간이 만료되면 각 개별적 채권.채무를 차감하여 정산하여 잔액을 결정하게 됨. 이러한 잔액확정은 각 항목을 기재한 계산서의 승인을 통해서 하게 되며, 당사자가 채권채무의 각 항목을 기재한 계산서를 승인한 때에는 각 항목에 대하여 이의를 제기 못함. 그러나 착오나 탈루가 있는 때에는 이의를 제기할 수 있음(상75).
- 잔액확정은 계산서의 승인을 통해서 하는 것이 타당하겠으나 승인이 없어도 계산기간이 경과되면 자동적으로 잔액채권이 성립한다고 할 것임.
- 이의를 제기할 수 있음은 의미에 대해 승인행위 자체는 유효하고 다만 부당이득을 반환청구를 할 수 있음은 부당이득반환청구설(통설), 승인행위자체의 효력을 다툴 뿐만 아니라 잔액채권의 확정자체를 다툴 수 있음은 승인행위무효설이 있음.

2.2.5. 상호계산

- 상계로 인한 잔액에 대하여는 채권자는 계산폐쇄일 이후의 법정이자를 청구할 수 있음(상 76①). 그러나 당사자는 특약으로 각 항목을 상호계산에 계입한 날로부터 이자를 붙일 것을 약정할 수 있음(상 76②).

(2) 잔액채권확정의 법적 성질
- 상호계산의 각 당사자가 승인함으로써 확정되는 잔액채권의 법적 성질에 대해 통설은 구채권.채무를 소멸시키고 신채권.채무를 발생시키는 경개계약이라고 봄.
- 이에 대해 잔액의 승인 행위는 종래의 채권채무의 합산결과를 확인하는데 지나지 않는다고 보는 유인적 확인계약설, 유인적 잔액채권과는 별개로 승인에 의하여 새로이 무인적 잔액채권이 발생한다고 보는 무인적 채무승인설 등이 있음.

2.2.5.3. 상호계산의 종료
- 상호계산은 존속기간의 만료 등 계속적 계약의 일반적 종료원인에 의하여 종료하는 외에 상법상 해지에 의하여 종료함. 즉 각 당사자는 언제든지 상호계산을 해지할 수 있음. 이 경우에는 즉시 계산을 폐쇄하고 잔액의 지급을 청구할 수 있음(상77).
- 그 밖에도 당사자의 해지, 당사자 일방의 파산, 상시 거래관계의 종료 등으로 상호계산이 종료되며, 상호계산 계약이 종료되면 즉시 계산을 폐쇄하고 잔액의 지급을 청구할 수 있음.

2.2.6. 익명조합

2.2.6. 익명조합
2.2.6.1. 익명조합의 의의
2.2.6.1.1. 개념
- 익명조합은 당사자의 일방이 상대방의 영업을 위하여 출자하고 상대방은 그 영업으로 인한 이익을 분배할 것을 약정하는 계약임(상78).
- 익명조합계약은 당사자의 일방이 상대방의 영업을 위하여 출자를 하고 그 영업에서 발생하는 이익을 분배할 것을 약속하는 것이므로, 당사자의 일방이 상대방의 영업을 위하여 출자를 하는 경우라 할지라도 그 영업에서 이익이 난 여부를 따지지 않고 상대방이 정기적으로 일정한 금액을 지급하기로 약정한 경우에는 가령 이익이라는 명칭을 사용하였다 하더라도 그것은 상법상의 익명조합계약이라고 할 수 없음(大判 1962. 12. 27, 62다660).
- 예컨대, 음식점 시설제공자의 이익여부에 관계없이 정기적으로 일정액을 지급할 것을 약정하되 대외적 거래관계는 경영자가 그 명의로 단독으로 하여 그 권리의무가 그에게만 귀속되는 동업관계는 상법상 익명조합도 아니고 민법상 조합도 아님(大判 1983. 05. 10, 81다650).
- 당사자는 영업자와 익명조합원인데, 익명조합원의 자격에는 제한이 없으므로 자연인·법인인가 상인·비상인이든 상관이 없으며, 신용 또는 노무의 출자를 제외하고 금전 기타의 재산에 한하여 출자를 하는 자임.
- 익명조합원은 출자의무와 이익분배를 요구할 권리를 가지고 영업자는 영업활동을 하고 그 이익을 분배하여야 의무를 부담하게 됨. 손실분담은 익명조합 요소는 아님.

2.2.6. 익명조합

2.2.6.1.2. 익명조합의 목적
- 익명조합은 자본을 제공하는 자본가는 영업활동을 하지 않고 실제로 영업을 하는 경영자가 대외적으로 영업활동을 하는 형태의 기업임.
- 따라서 자본가는 직접경영을 하지 않고 배후에서 투자하여 이익을 얻고, 경영자는 이자 없는 자금을 제공받아 외부에 독자적으로 활동을 하는 형태의 기업을 말함.
- 익명조합은 대외적으로 경영자만이 책임을 지므로 거래관계가 간단명료하여 민법상의 조합원 전원이 업무를 집행하는 조합에 비하여 상거래에 적합한 형태의 공동기업임.
- 또한 회사법상 합자회사와 같은 구조를 가지고 있으나 다음과 같은 점에서 차이가 있음.

☞ 익명조합과 합자회사의 비교

	익명조합	합자회사
법률관계	계약관계	사단법인
권리의무의 주체	영업자	회사
기업의 재산	영업자의 재산(익명조합원의 재산이 아님)	회사의 재산
출자자 공시	익명조합원은 등기사항이 아님	유한책임사원 등기사항
제3자에 대한 책임	익명조합원은 영업자의 채권자에 대하여 책임 없음	유한책임사원은 출자액을 한도로 회사채권자에 대하여 직접 책임
파산	익명조합원은 출자반환 청구권 있음.	유한책임사원은 출자를 상실하게 됨

2.2.6. 익명조합

2.2.6.2. 익명조합의 효력
2.2.6.2.1. 대내적 효력
(1) 출자
- 익명조합원의 출자목적물은 금전 또는 현물과 같은 재산에 한정되며, 신용이나 노무는 출자목적물이 될 수 없음(상 86, 272).
- 익명조합원이 출자한 금전 기타의 재산은 법률상 영업자의 재산으로 봄(상79).

(2) 영업의 수행
- 익명조합에서 영업수행의무를 부담하는 자는 영업자임(상 78).
- 익명조합은 영업자의 단독기업이므로, 영업자는 계약에서 정한 영업을 수행할 권리를 가지는 동시에, 익명조합원이 출자를 한 경제적 목적을 달성하기 위하여 선량한 관리자의 주의의무로써 위 영업을 수행할 의무가 있음.
- 또한 영업자는 상법의 규정은 없지만 익명조합원의 최대한의 이익을 위해 이해충돌이 생길 수 있는 업무를 하지 못한다고 보아 경업금지의무를 진다고 할 것임(다수설).
- 익명조합원은 합자회사의 유한책임사원과 같이 영업을 수행할 권리가 없으나(상 86, 278), 합자회사의 영업사원과 같이 영업을 감시할 권리가 있음.
- 따라서 익명조합원은 영업연도 말에 있어서 영업시간 내에 한하여 회사의 회계장부·대차대조표 기타의 서류를 열람할 수 있고 회사의 업무와 재산상태를 검사할 수 있고, 중요한 사유가 있는 때에는 익명조합원은 언제든지 법원의 허가를 얻어 열람과 검사를 할 수 있음(상 86, 277).

2.2.6. 익명조합

(3) 손익의 분배
- 영업자는 익명조합원에게 영업으로 인한 이익을 분배할 의무를 부담하나(상 78), 익명조합원은 영업자에게 영업으로 인한 손실을 분담하지 않는 것으로 정할 수 있음(상 82③).
- 손실을 분담하지 아니한다는 특약이 없으면 익명조합이 가지는 공동기업으로서의 성질상 익명조합원도 손실을 분담하는 것으로 추정함(통설).
- 익명조합원의 손실분담의무는 현실적 추가출자를 의미하는 것은 아니고 자본이 감소되는데 그친다. 후에 이익이 생기는 경우에는 출자의 결손을 먼저 전보하고 잔여이익이 있을 경우 이익배당을 청구할 수 있음.
- 익명조합원의 출자가 손실로 인하여 감소된 때에는 익명조합원은 그 손실을 전보한 후가 아니면 이익배당을 청구하지 못함(상 82①).
- 그러나 손실이 출자액을 초과한 경우에도 익명조합원은 이미 받은 이익의 반환 또는 증자할 의무가 없음(상 82②).
- 즉 익명조합원이 손실을 분담한 결과 출자액이 마이너스로 되는 경우에도 추가적인 출자의무를 부담하지 않고 이미 배당받은 이익도 반환할 필요가 없음.

(4) 당사자지위의 이전 금지
- 익명조합계약은 당사자 간의 인적신뢰를 전제로 하는 것이므로, 각 당사자는 특약이 없는 한 그 지위를 타인에게 이전할 수 없음.

2.2.6. 익명조합

2.2.6.2.2. 대외적 효력
(1) 영업자의 지위
- 익명조합원은 대내적으로 출자의무만을 부담할 뿐 영업활동에 참여하지 않으므로 영업자만이
  외부 즉 제3자에 대하여 모든 권리의무의 귀속의 주체가 됨. 따라서 익명조합원이 출자한 재산
  도 영업자에게 귀속되는 것으로 하였음(상 79).

(2) 익명조합원의 지위
- 익명조합원은 영업자의 행위에 관하여서는 제3자에 대하여 권리나 의무가 없음(상80).
- 그러나 익명조합원이 자기의 성명을 영업자의 상호 중에 사용하게 하거나 자기의 상호를 영업
  자의 상호로 사용할 것을 허락한 때에는 그 사용 이후의 채무에 대하여 영업자와 연대하여 변제
  할 책임이 있음(상81). 이는 상법 제24조의 명의대여자의 책임을 구체화 한 것임.

2.2.6.3. 익명조합의 종료
2.2.6.3.1. 종료의 원인
(1) 약정종료원인
- 익명조합계약에서 정한 종료사유가 발생한 때에 익명조합계약은 종료하게 됨. 예컨대 존속기간
  을 정한 경우에 그 존속기간의 만료로써 당연히 종료됨.
- 다만 조합계약으로 조합의 존속기간을 정하지 아니하거나 어느 당사자의 종신까지 존속할 것을
  약정한 때에는 각 당사자는 영업년도 말에 계약을 해지할 수 있음. 그리고 이 해지는 6월전에
  상대방에게 예고하여야 함(상 83①).
- 그러나 조합의 존속기간의 약정의 유무에 불구하고 부득이한 사정이 있는 때에는 각 당사자는
  언제든지 계약을 해지할 수 있음(상 83②).

2.2.6. 익명조합

(2) 법정종료원인
- 익명조합계약은 ① 영업의 폐지 또는 양도 ② 익명조합원의 파산 및 ③ 영업자의 파산 또는 사
  망.금치산에 의하여 종료함(상 84).
- 익명조합원의 사망이나 금치산선고는 당연한 종료사유는 아님.

2.2.6.3.2. 종료의 효과
- 조합계약이 종료한 때에는 영업자는 익명조합원에게 그 출자의 가액을 반환하여야 함. 그러나
  출자가 손실로 인하여 감소된 때에는 그 잔액을 반환하면 됨(상85).
- 반환의 방법은 특약이 없으면 출자의 가액을 금전으로 반환함. 납입된 출자가 손실로 마이너스
  가 된 때에는 익명조합원이 추가로 출자할 의무가 없는 이상 손실액은 영업자가 부담하게 됨.

☞ 인터넷을 통한 자금 모집('안녕 형아'사건)
- 재정경제부는 강제규&명필름이 최근 '익명조합' 방식을 통해 영화 '안녕, 형아' 제작비 19억
  5000만원을 인터넷 공모로 모집한 것과 관련, 영화 등 특정 대상에 투자하기 위해 '익명조합'의
  형태로 불특정다수로부터 자금을 모집할 수 있음은 유권해석을 내렸음.

2.3. 각 칙

2.3.1. 대리상
2.3.2. 중개업
2.3.3. 위탁매매업
2.3.4. 운송주선업
2.3.5. 운 송 업
2.3.6. 공중접객업
2.3.7. 창고업

2.3.1. 대리상

2.3.1. 대리상

(1) 종속적 보조자
1) 대외적 : 상업사용인
2) 대내적 : 기술적 사용인

(2) 독립적 보조자
1) 대리상, 중개인 : 타인명의, 타인계산
2) 위탁매매인, 운송주선인, 준위탁매매인 : 자기명의, 타인계산
3) 대리상과 중개인의 구별
i) 대리상(특정상인의 보조자)
① 체약대리상 : 가전제품 대리점
② 중개대리상 : 보험대리점
ii) 중개인(불특정상인의 보조자)

2.3.1. 대리상

2.3. 각 칙
2.3.1. 대리상
2.3.1.1 대리상의 의의
2.3.1.1.1. 대리상의 개념
- 대리상이란 일정한 상인을 위하여 상업사용인이 아니면서 상시 그 영업부류에 속하는 거래의 대리 또는 중개를 영업으로 하는 자를 말함(상87).
- 대리상은 일정한 즉 특정한(수에 관계없음) 상인을 위하여 대리 또는 중개를 한다는 점에서 불특정다수의 상인을 보조하는 중개인, 위탁매매인, 운송주선인과 다름.
- 상시라 함은 일정한 상인과 계속적 거래관계에 있어야 함을 의미하며, 대리상은 상인으로부터 독립한 상인일 뿐만 아니라 상업사용인이 아닌 자를 말함. 이러한 대리상에는 거래의 대리를 하는 체약대리상과 중개를 하는 중개대리상이 있음.

2.3.1.1.2. 대리상계약의 법적 성질
- 대리상계약은 거래의 대리 또는 중개를 위탁하는 것을 내용으로 하는 계약으로 그 법적 성질은 위임계약임(통설).
- 따라서 대리상은 수임인으로서 위임인인 본인을 위하여 선량한 관리자의 주의의무를 부담함.

2.3.1. 대리상

☞ 대리상과 상업사용인과의 차이점

	대리상	상업사용인
공통점	특정한 상인을 위하여 계속적으로 영업을 보조함	
지위	독립한 상인	특정한 상인에 종속된 영업보조자
본인 관계	위임	고용 또는 위임
자격	자연인 또는 법인	자연인에 한함
보수	실적에 따른 수수료	정액의 봉급
영업비 부담	독립된 영업소의 비용 스스로 부담	자기 영업소가 없으며 비용부담 없음
경업금지의무	-본인의 영업부류에 속하는 거래금지 -동종업종의 다른 회사의 무한책임사원 또는 이사가 되지 못함 - 없음	-본인의 영업부류에 속하는 거래금지 -다른 회사의 무한책임사원 또는 이사가 되지 못함 -다른 상인의 상업사용인 못됨
본인의 수	수인 가능	1인만 가능(허락 없는 한)
통지의무	거래의 대리 또는 중개시 지체없이	통지의무 없음

2.3.1. 대리상

2.3.1.2. 대리상의 권리.의무
2.3.1.2.1. 대리상과 본인과의 관계
- 대리상과 본인간의 관계는 위임의 관계에 있음(민 681).
- 따라서 대리상은 본인에 대하여 선량한 관리자의 주의의무를 부담함. 그밖에도 상법은 다음과 같은 특칙을 두고 있음.

(1) 대리상의 의무
1) 통지의무
- 대리상이 거래의 대리 또는 중개를 한 때에는 지체 없이 본인에게 그 통지를 발송하여야 함(상 88).
- 대리상의 통지의무는 본인을 위한 제도임. 통지의무의 불이행으로 본인이 손해를 입으면 이를 배상할 책임이 있음.

2) 경업피지의무
- 대리상은 본인의 허락없이 자기나 제3자의 계산으로 본인의 영업부류에 속한 거래를 하거나 동종영업을 목적으로 하는 회사의 무한책임사원 또는 이사가 되지 못함(상 89①).
- 이 경업피지의무는 본인과 대리상 사이의 이익충돌을 방지하기 위한 것임. 이에 위반한 경우의 법적 효과는 상업사용인에서 본 것과 같음(상 89②).
- 대리상이 경업금지의무위반의 규정에 위반한 경우에 그 거래가 자기의 계산으로 한 것인 때에는 본인은 이를 본인의 계산으로 한 것으로 볼 수 있고, 제3자의 계산으로 한 것인 때에는 본인은 대리상에 대하여 이로 인한 이득의 양도를 청구할 수 있음(상 17②).
- 이를 탈취권 또는 개입권이라 함. 탈취권은 본인이 대리상에 대하여 일방적 의사표시로 행하는 형성권이며, 이러한 권리는 본인이 그 거래를 안 날로부터 2주간을 경과하거나 그 거래가 있은 날로부터 1년을 경과하면 소멸함(상 17④).

2.3.1. 대리상

- 이 기간은 제척기간임. 그 밖에도 본인은 대리상에 대한 계약의 해지 또는 손해배상을 청구할 수 있음(상 17③).
- 이러한 권리는 본인이 그 거래를 안 날로부터 2주간을 경과하거나 그 거래가 있은 날로부터 1년을 경과하면 소멸함(상 17④). 이 기간은 제척기간임.
- 상업대리상은 본인의 허락 없이 다른 회사의 무한책임사원, 이사 또는 다른 상인의 대리상이 되지 못하는데(상 17①), 이를 위반한 경우 그러한 지위에 취임한 행위 그 자체는 유효하고, 본인은 그 대리상에 대하여 계약을 해지하거나 또는 손해배상을 청구할 수 있을뿐(상 17 ③), 탈취권의 행사는 인정되지 않음.
- 다만, 상업사용인의 겸업금지의무는 다른 회사의 무한책임사원.이사 또는 사용인이 되지 못하나, 대리상의 경업피지의무는 동종영업을 목적으로 하는 회사만을 대상으로 한다는 점에서 차이가 있음.

3) 영업비밀준수의무
- 대리상은 계약의 종료 후에도 계약과 관련하여 알게 된 본인의 영업상의 비밀을 준수하여야 함(상 92의3). 영업비밀준수 의무는 계약종료 후에도 있음은 점에서 특징이 있음.

(2) 대리상의 권리
1) 보수청구권
- 대리상은 상인이므로 본인을 위하여 한 행위에 관하여 당사자 간에 보수의 약정을 하지 않은 경우에도 당연히 상당한 보수청구권이 있음(상 61). 비용청구권은 인정되지 않음.

2) 유치권
- 대리상은 거래의 대리 또는 중개로 인한 채권이 변제기에 있는 때에는 그 변제를 받을 때까지 본인을 위하여 점유하는 물건 또는 유가증권을 유치할 수 있음. 그러나 당사자 간에 다른 약정이 있으면 그러하지 아니함(상91).

2.3.1. 대리상

- 점유취득의 원인과 채무자의 소유여부를 묻지 않으며, 피담보채권이 유치하는 목적물 자체에 관하여 생겨야 하는 것은 아님. 대리상의 유치권의 효력도 민법상의 유치권과 동일함.
☞ 대리상의 유치권

		민사유치권	일반상사유치권	대리상 (준)위탁매매인	운송주선인 육(해)상운송인
당사자		비상인간 상인.비상인간	모두 상인	대리상 : 모두 상인 (준)위탁매매인 :위탁자는 비상인	송하인(위탁자)은 비상인도 可
피담보채권		유치목적물	쌍방적상행위(통설)	영업에 의한 채권	영업에 의한 채권
변제기도래		必要	必要	不要	不要
목적물	채무자 소유	不要	必要	不問	不問 목적물
	점유원인	무제한	채권자에게는 상행위	상대방을 위한 점유	운송물 목적물
	목적물	물건,유가증권	同	同	다름(?)
견련관계		必要	不要(일반적 관련성)	不要	必要
유치권배제특약		명문규정 X, 可	명문규정	명문규정	명문규정 X, 可

2.3.1. 대리상

3) 보상청구권
- 대리상의 활동으로 본인이 새로운 고객을 획득하거나 영업상의 거래가 현저하게 증가하고 이로 인하여 계약의 종료 후에도 본인이 이익을 얻고 있는 경우에는 대리상은 본인에 대하여 상당한 보상을 청구할 수 있음.
- 다만, 계약의 종료가 대리상의 책임 있는 사유로 인한 경우에는 그러하지 아니함(상 92의2 ①).
- 본인이 이익을 얻고 있는 경우라 함은 이익을 실현할 수 있는 가능성을 의미하지 구체적인 이익을 의미하는 것은 아님.
- 보상금액은 상당한 보상액으로 대리상의 손해 등의 사정을 고려하여 결정하여야 하지만 상법은 최고한도액을 정하여 계약의 종료 전 5년 간의 평균연보수액을 초과할 수 없도록 하고 있음. 계약의 존속기간이 5년 미만인 경우에는 그 기간의 평균연보수액을 기준으로 함(상 92의2 ②).
- 이러한 보상청구권은 계약이 종료한 날부터 6월을 경과하면 소멸함(상 92의2 ③). 이 기간은 제척기간임.

2.3.1.2.2. 대리상과 제3자와의 관계
(1) 대리상의 의무.책임
- 대리상의 의무와 책임은 대리상이 거래에 관여한 정도에 따라 다르게 되는데, 계약을 체결하는 체약대리상은 대리의 법리에 의하여 본인에게 법적 효과가 미치게 되고, 대리상이 단지 중개하는 역할을 한 경우에는 대리상은 법적 당사자가 아니므로 제3자에 대하여 권리나 의무가 없음.

2.3.1. 대리상

(2) 대리상의 권리
- 대리상의 제3자에 대한 권리는 대리상계약에 의하여 그 구체적인 권리가 정해지겠지만, 일반적으로 체약대리상은 계약의 체결 등과 관련한 폭넓은 대리권을 가진다고 할 것이나 중개대리상은 단지 중개에 그칠 뿐이므로 대리권이 인정되지 않는 등 권리의 범위가 좁다고 할 것임.

(3) 통지수령권
- 통지수령권과 관련하여 상법은 특별규정을 두고 있음. 즉 물건의 판매나 그 중개의 위탁을 받은 대리상은 매매의 목적물의 하자 또는 수량부족 기타 매매의 이행에 관한 통지를 받을 권한이 있음(상90).
- 이는 상사매매에 있어서 매수인의 목적물검사와 하자통지의무(상 69)를 부담하는 것에 대응하는 권리임.

2.3.1.3. 대리상계약의 종료
2.3.1.3.1. 일반종료원인
- 민법상 위임은 일반종료원인 즉 위임인의 사망.파산, 수임인의 사망.파산.금치산에 의하여 종료됨(민 690).
- 따라서 대리상의 경우에도 위의 원인에 의하여 종료하게 됨. 다만 대리상계약은 본인의 사망에 의하여서는 종료되지 않음(상 50 참조).
- 대리상계약은 영업을 전제로 하므로 영업의 폐지나 영업양도의 경우에도 대리상계약이 종료한다고 봄.

2.3.1. 대리상

2.3.1.3.2. 법정종료원인
- 당사자가 계약의 존속기간을 약정하지 아니한 때에는 각 당사자는 2월 전에 예고하고 계약을 해지할 수 있음(상 92①). 그러나 부득이한 사정이 있는 때에는 각 당사자는 언제든지 계약을 해지할 수 있음(상 92 ②).

2.3.1.3.3. 종료효과
- 대리상 관계가 종료하면 대리상과 본인 사이의 잔무를 처리하여야 함.
- 대리상은 이미 처리한 대리 또는 중개행위에 대한 보수청구권을 갖으며, 대리상은 보상청구권과 영업비밀준수의무를 짐.

2.3.2. 중개업

2.3.2. 중개업
2.3.2.1. 중개인의 의의
- 중개인이란 불특정 다수인간의 상행위의 중개를 영업으로 하는 자를 말함(상93).
- 중개란 타인 간의 법률행위의 성립을 위하여 노력하는 사실행위를 말함. 중개의 대상인 상행위는 기본적 상행위를 의미하고 보조적 상행위는 포함하지 않으며, 기본적인 상행위인 이상 일방적 상해위도 무방함(통설).
- 불특정 다수인간의 상행위를 중개한다는 점에서 특정상인을 위하여 상행위를 중개하는 대리상과 구별되고, 상행위를 중개한다는 점에서 비상행위를 중개하는 부동산 중개업자와 같은 민사중개인과 구별됨.
- 중개인은 타인간의 상행위의 중개를 하는데 그치며 중개한 행위에 대하여 스스로 권리.의무의 주체가 되지 않는다는 점에서 위탁매매인과 다름. 중개의 의미는 중개의 인수라는 법률행위를 영업으로 하는 것을 말함.

2.3.2.2. 중개인의 의무
2.3.2.2.1. 서
- 중개계약은 위임계약이므로 중개인은 수임인으로서 선량한 관리자의 주의의무를 부담함(민681). 그밖에도 중개인은 상법상 다음과 같은 의무를 부담함.
- 중개인은 중개를 하는데 불과하기 때문에 당사자로서의 지위에서 비롯되는 의무는 없으므로 제3자에 대하여 아무런 법률관계가 발생하지 않는다는 점에서 대리상.위탁매매인 등과 구별됨.

2.3.2. 중개업

2.3.2.2.2. 견품보관의무
- 중개인이 그 중개한 행위에 관하여 견품을 받은 때에는 그 행위가 완료될 때까지 이를 보관하여야 함(상95).
- 보관된 견품은 당사자 간의 분쟁을 방지하거나 해결하기 위하여 증거를 보전시키는 역할을 하며, 행위가 완료된 때라 함은 중개행위가 성립된 시점을 의미하는 것이 아니라 물건의 품질에 관하여 분쟁이 생길 염려가 전혀 없게 된 때(이의기간 경과시 등)를 의미함.
- 보관은 선량한 관리자의 주의의무로서 하며, 이 견품보관의무는 법률상의 의무이므로 그 보관에 대하여 보수를 청구하지 못함.

2.3.2.2.3. 결약서교부의무
- 당사자 간에 계약이 성립된 때에는 중개인은 지체 없이 각 당사자의 성명 또는 상호, 계약년월일과 그 요령을 기재한 서면을 작성하여 기명날인 또는 서명한 후 각 당사자에게 교부하여야 함(상 96①).
- 당사자가 즉시 이행을 하여야 하는 경우를 제외하고 중개인은 각 당사자로 하여금 서면에 기명날인 또는 서명하게 한 후 그 상대방에게 교부하여야 함(상 96②).
- 만약 당사자의 일방이 서면의 수령을 거부하거나 기명날인 또는 서명하지 아니한 때에는 중개인은 지체 없이 상대방에게 그 통지를 발송하여야 함(상 96③).
- 이 결약서는 계약이 성립한 후에 중개인이 작성하는 것이므로 계약서가 아니고, 계약의 성립과 내용에 관한 증거서류에 불과함.
- 또한 계약요령이란 계약내용의 요점으로, 목적물의 명칭·수량·품질·이행의 방법·시기·장소 등임. 이 통지는 발송만 하면 되며(발신주의), 이러한 통지의무를 게을리하면 중개인은 손해배상책임을 부담함.

2.3.2. 중개업

2.3.2.2.4. 장부작성 및 등본교부의무
- 중개인은 결약서의 기재사항을 장부에 기재하여야 함(상 97①).
- 이를 중개인의 일기장이라고 하는데 이는 타인 간의 거래에 관한 증거를 보전하기 위하여 작성하는 것이므로 상업장부로서의 회계장부는 아님.
- 이에 대하여도 상업장부의 규정을 유추적용하여 보존기간의 명문규정은 없으나 상업장부와 같이 장부를 폐쇄한 날로부터 10년간 보아야 할 것임(제33조 유추적용).
- 당사자는 언제든지 자기를 위하여 중개한 행위에 관한 장부의 등본의 교부를 청구할 수 있음(상 97②).

2.3.2.2.5. 성명.상호묵비의무
- 당사자가 그 성명 또는 상호를 상대방에게 표시하지 아니할 것을 중개인에게 요구한 때에는 중개인은 그 상대방에게 교부할 결약서와 중개인의 일기장의 등본에 이를 기재하지 못함(상 98).
- 성명.상호묵비를 요구할 수 있는 당사자는 중개위탁자 뿐만 아니라 그 상대방도 포함함(통설).

2.3.2.2.6. 이행담보책임(개입의무)
- 중개인이 임의로 또는 성명.상호묵비의무의 규정에 의하여 당사자 일방의 성명 또는 상호를 상대방에게 표시하지 아니한 때에는 상대방은 중개인에 대하여 이행을 청구할 수 있음(상 99).
- 원래 중개인은 중개를 하는데 불과하므로 계약당사자가 아니지만 계약의 일 당사자가 나타나지 않기 때문에 상대방을 보호하기 위하여 중개인에게 이행책임을 부담시키고 있는 것임.

2.3.2. 중개업

- 상대방이 중개인에게 이행책임을 물은 후에는 중개인이 당사자의 성명 또는 상호를 표시하여도 일단 발생한 중개인의 이행담보책임(개입의무)는 소멸하지 않으며(통설), 중개인이 계약을 이행하게 되면 당연히 당사자에 대하여 구상권 행사가능.
- 계약을 이행하면 중개인이 당사자가 되는 것은 아니기 때문에 상대방에 대하여 반대급여를 청구할 수 없다고 하는 견해도 있으나 청구할 수 있음이고 봄.
- 반면에 거래 상대방이 요구하지 않은 상태에서 중개인이 적극적으로 개입권을 행사 할 수는 없다고 봄.

2.3.2.3. 중개인의 권리
2.3.2.3.1. 보수청구권
- 중개인은 상인이므로 특약이 없는 경우에도 중개에 의한 보수(중개료)를 청구할 수 있음(상 61).
- 중개된 당사자 사이에 계약이 성립되어야 보수를 청구할 수 있는데, 중개행위와 계약성립 간에는 상당인과관계가 있어야 함. 중개 노력을 많이 했어도 계약으로 이어지지 않으면 보수청구권이 인정되지 않을 것이나 중개당사자가 수수료를 지급하지 않을 목적으로 중개인을 배제하는 경우에는 보수청구권이 인정된다고 할 것임.
- 판례도 부동산소개업자라도 타인을 위하여 행위 하여야 상법 제61조의 보수청구권이 있으며, 부동산소개업자라도 부동산매매중개에 있어서 계약당사자의 일방인 피고의 이익을 위하여 행위한 사실이 인정되지 않는 이상 그 당사자에 대하여는 보수청구권이 없다고 판시하고 있음(대판 1977. 11. 22, 77다1889).
- 중개인이 보수청구권을 갖는 경우에도 중개인은 결약서교부의무의 절차를 종료하지 아니하면 보수를 청구하지 못함(상 100①).

2.3.2. 중개업

- 그러나 중개행위는 계약의 성립까지 중개인이 노력하는 것이므로 계약의 이행까지 필요한 것은 아님. 중개인의 보수는 당사자 쌍방이 균분하여 부담함(상 100②)
- 따라서 특약이 없는 한 당사자의 일방이 지급하지 않는 경우에도 중개인은 타방 당사자에 대하여 보수청구권을 행사할 수 없음.

2.3.2.3.2. 비용상환청구권의 부존재
- 중개인이 중개행위를 하면서 지출한 비용은 중개료에 포함되기 때문에 특약이나 관습이 없는 한 그 비용의 상환을 청구하지 못함. 다만 당사자의 개별적 지시에 의하여 지출한 비용은 그 상환을 청구할 수 있음.

2.3.2.3.3. 급여수령권의 부존재
- 중개인은 중개만을 할 뿐, 스스로 행위의 당사자가 되는 것이 아니고 또 당사자의 대리인도 아니므로, 중개인은 다른 약정이나 관습이 있는 경우를 제외하고 그 중개한 행위에 관하여 당사자를 위하여 지급 기타의 이행을 받지 못함(상94).
- 이는 중개인은 중개만을 할 뿐 행위의 당사자도 아니고 당사자의 대리인도 아니기 때문임. 그러나 당사자의 일방이 그 성명·상호의 묵비를 요구한 때에는 중개인에게 급여수령대리권을 묵시적으로 부여한 것으로 봄.

2.3.2.4. 중개계약의 종료
- 민법상 위임은 일반종료원인 즉 위임인의 사망.파산, 수임인의 사망.파산.금치산에 의하여 종료됨(민 690).
- 따라서 중개계약의 경우에도 위의 원인에 의하여 종료하게 됨. 다만 중개계약에 있어서 위탁자의 사망에 의하여서는 종료되지 않음(상 50 참조).
- 위탁자는 일방적 위탁의 경우를 제외하고는 언제든지 위탁계약을 해지할 수 있음.

2.3.3. 위탁매매업

2.3.3. 위탁매매업
2.3.3.1 위탁매매인의 의의
- 위탁매매인이라 함은 자기의 명의로 타인의 계산으로 물건 또는 유가증권의 매매를 영업으로 하는 자임(상 101).
- 자기명의라 함은 위탁매매인이 법률적으로 매매의 당사자로서 권리·의무의 주체가 된다는 의미로 매매계약의 당사자가 되는 것을 말함. 즉 자기명의(법률적 형식)의 의미는 위탁매매인 자신이 제3자에 대한 관계에서 법률상 권리의무의 주체가 된다는 의미임.
- 타인의 계산으로의 의미는 그 거래에서 발생하는 손익이 모두 타인에게 귀속된다는 의미임. 물건 또는 유가증권의 매매이며, 물건에는 부동산도 포함됨(다수설). 그리고 유가증권의 경우에는 증권회사가 위탁매매인이 됨.
- 자기명의로 하는 점에서 계약의 당사자가 아닌 중개인 또는 중개대리상과 구별되고, 타인(본인)명의로 제3자와 거래하는 체약대리상과도 구별됨. 그리고 위탁자는 상인임을 요하지 않는 점에서 대리상 또는 중개인과 구별됨. 위탁매매인이 하는 매매행위의 법적 성질은 위탁업무(영업적 상행위)의 이행행위로서 영업을 위하여 하는 보조적 상행위임(통설).
- 증권거래의 문외한이며 초심자들인 원고들이 피고 회사인 증권회사의 영업부장겸 지배인을 통하여 주식투자를 하기로 하고, 동인에게 유망한 종목의 주식을 적당한 시기에 적당한 수량을 매입매도하여 이득금을 남기도록 부탁하면서 주식매수대금조로 금전을 지급하였다면 원고들과 피고 회사 사이에 증권매매거래의 위탁계약이 성립됨(大判 1980. 05. 27, 80다418).

2.3.3. 위탁매매업

2.3.3.2. 위탁매매계약의 법률관계
2.3.3.2.1. 외부관계
(1) 위탁매매인의 지위
- 위탁매매인은 자기의 명의로 매매를 하기 때문에 위탁자를 위한 매매로 인하여 상대방에 대하여 직접 권리를 취득하고 의무를 부담함(상102).
- 따라서 위탁매매인과 상대방의 관계는 일반의 매매에 있어서 매도인과 매수인의 관계에 있음.

(2) 위탁자와 제3자와의 관계
- 위탁자와 제3자와의 사이에는 아무런 직접적인 법률관계가 생기지 않음.

(3) 위탁자와 위탁매매인의 채권자와의 관계
- 위탁매매인이 위탁자로부터 받은 물건 또는 유가증권이나 위탁매매로 인하여 취득한 물건, 유가증권 또는 채권은 위탁자와 위탁매매인 또는 위탁매매인의 채권자간의 관계에서는 이를 위탁자의 소유 또는 채권으로 봄(상103).

2.3.3. 위탁매매업

2.3.3.2.2. 내부관계
(1) 위탁매매인의 의무
- 위탁자와 위탁매매인 사이의 위탁매매계약은 매매의 주선을 위탁하는 유상의 위임계약임(통설).
- 따라서 위탁매매인은 위탁자의 수임인으로서 위탁자를 위하여 선량한 관리자의 주의로써 그 위임사무를 처리하여야 할 일반적인 의무를 부담함(민 681).
- 따라서 위탁자와 위탁매매인간의 관계에는 위임에 관한 규정을 적용함(상112). 그밖에 상법은 이러한 일반적 의무 외에 특별한 의무를 위탁매매인에게 부과하고 있음.
- 판례는 증권매매거래의 위탁계약의 성립시기에 대해 위탁금이나 위탁증권을 받을 직무상 권한이 있는 직원이 증권매매거래를 위탁한다는 의사로 이를 위탁하는 고객으로부터 금원이나 주식을 수령하는 것으로써 곧바로 위탁계약이 성립한다고 판시하고 있음(大判 1994. 04. 29, 94다2688).

1) 통지의무.계산서제출의무
- 위탁매매인이 위탁받은 매매를 한 때에는 지체 없이 위탁자에 대하여 그 계약의 요령과 상대방의 주소, 성명의 통지를 발송하여야 하며 계산서를 제출하여야 함(상104).
- 민법상의 수임인은 위임인의 청구가 있거나 위임이 종료한 경우에만 보고의무를 부담하는데(민683), 상법 제104조는 이에 대한 특칙임.

2.3.3. 위탁매매업

2) 이행담보책임
- 위탁매매인은 다른 약정이나 관습이 없으면 위탁자를 위한 매매에 관하여 상대방이 채무를 이행하지 아니하는 경우에는 위탁자에 대하여 이를 이행할 책임이 있음(상105).
- 이 책임은 법정책임이며 무과실책임임. 상대방의 채무불이행으로 인한 손해는 결국 위탁자의 손해가 되는데, 위탁자와 상대방 사이에는 아무런 법률관계가 없기 때문에 위탁자의 보호를 위하여 둔 규정임.
- 이러한 책임은 법정책임이며 무과실책임임. 위탁매매인은 보증인과는 달리 최고 또는 검색의 항변권(民 제437조, 제438조)을 갖지 않음.
- 위탁매매인이 상대방의 채무를 이행한 경우에는 상대방이 스스로 채무를 이행한 경우와 같이 위탁자에 대하여 보수나 비용을 청구할 수 있음.

3) 지정가액준수의무
- 위탁자는 매매가액을 위탁매매인에게 일임하는 경우도 있으나, 위탁자가 매도 또는 매수의 가액을 지정한 경우에는 위탁매매인은 이것을 준수할 의무가 있음.
- 위탁자가 지정한 가액보다 염가로 매도하거나 고가로 매수한 경우에도 위탁매매인이 차액을 부담한 때에는 그 매매는 위탁자에 대하여 효력이 있음(상 106①).
- 위탁자가 지정한 가액보다 고가로 매도하거나 염가로 매수한 경우에는 그 차액은 다른 약정이 없으면 위탁자의 이익으로 함(상 106②).

2.3.3. 위탁매매업

4) 위탁물의 훼손.하자 등의 통지.처분의무
- 위탁매매인이 위탁매매의 목적물을 인도받은 후에 그 물건의 훼손 또는 하자를 발견하거나 그 물건이 부패할 염려가 있는 때 또는 가격 저락의 상황을 안 때에는 지체 없이 위탁자에게 그 통지를 발송하여야 함(상 108①).
- 이 경우에 위탁자의 지시를 받을 수 없거나 그 지시가 지연되는 때에는 위탁매매인은 위탁자의 이익을 위하여 적당한 처분을 할 수 있음(상 108②).
- 적당한 처분이란 위탁물을 공탁·전매·경매 등을 하는 것을 말함.

(2) 위탁매매인의 권리
1) 보수청구권
- 위탁매매인은 상인이므로 위탁자를 위하여 한 매매에 관하여 특약이 없더라도 상당한 보수를 청구할 수 있음(상 61).
- 보수청구권은 위탁사무가 완료한 후에 청구할 수 있음.

2) 비용상환청구권
- 위탁매매인이 위탁자를 위하여 매도 또는 매수를 하는 데 비용이 필요한 경우에는 특약 또는 관습이 없는 한 이를 체당할 의무가 없고 위탁자에 대하여 선급을 요구할 수 있음(민 687).
- 위탁매매인이 체당할 의무가 없지만 위탁사무처리에 필요한 비용을 체당한 때에는 그 체당금과 체당한 날 이후의 법정이자를 청구할 수 있음. 참고로 대리상과 중개인의 경우에는 비용상환청구권이 인정되지 않음.

2.3.3. 위탁매매업

3) 유치권
- 위탁매매인은 위탁자를 위하여 물건의 매도 또는 매수를 함으로 말미암아 위탁자에 대하여 생긴 채권에 관하여 위탁자를 위하여 점유하는 물건 또는 유가증권을 유치할 수 있음. 그러나 다른 약정이 있는 때에는 그러하지 아니함(상 111, 91).
- 이것은 위탁자가 비상인일 경우를 대비한 특별상사유치권임. 즉 민법상의 유치권과는 달리 위탁자를 위하여 점유하는 물건 또는 유가증권이 그 채권이 생긴 매매행위와 관련하여 취득될 필요가 없도록 하기 위해 대리상의 유치권에 관한 규정을 준용하고 있는 것임.

4) 매수물의 공탁 및 경매권
- 매수위탁자가 위탁매매인이 매수한 물건의 수령을 거절하거나 또는 수령할 수 없는 때에는 위탁매매인은 그 물건을 공탁하거나 또는 상당한 기간을 정하여 최고한 후 이것을 경매할 수 있는 권리를 가짐(상 109, 67).
- 이 경우에는 지체 없이 매수인에 대하여 그 통지를 발송하여야 함(상 67①).
- 이 경우에 매수인에 대하여 최고를 할 수 없거나 목적물이 멸실 또는 훼손될 염려가 있는 때에는 최고 없이 경매할 수 있음(상 67②).
- 매도인이 그 목적물을 경매한 때에는 그 대금에서 경매비용을 공제한 잔액을 공탁하여야 함. 그러나 그 전부나 일부를 매매대금에 충당할 수 있음(상 67③). .

2.3.3. 위탁매매업

5) 개입권
- 위탁매매인이 거래소의 시세 있는 물건의 매매를 위탁받은 때에는 직접 그 매도인이나 매수인이 될 수 있음. 이 경우의 매매대가는 위탁매매인이 매매의 통지를 발송한 때의 거래소의 시세에 의함(상 107①). 이 경우에도 위탁매매인은 위탁자에 대하여 보수를 청구할 수 있음(상 107②).
- 이 개입권은 거래의 공정성만 보장되면 위탁자의 입장에서는 누가 당사자 간 되든 그 법적. 경제적 효과는 동일하기 때문임.
- 개입권은 위탁매매인이 개입의 의사표시를 위탁자에게 표시함으로써 하며, 통지의 방법은 제한이 없음.
- 위탁매매인이 개입권을 행사하게 되면 위탁자와 위탁매매인 사이에는 매매계약 관계가 성립되어 위탁매매인은 위탁자에 대하여 매도인 또는 매수인의 지위에 서게 됨.
- 이 위탁매매인의 개입권은 상업사용인 등이 협의의 경업피지의무에 위반하여 거래한 경우에 그가 받은 경제적 이익만을 박탈하는 개입권(상 17, 89)과 구별됨.

2.3.3. 위탁매매업

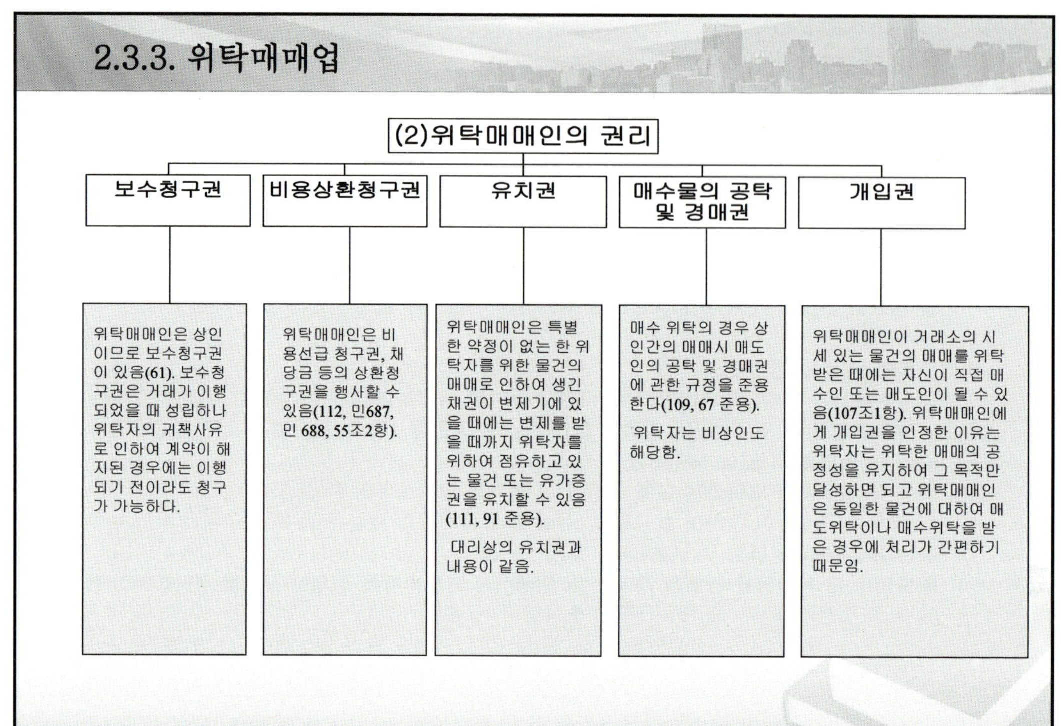

2.3.3. 위탁매매업

(3) 매수위탁자가 상인인 경우의 특칙
- 위탁자가 상인이며 또한 그 영업에 관하여 물건의 매수를 위탁한 경우에는 위탁매매인을 보호하기 위하여 위탁자에게 상인 간의 매매에서 매수인에게 인정된 의무를 부과하고 있음(상 110, 68~71).
- 이는 매수위탁의 경우 위탁자와 위탁매매인간의 관계는 매수인과 매도인의 관계와 비슷하기 때문임. 따라서 위탁자가 상인인 경우에 상인 간의 매매에 관한 규정을 준용하고 있는 것임.
- 따라서 ① 확정기 매매의 해제(상 68) ② 위탁자의 목적물검사와 하자통지의무(상 69) ③ 위탁자의 목적물 보관.공탁의무(상 70) ④ 목적물 수량 초과 등의 경우의 보관.공탁의무(상 71) 등이 준용됨. 위의 구체적인 내용은 다음과 같음.
- 상인 간의 매매에 있어서 매매의 성질 또는 당사자의 의사표시에 의하여 일정한 일시 또는 일정한 기간 내에 이행하지 아니하면 계약의 목적을 달성할 수 없는 경우에 당사자의 일방이 이행시기를 경과한 때에는 상대방은 즉시 그 이행을 청구하지 아니하면 계약을 해제한 것으로 봄(상68).
- 상인 간의 확정기매매의 경우에는 별도의 계약해제의 의사표시조차도 필요 없이 계약을 해제한 것으로 보는 것임. 상인 간의 매매에 있어서 매수인이 목적물을 수령한 때에는 지체 없이 이를 검사하여야 하며 하자 또는 수량의 부족을 발견한 경우에는 즉시 매도인에게 그 통지를 발송하지 아니하면 이로 인한 계약해제, 대금감액 또는 손해배상을 청구하지 못함.
- 매매의 목적물에 즉시 발견할 수 없는 하자가 있는 경우에 매수인이 6월 내에 이를 발견한 때에도 같음(상 69①). 그러나 매도인이 악의인 경우에는 적용하지 아니함(상 69②).

2.3.3. 위탁매매업

- 매수인의 목적물의 검사와 하자통지의무의 경우에 매수인이 계약을 해제한 때에도 매도인의 비용으로 매매의 목적물을 보관 또는 공탁하여야 함. 그러나 그 목적물이 멸실 또는 훼손될 염려가 있는 때에는 법원의 허가를 얻어 경매하여 그 대가를 보관 또는 공탁하여야 함(상 70①).
- 이 경우 매수인이 경매한 때에는 지체 없이 매도인에게 그 통지를 발송하여야 함(상 70②). 그러나 목적물의 인도장소가 매도인의 영업소 또는 주소와 동일한 특별시.광역시.시.군에 있는 때에는 이를 적용하지 아니함(상 70③).
- 매도인이 매수인에게 인도한 물건이 매매의 목적물과 상위하거나 수량이 초과한 경우에 그 상위 또는 초과한 부분에 대해서도 같음(상71).

2.3.3.3. 준위탁매매인
- 준위탁매매인이란 자기명의로써 타인의 계산으로 매매아닌 행위를 영업으로 하는 자를 말하며, 준위탁매매인에 대하여는 위탁매매인에 관한 규정이 준용됨(상 113).
- 매매 아닌 주선행위라 함은 출판.광고의 주선이나, 보험.금융거래의 주선, 임대차의 주선, 여객운송의 주선 등이 이에 속함. 다만 주선의 목적이 물건운송계약인 경우는 운송주선인으로서 준위탁매매인에서 제외됨(상 114).
- 준위탁매매인에 대하여 위탁매매인에 관한 규정을 전면적으로 준용하고 있으나, 매매를 전제로 하는 규정, 예컨대 개입권에 관한 규정(상 107), 위탁물의 훼손.하자 등에 관한 통지ㆍ처분의무(상 108), 매수위탁물의 공탁ㆍ경매권(상 109), 매수위탁자가 상인인 경우의 특칙(상 110) 등은 준용되지 않음.

2.3.4. 운송주선업

2.3.4. 운송주선업
2.3.4.1. 운송주선인의 의의
2.3.4.1.1. 의의
- 운송주선인이라 함은 자기의 명의로 물건운송의 주선을 영업으로 하는 자임(상 114).
- 자기의 명의로 운송계약을 체결하는 점에서 타인(본인)명의로 하는 운송대리인과 다르고, 또한 당사자로서 전혀 나타나지 않으면서 운송계약의 중개만을 하는 중개인 또는 중개대리상과도 구별됨.
- 주선이라 함은 자기의 이름으로 타인의 계산아래 법률행위를 하는 것을 의미하는 것이므로 운송주선계약은 운송주선인의 이 그 상대방인 위탁자를 위하여 물건운송계약을 체결할 것 등의 위탁을 인수하는 계약으로 민법상의 위임의 일종이기 때문에 운송주선업에 관한 상법의 규정이 보충 적용됨(大判 1987. 10. 13, 85다카1080).
- 운송주선인이 하는 주선행위의 객체는 물건이며, 여객운송의 주선을 영업으로 하는 자는 운송주선인이 아니고 준 위탁매매임.

2.3.4.1.2. 법적 성질
- 운송주선계약은 위탁자와 운송주선인간의 물건운송의 주선이라는 사무의 처리를 위탁하는 것이므로 그 법적 성질은 위임계약임. 따라서 상법에 다른 규정이 없으면 민법상 위임에 관한 규정을 준용함.
- 운송주선계약은 청약과 승낙에 의하여 성립되며, 특별한 방식이 요구되지 않음. 운송주선인이 직접 운송을 할 때는 도급이 됨.
- 운송주선업은 운송의 거리가 육해공(육상, 해상, 항공운송 모두 포함) 삼면에 걸쳐 길어지고 운송수단도 다양할 뿐만 아니라 공간적 이동이 필요불가피한 화물도 복잡다양화, 대형 다량화 되어짐에 따라 송하인과 운송인의 중간에서 안전신속한 운송로와 시기를 선택하여 운송을 주선하기 위한 긴요한 수단으로서 발달하게 된 것임

2.3.4. 운송주선업

2.3.4.2. 운송주선의 법률관계
2.3.4.2.1. 총설
- 운송주선은 위탁자와 운송주선인, 운송주선인과 운송인 사이의 법률관계를 갖는다. 위탁자와 운송주선인의 관계는 운송주선계약에 의해, 운송주선인과 운송인의 관계는 운송계약에 의해 처리됨. 위탁자와 운송인 사이에는 아무런 법률관계가 없으며, 운송주선인과 수령인 사이에도 아무런 관계가 없음.
- 운송주선인은 물건운송의 주선을 하는데 그치며 운송인과 같이 운송자체를 행하는 것은 아님. 그러나 운송업까지 겸할 수 있음. 운송주선인은 주선의 목적이 물건운송이라는 점 이외에는 위탁매매인과 같으므로 운송주선인에 대하여 다른 정함이 있는 경우를 제외하고는 위탁매매인에 관한 규정을 준용하고 있음(상 123).
- 운송주선인의 운송인에 대한 지위(상 102), 위탁물의 귀속관계(상 103), 통지 및 계산서 제출의무(상 104), 지정가액준수의무(상 106), 위탁물의 훼손·하자 등과 관련한 통지·처분의무(상 108), 위탁물의 공탁권 및 경매권(상 109), 당사자 간에 위임에 관한 규정 등이 준용됨.

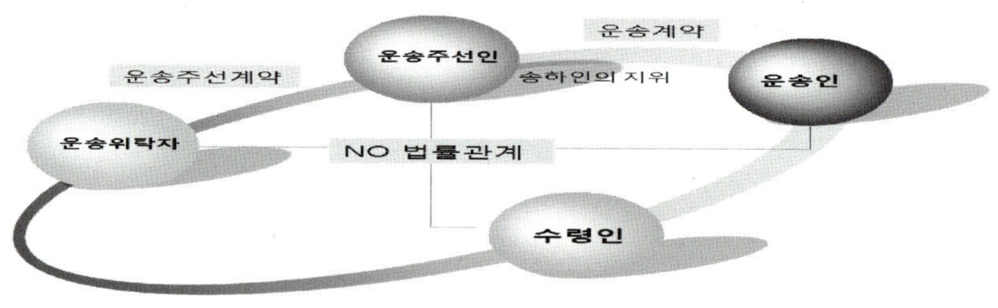

2.3.4. 운송주선업

2.3.4.2.2. 운송주선인의 의무
(1) 일반적 의무
- 운송주선계약의 법적 성질이 위임이므로 운송주선인은 수임인으로서 선량한 관리자의 주의의무를 부담함(상 123.112, 민 681).
- 운송주선인은 위탁자로부터 운송물의 수령과 운송인에게 인도 등과 이와 관련된 부수적인 사항들에 대해서 선량한 관리자의 주의의무를 부담한다고 할 것임.

(2) 개별적 의무
- 운송주선인은 위탁매매인과 같은 주선업자로서 위탁매매인과 같은 여러 가지 특별의무가 있음. 즉 운송주선인은 통지의무.계산서제출의무(상104), 지정가액준수의무(상 106), 위탁물의 훼손.하자 등의 통지.처분의무(상 108)를 부담한다고 할 것임.
- 그러나 매매를 하는 것이 아니므로 이행담보책임(상105) 등은 없다고 할 것임.

1) 통지의무.계산서제출의무
- 운송주선인이 운송인과 운송계약을 체결하였을 때에는 위탁자에게 그 계약의 요령과 운송인의 주소, 성명의 통지를 발송하여야 하며 계산서를 제출하여야 함(상 123104).

2) 지정가액준수의무
- 위탁자는 매매가액을 운송주선인에게 일임하는 경우도 있으나, 위탁자가 운임을 지정한 경우에는 운송주선인은 이것을 준수할 의무가 있음. 다만, 운송주선인이 차액을 부담한 때에는 그 운송계약은 위탁자에 대하여 효력이 있음(상 123106).

3) 위탁물의 훼손.하자 등의 통지.처분의무
- 운송주선인이 운송물 인도받은 후 훼손 또는 하자를 발견하거나 부패할 염려가 있는 때 또는 가격 저락의 상황을 안 때에는 지체 없이 위탁자에게 통지를 발송하여야 함.

2.3.4. 운송주선업

- 이 경우에 위탁자의 지시를 받을 수 없거나 그 지시가 지연되는 때에는 위탁매매인은 위탁자의 이익을 위하여 적당한 처분을 할 수 있음(상 123, 108). 적당한 처분이란 위탁물을 공탁·전매·경매 등을 하는 것을 말함.

2.3.4.2.3. 운송주선인의 손해배상책임
(1) 책임원인
- 운송주선인은 자기나 그 사용인이 운송물의 수령, 인도, 보관, 운송인이나 다른 운송주선인의 선택 기타 운송에 관하여 주의를 해태하지 아니하였음을 증명하지 아니하면 운송물의 멸실, 훼손 또는 연착으로 인한 손해를 배상할 책임있음(상115).
- 채무불이행책임의 일종이며, 과실책임주의에 따른 입법임. 입증책임은 운송주선인 측에 있음.

(2) 손해배상액
- 운송주선인의 손해배상액에 대하여는 상법에 특별규정이 없으므로 민법의 일반원칙에 의함(민 393).
- 즉, 원칙적으로 채무불이행과 상당인과관계에 있는 모든 손해를 배상하여야 하고, 예외적으로 특별손해는 운송주선인이 그 사정을 알았거나 알 수 있었을 때에 한하여 배상할 책임을 짐.

(3) 고가물에 대한 책임
- 화폐, 유가증권 기타의 고가물에 대하여는 송하인이 운송을 위탁할 때에 그 종류와 가액을 명시한 경우에 한하여 운송주선인이 손해를 배상할 책임이 있음(상 124, 136).

2.3.4. 운송주선업

(4) 책임의 단기시효
- 운송주선인의 책임은 수하인이 운송물을 수령한 날로부터 1년을 경과하면 소멸시효가 완성함(상 121①).
- 이 기간은 운송물이 전부 멸실한 경우에는 그 운송물을 인도할 날로부터 기산함(상 121②). 그러나 1년의 단기시효에 관한 규정은 운송주선인이나 그 사용인이 악의인 경우에는 적용하지 아니함(상 121③).
- 따라서 악의인 경우에는 상사시효인 5년이 적용될 것임. 악의라 함은 고의로 운송물을 멸실, 훼손 혹은 연착시키거나 혹은 이러한 사실을 고의로 은폐하는 것을 말함. 판례는 운송주선인이 멸실, 훼손 혹은 연착사실을 아는 것도 악의가 있음이고 함(大判 1987.6.23, 86다카2107).
- 또한 운송인이나 그 사용인이 운송물에 훼손 또는 일부멸실이 있음은 것을 알면서 이를 수하인에게 알리지 않고 인도된 경우도 포함한다고 함(大判 1987. 06. 23, 86다카2107).
- 위 단기소멸시효의 규정은 운송인의 운송계약상의 채무불이행으로 인한 손해배상청구에만 적용되고, 일반 불법행위로 인한 손해배상청구에는 적용되지 아니 함(大判 1991. 08. 27, 91다8012; 大判 1977. 12. 13, 75다107).

2.3.4.2.4. 불법행위책임과 면책특약
(1) 불법행위책임
- 운송주선인의 의무불이행이 동시에 운송주선인의 불법행위를 구성하는 경우 위탁자는 계약위반책임과 불법행위책임을 모두 물을 수 있음이고 보는 것이 통설 및 판례의 입장임(청구권경합설).

2.3.4. 운송주선업

(2) 면책특약
- 운송주선인과 위탁자는 특약에 의해 운송주선인의 책임을 면제 혹은 감경할 수 있음. 그러나 현저한 불공정한 행위이거나 약관에 의한 계약체결의 경우에는 그 특약이 부정될 수 있을 것임.

2.3.4.3. 운송주선인의 권리
2.3.4.3.1. 보수청구권
- 운송주선인은 상인이므로 당사자 간에 보수에 관한 특약이 없더라도 위탁자에 대하여 상당한 보수를 청구할 수 있는데(상 61), 운송주선인은 위임사무종료 전이라도 운송물을 운송인에게 인도한 때에는 즉시 보수를 청구할 수 있음(상 119①).
- 그리고 운송주선계약으로 운임의 액을 정한 경우에는 다른 약정이 없으면 따로 보수를 청구하지 못함(상 119②).
- 즉 당사자 사이에 운임에 관해 약정이 있으면 그 금액은 주선료와 운송의 요금을 합한 금액으로 추정함(확정운임운송주선).

2.3.4.3.2. 비용선급청구권·비용상환청구권
- 운송주선인은 위임사무의 처리에 비용을 요하는 때에는 위탁자에 대하여 비용의 선급을 청구할 수 있고(상 123.112, 민 687), 운송주선인이 주선계약을 이행하면서 운송을 위한 비용을 지급한 때에는 위탁자에 대하여 이의 상환을 청구할 수 있음(상 123.112, 민 688).

2.3.4. 운송주선업

2.3.4.3.3. 유치권
- 운송주선인은 운송물에 관하여 받을 보수, 운임, 기타 위탁자를 위한 체당금이나 선대금에 관하여서만 그 운송물을 유치할 수 있음(상120).
- 유치권에 관한 규정의 취지는 운송실행에 의하여 생긴 운송인의 채권을 유치권행사를 통해 확보하도록 하는 동시에, 송하인과 수하인이 반드시 동일인은 아니므로 수하인이 수령할 운송물과 관계가 없는 운송물에 관하여 생긴 채권 기타 송하인에 대한 그 운송물과는 관계가 없는 채권을 담보하기 위하여 그 운송물이 유치됨으로써, 수하인이 뜻밖의 손해를 입지 않도록 하기 위하여 피담보채권의 범위를 제한한 것임(大判 1993. 03. 12, 92다32906).

2.3.4.3.4. 개입권
- 운송주선인은 다른 약정(배제특약)이 없으면 직접 운송할 수 있는데 이것을 운송주선인의 개입권이라 함. 이 경우에는 운송주선인은 운송인과 동일한 권리의무가 있음(상 116①).
- 운송주선인이 개입권을 행사한 경우에는 운송주선인과 위탁자 사이에는 운송계약관계가 성립하게 되어 운송계약관계와 운송주선계약의 이중의 계약이 존재하게 되며 각각 파생되는 권리의무는 그에 따라 이중으로 존속하게 됨.
- 운송주선인이 위탁자의 청구에 의하여 화물상환증을 작성한 때에는 직접 운송하는 것으로 봄(상 116②).
- 화물상환증은 운송인만이 발행할 수 있으므로 운송주선인이 화물상환증을 발행한 경우에는 직접 운송인의 지위에 선다고 할 수 있기 때문에 개입하는 것으로 의제하는 것임.

2.3.4. 운송주선업

☞ 상법상 개입제도

구분	영업주	위탁매매인	운송주선인	중개인	회사
조문	17, 89	107	116	99	190, 269, 397, 567
성질	형성권	형성권	형성권	법정담보책임	형성권
상대방	상업사용인, 대리상				.무한책임사원(합명/ 합자) .이사(주식/유한회사)
행사요건	겸직취임금지의무 위반	.거래소시세 존재 .개입금지특약의 부존재	개입금지 특약의 부존재	거래당사자 일방의 성명, 상호묵비	겸직취임금지의무위반
행사기간	.거래 안날로부터 2주 .거래 있는 날로부터 1년				.합명/합자:거래안 날로부터 2주 .주식/유한:거래있는날로부터 1년
행사효과	경제적 효과만 개입자에게 귀속	직접적 매매관계 성립	운송인과 동일 권리.의무	중개인 자신이 이행책임	경제적 효과만 개입자에게 귀속
취지	.영업주의 손해입증곤란 피하게 .고객관계 유지	법률관계와 경제관계 간편화 도모	좌동	상대방의 보호	.영업주의 손해입증 곤란 피하게 .고객관계 유지

2.3.4. 운송주선업

2.3.4.3.5. 운송주선인의 채권의 소멸시효
- 운송주선인의 위탁자 또는 수하인에 대한 채권은 1년간 행사하지 아니하면 소멸시효가 완성함(상122).
- 보수청구권과 비용상환청구권이 이에 해당하며, 기산점은 그 채권을 행사할 수 있는 때임.
- 당사자 사이에 해상운송인의 책임에 관하여 제소기간을 약정하고 그 기간연장에 합의하였다 하더라도 제소기간의 약정과 그 기간연장에 관하여 상관습법이 확립되었다고 인정되지 아니하는 한 그러한 약정과 합의에 의하여 소멸시효에 관한 상법이나 민법규정의 적용을 배제할 수는 없음.
- 채무자가 소멸시효가 완성된 이후에 여러 차례에 걸쳐 채권자의 제소기간 연장요청에 동의한 바 있음 하더라도 그 동의는 그 연장된 기간까지는 언제든지 채권자가 제소하더라도 이의가 없다는 취지에 불과한 것이지 완성한 소멸시효이익을 포기하는 의사표시까지 함축하고 있는 것은 아님(大위 1987. 06. 23, 86다카2107).

2.3.4.4. 수하인의 지위
- 수하인, 즉 운송주선계약에 있어서 운송물의 수령인으로 지정된 자는 운송주선계약의 당사자는 아니지만, 운송계약에 있어서의 운송인과 수하인과의 관계와 같이 직접 운송주선인과의 사이에 법률관계가 생김.
- 즉 ① 운송물이 목적지에 도달한 후에는 수하인은 운송주선계약에 의하여 생긴 위탁자의 권리를 취득하며 ② 운송물이 도착지에 도착한 후 수하인이 그 인도를 청구한 때에는 수하인의 권리가 송하인의 권리에 우선하며 ③ 수하인이 운송물을 수령하였을 때에는 운송주선인에 대하여 보수 기타의 비용을 지급할 의무를 부담함(상 124, 140, 141).

2.3.4. 운송주선업

2.3.4.5. 순차운송주선에 관한 특칙
2.3.4.5.1. 순차운송주선의 의의
- 하나의 운송에 수인의 운송주선인이 관여하는 것을 순차운송주선이라고 함. 순차운송주선인에는 크게 하수운송주선, 부분운송주선, 중간운송주선, 및 도착지운송주선이 있음.

(1) 부분운송주선
- 수인의 운송주선인이 각자 화주(위탁자)로부터 일부 구간 혹은 일부 사무에 관한 위탁을 받아 전 구간의 운송을 실행하는 운송주선임. 운송주선인은 각자 분담사무에 관해 화주에 대한 운송주선인으로서의 의무를 짐.

(2) 하수운송주선
- 제1의 운송주선인이 전 구간에 걸쳐 운송주선을 인수하고 다른 운송주선인은 그의 이행보조자로서 운송주선에 참여하는 순차운송주선임.
- 위탁자로부터 직접 운송주선을 인수하는 운송주선인을 원수운송주선인(元受運送周旋人)이라고 하고, 원수운송주선인의 위임을 받아 운송주선을 하는 운송주선인을 하수운송주선인(下受運送周旋人)이라고 함.
- 하수운송주선인은 원수운송주선인의 수임인으로서 내부적으로 원수운송주선인에 대해서만 책임을 지고 원수운송주선인만이 원칙적으로 화주에 대해 모든 계약상 책임을 짐.

2.3.4. 운송주선업

(3) 중간운송주선
- 첫번째 구간에 대하여는 제1의 운송주선인이 운송주선을 인수하고 나머지 구간에 대하여는 제1의 운송주선인이 송하인의 위임을 받아(위탁자의 계산으로) 자기명의로 다른 운송주선인들을 선임하여 전구간에 걸쳐 운송주선을 하는 순차운송주선이 중간운송주선임.
- 중간운송주선의 경우 제1의 운송주선인은 자기 명의로 다른 운송주선인을 선임하기 때문에 다른 운송주선인의 주선료에 관해 책임을 지지만, 위임사무의 일부로 다른 운송주선인을 선임하기 때문에 다른 운송주선인의 행위로 인한 위험은 송하인이 부담함.
- 즉 원수운송주선인은 중간운송주선인의 선택에 과실이 있을 때에만 책임을 지고, 중간운송주선인의 구간에 대하여는 책임을 지지 않음. 이 점이 하수운송주선인과 다름.

(4) 도착지운송주선
- 도착지운송주선인은 도착지에서 운송물을 수령하여 운송물수령인에게 인도할 의무를 가지는 운송주선이며 발송지운송주선인의 대응하는 개념임.

2.3.4.5.2. 순차운송인간의 권리.의무
(1) 권리행사의 의무
- 수인이 순차로 운송주선을 하는 경우에는 후자는 전자에 갈음하여 그 권리를 행사할 의무를 부담함(상 117①).
- 즉 후순위 운송주선인은 전순위 운송주선인을 위해 송하인 혹은 수하인에 대해 주선료 및 비용을 청구하고 유치권을 행사하여야 함. 전자는 자기의 직접적인 전자를 의미하며, 행사할 수 있는 권리는 법률상 인정되는 유치권, 보수청구권 등 뿐만 아니라 계약상의 권리도 행사할 수 있음.

2.3.4. 운송주선업

- 상법 제117조의 순차운송인의 의미는 중간운송주선의 경우만을 의미한다고 할 것임. 부분운송주선에서는 운송주선계약이 위탁인과 개별적으로 이루어지기 때문에 운송주선인간의 연결성이 없고, 하수운송주선의 경우에는 하수운송주선인이 원수운송주선인의 이행보조자이기 때문에 상법 제117조가 없어도 당연히 그 권리를 행사할 수 있기 때문임.

(2) 대위변제의 권한
- 후자가 전자에게 변제한 때에는 전자의 권리를 취득함(상 117②).
- 일반적으로 채권자의 승낙이 있거나(민 480) 변제할 정당한 이익이 있어야만(민 481) 타인의 채무를 변제하고 채권자의 권리를 승계하지만, 후순위 운송주선인은 전순위 운송주선인에게 변제를 하면 법률에 의해 당연히 전자를 대위하여 권리를 취득함. 이 경우에도 채무자에게 대항하기 위하여는 승낙 혹은 통지와 같은 대항요건을 갖추어야 함(민 480)

(3) 운송인의 권리의 취득
- 운송주선인이 운송인에게 변제한 때에는 운송인의 권리를 취득함(상118).

2.3.5. 운 송 업

2.3.5. 운 송 업
2.3.5.1. 서설
2.3.5.1.1. 운송업의 개념
(1) 운송업의 의의
- 운송이라 함은 사람 또는 물건을 장소적으로 이동시키는 것이며, 운송인이라 함은 육상 또는 호천, 항만에서 물건 또는 여객의 운송을 영업으로 하는 자임. 따라서 운송업을 행하는 운송인은 상인임.

(2) 운송의 종류
- 운송의 목적물을 표준으로 하여 물건운송 · 여객운송 · 통신운송으로 분류할 수 있고, 물건운송은 화물의 수송을 목적으로 하는 운송이며, 통신운송은 전신 및 전화 등의 통신업을 말함.
- 운송의 지역에 따라 분류하면, 육상운송 · 해상운송 · 항공운송으로 구분할 수 있는데, 호천·항만에서의 운송은 육상운송에 포함되어지고, 해상운송은 해상법에서 별도 규정하고 있음. 항공운송에 대해서는 육상운송 또는 해상운송에 관한 규정이 적용될 수 있음.

2.3.5.1.2. 운송인의 의의
(1) 운송인의 개념
- 운송인이란 육상 또는 호천, 항만에서 물건 또는 여객의 운송을 영업으로 하는 자를 말함(상 125). 여기서 운송인은 육상운송인만을 의미하고, 육상 또는 호천.항만에서 운송을 하는 점에서 해상운송인 및 공중운송인과 구별됨.

2.3.5. 운 송 업

- 해상운송에 관해서는 상법 제5편에 별도의 규정이 있고, 항공운송에 관해서는 상법에 달리 규정이 없지만 운송의 방법과 용구가 가장 유사한 해상운송에 관한 규정을 준용함.
- 호천 또는 항만에서의 운송은 육상운송과 마찬가지로 봄. 호천과 항만의 범위는 평수구역에 의함(상법 부칙 2, 상법의 일부규정의 시행에한 규정 3).
- 그리고 평수구역이란 호수, 하천 및 항내의 구역과 기타 특별히 지정된 구역을 말함(선박안 전법시행령 2 ix).

(2) 운송의 객체
- 운송이라 함은 물건 또는 여객을 공간적으로 이동시키는 것을 말하며, 운송의 객체는 물건 또는 여객임. 운송인은 법률행위인 운송의 인수를 영업으로 함으로써 당연상인이 됨(상 4, 46 xiii).

(3) 운송계약의 성질
- 운송계약의 법적성질에 대해 낙성·쌍무·유상·불요식의 계약이며, 운송계약은 운송이라는 일의 완성을 목적으로 하는 것이므로 도급계약임(민 664).
- 운송인은 운송계약으로 일을 완성할 것을 약정함. 완성할 일은 도착지까지의 물건 혹은 여객의 이동임. 판례도 물품운송계약이란 당사자의 일방이 물품을 한 장소로부터 다른 장소로 이동할 것을 약속하고 상대방이 이에 대하여 일정한 보수를 지급할 것을 약속함으로써 성립하는 계약을 말하며, 일의 완성을 목적하는 것이므로 도급계약에 속한다고 판시하고 있음(大判 1983. 04. 26, 82누92).

2.3.5. 운 송 업

2.3.5.1.3. 운송계약의 당사자
(1) 물건운송
- 물건운송계약의 당사자는 운송의 주체인 운송인과 운송을 의뢰하는 송하인임. 도착지에서 운송물을 수령할 수하인 및 도착사실을 통지할 통지처 혹은 통지수령인은 운송계약의 당사자가 아님.

(2) 여객운송
- 여객운송계약의 당사자는 운송의 주체인 운송인과 그의 상대방인 위탁인임.

(3) 운송계약의 체결
- 운송계약은 불요식.낙성계약이므로 운송계약의 체결에는 아무런 양식을 필요로 하지 않음. 따라서 화물명세서나 화물상환증 등의 작성을 요하지 않음.

2.3.5.2. 물건운송
2.3.5.2.1. 물건운송의 의의
- 물건운송은 거리를 극복하기 위하여 이용되며, 유가증권을 이용하여 거래가 행하여지게 됨. 운송계약은 낙성의 불요식 계약임.
- 운송계약에서 당사자는 송하인과 운송인임. 목적지에서 물건을 수령하는 수하인도 있지만, 그는 계약의 당사자는 아님. 다만, 수하인이 운송계약상 아무 권리가 없는 것은 아니고, 물건이 목적지에 도착한 후에는 권리를 취득함.
- 운송계약에서 운송인은 운송할 채무를 부담하는데 계약의 내용으로서 운송인 본인이 운송을 행하지 아니하고 이행보조자를 이용하여 행하여도 무방함. 또한 운송계약의 내용으로서 실제거래에서 운송인이 작성하는 운송약관이 큰 의미를 가지고 있음.

2.3.5. 운송업

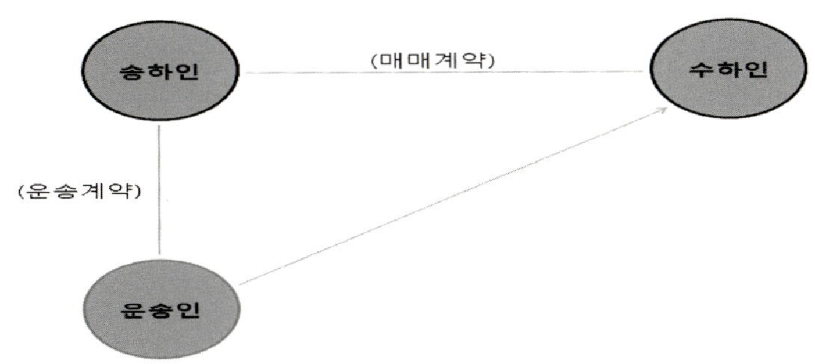

2.3.5.2.2. 운송인의 의무.책임
(1) 운송의무
- 운송인은 운송계약이 성립한 후 일정한 장소에서 송하인으로부터 운송물을 인도받아 이를 목적지까지 운송하고, 인도할 날에 수하인 기타 운송물을 수령할 권한이 있는 자에게 운송물을 인도하여야 함.
- 운송물을 수령한 때로부터 인도할 때까지 선량한 관리자로서의 주의의무를 짐.

(2) 화물상환증교부의무
- 운송인은 송하인의 청구가 있는 때에는 일정한 사항(상 128②)을 기재하여 화물상 환증을 교부하여야 함(상 128①).

2.3.5. 운송업

(3) 운송물의 보관 및 처분의무
1) 의무의 내용
- 운송인은 운송을 인수하는 것이므로 운송물을 수령한 때부터 그것을 인도할 때까지 선량한 관리자의 주의로써 그 운송물을 보관할 의무를 부담하고(상 135), 송하인 또는 화물상환증 소지인이 운송의 중지.운송물의 반환.기타의 처분을 명한 경우에는 그 지시에 따라야 하는 의무를 부담함.
- 송하인 또는 화물상환증 소지인의 처분청구권은 형성권임. 운송의 중지란 운송물의 운송을 중단하는 것을 의미함. 또 운송물의 반환이란 현 소재지에서 반환함을 의미함.
- 그리고 기타의 처분이란 양도·입질 등의 법률상의 처분을 의미하므로, 송하인 또는 화물상 환증소지인의 처분권 행사는 운송인에게 부담을 주는 운송노선의 연장 등에는 적용되지 않음.

2) 처분에 따른 운송인의 권리
- 운송인이 송하인 등의 지시에 따라 운송물을 처분한 경우에는 이미 한 운송의 비율에 따라 운임.체당금.비용의 변제를 청구할 수 있음(상 139 ①).

3) 송하인 등의 처분권의 소멸
- 상법 제140조 2항에 따라 운송물이 목적지에 도착한 후 수하인이 그 인도를 청구한 때에는 수하인의 권리가 송하인의 권리에 우선하므로, 수하인이 운송물의 인도를 청구한 후에는 송하인의 처분권은 소멸함.
- 다만 수하인이 인도를 청구한 후에도 운송물의 수령을 거부하거나 포기하거나 수령할 수 없는 경우에는 송하인의 처분권은 부활함.

2.3.5. 운 송 업

(4) 운송물인도의무
1) 운송물 인도의무
(i) 화물상환증이 발행되지 않은 경우
- 운송물이 도착지에 도착한 때에는 수하인은 송하인과 동일한 권리를 가짐(상 140).
- 그러므로 수하인은 운송인에 대하여 운송물의 인도를 청구할 수 있고, 수하인의 청구시에 운송인은 운송물을 인도하여야 할 의무를 짐(상 140 ②).
- 수하인이 운송물을 수령하였을 때에는 이것과 상환하여 수하인은 운임 기타 운송에 관한 비용과 체당금을 지급할 의무를 부담함(상 141).

(ii) 화물상환증이 발행된 경우
① 화물상환증소지인에의 인도 : 운송인이 화물상환증을 발행한 경우에는 그 소지인만이 운송물인도청구권을 갖는다. 운송인과 화물상환증소지인간의 운송에 관한 사항은 화물상환증의 기재된 바에 의함(상 131).
- 화물상환증에 의하지 않고는 운송물의 처분을 청구할 수 없고(상 131), 운송인은 화물상환증과 상환하지 않고는 운송물을 인도할 의무가 없음(상 129).
- 따라서 운송인은 화물상환증이 발행된 경우에는 화물상환증 소지인에게 화물을 인도하여야 함.
② 보증도·가인도 : 화물상환증이 발행된 경우에는 운송물의 인도청구권은 이 증권에 표창되고 이 증권의 소지인이 송하인 및 수하인의 지위를 갖게 되므로, 운송인은 이 증권의 소지인에게 화물상환증과의 상환으로서만 운송물을 인도하여야 함(상 129, 132).

2.3.5. 운 송 업

- 운송인은 화물상환증과 상환하여서만 운송물을 인도하여야 하는데(상환증권성), 실무에서는 운송인이 수하인 등을 신뢰하여 그에게 화물상환증과 상환하지 않고 운송물을 인도하거나, 또는 은행 기타 제3자의 보증서를 받고 화물상환증과 상환하지 않고 운송물을 인도하는 상관습이 있음. 전자를 가도 또는 공도라고 하고 후자를 보증도라고 함.
- 즉 보증도란 운송물을 화물상환증과 상환함이 없이 인도함으로써 생기는 결과에 대하여 책임을 진다는 보증은행의 보증서를 받고 운송물을 인도하는 방법이고, 가인도란 화물상환증과 상황하지 않고도 운송물을 인도하는 방법임.
- 그러나 이와 같은 운송인의 보증도 또는 가도의 상관습이 있음 하여, 이것이 화물상환증의 정당한 소지인에 대한 운송인의 책임을 면제하는 것은 결코 아님.
- 보증도(保證渡)의 상관습은 운송인 또는 운송취급인의 정당한 선하증권 소지인에 대한 책임을 면제함을 목적으로 하는 것이 아니고 오히려 보증도로 인하여 정당한 선하증권 소지인이 손해를 입게 되는 경우 운송인 또는 운송취급인이 그 손해를 배상하는 것을 전제로 하고 있는 것이므로, 운송인 또는 운송취급인이 보증도를 한다고 하여 선하증권과 상환함이 없이 운송물을 인도함으로써 선하증권 소지인의 운송물에 대한 권리를 침해하는 행위가 정당한 행위로 된다거나 운송취급인의 주의의무가 경감 또는 면제된다고 할 수 없고, 보증도로 인하여 선하증권의 정당한 소지인의 운송물에 대한 권리를 침해하였을 때에는 고의 또는 중대한 과실에 의한 불법행위의 책임을 짐(大判 1992. 02. 25, 91다30026).

2.3.5. 운 송 업

2) 운송물수령권자
- 선하증권이 발행되지 않았을 경우에는 수하인이 수령권자가 됨. 화물상환증이 발행된 경우에는 그 소지인이 수령권자로 됨. 수하인도 화물상환증을 취득하여야만 운송의 중지 등을 청구할 수 있고, 화물상환증과 교환으로만 운송물의 인도를 청구할 수 있음.
- 수하인으로부터 배서의 연속에 의해 권리를 증명하는 소지인은 정당한 권리자로 추정되고 (상 65, 민 513), 이러한 소지인에게 운송물을 인도한 운송인은 고의 혹은 중대한 과실이 없는 한 책임을 면함(상 65, 민 513).
- 화물상환증도 발행되지 않고 수하인도 따로 지정되지 않을 경우 송하인이 수령권자가 됨.

(5) 운송인의 손해배상책임
1) 책임발생원인
- 운송인은 자기 또는 운송주선인이나 사용인 기타 운송을 위하여 사용한 자가 운송물의 수령, 인도, 보관과 운송에 관하여 주의를 해태하지 아니하였음을 증명하지 아니하면 운송물의 멸실, 훼손 또는 연착으로 인한 손해를 배상할 책임을 면하지 못함(상135).
- 운송인은 운송과 관련된 자기 또는 이행보조자의 과실이 있으면 손해배상책임이 있음. 따라서 상법은 운송인의 책임에 관하여는 과실책임주의를 택하고 있고, 과실의 유무에 대한 입증책임은 운송인이 부담함. 이 규정은 주의적 규정으로 선언적 의미밖에 없음(통설).

2.3.5. 운 송 업

i) 자기 또는 이행보조자의 과실
- 운송인은 자기 또는 자신이 선임한 운송주선인이나 사용인 기타 운송을 위하여 사용한 자의 운송물 수령·인도·보관·운송행위에 대하여도 책임을 짐. 운송인이 책임을 면하기 위해서는 이행보조자의 고의·과실이 없음을 입증하여야 함.
ii) 손해의 유형
- 운송인은 운송물의 멸실·훼손·연착으로 인하여 손해가 생긴 경우에 책임을 짐. 손해는 운송인의 채무불이행과 상당인과관계가 있는 모든 손해를 배상하여야 함.
iii) 손해발생의 입증책임
- 운송물의 멸실·훼손·연착으로 인하여 손해가 생겼다는 것은 송하인 또는 화물상환증소지인이 입증하여야 함.

2) 손해배상액
- 육상물건운송인의 손해배상액에 대하여 상법은 정액배상주의를 취하고 있음. 운송물이 전부 멸실 또는 연착된 경우의 손해배상액은 인도할 날의 도착지의 가격에 의함(상 137①). 운송물이 일부 멸실 또는 훼손된 경우의 손해배상액은 인도한 날의 도착지의 가격에 의함(상 137②).
- 운송물의 멸실, 훼손 또는 연착이 운송인의 고의나 중대한 과실로 인한 때에는 운송인은 모든 손해를 배상하여야 함(상 137③).
- 운송물의 멸실 또는 훼손으로 인하여 지급을 요하지 아니하는 운임 기타 비용은 배상액에서 공제하여야 함(상 137④).
- 연착의 경우에는 비용의 공제가 인정되지 않음
- 또한 운송목적물의 멸실이 비록 강도로 인한 것이라고 하더라도 운송인의 피용자가 화물운송계약상의 의무이행을 지체하고 있던 중에 발생한 경우에는 운송인은 손해배상책임을 면하지 못함(대전지법강경지원 1988. 03. 23, 87가합104).

2.3.5. 운 송 업

3) 고가물에 대한 특칙
- 화폐, 유가증권 기타의 고가물에 대하여는 송하인이 운송을 위탁할 때에 그 종류와 가액을 명시한 경우에 한하여 운송인이 손해를 배상할 책임이 있음(상136).
- 그러나 운송인이 고의로 고가물을 멸실 혹은 훼손시킨 경우 운송인은 책임을 면하지 못함. 즉 고가물 불고지로 인한 면책규정은 일반적으로 운송인의 운송계약상의 채무불이행으로 인한 청구에만 적용되고 불법행위로 인한 손해배상청구에는 그 적용이 없음(大判 1991. 08. 23, 91다15409).
- 운송물이 고가물이라는 점과 그 종류·가액을 송하인이 명시하지 않았다는 점은 운송인이 입증하여야 함.
- 송하인이 고가물의 명시를 하지 아니하였으나 운송인이나 그 사용인이 우연히 고가물임을 안 경우에 ① 운송인은 면책된다고 하는 견해 ② 고가물로서의 주의를 게을리 한때에 고가물로서의 손해배상책임을 진다는 견해 ③ 보통물로서의 주의를 게을리한 때에 한하여 고가물로서의 손해배상책임을 진다는 견해(다수설)로 나뉘어 있음.

4) 불법행위책임과의 관계
- 운송인 또는 그 이행보조자의 행위로 인하여 운송물의 멸실.훼손의 손해가 생긴 경우에는 운송계약상의 채무불이행이 되는 동시에 불법행위가 성립되는 경우에 (민 750, 756) 학설은 청구권경합설(통설.판례)과 법조경합설(소수설)로 나뉘어 있음.
- 청구권경합설은 채무불이행과 불법행위의 책임은 각각 그 요건과 효과를 달리하는 것이므로 이 두 가지를 이유로 하는 청구권이 모두 인정되며, 청구권자는 그 중 어느 한쪽을 선택하여 행사할 수 있음은 학설이고, 법조경합설은 계약법은 특별법으로서 불법행위에 관한 규정의 적용을 배제하는 결과 불법행위의 성립을 인정하지 않고 채무불이행의 책임을 묻는다는 입장임.

2.3.5. 운 송 업

판례는 청구권경합설의 입장에서 운송계약상의 채무불이행책임이나 불법행위로 인한 손해배상책임은 병존하고, 운송계약상의 면책특약은 일반적으로 이를 불법행위책임에도 적용하기로 하는 명시적 또는 묵시적 합의가 없는 한 당연히 불법행위책임에 적용되지 않는다고 판시하고 있음(大判 1999. 07. 13, 99다8711).

5) 면책약관
- 운송인의 책임에 관한 상법의 규정은 강행법규가 아니고 임의법규라고 볼 수 있으므로, 당사자 간의 특약으로 운송인의 책임을 감면할 수 있음.

6) 손해배상책임의 소멸
- 운송인의 손해배상책임도 변제 기타 일반적 채무소멸사유로 인하여 소멸함. 그리고 일반적 소멸사유 외에 상법에 의한 특별한 소멸사유로 특별소멸원인과 단기소멸시효가 있음.

i) 특별소멸사유
- 운송인의 책임은 수하인 또는 화물상환증소지인이 유보 없이 운송물을 수령하고 운임 기타의 비용을 지급한 때에는 소멸함. 그러나 운송물에 즉시 발견할 수 없는 훼손 또는 일부 멸실이 있는 경우에 운송물을 수령한 날로부터 2주간 내에 운송인에게 그 통지를 발송한 때에는 그러하지 아니함(상 146①).
- 그러나 운송인 또는 그 사용인이 악의인 경우에는 적용하지 아니함(상 146②).
- 운송인이나 그 사용인이 "악의라 함은 운송인이나 그 사용인이 운송물에 훼손 또는 일부멸실이 있는 것을 알면서 이를 수하인에게 알리지 않고 인도된 경우를 가리킨다(1987.6.23, 86다카2107).

2.3.5. 운 송 업

ii) 단기소멸시효
- 운송인이 운송물의 인도 후에 손해배상책임을 부담하는 경우에도 이 책임은 수하인 등이 운송물을 수령한 날, 전부멸실의 경우에는 그 운송물을 인도할 날로부터 1년을 경과하면 소멸시효가 완성함(상 147, 121 ①.②).
- 이러한 운송인의 책임의 단기소멸시효도 운송인이나 그 사용인이 악의인 경우에는 적용되지 않음(상 147, 121 ③).
- 여기에서 악의라고 함은 고의로 운송물을 멸실, 훼손 혹은 연착시키거나 고의로 이러한 사실을 은폐하는 것 뿐만 아니라 운송물이 멸실·훼손되었거나 연착되었다는 사실을 단순히 인식하고 있는 것도 포함한다고 봄. 악의인 경우에는 일반상사시효인 5년의 적용을 받는다(상 64).

2.3.5.2.3. 운송인의 권리
(1) 운송물인도청구권
- 운송계약은 낙성계약이므로 운송물의 인도가 계약의 성립요건은 아니나, 운송인이 계약을 이행하기 위해서는 송하인에게 운송물을 인도를 청구할 수 있어야 함.
- 따라서 운송계약의 체결 후 운송인은 운송을 준비하고 운송의 실행을 위하여 송하인에게 운송물을 적당한 상태로 인도하여 줄 것을 청구할 수 있음.

(2) 화물명세서교부청구권
1) 화물명세서의 의의
- 화물명세서는 운송에 관한 중요사항을 기재하고 송하인이 발행하는 서면으로 운송인의 청구에 의하여 송하인이 교부하여야 함(상 126①).

2.3.5. 운 송 업

- 이러한 화물명세서는 운송계약성립 후에 운송인의 청구에 의하여 송하인이 작성하여 교부하는 서류로 계약서도 아니고, 유가증권도 아니며, 단순히 운송계약의 성립과 내용을 증명하기 위한 증거증권임.

2) 기재사항
- 화물명세서에는 ① 운송물의 종류·중량 또는 용적, 포장의 종별, 개수와 기호 ② 도착지 ③ 수하인과 운송인의 성명 또는 상호·영업소 또는 주소 ④ 운임과 그 선급 또는 착급의 구별 ⑤ 화물명세서의 작성지와 작성년월일 등을 기재하고 송하인이 기명날인 또는 서명하여야 함(상 126②).
- 운송장의 기재사항(126조2항)은 예시적 사항이므로 그 중 일부를 기재하지 아니하거나 기타의 사항을 기재하여도 상관이 없음.

3) 부실기재의 책임
- 송하인이 화물명세서에 허위 또는 부정확한 기재를 한 때에는 운송인에 대하여 이로 인한 손해를 배상할 책임이 있음(상 127①).
- 그러나 운송인이 악의인 경우에는 적용하지 아니함(상 127②).
- 운 송인의 과실로 운송물에 손해가 난 경우에는 과실상계가 가능함.

(3) 운임 및 기타 비용청구권
1) 운임청구권
- 운송계약에서 운임이 정하여지지 않은 경우에도 운송인은 상인으로서 당연히 상당한 운임청구권을 가짐(상 61).

2.3.5. 운 송 업

- 운송물의 전부 또는 일부가 멸실된 경우에 운송인은 운임청구권을 갖는가에 대하여 상법 특칙을 두고 있음. 즉 운송물의 전부 또는 일부가 송하인의 책임 없는 사유로 인하여 멸실한 때에는 운송인은 그 운임을 청구하지 못함. 운송인이 이미 그 운임의 전부 또는 일부를 받은 때에는 이를 반환하여야 함(상 134①).
- 다만 운송물의 전부 또는 일부가 그 성질이나 하자 또는 송하인의 과실로 인하여 멸실한 때에는 운송인은 운임의 전액을 청구할 수 있음(상 134②).
- 또한 운송물이 송하인이나 화물상환증 소지인이 운송중지·운송물반환 등을 청구하여 처분권을 행사한 때에는 운송을 완료하지 않았다 하더라도 운송의 비율에 다른 비율운임을 청구할 수 있음(상139).
- 운임은 본래 운송계약자인 송하인이 지급하여야 하지만 운임이 지급되지 아니한 사실을 알고 운송물을 수령한 수하인 혹은 화물상환증소지인도 운임을 지급할 의무가 있음(상141).
- 즉 수하인은 운송물을 수령함으로써 운임에 관하여 송하인과 함께 연대채무자가 됨. 운임은 특약 또는 관습이 없는 한 상법이 인정하는 예외적인 경우를 제외하고는 운송을 완료함으로써 청구할 수 있는 것이고, 운송의 완료라 함은 운송물을 현실적으로 인도할 필요는 없으나 운송물을 인도할 수 있는 상태를 갖추면 충분함(大判 1993. 03. 12, 92다32906).

2) 비용상환청구권
- 운송인은 수하인에게 운송물을 인도한 대에는 운임 외에 운송에 관한 비용(예:통관비용, 보험료 등)과 체당금을 청구할 수 있음(상141).

2.3.5. 운 송 업

- 운송인은 운송계약으로 일을 완성할 것을 약정함. 완성할 일은 도착지까지의 물건 혹은 여객의 이동임.
- 판례도 물품운송계약이란 당사자의 일방이 물품을 한 장소로부터 다른 장소로 이동할 것을 약속하고 상대방이 이에 대하여 일정한 보수를 지급할 것을 약속함으로써 성립하는 계약을 말하며, 일의 완성을 목적하는 것이므로 도급계약에 속한다고 판시하고 있음(大判 1983. 04. 26, 82누92).

(4) 유치권
- 운송인에게는 민사유치권(민320) 및 일반상사유치권(상 58) 특별상사유치권이 인정됨(상 147, 120). 즉 운송인은 운임 기타 송하인을 위한 체당금 또는 선대금에 관한 채권에 관하여서만 그 운송물을 유치할 수 있음.
- 선대금이란 운송인이 운송과 관련하여 송하인을 위해 지출한 비용을 말함. 운송인의 유치권에 관한 규정의 취지는, 운송실행에 의하여 생긴 운송인의 채권을 유치권 행사를 통해 확보하도록 하는 동시에 송하인과 수하인이 반드시 동일인은 아니므로 수하인이 수령할 운송물과 관계가 없는 운송물에 관하여 생긴 채권 기타 송하인에 대한 그 운송물과는 관계가 없는 채권을 담보하기 위하여 그 운송물이 유치됨으로써 수하인이 뜻밖의 손해를 입지 않도록 하기 위하여 피담보채권의 범위를 제한한 것임(大判 1993. 03. 12, 92다32906).
- 운송인은 운송 중인 바로 그 운송에 관하여 발생한 이러한 종류의 채권에 관하여서만 유치권이 있음. 즉 피담보채권과 운송물 사이에 관련성이 있어야 함. 예를 들어 동일한 기회에 동일한 수하인에게 운송하여 줄 것을 의뢰받은 운송인이 운송물의 일부를 유치한 경우 운송물 전체에 대한 운임채권은 동일한 법률관계에서 발생한 채권으로서 유치의 목적물과 견련관계가 있음(大判 1993. 03. 12, 92다32906).

2.3.5. 운송업

(5) 운송물의 공탁·경매권
1) 공탁권
- 운송인은 수하인을 알 수 없는 경우, 또는 수하인을 알 수는 있으나 수하인이 운송물의 수령을 거부하거나 수령할 수 없는 경우에 운송물을 공탁할 수 있음(상 142 ①, 143 ①).
- 운송인이 운송물을 공탁한 경우에는 지체없이 수하인을 알 수 없는 때에는 송하인에게, 수하인이 수령을 거부하거나 수령할 수 없는 경우에는 수하인 또는 화물상환증권소지인에게 그 통지를 발송하여야 함(상 142 ③, 143 ①).
- 수하인이란 송하인이 지정한 수하인은 물론 널리 운송물을 수령할 권한이 있는 자를 가리킨다고 할 것이므로 화물상환증소지인을 포함함. 수하인을 알 수 없을 때라 함은 송하인이 수하인을 지정하였으나, 수하인을 특정할 수 없거나 소재가 불명한 때를 의미하고, 수령할 수 없을 때라 함은 수하인의 질병이나 여행 등 주관적 사정 또는 천재지변 등의 객관적 사정으로 장기간 수령이 불가능한 때를 의미함.

2) 경매권
- 다음의 경우에 운송물을 경매할 수 있음
① 운송인은 수하인을 알 수 없는 경우에는, 송하인에 대하여 상당한 기간을 정하여 운송물의 처분에 대한 지시를 최고하였음에도 불구하고 송하인이 그 기간 내에 지시를 하지 않은 경우(상 142 ②)
② 수하인을 알 수 있는데 그가 운송물의 수령을 거부하거나 수령할 수 없는 경우에는, 운송인이 먼저 수하인 또는 화물상환증소지인에 대하여 상당한 기간을 정하여 운송물의 수령을 최고하고 그 후 다시 송하인에게 상당한 기간을 정하여 운송물의 처분에 대한 지시를 최고하였음에도 불구하고 그 기간 내에 지시를 하지 않은 경우(상 143 ②)

2.3.5. 운송업

③ 송하인.화물상환증소지인 및 수하인을 모두 알 수 없는 경우에는, 운송인이 6월 이상의 기간을 정하여 공시최고를 하였음에도 불구하고 그 기간 내에 권리를 주장하는 자가 없는 경우(상 144 ①.③).
- 매수인에 대하여 최고를 할 수 없거나 목적물이 멸실 또는 훼손될 염려가 있는 때에는 최고 없이 경매할 수 있음.
- 공시최고는 관보나 일간신문에 하여야 하는데, 2회 이상 하여야 함(상 144 ②).
- 이 때 운송인이 운송물을 경매한 경우에도 지체없이 공탁의 경우와 같이 송하인 또는 수하인에게 그 통지를 발송하여야 함(상 142 ③, 143 ①).
- 운송인이 운송물을 경매한 경우에는 원칙적으로 그 대금에서 경매비용을 공제한 잔액을 공탁하여야 하는데, 예외적으로 그 대금의 전부나 일부를 운임.체당금.기타 비용에 충당할 수 있음(상 145, 67 ③).

(6) 운송인의 권리의 소멸
- 운송인의 송하인 또는 수하인에 대한 채권은 1년간 행사하지 아니하면 소멸시효가 완성함(상 147, 122).

2.3.5. 운 송 업

2.3.5.2.4. 화물상환증
(1) 의의
- 화물상환증이란 운송인이 운송물을 수령하였음을 증명하고, 운송물이 목적지에 도착한 후에 정당한 소지인에게 인도할 의무를 표창하는 유가증권임.
- 화물상환증은 유가증권으로서의 성질 즉 요식증권성(상 128 ②).요인증권성(상 128 ①).상환증권성(상 129).지시증권성(상 130).문언증권성(상 131).처분증권성(상 132).인도증권성(상 133)이 있으나 설권증권성은 없음.

1) 유가증권성
- 화물상환증은 유가증권으로, 기명식, 지시식, 선택무기명식으로 작성될 수 있지만, 법률상 당연한 지시증권성을 가지며, 배서에 의하여 양도할 수 있음(상 130).
- 다만, 지시금지문구를 기재하여 기명식으로 작성하여, 지시증권성을 배제할 수도 있음. 어음법·수표법의 규정이 준용됨(상 65).

2) 처분증권성
- 화물상환증이 작성된 경우에는 운송물에 관한 처분은 이 증권으로 하여야 함(상 132).

3) 상환증권성
- 화물상환증이 작성된 경우에는 이것과 상환하지 아니하면 운송물의 인도를 청구할 수 없음(상 129).
- 물론, 운송인이 자기의 위험부담으로 화물상환증과 상환하지 아니하고 운송물을 인도하는 것도 가능한데, 보증도·공도가 그렇다.

2.3.5. 운 송 업

4) 요식증권성
- 화물상환증은 요식증권이고 증권에 기재할 사항이 법정되어 있음(제126조 2항).
- 상법이 화물상환증의 기재사항을 정한 취지는 운송을 원활히 하기 위한 것이고, 그 기재로 운송물은 어떠한 것인가 운송계약의 내용은 무엇인가를 명확히 하기 위한 것이므로 법정기재사항이 기재되지 아니하였어도 그것이 본질적인 사항이 아닌 경우에는 그것이 흠결되었어도 본질적인 사항이 기재되어 있으면 유효하다고 해석하는 것이 통설임.
- 따라서 엄격한 요식증권인 어음이나 수표와 같이 법정기재사항의 일부가 흠결되어 있는 경우에도 증권이 무효로 되지는 않는다고 할 것임.

(2) 발행
- 운송인은 송하인의 청구에 의하여 화물상환증을 교부하여야 함(상 128①).
- 화물상환증의 기재사항으로는 ① 운송물의 종류, 중량 또는 용적, 포장의 종별, 개수와 기호 ② 도착지 ③ 수하인과 운송인의 성명 또는 상호, 영업소 또는 주소 ④ 송하인의 성명 또는 상호, 영업소 또는 주소 ⑤ 운임 기타 운송물에 관한 비용과 그 선급 또는 착급의 구별 ⑥ 화물상환증의 작성지와 작성연월일 등을 기재하여야 함(상 128②).

(3) 양도
- 화물상환증은 기명식인 경우에도 배서를 금지하는 뜻을 기재한 경우를 제외하고는 배서에 의하여 양도할 수 있음(상130).

2.3.5. 운 송 업

- 이 배서에 의하여 권리가 이전되고 화물상환증 소지인이 정당한 소지인이라는 것을 나타내는 효력을 가짐(권리이전적 효력 및 자격수여적 효력; 담보적 효력은 없음).
- 권리이전적 효력이란 배서에 의하여 어음상의 모든 권리가 피배서인에게 이전되는 효력을 말하고(어 14 ①.77 ① i, 수 17), 자격수여적 효력이란 어음소지인이 배서의 연속에 의하여 형식적 자격을 증명할 때에는 적법한 어음상의 권리자로 추정되는 효력을 말하며, 담보적 효력이란 배서에 의하여 원칙적으로 배서인이 피배서인 및 기타 자기의 후자 전원에 대하여 인수 또는 지급을 담보하는 효력을 말함(어 15 ①.77 ① i, 수 18).
- 선하증권은 기명식으로 발행된 경우에도 법률상 당연한 지시증권으로서 배서에 의하여 이를 양도할 수 있지만, 배서를 금지하는 뜻이 기재된 경우에는 배서에 의해서는 양도할 수 없고, 그러한 경우에는 일반 지명채권양도의 방법에 의하여서만 이를 양도할 수 있음(大判 2001. 03. 27, 99다17).
- 지명채권 양도방법은 채권양도의 합의와 함께 채무자에 대한 통지 또는 그의 승낙이 있어야 채무자에게 채권양도의 유효성을 주장할 수 있고, 제3자에게 채권이 양도되었음을 주장하기 위해서는 확정일자 있는 증서에 의한 통지 혹은 승낙이 있어야 함.

2.3.5. 운 송 업

(4) 효력
1) 채권적 효력(문언증권성)
- 화물상환증을 작성한 경우에는 운송에 관한 사항은 운송인과 소지인간에 있어서는 화물상환증에 기재된 바에 의함(상131).
- 따라서 화물상환증소지인이 운송인에 대하여 운송계약상의 채무인 인도채무의 이행을 청구하고 운송인이 이를 이행하지 못하면 손해배상책임을 지는 효력을 화물상환증의 채권적 효력이라고 함.
- 화물상환증의 채권적 효력과 관련하여 운송인이 운송물을 수령하지 않고 화물상환증을 발행하는 (空券의) 경우에 운송인에 대하여 어떤 책임을 질 것인가에 대하여 학설은 요인성을 중시하는 견해(불법행위설), 문언성을 중시하는 견해(채무불이행설), 절충적인 견해로 나뉜다.
- 요인성을 중요시하는 설에 의하면 공권의 경우에는 원인을 결한 것이 되어 그 증권은 무효이므로 운송인은 그 기재에 의한 이행의무가 없고, 다만 운송인이 공권을 발행한 데 대하여 고의 또는 과실에 의한 불법행위가 있는 경우에는 운송인은 증권소지인에 대하여 불법행위상의 손해배상책임을 부담함.
- 문언성을 중요시하는 설에 의하면 공권의 경우에도 증권은 유효한데, 운송인은 인도할 운송물이 없으므로 운송물멸실의 경우에 준하여 채무불이행에 의한 손해배상책임을 짐. 절충적인 견해에 의하면 공권의 경우에 증권의 무효를 인정하되, 개인의 소지인에 대하여 운송인은 그 무효를 주장할 수 없다는 금반언의 원칙을 적용하는 견해로 운송물 상 위의 경우에도 원인계약상의 채무가 금반언의 원칙에 의해 보완된다고 함.
- 따라서 절충설에 의하면 공권은 작성단계에서는 운송인과 송하인 사이에서는 무효이지만, 화물상환증이 유통어 소지인인 선의의 제3자에게는 유효함.

2.3.5. 운 송 업

2) 물권적 효력
- 화물상환증의 물권적 효력이란 화물상환증에 의하여 운송물을 받을 수 있는 자에게 화물상환증을 교부한 때에는 운송물 위에 행사하는 권리의 취득에 관하여 운송물을 인도한 것과 동일한 효력이 있는 것을 말함(상133).
- 화물상환증의 물권적 효력이 발생하기 위하여는 ① 운송인이 운송물을 인도받았어야 하고 (운송물의 수령) ② 운송물이 존재하여야 하며(운송물의 실재) ③ 화물상환증에 의하여 운송물을 받을 수 있는 자에게 이 증권이 교부되어야 함(정당한 수령권자에 대한 증권의 교부).
- 따라서 운송물을 수령하지 않은 경우(공권), 운송물이 멸실된 경우 등에는 물권적 효력이 인정되지 아니함. 물권적 효력은 운송물이 실물로 존재하고 그것이 운송인의 점유하에 있으면 인정되므로 운송인의 운송물에 대한 간접점유상태에서도 인정됨.
- 운송물을 받을 수 있는 화물상환증의 정당한 소지인에 대해 물권적 효력이 인정됨. 따라서 배서연속에 의해 화물상환증을 취득한 자·선의취득자·포괄승계인등에게는 물권적 효력이 인정되지만, 증권의 단순한 점유자에게는 물권적 효력이 인정되지 않음.
- 운송물 자체를 제3자가 선의취득한 경우에는 물권적 효력이 생기지 않고, 선의 취득자가 우선함.
- 화물상환증의 인도가 물권적 효력을 갖는 것에 대한 이론구성에 관하여는 ① 절대설 ② 엄정상대설 ③ 대표설 및 ④ 유가증권적 효력설(절충설) 등이 있음.

2.3.5. 운 송 업

- 절대설은 운송인에 의한 운송물의 점유와는 관계없이 화물상환증의 인도가 운송물의 점유를 이전한 것이 된다고 하는 설임. 상대설은 운송물의 직접점유는 운송인이 하고 운송물의 간접점유만이 증권의 인도에 의하여 이전된다고 하는 설로 엄정상대설과 대표설로 나뉜다. 엄정상대설은 증권의 인도 이외에 민법상의 간접점유 이전의 방법을 요한다는 설임. 즉 운송인에 대한 운송물 반환청구권의 양도절차를 필요로 한다는 것임(민190).
- 대표설은 증권이 운송물을 대표하는 것이므로 운송인이 운송물을 넓은 의미에서 점유하는 동안은 증권의 인도만으로 운송물의 간접점유의 효과가 생긴다고 하는 설임.
- 절충설인 유가증권적 효력설에 의하면 상법 제133조는 민법 제190조의 의미에서의 단순한 목적물반환청구권의 양도는 아니고, 그와는 달리 화물상환증에 표창된 운송물반환청구권을 유가증권법적으로 양도하는 특별한 방식을 규정한 것이며, 증권의 교부를 운송물의 인도로 보는 인도의 대용물을 규정하고 있음이고 하는 입장임.
- 화물상환증을 작성한 경우에는 운송물에 관한 처분은 화물상환증으로써 하여야 함(상132).

	§133의 성격(민§190과의 관계)	운송인의 점유	대항요건
절대설	특별규정	불요	불요
엄정상대설	예시규정	타주점유	필요
대표설	특별규정(§190이 근거를 제시)	타주점유 + 점유회수소권	불요
유가증권효력설	특별규정	타주점유 + 자주점유	불요

2.3.5. 운송업

2.3.5.2.5. 수하인
(1) 의의
- 　수하인이란 운송계약에 의해 도착지에서 운송물을 수령할 자로 지정된 자를 말함.

(2) 성질
- 　운송계약상 수하인이 어떤 법적 지위에 있는지에 관하여 송하인의 대리인으로 보려는 대리
　인설, 송하인을 위한 사무관리인으로 보려는 사무관리설, 송하인이 권리를 양수한 양수인으
　로 보려는 권리이전설, 수하인을 제3자를 위한 계약의 수익자로 보는 제3자를 위한 계약설,
　수하인을 상법에 의해 부여된 특별한 지위를 갖는 사람이라고 파악하는 특별규정설(다수설)
　로 나뉘어 있음.

(3) 권리
- 　수하인은 운송계약의 당사자가 아니지만 운송계약에 의해 일정한 권리를 취득함. 수하인은
　도착지에서 자기명의로 운송인으로부터 운송물을 인도 받을 자인데, 송하인에 의하여 지정
　되고(상 126②, ③) 또 운송 중 변경될 수 있음(상 139①).
- 　다만, 화물상환증이 발행된 경우에는 그 소지인이 송하인과 동일한 권리를 가지고, 수하인
　으로서의 지위도 가지므로 복잡한 문제가 생기지 아니함.
- 　화물상환증이 발행되지 아니한 경우 수하인은 운송의 진행에 따라 다음과 같이 권리·의무가
　있음.

1) 운송물이 도착지에 아직 도착하지 아니한 시점
- 　운송물이 도착지에 도착하기 전에는 수하인은 운송물에 관해 운송계약상 아무런 권리가 없
　음(통설).
- 　운송물이 도착지에 도착할 때까지는 송하인만이 권리가 있고 따라서 송하인만이 운송인에
　대해 운송의 중지, 운송물의 반환 기타의 처분을 청구할 수 있음(상 139①).

2.3.5. 운송업

2) 운송물이 도착지에 도착한 시점
- 　운송물이 도착지에 도착한 때에는 수하인은 송하인과 동일한 권리를 취득함(상 140①).
- 　다만 송하인이 가지는 권리·의무는 소멸하지 아니하며, 여전히 처분권을 가지고 있으므로
　송하인과 수하인 사이에는 송하인의 권리가 우선함. 따라서 송하인이 운송물에 대하여 지시
　를 하면, 수하인은 운송물에 대하여 인도를 청구할 수 없게 됨.

3) 운송물이 도착과 수하인이 인도청구를 한 시점
- 　운송물이 도착지에 도착한 후 수하인이 그 인도를 청구한 때에는 수하인의 권리가 송하인의
　권리에 우선함(상 140②).

4) 수하인이 운송물을 수령한 시점
- 　수하인이 운송물을 수령한 때에는 운송인에 대하여 운임 기타 운송에 관한 비용과 체당금을
　지급할 의무를 부담함(상141).

(4) 의무
- 　일정한 경우 수하인도 의무를 짐. 수하인은 운송계약의 당사자가 아니므로 운송물을 수령하
　기 전까지는 전혀 운송계약상 채무를 지지 않음.
- 　그러나 수하인이 운송물을 수령한 때에는 운송인에 대하여 운임 기타 운송에 관한 비용과
　체당금을 지급할 의무를 부담하게 되는데(상141), 송하인과 수하인의 운임과 비용의 지급의
　무는 부진정연대채무임.
- 　적 효력 및 자격수여적 효력; 담보적 효력은 없음).

2.3.5. 운송업

2.3.5.2.6. 순차운송
(1) 순차운송의 의의
- 동일운송물에 관하여 수인의 운송인이 순차로 운송을 하는 것을 순차운송이라 하는데, 이러한 순차운송에는 광의의 순차운송과 협의의 순차운송이 있음. 광의의 순차운송이란 ① 부분운송 ② 하수운송 ③ 동일운송 및 ④ 공동운송(연대운송)이 있음.
- 부분운송은 수인의 운송인이 각자 독립하여 각 특정구간의 운송을 인수하는 것임. 이 경우에는 각 운송구간마다 별개의 운송계약이 체결되고, 각 운송인 사이에 아무런 관계가 없으며, 각 운송인은 자기가 맡은 구간의 운송에 대해서만 송하인에게 책임을 짐.
- 하수운송은 제1의 운송인이 전구간의 운송을 인수하고 그 일부 또는 전부를 제2의 운송인에게 운송시키는 것인데, 이때 제2의 운송인과의 운송계약은 제1의 운송인의 명의와 그의 계산으로 체결됨. 따라서 제2 이하의 운송인은 제1의 운송인의 이행보조자에 불과하고, 송하인과 사이에 아무런 법률관계가 없음.
- 동일운송은 수인의 운송인이 공동하여 전구간의 운송을 인수하는 계약을 송하인과 체결하고, 내부관계로서 담당구간을 정하는 것임. 수인의 운송인이 하나의 공동행위로 운송을 인수한 것이므로 전 구간의 운송에 대하여 수인이 연대책임을 짐.
- 공동운송(연대운송)은 수인의 운송인이 서로 운송상의 연결관계를 가지고 있을 때 송하인은 최초의 운송인에게 운송을 위탁함으로써 다른 운송인을 동시에 이용할 수 있는 것인데, 이때 제1의 운송인은 제2의 운송인 등과 자기명의로 송하인의 계산으로 운송계약을 체결하는 포괄적인 개념임. 즉 제1의 운송인이 전구간의 운송을 인수하지만, 그 중 일부구간에 대해서만 운송을 하고 나머지 구간에 대해서는 자기의 명의로 송하인의 계산으로 제2이하 운송인에게 위임하는 것임. 이 공동운송만을 협의의 순차운송이라고도 함.

2.3.5. 운송업

(2) 순차운송인의 책임
- 수인이 순차로 운송할 경우에는 각 운송인은 운송물의 멸실, 훼손 또는 연착으로 인한 손해를 연대하여 배상할 책임이 있음(상 138①).
- 운송인 중 1인이 손해를 배상한 때에는 그 손해의 원인이 된 행위를 한 운송인에 대하여 구상권이 있음(상 138②).
- 손해의 원인이 된 행위를 한 운송인을 알 수 없는 때에는 각 운송인은 그 운임액의 비율로 손해를 분담함. 그러나 그 손해가 자기의 운송구간 내에서 발생하지 아니하였음을 증명한 때에는 손해분담의 책임이 없음(상 138③).
- 상법상 순차운송인은 공동운송에 있어서의 운송인을 말함(통설).
- 하수운송, 동일운송, 부분운송의 경우 그 운송구조 자체에 의해 책임관계가 명백하기 때문에 민법 일반원리에 따라 책임의 소재 및 손실의 분담을 정하고, 책임관계가 분명하지 아니한 순차운송 즉 공동운송의 경우에만 상법에 의해 권리·의무가 규율됨.

(3) 순차운송인의 대위
- 수인이 순차로 운송을 하는 경우에 뒤의 운송인은 앞의 운송인에 갈음하여 그 권리를 행사할 의무가 있으며, 만일 뒤의 운송인이 앞의 운송인에게 변제한 때에는 앞의 운송인의 권리를 취득함(상 147, 117).
- 즉 후자는 전자의 송하인 혹은 수하인에 대한 운임청구권을 행사하여야 하고, 필요하다면 이러한 권리의 행사에 필요한 유치권도 행사하여야 함.
- 이러한 순차운송인의 대위가 인정되는 순차운송인의 범위에 대하여 광의의 순차운송 즉 하수운송, 동일운송, 부분운송, 공동운송 모두에 인정된다고 보는 견해(다수설)와 공동운송에만 인정된다고 보는 견해(소수설)로 나뉘어 있음.
-

2.3.5. 운송업

2.3.5.2.7. 복합운송인

(1) 의의
- 출발지에서 도착지까지 총 운송이 2개 이상의 구간으로 구분되고 각 구간에서 다른 운송용구에 의해 운송이 이루어지는 운송을 통운송이라고 하고, 통운송 중에서 운송구간이 육상운송·해상운송·항공운송 등 운송의 종류가 다른 수 개의 구간으로 구성된 운송을 복합운송이라고 함. 복합운송을 영업적으로 인수하는 사람이 복합운송인임.

(2) 책임
- 복합운송에 관한 입법주의도 구분책임주의와 통일책임주의가 있음. 구분책임주의는 운송구간에 따라 그 종류의 운송에 적용될 법규를 중심으로 책임의 존부와 손해의 범위를 정하는 입법주의이고, 통일책임주의는 전 구간의 운송에 대해 일괄하여 책임의 발생과 손해의 범위에 관한 하나의 법규를 마련하는 입법주의임.
- 복합운송에 관한 국제적 통일협약으로는 국제상공회의소가 주관이 되어 성안된 1975년 복합운송증권통일규칙과, 국제엽합이 주관이 되어 체결 된 1980년 국제복합물건운송조약이 있음.
- 1975년 복합운송증권통일규칙은 구분책임주의를, 1980년 국제복합물건운송조약은 통일책임주의를 각각 원칙으로 채택하였다. 상법상 복합운송인의 책임에 관한 규정은 없음.

2.3.5. 운송업

2.3.5.3. 여객운송

2.3.5.3.1. 여객운송계약의 의의
- 여객운송계약은 일정한 지점에서 다른 지점으로 자연인(여객)의 이동을 목적으로 하는 계약임.

(1) 계약의 당사자
- 여객운송계약은 통상 여객과 운송인간에 계약이 이루어지나 타인을 운송의 객체로 하여 여객 아닌 자가 운송계약을 체결하는 것도 가능함.

(2) 계약의 성질
- 여객운송계약은 여객의 청약과 운송인의 승낙에 의하여 성립하며, 물건운송계약과 마찬가지로 도급계약임.

(3) 승차권의 성질
- 계약체결의 방식은 자유이지만, 통상 승차권이 이용됨. 그러나 승차권의 발행은 계약성립의 요건이 아님. 승차권은 여객운송인이 여객운송의 편의를 도모하기 위하여 여객에게 발행하는 증권으로 유가증권으로 보는 것이 통설의 입장임.

2.3.5.3.2 여객운송인의 권리

(1) 운임청구권
- 여객운송인은 특별한 약정이 없더라도 보수청구권을 가짐. 운임의 청구시기는 운송계약이 도급계약이므로 운송이 완료되어야 보수를 청구할 수 있을 것이나, 실제로는 상관습상 승차권 구입시 또는 승차후 운송 종료 전에 승차권과 상환으로 운임을 지급하는 것이 보통임. 운송인의 운임청구권은 원칙적으로 운송완료 후이므로 운송이 중도에 종료된 때에는 원칙상 운임을 청구하지 못함.

2.3.5. 운송업

(2) 유치권
- 수하물을 인도받은 경우(탁송수하물), 여객운송인은 그 수하물의 운임과 여객의 운임에 관하여 유치권을 행사할 수 있음.

2.3.5.3.3 여객운송인의 손해배상책임
(1) 여객이 입은 손해에 대한 책임
- 운송인은 자기 또는 사용인이 운송에 관한 주의를 해태하지 아니하였음을 증명하지 아니하면(과실책임주의) 여객이 운송으로 인하여 받은 손해를 배상할 책임을 면하지 못함(상 148①).
- 여객운송인은 자기와 사용인의 무과실을 입증하지 않는 한 책임을 면하지 못함.
- 여객이 운송으로 인하여 받은 손해란 여객의 사상으로 인한 손해로서 재산적 손해와 정신적 손해를 포함하며, 재산적 손해는 장래의 일실이익도 포함함 여객 의 정신적 손해(위자료)도 배상하여야 하나, 여객운송계약의 당사자가 아닌 여객의 가족 등이 입은 정신적 손해는 배상액의 범위에 포함되지 않음(판례).
- 여객운송인이 운송으로 인하여 사망한 여객이 입은 일실수익의 손해액을 산정함에 있어서는 사망당시의 수익을 기준으로 함이 원칙이고 사망당시 직업이 없었다면 일반노동임금을 기준으로 할 수밖에 없으나, 사망 이전에 장차 일정한 직업에 종사하여 그에 상응한 수익을 얻게 될 것이라고 확실하게 예측할 만한 객관적 사정이 있을 때에는 장차 얻게 될 수익을 기준으로 산정할 수 있음(大判 1982.7.13, 82다카278).
- 손해배상의 액을 정함에는 법원은 피해자와 가족의 정상을 참작하여야 함(상 148②).
- 여객운송계약의 손해배상책임은 물건운송인의 책임이 획일적이고 또 정액배상책임인 점에 비해서 개별적이고 특별손해에 대하여도 그 배상책임을 부담하는 점에서 구별됨.

2.3.5. 운송업

(2) 여객의 수하물에 대한 책임
1) 탁송수하물
- 운송인은 여객으로부터 인도를 받은 수하물에 관하여는 운임을 받지 아니한 경우에도 물건운송인과 동일한 책임이 있음(상 149①).
- 수하물이 도착지에 도착한 날로부터 10일 내에 여객이 그 인도를 청구하지 아니한 때에는 매매에서와 같이 목적물을 공탁하거나 일정한 경우에는 경매를 할 수 있고, 이를 통지하여야 함.
- 그러나 주소 또는 거소를 알지 못하는 여객에 대하여는 최고와 통지를 요하지 아니함(상 149②, 67).

2) 휴대수하물
- 운송인은 여객으로부터 인도를 받지 아니한 수하물의 멸실 또는 훼손에 대하여는 자기 또는 사용인의 과실이 없으면 손해를 배상할 책임이 없음(상150). 과실의 입증책임은 여객에게 있음.

(3) 손해배상책임의 소멸
- 여객운송인의 여객 자신에 관한 손해배상책임의 시효에 대해 물건운송인의 경우와는 달리 특별규정이 없으므로 일반상사시효와 같이 그 시효기간이 5년임(상 64).

2.3.6. 공중접객업

2.3.6. 공중접객업
2.3.6.1. 공중접객업자의 의의
- 공중접객업자란 극장, 여관, 음식점 기타 객의 집래를 위한 시설에 의한 거래를 영업으로 하는 자를 말함(상151).
- 이 규정은 예시적 규정이므로 극장, 여관, 음식점 이외에도 목욕탕, 이발소, 미용실 등이 다양함. 위 거래를 영업으로 하는 공중접객업자는 당연상인이 되며, 그 시설의 소유자가 아니라 당연상인이 되는 것은 아님.

2.3.6.2. 공중접객업자의 책임
2.3.6.2.1. 수치한 물건에 대한 책임
(1) 책임의 요건
- 공중접객업자는 객으로부터 임치를 받은 물건의 멸실 또는 훼손에 대하여 불가항력으로 인함을 증명하지 아니하면 그 손해를 배상할 책임을 면하지 못함(상 152①).
- 공중업자는 물건을 수령하였다는 사실만으로도 그 수령한 물건에 관하여 생긴 손해에 대하여 법률상 당연히 배상책임을 지도록 하여 물건운송인, 운송주선인 등의 책임보다 책임을 가중하고 있음. 임치가 성립하려면 우선 공중접객업자와 객 사이에 공중접객업자가 자기의 지배영역 내에서 목적물보관의 채무를 부담하기로 하는 명시적 또는 묵시적 합의가 있음을 필요로 함(大判 1992. 02. 11, 91다21800).
- 여관 부설주차장에 시정장치가 된 출입문이 설치되어 있거나 출입을 통제하는 관리인이 배치되어 있거나 기타 여관측에서 그 주차장에의 출입과 주차사실을 통제하거나 확인할 수 있는 조치가 되어 있음이면, 그러한 주차장에 여관 투숙객이 주차한 차량에 관하여는 명시적인 위탁의 의사표시가 없어도 여관업자와 투숙객 사이에 임치의 합의가 있은 것으로 볼 수 있으나, 위와 같은 주차장 출입과 주차사실을 통제하거나

2.3.6. 공중접객업

확인하는 시설이나 조치가 되어 있지 않은 채 단지 주차의 장소만을 제공하는 데에 불과하여 그 주차장 출입과 주차사실을 여관측에서 통제하거나 확인하지 않고 있는 상황이라면, 부설주차장 관리자로서의 주의의무 위배 여부는 별론으로 하고 그러한 주차장에 주차한 것만으로 여관업자와 투숙객 사이에 임치의 합의가 있은 것으로 볼 수 없고, 투숙객이 여관측에 주차사실을 고지하거나 차량열쇠를 맡겨 차량의 보관을 위탁한 경우에만 임치의 성립을 인정할 수 있음(大判 1992. 02. 11, 91다21800).

(2) 불가항력
- 공중접객업자는 임치받은 물건의 멸실 또는 훼손이 불가항력으로 인한 것임을 증명하면 면책되는데, 불가항력의 개념에 관하여는 주관설.객관설 및 절충설(통설)로 나뉘어 있음.
- 주관설은 사업의 성질에 따라 최대의 주의를 하더라도 피할 수 없는 위해가 불가항력이라고 설명하는 학설이며, 객관설은 발생을 예측할 수 없는 위해가 불가항력이라고 설명하며,
- 절충설은 특수사업의 외부에서 발생한 사건으로서 보통 필요하다고 인정되는 주의를 다하더라도 이것을 방지할 수 없는 위해를 불가항력이라고 설명함.

(3) 면책의 특약
- 공중접객업자의 책임은 당사자 간의 특약에 의하여 감면할 수 있으나 공중접객업자의 일방적 면책고시만으로는 책임을 면할 수 없다고 할 것임(상 152③).

2.3.6. 공중접객업

2.3.6.2.2. 수치하지 않은 물건에 대한 책임
- 공중접객업자는 객으로부터 임치를 받지 아니한 경우에도 그 시설 내에 휴대한 물건이 자기 또는 그 사용인의 과실로 인하여 멸실 또는 훼손된 때에는 그 손해를 배상할 책임이 있음(상 152②).
- 과실은 선량한 관리자의 주의의무를 다하지 못한 것이며 과실의 입증책임은 객에게 있음. 객의 휴대물에 대하여 책임이 없음을 게시한 때에도 공중접객업자는 책임을 면하지 못함(상 152③).

2.3.6.2.3. 고가물에 대한 책임
- 화폐, 유가증권 기타의 고가물에 대하여는 객이 그 종류와 가액을 명시하여 임치하지 아니하면 공중접객업자는 그 물건의 멸실 또는 훼손으로 인한 손해를 배상할 책임이 없음(상 153).
- 공중접객업자 또는 그 사용인이 우연히 고가물을 안 경우에는 보통무로서의 주의의무를 게을리 한 경우에 한하여 고가물의 손해배상책임을 진다 할 것임. 공중접객업자 또는 그 사용인이 고의로 물건을 멸실 또는 훼손시킨 경우에 고가물에 대한 명시가 없더라도 공중접객업자는 고가물로서의 일체의 손해배상책임을 진다고 보는 견해가 있음.

2.3.6.2.4. 책임의 소멸시효
- 공중접객업자의 책임은 공중접객업자가 임치물을 반환하거나 객이 휴대물을 가져간 후 6월을 경과하면 소멸시효가 완성함(상 154①).
- 이 기간은 물건이 전부 멸실한 경우에는 객이 그 시설을 퇴거한 날로부터 기산함(상 154②). 그러나 공중접객업자나 그 사용인이 악의인 경우에는 적용하지 아니함(상 154③). 따라서 악의인 경우에는 상사시효인 5년의 소멸시효에 걸림.

2.3.6. 공중접객업

2.3.6.2.5. 책임에 관한 몇가지 문제
- 공중접객업인 숙박업은 일종의 일시사용을 위한 임대차계약이기는 하지만 단순히 여관의 객실 및 관련시설을 제공하여 고객으로 하여금 이를 사용수익하게 할 의무를 부담하는 것에서 한 걸음 더 나아가 고객에게 위험이 없는 안전하고 편안한 객실 및 관련시설을 제공함으로써 고객의 안전을 배려하여야 할 보호의무를 부담함.
- 이러한 의무는 숙박계약의 특수성을 고려하여 신의칙상 인정되는 부수적인 의무로서 숙박업자가 이를 위반하여 고객의 생명, 신체를 침해하여 손해를 입힌 경우 불완전이행으로 인한 채무불이행책임을 부담함(大判 1994. 01. 28, 93다43590).
- 건물이 화재로 인하여 수선 가능한 정도로 손괴되어 건물의 통상용법에 따른 사용이 불가능하게 되었다면 수선에 소요되는 상당한 기간 중 이를 사용하지 못함으로 인한 손해는 손괴로 인한 통상의 손해라 할 것이고, 또 이와 같은 손괴에 대하여 사회통념상 곧바로 수선에 착수할 수 없는 특별한 사정이 있는 경우에는 수선의 착수가 가능한 시점까지 이를 사용을 하지 못함으로 인한 손해 역시 통상의 손해라 할 것임(大判 2000. 11. 24, 2000다38718, 38725).

2.3.6.2.6. 불법행위책임과의 관계
- 공중접객업자나 그 사용인이 객으로부터 임치를 받거나 받지 아니한 물건을 고의 또는 과실로 멸실 또는 훼손시킨 경우에는 위 공중접객업자의 손해배상책임 외에도 불법행위로 인한 손해배상책임도 성립함(청구권경합설).

2.3.7. 창고업

2.3.7. 창고업
2.3.7.1. 창고업자의 의의
- 창고업자란 타인을 위하여 창고에 물건을 보관함을 영업으로 하는 자를 말함(상155).
- 창고란 물건의 보관에 이용 또는 제공되는 설비를 말하며, 반드시 지붕이 있어야 하는 것은 아님.
- 물건은 동산에 한하고 보관은 목적물의 소유권 또는 처분권을 취득하지 않고 하는 보관을 의미함.

2.3.7.2. 창고업자의 의무 · 책임
2.3.7.2.1. 보관의무
- 창고업자는 선량한 관리자의 주의로써 임치물을 보관하여야 함(상 62).
- 창고업자의 선관의무는 임치계약이 유상이든 무상이든 불문함. 주의의무의 내용은 임치물의 멸실 · 훼손을 방지하는 것임.
- 당사자가 임치기간을 정하지 아니한 때에는 창고업자는 임치물을 받은 날로부터 6월을 경과한 후에는 언제든지 이를 반환할 수 있음(상 163①).
- 임치물을 반환함에는 2주간 전에 예고하여야 함(상 163②). 다만 부득이한 사유가 있는 경우에는 창고업자는 언제든지 임치물을 반환할 수 있음(상164).
- 부득이한 사유란 임치물이 부패하거나 임치인이 보관료를 지급하지 않거나 보관이 법령에 위반하는 경우 등을 말함. 반면에 임치인은 언제든지 계약을 해지할 수 있음(민698).

2.3.7.2.2. 창고증권교부의무
- 창고업자는 임치인의 청구에 의하여 창고증권을 발행하여 교부하여야 함(상 156①).

2.3.7. 창고업

2.3.7.2.3. 임치인의 검사 · 견품적취 · 보호처분에 따를 의무
- 임치인 또는 창고증권소지인은 영업시간 내에 언제든지 창고업자에 대하여 임치물의 검사 또는 견품의 적취를 요구하거나 그 보존에 필요한 처분을 할 수 있음(상161).
- 임치물의 검사란 임치물의 존부, 품질, 수량 등을 점검하는 것을 말하고, 견품의 적취란 임치물로부터 견품을 빼어 내는 것을 말하며, 보존에 필요한 처분이란 임치물을 멸실이나 훼손으로부터 방지하는 소극적 처분을 의미하지 가공이나 수선 등의 적극적 처분을 의미하는 것은 아님.

2.3.7.2.4. 임치물의 반환의무
- 창고업자는 임치인의 청구가 있을 때에는 보관기간의 약정의 유무를 불문하고 임치물을 반환할 의무를 부담함(상 163.164, 민 69899).
- 창고증권이 발행된 경우에는 그 소지인의 청구에 대하여서만 임치물을 반환할 의무를 부담함(상 157, 129).

2.3.7.2.5. 임치물의 훼손.하자 등의 통지의무
- 창고업자가 임치물을 받은 후 그 물건의 훼손 또는 하자를 발견하거나 그 물건이 부패할 염려가 있는 때 또는 가격저락의 상황을 안 때에는 지체없이 임치인에게 그 통지를 발송하여야 함.
- 만일 이 경우에 임치인의 지시를 받을 수 없거나 그 지시가 지연되는 때에는 창고업자는 임치인의 이익을 위하여 적당한 처분을 할 수 있음(상 168, 108).
- 위탁매매의 경우와는 달리 임치물의 가격하락의 상황을 안 때에는 임치인에게 통지할 의무가 없다고 보는 견해도 있음(다수설).
- 창고업자는 임치물의 보관에 주의의무를 하는 것이지 임치물의 시장동향까지 파악하여야 하는 것은 아니므로 원칙적으로 통지의무가 없다고 할 것임.

2.3.7. 창고업

2.3.7.2.6. 손해배상책임
(1) 책임발생원인
- 창고업자는 자기 또는 사용인이 임치물의 보관에 관하여 주의를 해태하지 아니하였음을 증명하지 아니하면 임치물의 멸실 또는 훼손에 대하여 손해를 배상할 책임을 면하지 못함(상 160).
- 이 창고업자의 책임은 과실책임에 근거하고 있으며 임치물의 멸실.훼손에 관하여는 창고업자의 통제 영역에 있음이고 할 것이므로 그 책임에서 벗어나고자 하는 창고업자가 과실없음을 증명하도록 하고 있음.
- 멸실은 물리적 멸실뿐만 아니라 수치인이 임치물을 권한없는 자에게 무단 출고함으로써 임치인에게 이를 반환할 수 없게 된 경우를 포함(大判 1981.12.22, 80다1609).
- 손해배상청구권자는 임치인 또는 창고증권소지인이며, 손해배상액에 대해서는 상법에 특칙이 없으므로 민법의 일반원칙에 의거 상당인과관계에 있는 모든 손해를 배상하여야 할 것임.

(2) 책임의 소멸
1) 특별소멸원인
- 창고업자의 책임은 임치인 또는 창고증권 소지인이 유보하지 않고 임치물을 수령하고 또 보관료 기타의 비용을 지급하였을 때에 소멸함. 그러나 ① 임치물에 즉시 발견할 수 없는 훼손 또는 일부멸실이 있는 경우로서 임치인 또는 증권소지인이 수령한 날로부터 2주간 내에 창고업자에게 그 통지를 발송한 때, 또는 ② 창고업자 또는 그 사용인이 악의인 때에는 소멸하지 않음(상 168, 146).
- 악의인 경우라 함은 운송인이나 그 사용인이 운송물에 훼손 또는 일부멸실이 있음은 것을 알면서 수하인에게 알리지 않고 인도된 경우임(大判 1987.6.23, 86다카2107).

2.3.7. 창고업

2) 단기소멸시효
- 임치물의 멸실 또는 훼손으로 인하여 생긴 창고업자의 책임은 그 물건을 출고한 날로부터 1년이 경과하면 소멸시효가 완성함(상 166①).
- 멸실(滅失)은 물리적 멸실뿐만 아니라 수치인이 임치물을 권한없는 자에게 무단 출고함으로써 임치인에게 이를 반환할 수 없게 된 경우를 포함함(大判 1981. 12. 22, 80다1609).
- 이 기간은 임치물이 전부 멸실한 경우에는 임치인과 알고 있는 창고증권소지인에게 그 멸실의 통지를 발송한 날로부터 기산함(상 166②). 그러나 창고업자 또는 그 사용인이 악의인 경우에는 적용하지 아니함(상 166③). 따라서 일반 상사시효인 5년에 의하여 소멸함(상 64).

2.3.7.3. 창고업자의 권리
2.3.7.3.1. 임치물인도청구권
- 창고임치계약이 성립하면 창고업자는 임치인에 대하여 임치물의 인도를 청구할 수 있는 권리를 갖는다.

2.3.7.3.2. 보관료 및 비용상환청구권
- 창고업자는 임치물을 출고할 때가 아니면 보관료 기타의 비용과 체당금의 지급을 청구하지 못함. 그러나 보관기간 경과 후에는 출고전이라도 이를 청구할 수 있음(상 162①).
- 임치물의 일부출고의 경우에는 창고업자는 그 비율에 따른 보관료 기타의 비용과 체당금의 지급을 청구할 수 있음(상 162②).

2.3.7. 창고업

2.3.7.3.3. 유치권
- 창고업자는 특별상사유치권이 인정되지 않으므로 임치물에 대하여 민사유치권(민 320)과 임치인이 상인인 경우에는 일반상사유치권(상 58)을 행사할 수 있음. 그러나 창고업자에게만 인정되는 특별상사유치권은 인정되지 않음.

2.3.7.3.4. 공탁 및 경매권
- 창고업자는 임치인 또는 창고증권소지인이 임치물의 수령을 거절하거나 또는 이것을 수령할 수 없을 때에는 임치물의 공탁 및 경매를 할 권리를 가짐(상 165, 67).

2.3.7.3.5. 손해배상청구권
- 창고업자는 임치물의 성질 또는 하자로 인하여 입은 손해의 배상을 임치인에게 청구할 수 있는데, 창고업자가 이를 안 때에는 청구할 수 없음(민 697).

2.3.7.3.6. 채권의 단기시효
- 창고업자의 임치인 또는 창고증권소지인에 대한 채권은 그 물건을 출고한 날로부터 1년간 행사하지 아니하면 소멸시효가 완성함(상167).
- 시효기간이 5년임(상 64).

2.3.7. 창고업

2.3.7.4. 창고증권
2.3.7.4.1. 의의
- 창고증권이란 창고증권 소지인이 창고업자에 대해 임치물반환청구권을 표창하는 유가증권임. 이러한 창고증권은 상법상 임치인의 청구에 의하여 창고업자가 발행함(상 156 ①).
- 이 창고증권은 임치물이 창고에 보관되어 있는 동안에 이를 제3자에게 양도하거나 입질하는 데 이용됨.

2.3.7.4.2. 입법주의
- 창고증권에 관한 입법주의로 단권주의, 복권주의, 병용주의가 있음. 단권주의는 한 장의 창고증권에 의하여 임치물의 입질 또는 양도 등의 처분을 할 수 있게 하는 입법주의이고, 복권주의란 창고업자에게 운송물의 양도를 위한 예증권(預證券)과 담보의 편의를 위한 입질증권의 두 장의 증권을 한 조로 발행하는 입법주의이고, 병용주의는 양자를 모두 인정하는 주의임. 우리나라는 단권주의를 채택하고 있음.

2.3.7.4.3. 성질
- 창고증권은 그 성질이 화물상환증과 아주 유사하므로, 화물상환증에 관한 규정을 준용하고 있음(상 157).
- 따라서 창고증권도 화물상환증처럼 요식증권성(상 128②)·요인증권성(상 128①)·상환증권성(상 129)·지시증권성(상 130)·문언증권성(상 131)·처분증권성(상 132)·인도증권성(상 133)이 있으나 설권증권성은 없음.

2.3.7. 창고업

2.3.7.4.4. 발행
- 창고증권은 임치인의 청구에 의하여 창고업자가 발행하여 교부함(상 156 ①).
- 창고증권에는 ① 임치물의 종류, 품질, 수량, 포장의 종별, 개수와 기호 ② 임치인의 성명 또는 상호, 영업소 또는 주소 ③ 보관장소 ④ 보관료 ⑤ 보관기간을 정한 때에는 그 기간 ⑥ 임치물을 보험에 붙인 때에는 보험금액, 보험기간과 보험자의 성명 또는 상호, 영업소 또는 주소 ⑦ 창고증권의 작성지와 작성년월일을 기재하고 창고업자가 기명날인 또는 서명하여야 함(상 156②).
- 창고증권의 요식성은 절대적인 것이 아니므로 창고증권의 본질적 사항이 아닌 항목의 결여는 창고증권의 효력에 영향이 없다고 할 것임.

2.3.7.4.5. 양도
- 창고증권은 화물상환증의 경우와 같이 법률상 당연한 지시증권이므로 기명식인 경우에도 배서금지의 기재가 없는 한 배서에 의하여 양도될 수 있음(상 157, 130).
- 이러한 배서에 권리이전적 효력 및 자격수여적 효력은 있으나, 담보적 효력은 없음.

2.3.7.4.6. 효력
(1) 채권적 효력
- 창고증권을 작성한 경우에는 임치에 관한 사항은 창고업자와 소지인 간에 있어서는 창고증권에 기재된 바에 의함(상131).
- 창고증권은 임치물 반환청구권을 표창하는 채권적 유가증권이므로 창고증권 소지인이 창고업자에 대하여 임치계약 상의 채무인 인도채무의 이행을 청구하고 창고업자가 이를 이행하지 못하면 손해배상책임을 부담함.
- 창고증권 소지인은 보관료·기타 보관에 관한 비용과 체당금을 지급할 의무를 부담함(통설).

2.3.7. 창고업

(2) 물권적 효력
- 창고증권에 의하여 임치물을 받을 수 있는 자에게 창고증권을 교부한 때에는 임치물 위에 행사하는 권리의 취득에 관하여 임치물을 인도한 것과 동일한 효력이 있음(상133).
- 창고증권의 물권적 효력이 발생하기 위하여는 ① 창고업자가 임치물을 인도받았어야 하고 ② 임치물이 존재하여야 하며 ③ 창고증권에 의하여 임치물을 받을 수 있는 자에게 이 증권이 교부되어야 함.
- 창고증권을 작성한 경우에는 임치물에 관한 처분은 창고증권으로써 하여야 함(상132).

(3) 입질된 임치물의 일부출고
- 창고증권으로 임치물을 입질한 경우에도 질권자의 승낙이 있으면 임치인은 채권의 변제기 전이라도 임치물의 일부반환을 청구할 수 있음. 이 경우에는 창고업자는 반환한 임치물의 종류, 품질과 수량을 창고증권에 기재하여야 함(상159).

상법총칙·상행위 총정리 ☞ 각 상행위 요약

	대리상	중개인	위탁매매인	운송주선인	운송인	공중접객업자	창고업자
의의	일정한 상인을 위하여 상업사용인이 아니면서 상시 그 영업부류에 속하는 거래의 대리(체약대리상)또는 중개(중개대리상)를 하는 자	불특정다수인간의 중개의 인수라는 법률행위를 영업으로 하는 자	자기의 명의로 타인의 계산으로 물건 또는 유가증권의 매매를 영업으로 하는 자 ※준위탁매매인 : 매매이외의 영업행위자	자기의 명의로 물건운송의 주선을 영업으로 하는 자	육상.호천.항만에서 물건 또는 여객의 운송을 영업으로 하는 자	공중의 집래에 적합한 설비를 갖추어 이 설비의 이용에 의한 거래를 영업으로 하는 자	타인을 위하여 물건을 창고에 보관함을 영업으로 하는 자(자기물건 부동산 제외)
의무	대리상:본인 ①통지의무 ②겸업피지의무 ③영업비밀준수의무 ④선관의무	중개인 ①선관주의의무 ②견품보관의무 ③결약서교환의무 ④장부작성 및 등본교부 ⑤성명,상호묵비 ⑥중개의무(이행담보책임)	①통지의무,계산서 제출의무 ②지정가액준수의무 ③이행담보책임(개입의무) ④위탁물의 훼손.하자 등의 통지, 처분의무	①통지의무,계산서제출의무, ②지정가액준수의무, ③운송물의 훼손,하자등에대한 통지.처분의무	①화물상환증교부의무 ②운송물의 보관 및 처분의무 ③운송물인도의무 ④손해배상책임	①수치한 물건에 대한 책임 : 불가항력의 경우에만 면책 ②수치하지 않은 물건에 대한 책임: 과실있으면 책임 ③고가물에 대한 책임:명시하여 예치하여야 책임	①보관의무 ②창고증권교부의무 ③임치인의 검사.견품적취.보호처분에 따른 의무 ④임치물의 반환의무 ⑤임치물의 훼손.하자 등의 통지의무 ⑥손해배상책임

상법총칙·상행위 총정리

	대리상	중개인	위탁매매인	운송주선인	운송인	공중접객업자	창고업자
권리	①보수청구권 ②유치권 ③보상청구권	①보수청구권 ②비용상환청구권의 부존재 ③급여수령권의 부존재	①보수청구권 ②비용상환청구권 ③유치권 ④매수물의 공탁 및 경매권 ⑤개입권(시세)	①보수청구권 ②비용상환청구권 ③유치권 ④개입권(직접운송)	①운송물인도청구권 ②화물명세서교부청구권 ③운임 및 기타비용 청구권 ④유치권 ⑤공탁경매권		①임치물인도청구권 ②보관료 및 비용상환청구권 ③유치권 ④공탁 및 경매권 ⑤손해배상청구권
종료	①위임계약의 일반종료원인:위임인의 사망.파산 * 본인 사망X ②법정종료원인 : 해지				운송인의 송화인 또는 수하인에 대한 권리는 1년간 행사하지 아니하면 소멸시효가 완성됨		
관계책임	본인:중개사무에 관한 위임계약. 제3자에 대하여 책임無 ※대리상과 제3자와의 관계 ①체약대리상-대리의 법리 ②중개대리상-제3자에 대하여 책임 無	본인 : 중개행위를 처리할 의무 부담 제3자에 대하여 책임無	본인:위임계약 제3자:권리와의무 부담 ※매수위탁자가 상인일 때 ▶매수인에게 인정된 의무부과	본인:위임계약	본인 : 도급계약		임치계약 ※창고증권: 창고업자 임치물을 수령하였음을 증명하고 임치물 반환청구권을 표창하는 유가증권

상법총칙·상행위 총정리

☞ 각 상행위 특칙 비교

	상행위일반	대리상	중개인	위탁매매인	운송주선인	창고업자	공중접객업자
상사유치권	일 반	특별	없음	특별	특별	없음	없음
공탁경매권	인정	없음	없음	인정	인정	인정	규정 없음
개입권	X	X	개입의무	개입권	개입권	X	X
경업회피의무	X	있 음	X	X	X	X	X
고가물특칙	X	X	X	X	있 음	없 음	있 음
특별소멸시효	X	X	X	X	있음.	있 음	없 음
단기소멸시효	X	X(5년)	X(5년)	X(5년)	1년	1년	6개월
상대방	상인	상 인	일방은 상인	비상인	비상인	비상인	비상인
책임	과실책임	과실책임	과실책임	과실책임	무과실책임	무과실책임	무과실책임

상법총칙·상행위 총정리

☞ 유치권

	민사유치권	상사유치권(58)	대리상(91)	위탁매매인(111)	운송주선인(120)
당사자	상인·비상인 불문	쌍방이 상인	대리상과 본인 * 채무자도 상인	위탁매매인과 위탁자 * 채무자 상인 불요	위탁자와 운송주선인 * 채무자 상인 불요
목적물의 소유권	소유권의 귀속에 제한이 없음	채무자소유의 물건 또는 유가증권	소유권의 귀속에 제한이 없음		
목적물의 점유	본인을 위하여 적법한 점유	채권자의 상행위로 점유취득 해야 함	본인을 위하여점유하는 물건 또는 유가증권	위탁자를 위하여 점유하는 물건 또는 유가증권	운송물
피담보채권	물건 또는 유가증권(유치물)에 관련하여 발생한 채권	당사자 쌍방을 위하여 상행위가 되는 행위에 의한 채권, 변제기에 있어야 함	거래의 대리 또는 중개로 인한채권, 변제기에 있어야 함	위탁자를 위하여 물건의 매도 또는 매수를 함으로 말미암아 위탁자에 대하여 생긴 채권변제기에 있어야 함	운송물에 관하여 수령할 보수, 운임 기타 위탁자를 위한 체당금이나 선대금에 관해서만 행사
목적물과 피담보채권의 관련성	피담보채권과 목적물의 개별 적인 견련관계 "필요"	피담보채권과 목적물의개별적인 견련관계 "불필요"	개별적인 견련관계 "불필요"	개별적인 견련관계 "불필요"	개별적인 견련관계 "필요"

제2편 상행위

2.4. 새로운 상행위

2.4.1. 서설
2.4.2. 리스
2.4.3. 프랜차이즈 계약
2.4.4. 팩토링 계약
2.4.5. 전자상거래법

2.4.1. 서설

2.4. 새로운 상행위

2.4.1. 서설

- 경제활동의 급속한 발전은 리스, 프랜차이즈, 팩토링과 같은 새로운 거래형태를 탄생시키기에 이르렀고 최근에는 전자상거래가 급속히 발전하고 있음.
- 이중 리스, 프랜차이즈, 팩토링은 새로운 상행위로 상법에 반영되었고, 전자상거래는 특별법인 전자거래기본법 및 전자서명법으로 제정되었음.
- 전자상거래에 더 나아가 전자금융기법들이 생기면서 전자금융거래법이 제정되어 시행되고 있음.

2.4.2. 리스

2.4.2. 리스
2.4.2.1. 리스계약의 의의
- 리스의 개념에 관하여 상법 제46조 제19호는 「기계·시설 기타 재산의 물융에 관한 행위」라고 정의하고 있고, 시설대여업법 제2조 제1호는 「대여시설이용자가 선정한 특정물건을 시설대여회사가 새로이 취득하거나 대여받아 대여시설이용자에게 대통령령이 정하는 일정 기간 이상 사용하게 하고, 그 기간에 걸쳐 일정대가를 정기적으로 분할하여 지급받으며, 그 기간 종료 후의 물건의 처분에 관하여는 당사자간의 약정으로 정하는 물적금융을 말한다」고 정의하고 있음.
- 즉 리스는 대개 리스이용자가 리스물건을 선정하면 리스회사가 공급자로부터 그 리스물건을 매입하여 그 리스이용자로 하여금 일정한 기간 사용하게 하고 리스이용자는 그 기간에 그 대가를 분할지급하며, 그 기간 종료 후의 리스물건의 처분은 당사자의 약정으로 정하는 계약이라고 할 수 있음.
- 판례도 비슷한 취지로 시설대여(리스)는 시설대여 회사가 대여시설 이용자가 선정한 특정 물건을 새로이 취득하거나 대여 받아, 그 물건에 대한 직접적인 유지.관리책임을 지지 아니하면서 대여시설 이용자에게 일정기간 사용하게 하고 그 기간 종료 후에 물건의 처분에 관하여는 당사자 간의 약정으로 정하는 계약이라고 판시하고 있음(大判 1996. 08. 23, 95다51915).
- 리스계약은 형식에서는 임대차계약과 유사하나, 그 실질은 대여시설을 취득하는데 소요되는 자금에 관한 금융의 편의를 제공하는 것을 본질적인 내용으로 하는 물적 금융이고 임대차계약과는 여러 가지 다른 특질이 있기 때문에 이에 대하여는 민법의 임대차에 대한 규정이 바로 적용되지 아니 함(大判 1996. 08. 23, 95다51915).

2.4.2. 리스

- 임대차 계약과 리스의 차이점을 보면 임대차계약에서는 하자담보책임, 수리책임, 일부멸실의 경우 감액 및 임차인의 해지권이 있는 반면에 리스계약에서는 없음.
- 리스는 ① 매수자금 조달기능 ② 절세기능 ③ 국제금융 이용기능 등의 경제적 기능 있음.

2.4.2.2. 리스의 종류
- 리스의 종류와 형태는 매우 다양하지만 법적으로 중요한 의미를 갖는 것은 금융리스와 운용리스의 구별임.

(1) 금융리스(finance lease)
- 금융리스란 리스회사가 리스이용자에게 기계설비와 같은 리스물건의 구입자금을 융자하여 주는 대신에 리스물건을 직접 구입하여 이를 임대하는 것을 말함.
- 이 때에는 리스기간이 보통 리스물건의 내용연수에 상당한 기간으로 되며, 리스이용자는 이 기간중 계약을 해지할 수 없음.
- 또 리스이용자는 물건구입대금과 부대비용·리스회사 이윤 등을 합한 금액에 상당하는 리스료를 지급하여야 할 채무와 리스물건에 대한 유지·관리책임 등을 부담함.
- 일반적으로 리스라고 할 때에는 이러한 금융리스를 말함.
(2) 운용리스(operating lease)
- 운용리스란 리스회사가 불특정 다수를 대상으로 가동률이 높은 범용기종(자동차, 컴퓨터, 사진기, 건설기계 등)을 내용연수의 일부 동안 임대하여 투하자금의 회수를 꾀하는 형태임.
- 또 리스이용자는 수시로 또는 일정한 예고기간을 두고 해지할 수 있으며, 통상 리스물건의 수선의무·위험부담·하자담보책임은 리스회사가 짐. 이 운용리스는 리스물건 자체의 이용에 목적이 있으며, 금융적 성격이 거의 없고 서비스 제공적 성격이 강함.

2.4.2. 리스

2.4.2.3. 리스계약의 법적 성질
(1) 특수임대차설
- 이 설에 의하면 금융리스계약이 임대차계약을 모체로 하고 있음은 견해로 리스계약의 형식적 성격을 강조하여, 임대인이 임차인의 사용 수익을 위해 물건을 대여하여 주는 급부에 대한 반대급부인 임대료는 물건의 사용 수익에 대한 대가이어야 한다는 것을 강조하고 있음.
- 그런데 판례는 시설대여(리스)는 형식에서는 임대차계약과 유사하나, 그 실질은 대여시설을 취득하는데 소요되는 자금에 관한 금융의 편의를 제공하는 것을 본질적인 내용으로 하는 물적 금융이고 임대차계약과는 여러 가지 다른 특질이 있기 때문에 이에 대하여는 민법의 임대차에 대한 규정이 바로 적용되지 아니한다고 하여 특수임대차설을 부정함(大判 1996.08.23, 95다51915).

(2) 소비대차설
- 이 설에 의하면 리스계약도 물건을 융자해준다는 금융적인 측면을 강조하면, 금융리스계약은 소비대차에 매우 가깝다고 함.
- 리스이용자가 물건공급자로부터 물건을 공급받고 이에 대하여 리스회사가 융자를 해 주면서 그 물건에 대한 소유권을 담보의 목적으로 유보하는 형태의 계약이라고 함.
- 금융리스는 소비대차와 달리 원칙으로 리스이용자가 리스물건의 소유권을 취득하지 않으며, 또 리스기간이 종료되면 재리스나 구매선택권이 주어져 있지 않은 한 리스물건 그 자체를 반환하여야 하므로 소비대차와 구별하지 않으면 안 됨.

2.4.2. 리스

(3) 매매설
- 리스료의 본질이 리스회사가 공급업자에게 지급한 매매대금에 대한 상환에 있음이고 하면, 금융리스계약은 매매계약에 매우 가깝게 접근하므로 금융리스계약을 할부매매계약으로 파악함.
- 즉 금융리스에서는 리스이용자가 리스기간이 종료할 때에 무상 또는 명목상의 금액으로 리스물건을 구입할 수 있는 것으로 정한 경우가 많은데, 이는 리스물건을 할부로 매수하거나 리스회사가 리스물건을 소유권유보부로 매도하는 것과 유사하다는 점을 감안하여 금융리스를 할부매매계약 또는 소유권유보부매매계약으로 보는 것임.
- 이에 대해서 매매계약에 있어서는 종국적으로 매매목적물의 소유권이 매수인에게 귀속됨에 반하여 리스의 경우는 리스물건의 소유권이 리스회사에 있고, 또 리스의 경우는 금융이 주된 목적임에 반하여 할부판매 또는 소유권유보부매매에 있어서는 매매가 주목적이고 금융은 매매를 위한 수단에 불과하다는 점을 간과하였다는 비판이 있음.

(4) 무명계약설(비전형계약설)
- 리스의 경제적 실질인 금융적 측면을 중시하여 리스는 민법의 임대차와는 다른 특수한 무명계약(비전형계약설)이라고 하는 설임.
- 대법원은 일관되게 무명계약설의 입장에 있는데, 이에 의하면 리스가 형식에서는 임대차계약과 유사하나 그 실질은 물적 금융이고 임대차계약과는 여러 가지 다른 특질이 있기 때문에 시설대여(리스)계약은 비전형 계약(무명계약)이고 따라서 이에 대하여는 민법의 임대차에 관한 규정이 바로 적용되지는 아니한다고 판시하고 있음(大判 1986.8.19, 84다카 503,504).

2.4.2. 리스

2.4.2.4. 리스계약의 법률관계
- ☞ 리스의 3자 관계도(최기원, (제11신정판) 상법학신론(상), 395면)

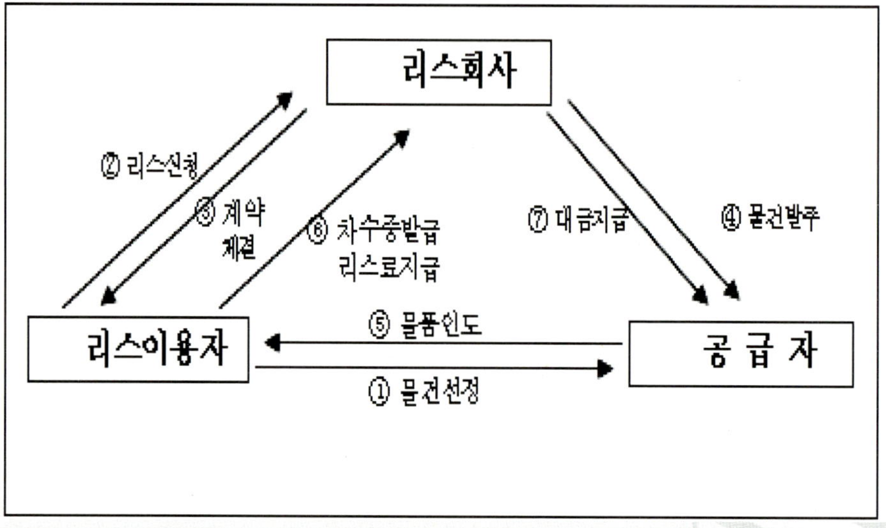

2.4.2. 리스

2.4.2.4.1. 리스계약의 법적 특성
(1) 약관에 의한 거래
- 리스계약은 각 리스회사가 임의로 작성한 약관에 의하여 체결되는 것이 보통임.

(2) 리스기간중의 계약해지의 제한
- 리스이용자나 리스회사는 리스기간 중에는 원칙적으로 리스계약을 해지할 수 없음.

(3) 하자담보책임의 배제
- 리스계약에서는 민법의 하자담보책임을 배제하여 리스회사가 물건의 하자에 대하여 담보책임을지지 않는 것으로 정하고 있는 것이 보통임.
- 리스의 본질 및 구조상으로 보아 리스회사는 리스이용자가 전문지식을 갖고 선정한 물건을 발주할 뿐이므로 경제적 지위를 남용한다거나 신의측 또는 공서양식에 반한다고 할 수 없기 때문임.
- 다만 리스이용자는 물건의 하자를 이유로 리스회사에 대하여 담보책임을 추궁할 수 없으나 공급자에 대하여는 그 책임을 추궁할 수 있음

(4) 위험부담의 전환
- 리스계약에서는 민법상 채무자위험부담원칙에 대한 예외로서 불가항력에 의한 리스물건의 멸실, 훼손 또는 도난의 경우에 모든 책임과 위험은 리스이용자가 부담하는 것으로 특약되는 것이 보통임.

2.4.2. 리스

(5) 물건보전의무의 전환
- 리스계약에 있어서는 리스물건의 유지·관리·수선의무 등은 리스이용자가 부담하고, 리스회사는 이를 부담하지 않는 것으로 약정되어 있음(산업리스약관 제13조).
- 민법의 임대차에 있어서 임대인이 물건의 사용·수익에 필요한 수선의무를 부담하나, 리스계약에서는 리스이용자가 이 의무를 부담함.

(6) 소유권에 기한 책임의 배제
- 리스물건으로 인하여 제3자가 손해를 입은 경우, 그 소유자인 리스회사의 손해배상책임은 경우에 따라 각각 다름. 예컨대, 리스물건인 자동차에 의하여 교통사고가 생긴 경우에, 리스회사는 자동차의 운행에 대한 지배를 하지 아니하므로 운행제공자로서의 책임이 없으나 리스물건이 특허권 침해품인 경우에는 그 리스물건을 제조한 공급자, 이를 대여한 리스회사 및 이를 사용한 리스이용자 모두가 특허권의 침해자로서 특허권에 대하여 책임을 짐.

2.4.2.4.2. 리스업자와 리스이용자와의 관계
(1) 리스업자의 권리.의무
- 리스업자는 일반적으로 리스료 지급청구권, 리스물건 반환청구권, 리스계약 해지권 등의 권리를 갖는다. 반면에 리스이용자가 리스물건을 이용할 수 있도록 인도하여야 할 의무를 부담함.
- 리스회사는 리스물건의 하자나 리스계약의 해지 또는 리스물건의 멸실여부와 관계없이 매 기마다 리스료의 지급을 청구할 수 있음.
- 금융리스의 경우 리스 이용자처럼 리스회사도 리스기간 중에 리스계약을 해지할 수 없는 것이 원칙이나, 예외적으로 리스이용자에게 리스료의 불지급 등의 채무불이행이 있거나 파산 등의 경우에는 리스회사는 리스계약을 일방적으로 해지하고 리스물건의 반환과 잔여리스료의 지급 또는 손해금의 지급을 청구할 수 있음.

2.4.2. 리스

- 시설대여계약서상 시설대여 회사가 물건 인도시 물건이 정상적인 성능을 갖추고 있는 것을 담보하도록 되어 있으나, 다만 대여시설 이용자가 물건 인도인수확인서를 발급하였을 때는 물건의 상태 및 성능이 정상적인 것을 확인한 것으로 간주한다고 되어 있는 경우, 시설대여 계약은 그 실질이 대여시설의 취득자금에 관한 금융의 편의 제공에 있음에 비추어 시설대여 회사의 담보책임은 대여시설이 공급자로부터 이용자에게 인도될 당시에서의 대여 시설의 성능이 정상적임을 담보하되, 이용자가 별다른 이의 없이 리스물건 인도.인수 확인서를 발급하면 시설대여 회사의 하자담보의무는 충족된 것으로 보는 범위 내에서의 책임이라고 봄이 상당함(大判 1996. 08. 23, 95다51915).

(2) 리스이용자의 권리.의무
- 리스이용자는 리스기간동안 리스물건을 사용하거나 수익할 권리를 가지며, 리스료 지급의무와 리스계약기간이 만료하면 리스물건을 반환할 물건을 의무를 부담함. 리스료는 리스물건의 사용·수익에 대한 대가가 아니라, 리스회사가 제공한 금융에 대한 대가임.
- 반환된 물건에 통상의 손모가 아닌 현저한 손괴가 생긴 경우에는 리스이용자가 원상회복을 하거나 손해배상을 하여야 함. 반면 리스물건을 반환하지 않는 때에는 리스계약이 존속하는 것으로 보아, 리스이용자는 리스료를 지급하여야 함.

2.4.3. 프랜차이즈 계약

2.4.3. 프랜차이즈 계약
2.4.3.1. 프랜차이즈 계약의 의의
- 프랜차이즈 계약은 프랜차이즈 이용자가 프랜차이즈 제공자의 상호, 상표, 서비스표 등의 영업표지를 자기의 영업을 위하여 이용하되, 프랜차이즈 이용자는 자기의 영업과 관련하여 프랜차이즈 제공자의 지도와 통제를 받고, 이에 대해 일정한 대가를 지급할 것을 내용으로 하는 계약을 말함.
- 주로 요식업계통 특히 패스트푸드 업계에서 이런 계약을 흔히 볼 수 있음. 상법에서는 상호. 상표 등의 사용허락에 의한 영업에 관한 행위(상 46 xx)로 규정하고 있음.

2.4.3.2. 프랜차이즈 종류
(1) 대가사업에 따른 분류
- 프랜차이즈의 대상인 사업이 무엇인가에 따라 상품의 판매에 관한 「상품프랜차이즈」, 용역의 제공에 관한 「용역프랜차이즈」 등이 있음.

(2)당사자에 따른 분류
- 프랜차이즈계약의 당사자에 따라 「생산자와 도매상간의 프랜차이즈」, 「도매상과 소매상간의 프랜차이즈」, 「소매상과 생산자간의 프랜차이즈」 및 「소매상과 소매상간의 프랜차이즈」 등이 있음.

2.4.3.3. 프랜차이즈 계약의 특성
① 프랜차이즈 이용자는 프랜차이즈 제공자의 상호, 상표 등의 영업표지를 사용하여 영업을 하지만, 독립한 영업주체이며, 프랜차이즈 제공자의 지점 등과 같이 예속된 영업체가 아님.

2.4.3. 프랜차이즈 계약

② 프랜차이즈 이용자는 독립한 영업자이나 프랜차이즈 제공자의 지도와 통제를 받는다. 점포의 위치와 외관, 영업시간과 방법, 상품과 서비스의 생산 및 보관, 광고방법, 종업원의 복장 기타 프랜차이즈 제공자의 시장전략 등에 관하여 지도와 통제를 받음.
③ 프랜차이즈 이용자는 자기의 영업에 관하여 프랜차이즈 제공자의 상호, 상표 등의 영업표지를 사용할 수 있는 라이선스를 가짐. 이를 통해 일반 소비자들은 동일한 기업으로 인식하게 되고, 프랜차이즈 이용자가 설정자의 영업상의 신용을 이용할 수 있는 것임.
④ 프랜차이즈 이용자는 프랜차이즈 제공자에 대하여 일정한 대가를 지급하며, 대가의 결정기준과 지급방법은 제한이 없음.

2.4.3.4. 프랜차이즈 계약의 법적 성질
2.4.3.4.1. 프랜차이즈 계약의 법적 성질
- 프랜차이즈계약의 법적 성질에 관하여는 특약점관계유사설, 상품매매 또는 권리이용임대차설, 신종계약설 등이 주장되고 있으나, 프랜차이즈계약은 상호, 상표 등의 영업표지에 대한 사용권의 설정과 더불어 영업상의 통제와 조력을 내용으로 하는 새로운 유형의 비전형계약이라고 보는 신종계약설이 통설임. 그 밖의 프랜차이즈 계약의 법적 성질은 다음과 같음.
- 프랜차이즈 계약은 현행법상 계약의 어느 형태에도 속하지 않는 비전형 계약이며, 여러 가지 복합적 성질을 가진 혼합계약임. 프랜차이즈 제공자의 상호를 프랜차이즈 이용자가 사용할 수 있음은 점에서 명의대여계약의 요소가 있고, 상표를 사용하는 면에서 상표사용권의 설정계약의 요소가 있으며, 경영지도와 통제를 하는 점에서 노무제공의 성질을 가지게 됨. 또 제품의 원료 또는 부품의 공급을 받는 경우에는 매매계약이 됨.
- 프랜차이즈 이용자는 대가를 지급하므로 유상계약이 되고, 양자가 서로 대가적 의미를 가지는 채무를 부담하므로 쌍무계약이며, 계약기간 내내 양당사자가 계속적으로 이 채무를 부담하므로 계속적 채무계약임.

2.4.3. 프랜차이즈 계약

2.4.3.4.2. 프랜차이즈계약 성립요건
- 프랜차이즈계약의 성립요건은 ① 영업표지의 사용허가 ② 프랜차이즈제공자의 통제.조력 ③ 프랜차이즈이용자의 독립적 지위 ④ 프랜차이즈료의 지급 등임.

2.4.3.5. 프랜차이즈 계약의 법률관계
- 프랜차이즈계약의 당사자는 프랜차이즈제공자(franchisor)와 프랜차이즈이용자(franchisee)임. 프랜차이즈제공자는 프랜차이즈를 주는 본부 또는 본점을 말하며, 프랜차이즈이용자는 타인의 지도·통제 하에 그의 영업표지를 사용하여 자기의 영업에 종사하는 자를 말함.
- 프랜차이즈거래의 법률관계는 프랜차이즈제공자와 프랜차이즈이용자와의 관계(내부관계), 프랜차이즈제공자와 제3자와의 관계(외부관계) 및 프랜차이즈이용자와 제3자와의 관계가 있음.

2.4.3.5.1. 프랜차이즈 제공자와 프랜차이즈 이용자와의 관계
- 프랜차이즈제공자와 프랜차이즈이용자간의 내부관계는 프랜차이즈계약에 의하여 정하여짐.
- 프랜차이즈 이용자는 프랜차이즈 제공자의 영업상의 지도와 통제를 받고, 대가를 지급하며, 프랜차이즈 제공자가 공급하는 상품을 취급하고 경영상의 비밀을 준수할 의무가 있음. 반면 프랜차이즈 이용자의 가장 기본적인 권리는 프랜차이즈 상호와 상표 등을 사용할 수 있는 권리임.

2.4.3.5.2. 프랜차이즈 이용자와 제3자와의 관계
- 이들 사이의 법률관계는 당사자사이의 매매계약이나 기타 거래에 따라서 정해지며, 채무불이행이나 불법행위의 책임도 일반원칙에 따름

2.4.3. 프랜차이즈 계약

2.4.3.5.3. 프랜차이즈 제공자와 제3자와의 관계
- 대외적으로는 프랜차이즈 이용자가 영업주체로서 거래를 하게 되므로 프랜차이즈 제공자는 제3자에 대해서 직접적인 법률관계가 없음.
- 그러나 프랜차이즈 이용자는 프랜차이즈 제공자의 상호나 상표 등을 사용하여 제3자와 거래를 함으로써 이 양자의 동일성을 대외적으로 인식시키는 것이므로, 프랜차이즈 이용자와 거래한 제3자에 대해서는 프랜차이즈 이용자의 거래행위에 관하여 프랜차이즈 제공자도 연대책임을 지는 것으로 보아야 할 것임.
- 이용자가 설정자의 상호 등 영업상의 표지를 사용할 경우에는 설정자가 제24조가 정하는 명의대여자에 해당하므로 이용자의 영업사의 채무에 대해 연대책임을 짐
- 프랜차이즈 이용자의 거래에 관한 행위가 제3자에 대하여 불법행위가 되는 경우에는 프랜차이즈 제공자의 영업상 지시나 통제에 따른 결과가 불법행위가 된 경우에 대하여 그 불법행위상의 책임을 물을 수 있을 것임.

2.4.4. 팩토링 계약

2.4.4. 팩토링계약
2.4.4.1. 팩토링계약의 의의
- 팩토링계약은 거래에 있어서 팩토링회사(factor)가 채권자(client)의 영업활동에 의해서 발생하는 현재.장래의 채권을 채권자로부터 양도받고, 그 대가로 팩토링회사는 채권자에게 금융의 제공을 해주는 거래형태임.
- 팩토링회사는 단순한 금융제공자가 아니라 채권의 관리와 회수, 제3채무자에 대한 신용조사, 신용위험의 인수, 경영정보의 제공, 기타 업무처리의 대행 등의 서비스를 제공함. 상법에서는 영업상 채권의 매입.회수 등에 관한 행위(상 46 xxi)로 규정하고 있음.

2.4.4.2. 팩토링계약의 유형
- 팩토링회사의 상환청구권의 유무에 따라 상환청구권이 있는 팩토링을 진정팩토링이라고 하며, 상환청구권이 없는 팩토링을 부진정팩토링이라 하는데, 우리 나라의 팩토링은 대부분 후자에 속함.
- 그 외에 물품공급자의 종류에 따라 소매팩토링과 도매팩토링으로 구분하고, 매매대금의 선급여하에 의해서는 선급식팩토링과 만기식팩토링으로 구분함.

2.4.4.3 팩토링계약의 법적 성질
- 팩토링의 법적 성질에 대해서는 몇 가지 학설이 있음.

(1) 소비대차설
- 금융제공자에 대한 금융의 기능을 중시하며, 대금채권의 양도는 담보의 목적에서 행해지는 양도담보의 성격을 띤다고 보는 입장임.

2.4.4. 팩토링 계약

(2) 채권매매설
- 팩토링을 외상매출채권의 매매라는 견해임. 국내에서 이 설을 취하는 입장은 없음.

(3) 이분설
- 팩토링을 진정팩토링과 부진정팩토링으로 나뉘어 각각의 법적 성질을 따지는 이론임. 진정팩토링의 경우에 채권양도는 채권의 매매로 보고, 부진정팩토링의 경우에는 채권양도에 관하여 이를 소비대차로 보는 설과 채권양도의 이행행위로 보는 채권매매설이 대립되어 있음.
- 국내에서는 이분설이 주류를 이루고 있으며 진정팩토링의 경우에는 채권매매로, 부진정팩토링의 경우에는 채권을 담보로 하는 소비대차로 보는 견해가 일반적임.

2.4.4.4. 팩토링계약의 법률관계
2.4.4.4.1. 팩토링업자와 물품공급자와의 관계
(1) 채권양도
- 물품공급자의 매매채권을 팩토링업자에게 양도하는 것은 팩토링업무의 중요부분으로서 양도채권의 범위는 팩토링거래의 기본계약에 따라 정해지며, 현존하는 채권은 물론 장차 발생할 채권도 양도의 대상이 됨.
- 장래채권이 양도성을 가지는지에 대해 우리나라에서는 이설은 없지만, 법률행위의 유효요건으로서 목적의 확정성은 필수적이므로, 장래채권의 경우에도 채권의 확정성 내지 확정가능성은 갖추어야 함.
- 그러나 채권이 그 성질, 당사자 간의 의사 및 법률 등에 의하여 양도할 수 없는 경우에는 팩토링거래에서도 양도대상이 되지 않음.

2.4.4. 팩토링 계약

(2) 금융제공
- 팩토링은 매매채권을 인수하는 단기금융의 한 형태이며, 구체적으로 어떤 방법의 금융을 제공할 것인가 하는 것은 팩토링계약에서 정해짐.
- 국내에서는 팩토링거래 계약서에 매출채권을 담보로 하는 자금대부와 지급보증을 팩토링 업무의 일종으로 명시하고 있음.

2.4.4.4.2. 물품공급자와 매수인과의 관계
- 물품공급자와 매수인간에는 통상의 매매계약관계가 성립하며 구체적 법률관계는 당사자 간의 계약에 의해 정해짐.

2.4.4.4.3. 팩토링업자와 매수인과의 관계
- 팩토링업자는 양수한 매출채권을 행사할 수 있으며 채무자(매수인)는 대항요건이 구비된 경우에는 팩토링업자에 대하여 대금지급채무를 이행해야 함.
- 물품공급업자가 팩토링회사에 외상매출채권을 양도하는 것은 민법상의 채권양도이므로 민법상 채권양도의 대항요건을 갖추지 아니하면 채무자는 팩토링 회사에 대항할 수 있음(민 450①).
- 이 때 채무자는 양도통지를 받은 때까지 거래기업에 대하여 생긴 사유로써 팩토링회사에 대항할 수 있음(민 450②).
- 채무자가 이의 없이 채권양도를 승낙한 경우에는 거래기업에 대항할 수 있는 사유로써 팩토링회사에 대항하지 못함(민 451①).

2.4.4. 팩토링 계약

- 거래기업은 매출채권을 팩토링회사에게 양도함에 있어서 동 채권이 유효하게 성립하였고 기타의 항변이 없을 것을 담보해야 함.
- 채무자가 거래기업에 대한 채권을 가지고 팩토링회사의 채권추심에 대하여 상계할 수 있는가가 문제될 수 있음.
- 채권양도의 일반원칙에 따른다면 채무자는 채권양도의 통지를 받을 때까지는 팩터링회사의 채권추심에 대하여 상계로써 항변할 수 있음(민 450①).
- 이의를 보류하지 않고 채권양도를 승낙하였다면 채무자는 팩토링회사에 대하여 상계로써 대항할 수 없고(민 451), 채무자의 거래기업에 대한 채권(자동채권)이 매출채권(수동채권)의 포괄적 일괄양도 이후에 성립한 경우에는 채무자는 팩토링회사에 대하여 상계로서 대항할 수 없음(민 451 ②반대해석).

2.4.5. 전자상거래법

2.4.5. 전자상거래와 법
2.4.5.1. 서
- 최근 인터넷의 발달로 인해 온라인으로 거래가 이루어지는 비중이 날로 증가함. 따라서 전자 상거래의 종류에 따라 민법의 적용을 받는 전자거래인가 상법의 적용을 받는 전자상거래인가의 구별은 있을 수 있지만 일반적으로 기업 대 개인 즉 BtoC 의 형태가 일반적이라는 점에서 전자상거래라고 부르는 것이 타당하다고 생각함.
- 이러한 전자상거래와 관련하여 상법과 가장 관련되는 문제는 새로운 상행위로서의 전자상거래를 인정하여 명문화할 것인가와 온라인상에서 이루어지는 계약의 내용들이 어떻게 적절하게 기존의 법체계에 적용될 것인가 하는 문제, 지급결제에 관한 문제 등이 주를 이룰 것임.
- 그밖에도 범죄, 소비자보호, 지적재산권, 분쟁과 관련된 여러 문제들이 있을 수 있음. 이하에서는 특별법으로 제정된 전자거래기본법과 전자서명법에 대한 개괄적인 이해만 하기로 함.

2.4.5.2. 전자거래기본법 및 전자서명법의 제정
2.4.5.2.1. 서론
- 전자거래기본법은 1998년 8월 6일 입법예고를 하여 1998년 11월 16일 국무회의의 의결을 거친 다음 1998년 11월 26일 국회에 제출되었고, 1999년 1월 5일 국회의결을 거쳐 1999년 2월 8일 법률 제5,981호로 공포되었음.
- 전자서명법은 1998년 7월 28일 입법예고를 하여 1998년 11월 16일 국무회의 의결을 거친 다음 1998년 11월 26일 국회에 제출되었고, 1998년 11월 26일 국회의결을 거쳐 1999년 2월 5일 법률 제5792호로 공포되었음.

2.4.5. 전자상거래법

2.4.5.2.2. 전자거래기본법
- 전자거래기본법의 구조는 크게 전자문서, 전자거래의 안전, 전자거래의 촉진, 소비자의 보호에 관한 장으로 구성되어 있음.
- 전자문서와 관련하여 전자문서와 전자서명의 법적 효력, 전자문서의 증거능력 및 보관, 송·수신 시기 및 장소, 작성자가 송신한 것으로 보는 경우, 수신한 전자문서의 독립성, 수신확인 등에 대하여 규정하고 있음.

2.4.5.2.3. 전자서명법
- 전자서명법은 전자거래에 있어서 전자문서의 안전성과 신뢰성을 확보하고 그 이용을 활성화하기 위하여 전자서명 및 그 인증(공인인증기관 및 인증서의 효력 등)에 관하여 규정하고 있음.

제 3 편   회 사 법

나 승 성

2009

會社法 大系

통칙
- 의의
- 능력
- 설립일반론 : 설립행위, 설립하자
- 해산
- 합병/분할 : 본질론, 제한, 절차, 효력, 불공정

주식회사
- 서설 : 수권자본제도
- 설립
  - 발기인 : 설립중 회사
  - 정관작성 : 변태설립사항
  - 실체형성 : 법개정부분
  - 설립등기(X)
  - 발기인의 책임
  - 설립무효
- 주식
  - 주식의 개념
  - 주주 : 주주의 확정
  - 주권 : 의의, 효력발생시기, 불소지제도, 실효
  - 주주권의 변동과정 : 주식양도(명의개서미필주), 제한(정관,법령), 담보, 기타
- 기관
  - 주주총회 : 구성, 하자
  - 이사 : 이사, 이사회, 대표이사, 의무와 책임, 이익충돌방지(자기거래), 책임추궁제도
  - 감사 / 감사위원회 / 검사인
- 자금조달
  - 신주발행
    - 절차 / 신주인수권 / 구제
  - 사채모집
    - 발행
    - 법률관계
    - 특수사채
  - 자본감소
- 계산 : 재무제표, 준비금제도, 배당(이익배당과 주식배당, 하자)
- 기타 : 정관변경, 해산.청산, 회사정리

기타회사 – 합명회사, 합자회사, 유한회사

제3편 회사법

3.1 총 설

3.1.1. 회사제도의 필요성
3.1.2. 회사법의 개념
3.1.3. 회사법의 특성
3.1.4. 회사법의 법원

3.1.1. 회사제도의 필요성 – 3.1.2. 회사법의 개념

3.1 총 설
3.1.1. 회사제도의 필요성
 - 자본집약을 통한 개인 및 소조직의 한계극복을 위한 제도(법인격 부여)
 - 오늘날 대부분의 중요한 사업을 수행하려면 대자본의 조달과 전문경영인의 확보 및 신기술의 개발이 필수적, 시장확보를 위한 기업활동의 국제화도 불가피 → 대자본과 다수인의 노력이 결집될 수 있는 공동기업형태인 회사제도 이용할 수 밖에 없음

민법상의 조합(민 703 ~ 724)
상법상의 익명조합(상 78 ~ 86)
선박공유(상 753 ~ 764)

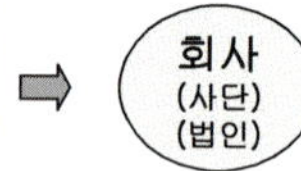

개인 ⇒ (조합) ⇒ 회사 (사단) (법인)

 * 조합 : 구성원의 개성이 농후하고 구성원 상호간의 계약관계에 의하여 결합한 단체
 * 사단 : 개성이 희박하고 구성원이 단체와의 사이에 사원관계를 통하여 간접적으로 결합한 단체
 - 상법상 회사(4가지): 합명회사, 합자회사, 주식회사, 유한회사
 - 회사형태 중에서 자본의 집중이 용이하여 거대 자본을 형성할 수 있는 주식회사가 가장 대표적인 기업형태

3.1.2. 회사법의 개념
 - 실질적 의의의 회사법 : 법의 명칭에 관계없이 회사와 관련된 모든 사법 내지 공법
 - 형식적 의의의 회사법 : 상법 제3편 회사라는 명칭을 사용한 법률

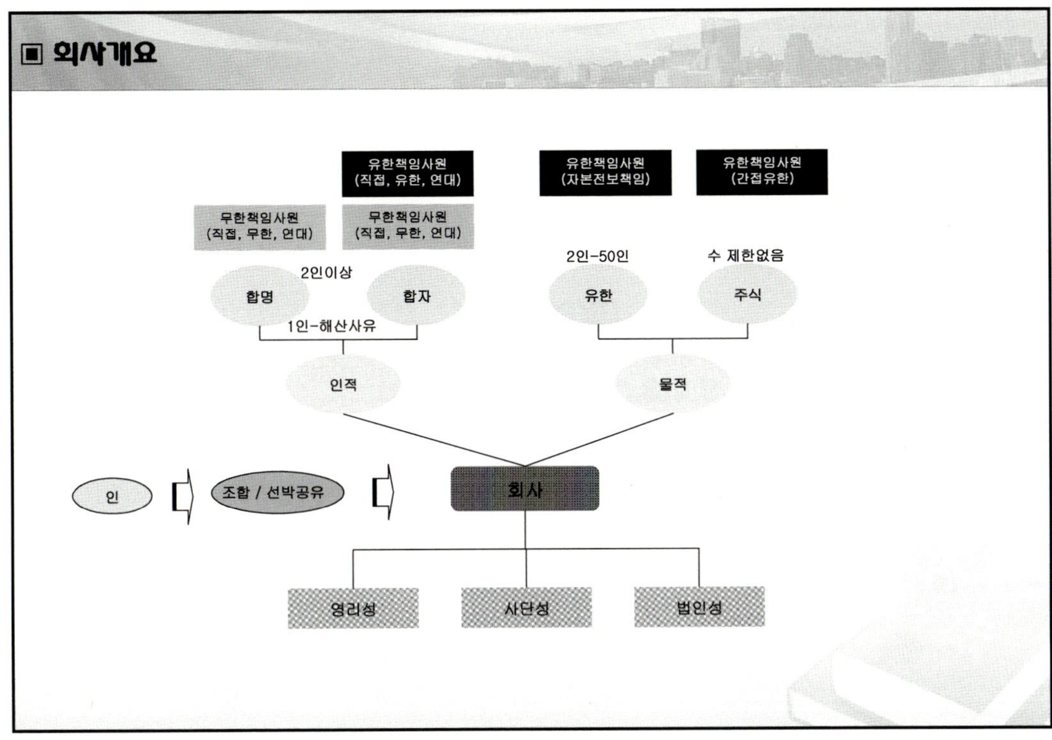

3.1.3. 회사법의 특성 – 3.1.4. 회사법의 법원

3.1.3. 회사법의 특성
- 단체법적 성질 : 회사라는 단체에 관한 법 → 다수결의원리, 법률관계의 획일적 처리,사원 평등의 원칙 등 단체법 원리가 지배. 계약자유의 원칙은 수정되어 적용
- 거래법적 성질 : 기업활동을 중심으로 이루어지는 사적 거래관계를 원만하게 규제하여야 함 → 거래의 원활과 동적 안전보호를 목적(외관주의, 공시주의)
- 강행법적 성질 : 회사는 영리단체이기는 하나 이해관계인 많고 국민경제에 미치는 영향이 커서 법의 후견적 작용이 절실히 요구되어 강행법으로 엄격히 규제 함. 모든 법규가 강행법 규인 것은 아님
- 이익단체법적 성질 vs 공동단체법적 성질 → 회사의 사회적 책임

3.1.4. 회사법의 법원
◇ 회사법의 법원
- 회사법 : 상법전(제3편). 1962.1.20 법률 제1000호 제정·공포, 1963.1.1.부터 시행
- 특별법 : 증권거래법(자본시장통합법), 은행법, 보험업법, 주식회사외부감사에 관한 법
- 관습법 : 기업회계기준. 관습법은 한정적, 고정적인 제정법의 결함을 극복하여, 합리주의 가 지배하는 기술적, 진보적 기업관계에 대한 합리적인 해결을 가능하게 하고, 새로운 입 법을 촉구함
- 정관 : 정관이란 회사의 조직과 운영에 관하여 자주적으로 제정한 법규로서 강행법규에 위반할 수는 없음. 회사내부 문제에 관하여 법규범으로서의 효력이 있음

◇ 법적용 순서 : 정관 → 특별법 → 상법전 제3편 회사법 → 상관습법 → 민법규정

제3편 회사법

3.2. 회사법 총론

3.2.1. 회사의 개념
3.2.2. 회사의 설립
3.2.3. 회사의 조직변경
3.2.4. 회사해산·청산 · 해산명령 ·
　　　 해산판결 · 계속

3.2.1. 회사의 개념

3.2. 회 사 법 총 론
3.2.1. 회사의 개념
◇ 회사의 의의 : 상행위 기타 <u>영리</u>를 목적으로 하여 설립된 <u>사단법인</u>(상169)

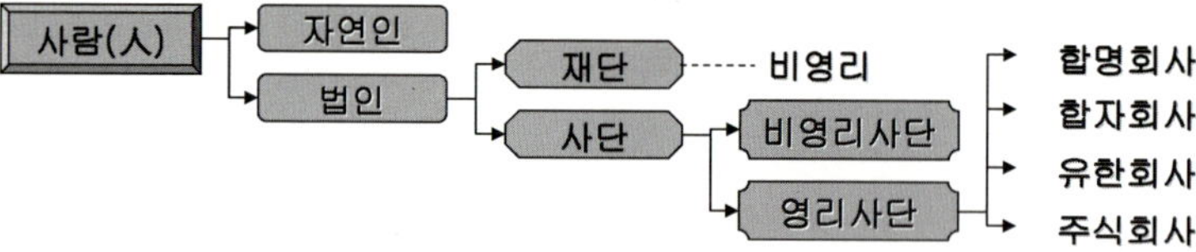

(1) 영리성 : 이익의 추구와 획득한 이익의 사원에 대한 분배
　☞ 영리성 ↔ 사회적 책임론
　1. 영리사업설 vs 이익분배설(통설)
　　 -영리사업설은 영리를 목적으로 한다는 것은 영리 사업을 회사사업으로 한다는 것을 뜻함
　　 -이익분배설은 영리를 목적으로 한다는 것은 회사가 영리사업으로 얻은 이익을 사원에게 분배하는 것
　　　 까지를 말함(통설)
　2. 재단법인, 공법인은 구성원이 없어 상행위를 통해 영리사업은 할 수 있으나 이익분배가 없
　　 으므로 회사가 될 수 없음
　3. 협동조합, 상호보험회사 : 내부적 활동에 의해 이익을 주므로 회사가 아님

3.2.1. 회사의 개념

(2) 사단성 : 회사의 설립 및 존속을 위해서는 2인 이상의 사원 필요 → 회사는 사원으로 구성된 단체 → 2인 이상의 사원이 필요[성립요건&존속요건]

- ✓ 합명 · 합자회사(인적회사) 는 단체의 실질이 조합으로 사단성 있음
- ✓ 주식 · 유한회사(물적회사) 는 1인 이상의 사원만 있으면 회사 설립 가능, 자본의 결합에 초점이 있기 때문에 사단성은 약함.

1) 1인회사의 허용 여부 : 주식회사의 경우 1인회사가 해산사유가 아님(상517)
☞ 1인회사와 사단성
    1. 인적 회사(실질적으로 조합인 합명회사·합자회사를 사단으로 설명하는 방법)
    (1) 인적 결합설: 사단을 인적결합체로 보는 견해
    (2) 형식적 사단설: 실질적 의미는 조합이나, 사원관계라는 형식적 면에서 사단
    (3) 실질적 사단설(다수설): 실질적으로도 조합에 비해 상대적으로 사단성 인정됨
    (4) 사단과 조합을 포함하는 상위개념으로 보는 견해 : 상위개념으로서의 단체를 의미
    2. 물적 회사
    (1) 재단설: 주식회사는 그 성격이 재단과 같음
        1인회사의 경우, 소유와 경영의 분리, 주총권한의 제한, 무의결권주식
    (2) 사단설: 자율성과 타율성을 기준으로 자율성이 강하므로 사단성 인정

2) 1인회사의 법률관계
㉠ 주주총회 소집절차 · 결의방법에 관한 규정은 엄격히 지켜지지 않아도 됨(판례)
㉡ 1인주주와 1인회사는 별개 인격이므로, 이사의 자기거래제한은 적용됨, 1인주주가 회사 자금을 유용한 경우 업무상배임죄 또는 업무상횡령죄가 성립(판례)
※ 1인 주주총회와 1인 이사도 인정되지만 감사 또는 감사위원회는 반드시 두어야 함

■ 1인회사의 법률관계

  Ⅰ. 서설
    1. 의의 : 설립은 문제 안 됨, 존속의 문제(각 회사 설립과 해산에서 조문 인용)
    2. 문제의 소재 : 주식회사의 경우가 문제됨(§517)

  Ⅱ. 인정여부
  1. 학설
    (1) 긍정설(통설, 判例)
        1) §517에는 1인으로 된 때를 해산사유로 인정하지 않고 있음은 점
        2) 주식은 자유양도성으로 인하여 분산가능성이 잠재
    (2) 부정설
        1) 1인의 사원만이 존재하는 것은 회사의 사단성에 반한다는 점
        2) 1인주주가 법인격을 남용할 우려가 있으므로 1인회사 부정해야

  Ⅲ. 법률관계
  1. 외부관계 : 법인격분리
  2. 내부관계
    (1) 주주총회 : 소집절차·정족수의 하자가 치유된다
    1) 전원출석 총회
        ① 학설 : 유효설(통설)
        ② 判例 : 1인회사는 유효, 기타의 경우 부존재 → 유효설(전합판)
    2) 총주주 동의에 의한 소집절차 생략(§573 유추적용 문제)
        ① 긍정설 : 폐쇄적 주식회사의 경우 긍정
        ② 부정설 : 주식회사와 유한회사는 본질적 특성이 다름
    (2) 주식양도의 효력
        1) 정관에 의한 주식양도의 제한 : §335①但
        2) 1인주주의 주식양도 : 1인주주가 그 소유주식을 양도하는 때에는 이사회의 승인 불요

3) 회의 없이 작성한 1인주주총회

- 긍정설(판례) : 1인주주에 대한 하자치유를 긍정하는 견해
  ① 1인회사의 경우 주주총회의 운영이 어차피 그 1인주주의 의사대로 이루어질 것
  ② 총사원의 동의가 있으면 소집절차없이 사원총회를 개최 가능(§573, 유한회사)

  - 大判 2004. 12. 10, 2004다25123

  주식회사에 있어서 회사 발행의 총주식을 한 사람이 소유하고 있는 1인회사의 경우에는 그 주주가 유일한 주주로서 주주총회에 출석하면 전원총회로서 성립하고, 그 주주의 의사대로 결의될 것임이 명백하므로 따로 총회소집절차가 필요없음 실제로 총회를 개최한 사실이 없다 하더라도 1인주주에 의하여 의결이 있었던 것으로 주주총회 의사록이 작성되었다면 특별한 사정이 없는 한 그 내용의 결의가 있었던 것으로 볼 수 있어 형식적인 사유에 의하여 결의가 없었던 것으로 다툴 수는 없음

- 부정설 : 이사회의 소집절차상의 하자는 치유되지 아니한다고 보는 견해
  ① 주주개인에 대한 통지절차상의 하자는 치유됨
  ② 이사회의 소집절차상의 하자는 기관분화의 원리상 치유되지 아니함

4) 이사회 결의 흠결(이사회 소집결정(상362))에 대해서는 학설 대립
  ① 치유된다는 견해(다수설, 판례) : 어차피 같은 결정이 내려질 것이므로, 유한회사 사원총회 규정(§573) 유추적용
  ② 치유되지 않는다는 견해 : 소유와 경영의 분리 때문에
(2) 자기거래
  1) 긍정설(다수설) : 이사회의 승인이 없더라도 1인주주의 동의로 하자가 치유
  2) 부정설 : 소유와 경영의 분리(이사회 결의 要), 채권자의 이익 보호
(3) 업무상 배임 : 인정
  1) 과거의 판례
  1인회사에서 회사의 손해는 바로 그 주주의 손해인 것이므로 회사에 손해를 가하려는 범위가 없어 업무상 배임죄 불성립
  2) 전합판
  1인주주와 1인회사는 '별개의 인격'이므로 업무상 배임죄가 성립함. 즉 회사재산을 개인적 이익으로 감소 : 업무상 횡령 또는 배임죄에 해당

3. 법인격 부인론과의 관계 : 대부분 1인회사에서 문제됨

3.2.1. 회사의 개념

(3) 법인성 : 회사는 법인으로 하며(상171①) 법에 의해 권리능력이 부여된 단체임
    1) 의의 : 단체의 법률관계를 간명하게 처리하기 위한 입법기술
      -권리의무의 주체가 될 수 있는 자격
      -사단성은 단체의 내부관계(구성원의 결합방식의 문제), 법인성은 외부관계(권리의무의 귀속방식의 문제)를 의미
      -회사를 법인으로 할 것인지의 여부는 입법정책의 문제 : 단체의 성격이 사단이냐 조합이냐 하는 것과 별개의 문제
    2) 입법례
      -프랑스, 일본 : 모든 회사를 법인으로
      -독일법, 영미법 : 인적회사는 법인으로 보지 않음
    3) 법인격부인의 법리 : 특정한 법률관계에 한해서 법인격을 부인하여 법인의 실체(주주·사원)에 대하여 직접 법률효과가 생기게 하는 법리로 법인의 폐단을 최소화 하는 법률이론이나 법인격을 박탈하는 것은 아니므로 법인격이 소멸되는 것은 아님. 판례도 법인격부인의 법리를 인정하고 있음
      ※ 유한책임제도의 악용을 방지하는 취지이므로 무한책임사원이 있는 회사에서는 적용여지가 없음
    4) 법인격의 박탈 : 설립의 무효·취소, 해산명령·해산판결제도, 휴면회사제도
    * 법인격 부인론의 판결은 기판력 및 집행력까지 확대 적용되는 것은 아님(별도의 집행권원이 있어야)

(4) 상인성 : 당연상인(회사는 태생적 상인), 회사성립시부터 상호선정 강제(회사종류 명시)
(5) 준칙성 : 상법 회사편에 따라 회사 설립(주식회사는 엄격준칙주의)되며, 허가나 연허 불요
  * 공공성 : 회사법의 특성은 되나, 회사의 개념요소는 아님

■ 법인격부인론

I. 서설
1. 의의
    회사가 사원으로부터 독립된 실체를 갖지 못한 경우 '특정'의 제3자와의 법률관계에 있어서만은 회사와 사원을 동일시하여 회사의 책임을 사원에게 묻는 것
2. 취지 : 유한책임 남용방지, 특정한 경우에 구체적으로 타당한 해결을 기하려는 것
3. 문제의 소재 : 실정법에 근거 X, 주식회사의 기본질서인 유한책임제도와 조화문제

II. 근거
1. 학설
    (1) 제1설 : 권리남용 또는 신의칙(민법 §2①)에서 찾는 견해 (다수설) : 보충적 적용
    (2) 제2설 : §171①의 법인성에서 찾아 법인격의 내제적 한계 : 병존적 적용

2. 判例 : 大判 2001. 01. 19, 97다21604
    회사가 외형상으로는 법인의 형식을 갖추고 있으나 이는 법인의 형태를 빌리고 있는 것에 지나지 아니하고 그 실질에 있어서는 완전히 그 법인격의 배후에 있는 타인의 개인기업에 불과하거나 그 것이 배후자에 대한 법률적용을 회피하기 위한 수단으로 함부로 쓰여지는 경우에는, 비록 외견상으로는 회사의 행위라 할지라도 회사와 그 배후자가 별개의 인격체임을 내세워 회사에게만 그로 인한 법적 효과가 귀속됨을 주장하면서 배후자의 책임을 부정하는 것은 신의성실의 원칙에 위반되는 법인격의 남용으로서 심히 정의와 형평에 반하여 허용될 수 없고, 따라서 회사는 물론 그 배후자인 타인에 대하여도 회사의 행위에 관한 책임을 물을 수 있음이고 보아야 함

III. 요건
1. 객관적 요건 :
  - 형태요건 : 법인의 형행화와 재산의 혼융
  - 공정요건 : 행위를 회사의 행위로 인정하면 형평에 반하는 결과가 초래되는 경우
  - 지배요건 : 특정주주가 회사를 완전히 지배하고 있을 것

2. 주관적 요건 : 필요 없음
   (1) 특정사원이 회사를 완전히 지배하고
   (2) 회사는 형식에 불과하여 실질상 개인기업처럼 운영되고있을 것이 요구
   (3) 주관적인 법인격 남용의사는 요하지 아니한다
   (4) 예외적으로 적용되어야 하므로 보충성을 요건으로 한다
   (5) 공정요건 : 근거로 신의칙설을 취할 때는 보충성을 요건으로 판단하기 때문에 불요

IV. 효과

   1. 당해사안에서만 인격동일성 인정

   2. 기판력이나 집행력은 사원에게 확장되지 않음

   判例 : 신의성실의 원칙에 반하거나 법인격 남용으로 인정되는 경우라도 권리관계의 '공권적 확정'
        및 그 신속 · 확실한 실현을 도모하기 위하여 '절차의 명확 · 안정'을 중시하는 소송절차 및 강제
        집행절차에 있어서는 절차의 성격상 기판력 및 집행력의 범위를 확장하는 것은 허용되지 않음

V. 적용범위
1. 계약관계 : 가장 전형적인 예
   ① 강제집행을 면탈하는 등 채권자를 사해하기 위한 수단으로 이용되는 때
   ② 계약상의 의무회피를 목적으로 이용된 때 ③ 법인격이 도덕과 정의의 관념에 반하여 이용되는 때
   ④ 법적으로 금지된 행위를 함으로써 법을 잠탈하는 탈법행위가 있는 때
   ⑤ 실질적인 1인 회사의 경우   ⑥ 모자회사의 경우

2. 불법행위
   (1) 부정설 : 불법행위에는 신의칙이 적용될 여지 X. 제3자의 신뢰보호의 기초가 결여
   (2) 긍정설 : 회사에 대한 일반의 신뢰보호 필요. 상대방의 선의보호 뿐 아니라 형평의 관념에서
             타당한 결론 위한 의미

3. 보충성(다른 민사법상의 구제방법과의 관계)
   (1) 병존적 적용설 : 거래안전과 법인격남용 억제를 위해
   (2) 보충적 적용설 : 법인격부인론은 '형평의 관념'상 인정되는 예외적 이론

4. 역적용 : – 주로 사해설립의 경우에 문제
        1) 긍정설 : 피해자의 실질적 보호 위해 필요
        2) 부정설 : 보충성의 원칙상 널리 인정하기 어려움(다수설)

VI. 법인격 남용의 규제방법의 검토

   1. 최저자본금 법정(§329①, §546①) : 사전예방적 방법, 일정한 한계가 있음

   2. 법원의 명령에 의한 해산(§176) : 기업유지이념에 반한다

   3. 법인격 부인에 의한 방법

3.2.1. 회사의 개념

3.2.1.2. 회사의 종류
3.2.1.2.1. 상법상 회사의 종류(상170)
 ＊ 회사의 재산으로써 회사채무를 완제할 수 없는 경우에 회사채권자에 대하여
   (1) 합명회사 : 직접, 무한책임사원만으로 구성
   (2) 합자회사 : 직접, 무한책임사원과 직접, 유한책임사원으로 구성
   (3) 유한회사 : 간접, 유한책임사원으로 구성
   (4) 주식회사 : 간접, 유한책임사원으로 구성

3.2.1.2.2. 이론상의 분류
   (1) 상사회사・민사회사 : 영업목적에 따라
      − 상사회사 → 상행위 목적(당연상인)
      − 민사회사 → 기타 영리 목적(의제상인)
   (2) 모회사・자회사
      − 모회사란 다른 회사의 주식을 발행주식총수의 50%를 초과 취득한 회사이며 (상 342의
        2), 이때 그 다른 회사가 자회사
   (3) 설립준거법에 따른 분류
      − 내국회사 vs 외국회사
   (4) 인적회사・물적회사

3.2.1.2.3. 자본시장통합법(구증권거래법)상의 분류
   (1) 상장회사
   (2) 비상장회사

◼ 회사의 종류별 특징

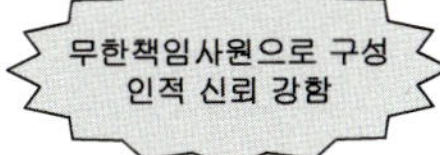

	합명회사	합자회사	주식회사	유한회사
출자 목적	금전·재산· 신용·노무	무한책임사원:금전·재산·신용·노무 유한책임사원:금전·재산	금전·재산 (재산출자)	금전·재산
사원수	2인이상, 1인 사원은 해산사유(사단성)		수제한 없음 (사단성완화)	1인이상 50인이하 (사단성완화)
기관	자기기관성을 갖는다(사원이 기관자격병유). 무한책임사원이 업무집행 및 대표권을 갖는다. ＊ 합자회사에 있어서 업무집행권은 유한책임사원도 가능(통설)		제3자기관: 사원(주주)이 아닌 경우에도 기관이 될 수 있음.	
책임	직접·무한· 연대	무한책임사원:직접·무한·연대(신용·노무 가능) 유한책임사원:직접·유한·연대(신용·노무 불가)	간접 유한	간접 유한 (자본전보책임)

■ 인적회사와 물적회사의 구별

	인적회사 (합명, 합자)	물적회사 (주식, 유한)
회사활동의 중심	회사의 인적요소(개성강함)	회사의 물적요소
최저자본금	무제한	제한
회사신용의 기초	사원개인의 신용과 재산	회사의 재산
사원의 책임	직접, 연대, 무한	(회사채권자에게)간접, 유한
회사재산의 독립성	약함	강함
사원의 수	소수	다수
경영참여	자기기관성(개인주의적)	제3자기관성(단체주의성) → 소유와 경영의 분리
사원지위의 이전	제한	자유
1인회사	해산사유	존속(해산사유X)
청산방법	임의청산, 법정청산	법정청산만 인정
설립취소의 소	인정	인정 (※주식회사 불인정)
의사결정	대부분 전원일치, 인원에 의한 다수결	대부분 다수결 출자지분에 의한 다수결

3.2.1. 회사의 개념

3.2.1.3. 회사의 능력

3.2.1.3.1. 회사의 권리능력 : 모든 회사는 법인이므로 일반적으로 권리능력 有

(1) 성질에 의한 제한
- 자연인에 특유한 권리능력(질권, 상속권등)은 갖지 못함.
  단 명예권, 상호권 등의 인격권을 가질 수 있으며 유증도 받을 수 있음

- 성질상 지배인, 상업사용인은 되지 못함. 법인이 회사의 사원될 수 있음이고 긍정.
  법인은 이사·감사 될 수 없음 → 위임사무를 집행할 수 없기 때문

(2) 법률에 의한 제한

1) §173 : 회사는 다른 회사의 무한책임사원이 될 수 없다

2) §245.269.542①.613① : 청산회사의 권리능력은 청산의 목적범위 내

3) 특별법상 제한 : 단속규정설 vs 효력규정설
   判例 : 1) 상호신용금고법 §17(채무부담범위제한) : 효력규정, 물적 항변
   　　　 2) 단기금융업법 §11(자금운용범위 제한) : 단속규정
   　　　 3) 상호신용금고법 §12(동일인에 대한 대출한도 제한) : 단속규정

3.2.1. 회사의 개념

(3) 목적에 의한 제한

1) 문제의 제기 : 정관소정의 목적 범위 내에만 권리능력을 갖는가(민법 §34와의 관계)

   * 민법 제34조 : "법인은 법률의 규정에 좇아 정관으로 정한 목적의 범위내에서 권리와 의무의 주체가 됨."

2) 제한 인정여부학설 및 판례

    a) 제한설 :
- ① 민법 §34는 법인일반에 공통되는 기본원칙
- ② 법인은 원래 특정목적을 위해 설립되므로 법인의 본질상의 제한
- ③ 회사의 목적은 정관과 등기(§37) 기재사항이므로 선의의 제3자에게도 대항 불가는 부당
- ④ 회사재산이 특정목적을 위해 이용될 것을 기대하는 주주의 이익보호

    b) 무제한설(다수설):
- ① 민법규정은 공익법인에 관한 규정
- ② 거래안전 보호 목적 외의 행위 후 유리하면 그대로 취하고 불리하면 부인
- ③ 등기되긴 하지만 일일이 확인하지 않으며 목적여부 판단 불명확
- ④ 비교법적으로 대륙법계는 무제한, 영미법계는 완화추세

    c) 判例 : 제한설, 넓게 해석, 객관적 성질에 따라 추상적 판단

- ① 권리능력은 정관목적에 의해 제한됨
- ② 목적범위 내 : 목적수행을 위해 필요한 직·간접적인 행위 모두 포함
- ③ 목적수행을 위해 필요한지 판단 : 객관적 성질에 따라 추상적으로 판단
    - 유기질비료사료의 생산·수집·부대가공업·판매업을 목적으로 하는 회사가 타인을 위하여 한 '주식매입 자금의 보전행위'는 목적달성에 필요한 범위 내
    - 가마니매매업과 부대사업 일체를 목적으로 하는 회사가 타인을 위하여 한 '고공품(藁工品)보관계약'은 목적에 위배-되지 않는 행위
    - 벽지제조업·국내외 수출업과 부대사업을 목적으로 하는 회사가 타인을 위하여 한 '채무인수행위'는 목적수행에 필요한 행위
    - 단기금융업 회사가 타인을 위하여 한 '어음보증행위'는 목적수행에 필요
    - * 1987.9.8, 86다카1349

3.2.1. 회사의 개념

3) 양 학설의 보정

    a) 제한설 : §389③, §210에 의해 회사의 책임 인정될 수 있음
    b) 무제한설 : 악의의 상대방인 경우에는 민법 §2의 항변. 회사는 이사에게 §399의 책임 추궁

4) 제한위반행위의 효력

    i) 제한설의 입장 : 목적범위 외의 행위는 선.악을 불문하고 무효

    ii) 무제한설의 입장

      - 상대방이 선의일 때 : 유효

      - 상대방이 악의일 때

        - 대항할 수 있음은 견해(대표권제한설) : 대표권남용설 vs 민법상 권리남용설

        - 대항할 수 없다는 견해(내부적책임설) : 정관 소정의 목적은 내부적 규제에 불과

3.2.1. 회사의 개념

5) 회사의 책임과 기관의 책임
  i) 회사의 책임
    - 제한설의 입장 : §389③, §210의 불법행위책임 인정
    - 무제한설의 입장 : 정관상 목적은 내부적 규제이므로 당연히 회사에 책임귀속
  ii) 대표자의 책임
    a) 회사에 대한 책임
    - 제한설 : 회사가 상대방에 대해 불법행위책임(§210)을 진 경우에만 책임진다
    - 무제한설 : 회사가 상대에게 채무를 이행하여 손해발생시 §399의 책임
    b) 제3자에 대한 책임
    - 제한설 : 이사의 제3자에 대한 책임(§401), 민법상 §750, §135의 책임
    - 무제한설 : 전적으로 회사에 귀속하므로 대표자는 책임 X

6) 주주의 권리 : 제한설이나 무제한설에 따른 차이가 없음
  i) 유지청구권 : §402, §613
  ii) 대표소송 : §403, §565
  iii) 대표이사 해임청구권 : 소수주주권

3.2.1. 회사의 개념

3.2.1.3.2. 의사능력·행위능력·불법행위능력

(1) 회사의 의사능력과 행위능력
  - 의사능력 : 자기행위의 의미나 결과를 합리적으로 판단할 수 있는 정신적 능력
  - 행위능력 : 단독으로 완전, 유효한 행위를 할 수 있는 지위 또는 자격
    ※ 의사능력이 있는 자의 판별을 용이하게 하기 위해 법으로 객관적, 획일적으로 부여하는 능력
    ※ 회사는 1인 또는 수인의 자연인에 의해 구성되는 기관을 통해 행위능력을 가짐. **권리능력을 가진 회사가 그 의사표시(의사능력)나 행위(행위능력)는 기관을 통해서 함.** 즉 기관의 행위가 회사의 행위가 됨
    ※ 기관의 대표행위에 관하여는 특별한 규정이 없으므로 대리에 관한 규정 유추적용

(2) 회사의 불법행위능력 :
  - 고의 또는 과실로 타인에게 재산적 피해 또는 신체, 생명상의 피해를 주었을 때 이로 인한 손해배상책임을 부담할 수 있는 능력(cf. 범죄능력×)
  - **회사의 행위능력이 인정되는 한 회사의 불법행위능력도 인정됨**

    ※ 회사를 대표하는 사원이 그 업무집행으로 타인에게 손해를 가한 때, 회사는 그 사원과 연대하여 배상할 책임이 있음(제210조 , 389③) -> 대표기관 아닌 사용자의 불법행위에는 적용 안됨(이 경우에는 민법 제756조의 일반원칙에 의한 책임)
    * 회사는 대표기관이 목적범위 내에서 한 행위에 대해서만 책임을 짐(×)

3.2.1. 회사의 개념

3.2.1.3.3. 공법상의 능력
- 회사는 납세의무자가 될 수 있으며, 소송능력 등 공법상 능력이 있음
- 회사는 민사소송법 또는 형사소송법상 당사자 능력과 소송능력이 인정
- 자연인을 전제로 하는 범죄나 또한 처벌능력이 문제되는 범위에서는 제한적
- 금전형(벌금)의 형태로 처벌되는 경우에는 형법상 범죄능력이 예외적으로 인정

1. 회사의 일생

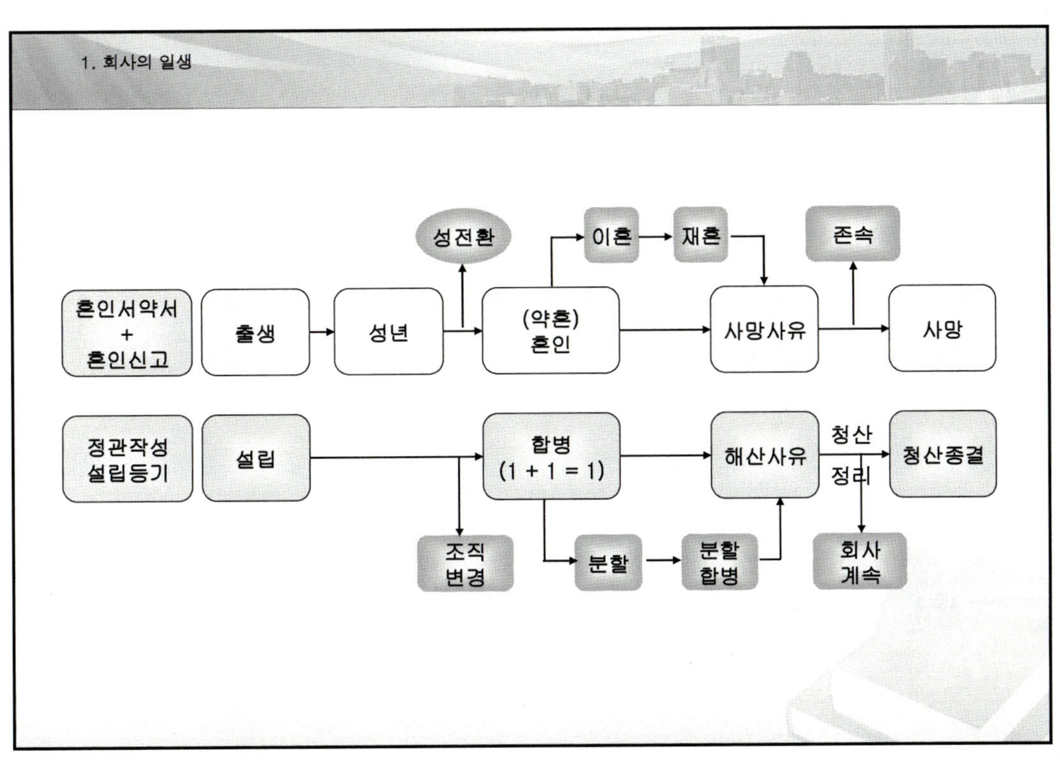

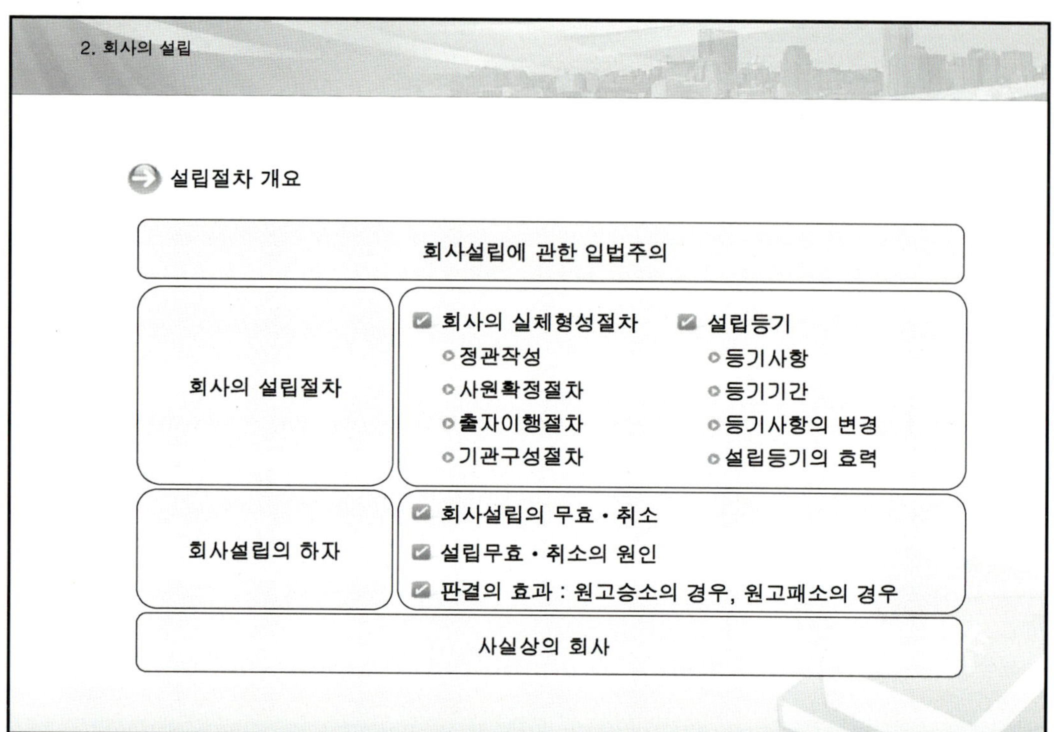

2. 회사의 설립

설립절차 개요

회사설립에 관한 입법주의

회사의 설립절차

회사의 실체형성절차   설립등기
정관작성   등기사항
사원확정절차   등기기간
출자이행절차   등기사항의 변경
기관구성절차   설립등기의 효력

회사설립의 하자

회사설립의 무효·취소
설립무효·취소의 원인
판결의 효과 : 원고승소의 경우, 원고패소의 경우

사실상의 회사

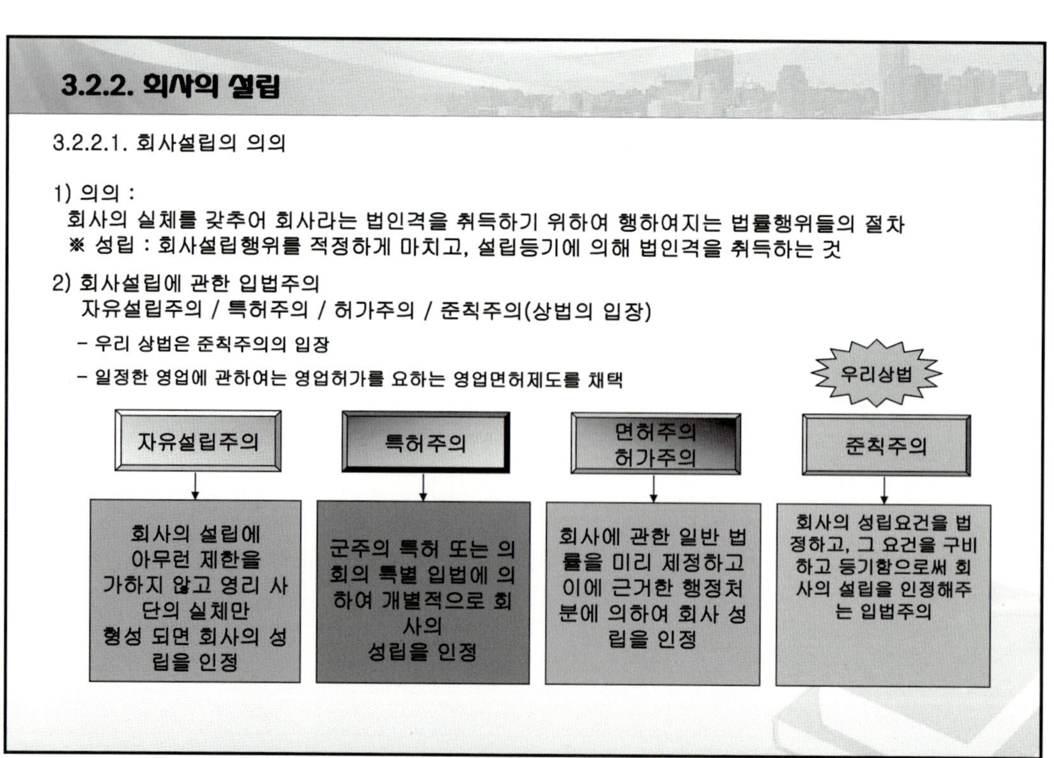

3.2.2. 회사의 설립

3.2.2.1. 회사설립의 의의

1) 의의 :
회사의 실체를 갖추어 회사라는 법인격을 취득하기 위하여 행하여지는 법률행위들의 절차
※ 성립 : 회사설립행위를 적정하게 마치고, 설립등기에 의해 법인격을 취득하는 것

2) 회사설립에 관한 입법주의
자유설립주의 / 특허주의 / 허가주의 / 준칙주의(상법의 입장)
– 우리 상법은 준칙주의의 입장
– 일정한 영업에 관하여는 영업허가를 요하는 영업면허제도를 채택

우리상법

자유설립주의

특허주의

면허주의
허가주의

준칙주의

회사의 설립에
아무런 제한을
가하지 않고 영리 사
단의 실체만
형성 되면 회사의 성
립을 인정

군주의 특허 또는 의
회의 특별 입법에 의
하여 개별적으로 회
사의
성립을 인정

회사에 관한 일반 법
률을 미리 제정하고
이에 근거한 행정처
분에 의하여 회사 성
립을 인정

회사의 성립요건을 법
정하고, 그 요건을 구비
하고 등기함으로써 회
사의 설립을 인정해주
는 입법주의

3.2.2. 회사의 설립

3) 요건 : 사원확정(사단성) + 자본확정(재단성) + 기관선임(법인성)
 ※ 주식회사만 엄격준칙주의
 ※ 회사별 실체구성방법

    ❖인적 회사–정관작성 및 사원확정절차

    ❖물적 회사–정관작성 및 사원확정절차, 출자이행절차, 기관구성절차

	인 적 회 사	유 한 회 사	주 식 회 사
사원확정 (사단성)	정관작성	정관작성	(정관작성 +)주식인수
자본확정 (재단성)	정관작성	정관작성	주식인수
기관선임 (법인성)	정관작성	사원총회, 정관작성	창립총회, 발기인총회
성립전 납입여부	불필요	필요	필요

4) 설립행위의 법적성질
- 계약설 : 사단법적 계약 / 조직법상의 계약
- 단독행위설 : 각 당사자의 단독적 의사표시의 단순한 병존관계
- 합동행위설(통설) : 회사설립이라는 공통의 목적을 달성하기 위한 복수인의 동일한 방향으로의 의사표시의 합치
- 병존행위설 : 정관의 작성(합동행위) + 주식인수(설립중의 회사의 입사계약)

3.2.2. 회사의 설립

2. 설립절차
(1) 정관작성 –> 사원의 확정 –> 설립등기
(2) 정관작성
    1) 의의 : 실질적으로는 회사의 조직·운영에 관한 근본규칙을 말하고, 형식적으로는 그 규칙을 기재한 서면을 의미
    2) 법적 성질 : 자치법규(자치법규설, 통설)
    3) 정관의 작성방식 및 효력
    - 일정한 사항을 기재하여 관계 당사자가 기명날인 + 물적회사의 경우에는 공증인의 인증
    - 정관의 기재사항
     √절대적 기재사항–법정기재사항을 반드시 기재→기재X→무효.
     √상대적 기재사항–정관에 기재하여야 비로소 효력을 갖는 것. 개별조문에 규정.
     √임의적 기재사항– 개별조문에 근거 규정X→강행법규에 반하지 않는 한 정관에 규정 할 수 있음.

(3) 사원확인절차(§270)
(4) 출자이행절차(§270) : 인적회사의 경우에 사원의 출자목적물은 정관의 절대적 기재사항이나 출자의 이행시기에 관해서는 명문의 규정이 없어 정관이나 업무집행절차에 자유롭게 정할 수 있으므로 필수불가결한 요소가 아님. 물적회사의 경우에는 출자이행절차가 필요
(5) 기관구성절차 : 물적회사의 경우에만
    ☞ 주식인수
    (1) 발기설립의 경우 : 합동행위
    (2) 모집설립의 경우 : 가입계약
        1) 설립중회사와의 계약이라는 설
        2) 설립후 회사와의 계약이라는 설

3.2.2. 회사의 설립

3. 설립등기
(1) 설립등기의 취지 : 준칙주의에 입각한 설립절차 조사의 기회 + 회사의 이해관계인에게 회사설
  립 및 회사 조직의 공시를 통한 거래안전 도모
(2) 본점소재지에서 회사의 설립등기를 한 후에 회사 성립(회사의 성립요건)
(3) 등기사항 : 회사의 종류마다 다르게 규정(180, 269, 271, 317, 549)
(4) (물적회사) 본점 소재지에서 소정절차 종료 후 2주 내에 등기 요
  ※ 인적회사는 설립등기기간에 관한 규정이 없음
(5) 등기사항의 변경 : 변경사유가 발생한 날로부터
  – 본점소재지에서 2주 내에
  – 지점소재지에서 3주 내에
(6) 지점의 등기
  ① 회사설립시 → 설립등기 후 2주간내에 지점소재지에서 등기
  ② 회사성립 후 → 본점소재지는 2주간내, 지점소재지는 3주간 내에 등기
(7) 설립등기의 효력
  1) 본질적 효력 → 회사의 법인격 취득(창설적 효력)(§172)
    제3자의 선의 또는 정당한 사유의 존재여하를 불문하고 대항가능
  2) 부수적 효력
  – 해제적 효력 : 상호전용권의 '배타성 강화', 주권발행·양도 가능
  – 보완적 효력 : 주식청약서 요건흠결이나 착오·사기·강박을 이유로 인수무효 주장X

---

5. 회사설립 등기

정관작성	사원확정	출자이행	기관구성
● 회사의 조직 활동에 관한 근본규칙 ● 절대적 기재사항 : 법정 기재사항을 반드시 기재 (기재 X → 무효) ● 상대적 기재사항 : 정관에 기재하여야 비로소 효력을 갖는 것 (개별조문에 규정) ● 임의적 기재사항 : 개별조문에 근거 규정X (강행법규에 반하지 않는 한 어떤 사항이라도 정관에 규정 할 수 있음.)	● 인적·유한회사 : 사원의 성명과 주소가 절대적 기재사항 → 정관작성으로 사원확정 ● 주식 회사 : 주식 인수절차에 의해 확정	● 인적회사 사원의 출자목적물은 정관의 절대적 기재사항 → 출자확정 ● 물적 회사 : 별도로 출자 이행절차 필요	● 물적 회사는 별도의 기관구성절차 필요. 발기인은 후에 주주가 되지만 원칙적으로 그 회사의 기관이 되는 것은 아님.

5. 회사설립 등기

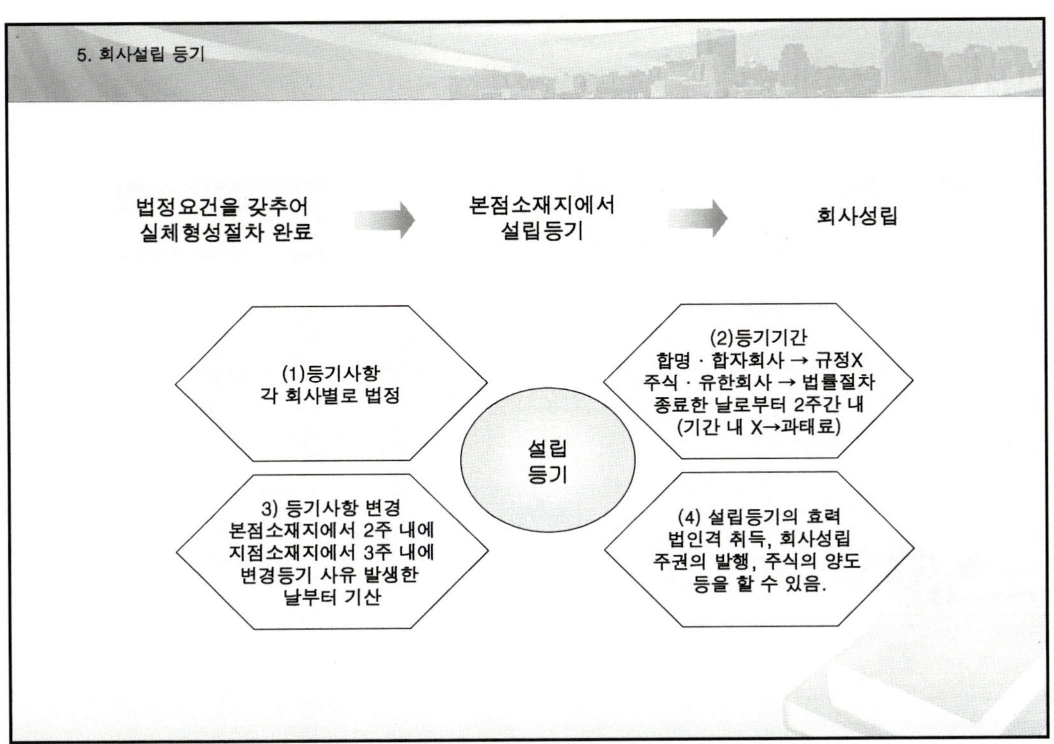

※ 회사설립상의 차이

	인적회사	유한회사	주식회사
정관작성	2인 이상의 사원	2인이상의 사원	1인 이상의 발기인
정관의 내용	1. 목적 2. 상호 3. 사원의 성명·주민등록번호 및 주소 4. 사원의 출자의 목적과 가격 또는 평가의 표준 5. 본점의 소재지 6. 정관의 작성년월일 합자회사는 각사원의 무한책임 또는 유한책임인 것을 기재	1. 목적 2. 상호 3. 사원의 성명·주민등록번호 및 주소 4. 자본의 총액 5. 출자1좌의 금액 6. 각사원의 출자좌수 7. 본점의 소재지	1. 목적 2. 상호 3. 회사가 발행할 주식의 총수 4. 1주의 금액 5. 회사의 설립시에 발행하는 주식의 총수 6. 본점의 소재지 7. 회사가 공고를 하는 방법 8. 발기인의 성명·주민등록번호 및 주소
	인적회사	유한회사	주식회사
사원확정	정관작성	정관작성	주식인수
납입	일부납입 가능	출자전액의 납입	출자전액의 납입
변태설립사항	×	현물출자, 재산인수, 설립비용	현물출자, 재산인수, 설립비용, 특별이익
법원조사	×	×	필요
기관선임	불필요	필요	필요
공모인정여부	×	×	인정

3.2.2. 회사의 설립

3.2.2.3. 회사설립의 하자

I. 서설

1. 의의
   - 회사설립의 하자란 회사가 설립등기를 하여 외관상 유효하게 성립하고 있으나 설립절차에 중대한 하자가 있는 경우를 말하며, 무효·취소의 소의 원인이 됨.
   - 객관적 사유는 모든 회사에서 인정되나 주관적인 사유는 주식회사를 제외한 모든 회사에 적용. 즉 주식회사는 설립취소의 소는 없고, 설립무효의 소만 있음.
   - 이는 사원의 개성이 중요시 되지 않고 주식인수, 납입에 하자가 있는 경우에도 발기인의 자본충실 책임이 인정되어 있어 회사설립 자체에 영향을 주지 않기 때문

2. 구별개념
   (1) 회사 불성립 : 회사의 설립절차는 있으나 설립등기가 없는 경우
   (2) 회사 부존재 : 설립절차가 전혀 없이 설립등기만 있는 경우

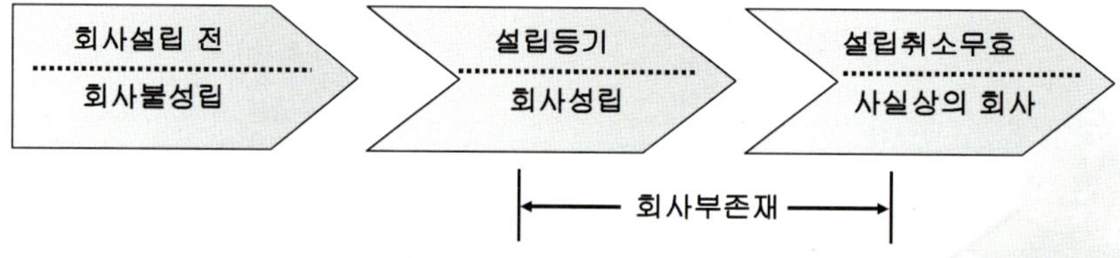

3.2.2. 회사의 설립

II. **합명회사·유한회사의 설립하자**
1. 訴의 원인
   (1) 설립취소 → 주관적 하자 : 사원의 의사무능력·행위무능력, 착오·사기·강박, 害意(§185) 등
   (2) 설립무효 → 객관적 하자 : 법령이나 정관위반, 정관불작성, 절대적 기재사항의 흠결·위법기재, 설립등기의 무효 등
2. 訴의 성질 : 형성의 소
3. 訴의 절차 : §186-§189
   (1) 주장방법 : 訴로써만 가능
   (2) 당사자 :
   - 무효 : 원고는 사원에 한정, 피고는 회사
   - 취소 : 무능력자, 착오에 의한 의사표시를 한 자, 하자있는 의사표시를 한 자와 그 대리인 또는 승계인, 사해설립의 경우에는 채권자, 피고는 회사이나 사해설립의 경우에는 회사와 그 사원이 공동피고
   (3) 제소기간 : 2년내(다른 무효의 소는 제소시간의 제한 없음)
4. 판결의 효과
   (1) 원고승소의 경우
   1) 대세효(제3자에게 효력有), 불소급효(§190) → 사실상의 회사 인정
   2) 등기 : 판결확정된 때에 등기하여야 한다(§192)
   3) 회사의 계속(§194) : 주관적 하자의 경우 다른 사원 전원의 동의로 회사계속 가능
   (2) 원고패소의 경우 : 민사소송법의 일반원칙 적용(판결의 효력은 당사자간에만 미침)
      패소한 원고에게 악의·중과실이 있는 경우 손해배상책임(§191)
5. 등기·청산
   - 판결이 확정된 때 본점과 지점의 소재지에서 등기(192)
   - 해산에 준하여 청산하여야 함
6. 회사의 계속
   - 설립무효의 원인이 있었던 사원을 제외하고 회사계속 가능 → 등기

3.2.2. 회사의 설립

III. 주식회사의 설립하자

1. 소의 원인 : 주관적 하자는 원인이 될 수 없고 객관적 하자만 있음
2. 제소권자 : 사원 이외에도 이사·감사가 추가됨(§328)
3. 회사계속 제도 : 없음(주주의 주관적 하자로 인한 취소가 인정되지 않으므로)

IV. 유한회사의 설립하자
1. 소의원인 : 주식회사와 유사하나, 주관적 하자는 소의 원인인 됨
2. 제소권자 : 사원 이외에도 이사·감사가 추가됨
3. 회사계속 제도 : 없음(사원의 주관적 하자로 인한 취소가 인정되지 않으므로)

V. 설립취소·무효소송에서 단체법적 고려

1. 瑕疵의 주장자 제한 : §184, §269, §328, §552
2. 소에 의해서만 가능
3. 주식회사에 있어서 주관적 하자 주장 불가, 설립무효만 인정
4. 제소기간 단기제한
5. 관할 등 소절차에 대한 특칙(§186-188, 192)
6. 하자의 보완 인정(§189)
7. 패소원고에게 과중한 책임(§191)
8. 대세효 인정, 소급효 제한(§190)
9. 회사계속을 인정(§194, 합자회사)

◨ 사실상 회사

I. 서설

1. 의의 : 회사의 성립시부터 설립무효·취소의 판결이 확정될 때까지 존속하는 회사. 즉 설립등기 후 회사가 성립되어 설립의 무효·취소의 확정판결이 있게 되면 그 사이에 존재하는 회사를 말함
2. 취지 : 기존상태 존중주의, 외관주의 → 법률관계의 안정과 거래안전
3. 구별개념
   (1) 불성립 : 설립등기가 없는 경우
   (2) 부존재 : 설립절차가 전혀 없이 설립등기만 있는 경우

II. 성립요건
1. 회사의 성립(정관이 작성되고 설립등기가 이루어짐)
2. 무효 또는 취소판결

III. 법률관계
1. 사실상 회사의 권리능력 : 인정됨
2. 대내적 효과 : 일반회사와 동일하게 유효함
3. 대외적 효과 : 회사의 행위로 의제된다
4. 회사기관의 책임 : 발기인은 회사불성립의 책임이 아니라 회사성립시의 책임을 진다
5. 청산(§193 ①) :
   - 준청산 : 회사의 존재가 부인되는 결과 해산의 경우에 준하여 청산하여야 함
   - 인적회사의 경우 회사계속 가능(§194) : 회사설립의 무효나 취소의 원인이 특정한 사원에 한한 것인 때에는 그 사원을 퇴사시키고 다른 사원 전원의 동의로써 회사를 계속함

▣ 사해설립의 문제

I. 합명회사의 경우
1. 지분압류(§224)
2. 파산(§218 5호)
3. 설립취소(§185) : 가장 강력한 방법
4. 해산명령(§176) : 인정되지 않음(공적인 것에 대해서만 인정)
5. 법인격 부인론(역적용설) : 부정설이 다수설
6. 영업양도 유추적용(§42)

II. 주식회사의 경우
1. 주식압류(민소§584)
2. 채권자취소권(민§406)
   (1) 적극설
      ① 채무자가 채권자를 해할 목적으로 재산권을 목적으로 하는 출자행위를 하였고,
      ② 출자행위 역시 법률행위 → 채권자 취소권 행사 가능
   (2) 소극설
      ① 출자행위는 단체법적 질서의 일환으로 행하여지는 집단적 절차의 일부
      ② 객관적 하자만을 설립무효사유로 예정하고 있는 회사법의 규정과 배치
3. 해산명령(§176) : 인정되지 않음(공적인 것에 대해서만 인정)
4. 법인격 부인론(역적용설) : 부정설이 다수설
5. 영업양도 유추적용(§42)

III. 유한회사의 경우
1. 회사설립취소의 소(§552②)
2. 지분 압류

3.2.3. 회사의 조직변경

I. 회사의 조직변경의 의의
회사가 그 법인의 동일성을 유지하면서 그 법률상의 조직을 변경하여 다른 종류의 회사로 되는 것

II. 제한
    ※ 변경전 회사에서 변경후 회사로 권리의무 이전× → 법률상 권리의무의 동일성 유지
    ※ 조직변경은 인적회사 상호간, 물적회사 상호간에만 인정 : 사원의 책임이 변경되기 때문에 법률상
      번잡한 결과를 가져오고 회사채권자 보호 취지에 반하기 때문임

III. 절차
1. 필요절차
   – 대내적으로는 사원보호(총사원(주주)의 동의),
   – 대외적으로는 채권자보호절차 필요. 단, 합자회사에서 합명회사로의 변경은 채권자에 유리하므로
     대외적 절차 불필요
2. 각종회사의 조직변경 : 각각 해산등기와 설립등기 필요(설립등기시 효력 발생)
(1) 주식회사 → 유한회사
1) 요건
– 총주주의 동의(상604①) → 이 결의에서 정관 기타 조직변경에 필요한 사항을 정함
– 채권자보호절차(상608, 232),
– 사채의 상환(상604① 단서),
– 자본총액의 제한(상604②) : 변경후 유한회사 자본총액은 변경전 회사에 현존하는 순재산보다 많은
   금액으로 하지 못함 → 위반시 이사 및 주주의 부족액 전보책임 발생되지만, 조직변경이 무효가 되는
   것은 아님(주주전보책임 면제X, 이사의 책임은 총주주 동의로 가능)
2) 주식회사 해산등기, 유한회사 설립등기로 효력발생
3) 조직변경의 무효 → 설립무효규정 유추적용

3.2.3. 회사의 조직변경

(2) 유한회사 → 주식회사
1) 요건
  -총사원의 일치에 의한 사원총회 결의(상607①)
  -채권자보호절차(상608조, 상232)
  - 법원의 인가(상607③)
  - 자본총액의 제한(상607②) : 변경후 발행주식 발행가액 총액은 유한회사의 현존하는
    순재산가액을 초과하지 못함 → 위반시 사원, 이사, 감사의 부족액 전보책임 발생
2) 유한회사 해산등기, 주식회사 설립등기로 효력발생
3) 조직변경의 무효 → 설립무효규정 유추적용

(3) 합명회사 → 합자회사 :
1) 요건 : 총사원의 동의(상242①)
2) 방법
  -무한책임사원의 일부를 유한책임사원으로 전환(상242①)
  -유한책임사원의 신규가입(상242①)
3) 채권자 보호 : 무한책임사원의 일부를 유한책임사원으로 전환하는 경우 전환된 유한책임
          사원은 등기전 채무에 대하여 등기후 2년간 무한책임을 면하지 못함
4) 합명회사 해산등기, 합자회사 설립등기로 효력발생

3.2.3. 회사의 조직변경

(4) 합자회사 → 합명회사 :
1) 요건 : 총사원의 동의(상286①)
  ※ 유한책임사원 전원이 퇴사한 경우 무한책임사원 전원의 동의로 조직변경(상286②)
2) 채권자보호 : 유한책임사원 전원이 무한책임사원으로 되는 경우에는 채권자보호절차 필요X
          유한책임사원 전원퇴사의 경우 퇴사사원은 퇴사등기후 2년간 동일 책임 부담
3) 합자회사 해산등기, 합명회사 설립등기로 효력발생

3. 등기 : 동일성은 유지하지만 형식상 해산과 설립의 등기(§606)

IV. 효력 : 효력발생시기에 관한 명문의 규정 X, 합병과 같이 등기시에 효력발생(다수설)

V. 하자 : 명문의 규정 없으나 회사설립의 하자 준용

	합명회사 → 합자회사	합자회사 → 합명회사
요 건	총사원의 동의(상242①)	총사원의 동의(상286①)
	방법 : 무한책임사원의 일부를 유한책임사원으로 전환(상242①), 유한책임사원의 신규가입(상242①)	※ 유한책임사원 전원이 퇴사한 경우 무한책임사원 전원의 동의로 조직변경(상286②)
효력 발생	합명회사 해산등기, 합자회사 설립등기로 효력발생 (본점소재지:2주간내/지점소재지3주간내)	합자회사 해산등기, 합명회사 설립등기로 효력발생
채권자 보호	무한책임사원의 일부를 유한책임사원으로 전환하는 경우 전환된 유한책임사원은 등기전 채무에 대하여 등기후 2년간 무한책임을 면하지 못함	유한책임사원 전원 퇴사의 경우 퇴사사원은 퇴사등기후 2년간 동일 책임 부담

	주식회사 → 유한회사	유한회사 → 주식회사
요 건	총주주의 동의(상604①), 채권자보호절차(상608, 232), 사채의 상환(상604① 단서), 자본총액의 제한(상604②)	총사원의 일치에 의한 사원총회 결의(상607①), 채권자보호절차(상608조, 상232), 법원의 인가(상607③), 자본총액의 제한(상607②)
	※ 변경후 유한회사 자본총액은 변경전 회사에 현존하는 순재산보다 많은 금액으로 하지 못함 (자본충실의 원칙의 발현) → 위반시 이사 및 주주의 부족액 전보책임 발생되며, 조직변경이 무효가 되는 것은 아님	※ 변경후 발행주식 발행가액 총액은 유한회사의 현존하는 순재산가액을 초과하지 못함 → 위반시 사원, 이사, 감사의 부족액 전보책임 발생
효력 발생	주식회사 해산등기, 유한회사 설립등기로 효력발생	유한회사 해산등기, 주식회사 설립등기로 효력발생
	조직변경의 무효 → 설립무효규정 유추적용	
책임	이사의 책임은 총사원의 동의로 면제가능/ 주주의 책임은 면제 불가능	이사·감사의 책임은 총주주의 동의로 면제 가능/ 주주의 책임은 면제불가능
질권 의효 력	종전의 주식을 목적으로 한 질권을 위하여 물상대위가 인정됨.	종전의 지분을 목적으로 하는 질권의 효력은 새로이 발행되는 주식에 미치며, 지분의 등록질권자는 회사에 대하여 교부를 청구할 수 있음

3.2.3. 회사의 조직변경

3.2.3.1. 회사의 합병

I. 서설

1. 의의
   2개 이상의 회사가 '상법의 특별규정'에 의하여 청산절차를 거치지 않고 합쳐짐으로써 '1개 이상의 회사의 소멸'과 '권리의무의 포괄적 이전'을 생기게 하는 회사법상 법률요건
2. 중요성 : 경영합리화, 이윤 극대화
3. 종류 :
   ① 신설합병 : 합병의 양 당사회사가 소멸하고 새로운 회사를 설립하는 방법
   ② 흡수합병 : 합병당사회사 중 1회사는 소멸하고 이를 존속회사가 흡수하는 형태

II. 본질론

1. 인격합일설(통설) : 합병되는 것은 법인격 자체, 권리의무의 이전은 인격합일의 결과
2. 현물출자설 : 회사의 영업전부를 존속회사 또는 신설회사에 출자하는 것
   (1) 사원현물출자설 : 각 '사원'이 그 '지분'을 출자하는 것. 소멸회사가 출자하는데 사원의 지위는 소멸회사 사원이 취득하는가를 해결할 수는 있으나 개별 출자하는데 왜 포괄승계되는지 설명 불가
   (2) 재산합일설 : 소멸회사의 재산이 포괄적으로 합일되는 것. 소극재산은 출자의 대상이 되지 않는다는 점을 해결하기 위한 학설. 영업양도와의 구별이 곤란

3.2.3. 회사의 조직변경

III. 합병의 자유와 제한

1. 원칙 : 자유(§174①)

2. 상법상 제한
   (1) 인적회사 + 물적회사 → 물적회사
   (2) 유한회사 + 주식회사 → 유한회사, 사채상환해야 가능
   (3) 유한회사 + 주식회사 → 주식회사, 법원의 허가 필요
      ㉠ 해산후의 회사는 합병후 존속회사가 되지 못하며, 해산명령(판결)에 의한 해산회사, 설립무효판결 후의 회사 등은 해석상 합병을 인정하지 않음
      ㉡ 당사자의 일방 혹은 쌍방이 주식회사 또는 유한회사일 경우 신설회사는 주식회사 또는 유한회사이어야(상174②)
      ㉢ 주식회사와 유한회사의 합병시 신설 혹은 존속회사가 유한회사이면 사채상환(상600②), 주식회사이면 법원의 인가를 얻어야(상600)

3. 특별법상 제한 : 은행, 신탁회사, 보험회사는 주무관청의 인가를 얻어야
   (1) 파산법 §44① : 파산절차 진행중인 회사는 합병 불가
   (2) 회사정리법 §211② : 회사정리 중인 회사는 회사정리법에 의해서만 합병
   (3) 독점규제및공정거래에관한법률 : 거래를 실질적으로 제한하는 합병은 제한
   (4) <u>증권거래법 §190 : 비상장회사와 상장회사의 합병시</u>

3.2.3. 회사의 조직변경

Ⅳ. 절차 : 계약 → 공시 → 결의 → 채권자보호 → 등기

1. 합병의 성질
    (1) 제1설(다수설) : 포괄적 이전이 생기게 하는 특별한 계약
    (2) 제2설 : 법인격의 소멸은 사적자치의 범위밖, 단체법상의 특수한 법률사실, 법률요건

2. 합병계약
    (1) 법적 성질 : 단체법상의 특수한 채권계약
        1) 합병결의를 정지조건으로 하는 본계약이라는 설
        2) 합병결의를 정지조건으로 하는 합병의 예약이라는 설
        3) 합병결의와는 독립된 본계약이라는 설 : 합병계약 + 합병결의 = 합병의 요건
    (2) 물적회사의 경우 기재할 법정사항 있음(§523, §524, §603)

3. 합병결의(대내적 절차, 주주의 보호)
    (1) 결의방법
        1) 인적회사 : 총사원의 동의(§230, §269)
        2) 물적회사 : 주주총회의 특별결의(상522③), 사원총회의 특별결의(총사원의 1/2이상, 의
           결권의 3/4이상, 585), 종류주주총회의 결의(상436, 435)

3.2.3. 회사의 조직변경

(2) 간이합병제도(§527조의2)
흡수합병에 있어서 소멸회사의 총주주의 동의가 있거나 그 회사의 발행주식총수의 90% 이상을 존속
회사가 소유하고 있는 때에는 소멸회사의 주주총회의 승인을 이사회의 승인으로 갈음할 수 있도록
하는 제도로, 소멸회사는 합병계약서 작성일로부터 2주 내에 이 같은 취지의 공고·통지를 해야(총
주주의 동의로 생략 가능)

(3) 소규모합병제도(상527조의3)
㉠ 존속회사가 합병으로 인해 발행하는 신주의 총수가 그 회사 발행주식총수의 5% 이하인 경우 존
속회사의 주주총회의 승인을 이사회의 승인으로 갈음할 수 있도록 하는 제도
㉡ 합병반대주주의 주식매수청구권은 배제
㉢ 합병 후 존속회사의 발행주식총수의 20% 이상의 주식을 소유한 주주가 반대하는 경우, 소규모 합
병을 할 수 없음

(4) 주식매수청구권 : 주식회사의 경우 반대주주는 주식매수청구권 행사 가능(상522조의3). 즉 합병
결의(§522-3), 영업양도(§530②, §347②) 등의 승인결의시 주주가 청구권 행사시 절차를 따로 진행
시켜야 하나 절차의 불이행이 합병무효의 원인이 되지는 않음

(5) 합병에 관한 서류의 사후공시(상527조의6)

3.2.3. 회사의 조직변경

4. 회사채권자보호(대외적 절차)
  (1) 합병결의 전의 절차 : 물적회사의 경우 합병대차대조표의 공시(§522-2, §603)
  (2) 합병결의 후의 절차 : 회사채권자 보호절차(상 232조, 269조, 527조의5, 603)
    ㉠ 공　고 : 일정한 기간(1월 이상)내에 이의를 제출할 것을 합병결의 후 2주내 공고
    ㉡ 최　고 : 알고 있는 채권자에게 개별적 최고(공고만 하면 무효)
    ㉢ 기간내 이의제출하지 않은 채권자는 합병을 승인한 것으로 봄
    ㉣ 이의를 제출한 채권자에게는 변제 혹은 상당한 담보의 제공을 제공해야

5. 합병등기
  (1) 존속회사 : 변경등기, 소멸회사 : 해산등기, 신설회사 : 설립등기
  (2) 대항요건이 아니라 효력발생요건임(§234, §269, §530, §603)

Ⅴ. 효력 : 합병등기시에 효력 발생(§234)

1. 인격합일 : 회사의 소멸 + 회사의 설립 또는 존속
   → 1개회사 이상의 소멸, 회사의 설립(신설합병), 존속회사의 정관변경(흡수합병)
2. 포괄승계(법률에 의한 물권변동이므로 등기 불요) : 재산의 합일 + 사원의 합일
3. 이사감사의 임기(상527조의4) : 흡수합병에 있어서 존속회사의 이사 및 감사로서 합병
   전에 취임한 자는 다른 정함이 있는 경우를 제외하고는 합병 후 최초로 도래하는 결산기의
   정기총회가 종료하는 때에 퇴임함

3.2.3. 회사의 조직변경

4. 합병의 무효의 소
  ① 합병무효의 원인
    – 합병제한 법규정의 위배,
    – 합병계약서의 하자,
    – 합병결의의 무효 또는 취소,
    – 채권자보호절차 불이행,
    – 합병 후 창립총회나 보고총회가 없었을 때,
    – 종류주주총회가 없는 때,
    – 설립위원에 의한 정관작성이 없는 때 등
    – 합병불공정
        1) 긍정설(통설) : 군소주주의 보호
        2) 부정설 : 사적 자치의 영역임
        3) 절충설 : 현저히 불공정한 경우에만
        4) 판례 : 아직 없음(하급심의 경우 합병무효 인정, 17:1의 경우)

  ② 합병무효의 소와 주식매수청구권의 관계
    (1) 택일적 관계에 있음은 설
    (2) 양립할 수 있음은 설
    (3) 검토
      1) 합병무효의 소에서 승소하면 주식매수청구 불가
      2) 합병무효의 소에서 패소하면 주식매수청구 가능

3.2.3. 회사의 조직변경

③ 합병무효의 소
㉠ 제소기간 : 합병의 등기가 있는 날로부터 6월내에 제기(상236②)
㉡ 당사자
    (a) 원고(제소권자) : 인적회사는 사원, 청산인, 파산관재인, 합병불승인 채권자이고 물적
        회사는 사원(주주), 이사, 감사, 청산인, 파산관재인, 합병불승인 채권자 등
    (b) 피 고 : 신설회사, 존속회사
㉢ 절 차(상240, 186조 내지 상191)
㉣ 무효판결의 효과
    (a) 회사는 합병 전의 상태로 회복 : 소멸회사 → 회복등기, 존속회사 → 변경등기, 신설회
        사 → 해산등기
    (b) 판결의 확정 전에 생긴 회사와 사원, 제3자와의 거래는 불소급

④ 합병무효판결의 효과
(1) 대세효, 비소급효(§530②. §240, §190) → 사실상회사로 존재
(2) 합병으로 승계한 권리.의무 : 부활된 소멸회사로 복귀
(3) 합병 후의 취득재산.채무
    1) 채무 : 부활된 회사들이 연대책임(§530②, §239①)
    2) 취득재산 : 분할된 회사들의 공유(§530②, §239②)

☞ 영업양도와 회사합병의 비교

구분		영업양도	합병
공통점			① 기업의 집중에 이용 ② 기업의 유지강화에 이용
성질상의 차이		①개인법상,거래법상의 현상 ②채권계약, 혼합계약 ③특정승계 ④일부양도 가능	①단체법상, 조직법상의 현상 ②준물권계약 ③포괄승계 ④일부합병 불능
절차상의차이	①주체	자연인도 가능	회사만이 주체가 될 수 있음.
	②계약형식	불요식계약	요식계약(물적회사는 합병계약서 작성필요)
	③채권자보호절차	영업양도 후 선의의 채권자, 채무자 보호규정이 있음.	합병전에 채권자보호절차를 취함
	④등기	개별적인 이전등기 필요	합병등기가 효력발생요건
효과상의차이	①인격소멸	법인격은 소멸하지 않음.	소멸회사의 법인격이 소멸함
	②이행행위	영업재산을 개별적으로 이전	재산이나 사원이 포괄적으로 이전함
	③경업금지의무	다른 의사표시 없는 한 부담	문제될 여지가 없음.
	④무효 주장	계약의 일반원칙에 의함	제소권자가 제소기간내에 訴만으로 주장

3.2.4. 회사해산·청산·해산명령·해산판결·계속

3.2.4.1. 회사해산
I. 회사해산의 의의 : 회사의 법인격을 소멸시키는 원인이 되는 법률사실

※ 해산후 청산의 목적범위내에서 존속하며, 청산종결로 회사의 법인격 소멸
※ 해산으로 회사의 상인능력은 상실되지 않으나, 영업능력은 상실되므로 영업을 전제로 하는 지배인이나, 이사, 대리상등은 당연히 종임사유가 됨
※ 법인격이 남용되는 경우에 이를 시정하기 위한 제도라는 측면에서는 법인격부인론과 같으나 해산명령제도와 해산판결제도는 법인격을 전면적으로 박탈당한다는 점에서 특정사안에 한하여 법인격이 무시되는 것으로 처리하는 법인격부인론과 차이가 있음

II. 해산사유
1. 해산명령 : 공익상 회사의 존속을 허용할 수 없다고 인정되는 경우에 법원이 이해관계인이나 검사의 청구에 의하여 또는 직권으로 회사의 해산을 명령하는 재판
  − 모든 회사에 공통된 해산사유로 회사가 공익을 해하게 된 때, 법인격박탈 제도
(1) 해산명령사유(상176①)
  ① 설립목적의 불법
  ② 부당한 개업지연·영업휴지 : 정당한 사유없이 설립 후 1년 내에 영업을 개시하지 아니하거나, 1년 이상 영업을 휴지하는 때 → 영업의 개시는 회사의 목적인 사업자체를 개시하는 것을 의미하고 그 준비행위는 포함 X
  ③ 이사 혹은 업무집행사원이 법령·정관에 위반하여 회사의 존속을 허용할 수 없는 행위를 한 때
(2) 해산명령의 절차
  ① 법원은 이해관계인이나 검사의 청구 또는 직권으로 회사의 해산을 명령(상176①)
  ② 해산명령의 청구가 있는 때에는 해산을 명하기 전이라도 이해관계인이나 검사의 청구 또는 직권으로 관리인의 선임 기타 회사재산의 보전에 필요한 처분 가능(상17②)
  ③ 회사는 이해관계인이 악의임을 소명하고 상당한 담보를 제공할 것을 청구 가능(상176③, ④)
(3) 해산명령의 효과 : 재판확정으로 회사 해산 + 청산의 목적범위 내로 회사의 권리능력 축소

3.2.4. 회사해산·청산·해산명령·해산판결·계속

2. 해산판결 : 대내적으로 사원이익을 보호하기 위하여 사원이 본점소재지 지방법원에 청구

(1) 해산판결사유
  ① 인적회사 : 부득이한 사유가 있는 때(상241) → 사원의 일신상의 사유가 아닌 회사의 목적이나 회사의 존속에 영향을 미치는 사유
  ② 물적회사(상520조 1호, 2호)
  ㉠ 회사업무가 현저한 정돈상태를 계속하여 회복할 수 없는 손해가 생긴 때 또는 생길 염려가 있는 때
  ㉡ 회사재산의 관리·처분의 현저한 실당으로 인하여 회사존립을 위태롭게 한 때로서 부득이한 사유가 있는 때

(2) 청구권자 : 인적회사는 각 사원(상241), 주식회사는 소수주주(100분의10, 520), 유한회사는 소수사원(자본의 10분의1이상의 출자좌수, 613)

(3) 해산판결의 효과
  ① 원고승소 : 회사는 해산하고, 청산절차에 들어감
  ② 원고패소 : 악의·중과실 있으면, 회사에 대하여 연대하여 손해배상책임 짐(상191)

3. 휴면회사의 해산 → 주식회사에 특유한 해산사유
※ 휴면회사 : 영업을 폐지하여 사실상 존재하지 않는 회사이나, 해산등기를 하지 않고, 방치하여 등기부상으로만 존재하는 회사

1) 해산의제 : 최후의 등기후 5년을 경과한 회사는 본점소재지 관할법원에 영업을 폐지하지 않았다는 뜻의 신고를 하도록 관보에 공고하고 있으나, 공고한 날에 이미 5년을 경과한 회사로서 기간(2월)내 등기를 하지 아니한 회사는 해산한 것으로 간주
2) 청산의제 : 해산의제일로부터 3년내 회사계속의 결의(특별결의)에 의하여 회사를 계속하지 않는 한, 해산의제 후 3년이 경과한 때 청산이 종결된 것으로 간주
3) 휴면회사의 계속 : 해산의제일로부터 3년 내 주총특별결의에 의하여 회사 계속 가능

3.2.4. 회사해산·청산·해산명령·해산판결·계속

4. 정관에 정한 사유 발생 또는 존립기간의 만료

5. 1인사원에 의한 해산 → 주식회사의 경우에만 인정
 ※ 합자회사의 경우 사원이 2인이상 존재해도 유한 또는 무한책임사원이 1인도 없으면 해산
   → 부족한 사원을 받아들여 회사 계속 가능

6. 합병, 분할 → 청산절차없이 법인격 소멸

7. 파산 → 청산절차없이 파산법상 파산절차 진행

8. 총사원동의(인적회사) 또는 총회 특별결의(물적회사)에 의한 해산

---

* 회사종류별 해산사유

	합명.합자(§227)	유한회사(§609)	주식회사(§517)
공통사유	1. 기간만료, 2. 합병, 3. 파산, 4. 해산명령.해산판결		
	1인회사		1인 해산사유가 아님
개별사유	존속회사를 제외하고 당사회사의 해산사유. 이 경우 회사는 청산절차를 밟지 않고 소멸	-사원총회의 결의, -사원의 수가 법원의 허가, -상속, 유증에 의하지 않고 50인을 초과하는 경우	회사의 분할
요건	총사원동의	사원총회 특별결의	주총 특별결의

[관련법조문] 합명.합자(§227), 유한회사(§609), 주식회사(§517), 상법 제520조

☞ 해산명령과 해산판결의 비교

I. 해산사유

	합명.합자(§227)	유한회사(§609)	주식회사(§517)
공통사유	1. 기간만료 2. 합병 3. 파산 4. 해산명령·해산판결		
개별사유	1인회사		−
요건	총사원동의	사원총회 특별결의	주총 특별결의

II. 해산명령과 해산판결의 비교

해산명령	해산판결
공익상 회사의 존속을 허용할 수 없다고 인정하는 경우에 법원에 이해관계인이나 검사의 청구 또는 법원의 직권으로 해산을 명하는 재판(176)	이사 상호 간 또는 사원 상호 간의 대립으로 회사가 더 이상 계속할 수 없는 경우에 사원의 청구에 의해 법원이 회사를 해산 시키는 재판(241, 520)
공통점	
① 형성력있는 재판 ② 각종 회사에 공통된 해산사유 ③ 촉탁등기	
차이점	
① 목적 : 공익유지	주주, 사원의 이익보호
② 원인 i) 설립목적의 불법 ii) 1년 이상 부당한 개업지연, 영업휴지 ii) 집행기관의 불법행위(법령, 정관위반)	i) 불가피한 사유(사원간의 불화) ii) 회사재산의 부당처분(정돈상태, 실당으로 인한 손해)
③ 청구권자 : 이해관계인이나 검사	각사원(인적회사), 소수사원(10/100)(물적회사)
④ 절차법 : 비송사건절차법	민사소송법
⑤ 법원의재량권 : 명령여부는 자유	요건구비시 반드시 판결해야 함

3.2.4. 회사해산·청산·해산명령·해산판결·계속

3.2.4.4. 회사의 계속

1. 회사계속의 의의

해산 후 청산이 종료되기 전의 회사를 해산 전의 회사로 복귀시키는 것으로 소급효는 없음 ※ 회사계속의 경우에도 청산인의 행위는 유효

2. 회사의 계속이 가능한 경우

(1) 합명회사

① 계속이 가능한 해산
- 존립기간의 만료 기타 정관에 정한 사유로 인한 해산,
- 총사원의 동의에 의한 해산,
- 사원이 1인이 된 경우의 해산의 경우

② 계속의 요건 → 총사원 동의 (상229①),
※ 회사계속에 동의하지 않는 사원은 퇴사한 것으로 간주
※ 사원이 1인이 된 경우 새로운 사원을 가입시켜 회사 계속 가능 (상229②)

(2) 합자회사

① 계속이 가능한 해산
- 존립기간의 만료 기타 정관에 정한 사유로 인한 해산,
- 총사원의 동의에 의한 해산,
- 사원이 1인이 된 경우의 해산의 경우

3.2.4. 회사해산·청산·해산명령·해산판결·계속

② 유한책임 또는 무한책임사원의 전원 퇴사에 의한 해산
  ㉠ 잔존사원은 전원의 동의로써 새로운 유한책임사원 혹은 무한책임사원을 가입시켜 회사의 계속이 가능(상285②)
  ㉡ 총사원의 동의로써 사원의 책임을 유한책임사원 또는 무한책임사원으로 변경하여 회사를 계속 가능(상286①)
  ㉢ 유한책임사원 전원이 퇴사한 경우에는 무한책임사원이 합명회사로 조직변경 하여 회사를 계속 가능(상286②)
  ※ 무한책임사원이 유한책임사원으로 책임 변경되는 경우 등기 후 2년간 등기한 때까지 발생한 채무에 대해 무한책임 부담

(3) 주식회사
  ① 계속이 가능한 해산
    - 존립기간의 만료 기타 정관에서 정한 사유의 발생(상519),
    - 주주총회의 결의에 의한 해산(상519),
    - 휴면회사의 정리에 의한 해산(상520조의2 3항)
  ② 계속의 결의 : 회사를 계속하기 위해서는 주주총회의 특별결의가 필요(상519)

3.2.4. 회사해산·청산·해산명령·해산판결·계속

(4) 유한회사
  ① 계속이 가능한 해산
    - 존립기간의 만료 기타 정관에서 정한 사유의 발생,
    - 사원총회의 결의에 의한 해산(상610①),
    - 사원이 1인이 되어 해산한 경우
  ② 계속의 방법 : 사원총회의 특별결의, 사원이 1인이 된 때 새로운 사원의 가입으로 회사계속 가능

3. 계속의 효과 : 비소급효(기이행한 청산업무는 유효), 회사의 동일성은 유지

☞ 회사의 합병, 조직변경, 회사의 계속 비교

	합병	조직변경	회사의 계속
의의	두 개 이상의 회사가 1개회사로 합동	한 종류의 회사가 다른 종류의 회사로 되는 것	해산 후 청산종료전의 회사를 해산전으로 복귀시킴
주식	모든 회사 상호간(주식 또는 유한회사는 제한 있음)	인적회사 상호간(합명↔합자) 물적회사 상호간(주식↔유한)	동일회사 내의 문제
내부의사결정	.합명/합자: 총사원 동의 .주식/유한:총회특별결의	총사원의 동의	.합명/합자: 총(일부)사원동의 .주식/유한: 총회특별결의
등기	.소멸회사 : 해산등기 .존속회사 : 변경등기 .신설회사 : 설립등기	.종전회사 : 해산등기 .변경된회사 : 설립등기	해산등기한 경우:회사계속등기
해산관계	해산사유	해산방지제도	해산된 회사에 인정
회사채권자보호제도	.이의제출권 .합병대차대조표공시 (주식·유한회사)	.이의제출권 . 유한책임사원된 자 2년간 무한책임(합명→합자) . 주주/이사의 순재산액 전보책임(주식→유한, 605) .자본액 규제(607)	. 회사채권자에 이해관계무 → 제도 없음
무효주장	합병무효의 소	일반무효이론	일반무효이론

3.2.4. 회사해산·청산·해산명령·해산판결·계속

회사의 회생
1. 회사회생의 의의 – 채무자회생법(회사정리법, 화의법, 파산법, 개인채무자회생법 통합)
2. 회생절차의 특색
    (1) 법원의 관여
    (2) 주주, 자본권자, 채권자의 참여
    (3) 관리인의 선임
3. 회생절차의 개시
    (1) 회생절차의 개시요건
    (2) 회생절차 개시의 신청
      1) 신청권자
      2) 관할법원
      3) 개시신청 절차
4. 회생절차의 관장기관
5. 개시신청에 대한 심리 및 재판
6. 회생절차 개시결정의 효력
7. 회사재산의 관리 및 확보
    (1) 관리인
    (2) 회사기관에 대한 책임추궁
    (3) 부인권

3.2.4. 회사해산·청산·해산명령·해산판결·계속

8. 관계인 집회
9. 회생절차의 종결·폐지
    (1) 회생절차의 종결
    (2) 회생절차의 폐지

제3편 회사법

3.3. 합 명 회 사

3.3.1. 의의
3.3.2. 설립
3.3.3. 합명회사의 내부관계
3.3.4. 합명회사의 외부관계
3.3.5. 조직변경
3.3.6. 해산과 청산

3.3.1. 합명회사의 의의

3.3.1.1. 합명회사의 의의
- 합명회사란 2인 이사의 무한책임사원으로 구성된 회사를 말함 무한책임사원은 회사에 대하여 출자를 부담할 뿐만 아니라, 회사채권자에 대하여 직접·연대·무한의 책임을지고, 정관에 다른 정함이 없는 한 회사의 업무를 집행하고 회사를 대표함
- 합명회사는 사원의 지위와 업무집행자가 원칙적으로 일치하는 점에 특색이 있음.

3.3.1.2. 합명회사 특징
- 합명회사는 개인기업의 공동경영형태라고도 볼 수 있으니, 기업의 영속성과 그 업무처리의 간편성을 도모하기 위하여 형식상 사단법인으로 하였으나, 그 실질은 조합의 성격을 띠고 있음.
- 사원의 개성이나 신용을 중요시함
- 사원의 지위 이전이 어려움.
- 사원은 원칙적으로 회사의 업무집행권 회사 대표권을 가짐.
- 사원은 회사의 채권자에 대하여 직접 연대 무한의 변제 책임을 짐.
- 합명회사는 일반적으로 소기업에 적합하고 소유와 경영이 일치함

3.3.1. 합명회사의 설립
3.3.1.1. 서
- 사원이 제 3자에 대하여 직접·무한책임을 짐. 모든 사원이 반드시 회사성립 전에 출자의 이행을 완료할 필요도 없으며, 실체형성절차를 검사할 검사절차 또는 감독절차도 없음.
- 각 사원이 업무집행과 대표권이 있으므로 회사설립시에 기관을 구성할 필요도 없음
- 합명회사의 설립행위는 회사설립을 목적으로 하는 합동행위

3.3.1. 합명회사의 의의

3.3.2.2. 설립절차
3.3.2.2.1. 정관의 작성
- 합명회사를 설립하려면 사원이 되고자 하는 자 2인 이상이 정관을 작성하여야 함 정관의 변경 시는 총사원의 동의필요함
- 정관이란 실질적으로는 회사의 조직활동을 정하는 근본규칙을 말하고 형식적으로는 그 근본규칙을 기재한 서면을 말함. 정관은 곧 회사의 준칙이기 때문에 설립자는 물론이려니와 그 후의 신입사원도 구속하는 자치적 법규의 성질을 가지므로 공증인의 인증이 있어야만 효력이 발생함

(1)절대적 기재사항
-목적 (영업의 내용을 구체적으로 기재), 상호, 사원의 성명·주민등록과 주소
-사원의 출자의 목적과 그 가격 또는 평가의 기준
-본점과 지점의 소재지 (최소 행정구역)
-정관의 작성 연월일
-총사원의 기명날인

(2) 상대적 기재사항
-사원의 업무집행권의 배제, 회사의 존속기간, 퇴사의 이유
-퇴사원의 지분환급의 제한
-해산의 사유
-공동대표, 대표사원의 특정
-해산시 회사재산의 처분방법

(3) 임의적 기재사항
-사원총회 및 감사 등의 운영제도

3.3.2. 설립

3.3.2.1.2. 등기사항
- 정관을 작성하고 본점소재지에서 등기사항을 등기함으로써 합명회사가 성립함
- 등기사항에 변경이 있으면 본점소재지에서는 2주내, 지점소재지에서는 3주 내에 변경등기를 해야 함(제 183조)
- 합명회사의 설립등기에 있어서는 다음의 사항을 등기하여야 한다(제180조)
① 목적, 상호, 사원의 성명 · 주민등록번호 및 주소, 본점소재지, 지점을 둔 때에는 그 소재지. 다만 회사를 대표할 사원을 정한 때에는 그 외의 사원의 주소를 제외함
② 사원의 출자의 목적, 재산출자에는 그 가격과 이행한 부분
③ 존립기간 기타 해산사유를 정한 때에는 그 기간 또는 사유
④ 회사를 대표할 사원을 정한 때에는 그 성명
⑤ 수인의 사원이 공동으로 회사를 대표할 것을 정한 때에는 그 규정

(1) 본점·지점의 설립등기
- 회사의 설립과 동시에 지점을 설치하는 경우에는 설립등기를 한 후 2주간 내에 지점소재지에서 설립등기사항 중 다른 지점의 소재지를 제외한 사항을 등기하여야 함(181조)

(2) 본점·지점의 이전등기
- 회사가 본점을 이전하는 경우에는 2주간 내에 구 소재지에서는 신 소재지와 이전 연월일을, 신 소재지에서는 설립등기의 사항을 등기하여야 함(182조)

3.3.2. 설립

3.3.2.3. 설립하자
- 합명회사에 있어서도 설립절차에 하자가 있으면 설립무효를 소로써 주장 가능
- 합명회사에 있어서는 사원의 개성이 중시되기 때문에 설립무효의 소 이외에 설립취소의 소 제도를 두고 있음.

3.3.2.3.1. 설립무효·설립취소의 원인

(1) 설립무효의 원인
- 회사설립절차가 법령이나 정관에 위반하거나 합명회사의 본질에 반하는 경우, 즉 설립절차에 객관적 하자가 있는 경우
- 설립에 참여한 사원 개개인의 의사무능력, 비진의의사표시, 허위표시와 같은 주관적 하자도 설립무효의 원인이 됨(통설)

(2) 설립취소의 원인
- 민법상 취소원인, 예컨대 미성년자 또는 한정치산자가 법정대리인의 동의없이 설립행위에 참가한 경우, 금치산자가 설립행위를 한경우, 착오 또는 사기나 강박에 의하여 회사설립행위에 참가한 경우
- 사원의 무능력, 의사표시의 하자와 같은 취소사유로 인해 설립취소의 소를 제기할 수 있음
- 채권자도 사해행위로 인한 설립이란 것을 들어 설취소의 소를 제기할 수 있음

3.3.2. 설립

3.3.2.3.2. 소의절차

(1) 주장방법 : 반드시 소로써만 하여야 함

(2) 소의 당사자
- 설립무효의 소의 제소권자는 사원에 한정되며, 피고는 회사임.
- 설립취소의 소의 제소권자는 '무능력자, 착오에 의한 의사표시를 한 자, 하자있는 의사표시를 한 자와 그 대리인 또는 승계인'이고, 사원이 채권자를 해할 것을 알고 회사를 설립한 때에는 그 '채권자'임.

(3) 제소기간
- 무효, 취소의 소 공통적으로 회사성립의 날로부터 2년내(제 184조①)

(4) 관할 및 병합심리
- 두 가지의 소는 본점소재지의 지방법원의 관할에 전속하며(제186조), 설립 무효의 소 또는 설립취소의 소가 제기된 때에는 회사는 지체 없이 공고하여야 함(제187조).
- 수개의 설립무효의 소 또는 설립취소의 소가 제기된 때에는 법원은 이를 병합 심리하여야 함(188조)

(5) 재량기각
- 설립무효의 소 또는 설립취소의 소가 그 심리 중에 원인이 된 하자가 보완되고 회사의 현황과 제반사정을 참작하여 설립을 무효 또는 취소하는 것이 부적당하다고 인정한 때에는 법원은 그 청구를 기각할 수 있음(제189조)

3.3.2. 설립

3.3.2.3.3. 판결의 효과

(1) 원고승소의 경우
- 대세적 효력·불소급효(제190조)가 있음. 즉, 설립무효의 판결 또는 설립취소의 판결은 제 3자에 대하여도 그 효력이 있음. 그러나 판결확정 전에 생긴 회사의 사원 및 제 3자간의 권리의무에 영향을 미치지 아니함
- 설립무효, 취소의 등기(제 192조)를 하여야 함. 즉, 설립무효의 판결 또는 설립취소의 판결이 확정된 때에는 본점과 지점의 소재지에서 등기하여야 함
- 설립무효의 판결 또는 설립취소의 판결이 확정된 때에는 해산의 경우에 준하여 청산하여야 한다(제193조).
- 이 경우에는 법원은 사원 기타의 이해관계인의 청구에 의하여 청산인을 선임할 수 있음.

(2) 원고패소의 경우
- 패소의 효력은 당사자간에만 미치므로, 다른 제소권자는 다시 소를 제기할 수 있음. 설립무효의 소 또는 설립취소의 소를 제기한 자가 패소한 경우에 악의 또는 중대한 과실이 있는 때에는 회사에 대하여 연대하여 손해를 배상할 책임이 있음(제191조)

3.3.2.3.4. 회사의 계속
- 설립무효의 판결 또는 설립취소의 판결이 확정된 경우에 그 무효나 취소의 원인이 특정한 사원에 한한 것인 때에는 다른 사원전원의 동의로써 회사를 계속할수 있음(제194조). 이 경우에는 그 무효 또는 취소의 원인이 있는 사원은 퇴사한 것으로 봄.
- 이로 인하여, 사원이 1인이 된 경우에는 새로운 사원을 가입시켜서 회사를 계속할 수 있음(제229조 2항)

3.3.3. 합명회사의 내부관계

3.3.3. 합명회사의 내부관계
3.3.3.1. 서설
- 합명회사의 내부관계에 관하여는 정관 또는 본법에 다른 규정이 없으면 조합에 관한 민법의 규정을 준용한다(제195조).
- 내부관계는 사원 상호간의 개인적 신뢰를 기초로 하고 또 사원의 이익을 위한 것이므로 임의법규의 성질을 가짐
- 내부관계 : 회사와 사원과의 관계 / 사원상호간의 관계

3.3.3.2. 출 자
3.3.3.2.1. 출자의 의의 및 종류
(1)출자의 의의
- 출자란 사원이 회사사업의 수행을 위하여 그 의무로써 회사에 대하여 하는 급여를 말함.
- 합명회사의 사원은 반드시 회사에 대하여 출자를 하여야 한다(제179조 4호, 제 195조). 정관의 규정에 의하여도 이에 반하는 정함을 할 수 없음.
- 출자의무 및 범위는 정관에 의하여 정하여 진다. 따라서 출자의 변경도 정관변경의 절차에 의함.
- 합명회사에는 자본이라는 개념이 없으나 자본이라는 말을 쓸 때는 노무출자와 신용출자를 제외한 '재산출자의 총액'을 의미함.

(2) 출자의 종류
- 재산 · 노무 · 신용출자가 가능하다(제196조, 제222조, 민 제703조 2항).
- 재산출자는 원칙적으로 금전출자를 하여야 하지만, 예외적으로 현물출자도 할 수 있음. 현물출자의 목적인 재산은 제한이 없음.
- 노무출자는 정신적, 육체적, 임시적, 계속적이든 불문함.
- 신용출자는 회사를 위하여 인적 또는 물적 담보를 제공하거나, 회사가 발행한 어음에 배서 또는 인수를 하는 것 등이다.

3.3.3. 합명회사의 내부관계

3.3.3.2.2. 출자의무의 발생과 소멸
3.3.3.2.3. 출자의 이행
(1) 출자이행의 시기와 방법
1) 출자이행의 시기
- 출자이행의 시기는 정관에 규정이 있는 경우에는 그에 의하고, 정관에 규정이 없는 경우에는 보통의 업무집행의 방법에 의하여 자유롭게 정할 수 있음.
- 회사의 현존재산이 그 채무를 변제함에 부족한 때에는 청산인은 변제기에 불구하고 각 사원에 대하여 출자를 청구할 수 있으며, 이 경우의 출자액은 각 사원의 지분의 비율로 이를 정함(제258조).
2) 출자이행의 방법
- 금전출자의 경우는 금전의 납입, 현물출자의 경우는 목적재산의 이전, 노무출자의 경우는 노무의 제공, 신용출자의 경우는 신용의 제공 등으로 함.
- 채권출자의 경우에는 채권을 출자의 목적으로 한 사원은 그 채권이 변제기에 변제되지 아니한 때에는 그 채권액을 변제할 책임을 짐. 이 경우에는 이자를 지급하는 외에 이로 인하여 생긴 손해를 배상하여야 함(196조).
(2) 출자 불이행의 효과
- 회사의 설립시 또는 입사시에 즉시 출자의무를 이행할 필요가 없음. 합명회사의 사원이 출자의무를 이행하지 않으면 민법상 채무불이행의 일반적 효과 외에, 상법상 사원의 제명(제220조1항1호), 업무집행권(제 205조①)또는 대표권(제216조)의 상실원인이 됨.
- 출자의무는 회사설립의 경우에는 정관의 작성에 의하여, 회사의 성립 후 입사하는 경우에는 정관의 변경에 의하여 발생함.
- 출자의무는 이를 이행하든가, 사원의 자격을 상실하면 소멸함.
- 회사의 최고 후 또는 기한의 도래로 인하여 구체화한 출자청구권은 양도·압류 또는 전부의 대상이 되고, 사원의 이러한 구체적 출자의무는 사원의 자격을 상실 하더라도 소멸되지 않음.

3.3.3. 합명회사의 내부관계

3.3.3.3. 업무집행
3.3.3.3.1. 업무집행의 의의
- 업무집행이란 회사가 정관으로 정한 목적을 달성하기 위하여 하는 대내적·대외적 활동을 말함.
- 업무집행에는 법률행위뿐만 아니라 사실행위도 포함함.
- 업무집행은 영업의 존재를 전제로 하므로 영업자체에 관한 정관변경·영업양도·해산 등은 업무집행에 포함되지 않음.

3.3.3.3.2. 업무집행기관
(1) 업무집행권의 취득
1) 원칙(자기기관)(제200조)
- 각 사원은 무한책임을 지는 대신에 정관에 다른 규정이 없는 때에는 회사의 업무를 집행할 권리와 의무가 있음.
- 각 사원의 업무집행에 관한 행위에 대하여 다른 사원의 이의가 있는 때에는 곧 행위를 중지하고 총사원 과반수의 결의에 의하여야 함.
2) 예외(업무집행사원)(제201조)
- 정관의 규정에 따라 1인 또는 수인의 사원만을 업무집행사원으로 할 수는 있으나 전 사원의 업무집행권을 박탈하거나 사원 아닌 자를 업무집행사원으로 할 수는 없음.
- 정관으로 사원의 1인 또는 수 인을 업무집행사원으로 정한 때에는 그 사원이 회사의 업무를 집행할 권리와 의무가 있음.
- 수 인의 업무집행사원이 있는 경우에 그 각 사원의 업무집행에 관한 행위에 대하여 다른 업무집행사원의 이의가 있는 때에는 곧 그 행위를 중지하고 업무집행사원 과반수의 결의에 의하여야 함.
- 대표사원의 지정

3.3.3. 합명회사의 내부관계

(2) 업무집행권의 상실
1) 해임·사임
- 업무집행사원은 정당한 사유 없이 사임할 수 없으며, 다른 사원의 일치가 아니면 해임할 수 없음(제195조, 민 제 708조)

2) 업무집행사원의 권한상실선고(제205조)
- 사원이 업무를 집행함에 현저하게 부적임하거나 중대한 의무에 위반한 행위가 있는 때에는 법원은 사원의 청구에 의하여 업무집행권한의 상실을 선고할 수 있음. 이러한 판결이 확정된 때에는 본점과 지점의 소재지에서 등기하여야 함.
- 이 규정은 임의 규정이며, 업무집행사원이 1인인 경우에는 권한상실선고를 할 수 없다고 봄.

(3) 업무집행기관과 회사와의 관계
- 합명회사에서는 사원이 무한책임을 지는 대신, 원칙적으로 모든 사원에게 회사의 업무를 집행할 권리와 의무가 있음(제200조①)
- 기관자격과 사원자격이 일치하고 기업의 소유와 경영이 일치하며 기관의 분화가 이루어지지 않았다는 점이 주식회사의 경우와 크게 다른 점이다.

(4) 직무대행자의 권한
- 사원의 업무집행을 정지하거나 직무대행자를 선임하는 가처분을 하거나 그 가처분을 변경·취소하는 경우에는 본점 및 지점 소재지의 등기소에서 이를 등기하여야 함(제183조의2)
- 직무대행자는 가처분명령에 다른 정함이 있는 경우와 법원의 허가를 얻은 경우 외에는 법인의 통상업무에 속하지 아니한 행위를 하지 못함.

3.3.3. 합명회사의 내부관계

3.3.3.3.3. 업무집행의 방법
(1) 업무집행의 의사결정
- 사원의 의사결정을 요하는 경우에는 총사원의 과반수로써 결정한다(제195조, 민 706조2항) 원칙적으로 1인 1의결주의에 의함(頭數主義).
- 물적회사와는 달리 사원총회가 없으므로 적당한 방법으로 사원의 의사를 파악하면 되지만 의결권의 대리행사는 인정되지 않음.

(2) 업무집행의 실행
1) 원칙: 각자 독립하여 회사의 업무를 집행할 수 있음.
2) 예외:
- 각 사원이 업무집행사원인 경우에는 각 사원의 업무집행에 관한 행위에 대하여 다른 사원의 이의가 있는 때에는 곧 행위를 중지하고 총사원 과반수의 결의에 의하여야 함(제 200조 2항).
- 정관으로 업무집행사원을 정한 경우에는 수 인의 업무집행사원이 있는 경우에 그 각 사원의 업무집행에 관한 행위에 대하여 다른 업무집행사원의 이의가 있는 때에는 곧 그 행위를 중지하고 업무집행사원 과반수의 결의에 의하여야 함(제201조 2항)
- 지배인의 선임과 해임은 정관에 다른 정함이 없으면 업무집행사원이 있는 경우에도 총사원 과반수의 결의에 의하여야 함.
- 정관의 변경(204), 회사의 해산(227조 2호) 등 회사의 기본에 관한 사항은 총사원의 동의가 있어야 함

3.3.3.3.4. 업무감시권
- 업무 집행권이 없는 사원도 무한책임을 지므로 회사의 업무와 재산상태를 검사할 수 있는 권리가 인정됨(제 195조, 민170조).
- 이는 정관의 규정으로도 박탈할 수 없음.

3.3.3. 합명회사의 내부관계

3.3.3.4. 사원의 의무
- 선관주의의무 : 회사와 기관인 사원과의 관계는 위임관계임

3.3.3.4.1. 경업피지의무
(1) 의의
- 사원은 다른 사원의 동의가 없으면 자기 또는 제 3자의 계산으로 회사의 영업부류에 속하는 거래를 하지 못하며 동종영업을 목적으로 하는 다른 회사의 무한책임사원 또는 이사가 되지 못함(제198조).

(2) 의무위반의 효과
- 사원이 경업금지의무에 위반하여 거래를 한 경우에 그 거래가 자기의 계산으로 한 것인 때에는 회사는 이를 회사의 계산으로 인한 것으로 볼 수 있고, 제 3자의 계산으로 한 것인 때에는 그 사원에 대하여 회사는 이로 인한 이득의 양도를 청구할 수 있음. 이 경우에도 회사의 그 사원에 대한 손해배상의 청구에 영향을 미치지 아니함.
- 개입권은 다른 사원 과반수의 결의에 의하여 행사하여야 하며 다른 사원의 1인이 그 거래를 안 날로부터 2주간을 경과하거나 그 거래가 있는 날로부터 1년을 경과하면 소멸하며, 이 규정은 임의법규임. 이에 위반하면 개입권과 손해배상청구권을 행사할 수 있고, 다른 모든 사원의 과반수의 결의에 의하여 그 사원의 제명을 법원에 청구할 수 있음(제220조 1항2호)

3.3.3.4.2. 자기거래제한
- 사원은 다른 사원 과반수의 결의가 있는 때에 한하여 자기 또는 제3자의 계산으로 회사와 거래를 할 수 있음(제199조). 이 경우에는 민법의 자기계약, 쌍방대리의 규정(민 124조)을 적용하지 아니함. 이를 위반하더라도 사원의 제명사유가 되지는 못함(제220조 1항).

3.3.3. 합명회사의 내부관계

3.3.3.5. 손익의 분배
3.3.3.5.1. 손익의 의의
- 이익이란 대차대조표상의 순재산액이 회사의 자본, 즉 사원의 재산출자의 총액을 초과하는 경우 그 초과액을 말하며, 반대의 경우의 부족액을 손실이라 함.
- 노무출자와 신용출자의 평가액은 손익계산의 기초가 되는 자본 중에 산입 X

3.3.3.5.2. 손익분배의 표준
- 상법에는 규정이 없으므로, 정관 또는 총사원의 동의로 자유로이 정할 수 있음. 이것도 없으면 민법의 조합에 관한 규정에 의하여 정하여 짐. 즉, 사원의 출자가액에 비례하여 손익분배의 비율이 정하여지고, 이익 또는 손실의 어느 한 쪽에 대하여만 분배의 비율이 정하여진 경우에는 그 비율은 이익과 손실에 공통된 것으로 추정함(민 711조)

3.3.3.5.3. 손익분배의 시기
- 정관의 특별한 규정이 있으면 그에 의하고, 없으면 매 결산기에 지급함.

3.3.3.5.4. 손익분배의 방법
- 이익의 분배는 원칙적으로 금전배당을 현실적으로 하여야 함. 그러나 정관의 규정 또는 총사원의 동의에 의하여 이익의 전부 또는 일부를 회사에 적립할 수도 있음.
- 손실의 분배는 계산상 지분의 평가액이 감소하는 데 그치고, 추가출자를 요구하는 것이 아니다. 그러나 퇴사 또는 청산의 경우에 사원은 분담손실액을 납입하여야 함.
- 주식회사와 같은 자본유지의 원칙이 없으므로 법정준비금제도도 없고, 이익이 없는 경우에도 배당을 할 수 있음.
- 사원자격에서 가지는 이익배당청구권은 추상적인 권리이다. 그러나 이것에서 발생한 결산기에 확정된 배당금에 대한 지급청구권은 구체적인 개인법상의 채권임.

3.3.3. 합명회사의 내부관계

3.3.3.6. 지분
3.3.3.6.1. 지분의 의의
- 합명회사 사원지분의 두가지 의미 :
① 사원권으로서의 지분 : 사원이 사원의 자격에서 회사에 대하여 가지는 법률상의 지위
② 계산상의 수액 : 회사의 해산 또는 사원퇴사의 경우 사원이 사원의 자격에서 회사에 대하여 청구하거나 지급할 계산상의 수액
- 지분사원권설에 의하면 합명회사의 사원의 지분은 사원권을 의미한다고 함. 각 사원에게 1개만이 있고, 다만 그 분량이 출자액에 비례하여 상이할 뿐임(제195조, 민711조)

3.3.3.6.2. 지분의 양도
- 지분의 양도란 사원권을 계약에 의하여 이전하는 것을 말함
- 사원은 다른 사원의 동의를 얻지 아니하면 그 지분의 전부 또는 일부를 타인에게 양도하지 못한다(제197조). 이것은 임의법규이다.분할출자의 경우 최고를 닫지 않은 추상적 출자의무는 지분양도와 함께 양수인에게 이전됨.
- 지분양도를 제 3자에게 대항하기 위하여는 지분양도에 따른 정관변경의 등기를 요함. 양도인은 이러한 등기 후 2년 내에는 등기 전에 생긴 회사의 채무에 대하여 다른 사원과 동일한 책임을 짐(제225조 2항)

3.3.3.6.3. 지분의 상속
- 사원이 사망한 경우에도 지분이 원칙적으로 상속되지 않고, 상속인은 다만 지분의 환급을 받게 된다(제218조). 사원의 사망 후 퇴사등기 전에 발생한 회사채무에 대하여도 상속인은 책임을 진다고 봄(제225조).
- 정관으로 사원이 사망한 경우에 그 상속인이 회사에 대한 피상속인의 권리의무를 승계하여 사원이 될 수 있음을 정한 때에는 상속인은 상속의 개시를 안 날로부터 3월 내에 회사에 대하여 승계 또는 포기의 통지를 발송하여야 함. 상속인의 이러한 통지없이 3월을 경과한 때에는 사원이 될 권리를 포기한 것으로 봄(제219조)
- 청산중의 회사의 사원이 사망한 경우에는 이러한 정관의 규정이 없더라도 당연히 지분을 상속함(제246조)

3.3.3. 합명회사의 내부관계

3.3.3.6.4. 지분의 입질·압류
(1) 지분의 입질
- 상법상 명문규정이 없으나 통설과 판례는 이를 인정하고 있음. 통설은 지분양도에 관한 규정(제197조)을 유추 적용하여 입질 자체에 다른 모든 사원의 동의를 요한다고 해석함.
- <판례> 무한책임사원의 지분은 이를 양도할 수 있으며 채권자에 의하여 압류될 수도 있음(대판 1971.10.25, 71다1931).

(2) 지분의 압류
① 사원의 퇴사(지분압류채권자에 의한 퇴사청구)(제224조)
- 사원의 지분을 압류한 채권자는 영업년도말에 그 사원을 퇴사시킬 수 있음. 그러나 회사와 그 사원에 대하여 6월 전에 그 예고를 하여야 함.
- 이 예고는 사원이 변제를 하거나 상당한 담보를 제공한 때에는 그 효력을 잃는다.
② 구체적 배당금 지급청구권과 지분환급청구권에 대한 효력(제223조)
- 사원의 지분의 압류는 사원이 장래이익의 배당과 지분의 환급을 청구하는 권리에 대하여도 그 효력이 있음.
③ 임의 청산의 경우 동의권
- 임의청산의 경우에는 사원의 지분에 대한 압류채권자의 동의를 얻어야 함.

3.3.4. 합명회사의 외부관계

3.3.4. 합명회사의 외부관계
- 합명회사의 외부관계는 제3자의 이해와 밀접한 관계가 있으므로 대체로 강행법규임
- 외부관계 : 회사와 제3자와의 관계, 사원과 제3자와의 관계

3.3.4.1. 회사대표
3.3.4.1.1. 회사대표의 의의
(1) 각 사원의 단독대표 : 업무집행사원을 정한 때에는 각 업무집행사원이 회사 대표
(2) 대표사원의 결정 : 정관 또는 총사원의 동의로 회사를 대표할 자를 결정(상207)
(3) 공동대표 : 정관 또는 총사원의 동의로 공동대표를 정할 수 있고(상208①), 제3자의 회사에 대한 의사표시는 그 중 1인에 하면 족함(상208②)
(4) 대표권(재판상, 재판외의 모든 권한) : 대표권의 제한은 선의의 3자에게 대항 불가(상299)

3.3.4.1.2. 대표기관
- 합명회사 대표기관은 원칙적으로 각 사원이다. (제 207조)

(1) 대표권의 취득
1) 원칙(자기기관) : 합명회사의 대표기관은 원칙적으로 각 사원이다(제207조).
2) 예외(업무집행사원)
-업무집행권이 없거나 사원이 아닌 자에게 대표권을 부여할 수 없음. 정관규정에 의하여 수 인의 업무 집행사원을 정한 경우는 각 엄무집행사원이 대표기관이 된다(제207조)
3) 회사와 사원간의 소에 관한 대표권
-정관 또는 총사원의 동의로 업무집행사원 중에서 회사를 대표할 자를 정할 수도 있음.
-정관 또는 총사원의 동의로 공동대표사원을 정할 수 있고, 이 경우 공동으로만 대표권을 행사할 수 있음(208조①). 이 경우에도 제 3자의 회사에 대한 의사표시는 공동대표의 권한 있는 사원 1인에 대하여 이를 함으로써 그 효력이 생긴다(제108조 2항)

3.3.4. 합명회사의 외부관계

(2) 대표권의 상실
- 업무집행사원과 같이 정당한 사유없이 사임할 수 없으며, 다른 사원의 일치가 아니면 해임할 수 없다(제195조, 민 708조)
- 업무를 집행함에 있어 현저하게 부적임하거나 중대한 업무에 위반한 행위가 있는 때에는 사원의 청구에 의하여 법원은 대표권의 상실을 선고할 수 있음(제 216조,205조①). 대표사원이 1인인 경우에는 대표권의 상실선고를 할 수 없다고 할 것임.

3.3.4.1.3. 대표의 방법
(1) 원칙(단독대표) : 원칙적으로 각자 단독으로 회사를 대표한다(제 207조)

(2) 예외(공동대표) : 총사원의 동의로 공동대표를 정할 수 있음. 이 경우에 능동대표는 반드시 공동으로 하여야 하며, 수동대표는 각자가 단독으로 할 수 있음(제208조)

3.3.4.1.4. 대표기관의 권한
- 회사를 대표하는 사원은 회사의 영업에 관하여 재판상 또는 재판 외의 모든 행위를 할 권한이 있음. 그러나 이 권한에 대한 제한은 선의의 제 3자에게 대항하지 못한다(제209조).

3.3.4.1.5. 대표기관의 손해배상책임
- 회사를 대표하는 사원이 그 업무집행으로 인하여 타인에게 손해를 가한 때에는 회사는 그 사원과 연대하여 배상할 책임이 있음(제210조).

3.3.4.1.6. 등기
- 대표사원을 정한 때에는 대표사원의 성명을 등기하여야 한다(제 180조 4호) 대표권의 상실선고가 있고 이 재판이 확정된 때에는 본점과 지점소재지에서 등기하여야 한다(제 216조, 제205조 2항).
- 정관 또는 총사원의 동의로 공동대표사원을 정한 때에는 등기하여야 한다(제 180조 5호).

3.3.4. 합명회사의 외부관계

3.3.4.2. 사원의 책임
3.3.4.2.1. 책임의 의의
- 합명회사의 사원은 전원이 연대하여 회사채무에 관해서 직접 채권자에게 무한책임 짐
- 신입사원도 입사 전에 생긴 회사채무에 대해 다른 사원과 동일하게 무한책임(213)

3.3.4.2.2. 책임의 성질
- 사원의 책임은 제2차적인 책임이므로 보증채무와 같이 주채무인 회사채무에 종속(부종성)
- 判 : 1996.2.9, 95다719

3.3.4.2.3. 사원의 책임의 범위
- 회사의 채무·공법상·사법상 불문, 거래관계 뿐만 아니라 불법행위나 부당이득에 의한 채무도 포함

3.3.4.2.4. 사원의 책임이행의 효과
- 회사채무는 소멸하며, 회사에 대하여 구상권 취득. 즉, 다른 사원에 대한 구상권으로서 그 부담부분을 구상할 수 있음.

3.3.4.2.5. 사원의 책임의 소멸
- 해산한 경우에는 사원의 책임은 본점 소재지에서 해산등기를 한 후 5년을 경과하면 소멸함.

3.3.4.2.6. 자칭사원의 책임
- 사원이 아닌 자가 타인에게 자기를 사원이라고 오인시키는 행위를 하였을 때에는 오인으로 인하여 회사와 거래한 자에 대하여 사원과 동일한 책임을 진다(제215조)

3.3.4.2.7. 책임의 추궁
- 사원에 대해 책임을 추궁하려면 그 사원에 대해 직접 소를 제기하여야 하고, 회사에 대한 강제집행권원으로써 사원의 재산에 강제집행할 수 없음.

3.3.5. 조직변경

3.3.5. 조직변경
3.3.5.1. 정관변경
- 정관을 변경함에는 총사원의 동의가 있어야 한다(제204조)이 규정은 임의 법규이므로 정관의 규정에 의하여 요건을 완화할 수 있음.

3.3.5.1.1. 절차
- 다른 사원의 동의에 의하여 지분의 전부 또는 일부를 타인에게 양도하여 사원변경이 생긴 경우 (제197조), 사원의 사망(제218조 3호), 임의퇴사(제217조), 제명(제 220조)등의 사유에 의하여 사원변경이 생긴 경우에는 총사원의 동의를 요하지 않고 바로 정관변경의 효력이 발생함.

3.3.5.1.2. 등기
- 동시에 등기사항의 변경인 경우에는 변경등기(제183조)를 하여야 제 3자에게 대항 할 수 있음(제37조)

3.3.5.2. 입사·퇴사
3.3.5.2.1.입사
- 회사성립 후에 사원자격을 원시적으로 취득하는 것을 말하며, 회사와의 사이에 입사계약을 요함.
- 입사는 총사원의 동의를 요하며(제204조), 입사로 인한 사원의 증가는 정관변경을 요함. 따라서 변경등기를 하여야 한다(제183조)
- 회사성립 후에 입사한 사원은 입사 전에 생긴 회사의 채무에 대하여 다른 사원과 동일한 책임을 진다(제213조)

3.3.5. 조직변경

3.3.5.2.2. 퇴사
(1) 퇴사의 의의
-회사존속 중에 특정사원의 사원자격이 절대적으로 소멸되는 것을 말함.

(2) 퇴사의 종류
1) 임의퇴사: 정관으로 회사의 존립기간을 정하지 않거나 어느 사원의 종신까지 존속할 것을 정한 때에 6월 전에 예고를 하고 영업연도말에 한하여 퇴사(상217①). 그러나 부득이한 사유가 있는 때에는 언제든지 퇴사가능(상217②)
2) 지분압류채권자에 의한 강제퇴사: 사원의 지분을 압류한 채권자는 6월 전에 예고를 하고 영업년도말에 그 사원을 퇴사시킬 수 있음.
3) 당연퇴사: 정관에 정한 사유의 발생, 총사원의 동의, 사망, 금치산, 파산, 제명(출자의무를 이행하지 아니한 때 / 경업피지의무의 위반 / 회사의 업무집행 또는 대표에 관한 부정한 행위 / 권한 없이 업무를 집행하거나 회사를 대표한 때 등), 회사계속의 부동의(상229①), 설립의 무효·취소의 원인이 있는 사원(상194②)

(3) 퇴사의 효과
- 회사채권자를 보호하기 위하여 퇴사등기를 하기 전에 생긴 회사채무에 대하여 등기 후 2년 내에는 다른 사원과 동일한 책임이 있음(제225조①)
- 퇴사한 사원의 지분의 계산은 정관에 다른 규정이 없으면 퇴사 당시의 회사재산의 상태에 따라서 하여야 한다(제195조, 민 719조①)
- 제명의 경우에는 제명의 소를 제기한 때의 회사재산의 상태에 따라서 하며 그때부터 법정이자를 붙여야 한다(제221조)
- 퇴사한 사원은 노무 또는 신용으로 출자의 목적으로 한 경우에도 그 지분의 환급을 받을 수 있음. 그러나 정관에 다른 규정이 있는 때에는 그러하지 아니하다(제222조)
- 퇴사한 사원의 성명이 회사의 상호 중에 사용된 경우에는 그 사원은 회사에 대하여 그 사용의 폐지를 청구할 수 있음(퇴사원의 상호변경청구권:제 226조)

3.3.5. 조직변경

3.3.5.3. 합병
3.3.5.3.1. 합병의 절차
- 합병은 당사회사의 대표기관간의 합병계약 체결, 합병결의, 채권자보호절차, 합병등기의 순으로 진행됨. 합명회사의 경우에도 합병계약서를 작성하는 것이 보통이지만 주식회사와는 달리 그 작성은 법률상의 요건은 아니다. 다만 주식회사와 합병하는 경우에는 총사원의 동의를 얻어 합병계약서를 작성하여야 함.

3.3.5.3.2. 합병 등기
- 이러한 절차가 종료된 때에는 본점소재지에서는 2주간 내, 지점소재지에서는 3주간 내에 합병등기를 하여야 함. 즉 합병등기는 존속회사에는 변경등기, 소멸회사에는 해산등기, 신설회사에서는 설립등기를 각각 하는 것을 말함. 합병의 효력은 존속회사 또는 신설회사가 그 본점소재지에서 변경 등기 또는 설립등기 할 때에 발생함.

3.3.5.3.3. 합병의 효과
- 합병의 결과 당사회사의 전부 또는 일부의 소멸과 존속회사의 정관변경, 또는 신회사가 성립함. 이에 따라 소멸회사의 사원은 존속회사 또는 신설회사의 사원으로 되고, 소멸회사로부터 존속회사 또는 신설회사에 대한 권리의무의 포괄적 이전이 생긴다.

3.3.5.3.4. 합병무효의 소
- 합병절차에 하자가 있으면 합병무효가 문제되고 주식회사의 경우와 마찬가지로 합병무효의 소에 의해서만 그 하자를 다툴 수 있음. 소의 제기권자는 각회사의 사원, 청산인, 파산관재인 또는 합병을 승인하지 아니한 회사채권자이다. 합병무효의 소는 합병등기일로 부터 6월이내에 제기하여야 함. 기타 소의 절차, 무효판결확정의 효력에 대하여는 주식회사 합병과 같음.

(1) 제소권자
(2) 제소기간 등
(3) 무효판결의 효과
(4) 패소원고의 책임

3.3.5. 조직변경

3.3.5.4. 조직변경 : 합명회사 → 합자회사
3.3.5.4.1. 조직변경절차
3.3.5.4.2. 유한책임사원의 책임

3.3.6. 해산과 청산

3.3.6. 해산과 청산
3.3.6.1. 해산
3.3.6.1.1. 합명회사의 해산사유 (제 227조)
- 존립기간의 만료 기타 정관으로 정한 사유의 발생,
- 총사원의 동의,
- 사원이 1인이 된 때,
- 합병,
- 파산,
- 법원의 해산명령(제176조) 또는 해산판결(제241조)

3.3.6.1.2. 해산등기
- 회사가 해산된 때에는 합병과 파산의 경우 외에는 그 해산사유가 있은 날로부터 본점소재지에서는 2주간 내, 지점소재지에서는 3주간 내에 해산등기를 하여야 한다(제228조)

3.3.6.1.3. 회사의 계속
- 존립기간의 만료 기타 정관으로 정한 사유의 발생, 또는 총사원의 동의에 의하여 해산한 경우에는 사원의 전부 또는 일부의 동의로 회사를 계속할 수 있음. 그러나 동의를 하지 아니한 사원은 퇴사한 것으로 봄.
- 사원이 1인이 됨으로써 해산하는 경우에도 새로 사원을 가입시켜 회사를 계속할 수 있음.
- 이 경우에 이미 회사의 해산등기를 하였을 때에는 본점 소재지에서는 2주간 내, 지점소재지에서는 3주간 내에 회사의 계속등기를 하여야 함.

3.3.6. 해산과 청산

3.3.6.2. 청산
3.3.6.2.1. 서
- 회사는 해산된 후에도 청산의 목적범위 내에서 존속하는 것으로 본다(제 245조)그리고 사실상 청산절차의 종결로써 권리능력이 소멸함.
- 임의청산(제247조)을 원칙으로 하고, 예외적으로 법정청산(제250조) 을 함.

3.3.6.2.2. 임의청산
(1) 임의청산의 의의
- 법정절차에 의하지 않고 정관 또는 총사원의 동의로써 정한 방법에 따라 회사재산을 처분하는 것

(2) 사유
- 회사 존립기간의 만료 기타 정관으로 정한 사유의 발생(제227조 1호)과 총사원의 동의(제 227조2호)에 의하여 회사가 해산하는 경우에만 인정됨.
- 회사의 사원이 1인이 된 때(제227조3호)와 법원의 해산명령 또는 해산판결에 의하여 해산한 때(227조 6호)에는 재산처분의 공정을 기하기 위하여 임의청산이 인정되지 않음(237조2항) → 법정청산(청산의 공정성을 기하기 위해)

(3) 채권자 보호절차
1) 회사채권자의 보호절차
- 회사는 해산사유가 있는 날로부터 2주 내에 재산목록과 대차대조표를 작성하고, 각 채권자에게 최고 후, 변제 또는 담보를 제공하거나 상당한 재산을 신탁회사에 신탁하여야 함
- 회사가 채권자보호절차를 위반하여 채권자를 해한 때에는 회사채권자는 그 처분의 취소를 법원에 청구할 수 있음(제248조①).
- 소는 취소원인을 안 날로부터 1년, 처분이 있은 날로부터 5년 내에 제기하여야 함
- 이러한 취소 및 원상회복은 모든 채권자의 이익을 위하여 효력이 있음

3.3.6. 해산과 청산

(4) 청산종결
1) 청산인의 임무종료(제 263조) : 청산인은 그 임무가 종료한 때에는 지체 없이 계산서를 작성하여 각 사원에게 교부하고 그 승인을 얻어야 함. 이 계산서를 받은 사원이 1월 내에 이의를 하지 아니한 때에는 그 계산을 승인한 것으로 봄. 그러나 청산인에게 부정행위가 있는 경우에는 그러하지 아니함.
2) 청산종결의 등기(제 264조) : 청산이 종결된 때에는 청산인은 청산인의 임무종료의 규정(제 263조)에 의한 총사원의 승인이 있은 날로부터 본점소재지에서는 2주간 내, 지점소재지에서는 3주간 내에 청산종결의 등기를 하여야 함.
3) 장부, 서류의 보존(제266조) : 회사의 장부와 영업 및 청산에 관한 중요서류는 본점소재지에서 청산종결의 등기를 한 후 10년간 이를 보존하여야 함. 다만, 전표 또는 이와 유사한 서류는 5년간 이를 보존하여야 함. 이 경우 총사원 과반수의 결의로 보존인과 보존방법을 정하여야 함.

3.3.6.2.3. 법정청산
- 법정청산이란 법정절차에 따라 하는 청산절차로서 정관 또는 총사원의 동의로 회사재산의 처분방법을 정하기 아니한 때에는, 합병과 파산의 경우를 제외하고 법정청산을 함

(1) 법정청산 사유
- 임의청산방법을 정하지 않은 경우이다(제250조). 회사의 사원이 1인으로 되어 해산한 때와 법원의 해산명령 또는 해산판결에 의하여 해산한 때에는 반드시 법정청산에 의함(제247조 2항).

(2)청산인
1) 청산인의 선임(제251조)
- 회사가 해산된 때에는 총사원과반수의 결의로 청산인을 선임함.
- 청산인의 선임이 없는 때에는 업무집행사원이 청산인이 됨.
- 회사의 사원이 1인으로 되어 해산한 때와 법원의 해산명령 또는 해산판결에 의하여 해산한 때에는 언제나 법원에 의하여 청산인이 선임됨(제252조)

3.3.6. 해산과 청산

2) 청산인의 해임(제261조, 제262조)
- 사원이 선임한 청산인은 총사원과반수의 결의로 해임할 수 있음.
- 청산인이 그 직무를 집행함에 현저하게 부적임하거나 중대한 임무에 위반한 행위가 있는 때에는 법원은 사원 기타의 이해관계인의 청구에 의하여 청산인을 해임할 수 있음.

3) 청산인의 의무와 책임
- 청산인은 선관주의의무를 부담하며, 회사와의 자기거래가 제한되나(제265조, 제199조), 경업피지의무는 부담하지 않음.
- 제 3자에게 가한 손해에 대하여 손해배상책임을 지고(제265조, 제210조), 회사 또는 제 3자에 대하여 임무형태로 인한 손해배상책임을 진다(제 265조, 제 399조, 제 401조)

(3) 청산사무
1) 재산목록 등 작성의무
- 청산인은 취임한 후 지체 없이 회사의 재산상태를 조사하고 재산목록과 대차대조표를 작성하여 각 사원에게 교부하여야 함.
- 청산인은 사원의 청구가 있는 때에는 언제든지 청산의 상황을 보고하여야 함.

2) 청산사무의 범위
- 청산사무의 범위는 현존사무의 종결, 채권의 추심과 채무의 변제, 재산의 환가처분, 잔여재산의 분배에 관한 것이다(제254조).
- 청산인이 회사의 영업의 전부 또는 일부를 양도함에는 총사원 과반수의 결의가 있어야 한다(제257조)
- 청산도중 파산원인을 발견한 때에는 파산선고를 신청하고 이를 공고하여야 함
- 회사의 현존재산이 그 채무를 변제함에 부족한 때에는 청산인은 변제기에 불구하고 각 사원에 대하여 출자를 청구할 수 있음

3.3.6. 해산과 청산

(4) 청산종결

1) 청산인의 임무종료(제 263조)

- 청산인은 그 임무가 종료한 때에는 지체 없이 계산서를 작성하여 각 사원에게 교부하고 그 승인을 얻어야 함. 이 계산서를 받은 사원이 1월 내에 이의를 하지 아니한 때에는 그 계산을 승인한 것으로 봄. 그러나 청산인에게 부정행위가 있는 경우에는 그러하지 아니함.

2) 청산종결의 등기(제 264조)

- 청산이 종결된 때에는 청산인은 청산인의 임무종료의 규정(제263조)에 의한 총사원의 승인이 있은 날로부터 본점소재지에서는 2주간 내, 지점 소재지에서는 3주간 내에 청산종결의 등기를 하여야 함.

3) 장부, 서류의 보존(제 266조)

- 회사의 장부와 영업 및 청산에 관한 중요서류는 본점소재지에서 청산종결의 등기를 한 후 10년간 이를 보존하여야 함. 다만, 전표 또는 이와 유사한 서류는 5년간 이를 보존하여야 함. 이 경우 총사원 과반수의 결의로 보존인과 보존방법을 정하여야 함.

제3편 회사법

3.4. 합자회사

3.4.1. 의의
3.4.2. 설립
3.4.3. 합자회사의 내부관계
3.4.5. 조직변경
3.4.6. 해산과 청산

3.4.1. 의의

3.4. 합 자 회 사
3.4.1. 의의
1. 합자회사의 의의
- 합자회사란 무한책임사원과 유한책임사원으로 구성된 회사를 말함.
- 무한책임사원은 합명회사의 사원과 같음
- 유한책임사원은 회사채권자에 대해 재산출자가액을 한도록 직접·연대책임을 짐
- 유한책임사원은 업무집행권이나 대표권은 없고 감시권만 있음
- 유한책임사원은 무한책임사원과는 달리 자연인임을 요하지 않으며, 회사도 그 목적범위 내에서 다른 합자회사의 유한책임사원이 될 수 있음.

2. 합자회사의 법률관계의 특질
- 합자회사는 경제적 기능면에서 보면 익명조합이나 조합과 거의 같음. 그러나 합자회사는 형식적 형태의 면에서 보면 사단법인이고 익명조합은 개인기업인 데 비해서 상업 조합은 형식적으로나 실질적으로나 조합이란 점에서 서로 다르다.

3.4.2. 설립

3.4.2. 설립
- 무한책임사원과 유한책임사원 각 1인 이상이 정관을 작성하고 설립등기함으로써 설립. 정관 및 등기사항에 사원의 책임의 종류와 유한책임사원에 관한 내용이 포함되는 것을 제외하고 합명회사와 동일(상270, 271)

3.4.2.1. 설립절차
- 합명회사의 설립절차는 합명회사의 경우와 같으나, 유한책임사원이 있기 때문에 정관의 절대적 기재사항과 등기사항에 다음과 같은 약간의 차이가 있을 뿐이다.
- 합명회사의 정관기재사항 외에 각 사원의 책임이 무한책임인가 또는 유한책임인가를 기재하여야 함.
- 합명회사의 등기사항 외에 각 사원의 책임이 무한책임인가 또는 유한책임인가를 등기하여야 함.

3.4.2.1.1. 설립절차의 특색
- 1인 이상의 무한책임사원 외에 1인 이상의 유한책임사원이 있어야 한다(제 268조, 제 269조, 제 178조).
- 정관에는 반드시 각 사원의 무한책임 또는 유한책임인 것을 기재하여야 함(제 270조).
- 상호에 반드시 합자회사의 문구를 사용하여야 함(제10조).

3.4.2.1.2. 합자회사와 합명회사의 설립의 차이
- 합자회사의 설립등기에 있어서는 합명회사 설립의 등기(제180조) 각호의 사항 외에 각 사원의 무한책임 또는 유한책임인 것을 등기하여야 함.

3.4.2.1.3. 입사

3.4.2.2. 설립하자
- 합자회사설립의 하자에도 설립무효의 소와 설립취소의 소가 인정됨(제269조, 제 184조~193조).
- 일정한 경우에는 무효나 취소의 판결이 확정된 경우에도 회사를 계속할 수 있음(제 269조, 제194조).

3.4.3. 합자회사의 내부관계

3.4.3. 합자회사의 내부관계
- 합자회사의 내부관계도 합명회사의 그것과 마찬가지로 임의규정이므로 강행법규에 위반되지 않는 한 정관으로 달리 정할 수 있음

1. 출 자
　┌ ① 무한책임사원 : 재산, 노무, 신용 가능
　└ ② 유한책임사원 : 금전 기타 재산만 가능(상272)

2. 사원자격
- 무한책임사원은 자연인만, 유한책임사원은 회사 기타 법인도 가능

3. 업무집행
1) 업무집행기관
① 무한책임사원 : 무한책임사원만이 업무집행기관이 될 수 있고, 유한책임사원은 회사의 업무집행이나 대표행위를 하지 못함.
② 유한책임사원 : 유한책임사원에게 업무집행권을 줄 수 있는가에 대하여 제 278조를 전단을 임의규정으로 보아 긍정하는 견해와 동조를 강행규정으로 보아 부정하는 견해가 대립하고 있음.

2) 업무집행의 방법
- 지배인의 선임과 해임은 업무집행사원이 있는 경우에도 무한책임사원 과반수의 결의에 의하여야 한다(제274조).

3) 업무 감시권
- 유한책임사원은 업무집행권이 없고, 따라서 경업금지의무도 없음. 그 대신 업무집행에 대한 감시권을 갖는다.

3.4.3. 합자회사의 내부관계

4. 경업피지의무와 자기거래의 금지(상275) : 유한책임사원은 적용 무

(1) 경업금지의무
- 무한책임사원은 다른 모든 사원의 동의가 없으면 경업피지의무를 부담(유한책임사원 X)

(2) 자기거래제한
- 무한책임사원은 원칙적으로 업무집행권이 있으므로, 다른 사원 과반수의 결의가 없으면 자기거래를 할 수 없음.

5. 손익의 분배
- 정관 또는 총사원의 결의에 의하여 달리 정하여진 바가 없으면 유한책임사원에게도 각 사원의 출자가격에 비례하여 손익이 분배됨.
- 다만 유한책임사원은 정관에 달리 정한 바가 없으면 출자가액을 한도로 하여서만 손실을 부담함.

6. 지분
- 무한책임사원의 지분의 양도에는 유한책임사원을 포함한 모든 사원의 동의를 요함.

(1) 지분의 양도
- 유한책임사원의 지분양도에는 무한책임사원만의 전원동의가 있으면 되고, 또 지분양도가 사원의 변동을 가져와서 정관변경을 하게 되는 경우도 같음.
- 유한책임사원의 지분은 상속도 가능하다. 상속인이 수인인 때에는 사원의 권리를 행사할 자 1인을 선정하여야 함. 정하지 아니한 때에는 회사의 통지 또는 최고는 그 중 1인에 대하여 하면 전원에 대하여 효력이 있음.

3.4.4. 합자회사의 외부관계

3.4.4. 합자회사의 외부관계

1. 대표기관
(1) 무한책임사원
- 합자회사의 대표기관은 원칙적으로 각 무한책임사원이다.
- 예외적으로 정관의 규정에 의하여 업무집행을 담당하는 각 무한책임사원이 회사 대표 가능

2) 유한책임사원
- 어떠한 경우에도 대표기관이 될 수 없음. 이는 강행규정이므로 달리 정할 수 없음.

2 대표의 방법
- 합명회사와 같음. 즉, 원칙적으로 각자대표이나, 예외적으로 정관 또는 총사원의 동의로 공동대표를 정할 수 있음.

2. 사원책임

2.1 무한책임사원의 책임 : 인적. 연대. 무한. 직접의 책임을 부담함.

2.2 유한책임사원의 책임
- 회사채권자에 대하여 인적. 연대. 유한. 직접의 책임을 부담함.
- 유한책임사원은 그 출자가액에서 이미 이행한 부분을 공제한 가액을 한도로 하여 회사채무를 변제할 책임이 있음.

3.4.4. 합자회사의 외부관계

2.3 사원의 책임의 변경
- 정관변경에 의하여 유한책임사원이 무한책임사원으로 변경된 경우에 그 사원은 합명회사의 신입사원의 가입과 같이 변경 저의 회사채무에 대하여 다른 무한책임사원과 동일한 책임을 진다.

2.4 자칭무한책임사원의 책임
- 유한책임사원이 타인에게 자기를 무한책임사원이라고 오인시키는 행위를 한 때에는 오인으로 인하여 회사와 거래를 한 자에 대하여 무한책임사원과 동일한 책임이 있음.

☞ 합자회사의 무한·유한책임사원의 지위 비교

	무한책임사원	유한책임사원
노무·신용출자	가	불가(재산출자만 가능)
업무집행권	유	무
업무감시권	유	유
대표권	유	무
경업피지의무	유	무
지분양도	다른 사원(총사원)의 동의	무한책임사원 동의
사원의 사망	퇴사원인(출자환급)	지분상속
사원의 금치산	퇴사원인	퇴사하지 않음
책임	무한	유한

3.4.5. 조직변경

3.4.5. 조직변경
3.4.5.1. 정관변경
- **총사원의 동의에 의하여 변경할 수 있음(제 269조,제204조). 이 규정은 임의규정이다.**

3.4.5.2. 사원변경
1. 무한책임사원은 합명회사와 동일
2. 유한책임사원
    (1) 사　망 : 퇴사원인이 아님, 상속인이 지분을 승계(283①) → 이 경우에 상속인이 수인인
       때에는 사원의 권리를 행사할 자 1인을 정하여야 함.
    (2) 금치산 : 퇴사원인이 아님
    (3) 지분양도 : 무한책임사원만의 동의로 가능(상276)
    (4) 사원의 지위변경에는 총사원의 동의가 필요

3.4.5.3. 합병
- 합자회사의 합병에는 합명회사의 합병에 관한 부분이 그대로 적용됨.

3.4.5. 조직변경

3.4.5.4. 조직변경 : 합자회사 → 합명회사
- 인적회사의 조직변경은 인적회사 상호간에서만 인정됨.
(1) 절차 : 합명회사에는 무한책임사원만 있으므로 합자회사가 합명회사로 조직변경하기 위해서
   는 유한책임사원을 무한책임사원으로 책임변경하든가 아니면 유한책임사원이 모두 퇴사하고
   무한책임사원만으로 회사를 계속하는 방식을 취하게 됨. 어느 경우이든 조직변경을 위해서는
   총사원의 동의가 필요하다.
(2) 채권자보호절차 : 합명회사로의 조직변경은 회사채권자에게는 유리하므로 특별한 채권자보
   호절차는 요구되지 아니함.

3.4.5.4.1. 조직변경의 의의

3.4.5.4.2. 채권자보호절차

3.4.6. 해산과 청산

3.4.6. 해산과 청산
1. 해산
   (1) 해산사유
   - 무한책임사원 또는 유한책임사원 전원이 퇴사한 때 해산(상285①) : 이 경우 잔존사원 전원의 동의로 새로운 무한(유한)책임사원을 가입시켜 회사의 계속 가능(상285②).
   - 유한책임사원이 전원 퇴사한 때, 합명회사로 조직변경가능(286②)
   (2) 나머지는 합명회사의 해산사유와 동일

2. 청산
   (1) 임의청산, 법정청산의 인정
   (2) 청산인 : 무한책임사원 과반수의 결의로 선임가능(287) → 선임하지 않으면 업무집행사원이 청산인이 됨
   (3) 청산절차는 합명회사와 동일

☞ 결의방법 및 결의사항

결의방법	결의사항	
	합명회사	합자회사
총사원의 동의	1. 회사의 합병 2. 조직변경 3. 정관의 변경 4. 회사의 해산 5. 영업양도 6. 임의청산 7. 공동대표에 관한 사항 8. 회사대표자의 선정	동일
총사원의 과반수	1. 지배인의 선임·해임	무한책임사원의 과반수
다른 사원의 동의	1. 경업거래의 승인 ----- 2. 지분의 양도 --------- 3. 회사의 계속 ---------	무한책임사원 동일, 유한책임사원 비적용 무한책임사원 동일, 유한책임사원은 무한책임사원전원의 동의 잔존한 사원 전원의 동의
다른 사원의 과반수	1. 사원의 자기거래 2. 개입권의 행사 3. 제명청구 4. 회사와 사원간의 소에 관한 대표사원 선임	무한책임사원동일(유한책임사원적용 없음) 무한.유한책임사원 모두 동일
단독사원권	업무집행사원의 권한상실선고	

제3편 회사법

3.5. 주 식 회 사

3.5.1. 주식회사의 의의
3.5.1.1. 주식회사의 의의
3.5.1.2. 주식회사법의 특색

3.5.2. 주식회사의 설립
3.5.2.1. 서설
3.5.2.2. 정관의 작성
3.5.2.3. 기타 실체형성 절차
3.5.2.4. 설립등기
3.5.2.5. 설립하자 : 설립무효의소
3.5.2.6. 설립에 관한 책임

☞ 주식회사의 서술체계

대분류	소분류	
일반	주식회사 총설	3.5.1.
설립	주식회사의 설립	3.5.2.
주식	주식의 일반	3.5.3.
	주식관련 제도(양도/담보/소각/교환·이전)	3.5.4.
주주	주주의 지위	3.5.5.
기관	총설	3.5.6.
	주주총회	3.5.7.
	이사회·대표이사	3.5.8.
	감사·감사위원회	3.5.8.
	기타 기관(검사인/준법감시인)	3.5.9.
자본 및 계산	총설	3.5.10.
	신주발행	3.5.11.
	사채	3.5.12.
	계산제도	3.5.13.
변경사항	총설	3.5.14.
	정관의 변경	3.5.15.
	자본감소	3.5.16.
	조직변경	3.5.17.
	회사합병	3.5.18.
	회사분할	3.5.19.
	해산·청산	3.5.20.
	회사정리	3.5.21.

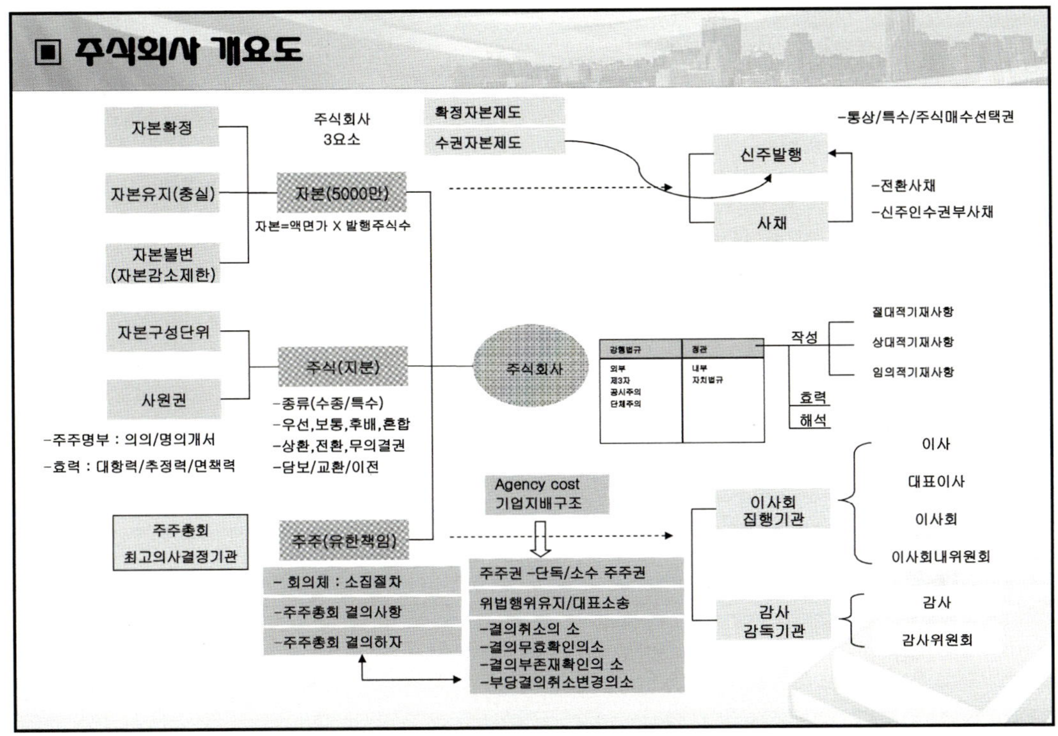

3.5.1. 주식회사의 의의

3.5. 주 식 회 사
3.5.1. 주식회사의 의의
3.5.1.1. 주식회사의 의의
- 주식회사란 주식으로 분할된 일정한 자본에 대하여 지분을 가지고 있는 주주가 주식의 인수가액을 한도로
  출자의무를 부담하는 자본, 주식, 주주의 유한책임 등 세가지 특질을 본질적 요소(주식회사 개념의 3요소)
  로 하는 회사

3.5.1.1.1. 자본
(1) 자본의 의의 : 자본이란 회사채권자를 위해 회사가 보유하여야 할 책임재산의 최저한도로서 회사가 발행
  한 주식의 액면총액(상451) [자본 = 1주 액면가액 * 발행주식총수]
(2) 자본의 기능 : 자본은 회사의 채권자에게 유일한 담보역할 → 자본에 관한 원칙의 중요성
(3) 자본의 규모 : 최저 5,000만원, 최고자본에 대하여는 제한이 없음
(4) 자본에 관한 입법례 (상법은 수권자본제도에 확정자본제도를 가미)

	확 정 자 본 제 도(총액인수주의)	수 권 자 본 제 도(창립주의)
채 택	대륙법계	영미법계
자본확정	설립시 정관에 기재한 자본 전액 확정	설립시 정관에 기재한 자본중 일부만 확정
장 점	자본충실 + 채권자보호	자금조달용이 + 회사설립용이
증 자	정관변경	정관변경×
신주발행	주총특별결의	수권범위내에서 이사회결의

3.5.1. 주식회사의 의의

(4) 자본에 관한 원칙
  1) 자본확정의 원칙
  - 회사설립당시에 자본이 정관에 확정되고, 그 자본액에 대한 주식인수도 확정되어야 한다는 원칙
  ① 설립시 정관에 자본총액이 기재되고, 자본액의 전부에 대한 인수가 확정되어야 함
  ② 정관에 발행예정주식총수와 설립시 발행할 주식총수(발행예정주식총수의 ¼이상) 기재
  ③ 상법상 수권자본제도가 채택되도 설립시 발행할 주식수 내에서 자본확정의 원칙이 존속

  2) 자본유지의 원칙(자본충실의 원칙)
  ① 회사는 자본에 상당하는 재산을 현실적으로 확보하고 있어야 함(회사채권자보호)
  ② 상법상의 제도(납입의 충실화와 이익배당의 제한)

  - 주식의 액면미달발행금지(상330),   - 주식인수가액의 전액납입주의(상305)
  - 주금액 납입에 대한 상계금지(상334),   - 변태설립에 대한 감독(상310, 314)
  - 주식인수의 무효·취소의 제한(상320, 427), - 사후설립에 대한 규제(상375)
  - 주금액 납입강제(상307)   - 자기주식의 취득 및 질취 제한(상341)
  - 이익배당의 제한(상462①),   - 위법배당금의 반환청구(상462②)
  - 법정준비금 제도(상458)

3.5.1. 주식회사의 의의

3) 자본불변의 원칙
① 엄격한 절차에 의하지 않고는 자본액을 변경시킬 수 없다는 원칙
② 현행 상법상 증자는 이사회 결의사항이므로, 자본감소에만 적용(<u>자본감소제한의 원칙</u>) → 법정절차를 밟아도 5천만원 이하로 자본감소 불가
※ 유한회사
 - 자본확정의 원칙 : 정관에 자본총액 기재 + 설립전 전액납입
 - 자본충실의 원칙 : 재무제표 승인, 자산평가방법 및 이익배당 등에 있어 주식회사법 준용
 - 자본불변의 원칙 : 자본증감이 정관변경사항
※ 인적회사 → 무한책임사원의 존재, 회사의 소규모로 인해 자본의 일반원칙 적용 불필요
☞ 수권자본제도 하에서의 자본의 개념
    ① 수권자본 : 회사가 발행할 주식의 액면 총액(정관기재)
    ② 설립자본 : 회사설립시 발행하는 자본, 상법상 수권자본의 1/4 이상
    ③ 발행자본 : 회사가 발행한 주식의 액면총액, 일반적은 자본은 발행자본 의미
    ④ 미발행자본 : 수권자본에서 발행자본을 제외한 것(이사회 결의에 의해)
    ⑤ 최저자본 : 상법상 설립자본의 최저한도액으로서 5,000만원 이상

3.5.1.1.2. 주식
    ① 자본의 구성단위인 금액, ② 사원권(주주권; 회사에 대한 사원의 지위 또는 자격)

3.5.1. 주식회사의 의의

3.5.1.1.3. 주주의 유한책임
- 주주는 회사에 대하여 주식의 인수가액을 한도로 책임(상331)
- 주주는 회사에 대하여서만 책임을 부담하고, 회사의 채권자 등 제3자에 대하여는 아무런 책임이 없음(간접유한책임) ←→ 합명회사·합자회사의 사원은 직접유한책임
- 주주의 유한책임은 주식회사의 본질에 관한 것이므로 정관 또는 주주총회의 결의로 이와 달리 정할 수 없음
- 그러나 주주의 의사에 반하여 주식의 인수가액을 초과하는 새로운 부담을 시킬 수 없다는 취지에 불과하고 주주들의 동의가 있으면 회사채무를 주주들이 분담하는 것은 가능

3.5.1. 주식회사의 의의

3.5.1.2. 주식회사법의 특색
3.5.1.2.1. 강행법규성
- 회사채권자와 일반주주 및 공익보호를 위해 회사의 내부 및 외부관계를 강행법규로 규정

3.5.1.2.2. 공시주의 강화
- 이해관계인이 광범위하기 때문에 회사의 재산상태 기타 중요 사항을 공시하도록 하여 주주와 회사채권자를 불측의 손해로부터 보호
- 회사등기, 재무제표 공시, 대차대조표 공고 등 공시주의 채택

3.5.1.2.3. 단체주의
- 법률관계의 집단적(획일적) 처리 → 회사법상 소
※회사법상 소송은 그 판결에 대세적 효력이 있어 판결의 효과가 제3자에게도 동일하게 효력
- 주식회사는 다수의 출자자로 형성되어 있어 법률관계의 집단적 처리가 요청되어 일반소송과 달리 소송결과를 획일적으로 처리함 → 상법은 회사의 설립, 주주총회의 결의, 신주발행, 자본감소 또는 합병 등이 위법인 경우에 그 무효를 획일적으로 처리하기 위하여 소송에 의함

3.5.1.2.4. 민사·형사 제재
- 이해관계인을 보호하기 위하여 손해배상 이외에도 벌칙규정을 두고 있음

3.5.1.2.5. 국가기관의 관여
- 법원에 의한 검사인 선임 등

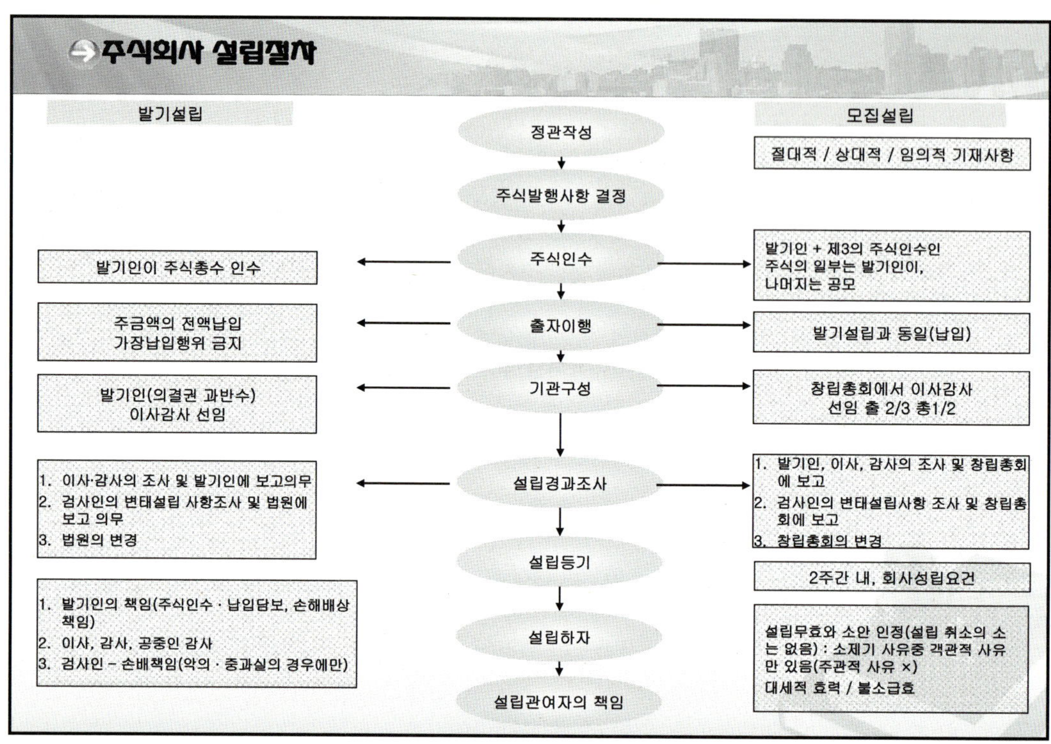
주식회사 설립절차
발기설립
모집설립
정관작성
절대적 / 상대적 / 임의적 기재사항
주식발행사항 결정
주식인수
발기인이 주식총수 인수
발기인 + 제3의 주식인수인
주식의 일부는 발기인이,
나머지는 공모
출자이행
주금액의 전액납입
가장납입행위 금지
발기설립과 동일(납입)
기관구성
발기인(의결권 과반수)
이사감사 선임
창립총회에서 이사감사
선임 출 2/3 총1/2
설립경과조사
1. 이사·감사의 조사 및 발기인에 보고의무
2. 검사인의 변태설립 사항조사 및 법원에 보고 의무
3. 법원의 변경
1. 발기인, 이사, 감사의 조사 및 창립총회에 보고
2. 검사인의 변태설립사항 조사 및 창립총회에 보고
3. 창립총회의 변경
설립등기
2주간 내, 회사성립요건
설립하자
1. 발기인의 책임(주식인수·납입담보, 손해배상책임)
2. 이사, 감사, 공중인 감사
3. 검사인 – 손배책임(악의·중과실의 경우에만)
설립무효와 소안 인정(설립 취소의 소는 없음) : 소제기 사유중 객관적 사유만 있음(주관적 사유 ×)
대세적 효력 / 불소급효
설립관여자의 책임

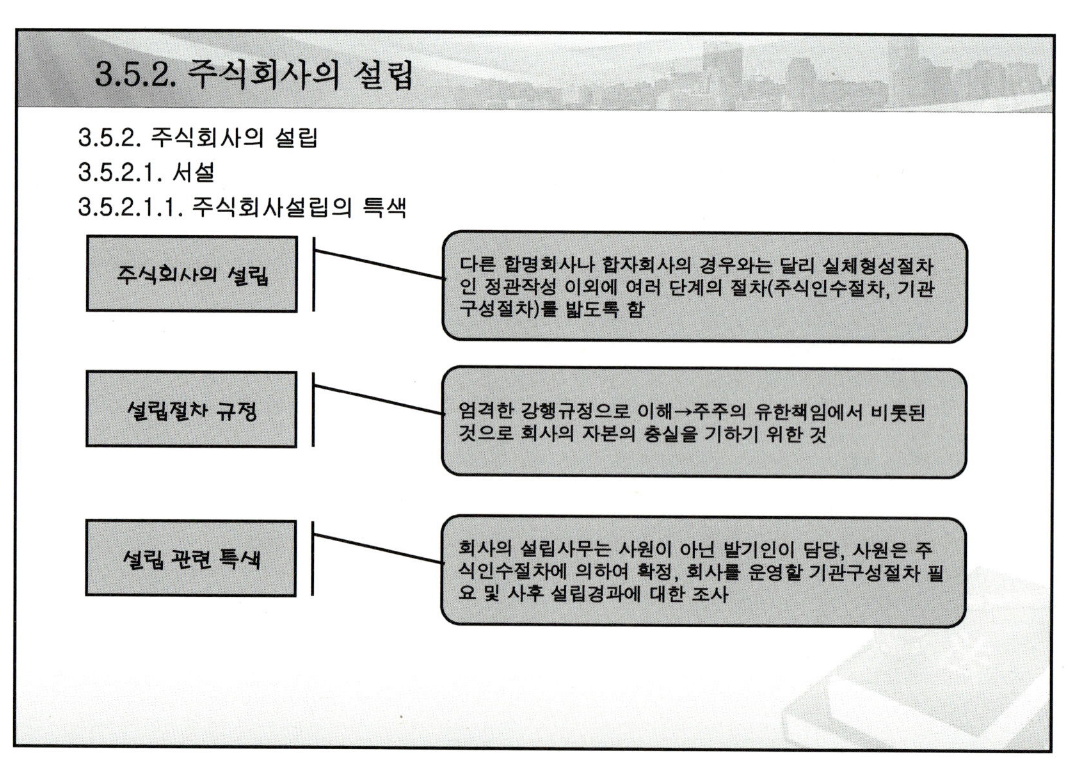
3.5.2. 주식회사의 설립
3.5.2. 주식회사의 설립
3.5.2.1. 서설
3.5.2.1.1. 주식회사설립의 특색
주식회사의 설립
다른 합명회사나 합자회사의 경우와는 달리 실체형성절차인 정관작성 이외에 여러 단계의 절차(주식인수절차, 기관구성절차)를 밟도록 함
설립절차 규정
엄격한 강행규정으로 이해→주주의 유한책임에서 비롯된 것으로 회사의 자본의 충실을 기하기 위한 것
설립 관련 특색
회사의 설립사무는 사원이 아닌 발기인이 담당, 사원은 주식인수절차에 의하여 확정, 회사를 운영할 기관구성절차 필요 및 사후 설립경과에 대한 조사

3.5.2. 주식회사의 설립

3.5.2.1.2. 주식회사 설립의 방법
(1) 발기설립·모집설립

발기설립 — 설립 시에 발생하는 주식의 전부를 발기인이 인수하여 회사를 설립하는 방법

모집설립 — 설립 시에 발행하는 주식 중 그 일부는 발기인이 인수하고 나머지 주식은 주주를 모집하여 회사를 설립하는 방법

(2) 발기설립·모집설립의 차이

	발기설립	모집설립
주식인수	발기인들이 주식을 전부인수(293) → 설립중의 회사 구성원 : 발기인	발기인이 일부 인수 나머지 주주모집(301) → 설립중의 회사구성원 : 발기인 + 주식인수인(설립중 회사에의 입사계약)
	발기인의 주식인수는 서면에 의하고, 구두인수는 무효	
납입장소	납입 이행장소는 은행 기타 금융기관(295 ①) : 제한(X)	주식청약서에 기재된 은행 기타 금융기관(305 ②, 302 ② ix)

☞ 발기설립과 모집설립의 차이

	발기설립	모집설립
납입해태	채무불이행에 의한 강제집행	주식인수인의 납입해태→실권절차(307) 채무불이행에 의한 강제집행
창립총회	불필요	필요(308, 316)
이사·감사 선임	발기인조합에서 선임; 발기인의 의결권의 과반수로 선임(296 ①)	창립총회에서 선임; 출석한 주식인수인의 의결권의 2/3 이상이며, 인수된 주식총수의 과반수(309, 312)
설립경과	변태설립사항이 없는 경우 : 발기인조합에서 선임한 이사감사의 내부조사, 발기인에게 조사보고 변태설립이 있는 경우: 이사의 청구로, 법원이 선임한 검사인 또는 공증인·감정인 등이 외부조사를 하여 법원에 보고(298, 299의 2, 299 ①) → 법원변경권	변태설립사항이 없는 경우: 창립총회에서 선임한 이사감사 내부조사, 창립총회에 조사 보고 변태설립이 있는 경우: 발기인의 청구로(310), 법원이 선임한 검사인 또는 공증인·감정인 등이 외부조사를 하여 창립총회에 보고 → 창립총회의 변경권(314)
조사(일반)	이사 · 감사 -> 발기인 조합	이사 · 감사 -> 창립총회
조사(변태설립사항)	검사인 -> 법원	검사인 -> 창립총회
원시정관변경	발기인 전원의 동의와 공증인의 인증	창립총회의 결의로 변경, 공증인의 인증 불필요

3.5.2. 주식회사의 설립-발기인/발기인 조합

I. 서설

1. 주식회사의 설립의 특색 : 설립절차 복잡(다수의 주주, 자본적 결합, 주주의 유한책임)

2. 설립절차
(1) 발기인 → 정관작성 → 회사의 실체구성 → 설립등기
※ 회사의 실체구성단계에서 주주확정(사단성), 자본확정(재단성), 기관선임(법인성)이 이루어짐
※ ―― 인적회사 → 설립절차 간단 (∵소수 사원의 연대, 직접, 무한책임)
　　―― 물적회사 → 설립절차 복잡 (∵다수주주의 자본적 연합, 주주 유한책임)

3. 최저자본금제도
 ― 최저자본금 5천만원 이상(상329①), → 회사의 성립요건이며, 존속요건
　 ※ 자본감소시에도 5천만원 이하로 감소하지 못함
　 ※ 유한회사 → 1천만원 이상

II. 발기인 · 발기인조합 · 설립중 회사

1. 발기인 : 설립을 주관하는 자로, 발기인으로서 정관에 기명날인·서명한 자(상289①)
① 1인이상의 발기인이 정관에 기명날인 또는 서명(상288)
― 발기인의 여부: 회사설립 사무에 종사하는지 여부에 관계없이 정관에 발기인으로
　기명날인 또는 서명되어 있는가를 기준
※ 회사분할의 경우 분할하는 회사의 출자만으로도 회사설립가능

3.5.2. 주식회사의 설립-발기인/발기인 조합

② 자격 : 제한× → 자연인, 법인, 외국인, 무능력자, 미성년자 기타 무능력자도 가능 (단, 미성년자 기타 무능력자의 경우 민법상의 요건을 갖추어야 함). 발기인의 수도 제한없음
③ 의무·책임
 발기인의 의무: 설립사무와 관련하여 주식인수의무·의사록작성의무 등 부담
　　→ 서면으로 1주 이상의 주식 인수
― 발기인의 책임: 주식의 인수 및 납입담보책임·임무해태로 인한 손해배상책임 등
④ 권한 → 설립준비행위로 한정
※개업준비행위도 가능(판례) → 회사성립후 가능한 이사의 업무행위
⑤ 유사발기인 : 주식청약서, 기타 주식모집에 관한 서면에 성명과 회사설립을 찬조한다는
　　뜻의 기재를 승낙한 자

3.5.2. 주식회사의 설립-발기인/발기인 조합

2. 발기인조합 : 정관에 기명날인 또는 서명한 발기인으로 구성된 민법상 조합의 일종
① 발기인 과반수로 설립에 관한 업무수행
　※ 발기인 전원의 동의 : 정관작성, 발행주식의 수와 종류 결정, 액면이상의 주식을 발행
　　할 경우 그 수와 금액 결정, 발기인이 인수할 주식수
　※ 이사·감사 선임 → 발기인총회에서 주식인수인의 인수주식수에 따른 결의로 선임
② 해산 : 회사의 유효한 성립 또는 설립불가로 소멸
③ 설립중 회사와의 관계 : 설립후의 회사에로 귀속됨. 大判 1994. 01. 28, 93다50215
설립중의 회사라 함은 주식회사의 설립과정에서 발기인이 회사의 설립을 위하여 필요한 행위로 인하여 취득하게 된
권리의무가 회사의 설립과 동시에 그 설립된 회사에 귀속되는 관계를 설명하기 위한 강학상의 개념으로서 정관이 작
성되고 발기인이 적어도 1주 이상의 주식을 인수하였을 때 비로소 성립하는 것이고, 이러한 설립중의 회사로서의 실
체가 갖추어 지기 이전에 발기인이 취득한 권리, 의무는 구체적 사정에 따라 발기인 개인 또는 발기인조합에 귀속되는
것으로서 이들에게 귀속된 권리의무를 설립 후의 회사에 귀속시키기 위해서는 양수나 채무인수 등의 특별한 이전행위
가 있어야 함.

3. 설립중의 회사
① 회사성립전, 설립경과중에 있는 미완성의 회사 → 법인격없는 사단
② 발기인이 행한 행위들의 귀속주체
③ 정관작성후 발기인이 1주 이상 주식인수시 창설
④ 회사성립으로 권리의무가 포괄적으로 이전
⑤ 회사불성립시 목적달성불능으로 해산
　※ 발기인은 대내적으로 발기인조합의 일원이며, 대외적으로 설립중의 회사의 기관의 지위를 가
　진다.

3.5.2. 주식회사의 설립-설립중의 회사

Ⅰ. 서설
1. 의의 : 회사설립에 착수하여 어느 정도 회사의 실체가 이루어졌을 때부터 설립등기에 이르기까지
　의 단계에 대해 사회적 실재성을 인정한 것

2. 취지 : 회사의 설립과정에서 발기인이 회사설립을 위해 취득한 권리.의무가 발기인에게 귀속되지
　않고 성립 후 회사에 귀속되는 관계를 설명하기 위해 인정된다(강학상의 개념) → 동일성설

3. 성질
- 법인격 없는 사단설(권리능력 없는 사단설)(다수설, 판례) : 발기인은 집행기관으로서 발기인이 회
　사를 위하여 취득한 권리·의무는 회사의 성립과 동시에 특별한 이전이나 승계없이 당연히 귀속
- 설립중 법인설

Ⅱ. 성립시기

1. 학설
　(1) 정관작성시설 : 이미 정관작성시에 구성원의 일부(발기인)는 확정되므로
　(2) 1주 이상 인수시설 (다수설, 판례) : 발기인이 정관을 작성하고 발기인이 1주 이상의 주식을
　　인수한 때(정관작성만으로는 구성원의 일부도 확정되지 않으므로)
　(3) 총액인수시설 : 주식회사의 설립도 총액인수를 전제로 하므로

2. 판례 : 1주 이상 인수시설(대판 1985.7.23, 84누678)

3.5.2. 주식회사의 설립-설립중의 회사

III. 법률관계(권리능력 없는 사단)

1. 내부관계
    (1)창립총회 :
    - 창립총회는 모집설립의 경우에만 있는 기관
    - 소집절차 등에 관하여 주주총회 준용(§308②). 다만 의결정족수는 항상 출석의결권의 2/3 이상 + 인수된 주식총수의 과반수(§309)
    - 창립총회는 설립중 회사의 최고의 의결기관으로서 회사의 설립폐지를 포함한 회사의 설립에 관한 모든 사항을 결의가능

    (2) 업무집행기관 :
    - 발기인. 발기인은 그의 권한 범위내에서 회사의 설립에 필요한 정관작성·주식인수절차·출자이행절차·기관구성절차 등 모든 실체형성절차를 할 권리와 의무를 가짐
    - 발기인 전원의 과반수로 결정(民法 §706②)
    - 중요한 업무(§291), 기본구조(정관.발기인 등)변경은 발기인 전원 동의
    - 이사·감사는 감사기관(§313)

    (3) 감사기관
    - 감사기관은 발기인 또는 창립총회가 선임한 이사와 감사임
    - 이사와 감사는 설립에 관한 사항을 조사하여 발기설립의 경우에는 발기인에게, 모집설립의 경우에는 창립총회에 보고하여야 함

2. 외부관계
(1) 능력 : 민소법상 당사자능력(민소법 §48), 부등법상 등기능력(부등법 §30) 인정
(2) 대표 : 발기인, 대표발기인
(3) 책임
- 설립중회사는 권리능력이 없으므로 주식인수인·발기인이 책임부담
- 주식인수인 : 인수 주식의 가액의 범위 내에서 채무를 준총유(§278)
- 발기인 : 회사의 불성립에 대해 연대하여 무한책임(§326(회사불성립의 책임) 유추적용)

IV. 권리의무의 이전
1. 서설 : 제3자 보호와 설립후 회사의 이익보호의 조화, 별도의 이전행위 불요
    (1) 동일성설
    1) 요건 : 설립중 회사의 기관으로서 한 행위, 권한 범위 내의 행위
    2) 효과 : 별도의 이전행위 없이도 설립 후 회사에 효력이 미침
    (2) 차액책임이론
    1) 의의 : 회사의 채무가 자본보다 큰 경우 주주 등의 책임 인정
    2) 비판 : 실정법상 근거 없고, 유한책임에 반함, §322②의 발기인 책임으로 구제

2. 권리·의무의 당연이전의 요건
1) 형식적 요건 : 발기인은 설립중의 회사의 명의로 행위를 하였을 것
2) 실질적 요건 : 발기인이 설립중의 회사의 기관으로서 그의 권한 범위내에서 행위를 하였을 것

3. 발기인지위 : 발기인개인, 발기인조합의 조합원, 설립중 회사의 기관
    (1) 발기인의 3지위 중 설립중 회사의 기관으로서의 지위에서 행해야 함
    (2) '발기인대표'라는 명칭을 사용한 경우 : 당사자의 의사해석 필요
        判例 : 회사로서의 '실체가 갖추어지기 이전'에 발기인이 취득한 권리의무는 발기인 개인이나 발기인조합에 귀속

4. 발기인의 권한
(1) 학설
    1) 최협의설 : 회사설립에 직접 필요한 행위
    2) 협의설 : 회사설립을 위해 법률상·경제상 필요한 행위도 포함
    3) 광의설 : 회사성립 후의 개업을 위한 준비행위도 포함, 2설 + 개업준비비용
(2) 판례 : '자동차조립계약'에 대한 판례에서 광의설 채택

5. 성립 후 발기인의 권한 범위 외의 행위에 대한 회사의 추인 가능성 : 창립총회는 추인 불가
    (1) 긍정설 : 발기인과 거래한 제3자보호 위해(무권대리설), 표현대리 규정 준용
        1) 동일내용의 계약을 체결하는 방식
        2) 사후설립의 경우를 유추적용(주총특별결의)
    (2) 부정설 : 회사의 보호 위해(무효설)
        변태설립사항을 규정한 §290의 탈법행위의 우려 및 명문의 규정이 없으므로
6. 창립총회의 추인가능성(추인긍정설에서) : 회사조직이 미완성이며 자본충실위해 不可하며, 반드시
   주주총회에서 하여야 함(학설대립)

☞ (判例)설립중회사
    설립중의 회사라 함은 정관이 작성되고 발기인이 적어도 1주 이상의 주식을 인수하였을 때 비로소 성립하는 것이고 이러한 설립중의 회사로서의 실체가 갖추어지기 이전에 발기인이 취득한 권리의무는 구체적 사정에 따라 발기인 개인 또는 발기인 조합에 귀속되는 것으로서 이들에게 귀속된 권리의무를 설립 후의 회사에 귀속시키기 위하여는 양수나 채무인수 등의 특별한 이전행위가 있어야 할 것임.

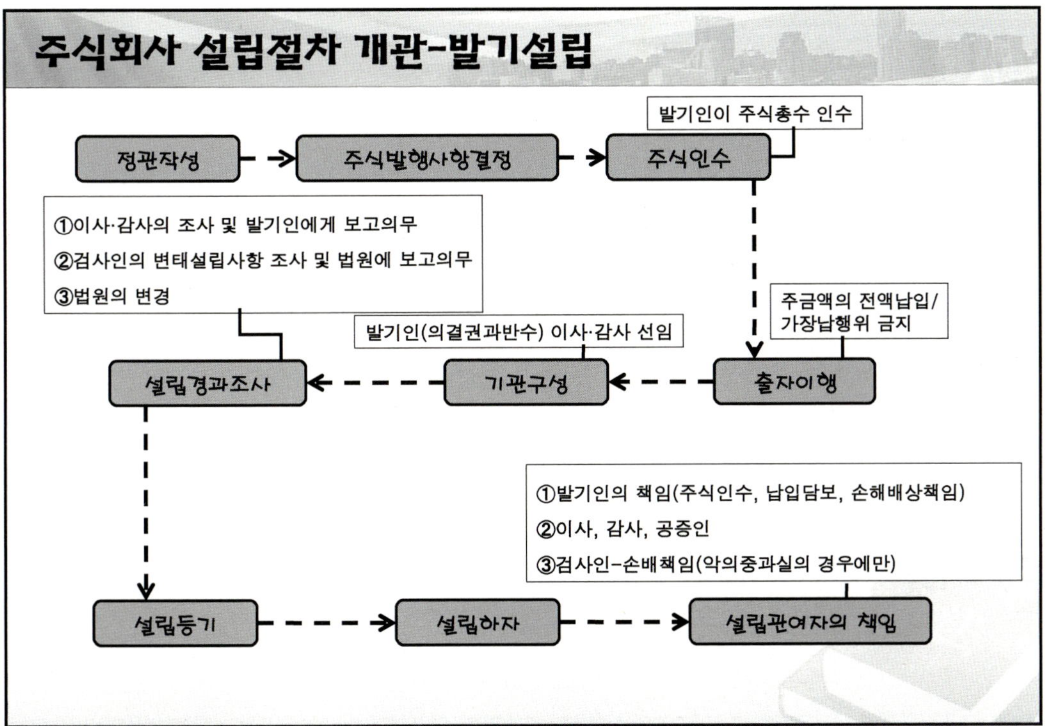

주식회사 설립절차 개관-발기설립

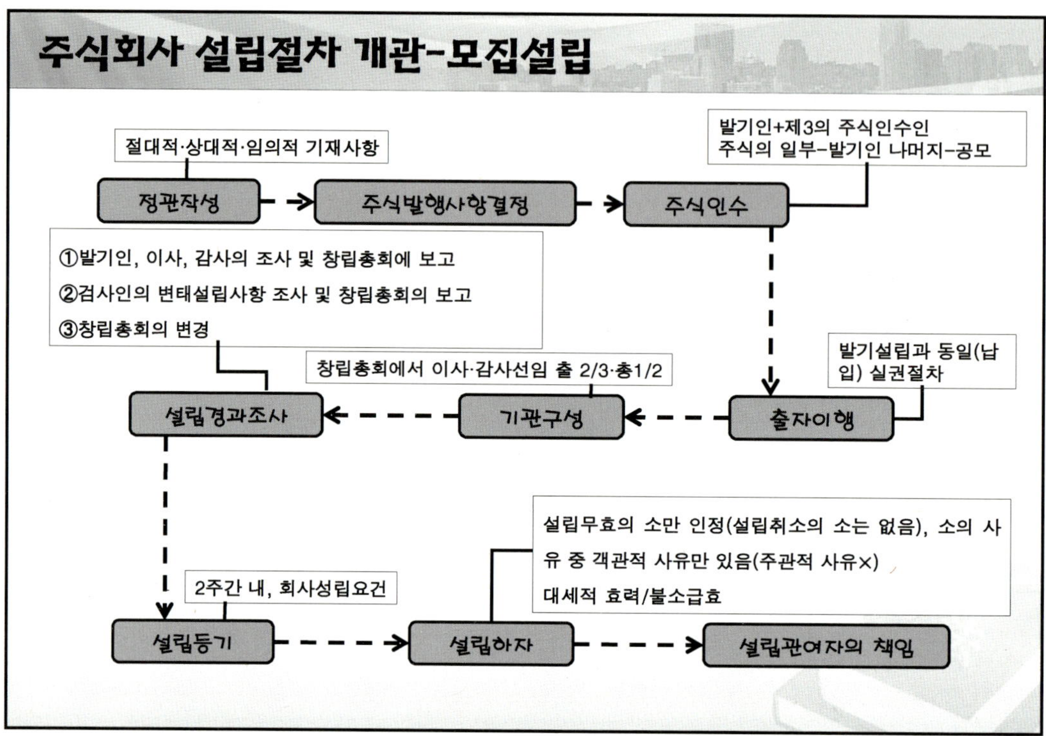

3.5.2.2. 정관의 작성
3.5.2.2.1. 정관의 의의
1. 정관의 의의
- 실질적: 회사의 조직과 활동에 관하여 규정한 근본규칙
- 형식적: 회사의 조직과 활동에 관하여 근본규칙을 기재한 서면
- 정관은 회사의 자치법규로써 그 내용이 법령의 강행법규에 반하지 않는 한 발기인뿐만 아니라 회사의 주주 및 기관을 구속하는 효력이 있음
2. 정관의 법적 성질
- 자치법설 : 단체의 자치법규로 이해하는 설(다수설; 판례)
- 계약설 : 소수설
3. 정관의 종류
- 원시정관: 회사설립 시에 작성된 최초의 정관
- 변경정관: 원시정관 후 변경된 정관

3.5.2.2.2. 정관의 작성
　(1) 정관작성의 방법
　　1) 발기인이 작성 : 발기인의 기명날인·서명, 공증인의 인증으로 효력발생(상292)
　　2) 정관의 변경 : 원시정관의 변경에는 공증인 인증이 필요하나, 창립총회에서의 변경 또는 회사성립후의 변경에는 공증인 인증이 불필요

3.5.2. 주식회사의 설립

(2) 정관의 기재사항
(1) 절대적 기재사항 : 법률이 그 기재를 절대적으로 요구하는 사항으로 그 기재가 없는 경우 정관무효 및
회사 설립무효 원인 사항

목적	회사가 목적하는 사업으로 구체적으로 기재 영리를 목적으로 하나 강행법규나 사회질서에 반하여서는 안 됨
상호	회사의 명칭, 반드시 주식회사라는 문자사용
회사가 발행할 주식의 총수	수권주식총수, 회사의 설립 시에 발행하는 주식의 총수: 수권주식총수는 1/4이상, 최저자본: 5,000만 원
1주의 금액	1주의 금액은 100원 이상으로 균일 (무액면주식은 증권투자회사(Mutual Fund)에서 인정)
회사의 설립 시에 발행하는 주식의 총수	수권주식총수의 1/4이상, 자본은 5,000만 원 이상
본점의 소재지	주된 영업소, 회사의 주소지이기 때문에 정관에 기재
회사가 공고를 하는 방법	주주와 회사채권자 기타의 이해 관계자를 보호하기 위한 것 회사가 공고를 하는 관보 또는 일간신문 중에서 특정하여 기재
발기인의 성명·주민등록번호 및 주소	발기인은 설립관여자의 책임을 지고 주식을 인수하여야 하는 등의 의무를 부담→책임의 소재를 확실하게 하기 위한 것

3.5.2. 주식회사의 설립

(2) 상대적 기재사항 : 정관에 기재하지 않더라도 정관 자체의 효력에는 영향이 없으나 상법에 규정된 것으로 정관
에 기재하면 효력 발생하는 사항
　① 변태설립사항 : 정관에 기재하여야 효력발생, 주식청약서에도 기재, 법원의 선임한 검사인
　② 기타 :
　- 수종의 주식(상344), 　　　 - 무기명주권의 발행(상357), 　　　 - 전환주식의 발행(상346),
　- 상환주식의 발행(상345), 　　 - 의결권없는 주식 발행(상370), 　 - 주식의 이익소각(상343),
　- 주주총회에 의한 대표이사의 선임(상389), 　　　 - 주주총회 보통결의요건의 완화(상 368)
　- 주주총회의 보통결의 요건의 완화(상368), 　　 - 이사회 소집통지기간의 단축(상 390)
　- 제3자에 대한 신주인수권 인정(상 418) 　　 - 이사, 감사의 임기연장(410)
　- 감사선임의 경우에 의결권제한 비율인하(상 409) 　 - 건설이자의 배당(상 463)

(3) 임의적 기재사항 : 상법에 규정이 없어도 기재로 효력이 발생하는 기재사항
　- 강행법규에 위반하지 않는 범위 내에서 기재하면 법률에 우선하여 효력발생
　- 주식발행사항, 주식매수선택권의 부여, 수종의 주식을 발행하는 경우, 무기명주권의 발행, 이상의 임기의 연장,
　　이사의 보수, 이사회의 화상회의 배제, 건설이자의 배당, 총회에 의한 전환사채발행결정 등이 있음

3.5.2.2.2. 정관의 효력
　(1) 대내적 효력 : 회사의 자치법규로서 강행법규에 반하지 않는 한 주주 및 기관을 구속
　(2) 대외적(제3자에 대한) 효력 : 정관의 내용이 제3자에게 직접적으로 효력을 미치지 않음

3.5.2.2.3. 정관의 해석
　- 객관적인 기준에 따라 그 규범적인 의미내용을 확정하는 법규해석의 방법으로 해석되어야 함
　- 작성자의 주관이나 사원 다수결에 의한 방법으로 자의적으로 해석될 수는 없음

▣ 변태설립사항

◆ 변태설립사항(상290)
- 주식회사의 자본충실을 위태롭게 할 수 있는 사항
- 모집설립의 경우 주식청약서에 변태설립사항 기재
- 발기설립의 경우 법원이 선임한 검사인의 조사를 받아야 함
- 변태설립사항이 부당할 때 발기설립의 경우 법원이 내용 변경, 모집설립의 경우 창립총회에서 변경

(1) 발기인이 받을 특별이익 : 회사의 설립에 대한 공로로 발기인의 일부 또는 전부에게 인정하는 재산적
   이익(주식과는 별개의 권리로서 주식과 분리하여 특별이익만 양도하는 것도 가능)
   * 특별이익의 한계
    - 자본충실의 원칙에 반하는 것(납입의 면제, 무상주의교부 등 허용×)
    - 주주평등의 원칙에 반하는 것(의결권에 대한 특혜, 이익 배당률의 차등 허용×)
    - 이사·감사 등 임원의 지위 보장(임원: 주주총회의 결의로 선임)

(2) 현물출자 : 현물출자를 하는 자의 성명과 그 목적인 재산의 종류·수량·가격과 이에 대하여 부여할
   주식의 종류와 수(금전 이외의 재산적 가치가 있는 모든 것이 가능(동산·부동산, 특허권 등 노무나 신
   용은 불가, 현물출자자에 제한이 없음)
      ※ 신주발행시 현물출자는 이사회 결의사항으로 정관에 기재없어도 가능하나, 법원이 선임한 검사
        인 조사는 필요
      ※ 현물출자의 미이행(부당평가의 경우도 마찬가지임)
           중대한 경우 : 설립무효/정관변경하여 속행 → 현물출자가 무효가 됨
           경미한 경우 : 자본충실책임으로 대체
      ※ 정관미기재 : 설립무효사유

▣ 변태설립사항

(3) 재산인수 : 재산인수란 발기인이 회사의 성립을 조건으로 하여 회사를 위하여 특정인으로부터 금전
   이외의 재산을 회사가 양수하기로 약정하는 계약.
      - 회사성립후에 양수할 것을 약정한 재산의 종류·수량·가격과 그 양도인의 성명
      - 재산인수계약과 정관미기재 : 무효(통설, 判例)
      - 정관규정없는 재산인수계약의 추인가능성
          1) 추인부정설(다수설) : 자본충실의 도모라는 법 §290의 취지, 추인의 실정법적 근거 X
          2) 추인긍정설 : 발기인의 무권대리행위로 보아 민법 §130이하의 무권대리규정 적용
          ① 제1설 : 사후설립의 경우를 유추적용하여 주총 특별결의로 추인한다는 견해
          ② 제2설 : 성립후 회사가 동일한 계약 체결하여 추인할 수 있음은 견해
          - 判例 : 정관규정 없는 재산인수는 무효이나 동시에 사후설립에 해당하면 추인 가능
      현물출자에 따른 번잡함을 피하기 위하여 회사의 성립 후 회사와 이승복 간의 매매계약에 의한
      소유권이전등기의 방법에 의하여 현물출자를 완성하기로 약정하고 그 후 회사의 설립을 위한
      소정의 절차를 거쳐 위 약정에 따른 현물출자가 이루어진 것이라면, 위 현물출자를 위한 약정
      은 그대로 §290③ 이 규정하는 재산인수에 해당한다고 할 것이어서 정관에 기재되지 아니하는
      한 무효라고 하지 않을 수 없고, 현물출자가 동시에 §375가 규정하는 사후설립에 해당하고 이
      에 대하여 주주총회의 특별결의에 의한 추인이 있었다면 원고회사는 유효하게 위 현물출자로
      인한 부동산의 소유권을 취득함.

   <비교> 사후설립
      - 회사가 그 성립 후 2년 내에 그 성립 전부터 존재하는 재산으로서 영업을 위하여 계속하여 사용
        하여야 할 것을 자본의 100분의 5 이상에 해당하는 대가로 취득하는 계약
      - 사후설립에 관한 계약을 체결할 때: 주주총회의 특별 결의를 얻어야 함
      - 현물출자와 재산인수에 관한 엄격한 통제를 회피하기 위한 수단으로 이용되므로 규제

◘ 변태설립사항

(4) 회사가 부담할 설립비용과 발기인이 받을 보수액 : 설립비용을 무제한 회사가 부담하게 하면 발기인이 부당한 이득을 취할 위험이 있고 회사의 자본이 부실화될 가능성이 있음. 정관에 기재한 경우에만 회사가 부담
- 개업준비비용과 등록세는 설립비용에서 제외

  ※ 부담관계(회사가 성립한 후에도 발기인이 설립비용을 부담하지 않은 경우)
  (1) 대내적 : 정관기준
  (2) 대외적
  1) 발기인부담설 : 발기인 권한의 최협의설의 입장
  2) 회사전액부담설(다수설; 판례) : 정관규정은 내부적제한에 불과하므로 대외적 주장 불가 → 발기인에게 구상권 행사
  3) 회사·발기인 중첩책임설 : 상대방의 보호, 거래안전을 위해
  4) 회사·발기인 분담설 : 설립비용에 관한 규정을 제3자에 대한 관계에도 인정
  ※ 추인가능성(2설에서는 문제가 안 됨) : 긍정설 vs 부정설
  ※ 설립비용으로서 정관에 기재되지 아니하거나 그 기재액을 초과한 금액 또는 검사인의 검사를 거치지 아니하고, 창립총회의 승인을 얻지 못한 금액은 회사에 대한 내부관계에서 발기인이 이를 부담하여야 함. 아울러 회사에 대하여 사무관리 또는 부당이득을 이유로 구상권이 인정되지 아니하며, 회사 성립 후 정관변경으로도 이것을 회사의 부담으로 할 수 없음

◘ 변태설립사항

(5) 계산 :
- 설립비용과 발기인이 받을 보수액은 창업비로서 다년자산으로 계상하는 경우 회사성립 후 5년 내의 매결산기에 균등액 이상을 상각(상 453①)

(6) 변태설립사항 부실기재의 효력 :
- 변태설립사항을 정관에 기재하지 아니하거나, 정관에 기재는 하였으나 검사인 등에 의한 검사를 받지 아니한 경우 – 원칙적으로 무효

▣ 현물출자, 재산인수, 사후설립의 비교

	현물출자	재산인수	사후설립
주 체	주식인수인	일반 제3자	일반 제3자
행위시점	설립등기전, 신주발행시	설립등기전	회사성립후 2년내
법적성질	합동행위, 입사계약 단체법상 출자행위	개인법상 거래행위	
목적재산	금전 이외의 재산	금전 이외의 재산	회사성립 전부터 존재하는 재산으로 영업을 위하여 계속 사용하는 재산 영업전부의 양수나 단순한 재산취득행위는 사후설립이 아님
권리이전시기	납입기일	회사성립 후	회사성립 후
반대급부	주식	매매대금	매매대금
정관기재여부	기재	기재	기재불요
감 독	법원이 선임한 검사인의 조사		주주총회특별결의

3.5.2. 주식회사의 설립

3.5.2.3. 기타 실체형성 절차
- 주식발행사항의 결정절차, 주식인수절차, 출자이행절차, 기관구성절차 및 설립경과조사절차가 있음

3.5.2.3.1. 주식발행사항의 결정
- 회사의 설립 시에 발생하는 주식의 총수와 1주의 금액은 반드시 정관에 작성
- 주식발행시 ① 주식의 종류와 수(상291조 1호) ② 액면 이상의 주식발행시 그 수와 금액(상291조 2호)을 정관규정에 따라 결정하고 정관규정이 없는 경우 발기인 전원의 동의로 결정
- 기타 사항 : 주식청약기간, 납입기일, 납입취급은행 등은 발기인의 과반수의 다수결로 결정

3.5.2.3.2. 주식인수
(1) 발기설립의 경우
- 회사의 설립 시에 발행하는 주식의 총수를 발기인이 반드시 서면에 의하여 인수 → 발기인의 주식인수의 법적 성질은 합동행위(통설), 발기인간계약설, 입사계약설이 있음

3.5.2. 주식회사의 설립

(2) 모집설립의 경우
- 주식인수의 법적 성질 : 장래 성립할 회사에의 입사계약 / 설립중 회사에의 입사계약
- 주식인수의 계약은 사단법상 특수한 계약이므로 상행위가 아님. 따라서 입사계약에는 민법이 적용
1) 발기인의 주식인수 : 각 발기인이 주식의 일부만을 서면으로 인수(상301)
2) 주주의 모집
    ① 발기인의 주식인수 후 잔여주식에 대해 주주를 모집(모집방법은 공모, 연고모집을 불문)
    ② 주식청약서주의(청약서 없는 인수는 무효, 302) : 청약의 방식으로 회사조직의 대강과 청약조건 등 중요사항을 기재한 증서의 작성·사용을 강제하는 입법주의
3) 주식인수의 청약 : (청약서 기재사항)
    ①정관의 인증 연월일과 공증인의 성명
    ②목적, 상호, 회사가 발행할 주식의 총수, 1주의 금액, 회사의 설립 시에 발행하는 주식의 총수, 본점의 소재지, 회사가 공고를 하는 방법, 발기인의 성명·주민등록번호 및 주소, 발기인이 받을 특별이익, 현물출자, 재산인수, 회사가 부담할 설립비용 및 발기인이 받을 보수액
    ③회사의 존립기간 또는 해산사유를 정한 때에는 그 규정
    ④각 발기인이 인수한 주식의 종류와 수
    ⑤주식의 종류와 수, 액면 이상의 주식을 발행하는 때에는 그 수와 금액
    ⑥주식의 양도에 관하여 이사회의 승인을 얻도록 정한 때에는 그 규정
    ⑦개업 전에 이자를 배당할 것을 정한 때에는 그 규정
    ⑧주주에게 배당할 이익으로 주식을 소각할 것을 정한 때에는 그 규정
    ⑨일정한 시기까지 창립총회를 종결하지 아니한 때에는 주식의 인수를 취소할 수 있음
    ⑩납입을 맡을 은행 기타 금융기관과 납입장소
    ⑪명의개서대리인을 둔 때에는 그 성명·주소 및 영업소

3.5.2. 주식회사의 설립

4) 가설인·차명인의 주식인수
- 주식인수의 청약을 하고자 하는 자는 주식청약서 2통에 인수할 주식의 종류·수 및 주소를 기재하고 기명날인 또는 서명
- 가설인의 명의 또는 타인의 승낙을 얻지 않고 타인명의로 하는 경우에는 실제로 청약을 한 자가 주식 배정 후 주식인수인이 되어 그가 주식인수인으로서의 납입책임 등을 부담
- 타인의 명의를 차용하여 그 명의로 출자하여 주식인수가액을 납입한 경우에는 명의개서와 관계없이 실제로 주식을 인수하여 그 가액을 납입한 명의차용자만이 주주가 됨
- 가설인·차명인의 주식인수 : 타인의 승낙을 얻어 타인명의로 주식 인수한 자는 연대하여 주금액을 납입할 책임 부담
    * 주식인수인이 되는가(학설)
- **실질설**(다수설; 판례) : 명의대여자가 주식인수인이라는 견해. 일반사법상 의사주의 원칙, 원칙적 책임은 실질인수인(§332의 문언)
- **형식설** : 명의차용자가 주식인수인이라는 견해. 법률관계의 획일적 처리, 실질적 자격조사 불가 → 법적 안정성 저해

3.5.2. 주식회사의 설립

5) 청약의 하자 : 민법의 특례
– 주식인수의 청약이 갖고 있는 일반 민법상의 의사표시에 대한 특칙
① 주식인수의 청약자가 비진의표시를 하고 상대방(발기인)이 이를 알았거나 또는 알 수 있었을 경우에도 그 청약이 무효 ×
② 회사성립(설립등기) 후 또는 설립등기 전이라도 창립총회에 출석하여 권리를 행사한 후에는 주식청약서의 요건의 흠결을 이유로 하여 주식인수의 무효를 주장하거나, 착오 또는 사기나 강박을 이유로 인수 취소 못함
cf) 다른 경우에는 청약의 의사표시에 민법의 일반 원칙이 적용. 따라서 행위무능력 또는 사행행위 등의 사유에 의한 취소는 가능하고, 의사무능력 또는 통정허위표시 등의 사유가 있는 경우에도 그 청약의 무효를 주장할 수 없음

6) 배정자유주의
– 주식인수의 청약에 대하여 발기인은 배정방법을 미리 공고하지 않은 이상 자유로이 배정 가능 (주주평등의 원칙 적용 X)
– 발기인은 배정의 통지를 주식청약서에 기재된 주소 또는 그 자로부터 회사에 통지한 주소로 하면 됨→통지는 보통 그 도달할 시기에 도달한 것으로 봄
– 주식인수의 청약에 대하여 배정이 있으면 주식의 인수가 성립 → 이때 청약자는 인수인이 되어 배정받은 주식의 수에 따라서 인수가액의 납입할 의무 부담 → 납입을 하게 되면 주주의 지위가 될 수 있는 자격 부여(권리주)

3.5.2. 주식회사의 설립

3.5.2.3.3. 출자이행
(1) 발기설립의 경우
1) 금전출자의 경우 : 전액납입주의(§295①), 상계금지(§334)
– 발기인이 회사의 설립 시에 발행하는 주식의 총수를 인수한 때에는 지체 없이 각 주식에 대하여 그 인수가액의 전액 납입 → 발기인은 납입을 맡을 기타 금융기관과 납입장소 지정, 납입금의 보관은행 등은 법원의 허가가 있는 경우에만 변경 가능
– 주식인수인은 주금납입에 관하여 상계로서 회사에 대항 불가능→주금불입은 현실적 이행이 있어야 함
– 잠재적 주식의 성질을 갖고 있는 전환사채의 경우 발행 당시에는 사채→사채권자가 전환권을 행사한 때 비로소 주식으로 전환→회사의 자본 구성→전환사채의 인수에 관해서는 상계금지에 관한 상법의 규정이 적용×
2) 현물출자의 경우 : 현물출자를 하는 발기인이 납입기일에 지체 없이 출자의 목적인 재산을 인도하고 등기, 등록 기타 권리의 설정 또는 이전을 요할 경우에는 이에 관한 서류를 완비하여 교부 (상295②)
3) 불이행에 대한 조치 : 실권절차(§307)은 인정되지 않음. 채무이행 **'강제'** 또는 **'회사불성립'**

3.5.2. 주식회사의 설립

(2) 모집설립의 경우 :
  1) 금전출자의 경우 : 전액납입주의(§295①), 상계금지(§334)
  - 발기인은 발기인 이외의 주식인수인에 대하여 납입기일에 각 주식에 대한 인수가액의 전액을 납입시켜야 함
  - 금액출자의 납입장소 및 현물출자의 이행방법도 발기설립의 경우와 동일
  - 주식인수인의 금전출자는 반드시 주식청약서에 기재된 납입장소에서만 납입가능
     →납입장소: 은행 또는 기타 금융기관
  - 납입금의 보관은행은 법원의 허가가 있는 경우에만 변경 가능
  2) 현물출자의 경우 : 발기인 뿐 아니라 모집인도 할 수 있음
  3) 불이행에 대한 조치
  - 금전출자의 경우 : **실권절차(§307②), 손해배상(§307③)**
  - 실권절차 : 주식인수인이 출자이행을 하지 않은 때 : 발기인은 일정한 기일을 정하여 그 기일 내에 이행을 하지 않으면 실권한다는 통지(실권예고부 최고)를 그 기일의 2주간 전에 주식 인수인에게 해야 함 → 이때 주식인수인이 그 기일 내에 이행을 하지 않으면 그는 주식인수인 으로서의 권리를 잃고 발기인은 다시 그 주식에 대한 주주 모집 가능
  - 손해배상 : 설립중의 회사에게 손해가 있는 경우 발기인은 실권한 주식인수인에 대하여 손해 배상 청구 가능
  - 현물출자의 경우 : 실권절차(§307)은 인정되지 않음. 채무이행 '**강제**'하거나 '**회사불성립**'

☞ 가장납입의 법률관계

1. 가장납입의 의의
   - 주금액을 실제 납입함이 없이 납입된 것으로 가장하여 설립등기 하는 것

2. 종류
   (1) 예합 : 납입취급은행과의 공모에 의한 가장납입(통모가장납입), §318②으로 규 제
   - 통모가장납입이란 발기인이 주금납입은행으로부터 금전을 차입하여 주금의 납입 에 충당하고 이것을 설립 중의 회사의 예금으로 이체하고, 그 차입금을 변제할 때 까지는 그 예금을 인출하지 않을 것을 약정하는 것
   (2) 견급 : 일시차입금에 의한 가장납입(위장납입)
   (3) 회사의 자금에 의한 가장납입 → 무효(대판 2003.5.16, 2001다44109)

3. 근거
   - §318(통모가장납입에 대한 규제), §628(가장납입죄) : 5년 이하의 징역 또는 1,500만원 이하의 벌금

☞ 가장납입의 법률관계

4. 가장납입의 효력(견급의 경우)
1) 무효설 : 실질적으로는 자본구성이 전혀 없다, 출자없는 주주권의 유지
2) 유효설(판례) : 현실적인 금원의 이동이 있었음, 발기인의 주관적 사정 고려 X
- 判例 : **견금의 경우에도 금원의 이동에 따른 현실상의 불입이 있는 것**이고 설령 그것이 실제로는 납입의 가장수단으로 이용된 것이라 할 지라도 이는 당해 납입하는 발기인의 주관적 의도의 문제에 불과하고 회사가 관여할 바는 아니므로 이러한 **발기인 내지 이사들의 내심적 사정에 의하여 회사의 설립이나 증자와 같은 집단적 절차의 일환을 이루는 주금납입의 효력을 좌우함은 타당치 아니하다**(대판 1983.5.24, 82누 522 등)

5. 설립의 효력 : 납입흠결이 중대하여 납입담보책임으로 전보되지 않으면 설립무효
  (1) 유효설 : 납입담보책임으로(설립무효구제설)
  (2) 무효설 : 설립무효의 소(§328) 원인, 해산명령(§176)도 可, 사정판결(§328, §189)

6. 관계자의 책임
  (1) 발기인의 책임
    1) **자본충실책임**
    ① 유효설 : 책임 없음
    ② 무효설
        ⓐ 설립무효무관계설 : 납입담보책임 有
        ⓑ 설립무효구제설 : 설립무효판결이 확정되기까지는 책임 有
    2) **손해배상책임** : 회사에 대한 책임(§322①), 제3자에 대한 책임(§322②)
    3) **가장납입죄(§628①), 특별배임죄(§622)**

☞ 가장납입의 법률관계

  (2) 이사의 책임
    1) 손해배상책임 : 회사 및 제3자에 대한 손해배상책임(§399, §401)
    2) 형사책임
        ① 유효설 : 업무상 배임죄
        ② 무효설 : 가장납입죄, 특별배임죄
  (3) 납입금 보관자의 책임
    1) 원칙 : 무책임
    2) 악의인 경우 : 손해배상책임(민법 §750)

7. 가장납입주주의 지위
  (1) 유효설 : 주주권 인정
  (2) 무효설 : 주주권 부정

8. 회사의 주주에 대한 주금상환청구(유효설에 의할 경우) : 체당한 것으로 보아 인정

▣ 주식회사의 현물출자

I. 서설
1. 의의 : 금전 이외의 재산을 목적으로 하는 출자
2. 기능 : 기업에 필요한 특정재산의 확보, 현물보유자의 출자 편의
3. 문제점 : 금전으로 평가하는 과정 필요, 현물출자자의 손해나 자본충실을 해할 우려

II. 법적 성질
1. 출자의 一形態
2. 재산인수와의 비교
3. 유상·쌍무계약성 : 긍정설이 통설(민법상 계약해제, 위험부담, 담보책임이 적용됨)

III. 출자자격과 출자의 목적
1. 출자자격 : 발기인에 한하던 조항 개정, 모집인도 가능
2. 출자목적 : 재산적 가치 + 이전가능성 + 대차대조표능력

IV. 현물출자의 절차 및 규제
1. 정관, 주식청약서에 기재 : 자본충실을 위해 변태설립사항(§290)으로 규제
2. 주식의 인수 : 정관에 현물출자를 기재한 경우 서면에 의한 인수절차의 필요여부
    (1) 소극설
    (2) 적극설(타당) : 정관작성과 주식인수는 별개행위, 법 §293의 법문
3. 현물출자의 이행
4. 검사인의 검사
    (1) 발기설립의 경우 : §298, §99, §300
    (2) 모집설립의 경우 : §310, §311, §313, §314
    (3) 대체방법 : 공인된 감정인이 조사보고를 한 경우 검사인의 검사절차 생략 가능
    (4) 검사를 거치지 않은 경우(判例):부당평가가 없는 한 당연무효 아님. 신주발행이나 변경등기도 유효

V. 현물출자의 불이행
1. 해제의 가부 : 회사 성립 전에 한하여 가능하다(회사 성립 후의 해제는 환급의 의미)
    (1) 설립등기 전 : 이행강제나 해제 후 정관변경에 의해 설립절차 속행 가능
    (2) 설립등기 후 : 해제는 출자의 환급에 해당하므로 불가, 강제이행만 고려 가능
2. 강제이행이 불가능한 경우의 설립의 효력
    1) 제1설 : 현물출자의 대체가능성 X, 자충책임으로 해결될 수 없으므로 설립무효사유
    2) 제2설 : 정도가 경미하다면 금전으로의 대체를 인정하여 납입담보책임으로 해결
3. 발기인의 납입담보책임
    (1) 다수설 : 납입담보책임 부정
    (2) 소수설(유력) : 회사존속 위해 필수적이지 않은 재산은 납입담보책임 인정
4. 신주발행의 경우 : 실권주가 된다(§423②)
5. 발기인의 책임
    (1) 불이행의 정도가 중대하여 설립무효사유가 되는 경우 납입담보책임은 없음
    (2) 불이행의 정도가 경미한 경우 발기인은 연대하여 납입담보책임

VI. 부당평가에 대한 구제조치
1. 문제점 : 필요재산의 사전확보 + 출자편의 vs 다른 출자자의 손실 + 자본충실에 역행
2. 현물출자의 규제 : 변태설립사항, 정관기재 + 주식청약서 기재 + 검사인 조사 要
3. 부당평가의 효력
    (1) 설립등기 이전에는 현물출자에 관한 설립경과조사절차에 의하여 시정됨이 보통
    (2) 부당평가의 문제가 시정되지 않고 설립등기가 이루어진 경우 정관기재대로 확정
    1) 경미한 경우 : 발기인(§315, §322), 검사인(§325), 이사(§399)의 손해배상책임
    2) 중대한 경우 : 현물출자의 무효사유가 되어 설립무효사유가 될 수 있음
4. 신주발행의 경우 : 신주발행무효의 소, 신주발행유지청구권, 불공정가액인수자의 책임

VII. 신주발행시 현물출자와 신주인수권의 충돌
1. 문제제기 : §416에 의하면 이사회 결의로 현물출자 가능, 제3자에 배정이 가능한지 문제
2. 학설
    (1) 긍정설 : 신주발행시에는 현물출자에 정관의 규정 不要, §416 4호
    (2) 부정설(판례) : 신주인수권 보호, §418은 제3자 배정 위해 정관 규정 要
3. 判例 : 현물출자자에게 발행되는 신주에는 일반주주의 신주인수권이 미치지 않는다고 봄

3.5.2. 주식회사의 설립

3.5.2.3.4. 기관구성

-     발기설립의 경우
- 발기인은 지체없이 발기인 총회를 열어 이사화 감사를 선임하여야 함(296)
(2)   모집설립의 경우
* 발기인이 선임한 이사와 감사는 회사가 성립하면 회사의 기관이 되지만, 회사가 성립하기 전에는 법률에서 정한 설립에 관한 감독기관임

발기설립의 경우	모집설립의 경우
발기인의 의결권의 과반수로써 이사와 감사 선임	인수된 주식총수의 과반수에 해당하는 다수에 의해서 이사와 감사 선임
의결권은 1주당 1개	발기인이 소집한 창립총회에서 출석한 주식인수인의 의결권의 2/3 이상이며 동시에 인수된 주식총수의 과반수
발기인은 의사록을 작성하여 의사의 경과와 그 결과를 기재하고 기명날인 또는 서명	선임된 이사들은 정관에 달리 정한 바가 없으면 이사회를 열어 회사의 대표이사 선임
이사·감사는 감독기관의 역할수행	

3.5.2. 주식회사의 설립

3.5.2.3.5. 설립경과 조사

(1) 발기설립의 경우

① 이사와 감사의 설립경과조사·보고 : 변태설립사항 외의 사항
- 이사와 감사는 취임 후 지체 없이 회사의 설립에 관한 모든 사항이 법령 또는 정관의 규정에 위반되지 아니하였는지의 여부를 조사하여 발기인에게 보고
- 이사회 감사 중 발기인이었던 자·현물출자자 또는 회사성립 후 양수할 재산의 계약 당사자인 자는 조사·보고에 참석 불가능
- 이사회 감사의 전원이 해당하는 경우 이사는 공증인으로 하여금 조사·보고를 하게 함

② 법원의 설립경과조사보고 : 변태설립사항이 있는 경우(상298④)
- 이사는 발기인이 받을 특별이익, 현물출자, 재산인수, 회사가 부담할 설립비용 및 발기인이 받을 보수액에 관한 조사를 하게 하기 위하여 검사인의 선임을 법원에 청구
- 변태설립사항 중 발기인이 받을 특별이익과 회사가 부담할 설립비용 및 발기인이 받을 보수액에 관하여는 공증인의 조사·보고로, 현물출자와 재산인수 및 현물출자의 이행에 관하여는 공인된 감정인의 감정으로 법원이 선임한 검사인의 조사에 갈음
- 발기인은 검사인의 조사보고서에 사실과 상이한 사항이 있으면 이에 대한 설명서를 법원 제출

③ 법원의 변경처분(상300) : 법원은 부당한 변태설립사항의 변경 가
- 법원은 검사인 또는 공증인의 조사보고서 또는 감정인의 감정결과와 발기인의 설명서를 심사하여 변태설립사항에 관한 사항이 부당하다고 인정한 때에는 이를 변경하여 각 발기인에게 통고 가능

3.5.2. 주식회사의 설립

- 변경에 불복하는 발기인은 그 주식의 인수 취소 가능→정관을 변경하여 설립에 관한 절차를 속행할 수 있음
- 법원의 통고가 있은 후 2주 내에 주식의 인수를 취소한 발기인이 없는 때에는 정관은 통고에 따라서 변경된 것으로 간주

(2) 모집설립의 경우

1) 창립총회의 소집
- **창립총회란 주식인수인으로 구성되는 설립중 회사의 의결기관임. 주주총회 전신**
- **창립총회의 소집절차, 의결권 등은 주주총회에 관한 규정이 준용됨. 다만 결의방법은 출석한 주식인수인의 2/3 + 주식인수인 총수의 과반수 이상으로 의결**
- **창립총회는 최고만능의 의사결정기관이므로 회사설립에 관한 모든 사항에 미침**

2) 발기인, 이사·감사의 창립총회에 조사 및 보고의무
- 발기인은 회사의 창립에 관한 사항을 서면에 의하여 창립총회에 보고→주식인수와 납입에 관한 제반 상황, 변태설립사항에 관한 실태를 명확히 기재
- 이사와 감사는 취임 후 지체 없이 회사의 설립에 관한 모든 사항이 법령 또는 정관의 규정에 위반되지 아니하는지의 여부를 조사하여 창립총회에 보고→주식인수절차 및 출자이행절차에 관한 사항과 변태설립에 관한 사항이 명백히 기재
- 이사 감사중 발기인이었던 자·현물출자자 또는 회사성립 후 양수할 재산의 계약당사자인 자는 위의 조사·보고에 참가 불가능
- 이사와 감사의 전원이 해당하는 경우 이사는 공증인으로 하여금 조사·보고 해야 함

3.5.2. 주식회사의 설립

3) 검사인의 변태설립사항 조사 및 창립총회에의 보고의무
- 변태설립사항에 관한 것은 발기설립의 경우와 동일→변태설립에 관한 사항은 원칙적으로 검사인에 의하여 조사를 받아야 함, 이때 검사인은 발기인의 청구에 의하여 법원이 선임, 검사인은 변태설립사항을 초사한 후 보고서를 작성하여 창립총회에 제출
- 변태설립사항 중 발기인이 받을 특별이익과 회사가 부담할 설립비용 및 발기인이 받을 보수액에 관하여는 공증인의 조사·보고로, 또한 현물출자와 재산인수 및 현물출자의 이행에 관하여는 공인된 감정인의 감정으로 법원이 선임한 검사인의 조사에 갈음 가능
- 공증인 또는 감정인은 조사 또는 감정결과를 창립총회에 보고해야 함

4) 창립총회의 변경
① 주식인수인으로 구성된 설립중 회사의 의결기관. 납입완료 후 지체없이 발기인이 소집(상308)
② 의결 : 출석한 주식인수인의 의결권의 2/3 이상 +인수된 주식수의 1/2 초과(상309)
③ 권한 : 설립에 관한 보고청취, 이사와 감사의 선임, 이사·감사의 설립경과의 조사, 부당한 변태설립사항의 변경, 정관변경 또는 설립폐지의 결의(상316①)

3.5.2. 주식회사의 설립

3.5.2.4. 설립등기

1. 설립등기의 의의

설립등기를 함으로써 설립준칙주의에 따라 회사설립의 법정요건에 대한 적법성을 국가가 조사할 수 있는 기회를 갖게되고, 회사가 성립된 사실과 그 조직의 기본적 내용이 공심됨으로써 다수의 이해관계인들의 이익을 보고하고 거래의 안전을 도모

2. 등기시기
　(1) 발기설립 : 검사인의 조사보고(상299), 법원의 변경처분(상300)의 종료 후 2주간내
　(2) 모집설립 : 창립총회 종료일, 변태설립사항의 변경절차(상314)가 종료된 후 2주간내

3. 등기사항(상317)
(1) 본점의 등기사항(밑줄 친 것은 지점의 등기사항)
① 목적, 상호, 회사가 발행할 주식의 총수, 1주의 금액, 본점의 소재지, 회사가 공고를 하는 방법
② 자본금의 액
③ 발행주식의 총수, 그 종류와 각종주식의 내용과 수
④ 주식의 양도에 관하여 이사회의 승인을 얻도록 정한 때에는 그 규정
⑤ 주식매수선택권을 부여하도록 정한 때에는 그 규정
⑥ 지점의 소재지

3.5.2. 주식회사의 설립

⑦ <u>회사의 존립기간 또는 해산사유를 정한 때에는 그 기간 또는 사유</u>
⑧ 개업 전에 이자를 배당할 것을 정한 때에는 그 규정
⑨ 주주에게 배당할 이익으로 주식을 소각할 것을 정한 때에는 그 규정
⑩ 전환주식을 발행하는 경우에는 주식을 다른 종류의 주식으로 전환할 수 있음은 뜻, 전환의 조건, 전환으로 인하여 발행할 주식의 내용, 전환을 청구할 수 있는 기간
⑪ 이사, 감사의 성명 및 주민등록번호
⑫ <u>회사를 대표할 이사의 성명·주민등록번호 및 주소</u>
⑬ <u>수인의 대표이사가 공동으로 회사를 대표할 것을 정한 때에는 그 규정</u>
⑭ 명의개서대리인을 둔 때에는 그 상호 및 본점소재지
⑮ 감사위원회를 설치 시 감사위원회의 위원에 관한 성명이나 주민등록 번호

(2) 본·지점의 이전등기

(3) 변경등기

3.5.2. 주식회사의 설립

3. 설립등기의 효력
 (1) 본래의 효과(본질적 효력)
  ① 설립 중의 회사 → 회사(법인격취득) : 회사의 성립(상 172)
  ② 주식인수인 → 주주
  ③ 설립중 회사의 권리의무→ 회사로 이전
 (2) 부수적 효과
  ① 주식인수의 무효 또는 취소의 제한(상320①) : → 회사 성립 후에는 주식인수인이 주식청약서의 요건의 흠결을 이유로 주식인수의 무효를 주장하거나, 사기·강박·착오를 이유로 주식의 인수 취소×
  ② 발기인의 자본충실책임
  ③ 권리주 양도제한(상319)의 해제
  ④ 주권발행의 허용(강제) : 설립등기 후 6월 이내 주권발행
  ⑤ 상호권의 강화

4. 설립등기의 해태
 - 이사는 500만원 이하의 과태료(상 635)

3.5.2. 주식회사의 설립

3.5.2.5. 설립하자 : 설립무효의소
*** 주식회사는 주관적 원인에 의한 설립취소의 소가 인정 안됨**
1. 설립무효의 원인 : 무효의 원인으로는 객관적인 원인만 인정(소로서만 주장 가)
  ① 정관의 흠결
  ② 주식의 인수, 납입에 현저한 흠결
  ③ 창립총회의 소집이 없는 경우
  ④ 창립총회에서 ㉠ 창립에 관한 발기인의 보고(상311) 가 없었을 때
                ㉡ 이사・감사의 선임(상312)가 없었을 때
                ㉢ 설립에 관한 조사(상313)가 없었을 때
  ⑤ 발기인 전원의 동의가 없는 주식발행사항의 결정(상291) 등
2. 회사설립의 무효의 소
  (1) 당사자 : ① 원고 → 주주, 이사, 감사(상328), ② 피고 → 회사
  (2) 제소기간 : 회사성립의 날 이후 2년 이내(상328)
  (3) 관 할 : 본점소재지의 지방법원(상186)
  (4) 수개의 소가 제기된 때에는 병합심리(상188)
  (5) 재량기각 : 법원은 하자의 보완, 회사현황과 제반사정을 참작해 청구기각 가(상189)

3.5.2. 주식회사의 설립

3. 판결의 효력
  (1) 원고승소의 경우
    ① 판결의 대세적 효력 : 다수의 법률관계를 획일적 확정(상199조 전단)
    ② 소급효의 불인정(상190조 후단) : 사실상의 회사 인정
  • 사실상의 회사 : 법률적으로는 유효하게 성립된 회사가 아님에도 불구하고 일정한 범위 내에서 마치 법률적으로 유효하게 성립된 회사처럼 취급되는 실체. 사실상의 회사를 정리하기 위해서는 해산의 경우에 준하여 청산절차를 밟음

  (2) 원고패소의 경우 : 원고에게 악의・중과실이 있는 때에는 회사에 대하여 연대하여 손해배상책임이 있음(상191)
  - 판결의 효력에는 상법이 적용되지 않고 당사자 간에만 효력이 미치므로, 다른 제소권자는 다시 소 제기 가능, 패소한 원고에게 악의 또는 중과실이 있는 경우 원고는 회사에 대하여 연대하여 손해를 배상할 책임이 있음.
  - 합명회사와 다른 점: 주식회사에서는 주관적 하자로 인한 설립무효는 인정되지 않으므로, 특정한 사원에게 무효원인이 있어 설립무효가 된 경우의 회사계속의 제도는 없음

3.5.2. 주식회사의 설립

3.5.2.6. 설립에 관한 책임
- 주식회사의 설립준치주의의 폐단을 방지하기 위하여 설립관여자에게 엄격한 민사책임, 형사책임, 행정벌인 과태료 등의 제제를 가하고 있음

1. 발기인의 책임
(1) 회사가 성립한 경우
1) 회사에 대한 책임
① 자본충실책임(상321) : 인수담보책임, 납입담보책임
   ㉠ 인수담보책임 : 회사성립 후에 인수되지 아니한 주식이나 주식인수의 청약이 취소된 경우 발기인이 공동으로 인수한 것으로 봄
   ㉡ 납입담보책임 : 회사성립 후에 납입을 완료하지 않은 주식이 있는 경우에 연대하여 지체없이 납입할 의무가 있음
   ㉢ 책임의 성질 : 무과실 연대책임, 법정 특별책임(총주주의 동의로도 면제 불가)
   ㉣ 이행청구 : 발기인의 책임이행을 위해 소수주주의 대표소송을 인정(상324)
   ㉤ 손해배상책임과의 관계 : 자본충실책임을 지는 경우에도 회사에 손해가 있으면 손해배상책임 짐
   ㉥ 설립무효와의 관계 : 하자가 경미한 경우에만 자본충실책임이 인정되며, 하자가 중대한 경우에는 설립무효 사유가 될 뿐 자본충실책임은 인정되지 않음(설립무효구제설)

② 손해배상책임(상322①)
   ㉠ 발기인은 설립에 관하여 그 임무해태시(경과실 포함) 회사에 대하여 연대하여 손해배상할 책임 있음
   ㉡ 책임의 성질 : 과실책임(과실 있는 발기인만 간의 연대책임)
   ㉢ 책임의 추궁 : 소수주주의 대표소송(상324)
   ㉣ 면 책 : 시효기간 10년, 총주주의 동의로 면제 가능

3.5.2. 주식회사의 설립

2) 제3자에 대한 책임(손해배상책임)
① 의의 : 악의·중과실(경과실X)로 인해 그 임무해태시 제3자에게도 연대해 손해배상책임(상322②)
② 책임의 법적 성질 : 불법행위책임설 / 법정책임설(다수설)
③ 제3자의 범위 : 주식인수인, 주주, 회사의 채권자 등이 제3자의 범위에 포함됨
④ 이사, 감사에게도 책임 있으면 발기인은 이들과 연대하여 배상책임(상323)을 짐

(2) 회사불성립의 경우
1) 의의 : 설립절차에 착수하였으나 설립등기에 이르지 못할 것으로 확정된 경우
2) 책임의 근거 : 채권자·주식인수인의 손해가 발기인이 주관하는 설립절차에 기인하므로
3) 책임의 성질 : 무과실책임(책임면제 불가), 발기인 전원의 연대책임
4) 내용 : 주금액 반환 + 설립비용분담(설립에 관한 행위에 대하여 연대책임(상326) : 설립에 관하여 지급한 비용의 부담)
☞무효판결이 확정된 경우는 불성립책임이 아니라 성립시의 책임(상 322)을 진다.

2. 이사 · 감사의 책임
(1) 의의 : 설립에 관한 임무(창립총회에서의 설립사항조사 등)를 해태한 이사는 회사 또는 제3자에 대하여 손해배상책임을 짐. 발기인도 책임 있는 때에는 연대하여 손해배상책임을 짐(상323)
(2) 책임의 성질 : 과실책임
(3) 총주주의 동의에 의하여 책임의 면제가 가능하고, 소수주주의 대표소송 인정됨(상324)

3.5.2. 주식회사의 설립

3. 검사인의 책임

- 법원이 선임한 검사인이 악의·중과실로 인하여 그 임무를 해태한 때에는 회사 또는 제3자에 대하여 손해를 배상할 책임이 있음(상325)
- 법원이 선임한 검사인의 손해배상책임은 회사에 대한 책임의 경우에도 악의 또는 중과실이 있는 경우에만 발생→발기인·이사·감사의 회사에 대한 책임과 다름
- 법적 성질 : 법정책임

4. 유사발기인의 책임

(1) 의의(§327) : 주식청약서 등 서면에 성명과 회사설립에 찬성하는 뜻을 기재한 자로서 서명이 안되어 있는 자

(2) 취지 : 제3자의 신뢰보호, 외관법리

(3) 책임의 성질 : 발기인과 연대책임(발기인과 동일한 책임(상327)), 법정책임

(4) 책임의 내용

1) 회사성립의 경우 : 자본충실책임만 짐. 직무권한이 없고 임무해태가 없으므로 손배책임은 X

2) 회사불성립시 : 주금액반환 + 설립비용분담(발기인과 연대책임)

(5) 책임의 추궁 : 소수주주의 대표소송가능, 총주주의 동의로도 면제가 불가능

3.5.2. 주식회사의 설립

5. 납입금보관은행의 책임

(1) 납입보관은행은 발기인·이사의 청구 있으면 보관금액증명서를 교부해야(상318①)

(2) 증명한 납입금액에 대하여는 납입의 부실 또는 그 금액의 반환에 관하여 제한이 있음은 이유로 회사에 대항하지 못함(상318②). 원칙적으로 무책임이나 악의인 경우 손해배상책임(민 §750) 有

6. 공증인·감정인의 책임

- 검사인과 동일한 역할이나 검사인처럼 법원을부터 선임되는 것이 아니라 회사로부터 선임되기 때문에 위임의 법리에 의하여 선관주의의무와 이사·감사의 손해배상책임을 유추적용하게 됨

商法要論

☞ 설립관여자의 책임

회사가 성립한 경우	
발기인	자본충실책임: 인수담보책임.납입담보책임(321), 손해배상책임, 악의 또는 중과실의 경우 제3자에게 손해배상책임(322)
이사 · 감사	회사에 대한 손해배상책임, 악의 또는 중과실의 경우 제3자에 대한 손해배상책임(323)
검사인	회사 및 제3자에 대한 손해배상책임(325)
유사발기인	자본충실책임(327, 321)
회사가 불성립한 경우	
발기인	설립에 관한 행위에 대해 개인.무한.연대책임
유사발기인	설립에 관한 행위에 대해 발기인과 동일책임(327)
형사상.행정상 책임	
발기인 · 이사감사 · 검사인 · 공증인 형사상책임	주식 또는 출자의 인수나 납입 현물출자의 이행 등을 법원.총회 부실보고 사실은폐(625) 부정청탁(청탁죄)(630), 5년이하의 징역, 1500만원 이하 벌금, 특별배임죄(622) 500만원 이하 과태료(635) → 행정상 책임
발기인 · 이사감사 · 납입보관자	가장납입 5년 이하의 징역 1500만원 이하의 벌금(628)

▣ 주식회사 설립비용

I. 서설
1. 규제의 필요성 : 부당지출이나 과대평가 등으로 회사의 재정악화 가능성
2. 문제의 소재 : 설립비용의 최종적 부담자(내부적 부담)과 회사귀속여부(외부적 부담)

II. 설립비용의 의의와 관련규정
1. 의의 : 설립사무의 집행에 필요한 행위로부터 발생한 비용
    개업준비비용은 설립비용에 포함되지 않음(통설)
      ex) 설립사무소의 임차료, 설립사무원의 보수, 정관.주식청약서의 인쇄비, 주주모집의 광고비, 주금납입을 위탁한 금융기관의 수수료, 창립총회소집비용, 증권업자에 의한 주식의 일괄인수시의 인수수료
2. 관련규정
    (1) 변태설립사항(§290)
    (2) 검사인 검사와 부당한 설립비용의 변경(§298, §300, §310, §314)
    (3) 회사불성립시 발기인의 책임(§326②)

III. 설립비용의 부담
1. 대내적 부담 : 정관에 기재된 금액만큼만 회사가 부담(§290)
2. 대외적 부담
    (1) 발기인부담설 : 발기인 권한의 최협의설의 입장
    (2) 회사부담설(다수설) : 정관규정은 내부적제한에 불과하므로 대외적 주장 불가
    (3) 중첩설 : 상대방의 보호, 거래안전을 위해
    (4) 회사.발기인 분담설 : 설립비용에 관한 규정을 제3자에 대한 관계에도 인정

IV. 변경가능성(§314)
1. 소극적 변경 : 부당하게 과다한 경우 줄이는 것 가능
2. 적극적 변경 : 자본충실을 해하고 법문의 규정상 불가

3.5.3. 주식 일반
3.5.3.1. 주식의 의의
3.5.3.2. 주식의 종류
3.5.3.3. 주식분할·병합
3.5.3.4. 주권

3.5.4. 주식관련 제도
3.5.4.1. 주식의 양도
3.5.4.2. 주식의 담보
3.5.4.3. 주식의 소각

3.5.3. 주식 일반

3.5.3. 주식 일반
3.5.3.1. 주식의 의의
    ① 자본의 구성단위
    ② 주주의 회사에 대한 지위(주주권). 주주의 회사에 대한 출자지분(주권)
    ☞ 주권 : 주주권을 표창하는 유가증권

3.5.3.1.1. 자본의 구성단위로서의 주식
(1) 균등한 비례적 단위
    – 주주는 보유한 주식수에 따라 차등 대우받으며, 보유한 주식수만큼 의결권을 가짐
(2) 주식과 자본과의 관계
    – 원칙 : 자본금 = 주식수 * 액면가 (액면가 100원 이상)
    – 예외(자본금 > 주식수 * 액면가) : 상환주식의 상환(345), 이익소각의 경우 자본금(343의2) , 정관의 규정에 의한 주식소각의 경우(343)
(3) 주식의 불가분성
    – 주식은 단위미만으로 세분화하거나 분해할 수 없음. 주식의 최저단위는 1주이므로 이를 다시 세분화하여 수인에게 귀속시키지 못함. 1주 미만(단위 미만)의 주식을 단주라고 하며, 단주가 발생한 때에는 회사가 단주를 모아서 처분하도록 하고 있음(443).
    – 주식공유는 가능. 수인의 공동인수(상 333①), 수인의 상속, 인수담보책임
(4) 지분복수주의
    – 지분 복수주의란 주주가 가지고 있는 지분만큼 주주권을 갖는 것을 말함. 이에 대해 지분단일주의란 합명회사와 합자회사의 사원은 출자액에 관계없이 l 한 개의 지분을 갖는 것을 말함
    – 각 사원이 갖는 사원의 지위는 항상 하나일 뿐이며, 출자액에 따라 대소만 있음

3.5.3. 주식 일반

3.5.3.1.2. 주주의 지위(주주권)로서의 주식

1. 주주권의 법적 성질

    – 물권설(회사재산에 공유권 X) vs 채권설(공익권 설명 불가) vs 사원권설(통설)

    – (사원권설) 주식은 주식회사에 있어서 주주가 가지는 사원으로서의 법적 지위이므로 주주가 회사에 대해 가지는 각종의 권리나 의무는 회사에 대한 법률상의 지위의 기초로 인정되는 것

2. 사원권의 내용

    – 단일권설 vs 권리의무집합설 vs 자격설(법률관계설, 통설)

3.5.3. 주식 일반

3.5.3.2. 주식의 종류
3.5.3.2.1. 액면주식·무액면주식
- 액면주식이란 권면액(1주의 금액)이 정관(상 289 ① iv)과 주권(상 356 iv)에 표시되는 주식
- 무액면주식이란 1주의 금액이 정관 및 주권에 표시되지 않고 단지 주식의 수(미국) 또는 자본에 대한 비율(유럽)만이 표시되는 주식
- 상법은 1주의 금액은 100원 이상으로 하여 액면주식만 인정(329). 그러나 간접투자자산운용업법에 의하여 설립되는 투자회사의 경우에 한하여 무액면주식의 발행이 인정됨(동법 제51조)

3.5.3.2.2. 기명주식·무기명주식
- 기명주식이 원칙이고 무기명주식은 정관에 규정이 있는 경우에 한하여 발행가능(357)
- 무기명주식의 주주는 언제든지 기명주식으로 전환청구 가능(357 ②)

	기명주식	무기명주식
의의	주권에 주주성명이 표시(주주명부에도 기재)	주권에 주주성명 불표시
발행사항	원칙적	정관에서 정한 경우에 가능
소집	통지(2주전)	공고(3주전)
권리행사시 인적 동일성 확인	주주명부에 의함	주권의 공탁
주주의 인식	주주명부에 의함	주권자체의 의함
주권불소지제도	이용가능	이용불가
양도방법	교부	교부
입질	(교부에 의한) 약식질 (주주명부에 기재) 등록질	등록질 없음
전환가능여부	불가능	가능

3.5.3. 주식 일반

3.5.3.2.3. 기타의 분류
(1) 유상주 · 무상주
- 유상주란 신주를 발행할 때에 주금을 납입시키면서 발행하는 것을 말하고, 무상주란 준비금을 자본에 전입하면서 주주에게 무상으로 신주를 교부하는 것을 말함

(2) 구주 · 신주
- 구주란 회사가 최초로 발행한 주식을 말하고, 신주란 이후 증자를 위하여 발행한 주식을 말함

(3) 단주
- 단주란 1주 미만의 주식을 말함. 이는 주식의 병합 등의 경우에 발생하며, 단주에 대한 처리는 주식배당, 무상주의 교부, 주식의 병합, 합병의 경우 등에 각각 법정되어 있음

3.5.3. 주식 일반

3.5.3.2.4. 수종의 주식
(1) 의의 : 이익이나 이자의 배당 또는 잔여재산의 분배에 관하여 내용이 다른 주식으로 수종의 주식은 정관에 규정이 있는 경우에만 발행 가

(2) 발 행
  1) 정관의 기재 : 정관으로 각종의 주식의 내용과 수를 정하여야 하며, 이익배당에 관하여 우선적 내용이 있는 종류의 주식에 대하여는 정관으로 최저배당률을 정하여야 함(상 344 ②)
  2) 공시 : 주식청약서(상 302②), 신주인수권증서(상 420-2②), 신주인수권증서(상 516의5 ②)에 그 내용을 기재하여야 하며, 주주명부(상 352), 주권(상 356)에도 기재하고 등기하여야 함
  3) 결의 : 설립시에는 발기인전원 동의, 성립후에는 (원칙적으로) 이사회 결의

(3) 종류
1) 우선주 : 이익이나 이자의 배당 또는 잔여재산의 분배에 관하여 다른 주식보다 우선적 지위가 부여된 주식으로 다른 주식보다 언제나 고율의 배당을 받는다는 의미는 아님
  - 이익배당에 관한 우선주에 대하여는 정관으로 최저배당율을 정하여야 함(상 344 ②)
  - 참가적 우선주 : 정관에서 정한 소정비율의 우선배당을 받고도 이익이 남는 경우에 우선주주가 다시 보통주주와 함께 배당에 참가할 수 있음
  - 비참가적 우선주 : 소정비율의 우선배당을 받는 데 그치고 잔여이익은 모두 보통주에 배당
  - 누적적 우선주 : 어떤 연도의 배당이 소정의 우선배당률에 미치지 못할 경우 그 부족액을 후년도의 이익에서 충당할 수 있음
  - 비누적적 우선주 : 부족액을 후년도 이익에서 충당하지 않고 그 연도의 이익만으로 하는 우선주

3.5.3. 주식 일반

2) 보통주 : 우선주와 후배주의 표준이 되는 주식
3) 후배주 : 이익이나 이자의 배당 또는 잔여재산의 분배에 관하여 열후적 지위가 부여된 주식
4) 혼합주 : 어떤 권리에 있어서는 우선적 지위가 부여되고 다른 권리에 있어서는 열후적 지위가 부여된 주식
(4) 수종의 주식에 관한 특칙
  - 주식평등원칙의 예외(상 344③) : 정관에 다른 정함이 없는 경우에도 신주인수, 주식병합, 소각, 회사합병으로 인한 주식배정에서 특수한 정함 가능
(5) 종류주주총회 : 수종의 주식을 발행한 경우 정관의 변경, 주주총회 또는 이사회 결의에 의하여 어느 종류의 주주에게 손해를 미치게 될 때에는 그에 관한 이사회 또는 주주총회의 결의 외에 종류주주총회의 결의가 있어야 함(상 435 ①)
  - 종류주주총회가 필요한 경우
    ① 수종의 주식을 발행한 경우에 정관을 변경함으로써 어느 종류 주주에게 손해를 미치게 될 때(435 ①)② 신주의 인수, 주식 병합·분할·소각 또는 주식교환, 주식이전, 회사의 합병·분할로 인한 주식의 배정에 관하여 특수한 정함을 하는 경우(436, 344 ③)
    ③ 주식교환, 주식이전, 회사의 합병·분할로 인하여 어느 종류의 주주에게 손해를 미치게 될 때
  - 종류주주총회의 결의방법 : 출석한 주주의 의결권의 3분의 2이상의 수와 그 종류의 발행주식총수의 3분의 1이상의 수로 함(435 ②). 의결권 없는 주식을 가진 주주도 의결권을 행사할 수 있기 때문에(435 ③), 무의결권 주식도 발행주식총수에 산입됨
  - 종류주주총회 결의의 흠결 : 종류주주총회의 결의를 거치지 아니한 경우
    - 취소사유설 : 이사회 또는 주주총회 결의취소사유가 된다는 견해
    - 무효사유설 : 결의무효사유가 된다는 견해
    - 결의불발효설·부동적 유효설 : 이사회 또는 주주총회의 결의불발효 사유가 된다는 견해

3.5.3. 주식 일반

3.5.3.2.5. 특수한 주식

(1) 상환주식
1) 서설
① 의의 : 우선주에 대하여 일정 기간 내에 회사의 이익으로 상환하기로 한 주식
    - 사채와의 차이 : 이익으로써만 상환함
    - 전환주식과의 차이 : 상환되는 주식이 소각됨
② 효용 : 배당압박을 피하고 타인자본에 의하기보다 배당이 유리한 경우에 발행
③ 종류 : 수의상환주식, 의무상환주식

2) 요건
① 정관에 상환주에 관한 규정(이익소각의 뜻, 상환가액, 상환기간, 상환방법 등 주식의 내용과 수를 정관에 기재
② 배당가능이익의 존재
③ 공시 : 주식청약서 기재, 신주인수권증서 기재, 주권에 기재, 등기

3) 상환절차
① 수의상환주식 : 자기주식취득(상 341) 후 실효절차(상 342전단) → 상환의 효력발생
   ☞자기주식을 취득할 수 있는 경우
    1) 상법상(상 341) : 소각목적, 합병, 권리실행, 단주처리, 주식매수청구
    2) 특별법상 : 증권거래법(상장회사만 10%까지), 회사정리법(실권주의 경우)
    3) 해석상 : 무상취득, 위탁매매업자, 신탁업자
② 의무상환주식 : 3월이상의 기간 공고하고 개별통지 → 기간만료시 효력발생

3.5.3. 주식 일반

4) 상환의 효력

① 자본에 미치는 영향 : 자본은 불변(이익으로 상환하므로) → 채권자보호절차 불요. 상환주식을 상환하면 재발행이 금지됨

② 수권자본에 미치는 영향
    ㉠ 수권자본수가 감소한다는 설
    ㉡ 수권자본수에는 영향이 없다는 설
      - 제1설 : 상환된 주식만큼 재발행할 수 있음은 설
      - 제2설 : 이미 주식의 발행권한이 행사되었으므로 재발행할 수 없다는 설(다수설)
    ㉢ 검토 : (다수설이 타당)
      - 상환된 주식을 상환주식으로 재발행하면 무한수권의 결과가 되므로 불가
      - 상환된 주식을 보통주로 재발행하면 수종주식의 발행수권침해가 됨

③ 정관에 재발행을 인정하는 규정이 있는 경우
    ㉠ 유효설 vs 무효설 : §437의 규정(회사가 발행할 주식의 총수는 발행주식의 4배를 초과하지 못한다)이 삭제되어 의미 없어짐
    ㉡ 상환주식으로의 재발행은 무한수권의 폐단이 있어 인정될 수 없음. 보통주식으로의 재발행은 정관규정이 있는 경우 발행가능

3.5.3. 주식 일반

(2) 무의결권 주식

1) 의의 : 우선주식에 대해 정관으로 의결권을 제한한 주식으로 이익배당우선주에 한함(370)

2) 효용
    ① 주주 : 기업경영에는 관심이 없고 투자수익만을 바라는 경우
    ② 경영인 : 지배력의 감소 없이 자본 조달
    ③ 회사 : 정족수 미달에 따른 주총 불성립 예방, 총회소집통지 번잡 해소

3) 의결권 박탈의 정당화근거
    ① 보통주에 앞서 확정율의 배당을 받으므로 그 지위가 회사채권자와 유사
    ② 선순위의 배당을 뜻하고 유리한 배당이 아니므로 1% 무의결권 주식은 불가

4) 발행 제한(상 370) : 정관기재사항, 발행주식 총수의 1/4 이하, 주식청약서 기재

5) 권리제한의 범위 : 의결권
    – 무의결권 주주는 의결권이 없기 때문에 주주총회의 소집통지를 받을 권리(363 ④) 및 주주총회소집통지청구
      권이 없음.
    – 정족수를 계산함에 있어서도 무의결권 주식 수는 발행주식총수에 산입하지 않음(371)
    – 무의결권 주주도 총회에 출석하여 의견을 진술할 수 있으며, 법원에 이사, 감사, 청산인의 해임청구권, 결의취
      소·무효의 소를 제기할 수도 있음
    – 이사, 청산인 등의 위법행위유지청구권(402, 542), 대표소송권(403), 회계장부열람청구권(466), 검사인선임
      청구권(467) 등 각종의 소수주주권 행사 가능하며, 신주인수권(418)도 인정
      ☞종류주주총회의 의결권행사는 일치하여 긍정

3.5.3. 주식 일반

6) 의결권제한의 예외
    ① 의결권의 부활 : 정관에 정한 우선적 배당을 받지 아니한다는 결의가 있는 총회의 다음 총회부터
      그 우선적 배당을 받는다는 결의가 있는 총회의 종료시까지(상 370① 2문)
    ② 주식의 양도를 제한하는 경우(상 335 ①), 창립총회의 경우(상 390), 회사분할의 경우(상 530의3 ①),
      총주주 동의가 필요한 경우 즉 이사·감사의 책임면제(상 400, 417) 또는 유한회사로의 조직변경
      (상 604)의 경우 의결권 필요
    ③ 정관변경 또는 신주의 인수, 주식 병합·분할·소각, 주식교환, 주식이전 및 회사의 합병·분할로 인하여
      무의결권 주주가 손해를 입을 경우

3.5.3. 주식 일반

(3) 전환주식

1) 서설
① 의의 : 회사가 수종의 주식을 발행하는 경우에 다른 수종의 주식으로 전환할 수 있는 권리(전환권)가 부여된 주식
② 효용 : 투자유인동기에 의해 주주모집을 용이하게 함
③ 발행 : 회사는 정관에 전환을 청구할 수 있음은 뜻, 전환의 조건, 전환청구기간, 전환으로 인하여 발행할 주식의 수와 내용을 기재하여야 하며, 주식청약서, 신주인수권증서, 주주명부, 주권에도 기재하여야

2) 전환절차 : §349
- 주식의 전환을 청구하는 자는 언제든지 청구서 2통에 주권을 첨부하여 회사에 제출하기만 하면 됨(349)
- 효력발생시기 : 전환을 청구한 때(형성권)
- 전환청구는 주주명부폐쇄기간 중에도 할 수 있으나, 그 기간중 전환된 주식의 주주는 그 기간 중의 총회의 결의에 의결권 행사 불가(350)
- 전환권을 행사한 주식의 이익이나 이자의 배당(상 350③) : 신구주간의 일할계산 등의 번잡을 피하기 위한 것
　① 영업연도말에 전환된 것으로 의제
　② 정관에 규정이 있으면 직전영업연도 말에 전환된 것으로 볼 수 있음
- 전환주식에 설정된 질권의 효력은 전환으로 인하여 발행되는 신주식에 미침(질권의 물상대위, 339)
- 전환으로 인하여 각종 주식의 발행주식수에 변경이 생기면 전환한 날로부터 2주 내에 본점소재지에서 변경등기(351)
- 전환의 결과 발생하는 단주의 처리에 관하여 상법은 명문의 규정을 두고 있지 아니하나 주식의 병합에 따른 단주의 처리에 관한 제443조의 규정을 유추적용

3.5.3. 주식 일반

3) 전환의 효과
　　주식의 전환효력은 그 청구를 한 때(회사가 일방적으로 전환하지 못한다)에 발생

① 자본에 미치는 영향 : 전환前後의 '발행'가액총액이 일치하여야 한다(상 348)
　　㉠ 자본이 증가하는 경우(하향전환) : 우월적 조건의 주식을 열후적 조건의 주식으로 전환하는 경우(인정됨)
　　㉡ 자본이 감소하는 경우(상향전환)
　　　- 우리 상법상 유효라는 설 : 금지규정 없음, 채권자보호 절차 밟으면 된다
　　　- 우리 상법상 무효라는 설(다수설) : 자본감소절차(채권자보호)를 탈법하는 것

(예) 전환주식을 (액면가 5,000원) 발행가 10,000 X 100만주 = 100억 조달 (50억은 자본금, 50억은 자본준비금)
　　전환(하향) ➔ 발행가 5,000원에 발행하면, 5,000 X 200만주 = 자본금 100억 (자본준비금 50억을 자본금을 전입)
　　전환(상향) ➔ 발행가 20,000원에 발행하면, 20,000 X 50만주 = 자본금 25억 (자본금 25억으로 감소, 준비금 75억)

② 수권자본수에 미치는 영향 : 소각되지 않으므로 수권자본수에는 영향 X 재발행 可否
　　㉠ 소수설 : 재발행을 인정하지 않음
　　㉡ 다수설 : 다른 종류로 교체된 것에 불과하므로 미발행주식으로 부활(이사회에 주식발행에 관하여 무한수권을 준 것이 아니기 때문, ☞ 상환주식은 부정)
　　　- 전환주식으로의 재발행이 가능하다는 견해(정찬형)
　　　- 전환권이 없는 전환 전의 주식으로 재발행이 가능하다는 견해(다수설)
　　　- 보통주로의 재발행이 가능하다는 견해

3.5.3. 주식 일반

3.5.3.3. 주식분할·병합
- 수개의 주식을 합하여 주식수를 감소시키는 것을 주식의 병합(440)이라고 하며, 자본의 증가 없이 발행주식 총수만을 증가시키는 것을 주식의 분할이라고 함(329)

3.5.3.3.1. 주식분할
(1) 주식분할의 의의
- 자본을 증가시키지 아니하고 기존 주식을 세분하여 주식수를 증가시키는 회사의 행위(주권의 분할과는 다름), 주주총회의 특별결의로 가능(상329조의2)
- 주가가 지나치게 높아 주식의 유통성을 증가시키거나 합병비율의 결정을 용이하게 하기 위해서 사용
(2) 주식분할의 절차
1) 주주총회 특별결의 : 정관 변경(주식액면가와 발해예정주식총수는 정관기재사항이서 정관변경 필요)
2) 신주권의 발행·교부 : 주식병합의 절차(구주권의 제출, 신주식의 교부), 효력발생, 단주처리에 관해서는 주식병합에 관한 규정(440-444) 준용
(2) 주식분할의 효과
- 회사는 주주에 대하여 신주식을 발행하여 교부함. 발행주식총수 증가 및 이에 따른 변경등기
- 회사의 자본이나 재산에는 아무런 변동이 없음

3.5.3.3.2. 주식병합
(1) 의의 : 수개의 주식을 합하여 그보다 적은 수의 주식으로 하는 것(자본감소의 경우, 합병의 당사회사간의 재산상태가 다를 때, 1주의 권면액을 인상하고자 할 때)
(2) 절 차 : ① 주주총회의 결의 → ② 채권자보호절차(자본이 감소하는 경우에만) → ③ 1월 이상의 기간을 정하여 주권제출의 공고·통지 → ④ 단주의 처리 → ⑤ 등기
(3) 효력발생시기 : 주권제출기간 또는 채권자보호절차의 만료시

3.5.3. 주식 일반

3.5.3.4. 주권
3.5.3.4.1. 주권의 의의와 성질
(1) 주권의 의의
- 사원권적 유가증권(주주로서의 지위를 표창하는 유가증권). 주권의 교부는 주식양도의 효력발생요건이므로 주식을 양도할 때에는 주권이 필요하다.
- 주식은 회사에 대한 사원의 지위 또는 자격을 의미함. 이를 사원권(재산권적 성질의 권리 + 인격권적 내용의 의결권 + 회사지배권 등의 공익권)이라고 하는데 사원권은 주식과 분리하여 양도, 입질, 담보, 압류 등의 목적으로 할 수 없음.
(2) 주권의 법적 성질
- 비설권증권, 비문언증권, 비상환증권,
- **불완전유가증권, 요식증권, 요인증권, (법률상 당연한) 지시증권성**

3.5.3.4.2. 주권의 종류
주권에는 기명주권과 무기명주권이 있는데, 이는 기명주식과 무기명주식을 기준으로 하여 주권에 주주의 성명기재 유무에 따라 나눈 것으로서 우리 상법은 기명주식의 발행을 원칙으로 함.

3.5.3. 주식 일반

3.5.3.4.3. 주권의 발행

(1) 주권발행 강제주의
- 회사성립 후 또는 신주의 납입기일 후 지체없이 주권을 발행하여야(상355①). 회사의 성립 전이나 신주의 납입기일 전에는 주권발행 불가(상355②, if 발행시 주권무효, 선의취득부인)

(2) 주권기재사항 : 요식증권으로 일정한 사항과 번호를 기재하고 대표이사가 기명날인 또는 서명(356)
   1. 회사의 상호
   2. 회사의 성립년월일
   3. 회사가 발행할 주식의 총수
   4. 1주의 금액
   5. 회사의 성립후 발행된 주식에 관하여는 그 발행 년월일
   6. 수종의 주식이 있는 때에는 그 주식의 종류와 내용
   6의2. 주식의 양도에 관하여 이사회의 승인을 얻도록 정한 때에는 그 규정
   7. 상환주식이 있는 때에는 제345조제2항에 정한 사항(상환가액, 상환기간, 상환방법과 수)
   8. 전환주식이 있는 때에는 제347조에 게기한 사항(전환의 뜻, 전환조건, 발행주식 내용, 청구기간)

   - 주권은 엄격한 요식증권은 아니므로 발행 년월일 등의 기재에 흠결이 있어도 무효로 되지 않으며, 주권의 기재사항 중 일부(상호, 발행예정주식총수)의 변경이 있는 경우에도 주권의 효력에는 영향무
   - 주권의 부실기재에 대하여는 이사는 과태료의 제재를 받고(635), 손해배상 책임을 짐

3.5.3. 주식 일반

(3) 주권 효력발생 시기
- 회사는 성립 후 또는 신주의 납입기일 후 지체 없이(6월) 주권을 발행하여야 함(355)
- 주권은 비설권증권이기 때문에 그 효력발생 시점이 언제인가에 대하여 학설대립
   1) 작성시설 : 형식에 따라 작성한 때, 선의취득자 보호(거래안전 보호)
   2) 발행시설 : 작성 후 (진정한 권리자가 아니더라도) 누군가에게 교부한 때, 권리자와 선의취득자의 이익의 조화
   3) 교부시설(다수설, 판례) : 작성후 권리자(주주)에게 교부한 때, (진정한) 권리자의 보호
   - 주권발행은 주주에게 교부하는 것이고 주주에게 교부된 때에 비로소 효력이 발생하므로 주주가 아닌 제3자에게 교부하더라도 주권으로서의 효력 없음
   - 어음·수표는 유통증권이나 주권은 사단법적 법리가 더 중시되어야 할 사항임
   - 어음행위의 성립시기와 관련하여서도 교부계약설, 창조설, 권리외관설, 발행설 등의 견해가 나뉘는데, 대법원은 교부계약설을 취하여 결과적으로 회사법과 어음·수표법상의 이론이 일치

(4) 권리주의 유가증권화 및 양도의 제한
   - 회사는 성립후 또는 신주 납입기일 후가 아니면 주권을 발행하지 못함(335 ②) : 권리주의 유가증권화 및 양도를 통한 투기를 방지하기 위한 것
   - 이에 위반하여 발행한 주권은 무효. 이를 발행한 발기인·이사 등은 그 주권이 무효화 됨으로 인하여 손해를 입은 자에 대하여 손해배상책임을 져야 하고, 과태료의 제재를 받음(355, 635)
   - 무효가 된 주권은 회사성립 또는 신주의 납입기일이 경과하면 회사성립 또는 신주의 효력발생과 동시에 주권이 유효로 된다고 봄(무효로 보는 견해도 있음)

3.5.3. 주식 일반

3.5.3.4.4. 주권의 불소지제도

(1) 의의
- 주권을 사실상 소지하지 않고 주주명부의 기재로 주주권을 행사할 수 있게 한 제도(주권상실시 제3자의 선의취득으로부터 주주를 보호)
- 주권불소지제도는 회사는 정관에 다른 정함이 있는 경우를 제외하고는 기명주식의 소유자가 주권을 소지하지 않겠다는 뜻을 회사에 신고하는 경우에 회사가 주권을 발행하지 아니하는 제도로서 주식양도시에 기명주식의 무기명증권성을 고려하여 인정

(2) 주권의 제출과 회사의 조치
- 주권불소지 신고 : 주주가 회사에 주권불소지 신고를 하면 회사는 지체 없이 주권을 발행하지 아니한다는 뜻을 주주명부와 그 복본(명의개서대리인을 선임한 경우)에 기재하고 그 사실을 주주에게 통지하여야 함(위반시 500만원의 과태료)

(3) 효력
- 주권이 이미 발행된 경우 회사에 제출된 주권은 무효로 하거나 명의개서대리인에게 임치함
- 주식양도는 주권교부로 하므로, 주권의 재발행 혹은 반환을 받아야 주권양도 가능
  1) 무효 : 폐기 + 주주명부에의 기재
  2) 임치 : 명의개서대리인에게 임치 + 주주명부에는 불기재(임치의 경우에는 주권을 무효로 안함). 임치비용은 회사가 부담
- 주주는 회사가 주권을 무효로 한 경우에는 주권발행을 언제든지 회사에 청구할 수 있으며, 회사가 명의개서대리인에게 임치한 경우에는 언제든지 회사에 대하여 주권반환을 청구할 수 있음(358)
- 주권발행의 청구가 있는 때에는 회사는 그 자가 주주임을 확인하여야 하며, 만일 회사가 무권리자에게 주권을 발행한 경우에는 그 주권은 무효이므로 선의취득은 인정되지 않음.
- 신주권의 발행비용은 주주가 부담

3.5.3. 주식 일반

3.5.3.4.5. 주권의 선의취득과 제권판결

(1) 주권의 선의취득

1) 의의
- 주권은 교부에 의하여 양도되므로 주권의 소지인은 적법한 권리자로 추정(336)
- 권리자인 외관을 신뢰하고 주식을 취득한 경우에는, 양수인에게 악의 또는 중대한 과실이 없는 한 양도인이 무권리자(도취자, 습득자)라 하더라도 그 주권의 취득이 유효하여 누구에게도 주권반환의무를 부담하지 않음(359, 수 21)

2) 요건
- 유효한 주권의 발행
- 양도인이 무권리자(절취한자 또는 습득한 자)인 경우 외에 양도인이 무권대리인, 무처분권자, 무능력자이거나 의사표시에 하자가 있는 경우에도 인정
- 주권의 교부를 통한 주식의 양도
- 취득자에게 취득시에 악의 또는 중과실이 없어야
  * 상법상의 주권의 선의취득제도는 민법상의 선의취득제도보다 양수인을 보호 : 경과실이 보호되며, 도품·유실품에 대한 특례가 없는 점에서 선의취득 요건 완화

3) 효과
- 주권의 소지인은 선의취득이 인정되는 경우 그 주권을 유효하게 취득하므로 누구에 대해서도 주권의 반환의무를 부담하지 않음

3.5.3. 주식 일반

(2) 주권의 상실과 재발행

1) 주권의 상실
- 　　주권은 분실, 소실 등에 의하여 상실 될 수 있음

2) 공시최고와 제권판결
- 　　주권을 상실한 경우에는 공시최고절차 이용, 법원의 제권판결을 받아 재발행 가능

3) 선의취득과의 관계
  - 선의취득자와 신청인의 지위
  1) 공시최고후 제권판결까지 권리신고가 있는 경우 : 선의취득자 보호
  2) 제권판결 후 취득한 자 : 불보호
  3) 제권판결 전 취득했으나 권리신고가 없는 경우
  - 학설
    - 제권판결취득자 우선설 : 제권판결제도의 의의
    - 선의취득자 우선설(다수설) : 공시·최고의 한계, 거래안전
    - 절충설 : 회사에 명의개서한 경우는 보호하자
  - 판례 : 형식적으로는 선의취득자 우선설, 실질적으로 제권판결취득자 우선설

(3) 제권판결의 효력
1) 소극적 효력 : 기존 증권의 무효
2) 적극적 효력 : 신청자는 증권 없이도 권리 행사 가능
3) 주권의 재발행 : 주권을 상실한 자가 공시최고의 신청을 하여 제권판결을 얻은 때에는 회사에대하여 주권의 재발행을 청구할 수 있음(360 ②). 제권판결이 있기 전에 제3자에 의한 명의개서가 있는 때에는 제권판결 취득자는 명의개서와 주권의 재발행을 청구할 있음

3.5.4. 주식관련 제도

3.5.4.1. 주식의 양도
3.5.4.1.1. 주식양도의 의의
- 주식의 양도란 법률행위에 의하여 주주권인 주식을 이전하는 것
- 주식의 양도로 인해 주주의 권리는 공익권이든 자익권이든 포괄적으로 양수인에게 이전함
- 다만 주주의 지위에서 생긴 권리라 하더라도 주총 배당결의가 있은 후 발생하는 특정결산기의 배당금 지급청구권과 같은 채권적 권리는 이전하지 아니함

3.5.4.1.2. 주식양도 자유의 원칙
  - 주식회사는 인적회사와 같이 퇴사제도를 인정하지 않으므로, 보다 확실한 투하자본의 회수를 가능하게 하기 위하여 주식의 자유로운 양도를 인정(상335①).
  - 주식양도는 준물권행위

3.5.4.1.3. 주식양도의 제한
(1) 상법상 주식양도의 제한
1) 권리주 양도의 제한
  ① 의의 : 회사성립 전·신주발행의 효력발생 전의 주식의 인수로 발생한 권리의 양도를 제한
  - 제한의 취지 : 단기차익을 노리는 투기행위 방지 + 주식발행절차의 혼잡방지
  ② 양도의 효력(상대적 무효)
  - 권리주의 양도는 회사에 대하여 효력이 없음(319, 425)
  - 회사의 승인문제 : 당사자간에는 채권적 효력, 회사가 효력을 인정할 수 있는가가 문제
  - 학설 - 부정설(다수설; 판례) : 투기방지의 목적의 관철
　　　　　　　 부정설에 따르면, 양도자체는 유효 → 회사에 대하여 그 효력을 주장하지 못함(상319)
　　　　　 - 긍정설 : 입법취지는 주로 주식발행절차의 혼잡방지이다, 거래의 실정에 적합

3.5.4. 주식관련 제도

2) 주권발행 전 주식 양도의 제한
① 의의 : 회사성립 후 또는 신주발행의 효력발생 후 주권발행 전의 주식의 양도를 제한함
② 주권발행 전의 주식 양도는 회사에 대하여 대항하지 못함(상335③). 지명채권양도 방법 인정
- 회사의 성립 후 또는 신주의 납입기일 후 6월 이내에 주권없이 주식을 양도한 경우에는 당사자간에는 유효하지만, 회사에 대하여는 절대적으로 효력이 없음
- 따라서 이러한 주식양도를 회사측에서 승인을 하고 명의개서까지 하더라도 절대무효이고 주식양수인은 회사에 대하여 주권을 자기에게 발행·교부하여 달라는 청구를 할 수 없음. 이때 회사가 주식양수인에게 주권을 발행·교부하더라도 이는 주권으로서의 효력이 발생하지 않음
③ 회사성립 후·신주의 납입기일 후 6월이 경과되기까지 주권을 발행하지 않은 경우 → 주권없이 한 주식의 양도도 회사에 대하여 유효(상335③)
- 따라서 주식양수인은 주식양수 사실을 입증하여 회사에 대하여 명의개서와 주권발행·교부를 청구할 수 있음
- 양도방법 : 민법상 지명채권의 일반원칙에 따라 당사자 사이의 의사표시에 의하여 이루어진다고 보는 것이 통설·판례임
- 대항요건 : 주권발행 전의 주식이 2중 양도되는 경우 주식양수인은 회사와 제3자에 대하여 대항요건 요함
  ㉠ 회사에 대한 대항요건 : 회사에 대한 통지 또는 회사의 승낙을 요함(다수설·판례)
  ㉡ 제3자에대한 대항요건 : 확정일자 있는 증서에 의한 통지나 승낙을 요한다는 설과 실질적인 권리귀속의 입증에 의한다는 설로 나뉨
④ 주권발행전의 주식양도의 경우에도 회사에 대하여 주주권 행사 요건 : 명의개서

3.5.4. 주식관련 제도

3) 자기주식취득의 금지

i) 제한의 목적 : 자본충실의 원칙에 위배 + 자기가 자기의 구성원이 된다는 논리적 모순
① 의의 : 회사가 자기의 계산으로(명의는 불문) 이미 발행된 자기주식을 취득하는 것을 금지하는 것
  - 회사는 원칙적으로 자기의 계산으로 자기주식을 취득하지 못함(341)
ii) 예외
① 상법상 제한(상341) :
  ㉮ 주식소각(지체없이 실효의 절차 시행),
  ㉯ 주식의 포괄적 교환·주식의 포괄적 이전, 합병·영업전부 양수의 경우(상당한 시기에 처분),
  ㉰ 권리실행을 위한 경우(상당한 시기에 처분),
    [判例] 자기주식을 권리실행을 위해 받는 경우 채무자의 유일한 재산임을 입증해야 함
  ㉱ 단주처리의 경우(상당한 시기에 처분),
  ㉲ 주주가 주식매수청구권을 행사한 때(상당한 시기에 처분)
  ㉳ 주식매수선택권을 위한 경우
  - 회사는 제340조의2 제1항의 규정에 의하여 이사·감사·피용자 등 주식매수선택권 행사자에게 자기의 주식을 양도할 목적으로 취득하거나 퇴직하는 이사감사 또는 피용자의 주식을 양수함으로써 자기의 주식을 취득함에 있어서는 발행주식총수의 100분의 10을 초과하지 아니하는 범위 안에서 자기의 계산으로 자기주식 취득 가. 그리고 그 취득금액은 배당가능이익의 한도 내이어야 함
  - 회사가 취득대상 주식이 발행주식총수의 100분의 10이상의 주식을 가진 주주로부터 유상으로 취득하는 경우에는 ㉠ 주식을 양도하고자 하는 주주의 성명, ㉡ 취득할 주식의 종류와 수, ㉢ 취득할 주식의 가액에 관하여 주주총회 특별결의를 거쳐야 하고, 회사는 주주총회 결의후 6월이내에 주식을 취득하여야 함(341의2 ②)
② 특별법상 : 증권거래법(상장회사만 10%까지 허용), 회사정리법(실권주의 경우)
③ 해석상 : 무상취득, 매매위탁에 의한 취득, 신탁에 의한 취득, 자기주식을 채무이행의 담보로서 점유하는 경우

3.5.4. 주식관련 제도

iii) 위반의 효력
　① 채권행위 : 당연무효
　② 취득행위의 유효성
　　- 학설
　　㉠ 유효설 : 거래안전을 위해서. §341는 명령규정에 불과한 것으로 취득행위는 언제나 유효
　　㉡ 무효설 : 회사보호, 자본충실의 도모 → §341를 강행규정으로 해석. 자본충실의 저해, 자기주식취득으로 인한
　　　　위험
　　㉢ 부분적 무효설 : 양도인이 선의인 한 유효. 거래상대방이 선의면 유효, 악의면 무효(실효성 적음). 양도인이
　　　　주주, 회사, 회사채권자에게 무효를 주장할 수는 없으나 주주, 회사, 회사채권자도 선의의 양도인에게 무효
　　　　주장 불가
　　㉣ 상대적 무효설(통설) : 양도인의 선악 불문, 제3취득자가 선의이면 유효, 악의이면 무효
　　- 判例 : 무효설, 화해의 내용인 경우 화해조항도 무효. §341에 위배한 자기주식 취득행위는 당연무효
　　③ 이사의 책임 : 자기주식을 취득한 이사는 회사 또는 제3자에 손해가 발생한 경우에 이를 연대하여 배상할
　　　　책임을 지고(399, 401), 또한 형벌의 제재를 면할 수 없음(625)

iv) 자기주식의 처분(§342)
　① 소각목적 : 즉시
　② 기타의 경우 : 상당한 기간 내에(유리한 시기에 처분할 기회 부여)

3.5.4. 주식관련 제도

v) 예외적으로 취득한 자기주식의 지위
　① 공익권
　- 상법상 : 의결권이 없다는 규정만 있음(상369②). 명문 규정상 제한되는 것은 의결권 뿐임. 따라서
　　자기주식은 의결권 정족수의 계산상 발행주식 총수에 산입 X
　- 해석상 : 전면적 휴지설(통설) - 모든 자익권과 공익권이 정지됨
　② 사익권(자기주식에 대한 무상주의 교부)
　- 무상주 발행의 성질
　　- 주식의 분할로 보는 견해 : 당연히 가능하다
　　- 이익배당으로 보는 견해(다수설)
　　　　㉠ 부분적 휴지설 : 이익배당청구권·잔여재산분배청구권, 신주인수권이 인정된다
　　　　㉡ 전면적 휴지설(통설) : 일체의 자익권이 인정되지 않는다는 견해
　　- 준비금의 자본전입으로 인한 무상주의 교부는 자기주식의 경우에도 인정되어야 할 것임

3.5.4. 주식관련 제도

4) 상호주 취득금지
  i) 모자회사관계 : 50% 초과시 모자관계 인정, 자회사가 모회사의 주식취득 금지
  ① 규 정 : 자회사는 자기회사의 발행주식총수의 50/100을 초과하는 주식을 가진 회사의 주식을 취득 못함(상342조의2)
  - 입법취지 : 자본의 공동화 현상으로 인한 자본유지의 원칙 붕괴, 일반주주의 이익침해 및 투기행위, 주주총회결의의 왜곡과 경영권 영속화 등의 위험이 있기 때문
  ② 자회사의 범위(상342조의2 1항, 3항) : 직접상호보유만 규제(간접상호보유는 제외)
  - 직접지배의 금지(342의2)
  - 간접지배의 금지(342의2)
  - 고리형 상호보유 : 금지에 대해 학설 대립
  ③ 금지위반의 효력
  - 취득행위에 대한 사법상의 효력 : 유효설 / 상대적 무효설 / 절대적 무효설(다수설)
  - 금지규정을 위반한 이사 등의 책임 : 회사 또는 제3자에게 손해배상책임을 지고(399, 401) 일정한 벌금형의 제재를 받음(625의2)
  ④ 예 외 : ㉠ 주식의 포괄적 교환, 포괄적 이전, 회사의 합병, 타 회사의 영업전부의 양수 ㉡ 권리실행의 목적달성 위해 ㉢ 주식의 무상취득
  - 모회사의 전환사채나 신주인수권부사채를 취득하는 것도 금지되지 아니하나, 다만 이 경우에 자회사는 전환권이나 신주인수권을 행사할 수 없음
  ⑤ 처 분 : 예외적으로 취득한 주식은 6월내에 처분 요(상342조의 2)
  ⑥ 모회사의 법적 지위 : 전면적 휴지설(통설) - 취득된 모회사 주식은 의결권, 이익배당청구권, 신주인수권 등의 공익권과 자익권 없음
  ii) 비모자회사관계 : 10% 초과시 상대방 주식의 의결권만 제한

5) 타회사주식취득시의 통지의무
  - 주식의 상호보유의 제한 : 회사가 다른 회사의 발행주식총수의 10분의 1을 초과하여 취득한 때에는 그 다른 회사에 대하여 지체없이 이를 통지하여야(342조의3) 함.
  - 회사, 모회사 및 자회사 또는 자회사가 다른 회사의 발행주식총수의 1/10을 초과하는 주식을 가지고 있는 경우에, 그 다른 회사가 가지고 있는 회사 또는 모회사의 주식은 의결권 없음(상369③).

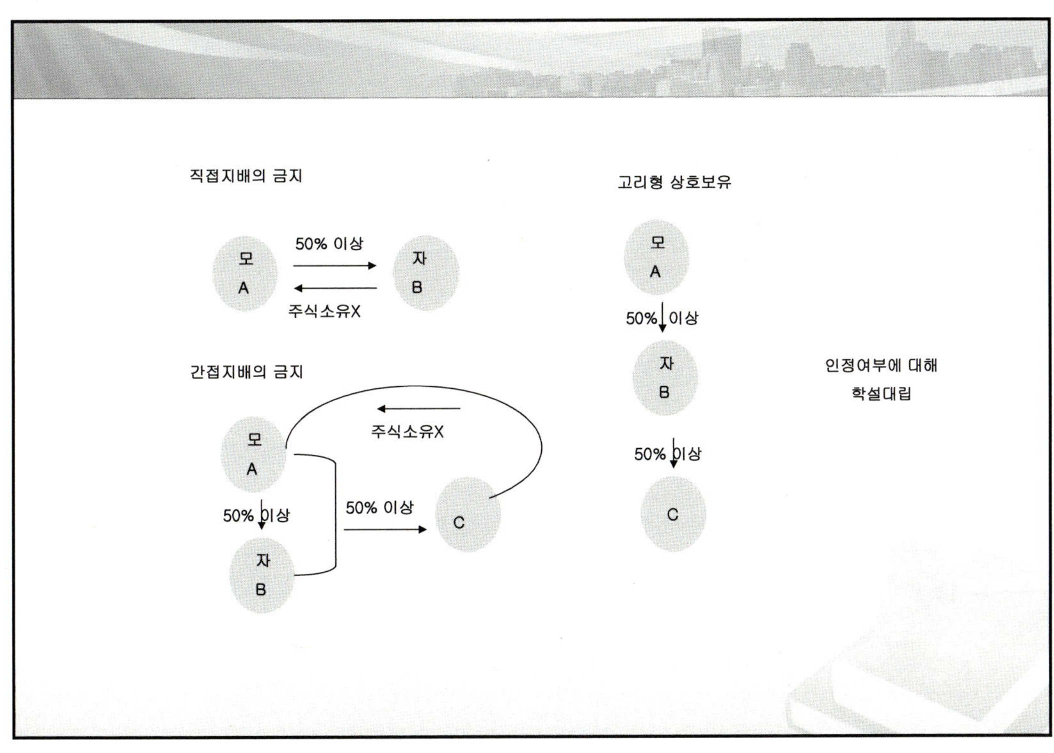

3.5.4. 주식관련 제도

(2) **특별법상 주식양도의 제한**

   1) 은행법에 의한 제한
   2) 독점규제 및 공정거래에 관한 법률에 의한 제한
   3) 증권거래법에 의한 제한
      i) 내부자거래제한
      ii) 공공적 법인이 발행하는 주식의 소유제한
      iii) 외국인의 주식취득의 제한
   4) 회사정리법상의 예외
   5) 해석상의 예외

(3) **정관에 의한 제한**
1) 의의
   – 주식의 양도는 정관의 규정으로 이사회의 승인을 받도록 할 수 있음(상335조 단서)
2) 요건
   ① 정관규정 : 정관의 근거규정 없이 주주총회의 결의 또는 이사회의 결의만으로 이를 제한할 수
     는 없음
   ② 이사회 승인
   ③ 공시 : 주식청약서(§302②), 주권에 기재(§356), 등기(§317②)
   ④ '비상장주식회사'의 경우에만 정관에 의한 제한 가능

3.5.4. 주식관련 제도

3) 효력
   – 승인 없는 양도의 효력(상대적 무효) : 회사에 대하여만 효력이 없음(335 ②). 외부적 무효, 내부적 유효(환가
     의 권리만 양도). 대표이사가 추후에 승인하더라도 효력 없음
   – 제한받는 행위 : 매매나 증여 등으로 인한 주식양수의 경우에만 적용되며, 상속·합병과 같은 포괄승계의 경
     우에는 적용 안되며, 입질·양도담보의 경우에도 제한 안됨
   – 제한받는 주식 : 양도제한을 받는 주식은 기명주식일 뿐, 무기명주식은 제한 할 수 없음
   – 주식양도의 제한은 주주 사이의 인적 신뢰관계를 중요시 하는 소규모의 폐쇄적 회사에 인정될 수 있으나 공
     개회사나 주권상장회사의 경우에는 성질상 허용불가

4) 절차(§335-2부터 §335-6)

      – 승인청구 : 승인 없이 양수한 사람도 가능하다(상대적 효력)
      – 이사회 결정 : 승인하면 양도로 끝 ➔ 승인없는 경우의 문제 – 양도상대방의 지정청구권
      – 거부통지 : 매수청구권(형성권 → 가격결정)이나 지정청구권 행사
      – 지정청구 : 양도상대방 지정 → 지정통지 → 先買權(형성권) → 가격결정
      – 가격결정방법 : 협의 → 회계전문가의 가격산정(지정매수인의 경우 선택적) → 법원
      – 회사에 대한 매수청구권
          ㉠ 형성권 → 가격결정
          ㉡ 가격결정방법 : 협의 → 회계전문가의 가격산정 → 법원

  ① 양도승인의 청구(상335조의 2)
    – 양도인(주주)의 승인청구 : 양도인(주주)은 회사에 대하여 양도의 상대방(양수인) 및 양도하고자 하는 주
    식의 종류와 수를 기재한 서면으로 청구(사전청구)
    – 양수인의 취득승인 청구 : 이미 양도된 경우 취득자가 주식의 종류와 수를 기재한 서면으로(상335의6①)
    이사회의 승인을 청구

3.5.4. 주식관련 제도

② 회사의 승인 :
- 회사(이사회)는 승인청구 후 1월내에 서면으로 승인여부 통지. 승인은 주식 전부이어야 함
- 1월 내에 통지가 없으면, 양도를 승인한 것으로 봄
- 승인거부시 : 청구인은 통지를 받은 때로부터 20일 내에 양도상대방의 지정청구(상335조의3) 또는
  주식매수청구권(상374조의2) 행사 가

③ 회사의 지정통지 및 지정된 자의 선매권 등
- 회사의 지정통지 (상335조의3) : 회사는 지정청구일로부터 2주 내에 주주 또는 양수인 및 지정된
  상대방(피지정자)에게 서면으로 통지. 2주내 통지X → 승인
- 지정된 자의 매도청구권(상335조의4) : 지정통지를 받은 날로부터 10일 이내 주주 또는 양수인에게 서면으로
  매도청구(형성권). 10일 이내에 매도청구 X → 승인의제
- 매수가액의 결정(상335조의5) : 양당사자의 협의 → 회계전문가·법원에 산정을 청구

④ 주식의 매수청구(상335의7)
- 요건 : 주식의 양도승인을 거부한 경우(상335조의2)
- 청구의 방법 : 서면으로
- 회사는 2월 내에 그 주식을 매수
- 매수가액의 결정 : 주주와 회사의 협의로 결정. 협의가 안된 경우→ 법원에 대해 매수가액의 결정을 청구할 수
  있음

☞ 주식매수청구절차

청구일	1월이내	20일이내		2월이내
주주 또는 양수인은 회사에 대하여 양도승인 서면청구	회사는 주주 또는 양수인에 서면승인여부 통지 -> 통지X : 승인	주주 또는 양수인은 회사에 대하여 ① 주식매수청구→		회사는 주식을 매수 가격은 협의 → 협의가 안된 경우 법원에 청구(30일 이내에)
		2주간	10일이내	30일 이내에
		② 상대방지정청구 →	회사는 주주 및 지정된자에게 서면통지 ->통지X : 승인	지정된자는 주주에 대하여 서면매도청구 ->청구X : 승인	매도가격협의가 안된 경우에 법원에 매수가액결정 청구

3.5.4. 주식관련 제도

3.5.4.1.4. 주식양도의 방법

(1) 주권발행 전의 양도(상335③)
    1) 주식의 양도와 제한 : 원칙적 허용(§335①)
        ① 법률상 제한 : 권리주(§319, §425①), 상호주(§341, §342-2), 주권발행전(§335③)
        ② 정관상 제한(§335①但) : 폐쇄회사의 인적 결합 중시하여 인정
    2) 주식발행전의 주권양도
        ① 회사성립이나 신주납입 기일후 6월 경과시에만 회사에 대해서 유효
        ② 6월 경과 전 양도의 효력(상대적 무효) : 권리주 양도제한과 동일
      – 회사에 대한 효력 : 회사에 대해 무효, 회사가 승인하고 명의개서하여도 무효
      – 당사자 사이의 효력 : 유효
      – 하자의 치유 : 6월 경과전 양도, 6월이 지난 후 주권이 발행된 경우 치유가능성
        ·6월이 지난 상태에서 양도할 수 있으므로 반복 회피 위해 치유된다는 설(통설)
        ·강행규정 위반이므로 치유되지 않는다는 설
        ③ 6월 경과 후의 양도 : 유효하게 성립
      – 취지 : 투하자본의 회수불가 및 양도인의 주권탈환을 방지
      – 방법 : 일반 지명채권의 양도방법에 의함
      – 입증책임 : 주권점유에 의한 추정력(§336②)이 없으므로 양수인의 입증책임

(2) 주권발행 후의 양도
        ① 주권의 교부 : 무기명주식, 기명주식 모두 포함
        ② 주주명부의 개서 : 회사에 대한 대항요건

3.5.4.2. 주식의 담보

3.5.4.2.1. 주식담보의 의의
(1) 의의
– 주식은 재산적 가치가 있는 지위이며, 이를 표창하는 주권은 양도성이 보장되어 있으므로 담보의 목적이 될 수 있음
– 담보의 대상이 되는 것은 자익권 뿐임(통설, 공익권은 담보의 대상이 되지 않음)
– 주식담보 방법으로는 주식을 질권의 목적으로 하는 방법과 주식의 양도담보가 있음
– 주식담보의 본질에 대해 주주지위의 담보라는 설과 주권의 담보라는 설로 나뉨

(2) 질권의 설정
    1) 무기명주식의 입질
      – 성 립 : 주권을 질권자에게 교부함으로써
      – 제3자 대항 → 주권의 계속점유
    2) 기명주식의 경우 등록질과 약식질

3.5.4.2.2. 주식담보의 자유와 제한
(1) 주식담보의 자유 : 주식양도의 자유가 인정됨이 원칙이므로 담보설정의 자유도 인정
(2) 주식담보의 제한
1) 권리주의 담보 : 권리주도 입질을 할 수는 있으나 회사에 대하여는 효력 무
– 권리주의 양도는 회사에 대하여 효력이 없는 것과 같이(상319), 권리주에 대한 담보 설정도 회사에 대하여 효력이 없음
2) 주권 발행 전의 주식의 담보 :
– 입질이든 양도담보이든 회사에 대하여 효력이 없고 당사자 사이에만 효력 있음
– 주권발행 전에 한 주식의 양도는 회사에 대하여 효력이 없는 것과 같이 주권발행 전의 주식에 대한 담보설정도 회사에 대하여 효력이 없음
– 다만 회사의 성립 후 또는 신주납입기일 후 6월이 경과한 때에는, 주권이 없어도 유효하게 주식에 대하여 담보를 설정하여 회사에 대항할 수 있음(335 ③). 이 경우에는 주주명부에 질권의 등록이 가능함. 담보설정방법은 지명채권의 양도방법에 의함(회사 대항 요건으로 회사에 통지나 회사 승낙)

3.5.4.2. 주식의 담보

3) 자기주식에 대한 담보 제한
① 자기주식에 대한 담보 제한의 의의
- 상법은 자기주식의 담보를 원칙적으로 자유에 맡기되,
- 자기주식을 질권의 목적으로 하는 경우에도 발행주식총수의 20분의 1을 초과하여 질권의 목적으로 취득하지 못함(상341의3)
- 질권의 대상에는 양도담보의 목적으로 하는 것과 근질로서 자기주식을 취득하는 것을 포함하나, 자기주식의 취득과 동일한 것으로 간주되는 매도담보나 등록양도담보는 금지됨

② 제한의 예외
- 회사의 합병 또는 다른 회사의 영업 전부를 양수하는 경우와 회사의 권리를 실행함에 있어서 그 목적을 달성하기 위해 필요한 경우(상341의2)에는 제한 없이 인정되나 회사는 상당한 시기에 질권을 처분하여야 함

③ 제한위반의 효과 :
- 제한비율(1/20)을 초과한 부분의 효력 : 무효설 / 상대적 무효설 / 유효설
    - 무효설 : 질취의 경우에 그 위반행위는 무효로 된다고 보는 견해이며,
    - 상대적 무효설 : 원칙적으로 무효이지만 질권설정자가 선의인 때에는 무효를 주장 못함.
    - 유효설 : 자기주식취득은 원칙적으로 금지되는데 자기주식의 질취는 원칙적으로 허용되고 수량만이 제한되고, 회사는 자기주식이라도 담보로 잡아 두는 것이 담보가 없는 경우보다 더 유리하므로 유효로 보아야 한다고 함.

- 이사의 책임 : 이사가 자기주식의 질취의 제한을 위반하여 회사에 손해를 입힌 때에는 회사에 대하여 연대하여 손해배상책임이 있고(399), 악의 또는 중과실에 의한 경우에는 제3자에 대하여도 책임(401)

3.5.4.2. 주식의 담보

④ 질취한 자기주식의 지위
- 회사가 적법하게 자기주식을 질취한 경우에는 의결권 등의 공익권과 더불어 이익배당청구권, 잔여재산청구권 등의 자익권도 전면적으로 휴지한다고 하는 입장(통설)과 우선변제권(민329), 전질권(민336), 물상대위권(상339, 461조6항) 등을 행사할 수 있음이고 보는 견해로 나뉨

⑤ 자기주식을 양도담보의 목적으로 취득하는 경우
- 약한 의미의 양도담보의 경우에는 가능하나, 강한 의미의 양도담보나 매도담보의 경우에는 대내외적으로 자기주식의 취득의 경우와 같음. 따라서 원칙적으로 그 취득이 금지된다고 봄

4) 주권불소지의 경우
- 주권이 주주의 불소지신고에 따라 발행되지 않거나 또는 무효로 되거나 명의개서대리인에게 임치된 경우에는(상358의2) 주식에 질권이나 양도담보를 설정하는 것은 불가능하므로 주식에 담보권을 설정하려는 주주가 회사에 대하여 주권의 발행 또는 반환을 청구하여(상358의2 4항) 이것을 담보권자에게 교부하여야 함.

5) 정관으로 주식양도가 제한되는 경우
- 담보설정 자체는 주식의 양도가 아니므로 이사회의 승인이 필요없이 자유롭게 할 수 있음
- 단지 그 실행에 있어서 이사회의 승인을 받으면 된다고 함. 승인이 거부된 때에는 주식을 취득한 자는 상대방의 지정 또는 주식의 매수를 청구할 수 있음(상335 4항).

6) 자회사에 의한 모회사주식의 담보
- 자회사가 모회사의 주식을 담보의 목적으로 하는 취득에 관하여 제341조의3(자기주식의 질취)이 유추적용되어야 한다는 견해(자기주식 취득제한이 적용)와 아무런 제한 없이 취득할 수 있음은 견해로 대립

3.5.4.2. 주식의 담보

3.5.4.2.3. 주식의 입질
- 주식입질의 성질
  1) 제1설 : 권리질이라는 견해
  2) 제2설 : 채권질이라는 견해
  3) 제3설 : 유가증권의 입질이라는 견해

		기명주식		무기명주식 (등록질 X)
		약식질	등록질	
설정방법		(질권설정) 합의 + 교부	합의+교부+주주명부에 기재	합의 + 교부
질권자의 대항요건인 계속점유 필요한 경우		회사,제3자에	제3자에 * 회사에 대항 : 주주명부 기재	회사, 제3자에
효력		유치권(민 355, 335), 우선변제권(민 355, 329), 전질권(민 355, 336) 및 물상대위권(상 355, 342) (물상대위권은 주식매수청구권을 행사한 경우에 받는 주식의 매수대금, 신주발행무효에 의하여 주주가 받는 주식납입금 등에도 미침)		
물상대위	공동인정	소각, 전환, 병합, 분할(상 339) + 무상주(상 461 7항)		
	등록질만 인정되는 사항(법규정)		이익배당,이자배당,잔여재산분배(상 340), 주식배당(상 462-2 6항)	
	공동불인정	-공익권(의결권) -유상주(신주인수권) : 긍정설 / 부정설(다수설)		
	대위방법	(금전의 지급 또는 주권교부전에) 압류 필요	압류 불요	

3.5.4.2. 주식의 담보

3.5.4.2.4. 주식의 양도담보
(1) 의의
- 주식의 담보를 위해 채무자가 주식을 채권자에게 양도한 후 채무를 변제하면 채권자가 주식을 반환하고, 채무자가 채무를 변제하지 않을 경우에는 채권자가 확정적으로 주식을 취득하기로 약정하는 것을 말함.

(2) 설정방법
- 주식의 입질의 경우와 같이 기명주식의 경우에는 약식양도담보와 등록양도담보가 있는데, 무기명주식의 경우에는 등록양도담보가 없음. 기명주식의 약식양도담보와 무기명주식의 양도담보의 설정방법은 기명주식의 약식질과 같이 당사자 간의 양도담보의 합의와 주권의 교부에 의하여 그 효력이 발생하고(상336①), 양도담보권자에 의한 주권의 계속점유가 회사 및 제3자에 대한 대항요건임(상336 2항)
- 등록양도담보의 설정은 양도담보의 합의, 주권의 교부 외에 주주명부의 명의개서가 있어야 함

(3) 기명주식의 약식양도담보
- 기명주식의 약식질과 약식양도담보는 외관이 동일하여 서로 구별되지 아니하는 경우에 채무자 보호를 위하여 약식질로 해석하는 견해(소수설)와 채권자인 담보권자에게 유리하게 약식양도담보로 추정하는 견해(다수설)로 나뉨

(4) 등록양도담보의 효력 :
- 대외적으로는 양도담보권자가 주주이므로 양도담보설정자는 의결권을 비롯한 공익권을 행사할 수 없고, 담보권자인 양수인에게 귀속함

3.5.4.2.5. 주권예탁결제제도에서의 주식담보
- 증권예탁결제원에 혼장임치된 주권을 현실로 움직이지 아니하고 예탁자계좌부 또는 고객계좌부상의 담보권설정자의 계좌로부터 담보권자의 계좌로의 대체의 기재로 한다(증거 174의3 2항). 이러한 대체의 기재에는 주권의 교부가 있었던 것과 동일한 효력이 인정되며(증거 174의3 2항), 담보권자는 예탁자에 대하여 언제든지 공유지분에 해당하는 주권의 반환을 청구할 수 있음(증거 174의4 2항).

3.5.4.2. 주식의 담보

3.5.4.2.6. 주식담보의 효과

(1) 주식입질의 경우
1) 일반적 효력 : 점유권, 전질권, 우선변제권, 물상대위권(상법 규정)
2) 물상대위의 범위
   - 이익배당(약식질에 적용여부)
     ① 긍정설 : 이익배당은 '과실'이므로 질권의 효력이 미침.
     ② 부정설 : 340조 규정, 약식질은 주권의 교환가치만을 염두에 둔 것
   - 주식배당(약식질에 적용여부) : 주식배당의 본질에 대한 학설에 따라
     ① 주식분할설 : 약식질에서도 물상대위가 인정됨.
     ② 이익배당설 : 이익배당의 논의의 문제임
   - 유상주(신주인수권과 등록질 및 무기명주식에서 물상대위의 인정문제, 약식질도)
     ① 긍정설 : 주식의 담보가치가 희석화될 수 있으므로 물상대위를 긍정하여야 함.
     ② 부정설(통설) : 신주인수권은 별도의 유상계약에 의하여 대가를 치르고 행사되므로 종전 주식의 대표물이
       나 변형물일 수 없어 질권자의 물상대위권 행사 부정, 증담보요구에 의해 희석효과 대처
   - 잔여재산분배(약식질에 적용여부) : 이설 없이 공동인정함, 입법의 불비

☞기명주식의 약식질권자는 유치권, 우선변제권, 전질권 그리고 물상대위권을 가짐. 다만 상법은 이익배당, 건설
이자배당, 주식배당, 잔여재산의 분배 등에 대하여 등록질의 경우에만 질권의 효력이 미치는 것처럼 규정하고
있으며, 신주인수권에 대하여는 상법에 아무런 규정이 없음. 그런데 이러한 권리 중에서 잔여재산분배청구권에
대하여는 약식질도 효력이 미친다는 것이 통설이고 나머지에 대하여는 긍정설과 부정설로 나뉘어짐.

3) 물상대위의 행사절차
   - 무기명주식, 등록질 : 압류할 필요없이 직접 교부받을 수 있음
   - 약식질 : 압류해야 함, 소각·병합·전환 등의 경우는 섞일 염려 없으므로 압류 不要

(2) 양도담보의 경우
   - 입질의 경우와 같음. 실행을 위하여는 청산절차 필요

3.5.4.3. 주식의 소각

3.5.4.3.1. 의의
- 회사의 존속 중에 특정한 주식을 절대적으로 소멸시키는 회사의 행위
- 주식자체를 소멸시키는 점에서 주식을 소멸시키지 않고 주권만을 소멸시키는 주권의 제권판결
  (360) 및 주식인수인의 자격만을 실효시키는 실권절차(307)와 구별

3.5.4.3.2. 종류
(1) 자본감소의 절차에 따라 하는 경우(상343 1항 본문)
(2) 정관의 정합에 따라 주주에게 배당할 이익으로서 하는 경우(상343 1항 단서)
(3) 상환주식을 상환하는 경우(상345①)
(4) 총회의 결의에 의한 경우

3.5.4.3. 주식의 소각

3.5.4.3.3 정관의 규정에 의한 이익소각
(1) 요 건
① 정관에 이익소각에 관한 규정이 있어야 함(상343①).
- 　　정관은 원시정관이든 주주총회 특별결의로써 변경한 정관이든 상관없음
- 　　정관에 주식소각의 뜻, 소각방법·가액 등의 기본적 사항에 관한 규정이 있어야 함
- 　　변경정관에 관하여 반드시 총주주의 동의에 의하여 변경된 정관만을 의미한다고 해석하는 견해(다수설)와
  주주총회 특별결의에 의하여 변경된 정관이면 충분하다는 견해(소수설)로 나뉨
② 배당가능이익이 존재해야 함
- 　　배당가능이익은 대차대조표상의 순자산액으로부터 자본·법정준비금·그 결산기에 적립하여야 할 이익준비금
  의 합계액을 공제한 잔액을 말함
③ 이익소각에 관한 사항은 등기하고(317②vi) 주식청약서 및 신주인수권증서에 기재하여 공시하여야 함.

(2) 방법
① 　　임의 소각 : 회사와 주주 간의 자유로운 계약 등에 의하여 회사가 특정한 주식을 취득하여 소각시키는 방법
  (상 341 ⅰ) → 회사가 취득한 자기주식에 대하여 실효절차를 밟은 때에 효력이 발생
② 　　강제 소각 : 회사가 추첨안분비례 등에 의하여 주주의 의사와 관계없이 특정한 주식을 취득하여 소각 시키는
  방법으로 강제소각을 하려면 회사는 1월 이상의 기간을 정하여 주식을 소각한다는 뜻과 그 기간 내에 주권
  을 회사에 제출할 것을 공고하고, 주주와 등록질권자에 대하여도 개별적으로 그 통지를 하여야 함 → 주권제
  출기간이 만료한 때 효력 발생

(3) 효 과
- 　　자본에 미치는 영향 : 이익소각으로 발행주식 수는 감소하지만, 이는 배당이익으로 주식을 소각한 것이므로
  자본에는 영향이 없음. 따라서 발행주식의 액면총액이 자본액과 일치하지 않음
- 　　수권주식수에 미치는 영향 : 이익소각으로 발행주식 수가 감소했다고 하더라도 이미 주식이 발행된 것이므
  로 수권주식총수가 감소하는 것도 아니다. 따라서 <u>이익소각이 있음이고 해서 미발행주식 수가 그만큼 증가
  하는 것은 아니다(통설)</u>

3.5.4.3. 주식의 소각

3.5.4.3.4. 총회의 결의에 의한 주식소각
(1) 의의 : 회사는 정관에 규정이 없더라도 정기총회에서의 특별결의에 의하여 주식소각 가능(상343
  의2①).
(2) 요건 :
- 주주총회 특별결의에서는 매수할 주식의 종류, 총수, 취득가액의 총액 및 주식을 매수할 수 있는 기간을 정함(상
  343의2②).
- 매수할 수 있는 주식의 취득가액의 총액은 배당가능 이익으로 제한됨. 즉 취득가액 총액은 대차대조표상의 순 자
  산액에서 ① 자본의 액 ② 그 결산기까지의 액을 공제한 액을 초과하지 못함(상 462 3항).
- 따라서 자본준비금이나 이익준비금으로 재원으로 이익소각을 할 수가 없으며, 만약 배당가능이익이 없을 염려가
  있는 때에는 이익소각을 위한 주식매수를 하지 못함(343의2 ⑤)
- 이익소각의 방법 : 회사가 자기주식을 임의로 매수하여 소각함
- 주식을 매수할 수 있는 기간은 정기주총 결의 후 최초의 결산기에 관한 정기총회가 종결한 후로 정하지 못함(상
  462 4항). → 주식소각은 그해 영업 연도 이익으로 하는 것이기 때문에 다음 총회 종결일 이후로 하지 못하도록
  한 것임
(3) 방법 : 소각을 위하여 회사가 취득한 자기주식에 대해서는 실효절차를 밟아야 하는데, 이익소각의
  효력은 이 실효절차를 밟은 때(341, 342)에 생긴다.
(4) 이익소각의 효과
- 소각의 직접적 효과로서 주식은 소멸하고, 그 만큼 발행주식총수가 감소하고 회사는 이로 인한 변경등기를 하여
  야 함. ① 주식의 종류와 총수, ② 소각하기 위하여 취득할 주식가액의 총액, ③ 주식을 취득하고자 하는 기간 등
  임

제3편 회사법

3.5.5. 주주

3.5.5.1. 주주의 의의
3.5.5.2. 주주의 종류
3.5.5.3. 주주의 권리·의무
3.5.5.4. 실질주주
3.5.5.5. 주주명부

3.5.5. 주주

3.5.5. 주주
3.5.5.1. 주주의 의의
3.5.5.1.1. 주주의 의의
- 주식을 취득하여 주식이 표창하는 권리의무의 주체가 된 자로서, 명의여하를 불문하고 실질적 소유자가 주주

3.5.5.1.2. 주식의 특성
(1) 주식의 불가분성 : 주식은 액면의 분할뿐만 아니라 그 내용인 권리(자익권 등)의 분할도 인정 안됨
(2) 공유주주 : 주식은 단위미만으로 세분화하거나 분해할 수 없으나 1단위의 주식 자체를 수인이 공유할 수 있음
　(상 333) → 주식공유(공유주주)
- 주식이 수인의 공유에 속하는 때에는 공유자는 주주의 권리를 행사할 자 1인을 정하여야 함(상 332②)
- 권리행사자는 공유주주들의 임의대리인으로서 공유주주들의 지시에 구속됨
- 주주의 권리를 행사할 자가 없는 때에는 공유자에 대한 통지나 최고는 그 1인에 대하여 함(상332③)

3.5.5.2. 주주의 종류

보통주식에 따라	보통주주, 우선주주, 후배주주, 혼합주주, 상환주주, 의결권 없는 주주 등
주식소유의 수량에 따라	대주주, 소수주주 등
주식소유의 경제적 동기에 따라	투자주주, 투기주주, 기업자주주, 종업원주주 등
주주명부 등재여부에 따라	실질주주와 명의주주

3.5.5. 주주

3.5.5.3. 주주의 권리·의무
3.5.5.3.1. 주주의 권리·의무
3.5.5.3.2. 주주의 권리의 종류

(1)자익권(경제적 이익)
1) 투하자금에 대한 수익을 위한 권리 : 이익배당청구권(§462), 중간배당청구권(462의3)
   - 보완하는 권리 : 이자배당청구권(§463), 신주인수권(§418)
2) 투하자금 회수 : 잔여재산분배청구권(§538), 주식매수청구권(§360의5, 360의22, 374의2, §522의3, 530의11)
   - 뒷받침 제도 : 주식양도자유의 원칙의 보장 하에 주권교부청구권(§355), 명의개서청구권(§337②)

(2) 공익권(운영에 참가)
   1) 경영참가를 위한 권리 : 의결권(§369, §368)
   2) 경영감독을 위한 권리
   ① 단독주주권 : 개인주주의 지위를 강화하기 위해 지주수에 관계없이 단독으로 행사하는 권리
   - **설**립무효소권(§328),
   - **합**병무효소권(§529),
   - **분**할무효소권(§530의11)
   - **총**회의결취소의 소권(§376),
   - 총회결의무효·부존재확인소권(§380),
   - **감**자무효소권(§445),
   - 재무제표**열**람권(§448),
   - **신**주발행유지청구권(§424) : 회사가 법령 또는 정관에 위반하거나 현저하게 불공정한 방법에 의하여 신주를 발행함으로써 주주가 불이익을 받을 염려가 있는 경우에는 그 주주는 회사에 대하여 그 발행을 유지할 것을 재판상, 재판외로 청구할 수 있는 권리(424)
   - 신주발행무효소권(§429)
   - 주식교환무효소권(360의14)
   - 주식이전무효소권(360의23)

3.5.5. 주주

   ② 소수주주권 : 주주권의 남용을 방지하기 위하여 발행주식 총수에 대한 일정비율의 주식을 가진 주주만이 행사할 수 있도록 규정한 것(비율은 소수주주권의 내용에 따라 다름)
- 주주권은 소소주주에게 인정된 특별한 권리로, 회사가 발행한 주식 총수의 일정비율 이상의 주식을 가진 주주만이 행사할 수 있는 권리로서 일정한 요건과 구체적 사안에 따라 발행주식총수의 1/100, 3/100 또는 10/100 이상의 주식수가 필요
- 소수주주권의 법정비율은 정관으로 가감할 수 없으며 주주구성은 1인 내지는 다수라도 관계 없음
- 발행주식총수 산정시 제외 되는 주식 : 회사가 취득한 자기주식, 무의결권주
- 소의 제기시에만 일정한 주식수를 보유하고 있으면 됨
- 소수주주권(10%) : - 해산판결청구권 / - 회사정리개시신청권
- 소수주주권(3% 이하) :
   - 총회소집청구권(§366),
   - 이사 해임청구권(§385②),
   - 이사·청산인의 위법행위유지청구권(§402, §542) : 소수주주가 이사가 법령 또는 정관에 위반한 행위를 하여 회사에 회복할 수 없는 손해가 생길 염려가 있는 때 그 행위를 유지할 것을 재판상, 재판외로 청구할 수 있는 권리
   - 이사에 대한 제소청구권과 대표소송권(§403) : 발기인, 이사, 감사 또는 청산인의 회사에 대한 책임을 추궁하는 소
   - 업무와 재산상태의 검사청구권(§467),
   - 회계장부열람청구권(§466) : 영업시간 내에 재무제표와 그 부속명세서, 영업보고서, 감사보고서를 열람할 수 있으며, 회사가 정한 비용을 지급하고 등사 청구 가능. 회사채권자도 가능

(3) 고유권·비고유권
- 고유권이란 주주동의 없이는 정관의 규정이나 주주총회 또는 이사회의 결의로 박탈할 수 없는 권리
- 다수결의 원칙을 억제할 수 있는 장치로 쓰일 수도 있음
- 주주의 의결권·이익배당청구권등이 대표적인 예이다.
- 비고유권이란 정관의 규정 또는 주주총회의 결의에 의하여 회사가 일방적으로 박탈할 수 있는 권리

☞ 소수주주권

	소수주주권의 종류	상법	증권거래법(1000억원 이상)	
1	집중투표청구권(382의2)<무의결주식제외>	3%	1%(자산2조이상)	
2	주주총회소집청구권(366) <무의결주식제외에 대해 학설은 나뉨>	3%	3%(1.5%)	6개월보유
3	주주제안권(363의2)<무의결주식제외>	3%	1%(0.5%)	6개월보유
4	이사감사 해임청구권(385②, 415)	3%	0.5%(0.25%)	6개월보유
5	위법행위유지청구권(402)	1%	0.05%(0.025%)	6개월보유
6	대표소송제기권(403)	1%	0.01%	6개월보유
7	회계장부열람청구권(466)	3%	0.1%(0.05%)	6개월보유
8	업무.재산상태의 검사청구권(467)	3%	3%(1.5%)	
9	청산인의 해임청구권(539 ②)	3%	0.5%(0.25%)	
10	해산판결청구권(520)	10%		
11	정리개시청구권	10%	10%(회사정리법 30 ②)	
12	집중투표권(382의2)	3%	1%	

3.5.5.3.3. 주식이 나타내는 의무

(1) 납입의무
1) 재산출자책임(상계불가)
- 회사채권자와는 직접 아무런 관계가 없고 회사에 대하여 그가 가진 주식의 인수가액을 한도로 하는 출자의무만을 부담(전액납입주의를 취함)
- 출자목적은 재산출자에 한정되며, 재산출자는 금전출자가 원칙이고 현물출자는 예외적으로만 인정
- 납입에 관하여 상계로써 회사에 대항할 수 없음

2) 유한책임(법인격부인론)
- 인수가액의 범위 내에서 간접유한책임을 부담
- 주주는 유한책임의 원칙을 포기하고 회사채무를 부담하거나 추가출자를 할 수도 있음
- 법인격부인론의 경우는 유한책임에 대한 예외임

(2) 충실의무
- 주주가 의결권의 행사나 기타 회사의 기관으로서, 혹은 회사를 위하여 일정한 행위를 하는 때에는 회사 및 다른 주주에 대하여 충실의무가 있음
- 통설은 주주의 충실의무에 관한 규정도 없고, 충실의무의 내용도 불분명함을 이유로 부정

3.5.5. 주주

3.5.5.3.4. 주주평등의 원칙

1. 의의
- 주주의 자격에서 회사에 대하여 가지는 권리의무에 관하여 평등한 대우를 받아야 한다는 원칙
- 절대적 평등(비비례적 권리, 사단성) vs 상대적 평등(비례적 권리, 자본단체적 성격)

2.근거
상법에는 주주평등의 원칙의 정의에 대한 직접적인 규정은 없으나, 주식회사의 본질상 당연히 인정하는 것으로서 수종의 주식과 같이 예외적 규정을 둔 것에서도 알 수 있음.

3.적용범위
- 주주와 회사 간에 발생하는 법률관계(권리, 의무)에 적용. 기회균등, 비례적 평등, 종류적 평등
- 의결권, 이익배당청구권, 신주인수권, 무상증자에 의한 무상주교부, 전환사채의 인수권, 신주인수권부사채의 인수권, 잔여재산의 분배, 주식의 병합·소각

4. 예외
(1) 수종의 주식(§344) : 수종의 주식은 재산적 내용의 취급이 서로 다른 주식을 말하며, 정관에 내용과 그 수를 기재하면 발행할 수 있음.
(2) 신주인수, 주식의 병합·소각, 합병에 의한 주식배정비율(§344③)
(3) 단주처리(§443) : 단주는 경매하여 각 단주 수에 따라 그 대금을 종전의 주주에게 지급하여야 하므로 회사는 단주를 합한 수만큼의 주식을 발행하여야 함
(4) 감사선임시 3% 이상 주주의 의결권(§409②) : 의결권 없는 주식을 제외한 발행주식총수의 3/100을 초과하는 수의 주식을 가진 주주는 그 초과하는 주식에 관하여는 의결권을 행사할 수 없음
(5) 자기주식의 무의결권(§369②, ③) : 자기주식은 사원권이 휴지(정지)되며, 상호주의 경우는 사원권이 모두 휴지되거나 의결권만 행사하지 못하는 경우가 있음
(6) 소수주주권
    1) 평등성의 예외라는 설
    2) 평등성의 예외가 아니라는 설 : 누구라도 3%를 가지면 권리행사 가능

4. 위반의 효과 : 선의·악의를 불문하고 무효. 단, 손해를 받은 주주가 승인하는 것은 상관 없음(判例)

3.5.5. 주주

3.5.5.4. 실질주주

3.5.5.4.1. 실질주주의 의의

(1) 광의의 실질주주 : 주식인수의 명의와 관계없이 실질적으로 주금을 납입한 자(명의차용자)나 주식의 양수 후 명의개서를 하지 않는 자(명의개서미필주주)를 의미(←→ 명의주주, 형식주주)

(2) 협의의 실질주주(증권거래상 실질주주) : 증권예탁결제원에 주식을 예탁한 자이며, 예탁자가 증권회사인 경우 증권회사의 고객을 말함. 이는 예탁한 주식의 관리 편의를 위하여 증권예탁결제원이 증권예탁결제원의 명의로 주주명부에 명의개서를 하기 때문에 생기는 개념임

3.5.5.4.2. 실질주주명부

(1) 실질주주명부의 의의
- 주주명부 폐쇄기준일 설정 시 당해 기준일 현재의 예탁주식의 실질 소유자를 파악하여 이들을 실질주주로 인정하기 위해 작성하는 법률상 장부임(증거 174의8).

(2) 실질주주명부의 기재효력
- 발행회사가 작성한 실질주주명부의 기재효력은 주주명부의 기재효력과 동일(증거 174의8②)
- 주주명부의 기재효력인 자격수여적 효력, 면책력, 대항력이 실질주주명부에도 그대로 적용
- 자격수여적 효력 : 실질주주명부에 주주로서 기재된 자는 주권을 제시하지 않아도 회사에 대하여 주주권을 행사
- 면책력 : 회사는 실질주주명부에 주주로 기재된 자를 주주로 보아 각종 권리를 부여하고, 주주명부에 기재된 주소에 따라 통지 또는 최고를 하면 설혹 실질주주명부상의 주주가 진정한 주주가 아니더라도 책임을 면하게 됨
- 대항력 : 기명주식을 양수하는 경우에 실질주주명부에 주주로서 기재된 자는 주권을 자신의 명의로 개서하지 않았더라도 회사에 대하여 주주권을 주장할 수 있음

3.5.5. 주주

3.5.5.4.3. 주권의 예탁

- 상장주권을 가진 자가 증권회사에 주권을 예탁하는 때에 증권회사는 일정한 사항(고객의 성명 및 주소, 예탁 유가증권의 종류 및 수와 그 발행회사의 상호 등)을 기재한 고객계좌부를 작성 비치하여야 함(증거 174의2 ①).
- 증권회사는 위의 주권이 고객예탁분이라는 것을 명시하여 지체 없이 증권예탁결제원에 예탁하여야 하는데(증거 174의2②), 이때 증권예탁결제원은 일정한 사항(예탁자의 성명과 주소, 예탁유가증권의 종류 및 수와 그 발행회사의 상호 등)을 기재한 예탁자계좌부를 작성 비치하되, 예탁자의 자기소유분과 고객예탁분이 구분될 수 있도록 하여야 함(증거174③).
- 고객계좌부와 예탁자계좌부에 기재된 자는 각각 그 유가증권을 점유하는 것으로 보고(증거 174의3①), 이러한 계좌부에의 대체의 기재는 그 주권의 양도 또는 질권설정을 목적으로 하는 경우에 주권의 교부가 있었던 것과 동일한 효력을 가짐(증거 174의3②).
- 고객과 예탁자는 고객계좌부와 예탁자계좌부에 기재된 주권의 종류, 종목 및 수량에 따라 예탁유가증권에 대한 공유지분을 가지는 것으로 추정하며(증거 174의4①), 고객은 예탁자에게 예탁자는 증권예탁결제원에 언제든지 그 공유지분에 해당하는 주권의 반환을 청구할 수 있음(증거174의4②).

3.5.5.4.4. 권리행사

- 실질주주가 주주로서 권리행사를 함에 있어서는 예탁주권의 공유지분에 상당하는 주식을 가지는 것으로 본다(증거 174의7①).
- 실질주주는 명의주주가 있더라도 일정한 예외를 제외하고는(증거 174의6③⑤) 원칙적으로 모든 주주권을 행사할 수 있음.
- 실질주주는 주권불소지신고, 주권명단에의 기재 및 주권에 관하여는 주주로서의 권리를 행사 할 수 없음.
- 실질주주는 예탁주권에 대하여 자기명의로 명의개서를 청구할 수 있는데(증거 174의6②) 이로 인하여 명의주주가 됨.

3.5.5. 주주

3.5.5.5. 주주명부

3.5.5.5.1. 의의

- 주주 및 주권에 관한 사항을 명확하게 하기 위하여 작성하는 장부로서 기명주식의 등록 질·신탁재산의 표시 등에 있어서 중요하며, 주주 또는 질권자에 대한 통지·최고 기준이 됨
- 상법에 의하여 강제되는 장부(상업장부 X)

3.5.5.5.2. 기재사항

- 기명주식을 발행한 경우(상 352 ①), 무기명주식을 발행한 경우(상 352 ②), 전환주식을 발행한 경우(상 352 ③)로 각각 분류하여 규정
- 주주명부 및 그 복본에 법정기재사항을 기재하지 않거나 부실기재한 경우에는 이사 또는 명의개서대리인은 과태료의 제재를 받는다(상 635①ix)

기명주식 발행	무기명주식 발행	전환주식 발행
①주주의 성명과 주소 ②각 주주가 가진 주식의 종류와 수 ③각 주주가 가진 주식의 주권을 발행한 때에는 그 주권의 번호 ④각 주식의 취득 연월일 등을 기재	①종류 ②수 ③주권번호 ④발행 연월일	①주식을 다른 종류의 주식으로 전환할 수 있다는 뜻 ②전환의 조건 ③전환으로 인하여 발행할 주식의 내용 ④전환을 청구할 수 있는 기간 등
<기타사항> ① 기명주식에 질권을 설정한 경우 질권자의 성명과 주소(질권의 등록) ② 주식이 신탁된 경우 신탁재산인 사실의 기재 ③ 주식이 공유인 경우 주주권행사자, 공유자의 성명과 주소		

3.5.5. 주주

3.5.5.5.3. 비치공시
- 이사는 주주명부를 작성하여 회사의 본점에 비치하여야 함.
- 명의개서대리인을 둔 경우에는 주주명부 또는 그 복본을 명의개서대리인의 영업소에 비치 가(상 396①).
- 주주명부의 복본은 주주명부와 동일한 효과가 있고 복본에 한 명의개서는 주주명부에 한 명의개서와 동일한 효력(상 337②).
- 주주와 회사채권자는 영업시간 내에는 언제든지 주주명부 또는 그 복본의 열람 또는 등사 청구 가(상 396②).
- 주주 또는 회사채권자의 주주명부 등에 대한 열람등사 청구는 회사가 그 청구의 목적이 정당하지 아니함을 주장·입증하는 경우에는 열람 또는 등사를 거부 가(판례).

3.5.5.5.4. 주주명부의 효력
(1) 대항력
- 기명주식의 양도는 주권의 교부에 의하여 효력이 발생되나(효력요건)(상336①) 그가 주주라고 회사에 대항력을 갖기 위해서는 주주명부에 그의 성명과 주소를 기재하여야 한다(상337①).
- 명의개서에 의하여 주주는 회사에 대하여 자기가 주주임을 주장할 수 있으며 각종 주주권 행사 가. 실질상의 주주라도 명의개서가 없는 동안에는 회사에 대하여 주주임을 주장할 수 없음
- 제3자와의 관계에서는 명의개서 유무에 관계없이 실질상의 주주임을 주장·입증하면 됨
- 대항력은 기명주식에 한하여 인정되며, 무기명주식은 인정되지 않음(주권의 점유로 효력)

(2)면책력
- 회사는 주주명부상의 주주를 적법한 주주로 인정하여 그에게 각종의 통지, 최고, 교부 등을 하면 면책됨(상 358①).
- 회사가 명의주주가 실질주주가 아님을 회사가 알고 그것을 용이하게 증명할 수 있음에도 불구하고 고의 또는 중과실로 권리행사를 인정한 때에는 책임지며, 주주총회결의 취소의 사유가 될 수도 있음

3.5.5. 주주

(3) 추정력
- 기명주식의 양수인이 주주명부에 명의개서를 하면 이후 주주로 추정되어 자기가 실질적 권리자라는 것을 주장·입증하지 않고도 적법한 주주로서의 권리를 행사할 수 있으며, 주주권을 행사할 때마다 무기명주주와 같이 일일이 주권을 회사에 공탁할 필요도 없음(상358)
- 주주명부에 등록질권자로 기재된 자는 적법한 질권자로 추정되어 질권을 행사할 수 있음. 기명주권의 점유에 의해서도 적법한 소지인으로 추정됨(상336②)
- 기명주식의 점유에 의하여도 적법한 소지인으로 추정되지만, 이것은 주식양도와 관련하여 주권의 소지에 대하여 적법추정을 하는 것이므로, 주권의 소지인이 회사에 대하여 주주권을 행사할 수는 없음(주주명부의 기재에 권리창설적 효력이 인정되는 것은 아님)
- 명의개서의 추정적 효력은 명의개서에 의하여 명의주주에게 실질상의 권리를 부여하는 것이 아니므로 명의주주가 실질상의 주주가 아님이 명백한 때에는 회사는 권리행사를 거절하여야 함
- 형식적 자격은 없어도 실질상의 권리자임이 명백한 때에는 회사는 권리행사를 거절할 수 없음

(4) 기타의 효력
1)등록질
- 등록질의 경우 기명주식을 질권의 목적으로 한 경우에 회사가 질권설정자의 청구에 의하여 그 성명과 주소를 주주명부에 부기하고, 그 성명을 주권에 기재한 때에는 질권자는 회사로부터 이익이나 이자의 배당, 잔여재산의 분배 또는 질권의 물상대위에 의하여 금전의 지급을 받아 다른 채권자에 우선하여 자기채권의 변제에 충당할 수 있음
2) 주권불소지
- 주권불소지신고시 회사는 그러한 주권을 발행하지 않았다는 뜻을 주주명부에 기재함으로써 회사는 그러한 주권을 발행할 수 없고, 또 이미 발행되어 제출 받은 주권을 무효로 하거나 명의개서대리인에게 임치하여야 함

3.5.5. 주주

3.5.5.5.5. 주주명부의 폐쇄와 기준일

(1) 주주명부의 폐쇄
- 회사가 주주 또는 질권자로서 권리를 행사할 자를 확정하기 위하여 일정기간 동안 주주명부의 기재변경을 정지하는 제도(상354①)
① 폐쇄기간 : 폐쇄기간은 3월을 초과하지 못함(상354②)
② 공고 : 폐쇄기간의 2주간 전에 공고(상355③), 정관에 그 기간을 정한 때에는 공고 필요 없음(상355③)
③ 주주명부 폐쇄의 효력 : 권리를 변동시키는 기재 불가 – 명의개서, 질권의 등록(주주의 권리에 영향을 주는 행위)
  - 단 주주의 권리에 변동이 없는 행위 예컨대, 폐쇄기간 중 가능한 행위 : 주주의 주소변경, 기명주권의 불소지신고, 불소지신고 주식에 대한 발행 청구, 전환주식·전환사채의 전환의 청구, 신주인수권부사채의 신주인수권 행사 등은 기재가능
  - 예외적으로 폐쇄기간 중에도 전환주식·전환사채 또는 신주인수권부사채의 권리의 행사가 가능
④ 위법한 주주명부 폐쇄의 효력
  - 사유위법 : 무효
  - 이사회 결의의 흠결 : 상대적 무효
  - 3월 초과 : 일부무효
  - 기타 사유 : 경미하면 유효, 중대하면 무효
⑤ 일부주주를 위한 명의개서
  - 명의개서 가부 : 다른 주주의 권리를 침해할 수 있으므로 명의개서를 할 수 없다
  - 명의개서가 되었을 경우의 효력의 문제
  1) 무효설(통설) : 주주평등의 원칙
  2) 제한적 유효설 : 명의개서는 허용하나 권리행사만 제한, 무의미한 반복 회피

3.5.5. 주주

(2) 기준일
- 일정한 날을 정하여 그 날에 주주명부에 기재되어 있는 주주·질권자를 권리행사자로서 일률적으로 확정하는 제도(상354①)
- 주주명부의 폐쇄에 비하여 주식양도의 자유를 제약하지 않음
① 기준일자 : 주주·질권자로서 권리를 행사할 날에 앞선 3월내의 날로 정함(상354③). 이를 초과하여 설정한 기준일은 효력이 없음
② 공고 : 기준일과 설정의 목적을 기준일의 2주간 전에 공고하여야 함
- 기준일의 공고에는 반드시 그 목적을 기재하여야 하는데, 기준일은 공고된 목적 이외에는 이용될 수 없음
③ 효력 : 주주명부폐쇄와 같음

☞주주명부폐쇄와 기준일

1. 공통점

- 목적 : 일정한 시기에 주주 또는 질권자로서 권리를 행사할 자를 확정하기 위함
- 기간 : 3월을 초과할 수 없음.
- 공고 : 2주간 전에 공고하여야 함.
- 효력
  (1) 회사가 임의로 한 명의개서의 효력에 대하여
    - 다수설은 무효라고 봄
    - 소수설은 명의개서 자체는 유효하나 다만 그 효력은 폐쇄기간 경과 후에 발생함
  (2) 상법규정에 위반한 효력에 대하여는
    - 다수설은 일률적으로 무효로 보지 않고 구체적인 사안에 따라 합리적으로 판단하되 경미한 위반은
      무효가 아니라고 봄
    - 소수설은 무효로 봄
- 양제도의 병용 : 회사는 주주명부폐쇄와 기준일을 병용할 수 있음

2. 차이점

폐쇄제도	기준일제도
폐쇄기간 중에 주식이 양도되는 경우에 명의개서가 정지되므로 형식상의 주주와 실질상의 주주가 상이하다 → 주식양수인은 회사에 대하여 주장할 수 없음	기준일 이후에 주식이 양도되는 경우에 명의개서가 정지되지 않으므로 형식상의 주주와 실질상의 주주가 동일하다. → 주식양수인은 회사에 대하여 주주임을 주장가능
특정한 목적을 위해서만 이용할 수 없음.	특정한 목적을 위해서만 이용할 수 있음.

3.5.5. 주주

3.5.5.5.6. 실질주주명부

(1) 주주명부의 의의

- 증권거래법상의 실질주주에 관하여 일정한 사항(그의 성명 및 주소, 그가 가진 주식의 종류 및 수 등)을 기재하여 작성한 주주명부
- 증권예탁결제원에 예탁된 주권의 발행회사 또는 그의 명의개서대리인이 작성 비치(증거174의8①).
- 실질주주에게 권리를 부여해 주기 위해 이를 작성하는 것임

(2) 권리

- 증권예탁결제제도에 있어서는 주식소유자가 주권을 증권회사에 예탁하고 증권회사는 예탁원에 다시 예탁하며 예탁원은 보관관리의 합리화를 위해 발행회사 주주명부에 자기명의로 명의개서를 함
- 증권예탁결제원이 예탁하고 있는 주권에 관하여 그 주권의 발행회사가 주주명부폐쇄기간 또는 배정일을 정한 때에는(상354) 발행회사는 증권예탁결제원에 이를 지체 없이 통지하여야 하며, 증권예탁결제원은 그 기간의 초일 또는 그날의 실질주주에 관하여 지체 없이 당해 주권의 발행회사 또는 그의 명의개서대리인에게 통지하여야 함.
- 통지를 받은 주권발행회사 또는 그의 명의개서대리인은 이에 기하여 실질주주명부를 작성·비치하여야 함.
- 실질주주명부에의 기재는 주주명부에의 기재와 동일한 효력을 갖는다(증거174의8②). 다만 이러한 기재의 효력은 주주명부폐쇄일 또는 기준일에 소급하여 발생함

3.5.5. 주주

3.5.5.5.7. 명의개서

(1) 의의
- 명의개서란 주주명부에 취득자의 성명과 주소를 기재하는 것
- 명의개서제도는 회사가 명의개서된 주주만을 획일적으로 주주로 인정하기 위한 기술적 제도
- 명의개서가 이루어지지 않으면 회사에 대하여 주주로서 권리행사 불가, 예외적으로 증권예탁결제원에 예탁된 주식에 대하여는 실질주주증명서를 회사에 제출하면 회사에 대항가능

(2) 명의개서의 절차
1) 청구권자 : 명의개서청구권자는 주권소지인이고 명의개서청구의 상대방은 회사
2) 주권의 제시
- 주식의 양수인은 명의개서를 청구함에 있어 주권을 회사에 제시하여야 함
- 주권의 점유자는 적법한 소지인으로 추정 : 실질적 권리의 주장없이 청구 가능 (주권의 제시 외에 정관으로 명의개서청구시에 양도인의 인감증명 등 기타의 서류를 요구하는 경우, 그러한 제한은 구속력이 없음)
- 상속·합병 등과 같이 포괄승계에 의하여 주식을 양수하거나 주권발행 전에 주식을 양수한 것이 유효한 경우, 이러한 사실을 입증하여 명의개서 청구 가능
3) 회사의 심사 : 형식적 자격만 심사할 의무가 있고, 실질적 자격을 심사할 의무는 없음

(3) 명의개서의 효력
① 명의개서한 주식의 양수인은 적법한 주주로서 회사에 대하여 권리행사 가능
② 대항력 : 명의개서가 없으면 양수인은 회사에 대하여 주주임을 대항하지 못함
　√ 判例 : 주식양도는 지명채권양도의 일반원칙에 따르며, 주주명부상의 명의개서는 양수인 상호간의 대항요건이 아니라 적법한 양수인이 회사에 대한 관계에서 주주의 권리를 행사하기 위한 대항요건에 불과

3.5.5. 주주

☞ 주식양도의 대항력과 주주명부의 대항력의 관계
(1) 학설
1) 제1설 ① 통지·승낙이 가지는 대항력 : 명의개서를 청구할 수 있음을 의미
　　　　② 명의개서청구권에 기해 명의개서 : 비로소 주주권을 행사
2) 제2설 ① 통지·승낙의 대항력 : 회사에 대한 주주권행사가능성까지 포함
　　　　② 명의개서 : 누구를 주주로 취급할 것인가를 단체법적으로 정하는 의미
　　　　　　ⓐ 사원권의 창설적효력이 있는 것이 아니다
　　　　　　ⓑ 명의개서 : 주주권을 계속적 행사하기 위한 편의상(매번 증명할 필요 X)
　(2) 판례 : 원칙적으로 2설
③ 추정력 : 주주명부에 기재된 주주는 권리창설적 효력은 없으나 적법한 주주로 추정효력 있음
④ 면책력 : 회사가 명부에 기재된 주주를 적법한 주주로 인정하여 그에게 통지·최고 등을 하면 면책√ 회사는 명의개서를 청구하지 않은 주식양수인(광의의 실질주주)를 주주로 취급 可
(4) 명의개서미필주주의 지위(명의개서부당거절)
① 명의개서가 부당하게 거절된 경우 주식양수인의 구제수단
- 판결로서 명의개서에 갈음하거나 손해배상 청구 가능. 양수인이 주권을 제시하여 적법하게 명의개서를 청구하였음에도 불구하고 회사가 정당한 이유 없이 명의개서를 거절하였을 경우, 회사는 명의개서를 청구한 자에게 손해배상책임을 짐
- 또한 회사의 이사 등은 일정한 과태료의 제재를 받는다(상 635 ① vii).
- 명의개서 없는 주주권행사의 가부 : 긍정설(통설, 判例)
② 회사측에서 실질주주에게 권리행사를 허용하는 경우
㉮ 법규정 : 명의개서를 하지 않으면 회사에 대항하지 못함(§337 ①)
㉯ 회사의 권리 인정 문제
- 긍정설(편면적 구속설; 판례) : 회사 자체의 번잡을 회피하기 위한 것. 회사에서 주주로 인정하는 것은 무방
- 부정설(쌍방적 구속설) : 법률관계의 획일적 처리

3.5.5. 주주

㈐ 부당거부 : 부당거부시 주주권행사의 가부문제

① 긍정설(판례) : 신의칙에 따라 허용, 주주명부의 기재는 단지 추정력일 뿐

- 대표이사가 입회한 상태의 양도를 승낙하고 주주(68%주주)의 지위를 인정한 회사가 명의개서를 거부하고 주주총회 소집한 경우 주총결의의 부존재

② 부정설(거의 없다) : 법률관계의 획일적 처리

㈑ 이익귀속관계(실기주)

- 실기주의 이익이 당사자간에 별도의 약정이 없으면 주식양수인에게 귀속되어야 한다는데에는 견해가 일치하나, 주식양수인이 주식양도인에게 이를 청구할 수 있는 근거에 대해 학설의 대립이 있음

① 실기주의 의의

- 광의 : 소정의 기일까지 명의개서를 하지 않은 주식

- 협의 : 신주발행의 경우 실질주주가 아닌 형식적 주주에게 배정된 신주

② 양수인의 이익귀속의 근거

- 부당이득설 : 양도인이 법률상 원인 없이 얻은 이익이므로 → 양수인의 손실 범위 내이므로 반환범위가 불충분

- 사무관리설 : 양도인이 양수인의 사무관리자라는 점을 들어 사무관리의 법리로 설명 → 관리의사가 없을 경우 문제됨

- 준사무관리설 : 사무관리의 의사가 없으므로 준사무관리로 보아야 한다는 설

(5) 명의개서대리인

- 대행회사는 유가증권의 배당·이자 및 상환금의 지급을 대행하는 업무와 유가증권의 발행을 대행하는 업무를 영위할 수 있음(증거 180).

제3편 회사법

3.5.6. 주식회사 기관 총설

3.5.7. 주주총회

3.5.7.1. 주주총회의 의의
3.5.7.2. 주주총회의 권한
3.5.7.3. 소집
3.5.7.4. 주주제안권
3.5.7.5. 의결권
3.5.7.6. 의사와 결의
3.5.7.7. 종류주주총회
3.5.7.8. 주주총회결의의 하자

3.5.6. 주식회사 기관 총설

3.5.6. 주식회사 기관 총설
- 회사는 법인이므로 회사의 의사를 결정하고, 행동하며, 결정된 의사를 대외적으로 표시하기 위한 기관이 필요(주주총회 → 의사결정기관, 이사회·대표이사 → 업무집행기관, 감사 → 감독기관)

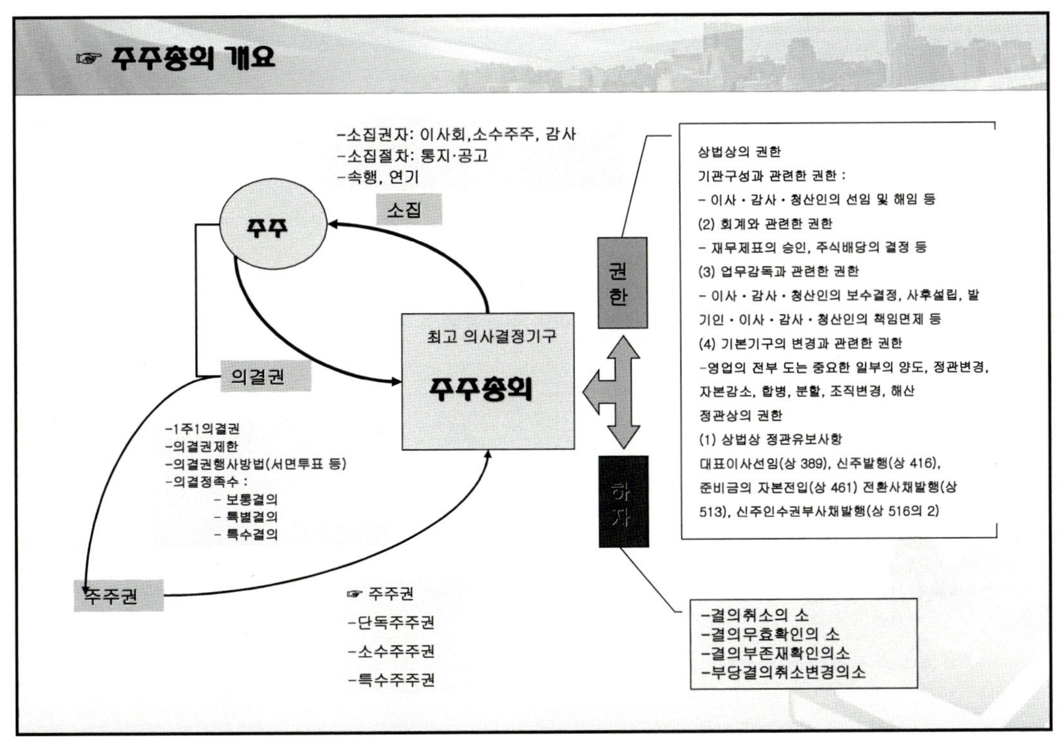

☞ 주주총회 개요

3.5.7. 주주총회

3.5.7. 주주총회

3.5.7.1. 주주총회의 의의

상법 또는 정관에 규정된 사항에 관하여 회사의 기본적 의사를 결정하는 필요적 기관으로서 정기적으로 또는 필요에 의하여 소집하는 회의체형식의 주식회사의 최고의 의사결정기구임

3.5.7.2. 주주총회의 권한

1. 기본원칙 : 권한한정의 원칙(상 361)

상법 또는 정관에 정하는 사항에 한하여 결의가능.

☞ 정관에 주주총회는 이사추천위원회의 추천을 받은 자에 한하여 이사로 선임할 수 있도록 하는 것이 타당한가? → 상장회사들은 이사회 내에 이사추천위원회를 두고 여기에서 추천 받은 자에 한하여 주주총회에서 이사로 선임하도록 제한하는 경우가 많은데, 이러한 제한이 주주총회의 전속적 권한을 침해한 것이 아닌가 하는 의문이 제기될 수 있음. 그러나 이는 주주총회의 이사선임 권한을 다른 기관에 위임하는 것이 아니고 대주주의 영향력을 제한하여 기업 지배구조를 개선하려는 방안의 하나로 보아 유효하다고 할 것임.

2. 상법상의 권한 : 다른 기관에 위임불가

   (1) 기관구성과 관련한 권한

   이사·감사·청산인의 선임 및 해임, 검사인의 선임 등

   (2) 회계와 관련한 권한

   재무제표의 승인, 주식배당의 결정, 배당금지급시기의 결정, 청산의 승인 등해산 등

3.5.7. 주주총회

   (3) 업무감독과 관련한 권한

   이사·감사·청산인의 보수결정, 사후설립, 발기인·이사·감사·청산인의 책임면제, 이사·감사·청산인의 책임면제의 유보, 주주 이외의 자에 대한 전환사채 또는 신주인수권부사채의 발행 등

   (4) 기본기구의 변경과 관련한 권한

   영업의 전부 또는 중요한 일부의 양도, 정관변경, 자본감소, 합병, 분할, 조직변경, 해산 등

3. 정관상의 권한

   – 주주총회의 권한은 정관에 의하여 확대될 수 있음. 즉 상법에 규정이 없는 사항도 주식회사의 본질이나 강행법규에 반하지 않는 것이면 주주총회의 결의사항으로 할 수 있음

   (1) 상법상 정관유보사항
   – 대표이사선임(상 389),
   – 신주발행(상 416),
   – 준비금의 자본전입(상 461)
   – 전환사채발행(상 513),
   – 신주인수권부사채발행(상 516의 2)

   (2) 해석상 정관유보사항
   – 상법에서 주주총회 이외의 기관의 권한으로 규정하고 있는 사항을 정관에서 주주총회의 권한으로 규정할 수 있는가?
   1) 긍정설(다수설) : 권한배분의 자율성, 주주총회의 최고기관성
   2) 부정설(소수설) : 소유와 경영의 분리, 이사회중심주의

4. 특별법상 주주총회의 권한

3.5.7. 주주총회

3.5.7.3. 소집
3.5.7.3.1. 소집권자
① 이사회(청산인회) : 이사회에서 결정(상362) → 대표이사(대표청산인)가 소집
- 이사회 결의 없이 대표이사가 단독으로 소집한 총회 → 결의취소의 소의 원인
- 소집권한 없는 자에 의하여 소집된 총회에서의 결의 → 주주총회의 부존재

② 소수주주 : 발행주식총수(무의결권주식, 자기주식 제외)의 100분의 3 이상에 해당하는 소수주주는 회의의 목적사항, 소집의 이유를 기재한 서면을 이사회에 제출하여 임시총회의 소집을 청구(상389①), 만약 이사회가 지체없이 소집절차를 밟지 않은 때 → 법원의 허가를 얻어 직접 소집(상366②)

③ 감사/감사위원회 : 소집의 절차 및 방법은 소수주주의 주주총회 소집과 동일(상412조의3)

④ 법원 : 회사의 업무집행에 관하여 부정행위 또는 법령이나 정관에 위반한 중대한 사실이 있음을 의심할 사유가 있는 때에는 소수주주의 청구에 따라 검사인이 회사의 업무와 재산상태를 조사하고(상 467 ①), 그 결과를 법원에 보고하여야 하는데, 검사인의 조사보고에 의하여 필요하다고 인정한 때에는 법원이 대표이사에게 주주초회 소집을 명할 수 있음(상 467 ③)

3.5.7.3.2. 소집시기
① 정기총회 : 매결산기 1회, 일정시기에 소집(상365①) : 소집시기는 정관에 규정되어야 하나 정관에 규정이 없으면 매 결산기 후 3월 내에 개최되어야 함. → 주로 재무제표승인(상449), 기타 필요한 사항의 의결가능

② 임시총회 : 필요한 경우에 소집 (상365 ③). 정기총회와 임시총회는 개최시기만이 다를 뿐, 그 권한이나 소집절차 등은 모두 같으나, 다만 재무제표의 승인은 이를 할 수 없음

3.5.7.3.3. 소집지와 소집장소
소집지 : 최소독립행정구역(시, 군)을 의미. 정관에 다른 규정이 없으면 본점 소재지나 인접한 소재지에서 소집(상 364) → 위반하면 결의취소의 소의 원인이 됨

3.5.7. 주주총회

3.5.7.3.4. 소집절차
(1) 통지·공고의 필요성
(2) 통지·공고
① 기명주주 → 통지(363①) : 2주간 전에 서면통지(발신주의)
② 무기명주주 → 공고(363②) : 3주간 전에 통지와 같은 내용을 공고
③ 무의결권주식에 대하여는 통지 및 공고가 불요(상363④)
- 2주 전에 서면이나 전자문서로 통지를 발송함. 단 주주명부상의 주주의 주소에 3년간 계속 도달하지 아니한 때에는 총회소집을 통지하지 아니할 수 있음.
- 통지서에는 회의의 목적사항을 기재하여야 함. 목적사항이란 의안과 의사일정을 말함. 소집통지서에 기재되지 아니한 의제와 의안을 결의한 경우에는 결의취소의 소의 원인이 됨.
- 회사가 무기명 채권을 발행한 경우에는 회일 3주간 전에 총회를 소집한다는 뜻과 회의의 목적사항을 공고한다(상법 363조 3항). 정관으로 연장하는 것이 인정됨.
- 임시주주총회가 서면통지를 하지 아니한 채 소집되었다 하더라도 정족수가 넘는 주주의 출석으로 결의를 하였다면 그 결의는 적법하다.

(3) 연기와 속행(상 372)
- 연기 : (회의 성립후) 회일을 후일로 다시 정함
- 속행 : (심의착수후) 의사에 들어갔으나 시간과 자료부족 등으로 나머지 의사를 다음 회일에 계속하여 다루는 것
- 소집절차의 생략 : 연기와 속행 → 총회에서 결의. 당초의 총회와 동일성을 유지하므로 다시 소집 절차를 밟을 필요가 없음.
- 효과 : 결의사항 → 최초의 총회소집을 위한 소집 통지에 기재한 사항에 한정

(4) 소집철회와 또는 회일의 연기
- 회사는 총회를 소집하는 통지·공고를 한 후에도 그 소집을 철회하거나 회일을 연기할 수 있음

3.5.7. 주주총회

(4) 소집절차를 흠결한 총회

소집절차를 흠결한 주주총회의 결의의 효력은 취소(상법376)또는 부존재의 원인이 되고 또 그러한 절차를 흠결한 대표이사는 과태료의 제재를 받음

1) 흠결이 작은 경우 : 취소사유(상 376)
  - 통지나 공고를 해태한 경우 : 총회결의취소의 사유
2) 절차의 흠결이 큰 경우 : 부존재사유(상 380)
  - 判例 : 68%의 주주에게 통지가 없는 총회는 부존재사유
3) 회의의 목적사항 : 이외의 사항에 대한 결의는 결의취소사유
4) 이사회 결의흠결 : 부존재사유
5) 전원출석총회 : 전원이 출석하여 동의하면 유효라고 보는 것이 통설
  - 소집절차는 주주에게 출석의 기회와 준비의 시간을 주기 위한 것이므로 총주주의 동의에 의한 소집절차는 생략이 가능
6) 1인회사의 경우
  - 판례는 일관하여 하자가 치유된다고 판시하고 있고, 학설도 1인 회사의 경우에는 소집절차를 밟지 않았다고 하더라도 유효함(통설)

3.5.7. 주주총회

3.5.7.4. 주주제안권
3.5.7.4.1. 의의
1) 주주제안권이란 발행주식총수(무의결권주식 및 자기주식 제외)의 100분의 3 이상의 주식을 보유한 주주가 주주총회의 목적사항(의제 또는 의안)을 이사회에 제안할 수 있는 권리를 말함. 이는 주주의 적극적인 경영참여와 경영감시를 강화하기 위한 제도임
2) 소수주주는 이사에 대하여 회일의 6주 전에 서면으로 일정한 사항을 제안
3) 이사회는 주주제안의 내용이 법령 또는 정관에 위반되는 경우를 제외하고는 이를 주주총회의 목적사항으로 하여야 하고, 주주제안자의 청구가 있는 때에는 주주총회에서 당해 제안을 설명할 기회를 주어야 함

3.5.7.4.2. 당사자
(1) 제안권자
  발행주식 총수의 100분의3 이상에 해당하는 주식을 가진 주주
(2) 상대방
  주주제안권의 상대방은 이사임

3.5.7.4.3 행사방법
  주주제안권을 행사하려는 주주는 이사에 대하여 회일의 6주 전에 서면으로 회의의 목적으로 할 사항에 추가하여 당해 주주가 제출하는 의안의 요령을 주주총회의 소집의 통지 및 공고에 기재할 것을 청구 할 수 있음(상법 363의2 ②).

3.5.7. 주주총회

3.5.7.4.4 효과
- 주주제안을 받은 이사회는 주주제안의 내용이 법령 또는 정관에 위반되는 경우를 제외하고는 이를 주주총회의 목적사항으로 상정하여야 하며 주주제안을 한 자의 요청이 있는 경우에는 당해 의안을 설명할 수 있는 기회를 주어야 함.
- 회사가 주주의 의제제안을 부당하게 거절하고 총회의 결의를 한 경우에는 다른 결의는 유효하며, 다만 주주는 이사에 대하여 손해배상을 청구할 수 있으며, 이사는 과태료의 제재를 받게 됨
- 회사가 주주의 의안제안을 무시하고 총회의 결의를 한 경우, 즉 의안의 요령이 소집통지에 기재되지 아니한 경우에는 총회의 소집절차 또는 결의방법에 하자가 있는 것으로 총회결의취소의 소의 원인이 됨

☞ 예외(증권거래법 제191조의14)
1. 주주총회에서 부결된 내용과 동일한 의안을 부결된 날로부터 3년 내에 다시 제안하는 경우
2. 주주 개인의 고충에 관한 사항
3. 소수주주권에 관한 사항
4. 임기 중에 있는 임원의 해임에 관한 사항
5. 회사가 실현할 수 없는 사항, 주주총회의 의안으로 상정할 실익이 없거나 부적합한 사항, 제안이유가 명백히 허위이거나 특정인의 명예를 훼손하는 사항의 경우

3.5.7. 주주총회

3.5.7.5. 의결권
3.5.7.5.1. 의의
- 주주가 총회에 출석하여 결의에 참가할 수 있는 권리
- 공익권, 고유권, 주식과 분리하여 양도 불가, 재산권적·비개성적 권리(인격권적·일신전속적 권리 X)
3.5.7.5.2. 의결권의 수
(1) 원칙 : 1주 1의결권주의(강행규정), 총회결과가 가부동수인 경우에는 부결된 것으로 보며, 의장에게 결정권을 줄 수 없음
(2) 예외
  1) 무의결권 주식(정관에 기재)
    ① 의의 : 우선주식에 대해 정관으로 의결권을 제한한 주식
    ② 취지
      - 주주 : 기업경영에는 관심이 없고 투자수익만을 바라는 경우
      - 경영인 : 지배력의 감소 없이 자본 조달
      - 회사 : 정족수 미달에 따른 주총 불성립 예방
    ③ 의결권 박탈의 정당화근거
      - 보통주에 앞서 확정율의 배당을 받으므로 그 지위가 회사채권자와 유사
      - 선순위의 배당을 뜻하고 유리한 배당이 아니므로 1% 무의결권 주식은 불가
    ④ 발행 제한(상 370) : 정관기재사항, 1/4 이하, 주식청약서 기재
    ⑤ 권리제한의 범위 : 의결 ☞ 종류주주총회의 의결권행사는 일치하여 긍정
    ⑥ 의결권제한의 예외
      - 창립총회
      - 종류주주총회
      - 특수결의
      - 우선적 배당을 하지 않는다는 결의(상 370 1항 단)

3.5.7. 주주총회

2) 의결권이 제한되는 주식(일시적)
① 자기주식
② 상호주 : 10% 초과 주식을 가지는 경우 상대 회사의 주식은 의결권 X(상 369③)
③ 특별이해관계 있는 주주(368④)
- 취지 : 부당한 의결권 행사 방지
- 특별이해관계의 개념
(1) 특별이해관계설 : 모든 주주에 관계되지 않고 특정주주의 이해에 관계될 때
(2) 법률상이해관계설 : 법률상 특별한 이해관계를 가질 때
(3) 개인법설(통설) : 주주로서의 지위와 관계없이 개인적인 이해관계를 가질 때
- 특별이해관계로 인정하는 예
(1) 이사·감사의 책임면제　　　　(2) 영업양도, 영업양수, 경영위임
(3) 이사의 경업승인　　　　　　(4) 이사의 보수
- 특별이해관계로 인정하지 않는 예 : 해 제
(1) 대표이사 선임.해임결의에 있어서 당사자인 주주
(2) 재무제표 승인에 있어서 이사나 감사인 주주
- 효과 : 의결권 행사 불가 + 출석의결권수에 불산입(371②). 발행주식총수에는 산입됨
- 위반시 효과 : 주주총회 결의 취소사유
④ 감사선임시 : 의결권 없는 주식을 제외한 발행주식총수의 3/100 초과주식의 주주(상 409)
⑤ 무의결권주식 : 공탁하지 않은 경우
⑥ 주주명부 폐쇄기간 중에 전환된 주식의 주주

3.5.7. 주주총회

3.5.7.5.3. 의결권의 행사방법
(1) 서
① 기명주식 : 주주명부에의 기재로 권리행사
② 무기명주식 : 주주의 회일의 1주 전에 주권을 회사에 공탁(상358) 하여야 함
③ 공유주식 : 권리를 행사할 자 1인을 선정(상333)
④ 의결권의 대리행사(위임장, 368), 불통일행사 가능(상368조의2)

(2) 서면투표
1) 의의 : 회사가 주주총회소집통지에 첨부하여 주주에게 송부한 투표용지(의결권행사서)를 이용하여 주주총회에 출석하지 않는 주주가 총회결의에 직접 참가하는 제도로서 주주총회의 개최를 전제로 하는 점에서 총회를 개최하지 않고 총주주 서면에 의한 결의로 갈음하는 서면결의제도와 구분(일종의 부재자투표)

2) 요건 : 주주는 정관이 정한 바에 따라 총회에 출석하지 아니하고 서면에 의하여 의결권을 행사 가(상368의3①). 회사는 총회의 소집통지서에 주주가 의결권을 행사하는데 필요한 서면과 참고자료를 첨부하여야 함(동2항)

서면의결권 행사 주주는 소집통지서에 첨부한 서면에 필요한 기재사항을 기재하고 총회일의 전일까지 회사에 제출하여야 함. 이 경우에도 의결권의 대리행사 및 불통일행사 가능

3) 효과 : 서면투표를 하게 되면 주주가 직접 주주총회에 출석하여 의결권을 행사한 것과 동일한 효과. 따라서 출석정족수 및 의결정족수에 산입

3.5.7. 주주총회

(3) 의결권의 대리행사
1) 주식은 비개성적 성격을 가지므로 명문으로 인정(상 368③)
2) 대리인 자격제한 : 정관에 주주로 제한한 경우의 그 정관의 효과(임의대리에 한하는 논의)
   ① 유효설(판례) : 회사 보호
   ② 무효설 : 주주 보호
   ③ 제한적 유효설 : 직원, 가족인 경우에만 대리행사 가능하도록
3) 대리행사의 방법 : 대리권 증명서면 총회에 제출(위임장 제출)(상 368④)
- 포괄적 위임의 가부
   ① 매 총회마다 위임장을 제출해야 한다는 설 : 사실상 의결권신탁, 의결권양도임
   ② 포괄적 위임이 가능하다는 설 : 실제상의 필요성
   ③ 判例 : 포괄적 위임 인정- 대리인이 본인 의사에 반하여 행사하더라도 회사에 대해서는 유효하며 내부적으로 대리인의 손해배상책임이 발생할 수 있음.
- 증명서면의 원본 여부 : 원본이어야(판례). 다만 미리 통지한 경우에는 사본도 가능
4) 대리행사의 권유 : 소집통지와 함께 백지위임장 보내기(대리인의 선임에 대한 청약) 및 주주의 위임장 반송(대리인 선임에 대한 승낙). 대리인 선임에 관한 건은 회사가 직접 행사하는 것이 아니고 회사가 별도로 지정하는 제3자가 의결권을 행사함.

3.5.7. 주주총회

(4) 의결권의 불통일행사
1) 의의 : 2개 이상의 의결권을 가지고 있을 때 통일하지 않고 행사함(상 368-2①)
2) 인정이유 : 명의주주 배후에 다수의 실질주주를 두고 있는 경우
   ① 주식의 신탁이나 주식예탁제도
   ② 주식을 법인이 소유하는 경우
   ③ 주식의 공유
3) 불통일행사 절차 : 주주가 불통일행사를 하는 데에는 회일의 3일 전에 회사에 대하여 서면으로 그 뜻과 이유를 통지하여야 함(상 368의2 ①)
4) 포괄적 통지 가부 – 1회의 통지로 수회의 주총에 대해 통지할 수 있는가
   ① 긍정설(통설) : 실제상의 필요성
   ② 부정설 : 주주의 확정은 주주총회 때마다 이루어져야 하므로
4) 제한(불통일행사의 거부) : 명의주주와 실질주주가 다른 경우 등 실제상 필요 외에는 회사에서 거부 가능(상 268의2 ②)
5) 효과 : 각각 유효하며, 상계되지 않음

(5) Shadow voting(예탁주식의 특례)
1) 의의 : 증권예탁원에 예탁된 주식은 주주의 직접행사 통지가 없는 한 예탁원이 행사
2) Shadow voting
- 의의 : 다른 주주들의 찬성과 반대의 의결권수에 비례해 자신의 의결권을 분리행사
- 문제점 : 주주총회의 허구화 가속 → 폐지되어야 한다

(5) 의결권행사에 관한 특약
1)의결권계약(의결구속계약)
2)의결권신탁
3)자격양도
4)의결권행사에 관한 가처분

3.5.7. 주주총회

3.5.7.6. 의사와 결의
3.5.7.6.1. 의사

(1) 의사진행
- 의사진행에 관해 상법에 규정 무→ 정관이나 총회결의 또는 관습에 의하여 진행
- 개회와 폐회 : 총회의 성립 및 종료
- 연기와 속회 : 연기란 총회의 성립 후 의사에 들어가지 않고 회일을 후일로 변경하는 것을 말하며, 속행이란 의사에 들어간 후 시간의 부족 기타의 사정에 의하여 심의를 완료하지 못한 채 남은 의사를 후일에 계속하는 것 → 당초의 총회와 동일성이 유지되므로 별도의 소집절차 불요

(2) 의장
- 선임 : 정관의 규정 → 주주총회에서 선임
- 권한 :
① 주주총회 의장의 질서유지권(상 366의2) → 총회 의장은 정관에서 정함이 없는 때에는 총회에서 선임(동①). 총회의 의장은 총회의 질서를 유지하고 의사를 정리(동 2항). 총회의 의장은 고의로 의사진행을 방해하기 위한 발언·행동을 하는 등 현저히 질서를 문란하게 하는 자에 대하여 그 발언의 정지 또는 퇴장을 명할 수 있음(동 3항) → 퇴장 당한 주주는 출석한 주주의 의결권의 수에 불산입(상 317 ② 유추적용)
② 주주총회 의사록 작성(상 373 ①) : 이 의사록에는 의사의 안건, 경과요령, 그 결과, 반대하는 자와 그 반대이유를 기재하고 의장과 출석한 이사 및 감사가 기명날인 또는 서명하여야 한다(상 373 ②). 이사는 이 의사록을 본점과 지점에 비치하여야 하며(상 396 ①), 주주나 회사채권자는 영업시간 내라면 언제든지 그 열람 또는 등사를 청구할 수 있음(상 396 ②).

3.5.7. 주주총회

3.5.7.6.2. 결의

(1) 결의의 의의: 주주총회에 출석하여 결의의 표결에 참가할 수 있는 권리, 공익권이며 고유권(법률의 규정 외에는 정관이나 주주총회의 결의로 박탈 불가능)
(2) 결의의 법적 성질 : 계약설 / 합동행위설 / 특수법률행위설
(3) 결의방법 : 무기명, 기명, 거수, 기립 등 방법에 제한이 없음(상법규정 무)
(4) 의결권의 수 : 1주1의결권의 원칙(상법 규정 외에 정관, 주주총회의 결의로 변경 불가)
(5) 정족수 및 의결권수의 계산
   ① 의결권없는 주식수 → 발행주식총수에 불산입(상371①)
   ② 특별이해관계 있는 주식의 의결권 수는 결의 의결권 수에 불산입(상371②)
(6) 결의요건
1) 보통결의 : 출석주주 의결권 과반수 + 발행주식총수 1/4이상(상368①, 정관으로 가감 가)
- 가부동수 : 부결(통설), 의장에게 결정권을 주는 정관은 무효
- 상법이나 정관에서 특별결의 사항이나 특수결의 사항으로 정한 이외의 모든 사항(상 368 ①).
- 회사의 기관 구성과 관련한 사항 : ① 이사, 감사, 청산인의 선임·보수결정(상382, 388, 409, 531①) ② 검사인 선임(상366③, 367)
- 회계와 관련한 사항 : ③ 재무제표의 승인(상449) ④ 준비금의 자본전입(상 461 ①) ⑤ 주식배당(상462조의2) ⑥ 전환사채의 발행사항의 결정(상 531 ②), ⑦ 청산종결의 승인(상 540 ①)
- 업무감독과 관련된 사항 : ⑧ 이사·감사 또는 청산인의 책임해제의 유보(상 450, 542 ②), ⑨ 청산인의 해임(상539)

3.5.7. 주주총회

2) 특별결의 : 출석주주의 2/3 이상의 찬성 + 발행주식총수의 1/3이상과 다수(상 434)
　　　　　　　　정관에 의하여 감경은 불가하고, 가중에 대해서는 긍정설, 부정설로 나뉨

① 회사의 기본구조의 변경에 관한 사항
- 정관의 변경(상 434),　　　　　 - 회사의 해산(상 518)　　　　　 - 회사의 계속(상 519)
- 회사의 합병계약서 승인(상 522)　　 - 신설합병 때의 설립위원의 선임(상 175 ②)
- 회사의 분할계획서 또는 분할 합병계약서의 승인(상 530의3)　　　　 - 사후설립(상 375)
- 이사·감사의 해임(상 385 ①, 415)
- 회사의 영업의 전부 또는 중요한 일부의 양도(상 374 ① ⅰ), 영업전부의 임대 또는 경영위임, 타인과 영업의 손익전부를 같이 하는 계약 기타 이에 준할 계약의 체결이나 변경 또는 해약(상 374 ① ⅱ), 다른 회사의 영업 전부의 양수(상 374 ① ⅲ), 회사의 영업에 중대한 영향을 미치는 다른 회사의 영업 일부의 양수(상 374 ① ⅳ)
- 회사의 주식교환계약서 또는 주식이전계획서의 승인(360의3 ②, 360의16 ②)

② 회사의 자본에 관계된 사항
- 주식매수선택권의 부여(340의2)　　 - 주식소각(343의2)　　 - 자본의 감소(상 438)
- 주식의 할인발행(상 417 ①)
- 주주 이외의 자에 대한 전환사채·신주인수권부사채의 발행(상 513 ②, 516의2 ③)

3.5.7. 주주총회

3) 특수결의 ☞이 경우 무의결권주식도 의결권을 가짐.
- 총주주의 동의
　　　① 발기인·이사·감사·청산인의 회사에 대한 책임면제(상 324, 400, 415, 542 ②)
　　　② 조직변경(주식회사 → 유한회사)(상604)
　　　③ 간이합병
- 2/3, 1/2 : 창립총회의 결의사항(상 309, §527③) : 출석한 주식인수인의 3분의 2이상이며 인수된 주식총수의 과반수에 의한 결의를 요하는 사항에는 모집설립·신설합병·분할 또는 분할합병시의 창립총회의 결의사항이 있음. 이때에는 의결권 없는 주식도 포함

(3) 결의와 관련한 문제
　　개회 선언된 임시주주총회에서 주주들의 의사에 반하여 이사가 퇴장을 하였다면 그 당시 남아있던 총 주식의 수의 과반수 주주들이 전주주의 동의로서 임시의장을 선출하여 진행한 임시 주주총회의 결의는 적법함(판).

3.5.7. 주주총회

3.5.7.7. 종류주주총회
3.5.7.7.1. 의의
- 수종의 주식 발행시 특정한 종류의 주식을 가진 주주들만의 주주총회
- 취지 : 종류에 따라 이해관계가 엇갈리는 경우 열세인 종류의 주주를 보호
- 법적 성격 : **주주총회의 결의의 효력발생요건**일 뿐 자체가 주주총회는 아님.

3.5.7.7.2. 종류
3.5.7.7.3. 요건
(1) 개회하는 경우
1) 정관의 변경으로 어느 종류의 주주에게 손해를 미칠 때(§435①)
2) 수종의 주식 사이에 신주의 인수, 주식의 병합, 분할, 소각 또는 주식교환, 주식이전, 회사합병·분할·분할합병으로 인한 주식의 배정에 관하여 특수한 정함을 하는 경우에 어느 종류의 주주에세 손해를 미치게 될때(§436 전단)
3) 주식교환, 주식이전, 회사합병·분할·분할합병으로 인해 어느 종류의 주주에게 손해를 미칠 때(§436후단)

(2) 결의 : 출석의결권의 2/3 + 그 발행주식총수의 1/3 이상(§435②). 이 결의요건은 정관의 규정으로 가중 또는 감경하지 못함. 무의결권주식도 의결 가능(§435③)

☞무의결권주식이 의결 가능한 경우

창립총회, 종류주주총회, 특수결의, 우선적 배당을 하지 않는다는 결의(§370 1항 단)

3.5.7. 주주총회

3.5.7.7.4. 효과
- 종류주주총회는 주주총회와 동등한 회사의 기관이 될 수 없고, 독립한 주주총회도 아님. 종류주주총회는 주주총회나 이사회 결의의 효력을 발생시키기 위한 추가적인 요건에 불과함.
- 주주총회의 불발효 : 주주총회를 요함에도 불구하고 그 결의가 없거나 또는 그 결의가 무효 또는 취소가 된 경우 주주총회의 결의 자체의 효력이 불발생
- 종류주주총회를 거치지 아니한 경우의 효력에 대해 취소사유설, 무효사유설, 결의불발효설(부동적 유효설)이 있음

3.5.7.8. 반대주주의 주식매수청구권
3.5.7.8.1. 주식매수청구권의 의의
- 영업의 양도·양수·임대, 주식교환·이전, 회사의 합병·분할합병 등에 관한 특별결의에 반대하는 주주는 주주총회 전에 회사에 대하여 서면으로 반대의사를 통지한 경우에는, 그 총회의 결의일로부터 20일 내에 주식의 종류와 수를 기재한 서면으로 회사에 대하여 자기가 소유하고 있는 주식의 매수를 청구할 수 있는 권리(상 374의2, 360의5, 360의22, 522의3, 530의11)
- 주금의 환급금지원칙에 반하는 것이긴 하나, 다수결의 원칙으로 인하여 희생되기 쉬운 소수주주를 보호하기 위한 규정
3.5.7.8.2. 주식매수청구권의 법적 성질
- 일정한 요건을 갖춘 주주가 이를 일방적으로 행사하면 회사는 그 주식을 매수할 의무가 생기는 것이므로 형성권의 일종임

3.5.7. 주주총회

3. 주식매수청구권의 행사요건
(1) 회사의 합병 등의 일정한 경우일 것
(2) 주주는 위의 사유에 관한 이사회 결의 후 주주총회 전에 회사에 대하여 서면으로 그 결의에 반대하는 의사가 회사에 도달할 것
(3) 간이합병, 간이주식교환, 간이분할합병 등의 경우에 회사가 공고 또는 통지를 한 날로부터 2주 내에 회사에 대하여 서면으로 합병에 반대하는 의사를 통지하여야 함
(4) 반대주주의 총회에 출석은 필요하지 않으며, 의결권은 반대표에 산입되어야 함. 반대의사표시를 한 주주라도 총회에서 반대의사를 번복할 수 있으며, 이 경우 반대의사를 철회한 것으로 봄

4. 매수청구권의 행사
(1) 매수청구권자 : 사전에 당해 회사에 대하여 서면으로 반대의 통지를 한 주주(무의결권 주주도 행사 가능)
(2) 매수청구의 상대방 : 회사
(3) 매수청구의 방법 : 총회의 결의일로부터 20일 이내에 주식의 종류와 수를 기재한 서면으로 회사에 대하여 자기가 소유하고 있는 주식의 매수를 청구할 수 있음
(4) 매수의 시기 : 회사는 주식매수의 청구를 받은 날로부터 2월 내에 그 주식을 매수하여야 함. 매수라 함은 매수가격을 협의·결정하여야 한다는 뜻이며, 지급기일은 당사자가 가격협의시에 이를 함께 협의하여야 함
(5) 매수가격의 결정 : 협의 → (매수청구를 받은 날로부터 30일 이내에 협의가 없는 경우) 법원
(6) 매수한 주식의 처분 : 회사는 취득한 자기주식을 상당한 시기에 처분하여야 함(342)
(7) 주식매수청구권의 실효 : 매수청구의 원인이 된 합병 등의 행위 중지, 총회 결의일로부터 20일 내에 청구 안한 경우
(8) 주주총회결의 하자에 관한 소와의 관계 : 택일설 / 병존설

3.5.7. 주주총회

3.5.7.9. 이익공여의 금지
1. 이익공여금지의 취지 : 총회꾼 대비 증수뢰죄(631), 이익공여의 금지(467의2) **규정 둠**

2. 이익공여의 요건
(1) 이익공여자 : 회사(누구의 명의이든지 회사의 계산으로 한 경우에만 해당)
(2) 상대방 : 제한 무(주주에 한하지 않음)
(3) 주주의 권리행사에 관한 이익공여 행위 : 회사가 특정주주에 대하여 한 무상의 이익공여 및 반대급부가 현저하게 적은 유상의 이익공여는 주주의 권리행사와 관련하여 한 것으로 추정(상 467의2)
(4) 재산상의 이익을 공여하여야 함. 재산상의 이익이란 금전은 물론, 동산·부동산·유가증권 및 각종의 이권일 수 있으며, 향응제공, 총회참석자에 대한 고가의 기념품 제공 등도 해당

3. 이익공여의 효과(이익반환의무)
(1) 주주 등의 이익반환의무
(2) 이사 등의 책임 :
- 이사, 감사(감사위원회) 등의 회사에 대한 손해배상책임
- 이사, 감사(감사위원회) 등의 형벌 : 1년 이하의 징역 또는 300만원 이하의 벌금

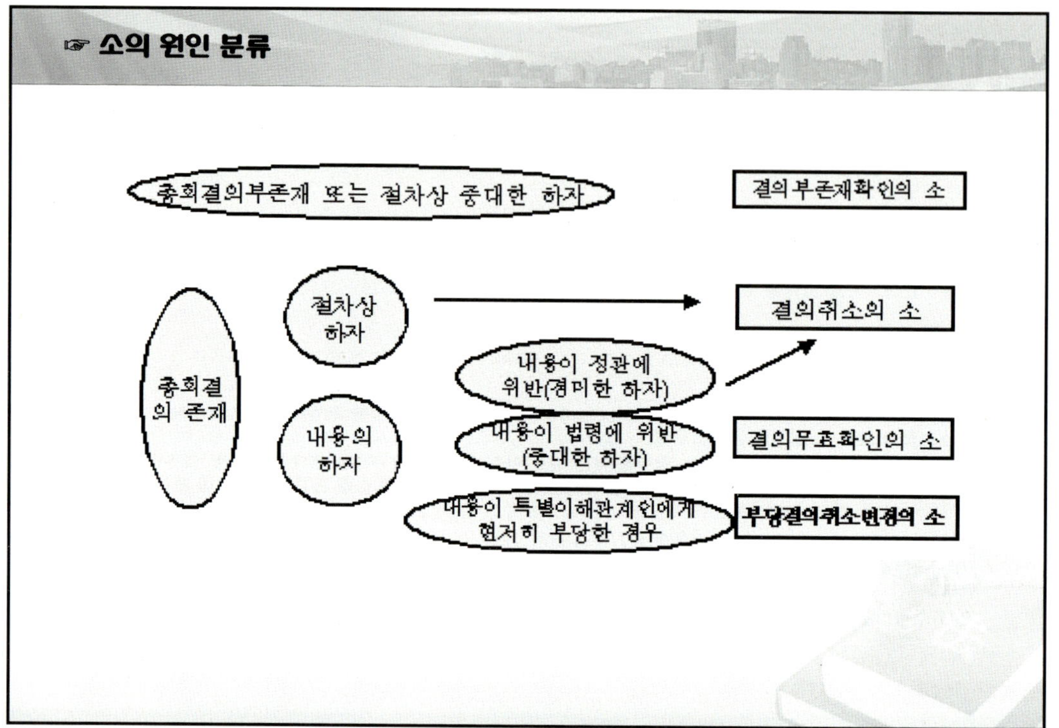

3.5.7. 주주총회

3.5.7.8. 주주총회결의의 하자

3.5.7.8.1. 서설

- 주주총회의 결의가 외형적으로는 일단 성립하였다 하더라도 절차나 내용에 있어서 법의 강행규정 또는 정관에 위반하여 하자가 있는 것
- 주주총회에 하자가 있더라도 기존의 법률관계를 보호하기 위하여 소로써만 그 하자를 다툴 수 있도록 하고 있는데, 그러한 소에는 결의취소의 소(376), 결의부존재확인의 소(380), 결의무효확인의 소(380), 부당결의 취소·변경의 소(381)가 있음

3.5.7.8.2. 결의취소의 소

1. 소의 원인(判例)

  (1) '소집절차'가 법령 또는 정관에 위반하는 경우 : 소집통지 누락, 구두의 소집통지, 목적사항 통지흠결, 통지기간 부족 등 (§363)

  ① 대표이사 아닌 이사가 이사회 결의에 따라 소집(§389③, 判例) : 전무이사가 소집한 경우

  判例 : '유고시'라 함은 신병 등으로 사무를 집행할 수 없는 경우를 말하며 주주총회를 정당한 이유 없이 소집하지 않는 경우는 포함되지 않으므로 유고시의 대리자가 소집할 수 없다

  ② 이사회 결의 없는 대표이사의 소집(§362, 判例) : 취소사유라는 판결과 부존재확인소송의 사유라는 판례가 모두 있으나 최근에는 다른 하자가 없는 한 취소사유로 보는 판례가 많음

  ③ 통지상의 하자 : 43%의 주식을 보유한 주주에게 소집통지를 안한 경우

  (2) 절차의 현저한 불공정

  ① 교통이 불편한 장소 선정   ② 정당한 의장을 제지하고 의장 아닌 자가 진행(判例)

  (3) '결의방법'이 법령 또는 정관에 위반하는 경우 및 불공정한 경우

  ① 의결권이 없는 자가 의결권을 행사한 경우 ② 목적 사항 외의 결의 ③ 의장의 무자격

  ④ 발언의 부당한 제한, 특정 주주의 부당한 강제퇴장, 부당한 설명생략 등

  (4) 결의의 내용이 정관을 위반한 경우(내용의 경미한 하자)

  ① 정관 소정의 원수 이상의 이사의 선임② 미자격자의 이사 선임 등

3.5.7. 주주총회

2. 당사자 : 주주.이사·감사(원고)가 회사(피고)를 상대로 소 제기
 – 주주 중 무의결권 주주도 가능하다고 봄(결의취소의 소권은 공익권이므로)
 – 제소주주는 당해 소송의 판결이 확정될 때까지 계속 주주인 자격을 유지하여야 함
 – 피고는 회사로 대표이사가 회사를 대표함. 단 원고가 이사인 경우에는 감사가 회사대표
3. 소의 성질 : 형성소송
4. 제소기간 : 2월 내(제척기간 : 기간이 경과하면 결의의 형식적 하자를 더 이상 다툴 수 없으며, 새로운 취소원인도 추가할 수 없게 됨)
5. 절차 : §376②의 준용규정
 – 회사 본점소재지 관할의 지방법원에 소제기하며, 회사는 지체없이 이를 공고함(376)
 – 회사는 주주(원고)의 악의를 증명하여 상당한 담보의 제공을 청구할 수 있음
 – 결의취소의 소는 다수인 간의 권리·의무의 확정을 구하는 것이므로 당사자 사이의 화해나 인락은 허용되지 않음
 ☞'재량기각' : §379, 취소소송에서만 가능
6. 판결의 효력
  (1) 원고가 승소한 경우 : 소급효(§376②)·대세효 있음(§376②, §190)
  (2) 원고가 패소한 경우 : 당사자 사이에만 미치며, 원고에게 악의.중대한 과실이 있는 경우 회사에 대해 손해배상책임 부담(§376②, §191)

3.5.7. 주주총회

7. 법원의 재량기각
 (1) 의의
 – 주주총회 결의의 내용·회사의 현황과 제반사정을 참작하여 오히려 그 취소를 하는 것이 부적당하다고 인정될 때에는 법원은 그 청구를 기각할 수 있음(379)
 – 일정한 기간의 경과로 절차의 하자가 치유될 수 있는 결의취소의 소에만 재량기각이 인정되고 결의무효나 결의부존재확인의 소에는 인정 안됨

 (2) 재량기각의 요건
 1) 주주총회 결의 존재
 2) 형식적인 법률위반의 존재(결의취소원인의 존재)
 – 하자가 경미한 경우
 – 회사나 주주에게 아무 이익이 없는 경우
 – 원고의 의결권이 결의의 결과에 영향을 미치지 않는 경우
 – 결의취소의 남용 : 소의 동기가 불순한 경우, 단순히 회사를 곤란에 빠지게 하기 위한 경우, 자기주식을 고가에 매도하기 위한 술책인 경우
 – 대외적 영향력 :

 (2) 재량기각의 효력 : 대세적 효력이 없으나 실질적으로 대세적 효력이 있으며, 원고는 손해배상책임을 부담하지 않음

3.5.7. 주주총회

3.5.7.8.3. 결의무효확인의 소

1. 소의 원인(학설) : 총회의 결의내용이 법령을 위반한 경우, 원칙적으로 누구든지, 언제든지, 어떠한 방법으로든지 그 무효를 주장할 수 있으며, 필요시 결의무효확인의 소 제기(380)
   - (1) 주주평등의 원칙에 반하는 결의
   - (2) 주주유한책임의 원칙에 반하는 결의
   - (3) 주주총회의 권한에 속하지 않는 사항에 대한 결의
   - (4) 강행규정에 반하는 결의
2. 소의 성질 : 형성의 소설 / 확인의 소설 → 명문으로 확인의 소설로 정리(380조의 190조 본문 준용)
3. 당사자(判例) : 이론상으로는 '누구나', 판례는 '정당한 법률상 이익이 있는 자'
   - **(1) 이사에 관한 판례**
     - 1) 무효인 결의로 해임당한 대표이사.이사 : 원고적격 ○
     - 2) 사임한 이사 : 원칙적으로 원고적격 X, 법정이나 정관의 員數를 결원하면 ○
     - 3) 임기만료로 퇴임한 이사 : 후임이사의 취임시까지 원고적격 ○
   - **(2) 주주에 관한 판례**
     - 1) 주권발행전 주식인수인 : 원고적격 ○
     - 2) 주권발행전 주식양수인 : 원고적격 X
     - 3) 명의개서미필주 : X
     - 4) 제권판결전 선의취득 후 제권판결받은 경우 : 원고적격 X
     - 5) 주주총회의 결의에 찬동.추인한 주주 : 원고적격 ○
     - 6) 주주총회의 소집통지를 받지 못한 주주 : 원고적격 ○
   - **(3) 시기에 관한 판례**
     - 1) 법원의 해산판결과 청산인을 선임한 경우의 부당해임된 이사 : 원고적격 X
     - 2) 부당한 해임.후임이사 선임이 있은 후 후임이사가 적법하게 선임된 경우 : X

3.5.7. 주주총회

- **(4) 피고에 관한 판례** : 규정 무. 회사로 한정된다(통설, 판례)
  - ― 하자를 다투는 결의에 의해 선임된 이사·감사의 회사대표성
    - 1) 과거의 판례 : 同 결의에 의해 선임.해임된 이사·감사의 대표성 부정
    - 2) 전합판 : 과거의 판례를 변경하여 회사대표로 인정

3. 소의 성질
   - (1) 구별실익 : 소로써만 주장 가능(형성소송설) 기타방법으로 주장가능(확인소송설)
   - (2) 학설
     - 1) 형성소송설 : 대세효가 있으므로
     - 2) 확인소송설 : 제소권자의 제한 X, 제소기간의 제한 X, 소급효 인정
   - (3) 판례 : 확인소송설
   주주총회의 결의가 당연무효인 경우 무효의 주장은 소에 한한다고 할 수 없다

4. 제소기간 : 규정 없음. 언제나 가능하다고 봄

5. 소의 절차 : §380의 준용규정(피고·관할법원·회사의 공고·원고의 담보제공·소의 절차 및 판결의 효과 등이 결의무효의 확인의 소에도 준용). 다만 재량기각(§379)은 준용되지 않음

6. 판결의 효력 : 결의 취소의 소의 판결과 같음(대세효·소급효)

3.5.7. 주주총회

3.5.7.8.4. 결의부존재확인의 소
  – 소집절차·결의방법에 총회결의가 존재한다고 볼 수 없는 중대한 하자가 있는 경우

1. 소의 원인(판례)
  (1) 표현결의 : 사실상 결의 존재하나 그 성립에 극심한 절차의 흠결
   1) 소집권 없는 자의 소집
   – 해방전 설립된 회사의 주식이 모두 한국정부에 귀속된 후 일본인 대표이사가 소집. 제1주주
     총회결의가 부존재인 경우 여기서 선임된 대표이사가 소집한 제2주주총회
   2) 이사회 결의 없이 무권한자가 일부주주에게만 통지하여 구두통지하여 소집
   3) 통지상의 하자
   – 주주의 전부 또는 대부분의 주주, 60%를 가진 주주에게 통지가 없는 경우
   4) 의결권 없는 자의 결의
   – 주권발행전 주식양수인, 주식신탁자, 명의개서미필주에 의한 주주총회의 결의
   5) 주주총회가 流會된 후 별도의 소집절차 없이 당일·동일장소에서 한 결의
   6) 불가항력적 사유로 대표이사 및 이사 전원이 불참한 결의(判例)
   7) 총회의 유효한 종결 후 에 이루어진 결의
  (2) 비결의 : 총회결의로 볼 수 있는 것이 전혀 없는 경우
   1) 전혀 주주총회를 소집·개최하지 않고 의사록만 작성한 경우
   – 判例 : 미성년자녀에 주식을 합하여 72%에 달하는 주주가 총회개최 없이 의사록 작성한 경우 주주총회는
     부존재나 그에 기한 외부적 거래는 상대방이 선의이면 유효하다
   2) 외형상 주주총회로 볼 수 없는 회의를 개최하여 의사록을 작성한 경우
   3) 회사와 전혀 관계없는 사람이 주주총회 의사록을 위조한 경우
   4) 효과 : 비결의의 경우 부존재확인소송의 규정이 적용되지 않으나 허위로 회의록을 작성한 자가 사실상 지
     배하는 주주이면 회사책임 인정

3.5.7. 주주총회

2. 소의 성질
  – 형성의 소설
  – 확인의 소설

3. 당사자(判例) : 원고는 소제기의 정당한 법익이 있는 누구나, 피고는 회사로 한정
  (1) 금전상 채권자 : 원고적격 ○
  (2) 단순한 채권자 : 직접 구체적 영향을 받는 경우에만 원고적격 ○
  (3) 임기만료전 해임된 이사 : 후임이사 선임결의의 부존재확인의 소의 원고적격 ○
  (4) 주권발행전 주식의 양도인 : 원고적격 ○
  (5) 명의대여자 : 원고적격 X
  (6) 회사의 소유·경영을 양도한 지배주주, 교부의무를 불이행한 양도인 : 원고적격 X

3. 소의성질, 제소기간, 소의 절차, 판결의 효력 : 무효확인소송과 동일
  (1) 총회결의 부존재 확인판결의 소급효 인정여부
   1) 긍정설(다수설, 判例) : 이사선임 주총결의, 대표이사 선임 이사회결의 무효확정판결시 사실상의 이사·대표
     이사의 행위는 第395條(表見代表理事의 行爲와 會社의 責任) 유추적용 하여 보호받음
   2) 부정설 : 주총결의로 선임한 경우 소급효 부정하여 보호, 이사회결의가 무효인 경우 소급효 인정되나 §39로
     보호받으므로 不要
   3) 判例 : 주총결의.이사회결의가 무효로 되어도 §395의 표현대표의 법리에 따라 선의의 제3자에게 효력을 부
     인할 수 없다, 다만, ①제3자 선의, ②회사가 적극적.묵시적으로 표현대표를 허용한 경우에 한한다 → 진정
     한 대표이사가 허용하거나, 이사 전원이 아닐지라도 이사회결의의 성립을 위해 정관에서 정한 이사의 수,
     정관규정이 없다면 과반수의 이사가 적극적·묵시적으로 허용한 경우만 성립

商法要論

3.5.7.8.5. 부당결의취소·변경의 소
1.소의 원인 : 특별이해관계로 인해 의결권을 행사하지 못한 주주가 그 결의가 현저하게 부당하고 그 주주가 의결권을 행사하였으면 이를 저지할 수 있었을 때
☞ 특별이해관계의 의미에 관한 학설
1) 법률상 이해관계설 : 권리의무 득실변경과 같은 법률상의 특별한 이해관계로 보는 설
2) 특별이해관계설 : 모든 주주에게가 아니라 특정주주에게만의 이해관계로 보는 설
3) 개인법설 : 특정주주가 주주지위와 무관하게 개인적으로 갖는 이해관계로 보는 설
2. 제소권자 : 의결권 제한된 주주가 회사를 상대로 소 제기
3. 제소기간 : 결의 후 2월내
4. 소의 절차 : 결의취소의 소와 동일
5. 판결의 효력 : 대세효, 소급효

	취소	무효	부존재	부당결의
성질론	형성소송	확인소송 vs 형성소송		형성소송
사유	경미한 내용·절차	중대한 내용하자	중대한 절차하자	특별이해관계
기간	2월	제한 없음	제한 없음	2월
제소권자	주주·이사·감사	이해관계자	이해관계자	특별이해관계자
방법	소로써만 가능	제한 없음	제한 없음	소로써만 가능
효력	대세효·소급효	대세효·소급효	대세효·소급효	불소급

☞ 주주총회결의의 하자

비교사항	결의취소의 소	결의무효확인의 소	결의부존재확인의소	부당결의취소변경의소
조문	376조	380조	380조	381조
소의 원인	절차상의 하자 또는 내용상 경미한 하자 - 소집절차·결의방법이 법령·정관에 위반하거나 현저히 불공정한 경우 -결의 내용이 정관에 위반한 때 - 형식적 하자	내용상의 중대한 하자 - 결의내용이 법령·사회질서·주식회사의 본질에 위반하는 경우	결의의 절차상 중대한 하자 - 소집절차·결의방법에 총회결의가 존재한다고 볼 수 없을 때	내용상의 하자 - 특별한 이해관계 있는 주주를 배제하고 한 결의의 내용이 현저하게 부당한 경우, 의결권행사 했더라면 저지할 수 있었을 경우
소의 성질	형성의 소	형성의 소설 확인의 소설	형성의 소설 확인의 소설	형성의 소
주장방법	소만으로	형성소송설-소만으로 확인소송설-소 또는 다른 방법(항변)		소만으로
제소권자	주주·이사·감사	소의 이익이 있는 자는 누구나	소의 이익이 있는 자는 누구나	의결권을 행사하지 못한 특별이해관계 있는 주주
피고	회사			
제소기간	결의일로부터 2월내	제한 없음	제한 없음	결의일로부터 2월내
절차	본점소재지의 지방법원에 소제기, 회사의 공고, 수 개의 소 병합심리, 주주인 경우 회사가 악의 소명, 법원의 담보제공을 명함			
판결효과	원고승소의 경우 대세적 효력, 소급효의 인정 원고패소의 경우 대세적 효력이 없음, 악의 중과실이 있을 때 회사에 대해 연대책임			
재량기각	법원의 자유재량 기각 가능 (379)	불가		

제3편 회사법

3.5.8. 이사회·대표이사

3.5.8.1. 서설
3.5.8.2. 이사
3.5.8.3. 이사회
3.5.8.4. 이사회내 위원회
3.5.8.5. 대표이사
3.5.8.6. 이사의 의무
3.5.8.7. 이사의 책임
3.5.8.8 주주의 이사에 대한 감독

☞ 이사, 이사회, 대표이사, 이사회내 위원회

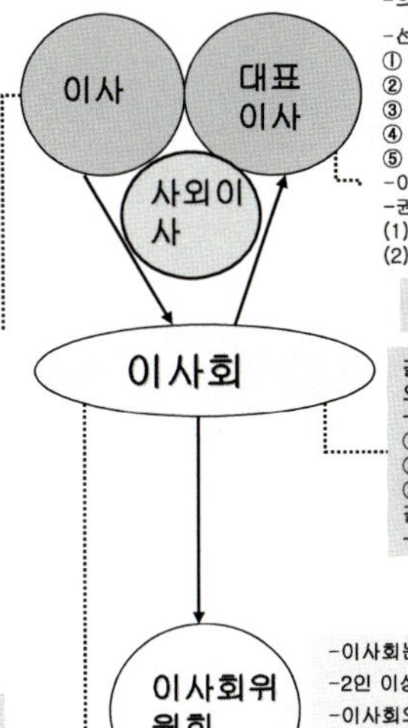

-의의 : 이사회의 구성원
-기능 : 회사의 업무집행에 관한 의사결정
-기능 : 이사회를 통하여 대표이사를 감독
-선임 : 주총의 보통결의, 등기 집중투표
-수 : 3인(5억미만 1-2인)
-임기 : 3년초과 금지
-권한
(1) 회사업무집행에 관한 의사결정
(2) 다른 이사의 업무집행 감독권
　　① 이사회 : 업무결정권, 감독권
　　② 대표이사 : 업무집행권, 대표권
- 이사의 의무
(1) 일반적 의무
1) 이사의 충실의무
2) 이사의 비밀유지의무
3) 이사의 감시의무 : 평이사도 선량한 관리자의 주의의무
　(판례)
4) 이사의 보고의무(상412의4)
(2) 경업피지의무
(3) 자기거래 금지의무
-이사의 책임
(1) 회사에 대한 책임
1) 손해배상책임(상399①, ②)
2) 자본충실의 책임 : 불인수 주식의 경우 이사 공동 인수
　의제(상428)
(2) 제3자에 대한 책임- 악의 또는 중대한 과실로 인하여
　해태시

-의의 : 주주총회 권한으로 정한 사항 외의 업무집행사항에 대한 의사결정기관

-소집권자 : 각 이사(특정이사에게 위임가능)

-권한 : ① 업무집행에 관한 의사결정권 : 법령 및 주주총회의 권한 외의 모든 사항

② 이사의 감독권 : '타당성' 감독에도 미침

-의의 : 대내적으로 업무집행, 대외적으로 회사를 대표

-선임 및 종임
① 이사회에서 선임, 해임 : 원칙(상389①)
② 주주총회에서 선임, 해임 : 정관규정(상389①)
③ 인 원 : 1인 또는 수인(상389①), 공동대표이사(상389②)
④ 자 격 : 이사(상389①)
⑤ 등기사항 : 대표이사의 선임 및 공동대표이사
-이사의 종임사유, 주총의 해임
-권한 :
(1) 업무집행권- 주주총회와 이사회가 결의한 사항을 집행
(2) 대표권- 회사의 영업에 관하여 재판상·재판외의 모든 행위

※ 업무집행지시자의 책임

결의요건 : 과반수 출석, 출석이사의 과반수(상391①), 정관으로 결의요건을 높일 수 있음
-의결권행사 방법
①대리행사 : 불가(통설, 判例)
②서면행사.전화회의 : 불가(통설)
③동영상 및 음성을 동시 송·수신하는 통신수단에 의하여 결의에 참가하는 것은 허용(상 391 ②)
-의사록

-이사회는 정관이 정한 바에 따라 위원회 설치(상 393의2①).
-2인 이상의 이사로 구성(동 3항)
-이사회의 운영방법과 동일(동 5항)
-원칙적으로 이사회로부터 위임된 권한을 행사
* 위임불가 : ㉮ 주주총회의 승인을 요하는 사항의 제안
　　　　　㉯ 대표이사의 선임 및 해임
　　　　　㉰ 위원회의 설치와 그 위원의 선임 및 해임
　　　　　㉱ 정관에서 정하는 사항
- 이사회는 위원회가 결의한 사항에 대하여 다시 결의 가(동 4항)

3.5.8. 이사회·대표이사

3.5.8. 이사회·대표이사
3.5.8.1. 서설
- 이사는 기관이 아니라 이사회의 구성원이 되고, 대표이사의 전제자격이 될뿐 주식회사의 업무집행 기관은 이사회와 대표이사임
3.5.8.2. 이사
3.5.8.2.1. 의의
(1) 의의 : 이사는 이사회의 구성원으로서 회사의 업무집행에 관한 의사결정과 이사회를 통하여 대표이사를 감독하는 권한을 가지는 자(민법상 위임관계)
(2) 이사의 기관성 여부
   1) 긍정설(소수설) : 상법상 독립적 권한 인정(상 373③, §390①, §328, §376① 등)
   2) 부정설(다수설) : 주주도 독립적 권한이 있으나 기관은 아님→ 업무집행기관 : 이사회, 대표이사. 이사는 단지 이사회의 구성원이나 대표이사의 전제자격에 불과

3.5.8.2.2. 선임·종임
(1) 주주총회 보통결의로 선임
- 주총의 보통결의로 선임(정관에 의한 요건완화 불가). 발기설립은 발기인의 의결권의 과반수로 선임하고(상 296), 창립총회에서 선임하는 경우에는 출석한 주식인수인의 의결권의 3분의 2이상이고 인수된 주식 총수의 과반수에 해당하는 다수로써 선임(상 309)
- 총회는 의사결정기관이므로 총회의 결의가 곧 피선자에 대한 청약이 되는 것이 아니며, 회사대표자의 청약과 피선자의 승낙으로 임용계약이 체결됨 → 이사와 회사의 관계는 위임(상382②)
- 등기사항

3.5.8. 이사회·대표이사

(2) 집중투표제(상382조의2)
- 2인 이상의 이사의 선임시, 의결권 없는 주식을 제외한 발행주식총수의 100분의 3 이상의 주식을 보유한 주주는 정관에 달리 정하는 경우를 제외하고는 그 의결권을 이사후보자 1인에게 집중하여 행사하거나 또는 2인 이상에게 분산하여 투표하는 방법에 의하여 이사를 선임할 수 있는 제도
- 주주는 회사에 대하여 집중투표의 방법으로 이사를 선임할 것을 회일의 7일 전까지 서면으로써 청구하고 회사는 이사실을 공시하여야 함
- 창립총회에서 선임되는 최초의 이사의 경우에는 집중투표가 인정되지 않음

(3) 이사의 수
- 3인 이상(상383①). 단 5억원미만인 회사는 이사 1-2인을 둘 수 있음

(4) 임기
- 3년 초과금지(상383②), 정관으로 그 임기 중의 최종의 결산기에 관한 정기주주총회의 종결시까지 연장 가능(상 383③). 임기의 기산점은 실제로 이사에 취임한 때로 봄

(5) 자격
1) 자연인은 제한이 없으나 이사의 금치산은 종임사유가 되며, 감사도 직무의 성질상 이사가 될 수 없고(상 411), 파산선고를 받은 자도 이사가 될 수 없음(민 690)
2) 정관으로 이사가 가질 주식 수를 정한 경우에는(주주여야 한다는 규정 = 資格株) 다른 규정이 없는 한 이사는 그 수의 주권을 감사 또는 감사위원회(대표위원)에게 공탁하여야 함(387, 415의2).
3) 법인이사의 허용 여부(법인은 발기인이나 파산관재인이 될 수 있음)
   ① 긍정설 : 이론상 비상근이사가 되지 못할 이유는 없음
   ② 부정설 : 본질적으로 인적 개성에 의해 임면됨(다수설)

3.5.8. 이사회·대표이사

4) 기타
- 감사는 겸직 금지(상 411),
- 지배인 기타 상업사용인은 영업주의 허락 要(상 17①)
- 대리상(상 89)은 본인의, 인적회사의 무한책임사원(상 198①, §269)은 다른 사원의, 물적회사의 이사는 이사회(사원총회)의 허락이 있어야 함(상 397①, §567)

(6) 종임 : 민법상 위임관계의 종료로 종임되며 등기하여야 함
① 회사의 해산
② 사망, 파산, 금치산, 의사표시에 의한 사임, 임기만료
- 이사의 사망은 회사 또는 거래상대방에게 통지를 요하지 않고 효력이 발생함
- 사임은 단독행위로서 회사의 승낙을 요하지 않으며 그 의사표시가 대표이사에게 도달하면 사임에 따른 변경등기가 없더라도 효력이 발생함
③ 총회의 해임결의(특별결의, 385①) : 임기도중에 정당한 이유 없이 해임한 경우에는 손해배상 책임
- 임기를 정하고 있어야만 손해배상 책임이 있으며, 임기를 정하지 않은 때에는 이사 임기의 최장기인 3년을 경과하지 안는 동안에는 해임되더라도 그로 인한 손해의 배상을 청구할 수 없음. 상법에 이사의 임기를 3년을 초과할 수 없다고 규정하고 있더라도 이것이 이사의 임기를 3년으로 정하는 취지는 아님(판례)
- 정당한 이유란 법령이나 정관에 위반한 행위 또는 기타의 부정행위, 직무능력이 현저하게 결여된 경우 등이며, 손해는 임기 중에 받을 수 있는 보수액을 의미
- 해임의 효과는 피해임자에게 해임의 고지를 한 때에 생기며, 해임결의시 발생하는 것은 아님
④ 소수주주의 해임청구(상385②) : 이사의 부정행위가 있거나 정관 또는 법령에 위반하였으나 해임이 부결된 때 결의일로부터 1월 내에 그 이사의 해임을 법원에 청구. 형성의 소이므로 판결확정시 해임효력 발생

3.5.8. 이사회·대표이사

(7) 직무집행정지, 직무대행자의 선임(상386②)
1) 의의
- 이사·감사·청산인의 지위에 다툼이 있을 때 일시적으로 직무수행권한을 박탈하는 것
2) 요건
- 본안소송의 제기(급한 경우는 없어도 되나(§407①) 상당기간 내 소 제기해야 함)
- 이사의 지위유지 : 사임한 경우 각하결정(동일인이 재취임해도 각하결정)
- 보전의 필요 : 소가 제기되었다고 언제나 정지하는 것 아님
3) 당사자
- 본안소송 제기할 수 있는 자가 원고, '이사'가 피고(회사가 아님)
- 判例 : 신청인 주장 자체에 의하여 저촉되는 지위에 있는 자가 피신청인이 되어야 하고 회사는 피신청인의 적격이 없다
4) 효력
① 정지된 이사 등
- 직무집행시 무효가 됨 : 상대가 선의라도 무효(判例)
- 가처분이 취소되더라도 소급해서 유효 X
② 후임이사
- 직무대행선고가 취소되기까지는 직무집행 불가
- 집행정지된 이사와 같은 지위
- 判例 : 가처분결정이 취소되지 않는 한 직무대행자의 권한은 유효하게 존속하고 새로 선임된 이사는 적법하게 선임되었다 하여도 권한을 갖지 못하며 제3자가 선의일 경우라도 유효가 되지 않음

3.5.8. 이사회·대표이사

5) 직무대행자
- 최소한으로 불가피한 관리사무만 가능하고 회사의 상무에 속하지 않은 업무는 할 수 없음(408)
- 判例 : 회사의 경영에 중요한 영향을 미치지 않는 보통의 업무만 가능. 가처분결정에 다른 정함이 있으면 常務에 속하지 않는 행위도 가능(§408①)
- 회사의 常務에 해당하는지 여부(判例)
    ① 변론기일 불참석으로 의제자백 : 상무 ○
    ② 변호사 선임행위 및 보수계약을 체결하는 행위 : 상무 ○
    ③ 소의 취하, 인락 : 상무 X
    ④ 상대방 변호사에 대한 보수지급약정 : 상무 X
    ⑤ 타인에게 그 권한의 전부를 위임하여 회사의 경영을 일임하는 행위 : 상무 X
    ⑥ 정기주총의 소집은 상무이나 임시총회의 소집은 상무가 아님
    ⑦ 신주의 발행, 사채의 모집 등 : 상무 X
- 법원의 허가 없이 상무에서 벗어난 행위라도 회사는 선의의 제3자에게 책임(§408).
- 직무집행자는 §399의 이사책임을 유추적용함
    ① 선임결의의 취소 또는 이사해임의 소가 제기된 경우
    ② 법원이 당사자 신청에 의한 가처분으로 이사의 직무집행정지, 직무대행자의 선임

(8) 결원의 경우의 처리
- 법률 또는 정관에 정한 이사의 원수를 결한 경우에는 임기의 만료 또는 사임으로 인하여 퇴임한 이사는 새로 선임된 이사가 취임할 때까지 이사의 권리의무가 있으며, 필요하다고 인정할 때에는 법원은 이사, 감사 기타의 이해관계인의 청구에 의하여 일시이사의 직무를 행할 자를 선임할 수 있으며, 이 경우에는 본점의 소재지에서 그 등기를 하여야 함(386).

3.5.8. 이사회·대표이사

3.5.8.2.3. 이사의 권한
(1) 회사의 업무집행에 관한 의사결정(이사회 구성원)
(2) 다른 이사의 업무집행 감독권 : 이사결원시 직무대행자는 일반적인 업무만을 할 수 있음
    ① 이사회 : 업무결정권, 감독권
    ② 대표이사 : 업무집행권, 대표권

3.5.8.2.4. 이사의 보수
- 정관의 규정 또는 주주총회의 결의
- 이사의 보수는 이사의 직무집행에 대한 대가로서 지급되는 것으로 그 명칭을 불문함. 따라서 봉급·각종의 수당·상여금·퇴직위로금 등을 포함

3.5.8.2.5. 사외이사
(1) 사외이사의 선임
    - ½, 자산총액 2조원 이상은 3인 이상이고 이사총수의 ½이상
(2) 사외이사 결격자
    - 증권거래법 제191조의16 제3항
(3) 사외이사후보추천위원회 설치 강제
    - 최근 사업년도말 현재의 자산총액이 2조원 이상인 주권상장법인 또는 협회등록법인 및 최근 사업년도말 현재의 자산총액이 2조원 이상인 증권회사
(4) 사외이사의 선임·해임 등의 신고
    - 금감위, 거래소 및 증권업협회에 신고
(5) 결원의 선임시한
    - 이사회 구성요건에 미달한 경우 사유가 발생한 후 최초로 소집되는 주총에서 선임하여야

3.5.8. 이사회·대표이사

3.5.8.3. 이사회
3.5.8.3.1. 의의
- 상법·정관에서 주주총회 권한으로 정한 사항 외의 업무집행사항에 대한 의사결정기관
- 이사회의 권한은 중요한 사항을 제외하고는 대표이사 또는 업무담당 이사에게 위임 가능

3.5.8.3.2. 소집
(1) 소집권자 : 원칙적으로 각 이사에게 있으나 특정 이사에게 소집권 위임 가능(상 390①). 소집권자인 이사가 정당한 이유없이 이사회 소집을 거절하는 경우에는 다른 이사가 이사회를 소집할 수 있음
(2) 소집절차(상399)
- ① 회일 1주간 전(정관으로 단축 가능)에 각 이사·감사에게 소집통지 발송(사전에 이사·감사 전원 동의로 생략 가능)
- ② 의사의 연기나 속행의 경우에는 소집절차 불요(상392, 372)
- [判例] ① 3인 중 2인에게 통지된 경우 다른 1인에게도 통지했음이 추정
    ② 경영에 관한 사항을 위임하여 두고 날인만 하는 이사에게 통지 없어도 적법
    ③ 회장이 적법한 소집통지를 받고도 불참석시 '유고시'에 해당, 대행자가 대행 可能

3.5.8. 이사회·대표이사

3.5.8.3.3. 권한
(1) 업무집행에 관한 의사결정권 : 법령 및 주주총회의 권한 외의 모든 사항
① 정관으로 주주총회결의사항으로 할 수 있는 경우 :
    ㉠ 대표이사의 선임, 공동대표의 결정(상389①, 2항)　　㉡ 신주의 발행(상416)
    ㉢ 준비금의 자본전입(상461)　　㉣ 전환사채의 발행(상513②)
    ㉤ 신주인수권부사채의 발행(상516조의2 2항)　　- 중간배당의 실시 결정
② 이사회 고유의 권한 :
    ㉠ 사채의 발행(상469)　　㉡ 주식양도의 승인(상335조의2)
    ㉢ 회사의 업무집행·지배인의 선임·해임·지점의 설치·이전·폐지(상393)
    ㉣ 이사의 직무집행의 감독권(상393②)　　㉤ 주주총회 소집결정(상362)
    ㉥ 이사와 회사간의 거래의 승인(상398)　　㉦ 이사의 경업거래의 승인(상397)
    ㉧ 이사회소집권자의 특정(상390①)　　㉨ 재무제표의 승인(상447)
    ㉩ 영업보고서의 승인(상447의2①)　　㉪ 합병계약서 승인(상522① 단서)
    ㉫ 간이합병(상 527의2)　　㉬ 소규모합병(상 527의3)
    - 주주제안 내용의 법령 또는 정관위반 여부 결정　　- 중요자산 처분 및 양도, 대규모 재산의 차입
(2) 이사의 감독권 : '타당성' 감독에도 미침
- 이사의 직무집행감독권(상 393②) : 범위는 적법성 및 타당성에도 미침
- 대표이사의 선임·해임권(상 389①本文)
(3) 이사의 정보접근권
- 이사의 대표이사에 대한 이사 또는 피용자의 업무보고 요구권,
- (3월에 1회 이상) 이사의 업무집행상황 등의 보고 요구권(상 393)

3.5.8. 이사회·대표이사

3.5.8.3.4. 결의
(1) 결의요건
- 1인 1의결권, 이사 과반수 출석, 출석이사의 과반수(상391①),
- 정관으로 결의요건을 가중할 수는 있으나 완화는 불가
- 이사란 재임이사를 말하고, 재임이사의 수가 법률 또는 정관에서 정한 이사의 수에 미달하는 때에는 법률 또는 정관에서 정한 수가 정족수가 됨
- 이사회의 의장은 정관 또는 이사회 회의 규칙에 의하나, 대체로 회장 또는 대표이사나 사장이 의장이 됨
- 이사회의 결의에 필요한 정족수는 개회시뿐만 아니라 토의·결의의 전 과정에 걸쳐 유지되어야 함

(2) 관련된 제반사항
- 가부동수 : 부결(가부동수인 경우에 특정인에게 결정권을 주도록 정한 정관의 규정의 효력에 대해 부정설(다수설)과 긍정설(소수설)로 나뉨
- 사후추인 여부 : 미국(긍정) vs 부정(대표이사 책임추궁의 참작사유일 뿐)

(3) 특별이해관계인(상 391② → §368④) : 의결권 행사불가
- 특별이해관계인인 이사도 이사회의 소집통지를 받고 이사회에 출석하여 의견을 진술할 수 있으나 의결권은 없기 때문에 출석정족수에는 산입되나 의결정족수에는 산입되지 않음(대판 1992.4.14, 90다카22698)
- 대표이사의 선임 및 해임의 경우에 대상인 대표이사도 특별이해관계인에 해당되지 않는다고 봄
(4) 의결권 대리행사 : 이사는 그 직책상 스스로 회의에 출석하여 토의하고 결의하여야 하므로 의결권 대리행사는 불가함(통설, 判例)

3.5.8. 이사회·대표이사

- 의결권 행사의 독립성 : 각자 의결권 행사에 대해 책임(상 399 2항)
- 서면행사.전화회의 : 불가(통설)
- 동영상 및 음성을 동시 송·수신하는 통신수단에 의하여 결의에 참가하는 것은 허용(상 391 ②)
(5) 결의방법 : 거수, 기립, 투표 등 제한 없으나 의결권 행사에 책임 있으므로 무기명투표는 불가
(6) 감사의 출석·의견진술권은 있으나(상 391의2) 결의참가는 불가
(7) 연기·속행 : 가능, 별도의 소집절차 불요

3. 이사회 결의의 하자
(1) 결의의 효력 : 명문규정이 없으므로 일반무효의 법리에 따름
- 소급효 : 인정된다(통설, 判例)
- 대세효 : 인정되지 않음(통설, 判例) - 이사회결의무효확인소송에서 승소확정판결을 받은 경우, 그 판결의 효력에 관하여는 주주총회결의무효확인소송 등과는 달리 상법 제190조가 준용될 근거가 없음
(2) 후속행위의 효력 : 상대적 무효(통설, 判例)
- 判例 : 대표이사가 이사회결의를 사항을 거치지 않은 경우라도 의사회 결의사항은 내부적 의사표시에 불과하므로 거래상대방이 그러한 사항을 알았거나 알 수 있는 경우가 아니면(선의인 경우) 거래행위는 유효
  1) 주총소집 : 주총결의 하자로 흡수
  2) 지배인 선임 : 무효, 지배인의 행위도 무효, §14, §39로 보호
  3) 대표이사 선임 : 무효, 대표이사 행위도 무효, §39, §395로 보호
  4) 자기거래 : ① 무효설 ② 상대적 무효설(통설, 判例) ③ 유효설
  5) 신주발행 : ① 무효설 ② 유효설(다수설) ③ 절충설
  6) 사채발행 : 유효

3.5.8. 이사회·대표이사

3.5.8.3.5. 의사록

- 이사회의사록은 이사 책임의 증거임. 의사록에는 의사의 안건, 경과요령, 그 결과, 반대하는 자와 그 반대이유를 기재하고 의장 및 출석한 이사와 감사가 기명날인 또는 서명(상 391의3 ②).
- 결의에 참가한 이사는 의사록에 이의를 한 기재가 없는 한 그 결의에 찬성한 것으로 추정(399 ③)
- 의사록을 본점에 비치
- 주주는 영업시간 내에 한하여 이사회 의사록의 열람 또는 등사청구를 할 수 있고, 회사는 이유를 붙여 이를 거절할 수 있음. 회사가 이를 거절하는 경우에 주주는 법원의 허가를 얻어서 열람 또는 등사 청구 가능(상 391의3 ④)
- 회사의 채권자는 이사회의사록의 열람 또는 등사를 청구할 수 없음

3.5.8. 이사회·대표이사

3.5.8.4. 이사회내 위원회

3.5.8.4.1. 위원회제도의 의의 및 필요성

- 이사회는 정관이 정한 바에 따라 위원회 설치(상 393의2 ①). 이는 이사회의 운영에 효율을 기하고 의사결정의 객관성을 확보하고자 하는 것

3.5.8.4.2. 위원회의 종류

- 감사위원회, 보수위원회, 이사후보지명위원회, 집행위원회, 재무위원회, 홍보위원회, 공공정책위원회 등

3.5.8.4.3. 상법상의 위원회

1. 위원회의 구성 : 이사회내의 각종 위원회는 2인 이상의 이사로 구성(상 393의2 3항)
2. 위원회의 자격, 선임, 종임, 임기
- 위원회 위원은 이사의 자격이 있어야 하며, 위원회의 구성원으로 위촉하고 해촉은 이사회가 정하며, 위원의 임기는 정관에 규정이 없으면 이사회가 이를 정함
3. 위원회의 운영 : 원칙적으로 이사회의 운영방법과 동일(동 5항)
4. 위원회의 권한 : 위원회는 이사회내의 전문적인 소위원회이기 때문에 원칙적으로 이사회로부터 위양된 권한을 행사할 수 있을 뿐임.
- 상법은 이사회가 다음의 권한은 위임할 수 없다고 규정 (동 2항)
   ㉮ 주주총회의 승인을 요하는 사항의 제안   ㉯ 대표이사의 선임 및 해임
   ㉰ 위원회의 설치와 그 위원의 선임 및 해임 ㉱ 정관에서 정하는 사항
- 이사회는 위 네 가지 범주에 속하지 않는 사항이라면 그 권한을 위원회에 자유롭게 위임 가능
5. 위원회 결정의 이사회의 재결정 : 이사회는 위원회가 결의한 사항에 대하여 다시 결의 가(동 4항)
8. 결의의 하자 : 위원회의 결의의 하자에 관하여는 상법에 규정이 없으나, 이사회 결의의 하자와 같이 처리하여야 할 것임

3.5.8. 이사회·대표이사

3.5.8.5. 대표이사
3.5.8.5.1. 의의
– 대내적으로 업무집행, 대외적으로 회사를 대표하는 필요적 상설기관
– 주주총회나 이사회의 결정사항을 구체적으로 집행하는 업무집행의 실행기관

3.5.8.5.2. 선임·종임
(1) 선임
① 이사회에서 선임, 해임 : 원칙(상389①)
② 주주총회에서 선임, 해임 : 정관규정(상389①)
③ 인 원 : 1인 또는 수인(상389①), 공동대표이사 가능(상389②)
④ 자 격 : 이사(상389①) , 임기 제한 없음(단, 이사의 임기를 넘지 못함)
⑤ 등기사항 : 대표이사의 선임 및 공동대표이사
(2) 종임
① 이사가 대표이사의 전제이므로 이사의 종임사유, 대표이사에 특유 종임사유 있음
② 해임 : 주총은 언제나 특별결의(이사의 해임 의결정족수)로 해임가능(상 385①)
　 사임 : 언제든지 사임 가능 (단, 회사에 불리한 시기에 사임하여 손해 발생시 배상)
③ 결원의 경우의 조치 : 종임으로 대표이사가 없거나 정관의 규정에 미달할 때 퇴임자는 신임자가 취임할 때까지
　 대표이사의 권리와 의무가 있음(상389③→상386)

3.5.8. 이사회·대표이사

3.5.8.5.3. 권한
(1) 대표이사의 독립성
– 대표이사의 권한에 관한 학설의 대립
① 파생기관설 : 대표이사의 업무집행권은 이사회의 권한이나 대표이사에게 위임
② 독립기관설 : 대표이사는 이사회의 기관이 아닌 회사의 기관. 이사회가 '결의한다'일 뿐 '집행한다'가 아님

(2) 업무집행권 : 주주총회와 이사회가 결의한 사항을 집행
– 주주총회와 이사회가 결의한 사항을 집행
– 대표이사의 직무 : 정관작성 및 비치, 주주총회 및 이사회의 의사록 작성 및 비치, 주주명부와 사채원부의 비치,
　 재무제표의 작성·비치·제출·공고, 주식 청약서·사채청약서의 작성, 주권·사채권의 기명날인 또는 서명 등
– 회사는 대표이사가 업무집행으로 인하여 타인에게 손해를 가한 때에 그 대표이사와 연대하여 책임(상389③, 210
　 조)
– 업무결정권 : 이사회의 위임범위 내에서 업무집행에 관한 세목적 사항이나 일상적인 업무사항을 스스로 결정하
　 고 집행할 수 있음

(3) 대표권의 범위 : 포괄적이며 불가제한적 성격
– 회사의 영업에 관하여 재판상·재판 외의 모든 행위. 대표권의 제한으로 선의의 제3자에게 대항 불가(상209)

(4) 대표권의 행사방법
– 대표이사가 수인인 경우에도 단독으로 업무집행 하는 것이 원칙(각자대표의 원칙)

3.5.8. 이사회·대표이사

3) 대표권의 제한
- 법률상 제한 : 이사와 회사간의 소송에서는 감사가 회사 대표(상394). 이에 위반한 행위는 모두 무효(판례)
- 내부적 제한 : 대표권에 대한 제한으로 선의의 제3자에게 대항하지 못함(상389③, 209②)
- 대표권제한의 효력 : 대내적 행위는 언제나 무효이고, 대외적 해위 중 주주총회 결의를 흠결한 대표이사의 행위는 무효이며, 이사회의 결의를 위반한 경우에는 무효설, 유효설, 상대적 무효설 (원칙적으로 무효이지만 선의의 제3자에게 대항 불가)로 나뉨

4) 대표권의 남용 : 객관적·형식적으로는 대표권의 범위 내에 속하지만 주관적으로는 자기 또는 제3자를 위하여 행위를 하는 것 → 상대방 또는 제3자가 선의인 경우 대표이사의 회사에 대한 손해배상책임 있음

√ 학설
- 비진의표시설(민 §107) : 과실 있는 선의가 보호되지 않음. 내용에 상응하는 효과의사는 분명히 존재
- 권리남용설(민 §2) : 유효하나 회사에 대해 주장하는 것은 권리남용임(일반조항으로의 도피)
- 이익교량설(이익형량설) : 원칙상 무효, 거래안전 위해 상대방이 선의이면 유효. 외견상 흠 없이 행해지는 대표행위를 당연무효라 함은 부당
- 내부적 제한설 (대표권제한설) : 상법 §209 2항. 동기의 불법일 뿐 외견상 적법한데, 행위의 내용·성질로 객관적 판단은 부정확

√ 판례 : 처음 판례는 권리남용설, 이후는 비진의표시설, 이후는 혼합형
- 이사회 및 주주총회의 결의없는 대표행위의 효력(위법한 전단적 대표행위) : 대내적 행위는 무효로 하고, 대외적인 거래는 상대방이 선의·무과실이면 유효, 그렇지 않으면 무효(판례)

5) 대표이사의 불법행위
① 대표이사의 업무집행으로 손해를 가한 경우 회사는 대표이사와 연대하여 손해배상책임(상389③, 상210).
② 업무집행관련성 : 엄격하게 대표행위가 아니더라도 외형상 객관적으로 직무범위로 보이면 해당(외형이론)
③ 외형이론 적용상의 전제로 상대방은 악의·무중과실 要

◪ 대표이사의 대표권과 지배인의 대표권과의 비교

		대표이사	지배인
공통점	포괄정형성·획일성	§389③, §209②	§11①
	공동대표	§389②	§12①
	표현대표	§395	§14
	등기사항	§317②9호	§13
차이점	대리권의 성질	단체법상 대표권	개인법상 대리권
	대리권의 범위	회사의 영업전반	특정영업소의 영업
	지배인의 선임·해임	관여 가능(상 393①)	관여 불가(상 11② 반대해석)
	불법행위시 회사의 책임	회사가 연대책임을 짐 (§389, §210)	영업주의 사용자배상책임 (민법 §756)
	임기	이사의 임기로 제한	임기에 제한이 없다

공통점

① 정형성·포괄성·불가제한성을 갖는 점에서 동일(389, 209; 11)
 → 회사나 영업주의 영업에 관한 재판상·재판외의 모든 행위에 미침.
② 내부적 제한은 선의의 제3자에게 대항하지 못함.
③ 공동대표와 공동지배인(389②,12), 표현대표이사와 표현지배인(359, 14)제도가 있음.

차이점

① 지배인은 회사의 상업사용인으로서 대리인이고 대표이사는 회사의 기관임.
② 지배인의 권한은 특정영업소의 영업에 한정되나 대표이사는 회사영업전반에 권한이 있음.
③ 지배인의 불법행위는 영업주 또는 회사의 사용자책임(민 756), 대표이사의 불법행위책임은 회사와 대표이사가 연대하여 책임을 짐(389 ③)
④ 경업피지의무에 있어서는 지배인은 동종.이종을 불문하고 회사의 이사.무한책임사원 다른 상인의 사용인이 되지 못하고(17①), 이사는 동종영업에 무한책임사원.이사가 되지 못함(397).

3.5.8. 이사회·대표이사

3.5.8.5.4. 표현대표이사
(1) 의의
- 회사를 대표할 권한이 있는 것으로 인정될 만한 명칭(사장·부사장·전무·상무 기타)을 사용한 이사가 한 행위에 대하여는 그 이사가 회사를 대표할 권한이 없는 경우에도 회사는 선의의 제3자에 대하여 대표이사의 경우와 마찬가지로 그 책임 짐(상395)
- 표현대표이사제도의 법리적 근거는 영미법상 금반언의 법리 또는 독일법상의 외관이론임(다수설, 판례)
(2) 표현지배인과의 관계
(3) 요건
1)외관의 존재
- 표현적 명칭의 사용 : 대표이사가 아닌 이사가 회사를 대표할 권한이 있는 것으로 인정될 만한 명칭 사용하여야 함. 경리담당이사는 회사를 대표할 권한이 있는 것으로 인정될 만한 명칭에 해당 안됨(판례)
- 이사자격의 要否 : 상법 제395조는 표현대표이사가 되기 위하여는 이사의 자격이 있을 것을 요건으로 하고 있으나 이사자격이 없는 자 또는 사실상의 이사도 표현대표이사 가(판례).
- 행위자가 표현대표이사인 이상 다른 대표이사의 명칭을 사용하여 행위 한 경우(무권대행)에도 적용(판례)
2) 외관에 대한 회사의 귀책사유
- 회사가 명칭의 사용을 허락 또는 묵인함으로써 외관작출의 원인을 부여한 귀책사유가 있어야 함
- 허락방법은 발령,위촉 등 적극적인 의사표시이든, 사용하는 것을 소극적으로 승인하든 상관 없음
- 허락은 대표이사 도는 이사 전원의 허락이 있는 경우는 물론이고, 이사의 과반수로 하더라도 충분
3) 외관에 대한 제3자의 신뢰
- 제3자는 표현대표이사가 대표이사가 아니라는 것을 알지 못하였어야 함
- 3자의 선의에 무과실까지는 불요하나(판례) 중과실이 있으면 회사는 면책(중과실 면책설)됨
- 제3자에게 악의가 있음은 입증책임은 회사에 있음

3.5.8. 이사회·대표이사

(4) 효과
1) 회사의 책임
- 회사는 표현대표이사의 행위에 대해 대표권 있는 이사가 한 것과 같은 책임을 짐
2) 무권대리에 관한 규정의 적용여부
- 적극설 : 표현대표이사의 행위에 대해서 민법의 무권대리에 관한 규정을 적용할 수 있으므로 제3자는 철회권(민 134), 회사는 추인권(민 130, 133)을 가짐
- 소극설 :
3) 회사의 표현대표이사에 대한 손해배상청구권 : 회사가 책임을 진 결과 손해가 발생한 경우
(5) 적용범위
1) 일반적 적용범위
- 대표이사의 권한 내에 속하는 법률행위에 대하여만 적용되고(준법률행위 및 수동적 대표행위 포함) 불법행위에 대하여는 적용 없음
2) 공동대표이사의 단독대표행위에도 표현대표이사의 행위에 관한 회사의 책임을 정한 상법 제395조가 유추적용될 수 있는가에 관하여는 긍정설(확장적용설)(다수설, 판례)과 부정설(한정적용설)로 나뉨
3) 상업등기와의 관계
- 상법 제37조에 의하면 등기사항을 등기하면 제3자는 정당한 사유가 없는 한 등기사항을 안 것으로(악의로) 의제 됨. 표현대표이사제도는 등기되어 있지 않은 자의 대표행위를 신뢰한 상대방을 보호하는 제도이므로 등기부를 열람하지 아니한 과실이 있는 상대방을 보호하고 있어서 상법 제37조와 배치됨
- 표현대표이사의 경우에는 등기사항에 대한 선·악의 문제는 고려하지 않는다는데 그 견해가 일치하나 그 이론적 근거에 대해서는 학설이 나뉨
- 이차원설(판례) : 등기기초사실이 있는 경우에 적용되는 상법 제37조의 적용차원과 등기기초사실이 없이 외관신뢰보호를 규정한 상법 제395조의 적용차원이 서로 다른 것임
- 예외설
- 정당사유설

3.5.8. 이사회·대표이사

4) 부실등기와의 관계
- 주주총회의 부존재, 결의의 하자 또는 이사회 결의의 하자로 이사 또는 대표이사의 선임이 무효로 된 경우 대표이사가 회사를 대표하여 제3자와 거래한 경우 회사는 부실등기(제39조)에 의한 책임을 부담(판례)하는 가 아니면 표현대표이사 제도에 따라 책임을 지는가로 나뉨

5) 소송행위에의 부적용
- 표현대표이사 제도는 거래의 안전을 기하기 위한 제도이므로 소송상의 행위에는 적용되지 아니함

3.5.8. 이사회·대표이사

3.5.8.5.5. 공동대표이사

(1) 의의
- 공동대표이사란 다른 대표이사와 공동으로써만 회사를 대표할 수 있는 이사를 말함(§389②, §317(등기까지 하여야 제3자에 대항가능)
- 취지 : 대표권남용 방지

(2) 본질
- 대표권 합유설 : 1인의 퇴임으로도 전원의 대표권 소멸한다는 난점
- 행위방법공동설(다수설) : 각자대표의 원칙이라는 입장에 부합

(3) 선임 및 유형
1) 선임 : 선임의사표시 + 등기(대항요건)
2) 유형
- 진정공동대표이사 : 모든 대표이사가 공동으로만 행사 가능
- 부진정공동대표이사 : 일부는 단독대표이사로, 일부는 공동대표이사로

(4) 지위
1) 능동대표 : 적용, 대표의사가 동시에 표현되어야 하는 것은 아님
   ☞ 어음·수표 등의 서면행위 : 전원의 기명날인이 있어야 한다
2) 수동대표 : 적용 X(상 389③, §208②)
3) 불법행위 : 적용 X, 단 회사의 업무집행으로 인한 경우에는 회사의 책임 인정
4) 내부적 행위
- 이사의 책임문제는 별론으로 하고 효력에는 영향이 없음

3.5.8. 이사회·대표이사

(5) 대표권 위임의 가부
1)문제의 소재 : 포괄적 위임은 불가하다는 데 일치하나 개별적 위임의 가부가 문제
2)학설
 - ① 백지위임설 : 포괄적 위임이 가능. 의사결정과 대외적 표시 모두 위임 가능
 - ② 적극설 : 상호간에 내부적으로 의사의 합치가 있으면 개별적 위임이 가능. 의사결정은 각자 하여야 하지만 의사
   표시는 위임할 수 있음
 - ③ 표시행위위임설(다수설) : 개별적 위임은 가능, 대표행위시에 위임관계 현명해야 효력 발생
 - ④ 소극설 : 개별적 위임도 불가능, 대표행위시 대외적으로 의사표시를 공동으로 하여야
(6) 단독대표의 행위의 효력
1)원칙 : 공동대표이사 중의 1인이 다른 공동대표이사의 동의 없이 단독으로 대표행위를 한 경우에 그 대표행위는 무
   효임
2)제3자 구제방안 : 대표는 당연히 책임지지만 회사의 책임여부가 문제
 - 문제점 : 등기사항으로서 등기된 경우 선악 불문 대항 가능(§37①)
 - 공동대표이사를 선임한 경우 그 1인이 단독으로 대표행위를 하는 경우 표현대표이사의 행위에 관한 회사의 책임을
   정한 상법 제395조가 유추적용될 수 있는가에 관한 학설
①소극설 : 공동대표이사제도의 취지, 등기의 대항력 → §395 적용 X
②적극설(다수설, 판례) : §395가 적용될 수 있음이고 보는 설(표현주의 법리)
   - 거래안전을 고려하여 공동대표이사제도의 실효성을 완화하여 해석할 필요
   - 공시력을 초월하는 강한 표현성이 있을 수 있음은 점
 - 적용범위
   - 확장설 : 대표이사란 명칭은 가장 뚜렷한 대표권의 외관, 당연히 적용
   - 한정설 : §395의 적용이 부정된다고 보는 견해
 - 判例 : 적극설 중 확장설

3.5.8. 이사회·대표이사

(7) 표현대표이사와의 관계(1인의 대표행위에 §395를 적용할 것인가?)
1) 학설
- 부정설 : §317(설립등기사항)의 취지는 회사의 안전. §395의 법문의 해석상 인정하기 어려움. §37의 등기의 대항력의
   취지가 몰각됨
- 긍정설(통설) : §395에서 대표권 없는자도 책임지므로 있는 자는 당연 회사책임. §395의 취지상 필요(공시력을 초월
   하는 표현성)
  ① 확장설 : 대표이사라는 표현만으로도 표현대표이사책임. 대표이사라는 명칭은 가장 뚜렷한 외관표시임
  ② 한정설 : 대표이사라는 표현을 쓴 경우 회사의 책임이 없음. 거래상 보통 '공동'은 표시 않으므로 결국 모든 행위에
   책임지는 결과 → §317의 형해화
2) 判例 : 긍정설 중 확장설
- 공동대표이사에게 단순한 대표이사의 명칭의 사용을 용인 내지 방임한 경우 회사는 상법 §395에 의한 표현책임 짐

3.5.8. 이사회·대표이사

3.5.8.6. 이사의 의무
3.5.8.6.1. 일반적 의무
- 이사는 회사와 위임관계에 있으므로 선량한 관리자의 주의를 다하여 충실하게 회사의 업무를 집행하여야 함. 또한 이사와 회사 간에는 신뢰관계가 존재하므로 이사는 그 지위를 이용하여 자기 또는 제3자의 이익을 도모할 목적으로 회사의 이익을 해하여서는 안되는 이사의 충실의무가 있음
- 기타의 의무로는 감사에 대한 보고의무, 대표이사의 업무집행을 감독할 의무, 경업금지의무 및 자기거래제한의 의무가 있음

(1)이사의 충실의무
1) 의의
- 이사는 법령과 정관의 규정에 따라 회사를 위하여 그 직무를 충실하게 수행하여야 함(382의3).
2) 충실의 법적 성질
- 동질설(선관의무설) : 충실의무는 선관의무와 동질적이거나 구체화한 표현에 불과(多數設). 충실의무의 법리는 내용이 불분명하므로 우리 법에 도입하기 어려움
- 이질설(충실의무설) : 수임인은 무보수이므로 위임과 무관한 개인적 사항의 의무부과는 X. 영미법상의 이사회제도 도입하여 권한 강화하였으므로 의무도 강화. 이사가 기관의 자격에서 주의를 기울이는 의무는 선관의무이고 개인의 자격에서 회사의 이익을 우선시할 의무는 충실의무
- 判例 : 악의 또는 중과실로 임무를 해태한 행위라 함은 이사의 충실의무 또는 선관의무의 위반행위로서 위법성이 있는 것을 말함 → 충실의무와 선관의무를 동격으로 봄
3) 기타
- 회사기회유용금지 이론 : 회사의 임원 및 이사들이 자신들의 수탁자로서의 지위 및 신뢰관계를 이용하여 회사의 기회를 부당하게 탈취하여 사적 이익을 추구하는 것은 허용되지 않는다는 것

(2) 이사의 비밀유지의무(사적이용금지의무 포함)
- 이사는 재임 중 및 퇴임 후에도 직무상 알게 된 회사의 영업상 비밀을 누설하여서는 안됨(382의4)
- 영업상의 비밀이라 함은 기업조직 또는 사업에 관한 공지되지 아니한 정보로서 당해 기업이 배타적으로 관리할 수 있고, 그 기업 또는 제3자가 경제적 가치를 가지고 이용할 수 있는 기업비밀
- 법률상 공시의무가 있는 사항도 공시이행 시점까지는 기업비밀로 취급됨

3.5.8. 이사회·대표이사

(3) 이사의 감시의무
- 이사는 이사회를 통하여 대표이사를 포함하여 다른 이사의 직무의 집행을 감독함(393 ②).평이사도 선량한 관리자의 주의의무(판례)
1) 문제의 제기 : 비상근 평이사의 소극적 감시의무는 당연히 인정된다(§393②). 다만 일상적 업무집행은 하지 않는 평이사에게도 감시의무(적극적 의무)를 부여할 것인가의 문제가 있음
2) 인정여부
   ① 긍정설(통설, 판례) : 감독기능의 실효성, 선관주의의무는 가짐.
   ② 부정설 : 업무집행의무가 없다, 출석에 대한 책임(§391)만 지면 됨
3) 인정범위
   ① 적극설 : 객관적 위험이 있으면 감시의무 모두 인정
   ② 소극설 : 대표이사의 부정행위를 안 때
   ③ 절충설 : 대표이사의 부정행위를 알거나 알 수 있었을 때(판례)
   ④ 判例 : 주식회사의 업무집행을 담당하지 아니한 평이사는 이사회의 일원으로서 이사회를 통하여 대표이사를 비롯한 업무담당이사의 업무집행을 감시하는 것이 통상적이긴 하나 평이사의 임무는 대표이사를 비롯한 업무담당이사의 전반적인 업무 집행을 감시할 수 있는 것이므로, 업무담당이사의 업무집행이 위법하다고 의심할만한 사유가 있음에도 불구하고 평이사가 감시의무를 위반하여 이를 방치한 때에는 이로 말미암아 회사가 입은 손해에 대하여 배상책임을 면할 수 없음.
4) 위반의 효과 : 이사는 회사에 대하여 손해배상책임을 지고(§399), 악의 또는 중과실이 있으면 제3자에 대하여도 손해배상책임을 짐(§401).

(4) 이사의 보고의무(상412의4)
1)보고의무의 의의 및 인정이유
- 이사는 회사에 현저하게 손해를 미칠 염려가 있는 사실을 발견한 때에는 즉시 감사 또는 감사위원회에게 이를 보고하여야 한다(412의2, 415의2 ⑥)
- 이사는 대표이사로 하여금 다른 이사 또는 피용자의 업무에 관하여 이사회에 보고할 것을 요구할 수 있고(393 ③), 이사는 3월에 1회 이상 업무의 집행상황을 이사회에 보고하여야 함(393 ④)

3.5.8. 이사회·대표이사

2) 보고의무의 내용
- 회사에 현저하게 손해를 미칠 염려가 있는 사실을 발견한 때
3) 위반의 효과
- 이사는 회사에 대하여 법령위반으로 인한 손해배상책임을 지고(399 ①), 감사 또는 감사위원회는 이를 감사보고서에 기재하여야 함(447의4 ②)

3.5.8.6.2. 경업피지의무
(1) 의의
- 이사는 이사회의 승인 없이 자기 또는 제3자의 계산으로 회사의 영업부류에 속한 거래를 하거나(경업금지의무) 동종영업을 목적으로 하는 다른 회사의 무한책임사원이나 이사가 못됨(겸직금지의무)(상397)
- 회사의 영업부류에 속한 거래란 회사가 실제 행하는 사업과 시장에서 경합하고, 회사와 이사 사이에 이해충돌의 가능성이 있는 거래를 의미
- 동종영업을 목적으로 하는 다른 회사의 무한책임사원·이사에 한하기 때문에 이종영업을 목적으로 하는 다른 회사의 무한책임사원이나 이사가 될 수 없음
(2) 의무위반의 효과
   ① 경업거래 자체는 유효
   ② 이사의 해임사유(§385②) 및 손해배상 청구 가능
   ③ 회사의 개입권 인정(§397②)
   ④ 상법상의 특별배임죄 구성 가능(§622①)
(3) 개입권(탈취권)
① 의의
- 이사가 이사회의 승인 없이 자기 또는 제3자의 계산으로 회사의 영업부류에 속한 거래를 한 경우 회사가 ㉠ 자기의 계산 → 회사의 계산으로, ㉡ 제3자의 계산 → 이사가 얻은 이득의 양도를 청구할 수 있는 권리
- 형성권의 일종
② 효과 : 거래의 효과·얻은 이득을 회사에 귀속시켜야 할 의무 부담할 뿐(채권적 효력), 회사가 거래의 상대방에 대하여 직접적으로 계약 당사자가 되는 것은 아님

3.5.8. 이사회·대표이사

③ 개입권의 소멸 : 거래가 있은 날로부터 1년(상397③) → 제척기간
④ 겸직제한의 위반 : 개입권행사 불가, 해임이나 손해배상의 청구 가능
  判例 : 승인 없이 동종영업을 목적으로 하는 회사를 설립하고 대표이사로 있음이 영업활동을 개시하기 전에 대표이사직을 사임하여도 §397① 위반으로서 §385② 소정의 법령에 위반한 중대한 사실에 해당함.

☞ 경업금지의무

		이사	상업사용인
공통점	거래 자체의 효력	유효	유효
	해임권	§385	§17③전단
	손해배상 청구권	§399	§17③후단
	개입권	§397②	§17②
차이점	허가기관	이사회의 승인	영업주의 허락
	제척기간	거래일부터 1년	안 날로부터 2주, 거래일부터 1년

☞ 겸직금지의무

	이사	상업사용인
대상영업	동종영업	모든 영업
금지하는 지위	무한책임사원, 이사	무한책임사원, 이사, 업사용인

- 금지하는 지위는 문맥상으로는 차이가 나지만 실제적으로 마찬가지 결과임
- 判例 : 영업의 준비단계에 있는 회사도 포함됨.

3.5.8. 이사회·대표이사

3.5.8.6.3. 자기거래 금지의무
(1) 의의 : 이사는 이사회의 승인 없이 자기·제3자의 계산으로 회사와 거래를 못함(상398)
 - 이사 : 비상근평이사, 청산인도 포함하나 거래 당시 이사의 직위를 떠난 자나 사실상의 이사 등은 제외
 - 자기 또는 제 3자의 계산
 - 거래행위 : 직접거래 + 간접거래
 - 判例 : 회사와 채권자간에 이사의 채무에 관한 보증계약도 포함됨.
(2) 취지 : 불공정 거래 방지
(3) 적용범위
 - 이사와 회사간의 이해충돌을 생기게 할 염려가 있는 모든 재산상의 행위로 유상행위는 물론이고 이사의 채무를
   면제하는 것과 같은 단독행위도 포함
1) 직접거래 : 직접거래란 자기 또는 제3자의 계산으로 하는 거래행위로서, 이사가 회사의 직접 상대방이 되는 거래
   뿐만 아니라 회사와 거래하는 상대방의 대리인 또는 대표자로서 하는 거래행위를 포함
   ① 자기계약 : 회사와 이사간의 직접 거래행위
   ② 쌍방대리 : 이사가 대표로 있는 양 회사간 거래로 일방에 대해 불리한 계약
   判例 : Y회사와 X회사는 형식상 전연 별개의 회사이고 같은 사람(A)이 양 회사의 대표를 겸하면서 그 같은 사람이
   이해가 상반된 양 회사의 대표자로서 상호협상을 체결하면 상법 §398의 규정이 적용됨.
2) 간접거래
   ① 자기계약 : 회사와 제3자의 거래이지만 실질적으로 이사에게 유리한 거래
   ② 쌍방대리 : 제3자와의 행위지만 이사가 대표로 있는 다른 회사의 이익인 행위
3) 어음행위를 포함하는지 여부
   ① 부정설 : 어음행위는 자체 이해충돌을 일으키는 행위가 아님
   ② 긍정설(통설) : 어음행위자는 오히려 더 무거운 책임을 지므로 인정함이 타당
   ③ 判例 : 약속어음의 발행에 관하여 상법 §398에 의해 이사회 승인이 필요하므로 이를 거치지 않은 경우 무효인
   어음행위임

3.5.8. 이사회·대표이사

4) 1인주주와 회사 간의 거래
 - 1인회사에 있어서 이사가 1인 주주인 경우에는 이사 개인과 회사의 이익이 일치하며 양자 사이에 이해상반의 관
   계가 없으므로, 1인 주주인 이사와 1인회사 간의 거래는 본조의 거래에 포함되지 않음

(3) 요건
1) 절차적 요건 : 이사회 승인
   ① 사후추인은 불가 : 추인을 인정하면 제3자의 지위가 부동적이므로
   ② 총주주의 동의에 의해 이사회 승인을 갈음할 수 있는지 여부(1인회사)
   - 긍정설(판례) : 결국 주주의 이익을 위한 것이므로 총주주 동의가 있으면 가능
   - 부정설 : 주주만의 이익을 위한 것이 아니라 회사의 이익을 위한 것이므로
   - 判例 : §398의 자기거래에 해당하는 행위라도 사전에 주주전원의 동의가 있었다면 회사는 책임을 면할 수 없음
   ③ 유효요건에 불과 : 이사의 책임이 면제되지는 않으므로 손해가 있으면 손해배상책임
 - 判例 : 대표이사가 개인적인 용도에 사용하려고 회사명의의 수표를 발행하거나 회사명의의 배서를 해주어 회사가
   그 지급책임을 부담하고 이를 이행하여 손해를 입은 경우에는 이사회 승인여부에 불구하고 §399의 손해배상책임
   은 물론 대표권 남용에 따른 불법행위를 이유로 한 손해배상청구도 행사 가능

2) 실질적 요건 : 거래의 공정성
   - 이사회 승인이 있는 경우 : 대표권남용의 문제
   - 이사회 승인이 없는 경우 : 자기거래금지

3.5.8. 이사회·대표이사

(4) 위반의 효과
1) 학설
- 유효설 : §398은 업무집행의 결정과정을 정한 명령적 규정에 불과하므로 거래안전 보호를 위해서 유효로 보아야
  함. 악의의 3자에 대해서는 권리남용원칙에 따라 무효(상대적 무효설과 같은 결론)
- 무효설 : §398의 취지. 회사의 이익을 희생시켜 가면서 법을 위반한 이사나 그를 이용한 제3자를 보호할 필요가
  없으므로 무효.
- 상대적 무효설 : 회사와 이사 간에는 무효이고 대외적으로는 상대방이 악의임을 입증하지 못하면 유효(입증책임
  은 회사가 부담)
2) 판례
- 상대적 무효설 : 이사회 승인이 없음을 근거로 당해 이사에 대하여 무효를 주장함은 당연하나 거래안전의 견지에
  서 선의의 제3자를 보호할 필요가 크므로 회사가 제3자의 악의를 입증해야 무효를 그 상대방에게 주장할 수 있음.
3) 무효주장자 : 무효는 회사만이 이를 주장할 수 있고, 당해 이사 및 제3자는 자기거래금지 위반 또는 상대방의 악
  의를 이유로 그 거래의 무효를 주장할 수 없음

(5) 책임
1) 이사의 책임 : 손해배상책임(§399), 총주주 동의로 면제 가능(§401), 이사의 해임사유, 특별배임죄
2) 회사의 책임여부 : §389 3항 → §210

3.5.8. 이사회·대표이사

3.5.8.7. 이사의 책임
- 이사의 책임은 회사에 대한 책임과 제3자에 대한 책임으로 분류됨
3.5.8.7.1. 회사에 대한 책임
(1) 이사의 회사에 대한 책임원인
- 이사의 회사에 대한 책임은 손해배상책임과 자본충실책임 두 가지임
1) 책임의 원인
i) 이사가 법령 또는 정관에 위반한 행위를 한 경우
- 구체적 例
　① 손실전보나 법정준비금 없이 이익배당을 한 때(§462)
　② 경업피지의무를 위반한 행위(§397)
　③ 이사회의 승인 없이 자기거래를 한 경우(§398)
　④ 인수인과 통모하여 불공정가액으로 주식을 인수시킨 경우(§424-2③)
- 책임의 성질
　① 무과실책임설 : 회사의 보호
　② 과실책임설 : 민법의 일반원칙에 대한 예외가 아니라 특칙으로 볼 수 있음. 무과실책임은 법상 명문의 규정을
　　요함. 무과실책임을 지우면 유능한 경영인을 구하기 어렵다
　③ 절충설 : 명백히 과실을 전제로 한 경우(§397①)를 제외하고는 무과실책임
　④ 검토 : 과실책임설이 타당하나 무과실의 입증책임은 '이사'에게 있음
ii) 이사가 임무를 해태 한 때
- 구체적 例
　① 감독불충분으로 지배인이 회사재산을 낭비한 경우
　② 조사불충분으로 잘못된 대차대조표 작성하여 부당한 이익배당을 한 경우
　③ 은행의 이사가 채무자의 자력을 충분히 조사하지 않고 대출해준 경우
　④ 채권회수 조치를 취하지 않고 채권을 포기한 후 저당권까지 포기(判例)
　⑤ 업무집행이 위법하다고 의심할 만한 사유가 있음에도 방치한 경우(判例)

3.5.8. 이사회·대표이사

2) 법적 성질 : 위임계약의 불이행에 의한 과실책임
3) 입증책임 : 임무해태에 대한 입증책임은 이를 주장하는 회사 또는 제3자가 부담

(2) 책임의 부담자
　① 행위자인 이사 : 당연히 책임짐
　② 찬성한 이사 : 행위자와 연대하여 같은 책임(§399②)
　③ 이의를 하지 않은 이사 : 찬성한 것으로 추정됨(§399③)

(3) 회사에 대한 책임내용
　① 손해배상책임(상399①, ②)
- 법정책임설 : 이사지위의 중요성을 고려하여 상법이 특별한 인정한 책임
- 채무불이행책임설 : 이사의 회사에 대한 위임계약상의 채무불이행 책임이라 보는 견해
- 判例(타당) : 위임계약상의 채무불이행책임이라 함
　② 자본충실의 책임 : 신주발행으로 인한 변경등기가 있은 후에 아직 인수하지 아니한 주식이 있거나 주식인수의
　청약이 취소된 때에는 이사가 이를 공동으로 인수한 것으로 봄(상428). 무과실·법정책임
- 요건 : 변경등기 후에 인수되지 않은 주식이 있거나 취소된 경우(§428①)
- 성질 : 무과실책임이며, 총주주의 동의에 의해서도 면제 불가
- 효과 : 공동으로 인수한 것으로 간주되며 납입책임 부담(§333①)
　③ 책임의 추궁
- 회사가 책임추궁
- 소수주주의 대표소송 가능(상403)

3.5.8. 이사회·대표이사

(4) 책임의 면제
1) 적극적 책임면제 : (무의결권주를 포함한)총주주의 동의에 의한 면제(§400)
2) 소극적 책임면제 : 재무제표의 승인 후 2년 경과시 책임의 해제(§450)
- 범위 : 불법행위나 자본충실의 책임에 관하여는 면제되지 않음
- 제척기간설 : 승인의 효과가 아니라 제척기간의 기준점일 뿐 의결시 특별이해관계가 아님
- 부수적효과설 : 승인의 부수적 효과로 책임이 면제됨. 의결시 특별이해관계에 해당
- 이사의 자본충실책임은 회사채권자의 보호를 위해 총주주의 동의가 있어도 면제할 수 없음

(5) 책임의 시효
- 이사의 회사에 대한 채무불이행 책임은 채권의 일반시효인 10년(통설, 판례), 불법행위의 3년 시효가 아님

3.5.8.7.2. 이사의 제3자에 대한 책임

(1) §401의 입법취지
- 이사가 악의 또는 중대한 과실로 인하여 그 임무를 해태한 때에는 그 이사는 (개인적으로) 제3자에 대하여 연대
　하여 손해배상책임을 짐(401 ①)
- 이사의 직무집행이 제3자에게 중대한 영향을 미치는 경우가 많으므로
- 주식회사는 다수인과 이해관계인을 맺는 중요한 위치에 있으며 그 활동은 이사의 직무활동에 의존하므로 제3자
　보호와 이사의 직무집행에 신중을 기하기 위하여 인정됨
☞ 주주가 동시에 이사인 소규모주식회사에서 '법인격부인론의 대체적 기능'을 함

3.5.8. 이사회·대표이사

(2) 책임의 성질
1) 법정책임설(다수설, 判例) : 제3자보호를 위하여 상법이 특별히 인정한 책임이라고 보는 견해
– 일반법정책임설 : 직접손해이든, 간접손해이든 모든 손해배상책임
– 특수법정책임설 : 간접손해에 대해서만 책임 짐
2) 불법행위책임설 : 경과실 면책되는 특수한 불법행위책임
– 불법행위특칙설 : 민법 §750의 특칙으로 이사의 제3자에 대한 책임감경
– 특수불법행위설 : 민법 §755-§759의 특수불법행위의 일종으로 봄. 본질적으로 불법행위책임이지만 요건상 경과실 및 위법성 배제

	일반법정책임설	특수법정책임설	불법행위특칙설	특수불법행위설
악의의 소재	회사에 대해		가해행위에	회사에 대해
제3자의 범위	주주 포함		주주 포함	
손해의 범위	직·간접손해	간접손해	직접손해	직·간접손해
불법행위와 경합	경합 인정		경합 부정	경합 인정
소멸시효	10년		3년	

(3) 책임의 내용
1) 대표이사의 제3자에 대한 책임과의 관계

제3자에 대한 책임	당사자의 책임	회사의 책임
대표이사	§401, §389③(§210)	§389③(§210)
이사	§401	민법 §756
상업사용인	민법 §750	민법 §756

3.5.8. 이사회·대표이사

2) 책임의 원인
– 구체적 예
  ① 주식청약서·사채청약서·재무제표 등에 허위의 기재·공고를 하여 손해입힌 경우
  ② 회사자산·경영상태 등에 비추어 만기에 지급가능성 없는 어음의 발행행위
  ③ 회사경영을 방만히 하여 회사채무를 지급할 수 없게 된 경우 → 경영판단의 문제로서 신중하게 접근 필요
– 判例 : 단순히 이행을 지체하고 있는 사실로 손해를 끼친 경우는 §401의 책임 X

(4) 적용범위
1) 손해의 범위 : 직접손해 + 간접손해(일반법정책임설, 통설)
– 직접손해 : 이사의 임무해태로 직접 제3자가 입은 손해
– 간접손해 : 이사의 임무해태로 회사가 입은 손해로 다시 제3자가 입은 손해
2) 제3자의 범위(주주의 포함여부)
– 포함설(통설) : 회사채권자 + 이해관계인 + 주주
– 제외설(불포함설) :
– 간접손해 적용시 주주가 회사채권자보다 우선변제 받게 됨
– 判例 : 주주의 간접손해는 제외시킴
3) 청구방법 : 직접청구 가능, 단 주주의 간접손해는 회사에 변제할 것을 청구
4) 제3자의 범위에 국가나 지방자치단체는 불포함(급수사용료의 부과처분)

☞ 이사의 보증책임
실무에서 회사가 은행 등으로부터 자금을 차입하는 등 계속적인 거래를 하는 경우, 회사의 이사들에게 연대보증을 세우는 경우가 많음. 이 연대보증인으로서의 책임은 재직 중에만 지는 것이 아니라 특별한 사정이 없는 한 퇴직 후에까지도 진다. 특별한 사정변경은 직원이 퇴사한 경우 등이 해당할 수 있을 것이고(대판 1990.2.27, 89다카1381) 퇴사가 해당하지 않은 경우도 있음(대판 1993.2.12, 92다45520; 1997.2.14, 95다31645)

3.5.8. 이사회·대표이사

(5) 불법행위책임과의 관계
- 법정책임설 : 일반불법행위책임과 경합관계
- 특수불법행위책임설 : 경합을 인정하지 않는 것이 논리적이나 대체로 인정

(6) 주주 간접손해의 포함여부
1) 문제점 : 채권자는 간접손해에도 이사의 책임을 인정하는 것이 통설, 주주의 간접손해에 대해서도 §401의 책임을
   지는지에 대해서는 의견 대립
2) 학설
- 제외설(부정설)
① 간접손해는 회사가 이사의 회사에 대한 책임(§399)의 추궁을 통하여 손해전보를 받으면 된다는 점
② 주주의 간접손해가 포함되면 주주가 채권자에 우선하여 변제받는 결과가 되어 부당
- 포함설(긍정설) : 제3자란 널리 회사 이외의 자를 지칭, 대표소송의 경우 소수주주만이 제소권자
① 대표소송이 제한적이라는 점
② 이사에게 책임을 추궁하는 것이므로 채권자에 우선하여 변제받는 것이 아님
   √ 긍정설의 경우에도 학설이 나뉨
   제1설 : 직접 손해배상 청구가 가능하다는 견해
   제2설 : 회사에 반환할 것을 청구할 수 있음은 견해
- 判例 : 횡령에 의해 회사재산이 감소하여 간접손해를 입은 경우 책임 부정 → 제외설
   §401, §389③, §210에 의한 손해배상청구 불가, 직접 불법행위책임도 불가능

3.5.8. 이사회·대표이사

3.5.8.7.3. 업무집행지시자(사실상의 이사) 등의 책임

(1) 업무집행지시자 책임의 의의
- 다음 각호의 1에 해당하는 자는 그 지시하거나 집행한 업무에 관하여 이사로 보아 회사와 제3자에 대하여 손해배상
  책임을 지고, 이 책임에 대해서는 주주대표소송의 대상이 된다(상399, 401, 403조 적용).
   ① 회사에 대한 자신의 영향력을 이용하여 이사에게 임무집행을 지시한 자(업무집행지시자)
   ② 이사의 이름으로 직접 업무를 집행한 자(무권대행자)
   ③ 이사가 아니면서 명예회장·회장·사장·부사장·전무·상무·이사 기타 회사의 업무를 집행할 권한이 있는 것
   으로 인정될 만한 명칭을 사용하여 회사의 업무를 집행한 자(표현이사, 예시적 열거)

(2) 책임의 성질
- 불법행위책임설
- 기관책임설 : 실질적으로 이사와 같이 업무를 집행한 데 대한 책임이므로 이사의 지위에 기한 기관으로서의 책임임

(3) 책임요건
1) 업무집행지시자
- 회사에 대한 영향력 : 영향력은 회사에 대한 것이어야 하며, 이사 개인에 대한 영향력 행사는 해당 안됨
- 영향력 행사자는 지배주주에 대해서는 인정하지만, 회사채권자나 거래상 우월적 지위에 있는 자 또는 공법적, 정치
  적으로 우월적 지위에 있는 자에 대해서는 긍정하는 견해와 부정하는 견해로 나뉨
2) 업무집행의 지시
- 업무집행지시의 상대방은 대표이사나 이사임. 그러나 등기되지 아니한 이사, 지배인, 부장, 과장 기타 사용인에 대
  한 지시도 이에 해당할 수 있음
- 업무집행지시의 내용은 영업과 관련한 법률행위 뿐만 아니라 사실행위 및 불법행위도 포함.
- 지시는 1회성 지시가 아닌 통상적·관행적 지시여야 함는 사실상 이사와 연대하여 그 책임을 짐

3.5.8. 이사회·대표이사

- 지시는 직접적으로 하여야 하는 것은 아니고, 간접적·우회적·묵시적으로 하여도 충분
3) 이사의 업무집행
4) 이사의 책임발생

(4) 업무집행지시자의 책임
- 회사 또는 제3자에 대하여 손해를 배상할 책임이 있는 이사는 사실상 이사와 연대하여 그 책임을 짐
- 실질상의 이사의 회사에 대한 책임의 원인·내용·추궁·면제·해제 등은 이사의 회사에 대한 손해배상책임과 동일(상 401조의2 ①, 399조, 403조)

3.5.8.8 주주의 이사에 대한 감독
3.5.8.8.1. 서
- 상법상 회사의 업무집행에 대한 감독은 이사회에서 하고, 주주는 주주총회에서의 이사의 선임·해임 및 재무제표의 승인을 통해서 간접적으로 감독권을 행사하는 것에 그침
- 주주의 지위를 강화하고 주주에게 회사의 기관적 지위를 인정하여 업무집행에 대한 두 가지의 직접적인 감독시정권을 인정하기 위하여 사전적 예방조치로서 주주의 위법행위유지청구권과 사후적인 구제조치로서 대표소송제도를 두고 있음

3.5.8.8.2. 위법행위유지청구권
(1) 의의
- 이사의 위법행위를 사전에 금지시키기 위하여 소수주주에게 부여한 권리(§402)
(2) 성질 : 사전적 구제수단

3.5.8. 이사회·대표이사

(3) 요건
1) 법령·정관에 위반한 행위
2) 회복할 수 없는 손해발생의 염려 : 회복할 수 없는 손해란 회복이 반드시 불가능한 경우에 한정되지 아니하고 비용·노력 등을 감안할 때 회복이 상당히 곤란한 경우도 포함함
3) 행위의 완료전

(4) 청구
1) 청구권자 : 소수주주(1%, 무의결권주식도 포함됨), 감사
2) 청구방법
  ① 재판 외의 방법으로 행위의 중지 요구
  ② 재판에 의한 청구 가능

(5) 효과
1) 거부한 경우 : 이사의 행위는 유효, 손해배상책임시 중과실 의제(유일한 실익)
2) 유지한 경우 : 부당하지 않음에도 유지한 경우 손해배상책임
3) 유지의 소는 회사를 위하여 하는 것이므로 그 판결의 효력은 회사에 미침(민소 218조 3항). 유지청구와 관련하여 부정한 청탁을 받고 재산상의 이익을 수수·요구 또는 약속한 자에 대하여는 형벌의 제재가 있음(631 ① iii)

(6) 실효성 : 보전처분의 성격을 갖는 것임에도 실체법상의 권리로 수용해서 문제 → 입법론 : 가처분이 내려진 경우는 위반행위를 처벌해야 할 것

3.5.8. 이사회·대표이사

☞ 위법행위유지청구권과 신주발행유지청구권의 비교

	위법행위유지청구권	신주발행유지청구권
공통점	사전구제절차, 재판상·재판외 모두 가능	
목적	회사의 손해방지(공익권)	주주의 손해방지(사익권)
청구권자	감사, 소수주주	단독주주
상대방	이사	회사
요건	법령 또는 정관위반	법령·정관위반 + 불공정

3.5.8. 이사회·대표이사

3.5.8.8.3. 대표소송(대위소송)
(1) 의의
- 발행주식총수의 100분의 1 이상의 주식을 보유한 소수주주가 회사를 위하여 이사의 회사에 대한 책임을 추궁하
  는 소송(대표소송에 관한 규정은 발기인·감사·청산인, 유사발기인, 불공정한 가액의 신주인수인, 회사로부터
  이익공여를 받은 자, 유한회사의 이사에 준용된다)
(2) 성질 : 사후적 구제수단, 제3자소송담당에 해당
(3) 기능 : 회사운영의 건전성 확보의 최후수단 + 이사들의 임무해태 예방
(4) 적용범위 : 이사·발기인·감사·청산인의 책임추궁
　　① 이사의 회사에 대한 책임만 추궁 가능
- §399(기관자격의 책임)와 §428(면제불가능한 책임)의 책임만 가능(소수설)
- 이사가 회사에 가지는 모든 채무 추궁(다수설)
　　② 이중대표소송(중복대표소송) : 모회사 주주가 자회사의 이사 책임 추궁
- 미국에서는 인정하나 우리나라에서는 소수설에 불과
3) 判例 : 회사가 제3자에 가지는 물권적 청구권이나 등기청구권은 행사불가
(5) 당사자
- 제소권자 : 소수주주(1%), 무의결권 주식도 포함 됨
- 피고 : 이사, 청산인, 발기인, 감사 등
(6) 요건
　　① 회사에 대한 소제기의 청구 → 서면으로 이사의 책임을 추궁하는 소제기 청구(상403①, 2항)
　　② 회사의 소제기가 없을 때(청구를 받은 때로부터 30일 내) → 소수주주가 직접 제소(상403③)

3.5.8. 이사회·대표이사

(7) 절차 (상404②, 406)
1) 전속관할 : 회사의 본점 소재지의 지방법원(403 ⑦)
2) 담보제공(상403⑤) : 피고는 원고에게 악의가 있음을 소명하여 담보제공명령을 청구할 수 있음
3) 소송참가와 소송고지 :
- 소수주주가 제소한 경우에 회사만이 소송참가를 할 수 있음(404 ①)
- 소수주주가 대표소송을 제기한 경우에는 소송참가의 기회를 주기 위하여 지체없이 회사에 대하여 소송의 고지를
  하여야 함(404 ②)
- 회사의 주주대표소송에의 참가의 법적 성격은 공동소송참가임
4) 소의 취하 등의 제한
- 소수주주가 대표소송을 제기하면 회사는 스스로 소를 제기할 수 없고, 당사자는 법원의 허가를 얻지 아니하고는
  소의 취하, 청구의 포기·인락, 화해를 할 수 없음(403 ⑥)
5) 재심청구(상 406①)
- 요건 : 원.피고의 공모 + 회사권리 사해의 목적
- 제소권자 : 단독주주권
- 입법론 : 모든 회사법상의 소에 대표소송의 재심제도를 유추적용하자는 의견

(8) 효과
1) 판결의 효력 : 제3자소송담당(형식상은 회사의 대표자로서 소송을 하는 것이 아니라 원고 자신의 이름으로 타인
  인 회사의 이익을 위하여 소송을 하는 것)이므로 회사도 판결의 효력이 미침
2) 소송비용
- 원고 승소시
① 소송비용은 패소한 이사가 부담(민소법 §89)
② 소송비용 외의 실비액 : 회사에 청구 가능하고 회사는 이사 또는 감사에 대하여 구상원 행사(상 405①)
- 원고 패소시 : 악의가 없는 한 과실이 있어도 손해배상책임 없음(상 405②)

3.5.8. 이사회·대표이사

☞ 경영판단의 원칙
1. 의의
- 회사법상 경영판단의 원칙이란 회사의 이사나 임원이 경영적인 판단에 따라 임무를 수행한 경
  우 비록 그 판단이 후일 잘못된 것으로 밝혀지고 결과적으로 회사에 손해를 가져오게 되었다라
  고 하더라도 그 판단이 어느 정도 성실하고 합리적으로 또 그 권한 내에서 이루어졌다고 할만
  한 일정한 조건이 충족된 때에는, 법원이 그 경영적인 판단의 당부에 대해 사후적으로 개입하
  여 이사의 성실의무 위반에 대한 책임 문제를 따지지 않는다는 원칙임

2. 요건
- 미국 개정모범사업회사법(RMBCA)은 이사가 ① 성실히 ② 통상의 사려깊은 사람이 유사한 상
  황에서 기울이는 정도의 주의로 ③ 회사에 최선의 이익이 된다는 상당한 믿음으로 행한 행위에
  대하연느 책임을 면한다고 규정하고 있음

제3편 회사법

3.5.9. 감사·감사위원회·검사인

3.5.9.1. 감사
3.5.9.2. 감사위원회
3.5.9.3. 검사인
3.5.9.4. 외부감사인
3.5.9.5. 준법감시인

☞ 감사와 감사위원회

-의의 : 이사의 업무집행과 회계를 감사 권한을
가진 주식회사의 필요상설기관
-선임과 종임
① 주주총회에서 선임(상409 ①), 발행주식 총수
의 3/100을 초과주식 의결권 행사 불가(상409 ②)
② 이사와는 달리 해산으로 당연히 종임하지 않음
(청산회사에도 감사존재).
-임기와 수, 자격
① 임 기 : 취임 후 3년 내의 최종의 결산기에 관
한 정기총회의 종결시까지(상410)
② 자 격 : 회사 및 자회사의 이사, 지배인, 기타
사용인의 직을 겸직 불가(상411)
-감사의 권한
(1) 업무감사권
- 감사는 이사의 직무의 집행을 감사(상412 ①)
- 이사회 출석 및 의견진술권
- 이사회 의사록 기명날인·서명권(상391의3 ②)
(2) 영업보고요구권·업무재산조사권(상412 ②)
(3) 주주총회의 소집청구권
(4) 자회사의 조사권

(5) 기타
- 해임에 관한 의견 진술권
 (상 499의2)
- 이사와 회사간의 소의
 회사대표권(상 394)
- 이사의 보고의무
 (상 412의2)

(6) 각종의 소권
 - 이사의 위법행위유지청구권(상 402)
 - 회사설립무효의 소
 - 신주발행무효의 소
 - 자본감소무효의 소
 - 합병무효의 소
 - 분할 및 분할합병무효의 소
 - 주주총회결의취소의 소

감사

감 사
위원회

-감사의 의무
(1) 감사록 작성의무(상 413의2)
(2) 이사회에 대한 보고의무(상 391의2 ②)
(3) 주주총회에 대한 의견진술의무(상 413)
(4) 감사보고서 작성제출의무(상447의4 ①)
(5) 선관의무 :
-감사의 책임
(1) 회사에 대한 손해배상책임(상 414 ①)
(2) 제3자에 대한 책임(상 414 ②)

(1) 감사위원회의 의의(상 415의2 ① 1문)
 - 감사에 갈음하는 이사회내의 위원회의
(2) 감사위원회의 구성(동 2항)
-이사회의 보통결의로 감사위원회 설치하고 선임
-해임결의는 이사 총수의 3분의 2 이상의 결의
2) 결격사유-1/3(사내이사) + 2/3(사외이사)
(3) 감사위원회의 운영(동 4, 5항)
-이사회내 위원회와의 운영과 동일(상 415의2 ①).
(4) 감사위원회의 권한(동 6항)
(5) 감사위원회 위원의 의무(감사와 동일)
① 선관의무 ② 이사회에 대한 보고의무 ③ 주주총회
에 대한 의견진술의무 ④ 감사록의 작성의무 ⑤ 감사
보고서의 작성·제출의무
(6) 감사위원회의 책임
1) 회사에 대한 책임 : 임무 해태시 회사에 대하여 연
대하여 손해배상책임 (상 414①)
2) 제3자에 대한 책임 : 악의 또는 중대한 과실로 임
무를 해태한 때 제3자에 대하여 연대손해배상책임
3) 책임의 면제 등 : 총주주의 동의로 면제. 2년내 책
임해제. 및 대표소송 인정

3.5.9. 감사·감사위원회·검사인

3.5.9. 감사·감사위원회·검사인
3.5.9.1. 감사
3.5.9.1.1. 감사의 의의
- 감사는 이사의 업무집행과 회계를 감사 권한을 가진 주식회사의 필요상설기관
- 필수적 기관이라는 점에서 유한회사의 감사가 임의적 기관인 것과 다르고, 상설적 기관이라는 점에서 임시적 기관인 검사인과 다름. 다만 상법상의 감사는 상근임을 요하지 않음

3.5.9.1.2. 감사의 선임·종임
(1) 선임과 종임
1) 선임
- 주주총회에서 선임(상409 ①), 의결권 없는 주식을 제외한 발행주식 총수의 3/100을 초과하는 주식을 가진 주주는 초과하는 주식에 대하여 의결권 행사 불가(상409 ②).
- 회사는 정관에 의하여 100분의 3보다 낮은 비율을 정하여 의결권 제한을 강화할 수는 있어도 높은 비율을 정하여 완화할 수는 없음(409 ③)
- 감사의 성명과 주민등록번호는 등기사항 임(317 ②)
- 감사선임의 효력발생 시기는 주주총회의 선임결의에 따라 회사의 대표기관이 임용계약의 청약을 하고 피선임자가 이에 승낙한 때임
2) 종임
- 대체로 이사의 경우와 동일(상415, 385, 386). 감사의 종임에 의하여 법률 또는 정관에 정한 감사의 인원수를 결한 때에는 지체없이 주주총회를 소집하여 후임감사를 선임하여야 함(415, 386 ②).
- 다만 임기만료 또는 사임으로 인하여 정원 수를 결한 때에는 새로 선임된 감사가 취임할 때까지 전임감사의 권리의무가 계속됨(415, 386 ①)

3.5.9. 감사·감사위원회·검사인

- 감사는 이사와 마찬가지로 주주총회의 특별결의에 의하여 해임이 가능한데(상415, 385 ①), 이 경우에는 당해 감사는 주주총회에서 자신의 의견을 진술할 수 있음(상409 ②).
- 주주총회에서 그의 의견을 진술할 수 있는 자는 당해 감사는 물론이고 그의 동료 감사도 포함된다고 보며, 의견 진술은 감사해임안이 위법하거나 현저하게 부당한 경우에만 한하는 것이 아니라 그러한 사유가 없더라도 할 수 있음이고 봄.
- 회사가 해산하더라도 청산회사의 감사는 여전히 필요하므로 해산에 의해서 당연히 감사가 종임 되는 것은 아님
- 감사의 종임도 등기사항 임(317 ②)
- 감사가 그 직무에 관하여 부정행위 또는 법령이나 정관에 위반한 중대한 사실이 있음에도 불구하고 주주총회에서 그 해임을 부결한 때에는 소수주주(발행주식의 총수의 3/100 이상에 해당하는 주식을 가진 주주)는 총회의 결의가 있는 날로부터 1월 내에 그 감사의 해임을 법원에 청구할 수 있음(415, 385 ②).

(2) 임기와 수, 자격
- 감사의 인원 수·자격에는 제한이 없으나, 정관의 규정으로 감사의 자격을 정할 수는 있음. 법인은 감사가 될 수 없음
① 임기 : 취임 후 3년 내의 최종의 결산기에 관한 정기총회의 종결시까지(상410). 임기는 정관 또는 주주총회의 결의로도 연장 또는 단축할 수 없음
② 자격 : 당해 회사 및 자회사의 이사, 지배인, 기타 사용인의 직을 겸직 불가(상411). 모회사의 감사가 자회사의 감사를 겸하거나, 모회사의 이사 등이 자회사의 감사를 겸하는 것은 상관없음
③ 원수 : 감사는 1인 이상이면 되고, 2인 이상이 있는 경우에도 각 감사가 독립된 감사기관을 구성하며, 그 직무권한을 단독으로 행사하는 것이지 합의해서 하는 것은 아님
④ 보수 : 감사의 보수에 관한 사항은 이사의 경우와 같음(415, 388).

3.5.9. 감사·감사위원회·검사인

3.5.9.1.3. 감사의 권한
(1) 업무감사권
- 감사는 이사의 직무의 집행을 감사(상412 ①)
- 원칙적으로 위법성 감사에 한하고 상법에 명문의 규정이 있는 경우에 한하여 타당성 감사(다수설)
  ① 적법성감사설 : 상법에 타당성 명시 외에는 불가, '경영판단의 법칙'
  ☞ 상법상의 타당성감사 : §413, §447-4 2항 5호, 8호(다수설)
  ② 타당성감사설 : 감독기능의 실효성
  ③ 절충설(타당) : 위법 + 현저한 부당
- 이사회 출석 및 의견진술권 : 이사회 소집절차 생략시 이사와 감사 전원의 동의 필요(상399 ③)
- 이사회 의사록 기명날인·서명권(상391의3 ②)
(2) 영업보고요구권·업무재산조사권
- 감사는 언제든지 영업보고를 요구하고, 회사의 업무·재산상태 조사 가능(상412 ②)
- 이사가 감사의 요구를 거부하거나 조사를 방해한 때에는 과태료의 제재가 있고(635), 감사는 필요한 조사를 할 수 없다는 뜻 및 그 이유를 감사보고서에 기재하여야 함(447의4 11호)
(3) 주주총회의 소집청구권
- 회의의 목적사항과 소집이유를 기재한 서면을 이사회에 제출하여 총회소집을 청구(상 412의3 ①)
- 소집청구가 있은 후 이사회가 지체없이 총회소집의 절차를 밟지 아니한 때에는 청구한 감사는 법원의 허가를 얻어 스스로 총회를 소집할 수 있음(412의3 ②, 366 ②)
(4) 모회사 감사의 자회사의 조사권
- 자회사의 조사권(영업의 보고 요구권, 업무와 재산상태 조사권) (상412의4)

3.5.9. 감사·감사위원회·검사인

(5) 기타
- 해임에 관한 의견진술권(상 499의2)
- 이사와 회사간의 소의 회사대표권(상 394)
- 이사의 보고의무(상 412의2)
(6) 각종의 소권
- 이사의 위법행위유지청구권(상 402) : 유지의 방법에는 제한이 없으므로 구술 또는 서면으로 하여도 좋고, 필요하면 소에 의할 수 있음
- 소제기권(회사설립무효의 소·신주발행무효의 소·자본감소무효의 소·합병무효의 소·분할 및 분할합병무효의 소 · 주주총회결의취소의 소)

3.5.9. 감사·감사위원회·검사인

3.5.9.1.4. 감사의 의무

(1) 감사록 작성의무 : 감사의 **충실화**를 위하여 감사에게 감사록의 작성의무를 과하고, 이에는 감사실시요령과 그 결과를 기재하도록 법정하고 감사를 실시한 감사가 기명날인 또는 서명하여야 함(상 413의2).

(2) 이사회에 대한 보고의무 : 이사가 법령 또는 정관에 위반한 행위를 하거나 그 행위를 할 염려가 있을 때에는 이를 보고하여야 함 (상 391의2 ②).

(3) 주주총회에 대한 의견진술의무 : 이사가 주주총회에 제출할 의안 및 서류를 조사하여 법령 또는 정관에 위반하거나 현저하게 부당한 사항이 있는지의 여부에 관하여 그 의견을 진술하여야 함 (상 413).

(4) 감사보고서 작성 및 제출의무 : 재무제표와 부속명세서, 영업보고서를 정기총회의 6주전에 이사로부터 제출 받아 감사보고서를 작성한 후 받은 날로부터 4주간 내에 이사에게 제출, 이는 감사의 형식화를 방지하기 위한 것임 (상 447의4 ①).

(5) 선관의무 : 수임인으로서 선관주의의무 부담. 다만 업무집행권 없으므로 충실의무·경업피지의무·자기거래금지의무 없음

(6) 비밀유지의무 : 감사는 재임 중 뿐만 아니라 퇴임 후에도 직무상 알게 된 회사의 영업상 비밀을 누설하여서는 안됨 (415, 382의4)

3.5.9. 감사·감사위원회·검사인

3.5.9.1.5. 감사의 책임

(1)회사에 대한 손해배상책임 : 감사가 그 임무를 해태한 때에 연대하여 책임(상 414 ①)
1) 채무불이행책임설(다수설, 판례) : 위임계약상의 선관주의의무 위반으로 인한 책임
2) 법정책임설 : 감사지위의 중요성을 감안하여 상법이 특별히 규정한 책임

(2) 제3자에 대한 책임 : 악의 또는 중대한 과실이 있으면 제3자에 대하여도 연대하여 손해배상책임이 있고(상 414 ②), 이사도 책임이 있으면 이사와 감사도 연대(상 414 ③)

(3) 책임의 추궁 :
　① 회사
　② 소수주주의 대표소송(상415조→상403)

(4) 책임면제(총주주 동의로 책임면제, 상 415조, 400)
- 동의의 의미 : 주총결의를 거쳐야 하는 것은 아니고 개별적 동의로도 可, 묵시적 동의도 可
- 책임의 범위 : 구체적.개별적 책임이어야 한다
- 불법행위책임에 §400 적용여부
　① 긍정설
　② 부정설(다수설, 判例)
- §415, §400에 의하면 총주주의 동의로 면제할 수 있는 감사의 회사에 대한 책임은 **위임관계로 인한** 채무불이행책임이지 불법행위책임이 아니므로, **사실상의 1인 주주**라 하더라도 감사의 회사에 대한 불법행위책임은 면제할 수 없음.

3.5.9. 감사·감사위원회·검사인

3.5.9.2. 감사위원회

(1) 감사위원회의 의의
- 회사는 정관이 정하는 바에 따라 감사에 갈음하여 이사회내의 위원회의 하나로서 감사위원회를 설치 가(상 415의2 ① 1문). 감사위원회를 설치한 경우에는 감사를 둘 수 없음(동 2문). 즉 감사위원회는 이사회의 하위기관이며, 또한 감사와는 선택하여 운영 가

(2) 감사위원회의 구성(동 2항)

1) 선임·해임
- 이사회의 보통결의로 감사위원회 설치하고 이사 중에서 감사위원 선임하여야 함
- 감사위원의 후보로서의 이사는 당해 선·해임결의에는 참가하지 못함
- 감사위원회의 위원의 해임에 관한 이사회의 결의는 이사 총수의 3분의 2 이상의 결의(상 415의2 ③).
- 감사위원의 지위를 박탈당하여도 이사의 지위에는 영향이 없음

2) 결격사유
- 감사에 갈음하여 감사위원회를 설치하는 경우, 감사위원회는 3인 이상의 이사로 구성. 다만 다음 각호에 해당하는 자가 위원의 3분의 1을 넘을 수 없음.
- ① 회사의 업무를 담당하는 이사 및 피용자 또는 선임된 날부터 2년 이내에 업무를 담당한 이사 및 피용자이었던 자
- ② 최대주주가 자연인인 경우 본인·배우자 및 직계존·비속
- ③ 최대주주가 법인인 경우 그 법인의 이사·감사 및 피용자
- ④ 이사의 배우자 및 직계존·비속
- ⑤ 회사의 모회사 또는 자회사의 이사·감사 및 피용자
- ⑥ 회사와 거래관계 등 중요한 이해관계에 있는 법인의 이사·감사 및 피용자
- ⑦ 회사의 이사 및 피용자가 이사로 있는 다른 회사의 이사·감사 및 피용자

3) 위원의 임기
- 상법에 규정이 없으므로 정관에 의하고, 정관에 규정이 없으면 이사회가 정하고, 이사회가 정하지 않은 경우에는 이사의 임기와 같음

3.5.9. 감사·감사위원회·검사인

(3) 감사위원회의 운영(동 4, 5항)
- 소집·결의 : 감사위원회의 운영은 이사회내 위원회와의 운영과 동일(상 415의2 ①). 위원회의 소집과 결의방법은 이사회의 그것과 동일하며(상 393의2 ⑤, 390, 391), 감사위원회의 회의시 의사록을 작성 및 출석 위원이 기명날인 또는 서명(상 393의2 ⑤, 391의3)
- 대표위원(공동대표위원) : 감사위원회는 그 결의로 위원회를 대표할 자를 선정하여야 하고, 이 경우 수인의 위원이 공동으로 위원회를 대표할 것을 정할 수 있음
- 전문가의 조력 : 감사위원회는 회사의 비용으로 전문가의 조력 구할 수 있음

(4) 감사위원회의 권한(동 6항)
- 회사가 감사위원회를 채택하는 경우 감사제도는 폐지하여야 하며, 대신 감사가 행사할 수 있는 모든 권한은 감사위원회가 이를 행사할 수 있게 됨

(5) 감사위원회 위원의 의무
- 감사와 마찬가지로 ① 선관의무(상 415, 382 ②) ② 이사회에 대한 보고의무 (상 391의2 ②) ③ 주주총회에 대한 의견진술의무 (상413) ④ 감사록의 작성의무 (상 413의2) ⑤ 감사보고서의 작성·제출의무 (상 447의4①)를 부담

(6) 감사위원회의 책임

1) 회사에 대한 책임 : 임무 해태시 회사에 대하여 연대하여 손해배상책임 (상 414①)

2) 제3자에 대한 책임 : 악의 또는 중대한 과실로 인하여 그 임무를 해태한 때 제3자에 대하여 연대손해배상책임 (상 414 ②)

3) 책임의 면제 등 : 책임면제는 총주주의 동의가 있어(상 415의2 ⑥, 400). 정기총회에서 재무제표 등의 서류 등의 승인을 한 후 2년 내에 다른 결의가 없으면 회사는 감사위원회위원의 부정행위가 없는 한 그 책임해제 의제(상 415의2 ⑥, 450). 책임추궁을 위한 대표소송 인정(상 415의2 ⑥, 403)

3.5.9. 감사·감사위원회·검사인

3.5.9.3. 검사인
(1) 의의 : 회사의 설립시에 그 경과(변태설립사항만)와 존속 중의 회사의 업무와 재산상태의 조사를 임무로 하는 주식회사의 임시기관
(2) 자격 : 자연인에 한하며, 이사·감사·지배인은 검사인이 되지 못함
(3) 선임
　① 주주총회(창립총회)에 의한 선임
　② 법원에 의한 선임
(4) 책임 : 설립경과조사를 위하여 법원이 선임한 검사인이 악의 또는 중대한 과실로 인하여 그 임무를 해태한 때에 회사 또는 제3자에 대하여 손해배상책임을 짐(상325)

3.5.9.3.5. 벌칙
(1)발기인, 이사 기타의 임원의 독직죄 (상622)
1) 제622조와 제623조에 규정된 자, 검사인, 제298조제3항·제299조의2·제310조제3항 또는 제 313조제2항의 공증인이나 제299조의2, 제310조제3항또는 제422조제1항의 감정인이 그 직무에 관하여 부정한 청탁을 받고 재산상의 이익을 수수, 요구 또는 약속한 때에는 5년이하의 징역 또는 1천 500만원이하의 벌금에 처함.
2) 제1항의 이익을 약속, 공여 또는 공여의 의사를 표시한 자도 제1항과 같음.
(2)과태료에 처할 행위 (상635)
1) 회사의 발기인, 설립위원, 업무집행사원, 이사, 감사, 감사위원회 위원, 외국회사의 대표자, 검사인, 제298조제3항·제299조의2·제310조제3항 또는 제 313조제2항의 공증인, 제 299조의2, 제310조제3항 또는 제422조제1항의 감정인, 지배인, 청산인, 명의개서대리인, 사채모집의 위탁을 받은 회사와 그 사무승계자 또는 제386조제2항, 제407조제1항, 제415조, 제542조제2항 또는 제567조의 직무대행자가 다음의 사항에 해당한 행위를 할 때에는 그러하지 아니하다.

3.5.9. 감사·감사위원회·검사인

3.5.9.4. 외부감사인
－　회사로부터 독립한 외부의 감사인에 의한 감사를 말하고, 주식회사의 외부감사에 관한 법률에 의하여 회사로부터 독립하여 회계감사를 행하는 회계법인 또는 감사반을 말함.(外監 제3조 ①) 단순히 감사인 또는 회계감사인이라고도 함.
(1) 주식회사의 외부감사에 관한 법률에 의하여 자산총액 70억 이상의 주식회사는 공인회계사 또는 회계법인에 의한 회계감사를 받도록 되어있음.
(2) 외부감사인은 감사보고서를 작성하여 정기총회 1주 전에 회사에 제출하고 정기총회 후 그 주간 내에 증권관리위원회에 제출하여야 함.
(3) 외부감사인의 권리와 의무, 책임은 '주식회사 외부감사인에 관한 법률'에서 규정하고 있음.

3.5.9.5. 준법감시인
1. 준법감시인의 역할
－　일반적으로 고객 재산의 선량한 관리자로서 회사의 임직원이 모두가 제반 법규 (내부통제기준) 등을 철저하게 준수하도록 사전 또는 상시적으로 통제 및 감독하는 것을 의미하는 것으로 고객재산의 보호를 하는 역할이 강조될 수 있음
2. 준법감시인의 주요업무
　① 내부통제정책의 수립 및 기획입안
　② 내부통제실태에 대한 모니터링 및 개선 및 시정요구
　③ 이사회, 경영진 및 유관 부서에 대한 지원 및 자문
　④ 일상업무에 대한 사전감시
　⑤ 내부통제에 대한 임직원 교육
　⑥ 고객보호 관련 업무처리의 적정성 점검
　⑦ 당국 및 감사조직과의 협조.지원
　⑧ 감시결과의 기록 유지

3.5.9. 감사·감사위원회·검사인

☞ **감사위원외와 준법감시인의 기능분장**

구분	감사위원회기능	준법감시기능
성격	경영진의 직무를 제3자적 관점에서 견제·감시(주주입장)	임직원이 직무수행시 스스로 내부통제기준을 준수하도록 하는 체재를 구축·운영
근거법규	상법	금융관련법률
활동주체	감사위원회 및 그 보조기구	준법감시인 및 보조기구
주된업무	• 이사의 직무집행에 대한 감사 　– 업무감사, 회계감사 　– 임직원에 대한 제재 • 외부감사에 관한 사항 및 외부감사인의 선임과 해임 • 감사록, 감사보고서 작성 • 준법감시인의 보고사항에 대한 조치	• 내부통제제도의 구축 　– 내부통제기준의 제·개정 　– 법규준수정책의 수립 　– 법규준수프로그램의 입안·관리 • 이사회,경영진 및 유관 부서에 대한 지원 및 자문 • 일상업무에 대한 사전감시 • 임직원 윤리강령의 제정·운영 • 고객보호에 관한 사항
상위기관	이사회	대표이사, 은행장
상호관계	• 이사회, 경영진 및 법규준수 의무부서의 법규준수 여부에 대한 감사실시 및 처분권 • 준법감시인 및 구 보조기구에 대하여도 감사실시	• 내부통제기준 위반사실 발견시 감사위원회에 보고 의무 • 감사업무의 지원 및 자문

제3편 외사법

3.5.10. 자본조달제도

3.5.10.1. 상법상 자본조달의 방법
3.5.10.2. 신주발행에 의한 자본조달

3.5.11. 신주발행

3.5.11.1. 보통의 신주발행
3.5.11.2. 특수한 신주발행
3.5.11.3. 주식매수선택권

3.5.10. 자본조달제도

3.5.10. 자본조달제도

3.5.10.1. 상법상 자본조달의 방법

1. 자기자본조달 방법 : 신주를 발행하여 자본을 증가시킴. 회사가 주식을 소각하지 않는 한 반환에 대한 부담이 없고, 이익배당의 비율도 배당 가능한 이익의 다소에 따라 좌우되며 이익이 전혀 없거나 결손이 생긴 때에는 배당을 하지 않아도 됨.

2. 타인자본 조달방법 : 사채 발행or금전의 차입을 통해 자본을 증가시킴. 타인자본은 일정한 이자를 지급하여야 하며, 약정한 기한이 도래되면 변제를 하여야 되므로 타인자본의 비율이 너무 클 때에는 기업의 재무구조가 취약하게 됨.

☞ 발행회사는 자기자본 조달방법이 선호될 것이나 회사의 재무상태의 악화 등으로 인하여 주식 값이 액면가 이하이거나 액면가 이상이라 하더라도 실무상 30% 정도 할인발행 하는 관행에 비추어 보면, 주식의 발행가액이 액면가 이상이 되지 못할 경우에는 상법상 액면미달 발행이 금지되어 있으므로 자본조달 하는데 애로가 있어서 부득이 타인자본조달방법에 의하여 자본을 조달할 수 밖에 없음

3.5.10.2. 신주발행에 의한 자본조달

1. 의의
- 회사가 성립 후 미발행주식 중 일부 또는 전부를 발행하여 회사의 자본을 증가시키는 것

2. 유형
(1) 통상의 신주발행(유상증자) : 실질적인 자본의 증가를 위하여 신주를 발행하는 것
(2) 특수한 신주발행(무상증자) : 신주의 발행은 있으나 실질적인 재산의 유입이 없는 것으로 상법이 인정하고 있는 것으로는 다음과 같음.

3.5.10. 자본조달제도

- 준비금의 자본전입에 의한 신주발행(상 461)
- 주식배당에 의한 신주발행(상 462의2 ①)
- 전환주식(상 346 이하) 또는 전환사채(상 513 이하)의 전환에 의한 신주발행
- 신주인수권부사채의 신주인수권의 행사에 의한 신주발행(상 516의2 ② ∨, 516의8)
- 주식의 병합 또는 분할에 의한 신주발행(상 440~444, 392의2)
- 회사의 흡수합병으로 인한 신주발행(상 523 이하) 등

3.5.10.2.3. 자본조달의 권한
- 자본조달에 관한 사항은 정관과 관계없으므로 주주총회의 권한사항이 아니고 이사회의 권한사항임

	발행주식수	액면가	명칭		비고
증자	일정	증가	증자불가		
	증가	일정	신주발행		
감자	일정	감소	환급		주금액반환 감자일정감소
			절기		장부상으로 감자
	감소	일정	자본소각		자본 자체로 소각 감자감소일정
			이익소각	이익소각	자본공식의 예외 자본감소가 X
				- 상환주 상환 자본공식의 예외. 본감소가 X	감자감소일정이익소각

3.5.11. 신주발행

3.5.11. 신주발행
3.5.11.1. 보통의 신주발행
3.5.11.1.1. 의의
(1) 신주발행의 의의
    신주의 발행이란 발행예정주식총수(수권자본의 범위) 내에서 이미 발행하고 남은 미발행주식 중에서 주식을 발행하여 자본을 증가시키는 것을 말함.
-   미발행 주식 중에서 새로이 주식을 발행하는 것은 이사회의 권한사항이므로 이사회의 의사결정 만으로 신속하게 자본을 조달할 수 있음.
-   이사회는 신주발행의 결정을 대표이사나 기타에 위임할 수 없음
(2) 신주발행의 방법
-   신주발행 방법으로 누구에게 신주를 인수시키는가에 따라 주주배정, 제3자 배정, 모집의 세가지 가 있음
①   주주배정의 방법은 주주에게 신주인수권이 인정된 경우.
②   제3자배정의 방법은 제3자에게 신주인수권이 인정된 경우.
③   모집의 방법은 누구에게도 신주인수권이 인정되지 않는 경우.

3.5.11.1.2. 신주인수권
(1) 의의
-   회사가 신주를 발행하는 경우에 그 신주의 인수를 우선적으로 청구할 수 있는 권리(기존주주 또는 제3자에게 부여)

3.5.11. 신주발행

(2) 중요성
1) 주주의 출자의 비례적 가치 보호. 지배구조 왜곡의 방지
2) 이사회의 권한에 대해 주주의 정당한 이익 보호방안
①   수권주식의 한도 내에서만 신주발행
②   주주에게 신주인수권 인정(상 418). 제3자에게 신주인수권 부여시 정관의 규정이나 특별결의 요함
③   신주발행유지청구권
☞   신주발행시 기존주주의 이익보호와 회사의 자금조달의 기동성 확보의 균형이 중요

(3) 주주의 신주인수권
1) 의의
-   정관에 다른 정함이 없는 한 주주가 소유주식의 수에 비례하여 우선적으로 신주의 배정을 받을 수 있는 권리(상418)
①   추상적 신주인수권 : 법률의 규정에 의해 주주가 추상적으로 갖는 기대권. 추상적 신주인수권의 법적 성질은 비고유권이므로 원시정관이나 정관변경에 의하여 어느 때든지 이를 배제 또는 제한할 수 있음
②   구체적 신주인수권 : 신주발행의 경우에 이사회의 결의로 주주가 취득한 권리(구체적 신주인수권은 주권과 분리하여 양도가능). 구체적 신주인수권은 청약과 배정이라는 절차를 걸쳐서 신주인수의 효과가 발생하는 것이므로 채권적 권리이며, 형성권은 아님
2) 신주인수권과 주주평등의 원칙
①   모든 주주는 소유하는 주식 수에 비례하여 평등한 신주인수권이 있음(상418)
②   수종의 주식의 경우 : 신주의 인수에 관하여 특수한 정함을 할 수 있음(상344③)
③   회사의 자기주식에 대해서는 신주인수권이 없음
④   단주에 관한 준용규정이 없으므로 이사회가 자유로이 처분할 수 있음은 설과 시가처분 후 차액을 단주에게 배분하는 것이 타당하다는 견해로 나뉨

3.5.11. 신주발행

3) 신주인수권의 대상

① 발행예정주식 총수 내에서 장래에 발행될 모든 신주

② 제한(예외)

- 법률(증거 191의7) 또는 정관(상 418 ①, 420 ⅴ)에 의하여 제한

- 해석상 주주의 신주인수권 제한 : 회사가 취득하고 있는 자기주식(상 341 ⅰ~ⅳ ⇒ ⅴ), 자회사가 취득하고 있는 모회사의 주식(상 342의2 ① ⅶ ~ ⅱ) 및 실권주·단주

- 일반주주의 신주인수권이 없는 경우
  - ① 준비금의 자본전입(461)
  - ② 주식배당(462의2)
  - ③ 전환주식·전환사채의 전환(348, 516)
  - ④ 주식병합(440, 442)
  - ⑤ 회사합병(523③)
  - ⑥ 현물출자(416④) → 학설은 나뉨
  - ⑦ 실권주 및 단주 처리(419)
  - ⑧ 신주인수권부사채권자의 청구(516의8)
  - ⑨ 회사정리법(회사정리법 254 ①·②)
  - ⑩ 주식교환의 경우(360의2 ②)
  - ⑪ 주식분할(329의2)
  - ⑫ 회사의 분할·분할합병의 경우(530의5,6)
  - ⑬ 자기주식, 자회사가 취득하고 있는 모회사의 주식(342의2 ①)
  - ⑭ 신기술의 도입, 재무구조의 개선 등 회사의 경영상 목적을 달성하기 위하여 필요한 경우에 한하여 정관에 정하는 바에 따라 주주 외의 자에게 신주를 배정하는 경우

3.5.11. 신주발행

(4) 신주인수권의 양도

1) 양도가능성

- 구체적인 신주인수권은 채권적 권리로서 주권과 분리하여 양도 가능하나 추상적 신주인수권은 양도 불가

2) 양도의 요건(상 416 ⅴ)
  - ① 이사회의 결의에 의한 인정
  - ② 예외 : 정관의 규정 혹은 정관규정에 의한 주주총회의 결의
  - ☞ 위반한 신주인수권의 양도의 효력
  - ① 신주인수권을 전혀 양도할 수 없다는 설
  - ② 신주인수권의 양도는 회사에 대하여 효력이 없다는 설(다수설)
  - ③ 회사가 승인하면 유효하게 양도할 수 있음은 견해(판례)

3) 양도의 방법

- 신주인수권의 양도는 신주인수권 증서의 발행·교부에 의하여서만 할 수 있음(상 420의2, 420의3)
  - ① 신주인수권증서(주주의 신주인수권을 표창하는 유가증권)의 교부(상 420의3)
  - ② 신주인수권증서의 발행 :
    - 신주인수권의 양도를 인정한 경우에 청구기간을 정한 때에는 기간 내에 청구한 주주에게,
    - 청구기간을 정하지 않은 때에는 신주청약 기일의 2주 전에 모든 주주에게 발행(상 420의2 ①)
  - ③ 신주인수권증서가 발행되지 않은 경우 : 주권발행 전의 주식양도에 준하여 지명채권양도의 일반원칙에 따름(판례) → 확정일자 있는 증서에 의한 양도통지 또는 회사의 승낙

3) 신주인수권양도의 효력

- 신주인수권증서의 점유자는 적법한 소지인으로 추정되고 선의취득이 인정되나 유통기간이 단기(2주)이므로 제권판결절차는 인정되지 않음. 신주인수권증서가 발행된 경우 증서로만 청약 가능

3.5.11. 신주발행

(5) 제3자의 신주인수권

1) 의의
- 주주 이외의 자가 신주발행의 경우에 일정한 신주에 대하여 우선적 배정을 받는 권리
- 상법은 기업의 유상증자시에 원칙적으로 기존주주에게만 신주인수권을 부여하고, 정관에서 정하는 경우에만 특정 제3자에게 신주인수권의 배정을 허용.
- 신기술의 도입, 재무구조의 개선 등 회사의 경영상 목적을 달성하기 위하여 필요한 경우에 한하여 정관에 정하는 바에 따라 주주 외의 자에게 신주 배정가능(상 418 ②).

2) 요건
    ① 정관의 규정
    ② 공시(주식청약서)
    ③ 제3자 → 구체적으로 설정 요(종업원, 임원 등)

3) 제3자의 신주인수권의 양도가능성
    ☞ 제3자의 신주인수권의 성격
    - 1설(다수설) : 정관의 규정은 제3자에 미치지 않으므로 별도의 계약 필요 → 계약에 의한 채권이므로 양도 가능
    - 2설 : 제3자도 단체법률관계에 진입시 정관의 규율을 받음, 정관규정만으로 인정 → 주주의 추상적 인수인수권처럼 양도불가
    ☞ 양도가능성의 문제
    - 1설 : 계약상 권리이므로 양도가능
    - 2설 : 회사와의 특별관계에서 인정된 것이므로 양도 불가(구체적 신주인수권도)
    - 3설 : 회사가 승인한 경우에만 양도 가능

3.5.11. 신주발행

4) 위반의 효과
- 제3자의 신주인수권은 계약상의 권리에 불과하므로 회사가 무시하고 신주를 발행하더라도 신주발행이 무효가 되는 것은 아니고, 단지 회사는 채무불이행에 따른 손해배상책임만을 지게 됨
- 이사에게 악의 또는 중과실이 있는 경우에는 제3자에 대하여 연대하여 손해배상책임을 짐(상 401)
- 주주는 신주발행유지청구권이 있음

(6) 실기주

1) 의의
- 협의로는 양수인이 배정일까지 명의개서를 하지 않아 주주명부상의 구주의 양도인에게 배정된 신주를 의미
- 광의로는 협의의 경우 뿐만 아니라, 널리 주주총회, 이익배당, 주식배당, 합병교부금, 청산금 등에 관하여 일정한 기일 내에 명의개서를 하지 않아서 권리행사를 할 수 없게 된 주식을 의미

2) 실권주의 발생원인
    - 청약기일까지 주식인수의 청약을 하지 않는 경우
    - 청약을 한 후 납입기일까지 납입을 하지 않는 경우

3.5.11. 신주발행

3) 처리
① 광의의 실기주 : 주식양수인(실기주주)은 주식양도인(명의주주)에게 회사로부터 지급받은 이익배당금·합병교부금 등을 부당이득으로 반환청구 가능(통설)
② 협의의 실기주 : 협의의 실기주는 실질적으로 양수인에게 귀속.
- 양도인(명의주주)이 신주인수를 청약·납입까지 하여 신주를 취득한 경우에 양수인이 그 신주를 반환 청구할 수 있는 근거로 부당이득설 / 사무관리설 / 준사무관리설이 대립
③ 명의개서를 미필한 신주주의 주식배당청구권 인정 여부
- 주주명부의 대항력으로 인해 신주주는 신주배당청구권 없음
④ 권리를 입증한 신주주에 대한 회사의 처리
- 회사측에서 명의개서 미필주주로서 실질적인 권리를 입증한 주주의 권리행사를 인정할 수 있음
⑤ 회사는 신구 양주주의 권리행사를 거절할 수 있는지 여부
- 회사는 신주주에게 형식적인 권리가 없다는 이유로, 구주주에게는 실질적 권리가 없다는 이유로 양자 모두의 권리행사를 부인할 수 없음(통설)

(7) 현물출자와 신주인수권
1) 학설 – 현물출자시에도 주주의 신주인수권이 인정되는가?
　　① 소극설(다수설) : 현물출자에는 자격제한이 없다(상 416 4호)
　　② 적극설 : 주주의 신주인수권 침해(상 418), §416은 절차규정
2) 判例 : 현물출자는 신주인수권의 역외임

3.5.11. 신주발행

(8) 위반의 효과
　1) 의의
　- 법령 또는 정관에 위반하는 경우에는 발행 전에는 신주발행유지청구권과 발행후의 신주발행무효의 소에 의하여 구제
　2) 유지청구권 행사의 효과
　- 심사의무
　- 위반의 효과
　　① 재판이나 가처분이 있으면 이에 위반한 행위는 무효(통설)
　　② 소 이외의 방법으로 행사한 경우 이사의 책임이 문제될 뿐(상 401, §399)
　- 신주발행의 무효는 주주·이사 또는 감사에 한하여 신주를 발행한 날로부터 6월 내에 소만으로 이를 주장(상 429).
　- 그밖에 주주는 회사에 대하여 불법행위를 원인으로 손해배상을 청구할 수 있으며(상 389, 210), 이사에 대하여는 악의 또는 중과실로 그 임무를 해태한 것으로서 손해배상을 청구할 수 있음(상 401)

	위법행위유지청구권	신주발행유지청구권
공통점	사전구제절차, 재판상.재판외 모두 가능	
목적	회사의 손해방지(공익권)	주주의 손해방지(사익권)
청구권자	감사, 소수주주	단독주주
상대방	이사	회사
요건	법령 또는 정관위반	법령·정관위반 + 불공정

3.5.11. 신주발행

3.5.11.1.3. 신주발행의 절차
(1) 신주발행사항의 결정(상416)
1) 결정기관
- 이사회 결정사항(발행예정주식 한도 내에서, 상 416). 단 정관으로 주주총회에서 결정가능
  2) 결정사항
① 신주의 종류와 수
- 이사회는 정관에 다른 정함이 없는 한 주식 종류에 따라 신주의 인수, 주식의 병합, 소각 또는 합병으로 인한 주식의 배정에 관하여 특수한 정함을 할 수 있고(상 343 ③), 새로이 전환주식을 발행하는 경우에는 전환조건, 청구기간 및 전환으로 인하여 발행할 주식의 수와 내용도 결정하여야 함(상 346)
- 신주의 수는 정관에서 정한 발행예정주식의 총수로부터 회사가 이미 발행한 주식의 수를 제외한 나머지 미발행 주식의 범위 내에서 정하여야 함
② 신주의 발행가액과 납입기일
- 액면가액 또는 구주주의 이익을 해하는 경우에는 시가발행 함. 예외적으로 할인발행 함
☞ 할인발행 --
  (a) 요건(상417)
    - 원칙적 금지(330) : 할인발행은 자본충실 및 채권자의 이익을 해할 수 있으므로 할증발행 해야 함
    - 회사의 실적 부진 등으로 신주에 대한 투자자들의 수요가 낮거나 현재의 주가가 액면가액을 하회하는 경우에는 회사 자본조달을 위하여 일정 요건하에서 할인발행을 인정하고 있음.
    - 예외
    ⓐ 회사가 성립한 날로부터 2년이 경과한 경우에만 발행 가능(417 ①)
    ⓑ 할인발행은 주주총회 특별결의가 있어야 하고 여기서 최저발행가액을 정하여야(417 ②)
    ⓒ 법원의 인가를 얻어야 함. 법원은 회사의 현황과 제반 사정을 참작하여 최저 발행가액을 변경하여 인가할 수 있으며, 회사 재산상태 기타 필요사항을 조사하기 위해 검사인을 선임할 수 있음(417 ③)
    ⓓ 법원의 인가 후 1월 내에 발행하여야 하나 법원은 이기간을 연장하여 인가할 수 있음(417 ④)

3.5.11. 신주발행

  (b) 발행 후의 처리
  - 액면미달금액의 총액은 B/S의 자산의 부에 계상, 3년 내의 매결산기에 균등액 이상을 상각(상455).
  - 회사채권자 보호를 위하여 주식청약서와 신주발행으로 인한 변경등기에 권면액과 발행가액의 차액중 미상각액을 기재 및 등기하여야 함(420조 4호)

  - 납입기일 : 납입기일에 인수와 납입이 완료된 주식에 대해서만 신주발행의 효력이 발생함
③ 신주의 인수방법 : 정관으로 주주의 신주인수권을 배제하였거나 주주가 신주를 인수하지 아니하는 경우에 한하여 결정(416 제3호)
④ 현물출자에 관한 사항
  - 현물출자를 하는 자의 성명과 그 목적인 재산의 종류, 수량, 가액과 이에 대하여 부여할 주식의 종류와 수를 이사회에서 결정하여야 함(416 제4호).
  - 현물출자의 부당한 평가를 막기 위하여 검사인의 검사 또는 공인감정인의 감정을 받아야 함(422)
⑤ 신주인수권의 양도에 관한 사항(416 제5호)
⑥ 신주인수권증서의 발행청구에 관한 사항

(2) 신주배정일의 지정 공고(상 418②)
  - 배정일 또는 주주명부 폐쇄기간의 총일로부터 2주간 전에 공고하여야 함.

(3) 신주인수권자에 대한 청약최고(상 419)
  - 실권예고부청약최고를 개별적으로 그 기일의 2주간 전에, 모르는 경우에는 공고 하여야 함(419)

(4) 주주의 모집
  - 실권한 주식과 신주인수권 제한으로 기존주주가 인수하지 아니한 주식에 대하여 가능 배정 자유

3.5.11. 신주발행

(5) 주식의 청약
① 주식청약서에 의한 청약(상 425)
② 신주인수권증서에 의한 청약(상 420의4) - 신주인수권증서가 발행된 경우에는 원칙적으로 신주인수권증서에 의하여 청약하여야 함(상 420의4 ①)

(6) 신주배정
- 신주인수권자의 청약에는 당연히 배정, 기타 공모자에 대하여는 배정 자유
- 주식인수의 법적 성질은 주식인수의 청약과 배정에 의하여 성립하는 주식청약인과 회사 사이의 입사계약임

(7) 현물출자의 검사
① 이사회 결정사항(정관에 정함이 없을 때)
② 법원에 검사인 선임을 청구(상 422①) → 공인감정인의 감정으로 검사인의 조사 갈음 가능
③ 부당한 경우 법원은 현물출자에 관한 사항을 변경하여 통고 가능(상 422②)
④ 현물출자자 : 불복시 그 주식의 인수를 취소할 수 있지만(상 422③) 법원통고 후 2주간 내에 취소 없으면 통고 내용대로 변경한 것으로 봄(상 422④)

(8) 출자의 이행
① 납입기일에 인수가액의 전액을 납입(상421)
② 현물출자자는 재산의 인도, 기타 등기·등록서류를 완비하여 교부(상425)
③ 납입은 현실적으로 하여야 하며, 상계 불가(상334)

3.5.11. 신주발행

(9) 신주발행의 효력발생(상423)
- 납입기일에 납입, 현물출자시 → 납입기일의 익일에 주주가 됨
- 신주에 대한 이익이나 이자의 배당에 관하여는 정관이 정하는 바에 따라 그 영업년도의 직전 영업년도 말에 발행된 것으로 하여 배당기산일을 소급할 수 있음(423 ①)

(10) 실권주의 처리
- 신주의 인수인이 납입기일에 납입 또는 현물출자의 이행을 하지 아니한 때에는 그 권리를 잃으며(상 423 ②) 실권주가 되면 미발행주식으로 될뿐 이사의 납입담보책임이 없음

(11) 변경등기
- 신주발행의 효력이 생기면 발행주식총수(상 317 ② ⅲ)·주식의 종류와 수에 변경이 생기게 되고, 자본의 총액(상 317 ② ⅱ)도 당연히 증가하므로 정관의 변경등기 필요
- 납입기일로부터 본점소재지→2주간, 지점소재지→3주간 내에
- 변경등기의 효력
    ① 본질적 효력 : 신주발행 및 자본증가를 공시하는 효력
    ② 부수적 효력 : 1년 경과후 착오·사기·강박을 이유로 취소불가(427). 이사 자본충실책임 발생

3.5.11. 신주발행

■ 신주발행절차

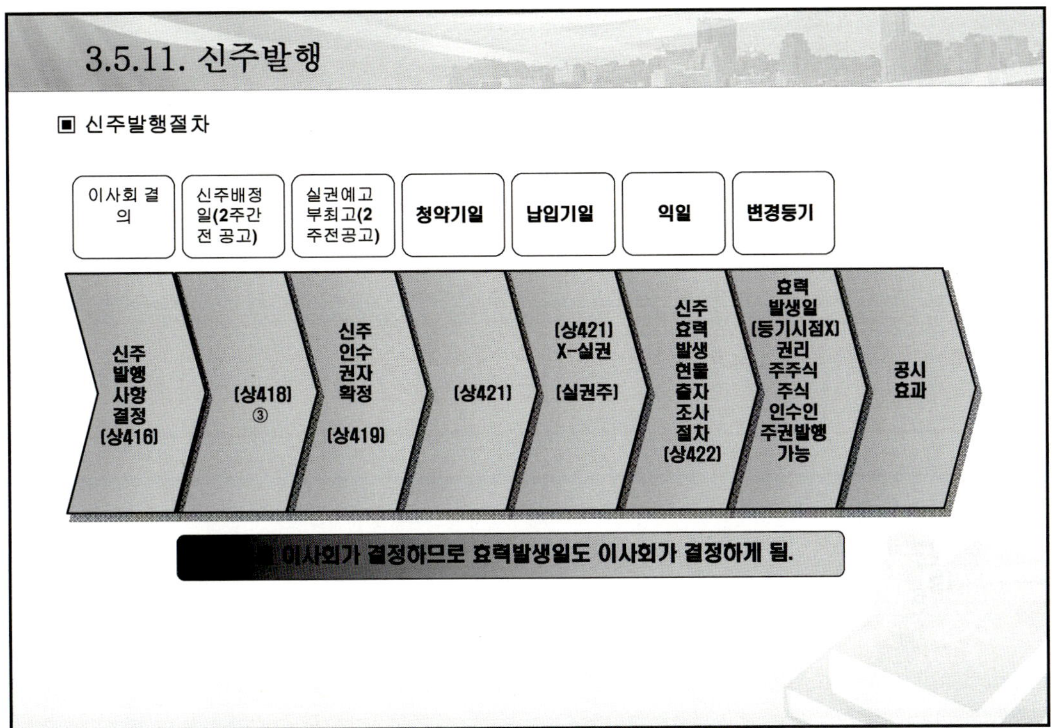

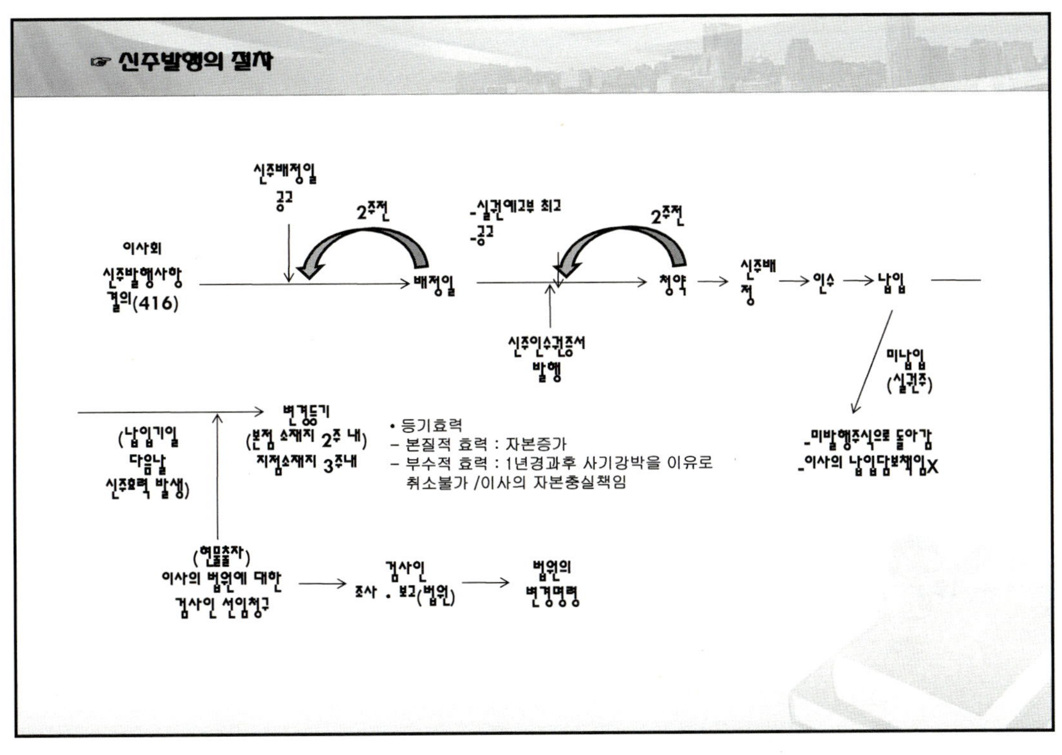

3.5.11. 신주발행

3.5.11.1.4. 신주발행에 대한 이사의 책임

(1) 자본충실의 책임(상428)
- 인수담보책임만 부담(신주발행으로 인한 변경등기 후 아직 인수되지 않은 주식 또는 주식인수의 청약이 취소된 주식에 대해)
- 납입담보책임은 없음(발기인이 부담하는 것과 차이가 있음)
- 이사의 자본충실의 책임은 법정특별책임으로서 무과실책임이며 총주주의 동의로도 면제할 수 없음

(2) 이사의 손해배상책임(상428 ②)
- 이사가 연대하여 인수담보책임을 지는 것과는 별도로 회사에 손해가 발행하면 회사는 이사에 대하여 손해배상을 청구할 수 있음(제428조 제2항). 이사의 손해배상책임은 과실이며, 총주주의 동의로 면제할 수 있음.

3.5.11.1.5. 신주의 위법·불공정발행에 대한 조치

(1) 서
(2) 주주의 신주발행유지청구권
- 회사가 법령 또는 정관에 위반하거나 현저하게 불공정한 방법에 의하여 주식을 발행함으로써 주주가 불이익을 받을 염려가 있는 경우에는 그 주주는 회사에 대하여 효력이 생기기 전 즉 납입기일까지 그 발행의 유지를 청구할 수 있음(상 424)
(3) 통모인수인의 책임
1) 취지 : 자본충실, 순자산가치 희석방지. 신주의 발행가액이 불공정하면 회사는 손실이 발생
2) 요건(상 424의2) : ①통모, ② 불공정가액(발행가액이 아니라 납입가액), ③ 인수
3) 효과 : ① 차액지급의무 : 추가납입의무 → 자본준비금으로 적립 ② 손해배상책임
4) 성질 : '주주유한책임의 예외'로 보나 반대설 있음, 상계불가
5) 적용범위 : 발행 신주 전부를 주주가 인수한 경우는 제외된다고 보는 설과 반대설 있음
6) 책임추궁 방법 : 회사가 하여야 하나, 주주가 대표소송을 할 수 있음(상 424-2② → 403 → 406)
7) 이사의 책임과의 관계 : 부진정연대책임(통설) vs 서로 독립된 채무

3.5.11. 신주발행

(4) 신주발행의 무효(상 429)
1) 무효원인
- 일반적으로 법령·정관 위반한 하자가 있어야 하나, 신주가 유통되어 많은 행위가 진전될 것이므로 유지청구권(상 424)나 이사의 손해배상책임(상 399, §401)로 해결될 수 있는 가벼운 위법은 무효로 할 필요 없음.
- 따라서 주식회사의 본질에 반하는 중대한 위법행위만을 신주발행의 무효원인으로 보아야 할 것
① 수권자본제도 일탈 : 이사회의 결의 없는 신주발행, 발행예정주식총수의 초과, 정관에 정함이 없는 주식의 발행
② 자본충실의 저해 : 현저히 불공정한 신주발행(현물출자 과대평가)
③ 신주인수권 침해 : 주주의 신주인수권을 무시하고 신주를 발행한 경우
☞ 심화논의
　　ⓐ 이사회 결의 없는 신주발행
　　　- 무효설 : 수권자본의 한계일탈 / 유효설 : 거래안전 중시, 법상 회사의 업무집행에 준하여 취급
　　ⓑ 유지청구권 위반시 : 소에 의한 행사의 경우에는 위반한 신주발행은 무효가 됨
　　ⓒ 현저하게 불공정한 신주발행
　　　- 유효설 : 거래안전 위해 일률적으로 유효로 봄
　　　- 제한적 무효설 : 지배구조의 변동을 가져오는 경우에는 무효
　　ⓓ 배당가능이익이 없는 경우의 주식배당
　　　- 무효설 : 납입 없는 신주발행과 같아 자본충실 저해
　　　① 채권자의 소권 인정설
　　　② 채권자의 소권 부정설
　　　- 유효설 : 무효로 하여도 채권자의 소권 없으므로 도움 X, 회사재산의 유출 X
　　　- 判例 : 현물출자시 검사인의 선임절차를 거치지 않은 경우 검사인의 선임절차를 거치지 않은 것만으로 당연무효가 되는 것은 아니며 과대평가된 때만 당연무효

3.5.11. 신주발행

2) 당사자 : 주주나 이사, 감사에 한하여 소를 제기할 수 있으며, 회사를 피고로 하여야
3) 제소기간 : 신주발행의 효력발생일(납입기일 다음날)로부터 6월내(429조①).

4) 무효판결의 효력
① 원고승소판결(대세효)
- 대세적 효력 : 무효판결이 확정되면 그 효력은 제3자에게도 미침(430조).
- 불소급효 : 판결로 인해 발행 당시로 소급하여 신주의 효력이 상실되는 것은 아니며 다만 장래에 대하여 효력을 잃는데 불과 함(431조 1항). 따라서 신주발행의 유효를 전제로 판결시까지 행해진 모든 행위는 유효한 것으로 취급됨.
- 등기의 경정 : 신주발행무효로 인해 자본액이 감소하고 미발행주식 수가 증가하게 되므로 등기의 경정을 해야 함.
- 신주권의 회수 – 무효판결이 확정된 때 회사는 그 뜻과 3월 이상의 일정기간 내에 신주의 주권을 회사에 제출할 것을 공고하고 주주명부에 기재된 주주와 질권자에 각별로 통지해야 함(431조 2항).
- 주금액의 반환 – 회사는 신주의 주주에 대해 그 납입한 금액을 반환하여야 함(432조①).
- 질권의 물상대위 – 신주발행무효로 주금액의 반환이 있게 되는 경우에 실효한 신주의 질권자는 주금액에 대해 물상대위권을 가짐(432조 3항, 339조, 340조 1항, 2항).

② 원고패소판결
- 원고패소판결에는 대세효가 없으며, 다만 민사 소송법 규정에 따라 기판력의 주관적 범위까지만 효력이 미침.
- 패소한 원고에게 악의 또는 중대한 과실이 있을 때에는 회사에 대하여 연대하여 손해배상할 책임이 있음(430조, 190조).

3.5.11. 신주발행

5) 타소송과의 관계
- 흡수설(判例) : 이사회 결의의 흠결의 경우
- 병존설 : 정관을 변경(수권주식총수)하는 주총의 하자와 함께 있는 경우
- 취소소송설
- 양소필요설

6) 신주발행부존재확인의 소
- 요건 : 절차의 아주 중대한 흠결
- 제한 : 누구나, 언제나, 어떤 방법으로든(判例)
- 효력 : 대인효, 불소급

3.5.11. 신주발행

3.5.11.2. 특수한 신주발행

3.5.11.2.1. 서
- 자금조달 이외의 목적으로 신주를 발행하는 경우

3.5.11.2.2. 준비금의 자본전입에 의한 신주발행
- 정관으로 주주총회에서 결정하기로 정한 경우를 제외하고는 이사회의 결의에 의하여 준비금의 전부 또는 일부를 자본에 전입(상 461①). 2주간 전에 공고
- 자본전입의 효력은 이사회의 결의에 의한 경우에는 신주배정일에(상 461 ③), 주주총회의 결의에 의하는 경우에는 그 주주총회 결의가 있은 때로부터 주주가 됨(상461 ④)
- 자본금 전입이란 회사의 법정준비금 계정의 금액을 자본금 계정으로 이체하는 것을 말함(제461조) (=무상증자)
- 기능 : 회사의 준비금이 자본(제451조)에 비하여 큰 경우에는 자본구성의 면에서 부적당할 뿐만 아니라 재무관리의 측면에서도 불편하므로 전부 또는 일부를 자본항목으로 전입

3.5.11.2.3. 주식배당에 의한 신주발행
- 주주총회의 결의에 의하여 이익의 배당을 이익배당총액의 2분의 1 내에서 새로이 발행하는 주식으로써 할 수 있음(상 462의2 ①)
- ☞ 준비금 자본전입과 주식배당의 비교
- 공통점
    ① 신주를 발행 받는 자는 주주에 한정되며 주주가 회사에 발행가액을 납입하지 않음.
    ② 순자산은 변하지 않고 발행주식수와 명목상의 자본만이 증가함.
- 차이점
    ① 준비금의 자본전입에 신주발행의 재원은 법정준비금(제458, 459조),
    ② 주식배당은 배당가능이익(제462조 ①)을 재원으로 함.

3.5.11. 신주발행

3.5.11.2.4. 전환주식 또는 전환사채의 전환에 의한 신주발행
(1) 전환주식에 의한 신주발행
- 전환주식 : 다른 종류의 주식으로 전환할 수 있는 권리가 인정된 주식
- 전환주식의 효력발생시기 : 청구가 있는 때에 즉시 발생함(제350조 ①)
(2) 전환사채에 의한 신주발행
- 전환사채란 주식으로 전환할 수 있는 권리가 사채권자에게 부여된 사채
- 전환사채의 효력발생시기 : 전환권은 형성권이므로 사채권자의 일방적 의사표시로 당연히 전환의 효력이 발생하고(제516조 제2항, 제350조 ①), 그에 따라 사채권자의 지위는 주주로 변경
- 전환등기는 전환청구를 한 날이 속하는 달의 말일로부터 2주간 내에 본점소재지에서 함(제516조 제2항, 제351조)
(3) 전환에 의한 신주발행
- 전환권은 형성권이므로 전환의 효력은 전환권자가 전환을 청구한 때 발생(상 350, 516 ②). 다만 이익이나 이자의 배당에 관하여는 그 청구를 한 때가 속하는 영업년도말에 전환된 것으로 의제(상 350 ③, 516 ②),
- 이 경우 정관이 정하는 바에 따라 그 청구한 때가 속하는 영업년도의 직전 영업년도 말에 전환된 것으로 할 수 있음(상 350 ③, 516 ②).
(4) 전환의 효과 : 회사재산은 불변하나 자본은 증가

3.5.11.2.5. 신주인수권부사채의 신주인수권의 행사에 의한 신주발행
(1) 의의 : 신주인수권부사채란 사채권자 또는 신주인수권증권의 취득자에게 신주인수권이 부여된 사채
(2) 효력발생 시기·효과
- 원칙적으로 신주의 발행가액의 전액을 납입한 때(상 516의9). 자본 및 재산 증가
(3) 유형 : 분리형과 비분리형
- 우리 상법은 비분리형을 원칙으로 하지만 이사회에서 신주인수권만을 양도할 수 있도록 정한 때에는 분리형을 발행할 수 있음(제516조의2 제2항 4호)

3.5.11. 신주발행

(4) 신주발행범위의 제한
- 각 신주인수권부사채에 부여된 신주인수권의 행사로 인하여 발행할 주식의 발행가액의 합계액은 각 신주인수권부사채의 금액을 초과할 수 없음(제516조의2 제3항)

(5) 효력 : 신주인수권을 행사한 자는 신주의 발행가액의 납입을 한 때에 주주가 됨(516의9)

(6) 대용납입
- 원칙 : 신주인수권을 행사하는 자는 신주의 발행가액의 전액을 납입해야 함(516의2 제①)
- 예외 : '신주인수권을 행사하려는 자의 청구가 있는 때에는 신주인수권부사채의 상환에 갈음하여 그 발행가액으로 납입이 있는 것으로 본다는 뜻' = 대용납입(516의2 ② 5호)
- 이러한 신주발행의 경우에는 자본은 증가하나 재산은 증가하지 않음

3.5.11.2.6. 회사의 흡수합병으로 인한 신주발행
- 합병의 효력이 발생하는 때(존속회사의 흡수합병 등기)에 신주의 효력발생

3.5.11.2.7. 주식의 병합 또는 분할에 의한 신주발행
(1) 주식의 병합 : 자본감소(상 440-§442)나 합병(상 530③)의 절차로 실행
(2) 주식의 분할 : 상법상 명문규정 없음, 정관변경을 요하므로 주총특별결의 要함

3.5.11.2.8. 주식의 교환·이전에 의한 신주발행
- 기존회사간의 주식교환 또는 주식이전을 통한 새로운 회사 설립하면서 신주발행
- 주식교환일에 효력 발생하나 주식이전은 새로이 회사 설립하면서 주식발행 하므로 특수한 신주발행은 아님

3.5.11. 신주발행

▣ 통상의 신주발행과 모집설립의 차이

	통상의 신주발행	모집설립시 주식발행
자본확정원칙	준수불필요, 일부의 인수·납입·이행만으로 효력발생(일부 인수 인정)	준수됨; 설립시 발행주식 총수 정관기재, 그 전부인수·납입요함
주식 발행 사항의 결정	원칙-이사회결정, 예외-정관으로 주주총회	기본사항 정관에 정함 발기인 전원동의
현물출자	이사회결정과 검사인의 검사만 받으면 됨. 법원에 검사인청구	정관 상대적 기재되어야 하고 검사인의 검사와 창립총회의 승인을 얻어야 함
실권절차	적용안됨, 납입기일까지 미납입 - 인수인 당연실권	주식인수인납입 안한 경우 실권예고부최고 후 미납입 재모집, 스스로 인수
주식배정 원칙	주주에게 신주인수권 부여 원칙, 그외 모집 배정 자유	배정자유
주주가 되는 시기	납입기일 다음날	설립등기를 한 때
주식인수 무효·취소 주장	신주발행 등기후 1년 경과후, 해당 주식 권리행사시 주장 불가	설립등기후, 창립총회에서 권리행사후에는 주장불가
주식발행 유지	주주의 신주발해유지청구권 인정	불인정

3.5.11. 신주발행

☞ 통상의 신주발행과 특수한 신주발행의 이동

공통점

양자 모두 정관에서 정한 발행예정주식총수의 범위 내에서 발행할 수 있고, 수종의 주식은 정관의 규정에 따라서만 발행할 수 있음.

차이점

구분	발행권한	효력발생시기	신주인수권자	자본증가유무	순자산의 변동
통상의 신주발행	이사회(주주총회)	납일기일 익일	주식인수인	증가	증가
준비금의 자본전입	이사회(주주총회)	신주배정일-주총결의시	주주	증가	불변
주식병합	특별주주총회	주권제출만료 또는 채권자 보호절차종료	주주	감소	실질상감자:감소 명목상감자:불변
주식분할	특별주주총회	주권제출만료 또는 채권자 보호절차종료	주주	변동없음	변동없음
주식배당	주주총회	주총종결시	주주	증가	이익배당설-증가 자본전입설-불변
흡수합병 전환주식전환	특별주주총회 정관	합병등기시 전환청구시	소멸회사의 주주	증가 전환조건으로 증가, 무, 감소(허용안됨)	증가
전환사채전환	이사회원칙 정관, 정관으로 주총	전환청구시 (형성권)	사채권자	증가	법률학자-증가 회계학자-불변
전환주식의 전환	주주	전환권 행사 즉시(형성권)	주주	전환조건에 따라 불변 또는 증가	불변
신주인수권부 사채인수권 행사	분리형-신주인수권증권 소지인 비분리형-사채권자	주금액완납시 * 대용납입의제 - 신주발행청구시	분리형-신주인수권증권소지인 비분리형-사채권자	증가	증가 *대용납입제 법률학자-증가 회계학자-불변
주식교환	특별주주총회	주식교환일	주주		

3.5.11. 신주발행

3.5.11.3. 주식매수선택권

1. 주식매수선택권의 의의
- 정관이 정한 바에 따라 주주총회의 특별결의에 의하여 회사의 설립·경영과 기술혁신 등에 기여하였거나 기여할 수 있는 회사의 이사, 감사 또는 피용자에게 특별히 유리한 가격으로 신주를 인수하거나 주기주식을 매수할 수 있는 권리를 부여하는 제도.
- 이는 주식을 매수할 수 있는 권리를 임직원의 업적과 연결시키는 일종의 인센티브제도

2. 주식매수선택권의 실질적 행사요건
(1) 부여대상자 : 회사의 이사, 감사 또는 피용자로서 회사의 설립, 경영과 기술혁신 등에 기여하였거나 기여할 수 있는 자.
 - 대상 제외
 ① 의결권없는 주식을 제외한 발행주식총수의 100분의 10 이상의 주식을 가진 주주,
 ② 이사감사의 선임과 해임 등 회사의 주요경영사항에 대하여 사실상 영향력을 행사하는 자,
 ③ 제1호와 제2호에 규정된 자의 배우자와 직계존·비속
(2) 행사가격(동④, 1항 단서)
(3) 한도 : 발행주식총수의 100분의 10을 초과할 수 없음(동③)

3. 주식매수선택권의 형식적 행사요건(상340의조3)
(1) 정관상의 규정
(2) 주주총회의 특별결의
(3) 부여계약의 체결

3.5.11. 신주발행

4. 주식매수선택권의 행사방법(상340의4, 5, 516의8)
(1) 신주인수권의 행사
(2) 행사기간 : 주주총회의 결의일로부터 2년 이상 재임 또는 재직하여야 행사 가
(3) 양도금지 : 타인에게 양도 불가. 단 사망의 경우에는 그 상속인이 이를 행사 가

5. 주식매수선택권의 행사효과(상340의5, 516의9 전단, 336, 350)
(1) 주주가 되는 시기 :
　　① 신주를 발행하는 경우에는 납입시,
　　② 주식양도 하는 방법에 의한 경우에는 회사에 매수대금을 납입하고 주권을 교부 받은 때
(2) 의결권의 행사와 이익·이자의 배당

6. 변경등기(상340의5, 351)

☞ **상법과 증권거래법상의 주식매수선택권의 차이점**

차이	상법	증권거래법
대상	이사, 감사 또는 피용자	임원·직원
부여 주체	회사	① 주권상장법인 ② 협회등록법인, ③ 창업투자회사(벤처기업)
부여 대상	회사의 이사, 감사 또는 피용자	당해 법인의 임원과 직원
부여 제외 대상	① 의결권없는 주식을 제외한 발행주식총수의 100분의 10이상의 주식을 가진 주주 ② 이사, 감사의 선임과 해임 등 회사의 주요경영사항에 대하여 사실상 영향력을 행사하는 자 ③ 제1호와 제2호에 규정된 자의 배우자와 직계존·비속	① 최대주주 및 그 특수관계인, ② 주요주주 및 그 특수관계인
정관 의 기재 사항	① 일정한 경우 주식매수선택권을 부여할 수 있음은 뜻 ② 주식매수선택권의 행사로 발행 또는 양도할 주식의 종류와 수 ③ 주식매수선택권을 부여받을 자의 자격요건 ④ 주식매수선택권의 행사기간 ⑤ 일정한 경우 이사회결의로 주식매수선택권의 부여를 취소할 수 있음은 뜻	① 일정한 경우 주식매수선택권을 부여할 수 있음은 뜻 ② 주식매수선택권의 행사로 교부할 주식의 종류와 총수 ③ 주식매수선택권을 부여받을 자의 자격요건 ④ 일정한 경우 주식매수선택권의 부여를 취소할 수 있음은 뜻
공시 서류	계약서만을 본점에 비치하고 주주만이 이를 열람	① 주주총회 의사록 ② 주식매수선택권부여계약서 ③ 매사업연도말 현재 당해 사업연도분의 주식매수선택권 부여현황 등 3가지 서류를 본점 및 지점에 비치하고 임직원, 주주 또는 채권자들이 이를 열람
평가	(주식의) 실질가액	(주식의) 시가
취득 한도	신주 또는 자기주식의 한도를 회사의 발행주식총수의 100분의 10을 초과할 수 없음	상장법인이 100분의 15, 벤처기업이 100분의 50 이내에서

☞ 보통의 신주발행과 특수한 신주발행의 차이

구 분	보통의 신주발행	특수한 신주발행
발행절차의 차이	•청약,배정,납입 등의 절차 필요 •정관에 정함이 없는 경우 이사회의 결의에 의해 발행	•준비금의 자본전입 : 이사회 결의 (정관으로 주주총회 결의 가능) •주식배당 : 주주총회 결의 •전환주식, 전환사채 : 전환권 행사 •신주인수권부사채 : 신주인수권 행사
재산의 증가	재산의 증가를 가져옴	재산의 불변(신주인수권부사채 제외)
자본 증가	자본증가를 가져옴	자본이 증가하지 않는 경우 있음 (주식의 이익소각시)
효력 발생시기	납입기일의 다음날	•준비금의 자본전입 : 이사회 결의시에는 신주배정일 날 (주주총회 결의시에는 그 결의시) •주식배당 : 주주총회 종료일 •전환주식, 전환사채 : 전환청구시 •주식매수선택권행사,신주인수권부사채의 신주인수권 행사 : 주금액을 납입한 때

☞ 신주발행과 모집설립의 차이

구 분	신주발행	모집설립
현물출자의 정함	정관에 규정이 없으면 이사회 결의로 정함이 가능	정관으로 정함
주식배정 (주주평등의 원칙 적용 여부)	주주평등의 원칙 적용	주주평등의 원칙 불적용(자유배정)
주금미납입 발행주식의 처리	이사회의 별도 결의가 없는 한 미발행주식이 됨	재모집을 하여야함
효력발생시기	주금납입 다음날	설립등기시
사기,강박,착오에 의한 인수취소 기간	신주의 효력발생이로부터 1년 내	설립등기 후 취소 불가
납입담보책임의 존재	이사의 납입담보책임의 불인정	발기인의 납입 담보책임 인정
무효의 소제기	신주의 효력발생일로부터 6개월 내	설립등기 후 2년내

商法要論

☞ 통상의 신주발행과 모집설립의 차이

	신주발행	모집설립
자동확정원칙	준수불필요,일부의 인수, 납입, 이행만으로 효력발생 (일부인수인정)	준수됨 : 설립시 발행주식 총수 정관기재. 그 전부 인수납입요함.
주식발행사항의 결정	원칙 – 이사회결정 예외 – 정관으로 주주총회	기본사항 정관에 정함 발기인 전원동의
현물출자	이사회의 결정과 검사인의 검사만 받으면 됨. 법원에 검사인청구.	정광 상대적 기재되어야 하고 검사인의 검사와 창립총회의 승인을 얻어야함.
실권절차	적용안됨. 납기일까지 미납입 – 인수인 다연실권	주식인수인납입 안한 경우 실권예고부 최고 후 미납입 재모집. 스스로 인수.
주식배정원칙	주주에게 신주인수권 부여 원칙.	배정자유
주주가 되는 시기	납기일 다음날.	설립등기를 한 때.
주식인수 무효 취소주장	신주발행 등기 후 1년경과 후, 해당 주식 권리행사시 주장 불가.	설립등기 후, 창립총회에서 권리행사 후에는 주장불가.
주식발행 유지	주주의 신주발행유지청구권 인정.	불인정.
납입담보책임의 존재	이사의 납입담보책임이 불인정.	발기인의 납입담보책임 인정.

☞ 통상의 신주발행과 특수안 신주발행의 이동

공통점

양자 모두 정관에서 정한 발행예정주식총수의 범위 내에서 발행할 수 있고, 수종의 주식은 정관의 규정에 따라서만 발행할 수 있음.

차이점

구분	발행권한	효력발생시기	신주인수권자	자본증가유무	순자산의 변동
통상의 신주발행	이사회(주주총회)	납일기일 익일	주식인수인	증가	증가
준비금의 자본전입	이사회(주주총회)	신주배정일–주총결의시	주주	증가	불변
주식병합	특별주주총회	주권제출만료 또는 채권자 보호절차종료	주주	감소	실질상감자:감소 명목상감자:불변
주식분할	특별주주총회	주권제출만료 또는 채권자 보호절차종료	주주	변동없음	변동없음
주식배당	주주총회	주총종결시	주주	증가	이익배당설–증가 자본전입설–불변
흡수합병 전환주식전환	특별주주총회 정관	합병등기시 전환청구시	소멸회사의 주주	증가 전환조건으로 증가, 무, 감소(허용안됨)	증가
전환사채전환	이사회원칙 정관, 정관으로 주총	전환청구시 (형성권)	사채권자	증가	법률학자–증가 회계학자–불변
전환주식의 전환	주주	전환권 행사 즉시(형성권)	주주	전환조건에 따라 불변 또는 증가	불변
신주인수권부 사채인 수권 행사	분리형–신주인수권증권 소지인 비분리형–사채권자	주금액완납시 *대용납입의제– 신주발행청구시	분리형–신주인수권증권소 지인 비분리형–사채권자	증가	증가 *대용납입제 법률학자–증가 회계학자–불변
주식교환	특별주주총회	주식교환일	주주		

제3편 회사법

3.5.12. 회사의 계산

3.5.12.1. 회사의 계산규정의 필요성
3.5.12.2. 계산절차
3.5.12.3. 재무제표의 기재사항
3.5.12.4. 이익배당
3.5.12.5. 주주의 경리감독
3.5.12.6. 회사의 계산에 관한 기타규정

3.5.12. 회사의 계산

3.5.12. 회사의 계산

3.5.12.1. 회사의 계산규정의 필요성
- 주주의 유한책임으로 인한 회사의 자본충실을 기하고 회사 채권자 보호를 위한 여러 계산제도를 두고 있음
- 상법상 계산제도는 회사 자체의 투명성 확보와 재무구조의 건전성 확보를 위한 것으로 회사의 모든 이해관계인에게도 매우 중요한 역할을 함.
- 회사의 계산규정은 회사채권자·주주·기타 이해관계인의 이익에 직결된 것으로 강행규정으로 인정되며, 정관규정으로 이를 변경할 수 없음.
- 상법총칙의상업장부규정과의 관계 : 주식회사의 계산규정이 우선적으로 적용됨. 총칙의 규정 중 유동자산 평가에 관한 규(31조 1호)정은 주식회사에는 적용되지 않음(452조 1호)

	상법장부(상법총칙법)	재무제표(회사법)
공 통 점	재산과 손익상태를 표시함을 목적으로 함	
종 류	회계장부 대차대조표	대차대조표 손익계산서 이익잉여금처분계산서
적용대상	모든 상인(모든 회사포함)	주식회사, 유한회사

3.5.12. 회사의 계산

3.5.12.2. 계산절차
3.5.12.2.1. 재무제표
(1) 의의
- 회사결산을 위하여 대표이사가 매 결산기별로 작성하여 주주총회의 승인을 받아 확정되는 회계서류
- 상법상 재무제표에는 대차대조표, 손익계산서, 이익잉여금처분계산서 또는 결손금처리계산서가 있음
- 대차대조표(B/S : balance sheet) : 일정 시점에서 기업의 자산과 부채 및 자본을 일정한 분류기준에 따라서 기재하여 기업의 재무상태를 명시한 것으로서 통상 기말 현재의 기업 재산상황 및 경영상태를 보여줌
- 손익계산서(P/L : profit or loss statement) : 일정 기간 동안에 발생한 수입과 그에 대응한 비용을 기재하고 그 기간 중의 순손익을 표시한 것으로서, 통상 매 결산기별 기업성과를 보여줌
- 이익잉여금처분계산서/결손금처리계산서 : 기업의 잉월잉여금(결손금)의 수정사항과 당기순손익, 그리고 잉여금(결손금)의 처분사항(준비금의 적립, 이익의 배당, 기타 이익처분 또는 결손처리 등)을 명확히 보고하기 위하여 작성하는 것
- 영업보고서(business report) : 영업년도의 영업에 관한 중요한 사항을 기재한 설명서로서 재무제표는 아님
(2) 작성(상447) : 이사는 매결산기에 대차대조표, 손익계산서, 이익잉여금처분계산서 또는 결손금처리계산서와 그 부속명세서를 작성하여 이사회 승인을 얻어야 함.
(3) 비치 등(상448 ① ②)
1) 재무제표의 작성·제출
- 이사는 재무제표와 그 부속명세서(상 447) 및 영업보고서(상 447의2)를 작성하여 이사회의 승인을 받은 후(상 447, 447의2), 감사(감사위원회)의 감사를 받기 위하여 정기총회의 회일의 6주간 전에 감사(감사위원회)에게 제출(상 447의3).
- 감사 (감사위원회) 는 위의 서류를 받은 날로부터 4주간 내(주주총회 2주전까지)에 감사를 하여 감사보고서(감사방법의 개요 등 11개 사항 기재)를 대표이사에게 제출(상 447의4 ①).

3.5.12. 회사의 계산

2) 감사보고서의 내용 : 감사보고서에는 다음의 사항을 기재하여야 함.
① 감사방법의 개요
② 회계장부에 기재할 사항의 기재가 없거나 부실기재된 경우 또는 대차대조표나 손익계산서의 기재가 회계장부의 기재와 합치되지 아니하는 경우에는 그 뜻
③ 대차대조표 및 손익계산서가 법령 및 정관에 따라 회사의 재산 및 손익상태를 정확하게 표시하고 있는 경우에는 그 뜻
④ 대차대조표 또는 손익계산서가 법령 또는 정관에 위반하여 회사의 재산 및 손익상태가 정확하게 표시되지 아니하는 경우에는 그 뜻과 사유
⑤ 대차대조표 또는 손익계산서의 작성에 관한 회계방침의 변경이 타당한지의 여부와 그 이유
⑥ 영업보고서가 법령 및 정관에 따라 회사의 상황을 정확하게 표시하고 있는지의 여부
⑦ 이익잉여금처분계산서 또는 결손금처리계산서가 법령 및 정관에 적합한지의 여부
⑧ 이익잉여금처분계산서 또는 결손금처리계산서가 회사재산의 상태 기타의 사정에 비추어 현저하게 부당한 경우에는 그 뜻
⑨ 부속명세서에 기재할 사항의 기재가 없거나 부실기재된 경우 또는 회계장부.대차대조표.손익계산서나 영업보고서의 기재와 합치되지 아니하는 기재가 있는 경우에는 그 뜻
⑩ 이사의 직무수행에 관하여 부정한 행위 또는 법령이나 정관의 규정에 위반하는 중대한 사실이 있는 경우에는 그 사실
⑪ 감사를 하기 위하여 필요한 조사를 할 수 없었던 경우에는 그 뜻과 이유

3.5.12. 회사의 계산

3) 재무제표 등의 비치·공시
- 이사는 재무제표, 그 부속명세서, 영업보고서 및 감사보고서를 정기총회 회일의 1주간 전부터 본점에 5년간, 그 등본을 지점에 3년간 비치(상 448①).
- 재무제표 등의 비치공시 : 주주와 회사채권자는 영업시간 내에는 언제든지 그 비치서류를 열람할 수 있으며, 일정한 비용을 지급하면 그 등본이나 초본을 청구할 수 있음(448 ②)
- 공고 : 이사는 재무제표에 대한 주주총회의 승인을 받은 때에는 지체없이 정관에 정한 방법으로 대차대조표를 공고하여야 함(419③)

(4) 승인 및 효과
1) 승인절차 :
- 작성(대표이사)→감사(감사보고서 작성)→공시(이사)→승인결의(주총)→책임해제(상 450)
2) 승인의 효과 : 승인은 주주총회의 보통결의(정기주주총회)로. 그 효과는
  ① 그 년도의 재무제표가 확정되고, 이에 따라 이익 또는 손실의 처분이 결정됨
  ② 2년 내에 다른 결의가 없으면 이사와 감사의 책임해제를 의제(상450). 책임해제의 효력이 미치는 범위는 재무제표에 기재되었거나 또는 그 기재로부터 알 수 있는 사항에 한정됨. 2년은 제척기간으로 해석(통설)
  ③ 구체적인 배당금 지급청구권이 발생

3.5.12. 회사의 계산

☞절차도

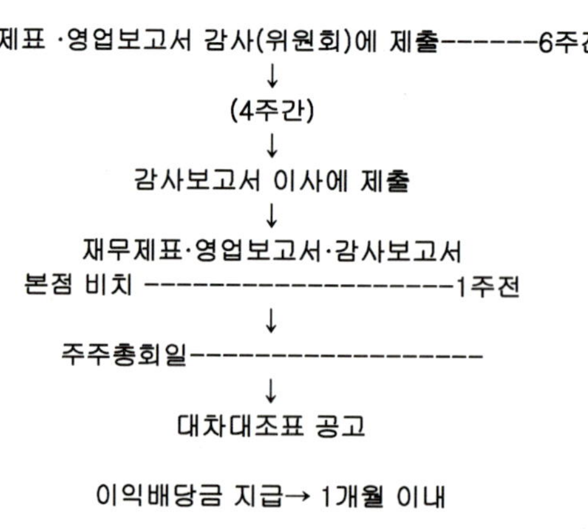

3.5.12. 회사의 계산

3.5.12.3. 재무제표의 기재사항
3.5.12.3.1. 자산의 평가방법
(1) 유동자산 : 비교적 단기간 내에 회수할 수 있거나 또는 판매에 의하여 현금으로 바꿀 수 있는 자산으로서 그 변동속도가 빨라서 성질상 1년 이상 동일 형태를 유지하지 못하고 빈번하게 변동하는 자산
- 유동자산은 취득가액 또는 제작가액에 의하여 평가하고(원가주의), 시가가 취득가액 또는 제작가액보다 현저하게 낮은 때에는 시가에 의하여 평가함(저가주의) → 시가 < 취득가액/제작가액
- 상법총칙상 일반상인의 경우에 '원가주의 또는 시가주의 및 저가주의'에 의하는 것과 다름.
(2) 고정자산 : 변동속도가 느려서 그 성질상 형태의 변화에 원칙적으로 1년 이상이 소요되는 자산
- 유형고정자산 : 토지, 건물, 기계장치
- 무형고정자산 : 영업권, 특허권, 상표권, 광업권, 어업권
- 평가 : 원가(취득가액/제작가액) – 감가액(토지 제외) – 예측하지 못한 손해
- 이는 주식회사 뿐만 아니라 모든 상인에게 적용
(3) 금전채권 : 채권금액으로 평가
- 채권을 채권금액보다 낮은 가액으로 취득한 때 또는 이것에 준하는 경우에는 상당한 감액을 할 수 있음. 추심불능의 염려가 있는 채권은 그 예상액을 감액하여야 함(452③)
(4) 사채(社債) : 거래소 시세 있는 채권 → 1개월의 평균가격, 시세없는 채권 → 취득가액
- 취득가액과 사채의 금액이 다른 때에는 상당한 증액 또는 감액을 할 수 있음.
- 추심불능의 염려가 있는 사채에는 그 예상액을 감액하여야 함(452④).
- 사채(국채·공채 기타의 채권)에 준하는 것도 사채의 경우와 같은 평가방법에 의함.
(5) 주식 : 1개월의 평규가격(시세) < 취득가액(원칙)
- 거래 기타의 필요상 장기간 보유할 목적으로 취득한 주식은 거래소의 시세의 유무를 불구하고 취득가액에 의함. 그러나 발행회사의 재산상태가 현저하게 악화된 때에는 상당한 감액을 하여야 함. 이는 유한회사 기타에 대한 출자의 평가에도 같음(452⑤)

3.5.12. 회사의 계산

(6) 영업권
- 초과수익력 창출의 무형의 재산적 가치 : 어떤 기업이 특수한 기술과 사회적 신용 및 거래관계 등 영업상의 기능 내지 특성으로 인하여 동종의 사업을 경영하는 다른 기업에 비해 통상수익보다 높은 초과수익을 올릴 수 있는 무형의 가치
- 영업권은 유상으로 승계취득한 경우에 한하여 취득가액을 기재할 수 있음. 이 경우에는 영업권을 취득한 후 5년 내의 매결산기에 균등액 이상을 상각하여야 함(452⑥).
- 분할 또는 분할합병으로 인하여 설립되는 회사 또는 출자를 받는 회사가 영업권을 취득한 경우에는 그 취득가액을 기재할 수 있음. 이 경우에는 설립등기 또는 분할합병의 등기를 한 후 5년 내의 매결산기에 균등액 이상을 상각하여야 함(530의8)

3.5.12.3.2. 이연자산
(1) 의의
- 영업연도에 지출된 비용이라도 차년도에 경제적 성과가 예상되는 경우 이를 지급연도의 자산으로 계상하여 차년도에 그 수익에 대응하는 부분을 분담 → 본래는 비용의 성질을 가지는 것이지만, 기간적인 손익계산의 필요에서 일시적으로 계산상 자산으로 처리되는 것.
- 이연자산은 회사의 임의대로 대차대조표 자산의 부에 계상할 수 있고 법정기간 내에 상각하여야 함.
(2) 상법상의 이연자산
1) 창업비(상 290)
- 회사가 부담할 설립비용, 발기인이 받을 보수액, 설립등기에 지출한 세액에 한함. 이 계상금액은 회사 성립 후 또는 개업 전에 이자를 배당할 것을 정한 때에는 그 배당을 마친 후 5년 내의 매결산기에 균등액 이상의 상각을 하여야 함(453)
2) 개업비(상 453-2)
- 광고비, 통신비, 토지·건물의 임차료 등 회사가 개업의 준비를 위하여 지출한 금액
- 계상금액은 개업 후 3년 내의 매결산기에 균등액 이상의 상각을 하여야 함(453의2)

3.5.12. 회사의 계산

3) 신주발행비용(상 454-1)
- 신주를 발행한 경우에는 그 발행에 필요한 비용의 액
- 이 계상금액은 신주발행 후 3년 내의 매 결산기에 균등액 이상의 상각을 하여야 함.
4) 액면미달금액(상 455-1)
- 주식을 액면미달 발행한 경우(417)에는 액면미달금액의 총액
- 계상금액은 주주발행 후 3년 내의 매 결산기에 균등액 이상의 상각을 하여야 함(455)
5) 사채차액(상 456-1)
- 사채를 모집한 경우에 그 상환할 총액이 그 모집에 의한 실수액을 초과한 때의 그 차액
- 계상금액은 사채상환기간내의 매 결산기에 균등액 이상의 상각을 하여야 함(465②)
- 사채발행에 필요한 비용은 사채발행 후 3년내의 매 결산기에 균등액 이상 상각하여야 함(456③→454)
6) 건설이자(상 457①, §463)
- 건설이자의 명목에 의하여 배당한 금액은 대차대조표자산의 부에 계상할 수 있음.
- 계상금액은 개업후 연6푼 이상의 이익을 배당하는 경우에는 그 6푼을 초과한 금액과 동액 이상의 상각을 하여야 함.
7) 연구개발비(상 457-2①)
- 신제품 또는 신기술의 연구 또는 개발과 관련하여 특별히 발생한 비용은 대차대조표 자산의 부에 계상할 수 있음.
- 계상금액은 그 지출 후 5년 내의 매 결산기에 균등액 이상의 상각을 하여야 함(457의2)
8) 영업권취득가액(상 452 6호)
- 영업권을 유상취득한 경우 취득 후 5년 내의 매결산기에 균등액 이상으로 상각하여야 함.
- 회사분할의 경우 분할 후 회사가 영업권을 취득한 경우에는 이를 이연자산으로 계상할 수 있음.
- 설립등기 또는 분할합병의 등기를 한 후 5년 내의 매결산기에 균등액 이상을 상각하여야 함.

3.5.12. 회사의 계산

◼ 상업장부와 재무제표의 이동(異同)

	상업장부	재무제표
공통점	① 상인이 작성하는 장부임. ② 상법상의 의무로서 작성함. ③ 대차대조표는 상업장부와 재무제표에 다같이 포함됨.	
종류	① 대차대조표 ② 회계장부	① 대차대조표 ② 손익계산서 ③이익잉여금처분계산서 또는 결손금처리계산서 ④ 현금흐름표(기업회계기준)
차이점	① 모든 상인에게 적용됨. ② 법원에 제출의무가 있음. ③ 후일의 분쟁에 대비하기 위한 것임.	① 물적회사에게만 적용됨. ② 감사에게 제출의무가 있음. ③ 모든 이해관계인의 이익을 보호하기 위한 것임.
자산평가방법	① 유동자산의 평가 : 원가주의, 시가주의, 저가주의(삼원주의) ② 고정자산의 평가 : 원가주의, 통상감가상각, 우발감가상각	① 유동자산의 평가 : 원가주의, 시가주의, 저가주의(삼원주의)(상 452) ② 고정자산의 평가 : 원가주의, 통상감가상각, 우발감가상각 ※ 특칙 : 상 452 vi, 583

3.5.12. 회사의 계산

3.5.12.3.3. 준비금
(1) 의의 :
- 순재산액 중 자본액을 초과하는 것으로 이익을 제외한 회사내의 유보분.
- 즉 '회사가 장래에 생길지도 모르는 필요에 대비하기 위하여 자본액을 초과하는 회사의 재산액을 일정한 목적을 위하여 회사에 적립하여 두는 계산상 액수'이며 적립금이라고도 함.

(2) 준비금의 종류
1) 법정준비금 : 법률에 의해서 그 적립이 강제되며 주주에게 이익배당 불가(자본전입에 의한 무상증자에 의한 이익의 환원은 가능)
(a) 이익준비금
　① 재원 : 매결산기의 이익(회사의 영업거래에서 생긴 이익을 적립하는 준비금)
　② 설정액 : 매결산기의 금전에 의한 이익배당의 1/10 이상의 금액을 자본의 1/2에 달할 때까지 적립
　③ 1/2을 초과하는 이익준비금은 임의준비금임
(b) 자본준비금
　① 　재원 : 자본거래에서 생긴 이익, 적립한도 없음
　② 　종류(상459)
- 액면초과액(주식발행초과금) : 액면 이상의 주식을 발행한 때에는 그 액면초과금액
- 감자차익금(감자잉여금) : 자본감소의 경우에 그 감소액이 주식의 소각, 주금의 반환에 요한 금액과 결손의 전보에 충당한 금액을 초과한 때에는 그 초과금액
- 합병차익금(합병잉여금) : 회사합병의 경우에 소멸된 회사로부터 승계한 재산의 가액이 그 회사로부터 승계한 채무액, 그 회사의 주주에게 지급한 금액과 합병 후 존속하는 회사의 자본증가액 또는 합병으로 인하여 설립된 회사의 자본액을 초과한 때에는 그 초과금액

　　합병잉여금 · 분할잉여금 중 소멸 · 분할되는 회사의 이익준비금 기타 법정준비금은 회사의 사정에 따라 자본준비금으로 적립하지 않고 합병 이후 또는 분할 · 분할합병 후 존속회사 또는 신설회사가 그대로 승계할 수 있음.

3.5.12. 회사의 계산

- 분할차익금(분할잉여금) : 분할 또는 분할합병으로 인하여 설립된 회사 또는 존속하는 회사에 출자된 재산의 가액이 출자한 회사로부터 승계한 채무액, 출자한 회사의 주주에게 지급한 금액과 설립된 회사의 자본액 또는 존속하는 회사의 자본증가액을 초과한 때에는 그 초과금액
- 주식교환차익금/주식이전차익금
- 기타 자본잉여금(자산수증이익, 채무면제이익, 자기주식 처분이익 및 그 밖의 기타 자본잉여금) 등(상 459)

(c) 법정준비금의 용도
- 법정준비금은 자본의 결손전보, 자본전입 이외에는 사용할 수 없음
　① 　자본의 결손전보(상460①)
　- 결손이란 대차대조표상의 순자산액이 자본과 법정준비금의 합계액보다 적을 때를 말함. 자본의 결손전보는 대차대조표상 법정준비금액을 감소시키고 동시에 자산란의 손실액을 그만큼 감소시키는 계산상의 행위를 말함.
　　- 먼저 이익준비금으로 충당하고 부족한 경우에 한하여 자본준비금으로 충당하여야 함(상460②)
　② 자본전입(상461)
　- 자본전입이란 회사의 계산상 준비금계정에 속하는 금액을 자본금 계정으로 이체하는 것
　　- 자본전입의 법적 성질은 주식의 분할이라 봄
2) 임의준비금
① 주주총회의 결의 또는 정관의 규정으로 법정준비금을 공제한 잔여이익에서 적립하는 준비금
② 적립의 목적, 용도, 한도 등의 제한 무(이익배당재원으로 가능)
③ 결손보전적립금, 배당평균적립금, 사채상환준비금 등
- 임의준비금은 대개 장래의 사업확장 · 배당의 평준화 · 손실의 전보 · 주식의 소각 등에 대비하여 적립하나 그 사용목적은 법률상 제한이 없음. 다만 그 사용은 적립목적에 한정되나 정관의 변경 또는 주주총회의 결의를 거쳐 자유로이 변경·폐지 가능

3.5.12. 회사의 계산

☞ 자본준비금

	준비금	
법정준비금		– 법률규정 : 강제 자본준비금(459), 이익준비금(458) –용도 : 결손전보(이익준비금 먼저 보충 자본준비금; 460)와 자본전입(461)에만 사용(둘중 순서차이 없음)
	자본준비금	결손전보(이사회 결의), 준비금의 자본전입, 액면초과금액, 주식교환차익금, 주식이전차익금, 감자차익금, 분할·합병차익금 기타 자본잉여금(재평가적립금, 국고보조금 등)(459) → 자본에 준함. 배당불가, 적립한도 없음. 사용순서 : 후순위
	이익준비금	결손전보(이사회 결의), 준비금의 자본전입, 매 결산기의 금전에 의한 이익배당액의 1/10 이상의 금액을 자본의 1/2에 달할 때까지 적립(458), 사용순서 : 선순위
임의준비금		정관·주주총회결의에 의함(매결산기의 영업이익 중 이익준비금을 공제한 잔액을 재원으로 함) –> 사용제한 없음

3.5.12. 회사의 계산

(3) 준비금의 자본전입
1) 의의 : 준비금을 자본으로 계정대체해 자본을 증가시키는 것(상461조). 무상증자
- 준비금의 자본전입에 의하여 자본이 증가하고 증가액에 해당하는 신주가 발행되어 종전의 주주에게 그 지분에 해당하는 주식수에 비례하여 무상으로 교부함. 이를 신주의 무상교부 라 함.
- 회사의 실제 재산에는 아무런 변동이 없이 주식의 증가를 수반한다는 점에서 그 본질은 주식분할임.

2) 전입대상
① 자본전입이 가능한 준비금 : 법정준비금만 인정. 자본전입에 임의준비금을 사용할 수 없음. 임의준비금은 주식배당을 할 수 있으며, 정관 규정 또는 주주총회의 결의에 의하여 적립하므로 이의 처분도 정관이나 주주총회의 결의를 요하기 때문임.
② 전입순서, 한도 : 제한 무
3) 전입절차
① 자본전입의 결정 : 이사회의 결의사항 → 정관으로 주총결의(상461①)
- 자본전입의 결의에는 어느 전입금을 얼마나 전입할 것인가를 구체적으로 정하여야 함.
- 이사회(또는 주주총회)는 언제든지 자본전입의 결의를 할 수 있음.
② 자본전입의 시기 : 제한 무
③ 신주의 발행(무상증자) : 주주에 대하여 무상으로 주식 수에 따라 신주를 발행(상611②)
④ 공고
- 이사회결의에 의하여 자본전입할 경우 신주배정일(무상증자기준일)을 정하고 그날의 2주간 전에 공고하여야 함(461④).
- 주주총회의 결의로 자본전입할 때에는 주주총회 결의로 신주의 주주가 되므로 배정일의 지정·공고는 하지 않음

3.5.12. 회사의 계산

4) 전입효과
① 효력발생시기(신주의 주주가 되는 시기, 461④)
- 주총결의에 의한 자본전입 : 결의가 있은 때
- 이사회결의에 의한 자본전입 : 신주의 배정일
- 무상신주배정 : 자본전입의 결과 자본이 증가하고 이 증가액만큼 주주가 가진 주식수에 따라 주식을 발행하여야 함. 이 경우 주주 전원에 대하여 평등하게 무상으로 신주를 배정함.
- 1주에 미달하는 단주에 대하여는 이를 모아서 경매하여 각 주주의 주식수에 따라 종전의 주주에게 지급하여야 함. 위 주식에 관하여 거래소의 시세가 있는 때에는 거래소를 통하여 매각하고, 거래소의 시세가 없는 때에는 법원의 허가를 받아 경매외의 방법으로 매각할 수도 있음(461②, 443①).
- 제 한 : 회사의 자기주식에 대하여는 신주의 무상교부가 인정되지 않음. 준비금의 자본전입에 의한 신주발행의 경우에도 신주의 수는 정관에 정한 발행예정주식총수의 범위 내이어야 하며, 신주의 발행가액은 액면가액임.
② 주주 대한 통지 및 공고
- 이사회에서 정한 신주배정기준일 또는 주주총회일에 신주의 주주가 된 때에는 이사는 지체없이 신주를 받은 주주와 주주명부에 기재된 질권자에 대하여 그 주주가 받은 주식의 종류와 수를 통지하고, 무기명식의 주권을 발행한 경우에는 결의의 내용을 공고 하여야 함(461⑤).
③ 물상대위
- 주식의 질권자는 그 주주가 받을 신주와 단주의 처분에 의한 매각대금에 대해서도 질권을 가짐(461⑦)
④ 위법전입의 효과
- 준비금 없는 전입 = 납입없는 신주발행, 이사회결의 하자 등은 절대적 무효임. 따라서 그 무효의 주장방법에는 아무런 제한이 없음
- 회사가 위법한 결의에 의하여 신주를 발행하려고 한 때에는 주주는 통상의 신주발행의 경우와 마찬가지로 '신주발행의 유지'를 청구할 수 있고, 신주발행 이후에는 '신주발행무효의 소'를 제기할 수 있음.

3.5.12. 회사의 계산

3.5.12.4. 이익배당
3.5.12.4.1. 서
- 회사의 이익은 잔여재산분배에 의하여 주주에게 배분될 수 있으나, 보통은 이익배당의 형태로 배분됨. 주주의 이익배당청구권은 주주의 고유권이며, 이익배당은 현금에 의한 배당, 주식에 의한 배당으로 구분할 수 있음.
- 좁은 의미에서 이익배당이라 할 때는 현금으로 배당금을 지급하는 금전배당만을 의미함.

3.5.12.4.2. 이익배당
(1) 의의 : 회사가 경영활동을 통해 얻은 이익을 주주총회의 결의로 주주에게 분배
(2) 요건
1) 실질적요건(배당가능이익의 존재)
- 배당가능이익 = 순재산액 − (자본액 + 직전결산기까지 적립된 법정준비금(자본준비금과 이익준비금)의 합계액 + 그 결산기에 적립하여야 할 이익준비금)
- 준비금사용 : 회사의 법정준비금은 이익배당에 사용할 수 없으나, 임의준비금은 매결산기의 이익배당에 사용할 수 있음.
2) 주주총회의 결의(§449) ➜ 주주총회는 이익처분에 관하여 다른 결의를 할 수 있음.
   ① 대차대조표와 손익계산서 승인 : 이익이 확정됨
   ② 이익잉여금처분계산서 승인 : 배당액 확정됨
3) 예외 : 건설이자배당(§463)
   ① 인정이유 : 대규모 투자에서는 이익이 나기까지 오래 걸리므로
   ② 건설이자배당의 성질 : 자본환급설 vs 이익배당선급설 vs 절충설
   - 법률적으로 자본감소의 결과가 생기지 않음
   - 비용의 선급처럼 이연자산으로 처리되어 상각됨 → 따라서 기능적으로는 이익배당의 선급임

3.5.12. 회사의 계산

(3) 기준
1) 주주평등의 원칙
- 각 주주가 가진 주식의 수에 따라 지급. 단 주주의 동의 하에 차등배당을 하는 것은 무방(판례)
2) 자기주식에 대하여는 배당 불인정
3) 수종의 주식간에는 이익배당에 관하여 다른 정함 가(상463 단서)
4) 이익배당의 기준
   ① 동액배당 · 일할배당
   - 영업연도의 중간에 신주가 발행되는 경우 신주와 구주간 동액을 배당하는 것→ [동액배당]
   - 신주의 효력발생일로부터 결산기일까지 일수를 따져 일할 계산한 금액을 배당하는 것→[일할배당]
   ② 배당시기
   - 배당은 영업연도에만 하므로 매결산기에 1회로 함.
   - 회사는 정관규정에 따라 이사회의 결의로 영업연도 중 1회에 한하여 중간배당을 할 수 있음.
   ③ 배당방법
   - 이익배당은 '금전 또는 주식'으로 할 수 있음. 적어도 배당총액의 2분의1은 금전배당을 하여야 함
(4) 이익배당청구권
- 의의 : 주주는 주주총회의 재무제표 승인으로 추상적인 권리로부터 구체적인 배당금 지급청구권을 가짐. 배당금 지급청구권은 주식과는 독립한 권리(고유권)로 주식과 별개로 양도·압류·입질 가능
(5) 이익배당금의 지급
1) 이익배당청구권
2) 배당금지급시기
- 주주총회의 승인결의가 있은 후 1월 이내 , 주주총회의 결의로 연장 또는 단축가능

3.5.12. 회사의 계산

(6) 위법배당의 효과
1) 위법배당의 의의 : 상법462①(배당가능이익)을 위반하여 한 배당. 즉 회사가 배당가능 한 이익이 없거나 또는 그 이익을 초과하여 이익배당을 하는 경우와 주주총회 승인결의 없이 하는 배당
2) 위법배당의 효과
① 위법배당액의 회사에 반환 : 위법배당은 무효이므로 회사는 그 사실을 알든 모르든 상관없이 주주에 대하여 부당이득의 반환을 청구할 수 있음. 회사채권자도 청구 가능.
② 이사·감사 등의 책임
- 이익잉여금계산서를 제출한(대표)이사, 재무제표의 승인결의에서 찬성한 이사 및 위법배당안을 포함한 이익잉여금처분계산서에 대하여 허위의 감사보고를 한 감사는 회사에 대하여 위법배당으로 인한 손해에 대하여 연대배상책임이 있음(399).
- 이 경우에 이사 · 감사에게 악의 · 중대한 과실이 있는 때에는 제3자에 대하여 연대하여 손해배상책임이 있음(401).
- 위법배당을 한 이사 등은 5년 이하의 징역 또는 1,500만원 이하의 벌금의 제재를 받음

3.5.12.4.3. 중간배당
(1) 중간배당의 의의
1) 중간배당의 개념
- 년 1회의 결산기를 정한 회사는 영업연도 중 1회에 한하여 이사회의 결의로 이익을 금전으로 배당할 수 있음을 정관으로 정할 수 있음.
- 중간배당에서 배당가능이익은 당해연도의 이익이 아니라 직전결산기의 이익임.
2) 중간배당의 법적 성질
- 이익배당의 일종. 중간배당의 법적 성질에 대하여 이익배당의 재원을 무엇으로 보는가에 따라 전기이익후불설과 이익배당가지급설(이익배당가불설; 당기이익선급설)로 나뉨

3.5.12. 회사의 계산

(2) 중간배당의 요건

1) 정관의 규정
- 결산기를 년 1회로 정한 회사로서 정관에 이사회의 결의로 일정한 날에 중간배당을 할 수 있음은 규정을 두고 있는 회사

2) 중간배당일
- 상법상 중간배당일은 정해지지 않아 이사회에서 결의를 정할 수 있음에 반하여 증권거래법에서는 정관에 특별한 날을 정하여 두고(상 제462의3 ①), 중간배당 실시여부만을 이사회에서 정하도록 하고 있음(증거 192의3 ①).

3) 중간배당가능이익의 존재
- 회사가 중간배당을 할 경우에는 가결산을 하지 않는 대신에 '직전 결산기의 대차대조표상 이익'이 현존하여야 함. 당해 결산기의 대차대조표상 순자산액이 이익배당가능액에 달하지 아니할 우려가 있는 때에는 배당을 할 수 없음(462의2③)
- 중간배당가능이익 = 대차대조표상의 순자산액(대차대조표의 자산액으로부터 부채액을 뺀 잔액)에서 다음을 공제한 금액임

  ① 직전 결산기의 자본의 액 ② 직전결산기까지 적립된 법정준비금(자본준비금과 이익준비금)의 합계액 ③ 중간배당에 따라 당해 결산기에 적립하여야 할 이익준비금의 액(중간배당금액의 10분의1) ④ 직전 결산기의 정기총회에서 이익으로 배당하거나 또는 지급하기로 정한 금액

(3) 중간배당절차

1) 이사회의 중간배당결의 : 정관의 규정에 따라서 이사회가 결정
2) 주주의 확정 : 정관에서 정하여지거나 이사회에서 정한 날의 주주
3) 배당금 지급 : 배당시기는 이사회가 정함. 중간배당은 금전배당만 인정
- 주식에 의한 배당은 '이익배당총액의 ½에 상당하는 금액' 을 초과하지 못함. 주식배당의 상한을 정하여 주주들이 현금배당을 받을 수 있는 권리를 보호함.
- 배당금 지급시기 : 이사회 결의일로부터 1월 이내

3.5.12. 회사의 계산

(4) 중간배당의 효과
- 중간배당은 엄격한 의미에서 이익배당은 아니지만 주주에게 이익을 분배한다는 점에서 이익배당에 관한 규정을 준용함.
- 등록질의 효과(340①), 수종의 주식간 차등배당가능(344①), 영업연도 중에 발행된 주식에 대한 배당(350③), 주주명부의 폐쇄(354①), 의결권 없는 주식(370①), 건설이자의 상각(457②), 배당이익의 1/10 이상 이익준비금으로 적립(458), 이익배당의 기준(464)을 준용하고 있음.

(5) 위법배당과 이사·감사의 책임
- 회사는 배당가능이익이 발생하지 않을 우려가 있는 때(당해 결산기의 대차대조표상의 순재산액이 제462조 제1항 각호의 금액의 합계액에 미치지 못할 우려가 있는 때)에는 중간배당을 하여서는 안 됨
- 당해 결산기 대차대조표상의 순재산액이 제462조 제1항 각호의 금액의 합계액에 미치지 못함에도 불구하고 중간배당을 한 경우 이사는 회사에 대하여 연대하여 그 차액(배당액이 그 차액보다 적을 경우에는 배당액)을 배상할 책임이 있음
- 이사가 배당가능한 이익에 부족의 우려가 없다고 판단함에 있어서 상당한 주의를 게을리하지 아니하였음을 증명한 때에는 책임이 없음(462의3④).

	이 익 배 당		중 간 배 당
요건	당기이익존재		전기이익존재
	주주총회결의		이사회결의(정관규정)
효과	현금	주식(배당액의 ½한도)	현금(영업연도중 1회한정)
위법	·1월이내 지급 ·이익준비금 적립	·주총종결시부터 주주 ·발행주식수/자본증가	·1월이내 지급 ·이익준비금 적립
위 법 배 당	·회사채권자 반환청구	·회사채권자 반환청구 불가 ·신주발행무효의 소	·회사채권자 반환청구

3.5.12. 회사의 계산

3.5.12.4.4. 주식배당
(1) 주식배당의 의의
- 이익배당을 금전에 갈음하여 새로이 발행되는 주식으로 하는 것(상462조의2)
- 주주에게 배당할 수 있는 이익의 일부를 새로 발행하는 주식으로 무상으로 배당하는 것

(2) 효용
1) 배당자금의 사내유보의 효과 – 현금배당에 따른 자금압박 회피
2) 주식의 시장성 증가 – 소득세가 시가가 아닌 권면액에 따라 부과
3) 회사의 채권자에게는 자본이 증가하여 담보 증가 효과

(3) 주식배당의 본질 :
1) 학설
- 주식분할설(자본전입설) : 실질적으로 회사자산의 증가가 없이 항목의 대체만 있을 뿐. but, 법정준비금은 이익으로 배당 못하고 결손전보에만 충당하도록 규정(§460)하고 있으므로 준비금의 자본전입으로 보기는 어려움
- 이익배당설(통설) : 이익배당의 계기가 현실적으로 존재. 사내유보로 자금을 회사가 보유한 데 불과. 소극적 의미에서 회사자산 증가 : 주식분할의 경우는 자산변동 X
2) 본질론의 실익

	수종의 주식	약식질	일할배당	자기주
주식분할설	종류대로 지급	물상대위 인정	전체 배당	배당 긍정
이익배당설	쟁점	쟁점	쟁점	쟁점

3.5.12. 회사의 계산

① 수종주식의 경우(§344)
- 긍정설 : 각각의 종류대로 배당
- 부정설(다수설) : 보통주로만 배당, 단 주식수에서 차이를 둠
- 법조문 : 임의로 결정할 수 있게 개정됨
② 약식질(이익배당의 물상대위의 문제)
- 긍정설 : 과실임
- 부정설 : 당사자 의사의 문제, 법조문 §340
③ 일할배당 : 일할배당의 학설대립의 문제
④ 자기주식의 지위의 문제 : 의결권은 §369②에서 명문으로 배제, 기타 공익권도 X
- 전면적휴지설(통설) : 배당받을 수 없음
- 부분적휴지설(현재는 사라진 학설) : 이익배당, 잔여재산 분배는 가능
- 절충설 : 준비금의 자본전입에 의한 무상주 교부는 주식의 무상취득이므로 가능
* 소수설인 주식분할설을 취하면 자기주식도 당연히 주식배당을 할 수 있게 됨
(3) 주식배당의 요건
1) 배당가능이익의 존재(당기이익 뿐 아니라 이월이익도 가능), 임의적립금도 가능
2) 배당가능이익의 제한 : 배당가능이익의 1/2까지만 가능(§462-2①但)
3) 미발행수권주식의 존재
4) 주주총회의 보통결의

(4) 주식배당의 절차
1) 주식배당의 결정
- 이익잉여금처분계산서에 내용기재하여 이사회의 승인 및 주주총회의 결의
- 효력발생일(주주가 되는 시기) : 주식배당의 결의를 한 주주총회의 종결일(상462조의24항)

3.5.12. 회사의 계산

2) 주식배당의 통지·공고
- (주주명부상) 주주 등에 대한 통지 · 무기명주주에 대한 공고(상462조의2 5항)
3) 신주의 발행 : 신주의 효력발생시기는 주식배당의 결의를 한 주주총회가 끝난 때부터 함.
- 신주의 발행가액은 주식의 권면액으로 함
- 회사가 새로운 주식을 발행하여 주주에게 배당하는 것이므로 회사의 수권주식 가운데 미발행주식 범위 내에서 하여야 함.
4) 등기 : 신주발행의 효력이 발생하는 주주총회 종결일부터 본점소재지에서는 2주간 내, 지점소재지에서는 3주간 내에 이에 관한 변경등기

(5) 주식배당의 효과
1) 신주발행의 효과 : 자본금 및 주식수의 증가
- 주식배당을 받은 주주는 주식배당을 결의한 주주총회가 종결한 때로부터 신주의 주주가 됨(462의2④). 다만 신주에 대한 이익·이자배당에 관하여는 정관이 정하는 바에 따라 주식배당을 한 주주총회가 종결한 때가 속하는 영업연도의 직전 영업연도 말에 주주가 된 것으로 할 수 있음.
- 이사는 주식배당의 결의가 있는 때에는 배당을 받을 주주와 주주명부상 기재된 질권자에게 그 주주가 받을 주식의 종류·수를 통지하고, 무기명식 주식을 발행한 경우에는 그 결의내용을 공고하여야 함.
- 주식배당을 하면 회사가 '발행한 주식의 수'가 증가하고, 회사의 '자본'도 그만큼 증가하기 때문에 변경등기를 하여야 함.
2) 질권효력(§462-2 6항) : 등록질은 당연히 신주에 미침. 임의질(약식질)은 학설대립
- 등록질의 질권자는 주식배당에 의하여 주주가 받을 주식에 대하여도 질권을 행사할 수 있음(462의2⑥). 질권자는 회사에 대하여 그 주권의 교부를 청구할 수 있음.
- 이익배당설(배당수익권 인정 X), 주식분할설(신주에 약식질의 효력이 미침)
- 자기주식의 문제 : 전면적 휴지설(주식배당 인정 X) / (의결권만 휴지된다고 하는)일면적 휴지설(주식배당 인정)

3.5.12. 회사의 계산

(6) 위법배당의 효과
1) 사법적 효과
- 이익배당의 경우 : §461① 위반으로 당연무효이므로 소급효와 무관하게 항상 반환
- 주식배당의 경우
① 제1설(유효설)
　ⓐ 신주발행무효소송의 제소권자가 주주.이사·감사로 제한되어 채권자는 불가
　ⓑ 회사재산이 유출된 것이 아니므로 채권자나 주주의 입장에서도 불리한 바가 없음
② 제2설(무효설) :
- 납입없는 신주발행과 같아 자본충실에 역행하므로 신주발행무효 사유
- 주식배당의 요건과 절차를 위반하여 주식배당을 한 경우에 실질적으로 액면미달의 신주발행이 되어 신주발행무효의 소의 원인이 됨(다수설)

2) 채권자의 이익반환청구 가능성 : 이익배당에 대하여 반환청구(§462②), 주식배당은 규정 X
- 긍정설
　① 주식배당도 본질에 있어 이익배당이라는 점
　② 이익없는 이익배당은 자본충실을 저해하여 채권자를 해한다는 점
- 부정설
　① 회사재산이 유출되지 아니하여 채권자의 손해가 없다는 점
　② 반환을 긍정하면 주주에게 추가의 출자를 강요하게 된다는 점

3) 이사 및 회사의 책임
- §399, §401 + 불법행위책임(§389③, §210)
- 위법배당을 한 이사 등은 5년 이하의 징역 또는 1,500만원 이하의 벌금의 제재를 받음(625조 3호)

3.5.12. 회사의 계산

3.5.12.4.5. 건설이자배당

(1) 의의
- 철도, 운하, 발전, 조선 등과 같이 개업을 위하여 상당한 시일을 요하는 사업의 경영을 목적으로 하는 회사가 이러한 건설기간 동안 이익이 없는 경우에도 일정한 엄격한 조건하에 주주에게 이자를 배당하는 것 (상463)
- 건설이자배당의 법적 성질에 대해 자본의 일부환급으로 이해하는 설(자본환급설), 이익배당의 선급으로 보는 설(이익배당선급설)로 나뉨
- 이자라고 하지만 진정한 의미의 이자는 아니고, 이익의 유무에 관계가 없으므로 이익배당이라 할 수도 없음. 결국 실질적으로 자본의 일부환급이지만 지급된 건설이자를 이연자산으로 계상하여 장래의 이익으로 상각할 것을 예정하고 있으므로 기능적으로는 이익배당의 선급의 성격을 갖고 있음.
- 상당기간 이익배당을 할 수 없을 것이 예측되므로 회사설립시 주주의 모집이 어려우므로 배당가능이익이 없더라도 소정의 요건에 따라 일정한도 내에서 배당을 인정하여 이러한 회사의 설립을 용이하게 하고자 마련된 제도임

(2) 요건
- 사업의 성질이 회사성립 후 2년 이상 그 영업의 전부를 개시하기 불가능한 것(상463)
- 원시정관 규정으로 배당할 주식의 수, 배당기간, 배당률(연5푼 초과 못함)을 정할 것
- 따라서 원시정관에서 정한 기간이 경과하였거나, 기간 전이라도 영업을 전부 개시한 경우에만 건설이자배당 지급 불가
- 정관의 규정은 법원의 인가를 받아야 함(463 ②) → 인가를 받지 못하면 건설이자에 관한 정관의 규정은 효력 없음.
- 정관변경시 법원의 인가를 얻어야 함(463 ②)
- 건설이자에 관한 사항은 회사설립시의 주식청약서(302 ②)에 기재하여야 하고, 등기하여야 함(317 ②)

3.5.12. 회사의 계산

(3) 배당액의 처리 : 주주평등의 원칙에 따라 배당하여야 함.
- 주주는 결산기에 당연히 회사에 대하여 구체적인 건설이자배당청구권을 취득(통설)
- 이연자산으로 처리(상457)
- 개업후 연6푼 이상의 이익을 배당하는 때는 그 초과한 금액 이상의 금액을 상각

(4) 위법한 건설이자배당의 효과
- 규정이 없으므로 위법한 이익배당에 준하여 처리
- 무효. 주주에 대하여 부당이득반환 청구
- 이사의 회사 또는 제3자에 대한 손해배상책임

☞ 기타의 주식배당위법

-신주발행무효의 소(§429 이하) 유추적용.
-단, 납입한 금액의 반환의무는 없음(§432 유추적용 배제)

	효과	주총결의무효확인소송의 성질/회사의 반환청구	채권자의 반환청구권	책임
낙지배당	무효(§462①위반)	확인소송설/부당이득반환 형성소송설/병합청구	가능(§462②) 회사에 반환	§401.399 §414
기타불법배당	무효(§449등 위반)	부당이득반환	불가능	§399
주식배당위법	무효설(다수설) 논거 : 자.충 원칙	학설에 따라 다름 채권자의 반환청구권은 무효설을 따를 때 문제됨	긍정설 논거 : §462② 유추	§399.428 §414 학설대립 주식배당 위법
	유효설 논거 : 금전유출 X 학설에 따라 다름 채권자의 반환청구권은 무효설을 따를 때 문제됨		부정설 논거 : 금전 유출 X §399.428 §414 학설대립	

3.5.12. 회사의 계산

3.5.12.5. 주주의 경리감독
3.5.12.5.1. 주주의 재무제표, 영업보고서 및 감사보고서의 열람권
- 이사는 재무제표, 그 부속명세서, 영업보고서 및 감사보고서를 정기총회 회일의 1주간 전부터 본점에 5년간, 그 등본을 지점에 3년간 비치(상 448①).
- 주주는 영업시간 내에 언제든지 이를 열람할 수 있음. 또한, 회사가 정한 비용을 지급하고 서류의 등본이나 초본의 교부를 청구할 수 있음. 이 권리는 회사채권자에게도 인정됨(448).

3.5.12.5.2. 회계장부열람권
- 재무제표 등 공시서류는 간접적인 정보에 불과하고 분식의 가능성이 있으므로 재무제표를 열람하고도 그 실정을 충분히 파악할 수 없는 경우에는 다시 회계장부를 서면으로 청구하여 열람 · 등사할 수 있음.
- 발행주식의 총수의 100분의 3 이상에 해당하는 주식을 가진 주주는 이유를 붙인 서면으로 회계장부와 서류의 열람 또는 등사 청구(상 466①).
- 회사는 주주의 청구가 부당함을 증명하지 아니하면 이를 거부하지 못함(상 466 ②)

3.5.12.5.3. 검사인을 통한 회사의 업무·재산상태조사권
- 회사의 업무집행에 관하여 부정행위 또는 법령이나 정관에 위반한 중대한 사실이 있음을 의심할 사유가 있는 때에는 발행주식의 총수의 100분의 3 이상에 해당하는 주식을 가진 주주는 회사의 업무와 재산상태를 조사하게 하기 위하여 법원에 검사인의 선임을 청구할 수 있음(상 467①)
- 검사인은 회사의 업무와 재산상태를 조사하고, 그 결과를 법원에 보고하여야 함. 법원은 보고결과에 따라 주주총회의 소집을 명할 수 있음. 이 경우 검사인은 그 조사보고서를 주주총회에 제출하여야 함.

3.5.12. 회사의 계산

3.5.12.6. 회사의 계산에 관한 기타규정

3.5.12.6.1. 회사의 이익공여금지

- 주주의 권리행사와 관련한 재산상의 이익공여를 금지하는 규정(상467조의2)

3.5.12.6.2. 회사사용인의 우선변제권

- 고용관계로 인한 채권(월급 , 상여금 등)이 있는 자는 회사의 총재산에 대하여 우선변제를 받을 권리가 있으나, 질권이나 저당권에는 우선하지 못함(468).

제3편 회사법

3.5.13. 사채
3.5.13.1. 일반사채
3.5.13.2. 특수사채

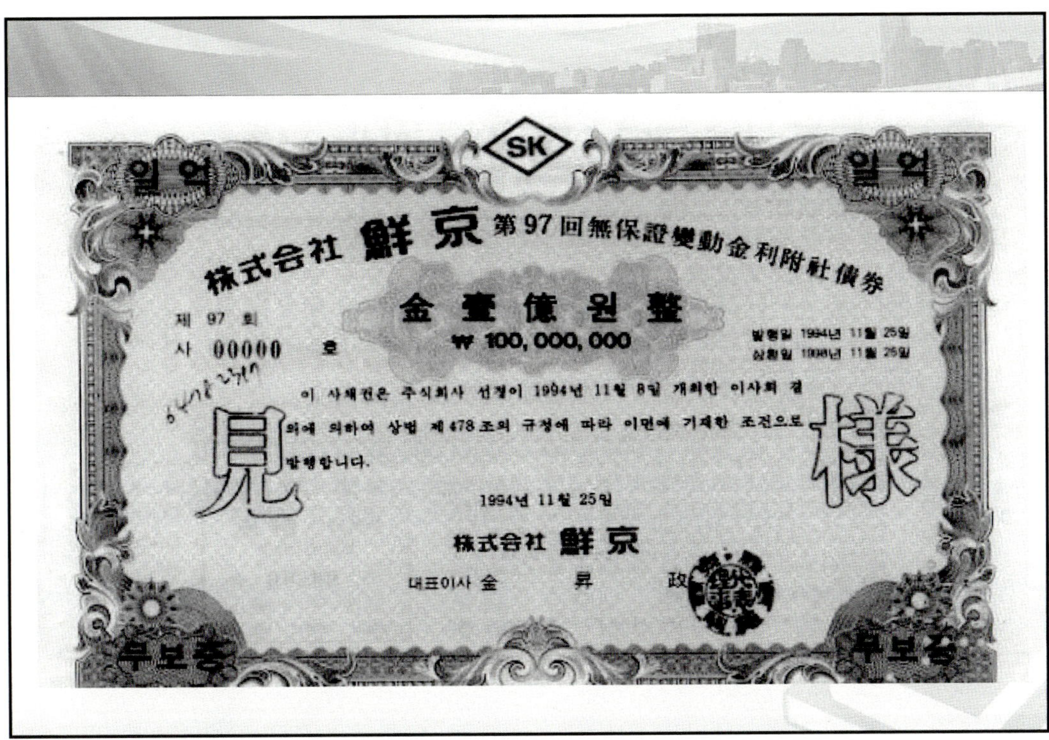

3.5.13. 사채

3.5.13. 사채

3.5.13.1. 일반사채

3.5.13.1.1. 사채의 개념

(1) 사채의 의의
- 회사가 채권발행의 방법에 의해 일반 공중으로부터 집단적·대량적으로 起債하여 부담하는 채무
- 사채의 특징
  ① 공중성 : 불특정인으로부터 자금조달
  ② 집단성 : 다수인으로부터 집단적으로 자금조달
  ③ 계속성 : 상당한 기간 채무가 지속
  ④ 정형성 : 정형화된 단위의 사채금액으로 사채총액이 분할

(2) 사채의 종류 :
- 보통(일반)사채·특수사채 : 특수사채에는 전환사채, 신주인수권부사채, 이익참가부사채, 교환사채, 담보부사채가 있음
- 기명사채·무기명사채 → 지시식 사채는 불인정 되고 있음
- 무담보사채·담보부사채 : 사채를 위하여 물상담보가 설정되어 있는지 여부에 따른 분류
- 현물사채, 등록사채 : 사채의 등록여부에 따른 분류

(3) 사채계약의 법적 성질
  ① 소비대차설
  ② 소비대차에 유사한 무명계약설
  ③ 채권매매설(다수설)
  ④ 절충설

3.5.13. 사채

☞ **사채와 주식과의 관계**

	주식	사채
	양자의 접근	
	* 주식의 사채로의 접근 - 무의결권 주식 - 비참가적·누적적 우선주(고정적 이익배당) - 상환주식	* 사채의 주식으로의 접근 - 전환사채 - 신주인수권부 사채 - 이익참가부사채·교환사채
	유 사 점	
1	이사회의 결의에 의함(416, 469)	
2	신주발행 발행예정주식 총수의 범위 내 가능	최종대차대조표에 현존하는 순 자산액의 4배를 초과하지 못함
3	증권발행, 주권발행	증권발행, 사채권발행
4	액면의 최저법정액(329조, 427 ①)	
5	증권이 기명식인 경우 명의개서(337조, 479) - (주주명부, 사채원부)	
6	자금조달의 일환(주식회사의 대규모 자금조달방법)	

3.5.13. 사채

☞ **사채와 주식과의 관계**

		주식	사채
		차 이 점	
자본구성	1	자기자본, 자본증가, 현물출자가능	타인자본, 회사의 채무, 금전납입만 가능
	2	액면미달발행원칙금지	액면미달발행허용(단 발행총액 및 발행요건에 의한 제한 있음)
	3	전액납입, 상계 불허용	분할납입, 상계 허용(불허용규정 무)
	4	자본구성, 상환불가 → 자기주식 취득금지	상환기한, 상환 허용 → 자기사채 취득가능
	5	액면, 자본금의 단위 균일, 100원이상 - 등기	액면, 채권의 금액 균일, 10000원 이상 - 등기불가
귀속자의 지위	6	사원의 지위, 주주 경영에 참가	회사채권자, 3자의 경영 불참가
	7	이익배당청구, 투기증권	이자지급, 이식증권(투자증권)
	8	회사해산시 잔여재산분배청구권, 사채권자보다 후순위	주주의 잔여재산분배청구권보다 선순위로 변제받음 (잔여재산분배청구권 없음)
	9	자기주식취득 금지	자기사채취득 허용

3.5.13. 사채

3.5.13.1.2. 사채의 모집

(1) 사채발행의 제한

1) 총액의 제한
- 사채의 총액은 최종의 대차대조표에 의하여 회사에 현존하는 순자산액의 4배를 초과 못함(상470)

2) 사채모집의 제한
- 회사는 전에 모집한 사채의 총액의 납입이 완료된 후가 아니면 다시 사채를 모집 못함(상471)

3) 사채금액의 제한(상472)
- 각 사채의 금액은 1만원 이상

(2) 사채발행의 방법

1) 직접발행 : 직접 일반공중으로부터 사채를 모집
2) 간접발행
　① 위탁모집 → 중개자를 개입시켜서 사채를 모집
　② 인수모집 → 수탁회사가 모집후 잔액을 인수하는 것
3) 사채총액의 인수 : 사채총액을 특정회사가 인수(공중보호의 필요 없음, 475). 인수인은 인수한 사채를 매출하여 그 차액을 이득하게 됨
4) 매출발행 : 사채총액을 확정하지 않고 일정기간 중 사채권을 대중에게 매출하는 것. But 채권은 사채금액의 납입이 완료된 후가 아니면 발행할 수 없도록 되어 있으므로(478), 일반 주식회사의 경우에는 매출발행 불가

3.5.13. 사채

(3) 사채발행의 절차
- 이사회 결의(§469) → 인수(§474, §475) → 납입(§476, 분할납입가능.상계 가능)

1) 발행의 결정 : 이사회 결의사항(상469) → 사채의 총액, 각 사채의 금액, 이율, 발행가액, 상환방법 및 기한 등의 사채 주요 내용을 정하여야 함
2) 사채계약의 성립
- 청약 : 사채청약서주의(상474). 단 총액인수와 사채모집의 수탁회사가 인수하는 일부에 대하여는 사채청약서에 의할 필요가 없음(475)
- 배정 : 청약에 대해 기채회사 또는 수탁회사가 배정을 함으로써 사채계약이 성립됨(자유배정)
3) 납입 : 사채의 모집 완료시 지체없이(상476①)
4) 등기불요 : 일반사채의 경우에는 등기가 필요 없으나, 전환사채, 신주인수권부사채 및 이익참가부사채는 등기를 요함

(4) 법률관계
1) 수탁회사의 지위 : 사채상환청구권, 사채권자집회 소집권
2) 사채권자집회 : 회사의 기관은 아니나 비용은 회사가 부담

3.5.13. 사채

☞ **일반모집방법(공모발행)**

모집	총액 인수			기채회사와 특정인간의 계약으로 특정인으로 하여금 사채총액을 일괄하여 인수시키는 방법. 사채청약서 불요(불요식서면)
	공모	직접		기채회사가 직접 공중으로부터 모집
		간접	위탁	– 회사가 다른 회사(수탁회사)에 사채발행 사무를 위탁 – 수탁회사 명의로 청약·배정·납입
			인수(도급/ 위탁인수모 집)	위탁모집의 한 형태로 도급자인 인수모집자가 위탁모집시 응모액이 사채**총**액에 미달하는 경우 그 부족분을 인수(전액인수를 위해 인수단(Syndicate) 구성)
	매출 발행			회사가 직접 사채발행 사무를 보는 것(대리인에 의한 모집 포함)

3.5.13. 사채

3.5.13.1.3. 사채의 유통
(1) 채권(債券)의 발행
- 사채계약 상의 권리를 표창하는 유가증권으로서 기명식, 무기명식의 형식이 있고(상480), 그 발행시기는 사채금액의 납입완료 후(상478①)

(2) 사채원부
- 사채권자 및 채권에 관한 사항을 기재한 장부로서 이사는 법정사항을 기재하고(상488) 이를 본점에 비치(상396).
- 사채원부에 성명과 주소가 기재되면 회사에 대한 기명사채 이전의 대항요건이 발생
- 사채등록부 : 공사채등록법에 의한 사채 등의 이전 또는 담보설정 등의 등록을 하는 경우의 장부

(3) 사채의 양도
1) 기명사채 : 의사표시와 채권의 교부로 효력발생. 성명과 주소를 사채원부에, 그 성명을 채권에 기재하지 않으면 회사·제3자에게 대항하지 못함(479①)
2) 무기명사채 : 채권의 교부

무기명사채의 양도 → 양수인에게 채권을 교부함으로서 효력이 발생	기명사채의 양도 → 양도의 의사표시에 의하여 그 효력이 발생
무기명사채의 입질 → 질권자에게 채권을 교부함으로서 효력이 발생	질권설정의 의사표시와 채권을 질권자에게 교부함으로서 질권설정의 효력이 발생

(4) 사채의 입질
- 상법상 규정 없음, 민법의 규정준용
1) 기명사채 : 채권을 질권자에게 교부(민347), 회사에 질권설정 사실 통지하면 회사에 대항
2) 무기명사채 : 채권을 질권자에게 교부, 채권의 계속 점유 – 제3자에 대항

3.5.13. 사채

3.5.13.1.4. 사채의 양도와 선의취득
- 무기명사채권은 유가증권이고, 이를 점유하면 적법한 권리자로 추정되므로 선의취득이 인정됨(65, 민 524, 514)
- 기명사채권은 기명증권으로서 그 점유에 자격수여적 효력이 없으므로 선의취득이 인정되지 않음

3.5.13.1.5. 사채의 이자지급과 상환
(1) 이자의 지급
① 이율 : 사채청약서, 사채원부, 채권에 기재(이자 지급청구권의 소멸시효 → 5년)
② 이권(利券) : 이자 지급청구권을 표창하는 유가증권. 무기명사채의 경우에 이권 제시로 이자 수령하며 사채권 제시는 불요(상486)

(2) 사채의 상환
① 의의 : 기채회사가 사채권자에게 채무를 변제, 사채의 법률관계를 종료시키는 것
② 만기 상환금액은 권면액이 원칙이나 권면액을 초과할 때는 모든 사채권자에게 동률이어야 함(상473)
③ 사채의 상환은 債券과 상환으로 함

3.5.13. 사채

(3) 기채회사의 불공정행위에 대한 수탁회사의 취소의 소
- 기채회사의 어느 사채권자에 대한 변제 등이 현저하게 불공정한 때 사채모집의 수탁회사가 소만으로 그 행위의 취소 청구가능(상511)
- 제소기간은 수탁회사가 그 사실을 안 날로부터 6월, 그 행위가 있은 날로부터 1년 내임(511 ②, 512)
(4) 수탁회사가 있는 경우의 상환
- 수탁회사는 사채권자를 위하여 사채의 상환을 받음에 필요한 재판상, 재판 외의 모든 행위를 할 권한 있음.
- 수탁회사가 이 권한을 행사하여 상환금을 수령시 지체없이 그 뜻을 공고하고 알고 있는 사채권자에게는 각별로 통지하여야 함(상484)
(5) 시효
- 10년의 시효로 상환청구권 소멸(상487). 단 이자 및 이권 소지인의 이권공제액 지급청구권의 경우에는 상사채권의 소멸시효기간(5년)이 적용

3.5.13.1.6. 수탁회사
(1) 의의 : 사채의 발행회사로부터 사채모집의 위탁을 받은 회사를 말하며, 은행, 신탁회사 또는 증권회사에 한하여 수탁회사가 될 수 있음
(2) 권한과 의무
- 사채모집에 관한 본래의 권한(상476)
- 사채의 상환을 받는데 필요한 모든 행위를 할 수 있는 권한(상484)
- 기채회사의 부정행위에 대한 취소의 소를 제기할 수 있는 권한(상511)
- 사채권자집회의 소집 기타에 관한 권한(상491)
- 수탁회사의 의무 : 사채 상환의무, 사채권자집회 소집권, 보수의 우선권, 공동수탁회사

3.5.13. 사채

3.5.13.1.7. 사채권자집회

(1) 의의
- 사채권자의 이익을 보호하기 위하여 동일종류의 사채권자로써 조직되어 사채에 관한 일정한 중요사항을 결의하는 임시적 의결단체임

(2) 소집
1) 소집권자
① 기채회사, 수탁회사, 소수사채권자(1/10이상)(상491①)
② 소수사채권자는 양 회사에 대하여 소집청구가능(상491②) : 소집이 없으면 법원의 허가를 얻어 직접 소집(상491③, 366②)
③ 무기명사채를 발행한 경우에는 회일의 3주간 전에 집회를 소집하는 뜻과 회의의 목적사항을 공고하여야 함 (510 ①, 363 ③). 무기명식 사채권자가 집회를 소집하거나 의결권 행사시 공탁하여야 함(491, 492)
2) 소집절차 : 주주총회 소집절차 준용

(3) 결의사항(상490)
① 수탁회사의 해임 및 사임(상481, 482)
② 수탁회사의 사무승계자의 결정(상483)
③ 사채발행회사의 대표자출석 요구(상494)
④ 사채권자집회의 대표자 선임(상500)
⑤ 위임사항 변경, 기한의 이익 상실, 자본감소의 경우의 이의제기 등
⑥ 사채권자의 이해에 중대한 관계가 있는 사항으로서 법원의 허가를 얻는 것(490)

3.5.13. 사채

(4) 결의
① 의결권은 사채의 최저액마다 1개이며, 무기명사채권자는 회일의 1주간 전에 공탁하여야 함(490)
② 결의방법 → 주주총회의 특별결의준용(원칙)
③ 수탁회사의 사임·해임, 발행회사의 대표자 출석요구는 보통결의로 가능(495 ②)
④ 의사록 작성 : 본점에 비치(510, 373)
⑤ 결의의 집행 : 사채총액의 1/500이상 가진 사채권자 중에서 1인 또는 수인의 대표자선임을 하여 그 결의사항의 결정을 위임할 수 있고(상500①) 수인의 대표자의 경우는 그 과반수로 결정(상500②)
⑥ 결의의 효력 :
- 社債權者集會의 決議는 法院의 認可를 얻음으로써 그 效力이 생김(498 ①)
- 社債權者集會의 決議는 결석자나 반대자를 포함한 總社債權者에 對하여 그 效力이 있음(498 ②)
- 제496조(결의의 인가의 청구) 사채권자집회의 소집자는 결의한 날로부터 1주간내에 결의의 인가를 법원에 청구하여야 함.
- 법원의 사채권자결의의 불인가의 사유(497)
- 사채권자집회소집의 절차 또는 그 결의방법이 법령이나 사채모집의 계획서의 기재에 위반한 때 → 법원은 결의의 내용 기타 모든 사정을 참작하여 결의를 인가할 수 있음
- 결의가 부당한 방법에 의하여 성립하게 된 때 → 법원은 결의의 내용 기타 모든 사정을 참작하여 결의를 인가할 수 있음
- 결의가 현저하게 불공정한 때
- 결의가 사채권자의 일반의 이익에 반하는 때
⑦ 비용과 보수의 부담
- 사채권자집회에 관한 비용은 사채를 발행한 회사가 부담함(508 ①)
- 법원결의의 인가 청구에 관한 비용은 회사가 부담. 그러나 법원은 이해관계인의 신청에 의하여 또는 직권으로 그 전부 또는 일부에 관하여 따로 부담자를 정할 수 있음(508 ②)

3.5.13. 사채

3.5.13.2. 특수사채
- 특수사채에는 상법상 전환사채와 신주인수권부사채가 있고, 증권거래법상 이익참가부사채(증거 제191의4), 교환사채(증거 제191의4) 등이 있으며, 그밖에 담보부사채신탁법상 담보부사채, 옵션부사채 등이 있음

3.5.13.2.1. 전환사채
(1) 의의
- 사채권자에게 일정한 조건에 따라 사채를 주식으로 전환할 수 있는 권리를 인정한 것으로 유리한 조건을 제시하여 회사의 자본조달 용이하게 해줌
- 전환사채(轉換社債)는 사채권자의 일방적 청구에 의해서 소정의 전환기간 내에 전환조건에 따라 사채발생회사의 주식으로 전환할 수 있는 권리가 인정된 사채를 말함. 사채의 확실성과 주식의 투기성을 겸비한 사채임.
- 전환조건은 전환비율방법과 전환가액방법이 있음. 전환비율방법은 사채액면액당 주식 몇 주로 정하며, 전환가액방법은 주식 1주에 대하여 사채액 몇 원이라고 정함.
- 전환가액방법은 시가전환방식과 액면전환 방식이 있음.

구분	회사	전환사채권자
장점	●자금조달용이 ●전환권행사시 재무구조 개선	●투자의 안전성과 투기성 겸비
단점	●잠재적 주식으로 인한 주가하락 가능성 ●주식전환시까지 자본구조 불확실 ●지배관계에 영향을 미침	●보통의 사채보다 고가로 인수 ●주식가치의 하락 : 전환권을 유명무실하게 만들 수도 있음.

3.5.13. 사채

(2) 발 행
- 전환사채의 발행에도 사채발행의 제한과 관련한(발행한도, 재모집, 금액, 상환시 동률) 규정이 적용됨
- 전환 사채는 주주에 대한 발행 또는 제3자에 대한 발행에 관한 사항을 결정하여야 하며, 전환사채의 총액은 전환으로 인하여 발행할 주식의 총액과 같아야 하며(516②, 348 준용), 발행은 등기사항임.

1) 발행의 결정
① 주주에게 발행 : 원칙은 이사회, 정관으로 주주총회(상513②)
- 주주에 대한 전환사채의 발행은 원칙적으로 이사회의 권한임. 정관으로 주주총회 사항으로 정하지 않는 한 이사회가 결의하며, 주주에 대한 배정이므로 주식수에 따라 배정함(513의2①).
- 이사회는 발행총액, 조건, 전환으로 인하여 발행할 주식의 내용, 그 전환청구기간(513②)을 정함.
- 회사는 일정한 날을 정하여 그 날(기준일)에 주주명부에 기재된 주주가 전환 사채의 배정을 받을 권리를 가진다는 뜻을 그 기간의 초일의 2주 전에 이를 공고하여야 함(513의2②, 418③).
- 전환 사채의 인수권을 가진 주주에 대하여 배정일까지 청약을 하지 아니하면 권리를 상실한다는 실권예고부최고를 하여야 함(513의 3, 419 준용). 무기명 주식을 발행한 때에는 이를 공고하여야 함.
② 비주주에게 발행 : 정관에 규정이 없으면 주주총회의 특별결의사항
- 정관에 정함이 있거나(신기술의 도입, 재무구조개선 등의 경영상 목적 달성을 위하여 필요한 경우. 513③ 단서) 또는 주주총회의 특별결의로 주주 외의 자에게도 전환사채를 배정할 수 있음(513③).
- 주주 외의 자에 대하여 전환사채를 발행하는 경우에 그 발행할 수 있는 전환사채의 액, 전환조건, 전환으로 인하여 발행할 주식의 내용과 전환을 청구할 수 있는 기간에 관하여 정관에 규정이 없으면 주주총회의 특별결의로 이를 정하여야 함.
- 주주총회의 소집통지와 공고시에는 전환사채의 발행에 관한 의안의 요령을 기재하여야 함(513④).
③ 주주는 소유주식의 수에 따라 전환사채의 배정을 받을 권리 있음

3.5.13. 사채

2) 주주에 대한 최고(실권예고부최고)
- 주주에게 발행하는 경우 각 주주에 대하여 인수권을 가지는 전환사채의 액, 발행가액, 전환의 조건, 전환으로 인하여 발행할 주식의 내용, 전환권 청구기간, 일정한 기일에 전환사채의 청약을 하지 않으면 그 권리를 잃는다는 뜻을 그 기일의 2주간 전에 통지 또는 공고하여야 함(513의3 1항, 2항)

3) 청약과 납입
- 전환사채의 청약은 사채청약서에 의함(514). 전환사채에 관하여는 사채청약서와 채권 및 사채원부에 사채를 주식으로 전환 할 수 있음은 뜻, 전환조건, 전환으로 인하여 발행할 주식의 내용, 전환청구기간, 주식의 양도에 관하여 이사회의 승인을 얻도록 정한 때에는 그 규정을 기재하여야 함.
① 사채계약의 성립 : 청약은 사채청약서에 의하여야 하며, 사채청약인의 청약과 기채회사 또는 수탁회사가 배정함으로써 성립함.
② 납입 : 사채모집이 끝나면 이사는 지체 없이 인수인에게 사채의 전액납입 또는 제1회 납입을 시켜야 함(476).
③ 등기 : 납입이 완료된 날로부터 본점소재지에서 2주 내에 등기하여야 함(514의2①).
- 등기사항은 전환사채의 총액, 각 전환사채의 금액, 각 전환사채의 납입금액과 사채청약서 . 사채원부에 기재하여야 할 사항도 포함하는데, 그 내용은 사채를 주식으로 전환할 수 있음은 뜻, 전환조건, 전환으로 인하여 발행할 주식의 내용, 전환을 청구할 수 있는 기간임(514의2, 476).
- 외국에서 전환사채를 모집한 경우에 등기할 사항이 외국에서 생긴 때에는 등기기간은 그 통지가 도달한 날로부터 기산함(514의2④).
④ 전환사채의 불공정한 발행
- 전환사채의 불공정한 발행은 신주발행의 경우와 같이 법령 또는 정관을 위반하거나 현저하게 불공정한 방법에 의하여 주주에게 불이익이 발생할 염려가 있는 때에는 주주는 전환사채발행유지청구권을 행사할 수 있음(516①, 424).
- 이사와 통모하여 불공정한 가액으로 전환사채를 인수한 자는 차액지급의무가 발생함(516①. 424의①).

3.5.13. 사채

- 소수주주의 대표소송(516①, 424의②, 403~406 준용)에 의한 책임 추궁과 이사의 손해배상책임(516①, 424의2③, 400~401 준용)에 관한 규정도 적용함.

(3) 전환
1) 전환권의 성질 : 형성권
2) 전환의 청구 : 청구서 2통에 채권을 첨부, 회사에 제출(상515①)
- 전환을 청구하는 자는 전환청구서(轉換請求書) 2통과 채권(債券)을 회사에 제출함(515①).
- 전환사채권자는 전환청구기간 내에 청구를 하여야 하며, 주주명부 폐쇄기간 중에도 전환청구를 할 수 있음(349③삭제).
- 의결권이 있는 주식으로 전환이 되었다고 하더라도 그 기간 중에 개최된 총회의 결의에는 의결권을 행사하지 못함(516②, 350② 준용).
3) 전환의 효력
① 효력발생시기
- 전환사채권자가 전환을 청구한 때에 효력이 발생함(전환권은 형성권. 516③, 350①).
- 이때 전환사채권자는 새로 발행된 주식의 주주가 되므로 전환사채는 소멸하고 신주발행 효력을 가짐
② 이익배당
- 사채의 이자지급이나 주식에 대한 이익이나 이자배당에 관하여는 영업연도 중에는 계산하기가 어려운 점을 감안하여 전환을 청구한 때가 아니라 청구한 때가 속하는 그 영업연도말에 전환된 것으로 봄(516②, 350③ 준용).
- 그러나 그 신주에 대한 이익이나 이자의 배당에 관하여는 정관이 정하는 바에 따라 그 청구를 한 때가 속하는 영업연도의 직전 영업연도말에 전환된 것으로 할 수 있음.
② 전환으로 발행하는 주식의 발행가액은 전환전의 사채의 발행가액으로 함(상348)
③ 자본의 증가. 미발행주식의 유보 전환기간 중에는 전환가액에 상당하는 미발행주식을 유보하여야 함(516①, 346② 준용).

3.5.13. 사채

④ 질권의 물상대위(516②, 339 준용).

4) 등기(§514의2) : 일반사채는 등기사항 아니지만 전환사채는 등기사항이고 전환권을 행사하여 전환의 효력이 생기면 발행주식 총수와 자본액이 증가하므로 소정기간 내에 변경등기를 하여야 함

(4) 불공정한 전환사채에 대한 구제(§516①)

1) 유지청구권 및 차액지급의무

- 사채발행유지청구(516 ①, 424), 주주의 대표소송(516 ①, 424의2 ②), 무효소송에 관해 준용규정이 없음, 손해배상책임, 불공정가액으로 인수한 자의 차액지급의무(424의2)

2) 전환사채발행무효의 소

- 전환사채의 발행에 무효사유가 있는 경우에는 신주발행무효의 소에 관한 상법 제429조 이하의 규정을 유추적용하여 주주·이사·감사에 한하여 회사를 상대로 전환사채 발행무효의 소를 제기할 수 있음(판례)

- 429조는 신주발행무효사유를 규정하고 있지 않으므로 결국 전환사채발행무효사유는 학설과 판례에 의해 정립되어야 할 것임

3.5.13. 사채

3.5.13.2.2. 신주인수권부사채

(1) 의의

- 사채발행시 사채권자 또는 신주인수권증권의 정당한 소지인에게 일정한 가액에 신주를 인수할 수 있는 권리를 부여하는 사채

- 사채권을 표창하는 유가증권인 채권과 신주인수권을 표창하는 유가증권인 신주인수권증권을 별도로 발행하는가에 따라 분리형과 비분리형이 있음

- 신주인수권부사채(新株引受權附社債)는 회사가 발행하는 사채에 신주인수권(회사가 신주를 발행하는 경우 사채권자가 신주를 인수할 수 있는 권리)이 부착된 사채를 말하는데, 분리형과 비분리형(비분리형이 원칙임. 516의2②4호)이 있음.

- 분리형은 사채권과 신주인수증권이 분리된 것으로서 양도시에는 사채와 신주인수권을 따로 양도할 수 있으나, 비분리형은 사채권에 신주인수권이 포함되어 있기 때문에 신주인수권을 양도하는 경우에는 사채와 함께 양도하여야 함.

- 신주의 발행가액의 합계액(사채권자의 신주인수권 행사로 인하여 발행할 주식가액의 합계액)은 각 신주인수권부사채의 금액을 초과하지 못함(516의2③). 기타 사채발행의 제한규정이 적용됨

- 종류 : 비분리형 / 분리형, 대용납입이 인정되는 것과 인정되지 않는 것

3.5.13. 사채

☞ 전환사채와 신주인수권부사채의 구별

		전환사채	신주인수권부사채	
			대용납입	대용납입 X
공통점		1. 경제적 기능 : 사채의 안전성과 주식의 투기성 병유 2. 발행절차 (1) 인수권자 : 주주(원칙), 제3자(예외) (2) 주주배정시 : 이사회, 정관유보로 주총에서 가능 (3) 제3자 배정시 : 주총 특별결의 필요 (4) 배정일의 지정.공고, 실권예고부청약최고 (5) 사채계약의 성립 및 납입, 채권의 발행 3. 자본의 증가 4. 미발행수권자본의 유보필요성 5. 불공정발행에 대한 조치 6. 등기		
차이점	증권 및 양도	채권만 발행(단일증권)	분리형(복수증권) 증권 및 양도채권만 발행(단일증권)	
			비분리형(단일증권)	
	행사방법	청구서 + 채권	분리형(청구서 + 신주인수권증권) / 행사방법 : 청구서 + 채권	
			비분리형(청구서 + 채권)	
	금액제한	사채총액 = 주식총액	사채총액 ≥ 주식총액	
	신주의 효력 (주주) 발생시기	전환 청구시	신주발행 청구시	발행가액 납입시
	경제적 기능	자금조달 없음(자본증가 X)		자금조달 있음(자본증가 O)
	납입	납입불요		납입필요
	존속관계	사채소멸		사채존속
	질권의 물상대위	가능		불가능

3.5.13. 사채

(2) 발행

1) 발행의 결정

① 주주에게 발행 : 이사회결의사항, 정관으로 주주총회 보통결의(상516의2 2항)

- 신주인수권부사채의 발행은 원칙적으로는 이사회의 권한임(516의2②7호).

- 정관으로 주주총회의 사항으로 정하지 않는 한 이사회가 결의하며, 주주에 대한 배정이므로 주식수에 따라 배정함.

- 이사회는 신주인수권부사채의 총액, 각 신주인수권부사채에 부여된 신주인수권의 내용, 주주에게 신주인수권부사채를 발행하는 것 등(516의2②)을 결정하여야 함.

- 회사는 일정한 날을 정하여 그 날에 주주명부에 기재된 주주가 신주인수권부사채의 배정을 받을 권리를 가진다는 뜻을 그 날의 2주 전에 공고하여야 함. 그 날이 주주명부 폐쇄기간 중인 때에는 그 기간의 초일의 2주 전에 이를 공고하여야 함(516의 10, 513의2②, 418③ 준용).

- 신주인수권부사채의 인수권을 가진 주주에 대하여 배정일까지 청약을 하지 아니하면 권리를 상실한다는 최고를 하여야 함(516의3). 주주가 신주인수권부사채의 인수권을 가진 경우에는 각 주주에 대하여 인수권을 가지는 신주인수권부사채의 액, 신주발행가액(총액), 신주인수권의 내용, 신주인수권을 행사할 수 있는 기간, 일정한 기일까지 신주인수권부사채의 청약을 하지 아니하면 그 권리를 잃는다는 뜻을 통지하여야 함.

- 신주인수권만을 양도할 수 있는 경우에는 그 뜻, 신주인수권을 행사하려는 자의 청구가 있는 때에는 신주인수권부사채의 상환에 갈음하여 그 발행가액에 대한 대용납입(代用納入)이 가능하다는 뜻의 정함이 있는 경우에는 그 내용도 통지하여야 함. 무기명주식으로 발행한 때에는 이를 공고하여야 함. 절차는 신주발행에 관한 규정을 준용함(419②~④)

3.5.13. 사채

② 비주주에 대한 발행 : 정관에 규정이 없으면 주주총회의 특별결의사항(상516의2 4항)
- 신기술의 도입, 재무구조의 개선 등 회사의 경영상 목적을 달성하기 위하여 필요한 경우
- 정관에 정함이 있거나(신기술의 도입, 재무구조개선 등의 경영상 목적 달성을 위하여 필요한 경우(516의2④ 단서) 또는 주주총회의 특별결의로 주주 외의 자에게도 신주인수권부사채를 발행할 수 있음(516의2④).
- 주주 외의 자에 대하여 신주인수권부사채를 발행하는 경우에는 그 발행할 수 있는 신주인수권부사채의 액, 신주인수권의 내용과 신주인수권을 행사할 수 있는 기간에 관하여 정관에 규정이 없으면 주주총회의 특별결의로 이를 정하여야 함.
- 주주총회 소집통지와 공고시에는 신주인수권부사채의 발행에 관한 의안 요령을 기재하여야 함(516의10, 513④ 준용).

2) 주주에 대한 최고 : 실권예고부최고 → 전환사채와 동일
3) 발행사항 결정
4) 발행가액의 제한
- 신주인수권의 행사로 인하여 발행할 주식의 발행가액의 합계액은 각 신주인수권부사채의 금액을 초과할 수 없음(상 516의2 ③)
5) 발행절차
- 전환사채의 경우와 거의 유사하지만 주주에 대한 최고사항, 사채청약서 등의 기재사항, 등기사항 등에서 약간의 차이가 있음.

3.5.13. 사채

6) 청약과 납입
① 사채계약의 성립 : 청약은 사채청약서에 의하여야 하며, 사채청약인의 청약과 기채회사 또는 수탁회사가 배정함으로써 성립함.
② 납입 : 사채모집이 끝나면 이사는 지체 없이 인수인에게 사채의 전액납입 또는 제1회 납입을 시켜야 하는데 (476), 납입은 채권 또는 신주인수권증권에 기재한 은행 기타 금융기관의 납입장소에 한다 (516의8④, 306, 308).
③ 등기 : 납입이 완료된 날로부터 본점소재지에서 2주 내에 등기하여야 함(516의7, 514의2① 준용).
- 등기할 사항은 신주인수권부사채라는 뜻, 신주인수권의 행사로 인하여 발행할 주식의 발행가액의 총액, 각 신주인수권부사채의 금액 및 납입금액, 신주인수권부사채의 총액, 각 신주인수권부사채에 부여된 신주인수권의 내용, 신주인수권을 행사할 수 있는 기간임(516의7① 1호~5호).
- 등기할 사항을 제외한 기타 내용은 전환사채의 등기와 같음.외국에서 신주인수권부사채를 모집한 경우에 등기할 사항이 외국에서 생긴 때에는 등기기간은 그 통지가 도달한 달부터 기산함.
- 신주인수권부사채의 불공정한 발행은 신주발행의 경우와 같이 법령 또는 정관을 위반하거나 현저하게 불공정한 방법에 의하여 주주에게 불이익이 발생할 염려가 있는 때에는 주주는 유지청구권을 행사할 수 있음(516의10, 516①, 424 준용).
- 이사와 통모하여 불공정한 가액으로 신주인수권부사채를 인수한 자(516의10, 516①, 424의2① 준용)는 차액지급의무가 발생함.
- 소수주의 대표소송(516의10, 516①, 424의2② 준용)에 관한 규정과 이사의 손해 배상책임(516의10, 516①, 424의2① 준용)에 관한 규정도 적용함.

3.5.13. 사채

(3) 신주인수권의 양도
1) 비분리형 → 사채권과 함께 양도
2) 분리형 → 신주인수권증권의 교부에 의함
① 채권과 별도로 신주인수권증권 발행(상516의5①)
② 양도 → 양도의사표시 + 신주인수권증권의 교부(상516의6①)
- 신주인수권의 양도는 자유이며, 분리형과 비분리형의 사채는 양도방법에 차이가 있음.
- 분리형은 신주인수권증권의 교부(신주인수권만 양도)로써만 양도할 수 있으나(516의6①), 비분리형은 신주인수권증권이 발행되지 않으므로 채권과 함께 양도하여야 하는 불편이 있는데 이는 신주인수권을 행사할 때에도 같음

(4) 신주인수권증권
1) 의의 : 신주인수권을 표창하는 유가증권
2) 기재사항 : 법정사항기재, 이사의 기명날인 또는 서명
3) 신주인수권의 양도, 증권의 선의취득·상실
- 신주인수권의 양도는 신수인수권증권의 교부에 의하여 양도.
- 점유자는 적법한 소지인으로 추정 → 자격수여적 효력(상516의6 ②)
- 채권의 상실에 대해 제권판결과 재발행도 인정
4) 신주인수권증서와의 차이점

3.5.13. 사채

☞ 신주인수권증서와 신주인수권증권 비교

		신주인수권증서	신주인수권증권
	공통점	1. 신주인수권을 표창하는 '유가증권' 2. 점유자의 적법소지 추정, 선의취득 인정 3. 교부에 의해 양도	
차이점	발행대상	주주	사채권자
	기재사항	§420-2 ②	§516-5②
	발행재량	주주의 청구에 의해(§420-2①)	분리형의 경우 필수적(§516-5①)
	이용기간	단기간	장기간
	제권판결	불인정(주식청약서로 청약 가능)	(비교적 장기)인정(§516-6②, §360)
	청약의 효력	신주인수권증서의 효력	신주인수권증권은 단순한 첨부문서
	행사방법	신주인수권증서에 의해	별도의 청구서에 의해

3.5.13. 사채

(5) 행사
1) 행사방법과 주금액의 납입 : 신주인수권을 행사하려는 자는 2통의 청구서에 소정사항을 기재하여 회사에 제출하고, 신주발행가액의 전액을 납입하는 것을 원칙으로 함(516의8①). 납입장소는 채권 또는 신주인수권증권에 기재된 은행 기타 금융기관으로 함(516의8④, 306, 308).
2) 행사의 효과
① 납입방법에 따른 효력발생시기
▶ 현금납입(516의8 ①) : 납입한 때에 효력이 발생함.
▶ 대용납입의제(516의2 ② 5호) : 신주발행청구서(채권을 첨부함)를 제출한 때에 효력이 발생함.
 ─ 대용납입은 주금액 납입을 현금으로 하는 대신에 신주인수권자가 회사에 대하여 행사할 수 있는 사채원금상환청구권으로 납입을 갈음하는 것으로서 법적 성질을 상계라고 봄(다수설).
 ─ 그러나 주금액납입은 상계를 인정하지 않기 때문에 일반적으로 대용납입이라고 함.
② 신주인수권행사의 효과
 ─ 회사는 신주발행으로 인하여 자본이 증가하므로 본점소재지에 2주 내에 변경된 사항을 등기하여야 함(516의10 ①, 351준용). 대용납입시에 질권자는 신주에 대하여도 물상대위권을 행사할 수 있음.
 ─ 신주발행을 위한 미발행주식을 유보하여야 함.
 ─ 신주인수권의 행사를 주주명부폐쇄기간 중에 한때에는 그 기간 중에 개최된 총회의 결의에서는 의결권을 행사하지 못하며(516의9, 350②), 그 신주에 대한 이익이나 이자의 배당에 관하여는 정관이 정하는 바에 따라 그 청구를 한 때가 속하는 영업연도의 직전 영업연도 말에 행사한 것으로 할 수 있음.

(6) 발행·변경등기
 ─ 신주인수권부사채의 납입이 완료되면 그 날로부터 본점소재지에서 2주 내에 소정의 등기를 하여야 함(516조의7, 514조의2 ①)
 ─ 발행주식총수와 자본의 총액증가로 인한 변경등기(516조의7 ②)

3.5.13. 사채

3.5.13.2.3. 이익참가부사채
(1) 의의
 ─ 사채권자가 사채의 이율에 따른 이자를 받는 외에 이익배당에도 참가할 수 있는 권리가 인정된 사채(증거법 시행령 84의12).
(2) 특징
 ─ 사채의 안전성 + 주식의 투기성
(3) 발행
 ─ 상장법인 또는 등록법인만이 발행할 수 있음

3.5.13.2.4. 교환사채
(1) 의의
 ─ 사채권자가 사채발행 법인이 소유하고 있는 상장유가증권 또는 협회등록유가증권(취득한 자기주식을 포함)과의 교환을 청구할 수 있는 권리가 부여된 사채로서 상장법인 도는 등록법인만이 발행할 수 있음(증거법 191의4, 동법 시행령 제84의13)
(2) 전환사채와의 이동
(3) 발행
 ─ 상장회사만이 발행

3.5.13. 사채

3.5.13.2.5. 담보부사채
(1) 의의
- 담보부사채라 함은 사채권을 담보하기 위하여 물상담보가 붙여진 사채를 말함.
- 인적 담보가 붙여진 사채는 보증사채라고 하며 담보부사채와 구별됨
(2) 수탁회사
- 담보의 수탁회사는 기채회사와의 신탁계약에 의하여 물상담보권을 취득하고, 이것을 총사채권자를 위하여 보존·실행하여야 함(동법 60)
(3) 사채권자집회

3.5.13.5.6. 옵션부사채
- 옵션부사채는 금리 등 여건변화에 따라 발행기업에게 매입소각권(call option)을 부여하는 반면 채권투자자에게는 상환청구권(put option)을 인정하는 제도
- 옵션부사채는 일정한 조건이 충족되면 사채상환기일 전이라도 발행회사가 사채의 원리금을 중도에 상환하거나, 사채권자가 사채원리금의 상환을 발행회사에 청구할 수 있는 권리(option)가 부여된 사채

제3편 회사법

3.5.14. 주식회사의 변경제도

3.5.15. 정관의 변경

3.5.15.1. 정관변경의 의의
3.5.15.2. 정관변경의 절차
3.5.15.3. 정관변경의 효력
3.5.15.4 정관변경에서의 특수한 문제

3.5.14 주식회사의 변경제도

주식회사의 조직변경에는 내부적 변경과 외부적 변경으로 구분 할 수 있음.

내부적 변경

* 정관의 변경
* 자본의 감소

외부적 변경

* 주식회사 → 유한회사
* 합병,분할
* 주식의 포괄적 교환·이전 등

3.5.15. 정관의 변경

3.5.15.1 정관변경의 의의
- 정관은 회사 설립시에 작성되는데 사업의 목적이나 자본에 관한 사항 등 회사와 관련된 기본적 사항들이 기재됨.
- 정관 변경이란 정관의 기재사항을 추가, 삭제하거나 수정하는 것을 말함. 다시 말해 회사와 관련된 근본적 규칙을 변경 하는 것을 말함.

3.5.15.2. 정관변경의 절차
(1) 주주총회 특별결의
① 정관변경을 위해서는 주주총회의 특별결의를 요함.
② 주주총회의 소집과 통지에는 의안의 요령을 기재해야 함.
③ 주주총회 특별결의 : 출석한 의결권의 2/3이상의 다수의 찬성과 발행주식총수의 1/3이상을 요함.

(2) 종류주주총회
① 회사가 정관규정으로 수종의 주식을 발행한 경우
② 정관의 변경이 특정 종류의 주주들에게 손해를 끼치게 되는 경우
③ 특정종류 주주들의 종류주주총회를 요함.
④ 종류주주총회 : 발행주식총수의 $\frac{1}{3}$이상과 출석한 의결권의 2/3이상의 다수의 찬성을 요함.

(3) 등기
- 정관변경이 등기사항의 변경을 생기게 하는 경우에는 그 변경등기를 하여야 함(상 317 ③, 183).

3.5.15. 정관의 변경

3.5.15.3. 정관 변경의 효력
- 정관변경의 효력은 주주총회의 결의와 동시에 발생하며 원시정관과 달리 공증인의 인증은 필요 없음.
- 그러므로 정관변경의 결의에 따르는 정관서면의 경정은 사후적 절차에 불과하므로 정관변경의 효력발생을 위한 요건이 아님.

3.5.15.4. 정관변경에서의 특수한 문제
(1) 수권주식수의 증감 : 수권주식수는 정관의 절대적 기재사항이므로 정관변경 요함
(2) 주금액의 변경
- 주금액의 인상 : 추가납입은 주주유한책임에 반하며, 주식병합시 단주는 주주평등의 원칙에 반하므로 총주주의 동의가 있어야 함(통설)
- 주금액의 인하 : 주금액의 인하는 주총의 특별결의, 주금액의 인하로 자본감소가 생기는 경우에는 자본감소절차를 거쳐야 함. 이 경우에도 100원 미만이어서는 안됨

제3편 회사법

3.5.16. 자본의 감소

3.5.16.1. 의의
3.5.16.2. 감자의 방법
3.5.16.3. 감자의 절차
3.5.16.4. 감자의 효력
3.5.16.5. 감자의 무효

3.5.16. 자본의 감소

3.5.16. 자본의 감소
3.5.16.1. 의의
- 회사의 자본액을 일정한 방법에 의해 감소시키는 것을 자본의 감소라 함.
- 자본의 감소는회사의 채권자나 주주에게 중대한 영향을 미치므로 상법상 절차를 엄격하게 규정함.
- 자본감소 후에도 자본의 총액은 회사가 유지하여야 할 최저자본액인 5,000만원 이상 이어야 함.
- 실질적인 자본감소와 명목상의 자본감소
① 실질적인 자본감소 : 자본감소 시 일정 금액을 주주에게 되돌려 줌으로써 회사의 순재산이 실질적으로 줄어 드는 것을 뜻함.
② 명목상의 자본감소 : 이월결손금과 자본금을 상계시키는 등의 방법을 사용하여 자본액은 감소하되 회사의 실질 자산이 감소하지 않는 것을 뜻함.

3.5.16.2. 자본감소의 방법
2. 액면가의 감소와 주식수의 감소
1) 액면가의 감소 – 발행주식수는 줄이지 않으면서 주식의 액면가액을 낮추는 방법임.
- 예를 들어 회사의 1주당 금액이 10,000원이고 총 주식수는 10,000인 경우 1주당 금액을 5,000원으로 낮춤으로써 50,000,000(5,000원x10,000주)의 자본을 감소 시킬 수 있음.
2) 주식수의 감소
① 주식의 병합
- 주식의 병합이란 수 개의 주식을 합쳐서 하나의 주식으로 만드는 것을 말함.
- 예를 들어 10,000원짜리 주식 10,000주로 구성된 회사가 있음이고 할 때 주식병합의 방법으로 자본의 반을 감소시키기 위해서는 2주의 주식을 10,000원짜리1주로 병합하면 됨.
② 주식의 소각
- 발행주식 중 일부를 소멸시키는 방법임.

3.5.16. 자본의 감소

- 예를 들어 10,000원짜리 주식 10,000주로 구성된 회사의 자본금은 1억원 인데 이 중 1,000주를 소멸시킨다면 자본금이 9천만원으로 감소됨.
- 주식소각의 종류 : 주주의 승낙을 받느냐 받지 않느냐에 따라 임의소각과 강제소각으로, 주주에게 대가를 지급하느냐 하지 않느냐에 따라 유상소각과 무상소각으로 구분됨

3. 자본감소의 절차
- 회사의 채권자와 주주의 보호를 위해서 엄격한 절차 요함
(1) 주주총회의 특별결의 (상434, 438) : 출석의결권의 2/3이상의 다수와 발행주식총수의 1/3이상
① 자본감소는 정관기재사항의 변경은 아니지만 중요한 사항이므로 주총특별결의를 받도록 하고 있음(단 일주의 금액변경은 정관의 변경사항이기 때문에 주총 특별결의사항임)
② 총회소집의 통지와 공고에는 의안 요령을 기재해야 함.
③ 결의내용이 어느 종류의 주주에게 손해를 미치게 될 경우에는 종류 주주총회를 거쳐야 함.

(2) 채권자보호절차(상439②→상232)
① 자본은 채권자보호를 위해 기업이 보유하는 최소한의 실재산가액이므로 자본감소시 채권자를 보호하는 엄격한 절차를 준수하도록 하고 있음.
② 공고와 최고 : 자본감소 결의가 있는 날로부터 2주 내에 회사채권자에 대하여 자본감소에 이의가 있으면 일정한 기간 내에 (1월 이상 이어야 함) 이의를 제출할 것을 공고하고, 알고 있는 채권자에게는 따로따로 통지해야 함.
③ 사채권자집회
- 사채권자집회를 통한 이의제기 가능(각자가 이의제기 할 수는 없음)
- 이의제기는 사채권자집회의 결의를 요함.
- 법원의 이의기간의 연장가능(이해관계인의 청구, 사채권자를 위하여)

3.5.16. 자본의 감소

(3) 주식의 병합절차

1) 주권제출의 공고 및 통지

- 주식을 병합할 경우에 회사는 1월 이상의 기간을 정하여 그 뜻과 그 기간 내에 주권을 회사에 제출할 것을 공고하여야 하고 주주명부에 기재된 주주와 질권자에 대하여 각별로 그 통지를 하여야 함(440)
- 이러한 주식의 병합은 주권을 제출하는 기간이 만료한 때에 그 효력이 생김. 그러나 채권자 이의절차가 종료하지 아니한 때에는 채권자 이의절차가 종료한 때에 효력이 생김(441)

2) 신주권의 교부

- 주식을 병합하는 경우에 구주권을 회사에 제출할 수 없는 자가 있을 때 회사는 그 자의 청구에 의하여 3월 이상의 기간을 정하고 이해관계인에 대하여 그 주권에 대한 이의가 있으면 그 기간 내에 제출할 뜻을 공고하고 그 기간이 경과한 후에 신주권을 청구자에게 교부할 수 있음(제442조 제①)
- 이때 공고의 비용은 청구자의 부담으로 함(제442조 제 ②)

3) 단주의 처리

- 병합에 적합하지 아니한 수의 주식이 있는 때에는 그 병합에 적당하지 아니한 부분에 대하여 발행한 신주를 경매하여 각 주수에 따라 그 대금을 종전의 주주에게 지급하여야 함.
- 이 경우 거래소의 시세있는 주식은 거래소를 통하여 매각하고 거래소의 시세 없는 주식은 법원의 허가를 받아 경매 외의 방법으로 매각할 수 있음(제443조 제①)

4) 등기

- 감자의 효력이 발생하면 자본액, 발행주식총수가 감소하므로 소정기간(본점소재지에서는 2주 내에, 지점소재지에서는 3주) 내에 변경등기를 하여야 함.
- 등기는 자본감소의 효력발생요건은 아니고 다만 제 3자에 대한 대항요건이 될 뿐임.

3.5.16. 자본의 감소

(3) 주식의 소각절차

1) 상법에 별도 규정이 없고, 주식병합에 관한 규정 준용(343 ②, 440)

① 임의소각의 경우 : 자기주식을 취득하여 소멸시킴(§341, §342)

② 강제소각의 경우 : §343②, §440, §441

☞ 유상소각에 따른 소각대금의 지급은 소각의 효력이 발생한 후에 지급할 수 있음

☞ 감자차액의 처리 : 자본준비금으로 적립

3.5.16.4. 감자의 효력

3.5.16.4.1. 감자의 효력발생시기

- 감자의 효력은 여러 절차, 즉 주주총회의 결의, 채권자 보호절차, 주식에 대한 조치가 모두 완료한 때에 생김.
- 그러나 병합 및 강제소각의 경우에는 주권의 제출기간이 만료된 때에, 임의소각의 경우는 회사가 소각을 위하여 취득한 주식을 소멸시킨 때, 주금액감소의 경우에는 회사의 의사표시가 모든 주주에게 도달 한 때 자본감소의 효력이 생김.

3.5.16.4.2. 감자차익금의 처리

- 자본감소의 경우에 그 감소액이 주식의 소각, 주금의 반환에 요한 금액과 결손의 전보에 충당한 금액을 초과한 경우의 초과액인 감자차익은 자본준비금으로 적립함(459 ① ii)

3.5.16.4.3. 주식에 대한 질권자의 처리

- 주식에 대한 질권자는 주식의 소각·병합으로 인하여 주주가 받을 소각대금, 단주매각대금, 신주식에 대하여 물상대위권이 있고, 등록질권자는 소각 또는 매각대금으로 우선하여 자기의 채권의 변제에 충당할 수 있음(339, 340조)

3.5.16. 자본의 감소

3.5.16.5. 감자의 무효

1. 특색
- 자본감소는 주주·채권자 및 기타 이해관계인에게 중대한 영향을 미치므로 그 내용이나 절차에 하자가 있으면 당연히 무효이나 다음과 같은 특징이 있음
① 무효의 주장은 소송만으로
② 제소권자와 제소기간의 제한
③ 판결의 대세적 효력
④ 판결의 소급효 인정(상446)

2. 무효의 원인
① 주주총회의 결의가 없을 때, 그 결의의 내용·절차의 하자
② 채권자보호절차가 없을 때
③ 자본감소의 방법이 주주평등의 원칙에 위반
④ 종류주주총회가 없을 때
⑤ 이의를 제출한 채권자를 위한 조치(변제, 담보제공 등)가 없을 때 등

3. 자본감소무효의 소
(1) 제소권자 : 주주, 이사, 감사, 청산인, 파산관재인, 자본감소불승인의 채권자 / 피고는 회사(445)
(2) 제소기간 : 자본감소의 변경등기 후 6월 내
(3) 소의 절차 : 설립무효의 소에 관한 규정준용
(4) 판결의 효과
① 승소의 경우 : 판결의 확정으로 무효 → 형성판결, 대세적 효력 인정, 소급효 인정. 자본감소 무효의 판결이 확정되면 본점과 지점에 등기하여야 함.
② 패소의 경우 : 악의 또는 중대한 과실이 있는 경우 → 회사에 연대하여 손해배상

3.5.16. 자본의 감소

(5) 감자무효의 소와 주총결의취소의 소와의 관계
- 감자결의의 하자의 주장은 주주총회결의취소의 소 등에 의하게 되므로 감자무효의 소와 총회결의취소의 소와 경합문제가 발생함.
- 자본감소의 효력이 발생하기 전에는 주주총회결의취소의 소에 의하지만, 자본감소의 효력이 발생한 경우에는 자본감소에 관한 결의의 효력을 다투는 소는 자본감소무효의 소에 의하여 흡수된다고 보는 것이 다수의 의견임.
  ① 감자의 효력발생 전 : 주총결의취소소송
  ② 감자의 효력발생 후 : 감자무효소송(흡수설)
- 다만 감자무효의 소는 결의의 날로부터 2월내에 제기하여야 하며, 감자결의의 효력발생 전에 결의취소의 소 등이 계속 중에 감자효력이 발생한 때에는 감자무효의 소제기기간 내에 감자무효의 소로 청구의 변경절차를 취하여야 함.

제3편 회사법

3.5.17. 주식회사의 유한회사로의 조직변경

3.5.17.1. 조직변경절차
3.5.17.2. 등기

3.5.18. 회사의 합병

3.5.18.1. 합병의 의의
3.5.18.2. 절차
3.5.18.3. 합병의 무효
3.5.18.4. 합병의 효력
3.5.18.5. 특수한 합병
3.5.18.6. M&A

3.5.17. 주식회사의 유한회사로의 변경

1. 조직변경 절차
- 주식회사는 총주주의 일치에 의한 총회의 결의로 유한회사로 조직변경을 할 수 있음.
- 이 결의에서는 정관 및 기타 조직변경에 필요한 사항을 정하여야 함.

☞ 주의사항
- 유한회사는 사채발행이 허용되지 않으므로 주식회사 → 유한회사로 변경하는 경우 사채상환이 완료되어야 하며, 유한회사의 자본은 주식회사에 현존하는 순재산액 보다 많을 수 없음.
- 만일 유한회사의 자본을 이보다 많은 금액으로 하는 경우, 조직변경의 결의 당시의 이사와 주주는 회사에 대하여 연대하여 그 부족액을 지급할 책임이 있음.
- 이때 이사의 책임은 총 사원 의 동의로 면제할 수 있으나 주주의 책임은 면제하지 못함
  * 주식회사->유한회사로 변경하는 경우에는 채권자보호절차를 밟아야 함.
  * 주식회사->유한회사로 변경하는 경우 종전의 주식에 대하여 설정된 질권은 물상대위가 인정됨.

2. 등기
- 주식회사를 유한회사로 조직변경을 한 경우에는 본점소재지에서는 2주 내에, 지점소재지에서는 3주 내에 주식회사에 있어서는 해산등기, 유한회사에 있어서는 설립등기를 하여야 함.

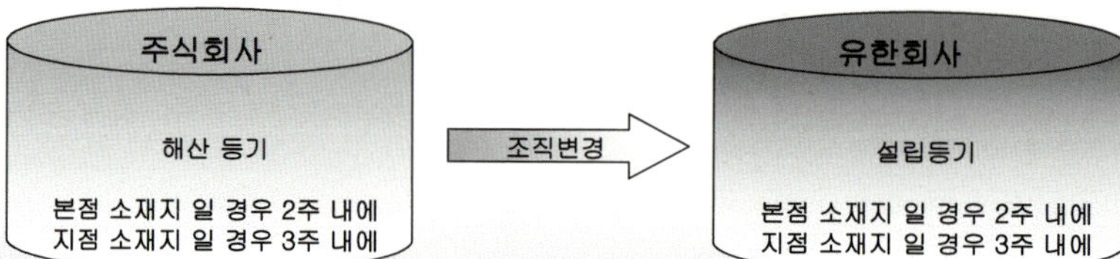

3.5.18. 회사의 합병

3.5.18.1. 합병의 의의
3.5.18.1.1. 합병의 개념 및 법적 성질
- 합병이란 2개 이상의 회사가 법정 절차에 따라서 단일회사로 되는 것
- 합병의 본질
① 인격합일설 – 2개 이상의 회사가 계약에 의하여 1개의 회사로 합동하는 효력을 발생하는 법률요건임
② 현물출자설
③ 사원현물출자설
④ 재산합일설

3.5.18.1.2. 합병의 자유와 제한
- 회사간의 합병은 원칙적으로 자유(174 ①)이나 다음과 같은 제한이 있음
① 합병회사의 일방 또는 쌍방이 주식회사 또는 유한회사인 경우에는 합병 후 존속회사 또는 신설회사는 주식회사 또는 유한회사이어야 함(174 ②)
② 해산 후의 회사는 존립 중의 회사를 존속회사로 하는 경우에 한하여 합병할 수 있음(174 ③)
③ 유한회사 + 주식회사 → 주식회사 : 법원의 인가(600 ①)
④ 유한회사 + 주식회사 → 유한회사 : 주식회사의 사채의 상환을 완료하여야 함(600 ②)

3.4.18.1.3. 합병의 종류
① 흡수합병 : 당사회사 중 한 회사만이 존속하고 다른 회사는 해산하되, 존속회사가 해산하는 회사의 재산 및 사원을 수용하는 것
② 신설합병 : 당사회사가 모두 해산하고 동시에 신(新)회사를 설립하되, 해산하는 회사의 재산 및 사원을 수용하는 것

3.5.18. 회사의 합병

3.5.18.2. 절차
- 합병계약→합병결의→합병계약서 등의 공시→채권자 보호절차→창립총회와 보고총회의 소집

3.5.18.2.1. 합병계약서의 작성
- 합병계약 : 합병당사회사간에 합병에 관한 합의가 체결되면 그 계약에 따라 합병절차가 진전됨.
- 주식회사의 합병에는 법정사항을 기재한 합병계약서를 작성하여 주주총회의 승인을 얻어야 함.
- 합병계약의 법적 성질 : 단체법상의 특수한 채권계약임
  - 정지조건설 : 합병계약은 주주총회 또는 사원총회의 승인결의를 정지조건으로 하는 계약임
  - 독립계약설 : 합병계약은 독립계약이고 독자적으로 효력을 발생하여 승인결의 등과 같이 합병의 효력발생을 위한 법률요건의 하나로 봄

(1) 흡수합병의 경우(523)
① 합병계약서에 존속하는 회사가 합병으로 인하여 그 발행할 주식의 총수를 증가하는 때에는 그 증가할 주식의 총수, 종류와 수
② 존속하는 회사의 증가할 자본과 준비금의 총액
③ 존속하는 회사가 합병 당시에 발행하는 신주의 총수, 종류와 수 및 합병으로 인하여 소멸하는 회사의주주에 대한 신주의 배정에 관한 사항(합병배정비율)
④ 존속회사가 합병으로 인하여 소멸하는 회사의 주주에게 지급할 금액(합병교부금)을 정한 때 그 규정
⑤ 각 회사에서 합병의 승인결의를 할 사원 또는 주주의 총회의 기일
⑥ 합병을 할 날(합병기일)
⑦ 존속하는 회사가 합병으로 인하여 정관을 변경하기로 정한 때에는 그 규정
⑧ 각 회사가 합병으로 인하여 이익배당 또는 중간배당을 할 때에는 그 한도
⑨ 합병으로 인하여 존속하는 회사에 취임할 이사와 감사 또는 감사위원회의 위원을 정한 때에는 그 성명 및 주민등록번호

3.5.18. 회사의 합병

(2) 신설합병의 경우(524)
① 회사의 목적, 상호, 회사가 발행할 주식의 총수, 1주의 금액의 각 사항을 게기한 사항과 수종의 주식을 발행할 때에는 그 종류, 수와 본점소재지
② 설립되는 회사가 합병 당시에 발행하는 주식의 총수와 종류, 수 및 각 회사의 주주에 대한 주식의 배정에 관한 사항(합병배정비율)
③ 설립되는 회사의 자본과 준비금의 총액
④ 각 회사가 주주에게 지급할 금액(합병교부금)을 정한 때에는 그 규정
⑤ 각 회사에서 합병승인결의를 할 사원 및 주주의 총회(합병 승인총회)의 기일 및 합병을 할 날(합병기일)
⑥ 합병으로 인하여 설립되는 회사의 이사와 감사 또는 감사위원회의 위원을 정한 때에는 그 성명 및 주민등록번호

(3) 합명회사 및 합자회사인 경우
- 요식의 합병계약서는 합병 후의 존속회사 또는 신설회사가 주식회사인 경우에 합병할 회사의 일방 또는 쌍방이 합명회사 또는 합자회사인 때에는 총사원의 동의를 얻어 작성하여야 함(상 525)

3.5.18. 회사의 합병

3.5.18.2.2. 합병계약서 등의 사전공시
- 주식회사 또는 유한회사의 이사는 회사의 이해관계인을 보호하기 위해 합병결의를 위한 총회회일의 2주 전부터 합병을 한 날 이후 6월이 경과하는 날까지 합병계약서, 소멸회사의 주주에게 발행하는 주식의 배정에 관하여 그 이유를 기재한 서면, 각 회사의 최종의 대차대조표와 손익계산서를 본점에 비치하여야 함(522 ①, 522의2, 603)
- 주주 및 회사 채권자는 영업시간 내에는 언제든지 서류들의 열람을 청구하거나 소정의 비용을 지급하고 그 등본 또는 초본의 교부를 청구 가능

3.5.18.2.3. 합병승인 결의
- 합병계약이 체결되면 당사회사는 각각 합병결의를 해야 함.
- 각 회사의 합병결의는 특별결의의 방법에 의하여 합병계약서를 승인하는 형식을 취함. 인적회사는 총사원의 동의를, 물적 회사는 주주총회(사원총회)의 특별결의를 요함(230, 269, 532, 598)
- 필요시 종류주주총회의 결의요함

3.5.18.2.4. 채권자보호절차
- 합병은 당사회사의 채권자의 이익에 중대한 영향을 미치므로 채권자에게 이의권을 인정하여 보호하고 있음.
- 합병결의일로부터 2주 내에 회사채권자에 대하여 합병에 이의가 있으면 1월 이상의 일정한 기간 내에 이의를 제출할 것을 공고하고, 알고 있는 채권자에 대하여 각각 최고하여야 함.
- 채권자가 그 기간 내에 이의를 제출하지 않으면 합병을 승인한 것으로 간주하고, 이의를 제출한 회사채권자에 대해 회사는 변제 또는 상당한 담보를 제공하거나 이를 목적으로 하여 상당한 재산을 신탁회사에 신탁하여야 함.
- 사채권자가 이의를 제출하려면 사채권자집회의 결의를 거쳐야 함(439 ③)

3.5.18. 회사의 합병

3.5.18.2.5. 총회의 개최
- 흡수합병의 경우 채권자보호절차가 종료된 후에 보고총회를 즉시 소집함. 합병 당시에 발행하는 신주의 인수인은 보고총회에서 주주와 동일한 권리가 있음.
- 이사회는 보고사항을 공고로써 주주총회에 대한 보고에 갈음할 수 있음.
- 신설합병의 경우 설립위원은 흡수합병과 같은 절차를 밟은 후에 지체 없이 창립총회를 소집해야 함.

3.5.18.2.6. 주식의 합병의 주권의 제출
- 흡수합병의 경우 소멸회사의 주주에게 존속회사의 주식이 배정되지만, 합병비율에 따라 다르게 배정되므로, 경우에 따라 주식 수가 감소할 수도 있음. 이 경우에 주식의 배정을 위한 준비로서 주식을 병합할 수 있는데, 자본감소 시의 주식병합의 절차를 준용함.

3.5.18.2.5. 합병에 관한 서류의 사후공시
- 합병 후 존속회사 또는 신설회사는 채권자보호절차의 경과, 합병을 한 날, 합병으로 인해 소멸한 회사로부터 승계한 재산과 채무의 액, 기타 합병에 관한 사항을 기재한 서면을 합병을 한 날로부터 6월간 본점에 비치하여야 함.
- 주주 및 채권자는 영업시간 내에 언제든 이 서류의 열람을 청구하거나, 회사가 정한 비용을 지급하고 그 등본이나 초본의 교부를 청구할 수 있음.

3.5.18.2.8. 법원의 허가
- 유한회사가 주식회사와 합병을 하는 경우에 존속 또는 신설회사가 주식회사인 때에는 법원의 허가를 받아야 합병의 효력이 있음.

3.5.18.2.9. 등기
- 회사의 합병은 등기로 효력이 발생함. 보고총회의 종료일부터 본점은 2주간 내에 지점은 3주간 내에 등기함. 신설회사는 설립등기, 존속회사는 변경등기, 소멸회사는 해산등기를 하여야 함

3.5.18. 회사의 합병

3.5.18.3. 합병의 무효
3.5.18.3.1. 무효의 원인
- 합병무효의 원인에 대해서는 상법에 규정이 없고, 해석상 합병과정에서 중요한 절차나 실체적 내용의 위반의 경우에 합병무효의 소를 제기할 수 있을 것임.
- 흡수합병의 경우 합병의 비율은 합병당사회사의 재산상태나 그에 따른 주식의 객관적 가치에 비추어 공정하게 정하여야 하고 현저하게 불공정한 합병비율을 정한 합병계약은 신의성실의 원칙이나 공평의 원칙에 반하여 무효라 할 것임

3.5.18.3.2. 합병무효의 소
- 합병의 무효는 소에 의해서만 주장할 수 있음.
- 사원·이사·감사·청산인·파산관재인 또는 합병불승인채권자는 합병등기가 있는 날부터 6월 내에 본점소재지의 지방법원에 합병무효의 소를 제기할 수 있음.

3.5.18.3.3. 합병무효판결의 효과
- 합병무효의 등기 : 합병을 무효로 한 판결이 확정된 때에는 본점과 지점의 소재지에서 합병 후 존속한 회사의 변경등기, 합병으로 인하여 소멸된 회사의 회복등기, 합병으로 인하여 설립된 회사의 해산등기를 하여야 함.
- 대세적 효력과 소급효 제한 : 합병무효의 소는 다수의 이해관계자들 간의 법률관계를 획일적으로 확정하는 것이므로 설립무효의 판결 또는 설립취소의 판결은 당사자에 대해서뿐만 아니라 제3자에 대해서도 그 효력이 있음. 다만, 판결확정 전에 생긴 회사와 사원 및 제3자 간의 권리의무에 영향을 미치지 아니함. 소급효를 제한하는 이유는 합병의 유효를 전제로 이루어졌던 법률관계의 안정을 위해서 인정한 것임.

3.5.18. 회사의 합병

- 합병 전으로 환원 : 합병무효판결이 확정되면 합병당사회사들은 합병 전의 상태로 환원됨. 즉, 흡수합병의 경우에는 존속회사가 분할되어 소멸회사가 부활하며, 신설합병의 경우에는 신설회사가 분할되어 소멸회사가 부활함.
- 합병 후 무효판결 확정시까지 존속회사 또는 신설회사가 부담한 채무와 취득한 재산의 처리
  ① 합병 후 부담한 채무 : 합병당사회사가 연대하여 변제 → 부담부분은 협의와 협의 안되면 법원청구
  ② 합병 후 취득한 재산 : 합병당사회사의 공유 → 지분은 협의와 협의 안되면 법원에 청구하여 결정
- 원고패소의 경우 : 합병무효의 소를 제기한 자가 패소한 경우에 악의 또는 중대한 과실이 있는 때에는 회사에 대하여 손해배상의 연대책임을 짐. 이것은 남소를 방지하기 위한 것임.

3.5.18.4. 합병의 효력
3.5.18.4.1. 합병의 효력

흡수합병	신설합병
해산회사 해산(별도의 청산절차 없이 해산)	당사회사 모두 해산(별도 청산절차 없이 해산)
존속회사→정관변경	회사 신설
<결과> ① 존속회사 또는 신설회사는 해산회사의 모든 권리의무를 포괄적으로 승계함.	
② 합병으로 인하여 해산회사의 사원은 원칙적으로 존속회사 또는 신설회사의 사원이 됨.	

3.5.18. 회사의 합병

3.5.18.4.2. 이사·감사의 임기
- 흡수합병의 보고총회와 신설합병의 창립총회는 생략 가능. 이 경우 이사와 감사의 선임이 문제됨.
- 흡수합병의 경우 존속하는 회사의 이사 및 감사로서 합병 전에 취임한 자는 합병계약서에 다른 정함이 있는 경우를 제외하고 합병 후 최초로 도래하는 결산기의 정기총회가 종료할 때에 퇴임함.
- 신설합병의 경우 합병하는 회사의 이사 및 감사로서 합병 전에 취임한 자가 다음 총회까지 이사 및 감사로서의 지위를 갖도록 하였음

3.5.18.4.3. 질권의 효력
- 소멸회사의 주식은 합병에 의해 소멸하지만, 그 주식상의 질권은 주식을 병합한 경우에는 병합된 주식에 미치며, 병합하지 않은 경우에도 합병으로 인하여 주주가 받는 주식 또는 교부금에 질권의 효력이 미침

3.5.18.4.4. 주식매수청구
- 주주총회의 특별결의에 반대하는 소액주주에게 그가 투하자금을 회수하고 회사를 떠날 수 있도록 하기 위하여 회사에 자기가 갖고 있는 주식의 매수청구를 할 수 있음.
- 합병계약서의 주주총회 승인에 관하여 이사회의 결의가 있는 때에 그 결의에 반대하는 주주는 주주총회 전에 서면으로 결의반대의사를 통지한 경우에 그 총회의 결의일로부터 20일 이내에 주식의 종류와 수를 기재한 서면으로 회사에 대하여 자기가 소유하고 있는 주식의 매수를 청구할 수 있음.
- 회사는 청구 시로부터 2월 내에 매수하여야 함.
- 주식매수청구권의 행사에 관한 처리방법은 영업양도 등에 반대하는 주주의 주식매수청구의 경우와 같음 (530 ②, 374의2 ② - ⑤)

3.5.18. 회사의 합병

3.5.18.5. 특수한 합병

구분		소규모합병	간이합병
공통점		흡수합병의 경우만 인정되고 신설합병의 경우는 불인정	
차이점	적용대상	존속회사	소멸회사
	적용요건	소멸회사의 규모가 극히 소규모여서 존속회사의 주주에 미치는 영향이 매우 적은 경우 예) 합병신주가 존속회사 발행주식 총수의 5%이하인 경우	존속회사가 소멸회사 주식의 90% 이상을 소유하여 합병 여부가 존속회사의 의사만으로 결정되거나 소멸회사 총주주의 동의가 이미 존재하는 경우
	주총여부	존속회사 주총 불필요 → 이사회 승인으로 갈음	소멸회사 주총 불필요 → 이사회 승인으로 갈음
	견제장치	- 소멸회사의 주주에게 지급할 금액을 정한 경우에 그 금액이 존속회사의 최종 대차대조표상으로 현존하는 순 자산액의 100분의2를 초과하는 때에는 주총특별결의 요함 - 존속회사 주식의 20% 이상이 소규모합병에 반대하는 경우 합병승인 주주총회 필요	소멸회사 주주총회를 생략할 수 없도록 하는 제도는 없음
	주식매수 청구권	주식매수청구권 -존속회사 : 불인정 -소멸회사 : 인정(총주주의 동의에 의한 간이합병의 경우에는 불인정)	주식매수청구권 -존속회사 : 인정 -소멸회사 : 총주주의 동의가 있는 경우는 불인정

3.5.18. 회사의 합병

3.5.18.6. M&A
3.5.18.6.1. 개념
- 'Mergers and Acquisitions'의 약자로 기업의 인수 합병을 뜻함.

3.5.18.6.2. 법적 문제점
(1) M&A의 법적 형식
- M&A에는 기업의 합병과 경영권 획득을 위한 영업의 양수 및 지배주식의 매수가 포함됨.
- 영업의 양수는 유기적 일체로서의 영업을 구성하는 모든 재산, 일체의 영업용 자산을 계약에 의하여 이전 받는 것을 의미함. 영업의 양수도 양수하는 회사와 양도하는 회사 사이의 거래로 이루어짐.
- 대상회사의 영업 전부를 받는 때에는 매수회사의 주주총회에 의한 승인이 필요하고 또 대상회사의 영업의 전부 또는 중요한 일부를 양수 받는 때는 대상회사의 주주총회의 승인이 필요함
- 지배주식의 매수는 M&A의 대상으로 된 회사의 재산을 주주로부터 주식을 매수하여 지배권을 취득하는 방법에 의하여 간접적으로 그 재산을 지배하에 두는 방법임.
- 지배주식의 취득은 매수회사와 대상회사의 주주 사이에서 이루어지는 거래이므로 매수회사의 기업매수신청에 응할 것인가 아닌가의 결정은 대상회사가 하는 것이 아니라 그 개개의 주주가 하게 됨.
(2) M&A의 계약

회사의 합병	영업의 양수 및 지배주식의 매수
계약에 의하여 행해진다.	
단체법상의 계약임.	통상의 거래법상의 계약임.
피합병회사의 전 재산이 포괄적으로 합병회사에 인계되고 영업재산의 일부만을 대상으로 하는 것은 허용될 수 없음.	피합병회사의 전 재산이 포괄적으로 합병회사에 인계되고 영업재산의 일부만을 대상으로 하는 것이 허용됨.

3.5.18. 회사의 합병

(3) M&A에 대한 법적 규제

- M&A의 제 형태 중 회사가 합병 혹은 영업양수의 방법을 취하는 경우에 그것은 회사 주주의 이해관계에 중대한 영향을 미치는 거래가 되므로 상법은 주주의 이익을 보호하기 위하여 주식회사가 합병을 하거나 영업양수를 함에는 주주총회의 특별결의를 거치도록 하고 있음.
- 회사합병의 경우 주주총회의 특별결의를 얻어야 하지만 영업양도를 하는 매수대상회사의 경우 영업의 전부 또는 중요한 양도의 경우에, 영업양수를 하는 매수회사의 경우에는 다른 회사의 영업전부의 양수의 경우에 주주총회의 특별결의를 요하게 함으로써 양도하는 측과 양수하는 측을 구별하여 규정하고 있음.

제3편 회사법

3.5.19. 회사의 분할

3.5.19.1. 의의
3.5.19.2. 분할의 종류
3.5.19.3. 분할의 법적 성질
3.5.19.4. 분할의 이유와 제한
3.5.19.5. 분할의 절차
3.5.19.6. 분할의 효과
3.5.19.7. 분할의 무효

3.5.19. 회사의 분할

3.5.19. 회사의 분할
3.5.19.1. 의의
- 하나의 회사가 2개 이상의 회사로 분리되는 것
- 분할된 상태로 남아있는 단순분할과 분할된 상태에서 다른 회사 또는 다른 회사의 분할된 부분과 합병하여 하나의 회사로 하는 분할합병이 있음.
- 단순분할은 회사합병의 반대이고, 분할합병은 분할과 합병이 동시에 이루어지는 것임.

3.5.19.2. 분할의 종류
3.5.19.2.1. 단순분할·분할합병
- **단순분할 : 완전분할 / 불완전분할**
- **분할합병 : 흡수분할합병 / 신설분할합병**
(1) 단순분할
1) 완전분할(전부분할, 소멸분할)
- 분할부분이 각각 독립한 신설회사로 되고, 종래의 회사가 해산하는 형태. 분할되는 회사의 전재산과 부채가 새로이 성립하는 수 개의 회사로 포괄승계됨.
- 이 때의 포괄승계는 수 개로 쪼개져서 승계가 이루어지므로 통상 부분포괄 승계됨
- 분할되는 회사가 해산되어 청산절차를 거치지 않고, 소멸하는 것은 합병과 같음
- 보통분할을 말할 때는 완전분할을 의미
- 제530조의2 ① : 기존회사(소멸) → 신설회사 + 신설회사
2) 불완전분할(존속분할, 부분분할, 분리)
- 하나의 회사가 두 개이상의 회사로 분할되지만, 종래의 회사는 존속회사로 되고, 나머지는 신설회사로 되는 형태
- 이 경우 종래회사는 법인격이 소멸하지 않고, 그대로 존속하며 단지 그 재산의 일부를 신설되는 회사에 이전하여 신회사를 설립하는 것
- 제530조의2 ① : 기존회사(소멸) → 존속회사 + 신설회사

3.5.19. 회사의 분할

(2) 분할합병
1) 흡수분할합병(제530조의6 제①)
- 분할회사의 영업의 일부를 다른 기존의 회사에 출자하여 그 다른 회사의 일부로 만드는 식으로 자기의 사업을 분할하는 방법임.
- 소멸분할합병과 존속분할합병은 흡수분할합병과 같음.
① 소멸분할합병
- 분할회사가 자신의 영업을 존속 중인 2개 이상의 회사와 합병시키고 자기가 소멸하는 방법임.
- 다른 회사에서는 신주발행(416조)을 하여야 함.
② 존속분할합병
- 분할회사가 자신의 영업의 일부를 다른 회사에 출자하고 자신은 나머지 영업으로 존속하는 방법임.
2) 신설분할합병(제530조의6 ②)
- 신설분할합병이란 분할회사의 영업의 일부와 다른 기존 회사의 영업의 전부 또는 일부를 합해 새로운 회사를 설립하는 방법임.
- 제530조의6 ②이 [분할되는 회사의 일부가 다른 회사 또는 다른 회사의 일부와 분할합병을 하여 회사를 설립하는 경우에는…..]이라고 규정한 것은 신설분할합병을 할 경우를 뜻함.

3.5.19.2.2. 설립·분할합병
(1) 분할에 의한 회사설립
- 주식회사의 회사설립에 관한 규정은 회사의 분할 또는 분할합병에 의한 회사의 설립에 이를 준용함(제530조의4①)
- 분할에 의하여 설립되는 회사는 분할되는 회사의 출자만으로도 설립할 수 있음.
- 분할되는 회사의 주주에게 그 주주가 가지는 그 회사의 주식의 비율에 따라서 설립되는 회사의 주식이 발행되는 때에는 주식회사 검사인의 조사 및 보고에 관한 규정을 적용하지 아니함(제530조4 ②)

3.5.19. 회사의 분할

3.5.19.2.4. 인적분할·물적분할
(1) 인적분할
- 분할 후의 회사가 분할부분에 해당하는 신주를 분할 전의 회사의 주주에게 배당하는 형태의 회사분할
(2) 물적분할
- 피분할회사 자신이 분할부분에 해당하는 신주를 분할전의 회사의 주주에게 배당하지 않고 취득하는 형태의 회사분할을 말함(제530조의12).
- 완전분할의 경우 회사가 존재하지 않아서 물적분할이 불가능 하나 불완전분할 경우 물적분할이 가능
- 분할회사의 종전의 주주는 신설회사나 합병상대방의 주식을 소유하지 않고, 다만, 분할회사가 신설회사나 합병회사의 주식을 소유함.

3.5.19.3. 분할의 법적 성질
- 합병의 경우와 같이 논의의 여지가 있음.
- ☞ 분할의 경우 분할되는 부분에 해당하는 주주의 인적측면에의 분할이 반드시 뒤따르지 않을 수도 있음.
- 회사가 분할하고 그 분할부분에 해당하는 신주를 종전의 신주에게 분배하는 경우, 회사는 물적 뿐만 아니라, 인적으로도 분할됨.
- 분할부분에 해당하는 신주를 종전의 신주에게 분배하지 않고, 분할 전 회사가 취득하는 경우(즉, 자회사가 설립하는 경우)에는 물적으로 분할하고, 인적으로는 분할하지 않음.

3.5.19.4. 분할의 제한
- 회사의 분할은 주식회사에 대하여만 인정.
- 회사의 분할은 합명회사·유한회사에 대하여는 인정하지 않음.
- 해산 후의 회사는 존립 중의 회사를 존속하는 회사로 하거나 새로운 회사를 설립하는 경우에 한하여 분할 또는 분할합병이 가능(제530조의2 제4항).
- 1인회사(즉, 주주가 1인인 회사)도 분할 가능. 1인회사라도 여러 종목의 영업이 있거나, 가족간의 재산분산 내지 상속을 위하여도 회사의 분할 이용 가능.

3.5.19. 회사의 분할

☞ 분할의 종류

단순분할 (530조의2 ①)	해산분할 (완전분할)	甲=>乙 + 丙 * 기존회사가 분할후에 소멸	甲은 소멸 (乙, 丙의 주식은 甲의 주주에게 분배)
	존속분할 (불완전분할)	甲=>甲′+ 乙(또는 丙) *기존회사가 분할후에 존속	甲은 존속 (乙, 丙의 주식은 甲의 주주에게 분배)
분할합병 (530조의2 ②)	흡수분할합병 (분할+흡수합병)	① 불완전흡수분할합병 甲=>甲′+ 【乙 → 丁】 *출자되는 부분이 기존회사에 흡수 ② 완전흡수분할합병 甲=> [乙→ 丁] + [丙→戊]	甲은 자본감소 丁(기존회사)은 자본증가 甲=>乙 + 丙로 분할됨
	신설분할합병 (분할+신설합병)	① 불완전신설분할합병 甲=>甲′+ 【乙 + 丁】 → A 출자되는 부분이 기존의 회사와 함께 신회사(A) 설립 ② 완전신설분할합병 甲=> [乙+丁] → A + [丙+戊]→ B	甲=>乙 + 丙로 분할됨
530조의2 ③	설립.분할합병	甲=>甲′+ 乙 + 【丙 → 丁】 or 甲=>乙+ 【丙 → 丁】	
530조의2 ④	완전분할만 인정 (甲은 소멸회사)	甲=>乙 + 丙or 甲=>乙 + 【丙 → 丁】	甲이 해산사유가 있는 경우 → 해산됨

3.5.19. 회사의 분할

☞ **분할의 절차**

		분 할	분 할 합 병
	정 의	회사를 분할에 의해 1개 또는 수개의 회사로 설립	회사를 분할에 의해 1개 또는 수개의 존립중의 회사와 합병
절차	계약서 작성 ↓	설립되는 회사의 상호.목적.본점의 소재지 및 공고의 방법, 설립되는 회사가 발행할 주식의 총수 및 1주의 금액 등 10가지를 기재(상 530의5 ①) 분할 후 회사가 존속하는 경우에는 감소할 자본과 준비금의 액, 자본감소의 방법 등 6가지(동 ②)	분할되는 회사 일부가 다른 회사와 합병하여 그 다른 회사가 존속시 : 발행할 주식의 총수를 증가하는 경우에는 증가할 주식의 총수.종류 및 종류별 주식수 등 11가지를 기재(상 530의6 ①) 분할되는 회사 일부가 다른 회사 또는 다른 회사 일부와 분할합병하여 회사설립시: 설립되는 회사가 분할합병에 있어 발행하는 주식의 총수.종류 및 종류별 주식수 등 7가지(동 ②)
	공시 ↓	주주총회의 회일의 2주전부터 분할의 등기를 한 날 이후 6월간 본점에 비치(상 530의7)	주주총회의 회일 2주전부터 분할합병을 한 날 이후 6월간 본점에 비치(상 530의7)
	주주총회승인 ↓	주주총회 특별결의(주주의 의결권의 3분의 2 이상의 수와 발행주식총수의 3분의 1 이상의 수로 결의)(상 434) 종류주주총회결의(회사가 수종의 주식을 발행한 경우 어느 종류의 주주에게 손해를 미치게 되는 때)(상 435) 주주 전원의 동의(회사분할로 인하여 각 회사의 주주의 부담이 가중되는 경우)(상 530의3 ⑥)	주주총회 특별결의(주주의 의결권의 3분의 2 이상의 수와 발행주식총수의 3분의 1 이상의 수로 결의)(상 434) 종별주주총회결의(회사가 수종의 주식을 발행한 경우 어느 종류의 주주에게 손해를 미치게 되는 때)(상 435) 주주 전원의 동의(회사분할로 인하여 각 회사의 주주의 부담이 가중되는 경우)(상 530의3 ⑥)
	회사 설립	제530의4에서 신설 규정 (회사설립에 관한 규정 준용)	신설합병의 창립총회(상 527)를 준용하여 설립(상 530의11)

3.5.19. 회사의 분할

3.5.19.5. 분할의 절차
3.5.19.5.1. 분할계획서 또는 분할합병계약서의 작성
(1) 분할계획서의 기재사항
1) 소멸분할(신설회사)의 분할계획서
① 설립되는 회사의 상호, 목적, 본점의 소재지 및 공고의 방법(530조의5 ① 1호)
② 설립되는 회사가 발행할 주식의 총수 및 1주의 금액(동항 2호)
③ 설립되는 회사가 분할 당시에 발행하는 주식의 총수, 종류 및 종류별 주식의 수(동항 3호)
④ 분할되는 회사의 주주에 대한 설립되는 회사의 주식의 배정에 관한 사항 및 배정에 따른 주식의 병합 또는 분할을 하는 경우에는 그에 관한 사항(동항 4호)
⑤ 분할되는 회사의 주주에게 지급할 금액을 정한 때에는 그 규정(동항 5호)
⑥ 설립되는 회사의 자본과 준비금에 관한 사항(동항 6호)
⑦ 설립되는 회사에 이전될 재산과 그 가액(동항 7호)
⑧ 제530조의9 ②의 정함(신설회사가 분할되는 회사의 채무 중에서 출자한 재산에 관한 채무만을 부담할 것을 정한 경우)이 있는 경우에는 그 내용(동항 8호)
⑨ 설립되는 회사의 이사와 감사를 정한 경우에는 그 성명과 주민등록번호(동항 9호)
⑩ 설립되는 회사의 정관에 기재할 그 밖의 사항(동항 10호)
⑪ 설립방법기재
2) 존속분할(분할 후 존속하는 회사에 관한 사항)의 분할계획서
① 감소할 자본과 준비금의 액(530조의5 ② 1호)
② 자본감소의 방법(동항 2호)
③ 분할로 인하여 이전할 재산과 그 가액(동항 3호)
④ 분할 후의 발행주식의 총수(동항 4호)
⑤ 회사가 발행할 주식총수를 감소하는 경우 그 감소할 주식의 총수, 종류 및 종류별 주식수(동항 5호)
⑥정관변경을 가져오게 하는 그 밖의 사항(동항 6호)

3.5.19. 회사의 분할

(2) 분할합병계약서의 기재사항
1) 흡수분할합병의 계약서(분할합병의 상대방 회사에 관한 사항)
① 분할합병의 상대방회사가 분할합병으로 인하여 발행할 주식의 총수가 증가하는 경우에는 증가할 주식의 총수, 종류 및 종류별 주식의 수(530조의6 ① 1호)
② 분할합병의 상대방회사가 분할합병을 함에 있어서 발행하는 신주의 총수, 종류 및 종류별 주식의 수(동항 2호)
③ 분할되는 회사의 주주에 대한 분할합병의 상대방회사의 주식의 배정에 관한 사항 및 배정에 따른 주식의 병합 또는 분할을 하는 경우에는 그에 관한 사항(동항 3호)
④ 분할되는 회사의 주주에 대하여 분할합병의 상대방회사가 지급할 금액을 정한 때에는 그 규정(동항 4호)
⑤ 분할합병의 상대방회사의 증가할 자본의 총액과 준비금에 관한 사항(동항 5호)
⑥ 분할되는 회사가 분할합병의 상대방회사에 이전할 재산과 그 가액(동항 6호)
⑦ 제530조의9 제3항의 정함이 있는 경우(분할합병의 상대방회사가 분할되는 회사의 채무 중에서 출자한 재산에 관한 채무만을 부담할 것을 정한 경우)에는 그 내용(동항 7호)
⑧ 각 회사에서 제530조의3 ②의 결의(분할결의)를 할 주주총회의 기일(동항 8호)
⑨ 분할합병을 한 날(동항 9호)
⑩ 분할합병의 상대방회사의 이사와 감사를 정한 때에는 그 성명과 주민등록번호(동항 10호)
⑪ 분할합병의 상대방회사의 정관변경을 가져오게 하는 그 밖의 사항(동항 11호)

3.5.19. 회사의 분할

2) 신설분할합병의 분할합병계약서(분할합병으로 설립되는 회사에 관한 사항)
① 신설회사에 관한 사항 중 일부 : 제530조의5 ① 제1호·제2호·제6호 내지 제10호에 규정된 사항(530조의 6 ② 1호)
- 설립되는 회사의 상호, 목적, 본점의 소재지 및 공고의 방법(530조의5 ① 1호)
- 설립되는 회사가 발행할 주식의 총수 및 1주의 금액(동항 2호)
- 설립되는 회사의 자본과 준비금에 관한 사항(동항 6호)
- 설립되는 회사에 이전될 재산과 그 가액(동항 7호)
- 제530조의9 ②의 정함(신설회사가 분할되는 회사의 채무 중에서 출자한 재산에 관한 채무만을 부담할 것을 정한 경우)이 있는 경우에는 그 내용(동항 8호)
- 설립되는 회사의 이사와 감사를 정한 경우에는 그 성명과 주민등록번호(동항 9호)
- 설립되는 회사의 정관에 기재할 그 밖의 사항(동항 10호)
② 설립되는 회사가 분할합병을 함에 있어서 발행하는 주식의 총수, 종류 및 종류별 주식의 수(530조의 6 ② 2호)
③ 각 회사의 주주에 대한 주식의 배정에 관한 사항과 배정에 따른 주식의 병합 또는 분할을 하는 경우에는 그 규정(동항 3호)
④ 각 회사가 설립되는 회사에 이전할 재산과 그 가액(동항 4호)
⑤ 각 회사의 주주에게 지급할 금액(분할교부금)을 정한 때에는 그 규정(동항 5호)
⑥ 각 회사에서 제530조의3 ②의 결의(분할합병의 결의)를 할 주주총회의 기일(동항 6호)
⑦ 분할합병을 할 날(동항 7호)

3.5.19. 회사의 분할

3) 분할합병을 하지 않는 존속부분의 분할계획서 기재사항
- 상법 제530조의6 제3항은 [제530조의 5의 규정은 ① 및 ②의 경우에 각 회사의 분할합병을 하지 아니하는 부분의 기재에 관하여 이를 준용함.]고 규정하고 있음.
- 분할회사에 있어 합병의 대상이 되는 것은 영업의 일부임.
- 분할회사에는 분할합병의 대상이 되지 않는 나머지 재산이 있음.
- 분할회사는 이 재산을 가지고 존속할 수도 있고, 새로운 회사를 설립하고 해산할 수도 있음.
- 새로운 회사를 설립할 경우에는 제530조의5 ①이 규정하는 분할계획서를 작성하여야 함.
- 존속할 경우에는 동지 ②이 규정하는 분할계획서를 작성하여야 함.
- 분할회사는 영업을 각각 다른 회사에 흡수합병시키고 해산할 소도 있는데, 이 경우에는 분할계획서를 작성할 필요가 없고 흡수합병 건수별로 분할합병계약서를 작성하면 됨.

4) 분할계획서 등의 공시
- 분할 전 회사의 이사는 분할을 승인하기 위한 주주총회의 회일의 2주간 전부터 분할의 등기를 한 날 또는 분할합병을 한 날 이후 6월간 다음을 본점에 비치하여야 함(상 530의7 ①).
    ① 분할계획서 또는 분할합병계약서
    ② 분할되는 부분의 대차대조표
    ③ 분할합병의 경우에는 분할합병의 상대방회사(분할 후 회사)의 대차대조표
    ④ 분할 전 회사의 주주에게 발행할 주식의 배정에 관하여 그 이유를 기재한 서면
- 또한 흡수분할합병의 경우 분할합병의 상대방회사(분할 후 회사)의 이사는 분할합병을 승인하는 주주총회의 회일의 2주간 전부터 분할합병의 등기를 한 후 6월간 다음을 본점에 비치하여야 함(530의7 ②).
    ① 분할합병계약서
    ② 분할 전 회사의 분할되는 부분의 대차대조표
    ③ 분할 전 회사의 주주에게 발행할 주식의 배정에 관하여 그 이유를 기재한 서면

3.5.19. 회사의 분할

5) 주식매수청구권
① 단순분할의 경우
- 종전의 회사재산과 영업이 물리적 및 기능적으로 나누어질 뿐 주주의 권리는 신설회사에 그대로 미치므로 주주의 권리에 구조적인 변화가 생기는 것은 아님.
- 반대주주의 주식매수청구권을 인정하지 않음.
② 분할합병의 경우
- 회사의 재산, 영업이 다른 회사와 통합되므로 주주의 관점에서는 합병과 동질의 구조변화임.
- 반대주주의 주식매수청구권을 인정함.
- 530조의11 ② → 522조의3

3.5.19. 회사의 분할

3.5.19.5.2. 분할결의
(1) 이사회의 결의
- 명문의 규정은 없음
- 회사분할은 당연히 이사회의 결의를 요함.
- 이사회의 결의에서 후술하는 분할계획서 또는 분할합병계약서의 내용을 결정하여야 함.
(2) 분할회사의 주주총회의 결의
- 회사가 분할하고자 할 때에는 분할계획서 또는 분할합병계약서를 작성하여 주주총회의 승인을 얻어야 함(제 530조의3 ①, ②)
- 주주총회를 소집하려면 분할계획 또는 분할합병계약의 요령을 소집통지 또는 소집공고에 기재하여야 함(제 530조의3 4항)
- 수개의 회사를 신설할 경우 또는 수개의 회사와 분할합병 할 경우 또는 단순분할과 분할합병을 병행할 경우, 수 개의 분할계획서 또는 분할합병계약서를 동시에 작성.
(3) 의결권
- 상법은 분할의 승인결의를 위한 총회에서는 의결권 없는 우선주식을 가진 주주(370조①)도 의결권이 있음이고 규정하고 있음(530조의3 3항).
- 합병을 할 때에는 의결권 없는 우선주는 의결권을 행사하지 못하는데, 회사분할에서는 의결권 없는 주식도 의결권의 행사를 인정하고 있는 점에 차이가 있음
(4) 소집통지
1) 통지시기와 방법
- 주주총회를 소집하기 위하여는 주주에게 출석의 기회와 준비의 시간을 주기 위하여 기명주식의 경우 정해진 회일로부터 2주전에 각각 주주에게 대하여 통지를 방송하여야 함(363조①)
2) 통지의 기재사항
- 총회소집의 통지 : 일시, 장소, 회의의 목적사항
- 의안의 요령에 기재사항 : 정관의 변경, 주식교환, 주식이전, 자본의 감소, 합병의 승인 등의 중요사항

3.5.19. 회사의 분할

(5) 종류주주총회
- 분할회사가 수종의 주식을 발행한 경우, 분할로 인하여 어느 종류의 주주에게 손해를 미치게 될 때에는 종류주 주총회의 결의를 얻어야 함(530조의3 5항).
- 합병에 있어서도 같은 요건하에서 종류주주총회를 요하므로 분할의 경우에 종류주주총회를 규정한 것은 타당 함.
(6) 주주부담가중을 위한 특별절차
- 제530조의3 제6항은 회사의 분할 또는 분할합병으로 인하여 분할에 관련되는 각 회사의 주주의 부담이 가중되 는 경우에는 주주총회의 승인결의 또는 종류주주총회의 결의 외에 그 주주 전원의 동의가 있어야 함.
- 합병이나 분할을 하면서 사원 또는 주주의 출자를 증가시키고자 할 경우에는 주주들 전원의 동의를 얻어야 함.
- 주주유한책임의 원칙상 주주들에게 추가출자를 강요할 수 없음.

3.5.19.5.3. 회사채권자의 보호
(1) 단순분할
- 신설회사들이 분할회사의 채권자에 대하여 연대책임을지므로 채권자 보호절차가 적용되지 않음.
- 단순분할의 경우에도 신설회사의 책임이 제한되는 경우(530조의 9 ②)에는 채권자보호절차가 적용됨(530조 의9 4항).
(2) 분할합병
- 흡수분할합병 또는 신설분할합병 모두 담보재산과 책임주체에 중대한 변화가 발생되는 것이므로 양 당사회사 가 채권자보호절차를 밟아야 함(530조의 11 ②, 527조의 5).

3.5.19. 회사의 분할

(3) 분할결의 전의 절차(사전공시 : 분할대차대조표 등의 작성·비치·공시)
- 분할대차대조표 등의 작성·비치·공시
- 분할되는 회사의 이사는 분할 또는 분할합병 주주총회 회일의 2주전부터 분할 등기를 한 날 또는 분할합병을 한 날 이후 6월간 기재한 서면을 본점에 비치하여야 함(530조의 7①).
① 분할계획서 또는 분할합병계약서
② 분할되는 부분의 대차대조표
③ 분할합병의 경우 합병 상대방 회사의 대차대조표
④ 분할되는 회사의 주주에게 발행할 주식 배정
- 분할합병의 경우에는 상대방회사도 이사가 분할합병승인 주주총회 회일의 2주전부터 분할합병의 등기를 한 후 6월간 기재한 서면을 본점에 비치하여야 함.
① 분할합병계약서
② 분할되는 회사의 분할되는 부분의 대차대조표
③ 분할되는 회사의 주주에게 발행할 주식의 배정
- 주주 또는 회사채권자는 영업시간 내에 언제든지 서류의 열람을 청구하거나 회사가 정한 비용을 지급하고, 그 등본 또는 초본의 교부를 청구할 수 있음(530조의7 3항, 522조의2 ② 준용).

(4) 분할결의 후의 절차(회사채권자의 의의를 위한 조치)
- 회사는 주주총회의 승인결의가 있는 날로부터 2주 내에 채권자에 대하여 합병에 이의가 있으면 1월 이상의 기간 내에 이를 제출할 것을 공고하고, 알고 있는 채권자에 대하여는 따로따로 이를 최고하여야 함(530조의 11 ②, 527조의 5①).
- 채권자가 위의 기간 내에 이의를 제출하지 않은 때에는 분할을 승인한 것으로 본다(530조의 11 ②, 527조의 5 3항, 232조의 ②).
- 이의를 제출한 때에는 회사는 그 채권자에 대하여 변제 또는 상당한 담보를 제공하거나 이를 목적으로 하여 상당한 재산을 신탁회사에 신탁하여야 함(530조의 11 ②, 527조의 5 3항, 232조의 3항).
- 사채권자가 이의를 함에는 사채권자집회의 결의가 있어야 함(530조의 11 ②, 439조의 3항).
- 이러한 절차에 위반하면 분할무효의 소의 원인이 됨(530조의11 ①, 529조).

3.5.19. 회사의 분할

3.5.19.5.4 그 밖의 절차
- 회사의 분할에 의한 회사설립에 관하여는 주식회사의 설립에 관한 규정이 준용됨(제530의4 ①).
- 분할 또는 분할합병에 따라 주식분할, 주식병합, 단주처리가 필요한 때에도 상법상의 해당규정이 준용됨(제530조의11 ①, 제329조의 2, 제440조 내지 제444조).
- 다만, 분할에 의하여 설립되는 회사는 분할되는 회사의 출자만으로도 설립 할 수 있으며, 이 경우 분할되는 회사의 주주에게 그 주주가 가지는 그 회사의 주식의 비율에 따라서 설립되는 회사의 주식이 발행되는 때에는 변태설립사항에 관한 검사인 등의 조사, 보고절차를 거치지 아니함(제530조의4 ②).
- 분할 또는 분할합병으로 인하여 설립되는 회사의 창립총회에 대하여는 신설합병의 경우의 창립총회에 관한 규정이 준용됨(제530조의11 ① 본문, 제527조).
- 분할합병의 상대방회사(존속회사)의 보고총회의 관하여는 흡수합병의 경우의 보고총회에 관한 규정이 준용됨(제530조의11 ① 본문, 제526조).
- 창립총회 또는 보고총회에 대한 보고는 이사회의 공고로 이를 갈음할 수 있음. 다만, 분할의 경우에는 설립위원이 존재하지 않으므로 대표이사가 설립사무를 담당함(제530조의11 ① 단서)

3.5.19.5.5 분할등기
- 회사의 분할이 실현되면 본점소재지에는 2주 내, 지점소재지에는 3주 내에 분할 후 존속하는 회사에 있어서는 변경등기, 분할로 인하여 소멸하는 회사에 있어서는 해산등기, 분할에 따라 설립되는 회사에 있어서는 설립등기를 하여야 함(제530조의11 ① 본문, 제528조 ①).
- 이 등기는 분할의 효력 발생요건임(제530조의11 ① 본문, 제234조).
- 분할 또는 분할합병 후 존속하는 회사 또는 설립되는 회사가 분할 또는 분할합병으로 인하여 전환사채 또는 신주인수권부사채를 승계하는 때에는 분할등기와 동시에 사채를 등기하여야 함(제530조의11 ① 본문, 제528조 ②).

3.5.19. 회사의 분할

3.5.19.5.6. 분할공시
- 분할회사의 이사는 분할계획서 또는 분할합병계약서의 승인을 위한 주주총회의 회일의 2주간 전부터 분할의 등기를 한 날 또는 분할합병의 등기를 한 날 이후 6월간 분할계획서 또는 분할합병계약서, 분할되는 부분의 대차대조표, 분할합병의 경우에는 상대방회사의 대차대조표, 분할회사의 주주에게 발행할 주식의 배정에 관하여 그 이유를 기재한 서면을 본점에 비치하여야 함(530조의7 ①).
- 주주 및 회사채권자는 영업시간 내에는 언제든지 위 서류를 열람할 수 있고, 비용을 지급하고 등·초본의 교부를 요구할 수 있음(동조 3항 → 522조의2 ②).

3.5.19.6. 분할의 효과
3.5.19.6.1. 권리의무의 포괄적 이전
- 분할 또는 분할합병으로 인하여 설립되는 회사 또는 존속하는 회사는 분할하는 회사의 권리와 의무를 분할계획서 또는 분할합병계약서가 정하는 바에 따라 포괄승계 함(제530조의10). 따라서 합병의 경우와 같이 개별적인 이전행위는 필요가 없고, 제3자에 대한 대항요건을 갖추면 됨.

3.5.19.6.2. 분할 후의 회사의 책임
(1) 연대책임(상법 제530조의9 ①)
- 분할 또는 분할합병으로 인하여 설립되는 회사 또는 존속하는 회사는 분할 또는 분할합병 전의 회사채무에 관하여 연대하여 변제할 책임이 있음.
- 이 규정은 분할당사회사간의 채무승계가 여하히 이루어지든 분할 전의 채권자가 분할 전의 책임재산이 감소됨으로 인한 불이익을 입지 않게 하려는 취지임.
(2) 연대책임의 예외
- 분할로 인하여 설립되는 회사 또는 분할합병에 따라 출자를 받는 존립중의 회사(530조의 9 3항)가 분할하는 회사의 채무중에서 출자한 재산에 관한 채무만을 부담할 것을 정한 경우에는 분할회사가 존속하는 경우 나머지 채무만을 부담함 (530조의9 ②).

3.5.19. 회사의 분할

3.5.19.6.3. 회사분할에 관한 계산
- 분할 또는 분할합병에 따라 회사(신설회사 또는 분할합병의 상대방 회사)가 영업권을 취득한 경우에는 그 취득가액을 대차대조표의 자산의 부에 계상할 수 있으며, 이 경우에는 설립등기 또는 분할합병의 등기를 한 후 5년 내의 매 결산기에 균등액 이상을 상기하여야 함(제530조의 8).
- 분할 또는 분할합병으로 인하여 발생한 잉여금(분할잉여금)은 합병잉여금과 마찬가지로 자본준비금으로 적립됨(제459조 ① 제3호의2).
- 다만, 분할잉여금 중 분할되는 회사의 이익잉여금 기타 법정준비금은 분할 또는 분할합병 후 존속 또는 설립되는 회사가 이를 승계할 수 있음.
- 분할잉여금의 승계에 관한 사항은 분할계획서 또는 분할합병계약서에 기재하여야 함(제530조의5 ① 제6호, 제530조의6 ① 제5호·② 제1호).

3.5.19.6.4. 기타
(1) 회사의 소멸
(2) 회사의 설립 또는 정관변경
(3) 주주의 수용

3.5.19. 회사의 분할

3.5.19.7. 회사분할의 무효
3.5.19.7.1.분할무효의 소의 절차
(1) 분할무효의 소
- 분할의 무효는 소에 의해서만 주장할 수 있음.
- 각 회사의 주주, 이사, 감사, 청산인 또는 분할불승인채권자는 분할등기가 있는 날로부터 6월 내에 본점소재지의 지방법원에 분할무효의 소를 제기할 수 있음(제530조의11 ① 본문, 제529조 ②, 제528조, 제186조).
- 소의 전속관할, 소제기의 공고, 소의 병합심리, 법원의 재량권 등은 합병무효의 소와 같음(제530조의11 ① 본문, 제240조).
- 여기서의 분할불승인채권자라 함은 분할에 관한 이의를 하였으나 회사로 부터 변제 담보의 제공 등을 받지 못한 채권자 뿐 아니라 회사가 알고 있으면서 이의제출의 최고(제530조의11 ②, 제527조의 5 ①)를 하지 아니한 채권자도 포함함.

3.5.19.7.2 분할무효판결의 효과
(1) 분할무효의 등기
- 분할무효의 판결이 확정되면 분할 전의 회사로 환원하게 되므로 본·지점의 소재지에서 존속회사는 변경등기, 신설회사는 해산등기, 소멸회사는 회복등기를 하여야 함(530조의11 ①, 238조).
(2) 대세적 효력과 불소급의 원칙(530조의11 ①, 240조, 190조)
(3) 원고가 패소한 경우 : 원고가 패소한 경우에 악의 또는 중대한 과실이 있으면 회사에 대하여 연대하여 손해를 배상할 책임을 짐(530조의11 ①, 240조, 191조)
(4) 무효판결전의 채무와 재산
① 단순분할의 경우 : 단순분할의 경우는 무효판결로 분할되었던 회사가 하나로 합체되므로 분할 후의 회사가 가졌던 채무와 재산은 무효판결전의 분할회사의 채무와 재산으로 복귀됨.
② 분할합병의 경우 : 분할합병의 무효로 분할합병 전의 채무와 재산은 원상으로 돌아가게 되고, 분할합병 후의 채무와 재산은 분할합병당사회사가 부담 또는 소유하게 됨.

3.5.19. 회사의 분할

(a) 분할합병 후 채무(연대채무)
- 존속 또는 신설회사가 분할합병 후에 부담한 채무는 분할합병 당사회사가 연대하여 변제할 책임을 짐 (b) 분할합병 후 취득한 재산
- 분할합병 당사회사의 공유로 함.
- 협의로 그 부담부분 또는 지분을 정한다
- 협의가 이루어지지 않는 경우는 법원이 각 회사의 청구에 의하여 분할합병 당시의 각 회사의 재산상태 기타의 사정을 참작하여 이를 정하여야 함(530조의 11, 239조).

3.5.20. 주식관련 제도

3.5.20.4. 주식교환
3.5.20.4.1. 주식교환의 개념
3.5.20.1.1. 주식교환의 개념
(1) 주식교환의 개념
- 주식교환이란 완전모회사가 되는 (존속)회사가 완전자회사가 되는 회사의 발행주식의 총수와 자기회사의 주식을 교환함으로써 완전자회사가 되는 회사의 주식은 완전모회사가 되는 회사에 이전되고, 그 완전자회사가 되는 회사의 주주는 그 완전모회사가 되는 회사가 발행한 신주의 배정을 받아 그 회사의 주주로 되는 것을 말함(상 360의2).
- 즉 기존 회사간에 주식의 포괄적 교환계약에 의하여 완전모자회사 관계를 창설하는 조직법상의 행위
(2) 주식교환의 법적 성질
- 기업을 인적조직과 물적조직과의 유기적 결합체라고 한다면 주식교환은 기업을 구성하는 인적조직과 물적조직의 유기적인 결합을 분리하여 인적조직을 별도의 법주체에 이전.흡수시켜 그 별개의 법주체끼리 완전모자회사라는 결합관계로 묶는 행위임.
- 반면에 합병은 복수의 합병당사회사의 인적조직 및 물적조직이 완전히 합체하는 것이고, 영업양도는 기존회사의 인적조직을 회사법인과 동시에 존속시키면서 물적조직만을 양수회사에 이전하는 것임.

3.5.20.1.2. 주식교환절차
- 주식교환계약의 체결 → 주주총회의 승인 → 주식교환계약서 등의 공시 → 반대주주의 주식매수청구권 → 주권의 실효절차 → 단주 등의 처리 → 주식교환정보의 사후공시

(1) 주식교환계약서의 작성
1) 주식교환계약서의 작성의 필요성
- 주식교환은 쌍방의 회사의 주주에게 중대한 영향을 미치게 되기 때문에 회사는 주식교환계약서를 작성하여 주주총회의 특별결의에 의한 승인을 받도록 하고 있음(상 360의3 ①, ②).

3.5.20. 주식관련 제도

2) 주식교환계약서의 기재사항
- 주식교환계약서의 기재사항으로 9가지가 열거되고 있음(상 360의3 ③).
① 완전모회사가 되는 회사가 주식교환으로 인하여 정관을 변경하는 경우에는 그 규정
② 완전모회사가 되는 회사가 주식교환을 위하여 발행하는 신주의 총수, 종류와 종류별 주식의 수 및 완전자회사가 되는 회사의 주주에 대한 신주의 배정에 관한 사항
③ 완전모회사가 되는 회사의 증가할 자본의 액과 자본준비금에 관한 사항
④ 완전자회사가 되는 회사의 주주에게 지급할 금액(주식교환교부금)을 정한 때에는 그 규정
⑤ 각 회사가 결의를 할 주주총회의 기일
⑥ 주식교환을 할 날
⑦ 각 회사가 주식교환을 할 날 까지 이익을 배당하거나 제462조의3의 규정에 의하여 금전으로 이익배당 할 때에는 그 한도액
⑧ 제360조의6의 규정에 의하여 회사의 자기의 주식을 이전하는 경우에는 이전할 주식의 총수, 종류 및 종류별 주식의 수
⑨ 완전모회사가 되는 회사에 취임할 이사와 감사 또는 감사위원회의 위원을 정한 때에는 그 성명 및 주민등록번호 등의
- 소규모주식교환의 예외 : 주주총회 승인결의 없이 주식교환을 할 수 있음은 뜻을 기재함(360외10 ③)

(2) 주식교환계약서의 승인
1) 주주총회의 소집통지의 기재사항
- 상법은 주주에 대하여 주식교환에 대해 명확히 하고, 주주가 주주총회에서의 의결권 행사 등을 위해 관계서류의 열람 등을 하는 것을 가능하게 하기 위해서 주식교환계약서의 요령을 주주총회의 소집통지에 기재하도록 하였음.
- 이러한 기재사항에는 ① 주식교환계약서의 주요내용, ② 반대주주의 주식매수청구권의 내용 및 행사방법, ③ 일방회사의 정관에 주식의 양도에 관하여 이사회의 승인을 요한다는 뜻의 규정이 있고 다른 회사의 정관에 그 규정이 없는 경우 그 뜻 (상 360의3 ④).

3.5.20. 주식관련 제도

2) 주주총회의 결의요건 등
- 주식교환계약서의 승인은 특별결의에 의하여야 함(상 360의3 ①). 주식교환은 합병이나 현물출자와 같이 주주의 이해에 중대한 영향을 미치게 되므로 특별결의요건으로 한 것임.
- 주식교환으로 인해 종류주주에게 손해를 미칠 염려가 있는 경우에는 그 종류주주총회의 결의를 얻어야 함(상 436).
- 간이주식교환의 예외 : 완전자회사가 되는 회사의 총주주의 동의가 있거나 그 회사의 발행주식 총수의 100분의 90 이상을 완전모회사가 되는 회사가 이미 소유하고 있는 때에는 완전자회사가 되는 회사의 주주총회의 승인은 이사회의 승인으로 갈음(360조의9 ①)
- 소규모주식교환의 예외 : 완전모회사가 되는 회사가 주식교환을 위하여 발행하는 신주의 총수가 그 회사의 발행주식총수의 100분의 5를 초과하지 아니하는 경우에는 그 회사의 주주총회 승인은 이사회의 승인으로 갈음할 수 있음(360조의10 ①)

3) 주식교환계약서 등의 사전공시
- 이사는 주주총회의 회일의 2주간 전부터 주식교환의 날 이후 6월이 경과하는 날 까지 ① 주식교환계약서, ② 완전자회사가 되는 회사의 주주에 대한 주식의 배정에 관하여 그 이유를 기재한 서면, ③ 주주총회의 회일(간이주식교환의 경우에는 공고 또는 통지를 한 날)전 6월 이내에 작성한 주식교환을 하는 각 회사의 최종의 대차대조표 및 손익계산서의 서류를 본점에 비치하여야 함(상 360의4).
- 주주는 영업시간 내에는 언제든지 주식교환계약서 등 비치하여 놓은 서류의 열람 또는 등사를 청구할 수 있음 (상 360의4 ②, 391의3 ③).
- 주식교환은 각 회사의 주주구성에 변동을 생기게 할 뿐이고 각 회사의 재산상황에는 변동이 생기지 않기 때문에 채권자에게는 비치서류의 열람권 등이 인정되지 않음.

4) 주권의 실효절차
- 완전자회사가 되는 회사는 주식교환의 승인결의를 하였을 때는 그 취지, 주식교환일의 전일까지 주권을 회사에 제출해야 할 취지 및 주식교환일에 주권은 무효로 된다는 취지를 그 날의 1월 전에 공고하고, 주주명부에 기재되어 있는 주주 및 질권자에 대하여 따로 따로 그 통지를 하여야 함(상 360의8).

3.5.20. 주식관련 제도

- 구주권 또는 구단주권을 제출할 수 없는 자가 있는 때는 회사는 그 자의 청구에 의해 이해관계인에 대해 이의가 있으면 3월 이상의 기간을 정하여 이의를 할 것을 공고하고 그 기간경과 후에 신주권 또는 신단주권을 교부할 수 있음(상 360의8; 442).
- 단주에 관한 규정도 준용됨(상 360의8; 444).

5) 주식교환에 관한 사항을 기재한 서면등의 공시(사후공시)
- 이사는 ① 주식교환일, ② 주식교환일에 완전자회사가 되는 회사에 현존하는 순자산액, ③ 주식교환으로 인하여 완전모회사에 이전한 완전자회사의 주식의 수, ④ 기타 주식교환에 관한 사항을 기재한 서면을 주식교환일로부터 6월간 본점에 비치여야 함(상 360의12 ①).
- 주주는 영업시간 내에는 이 서면의 열람을 요구하거나 또는 등사를 청구할 수 있음(상 360의12 ②).

3.5.20.1.3. 간이주식교환
- 완전자회사가 되는 회사의 총주주의 동의가 있거나 그 회사의 발행주식총수의 100분의 90 이상을 완전모회사가 되는 회사가 소유하고 있는 때에는 완전자회사가 되는 회사의 주주총회의 승인은 이를 이사회의 승인으로 갈음할 수 있음(상 60의9 ①).
- 이 경우에 완전자회사가 되는 회사는 주식교환계약서를 작성한 날부터 2주 내에 주주총회의 승인을 얻지 아니하고 주식교환을 한다는 뜻을 공고하거나 주주에게 통지하여야 함. 다만, 총주주의 동의가 있는 때에는 그러하지 아니함(상 360의9).

3.5.20.1.4. 소규모주식교환절차
- 완전모회사가 되는 회사가 규모가 작은 회사를 주식교환에 의해 완전자회사로 하는 경우에 완전모회사가 되는 회사의 주주에게 주는 영향이 경미한 때에는 주식교환절차의 간소화와 합리화를 꾀하기 위하여 주주총회의 승인을 얻지 않고서 주식교환을 할 수 있음(상 360의10).

(1) 요건 등
- 완전모회사가 되는 회사가 주식교환을 위하여 발행하는 신주의 총수가 그 회사의 발행주식 총수의 100분의 5를 초과하지 아니하는 경우에는 그 회사는 주주총회의 특별결의 없이 이사회의 승인으로 주식교환을 할 수 있음.

3.5.20. 주식관련 제도

- 그러나 완전자회사가 되는 회사의 주주에게 지급하여야 할 금액을 정한 경우에, 그 금액이 최종의 대차대조표에 의하여 완전모회사가 되는 회사에 현존하는 순자산액의 100분의 2를 초과하는 때에는 주주총회의 승인을 얻어야 함(상 360의10).

(2) 주식교환계약서의 기재사항
- 소규모주식교환을 하는 경우에는 주식교환계약서에 완전모회사가 되는 회사에 관해서는 주주총회의 승인결의를 얻지 않고 주식교환을 한다는 취지를 기재하여야 하고, 이 경우에는 완전모회사가 되는 회사가 주식교환에 의해 정관변경을 하는 경의 규정을 기재하지 못함(상 360의10 ③).

(3) 공고 등
- 완전모회사가 되는 회사는 주식교환계약서를 작성한 날로부터 2주간 내에, 완전자회사가 되는 회사의 상호와 본점, 주식교환을 할 날 및 주주총회의 승인을 얻고 주식교환을 한다는 뜻을 공고하거나 주주에게 통지하여야 함(상 360의10 ④).

(4) 주식교환계약서 등의 사전공시
- 이사는 주주총회의 승인을 얻지 아니하고 주식교환을 한다는 뜻을 공고하거나 주주에게 통지의 날의 2주간전부터 주식교환의 날 이후 6월이 경과하는 날까지 ① 주식교환계약서, ② 완전자회사가 되는 회사의 주주에 대한 주식의 배정에 관하여 그 이유를 기재한 서면, ③ 주주총회의 승인을 얻지 아니하고 주식교환을 한다는 뜻을 공고하거나 주주에게 통지하기전 6월 이내에 주식교환을 하는 각 회사가 작성한 최종의 대차대조표 및 손익계산서의 서류를 본점에 비치하여야 함(상 360의0 ⑥).

(5) 소규모주식교환을 할 수 없는 경우
- 완전모회사가 되는 회사의 발행 후 주식의 총수의 100분의 20 이상의 주식을 보유한 주주가 반대의 의사의 통지를 하는 경우에는 소규모주식교환을 할 수 없음(상 360의10 ⑤).

(6) 소규모 주식교환의 경우에는 주식매수청구권이 인정되지 않음(상 360의10 ⑦).

3.5.20.1.5. 반대주주의 주식매수청구권
- 주식교환의 주주총회 승인사항에 관하여 이사회의 결의가 있는 때에 그 결의에 반대하는 주주는 주주총회전에 회사에 대하여 서면으로 그 결의에 반대하는 의사를 통지한 경우에는 그 총회의 결의일부터 20일 이내에 주식의 종류와 수를 기재한 서면으로 회사에 대하여 자기가 소유하고 있는 주식의 매수를 청구할 수 있음(상 360의5 ①).

3.5.20. 주식관련 제도

- 간이주식교환의 경우에 완전자회사가 되는 회사가 주식교환계약서를 작성한 날부터 2주 내에 주주총회의 승인을 얻지 아니하고 주식교환을 한다는 뜻을 공고하거나 주주에게 통지를 한 경우에 그 날로부터 2주 내에 회사에 대하여 서면으로 합병에 반대하는 의사를 통지한 주주는 그 기간이 경과한 날부터 20일 이내에 주식의 종류와 수를 기재한 서면으로 회사에 대하여 자기가 소유하고 있는 주식의 수를 청구할 수 있음(상 360의5 ②).
- 반대주주의 주식매수청구권에 관한 절차 및 내용은 상법 제374의2(반대주주의 식매수청구권)에 관한 규정을 준용함(상 360의5 ③).
- 주식매수청구권이 행사된 경우에는 완전자회사가 되는 회사 또는 완전모회사가 되는 회사는 자기주식취득금지의 예외로서 자기주식을 취득하는 것이 인정됨(상 341). 취득한 자기주식은 상당한 기간 내에 처분을 하여야 함(상 342).

3.5.20.1.6. 주식교환의 효과
(1) 주식의 이전 및 신주발행
- 자회사의 주식의 모회사로의 이전(법률의 규정에 의한)과 모회사의 자회사의 주주에 대한 신주발행
- 신주발행은 주식교환의 날에 주식의 이전과 동시에 이루어진다고 해석
- 완전모회사가 되는 회사는 주식교환시 신주발행 대신 보유한 자기의 주식을 완전자회사가 되는 회사의 주주에게 이전할 수 있음. 즉 완전모회사가 되는 회사는 주식교환을 함에 있어서 신주발행에 갈음하여, 회사가 소유하는 자기의 주식으로서 상당한 시기에 처분하여야 할 주식(상 342)을 완전자회사가 되는 회사의 주주에게 전할 수 있음(상 360의6).

(2) 완전모회사의 자본증가
- 완전모회사가 되는 회사의 자본은 주식교환의 날에 완전자회사가 되는 회사에 현존하는 순자산액에서 ① 완전자회사가 되는 회사의 주주에게 지급할 금액, ② 신주발행에 갈음하여 자기주식을 이전하는 경우에는 완전자회사가 되는 회사의 주주에게 이전하는 주식의 회계장부가액의 합계액을 공제한 금액을 한도로 증가함(상 360의7 ①).

3.5.20. 주식관련 제도

- 완전모회사가 되는 회사가 주식교환 이전에 완전자회사가 되는 회사의 주식을 이미 소유하고 있는 경우에는 완전모회사가 되는 회사의 자본은 주식교환의 날에 완전자회사가 되는 회사에 현존하는 순자산액에 그 회사의 발행주식총수에 대한 주식교환으로 인하여 완전모회사가 되는 회사에 이전하는 주식의 수의 비율을 곱한 금액으로부터 ① 완전자회사가 되는 회사의 주주에게 지급할 금액, ② 완전자회사가 되는 회사의 주주에게 이전하는 주식의 회계장부가액의 합계액을 공제한 액을 한도로 함(상 360의7 ②).
- 완전모회사의 자본증가의 한도액이 완전자회사가 되는 회사의 순자산액을 기준으로 하므로 채무초과회사를 완전자회사로 하는 주식교환은 할 수 없음
- 완전모회사가 되는 회사의 자본증가의 한도액이 그 회사의 실제 증가한 자본액을 초과하는 경우에는 그 초과액을 자본준비금으로 적립하여야 함

(3) 완전모회사가 되는 회사의 이사 등의 임기
- 주식교환에 의하여 완전모회사가 되는 회사의 이사 및 감사로서 주식교환 전에 취임한 자는 주식교환계약서에 다른 정함이 있는 경우를 제외하고는 주식교환 후 최초로 도래하는 결산기에 관한 정기총회가 종료하는 때에 퇴임함(상 360의13). 이는 합병의 경우와 같음.

(4) 등기
- 주식교환의 경우 주식수, 이사와 감사 등에 변동이 생기므로 변경등기신청서에 소정의 서류를 첨부하여 변경등기를 하여야 함(비송 214조의2)

3.5.20.1.8. 주식교환무효의 소
(1) 주식교환무효의 소의 도입이유
- 주식교환절차 등에 하자가 있는 경우 그 주식교환을 사후에 무효로 하여야 하는 경우라도 주식교환이 유효한 것을 전제로 완전모회사가 된 회사 및 완전자회사가 된 회사에 관하여 새로운 법률관계가 형성되어 있는 이상, 그 이해관계인도 다수이기 때문에 주식교환무효의 소의 제도를 마련하여 법률관계의 획일적 확정, 소급효의 저지 및 무효주장을 제한하고 있음.

3.5.20. 주식관련 제도

(2) 제소기간 등
- 주식교환의 무효는 주식교환일로부터 6월 내에 소에 의해서만 주장할 수 있음(상 360의14 ①). 주식교환무효의 원인으로는 주식교환계약 자체에 착오 등의 무효원인이 있는 경우, 주식교환계약서의 승인결의의 부존재 등의 절차위반이 있는 경우 등임. 그 밖에도 주식교환계약서 기재사항의 흠결, 주식교환계약서의 비치해태 등도 주식교환무효의 원인이 됨.
(3) 제소권자
- 주식교환무효의 소는 각 회사의 주주, 이사, 감사, 감사위원회 위원 또는 청산인에 한하여 제기할 수 있음(상 360의14 ①). 채권자는 주식교환계약무효의 소 등의 제소권자가 아님.
(4) 관할법원
- 주식교환무효의 소는 완전모회사가 된 회사의 본점의 소재지의 지방법원의 전속관할에 속함(상 360의14 ②).
- 심리 중에 원인이 된 하자가 보완되고 회사의 현황과 제반사정을 참작하여 이를 무효로 하는 것이 부적당하다고 인정한 때에는 무효의 청구를 기각할 수 있음

(5) 무효판결의 효력
1) 원고승소의 경우
① 주식의 반환 : 주식교환무효의 판결이 확정되면 완전모회사가 된 회사는 주식교환을 위하여 발행한 신주 또는 이것에 갈음하여 자기주식을 이전한 경우에는 현재의 주주에 대여 완전자회사가 된 회사의 주식을 이전하여야 함(상 360의14 ③).
② 대세적·불소급효
③ 변경등기
2) 원고패소의 경우
- 소제기자가 패소한 경우 악의 또는 중대한 과실이 있는 때에는 회사에 대하여 연대하여 손해를 배상할 책임이 있음(360조의14 ④, 191조)

3.5.20. 주식관련 제도

3.5.20.2. 주식이전
3.5.20.2.1. 주식이전의 의의
(1) 주식이전의 개념
- 주식이전이란 완전모자회사관계를 창설하기 위하여 완전자회사가 되는 회사가 갖는 그 회사의 주식을 완전모회사가 되는 회사에 이전시키고 완전자회사가 되는 회사의 주주에게는 완전모회사가 되는 회사가 주식이전에 있어서 발행하는 주식을 정함으로써 완전모회사를 설립시키는 제도임(상 360의15).
(2) 주식이전제도와 구별되는 개념
- 주식이전제도는 주식교환, 합병, 현물출자 등과 구별되는데 그 구별되는 점은 다음과 같음. 주식교환은 기존의 회사 사이에 완전모자회사관계를 신설하는 것이지만, 주식이전은 새로이 회사를 신설하는 점에서 차이가 있음. 뿐만 아니라 현물출자의 경우에는 검사인의 조사가 요구되는 점에서 주식교환이나 주식이전과 구별됨.
- 주식이전에 있어서는 주식교환과는 달리 소규모 주식이전이나 간이 주식이전제도가 개념상 없음.

3.5.20.2.2. 주식이전절차
(1) 주식이전계획서의 작성
- 주주총회의 승인을 받아야 되는 주식이전계획서의 기재사항은 다음과 같음.
① 설립하는 완전모회사의 정관의 규정(상 360의16 ① ⅰ)
② 설립하는 완전모회사가 주식이전에 있어서 발행하는 주식의 종류와 수 및 완전자회사가 되는 회사의 주주에 대한 주식의 배정에 관한 사항(상 360의16 ①)
③ 설립하는 완전모회사의 자본의 액 및 자본준비금에 관한 사항(상 360의16 ⅲ)
④ 완전자회사가 되는 회사의 주주에 대하여 지급할 금액을 정한 때에는 그 규(상 360의16 ① ⅳ)⑤ 주식이전을 할 시기(상 360의16 ① ⅴ)
⑥ 완전자회사가 되는 회사가 주식이전의 날까지 이익배당 또는 금전배당(상 2의3)을 하는 경우에는 그 한도액(상 360의16 ① ⅵ)
⑦ 설립하는 완전모회사의 이사 및 감사 또는 감사위원회 위원의 성명 및 주민록번호(상 360의16 ① ⅶ)
⑧ 회사가 공동으로 주식이전에 의하여 완전모회사를 설립하는 때에는 그 취지(상 360의16 ① ⅷ)

3.5.20. 주식관련 제도

(2) 주주총회의 승인
1) 주주총회의 특별결의에 의한 승인
- 주식이전에 의해 완전자회사가 되는 회사의 주주는 완전모회사가 되는 회사의 주주가 되어 그 지위에 중대한 변경을 초래하기 때문에 그 의안의 승인은 특별결의에 의하여야 함(상 360의16 ②).
- 주식이전에 의한 종류주주에게 손해를 미치게 될 때에는 종류주주총회의 결의를 얻어야 함
- 완전자회사가 되는 회사의 주주의 지위에만 변동이 있을 뿐 회사의 채권자를 해하는 것이 아니므로 채권자보호절차는 필요 없음
2) 주주총회의 소집통지의 기재사항
- 주주에 대하여 어떠한 주식이전이 행하여질 것인가를 밝히고 주주가 주주총회에서의 의결권행사 등을 위해 관계서류의 열람 등을 하는 것을 가능하게 하기 위해서 주식이전의 의안의 요령을 주주총회의 소집통지서에 기재하여야 함(상 360의6 ③, 360의3 ④).
- 즉 주식이전계약서의 주요내용, 주식매수청구권의 내용 및 행사방법, 주식의 양도에 이사회의 승인을 요하는 경우의 규정에 관한 내용 등임(상 60의3 ④).

(3) 주식이전의 의안의 요령 등의 사전공시
1) 사전공시사항
- 이사는 주식이전의 의안의 승인결의를 하는 주주총회 회일의 2주간전부터 주식이전후 6월을 경과하는 날까지 ① 제360조의16 제1항의 규정에 의한 주식이전계획서, ② 완전자회사가 되는 회사의 주주에 대한 주식의 배정에 관하여 그 이유를 기재한 서면, ③ 제360조의16 제1항의 규정에 의한 주주총회의 회일의 이전 6월내의 날에 작성한 완전자회사가 되는 회사의 최종의 대차대조표 및 손익계산서 등을 본점에 비치하여야 함(상 360의17 ①).
2) 비치서류의 열람 등
- 주주는 영업시간 내에는 언제든지 위의 서류의 열람을 요구하거나 등사를 청구 수 있음(상 360의17 ②, 391의3 ③). 회사채권자에게는 이러한 권리가 인정 안됨

3.5.20. 주식관련 제도

(4) 주권의 실효절차
1) 주권의 제공공고
- 완전자회사가 되는 회사는 주식이전의 승인결의를 하였을 때는 그 뜻, 1월을 초과하여 정한 기간 내에 주권을 회사에 제출해야 할 취지 및 주식이전일에 주권은 무효로 되는 취지를 공고하고, 주주명부에 기재되어 있는 주주와 질권자에게는 개별적으로 이것을 통지하여야 함(상 360의19).
2) 주권을 제출할 수 없는 경우의 처리
- 구주권 또는 구단주권을 제출할 수 없는 자가 있는 때는 회사는 그 자의 청구에 의해 이해관계인에 대해 이의가 있으면 3월 이상의 기간을 정하여 이의를 할 것을 공고하고 그 기간 경과 후에 신주권을 청구자에게 교부할 수 있음(상 36019 ②; 제442조). 공고비용은 청구자의 부담으로 함
- 무기명주권을 발행하였으나 주권을 회사에 제출할 수 없는 경우에도 같은 방식으로 처리함
(5) 주식이전등기
- 주식이전을 하였을 때는 설립한 회사의 본점의 소재지에서는 2주간, 그 지점의 재지에서는 3주간 이내에 등기를 하여야 함(상 360의20).
- 완전자회사가 되는 회사에 관해서는 주주가 종래의 주주로부터 설립되는 완전모회사로 변할 뿐이고 등기사항에 변경은 생기지 않기 때문에 변경등기는 필요 없음. 등기사항은 주식이전은 회사의 설립이므로 회사의 설립등기에 관한 규정인 제17조 제2항에서 정하는 사항을 등기하도록 하고 있음(상 360의20, 317 ②).
(6) 주식이전에 관한 사항을 기재한 서면등의 사후공시
- 주식이전의 경우의 사후공시는 주식교환의 사후공시를 준용하고 있음(상 360의2; 제360의12).

3.5.20.2.3. 반대주주의 주식매수청구권
- 주식이전에 반대하는 주주는 주식매수청구권을 행사할 수 있음(상 360의22, 제60의5). 즉 주식이전의 주주총회 승인사항에 관하여 이사회의 결의가 있는 때에 그 결의에 반대하는 주주는 주총 전에 회사에 대하여 서면으로 그 결의에 반대하는 의사를 통지한 경우에는 그 총회의 결의일로부터 20일 이내에 주식종류와 수를 기재한 서면으로 회사에 대하여 자기소유 주식의 매수를 청구할 수 있음(상 360의5 ①).

3.5.20. 주식관련 제도

3.5.20.2.4. 주식이전의 효력
(1) 주식이전의 효력발생시기
- 주식이전은 완전모회사 그 본점 소재지에서 주식이전등기를 한 때에 효력이 생김(상 360의21).
(2) 모회사의 설립
- 주식이전의 효과는 완전모회사가 설립되는 것임. 신설회사의 정관, 이사와 감사는 주식이전계획에 의하여 정해지고 선임됨.
- 완전자회사가 되는 회사의 주주는 자기의 주식을 완전모회사가 되는 회사에 이전하여 완전모회사를 설립하고, 그 완전모회사가 주식이전을 위하여 발행하는 주식의 배정을 받음으로써 그 완전모회사의 주주가 됨(360조의15)
(3) 설립하는 완전모회사의 자본의 한도액
1) 자본의 한도액
- 주식이전에 의해 설립하는 완전모회사의 자본은 주식이전일에 완전자회사가 되는 회사에 현존하는 순자산액으로부터 그 회사의 주주에게 지급해야 할 금액을 공제한 액을 한도로서 정함(상 360의18). 새로이 신설되므로 자본증가를 의미하는 것은 아님.
2) 자본준비금의 액
- 설립하는 완전모회사의 자본의 액이 현실에 정해진 완전모회사의 자본의 한도를 넘을 때는 그 초과액은 자본준비금으로서 적립하여야 함(상 459 ① 1의3호).

3.5.20.2.5. 주식이전무효의 소
(1) 주식이전무효의 소의 취지
- 주식이전절차 등에 하자가 있었기 때문에 그 주식이전을 사후에 무효로 하지 않으면 안되는 경우에도 주식이전이 유효한 것을 전제로서 설립된 완전모회사 및 완전자회사가 된 회사에 관하여 새로운 법률관계가 형성되어 있고, 그 이해관계인도 다수이기 때문에 주식이전무효의 소의 제도를 마련하여 법률관계의 획일적 확정, 소급효의 저지 및 무효주장을 가급적 제한하고 있음(상 360의23).

3.5.20. 주식관련 제도

(2) 제소요건

- 주식이전의 무효는 주식이전일로부터 6월내에 주장할 수 있음(상 360의23 ①). 이 경우에 있어서 완전자회사가 되는 회사의 주주총회결의취소의 소에 관한 관할법원은 그 회사의 본점소재지의 지방법원이고 주식이전무효의 소의 관할법원은 완전모회사가 되는 회사의 본점소재지의 지방법원임(상 360의23 ②).

(3) 제소권자 등

- 주식이전의 무효의 소는 주주, 이사, 감사, 감사위원회 위원 또는 청산인에 한하여 제기할 수가 있음(상 360의23 ①). 주식이전의 무효의 주장을 가급적 제한하고자 하는 관점에서 주식이전무효의 소를 제기할 수 있는 사람을 직접의 이해관계자로 한정한 것임. 청산인은 청산절차 중에 회사의 대표권을 갖고 있으므로 제소권자로 하였음.

(4) 무효판결의 효력

- 주식이전을 무효로 하는 판결이 확정되었을 때는 설립된 완전모회사는 주식이전에 있어서 발행한 주식에 관한 현재의 주주에 대하여 완전자회사가 된 회사의 식을 이전하여야 함(상 360의23 ③).
- 주식이전을 무효로 하는 판결이 확정되었을 때는 설립된 완전모회사는 해산의 경우에 준하여 청산절차가 진행됨 (상 360의23 , 193).
- 주식이전무효 판결의 효력과 관련하여 준용되는 규정은 다음과 같음. 제187조(소제기의 공고), 제188조(병합심리), 189조(하자의 보완등과 청구의 기각), 제190조(판결의 효력), 제191조(패소원고의 책임), 제192조(설립무효의 등기), 제193조(설립무효, 취소판결의 효력), 제377조(제소주주의 담보제공의무)의 규정은 주식이전무효의 소(제1항)에, 제339조(질권의 물상대위) 및 제340조 제3항(질권자의 주권교부청구권)의 규정은 주식이전 무효 판결의 결과로서 완전모회사에 이전 자회사의 주식을 이전하는 경우(제3항)에 이를 준용함(상 360의23 ④).

☞ 주식교환과 주식이전의 비교

		주식교환	주식이전
1. 목적		완전모회사의 창설	완전모회사의 설립
2. 내용		개정상법 제352조 자회사가 되는 기존의 회사(완전자회사)의 주식의 모두를 기존의 회사(완전모회사)에 이전하여, 대신에 완전모회사가 발행하는 신주를 완전자회사의 주주에게 배당하는 것에 의해, 완전자회사가 완전모회사의 완전자회사가 되는 것	개정상법 제364조 기존의 회사(완전자회사)의 주식의 모두를 새롭게 설립하는 회사(완전모회사)에 이전하여, 대신에 완전자회사의 주주에게, 완전모회사가 설립에 있어서 발행하는 신주를 배당하는 것에 의해, 기존의 완전자회사가 신설되는 완전모회사의 완전자회사가 되는 것
3. 방법		개정상법 제353조	개정상법 제365조
·	주주총회	.각 회사에서 「주식교환계약서」를 작성하여, 각각의 주주총회에서 승인(특별결의)을 얻는 것이 필요 .경우에 따라 주식의 양도제한을 정하는 정관변경결의가 필요 .주식교환계약서	.완전자회사에서 「주식이전에 관한 사항」에 관해서 주주총회에서 승인(특별결의)을 얻는 것이 필요 .경우에 따라 주식의 양도제한을 정하는 정관변경결의가 필요 .주식이전에 관한 사항
·	승인사항	(1) 주식교환에 의해 완전모회사가 정관을 변경할 때는 그 규정(상호, 목적, 본점소재지, 발행하는 주식의 총수, 주식의 양도제한) (2) 신주발행에 관한 사항(완전모회사가 발행하는 신주의 총수, 액면무액면의 구별, 종류 및 수, 완전자회사주주에 대하는 배당비율) (3) 완전모회사의 증가해야 할 자본금 및 자본준비금에 관한 사항 (4) 완전자회사의 주주에게 하는 주식교환교부금 (5) 주주총회일 (6) 주식교환의 날 (7) 각 회사의 이익배당금 등에 관한 사항 (8) 완전모회사의 이사 및 감사의 임기에 관한 사항(개정상법 제361)	(1) 설립하는 완전모회사의 정관의 변경 (2) 주식발행에 관한 사항(완전모회사가 발행하는 주식의 종류 및 수, 완전자회사 주식에 대하는 주식배당비율) (3) 설립하는 완전모회사의 자본금 및 자본준비금에 관한 사항 (4) 주식이전교부금 (5) 주식이전기일(주식이전을 해야되는 시기) (6) 이익배당금 등에 관한 사항 (7) 이사 및 감사의 성명 (8) 회사가 공동하여 완전모회사를 설립할 때는 그 취지 (9) 완전모회사가 큰회사에 해당할 때는, 회계감사인의 선임이 필요(개정상법특례법3조7항)

		주식교환	주식이전
비치	사전서류	개정상법 제354조	개정상법 제366조
.	내용	(1) 주식교환계약서 (2) 완전자회사의 주주에 대하는 주식의 배당에 관한 사항에 대하여 그 이유를 기재한 서면 .주식교환비율에 관한 설명서 .주식교환비율의 산정방법 (3) 각 회사의 대차대조표 및 손익계산서	(1) 소집통지에 기재된 의안의 요령 (2) 좌동 .주식이전비율에 관한 설명서 .주식이전비율의 산정방법 (3) 완전자회사의 대차대조표 및 손익계산서 완전자회사의 본점
.	기간	주주총회의 회일의 2주간 전부터 주식교환의 날후 6월을 경과하는 날까지	주주총회의 회일의 2주간 전부터 주식이전의 날 후 6월을 경과하는 날까지
.	장소	각 회사의 본점	완전자회사의 본점
.	대상자	주주만(채권자는 포함되지 않음)	좌동
주식매수청구권		개정상법 제355조 교환에 이의가 있는 각 회사의 주주는 매수청구권이 있음.	개정상법 제371조 제3항 좌동
실효절차		개정상법 제359조	개정상법 제368조
.	공고.통지	완전자회사는 주식교환의 날의 1개월 전에 공고하거나 주주 및 등록질권자에 대하여 개별적으로 통지	주권제출기간개시 전까지 공고하여 주주 및 등록질권자에 대하여 개별적으로 통지
.	내용	(1) 주식교환계약서의 승인이 주주총회에서 결의된 취지 (2) 주식교환의 날의 전날까지 주권 및 단주권을 회사에 제출해야 할 취지 (3) 주식교환의 날에서 주권 및 단주권은 무효로 되는 취지	(1) 주식이전의 승인이 주주총회에서 결의된 취지 (2) 일정한 기간 내에 주권 및 단주권을 회사에 제출해야 할 취지(단지, 1개월을 내리는 것을 얻지 않고) (3) 주식이전의 날에서 주권 및 단주권은 무효로 되는 취지

		주식교환	주식이전
등기		개정상업등기법 제89조의2	개정상법 제369조, 개정상업등기법89조의3
.	.내용	완전모회사에서 발행주식총수 및 자본금의 증가에 따르는 변경등기	완전모회사의 본점의 소재지에서 회사설립의 등기
.	.첨부서류	(1) 주식교환계약서 (2) 완전자회사의 주주총회의사록 (3) 완전자회사의 등기부등본 (4)주식교환에 의해 증가하는 자본금의 한도를 증명하는 서면 (5) 주식교환계약서의 승인결의를 한 취지 및 주권제출 및 주권무효의 공고를 한 것을 증명하는 서면 (6) 양도제한을 하는 경우 별도첨부서류를 요함	(1) 완전자회사의 주주총회의사록 (2) 완전자회사의 등기부등본 (3) 완전모회사가 되는 회사의 정관 (4) 이사, 대표이사 및 감사가 취임을 승낙한 것을 증명하는 서면 (5) 명의개서대리인 또는 등록기관을 둘 때는 이들 사람과의 계약을 증명하는 서면 (6) 완전모회사의 자본금의 한도액을 증명하는 서면 (7) 주식이전의 승인결의한 취지 및 주권제출 및 주권무효의 공고를 한 것을 증명하는 서면
효력발생시기		개정상법 제352조 ②, 제353조 ② 제6호 .주식교환의 일	개정상법 제370조 .설립한 완전모회사의 본점소재지에서, 등기되었을 때
무효의 소		개정상법 제363조	개정상법 제372조
.	의의	주식교환의 무효는, 소를 주장할 수 있음	좌동
.	제소권자	무효의 소는 각 회사의 주주, 이사, 감사(소회사의 감사는 제외) 또는 청산인에게 한함	좌동
.	절차	주식교환의 날에서 6월이내에 완전모회사의 본점의 소재지의 지방 재판소에 제기함	좌동
.	효과	.무효로 하는 판결이 확정하였을 때는, 완전모회사는, 완전자회사의 주식을 주주에게 이전하지 않으면 안됨 .주식교환에 의해서 발행된 신주는 장래에 향하여 그 효력이 부정됨	좌동
질권의 효력		개정상법 제362조 ② .질권은 주식교환에 있어서 발행되는 신주에도 미침	개정상법 제371조 ② 좌동

		주식교환	주식이전
사후공시		개정상법 제360조	개정상법 제371조 제3항
.	내용	주식교환의 날, 주식교환의 날에 완전자회사에 현존하는 순자산액, 주식교환에 의해 완전모회사에 이전한 완전자회사의 주식의 수, 기타 주식교환에 관한 사항을 기재한 서면	좌동
.	비치기간	주식교환의 날에서 6개월	좌동
.	비치장소	각 회사의 본점에 비치	좌동
.	열람대상자	주주만	좌동

		간이주식교환제도
.	내용	개정상법358조 .완전모회사의 주주의 이해에 주는 영향이 적은 경우에, 완전모회사의 승인총회를 생략할 수 있는 제도로서 주식이전에는 간이제도는 없음
.	요건	.완전모회사가 주식교환에 있어서 발행하는 신주의 총수가, 발행주식의 총수의 20분의 1을 넘지 않고, 또한 완전자회사의 주주에게 지불을 해야 할 금액이, 완전모회사의 최종의 대차대조표에 있어서의 순자산액의 50분의 1을 넘을 때
.	주식교환계약서 기재사항	.완전모회사에 관해서 승인총회의 승인을 얻지 않고서 주식교환을 하는 취지를 기재함.
.	주주에 대한 공고 또는 통지	개정상법 제358조 제4항. 완전모회사는 주식교환계약서를 작성한 날에서 2주간 이내에 완전자회사의 상호, 본점, 주식교환일 및 주주총회의 승인을 얻지 않고서 주식교환을 하는 취지를 공고하며 또한 주주에게 통지하여야 함
.	비치기간 등	.주주에 대하는 공고 또는 통지의 날에서 주식교환의 날 후 6개월을 경과하는 날까지
.	주식매수청구권	개정상법 제358조 제5항, 제6항 .통상의 주식교환과 동일함, 반대주주에게는 매수청구권이 인정되고 있지만 주주총회가 없기 때문에 공고 또는 통지의 날에서 2주간 이내에 회사에 대하여 서면으로 반대의 의사를 통지하는 것으로 됨
.	절차의 정지	.완전모회사의 발행주식의 총수의 6분의 1이상으로 해당하는 주식을 갖는 주주가 주식교환에 반대의 의사를 통지하였을 때
.	등기	.통상의 주식교환의 등기에 추가하여, 간이주식교환에 반대의 의사를 통지한 주주가 갖는 주식의 총수를 증명하는 서면이 필요
.	사후공시관계 서면의 비치. 열람	개정상법 제360조 .통상의 주식교환과 같음.

3.5.21. 주식회사의 해산·청산

3.5.21.1. 주식회사의 해산
3.5.21.2. 회사의 청산
3.5.21.3. 청산인
3.5.21.4. 청산의 종결

3.5.21. 주식회사의 해산 · 청산

3.5.21. 주식회사의 해산 · 청산

3.5.21.1 주식회사의 해산

1. 주식회사해산의 의의
- 회사의 해산이란 회사의 법인격을 소멸시키는 원인이 되는 법률요건을 말함
- 회사가 해산한다고 해서 법인격이 바로 소멸되는 것은 아니고 대외적 이해관계인들과의 법률관계를 정리하기 위하여 해산하더라도 청산의 목적범위 내에서는 권리능력을 존속시킬 필요가 있음

2. 해산회사의 법적 성질
- 특별회사탄생설 : 청산회사라는 특별한 회사가 성립함
- 의제설 : 회사는 아니지만 청산의 목적범위 내에서 편의상 회사로 봄
- 동일회사설 : 해산 전의 회사와 동일성을 가진 회사로써 다만 목적이 청산의 범위 내로 감축되는 것임

3. 해산사유
① 존립기간의 만료 기타 정관으로 정한 사유의 발생
② 파산
③ 법원의 해산명령, 소수주주의 청구에 의한 해산판결
④ 주주총회의 특별결의
⑤ 해산의제 → 휴면회사의 정리
⑥ 회사의 합병, 분할 또는 분할합병

4. 해산의효과
① 청산절차의 개시 → 회사의 권리능력은 청산의 목적범위 내로 제한(상542, 245). 합병과 파산히 해산사유인 경우에는 청산절차가 개시되지 아니함
② 영업능력의 상실

3.5.21. 주식회사의 해산·청산

5. 해산의 공시
① 주주에게 통지, 무기명주권 발행시는 공고(상521)
② 해산의 등기(상530①,228) : 본점소재지에서는 2주, 지점소재지에서는 3주 내에 해산등기를 함. 해산등기는 설립등기와는 달리 제3자에 대한 대항요건에 불과하므로 등기가 없어도 해산에는 영향 없음

6. 회사의 계속
① 회사 존립기간의 만료 기타 정관에 정한 사유발생 또는 주주총회 결의에 의해 해산한 경우 회사가 청산이 종료되기 전에 주주총회의 특별결의로 회사를 해산 전의 회사로 복귀하는 것(상519)
② 휴면회사로 해산한 후3년내 주주총회의 특별결의에 의하여 회사를 계속할 수 있음(상520 2,3항)
③ 법원의 해산명령이나 해산판결에 의한 회사의 강제적 해산의 경우는 회사의 계속이 인정 안됨.
④ 회사계속의 경우에도 회사계속 등기를 하여야 함
⑤ 회사계속의 효과 : 회사의 해산 상태로 복귀 및 회사의 기관도 부활함

3.5.21.2 회사의 청산

1.의의
- 합병·분할·분할합병 또는 파산 이외의 사유로 인하여 해산한 경우에 그 재산관계를 원만히 처리하고 법인격을 소멸시키는 절차를 말함의 경우를 제외하고 해산으로 청산개시(법정생산의 방법만 인정)
- 주식회사의 청산절차는 인적회사의 그것과는 대조적으로 강행법규로 되어 있는 점이 특징임

2. 청산회사의 권리능력과 법률관계
- 청산중의 회사는 종전의 회사와 동일한 회사이나 그 목적이 청산의 범위 내로 감축됨
- 청산중의 회사는 영업을 하지는 않으므로 지배인 등 상업사용인을 둘 수 없고, 인적회사의 무한책임사원이나 물적회사의 이사는 경업금지의무를 부담하지 않음(198, 269, 397, 567).

3.5.21. 주식회사의 해산·청산

3. 청산회사의 기관
(1) 청산인
1) 의의 :청산중의 회사의 기관인 청산인회의 구성원이며 대표청산인의 전제
2) 선임·해임
　　① 선임(상531 ①) : 이사(법정청산인), 정관 또는 주주총회의 결의가 있는 때는 그 자, 법원이 이해관계인의 청구에 의해 선임
　　② 해임 :
　　- 법원선임의 경우를 제외하고 주주총회의 보통결의로 해임가능(539①),
　　- 소수주주권자(3%)의 해임 청구(상539②)
　　③ 선임·해임은 등기사항
3) 구성 등 : ㉠ 인원→2인 이상, 규정 없음 ㉡ 임기규정 없음 → 청산종결시까지

(2) 청산인회
- 청산인 전원으로 구성되는 회의체, 청산사무의 집행기관(이사회규정 준용)

(3) 대표청산인
(1) 선임
　　① 법정청산인 → 대표이사가 대표청산인으로
　　② 법원이 청산인 선임 → 법원이 대표청산인 선임
(2) 권한
　　① 청산사무에 관한 재판상·재판 외의 모든 행위 가능
　　② 권한의 제한으로 선의의 제3자에게 대항 불가

(4) 주주총회 및 감사
- 주주총회 및 감사는 그대로 존속하며, 검사인도 선임할 수 있음

3.5.21. 주식회사의 해산·청산

5. 청산인과 회사와의 관계
① 위임- 선량한 관리자의 주의의무(경업피지의무는 부담 없음)
② 청산인의 자기거래에는 청산인회의 승인이 필요
③ 청산인과 회사의 소송에서는 감사가 회사를 대표
④ 보수→ 주주총회, 또는 정관으로, 법원이 선임한 경우 법원이 결정

6. 청산사무

1) 주된 청산사무

① 현존사무의 종결

② 채권의 주심 : 변제의 수령에 한하지 않고, 대물변제의 수령, 채권양도, 상계, 화해 등도 포함

③ 채무의 변체

④ 재산의 환가처분

⑤ 잔여재산의 분배 등

2) 부수적 청산사무

① 법원에 대한 신고

② 회사재산의 조사보고

③ 감사에 대한 보고

④ 주주총회의 소집

⑤ 재무제표 등의 비치·공시

3.5.21. 주식회사의 해산·청산

7. 청산의 종결
① 청산사무가 종결되면, 지체없이 결산보고서를 작성, 주주총회의 승인(상540 ①)
② 승인으로 청산인의 책임해제, 부정행위 있을 때는 제외(상540 ②)
③ 승인 후 본점2주, 지점3주 내 청산종결의 등기(상542 ①)
④ 회사의 영업과 청산에 관한 중요서류는 본점소재지에서 청산종결등기 후 10년간 보관하고, 전표 기타 그와 유사한 서류는 5년간 보존하여야 함(상541 ①)

제3편 회사법

3.6. 유 한 회 사

3.6.1. 서설
3.6.2. 설립
3.6.3. 사원의 지위
3.6.4. 유한회사의 기관
3.6.5. 정관의 변경
3.6.6. 합병과 조직변경
3.6.7. 해산과 청산

3.6. 유한회사

3.6. 유 한 회사

3.6.1. 서설

3.6.1.1. 유한회사의 의의

- 유한회사란 상행위 기타 영리를 목적으로 하는 사단법인이며, 사원의 균등액 단위의 출자로 구성된 자본을 가지고, 사원은 회사에 대하여 원칙적으로 출자의무만을 부담할 뿐 회사채권자에 대하여는 아무런 책임을 지지 않는 회사를 말함.

3.6.1.2. 특색

3.6.1.2.1. 유한회사의 자본

- 유한회사는 주식회사처럼 자본, 지분 및 사원의 유한책임으로 구성됨.
- 유한회사의 사원은 원칙적으로 회사에 대하여만 출자금액을 한도로 하는 간접유한책임을 부담하는데, 일정한 경우에는 이에 대한 예외로서 자본의 전보책임을 부담함(상 550, 551, 593).

3.6.1.2.2. 소규모.폐쇄성

- 유한회사는 주식회사와 같이 물적회사이기는 하나, 주식회사가 대기업에 적합한 회사형태임에 반하여 유한회사는 중소기업에 적합한 회사이어서 인적회사의 요소가 가미되어 소규모.폐쇄성을 가지고 있음.
- 사원간의 유대관계가 주식회사에 비해 강하고, 기관구성에 있어서도 주식회사에 비해 덜 엄격함.

3.6. 유한회사

3.6.2. 설립
3.6.2.1. 설립의 특색
- 유한회사의 설립은 정관의 작성, 출자의 이행, 기관구성, 설립등기에 의하여 설립됨.
- 유한회사는 사원 수도 50인 이하이고 주식회사에 비해 소규모이므로 설립절차가 간소화되어 있음.
- 유한회사의 설립에 있어서는 발기인이나 검사인에 의한 조사제도가 없고, 사원이 정관에 의하여 확정되고 기관도 정관에서 정할 수 있는 점, 사원과 이사에게 무거운 자본의 전보책임이 있는 점, 사원의 개성이 중시되므로 설립무효의 소 이외에 설립취소의 소가 인정되고 있는 점 등이 특색임.

3.6.2.2. 설립절차
3.6.2.2.1. 정관의 작성
- 유한회사를 설립함에는 사원이 정관을 작성하여야 함.
- 이 정관은 주식회사의 경우와 같이 공증인의 인증을 받음으로써 그 효력이 생김(상 543 ③, 292). 정관에는 다음의 사항을 기재하고 총 사원이 기명날인 또는 서명하여야 함(상 543②).
- 정관의 절대적 기재사항 : ① 목적, ② 상호, ③ 사원의 성명.주민등록번호 및 주소, ④ 자본의 총액(1000만원 이상), ⑤ 출자일좌의 금액(5,000원 이상 균일), ⑥ 각 사원의 출자좌수, ⑦ 본점의 소재지.
- 정관의 상대적 기재사항(정관에 기재함으로써 그 효력이 있음(상 544)) : ① 현물출자를 하는 자의 성명과 그 목적인 재산의 종류, 수량, 가격과 이에 대하여 부여하는 출자좌수, ② 회사의 설립 후에 양수할 것을 약정한 재산의 종류, 수량, 가격과 그 양도인의 성명, ③ 회사가 부담할 설립비용
- 임의적 기재사항은 유한회사의 본질 또는 강행법규에 반하지 않는 범위 내에서 필요한 사항을 기재할 수 있음.

3.6. 유한회사

3.6.2.2.2. 출자의 이행
- 이사는 사원으로 하여금 출자금액의 납입 또는 현물출자의 목적인 재산전부의 급여를 시켜야 함(상 548 ①). 이 경우에 현물출자의 목적인 재산이 등기등록 등을 요하는 경우에는 이에 관한 서류를 갖추어 교부하여야 함(상 548②, 295 ②). 유한회사의 경우에는 주식회사와는 달리 변태설립시 검사인의 조사나 법원의 처분제도는 없는데, 이는 사원의 자본전보책임이 인정되고 있기 때문임.

3.6.2.2.3. 의사 · 감사의 선임
- 정관으로 이사를 정하지 아니한 때에는 회사성립 전에 사원총회를 열어 이를 선임하여야 함(상 547①). 위의 사원총회는 각 사원이 소집할 수 있음(상 547②).
- 유한회사에서는 감사가 주식회사와는 달리 임의기관이며, 유한회사의 이사.감사의 선임은 정관으로 정할 수 있는 점에 특색이 있음.
- 정관에서 감사를 두기로 정한 경우에는, 이러한 감사의 선임의 경우에도 같음(상 568 ②).

3.6.2.2.4. 설립등기
- 유한회사의 설립등기는 납입 또는 현물출자의 이행이 있은 날로부터 2주간 내에 하여야 함(상 549①). 등기사항으로는 같은 사항이 있음.
  - ① 목적　　②	상호　　③ 본점소재지
  - ④ 지점을 둔 경우에는 그 지점소재지　　⑤ 자본의 총액
  - ⑥ 출자1좌의 금액
  - ⑦ 이사의 성명.주민등록번호 및 주소(대표이사를 정한 경우에는 그 외의 이사의 주소는 제외)
  - ⑧ 회사를 대표할 이사를 정한 경우에는 그 성명
  - ⑨ 수인의 이사가 공동으로 회사를 대표할 것을 정한 경우에는 그 규정
  - ⑩ 존립기간 기타의 해산사유를 정한 때에는 그 기간과 사유
  - ⑪ 감사가 있는 경우에는 그 성명 및 주민등록번호

3.6. 유한회사

- 유한회사의 지점 설치 및 이전시 지점소재지 또는 신지점 소재지에서 하는 등기에 있어서는 ① 목적, ② 상호, ③ 본점소재지, ④ 이사의 성명·주민등록번호 및 주소, ⑤ 존립기간 기타의 해산사유를 정한 때에는 그 기간과 사유 등임(상 549③).
- 유한회사도 다른 회사와 같이 설립등기에 의하여 성립함(상 172). 그리고 지점설치의 등기, 본점.지점의 이전등기, 변경 등기에 관한 규정은 유한회사의 등기에 준용함(상 549④).

3.6.2.3. 설립의 하자
1. 무효
- 주장방법은 소만 가능
- 제소권자는 사원·이사·감사
- 제소기간은 회사성립일로부터 2년내
- 설립의 무효의 원인이나 절차는 합명회사의 설립의 무효의 소에 관한 내용 준용(상552②)

2. 취소 (주식회사는 인정 안함)
- 주장은 소만 가능, 제소권자는 취소권이 있는 자, 제소기간은 회사성립의 날로부터 2년내
- 설립 취소의 원인이나 절차는 합명회사의 설립의 취소의 소에 관한 내용을 준용(상552②)

3.6.2.4. 설립관여자의 책임
1. 사원의 재산전보책임(상 550)
- 현물출자와 재산인수의 목적인 재산의 회사 성립 당시의 실가가 정관에 정한 가격에 현저하게 부족한 때 회사 성립 당시의 사원은 회사에 대하여 그 부족액을 연대하여 납입할 책임이 있음

3.6. 유한회사

2. 출자미필액 전보책임(상 551)
- 회사성립 후에 출자금액의 납입·현물출자의 이행이 완료되지 아니하였음이 발견된 때에는 회사 성립 당시의 사원·이사와 감사는 회사에 대하여 그 납입되지 아니한 금액 또는 이행되지 아니한 현물의 가액을 연대하여 지급할 책임이 있음

3.6.3. 사원의 지위
3.6.3.1. 사원의 자격 및 원수
- 사원의 자격은 제한이 없고, 사원의 원수는 2인 이상 50인 이하(상543①, 545①). 특별한 사정이 있어 법원의 허가를 얻은 경우(상545①)와 상속 또는 유증으로 사원의 수에 변경이 생긴 경우(상545②)는 예외

3.6.3.2. 사원의 권리·의무
(1) 자익권 :
- 이익배당청구권(상580), 잔여재산분배청구권(상612), 증자시 출자인수권(상588)
(2) 공익권 :
- 단독사원권(의결권 등)과 소수사원권(사원의 대표소송권 등)
(3) 사원의 의무
- 유한회사의 사원의 의무는 재산출자의 의무뿐이며 사원의 책임은 원칙적으로 출자금액을 한도로 함(상 553). 그러나 예외적으로 회사성립당시의 사원은 변태설립사항의 부족재산을 전보할 책임(상 550)과 출자불이행분을 전보할 책임(상 551)이 있음
- 증자에 동의한 사원은 변태성립사항의 부족재산을 전보할 책임(상 593)이 있으며, 조직변경결의 당시의 사원은 현존하는 순재산액이 자본의 총액에 부족한 때에는 이를 전보할 책임(상 605)이 있음.
- 그 밖에도 유한회사 사원사이의 인적 신뢰관계상 사원의 충실의무가 인정된다고 할 것임.

3.6. 유한회사

자익권		이익배당청구권(제580조), 잔여재산분배청구권(제612조), 증자시의 출자인수권(제588조)
공익권	단독 사원권	의결권(제575조), 사원총회결의의 무효·취소 또는 변경의 소제기권(제578조, 제376조~제381조), 회사설립무효·취소의 소제기권(제552조), 증자무효의 소제기권(제595조), 감자무효의 소제기권(제597조, 제445조), 합병무효의 소제기권(제236조) 등의 각종의 소의 제기권
	소수 사원권	해산청구권(제613조 제1항, 제520조)의 경우에는 자본 100분의 10이상에 해당하는 출자좌수를 가진 소수사원
		이사의 위법행위유지청구권(제564조의2, 청산인의 경우에는 제613조), 이사·감사·청산인에 대한 대표소송제기권(제565조,제570조,제613조), 사원총회소집청구권(제572조) 이사·청산인해임청구의소제기권(제567조, 제385조 제2항, 제613조 제2항, 제539조), 회계장부열람권(제581조), 업무·재산상태감독권(제582조) 등의 경우에는 자본 100분의 3 이상에 해당하는 출자좌수를 가진 소수사원(99년의 상법 개정으로 100분의 5 이상에서 100분의 3 이상으로 통일)

3.6. 유한회사

3.6.3.3. 사원의 지분

3.6.3.3.1. 지분의 의의

- 유한회사의 출자자인 사원의 법률상의 지위 즉 사원이 회사에 대하여 갖는 권리의무의 총체를 지분이라고 함 (상 554). 각 사원은 출자좌수에 따라 지분을 갖고(상 554), 유한회사는 사원의 지분에 관하여 지시식 또는 무기명식의 유가증권을 발행하지 못함(상 555). 또한 유한회사의 사원은 지분을 공유할 수 있음(상 558, 33).

3.6.3.3.2. 지분의 양도

- 사원 상호간에는 정관의 규정에 의하여 자유양도가 인정되나(상 556 ③), 사원 이외의 자에 대한 양도는 사원 총회의 결의가 있은 때에 한하여 그 지분의 전부 또는 일부를 타인에게 양도할 수 있음. 그러나 정관으로 양도 의 제한을 가중할 수 있으나 완화는 불가(상 556 ①).
- 양도로 인하여 사원의 총수가 50인을 초과한 경우에는 유증의 경우를 제외하고 그 양도는 무효가 됨(상 556 ②). 지분의 이전은 취득자의 성명, 주소와 그 목적이 되는 출자좌수를 사원명부에 기재하지 아니하면 이로써 회사와 제3자에게 대항하지 못함(상557).

3.6.3.3.3. 지분의 입질

- 지분은 질권의 목적으로 할 수 있음(상 559 ①). 단 지분의 경우는 증권화가 불가능하므로 약식질은 인정되지 않고, 등록질만이 인정됨. 또한 자기지분을 질권의 목적으로 받는 경우에는 총발행출자좌수의 20분의 1을 초과하지 못함(560, 341조의3).
- 지분입질의 요건 및 방법은 지분양도의 경우와 같음(상 559 ②).
- 이것은 모두 주식회사의 주식의 경우와 같음(상 560, 341, 341의2, 342, 343).

3.6. 유한회사

3.6.3.4. 사원명부
- 이사는 정관과 사원총회의 의사록을 본점과 지점에, 사원명부를 본점에 비치하여야 함. 사원명부에는 사원의 성명, 주소와 그 출자좌수를 기재하여야 함. 사원과 회사채권자는 영업시간내에 언제든지 서류의 열람 또는 등사를 청구할 수 있음(566조).
- 지분의 양도와 입질은 사원명부에 해당 사항을 기재(명의개서) 함으로써 대항요건을 갖추게 되고(557조, 559조 제2항), 회사의 사원에 대한 통지 또는 최고는 사원명부에 기재한 사원의 주소 또는 그 자가 회사에 통지한 주소로 하면 됨(560 ②).

3.6.3.3.4. 자기지분의 취득 및 질취의 제한과 지분의 소각

3.6.4. 유한회사의 기관
3.6.4.1. 서설
- 유한회사의 기관에는 의사기관인 사원총회와 업무집행기관인 이사가 있음. 따라서 주식회사와는 달리 이사회는 존재하지 않으며, 감사는 임의기관임.

3.6.4.2. 사원총회
3.6.4.2.1. 의의
- 사원총회란 사원에 의하여 구성되고 회사에 관한 모든 사항에 대하여 결의하는 최고의 필요상설 기관임.
- 유한회사의 사원총회는 법령이나 유한회사의 본질에 위반하지 않는 한 회사의 업무집행을 포함한 모든 사항에 관하여 의사결정을 할 수 있음. 권한제한이 없는 점에서 주식회사의 주주총회와 다름

3.6. 유한회사

3.6.4.2.2. 소집
(1) 소집권자
- 유한회사 사원총회의 소집권자는 이사, 감사, 소수사원임. 사원총회는 원칙적으로 이사가 소집함. 이사가 수인인 경우에도 각자가 단독으로 소집할 수 있음(다수설). 예외적으로 임시총회는 감사도 소집할 수 있음(상 571 ①).
- 그밖에 자본총액의 100분의 3 이상에 해당하는 출자좌수를 가진 사원은, 회의의 목적사항과 소집의 이유를 기재한 서면을 이사에게 제출하여 총회의 소집을 청할 수 있으며(상 572 ①), 이 청구를 받은 이사가 지체없이 총회소집의 절차를 밟지 아니한 때에는 청구한 사원은 법원의 허가를 얻어 총회를 소집할 수 있음(상 72 ③, 366 ②). 소수사원에 의한 총회소집청구에 관하여는 정관으로 다른 정함을 할 수 있음(상 571 ③, 364).
(2) 소집절차
- 사원총회를 소집함에는 회일을 정하고 1주간 전에 각 사원에 대하여 서면으로 그 통지를 발송하여야 함. 이 기간은 정관으로 단축할 수 있음(상 571②). 통지서에는 회의의 목적사항을 기재하여야 하고, 소집지는 정관에 다른 정함이 없으면 본점소재지 또는 이에 인접한 지에 소집하여야 함(상 571 ③, 363 ②, 364). 총사원의 동의가 있을 때에는 소집절차 없이 총회를 열 수 있음(전원출석총회)(상 573).
(3) 소집시기
- 총회에는 매년 정기적으로 소집되는 정기총회(상 578, 365 ①)와 필요한 경우 임시로 소집되는 임시총회(상 578, 365 ③)가 있음.

3.6.4.2.3. 의결권
- 각 사원은 출자1좌마다 1개의 의결권을 가짐. 그러나 정관으로 의결권의 수에 관하여 다른 정함을 할 수 있음(상575).
- 의결권의 대리행사, 특별이해관계인의 의결권행사의 제한, 회사의 자기지분의 의결권 휴지 등에 관하여는 주주총회의 경우와 같음(상 578, 368 ③.④, 369 ②, 71② 등). 그러나 지분의 상호보유의 경우에 의결권이 제한되지 않음은 주식회사의 경우와 다름.

3.6. 유한회사

- 의결권의 대리행사, 특별이해관계인의 의결권행사의 제한, 회사의 자기지분의 의결권 휴지 등에 관하여는 주주총회의 경우와 같음(상 578, 368 ③·④, 369 ②, 71② 등). 그러나 지분의 상호보유의 경우에 의결권이 제한되지 않음은 주식회사의 경우와 다름.

3.6.4.2.4. 의사·결의

(1) 의사
- 의사의 진행과 의사록의 작성에 관하여는 주주총회의 경우와 같음(상 578, 73).

(2) 결의요건
- 결의에는 보통결의·특별결의 및 총사원의 일치에 의한 결의가 있음.

1) 보통결의
- 보통결의는 정관에 다른 정함이 있는 경우를 제외하고는 총사원의 의결권의 과반수를 가지는 사원이 출석하고, 그 의결권의 과반수로써 함(상 574).
- 보통결의를 하는 사항으로는 회사를 대표할 이사의 선정(상 562 ②), 공동회사의 정함(상 562 ③), 이사.감사.청산인의 선임(상 567, 570), 이사와 회사간의 소에 있어서 회사대표자의 선정(상 563), 이사.감사.청산인 등의 보수의 결정(상 67, 0), 검사인의 선임(상 578, 367), 재무제표의 승인(상 583 ①), 감사가 없는 경우 사의 자기거래의 승인(상 564 ③), 이사의 경업의 승인(상 567), 이사의 경업에 개입권의 행사(상 567, 397 ②), 청산의 승인(상 613 ①) 등이 있음.

2) 특별결의
- 특별결의는 의결권 행사가능한 총사원의 반수 이상이고, 총사원의 의결권의 4분의 3 이상을 가지는 자의 동의로 함(상 585).
- 특별결의를 요하는 사항으로는 지분의 양도(상 556 ①), 영업양도 등의 계약(상 576 ①, 374), 정관변경(상 585 ①), 증자 있어서의 현물출자·재산인수·출자인수권의 부여(상 586, 587), 사원의 법정출자인권의 제한(상 588), 사후설립(상 576 ②), 사후증자(상 596), 합병과 설립위원의 상 598, 599), 회사의 해산(상 609 ①. ②), 회사의 계속(상 610 ①) 등임.

3.6. 유한회사

3) 총사원의 결의
- 총사원의 일치에 의한 총회의 결의를 요하는 사항은 유한회사의 주식회사로의 변경(상 607 ①), 이사와 감사의 책임면제(상 551 ③, 607 ④)가 있음.

(3) 서면결의
- 총회의 결의를 하여야 할 경우에 총사원의 동의가 있는 때에는 서면에 의한 결의 가능(상 577①).
- 결의의 목적사항에 대하여 총사원이 서면으로 동의를 한 때에는 서면에 의한 결의가 있은 것으로 봄(상 577②). 서면에 의한 결의는 총회의 결의와 동일한 효력이 있음(상 577③). 총회에 관한 규정은 서면에 의한 결의에 준용함(상 577④).

3.6.4.2.5. 결의의 하자
- 사원총회의 결의의 하자에 관하여는 주주총회에 관한 규정이 준용됨(상 578).

3.6.4.3. 이사

3.6.4.3.1. 서
- 유한회사는 주식회사와 같이 전 사원의 유한책임제도를 취하면서 인적회사의 특색인 소수의 사원을 전제로 하는 간소하고 폐쇄적인 성격을 가진 회사임.
- 즉 회사의 사원의 수는 소수인으로 제한되어 있고, 유한회사에서는 이사의 수에 대한 제한이 없고 임기도 없음. 그리고 유한회사는 주식회사와는 달리 이사회 제도가 없고 대표이사도 반드시 선임할 필요도 없음.

3.6.4.3.2. 의의
유한회사의 이사는 회사의 업무를 집행하고 또 회사를 대표하는 필요상설의 기관임.

3.6. 유한회사

3.6.4.3.3. 선임·해임
(1) 선임
- 이사의 선임은 회사설립의 경우에 정관으로 정한 경우(상 547 ①)를 제외하고 사원총회에서 선임함(상 567, 382 ①). 이사의 자격.임기 및 원수에는 제한이 없음.

(2) 해임
- 사원총회가 이사의 해임권을 갖고 또 일정한 경우에는 주식회사와 같이 소수사원에 의한 해임의 소가 인정됨(상 567, 385). 이사의 결원의 경우 등의 처리도 주식사의 경우와 같음(상 567, 386, 407, 408).

3.6.4.3.4. 권한
(1) 업무집행권
- 이사가 수인인 경우에 정관에 다른 정함이 없으면 회사의 업무집행, 지배인의 선임 또는 해임과 지점의 설치. 이전 또는 폐지는 이사과반수의 결의에 의하여야 함(상 564①). 그럼에도 불구하고 사원총회는 지배인의 선임 또는 해임을 할 수 있음(상 564②).
- 이사는 감사가 있는 때에는 그 승인이, 감사가 없는 때에는 사원총회의 승인이 있는 때에 한하여 자기 또는 제3자의 계산으로 회사와 거래를 할 수 있음. 이 경우에는 민법상 자기계약·쌍방대리의 규정은 적용되지 아니함(상 564③).
- 이사의 업무집행에 관한 권한은 회사의 영업에 관한 모든 행위임(상 567, 209). 이사의 업무집행과 관련하여 법정된 중요한 업무는 정관·사원총회의 의사록·명부 등의 비치(상 566 ①), 사원총회의 소집(상 571 ①), 재무제표의 작성(상 579, 583, 449 ①) 등임.

(2) 대표권
- 이사는 회사를 대표함(상 562①). 이사가 수인인 경우에 정관에 다른 정함이 없으면 사원총회에서 회사를 대표할 이사를 선정하여야 함(상 562②). 정관 또는 사원총회는 수인의 이사가 공동으로 회사를 대표할 것을 정할 수 있음(상 562③).

3.6. 유한회사

- 대표권의 범위(상 209) 및 이사의 손해배상책임(상 210) 등은 합명회사의 대표사원의 그것과 같음(상 567). 공동대표의 경우 제3자와의 대표행위에 관하여는 주식회사의 경우와 같음(상 562 ④, 208 ②).
- 회사가 이사에 대하여 또는 이사가 회사에 대하여 소를 제기하는 경우에는 이사가 대표권이 없으며, 사원총회에서 그 소에 관하여 회사를 대표할 자를 선정하여 함(상 563). 표현대표이사에 관하여는 주식회사의 그것과 같음(상 567, 395).

3.6.4.3.5. 의무
- 이사와 회사와의 관계는 위임관계이므로(상 570, 382 ②), 이사는 회사에 대하여 일반적인 선관주의의무(민 681)를 부담하는 외에도 경업피지의무(상 567, 397), 자기거래금지의무(상 564) 등을 부담함. 그밖에도 정관 등의 비치의무(상 566 ①), 재무제표의 작성·제출의무(상 579, 583, 449 ①) 등을 부담함.

3.6.4.3.6. 책임
(1) 손해배상책임
- 유한회사의 이사는 주식회사의 이사와 같이 회사 및 제3자에 대하여 법령위반 또는 임무해태로 인한 손해배상책임을 짐(상 567, 399~401).

(2) 자본전보책임
- 이사 및 감사는 회사성립 후에 금전 및 현물의 출자불이행이 있는 경우 연대하여 전보할 책임이 있고(상 551 ①), 증자시에 출자의 인수 및 납입담보책임이 있고(상 594), 또한 조직변경시에 현존하는 순재산액이 조직변경시에 발행하는 주식의 발행가액 총액에 부족한 경우에는 이를 연대하여 전보할 책임이 있음(상 607 ④). 이사 및 감사의 이러한 책임은 총사원의 동의에 의하여 면제될 수 있음(상 551 ③, 594 ③, 607 ④).

3.6. 유한회사

3.6.4.4. 감사와 검사인
3.6.4.4.1. 감사
(1) 선임
- 유한회사는 정관에 의하여 1인 또는 수인의 감사를 둘 수 있음(상 568①). 정관으로 이사를 정하지 아니한 때에는 회사성립 전에 사원총회를 열어 이를 선임하여야 함. 사원총회는 각 사원이 소집할 수 있음(상 568②).

(2) 권한
- 감사는 언제든지 회사의 업무와 재산상태를 조사할 수 있고 이사에 대하여 영업에 관한 보고를 요구할 수 있음 (상569).
- 그밖에 감사는 임시사원총회의 소집권(상 571 ①), 설립무효 및 증자무효의 소 제기권(상 552, 595), 이사의 자기거래에 대한 승인권(상 564 ③) 등이 있음.

(3) 의무.책임
- 감사의 의무와 책임은 이사 및 주식회사의 감사의 경우와 유사함(상 570, 414, 65, 551, 594, 607 등). 그러나 유한회사의 감사의 경우 소수사원에 의한 해임의 청구가 인정되지 않는 점(상 570; 385 ②를 준용하지 않음), 임기의 제한이 없는 점(상 415), 임시총회소집권이 있는 점(상 571 ①, 582 ③), 자본전보책임이 있는 점(상 591, 594, 607 ④) 등은 주식회사의 경우와 다름.

3.6.4.4.2. 검사인
- 임시기관인 유한회사의 검사인은 사원총회나 법원에 의하여 선임됨(상 578, 582).

(1) 법원선임 검사인
- 회사의 업무집행에 관하여 부정행위 또는 법령이나 정관에 위반한 중대한 사유가 있는 때에는 자본총액의 100분의 3 이상에 해당하는 출자좌수를 가진 사원은 회사의 업무와 재산상태를 조사하게 하기 위하여 법원에 검사인의 선임을 청구할 수 있음(상 582①). 검사인은 그 조사의 결과를 서면으로 법원에 보고하여야 함(상 582②). 법원은 위 보고서에 의하여 필요하다고 인정한 경우에는 감사가 있는 때에는 감사에게, 감사가 없는 때에는 이사에게 사원총회의 소집을 명할 수 있음(상 582③).

3.6. 유한회사

(2) 사원총회선임 검사인
- 이사가 제출한 서류와 검사보고서를 조사하게 하기 위하여 사원총회의 결의로 검사인을 선임할 수 있음(상 578, 367, 582).

3.6.4.5. 회사의 계산

3.6.4.5.1. 서설
- 유한회사도 물적회사이므로 회사채권자 등 이해관계인을 보호하기 위하여 주식회사처럼 회사계산에 관한 규제를 두고 있음(상 583). 다만 유한회사는 소규모.폐쇄적이어서 이해관계자가 적으므로 대차대조표의 강제적인 공고가 없고(상 449), 건설이자의 제도가 인정되지 않는 점(상 463), 회사정리제도가 없는 점은 주식회사의 경우와 다름.

3.6.4.5.2. 재무제표
(1) 작성.제출
- 이사는 매결산기에 대차대조표 · 손익계산서 · 이익잉여금처분계산서 또는 결손금처리계산서와 그 부속명세서 및 영업보고서를 작성하여 감사가 있는 때에는 정기총회의 회일로부터 4주간 전에 이를 감사에게 제출한 후 총회에 제출하고, 감사가 없는 때에는 직접총회에 제출하여 재무제표 및 그 부속명세서의 승인을 얻어야 함(상 579, 583 ①, 449 ①).
- 감사는 위의 서류를 이사로부터 받은 날로부터 3주간 내에 감사보고서를 이사에게 제출하여야 함(상 579 ③).

(2) 내용
- 대차대조표에는 창업비 상각(상 583 ①, 453), 개업비 상각(상 583, 53의2), 연구개발비 상각(상 583, 457의2), 법정준비금을 적립 및 자본의 결손전에만 충당(상 583 ①, 458~460) 등은 주식회사의 경우와 같음. 그러나 주식회사와는 달리 준비금의 자본전입이 인정되지 않음(상 461).

3.6. 유한회사

(3) 비치, 공시
- 재무제표·영업보고서 및 감사보고서는 정기총회 회일의 1주간 전부터 5년간 회의 본점에 비치하여야 함(상 579의3). 사원과 회사채권자는 영업시간 내에 언제든지 위 서류의 열람을 청구할 수 있으며, 회사가 정한 소정의 비용을 지급하고 그 등본이나 초본의 교부를 청구할 수 있음(상 579의3 ②, 448 ②). 그러나 주식회사에서와는 달리 대차대조표의 공고가 강제되지 않음.

3.6.4.5.3. 이익배당
- 이익배당의 요건은 주식회사의 경우와 같음(상 583, 462). 이익배당의 기준은 원칙적으로 각 사원의 출자좌수에 따라 하여야 하지만, 정관으로 그 예외를 규정할 수 있는 점은 주식회사와 다르다(상 580). 유한회사도 중간배당 제도가 있음(상 83 ①, 462의3).

3.6.4.5.4. 기타 문제
- 자본의 3% 이상을 가진 소수사원은 회계의 장부와 서류의 열람 또는 등사를 청구할 수 있는 권리를 가지며, 정관의 규정에 의하여 사원도 각자가 단독으로 청구 할 수 있음(상 581 ①).
- 소수사원의 검사인선임청구권(상 582, 467), 회사피용자의 우선변제권도 주식회사의 경우와 같음(상 583 ②, 468). 그러나 사원이 단독으로 회계장부의 열람이나 등사를 청구하는 경우에는 회사는 재무제표·부속명세서를 작성하지 아니하는 점이 주식회사의 경우와 다름(상 581 ②, 466).

3.6. 유한회사

3.6.5. 정관의 변경
3.6.5.1. 서설
- 유한회사에서는 자본의 총액이 정관의 절대적 기재사항이므로 자본의 증감은 정관의 변경에 의해서 함. 이는 확정자본주의를 채용한 결과임.
- 반면에 수권자본제를 취하고 있는 주식회사에서는 자본의 변경이 정관변경사항이 아닌 점에서 유한회사와 차이가 있음.
- 유한회사의 정관의 변경은 사원총회의 특별결의에 의함(상 584, 585).

3.6.5.2. 자본증가
3.6.5.2.1. 의의
- 자본증가란 정관에서 정한 자본의 총액을 증가하는 것으로 그 방법에는 출자1좌의 금액의 증가, 출자좌수의 증가 및 양자병용의 세 가지 방법이 있음.
- 출자1좌의 금액의 증가는 사원의 유한책임의 원칙에 반하므로 총사원의 동의가 있어야 가능함.

3.6. 유한회사

3.6.5.2.2. 증자의 절차

(1) 사원총회의 특별결의
- 유한회사 자본은 정관의 절대적 기재사항이므로(상 543 ② ii), 자본의 증감은 정관을 변경하여야 함.
- 증자는 사원총회의 특별결의에 의하게 됨(상 584, 85). 또 유한회사가 특정한 제3자에 대하여 장래의 증자의 경우에 출자인수권을 부여할 것을 약속하는 경우에는 사원총회 특별결의가 있어야 함(상 587).
- 그러나 ① 현물출자를 하는 자의 성명과 그 목적인 재산의 종류, 수량, 가격과 이에 대하여 부여할 출자좌수, ② 자본의 증가 후에 양수할 것을 약정한 재산의 종류, 수량, 가격과 그 양도인의 성명, ③ 증가할 자본에 대한 출자의 인수권을 부여할 자의 성명과 그 권리의 내용 등의 사항은 정관에 다른 정함이 없더라도 자본증가의 결의에서 이를 정할 수 있음(상 586).

(2) 출자의 인수
- 사원은 증가할 자본에 대하여 그 지분에 따라 출자를 인수할 권리가 있음. 그러나 예외적으로 사원총회에서 출자인수를 부여할 자를 정한 경우(상 586 iii) 또는 특정한 제3자에 대하여 출자인수권을 부여할 것을 약속한 경우(상 587)에는 사원은 출자인수권을 갖지 못함(상 588).
- 자본증가의 경우에 출자의 인수를 하고자 하는 자는 인수를 증명하는 서면에 그 인수할 출자의 좌수와 주소를 기재하고 기명날인 또는 서명하여야 함(상 589①).
- 그러나 사원 또는 출자인수권이 부여된 제3자가 출자인수를 하지 않는 경우에는 회사는 다른 출자인수인을 구할 수는 있으나, 광고 기타의 방법에 의하여 출자수인을 공모하지는 못함(상 589 ②).
- 출자의 인수에 의하여 사원의 총수가 50인을 초과할 수 없음(상 545). 유한회사의 증자의 경우에는 정관상 자본의 총액이 이미 변경되어 있으므로, 증자액에 해당하는 출자전좌의 인수가 있어야 함.

3.6. 유한회사

(3) 출자의 이행
- 증자액에 해당하는 출자전좌의 인수가 있으면 이사는 출자인수인으로 하여금 납입 또는 현물출자의 이행을 시켜야 하며, 출자인수인은 회사에 대하여 상계하지 못함(상 548, 596, 334). 만일 이 때 증자액에 해당하는 출자전좌의 이행이 없으면 증자는 효력이 없음.

(4) 증자의 등기
- 유한회사는 자본증가로 인한 출자전액의 납입 또는 현물출자의 이행이 완료된 때로부터 2주간 내에 본점의 소재지에서 자본증가로 인한 변경등기를 하여야 함. 자본의 증가는 본점소재지에서 등기를 함으로써 효력이 생김(상 592).
- 출자인수인은 등기를 함으로써 사원이 되지만, 이익배당에 관하여는 납입 또는 현물출자의 이행의 기일로부터 사원과 동일한 권리를 가짐(상 590).

3.6.5.2.3. 증자에 관한 책임

(1) 서
- 증자의 경우에 자본충실의 원칙상 상법은 사원에게 변태설립사항에 관한 부족재산가격전보책임(상 593)과 이사·감사에게 출자불이행에 관한 자본충실책임(상 594)을 인정하고 있음. 또한 사후증자의 경우에도 사원 및 이사·감사에게 동일한 책임을 인정하고 있음(상 596, 576 ②).

(2) 사원의 재산가격전보책임
- 현물출자 또는 재산인수의 목적인 재산의 자본증가 당시의 실가가 자본증가의 결의에 의하여 정한 가격에 현저하게 부족한 때에는 그 결의에 동의한 사원은 회사에 대하여 그 부족액을 연대하여 지급할 책임이 있음(상 593①).
- 이 책임은 무과실책임이며, 면제될 수도 없음(상 593 ②, 550 ②, 551 ②). 이는 현물출자나 재산인수에 관해서 검사인의 조사를 받지 않기 때문에 무거운 책임이 인정되는 것임.

3.6. 유한회사

(3) 이사.감사의 자본충실책임(증자미필액전보책임)
- 자본증가 후에 인수되지 아니한 출자가 있는 때에는 이사와 감사가 공동으로 인수한 것으로 봄(상 593①). 자본증가 후에 아직 출자전액의 납입 또는 현물출자의 목적인 재산의 급여가 미필된 출자가 있는 때에는 이사와 감사는 연대하여 그 납입 또는 급여미필재산의 가액의 지급책임 있음(상 593②).
- 이사.감사의 자본충실책임도 무과실책임이나 총사원의 동의가 있으면 책임이 면제될 수 있음(상 594 ②, 551 ③).

3.6.5.2.4. 사후증자
- 유한회사가 그 증자 후 2년 내에 증자 전부터 존재하는 재산으로서 영업을 위하여 계속하여 사용할 것을 자본의 20분의 1 이상에 상당한 대가로 취득하는 계약 체결하는 경우는 사원총회의 특별결의가 있어야 함(상 596, 576 ②).

3.6.5.2.5. 자본증가의 무효
- 자본증가의 무효는 본점소재지에서 자본증가로 인한 변경등기를 한 날로부터 6월 내에 사원.이사 또는 감사에 한하여 소만으로 이를 주장할 수 있음(상 595 ①).
- 이에 관하여는 신주발행무효의 소에 관한 규정을 준용함(상 595 ②, 430 ~ 432).

3.6.5.3. 자본감소
- 유한회사의 자본감소의 방법은 출자 1좌의 금액을 감소하는 방법, 출자좌수를 감소시키는 방법, 그리고 양자를 병용하는 방법이 있음. 출자좌수의 감소는 지분을 소각 또는 병합하는 방법으로 함.
- 자본감소는 정관변경사항이므로 사원총회의 특별결의가 있어야 하며 이 결의에서는 자본감소의 방법도 정하여야 함(상 597, 439).
- 회사는 자본감소의 결의가 있은 날부터 2주 내에 회사채권자에 대하여 자본감소에 이의가 있으면 일정한 기간 내에 이를 제출할 것을 공고하고 알고 있는 채권자에 대하여 따로따로 이를 최고하여야 함. 이 경우 그 기간은 1월 이상이어야 함.

3.6. 유한회사

- 채권자가 기간 내에 이의를 제출하지 아니한 때에는 자본감소를 승인한 것으로 보며, 이의를 제출한 채권자가 있는 때에는 회사는 그 채권자에 대하여 변제 또는 상당한 담보를 제공하거나 이를 목적으로 하여 상당한 재산을 신탁회사에 신탁하여 함(상 597, 439 ②, 232).
- 자본감소의 경우는 변경등기를 하여야 하지만(상 549 , 183), 이 경우에 등기는 증자 때와는 달리 감자의 효력발생요건이 아니므로, 자본감소의 효력은 감자의 실행절차가 종료된 때에 발생함
- 이 점은 주식회사의 경우와 같음. 자본감소의 무효에 대하여는 주식회사에 관한 규정을 준함(상 597, 445, 446).

3.6. 유한회사

3.6.6. 합병과 조직변경
3.6.6.1. 합병
3.6.6.1.1. 유한회사의 합병의 제한
- 회사는 원칙적으로 어떠한 종류의 회사와도 합병을 할 수 있음(상 174 ①). 다만 합병을 하는 회사의 일방 또는 쌍방이 주식회사 또는 유한회사인 때에는 합병 후 존속하는 회사 또는 합병으로 인하여 설립되는 회사는 주식회사 또는 유한회사이어야 함(상 174 ②).
- 유한회사가 주식회사와 합병하는 경우에 합병 후 존속하는 회사 또는 합병으로 인하여 설립되는 회사가 주식회사인 때에는 법원의 인가를 얻지 아니하면 합병의 효력이 없음(상 600 ①).
- 합병을 하는 회사의 일방이 사채의 상환을 완료하지 아니한 주식회사인 때에는 합병 후 존속하는 회사 또는 합병으로 인하여 설립되는 회사는 유한회사로 하지 못함(상 600 ②).

3.6.6.1.2. 유한회사 합병의 절차
(1) 사원총회 특별결의
- 유한회사가 다른 회사와 합병을 함에는 사원총회의 특별결의가 있어야 함(상 98, 585). 또한 신설합병의 경우는 합병결의에서 신설위원을 선임하여야 하며(상 99), 이들이 공동으로 정관의 작성 기타 설립에 관한 행위를 함(상 175 ①).
(2) 물상대위
- 유한회사가 주식회사와 합병하는 경우에 존속회사 또는 신설회사가 유한회사인 때에는 합병에 의하여 주식회사와 주식은 소멸하고 종전의 주주들은 유한회사의 지분 또는 합병교부금을 받게 됨.
- 그러므로 종전의 주식을 목적으로 하는 질권의 효력은 물상대위에 의하여 주주가 받는 지분 또는 합병교부금 위에 미치게 됨(상 601, 339).
- 그러나 질권으로 회사와 제3자에게 대항하려면 질권의 목적인 지분에 관하여 출자좌수와 질권자의 성명 및 주소를 사원명부에 기재하여야 함.

3.6. 유한회사

(3) 등기
- 유한회사가 합병을 한 때에는 사원총회(존속회사는 보고총회, 신설회사는 창립총회)가 종결한 날로부터 본점소재지에서는 2주간, 지점소재지에서는 3주간 내에 합병 후 존속하는 유한회사는 변경등기, 소멸되는 유한회사는 해산등기, 신설되는 유한회사에 있어서는 설립등기사항(상 549 ②)을 등기하여야 함(상 602).

3.6.6.1.3. 합병의 효력
- 합병의 효력은 존속회사 또는 신설회사가 본점소재지에서 변경등기 또는 설립기를 함으로써 발생함(상 603, 234). 다만 유한회사는 주식회사와는 달리 폐쇄적인 회사이고, 이사회의 제도가 없고 대표이사도 반드시 선임할 필요도 없음.
- 따라서 주식회사에 흡수합병의 보고총회나 신설합병의 창립총회는 이사회의 공고로써 주총회에 대한 보고에 갈음할 수 있도록 하고 있으나(상 526 ③, 527 ④), 유한회사는 이사회 제도가 법정되어 있지 않기 때문에 이사회를 전제로 하는 주식회사의 규정을 준용하지 않았음(상 603).

3.6.6.2. 조직변경 : 유한회사 → 주식회사
3.6.6.2.1. 조직변경절차
- 유한회사는 총사원의 일치에 의한 총회의 결의로 주식회사로 조직변경을 할 수 있음(상 607 ①). 이 결의에서는 정관 기타 조직변경에 필요한 사항을 정하여야 함(상 607 ⑤, 604 ③).
- 조직변경은 법원의 인가를 받아야 그 효력이 있음(상 607 ③). 법원의 인가를 받도록 한 것은 엄격한 주식회사 설립절차를 탈법하는 것을 방지하기 위한 것임.
- 이 조직변경을 하는 경우 유한회사에 현존하는 순재산액의 범위 내에서 조직변경시에 발행하는 주식의 발행가액 총액이 정하여져야 하는데, 이에 위반하여 발행가액 총액을 정한 경우에는 조직변경의 결의 당시의 이사.감사와 사원은 회사에 대하여 연대하여 그 부족액을 지급할 책임이 있음(상 607 ④). 이때 이사.감사의 책임은 총주주의 동의로 면제할 수 있으나, 사원의 책임은 면제할 수 없음(상 607 ④ 단서, 550 ②, 551 ② · ③).

3.6. 유한회사

- 또한 회사는 조직변경의 결의가 있은 날로부터 2주 내에 채권자보호를 위한 절차를 진행하여야 함(상 608, 232). 종전의 유한회사의 지분에 대한 등록질권자는 회사에 대하여 주권교부청구권이 있으며(상 607 ⑤, 340 ③), 종전의 지분에 대하여 설정된 질권은 물상대위가 인정됨(상 607 ⑤, 601 ①).

3.6.6.2.2. 등기

- 유한회사를 주식회사로 조직변경을 한 경우의 등기에 대하여는 상법에 규정이 없으나 주식회사의 설립등기와 유한회사의 해산등기를 하여야 한다고 봄(상 606 유추적용). 즉 유한회사를 주식회사로 그 조직을 변경한 때에는 본점소재지에서는 2주간, 지점소재지에서는 3주간 내에 유한회사는 해산등기, 주식회사는 설립등기를 하여야 함(상 607 ⑤, 606).

3.6.6.2.3. 효력발생

- 조직변경의 효력이 언제 발생하느냐에 대하여 합병의 경우와는(상 234) 달리 상법에 규정이 없음. 합병의 경우와 같이 조직변경을 등기한 때에 그 효력이 발생하는 것으로 보아야 할 것임.

3.6.6.2.4. 하자

- 회사의 조직변경절차에 하자가 있는 경우, 이에 대한 처리에 관하여 합병의 경우와는 달리 상법에 규정이 없음. 그러나 조직변경의 절차에 중대한 하자가 있는 때에는 주식회사의 설립무효의 소에 관한 규정(상 328)을 준용하여 조직변경 후의 회사의 주주, 이사 또는 감사는 조직변경무효의 소를 제기할 수 있음이고 봄.
- 조직변경의 절차에 중대한 하자라 함은 총사원의 동의가 없거나 법원의 인가를 얻지 아니하고 조직변경을 한 경우임. 그러나 채권자보호절차나 주식발행가액 초과액이 순재산액을 초과한 경우에는 무효사유는 아님. 참고로 합병에 있어서는 채권자보호절차를 위반한 경우에는 합병무효의 소를 제기할 수 있음.

3.6. 유한회사

3.6.7. 해산과 청산

3.6.7.1. 해 산

3.6.7.1.1. 해산

- 유한회사의 해산사유는 합명회사의 그것과 대체로 같음(상 609 ① vii). 즉 유한회사는, ① 존립기간의 만료 기타 정관으로 정한 사유의 발생, ② 합병, ③ 파산, ④ 법원의 해산명령 또는 해산판결, ⑤ 사원총회의 결의, ⑥ 사원의 수가 법원의 허가·상속·유증에 의하지 않고 50인을 초과하는 경우(상 545) 등의 원인에 의하여 해산함(상 609 ①).
- 다만 총사원의 동의가 있어야 해산할 수 있는 것이 아니라 사원총회의 특별결의만 있으면 해산할 수 있는 점(상 609 ① ii, ②)이 다름.

3.6.7.1.2. 회사의 계속

- 유한회사가 회사를 계속할 수 있는 사유는 주식회사의 그것과 같음(상 610 ①). 즉 사원총회의 특별결의로써 회사를 계속할 수 있음.

3.6.7.2. 청산

- 유한회사에 있어서 청산은 그 절차가 법정되어 있으므로 임의청산은 인정되지 않음. 청산절차는 대부분 주식회사와 같음(상 613).
- 잔여재산은 정관에 다른 정함이 있는 경우 외에는 각 사원의 출자좌수에 따라 사원에게 분배하여야 함(상 612).

商法要論

☞ 주식회사와 유한회사 비교

기　준	有 限 會 社	株 式 會 社
<공통점>		
○ 물적회사 : 신용의 기초 : 회사재산 / 사원의 간접.유한책임 / 타인기관		
<차이점>		
1. 성질	인적회사성질을 가진 물적회사	물적회사
2. 기업형태	중소기업(소규모, 폐쇄성)	대기업(개방성, 공개성)
3. 자본제도	확정자본제도→ 자본증가:정관변경	수권자본제도
4. 방법(설립절차)	단순설립	발기설립·모집설립
5. 발기인	불인정	인정
6. 법원의 감독	무	유
7. 검사인제도	무	유
8. 최저자본금	1,000만원	5,000만원
9. 1주의 최저금액	5,000원	100원
10. 자본총액의 정관기재 여부	절대적 기재사항	불요(발행예정주식총수 및 설립시 발행 주식수만 기재)
10. 이사선임	정관규정·사원총회	– 발기설립:발기인 의결권의 과반수 – 모집설립:창립총회

☞ 주식회사와 유한회사 비교

기　준	有 限 會 社	株 式 會 社
11. 설립무효의 소사유	객관적 사유.주관적 사유	객관적 사유(주관적 사유 X)
12 설립취소의 소	인정	불인정(설립무효의 소만 인정)
13. 설립관여자의 책임	성립의 경우만 규정	성립.불성립시 모두 규정
14. 자본충실책임자	회사설립시의 사원.이사감사	발기인
15. 자본충실책임면제	사원:불가 이사감사:총사원의 동의시 가능	불가
16. 사원의 수	2인이상 50인이하(예외:법원의 허가, 속, 유증)	1인 – 무제한
17. 1인으로 된 때	해산사유	1인 주식회사 인정(해산사유 X)
18. 지분의 증권화	불인정	인정(주권발행 강제됨)
19. 지분의 양도·입질	제한(사원총회 특별결의) (타인–정관으로 요건 가중 가능. 사원간–정관으로 요건 가중.완화 가능)	자유(정관으로 이사회 승인사항으로 할 수 있음)
20. 사원의자본충실책임	인정(550, 551, 593)	불인정
21. 이사의 임기	무제한	제한(3년 이하, 정관으로 연장가능)
22. 이사의 원수	무제한	제한(3인 이상, 소규모 1-2인
23. 이사회제도	불인정(각 이사가 업무집행기관)	인정(업무집행기관)
24. 자기거래 승인	감사(감사가 없는 경우 –사원총회)	이사회

☞ 주식회사와 유한회사 비교

기　준	有 限 會 社	株 式 會 社
25.업무집행결정,지배인선임.해임, 지점의 설치.이전.폐지	이사 과반수의 결의(지배인 선임.해임은 사원총회의 결의로 가능)	이사회
26. 감　　사	임의기관	필요기관
27. 감사의 선임	-설립시: 정관, 사원총회 -성립후: 사원총회	-설립시:발기인 또는 창립총회 -성립후:주주총회(3/100 초과하는 대주주 의결권 제한)
28. 감사의 임기	무제한	취임후 3년내의 최종결산기에 관한 정기총회 종결시까지
29. 감사의 자본충실책임	유(551, 594)	무
30. 총회의 권한	무제한(사원총회 중심주의)	상법.정관에 규정된 것에 한(이사회 중심주의)
31. 총회소집절차	이사, 소수사원(정관으로 배제가능), 법원, 청산인, 감사(임시총회만)	이사회, 청산인회, 소수주주, 법원 감사
32. 총회소집통지기간	1주전 통지(정관으로 단축가능)	2주전 통지(무기명식 주권 발행시 3주전 공고) *이사회소집통지기간:1주전(정관으로 단축 가능)
33. 총회특별결의요건	총사원 1/2이상 찬성 + 총의결권 3/4이상 찬성	총의결권 1/3이상 찬성 + 출석 2/3 이상 찬성

☞ 주식회사와 유한회사 비교

기　준	有 限 會 社	株 式 會 社
34. 대표기관	각 이사(대표이사 임의적 기관)	대표이사
35. 대표이사 선임	사원총회	이사회(정관 : 주주총회)
36. 이사와 회사간의 소의 대표	사원총회에서 선임한 자	감사
37. 증자무효의 소	인정	불인정
38. 현물출자에 대한 납입담보책임	유	무
39. 이익배당 평등원칙 예외	정관으로 차등배당 인정가능	이익배당 우선주
40.재무제표.영업보고서.감사보고서 비치	본점에 5년간 등본 비치 불필요	본점에 5년간 그 등본 지점에 3년간
41.재무제표.영업보고서 　-감사에게 제출 　-이사에게 교부	총회4주간전 총회1주간전	총회 6주간전(해산후:4주간전) 총회 2주간전(해산후:1주간전)

☞ 주식회사와 유한회사 비교

기　준	有 限 會 社	株 式 會 社
42. 회계장부열람청구권	소수사원권(정관으로 각 사원에게 부여 가능)	소수주주권
43. 1주의결권의 원칙	임의법규(특정사원에게 복수의결권 부여 가능)	강행법규
44. 총회의 서면결의	인정	인정
45. 유지청구권	100분의 3	100분의 1
46. 대표소송	100분의 3	100분의 2
47. 준비금의 자본전입	불인정	인정
48. 주식배당	불인정	인정
49. 이익잉여금지	없음	있음
50. 대차대조표 공고	강제 아님	강제됨
51. 건설이자배당	불인정	인정
52. 이익배당기준	임의법규	강행법규
53. 잔여재산분배기준	임의법규	강행법규
54. 자본의 증감	정관변경	정관변경불요
55. 사 채 발 행	불인정	인정
56. 회 사 정 리	불인정	인정

제3편 회사법

3.7. 외 국 회 사
3.7.1. 외국회사의 의의
3.7.2. 외국회사의 권리능력
3.7.3. 외국회사에 대한 감독규정

3.8. 벌칙
3.8.1. 서
3.8.2. 벌칙 내용

3.7. 외국회사

3.7. 외 국 회 사

3.7.1. 외국회사의 의의

- 상법은 외국회사에 관한 규정(제6장)을 두고 있으나, 외국회사의 의의에 관하여는 아무런 규정을 두고 있지 않음. 외국회사와 내국회사의 구별표준에 관하여 학설은 나뉘어 있는데 통설은 설립준거법주의임.
- 즉 외국회사는 회사설립의 준거법과 대한민국에서의 대표자의 성명과 그 주소를 등기하여야 함(상 614 ③). 이러한 통설적 견해에 따르면 외국회사란 외국법에 의하여 설립된 회사를 말함.
- 외국에서 설립된 회사라도 대한민국에 그 본점을 설치하거나 대한민국에서 영업할 것을 주된 목적으로 하는 때에는 대한민국에서 설립된 회사와 동일한 규정에 의하여야 함(상 617).

3.7.2. 외국회사의 권리능력

- 외국회사의 일반적 권리능력의 유무는 그 설립준거법(속인법)에 의하여 결정될 문제임. 상법은 이에 관하여 외국회사는 다른 법률의 적용에 있어서는 법률에 다른 규정이 있는 경우 외에는 대한민국에서 성립된 동종 또는 가장 유사한 회사로 본다(상 621)라고 규정하고 있음.
- 이것은 자연인에 관한 평등주의에 입각하여 외국회사에 대하여도 내국회사와 동일한 권리능력을 인정한 것임.

3.7.3. 외국회사에 대한 감독규정

- 외국회사에 대한 감독 규정들은 외국회사가 한국에서 영업을 하는 경우 이를 감독하기 위한 것이며 그 회사가 외국법상 법인인가 아닌가를 불문함.

3.7.3.1. 등기

3.7.3.1.1. 영업소의 설정과 등기

- 외국회사가 대한민국에서 영업을 하고자 하는 때에는 대한민국에서의 대표자를 정하고 영업소를 설치하여야 함(상 614 ①). 이 경우에는 외국회사는 그 영업소의 설치에 관하여 대한민국에서 설립되는 동종의 회사 또는 가장 유사한 회사의 지점과 동일한 등기를 하여야 함(상 614 ②).
- 이 등기에서는 회사설립의 준거법과 대한민국에서의 대표자의 성명과 그 주소를 등기하여야 함(상 614 ③). 등기사항이 외국에서 생긴 때에는 등기기간은 그 통지가 도달한 날로부터 기산함(상 615).

3.7. 외국회사

3.7.3.1.2. 대표사원의 권한과 책임

- 회사를 대표하는 사원은 회사의 영업에 관하여 재판상 또는 재판 외의 모든 행위를 할 권한이 있음(상 209 ①). 대표사원의 권한에 대한 제한은 선의의 제3자에게 대항하지 못함(상 209 ②).
- 그리고 회사를 대표하는 사원이 그 업무집행으로 인하여 타인에게 손해를 가한 때에는 회사는 그 사원과 연대하여 배상할 책임이 있음(상 614, ④, 209, 210).

3.7.3.2. 등기전의 계속거래의 금지

- 등기 전이라도 외국회사가 우발적으로 거래하는 것에 대하여는 별다른 제한이 없으나, 계속적 거래는 그 영업소의 소재지에서 위의 등기를 하기 전에는 금지됨(상 616 ①).
- 이 규정에 위반하여 거래를 한 자는 그 거래에 대하여 회사와 연대하여 책임을 지고(상 616 ②). 그 회사는 등록세의 배액에 상당한 제재를 받음(상 636 ②).

3.7.3.3. 외국회사의 주권 또는 채권의 발행과 유통

- 한국 내에서의 외국회사의 주권 또는 채권의 발행.주식의 이전.입질과 사채의 이전 등에 관하여는, 그 유통시장이 한국인만큼 관계자의 이익을 보호하기 위하여 상법의 해당 규정이 많이 준용되고 있음(상 618).

3.7.3.4. 영업소의 폐쇄와 청산

3.7.3.4.1. 영업소의 폐쇄

- 외국회사는 외국의 법에 의하여 설립된 것이므로 우리 상법에 의하여 그 회사의 법인격을 부인하지 못하므로, 상법은 영업소 폐쇄명령의 제도를 두고 있음(상 619).
- 외국회사가 대한민국에 영업소를 설치한 경우에 다음의 경우에는 법원은 이해관계인 또는 검사의 청구에 의하여 그 영업소의 폐쇄를 명할 수 있음(상 619 ①).
  ① 영업소의 설치목적이 불법한 것인 때
  ② 영업소의 설치등기를 한 후 정당한 사유 없이 1년 내에 영업을 개시하지 아니하거나 1년 이상 영업을 휴지한 때 또는 정당한 사유 없이 지급을 정지한 때,
  ③ 회사의 대표자 기타 업무집행자가 법령 또는 선량한 풍속 기타 사회질서에 위반한 행위를 한 때

3.7. 외국회사

- 영업소의 폐쇄명령은 대체로 합명회사의 해산명령과 비슷함(상 619 ②, 176). 이해관계인이 영업소의 폐쇄를 청구하는 경우에는 회사는 이해관계인의 악의를 소명하여(상 176 ④) 이해관계인에게 상당한 담보를 제공할 것을 법원에 청구할 수 있고, 법원은 이에 의하여 상당한 담보를 제공할 것을 명할 수 있음.
- 회사의 해산명령의 청구가 있는 때에는 법원은 회사의 해산을 명하기 전이라도, 이해관계인이나 검사의 청구에 의하여 또는 직권으로 관리인의 선임 기타 회사재산의 보전에 필요한 처분을 할 수 있음(상 176 ②).

3.7.3.4.2. 한국에 있는 재산의 청산

- 영업소의 폐쇄를 명한 경우에 법원은 이해관계인의 신청에 의하여 또는 직권으로 대한민국에 있는 그 회사재산의 전부에 대한 청산의 개시를 명할 수 있음.
- 이 경우에는 법원은 청산인을 선임하여야 함(상 620 ①). 그 청산절차는 주식회사의 청산에 관한 규정이 성질상 허용하는 범위 내에서 준용됨(상 620 ②, 535~537, 542).
- 따라서 회사채권자에의 최고(상 535), 채권신고기간내의 변제(상 536), 제외된 채권자에 대한 변제(상 537), 기타 준용규정(상 542)이 적용됨. 이 청산에 관한 규정은 외국회사가 스스로 영업소를 폐쇄한 경우에 준용함(상 620 ③).

3.8. 벌칙

3.8. 벌칙

3.8.1. 서

- 회사제도를 남용하는 위반행위에 대하여는 민사책임 외에도 형벌이나 행정벌의 제재가 있음. 특히 중요한 것은 형벌을 받게 되는 위반행위인데, 이를 회사범죄라고 함.
- 상법은 회사범죄와 형벌에 관하여 규정하고 있으며, 행정벌인 과태료에 관한 규정도 두고 있음(상 622~637).

3.8.2. 벌칙 내용

3.8.2.1. 10년 이하의 징역 또는 3000만원 이하의 벌금

3.8.2.1.1. 발기인, 이사 기타의 임원 등의 특별배임죄

(1) 배임죄에 관한 법률의 규정
- 회사의 발기인, 업무집행사원, 이사, 감사위원회 위원, 감사 또는 직무대행자(상 386 ②, 407 ①, 415 또는 567), 지배인 기타 회사영업에 관한 어느 종류 또는 특정한 사항의 위임을 받은 사용인이 그 임무에 위배한 행위로서 재산상의 이익을 취득하거나 제3자로 하여금 취득하게 하여 회사에 손해를 가한 때에는 10년 이하의 징역 또는 3천만원 이하의 벌금에 처함(상 622 ①).
- 회사의 청산인 또는 직무대행자(상 542 ②), 설립위원(상 175)도 같음(상 622 ②).
- 미수범은 처벌함(상 624). 징역과 벌금은 이를 병과할 수 있음(상 632). 법인인 때에는 위의 벌칙은 그 행위를 한 이사, 감사 기타 업무를 집행한 사원 또는 지배인에게 적용함(상 637).

(2) 배임죄의 요건

1) 업무
- '업무'란 법령·계약에 의한 것뿐만 아니라 관례를 쫓거나 사실상의 것이거나를 묻지 않고 같은 행위를 반복할 지위에 따른 사무를 가리키는 것임.

2) 배임행위
- 배임행위란 사무의 내용, 성질 등 구체적 상황에 비추어 법률의 규정, 계약의 내용 혹은 신의칙상 당연히 할 것으로 기대되는 행위를 하지 않거나 당연히 하지 않아야 할 것으로 기대되는 행위를 함으로써 본인과 사이의 신임관계를 저버리는 행위를 말함.

3.8. 벌칙

3) 손해
- 회사에 손해를 가한 때라 함은 회사에 현실적으로 재산상의 손해가 발생한 경우 뿐만 아니라 회사 재산 가치의 감소라고 볼 수 있는 재산상 손해의 위험이 발생한 경우도 포함되는 것이며, 일단 회사에 대하여 재산상 손해의 위험을 발생시킨 이상 사후에 피해가 회복되었다고 하더라도 특별배임죄의 성립에 영향을 주지 못함.

(3) 배임죄의 주체
- 특별배임죄의 주체가 되는 회사 사용인은 적어도 회사의 영업의 어떤 종류 또는 특정한 사항에 관하여 대외적으로 회사를 대리할 수 있는 부분적이기는 하나 포괄대리권을 가진 자만을 말하므로 위임된 회사의 업무가 개별적 구체적 사항에 관한 것인 경우는 해당되지 아니 함.

(4) 배임죄의 특수한 문제
- 대표이사는 이사회 또는 주주총회의 결의가 있더라도 그 결의내용이 회사채권자를 해하는 불법한 목적이 있는 경우에는 이에 맹종할 것이 아니라 회사를 위하여 성실한 직무수행을 할 의무가 있음.
- 대표이사가 임무에 위배되는 행위를 함으로써 주주 또는 회사채권자에게 손해가 될 행위를 하였다면 그 회사의 이사회 또는 주주총회의 결의가 있었다고 하여 그 배임행위가 정당화 될 수는 없음.

3.8.2.2. 7년 이하의 징역 또는 2000만원 이하의 벌금
3.8.2.2.1. 사채권자집회의 대표자 등의 특별배임죄
- 사채권자집회의 대표자 또는 그 결의를 집행하는 자가 그 임무에 위배한 행위로써 재산상의 이익을 취득하거나 제3자로 하여금 이를 취득하게 하여 사채권자에게 손해를 가한 때에는 7년 이하의 징역 또는 2천만원 이하의 벌금에 처함(상 623).
- 미수범은 처벌함(상 624). 징역과 벌금은 이를 병과할 수 있음(상 632). 법인인 때에는 위의 벌칙은 그 행위를 한 이사, 감사 기타 업무를 집행한 사원 또는 지배인에게 적용함(상 637).

3.8. 벌칙

3.8.2.3. 5년 이하의 징역 또는 1500만원 이하의 벌금
3.8.2.3.1. 회사재산을 위태롭게 하는 죄
- 회사의 발기인, 업무집행사원, 이사, 감사위원회 위원, 감사 또는 직무대행자(상 386 ②, 407 ①, 415 또는 567), 지배인 기타 회사영업에 관한 어느 종류 또는 특정한 사항의 위임을 받은 사용인, 검사인, 공증인(상 298 ③.제299의2.310 ③ 또는 313 ②; 법무법인과 공증인가 합동법률사무소의 당해 업무집행변호사를 포함)이나 감정인(상 299의2, 310 ③ 또는 422 ①)이 회사의 재산을 위태롭게 한 경우
- 징역과 벌금은 이를 병과할 수 있음(상 632).
- 법인인 때에는 위의 벌칙은 그 행위를 한 이사, 감사 기타 업무를 집행한 사원 또는 지배인에게 적용함(상 637).

3.8.2.3.2. 부실보고죄
- 회사의 이사, 감사위원회 위원, 감사 또는 직무대행자(상 386 ②, 407 ①, 415 또는 567)가 조직변경(상 604 또는 607)의 경우에 순재산액(상 604 ② 또는 607 ②)에 관하여 법원 또는 총회에 부실한 보고를 하거나 사실을 은폐한 때.
- 징역과 벌금은 이를 병과할 수 있음(상 632).

3.8.2.3.3. 부실문서행사
- 회사의 발기인, 업무집행사원, 이사, 감사위원회 위원, 감사 또는 직무대행자, 지배인 기타 회사영업에 관한 어느 종류 또는 특정한 사항의 위임을 받은 사용인, 외국회사의 대표자, 주식 또는 사채의 모집의 위탁을 받은 자가 주식 또는 사채를 모집함에 있어서 중요한 사항에 관하여 부실한 기재가 있는 주식청약서, 사채청약서, 사업계획서, 주식 또는 사채의 모집에 관한 광고 기타의 문서를 행사한
- 주식 또는 사채를 매출하는 자가 그 매출에 관한 문서로서 중요한 사항에 관하여 부실한 기재가 있는 것을 행사한 때에도 같음.
- 징역과 벌금은 이를 병과할 수 있음.
- 법인인 때에는 위의 벌칙은 그 행위를 한 이사, 감사 기타 업무를 집행한 사원 또는 지배인에게 적용.

3.8. 벌칙

3.8.2.3.4. 납입가장죄등
- 회사의 발기인, 업무집행사원, 이사, 감사위원회 위원, 감사 또는 직무대행자, 지배인 기타 회사영업에 관한 어느 종류 또는 특정한 사항의 위임을 받은 사용인이 납입 또는 현물출자의 이행을 가장하는 행위를 한 때
- 위 행위에 응하거나 이를 중개한 자도 같음. 징역과 벌금은 이를 병과할 수 있음. 법인인 때에는 위의 벌칙은 그 행위를 한 이사, 감사 기타 업무를 집행한 사원 또는 지배인에게 적용함.

3.8.2.3.5. 초과발행의 죄
- 회사의 발기인, 이사 또는 직무대행자가 회사가 발행할 주식의 총수를 초과하여 주식을 발행한 때.
- 징역과 벌금은 이를 병과할 수 있음.

3.8.2.3.6. 발기인, 이사 기타의 임원의 독직죄
- 회사의 발기인, 업무집행사원, 이사, 감사위원회 위원, 감사 또는 직무대행자, 지배인 기타 회사영업에 관한 어느 종류 또는 특정한 사항의 위임을 받은 사용인, 사채권자집회의 대표자 또는 그 결의를 집행하는 자, 검사인, 공증인이나 감정인이 그 직무에 관하여 부정한 청탁을 받고 재산상의 이익을 수수, 요구 또는 약속한 때. 이와 관련하여 이익을 약속, 공여 또는 공여의 의사를 표시한 자도 같음.
- 징역과 벌금은 이를 병과할 수 있음. 범인이 수수한 이익은 이를 몰수함. 그 전부 또는 일부를 몰수하기 불능한 때에는 그 가액을 추징함. 법인인 때에는 위의 벌칙은 그 행위를 한 이사, 감사 기타 업무를 집행한 사원 또는 는 지배인에게 적용함.

3.8.2.4. 1년 이하의 징역 또는 300만원 이하의 벌금
3.8.2.4.1. 권리행사방해등에 관한 증수뢰죄
- 부정한 청탁을 받고 재산상의 이익을 수수, 요구 또는 약속한 자는 1년 이하의 징역 또는 300만원 이하의 벌금에 처함. 이익을 약속, 공여 또는 공여의 의사를 표시한 자도 같음.
- 징역과 벌금은 이를 병과할 수 있음. 범인이 수수한 이익은 이를 몰수함. 그 전부 또는 일부를 몰수하기 불능한 때에는 그 가액을 추징함.

3.8. 벌칙

3.8.2.4.2. 납입책임면탈의 죄
- 납입의 책임을 면하기 위하여 타인 또는 가설인의 명의로 주식 또는 출자를 인수한 자

3.8.2.4.3. 주주의 권리행사에 관한 이익공여의 죄
- 주식회사의 이사.감사위원회 위원(상 386 ②, 407 ① 또는 415), 감사 또는 직무대행자, 지배인 기타 사용인이 주주의 권리의 행사와 관련하여 회사의 계산으로 재산상의 이익을 공여한 때
- 이익을 수수하거나, 3자에게 이를 공여하게 한 자도 같음.

3.8.2.5. 2000만원 이하의 벌금
- 회사의 발기인, 설립위원, 업무집행사원, 이사, 감사, 감사위원회 위원, 외국회사의 대표자, 검사인, 공증인, 감정인, 지배인, 청산인, 명의개서대리인, 사채모집의 위탁을 받은 회사와 그 사무승계자 또는 직무대행자가 자회사에 의한 모회사주식의 취득 및 6개월 이내의 처분의 규정에 위반한 때

3.8.2.6. 과태료
3.8.2.6.1. 500만원 이하의 과태료
- 회사의 발기인, 설립위원, 업무집행사원, 이사, 감사, 감사위원회 위원, 외국회사의 대표자, 검사인, 공증인, 감정인, 지배인, 청산인, 명의개서대리인, 사채모집의 위탁을 받은 회사와 그 사무승계자 또는 직무대행자가 일정한 사항에 해당한 행위를 한 때

3.8.2.6.2. 기타
- 회사의 성립전에 회사의 명의로 영업을 한 자는 회사설립의 등록세의 배액에 상당한 과태료에 처함. 등기전의 계속거래의 금지의 규정에 위반한 자도 같음

제 4 편 어음 · 수 표 법

나 승 성

2009

---

1. 어음·수표법 강의체계

▶ 어음

총칙
↪ 有價證券 理論
↪ 어음행위 – 성립 / 대리 / 위조 · 변조 / 백지어음
↪ 어음상 권리 · 의무
↪ 실질관계 – 원인관계 / 자금관계

각칙
↪ 발생 – 발행, 지급보증, 인수
↪ 이전 – 배서 / 교부 / 선의취득
↪ 행사 – 지급제시 / 지급 / 소구 / 항변
↪ 소멸 – 시효 / 이득상환청구권
↪ 기타 – 보증 / 참가 / 복본 / 등본

▶ 수표   수표에 특유한 제도 : 자기앞수표, 횡선수표, 선일자수표

제4편 어음·수표법

4.1. 유가증권

4.1.1. 유가증권의 의의
4.1.2. 유가증권의 종류
4.1.3. 유가증권법의 특성

4.2. 어음법 · 수표법 총론

4.2.1. 어음 · 수표 의의
4.2.2. 어음법 · 수표법
4.2.3. 어음법 · 수표법

4.1.1. 유가증권의 의의

4.1.1. 1. 유가증권(有價證券)의 개념
- 유가증권의 개념에 대해 규정하고 있는 법령 無
- 이론적으로 유가증권법에서의 유가증권의 개념은 크게 두가지의 요소로 구성됨
  ① 유가증권이란 "사권(재산권)을 표창하는 증권"임
  - 재산적 권리를 증권에 화체(embody)시키는 것
    * embody(化體化) : 무형의 권리를 눈에 보이는 형태로 바꾸는 것
    * 재산적 가치가 있는 사권만 해당하므로 신분권(친족권·상속권) 등은 해당 없음
  - 또한 권리를 표창하는 것이 아니라 단순히 사실을 표창하는 증서(차용증서)나
    권리를 표창 하더라도 사권이 아닌 공권을 표창하는 증권(여권)은 유가증권이 아님

  ② 화체된 사권과 증권 사이의 결합으로서 "증권의 소지가 어느 정도 요구되는가"
  - 이에 대해서는 4가지 학설이 대립
  (1) "권리의 발생·이전·행사의 전부 또는 일부"에 증권의 소지를 요함
  - 전부(완전유가증권 : 어음·수표)
  - 일부(불완전유가증권 : 화물상환증, 창고증권, 선하증권, 무기명증권)
  (2) "권리의 이전과 행사"에 증권의 소지를 요함. →기명주권의 유가증권성을 설명X
  (3) "권리의 이전"에 증권의 소지를 요함. →증권의 유통성을 잘 설명할 수 있으나 범위가 좁음
  (4) "권리의 행사"에 증권의 소지를 요함. →기명증권도 유가증권에 포함되어 범위가 넓어짐
  * 발생에만 있는 것 : 없음 / 이전 – 기명주권 / 행사 – 기명채권/배서금지어음수표

4.1.1. 유가증권의 의의

4.1.1.2. 유가증권과 구별되는 증권

(1) 증거증권
사법상의 실질적인 법률관계의 존부 또는 그 내용을 단순히 증명하는 증권으로서, 실질적인 권리가 증권에 화체된 것도 아니고 또한 권리의 발생·이전·행사의 전부 또는 일부를 위하여 증권의 소지를 요하는 것도 아니므로 유가증권이 아님.
예 : 차용증서, 매매계약서, 영수증, 운송장 등

(2) 면책증권(자격증권)
증권의 소지인이 권리자의 자격을 갖는 것으로 인정되는 증권으로서, 채무자가 증권의 소지인에게 이행을 하면 악의·중과실이 없는 한 면책되는 증권임. 채무자의 변제정리를 목적(채무자의 선의의 변제를 보호하기 위하여)을 인정된 것이지, 사권을 표창한 증권으로서 유통을 목적을 한 것이 아니기 때문에 유가증권이 아님.
예) 예치표, 철도여객의 수하물상환증, 예금증서(통장)

(3) 금권
금전에 갈음하는 효력을 가지는 증권으로서, 이것은 사권을 증권에 표창한 것이 아니라 증권 그 자체가 법률상 특별한 재산적 가치를 가지는 것이므로 유가증권이 아님.
예 : 은행권(지폐), 우표, 수입인지 등
* 금권을 상실한 경우에는 증권과 권리를 분리하는 절차인 공시최고절차에 의한 제권판결에 의한 권리회복절차 無

4.1.2. 유가증권의 종류

1. 완전유가증권과 불완전유가증권 : 증권의 소지가 요구되는 정도에 의한 분류 (제1설의 경우)

(1) 완전유가증권 : 권리와 증권의 결합정도가 가장 강력하여 권리의 발생·이전·행사의 전부에 증권의 소지를 요하는 증권. 예 : 어음과 수표

(2) 불완전유가증권 : 권리와 증권의 결합정도가 덜 밀접하여 권리의 발생·이전·행사의 일부에 증권의 소지를 요하는 증권
 − 권리의 이전 및 행사에 증권의 소지를 요하는 것 : 화물상환증·창고증권·선화증권·무기명주권 등
 − 권리의 이전에만 증권의 소지를 요하는 것 : 기명주권 등
 − 권리의 행사에만 증권의 소지(제시)를 요하는 것 : 기명채권·배서금지어음 등과 같은 기명증권

2. 채권증권·물권증권·사원권증권 : 증권의 화체된 권리에 의한 분류

(1) 채권증권 : 채권을 표창하는 유가증권으로, 이에는 환어음·약속어음·수표·채권등과 같이 금전채권을 표창하는 유가증권과 화물상환증·창고증권·선하증권·상품권 등과 같이 상품의 인도청구권을 표창하는 유가증권이 있음.

(2) 물권증권 : 물권을 표창하는 유가증권으로, 우리 나라에는 그 예가 없음. 독일의 저당증권, 토지채무증권 등이 이에 속함.

(3) 사원권증권 : 사원권(사단에 있어서의 사원인 지위)을 표창하는 유가증권. 예) 주권
 * 유한회사 사원의 지분증권 : 증거증권(지시식 또는 무기명식의 증권발행은 불가)

4.1.2. 유가증권의 종류

3. 기명·무기명·지시·선택무기명증권 : 증권상의 권리자를 지정하는 방법에 따른 분류

(1) 기명증권 : 증권상에 특정인을 권리자로 기재한 유가증권으로서 지시증권이 아닌 것. 기명채권
   과 법률상 당연한 지시증권으로서 배서가 금지된 것.
   예) 기명증권, 배서(지시)금지어음, 수표, 화물상환증, 창고증권, 선하증권 등
   * 기명증권의 양도방법 : 지명채권의 양도방법
   * 지명채권의 양도 : 효력요건 = 양도의 의사표시 + 증권교부
                      대항요건 = 양도인의 채무자에 대한 통지나 채무자의 승낙

(2) 지시증권 : 증권상에 특정인을 권리자로 지정하지만, 한편 그가 지시하는 자도 권리자로 인정하
   는 증권. 당사자의 증권면상의 지시문구에 의하여 지시증권이 되는 "선택적 배서증권"과 증권면
   상의 지시문구의 기재유무에 불구하고(배서금지의 기재가 없으면) 법률의 규정상 당연히 지시증
   권이 되는 "법률상 당연한 배서증권"이 있음.
   예) 어음, 수표
   * 지시증권의 양도방법 : 배서 또는 교부

(3) 무기명증권(소지인출급식증권) : 증권상에 권리자를 지정하지 않고 증권의 정당소지인을 권리자
   로 인정하는 유가증권
   예) 무기명수표, 무기명채권 등.
   * 어음의 경우 수취인은 절대적 기재사항이므로 무기명증권은 불가

(4) 선택무기명증권(지명소지인출급증권) : 증권상에 특정인을 권리자로 지정하고 있지만 동시에 증
   권의(정당한) 소지인도 권리자가 될 수 있는 뜻을 기재한 유가증권

4.1.2. 유가증권의 종류

4. 기타의 표준에 의한 분류

(1) 설권증권·비설권증권 : 이는 증권의 작성에 의하여 비로서 권리가 발행하는지 여부에 의한 분류.
   증권의 작성에 의하여 비로서 권리가 창설되는 증권을 설권증권이라 하고, 이미 존재하는 권리
   를 단순히 증권에 표창한 증권을 비설권증권이라고 함.
   * 완전유가증권 – 설권증권 / 불완전유가증권 – 비설권증권

(2) 유인증권·무인증권 : 이는 증권상의 권리의 발생이 증권의 발행행위 자체 외에 원인관계와 관계
   를 갖고 있는지 여부에 의한 분류이다. 즉, 유가증권상의 권리의 발생이 증권의 발행행위 자체
   외에 그 원인관계와 관계를 갖고 있는 증권을 원인(요인)증권, 원인관계와 관계가 없는 증권을
   무인(불요인)증권이라고 함.
   * 유인증권 : 원인관계의 부존재·무효·취소 등이 증권상의 행위에 영향을 미치는 경우

(3) 형식권적 유가증권·실질권적 유가증권 : 이것은 증권상의 권리의 내용이 증권에 기재된 문언에
   의하여 정하여지는가의 여부에 의한 분류임.

   -형식권적 유가증권(문언증권) : 증권상의 권리의 내용(범위)이 증권에 기재된 문언만에 의하여
    정하여지고 이의 결과 동 증권을 선의로 취득한 자는 동 증권에 기재된 바에 의하여 권리를 취득
    하는 증권

   -실질권적 유가증권(비문언증권) : 증권상의 권리의 내용(범위)이 실질관계에 의하여 정하여지고
    이의 결과 동 증권을 선의로 취득한 자도 동 증권에 기재된 문언에 의하여만 권리를 취득할 수
    없는 증권

4.1.3. 유가증권의 특성

(1) 요식증권성 : 유가증권은 법률에 의하여 가각의 기재사항(방식)이 법정되어 있는데, 이를 요
식증권성이라 함.
   - 엄격한(절대적) 요식증권성 : 어음·수표와 같이 법정의 기재사항이 기재되지 않으면 법이
     특히 그의 보충규정을 둔 경우를 제외하고는 증권 자체를 무효로 함.
   - 완화된(상대적) 요식증권성 : 화물상환증·창고증권·선하증권·주권 등과 같이 법정의 기재
     사항이 기재되지 않더라도 그것이 본질적인 것이 아닌 한 증권을 무효로 하지 않음.

(2) 제시증권성 : 유가증권상의 권리자가 그의 권리를 행사하기 위하여는 채무자에게 증권의 제
시를 요함. 지시증권 및 무기명증권, 기명증권에 적용됨.

(3) 상환증권성 : 제시증권성과 관련하여 유가증권상의 권리자가 그의 권리를 행사하려면 증권
을 채무자의 변제와 상환하여야 하는 것을 말함.
   * 보증도 : 상환증권성의 완화되어 적용

(4) 문언증권성 : 유가증권의 요식증권성과 일맥상통하는 것으로 증권 상의 권리의 내용은 증권
의 문언에 정하여진다는 성질을 말함.

(5) 선의취득자의 보호 : 대부분의 유가증권은 선의취득자의 권리가 보호됨. 선의 취득자의 보
호는 문언증권성이 없는 주권에도 인정됨.

(6) 자격수여적 효력 : 선의취득자를 보호하기 위해서나 또는 증권상의 채무자를 면책하기 위한
전제로서 증권상 형식적 자격을 가진 자를 실질적 권리자로 추정하는 효력
   * 기명증권의 경우에는 자격수여적 효력이 인정되지 않음

(7) 면책증권성 : 증권상의 채무자가 형식적 자격을 가진 자에게(즉, 자격수여적 효력이 있는
증권의 소지인에게) 변제를 하면 비록 그가 무권리자라 하더라도 이에 대하여 채무자가 악
의 또는 중대한 과실이 없는 한 채무자는 면책되는 효력을 말함. 일부의 유가증권(기명식화
물상환증·기명식 선하증권 등)은 면책증권을 가지지 않음.

4.1.4. 유가증권의 기능

1. 공통적 기능

   (1) 양도절차의 簡易化 ←→ 지명채권의 양도방법
       - 배서 : 지시증권의 경우
       - 교부 : 무기명증권의 경우
   (2) 양도효력의 强化
       - 증권소지인의 적법한 권리자로 추정(지명채권은 스스로 권리자임을 증명)
       - 유가증권의 선의취득 가능, 인적항변의 절단

2. 個別的 기능

   (1) 支給手段으로서의 기능 : 수표 (수표는 신용기능이 없음)
   (2) 신용수단으로서의 기능 : 어음 (1차적 기능이 신용, 2차적 기능이 지급기능)
   (3) 재화의 유통을 촉진시키는 기능
       - 물품증권/인도증권(화물상환증 · 창고증권 · 선하증권)
   (4) 자본조달 및 투자의 수단으로서의 기능 : 주권(株券), 무기명채권

4.2. 어음법 · 수표법 총론

4.2.1. 어음·수표의 의의
4.2.2. 어음·수표법 분류
4.2.3. 어음법·수표법

4.2.1. 어음·수표의 의의

제 1 절 어음·수표의 개념
제 1 환어음의 개념
 - 환어음이란 "어음의 발행인이 제3자(지급인)에게 일정금액(어음금액)을 일정일(만기)에 어음상의 권리자(수취인 또는 피배서인)에게 지급할 것을 무조건으로(무인증권성) 위탁하는 (지급위탁증권) 유가증권"이다.
 - 환어음의 기본당자는 발행인, 수취인이고 인수인이 있을 수 있음

   ☞ 환어음의 당사자 관계

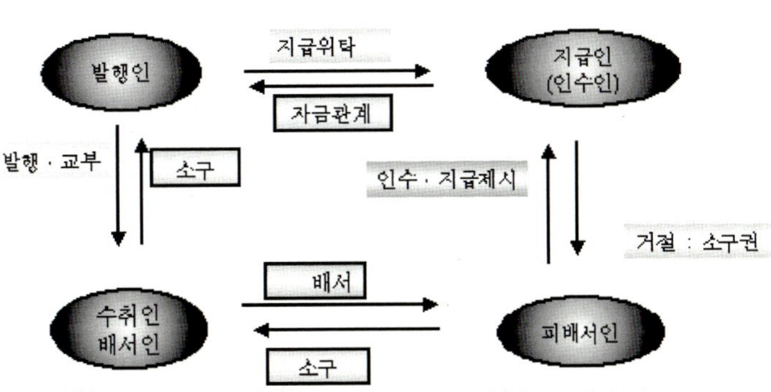

4.2.1. 어음·수표의 의의

1. 발행인 : 어음을 최초로 발행하는 자인데, 어음의 발행이란 "발행인이 증권상에 어음요건을 기재하고 이것에 기명날인 또는 서명하여 이것을 수취인에게 교부하는 것"을 말함.

2. 수취인 : 환어음에는 반드시 수취인(지급을 받을 자 또는 지급을 받을 자를 지시할 자)을 기재해야 함. 이러한 수취인은 직접 어음금액을 수령할 수도 있으나, 자기가 어음금액을 수령하지 않고 어음상의 권리자가 될 자를 어음상에 지시할 수 도 있는데, 이렇게 지시하는 것을 "배서"라고 함.

3. 지급인 : 환어음의 지급인은 발행인에 의하여 지급인으로 지시되어 있는 자인데, 보통 발행인에 대하여 자금관계상 채무를 부담하고 있음. 지급인은 환어음과 수표에만 있는 기본당사자인데, 수표의 지급인은 은행에 한정되어 있는 점에서 환어음의 지급인과 구분됨.
   - 지급인은 그의 의사와는 관계없이 발행인에 의하여 지시인으로 지정된 자이므로 어음상의 채무를 이행하지 않을 수도 있음
   - 어음소지인이 지급인에게 어음상의 채무를 부담할 것인지를 확인을 구할 수 있는데, 이 어음상의 채무를 부담하겠다는 의사표시를 하게 되면 어음상의 주채무자가 되는데, 이러한 의사표시를 인수(引受)라 함
   - 지급인이 인수를 거절하면, 어음소지인은 발행인 또는 자기의 전 배서인들에 대해서 소구권을 행사할 수 있음
   - 지급인이 인수를 하면 주채무자가 되어 어음상의 채무를 부담함

4.2.1. 어음·수표의 의의

   - 약속어음이란 "어음의 발행인 자신이 일정일(만기)에 일정금액(어음금액)을 어음상의 권리자(수취인 또는 피배서인)에게 지급할 것을 무조건으로 약속하는 유가증권"
   - 약속어음이 환어음과 근본적으로 다른 점은 지급인이 따로 없고 발행인 자신이 환어음의 지급인(엄격히는 인수인)을 겸하고, 발행인은 언제나 주채무자가 되는 점이다. 지급인이 없으므로 환어음과 달리 인수제도가 없음.
   - 약속어음의 당사자 : 발행인, 수취인
   - 약속어음 = 인수된 자기앞 환어음

   ☞ 약속음의 당사자 관계

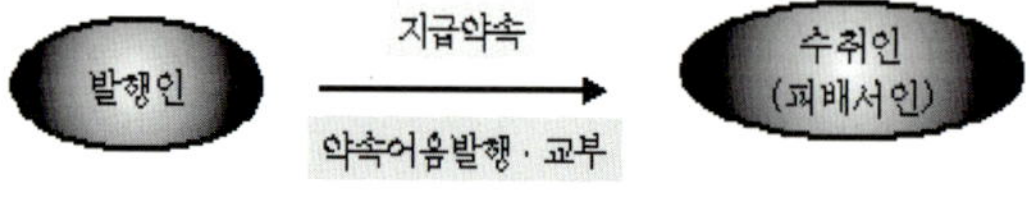

4.2.1. 어음·수표의 의의

- 수표란 "수표의 발행인이 지급인(은행)에게 일정금액(수표금액)을 수표상의 권리자(지시식인 경우에는 수취인 또는 피배서인, 무기명식인 경우에는 정당한 소지인)에게 지급할 것을 무조건으로 위탁하는 유가증권"으로 지급위탁증권인 점에서 환어음과 유사
- 수표의 기본당사자 : 발행인, 수취인, 지급인
- 수표는 (1) 지급인이 은행에 한정되어 있는 점 (2) 만기가 없고 항상 일람출급인 점 (3) 수취인의 기재가 임의적 기재사항인 점등에서 환어음과 근본적으로 구별
- 수표는 환어음처럼 인수제도가 없지만 비슷한 지급보증제도가 있음. 다만 수표의 지급보증인은 수표소지인이 지급제시기간 내에 수표를 제시한 때에 한하여 책임이 있으나(주채무자가 아니라 최종소구의무자와 비슷한 지위), 환어음은 제시기간 내의 여부에 관계없이 3년의 시효기간 내에 주채무 부담
- 수표 = 은행앞으로 발행된 일람출급의 환어음

☞ 수표의 당사자 관계

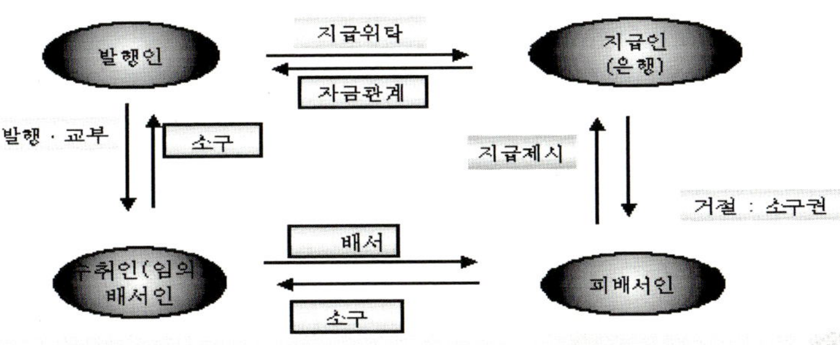

4.2.1. 어음·수표의 의의

제1 환어음의 경제적 기능 : 신용기능, 송금기능, 추심기능, 지급기능

1. 신용기능(환어음의 1차적 기능)
   (1) 신용창조기능 : 물건의 매매에서 매수인에게 현재 물건구입대금이 없어 매도인이 외상으로 매도하고 매수인이 장래의 일정한 기일에 물건대금을 지급하기로 한 경우에, 매수인이 자기앞환어음을 발행하여 인수한 후 이를 매도인에게 교부하면(또는 매도인이 자기지시환어음을 발행하여 매수인에게 인수시킨 후 소지하면) 동 어음은 매수인에게 만기까지 신용창조기능을 하게 됨.
   (2) 신용담보기능 : 매도인이 물건을 외상으로 매도하지 않아서 매수인이 당장 물건구입대금이 필요한 경우에, 매수인은 자기의 거래은행으로부터 물건구입대금을 대출받고 이를 담보하기 위하여 은행에 대출금액을 어음금액으로 하고 대출기일을 만기로 한 어음을 발행하여 교부하면 동 어음은 신용담보기능을 하게 됨. 차용증서대신 어음을 받고 대출하는 것을 어음대출이라 함

2. 송금기능 : 환어음 국제거래에서 송금수단으로 많이 이용됨. 즉 보통 송금인(매수인, 수입상)이 자기의 거래은행에 송금할 금액을 납입하고 송금을 의뢰하면, 거래은행은 자기의 외국지점 또는 환거래관계가 있는 다른 은행을 지급인으로하고 매도인(수출상)을 수취인으로 하여 환어음을 발행하여 송금인에게 교부하고, 송금인은 이를 매도인(수취인)에게 송부함으로써 송금과 같은 기능을 수행

3. 추심기능 : 환어음의 추심기능은 국제거래에 있어서 수출상(매도인)에게 작용함. 즉, 한국의 수출상 A가 미국의 수입상 B에게 일정한 물건을 수출(매도)하고 그 대금을 추심코자 하는 경우에 A는 B를 지급인으로 한 환어음을 발행하여 자기의 거래은행으로부터 동 어음을 할인받아 수출대금을 추심할 수 있음.

4. 지급기능 : 환어음의 수취인이 지급인으로부터 어음금을 지급받으면 동 어음의 발행인·지급인 간 및 발행인·수취인 간의 대금지급이 자동적으로 종료되는 효과를 갖는다.

4.2.1. 어음·수표의 의의

제2 약속어음의 경제적 기능 : 신용기능, 추심기능, 지급기능, 송금기능(X)

1. 신용기능 : 환어음처럼 신용창조기능과 신용담보기능을 수행함.

2. 추심기능 : 상품을 외상으로 판매한 매도인이 매수인으로부터 약속어음을 수취인 또는 피배서인의 자격으로 취득한 경우에 매도인이 동 어음을 자기의 거래은행으로부터 할인 받으면 매매대금을 추심한 것으로 됨.

3. 지급기능 : 약속어음 그 자체만으로 지급기능을 수행하는 경우는 드물고 보통 신용기능 및 추심기능과 결합하여 지급기능을 수행함.

제3 수표의 경제적 기능 : 지급기능, 송금기능,

1. 지급기능 : 수표는 금융거래에 있어서의 현금수수에 따르는 불편과 위험을 제거하는 지급기능을 수행하기 때문에 기업 및 일반인에 의하여 널리 이용됨.

2. 송금기능 : 송금인이 은행 또는 우체국에 송금할 금액을 납입하고 송금을 의뢰하면, 은행 등은 수취인과 동일한 지역의 자기의 지점 또는 환거래은행을 지급인으로 하고 송금을 받을 자를 수취인으로 하여 수표(송금수표)를 발행하여 송금의뢰인에게 교부하고 송금의뢰인은 수취인에게 동 수표를 교부함으로써 송금의 기능을 수행

- 수표는 일람출급이고 만기가 없으므로 신용기능 및 추심기능이 없음

	신용기능	송금기능	추심기능	지급기능
환어음	O	O	O	O
약속어음	O	X	O	O
수표	X	O	X	O

4.2.1. 어음·수표의 의의

제 1 공통점

- 환어음·약속어음·수표는 모두 지급기능을 수행하는 경제적 기능과 유가증권으로서의 법적 성질의 공통점을 갖고 있음.

- 금전채권증권 : 모두 일정한 금액의 지급을 목적으로 함
- 완전유가증권 : 권리의 발생·이전·행사의 모두에 증권을 소지를 요함
- 설권증궈 : 모두 증권의 작성에 의하여 권리가 발생
- 엄격한 요식증권 : 법정 기재사항이 반드시 기재되어 되어야 증권으로서의 효력이 발생
- 무인증권 : 이증권상의 권리의 발생이 그 원인 관계와 관계가 없음
- 법률상 당연한 지시증권 : 지시문구의 기재유무에 불구하고 당연히 증권상의 권리를 배서에 의하여 양도할 수 있음
- 형식권적 유가증권(문언증권) : 증권상의 권리의 내용이 증권에 기재된 문언에 의하여 증권에 기재된 문언에 의하여 정하여짐
- 제시증권 : 환어음·약속어음·수표는 모두 증권상의 권리자가 그의 권리를 행사하기 위하여는 채무자에게 증권의 제시를 요함
- 상환증권 : 채무자의 변제와 증권을 상환
- 면책증권 : 채무자가 증권의 형식적 자격을 가진 자에게 변제를 하면 증권소지인이 무권리자인 경우에도(채무자에게 악의 또는 중대한 과실이 없는 한) 면책됨

4.2.1. 어음·수표의 의의

	환어음	약속어음	수표
공통점	① 완전유가증권 ② 문언증권성 ③ 지시증권성 ④ 제시증권성 ⑤ 상환증권성 ⑥ 면책증권성 ⑦ 설권증권성 ⑧ 무인(추상)증권성 ⑨ (엄격한)요식증권 ⑩ 처분증권성 ⑪ 금전채권증권성		
경제적 기능	신용,송금,추심,지급	신용,추심,지급,(송금X)	송금, 지급, (신용X, 추심X)
어음행위	발행.배서.보증.인수.참가인수	발행.배서.보증	발행.배서.보증.지급보증(인수금지)
법적인면	지급위탁증권	지급약속증권	지급위탁증권
기본당사자	발행인(자금 필요자). 수취인(절대적기재사항). 지급인(제한 무)	발행인 수취인 (지급인 X)	발행인(자금있는 자). 수취인(임의적기재사항). 지급인(은행에 한함)
주채무자	인수인(지급인이 인수한 때)	발행인	인수금지 → 주채무자 無
소구의무자	발행인.배서인.보증인 * 인 수 한 지 급 인 - 주채무자(소구의무자 X) *수취인-절대적기재사항(언제나 배서인 有)	배서인 (발행인=주채무자)	발행인.배서인.보증인 * 지 급 보 증 한 지 급 인 - 최종소구의무자의 지위 *수취인이 임의적 기재사항 이므로 무기명식(소지인출급식)-배서인이 없는 경우도 有
소구방법	만기전/역어음에 의한 소구 방법→인 수 또는 지 급 거 절 의 증명방법은 공정증서에 의해서만 가능		만기전 소구제도 無(만기제도無) 역수표에 의한 소구 無(단순화) 방법 → 공정증서 or 지급인의 선언 or 어음교환소의 선언

4.2.1. 어음·수표의 의의

	환어음	약속어음	수표
자금관계	발행인과 지급인사이에 자금관계 있음	없음(지급인이 없으므로)	있음(은행으로 한정, 당좌예금계약+ 수표계약)
인수제도	지급인의 인수선택권 지급인의 인수거절 →만기전 소구 및 참가인수	인수제도 無 → 발행인의 자력불확실(파산, 지급정지, 재산에 대한 강제집행부주효 등)시 만기전 소구 및 참가제도인정(통설.판례)	인수제도 無 → 지급보증제도 有
만기	기재요(4가지) - 일람출급, 일람후 정기출급, 발행일자후 정기출급, 확정일출급		기재불요(일람출급만 인정)
제시기간	-일람출급 : 발행일로부터 1년 -기타 : 지급을 할 날 또는 이에 이은 2거래일		발행일로부터 10일(외국 20일, 70일)
발행인의 거절증서 작성면제	가능	- 긍정설 - 부정설	
거절제도	유		무
거절증명	거절증서로도 가능		거절증서, 지급인의 지급거절 선언, 어음교환소의 부도선언
거절증서작성 면제 위한 불가항력 계속기간	만기로부터 30일		통지일로부터 15일
일람후정기출급:어음의 만기	인수제시가 있은 후 일정기간이 경과한 날	일람일자 기재를 위한 제시 있은 후 일정기간 경과한 날	
약정이자문구기재	일람출급.일람후정기출급 기재가능		무익적 기재사항

4.2.1. 어음·수표의 의의

	환어음	약속어음	수표
부본제도	인정(해외에 송금시필요)	불인정	제한적 인정(국제간 또는 원격지 송부되는 경우)
지급위탁의 취소	발행인은 지급제시기간의 전후에 불문하고 행사 → 기간 경과후에는 발행인의 계산으로 지급 不可		지급제시기간 경과 후에만 취소가능 → 기간경과 후에도 지급위탁의 취소가 없는 한 발행인의 계산으로 지급 可
횡선제도	불인정		인정
시효기간	주채무자에 대해 3년 소구의무자에 대해 1년 재소구권기간 6개월		지급보증인에 대해 1년 소구의무자에 대해 6월 재소구권기간 6월
참가제도	참가제도 인정		불인정(신속)
등본제도	유통조장 – 인정	등본	불인정
복본제도	복본	X	복본(국제간 또는 원격지에 송부되는 경우에 한하여 인정)
소지인출급식·선택무기명식발행	(수취인의 기재가 절대적 기재사항이므로 기명식이나 지시식만 인정) 불인정		(수취인의 기재가 수표의 절대적 기재사항이 아니므로) 인정
수표금지사항	참가인수, 참가지급, 지급인에 대한 배서(영수증의 효력만), 지급인의 배서(무효), 입질배서, 인수무담보배서, 등본제도, 복본제도(국제간·원격지 경우만 인정)		
수표특유제도	수표자금, 수표계약요, 지급보증, 횡선제도		

4.2.2. 어음·수표의 분류

제 1절 어음의 분류

제1 상업어음·융통어음

상거래가 원인이 되어 발행되는 어음을 상업어음이라고 하며, 어음발행의 원인에 현실적인 상거래가 없이 자금융통의 목적으로 위하여 발행되는 어음을 융통어음이라고 함

제2 대부어음· 인수어음 · 담보어음 : 은행거래에서 어음이 수수되는 목적에 의한 분류
 - 대부어음 : 은행이 금전대부를 하고 그 지급을 확보하기 위하여 차용증서 대신에 차주로부터 받는 어음
 - 할인어음 : 은행이 어음소지인에 대하여 어음금액으로부터 만기까지의 할인료를 공제하고 자금화하여 주는 어음
 - 담보어음 : 은행이 차주의 현재 및 장래의 채무의 이행을 담보하기 위하여 보증인 등으로부터 받는 어음

제3 C.P.어음(기업어음) : 할인기관(단자회사 또는 종합금융회사)에 의하여 선정된 적격업체가 자금융통의 목적으로 발행한 어음을 할인기관이 매입하여 다시 일반투자가에게 매출하는 어음(약속어음)
 - 단자회사 등에게 매도인으로서 하자담보책임이나 불법행위책임을 부정(대판)

제4 화한(하환)어음 : 어음상의 권리가 운송중의 물건에 의하여 담보되어 있는 어음

제5 무역어음 : 신용장 등을 받은 수출상(매도인)이 소요자금을 조달할 목적으로 수출상품을 선적하기 전에 수출대금(신용장상의 금액(의 범위 내에서 인수기관을 지급인으로 하여 발행한 자기지시환어음

제6 표지어음 : 각 금융기관이 할인·보유하고 있는 상업어음 또는 무역어음 분할 또는 통합하여 새로이 할인식으로 발행한 약속어음

4.2.2. 어음·수표의 분류

제7 기타
- 연기어음(개서어음) : 금전대부의 기한이 연기되는 등으로 인하여 대부어음(기본어음)의 만기를 연기하기 위하여 다시 발행한 어음
- 부도어음 환어음의 지급인(인수인), 약속어음의 발행인이 무자력 등으로 만기에 지급거절된 어음
- 단명어음 : 어음대부·어음할인 등의 거래에서 사용되는 말로 어음상의 채무자가 하나인 어음 (약속어음인 경우에는 발행인만이 있고, 환어음인 경우에는 발행인이 지급인 또는 인수자를 겸한 어음)
- 받을어음·지급어음 : 회계상으로 자산의 부에 자산으로서 기재 되는 어음(받을어음), 대차대조표의 부채의 부에 부채로서 기재되는 어음(지급어음)

제2절 수표의 분류
제1 당좌수표·가계수표
- 당좌수표 : 사업을 하는 자가 은행과 당좌거래계약을 체결하고 은행에 있는 수표자금의 범위 내에서 발행하는 수표
- 가계수표 개인이 은행과 가계당좌거래계약을 체결하고 은행에 있는 수표자금의 범위 내에서 발행하는 수표
- 당좌수표 및 가계수표에는 기본당사자인 발행인·수취인 및 지급인이 모두 존재하여 수표법에서 규정하는 전형적인 수표
- 가계수표보증카드(수표카드) : 지급은행이 가계수표의 발행인에게 발행하는 것으로 일정한 요소를 갖추면 지급은행이 위 가계수표의 지급을 담보하게 됨(민법상 보증책임)

4.2.2. 어음·수표의 분류

제2 보증수표(자기앞 수표) :
- 원래 지급인(은행)이 지급보증한 수표인데, 우리 나라에서는 은행의 자기앞수표를 속칭 보증수표 또는 보수(保手)라고도 함.
- 당좌수표의 소지인이 지급은행에 대하여 지급보증을 청구한 때에는 지급은행은 지급보증을 하는 대신에 수표발행인의 당좌계정으로부터 그 금액을 공제하고 지급은행의 자기앞수표를 발행

제3 송금수표 : 은행이 그 본·지점 또는 그 거래은행을 지급인으로 하여 송금의 목적으로 발행하는 수표

제4 우편대체수표(우편수표) : 우편대체가입자가 지급을 하기 위하여 우체국을 지급인으로 하여 발행한 수표

제5 여행자수표(T/C)
- 여행자수표란 해외여행자가 현금의 휴대로 인한 분실·도난 등의 위험을 피하기 위한 고안된 수표로 여행자로 하여금 여행지에서 수표와 상환으로 여행지의 화폐로 현금화 할 수 있게 하는 자기앞수표와 유사한 유가증권임
- 여행자수표는 '수표'라는 명칭으로 되어 있으나 수표법상의 수표로 보기 어려움
- 여행자가 여행자수표를 발행받으면 즉시 각 장의 수표에 서명을 하고(수취인으로 지정하기 위하여 하는 서명), 여행자가 동 수표를 현금화(또는 양도)할 때에는 매수인(또는 양수인)의 면전에서 다시 한번 서명을 함(수표금의 수령을 증명하는 서명)

제6 국고수표 : 정부의 각 중앙관서의 장이 임명한 지출관이 국고금을 지출하기 위하여 한국은행을 지급인으로 하여 발행하는 수표(예산회계법 적용)

4.2.3. 어음법·수표법

제1절 어음법·수표법의 의의

제1 실질적 의의의 어음법·수표법
- 광의의 실질적 정의의 어음법·수표법 : "어음·수표에 관한 법의 전체"를 말함. 어음·수표에 관한 사법뿐만 아니라 공법 규정도 포함(즉 민사어음법·수표법)
- 협의의 실질적 의의의 어음법·수표법 : "어음·수표 관계에 고유한 사법"만을 의미함. 일반적인 실질적 정의의 어음법·수표법을 말함.

제2 형식적 정의의 어음법·수표법
- 성문법인 어음법·수표법을 의미함. 즉 우리나라에서의 형식적 어음법·수표법은 1961.1.20 법률 제1001호로 공포된 어음법과 동 일자에 법률 제1002호로 공포된 수표법을 의미함.

제2절 어음법·수표법의 연혁

제1 제네바 통일 어음법·수표법의 제정이전

제2 제네바 통일 어음법·수표법의 제정이후

제3 영미의 어음법·수표법

4.2.3. 어음법·수표법

제3절 어음법·수표법의 지위
제1 어음법·수표법과 상법과의 관계

제2 어음법·수표법의 민법과의 관계

제4절 어음법·수표법의 특성
제1 독립법적 특성 : 단순히 어음법·수표법이라는 단행법으로서의 독립법적 형식을 갖추고 있음은 의미가 아니라 실질적으로 통일체와 독자적인 법영역을 가지고 있음은 의미임

제2 강행법적 성질 : 어음법·수표법은 유통성을 확보하기 위하여 어음·수표상의 권리의 발생·이전·소멸에 이르기까지의 과정을 모두 법률에 의하여 엄격하게 규율하고 있어서 당사자의 사적 자치의 여지가 극히 적은데, 이는 그 거래의 원활을 위한 것임

제3 수단적 성질 : 어음과 수표는 거래관계를 결제하기 위한 수단이므로, 이를 규율하는 수단적 성질 있음

제4 비윤리적·기술적 특성 : 어음법과·수표법은 하나의 국민감정·도덕·전통을 떠나서, 오로지 기술적으로 고찰할 수 있는 법규임(피지급성의 확보와 유통성의 조장)

제5 성문화적 성질 : 어음법·수표법은 용이하게 성문화하는 경향이 있고 관습 같은 것은 별로 없음

제6 세계적 성질(통일성) : 어음·수표는 국제대차의 수단으로 국제간에 유통하는 것이므로 세계적 경향이 강하며, 제네바에서의 어음통일조약·수표통일조약 및 최근의 국제적어음 및 국제적약속어음에 관한 UN협약 등이 있음

4.2.3.1. 어음행위

4.3.4.1. 어음행위

4.2.3.1.1. 어음행위의 의의
어음·수표행위는 어음·수표라는 지편(증권)위에 행하여지는 법률행위로서 일반 법률행위와는 달리 반드시 증권상에 일정한 필요사항을 기재하여 교부함으로써 완성
- 형식적 의의 : 형식적 의의의 어음행위는 "기명날인 또는 서명을 불가결의 요건으로 하는 요식의 증권적 법률행위"임. 행위의 실질적인 측면에서는 각종 어음, 수표행위의 공통적인 요소를 찾기가 어렵기 때문에 그 형식적인, 즉 객관적으로 증권상에 기재된 사항의 측면에서 공통성을 찾아 개념화하는 견해가 대부분임. 기명날인(서명)을 최소한의 요건으로 하는 증권적 법률행위이다.
- 실질적 의의 : 어음행위의 실질적 의의에 대해 긍정하는 견해와 부정하는 견해가 있음. 부정하는 견해에 따르면 어음, 수표행위가 다양하고 그 실질적인 목적도 서로 다르기 때문에 이들의 공통적 요소를 추출하여 하나의 개념으로 설명하는 것이 불가능하다고 함

4.2.3.1.2. 어음행위의 종류
- 어음행위에는 환어음의 경우에는 발행, 배서, 보증, 인수, 참가인수의 5종이 있고, 약속어음의 경우에는 발행, 배서, 보증의 3종이 있으며, 수표행위에는 발행, 배서, 보증, 지급보증의 4종이 있음.
- 발행은 이후의 다른 어음행위의 기초가 되므로 기본적 어음행위라 하고, 그 이외의 어음행위를 부속적 어음행위라고 함

☞ 어음행위의 종류

환어음	발행	배서	보증	인수	참가인수
약속어음	발행	배서	보증	X	X
수표	발행	배서	보증	지급보증	X

4.2.3.1. 어음행위

4.2.3.1.3. 어음행위의 성립요건
- 유효한 어음행위 = 유효한 작성행위 + 유효한 교부행위

1. 어음행위의 형식적 요건
(1) 법정사항의 기재(요식의 서면행위) : 증권상에 법정의 방식을 갖추어야. 통상 어음행위는 어음면상에 하지만, 배서나 보증은 보전이나 등본에 기재하는 것도 허용됨
(2) 기명날인 또는 서명 : 행위자의 명칭은 성명, 상호, 아호, 예명 등이 모두 가능하고 반드시 호적상의 명칭임을 요하지 않음
  * 기명 : 타이프라이터, 인쇄, 고무인 등으로 기재하는 것
  * 날인 : 印章을 찍는 것
  * 서명 : 자필의 성명서명
- 기명무인 또는 기명지장의 어음행위는 무효(판례; 다수설)
- 기명의 명의와 날인의 명의가 불일치 한 경우에도 유효함(판례)
- 수인이 어음행위를 하는 경우에 배서와 보증은 보전(補箋)에도 할 수 있으나 그 밖의 어음행위는 어음면상에 하여야 한다고 봄(공동발행의 경우에는 합동책임 부담)
1) 회사 기타 법인의 어음행위 : 대표기관이 법인을 위하여 어음행위를 한다는 것을 표시하고(현명주의) 대표자 자신의 기명날인 또는 서명을 하여야 함. 따라서 대표이사 자신의 기명날인 또는 서명이 없거나 법인 인을 날인한 것은 무효이다.
2) 조합 · 권리능력 없는 사단의 어음행위 : 조합은 법인격이 없으므로 조합원 전원이 기명날인하여야 하는 것이 원칙이나, 통설·판례는 조합원의 대표자가 조합의 명칭과 그 대표자격을 표시하여 조합원 전원을 대리하여 기명날인 또는 서명하는 것을 인정하고 있음(조합원공동책임설이 통설). 권리능력 없는 사단의 경우도 같음

4.2.3.1. 어음행위

2. 실질적 요건
- 어음행위의 실질적 요건으로 당사자능력, 목적성, 의사와 표시의 일치가 있음

(1) 당사자능력을 갖출 것(어음능력)
  ① 어음권리능력 : 권리능력을 가지는 자는 자연인.법인이든 불문하고 어음권리능력을 가짐
  - 회사 및 회사 이외의 법인이 정관상 목적에 의한 제한을 받는지에 대해 제한설과 <u>무제한설</u>로 나뉨
  - 권리능력 없는 사단·재단의 어음능력이 인정되는지에 대해서도 견해 대립
   ⓐ 긍정설 : 유통성 보호를 위해서   ⓑ 부정설(다수설) : 권리능력이 없다
  ② 효력성 : 유효
  ③ 책임
   ⓐ 권리능력 긍정하는 설 : 준총유, 신탁관계
   ⓑ 권리능력 부정하는 설 : 사원책임(다수설) vs 사단책임
  - 법인격 없는 조합 : 대표조합원이 대표자격을 표시하고 어음행위를 한 경우 어음행위로 유효(판례)
   ① 조합원공동책임설(통설)
   ② 조합 및 조합원 책임설
   ③ 대표자개인책임설

  ② 어음행위능력 : 스스로 유효한 어음행위를 할 수 있는 능력
  - 의사무능력자 : 당연무효(의사무능력자의 어음행위만이 무효이지 어음자체가 무효는 아님)
  - 행위무능력자(미성년자·한정치산자) : 법정대리인의 동의를 얻어 어음행위를 함
  - 존재시기 및 입증책임 : 행위 시에만 발행되고, 능력을 상실하여도 효력에는 영향이 없음.
   입증책임은 능력이 없음을 주장하는 자가 입증(통설)
  - 효과 : 법정대리인의 동의를 받지 않고 한 어음행위는 무능력자. 법정대리인이 취소(민140)

4.2.3.1. 어음행위

  ** 어음행위능력
  ① 효력 : 취소 가능(물적항변사유)
  ② 이익만을 얻거나 의무만을 면하는 행위가 가능한가
   ⓐ 긍정설 : 구체적 경우에 따라 결정해야(무담보배서의 경우 동의 불요)
   ⓑ 부정설 : 원인관계와 단절된 '무색적 성질'의 엄격한 채무이므로
  ③ 취소의 상대방
   ⓐ 한정설 : 직접 상대방에게 한정 ⓑ 중간당사자 포함설(통설)
  ④ 선의의 의미(제3자의 주관적 의사) : 선의 + 무중과실

(2) 어음행위의 목적이 가능하고, 적법하며, 사회적 타당성을 가지며, 확정할 수 있을 것
  - 어음은 이 요건에 해당 안됨. 사회적 타당성과 관련하여서는 원인관계가 문제될 수
   있는데 원인행위가 사회적 타당성이 없는 경우에는 인적항변사유, 원인행위가
   강행법규에 위반한 경우에는 물적항변사유 또는 인적항변사유가 됨

(3) 어음행위의 의사표시에 있어서 의사와 표시가 일치하고, 의사표시에 하자가 없을 것
  - 의사와 표시의 불일치가 있거나 하자있는 의사표시 : 어음행위에도 적용 (선의3자에 대항불가)
  - 비진의의사표시, 통정허위표시 : 무효 / 착오, 사기·강박 : 취소
  - 반사회적 행위 : 민법규정은 적용되지 않고, 이는 인적 항변사유로 되는데 불과
  - 취소 상대방은 직접의 상대방뿐만 아니라 현재의 어음소지인(제3자)도 포함(판례)

  ** 의사표시의 흠결 또는 하자
  (1) 취소의 상대방, 선의의 의미 : 미성년자와 동일
  (2) 인적 항변 : 특정인에 대해서만
  (3) 강박의 경우
   1) 절대적 강박 : 물적 항변
   2) 보통의 강박 : 인적 항변
   3) 원인관계에 대한 강박 : 항변 없음

4.2.3.1. 어음행위

3. 어음의 교부(어음이론)

1. 어음채무의 발생원인에 대한 학설

(1) 創造設(單獨行爲說) : 어음행위자가 불특정 다수인에 대하여 채무부담의 의사표시를 하는 것만으로 성립

(2) 交付契約說(계약설) : 어음채무는 어음의 작성과 교부계약에 의하여 성립함

(3) 절충설(發行說) : 어음채무는 어음의 작성과 기명날인자 또는 서명자의 의사에 기한 점유이전행위라는 단독행위에 의하여 성립

(4) 절충설(權利外觀說) : 어음채무는 원칙적으로 교부계약에 의하여 발생하지만 선의취득한 제3자에게 권리외관에 대한 책임을 짐

(5) 二段階說 : 작성(무인행위) + 교부(유인행위), 채무는 작성에 의해 성립함. 교부흠결의 경우에는 어음취득자는 이미 발생한 어음상의 권리를 예외적으로 취득

2. 判例

(1) 어음요건을 갖추어 유통시킬 의사로 기명날인하여 교부하는 단독행위이다

(2) 백지식배서를 하여 보관하던 어음을 무권리자가 제3자에게 교부한 경우
어음소지인이 그 어음을 선의취득 하는 한 발행인은 어음상 책임을 부담. → 발행설 + 권리외관설

4.2.3.1. 어음행위

4.2.3.1.4. 어음행위의 특성

1. 요식성
어음수표행위는 어음의 유통성 확보와 어음취득자의 보호, 즉 거래안전의 보호를 위해서 어음 내용을 정형화시켜, 사적자치의 원칙을 배제시킬 필요가 있음. 따라서 어음, 수표는 그 필요적 기재사항이 완전히 기재되지 않으면 성립하지 않음.

2. 문언성
어음수표의 효력은 기재된 문언에 따라 정해지고, 어음수표상의 기재 이외에 그 원인관계 등 실질관계에 의해 영향을 받지 않음. 이러한 성질은 어음행위의 무인성과 결합하여 강력한 유통성을 확보하는 수단이 됨.

★ 대리관계의 표시 흠결의 경우

1. A주식회사 甲   甲의 印

(1) 학설 : 본인의 어음상 책임 부정(어음의 문언증권성)
(2) 判例 : 본인의 책임을 인정한 경우와 불인정한 경우 있음

3. 무인성(추상성)

　어음과 수표는 무인증권이다. 즉 어음수표행위는 매매, 금전 소비대차와 같은 원인행위의 이행 수단으로 행하여 지는 것이 일반적이지만, 그러한 원인행위의 부존재, 무효, 취소 등에 의해 영향을 받지 않음.

　단, 어음수표행위의 직접당사자 사이에는 원인관계의 부존재, 무효, 취소 등을 인적항변으로 하여 어음수표의 이행을 거절할 수 있음.

　- 근거 : 각종 어음행위의 무조건성, 이득상환청구권

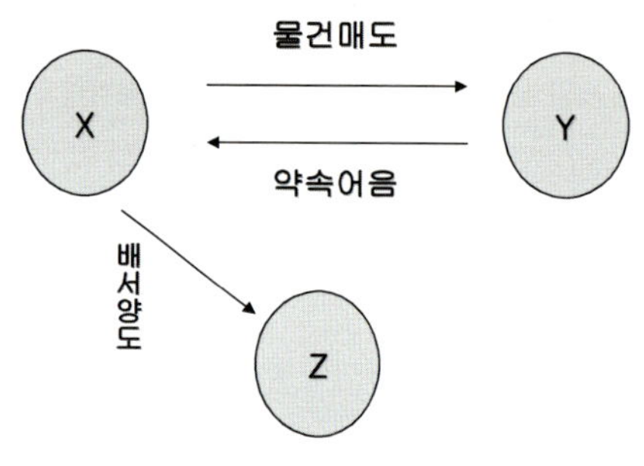

1. 매매 목적물의 하자로 Y는 계약해제하고 약속어음 반환 청구했으나 X는 어음의 무인성을 들어 Y에게 어음금을 청구 가능? → 지급거절(인적항변)

2. X가 반환하지 않고 Z에게 배서양도함. Z는 X-Y간의 매매계약해제 사실을 모를 때 Z는 Y에게 지급청구가 가능한가? → 청구가능(Y는 Z에게 X에 대해 갖는 인적항변으로 대항 X)

3. Z→X에게 배서 양도된 경우, X가 Z에게 채무변제를 하였으나 Z가 X에게 어음반환 안하고 있는 경우, Z가 Y에게 지급청구하는 경우 Y는 자기항변을 원용하지 못하고, X의 항변(후자의 항변)도 원용하지 못하므로 Z가 Y에게 지급하여야 할 것이나 이런 경우에는 권리남용의 법리로 지급을 거절 할 수 있음이고 해석됨

4. 독립성
(1) 의의
- 어음수표행위는 선행하는 행위가 형식의 흠결 이외에 실질적으로 무효라고 할지라도 후행행위는 이에 영향을 받지 않고 독립적으로 효력을 발생함.
- 무인성이 어음수표의 발행시 원인관계와 어음수표행위의 효력을 분리하는 것이라면, 독립성은 발행이후 이루어지는 어음행위에 대해서 각각의 영향력을 단절시켜 어음의 유통성을 확보하는 것임.
- 이론적 근거 : 당연법칙설 / 예외법칙설(다수설)
(2) 적용 안 되는 경우
- 발행 : 어음의 발행 시에는 독립성이 인정되지 않음. 발행은 기본적 어음행위로서 선행하는 어음행위가 없으므로, 선행행위를 전제로 한 독립성의 성립여지가 없다. 단지 무인 성이 인정될 뿐이다.
- 선행행위의 형식적 하자가 존재하는 경우, 발행행위 그 자체가 무효일 뿐만 아니라 부속적인 어음행위도 무효이다.
- 어음의 위,변조에 대해서도 독립성은 인정되지 않음.
- 어음채무의 소멸 : 어음의 주채무가 소멸한 경우에는 소구의무도 전부 소멸되고, 소구의무의 이행 시에는 그 후의 소구의무는 소멸되므로 이렇게 소멸되는 어음채무에 대하여는 어음행위독립의 원칙이 적용되지 않음. 단, 어음의 소멸시효가 지나 어음이 소멸한 경우에는 이득상환청구권 행사 가능
(3) 적용되는 경우
- 인수(환어음) : 인수인은 어음행위독립의 원칙에 의하여 발행의 실질적 무효에 영향을 받지 않고 어음채무를 부담
- 지급보증(수표) : 수표의 지급보증인은 발행의 실질적 무효에 영향을 받지 않고 수표채무를 부담
- 참가인수(환어음, 약속어음)
- 보증(환어음, 약속어음, 수표) : 피보증채무가 방식의 하자 이외의 사유로 무효가 된 때에는 보증채무의 효력에는 영향이 없음
- 배서(환어음,약속어음, 수표)

(4) 악의취득자에 대한 어음행위독립의 원칙의 적용여부

①어음행위자가 악의인 경우 : 선행하는 어음행위의 실질적 무효를 알고 있더라도 자기의 독립적인 어음채무부담의 의사표시를 한 것이므로 어음상의 책임을 부담

②어음취득자가 악의인 경우 : 긍정설(통설) - 예외법칙설, 당연법칙설 / 부정설(소수설)

 - 예외법칙설 : 어음행위독립의 원칙은 선의취득자 보호뿐만 아니라 신용을 보호하기 위한 것이므로 어음취득자의 선의·악의에 관계없이 어음행위의 효력을 인정함(통설)

 - 당연법칙설 : 어음행위는 각각의 어음상의 기재를 자기의 의사표시의 내용으로 하는 법률행위이므로 문언에 따라 책임을 부담하고 타인의 행위의 유효·무효에 영향을 받지 않는 것은 당연함. 어음취득자가 선행행위의 무효에 대하여 악의인 경우에도 이 원칙이 적용됨

 - 부정설 : 어음행위독립의 원칙은 어음의 반환의무를 지는 악의의 어음취득자에게는 적용되지 않음

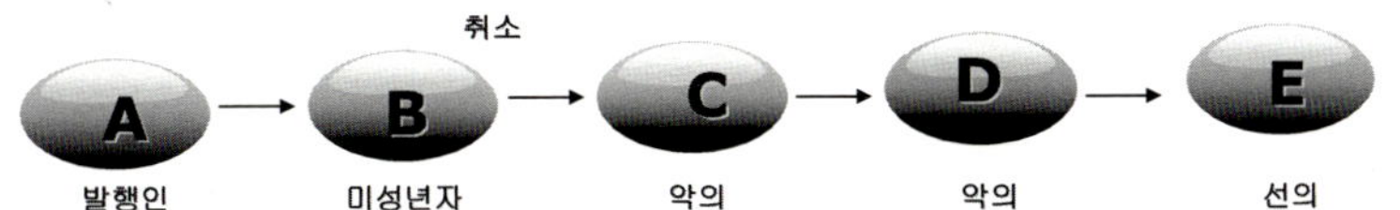

 -B : 취소, 물적항변사유(무능력의 항변) → 누구에 대해서도 어음채무 부담 X

 -C : 무권리자로서 배서양도 → 권리이전적 효력 X, 담보적 효력 O, 자격수여적 효력 O

 -D : 악의이므로 선의취득 X → 누구(C포함)에게나 권리주장 X

 -E : 선의이므로 선의취득, 누구에게나 권리주장 O

•C의 배서는 담보적 효력과 자격수여적 효력(후행자의 선의취득의 기초가 됨)과 관련하여서는 D나 E의 의사와는 관계없이 이미 어음상의 책임이 발생하는 것이고 D나 E는 선의유무에 따라 발생되어 있는 권리를 취득하느냐 못하느냐의 문제임

---

5. 협동성
　　어음채무자의 합동책임(어음법 제47조 1항, 수표법 제43조 1항). 어음행위의 이러한 협동성에서 각 당사자의 자격의 겸병(예컨대, 발행인과 지급인)이 인정되며, 민법의 혼동의 법리가 적용안됨

6. 설권성

4.2.3.1.4. 어음행위의 해석
　 - 어음수표행위의 해석은 법률행위의 해석에 관한 일반원칙을 따르지만 다른 원칙이 있음
　 - 외관해석의 원칙(=문언성) : 어음수표채무의 내용은 그 행위자 의사와 상관없이 어음수표상 기재된 내용에 의해서만 해석되어야 함.
　 - 유효해석의 원칙 : 어음수표행위에 다소 흠이 있더라도 신의칙에 입각하여 가급적 유효한 것으로 해석해야 함.

4.2.3.2. 어음행위의 대리

1. 의의 :
　　타인이 본인을 위하여 자기명의로 어음행위를 하는 것이며, 유효하게 성립하기 위해서는 형식적 요건으로서 대리방식을 갖추고, 실질적 요건으로서 대리권이 있어야 함.

2. 형식적 요건(대리의 방식)
　　① 본인의 표시(현명주의) :
　　－ 대리 시 반드시 본인을 명시. 본인의 명시가 없는 어음행위에 대해서는 대리인 자신이 어음행위자로서 책임을 진다.
　　－ 상대방이 대리인으로 한 것임을 알았거나 알 수 있었을 경우에도 어음행위의 문언성으로 인하여 본인게에 효력이 귀속되지 않음(민법 제115조 단서). 그러나 원인관계에는 적용되므로 대리인은 대리인으로서 한 것을 아는 상대방에 대해 인적항변을 주장하여 책임을 면할 수 있음 →상대방은 권리행사를 할 수 없는 결과가 됨
　　－ 비현명주의를 적용하고 있는 상법 제48조도 어음행위에는 그 문언성으로 인하여 적용되지 않음

　　② 대리관계의 표시(대리문구) :
　　－ 대리관계의 표시는 '대리'라는 문자를 사용하지 않더라고 본인을 위한 어음행위로 인식될 수 있을 정도의 기재이면됨.(ex : 지배인, 지점장, 후견인 등).
　　－ 법인인 경우에는 권한 있는 자에 의하여 어음행위가 행하여졌음을 나타내야 한다(ex : 대표이사, 대표사원, 이사장 등).

　　③ 대리인의 기명날인·서명 : 대리인이 자신의 기명날인 또는 서명을 하여야 함. 법인의 경우 대표기관의 날인이 없고, 사인을 사용하여 한 어음행위는 법인의 어음행위로 인정되지 않음.

4.2.3.2. 어음행위의 대리

3. 실질적 요건
① 대리권의 존재 : 대리행위가 본인에게 효력을 발생시키기 위하여서는 대리인이 대리권을 가져야 함. 발생원인에 따라 임의대리권, 법정대리권으로 구분.
　　ⓐ임의대리권 : 본인의 개별적인 대리권 수여행위에 의하여 발생. 범위도 본인의 수권행위에 의하여 결정되므로 어음행위의 대리권도 본인으로부터 수권이 있어야 함
　　ⓑ법정대리권 : 일정한 지위에 취임하면 법률의 규정에 의하여 포괄적 대리권이 인정
② 자기계약 및 쌍방대리의 제한(민 124)과 자기거래(상 398 및 199)가 어음행위에 적용여부
＊제398조 (이사와 회사간의 거래) 이사는 이사회의 승인이 있는 때에 한하여 자기 또는 제삼자의 계산으로 회사와 거래를 할 수 있음. 이 경우에는 민법 제124조의 규정을 적용하지 아니함.

　－ 긍정절과 부정설 대립(긍정설이 통설·판례)
　　－ 위반의 효력
　　㉠무효설 : 상법 제 398조를 강행규정으로 보고 이에 위반하는 행위 즉, 본인의 승인을 얻지 않고 한 어음·행위는 무효로 보는 견해(사후승인이 있으면 유효) → 물적항변사유
　　㉡유효설 : 상법 제 398조를 임의규정으로 보고 이를 위반하여도 행위의 효력에는 아무런 영향이 없음(회사의 이익보호는 이사의 손해배상책임과 악의의 항변의 원용에 의해 보호)
　　㉢상대적무효설(통설.판례) : 상법 398조 위반의 효력을 대내적으로는 무효, 대외적으로는 상대방인 제3자의 악의를 회사가 입증하지 못하는 한 유효하다고 보는 견해 → 인적항변사유

4.2.3.2. 어음행위의 대리

4. 무권대리
(1) 의의 : 대리권 없는 자가 대리의 형식을 취하여 어음행위를 하는 것
(2) 종류
    ① 협의의 무권대리 : 대리권이 없어 본인이 책임을 부담하지 않음
    ② 표현대리 : 대리권은 없지만 본인이 표현 책을 부담
    ③ 월권대리 : 본인이 대리인에게 수여된 대리권을 초월한 어음행위
(3) 무권대리인의 책임
    ㈎ 의의 : 무권대리인의 책임에 관한 민법 135조 1항은 상대방의 선택에 좇아 이행 또는 손해배상책임을 지우고
        있으나, 어음·수표법은 무권대리인에게 직접 어음상의 책임을 지우고 있음.
    ㈏ 성립요건 :
    ① 어음상에 대리인으로서 기명날인 또는 서명
    ② 대리인은 대리권도 없으며, 본인의 추인도 받을 수 없음
    ③ 대리행위 자체에는 하자가 없어야 됨
    ④ 상대방 또는 어음취득자가 선의(과실 있는 선의자 포함, 통설)이어야 함.
    ㈐ 책임의 내용
      – 무권대리인은 그가 대리권을 가졌으면 본인이 부담하였을 의무와 동일한 내용의 어음상의 책임을 부담함. 따
        라서 무권대리인이 약속어음을 발행한 경우에는 발행인으로서 주채무를 부담하고, 배서를 한 경우에는 어음
        소지인이 소구권보전절차를 취하는 것을 조건으로 소구의무를 부담함.
      – 본인이 주장할 수 있는 항변은 무권대리인도 주장할 수 있음이 원칙.
      – 그러나 어음행위 및 원인관계 이외의 상정으로 본인이 주장할 수 있었던 항변권은 이를 행사하지 못함(통설)

    ㈑ 무권대리인의 권리
      – 어음상의 채무를 이행한 때에는 본인과 동일한 권리를 가짐.
      – 이는 무권대리인이 배서를 하고 그 대가를 본인이 수령하였을 때 형편의 견지에서 법의 규정에 의하여 인정된
        권리.
    ㈒ 무권대리인과의 관계
      – 무권대리인이 약속어음을 발행하거나 환어음을 인수하고 어음채무를 이행한 경우처럼 본인이 어음상의 권리
        가 없어 아무런 손해를 입지 않은 경우에는 본인은 무권대리인에 대하여 어음반환을 청구하거나 손해배상을
        청구할 수 없음.
      – 그러나 무권대리인이 본인의 어음을 타인에게 배서하여 본인이 어음의 소지를 상실한 경우에는 후일 무권대
        리인이 어음상의 의무를 이행하여 어음을 소지하게 된 경우에는 어음의 반환을 청구할 수 있음이고 본다(다
        수 설)

(4) 협의의 무권대리
1) 의의
        대리권 없는 자가 대리행위를 한 경우 그 대리권이 있음이고 믿을만한 사유도 없는 경우 무권대리인은 어음상
        의 이행책임을 부담하며, 무권대리인이 어음금액을 지급한 때에는 본인과 동일한 권리를 가짐(어8조)
2) 성립요건
① 대리권 없고 추인도 없을 것
    * 대리권 흠결에 대해 누가 입증책임을 지는가에 대한 학설
    – 어음소지인입증 설(다수설) : 어차피 본인에게 행사하려고 할 것이므로
    – 무권대리인입증설 : 유통성 확보 위해 무권대리인이 입증책임 부담
② 대리인으로서 기명날인 또는 서명을 하고 어음행위의 성립요건을 모두 갖출 것
③ 상대방 또는 어음소지인은 선의·무과실 일 것 : 인적 항변 당하지 않기 위해서
    – 이 요건은 협의의 무권대리인과 그의 상대방 사이의 어음관계에서 발생하는 것이 아니라 원인관계 또는 인적항
      변의 관계에서 발생

4.2.3.2. 어음행위의 대리

3) 무권대리의 효과
① 본인의 책임
- 원칙 : 부정(물적 항변)
- 추인여부 : 가능
- 추인의 상대방 : 직접상대방 + 현재의 소지인
- 추인의 효과 :
    - 해제조건설 : 무권대리인의 책임은 어음행위시에 일단 발생하고 본인의 추인이 있게 되면 어음행위시까지 소급하게 되므로 추인을 해제조건으로 소멸함게 된다고 함
    - 정지조건설 : 무권대리인의 책임은 어음소지인의 신뢰가 배반당하였을 때인 추인이 거절되었을 때 부터 발생된다고 보는함
② 무권대리인의 책임
- 어음문언에 의한 책임(어음법 §8 1문) : 항상 어음상의 책임을 부담(민법상 협의의 무권대리가 성립하는 경우에는 상대방의 선택에 좇아 계약의 이행 또는 손해배상의 책임). 책임의 내용은 대리권이 있었더라면 본인이 부담하게 될 어음상의 책임과 동일
- 상대방이 알았거나 알 수 있었다면 : 인적 항변사유(민법 §135但). 본인이 어음관계 및 이의 원인관계 이외의 사유로 갖고 있는 항변사유 또는 본인이 무능력자 또는 가설인 등으로 어음상의 채무를 부담할 수 없다는 항변사유로써는 어음소지인게 대항 할 수 없음
- 어음상 채무 이행 후 : 본인과 동일한 권리를 취득. 이 때 취득하는 권리는 본인의 전자에 대한 어음상의 권리이지 본인에 대한 권리는 결코 아님

4.2.3.2. 어음행위의 대리

4) 본인의 반환청구권
① 어음상 권리를 취득하지 않았던 경우(무권대리인이 환어음을 인수하거나 약속어음을 발행하고 어음상의 채무를 이행한 경우 등) : 권리 X
② 어음상 권리를 취득하였던 경우(무권대리인의 배서 등)
- 第1설 : 대리권의 흠결이 선의취득에 의하여 치유될 수 없다고 보는 견해
    - 선의의 상대방에게도 어음의 반환청구 가능(제3자가 선의취득하기 전에)
    - 반환받으면 본인은 전의 가졌던 자기의 어음상의 권리가 회복되어 전자에 egokdu 어음상의 권리행사 가능
- 第2설 : 대리권의 흠결이 선의취득에 의하여 치유될 수 있음은 견해
    - 선의의 상대방은 선의 취득하였으므로 반환청구 불가
    - 무권대리인에 대한 손해배상청구(민법 §750)만 가능
    - 본인은 협의의 무권대리인의 상대방이 동 어음을 선의취득한 반사적 효과로서 어음상의 권리를 상실함

4.2.3.2. 어음행위의 대리

(5) 표현대리
1) 의의
- 어음의 무권대리에 있어서 본인은 어음상의 책임이 없는 것이 원칙. 그러나 마치 대리권이 있음이 고 믿을 만한 사정이 존재하고, 이러한 사정을 야기한 것이 본인에게 책임이 있음이고 인정되는 경우에는 민·상법상의 각종 표현대리 규정에 따라 본인이 제3자에게 어음상의 책임을 짐

(가) 민법상의 표현대리
① 대리권수여의 의사표시를 하였으나 사실은 수여하지 아니한 경우(민법125조)
② 대리인이 대리권의 범위를 넘은 어음행위를 대리한 경우(민법126조)
③ 전에 있었던 대리권이 소멸된 후에 어음행위를 대리한 경우(민법129조)
- 표현대리가 성립하면 본인은 어음상의 책임을 부담하게 되고, 표현대리인은 무권대리인으로서 어음법 제8조(수표법 11조)에 의하여 어음상의 책임을 지게 됨.
- 민법상의 표현대리가 성립하기 위해서는 상대방이 "선의·무과실"이어야 하나 어음행위의 경우에는 "선의·무중과실"을 요함
- 제3자의 범위에 대해서도 민법은 표현대리인의 직접 상대방을 기준으로 하나 어음법은 유통증권이라는 점에서 직접 상대방 뿐만 아니라 그 이후의 어음취득자를 포함(통설)

4.2.3.2. 어음행위의 대리

(나) 상법상의 표현대리
① 표현지배인이 어음행위를 한 경우.
② 표현대리이사가 어음행위를 한 경우.
③ 부실등기된 지배인·대표이사 등이 어음행위를 한 경우.
④ 권한이 내부적으로 제한된 재배인·대표이사·인적 회사의 대표사원등이 어음행위를 한 경우.

(2) 어음행위의 표현대리의 효과
1) 본인의 책임
　　본인은 민·상법의 규정에 의하여 당연히 어음상의 책임을 짐. 본인은 표현대리인에 대하여 기초적 내부관계에 있어서의 의무위반 또는 불법행위를 이유로 손해배상 청구 가능
2) 표현대리인의 책임
- 표현대리인은 무권대리인으로서 어음상의 책임을 짐. 즉 어음행위의 표현대리가 성립하는 경우 본인과 표현대리인의 어음상의 책임이 병존함 (민법은 표현대리에 의하여 본인의 책임이 확정되면 상대방의 보호는 충분하므로 다시 표현대리인에 대하여 책임을 물을 수 없음)
- 어음상의 책임이 병존하는 경우에 어음소지인은 누구에게 행사할 수 있는가에 대해 학설은 택일설과 중첩설로 나뉨
- 택일설(통설) : 본인 또는 표현대리인의 어느 일방에 대하여만 책임을 추궁할 수 있음.
- 중첩설 : 어음소지인은 양자에 대하여 동시에 중첩적으로 책임추궁 할 수 있음.

4.2.3.2. 어음행위의 대리

(6) 월권대리

1) 의의

- 월권대리를 규정하고 있는 어음법 제8조는 '권한을 초과한 대리인에 관하여도 또한 같다'라고 규정하고 있음.
- 일정한 범위의 대리권이 부여되지만 대리인이 그 범위를 넘은 어음·수표행위를 한 경우 본인과 대리인의 책임범위가 문제.
- 문제의 소재 : 본인이 표현책임(민법 §126)을 지게 되는 경우는 표현대리의 문제이나 월권대리는 월권부분에 대해 본인이 표현책임을 지지 않는 경우의 책임 문제임

2. 학설

(가) 본인무책임설 : 본인은 어음상 전혀 책임이 없고 어음금액 전액에 대해서 책임 을 이행한 월권대리인이 본인에게 구상할 수 있을 뿐이라는 견해.

(나) 책임분담설 : 본인은 대리권을 수여한 범위 내에서만, 월권대리인은 월권의 범위 내에서 책임을 진다는 견해.

(다) 책임병행설(통설) : 본인은 수권범위 내, 월권 대리인은 전액에 대하여 책임을 진다는 견해. 그러나 민법·상법상의 표현대리가 성립하는 경우에는 본인도 전액에 대하여 책임을 지는 경우가 있음.

4.2.3.2. 어음행위의 대리

(7) 어음행위의 대행

1) 의의
- 타인이 본인을 위하여 본인명의로 어음·수표행위를 하는 것.
- 대리와의 차이점 : 대행은 본인이 직접 기명날인한다는 점, 대리는 타인이 본인을 위하여 자기명의로 어음행위를 하는 것.

2) 법적 성질 : 기명날인은 사실행위이므로 대리 불가, 표시기관의 행위임

3) 종류 : 고유의 대행(표시기관으로서의 使者) / 대리적 대행(일정 범위의 대리권 있음)

4) 요건 : 본인의 기명날인 + 대행권
   ① 대행의 요건
   ㉠ 형식적 요건 : 대리인(대행자)이 직접 본인의 기명날인 하여야
   ㉡ 실질적 요건 : 대리인에게 대행권이 수여되어야
   ② 무권대행자의 책임 : 책임을 물을 수 없다는 견해와 어음법 제8조를 유추적용하여 어음상의 책임을 인정하자는 견해가 대립
   ③ 기명날인의 대행
   (가) 법적 성질 :
   - 대행자가 직접 타인의 명의로 어음·수표행위를 하는 기명날인의 대행의 법적 성질을 무엇으로 볼 것인가 하는 점이 문제됨.
   - 기명날인 자체를 '법률행위'로 볼 경우 그대행은 대리와 동일하게 되지만, 이를 '사실행위'로 볼 경우에는 사실행위의 대리가 인정되지 않기 때문에 대리가 성립하지 아니하고 단지 본인의 행위를 기계적으로 대행하는 것에 지나지 않음.
   - 통설은 대리가 아니라 일종의 표시기관에 의한 본인 자신의 기명날인 이라고 함
   - 판례는 "서명대리"라 하여 대리로써 설명하고 있음

4.2.3.2. 어음행위의 대리

(내) 유 형
ⓐ 대리적 대행 : 타인이 본인의 일정한 수권에 따라 보관하고 있는 도장을 사용하여 본인의 기명날인으로 어음행위를 하는 경우.
ⓑ 고유의 대행 : 타인이 본인의 의사결정과 지시에 따라 단순히 사실행위로서의 기명날인을 기계적으로 행하는 경우(경리직원이 대표이사의 지시에 따라서 어음행위를 대행하는 경우)

(대) 요 건
① 형식적 요건 :
- 대행기관의 표시 및 대행자의 기명날인이 없고, 직접 본인의 기명날인이 있으면 됨. 즉 실제로는 대행자가 어음행위를 하면서 자신의 이름은 표시하지 아니하고 본인의 이름과 도장을 찍는 것임
- 자연인이 법인 자체의 기명날인 (Y주식회사 Y주식회사의 인)을 하는 것은 대행도 아니며 대리도 아닌 것으로 그 기명날인은 무효임. 대표기관이 아닌 자가 대표기관의 기명날인을 대행하는 경우가 대행임(Y주식회사 대표이사 A A의인).

② 실질적 요건 :
- 대행자에게 직접 본인의 기명날인을 할 수 있는 대행권이 있어야 함.
- 고유의 대행의 경우는 그러한 행위를 하도록 지시를 받아야 하고, 대리적 대행의 경우는 수권범위 내의 행위이어야 함(유권대행)
- 그러나 이는 대리적 대행에는 타당하나 고유의 대행에 있어서는 대행자는 단순히 본인의 지시에 따라 기계적으로 기명날인하는 것이므로 대행권의 존재는 요구되지 아니함.
- 대행자가 지시받지 않은 행위를 본인명의로 하거나(고유의 대행의 경우), 수권범위 외의 행위를 본인명의로 하는 경우(대리적 대행의 경우)는 위조가 됨

4.2.3.2. 어음행위의 대리

5) 효과
① 유권대행의 경우 : 본인책임, 대리인 무책임(유권대리와 마찬가지)
② 무권대행의 경우 : 위조의 책임
- 대행자가 지시받지 않은 어음행위에 대하여 본인의 기명날인을 대행하거나(고유의 대행의 경우) 또는 수권범위 외의 어음행위에 대하여 본인의 기명날인을 대행한 경우(대리적 대행의 경우)에는 본인은 원칙적으로 어음상의 책임을 부담하지 않는데, 무권대행자에 대하여 위조의 기회를 준 경우에는 예외적으로 사용자배상책임의 법리에 의하여(고유의 대행의 경우) 또는 표현대리에 관한 규정을 유추적용하여(대리적 대행의 경우) 본인의 책임을 인정

(8) 명의대여에 의한 어음행위 : 타인명의를 자신을 나타내기 위해 표시한 경우
1) 명의대여자의 어음상의 책임
- 명의를 사용하여 영업할 것을 허락한 경우에는 상법 제24조 명의대여자의 책임을 부담(합동책임)
- 영업할 것을 허락한 것이 아닌 어음행위를 할 때에 자기명의를 사용하도록 허락한 경우 어음상의 책임의 근거에 대해 학설이 나뉨 → 상법 §24 적용설 vs §24 유추적용설(유력) vs 독자의 외관법리설 등
2) 명의차용자의 책임
- 명의차용자의 어음상의 책임에 대해서도 학설이 나뉨
  ① 거래상 관용될 때 책임설 : 어음면상 드러난 내용으로 판단해야 하므로
  ② 무조건 책임설 : 자기를 표시하기 위하여 어음행위를 하였으므로
  ③ 무책임설 : 문언증권성의 철저한 관철
- 자기를 표시하기 위하여 타인명의의 어음행위를 한 이상 어음상의 책임을 부담하는 것은 당연하다고 생각됨

4.2.3.3. 어음행위의 대행

4.2.3.3.1. 어음행위의 대행의 의의
- 어음행위의 대행이란 타인이 본인을 위하여 직접 본인명의로 어음행위를 하는 하는 것을 말함

4.2.3.3.2. 대행의 종류
(1) 고유의 대행
- 고유의 대행이란 대행자는 단순히 본인의 수족으로서 본인의 기명날인 또는 서명을 기계적으로 대행하는 경우를 말함.
- 예컨대, 사장이 비서에게 어음에 사장 이름이 새겨진 스탬프를 찍게하고 도장을 건네주면서 날인하라고 하는 경우
(2) 대리적 대행
- 대리적 대행이란 일정한 권한이 주어진 자가 자기의 의사결정에 의하여 본인의 명의로 어음행위를 하는 경우를 말함

4.2.3.3.3. 대행의 요건
(1) 형식적 요건
- 타인이 직접 본인명의로 기명날인 또는 서명을 하여야 함
(2) 실질적 요건
- 대행자에게 대행권이 있어야 함

4.2.3.3. 어음행위의 대행

4.2.3.3.4. 기명날인 또는 서명의 대행의 효과
(1) 유권대행의 경우
- 대행자가 지시받아서 하거나 또는 수권범위 내에서 본인의 기명날인 또는 서명을 대행한 경우에는 본인이 당연히 어음상의 책임을 부담함
(2) 무권대행의 경우
- 대행자가 지시받지 않은 어음행위에 대하여 본인의 기명날인 또는 서명을 대행하거나 또는 수권범위 외의 어음행위에 대하여 본인의 기명날인 또는 서명을 대행한 경우에는 위조가 됨.
- 이 경우 본인은 원칙적으로 어음상의 책임을 부담하지 않으나 예외적으로 사용자배상책임의 법리(민 756)에 의하여 또는 표현대리에 관한 규정을 유추 적용하여 본인의 책임을 인정함.

4.2.3.4 어음의 위조와 변조

4.2.3.4.1 어음의 위조

(1) 위조의 개념
- 어음의 위조란 권한 없는 자가 타인의 기명날인 또는 서명을 허위로 나타내어 어음·수표 행위를 함으로써 마치 그 타인이 어음·수표행위를 한 듯 한 외관을 만들어 내는 것을 말함.
- 위작의 방법에는 제한이 업음
- 위조는 어음행위가 아니라 사실행위이기 때문에, 위조자의 고의·과실을 요하지 않음(통설)
- 위조의 대상 : 제한이 없으므로 발행, 배서, 보증, 인수, 참가인수, 지급보증 등의 모든 어음행위가 위조의 대상이 됨.
- 타인의 기명날인 또는 서명을 권한 없이 변경한 경우에 이를 위조로 볼 것인가 변조로 볼 것인가에 대해 학설은 위조설(소수설), 위조·변조설(다수설)로 나뉨

(2) 위조·변조의 구별
- 위조는 어음행위의 주체의 기명날인 또는 서명을 허위로 기재하는 것이고 변조는 기명날인 또는 서명 이외의 어음의 내용을 허위로 하는 것임.
- 따라서 어음의 위조는 어음행위의 성립요건 중의 하나인 어음행위자의 기명날인 또는 서명을 허위로 기재하는 것이므로 어음행위의 성립의 하자에 관한 부분이나 변조는 이미 성립되어 있는 어음의 내용을 허위로 하는 것이라는 점에서 차이가 있음.
- 위조는 어음행위의 주체를 속이는 것이고, 변조는 어음행위의 내용을 속이는 것임. 따라서 피위조자라는 개념은 존재하나 피변조자라는 개념은 없음
- 무권대리와의 구별 : 위조는 그 형식이 대행방식이나, 무권대리는 대리방식임

---

(3) 위조의 효과
1)피위조자의 책임
①원칙 : 피위조자는 누구에 대하여도 어음상의 책임을 지지 않음. 즉 어음의 위조는 피위조자가 어음소지인의 선의 또는 악의를 불문하고 위조의 항변을 하여 청구를 배척할 수 있는 물적 항변(절대적 항변) 사유임(통설)

②예외(추인에 의한 책임, 피위조자의 귀책사유에 의한 책임) : 피위조자는 추인한 경우, 표현책임·사용자 배상책임(민 756) 등이 있는 경우와 같은 피위조자의 귀책사유에 의한 경우에는 어음상의 책임을 부담함(통설, 판례)
즉 어음이 위조된 경우에 피위조자는 민법상 표현대리에 관한 규정의 유추 적용될 수 있음은 등의 특별한 경우를 제외하고는 원칙적으로 어음상의 책임을 지지 않으나 피용자가 어음위조로 인한 불법행위에 관여한 경우에 그것이 사용자의 업무집행과 관련한 위법한 행위로 인하여 이루어졌으면 그 사용자는 민법 제756조에 의한 사용자 손해배상책임을 지는 경우가 있고 사용자가 지는 책임은 어음상의 책임이 아니라 민법상의 불법행위책임이므로 그 책임의 요건과 범위가 어음상의 그것과 일치하는 것이 아니다.

③신의성실의 책임 : 피위조자의 위조의 항변이 신의성실의 원칙(민2)에 반하는 경우에는 피위조자는 어음상의 책임을 져야 함

④법정추인에 의한 책임 :
- 피위조자는 원칙적으로 어음금을 지급할 의무가 없는데, 위조인 줄 알면서(악의) 지급한 경우에는 위조의 법정추인이 되어 그 지급이 유효하게 성립함
- 피위조자가 위조인줄 모르고(선의) 지급한 경우에는 원칙적으로 지급한 금액의 반환을 청구할 수 있음

商法要論

2) 위조자의 책임

i) 어음상의 책임
- 위조자가 민법·형법상의 책임을 지는 외에 어음상의 책임을 지는지 여부에 대하여 부정설(다수설)
  과 긍정설(소수설)로 나뉘어 있음
- 부정설은 위조자는 어음 면에 자기명의의 기명날인 또는 서명이 없으므로 어음의 문언성에 비추어
  위조자에게 어음상의 채무를 부담시킬 근거가 없고 제3자의 신뢰를 보호할 이유도 없다는 것을 그
  이유로 함.
- 긍정설은 무권대리인의 책임에 관한 규정을 준용하거나 위조자가 비록 타인명의로 기명날인 했지만
  어음채무부담의 의사가 있음이고 볼 수도 있기 때문에 긍정해야 한다고 함.

ii) 민법·형법상의 책임
- 위조자는 위조어음의 소지인에 대하여 민법상 불법행위에 의한 손해배상책임을 부담하고 형법상
  유가증권위조의 처벌을 받게 됨.

3) 위조어음 위에 기명날인 또는 서명한 자의 책임(어음행위 독립의 원칙)
  환어음에 어음채무를 부담할 능력이 없는 자의 기명날인 또는 서명, 위조의 기명날인 또는 서명, 가
  설인의 기명날인 또는 서명 또는 기타의 사유로 인하여 환어음의 기명날인 또는 서명자나 그 본인에
  게 의무를 부담하게 할 수 없는 기명날인 또는 서명이 있는 경우에도 다른 기명날인 또는 서명자의
  채무는 효력에 영향을 받지 아니함. 따라서 위조어음 위에 기명날인 또는 서명한 자는 어음소지인에
  게 어음채무를 부담함.

4) 위조어음의 지급인의 면책(피위조자에 대한 책임)
- 지급인이 위조어음을 지급한 경우에 그의 면책유무를 결정하는 근거법원에 대하여 어음법 제40조 3
  항에 근거하는 견해와 특별법규·면책약관 또는 상관습 등에 근거하여 지급인의 면책유무를 결정하
  여야 할 것으로 보는 견해로 나뉨
- 지급인이 면책약관 등에 의하여 면책이 되기 위한 주의의 정도에 관하여 경과실도 없어야 하며, 조
  사의무의 범위는 신고된 인장에 한하지 않고 어음금액 등을 포함함
- 결론적으로 지급인은 면책약관 등의 어떠한 표현에도 불구하고 선의·무과실의 지급이어야 면책됨

(4) 위조의 입증 책임
- 위조의 입증책임을 누가 질 것인가에 대해 학설은 <u>피위조자에게</u> 입증책임이 있음은 견해(소수설)와
  <u>어음소지인에게</u> 입증책임이 있음은 견해(다수설)로 나뉘어 있음
- 판례는 어음에 어음채무자로 기재되어 있는 사람이 자신의 기명날인이 위조된 것이라고 주장하는
  경우에는 그 사람에 대하여 어음 채무의 이행을 청구하는 어음의 소지인이 그 기명날인이 진정한 것
  임을 증명하지 않으면 안 된다고 판시하여 다수설과 같은 입장임

□ 어음·수표행위독립의 원칙

1. 의 의 :
동일한 어음상에 2개 이상의 어음행위 가운데 실질적으로 무효인 어음행위가 있어도 그밖의 어음행위의 효력에는 아무런 영향을 미치지 아니하고 각 행위는 독립하여 효력을 가지는 것

2. 근 거
(1) 법적 근거 : 어7조, 어32조 2항 등
(2) 이론적 근거
㉠ 특별규정설 : 법이 어음거래의 안전을 위하여 인정한 특별규정이라는 견해
㉡ 당연(주의적)규정설 : 어음법상의 당연한 사리를 규정한 주의적 규정에 불과

3. 적용범위
① 전제행위가 필요하지 아니한 경우 : 적용할 여지가 없음(예 : 발행)
② 전제행위의 방식에 하자가 있는 경우 : 적용되지 않음(용이하게 알 수 있으므로)
③ 어음채무가 소멸한 경우 : 일단 유효하게 성립한 어음채무가 변제, 소멸시효 등을 소멸했을 경우에는 적용되지 않음
④ 배서의 경우 : 긍정설(통설,판례)과 부정설의 대립
⑤ 악의의 어음취득자의 경우 : 긍정설(통설)과 부정설의 대립

4.2.3.4 어음의 위조와 변조

4.2.3.4.2 어음의 변조

(1) 변조의 의의
- 어음의 변조란 권한 없는 자가 기명날인 서명을 제외한 나머지 어음의 기재사항을 변경하는것을 말함. 즉 변조란 완성된 어음에 대하여 기재내용을 권한 없이 변경하는 것을 말함.
- 변조는 권한 없는 자가 어음상의 기재내용을 변경하는 것이고, 권한 있는 자가 그 기재내용을 변경하는 것은 변조가 아니라 단순히 변경이나, 이미 어음상에 다른 권리 또는 의무를 가진 자가 있는 경우에는 이러한 자의 동의를 받지 않고 자기의 기재내용을 변경하는 것은 변조임
- 변조는 원칙적으로 완성된 어음에 대하여 권한 없이 그 기재내용을 변경하는 것이나, 예외적으로 미완성어음인 백지어음 중의 유효한 기재사항을 변경한 것도 변조라고 봄(통설)
- 변조도 위조와 같이 어음행위가 아니고 사실행위이므로 변조자의 고의·과실을 요함지 않음(통설)

(2) 변조의 대상
- 변조의 대상은 모든 어음행위의 필요적 기재사항뿐만 아니라 임의적(유익적)기재사항도 포함되나, 어음상의 권리내용에 아무런 영향이 없는 사항인 무익적 기재사항은 그 대상이 아님.
- 유해적기재사항을 권한 없이 변경하는 것도 그러한 변경 전후에 일관하여 완전한 어음으로 존재하는 것이 아니므로 변조라 볼 수 없음

(3) 변조와 구별 개념
1) 위조와의 구별
2) 보충권의 남용과의 구별 : 변조의 대상은 어음상의 모든 기재사항이나 보충권의 남용의 대상은 백지부분에 한정되며, 변조는 물적항변사유이나 보충권의 남용은 인적항변사유임

4.2.3.4 어음의 위조와 변조

(4) 변조의 효과

1) 법 규정
- 환어음의 문언에 변조가 있는 경우에는 그 변조 후에 기명날인 또는 서명한자는 변조된 문언에 따라 책임을 지고 변조 전에 기명날인 또는 서명한 자는 원문언에 따라 책임을 진다(어 69, 77①)

2) 변조 전에 기명날인 또는 서명한 자의 책임
① 원칙
- 변조 전의 어음에 기명날인 또는 서명을 한 자는 원문언에 따라 어음상의 책임을 진다.
- 변조전의 기명날인자 또는 서명자가 이와 같이 변조후의 문언에 따라 책임을 지지 않고 변조전의 문언(원문언)에 따라 책임을 진다는 항변을 물적항변사유로서 누구에게나 대항 가능

② 예외
- 사전에 동의하거나 사후에 추인한 경우 변조 전의 기명날인 또는 서명자에게 변조에 대하여 표현대리책임·사용자배상책임 등의 귀책사유가 있는 때에는 변조 전의 기명날인 또는 서명자는 변조후의 문언에 따라 그 책임을 진다.
- 변조전의 기명날인자 또는 서명자에게 변조에 대하여 귀책사유(표현대리책임, 민법 제756조의 사용자배상책임, 신의성실의 책임 및 법정추인에 의한 책임포함)가 있는 때에는 변조전의 기명날인자 또는 서명자는 변조후의 문언에 따라 그 책임을 진다.
- 변조어음을 취득한 자가 변조에 대하여 악의 또는 중과실이 없어야 변조전의 기명날인자 또는 서명자는 변조 후의 문언에 따라 어음상의 책임을 짐

4.2.3.4 어음의 위조와 변조

3) 변조자의 책임
① 규정
- 변조자의 책임에 대해서는 규정이 없다
② 어음소지인이 변조하고 기명날인 또는 서명을 한 경우
- 어음소지인이 변조하고 기명날인 또는 서명을 한경우에 학설은 변조자는 변조 후의 어음에 기명날인 또는 서명을 한 자이므로 언제나 변조후의 어음문언에 따라 어음상의 책임을 져야 한다고 한다(통설).
③ 어음소지인이 변조만 하고 기명날인 또는 서명을 하지 않은 경우
- 어음소지인이 변조만 하고 기명날인 또는 서명을 하지 않은 경우(어음위조와 동일)에는 책임을 긍정하는 설(소수설)과 부인하는 설(다수설)로 나뉜다.

4) 민법·형법상의 책임
- 변조자는 변조로 인하여 제3자에게 손해를 발생시킨 경우 불법행위로 인한 손해배상책임(민법 750조)과 형법상 유가증권 변조죄(형법 214조)의 책임을 진다.

5) 변조 후에 기명날인 또는 서명한 자의 책임
- 변조 후의 어음에 기명날인 또는 서명한 자는 변조후의 문언에 따라서 어음상의 책임을 진다. 변조사실에 대해 선의·악의를 불문.
- 이는 어음의 문언 증권성으로 인하여 인정되는 것임

4.2.3.4 어음의 위조와 변조

6) 변조어음의 지급인의 책임
- 변조 전의 기명날인 또는 서명자와 지급인간의 계약으로 변조 전의 기명날인 또는 서명자의 계산으로 지급인이 변조어음을 지급한 경우에 지급인은 특별법규·면책약관·상관습 또는 민법상 채권 준점유자에 대한 변제에 근거하여 지급인에게 고의·과실이 없으면 지급인은 면책 된다고 할 것임
- 지급인에게 과실이 있으면 변조전의 기명날인자 또는 서명자는 지급인에 대하여 변조로 인하여 초과지급된 부분에 대하여 손해배상청구권을 갖는데, 한편 변조후의 금액을 지급받은 자에 대하여도 부당이득반환청구권을 갖는다(변조의 항변은 물적항변으로 어음소지인은 변조전의 기명날인자 또는 서명의 손실로 지급받을 수 없기 때문임)

(3) 변조의 입증책임
- 변조의 입증책임에 대하여 변조사실이 어음면상 명백한지 여부에 따라 학설은 나뉨
    - 식별이 불가능한 경우에는 책임을 면하려는 어음채무자가, 식별이 가능한 경우에는 어음소지인이 어음채무자가 기명날인 또는 서명을 변조 후에 하였다거나 변조에 동의하였다는 것을 입증하여야 한다는 설(통설)
    - 언제나 어음소지인에게 입증책임이 있음은 설(소수설)
- 판례는 변조의 사실이 어음면상 명백한 경우에 어음채무자에게 입증책임이 있음이고 판시한 것도 있고 또 어음소지인에게 입증책임이 있음이고 판시한 것도 있어 어느 견해를 취하고 있는지 명백하지 않음
- 판례는 명백하지 않는 경우에는 변조의 사실을 주장하는 자(어음채무자)가 입증책임을 부담한다고 판시하여 통설과 같은 입장을 취하고 있음

4.2.3.5. 백지어음

4.3.1.5.1 백지어음의 의의

(1) 백지어음의 개념
- 후일에 어음소지인으로 하여금 보충시킬의사로(고의) 어음요건의 일부 또는 전부를 기재하지 않고 백지로 하여 어음이 될 서면에 기명날인 또는 서명하여 유통시킨 어음을 말함.
- 소지인에게 (과실로) 보충권을 부여하지 않은 경우는 불완전 어음에 해당하고 이 경우 그 어음은 무효임
- 준백지어음은 유익적 기재사항을 백지로 한 어음이며, 불완전어음은 과실로 불완전하게 작성된 어음이므로 이들은 백지어음이 아니다.
- 백지어음과 관련한 어음법 제10조는 채무범위에 대한 항변제한규정이다.
- 백지어음은 보충에 의하여 완전한 어음상의 권리가 발생되므로 보충하기 전까지는 어음이라 할 수 없음. 따라서 백지어음인 채로 인수제시를 하거나 지급을 청구할 수 없음.
- 백지로 한 부분은 어음행위자의 기명날인 또는 서명 이외의 어떠한 사항도 무방

★ 어음법 제10조 : (백지어음) 미완성으로 발행한 환어음에 미리 한 합의와 다른 보충을 한 경우에는 그 위반으로써 소지인에게 대항하지 못함. 그러나 소지인이 악의 또는 중대한 과실로 인하여 환어음을 취득한 때에는 그러하지 아니하다.

(2) 백지어음의 법적 성질
- 백지어음의 성질에 대하여는 ① 어음의 일종으로 보는 견해(소수설)와 ② 어음이 아닌 특수한 유가증권으로 보는 견해(통설)가 있음. 따라서 통설에 의하면 백지어음이란 보충을 조건으로 하는 어음상 권리와 보충권이 화체된 특수한 유가증권이다.
- 백지어음이 완성어음과 동일한 방법에 의하여 유통되는 것은 완성어음에 관한 규정이 당연히 백지어음에 적용되는 것이 아니라 다만, 상관습법에 의하여 완성어음과 동일한 유통방법이 인정되기 때문임
- 백지어음이 표창하는 권리는 어음상의 권리가 아니라 기대권과 보충권임(통설)

4.2.3.5. 백지어음

4.3.1.5.2 요건
(1) 백지어음행위자의 기명날인 또는 서명의 존재
- 누구이든 어음행위자의 기명날인 또는 서명이 있어야 함. 적어도 1개의 기명날인이 필요
- 백지어음행위가 가능한 어음행위로는 발행, 인수, 배서 또는 보증 등이 있음. 어음법 제
  10조의 법문에서는 발행한이라고 되어 있으나 다른 실질적인 이유는 없는 것이라고 할 수
  있으므로 반드시 발행인의 기명날인 또는 서명이 있어야 되는 것은 아님(발행한=교부)
- 기명 없이 날인만 있는 경우에도 보충권이 있는 한 백지어음이 된다고 봄. 즉 그 어음에 대하여 책임
  을 질 자가 존재하는 경우에 백지어음이 있음이고 할 수 있는 것임.

(2) 어음요건의 전부 또는 일부의 흠결
1) 의의
- 어음요건(필요적 기재사항)의 전부 또는 일부의 흠결이라 함은 기명날인 또는 서명을 제외한 어음요
  건의 전부 또는 일부의 흠결을 말함.
2) 흠결된 필요적 기재사항의 대상
- 어음상 모든 필요적 기재사항이 그 대상이 됨. 백지어음이라고 하면 통상 금액백지를 의미하는 것이
  기는 하지만 어음법상의 백지어음은 금액백지에 한정되는 것이 아니다.
3) 만기의 흠결
- 만기의 기재가 흠결된 경우는 백지어음으로 보는 견해와 일람출급어음으로 보는 견해가 있음. 판례는
  백지어음으로 추정하고 있음.
- 다만 만기의 기재가 없으면 일람출급어음으로 볼 수 있는 경우로는 어음행위자가 만기에 대한 보충권
  수여의 의사가 없었음을 입증하거나, 어음취득자가 만기를 보충하지 않고 지급제시하는 경우이다.

4.2.3.5. 백지어음

(3) 백지보충권의 존재
- 어음요건을 장차 다른 사람으로 하여금 보충하여 완성시킬 의사가 있어야 함. 백지보충권의 존재에
  관하여 주관설, 객관설, 절충설, 권리외관론을 가미한 주관설(통설)로 나뉨.
- 주관설 : 기명날인 또는 서명자의 의사를 표준으로 하여 백지를 보충시킬 의사가 있으면 백지어음으
  로 보고, 그러한 의사가 없으면 요건흠결의 어음으로 보자는 견해
- 객관설 : 어음의 외관상 보충이 예정되어 있는 것으로 인정되면 백지어음으로 보자는 견해
- 절충설 : 보통의 경우 기명날인 또는 서명자에게 백지를 보충시킬 의사 OK→일단백지어음추정하고
  백지어음이 아니라고 하기 위해서는 기명날인 또는 서명자가 보충권 수여의사가 없었다는 사실을
  입증하여야 한다는 견해
- 권리외관 가미한 주관설(통설) : 보충권 유무의 파악기준은 기명날인자의 의사를 기준으로 판단하되
  즉 보충권 수여의 합의가 있어야 하지만, 보충권 수여의 합의가 없는 경우에도 백지어음으로 인정될
  수 있는 경우에는 선의취득자에게 불완전어음의 항변을 제기하지 못한다고 함(통설)

(4) 백지어음의 교부
- 백지어음도 어음행위이므로 어음행위의 성립요건으로 어음의 교부가 필요하다(요건이 아니라는 설
  도 있음). 백지어음의 점유가 행위자의 의사에 반하여 이탈한 경우에도 백지어음행위자는 선의취득
  자에게 어음상의 책임이 있음.

(5) 백지보충권의 발생
- 백지보충권이 언제 발생하느냐에 대하여 백지어음행위설(소수설)과 어음외계약설(통설)이 대립하
  고 있음
- 통설인 어음외계약설에 의하면, 보충권은 어음행위자와 그 상대방 사이에 어음관계 이외의 일반사
  법상의 계약에 의하여 상대방에게 수여함으로써 생기는 권리라 함

4.2.3.5. 백지어음

4.3.1.5.3. 백지보충권

(1) 의의 : 백지를 보충하여 어음을 완성시키는 권리를 보충권이라 함

(2) 보충권의 존속
- 백지어음 행위자의 사망, 무능력, 대리권의 흠결 등에 의하여 영향을 받지않고 존속(통설).
- 또한 백지보충권을 부여한 이상 백지어음을 회수하지 않고 보충권만을 철회하거나 제한X

(3) 보충권의 행사기간
1) 만기의 기재가 있고 다른 사항이 백지인 경우
    ㉠ 주채무자(약속어음의 발행인.환어음의 인수인)에 대한 관계에서는 만기로부터 3년
      내에 백지를 보충하고 지급의 제시를 하여야 함.
    ㉡ 기타의 상환의무자에 대한 관계에서는 지급거절증서 작성기간 내에 지급제시를 하여
      야 소구권을 상실하지 않음.

2) 만기가 백지인 경우(보충권 자체의 소멸시효와 관련)
- 백지어음을 교부한 때부터 20년설, 10년설, 5년설, 3년설(판례) 1년설로 나뉘어 있음.
- 20년설(통설) : 보충권은 형성권으로서 소유권도 채권도 아닌 재산권이므로 이의 시효기간과 동일함
- 10년설 : 보충권은 형성권이지만 특정인에 대한 권리로서 채권과 동일하므로 민사채권의 시효와 동일
- 5년설 : 일본의 학설
- 10년 또는 5년설
- 4년설 : (정찬형)
- 3년설 : 보충권의 행사에 의하여 발생하는 어음상의 권리와 같이 시효기간을 정함 (판례?)
- 1년설 : 일람출급어음의 제시기간에 준하여 보충권의 소멸시효기간을 정함

4.2.3.5. 백지어음

(4) 보충권의 남용
1) 부당보충된 경우 기명날인자의 책임
㉠ 기명날인자는 어음취득자가 선의이고 중대한 과실이 없으면 보충된 내용대로 권리취득,
   백지어음행위자는 어음소지인에게 부당보충의 항변을 주장 못함.
㉡ 취득자의 악의 또는 중대한 과실에 대한 입증책임은 어음상 청구를 받은 어음채무자가 짐

2) 보충전의 백지어음을 본래의 보충권의 범위보다 넓은 보충권이 있는 줄 믿고 취득한 자가
   스스로 보충하여 어음상의 권리를 행사한 경우에도 백지어음행위자는 어음법 제10조에
   의하여 부당보충의 항변을 주장할 수 있는가?
    - 학설 : 어음법 제10조 적용 긍정설 / 적용 부정설
    - 판례 : 기본적으로 적용긍정설의 입장이나 결과에서는 부정설과 동일.
     즉 기본적으로는 어음법 제10조를 적용하는 적용설의 입장을 취하면서,
     다른 한편으로는 동조의 단서를 적용하여 백지어음행위자에게 부당보충의 항변을
     허용하여 결과적으로는 부정설과 동일하게 판시

(5) 백지보충의 효과
- 백지어음의 소지인이 보충권을 행사한 경우에는 완전한 어음이 됨
- 효력발생시기 : 소급설 : 원래의 행위 시에 소급하여 효력발생
              불소급설 : 백지를 보충한 때부터 효력발생

第10條(白地어음) 未完成으로 發行한 換어음에 미리 한 合意와 다른 補充을 한 境遇에는 그 違反으로
써 所持人에게 對抗하지 못함. 그러나 所持人이 惡意 또는 重大한 過失로 因하여 換어음을 取得한 때
에는 그러하지 아니하다.

4.2.3.5. 백지어음

4.3.1.5.4. 백지어음의 효력

(1) 백지어음에 의한 권리의 행사
- 백지어음은 백지를 보충한 후에만 인정하므로 백지를 보충하기 전에는 어음상의 권리를 행사할 수 없음. 따라서 이러한 미완성어음으로 지급을 위한 제시를 하였다 하여도 적법한 지급제시가 될 수 없음.

(2) 백지어음에 의한 시효중단
- 원칙적으로 백지어음을 보충하지 않고 권리를 행사한 경우에는 시효중단의 효력이 없음.
- 그러나 시효중단 사유 중 청구와 승인의 경우 시효중단의 효력이 있는가에 관하여 이를 긍정하는 것이 다수설이다. 판례도 어음상의 권리.의무와 관계없는 어음요건 예컨대, 수취인란의 백지 등의 경우에는 시효중단의 효력이 인정된다고 함.

(3) 백지어음의 양도
- 백지어음의 양도는 완성어음의 양도방법으로 함. 즉 수취인의 기재가 있는 경우에는 배서나 교부에 의하여, 수취인이 백지인 경우에는 단순한 교부에 의하여 양도가능 하다.

(4) 백지어음과 항변의 단절
- 백지어음에 관하여도 인적항변의 제한 규정이 적용된다(통설, 판례)

(5) 백지어음의 제권판결
- 백지어음이 상실된 경우에 완전어음처럼 공시최고절차에 의한 제권판결 가능(통설)

4.2.3.5. 백지어음

(6) 백지어음의 선의취득
- 백지어음이 양도되는 결과로 선의취득도 인정됨. 다만 악의 중과실이 없어야 함.
- '악의로 어음을 취득한 때'→소지인이 백지어음이 부당보충되었다는 사실, 이를 취득 할 경우 어음채무자를 해하게 된다는 것을 알면서도 어음을 양수한 때.
- '중대한 과실로 인하여 어음을 취득한 때'→소지인이 조금만 주의를 기울였더라면 백지어음이 부당보충되었다는 사실을 알 수 있었음에도 불구하고 그와 같은 주의도 기울이지 아니하고 부당보충 된 어음을 양수한 때.
- 判例 : 어음금액이 백지로 된 백지어음을 취득한 자가 그 어음의 발행인에게 보충권의 내용에 관하여 직접 조회하지 않았다면 특별한 사정이 없는 한 취득자에게 중대한 과실이 있음이고 보고 있음)

(7) 백지어음과 이득상환청구권
- 백지어음은 백지를 보충하지 않으면 어음상의 권리가 발생하지 않으므로 원칙적으로 이득상환청구권이 인정되지 않음.

(8) 백지어음의 시효중단
- 통설은 시효중단을 위한 청구(재판상 청구이든 재판 외의 청구이든 불문)나 승인에는 어음을 제시할 필요가 없다고 함. 따라서 백지어음에 의한 청구나 승인에도 시효중단의 효력이 발생함.
- 원래 백지어음은 미완성의 어음이므로 백지어음으로 청구나 승인을 위해 제시할 수 없음. 만약 백지어음의 경우 이를 인정한다면 어음의 경우에는 시효중단을 위해 어음의 제시가 불요하다는 결론에 이른다.

4.2.3.6 어음상의 권리

4.2.3.6.1. 어음상의 권리의 의의

(1) 어음상의 권리의 개념
- 어음상의 권리라 함은 어음금의 지급을 목적으로 하는 권리(어음금지급청구권) 및 이에 갈음하는 권리(배서인에 대한 소구권, 보증인이나 참가인수인에 대한 권리 등)를 말함.
- 어음상의 권리는 어음행위에 의하여 발생하고 그 권리를 행사하기 위하여 어음증서의 소지만으로 충분하고 소유권(어음소유권설)까지 취득하여야 하는 것은 아니다(통설)

(2) 어음상의 권리·어음법상의 권리
- 어음상의 권리와 구별되는 개념에 어음법상의 권리가 있는데 어음법상의 권리란 어음관계의 원만한 진전을 위하여 보조적·부수적으로 어음법에서 인정된 권리이다.
- 따라서 어음금의 지급을 직접적인 목적으로 하는 어음상의 권리와 구별됨.
- 어음법상의 권리로는 어음의 악의취득자에 대한 어음반환청구권, 소구통지를 해태한 자에 대한 손해배상청구권, 복본 또는 원본 반환청구권, 이득상환청구권 등이 있음
- 어음법상의 권리는 어음행위에 의하여 발생하는 것이 아니라 어음법에 의하여 그 요건이 성립한 때에 발생하며, 그 권리의 이전은 어음의 양도방법(배서 또는 교부)에 의하는 것이 아니라 지명채권의 양도방법에 의하여, 그 권리의 행사에도 증권의 소지를 요하지 않음.

4.2.3.6 어음상의 권리

4.2.3.6.2 어음상의 권리의 변동

- 어음상의 권리는 발행·인수(환어음)·보증·지급보증(수표)에 의하여 발생되고 배서나 교부에 의하여 이전됨.
- 어음상의 권리 행사를 위해 지급제시를 하여야 하고 지급제시에 대해 지급을 하거나 지급을 거절하게 됨.
- 지급을 완료하면 권리가 소멸하게 되나 지급을 거절하게 되면 소구권이 발생하게 됨. 또한 어음상의 권리 행사과정에서 어음항변을 할 수 있는가 없는가 하는 문제가 있음.
- 어음상의 권리의 소멸은 일반 채권의 소멸처럼 변제 등에 의하여 소멸하고 어음시효에 의하여서도 소멸하게 됨.
- 어음상의 권리가 소멸하게 되면 어음상의 채무자가 어음채무를 면하게 되었는데도 불구하고 원인관계에서 비롯되는 대가를 보유하는 경우 이를 시정하기 위한 이득상환청구권의 문제가 있음.

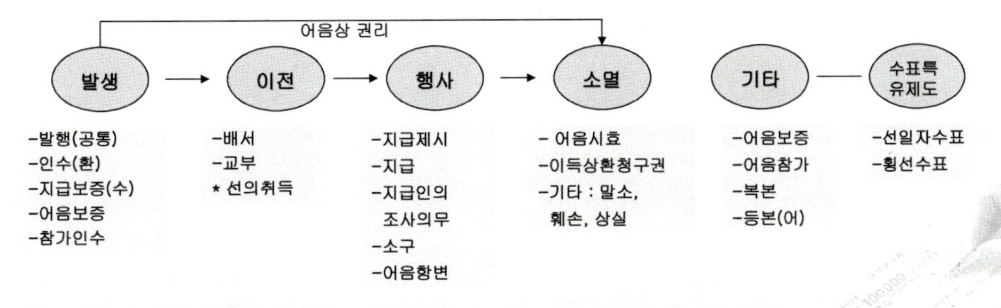

4.2.3.7 어음의 실질관계

4.2.3.7.1. 서설

- 어음 또는 수표가 발행되고 이전되는 데에는 당사자 간에 그러한 행위가 이루어지게 된 실질적인 이유가 존재함. 이와 같이 어음·수표 이면에 존재하는 실질적인 법률관계를 실질관계 또는 기본관계라고 함.
- 어음·수표 채권은 추상성을 가지므로 어음·수표 관계와 그 실질관계는 서로 분리된 것으로 다루어지고 따라서 실질관계에 대한 법적인 규율은 어음·수표법이 아닌 실질사법에 의하여 다루어짐.
- 그러나 어음·수표관계는 실질관계의 수단에 불과한 것이므로 양자는 밀접한 관계를 가지고 있음.
- 어음의 실질관계에는 어음수수의 직접 당사자 간의 원인관계(대가관계),발행인·지급인간의 자금관계(보상관계),어음관계의 준비단계인 어음예약이 있음.

4.2.3.7.2. 원인관계

(1) 의의
- 어음수수의 원인이 되는 법률관계를 원인관계(대가관계, 출연관계) 또는 기본관계라 함.
- 원인관계에는 매매, 채무의 변제, 신용제공 등이 있음. 그러나 예외적으로 거래의 원인 없이 타인에게 호의로써 어음을 발행·배서하는 융통어음은 대가관계가 없음.
- 어음할인의 경우는 원인관계가 어음자체의 매매를 목적으로 하여 이루어지는 것이므로 하자담보의 문제는 별론으로 하고 어음관계와 관련하여 특별히 문제 삼을 것이 없음

4.2.3.7 어음의 실질관계

(2) 어음관계와 원인관계의 분리(추상성)
- 어음·수표관계는 어음이나 수표의 유통성을 조장하기 위하여 원인관계로부터 분리됨.
- 따라서 어음의 유효·무효 또는 어음상의 권리의 발생유무는 원인관계의 존부나 유효·무효에 의하여 영향을 받지 않음.
- 판례도 어음행위는 무인행위로서 어음수수의 원인관계로부터 분리하여 다루어져야 하고 어음은 원인관계와 상관없이 일정한 어음상의 권리를 표창하는 증권이므로 어음이 일정한 조건하에서만 권리를 행사하기로 한 약정 하에 발행되었더라도 이와 같은 사정은 어음의 원인관계에 기한 인적 항변사유에 불과하고 어음상의 권리는 일단 유효하게 성립되었다고 보아야 할 것이어서 여기에 어음법 제 16조 제2항은 적용될 수 없다고 판시하고 있음.

(3) 어음관계와 원인관계의 관련
1) 원인관계가 어음관계에 미치는 영향
i) 인적 항변의 인정
- 원인채무가 소멸한 경우 어음수수의 당사자 간에는 어음채무자가 어음소지인에 대하여 원인채권에 기한 인적 항변을 주장할 수 있음
ii) 소구권의 인정
- 어음금의 지급이 없는 경우에 어음소지인은 배서인 등에 대하여 그 지급을 청구할 수 가 있는데 이러한 소구권도 원인채권에 의한 담보책임을 인정한 것임.
iii) 이득상환청구권의 인정
- 어음상의 권리가 단기소멸시효 또는 소구권 보전절차의 흠결에 의하여 소멸한 경우에 채무를 면하게 된 어음상의 채무자가 어음수수에 있어서 취득한 대가를 실질상 불공평을 제거하기 위하여 어음소지인에게 인정되는 권리임.

4.2.3.7 어음의 실질관계

2) 어음관계가 원인관계에 미치는 영향
- 당사자 사이에 원인관계에 기한 기존채무가 있고 기존채무의 변제목적으로 어음이 수수되는 경우 어음수수가 기존채무에 어떤 영향을 미치는가 하는 문제임.

i) 기존채무의 지급을 위하는 경우
- 기존채무의 지급을 위하여(당좌수표발행) 어음(수표)이 교부되는 경우에는 기존채무와 어음채무가 병존함.
- 행사의 순서는 당사자의 의사가 명백하지 않으면 원칙적으로 어음상의 권리를 먼저 행사하여야 한다(통설).
- 어음상의 권리행사에 의하여 만족을 얻지 못할 경우에는 원인채권을 행사할 수 있음. 따라서 인수제시나 지급제시를 하여 거절된 때에는 거절증서를 작성하거나 소를 제기할 필요 없이 기존채권을 행사할 수 있음

ii) 기존채무의 담보를 위한 경우
- 기존채무의 지급을 담보하기 위하여(약속어음의 발행) 어음이 수수되는 경우에는 기존채무와 어음채무가 병존함.
- 행사의 순서는 채권자가 임의의 하나를 선택하여 행사할 수 있음(통설).
- 채권자가 원인채권을 먼저 행사하는 경우에는 채무자는 채권자에 대하여 어음을 상환할 것을 요구할 수 있을 것임(통설, 판례).
- 원인채무의 이행을 확보하기 위하여 약속어음이 발행되고 채권자가 이를 제3자에게 배서양도하였다고 하더라도 동 어음채권이 시효소멸 하였으면 채권자는 어음과 상환하지 않고도 원인채권을 행사할 수 있음(판례).

4.2.3.7 어음의 실질관계

iii) 지급에 갈음하는 경우
- 기존채무의 지급에 갈음하여 어음이 수수되는 경우(은행의 자기앞수표나 은행의 지급보증이 있는 당좌수표)에는 지급에 갈음한 것이라고 봄.
- 이때에는 기존채무는 소멸하고 어음채무만이 존재함.
- 기존채무의 소멸원인에 대하여는 갱개(更改)설, 대물 변제설(통설), 당사자의 의사에 따라서 경개인가 대물변제인가가 결정된다는 설이 있음.
- 은행의 자기앞수표는 실제상 현금과 같이 통용되고 있고 그 밖에도 은행이 지급보증을 한 수표 또는 약속어음도 그 지급이 보장되어 있기 때문에 이들이 수수된 경우에는 특별한 사정이 없는 한 지급에 갈음하는 것으로 봄.
- 어음채권이 소구권보전절차의 흠결 또는 소멸시효로 소멸한 때에는 채권자는 원인채권을 행사할 수 없고 이득상환청구권만을 행사할 수 있음
- 원인채권을 위하여 존재한 담보권, 보증 등은 특약이 없는 한 그 효력을 잃음
- 어음관계에 의하여 원인관계의 채무 등이 인정되는 경우가 있음. 예를 들면 배서인이 민사상의 채무까지 보증하겠다는 뜻으로 배서한 경우 민사상 보증채무도 부담한다(판례).

4.2.3.7 어음의 실질관계

4.2.3.7.3. 자금관계

(1) 의의
- 자금관계란 환어음과 수표의 지급인이 환어음의 인수 또는 환어음과 수표의 지급을 하게 되는 관계임.
- 이러한 자금관계는 환어음과 수표의 지급인과 발행인 사이에 존재하는 실질관계로서 지급인이 없는 약속어음에는 이러한 자금관계가 없음.
- 일반적으로 자금관계는 발행인이 미리 지급인에게 자금을 제공하는 것이 일반적이지만 지급이이 먼저 지급하고 후에 발행인에게 보상을 청구할 수도 있는데 그것을 보상관계라고 함.
- 다만 수표의 경우에는 제시한 때에 발행인이 처분할 수 있는 자금이 있는 은행을 지급인으로 하고 발행인이 그 자금을 수표에 의하여 처분할 수 있는 명시 또는 묵시의 계약에 따라서만 이를 발행할 수 있음이고 규정함으로써 보상관계가 인정되지 않음. 그러나 이 규정에 위반하는 경우에도 수표로서의 효력에 영향을 미치지 아니함.

(2) 환어음의 자금관계
1) 어음관계와 자금관계의 분리
- 어음관계와 자금관계는 분리되므로 어음관계는 자금관계의 유무나 내용에 의하여 아무런 영향을 받지 않음.
2) 어음관계와 자금관계의 관련
- 어음관계와 자금관계는 분리되어 있는 것이 원칙이나 자금관계가 어음관계에 반영될 수도 있음. 예컨대, 환어음의 인수인은 주채무자로서 최종책임을 지지만 어음발행인에 대해서는 자금관계로 인한 인적 항변을 주장할 수 있는 것도 자금관계가 어음관계에 반영된 것임.
- 그 밖에도 발행인이 인수인에 대한 지급 청구권, 이득상환청구권 등이 있음.

4.2.3.7 어음의 실질관계

(3) 수표의 자금관계
- 수표관계와 자금관계도 (환)어음관계와 자금관계처럼 분리되므로 자금관계에 위반하여 발행된 수표도 완전히 유효하다. 뿐만 아니라 수표관계와 자금관계간의 관련성 예컨대, 인적항변 허용이 있으나 수표에는 인수제도가 없으므로 인수인의 지급인에 대한 지급청구권은 제외됨.

(4) 준자금관계
- 자금관계(발행인-지급인)와 유사한 실질적인 관계 즉 환어음의 인수인 또는 약속어음의 발행인과 지급담당자, 보증인과 피보증인, 참가인수인 또는 참가지급인과 피참가인 사이에도 자금관계와 비슷한 관계가 생기는데 이를 준자금 관계라 함.

4.2.3.7.4 어음예약

(1) 의의
- 어음은 원인관계에 의하여 발행되지만 어음행위를 하기 전에 당사자 간에 어음의 종류, 금액, 만기 등에 대해 미리 합의를 하는 경우의 계약을 어음예약이라고 함. 어음예약은 구두로도 할 수 있지만 서면으로 할 때 이를 가(假)어음이라 함.

(2) 효력
- 어음이나 수표행위는 어음예약에서 정한대로 하여야 하지만 비록 어음예약에서 정한 조건에 위반하여 발행된 어음이나 수표도 완전히 유효하고 그 위반에 대한 것은 당사자 간의 인적 항변사유가 될 뿐임.

4.2.3.8 은행업무와 어음

4.2.3.8.1. 총설
- 은행의 대고객 업무는 예금업무, 대출업무, 환업무, 수출입업무로 대별

4.2.3.8.2. 예금업무와 어음
(1) 보통예금
1) 입금
- 예금계약의 법적 성질은 일반적으로 소비임치로 보며, 예금계약은 예금자와 은행간의 합의만으로 성립하는 낙성계약임
- 예금자가 어음 등과 같은 증권으로 입금하는 경우 예금자의 예금채권의 발생시기
  ① 은행이 자점권 중 자점에서 발행한 자기앞수표로 입금받는 경우 : 입금 즉시
  ② 은행이 자점권 중 지점이 지급인 또는 지급장소로 되어 있는 그 밖의 어음의 입금을 받는 경우 : 예금잔액이 있는 것을 확인하고 입금절차를 취한 때
  ③ 은행이 타점권으로 입금받는 경우에는 추심위임설(추심완료시설)과 양도설(수입시설)로 나뉨
    - 추심위임설 : 타점권이 추심결제 되는 것을 조건으로 하는 정지조건부예금채권임
    - 양도설 : 후일 부도 되는 것을 해제조건으로 하는 해제조건부 예금채권임
2) 지급
- 자기앞수표로 지급하는 경우에는 은행이 기존채무의 지급에 갈음하여 자기앞수표를 교부하는 것으로서 기존채무의 본지에 따른 변제의 제공으로, 기존채무는 대물변제(민 466)의 법리에 의하여 소멸함(통설)

4.2.3.8 은행업무와 어음

(2) 당좌예금
1) 입금
- 보통의 예금과 동일
2) 지급
- 당좌예금의 지급은 어음의 실질관계인 자금관계에 의하여 지급하는 것임
- 당좌계정거래계약에는 당좌계정거래계약(사업자)과 가계당좌거래계약(개인), 우편(대체)수표 등이 있음

(3) 별단예금
1) 입금
- 별단예금은 일시적인 정리의 필요를 위하여 편의상 설치된 예금
- 자기앞수표의 발행의 법적 성질에 대하여는 크게 위임설과 매매설로 나뉨
2) 지급
- 자기앞수표를 발행한 은행은 발행인과 동시에 지급인의 지위를 겸함
- 자기앞수표는 은행이 소구의무 및 이득상환청구권을 부담하는 법률적인 면 이외에도 수표금액에 상당하는 현금이나 자금을 별단예금으로 확보하고 있어서 지급거절(부도) 될 염려가 거의 없으므로 피지급성이 확보되어 현금과 유사한 지급수단임
- 자기앞수표의 소지인이 동 수표를 분실·도난 당한 경우에 발행은행에 제출하는 사고신고의 의미에 대하여 학설은 일반수표의 지급위탁취소와 유사하다고 보는 적극설(소수설)과 그렇게 볼 수 없다는 소극설(다수설)로 나뉨

4.2.3.8 은행업무와 어음

4.2.3.8.3. 대출업무와 어음
- 은행의 대출의 법적 성질은 '금전소비대차계약'임
- 은행이 고객에 대하여 실제로 자금을 제공하는 여신(최협의)에는 어음대출, 증서대출, 당좌대월, 어음할인 등이 있음

(1) 어음대출
1) 의의 : 어음대출이란 대주(은행)가 대출을 하기 위하여 차주로부터 차용증서를 받는 대신에 또는 이것과 함께 대출채권을 확보하기 위하여 어음을 징구하고 하는 대출을 말함
2) 방법 : 차주는 은행을 수취인으로 하는 (대출용) 약속어음을 발행하여 은행에 교부하면 은행은 이자 상당액을 어음금액으로부터 차감한 금액을 차주에게 교부함
3) 어음개서 :
- 의의 : 어음개서라 함은 기존의 구어음을 새로운 어음으로 교환하는 것으로서, 보통 구어음의 지급을 연기하기 위하여 함. 어음개서에 의하여 기존채무가 소멸되는 것은 아님(학설, 판례)
- 어음개서의 법적 성질 : 갱개설 / 대물변제설
- 어음개서의 효력 : 어음개서를 한 이상 은행은 차주에 대해 어음상의 권리를 행사하지도 못하고, 원인채권에 대해서도 변제기가 도래하지 않는 이상 권리행사를 할 수 없음
4) 어음대출과 원인채권
- 어음대출에 있어서 약속어음이 발행되는 경우의 당사자의 의사는 다른 특별한 의사표시가 없는 한 기존채무(원인채무)의 '지급을 담보하기 위하여' 어음을 수수한 것으로 추정됨
- 은행은 어음채권과 소비대차에 기한 대출채권(원인채권)의 두 채권을 갖는데, 일방의 변제로 인하여 타방은 소멸하며, 은행은 두 채권 중 어느 하나를 임의로 선택하여 행사 가능

4.2.3.8 은행업무와 어음

(2) 어음할인
1) 의의 : 만기가 도래하지 않은 어음을 어음소지인(할인의뢰인)이 은행 등 금융업자(할인인)에게 양도하고, 은행 등이 만기까지의 이자 및 기타 비용(할인료)을 공제한 금액을 어음소지인에게 지급하는 거래
- 수표에는 만기가 없으므로 수표할인은 있을 수 없으나, 선일자수표 등의 할인은 소비대차로서의 성질을 가짐(학설, 판례)

2) 어음할인과 어음대출의 비교
- 법적 성질면에서 어음할인에 대하여는 매매설(통설)과 소비대차설(소수설)로 나뉘어 있으나 어음대출에 대해서는 소비대차로 봄
- 원인관계의 유무 : 없음 / 있음
- 어음의 작성시기
- 단명어음과 복명어음
- 상업어음과 융통어음
- 담보의 유무
- 할인료와 이자
- 채권회수방법에 있어서의 차이
- 이자제한법의 적용여부
- 지연손해금의 이율
- 이득상환청구권의 성립여부

3) 법적 성질
- 어음할인의 법적 성질에 대하여는 매매설(통설, 판례), 소비대차설, 병존설, 무명계약설이 있음

4.2.3.8 은행업무와 어음

4) 어음할인의 대상이 되는 어음
- 어음할인의 대상이 되는 어음은 크게 상업어음, 은행인수어음, 화환어음 등이 있음

5) 어음할인과 환매청구권

① 의의 : 환매청구권이라 함은 할인어음이 부도되거나 또는 부도될 우려가 있는 경우와 같이 할인어음의 신용이 악화된 경우에, 할인은행이 할인의뢰인에 대하여 할인어음의 환매를 청구할 수 있는 권리를 말함

② 환매청구권의 법적 성질 : 어음할인의 법적 성질과 관련되는데,
- 어음할인의 법적 성질을 소비대차라고 보면, 환매청구권은 '대금반환청구권'임
- 어음할인의 법적 성질을 매매로 보면, 환매청구권은 재매매임(다수설)

③ 환매청구권의 행사 :
- 할인어음의 환매를 재매매로 보면, ① 환매청구권이 당연히 발생하는 경우에는 그러한 사정의 발생에 의하여 당연히 '정지조건부재매매'가 성립하고, ② 할인은행의 청구에 의하여 환매청구권이 발생하는 경우에는 할인은행의 환매청구는 '재매매의 예약'에 기한 예약완결의 의사표시임
- 이러한 환매청구권은 어음법상의 권리가 아니라 당사자간의 '계약상의 권리'이므로 이를 행사함에 있어서 어음의 제시와 교부를 필요로 하지 아니함

4.2.3.8 은행업무와 어음

④ 효과
- 환매의 효과가 발생하는 경우 할인의뢰인은 할인은행에 대하여 일정한 금액의 지급채무(환매채무)를 부담하게 됨
- 환매청구권의 가장 큰 효과는 할인은행이 환매청구권의 발생에 의하여 할인의뢰인의 예금과 상계적상을 만들어, 할인의뢰인의 채권자 등이 동 예금에 대하여 강제집행 하는 것으로부터 할인은행의 채권을 확보하는데 있음

⑤ 소멸시효
- 환매청구권의 법적 성질을 어음 외의 권리인 채권의 재매매로 보면 채권의 소멸시효에 걸리는데, 환매청구권은 상인인 은행 등이 할인의뢰인과의 계약 또는 상관습에 의하여 취득한 것이므로 상사채권이라 볼 수 있음(5년)
- 환매청구권의 소멸시효와는 별도로 할인어음의 어음상의 권리는 어음법에 의한 별도의 시효기간이 진행됨(어 70, 77 ① 8호)

4.2.3.8 은행업무와 어음

4.2.3.8.4. 환업무와 어음
- 은행의 환업무란 직접 현금을 운반하지 않고 격지자간의 채권·채무 기타의 자금관계를 결제하는 업무임. 이러한 환의 수단으로 이용되는 대표적인 것이 어음·수표임

(1) 송금환
1) 의의
- 송금수표란 송금은행(취결은행)이 송금의뢰인으로부터 송금대금을 수납하고 자기의 본지점 또는 환거래은행(Corres Bank)을 지급인으로 하여 발행한 수표를 송금의뢰인에게 교부하고, 송금의뢰인은 동 수표를 송금수취인에게 송부하고, 송금수취인은 이를 지급인에게 제시하여 지급을 받으면 송금의 목적을 달성하게 되는 수표를 말함
2) 법률관계
- 송금수표의 법률관계는 송금의뢰인과 송금은행과의 관계, 송금은행과 지급은행과의 관계, 지급은행과 송금수취인과의 관계가 있음

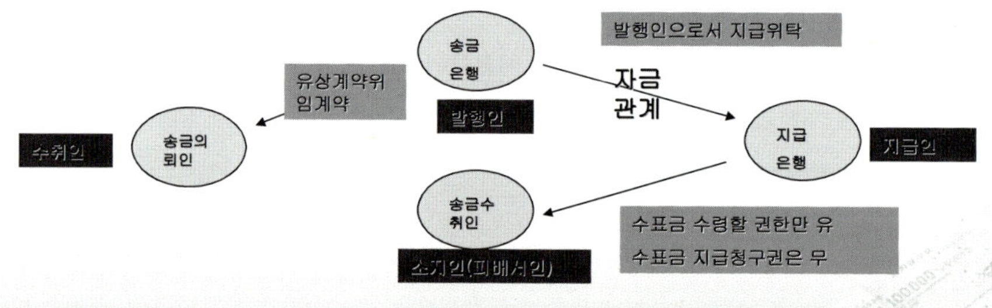

4.2.3.8 은행업무와 어음

(2) 대금추심
1) 의의
- 대금추심이란 은행이 고객·거래은행 또는 자기의 지점 등의 의뢰에 의하여 각종의 유가증권 등에 기한 금전채권의 지급을 청구하는 것을 말함
- 대금추심의 대상이 되는 유가증권 등은 은행이 지급인 또는 지급장소로 되어 있는 각종의 유가증권으로, 어음·수표, 예금증서, 우편환, 채권, 이표, 주식배당금증서 등이 있음
2) 대금추심의 법률관계
- 추심의뢰인과 추심은행의 법률관계는 '위임계약'과 '조건부예금계약'이 병존하는 것으로 봄
- 그러나 위임계약에 기한 엄격한 선관주의의무를 부담하는 것은 아님(판례)

4.2.3.8 은행업무와 어음

4.2.3.8.5. 수출입업무와 어음
- 은행의 수출입업무 중 어음과 관련되는 것으로는 수출업무에 있어서 화환어음의 할인과 수입업무
  에 있어서 상업신용장의 개설임

[1] 화환어음
(1) 화환어음의 의의
- 화환어음이란 격지자간의 매매에서 상품의 매도인이 매수인을 지급인으로 하여 발행한 어음이며, 운송중의 상품에
  대하여 발행된 운송증권(선하증권, 또는 화물상환증)에 의하여 그 지급 또는 인수가 담보되어 있는 환어음을 말
  함.
- 즉, 어음상의 권리가 운송중의 물품에 의하여 담보되어 있는 환어음을 의미하고, 이를 화부환어음, 화환어음 또는
  단순히 하환이라고도 함.

(2) 종류
- 장소에 따라 내국화환어음과 외국화환어음,
- 신용장의 개입여부에 따라 신용장 있는 화환어음과 신용장없는 화환어음,
- 대금결제방식에 따라 추심화환어음과 할인화환어음,
- 서류인도조건에 따라 지급인도화환어음(D/P, Documents against payment)과 인수인도화환어음(D/A,
  Documents against Acceptance)

(3) 화환어음의 기능·효능
- 화환어음은 격지자간의 매매거래에 있어서 대금회수에 관한 시간적·공간적 장애를 극복하기 위한 방법으로 이용
  됨. 즉, 매도인과 매수인사이에서는 어음금의 지급과 운송중의 상품의 인도를 동시이행의 관계에 있게 하고 매도
  인과 할인은행 사이에서는 소구권을 운송증권에 의하여 담보시키는 작용을 함.
- 이에 의하여 격지간 매매 특히, 국제간의 상품매매에 있어서 매도인은 신속히 자금을 이용할 수 있고, 동시에 매수
  인이 대금의 지급과 상환으로서만 상품을 취득할 수 있게 함으로써 대금불지급의 위험을 면할 수 있으며, 또 은
  행은 수수료를 취득하는 외에 신용제공의 수단을 찾을 수 있으므로 관계당사자의 여러 요구가 충족될 수 있음.

4.2.3.8 은행업무와 어음

☞ 화환어음의 단계

A地 甲 賣渡人(輸出商)					B地 乙 買受人(輸入商)			
⑦ 代金 支給 依賴	⑥ 推尋 支給 依賴	④ B/L L/C 통지	⑤ 商品	運送人	② L/C 開設 依賴	⑨ 貨換 어음 제시	⑩ 어음 지급 인수	① 선적 서류 교부
A地 丙 銀行				③L/C 開設 ⑧貨換어음推尋	B地 丁 銀行			

4.2.3.8 은행업무와 어음

① A지의 갑이 B지의 을에게 매매계약(수출입계약)에 의하여 을에게 보내는 상품의 운송을 운송인에게 위탁하고 선하증권을 받는다.

② 갑은 을을 지급인으로 환어음을 발행하여 여기에 선하증권을 첨부시켜 할인화환어음인 경우에는 갑은 매매대금의 지급기일 전이라도 을을 지급인으로 한 환어음을 A지의 병은행으로부터 어음을 할인 받고, 그 대가를 수령하면서 선하증권을 어음의 지급을 위한 담보로 병은행에 교부하거나, 추심화환어음인 경우에는 갑은 A지의 병은행에게 그 추심을 위임함.

③ 병은행은 수령한 환어음과 선하증권을 B지의 자기의 지점이나 거래은행인 정에게 송부하여 정의 제시에 따라 을이 어음을 지급 또는 인수를 하면 동시에 을에게 선하증권을 교부하고 이로써 을은 운송인에게 선하증권을 교부하여 상품을 수령할 수 있게 됨. 을이 지급한 금액은 갑(추심화환어음인 경우)에게 혹은 병이 갑에게 할인하여 준 금액의 회수를 위하여(할인화환어음인 경우) 충당됨.

④ 을이 지급거절(인수거절) 하는 경우에는 어음과 선하증권을 갑에게 반환하거나(추심화환어음) 병은 갑에게 소구권을 행사하든가 선하증권을 처분하여 할인대금을 회수하게 된다(할인화환어음).

4.2.3.8 은행업무와 어음

(4) 법적 성질

– 화환어음은 환어음과 똑같은 것으로서 특별한 종류의 어음이 아니므로 어음상에 화환어음이라는 특별한 명칭이나 표시가 기재되지 않음. 운송증권과 분리되면 순수한 환어음과 다를 바 없으며 화환어음이란 명칭은 그것이 이용되는 경제적 목적에 의하여 붙여진 것에 불과하다.
– 법적 성질에 관하여 매매설(통설, 판례), 소비대차설, 혼합설, 무명계약설 등이 있음.

(5) 화환어음의 법률관계

1) 매도인과 할인은행과의 관계
– 매도인과 할인은행 사이에 어음할인이 이루어지고 매도인은 어음의 배서인으로서 담보책임을 지므로, 매수인에 의하여 인수거절 또는 지급거절이 되면, 할인은행은 매도인에 대하여 상환청구를 할 수 있음. 이들 사이의 법률관계는 화환어음약정서(General Letter of Hypothecation) 기재사항에 의하여 결정됨.
– 할인은행은 환어음이 부도 될 경우를 대비하여 환매특약에 기한 환매청구권을 취득하여 어음상의 소구권을 행사하지 않고 환매권을 행사할 수도 있음

2) 매도인과 추심은행과의 관계
– 추심화환어음의 경우에는 매도인이 은행에 대하여 환어음의 추심을 의뢰하는 동시에 어음의 지급 (D/P의 경우) 또는 인수(D/A의 경우)와 상환으로 첨부된 운송증권을 지급인에게 교부할 것을 위임함.
– 이 양자 간에는 위임관계가 성립되며(민 680), 그들 사이의 관계는 대금추심의뢰서(Application for Collection of Bill)의 기재내용에 의하여 결정됨.

4.2.3.8 은행업무와 어음

3) 매도인과 매수인과의 관계
- 매매계약은 특약이 없는 한 매도인과 매수인은 동시이행관계에 있게 됨. 그런데 매매대금을 화환어음으로 결제할 경우 매수인은 지급 또는 인수 등 선이행을 하게 되는 결과가 되어 불리하므로 화환어음으로 결제하려면 당사자 사이에 특약이나 상관습이 있어야 할 것임.

4) 할인은행과 추심은행과의 관계
- 할인은행은 추심의뢰서(Covering Letter)에 환어음과 운송증권을 첨부하여 수입지에 있는 추심은행에 송부함. 이 경우 추심은행이 할인은행의 본지점인 때에는 화환어음의 추심의뢰는 동일법인의 내부의 사무처리에 지나지 않지만, 양자가 별개의 은행인 때에는 추심의뢰에 따라 양자간에는 위임관계가 성립함.

5) 추심은행과 매수인과의 관계
- 추심은행과 매수인 사이에는 원래 아무런 계약관계도 없으나, 추심은행은 매도인과의 위임계약(추심은행이 할인은행의 본지점인 경우)에 따라서 또는 추심은행과의 복임관계에 따라서(양자가 별개 은행인 경우), 매도인의 이행 보조자로서 매수인에게 운송증권을 교부하고 이와 상환으로 환어음의 지급 또는 인수를 받게 됨.
- 매수인이 추심은행에 어음금을 지급하면 매도인에 대한 매매대금채무는 이행된 것으로 보고, 동시에 매도인의 할인은행에 대한 어음상의 상환채무 및 소비대차상의 차용금채무도 소멸하고, 할인은행의 담보권도 소멸하게 됨. 단, 인수인도(D/A)의 경우에는 할인은행의 담보권은 어음의 지급이 아니라 어음의 인수와 상환으로 매수인이 운송증권을 취득한 때에 소멸함.

4.2.3.8 은행업무와 어음

[2] 상업신용장

(1) 신용장의 의의
신용장이란 국제간의 무역거래에 있어서 대금결제의 원활함을 기하기 위하여 수입업자(신용장개설의뢰인)의 요청과 지시에 따라 신용장개설은행이 신용장의 제조건과 일치하는 서류와 상환으로(조건부) 수입업자를 대신하여 수출업자(수익자), 어음매입은행 및 선의의 어음소지인에게 어음의 지급 또는 인수를 보증하는(지급확약) 서장(書狀)이다.

(2) 신용장의 특성
1) 신용장거래의 독립 · 추상성
- 독립성 : 신용장에 의한 거래는 기본계약과는 별개의 독립된 거래로서 기본계약에 의하여 구속을 받지 않음
- 추상성 : 신용장에 의한 거래는 상품거래를 하는 것이 아니고 서류상의 거래임

2) 엄격일치의 원칙
- 서류상의 거래이므로 은행은 제출된 모든 서류가 문면상 신용장 조건과 일치하는지 여부를 엄격히 심사함. 그러나 자구하나도 틀리지 않고 완전히 일치하여야 한다는 뜻은 아니며 문면상 경미한 차이가 있는 경우에도 신용장 조건 일치하는 것으로 볼 수 있음(판례)

(3) 종류
1) 상업신용장 · 여행자신용장
2) 화환신용장 · 무화환신용장

4.2.3.8 은행업무와 어음

3) 취소불능신용장 · 취소가능신용장
- 취소불능신용장은 개설은행이 수익자와 신용장에 의거하여 체결된 어음 및 운송서류의 선의의 소지자에 대하여 신용장에 의거하여 발행된 어음 및 운송서류가 신용장조건에 일치하는 한, 신용장에 명시된 지급 · 인수 또는 매입을 틀림없이 이행하겠다는 법적 구속력이 있는 개설은행의 확약이다.
- 취소가능신용장은 개설은행과 수익자와의 사이에 법률적으로 구속력이 있는 약정은 아니다. 따라서 신용장개설은행이 수익자에게 사전에 아무런 통지 없이 언제나 일방적으로 신용장을 취소하거나 그 조건을 변경할 수 있음.
4) 원신용장 · 내국신용장
- 국내의 수출상이 외국의 수입상으로부터 받은 제1의 신용장
- 수출상이 원신용장을 거래은행에 담보로 제출하고 원자재공급자나 제품공급자를 수익자로 하여 동 은행으로부터 발행받는 제2의 신용장
5) 확인신용장 · 무확인신용장
- 신용장 개설은행 이외에 국제적으로 신용있는 다른 은행이 2중으로 지급을 약속한 신용장
6) 제한신용장 · 일반신용장
- 매입은행의 제한여부
7) 양도가능신용장
8) 보증신용장

(4) 신용장의 경제적 기능
- 담보기능 : 개설은행이 매도인에 대하여 매매대금의 지급을 담보하는 기능
- 신용기능 · 지급기능 : 화환신용장은 매도인으로 하여금 쉽게 은행으로부터 화환어음을 할인 받아 매매대금을 지급받은 것과 동일한 효과를 거두는 기능

4.2.3.8 은행업무와 어음

(5) 신용장의 법적 성질
- 특수한 법률관계로 보는 견해
- 독자적인 법조직으로 보는 견해
- 지급약속증서로 보는 견해
- 매수인과 개설은행은 위임관계이며, 개설은행과 매도인은 지급약속관계로 보는 견해

(6) 신용장 거래당사자간의 법률관계
- 신용장 거래의 당사자중 기본당사자에는 개설은행(issuing bank), 확인은행(confirming bank), 수익자(beneficiary)가 있고, 기타 당사자로는 신용장개설의뢰인(applicant for the credit), 통지은행(advising bank, notifying bank, transmitting bank), 매입은행(negotiating bank), 지급은행(Paying bank), 인수은행(accepting bank), 결제은행/상환은행(settling bank/reimbursing bank) 등이 있음.
- 신용장의 결제통화가 수입국이나 수출국의 통화가 아닌 제3국의 통화일 경우는 제3국에 소재하는 개설은행의 예치환거래은행(depositary bank)이 신용장조건에 의해서 대금을 결제하게 되는데 이 은행을 결제은행이라 함.

(7) 신용장당사자간의 법률관계
- 신용장거래에 있어서는 매도인, 매수인, 은행의 3당사자가 있기 때문에 신용장거래의 법률관계는 3가지로 형성됨. 첫째는 매도인과 매수인 사이에 매매계약관계가 성립하고, 둘째는 매수인과 신용장 발행은행 사이의 자금관계, 셋째로는 신용장 발행은행의 매수인에 대한 신용장의 발행의무이다.

4.2.3.8 은행업무와 어음

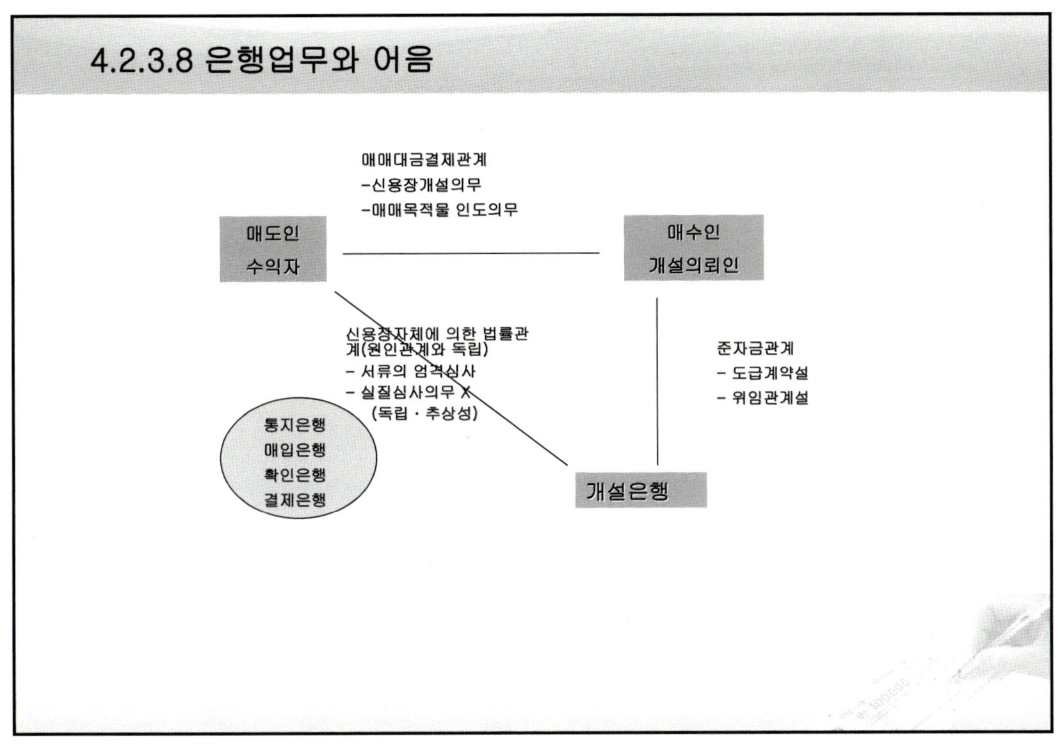

4.2.3.8 은행업무와 어음

4.2.3.8.6. 어음교환

(1) 총설

- 각 은행의 개별적인 추심에 따른 불편과 불리한 점을 제거하기 위하여 발생한 것이 어음교환제도이고 이를 위한 장소 또는 시설을 어음교환소라 함

(2) 어음교환의 의의

- 어음교환이란 일정한 지역 내에 있는 다수의 은행 또는 금융기관이 상호 추심해야 할 어음·수표 등의 증권(교환증권)을 일정한 자송에 지참하여 제시·교환하고, 그 교환차액만을 수수하여 다수 증권의 추심 및 지급을 일시에 해결하는 집단적 결제제도

(3) 어음교환의 법적 성질

- 상계설, 상호계산설, 대체결제설, 특수결제방법설(통설)

(4) 어음교환절차

1) 참가은행(주체)

2) 교환증권(대상)

3) 교환절차

- 어음교환의 절차는 제시은행의 처리절차, 어음교환소의 처리절차, 지급은행의 처리절차, 교환차액의 결산절차, 대리교환절차로 나뉘어짐

4.2.3.8 은행업무와 어음

(5) 어음교환의 효력

1) 효력발생시기 : 교환어음의 차액이 한국은행에 있는 참가은행 당좌예금계정에서 결제된 때

2) 부도어음이 발생한 경우

- 부도어음은 다시 어음교환에 회부되지 않고 참가은행간에 개별적으로 부도어음을 반환하고 부도어음대전을 지급받는다. 따라서 부도어음이 발생한 경우에도 전체로서 어음교환의 효력은 여전히 발생하고, 다만 해당어음에 한하여 지급의 효력이 발생하지 않을 뿐임

(6) 어음교환과 어음법과의 관계

1) 어음교환과 지급제시

- 어음교환소에서의 어음제시는 지급제시의 효력이 있음(어 38, 83,77, 수 31, 69)

2) 어음교환소의 부도선언

- 수표의 경우 적법한 시기에 수표를 제시하였으나 지급이 없었던 뜻을 증명하고 일자를 부기한 어음교환소의 선언은 지급거절증서와 같은 효력이 있음(수 39조 3호)

3) 어음교환과 기한후배서

- 어음상에 교환인이 찍히거나 부도사유가 부기된 어음상에 한 배서가 반드시 기한후배서가 되는 것은 아님

4.2.3.8 은행업무와 어음

(7) 어음의 부도와 제재

1) 총설

- 부도란 광의로는 어음소지인이 적법한 지급제시를 하였으나 지급이 거절된 경우를 의미하고, 협의로는 어음교환을 통하여 지급제시를 하였으나 지급은행이 지급에 응하지 못한 경우만을 의미

2) 부도

① 부도사유

- 예금부족 또는 지급자금의 부족 / 무거래 / 형식불비 / 안내서미착 / 사고신고접수 / 위조·변조 / 제시기간경과 또는 미도래 / 인감·서명 상이 / 지급지 상위 / 법적으로 가해진 지급제한 / 가계수표 장당 최고발행한도 초과

② 부도어음의 반환

③ 부도어음대전의 지급

④ 부도신고

⑤ 사고신고담보금

⑥ 부도어음의 재교환

4.2.3.8 은행업무와 어음

3) 제재(거래정지처분)

① 거래정지처분사유

② 거래정지처분의 효력

- 참가은행은 거래정지 처분을 받은 자와 즉시 당좌거래를 해지하고 미사용 수표장과 어음장 전부를 회수해야 함

- 모든 참가은행은 거래정지 처분을 받은 자와는 그 거래정지일로부터 만 2년간 당좌예금 및 가계종합 예금거래를 불허함

③ 거래정지처분의 취소·해제

제4편 어음·수표법

4.3. 어음 · 수표법 각론

4.3.1. 어음상 권리의 의의
4.3.2. 어음상 권리의 발생
4.3.3. 어음상 권리의 이전
4.3.4. 어음상 권리의 행사
4.3.5. 어음상 권리의 소멸
4.3.6. 기타 제도
4.3.7. 수표에 특유한 제도

4.3.1 어음상의 권리의 의의

4.3.1.1. 어음상의 권리의 의의

4.3.1.1.1. 어음상의 권리의 개념
- 어음상의 권리라 함은 어음금의 지급을 목적으로 하는 권리(어음금지급청구권) 및 이에 갈음하는 권리(배서인에 대한 소구권, 보증인이나 참가인수인에 대한 권리 등)를 말함.
- 어음상의 권리는 어음행위에 의하여 발생하고 그 권리를 행사하기 위하여 어음증서의 소지만으로 충분하고 소유권(어음소유권설)까지 취득하여야 하는 것은 아니다(통설)

4.3.1.1.2. 어음상의 권리·어음법상의 권리
- 어음상의 권리와 구별되는 개념에 어음법상의 권리가 있는데 어음법상의 권리란 어음관계의 원만한 진전을 위하여 보조적·부수적으로 어음법에서 인정된 권리임.
- 따라서 어음금의 지급을 직접적인 목적으로 하는 어음상의 권리와 구별됨.
- 어음법상의 권리로는 어음의 악의취득자에 대한 어음반환청구권, 소구통지를 해태한자에 대한 손해배상청구권, 복본 또는 원본 반환청구권, 이득상환청구권 등이 있다
- 어음법상의 권리는 어음행위에 의하여 발생하는 것이 아니라 어음법에 의하여 그 요건이 성립한 때에 발생하며, 그 권리의 이전은 어음의 양도방법(배서 또는 교부)에 의하는 것이 아니라 지명채권의 양도방법에 의하여, 그 권리의 행사에도 증권의 소지를 요하지 않음.

4.3.1 어음상의 권리의 의의

4.3.1.1.3. 어음상의 권리의 변동

- 어음상의 권리는 발행·인수(환어음)·보증·지급보증(수표)에 의하여 발생되고 배서나 교부에 의하여 이전됨.
- 어음상의 권리 행사를 위해 지급제시를 하여야 하고 지급제시에 대해 지급을 하거나 지급을 거절하게 됨.
- 지급을 완료하면 권리가 소멸하게 되나 지급을 거절하게 되면 소구권이 발생하게 됨. 또한 어음상의 권리 행사과정에서 어음항변을 할 수 있는가 없는가 하는 문제가 있음.
- 어음상의 권리의 소멸은 일반 채권의 소멸처럼 변제 등에 의하여 소멸하고 어음시효에 의하여서도 소멸하게 됨.
- 어음상의 권리가 소멸하게 되면 어음상의 채무자가 어음채무를 면하게 되었는데도 불구하고 원인관계에서 비롯되는 대가를 보유하는 경우 이를 시정하기 위한 이득상환청구권의 문제가 있음.

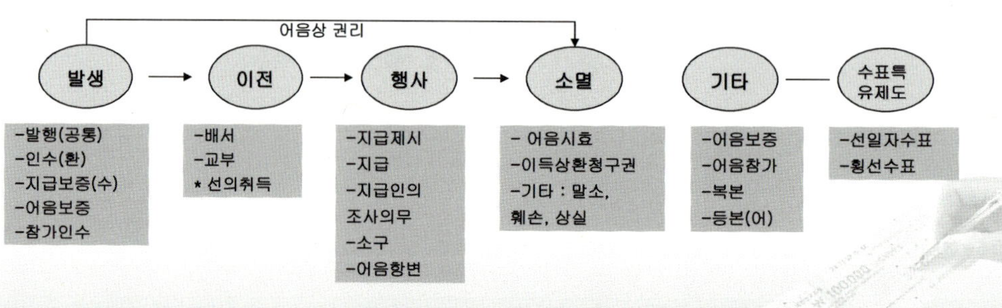

제4편 어음·수표법

4.3. 어음 · 수표법 각론

4.3.2. 어음상 권리의 의의
4.3.2. 어음상 권리의 발생
4.3.3. 어음상 권리의 이전
4.3.4. 어음상 권리의 행사
4.3.5. 어음상 권리의 소멸
4.3.6. 기타 제도
4.3.7. 수표에 특유한 제도

4.3.2. 어음상 권리의 발생

4.3.2.1. 어음의 발행

4.3.2.1.1. 어음의 발행의 의의

- 어음의 발행인란 어음의 법정요건, 즉 필요적기재사항을 기재하고 발행인이 기명날인 또는 서명을 한 유가증권을 작성하여 이를 수취인에게교부하는 것
- 어음의 발행은 어음을 창조하는 어음행위이므로 기본적 어음행위임.

4.3.2.1.2. 어음발행의 법적 성질
(1)환어음
- 환어음의 발행은 발행인이 지급인에 대하여 지급인의 명의와 발행인의 계산으로 어음금액을 지급할 수 있는 권한을 주고, 수취인에게는 수취인 자신의 명의와 발행인의 계산으로 어음금액을 수령할 수 있는 권한을 주는 이중수권의 의사표시임(지급지시설 : 독일의 통설, 우리 나라의 다수설)
(2) 약속어음
- 약속어음에는 발행인이 일정한 금액을 지급할 뜻의 무조건의 '약속'이 있어야 하므로, 약속어음의 발행의 법적 성질은 발행인이 어음의 만기에 (수취인 또는 어음소지인에게) 어음금액의 지급의무를 부담하는 지급약속의 의사표시임
(3) 수표
- 수표도 환어음처럼 발행인이 지급인에게 일정한 금액을 지급할 뜻의 무조건의 위탁이어야 하므로 이중수권하는 의사표시로 봄(지급지시설)

4.3.2. 어음상 권리의 발생

4.3.2.1.3.필요적 기재사항(절대적 기재사항, 어음요건)

(1)총설
- 어음의 기재사항은 그 기재사항이 어음에 미치는 효력에 따라 4종으로 분류함.

필요적 기재사항	➤절대적으로 기재하여야 하는 기재사항(어음요건) ➤어음의 엄격한 요식증권성으로 인하여 필요적 기재사항 중 한 가지라도 흠결한 경우에는 무효.
유익적 기재사항	➤법상 강제되어 있지는 않지만 기재하며 효력이 인정되는 기재사항.
무익적 기재사항	➤기재하여도 효력이 없는 기재사항.
유해적 기재사항	➤ 기재하면 오히려 어음이 무효가 되는 기재사항.

4.3.2. 어음상 권리의 발생

(2) 환어음 . 약속어음 . 수표의 절대적 기재사항(어음요건)

	환어음(어1조)	약속어음(어75조)	수표(수1조)
1	환어음의 문구	약속어음의 문구	수표의 문구
2	어음금액의 무조건 지급위탁	어음금액의 지급약속	수표금액의 지급위탁
3	지급인의 명칭	없 음①	지급인의 명칭
4	수취인명칭	수취인명칭	불필요②
5	발행인 기명날인 또는 서명	발행인 기명날인 또는 서명	발행인 기명날인 또는 서명
6	발행일	발행일	발행일
7	만 기	만 기	없 음③
	만기 없는 경우 일람출급으로 본다		
8	발행지	발행지	발행지
	발행지의 기재가 없는 경우 발행인의 명칭에 부기한 지를 발행지로 봄.		
9	지급지	지급지	지급지
	지급지의 기재가 없는 경우 지급인의 명칭에 부기한 地	발행지, 발행지가 없는 경우 발행인의 명칭에 부기한 地	환어음과 동일

① 지급약속증권이므로 발행인이 주채무자가 되고 지급인은 없음.
② 수표는 소지인출급식(혹은 무기명식)의 발행이 가능함.
③ 수표의 만기는 항상 일람출급임.

4.3.2. 어음상 권리의 발생

- 절대적 기재사항은 일부라도 기재되지 않으면 무효가 되는데, 이 기본적 어음행위인 발행이 형식적 하자로 무효가 된 경우에는 그 뒤에 하는 부속적 어음행위(배서·인수·보증 등)도 전부 무효가 됨(어음행위 독립의 원칙이 적용 안됨)
- 어음법은 어음의 유통보호를 위하여 어음요건 중 일부(만기·지급지·발행지)의 기재가 없는 것에 대하여는 예외적으로 구제규정을 두어 어음이 무효가 되는 것을 방지하고 있으며, 어음요건 중 일부가 기재되지 아니한 백지어음도 인정하고 있음

(3) 환어음의 절대적 기재사항
1) 어음문구
- 어음에는 '증권의 본문 중에 그 증권의 작성에 사용하는 국어로 환어음임을 표시하는 문자'를 기재하여야 함
- 어음문구를 기재하게 하는 것은 증권이 환어음인지 또는 약속어음인지를 명백하게 나타내기 위한 것임
- 환어음 문구는 표제어와 본문 중에 있을 수 있는데 반드시 본문 중에 있어야 함. 본문이라 함은 '지급위탁문구'가 포함된 문장임

2) 일정금액의 무조건의 지급위탁
① 통화의 종류는 불문. 외화로 기재한 어음금액도 유효함
② 어음무효 : 일정금액이 아닌 다음과 같은 기재는 무효
    - 선택적 기재 : 100만원 또는 200만원
    - 부동적 기재 : 미화 100 달러 상당의 한화
    - 불확정적 기재 : 100만원 이상 또는 이하
    - 물건자체의 급여

4.3.2. 어음상 권리의 발생

③ 어음금액의 기재차이(어6조)
    - 문자와 수자가 차이날 때 → 문자로 기재된 금액을 어음금액
    - 문자와 문자, 수자와 수자가 차이날 때 → 최소금액을 어음금액
    - 발행국과 지급국에서 同名異價를 가진 통화로써 금액을 정한 때에는 지급지의 통화에 의하여 정한 것으로 추정(어 41 ④)
④ 무조건의 지급위탁·원인관계와 결부된 조건부지급위탁은 무효
- 부전(附箋)에 조건을 기재한 약속어음도 무효(판례). 어음자체가 무효가 아니라 부전만 무효라고 보아야 할 것
3) 지급인의 명칭
- 지급인은 실재인이 아니도 무방(지하실 어음), 발행인이나 배서인에게 소구권 행사
- 지급인의 명칭의 표시방법으로는 그 동일성을 인식할 수 있을 정도의 기재이면 충분하고 반드시 성명, 상호의 기재를 하여야 하는 것은 아님
- 법인은 법인명만 기재하면 되고 반드시 대표자의 성명 및 대표관계 등을 표시할 필요 없음. 법인격 없는 사단이나 조합도 지급인의 명칭으로 기재될 수 있음(구성원이 준총유나 준합유적으로 지급할 권한이 있음)
- 수인의 지급인(복수적 기재)
    - 무효(통설)→ 선택적 기재 : 갑 또는 을
    - 유효(통설)→ 중첩적 기재 : 갑 및 을/순차적 기재 : 제1지급인 갑, 제2지급인 을
    - ＊ 중첩적 기재의 소구요건 : 지급거절의 경우에는 지급인 전원이 거절한 경우, 인수는 1인만 인수 거절해도 가능
- 당사자자격의 겸병 : 환어음에는 발행인·수취인·지급인의 자격겸병이 가능함

4.3.2. 어음상 권리의 발생

4) 만기
- 어음금액이 지급될 날로 어음상에 기재된 날로 단일하고 확정할 수 있는 날이어야 함
    * 만기 = 만기일 = 지급기일 ≠ 지급을 할 날(만기가 공휴일이면 익일) ≠ 지급한 날(현실로 지급이 행하여진 날)
- 만기의 종류(어33조) : 어음법상 인정되는 만기는 4종이 있음. 그 외의 만기는 무효
① 일람출급: 지급제시일이 만기. 지급제시는 1년 내 행사하여야 함(어34). 발행인은 연장 또는 단축, 배서인은 단축만 가능, 발행인이 일정기간 지급제시를 금지한 경우, 그 말일로부터 제시기간 계산
② 일람후정기출급: 인수가 있는 경우에는 인수일자, 인수가 거절된 경우에는 거절증서의 작성일자로부터 일정한 기간을 경과한 날을 만기로 하는 어음
③ 발행일자후정기출급 : 발행일자로부터 어음에 기재한 확정기간을 경과한 날을 만기로 하는 어음
- 기간에 민법 제156조 적용 + 어음법상 특칙
    第73條(期間의 初日不算入) 法定期間 또는 約定期間에는 그 初日을 算入하지 아니함.
    第36條(滿期日의 決定, 期間의 計算)
    - ①發行日字後 또는 一覽後 1月 또는 數月에 支給할 換어음은 支給할 달의 對應日을 滿期로 함. 對應日이 없는 때에는 그 달의 末日을 滿期로 함.
    - ②發行日字後 또는 一覽後 1月半 또는 數月半에 支給할 換어음은 먼저 全月을 計算함.
    - ③月初, 月中 또는 月終으로 滿期를 表示한 境遇에는 그 달의 1日, 15日 또는 末日을 이른다.
    - ④「8日」 또는 「15日」이라 함은 1週 또는 2週가 아니고 滿8日 또는 滿15日을 이른다.
    - ⑤「半月」이라 함은 滿15日을 이른다.
    第37條(滿期決定의 標準이 되는 歲曆)
    - ①發行地와 歲曆을 달리하는 地에서 確定日에 支給할 換어음의 滿期의 날은 支給地의 歲曆에 依하여 定한 것으로 봄.
    - ②歲曆을 달리하는 兩地間에서 發行한 換어음이 發行日字後 定期出給인 때에는 發行日字를 支給地의 歲曆의 對應日로 換算하고 이에 依하여 滿期를 定함.
    - ④前3項의 規定은 換어음의 文言 其他의 記載에 依하여 다른 意思를 알 수 있는 때에는 適用하지 아니함.
④ 확정일출급 : 확정한 날을 만기로 하는 어음
- 만기의 보충 : 만기가 흠결되더라도 일람출급의 환어음으로 봄(어 2조 2항).

4.3.2. 어음상 권리의 발생

5) 지급지
① 의의
- 어음금액이 지급될 일정한 지역을 지급지라 함. 어음이 무효가 되는 것은 아님
② 지급지의 범위
- 최소독립행정구역으로 표시하여야 함. 특별시, 광역시, 시, 읍, 면 등
- 인수 또는 지급을 위한 제시, 전자에 대한 소구권 보전절차, 인수인의 채무이행 등의 지역
- 지급장소 : 지급지 내에 있어서 지급이 행하여질 특정한 장소(지점), 지급장소는 어음요건 아니므로 지급장소가 지급지 내가 아니라 하더라도 무효가 되는 것은 아님(어4, 27②)
③ 지급지의 단일성
- 지급지는 단일하고 확정되어야 함. 지급지의 중첩적 기재나 선택적 기재는 인정 안됨(통설)
④ 지급지를 기준으로 한 어음의 분류
- 同地어음 : 발행지 = 지급지 / 異地(원거리)어음 : 발행지 ≠ 지급지
- 동지지급어음 : 지급지 = 지급인의 주소지 / 타지지급어음 : 지급지 ≠ 지급인의 주소지
• 제3자방지급어음 : 지급인의 주소지에서가 아니라 제3자의 주소에서 지급되는 어음
• 동지지급어음이건 타지지급어음이건 제3자방지급어음이 가능
⑤ 지급지의 보충(어2조 ③항)
- 지급지 기재가 없는 때 → 지급인의 명칭에 부기한 지가 지급지이며 지급인의 주소지로 봄

4.3.2. 어음상 권리의 발생

6) 수취인
① 의의
- 어음금을 지급받을 자(기명식어음) 또는 지급 받을 자를 지시할 자(지시식 어음)의 명칭
- 수취인의 기재는 반드시 요구됨. 수취인의 기재가 없는 무기명식(소지인출급식)어음, 무기명식과 동일한 효력이 있는 선택무기명식어음은 무효임. 선택무기명식어음의 경우에는 유효로 보는 설도 있음
- 수취인은 지급인과 같이 실재인이 아니어도 무방
- 수취인의 표시방법은 지급인의 명칭의 표시방법처럼 성명 이외에도 상호, 아호, 예명 등 수취인을 특정할 수 있으면 충분하며, 법인의 경우에는 법인명만 기재하고 대표자의 성명 등을 기재하지 않아도 유효

② 복수의 수취인
- 수취인은 중첩적 기재(갑 및 을), 선택적 기재(갑 또는 을) 및 순차적 기재(제1수취인 값, 제2수취인 을) 모두 유효(통설)
- 수취인이 중첩적으로 기재된 경우 → 그 수취인들은 공동으로 어음상의 권리를 행사, 배서하여야 함.
- 선택적·순차적으로 기재된 경우 → 어음을 소지한 수취인이 단독으로 배서하고 권리행사를 할 수 있음.

4.3.2. 어음상 권리의 발생

7) 발행일과 발행지
ⅰ) 발행일
① 의의
- 어음이 발행된 날로서 어음상에 기재된 일자를 의미함.
- 어음면의 발행일이 사실상의 발행일과 일치하지 않아도 무방함.
    - 선일자어음 : 사실상의 어음을 발행한 일자보다 후의 일자를 어음상에 기재
    - 후일자어음 : 사실상의 어음을 발행한 일자보다 전의 일자를 어음상에 기재
② 발행일의 효력
- 발행일자후정기출급어음: 만기를 정하는 기준(어 36 ①,②)
- 일람출급어음, 일람후정기출급어음 : 1년의 제시기간을 정하는 표준이 됨.
- 확정일출급어음의 경우에는 발행인의 능력과 대리권의 유무 판단 기준이 됨
- 발행일이 만기보다 뒤의 날인 경우에는 그러한 발행일은 불가능한 날로서 무효임 (통설)
ⅱ) 발행지
① 의의 : 발행된 장소로서 어음상에 기재된 지를 말하며, 실제의 발행지를 의미하지 않음
② 발행지의 표시방법
- 준거법의 단일·확정의 추정을 해하지 않는 한 어떠한 기재를 하여도 무방(통설). 표시는최소독립 행정구역일 필요는 없음. 한국, 호텔명, 선박명의 기재도 유효
③ 발행지의 보충
- 발행지의 기재가 없는 경우 발행인의 명칭에 부기한 지에서 발행한 것으로 봄(어2④)
- 판례는 발행지와 발행인의 명칭에 부기한 지가 모두 누락된 경우를 백지어음으로 봄. 따라서 보충권을 행사 없이 지급제시 한 것은 적법한 지급제시가 아니어서 소구권 상실함

4.3.2. 어음상 권리의 발생

8) 발행인의 기명날인 또는 서명
① 기명날인
발행인의 기명날인 또는 서명은 발행인의 진정한 기명날인 또는 서명이 아니어도 좋고
허무인의 기명날인 또는 서명이라도 관계없음. 또한 기명과 날인이 일치할 필요도 없음.
반드시 어음 자체에 하여야 하고 보전(부전·보충지) 또는 등본에는 할 수 없음(통설).

② 공동발행의 경우
- 어음의 발행인이 수인인 경우 확정할 수 있는 공동발행의 형태만 인정되고 선택적 기재나 순차적
  기재에 의한 발행은 어음의 단순성을 해하므로 인정되지 않음(통설)
- 수인이 공동으로 발행이라는 어음행위를 한 경우에 각자 독립하여 어음금액의 전부를지급할 의
  무를 부담하는 합동책임을 짐(어47①)(통설, 판례).
  * 합동책임과 연대채무의 구별
  - 공동발행인 중의 1인에 대한 청구는 공동발행인에게 영향이 없으며
  - 공동발행인 중의 1인에 대한 시효의 완성·시효의 중단·갱개·상계 등은 다른 공동
  발행인에게 영향이 없으며
  - 공동발행인간에 채무의 부담부분이 없으며
  - 약속어음의 경우 배서인에게 소구권을 행사하려면 공동발행인 전원에 대하여
  지급제시하고 또 지급거절 되어야 함
  - 공동발행인은 동일한 목적을 위하여 존재하는 것이므로 공동발행인 중의 1인의 변제는
  공동 발행인의 채무를 면함
- 기명날인 또는 서명의 장소 : 1인의 어음발행인의 기명날인 또는 서명의 경우와 같이 어음 자체
  에 하여야 하고, 보전 또는 등본에 할 수 없음(통설)

4.3.2. 어음상 권리의 발생

(4) 약속어음의 절대적 기재항
1) 절대적 기재사항
第75條(어음요건) 約束어음에는 다음의 事項을 記載하여야 함.
① 證券의 本文中에 그 證券의 作成에 使用하는 國語로 約束어음임을 表示하는 文字
  - 약속어음임을 표시하는 문자가 기재되어야 함
  - 지급위탁이 아니라 지급약속으로 기재되어야 함
② 一定한 金額을 支給할 뜻의 無條件의 約束
③ 滿期의 表示
④ 支給地
⑤ 支給을 받을 者 또는 支給을 받을 者를 指示할 者의 名稱
⑥ 發行日과 發行地
⑦ 發行人의 記名捺印 또는 署名

2) 환어음과의 차이점
- 약속어음에는 지급인의 명칭이 없는데, 이는 발행인 자신이 지급인을 겸하고 있는 약속어음의 성
  질에서 오는 결과임
- 지급인이 없기 때문에 지급지의 보충을 할 수가 없기 때문에 발행지가 지급지를 보충하게 됨.
  "발행인의 명칭에 부기한 지"는발행지 보충, 그 발행지는 다시 지급지 보충함
- 지급장소의 기재만 있는 경우에 지급장소는 지급지를 보충할 수 없으므로 무효
- 일람후정기출급어음의 만기 기산점 : 환어음 ➔ 인수일자 또는 거절증서일자 / 약속어음 ➔발행인이 어음
  에 일람의 뜻을 기재하고 일자를 부기하여 기명날인 또는 서명한 날 또는 거절증서 작성

4.3.2. 어음상 권리의 발생

(5) 수표의 절대적 기재사항
1) 수표의 기재사항 : 第1條(手票要件) 手票에는 다음의 事項을 記載하여야 함.
① 證券의 本文中에 그 證券의 作成에 使用하는 國語로 手票임을 表示하는 文字
② 一定한 金額을 支給할 뜻의 無條件의 委託
③ 支給人의 名稱
  - 수표의 지급인은 발행인이 처분할 수 있는 자금이 있는 은행으로 한정됨
④ 支給地
- 支給地의 記載가 없는 때에는 支給人의 名稱에 附記한 地를 支給地로 봄. 支給人의 名稱에 數個의 地를 附記한
  때에는 手票의 初頭에 記載한 地에서 支給할 것으로 함. 記載 其他 다른 表示가 없는 때에는 發行地에서 支給
  할 것으로 함. 發行地의 記載가 없는 手票는 發行人의 名稱에 附記한 地에서 發行한 것으로 봄(수 2)
⑤ 發行日과 發行地
⑥ 發行人의 記名捺印 또는 署名

2) 환어음 요건과 구별되는 점
- 환어음 요건에는 있으나 수표요건에는 없는 것으로 만기와 수취인이 있음
- 수표는 신용증권이 아니고 지급증권인 성질상 만기가 없고 언제나 일람출급이며, 수표의 일람출
  급성에 반하는 기재는 기재하지 않은 것으로 봄(수 28)
- 수표는 단기간 내에 결제되는 지급증권인 성질상 수취인의 기재가 수표요건이 아니어서, 소지인
  출급식수표, 무기명식수표 또는 지명소지인출급식수표가 인정됨.
- 수취인이 요건은 아니지만 기명식 또는 지시식의 수취인의 기재는 유효(유익적기재사항)

4.3.2. 어음상 권리의 발생

4.3.2.1.4.유익적 기재사항

번호	내 용	환어음	약속어음	수 표
1	지급인의 명칭에 부기한 지 → 지급지 보충, 지급인 주소로 봄	2③	X	2②
2	발행인의 명칭에 부기한 지 → 발행지 보충	2④	47④	2④
3	지급인의 영업소 또는 주소 이외에서 지급될 수 있도록 지급담당자 또는 지급장소 기재(제3자방지급문언)	4 . 27	77②	8
4	일람출급 또는 일람정기출급의 환어음에 있어서의 이자문언·이율 또는 이자의 기산일의 기재(확정일출급 또는 발행일자후정기출급어음은 이자기재가 무익적 기재사항임)	5	77②	X(Ⅵ)
5	(발행인의) 인수무담보문언	9②	X(Ⅰ)	X(Ⅶ)
6	(발행인의) 배서금지문언	11②	77①	5① 14②
7	인수제시의 명령 또는 금지문언	22	X(Ⅱ)	X(Ⅷ)
8	인수제시기간의 단축 또는 연장의 기재: 원칙 1년	23②	X(Ⅲ)	X(Ⅸ)
9	지급제시기간의 단축 또는 연장의 기재: 발행일자로부터 1년	34①	77①	X(Ⅹ)
10	일정기일 전의 지급제시금지문언	34②	77①	X(Ⅺ)

(Ⅰ), (Ⅱ), (Ⅲ) 약속어음에는 인수제도가 존재하지 아니하므로 인수에 관련된 유익적 기재사항은 인정하지 않음.
(Ⅵ) 지급의 수단으로 이용되는 수표에는 이자를 인정하지 않음.
( )(Ⅷ), (Ⅸ) 수표에도 인수제도는 없음.
(Ⅹ), (Ⅺ) 수표의 지급제시기간은 10일로 법정되어 있으며 변경하지 못함(수29조)

4.3.2. 어음상 권리의 발생

<유익적 기재사항>

번호	내 용	환어음	약속어음	수표
11	준거할 세력의 지정: 발행지와 지급지의 세력이 다른 경우	37④	77①	X(XII)
12	외국통화환산율의 지정: 어음금액이 외국통화인 경우	41②	77①	36②
13	외국통화현실지급문언: 어음금액이 외국통화인 경우	41③	77①	36③
14	거절증서작성면제(무비용상환)문언	46	X	42①
15	역어음발행금지문언: 소구의무자인 발행인이 소구의무면제	52①	X	X㉠
16	예비지급인의 지정	55①	77①	X㉡
17	복본번호의 기재: 기재하지 않으면 독립한 환어음으로 간주	64②	X(IV)	48
18	복본불발행문언(단일어음문언)	64③	X(V)	X㉢
19	수취인의 기재(환어음은 절대/수표는 임의적 기재사항)	X	X	5
20	횡선의 표시	X	X	37①

(IV), (V) 약속어음에는 복본이 없음
(XII) 지급지의 세력으로 발행일자를 환산함(수30조)
㉠ 역수표에 의한 소구 불인정
㉡ 수표에는 참가를 인정하지 않으므로 참가지급할 자를 미리 지정하는 예비지급인의 지정은 인정 안함
㉢ 수표의 복본은 특별한 경우에 발행할 당시부터 발행되는 것이며 수표소지인에게 복본발행청구권이 인정되는 것이 아님. 따라서 복본불방행문구를 인정할 이유가 없음.

4.3.2. 어음상 권리의 발생

4.3.2.1.5.무익적 기재사항

(1) 법규정에 있는 것

	내 용	환어음	약속어음	수표
1	위탁문언: 환어음/수표 = 지급위탁증권	3③		6②
2	일람출급, 일람후정기출급의 이율의 기재가 없는 이자의 약정	5②, 77②		27
3	확정일출급, 발행일자후정기출급 에서의 이자약정 문언	5①, 77②		7
4	발행인의 지급무담보문언: 기재하지 않은 것으로	9②	유해적 기재사항㉠	12
5	지시문언: 당연한 지시증권이므로	11①, 77① i		5
6	상환문언	37②, 77① ii		6
7	파훼문언	65①	㉡	
8	일람출급 이외의 만기표시 (수표는 지급증권으로서 언제나 일람출급어음임)	X	X	28
9	인수문언	X	X	4

㉠ 약속어음은 지급약속증권이므로 해당사항 없음.
㉡ 복본이 없음

4.3.2. 어음상 권리의 발생

(2) 법규정에 없는 것

	내 용	환어음	약속어음	수 표
1	대가문언	O	O	O
2	자금문언	O	ⓒ	O
3	통지문언	O	O	O
4	제시문언 . 환수문언	O	O	O
5	위약금 문구	O	O	O
6	담보부문구	O	O	O
7	어음개서의 특약			
8	관할법원의 합의			
9	지연손해금의 약정			
10	번호: 자신의 편리를 위하여 번호를 붙이나 효력에는 영향 무			

ⓒ 자금관계가 없으므로 해당사항 없음.

4.3.2. 어음상 권리의 발생

4.3.2.1.6. 유해적 기재사항

어음법에 규정이 있는 사항

- 어음법이 정한 이외의 만기 기재, 분할출급의 만기 기재→ 어음자체를 무효로 함(어33②)
- 지급인이 수인인 경우, 각 지급인에 대하여 각각 상이한 만기를 정하는 경우 → 어음자체를 무효로 함
- 수표법에 규정되어 있는 유해적 기재사항은 없음

어음법에 규정이 없는 사항

- 어음채권의 효력을 원인채권의 성립이나 효력에 의존하도록 하는 기재, 어음 지급방법을 한정하거나 조건을 붙이는 기재, 조건부지급위탁의 문구, 반대급여문구 등(통설)
- 약속어음 발행인의 경우에는 지급무담보문언의 기재(발행인=주채무자)

[자기지시어음]
- 환어음은 발행인 자신을 지급받을 자로 하여 발행할 수 있음(어3①).
- 환어음은 발행인 자신을 지급인으로 하여 발행할 수 있음(어3②).
- 환어음은 제3자의 계산으로 발행할 수 있음(어3③).
- 약속어음의 발행인이 자신이 발행하는 어음의 수취인으로 된 이른바 자기지시 약속어음도 유효한 약속어음임.

4.3.2. 어음상 권리의 발생

4.3.2.1.7. 어음발행의 효력

	換어음	約束어음	手票
本質的 효력(의사표시)	이중수권(수령권.지급권)	주채무 부담	이중수권
附隨的 효력(법률규정)	소구의무, 이득상환의무	이득상환의무	환어음과 同
환어음과 수표의 차이	주채무의 부존재(지급보증을 하여도 조건부 채무) (환어음과 수표의 차이)		
	지급제시기간내에는 지급위탁의 취소 불가 (환어음과 수표의 차이)		
	발행의 제한(은행을 지급인으로, 수표계약 필요)		

<환어음>
- 이중수권(지급지시설) : 수취인은 자기의 명의와 발행인의 계산으로 어음금액을 수령할 수 있는 권한을 취득하고, 또 지급인은 자기의 명의와 발행인의 계산으로 지급할 수 있는 권한을 취득함
- 환어음의 발행인은 인수와 지급을 담보하게 되는데, 인수담보책임 면책은 가능하나 지급의 무담보는 어떠한 경우에도 안됨
- 지급위탁의 취소(지급지시의 철회) : 환어음의 발행인과 지급인과의 관계는 자금관계로서 어음 외의 민사법적 법률관계이므로, 발행인은 지급인이 지급할 때까지 언제든지 어음외의 의사표시로 그 지급위탁을 취소(철회) 할 수 있음 → 지급위탁 취소 후에는 지급인은 발행인의 계산으로 지급할 수 없음

4.3.2. 어음상 권리의 발생

<약속어음>
- 약속어음의 발행인은 수취인(어음의 정당한 소지인)에 대하여 주채무를 부담함(의사표시상의 효력이고 본질적인 효력이기도 함)
- 절대적·최종적 채무 : 약속어음 발행인의 주채무는 어음소지인이 소구권보전절차를 취하였는가의 여부에 관계없이 만기로부터 3년의 시효기간까지는 지급채무를 부담함
- 약속어음의 발행인은 환어음의 발행인과 같이 어음상의 의무가 소멸한 후에 발생하는 이득상환 의무를 부담

<수표>
- 주채무의 부존재 : 수표에 있어서는 주채무가 영원히 부존재 (지급약속 X, 인수 X)
- 지급보증인 수표가 지급제시기간 경과 전에 제시된 때에 한하여 지급할 의무를 부담(소구의무자의 지위) ↔ 환어음의 인수인은 지급제기기간 경과 전에 환어음의 제시 여부를 불문하고 시효기간 전에는 지급의무를 부담
- 지급위탁취소의 제한 : 수표의 지급위탁의 취소는 지급제시기간 경과 후에만 효력 有.발행인이 지급위탁을 취소하더라도 지급제시기간 경과 전에는 지급인이 발행인의 부담으로 지급을 할 수 있음 (환어음의 경우에는 지급제시기간 경과 후에는 발행인의 계산으로 지급할 수 없음)
- 발행의 제한 : 발행은 은행만 함. 수표계약에 의하여 지급인(은행)은 발행인 발행한 수표를 수표자금으로써 지급할 권한을 취득(지급의무를 부담하는 것은 아님) → 위임계약(통설)

* 어음의 발행 주요 정리

[자격의 겸병]
　　※ 당사자자격의 겸병 – 혼동의 법리는 적용되지 않음
　　㉠ 발행인과 수취인과의 자격의 겸병 : 자기지시환어음
　　㉡ 발행인과 지급인과의 자격의 겸병 : 자기앞환어음
　　㉢ 수취인과 지급인과의 자격의 겸병 : 규정은 없으나 이론상 가능
　　㉣ 발행인·수취인·지급인의 3자격의 겸병 : 단명어음

[수인이 있는 경우]

	중첩적 기재	순차적 기재	선택적 기재
발행인	긍정설(공동발행)	부정설	부정설
지급인	긍정설(합동책임)	긍정설(예비적 기재)	부정설
수취인	긍정설(전원 공동행사)	긍정설(교부받은 자)	긍정설(교부받은 자)
피배서인	유효		

		환어음	약속어음	수표
발행인	지급무담보	무익적	유해적	무익적
	인수무담보	유익적	–	–
배서인	지급무담보	유익적	유익적	유익적
	인수무담보	유익적	–	–

4.3.2. 어음상 권리의 발생

4.3.2.2. 인수
4.3.2.2.1. 인수의 의의
- 　지급인이 어음금액에 대한 지급채무를 부담하기 위한 어음행위
- 　환어음에만 특유한 제도로 지급인의 단독행위
- 　지급인은 인수에 의하여 약속어음의 발행인처럼 주채무자가 됨(의사표시상의 효력)
- 　환어음의 소지인은 인수거절 또는 지급거절을 조건으로 하여 발행인 또는 배서인에 대하여 어음금지급청구권 (소구권 취득)

4.3.2.2.2. 법적 성질
- 　인수의 법적 성질에 대해 단독행위설과 계약설이 대립
- 　단독행위설(통설) : 인수인이 어음채무의 부담을 목적으로 하는 단독행위. 따라서 어음소지인 또는 어음발행인의 무능력 또는 대리권의 흠결 등은 인수의 효력에는 영향이 없고, 인수의 효력은 인수인이 어음을 인수제시인에게 반환하였을 때에 발생함
- 　계약설(소수설): 인수인의 어음상의 책임이 발생하기 위하여는 어음에 한 인수의 의사표시 외에 인수인의 어음소지인에 대한 어음의 반환이 있어야 하므로(어§21조) 인수는 상대방이 승낙 할 의사를 가지고 수령함으로써 효력이 생기는 계약이라고 함.

4.3.2. 어음상 권리의 발생

(3) 인수의 말소(철회)
- 　　어음법은 어음을 반환하기 전에는 인수의 의사표시(기명날인 또는 서명)를 철회할 수 있는 것으로 하고 또 이 때에는 인수를 거절한 것으로 의제(어 29)
- 　　第29條(引受의 抹消)
① 換어음에 引受를 記載한 支給人이 그 어음을 返還하기 前에 引受의 記載를 抹消한 때에는 引受를 拒絶한 것으로 봄. 抹消는 어음의 返還前에 한 것으로 推定함.
② 前項의 規定에 不拘하고 支給人이 所持人 또는 어음에 記名捺印 또는 署名한 者에게 書面으로 引受의 通知를 한 때에는 通知한 相對方에 對하여 引受의 文言에 따라 責任을 짐.

4.3.2.2.3. 인수제시
(1) 의의 : 지급인에게 어음을 제시하여 어음의 인수를 청구하는 행위
- 　　인수제시가 인정되는 이유
　　　　① 어음의 신용의 증대와 지급인이 인수거절시 만기전에 소구할 수 있는 기능
　　　　② 지급인에게 환어음 발행 사실을 인식시키고 준비
　　　　③ 일람후정기출급의 환어음에 있어서 만기를 확정하기 위해서
(2) 당사자
1) 제시인 : 어음소지인 또는 어음의 단순점유자도 가능(인수에 의한 권리는 어음소지인에게 귀속하므로)
　　　　cf) 지급제시는 단순점유자가 할 수 없음
2) 피제시인 : 언제나 '어음의 지급인', 지급담당자는 인수 불가(지급담당자는 지급사무만을 취급)
　　　　cf) 지급제시는 지급담당자에게 해야 함
3) 복수의 피제시인
- 　　지급인이 중첩적으로 기재된 경우에는 그 전원이 피제시인임(통설)
* 만기전에 소구를 하기 위해서는
- 1인만 인수거절해도 만기전소구권 발생한다는 견해(다수설)
- 모두 인수거절해야 만기전소구권 발생한다는 견해

4.3.2. 어음상 권리의 발생

(3) 시기
- 인수제시는 발행일부터 만기의 전일까지 하여야 함(어21). 만기일에는 지급제시를 해야 하기 때문
- 예외적으로 만기후(만기 포함) 또는 인수제시기간 경과 후에도 어음소지인 및 소구의무자의 이익을 위하여 지급일 시효기간 내에는 인수할 수 있음(통설). 그러나 만기전의 소구권을 보전하기 위하여는 만기의 전일 또는 인수제시기간 내에 인수제시를 하여야 함(어 44 ②)
(4) 유예기간(숙려기간, 고려기간)
- 인수제시에 대하여 환어음의 지급인이 제1의 제시후 익일에 제2의 제시할 것을 요구하는 것(어 §24①)
- 쓸데없는 만기 전의 소구발생을 방지하기 위한 것
- 지급인이 제2의 인수제시를 청구한 경우에 어음소지인은 제1의 인수제시에 어음을 지급인에게 교부할 필요가 없음
- 제1의 인수제시에 대한 거절증서를 작성함(어음법 §24① 2문)
- 인수제시기간 말일에 제1의 제시 → 그 익일에도 제2의 인수거절증서 작성 가능

(5) 장소 : 지급인의 주소(어음법 §21) 뿐만 아니라 영업소, 주소, 거소 포함
- 제3자방지급어음에서도 지급인의 영업소.주소.거소(not 지급담당자)

(6) 방법 : 원본이나 복본으로 제시해야, 등본으로는 제시 불가
*어음의 복본: 한 개의 어음상의 권리를 표창하는 여러통의 증권
*어음의 등본: 어음원본을 등사한 것

4.3.2. 어음상 권리의 발생

(7) 인수제시의 자유와 제한

- 인수제시는 만기 전 자유롭게 이루어 질 수 있으나 다음의 경우에 인수제시가 제한 됨.

1) 인수제시를 하여야 하는 경우

① 인수제시명령의 경우(어음법 §22)

- 발행인이 명령 : 위반시 모든 채무자에 지급·인수담보책임 추궁 불가
- 배서인이 명령 : 그 배서인만 지급·인수담보책임 면책
      cf) 배서인은 발행인이 인수금지문언을 기재하지 않은 경우에만 가능
- 입증 : 인수제시일자나 인수일자의 기재 要함(어음법 §25② 1문)
   ① 일자기재 없으면 인수거절증서 작성(어 §44②)하여 소구권보전(어 §25②)
   ② 거절증서작성면제의 경우 인수제시기간 내의 인수제시가 추정됨(어 §46②)
-        인수제시명령을 기재한 어음은 인수제시를 하지 않으면 소구권을 잃는다.

② 일람후정기출급어음의 경우 : 만기확정 위해 꼭 필요, 원칙적으로 1년(어 §23①)

- 발행인 : 단축 또는 연장 가능, 모든 채무자에 담보책임추궁 불가(어 §23②)
- 배서인 : 단축만 가능, 그 배서인에게만 담보책임추궁 불가(어 §23③)
- 입증 : 인수제시일자나 인수일자의 기재 要함(어음법 §25② 1문)
- 일자기재 없으면 인수거절증서 작성(어 §44②)하여 소구권보전(어 §25②)
-        어음소지인이 법정의 인수기간 (1년) 또는 발행인이 정한 인수제시 기간 내에 인수제시를 하지 않으면 모든 소구의무자에 대하여 인수거절로 인한 소구뿐만 아니라 지급거절로 인한 소구권을 잃음(어 53)

4.3.2. 어음상 권리의 발생

2) 인수제시가 금지 또는 제한 되는 경우

① 인수금지

- 의의 : 발행인은 인수를 위한 어음의 제시를 금지할 수 있는데, 이는 발행인의 신용만으로 유통될 것을 예정한 것
-        인수금지가 불가능한 경우 : 제3자방지급어음, 타지지급어음, 일람후정기출급어음
- 제3자방지급어음 : 인수제시가 있어야 지급인에게 미리 지급장소(제3자)를 알려 지급준비를 할 수 있기 때문임
- 타지지급어음 : 발행인이 지급지 내에 지급장소(제3자)를 기재하지 않은 경우에는 지급인에게 인수할 때에 지급장소를 기재할 기회를 주어야 하기 때문임
- 一覽後 定期出給어음 : 만기를 확정하기 위하여 인수제시가 절대적으로 필요
- 배서인은 인수금지 불가

② 인수제한

- 발행인은 일정기간까지 인수제시를 제한할 수 있음
- 취지 : 인수거절로 인한 소구를 미연에 방지하기 위한 것임
- 발행인은 모든 어음에 대해 제한이 가능하나, 배서인은 제한 불가
- 인수제시기간은 인수제시제한의 말일부터 기산함(어 §34② 2문 유추)

4.3.2. 어음상 권리의 발생

4.3.2.2.4. 인수방식
(1)정식인수 : 지급인이 환어음에 그 뜻을 기재하고 기명날인하는 방식(어§25조1항)
(2)약식인수 : 지급인이 어음의 표면에 단순한 기명날인을 하는 방식(어§25조1항)
(3)어음인수는 반드시 지급인이 해야 하며, 인수인과 지급인은 동일인이어야 함
 - 지급인과 인수인의 동일성 여부 판단 : 형식적 동일설 / 실질적 동일설
(4) 보전이나 등본에 한 인수는 무효임
1)필요적 기재사항 : 인수문언과 인수자의 기명날인·서명이 필요. 약식인수의 경우 지급인의 기명날인 또는 서명만 있어도 인정
 - 정식인수는 어음 자체에 하는 이상 표면이나 이면에 모두 할 수 있으나, 약식인수는 반드시 어음 표면에 하여야 함(백지식 배서와의 혼동을 피하기 위해)
2)유익적 기재사항 : 인수일자의 기재, 제3자방지급문언, 일부지급을 위한 일부인수 등
 - 일부인수의 경우 인수되지 않은 금액에 대해서만 소구권 행사 가능
3)무익적 기재사항 : 어음금액을 초과하여 인수하는 경우, 초과금액에 대해서는 무익적 기재사항으로 봄
4)   유해적 기재사항 : 변경인수, 조건부인수
         - 변경인수 : 어음문언을 변경하여 인수
  ① 변경인수의 효력 : 인수거절로 보므로(어 §26②本) 소구권 행사가능(어 §43)
  ② 인수인의 책임 : 변경된 문언에 따라 책임(어 §26②但)
 - 조건부인수 : 실질관계를 조건으로 인수
  ① 조건부인수의 효력 : 어음의 단순성(어 §26①本)을 해하므로 인수거절로 봄
  ② 인수인의 책임
 - 부정설 : 어음채무를 실질관계와 연결, 어음행위의 추상성에 반하므로
 - 긍정설 : 인수인의 의사와 합치, 어음소지인에게 오히려 이익이 됨

4.3.2. 어음상 권리의 발생

4.3.2.2.5. 인수의 효력
1. 인수의 효력
(1)   어음법의 규정(어 §28조) : 지급인은 인수로 인하여 만기에 환어음을 지급할 의무를 부담함.
 -      지급의무의 성질 : 인수인의 지급의무는 제1차적·무조건적·최종적·절대적 의무이므로 소멸시효가 완성하지 않는 한 소지인이 어음상의 권리의 보전절차를 게을리 하여도 이 의무는 소멸 안함
 -      공동인수인의 책임 : 수인이 인수를 한 경우에는 각자는 인수인으로서의 전부의 책임을 지지만, 이는 합동책임이므로 인수인의 1인에 대한 지급제시는 다른 인수인에 대해 효력이 없음

(2) 인수인의 주채무
1) 제1차적인 의무 : 인수인의 의무는 만기가 도래하면 어음소지인이 직접청구 할 수 있는 제1차적 의무
2) 무조건의 의무
 -      어음소지인이 지급제시기간 내에 지급제시를 하였음에도 불구하고 인수인이 어음금액을 지급하지 않은 때에는 어음소지인은 지급거절증서를 작성하지 않아도 인수인에 대하여 어음금액 및 연 6푼의 이율에 의한 만기 이후의 법정 이자를 무조건 지급청구 할 수 있음
3) 절대적인 의무
 -      어음소지인이 지급제시기간 내에 지급하지 않았어도 만기 후 3년의 소멸시효기간 내에는 어음채무를 부담하므로(어 §70조 §1항), 절대적인 의무임.
4) 최종적인 의무
 -      현재의 어음소지인에 대하여 뿐만 아니라 최종적인 의무를 부담함. 따라서 최종 소구의무자도 인수인에게 어음상의 권리를 행사 할 수 있음(어 §28조 §2항 2문).
5) 인수인이 지급할 금액
 -      인수인이 지급할 금액은, 지급제시기간 내에 지급하는 금액은 어음금액과 이자액이지만 지급제시기간 경과 후에 지급하는 경우에는 소구금액과 동일한 금액임

4.3.2. 어음상 권리의 발생

2. 인수거절의 효력

- 어음소지인은 만기에 다시 지급인에게 지급할 필요 없이 바로 자기의 전자에 대하여 만기전이라도 소구권을 행사할 수 있음(어 § 43조1호).

4.3.2.2.6. 인수의 말소

(1) 지급인은 인수제시인에게 반환전까지 인수표시 말소 가능(어음법 §29 1문)

(2) 어음상 인수의 기재는 어음반환 전의 것으로 추정(어음법 §29 2문)

- 이 규정에도 불구하고 지급인이 소지인 또는 어음에 기명날인 또는 서명한 자에게 서면으로 인수의 통지를 한 때에는 통지한 상대방에 대하여 인수의 문언에 따라 책임을 짐.

4.3.2. 어음상 권리의 발생

4.3.2.3. 지급보증

4.3.2.3.1. 지급보증의 의의

- 제시기간 내에 수표의 제시가 있을 때에 지급인이 수표금액을 지급하기로 약속하는 수표상의 단독행위(수53조)
- 인정 취지 : 지급의 확실성 보장(수표는 지급증권으로서 일람출급증권이고, 제시기간도 극히 단기로 되어 있으며, 신용증권화가 되는 것을 막기 위하여, 인수제도가 인정되지 않으며, 지급인의 배서와 보증까지도 허용되지 않고 있음.
- 이러한 결과로 지급인이 수표의 지급을 보장할 수도 없어서 수표의 지급을 확실하게 하기 위하여 지급보증제도가 도입됨)

4.3.2.3.2. 방식

① 수표(당좌수표)의 표면에 '지급보증' 기타 지급을 할 뜻을 기재하고 일자를 부기하여 지급인이 기명날인 또는 서명하여야

② 지급보증은 무조건이어야 하고 지급보증에 의하여 수표의 기재사항에 가한 변경은 이를 기재하지 않은 것으로 봄

③ 지급보증의 청구인에는 제한이 없으며, 피청구인은 지급인에 한함

4.3.2. 어음상 권리의 발생

4.3.2.3.3. 효력

① 지급보증인의 지급의무

㉠ 지급보증한 지급인은 제시기간 경과 전에 수표를 제시한 경우에 한하여 지급의무를 부담

- 지급금액은 원래 수표금액이지만, 지급거절로 인하여 수표소지인이 소구권 보전절차를 밟은 경우에는 소구의무자가 지급할 소구금액 또는 재소구금액임(수 44, 44, 45)

㉡ 지급보증인은 일반의 보증인과 같은 제2차적 담보의무자가 아니고 제1차적 수표금액 지급의무자이지만, 인수인의 의무와 같이 절대적인 것은 아니고 제시기간경과전에 지급제시가 있는 경우에만 지급할 의무를 부담(최종 소구의무자와 같은 지위)

- 환어음의 인수인·약속어음의 발행인의 지급의무 : 지급제시기기간 내에 제시 유무를 불문하고 시효기간 내에는 무조건의 지급의무를 부담

② 다른 수표채무자의 채무 : 지급보증에 의하여 발행인, 배서인 기타 수표상의 채무자가 그 채무를 면하게 되는 것은 아님(수56조) . 따라서 지급보증인은 다른 수표채무자와 합동책임을 부담(수 43)

③ 지급인에 대한 지급청구권의 보전 : 제시기간 내에 제시하였음에도 불구하고 지급보증인이 지급을 거절할 경우에 그에 대한 지급청구권을 보전하기 위해서는 지급거절의 증서 또는 선언에 의하여 지급제시 및 지급거절을 증명하여야

④ 지급보증인에 대한 지급청구권의 시효 : 제시기간경과 후 1년간 행사하지 아니하면 소멸시효가 완성(수58조) .

- 시효가 완성되면 수표소지인은 지급보증인에 대하여 이득상환청구권을 행사할 수 있음

4.3.2. 어음상 권리의 발생

□ 인수와 지급보증 및 수표보증

1. 인수와 지급보증

(1) 유사점

- 지급을 확보하기 위하여 지급인이 하는 어음행위

- 청구자의 자격에는 제한이 없고 단순한 점유자도 청구

- 인수 또는 지급보증이 있다고 하여 지급과 동일한 효과가 생기는 것은 아니며, 발행인과 기타 어음이나 수표채무자가 어음상의 채무를 면하는 것은 아님

(2) 차이점

- 방식 : 환어음 인수에는 약식인수나 일부인수가 인정되는 반면 지급보증의 요건은 매우 엄격하여 인정 안됨

- 효력 : 환어음의 인수인은 약속어음의 발행인처럼 주채무를 부담하지만 지급보증인은 제시기간 경과 전에 수표를 제시한 경우에 한하여 지급의무를 부담함(최종의 소구의무자와 같은 지위)

- 소지인의 권리 : 환어음의 소지인은 만기 전에 지급인에게 인수제시 할 권한이 있으므로 환어음의 지급인이 인수를 거절하면 만기전 소구의 사유가 되지만, 수표의 소지인은 지급인에게 지급보증을 요구할 권한이 없으므로 지급보증의 거절에 대한 소구는 인정되지 않음

- 시효기간 : 환어음 인수인의 어음채무 소멸시효기간은 만기 후 3년이나, 수표의 지급보증인의 수표채무의 소멸시효기간은 지급제시기간 경과 후 1년임

2. 수표보증

- 수표법은 수표보증은 인정하고 있음. 그러나 실제로는 수표보증은 별로 행하여지지 않고 있음.

- 수표보증의 방식 및 효력에 관한 규정은 대체로 어음의 보증에 관한 그것과 동일함.

4.3.2. 어음상 권리의 발생

□ 인수와 지급보증 및 수표보증

지급보증	수표보증
지급인만이 할 수 있음	지급인을 제외한 제3자가 함
지급인이 다른 수표채무와 무관하게 부담하는 것임	보증인이 다른 수표채무를 전제로 하여 수표채무를 부담함
종속성이 없음	종속성이 있음
최종의무자와 같은 지위이므로 지급하여도 아무런 수표상의 권리를 취득하지 못함	피보증인의 소구의무를 보증하므로 지급한 때에는 피보증인과 그의 수표상의 채무자에 대하여 수표상의 권리를 취득함(수표법 제27조 3항)

4.3.2. 어음상 권리의 발생

4.3.2.4. 어음보증
4.3.2.4.1. 어음보증의 개념
- 어음채무를 담보할 목적으로 하는 부속적 어음행위.
- 원인채무를 담보하기 위하여 하는 어음행위는 어음보증이 아님(판례)
- 인적 담보를 부가하는 것이며, 주채무의 존재를 전제로 하므로 종된 채무임
- 어음법상 어음보증 방식으로 하여야 하므로 숨은 어음보증 또는 공동어음행위는 어음보증이 아님

4.3.2.4.2. 어음보증의 법적 성질
- 단독행위설(통설, 판례) : 보증인이 되고자 하는 자가 어음에 보증의 기명날인 또는 섬여을 하는 것만으로 어음보증을 할 수 있으므로 단독행위라 함
- 계약설(소수설) : 어음보증도 어음해위이고 어음행위는 교부와 승낙의 의사표시에 의하여 성립함

4.3.2. 어음상 권리의 발생

4.3.2.4.3. 민법상 보증과의 차이점

구 분	민법상 보증	어음보증
주채무자와의 관계	주채무자가 분명하지 않을 때는 불성립	주채무자 불분명시 발행인 위한 것으로 봄
법적 성질	계약	단독행위
주채무와의 관계	주채무에 대하여 부종성이 있음	주채무가 방식의 하자 이외의 사유로 무효인 경우에도 유효(어음행위독립의 원칙)
방식	제한 무	요식행위
보증인의 책임	최고·검색의 항변권 인정, 특정한 채권자에 대한 책임	항변권 없음, 불특정의 어음소지인에 대한 책임
보증채무의 상대방	보증인은 특정한 상대방에만 책임	어음보증인은 불특정한 어음소지인에 책임
공동보증인의 책임	분별의 이익이 있음	분별의 이익이 없음(어음채무의 전액에 대하여 합동책임 부담)
소멸시효 기간	10년	어음채무에 따라 3년, 1년, 6월임

4.3.2.4.4. 당사자

(1) 어음보증인

- 어음보증인의 자격에는 제한이 없음. 제3자인 어음채무자도 어음보증인이 될 수 있음
- 그러나 수표의 경우 지급인은 수표보증인이 될 수 없으며(수 25), 주채무자나 어음행위의 전자가 후자를 위하여 하는 어음보증은 이미 어음채무를 부담하고 있으므로 보증으로서의 의미가 없음

4.3.2. 어음상 권리의 발생

(2) 피보증인

- 피보증인이 될 수 있는 자는 어음채무자에 한하므로 어음채무자 이외의 자에 대한 보증은 무효임. 따라서 환어음의 지급인, 지급담당자, 무담보배서인 등을 위한 어음보증은 무효임
- 어음채무자로는 발행인, 배서인, 인수인, 참가인수인(환어음의 경우), 발행인, 배서인(약속어음, 수표의 경우) 등이 있음

4.3.2.4.5. 방식

(1) 기재사항

- 어음보증은 보증문언 및 피보증인을 기재하고 보증인이 기명날인 또는 서명을 하여야 함
- 피보증인의 기재유무에 따라 정식보증과 약식보증으로 나뉨

1) 정식보증

- 어음보증은 환어음(어음법31조1항)또는 보전에 하여야 하며 보증문언 및 피보증인을 기재하고 보증인이 기명날인이나 서명을 하여야 함
- 보증문언은 보증 또는 이와 동일한 의의가 있는 문언을 표시하고 보증인이 기명날인 또는 서명을 하여야 함. 보증에는 누구를 위하여 한 것임을 표시하여야 함

2) 약식보증

- 어음보증인이 피보증인을 표시하지 않고 어음상에 보증문언만을 기재하고 기명날인 또는 서명을 하거나(약식보증; 어 31, 77, 수 26), 또는 보증문언도 기재하지 않고 단순히 기명날인 또는 서명만을 한 경우(간략약식보증)를 말함
- 약식보증은 어음표면 또는 어음이면 어디에나 할 수 있으나, 간략약식보증은 어음표면에만 할 수 있음. 따라서 어음이면에 한 단순한 기명날인 또는 서명은 간략약식보증이 아니라 간략백지식배서가 됨

4.3.2. 어음상 권리의 발생

√ 어음표면에 단순한 기명날인 또는 서명이 있을 경우
- 발행인의 것이면 : 백지발행
- 지급인의 것이면 : 백지인수
- 발행인 또는 지급인 이외의 자의 기명날인 또는 서명이 있으면 어음보증임

	기명날인의 위치	기명날인자
배서	어음의 이면·補箋	누구나 가능
발행		발행인
인수	어음의 표면	인수인
보증		제3자

(2) 기재장소
- 어음보증은 어음 자체, 그 등본(어음의 경우에만 인정) 또는 보전에 하여야 함(어 31, 77, 수 26)

4.3.2.4.5. 시기
- 어음채무가 존속하는 한 어음보증은 가능함. 따라서 만기 후나 거절증서 작성 후에도 어음채무의 소멸시효 완성 전에는 어음보증이 가능함
- 그러나 보전절차 흠결 및 소멸시효의 완성으로 어음채무가 소멸한 경우(이득상환채무만 존재하는 경우)에는 보증성립이 불가함

4.3.2.4.6. 유익적 기재사항
- 어음보증인은 거절증서작성면제와 예비지급인을 기재할 수 있음(어 40조1항, 55조1항)

4.3.2. 어음상 권리의 발생

4.3.2.4.7. 내용
(1) 일부보증
- 어음보증은 피보증인의 어음채무의 일부에 대하여서도 가능(어 30, 77, 수 25)
- 일부보증의 경우에는 반드시 보증금액을 기재하여야 하고, 기재가 없는 경우에는 전부보증으로 해석
(2) 조건부어음보증
- 어음보증에 조건을 붙인 경우 학설은
  - 유해적기재사항으로 보는 설(전부무효)
  - 무익적기재사항으로 보는 설(보증의 효력 인정)
  - 유익적기재사항으로 보는 설(보증인에게 대하여 유익적 기재사항으로 이해) → 판례

4.3.2.4.8. 효력
(1) 어음보증인의 어음소지인에 대한 책임
1) 부종성
- 보증인은 보증된 자와 동일한 책임을 짐(어 32조1항). 따라서 지급, 상계, 면제, 소멸시효 등으로 소멸한 경우 소멸함.
- 어음보증인의 책임이 부종성이 있는 결과 어음보증인의 책임의 성질과 범위도 원칙적으로 피보증인의 그것과 동일
2) 독립성
- 어음보증인의 책임은 피보증채무가 그 방식에 하자가 있는 경우 외에는 어떠한 사유로 인하여 무효가 된 때에도 그 효력이 있음(어 32, 77, 수 27). 보증인의 선악을 불문함
- 어음보증인은 민법상의 보증인과는 달리 어음소지인에 대하여 최고·검색의 항변권을 주장할 수 없고, 보증인 상호간에 분별의 이익이 없고 각자는 어음금 전액에 대하여 합동책임을 부담함(어 47, 77, 수 43)

4.3.2. 어음상 권리의 발생

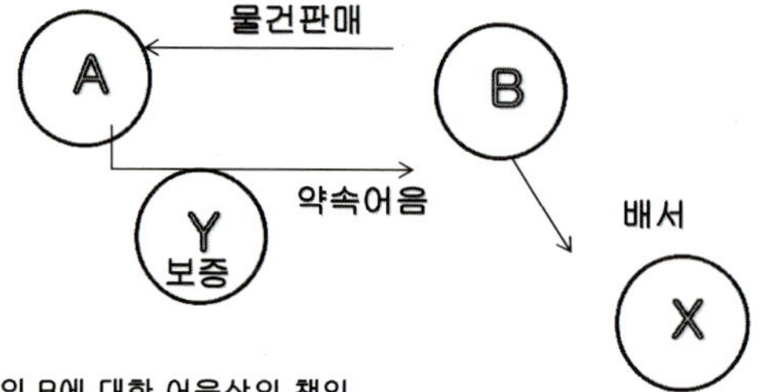

•A의 어음발행이 위조의 어음행위이거나 의사무능력자의 어음행위로서 무효인 경우에는
①A는 B나 X에 대해 물적항변사유로 대항(무효) 어음상의 채무 부담 안함
② Y는 어음보증채무는 유효하게 성립하나 (독립성) 권리남용에 의거 이행을 거절 할 수 있음

•Y의 B에 대한 어음상의 책임
①A의 의사무능력으로(물적항변) A가 어음채무를 부담하지 않는 경우
②A와 B의 매매계약이 해제된 경우(인적항변)
→Y의 어음보증상의 책임은 성립되지만 B의 권리주장은 권리남용이 되기 때문에 Y는 B의 권리주장에 대해 어음보증채무의 이행을 거절할 수 있음(판례)
③A의 B에 대한 어음채무가 지급, 상계, 면제, 소멸시효 등으로 소멸한 경우
→어음채무의 부종성에 근거 Y는 B에 대하여 어음보증채무가 없음을 항변 가능

•Y의 X에 대한 어음상의 책임
① A와B간에 매매계약이 해제된 후 + X가 그러한 사실을 모르고 어음을 양수한 경우
→ A와Y는 X에 대하여 책임을 부담
② A와B간에 매매계약이 해제된 후 + X가 그러한 사실을 알고 어음을 양수한 경우(악의)
→Y의 보증채무는 성립함(악의의 어음취득자에게도 적용). 단 X의 권리주장은 권리남용에 해당하므로 Y는 어음보증채무의 이행을 거절할 수 있음
③ X가 양수한 후 매매계약이 해제된 경우 → X가 후에 그 사실을 알았다고 하더라도 A나 Y는 이행을 거절 할 수 없음

4.3.2. 어음상 권리의 발생

		악의의 소지인에 대한 관계
인적 항변사유	원인관계 부존재	권리남용으로 거절 가능 인적 항변사유
	기타(취소권.해제권.상계권)	이행거절 불가
물적 항변사유	증권상의 항변	채무자체의 불성립 물적 항변사유
	비증권상의 항변	권리남용으로 거절 가능

☞	조건부 어음행위의 효력	행위의 효력
발행	조건부발행	무효(§1 2호)
인수	일부인수	유효(§26) 인수
	변경인수, 조건부인수	소구의무자에게 소구가능 인수변경인수, 조건부인수
		인수인은 문언대로 책임
배서	일부배서, 조건부배서	무효(§12)
지급	일부지급	유효
보증	일부보증	유효 보증
	조건부보증	유효

4.3.2. 어음상 권리의 발생

(2) 어음보증인의 구상권
1) 피보증채무의 소멸
- 어음보증인이 그 채무를 이행하면 보증채무와 피보증채무 모두가 소멸
2) 어음법상 구상권의 취득
- 보증인이 보증채무를 이행하면 피보증채무가 소멸하는 결과로 인하여, 보증채무를 이행한 어음보증인은 피보증인 및 그의 전자인 어음채무자(주채무자 포함)에 대하여 어음상의 권리를 취득함(어 32, 77, 수 27).
- 구상권 취득의 법적 성질
  - 승계취득설 : 어음소지인의 권리를 승계취득하는 것임
  - 법정취득설(통설) : 법률의 규정에 의하여 독립적, 원시적으로 취득하는 것임
3) 어음법상 구상권의 행사
- 법정취득설에 의하면 어음채무자는 어음소지인에게 대하여 가지고 있는 인적항변사유로써 구상권을 행사하는 어음보증인에게 대항할 수 없음. 다만 어음보증인이 어음채무자의 어음소지인에 대한 인적항변사유를 알고 보증채무를 이행한 경우에는 예외적으로 어음채무자는 어음보증인에 대하여 악의의 항변을 주장할 수 있음(통설)
4) 일부보증의 경우
- 일부보증의 경우 이행한 부분에 한하여 피보증인 및 그의 전자에 대하여 구상권을 취득하고, 잔액에 대한 어음상의 권리는 여전히 어음소지인에게 귀속함
5) 공동보증의 경우
- 공동보증인 간에는 분별의 이익이 없고 공동보증인은 합동책임을 부담하므로 공동보증인은 각자 어음금의 전액에 대하여 지급할 책임을 부담함
- 따라서 공동보증인 중의 1인이 그 보증채무를 이행한 경우에도 어음법상으로는 다른 공동보증인에 대한 구상권이 없고 민법상의 일반원칙에 의한 다른 공동보증인에 대한 구상권이 발생할 뿐임

4.3.2. 어음상 권리의 발생

4.3.2.5. 어음참가
4.3.2.5.1. 의의
- 참가라 함은 소구권이 발생했을 경우 특정한 소구의무자에 대한 소지인의 소구권행사를 저지하기 위하여 제3자가 어음관계에 개입하는 것을 말함. 참가를 하는 사람을 참가인, 특정한 소구의무자를 피참가인이라고 함.
- 제3자가 어음관계에 가입함으로써 어음의 신용을 유지하는 점에서 어음보증과 유사하나 보증이 사전적 조치임에 반하여 어음참가는 사후적 조치라는 점에서 차이가 있음
- 참가제도는 수표에는 없고 어음에 특유한 제도임
- 참가의 종류 : 참가인수 / 참가지급
- 참가의 당사자
  - 참가인(참가인수인/참가지급인) / 피참가인
  - 예비지급인 : 어음의 기재상 참가할 것이라고 예정된 자
  - 협의의 참가인/고유의 참가인 : 순수한 제3자가 참가하는 경우
- 참가의 통지
  - 참가인은 피참가인에 대하여 참가일로부터 2거래일 내에 그 참가의 통지를 하여야 함(어 55①)

4.3.2.5.2. 참가인수
(1) 의의
- 참가인수라 함은 만기전 소구권이 발생한 경우, 소구권 행사를 저지할 목적으로 제3자가 특정한 소구의무자를 위하여 그 자와 동일한 어음상 채무를 부담할 것을 약속하는 어음행위를 말함
- 참가자 : 제3자, 지급인·발행인(환어음), 배서인·보증인, 인수인은 참가인이 될 수 없음
- 참가인수의 법적 성질 : 인수의 일종이라는 설 / 소구의무의 인수라는 설(통설)

4.3.2. 어음상 권리의 발생

(2) 요건
- 실질적 요건 : 어음의 소지인이 만기 전에 소구할 수 있는 모든 경우에 참가인수를 할 수 있음.
- 형식적 요건 : (거절증서의 작성면제의 경우 제외) 거절의 사실이 인수(지급)거절증서에 의하여 증명
- 인수제시금지어음의 경우 원칙적으로 참가인수는 하지 못함.

(3) 참가인수의 절차
1) 당사자
- 참가인수인의 자격에는 원칙적으로 제한이 없음. 이미 어음상 채무를 부담한 발행인·배서인·보증인 등도 참가인수인이 될 수 있음
- 피참가인은 소구의무자임. 발행인, 배서인 및 이들의 보증인이 모두 피참가인이 될 자격이 있음
2) 방법(방식)
- 참가인수인이 어음에 참가인수의 뜻을 기재하고 기명날인 또는 서명하고 어음을 소지인에게 교부하여야 함.
- 참가인수는 무조건이어야 함. 일부 참가인수는 허용되지 않음.
- 참가인수에는 피참가인을 표시하여야 함. 피참가인의 표시가 없어도 무효가 되는 것은 아니고 , 환어음의 경우는 발행인을 위하여 참가인수한 것으로 봄
- 법문상 등본 또는 보전에 하여야 하는 것이 허용되지 아니하지만, 참가인수는 배서인 또는 보증인을 위하여도 하는 것이므로 등본 또는 보전에 하는 것도 허용된다고 봄(통설)
3) 통지
- 참가인수인은 피참가인에 대하여 참가인수일로부터 2거래일 내에 그 참가인수의 통지를 하여야 함.

4.3.2. 어음상 권리의 발생

(4) 참가인수의 선택
- 참가인수의 승낙과 거절 : 참가인수를 하려면 소지인의 승낙이 있어야 함. 소지인은 원칙적으로 언제든지 참가인수를 거절 가능. 이는 신용할 수 없는 제3자의 개입으로 소구권 상실을 막기 위해서
- 지급지에 있는 예비지급인의 기재가 있는 경우, 예외적으로 그 사람의 참가인수는 이를 거절 못함
- 참가인수의 경합 : 특정한 피참가인의 기재가 있으면 소지인은 먼저 예비지급인에게 참가인수를 승낙하면 그 피참가인과 그 자의 후자는 소구를 면하므로, 이미 의무를 면한 이들을 위한 참가인수는 승낙하지 못함. 예컨대 어음소지인이 발행인을 위한 참가인수를 승낙한 때에는 그 후자를 위하는 참가인수를 승낙할 수 없게 됨
(5) 효력
1) 의무의 발생
- 참가인수인은 소지인과 피참가인의 후자에 대하여 피참가인과 동일한 의무를 부담함.
- 적법한 지급제시에도 불구하고 지급이 거절되면 소지인은 지급거절증서를 작성하여 참가인수인을 포함한 소구의무자들에 대해 책임을 물을 수 있음.
- 피참가인의 의무가 실질적 이유로 인하여 무효인 때라도 어음행위독립의 원칙상 참가인수인이 어음채무를 부담하게 됨(통설)
2) 권리의 소멸
- 참가인수가 있으면 소지인은 피참가인과 그 후자에 대한 만기전 소구권을 잃는다.
- 피참가인은 만기 전에만 소구의무를 면하는 것이므로 참가인수인이 뒤에 참가지급을 하는 때에는 참가인수인에 대하여 상환을 하여야 함.
- 피참가인과 그 전자는 참가인수에도 불구하고 소구금액을 지급하고 어음을 환수할 수 있음(어 58 924②)
3) 참가인수인과 피참가인과의 관계
- 참가인수인과 피참가인간에는 참가인수로 인하여 직접 아무런 어음상의 관계가 발생하지 아니하며, 경우에 따라 위임 또는 사무관리의 관계가 인정됨. 참가인수인이 참가지급을 하게 되면 피참가인 등에 대하여 어음상의 권리를 취득하게 됨

4.3.2. 어음상 권리의 발생

4.3.2.5.3.참가지급

(1) 의의
- 참가지급이란 만기 전 또는 만기 후의 소구권이 발생한 경우, 소지인의 소구권행사를 저지할 목적으로 특정 소구의무자를 위하여 소지인에게 소구금액 상당을 지급하는 것을 말함.

(2) 요건
- 소구권의 발생 – 만기 전 또는 만기 후의 소구권이 발생한 모든 경우에 참가지급을 할 수 있음(어 59 ①)
- 승낙의 불요 – 참가지급은 참가인수와 달라 소지인의 승낙이 필요 없음. 따라서 어음소지인은 순수한 제3자가 참가지급을 하려고 할 때에는 참가인수의 경우와는 달리 거절하지 못함. 참가지급은 현실적 급부이므로 참가인의 개인적 요소는 중요시 할 필요가 없기 때문임

(3) 절차
1) 당사자 : 참가지급인은 원칙적으로 아무런 제한이 없음. 피참가인이 될 수 있는 사람은 소구의무자임.
2) 방법 : 참가지급인은 피참가인이 지급할 전액을 소지인에게 지급하여야 함. 이 경우 어음소지인은 어음 및 (거절증서작성시) 거절증서를 참가지급인에게 소구권을 행사하게 하기 위하여 교부하여야 함(어 62 ②)
3) 방식 : 참가지급은 이것을 영수한 어음소지인이 어음상에 영수하였다는 취지를 기재하고, 또 피참가인을 표시하는 방법으로 함. 피참가인의 표시가 없는 참가지급은 가장 많은 사람을 면책시키기 위하여 환어음의 경우에는 발행인을 위한 것으로 봄(어 62).
4) 청구 : 소지인은 원칙적으로 제3자에게 참가지급을 요청할 필요는 없음.
5) 금액 : 참가지급인은 피참가인이 지급할 의무가 있는 금액의 전부를 지급하여야 하며, 일부참가지급은 허용되지 않음(어 59 ②)
6) 시기 : 참가인수인은 원칙적으로 지급거절증서 작성기간의 익일까지 참가지급 하여야 함(어 60). 예비지급인 기타 제3자의 참가지급은 만기의 전후를 묻지 않고 할 수 있으나, 지급거절증서 작성기간의 익일까지 하여야 함(어 59 ③, 60①)
7) 통지 : 참가지급은은 피참가인에 대하여 2거래일 내에 참가지급의 통지를 하여야 하고, 만일 과실로 인하여 이 기간을 준수하지 아니한 경우 어음금액의 한도 내에서 그로 인한 손해를 배상할 책임을 짐.

4.3.2. 어음상 권리의 발생

(4) 효력
1) 어음소지인의 어음상의 권리소멸 및 책임의 면제 : 참가지급으로 인하여 소지인은 소구금액을 상환받았으므로 모든 어음상 권리를 잃는다. 그리고 피참가인도 소지인에 대한 소구의무를 면하고 나아가 피참가인보다 후의 배서인 및 그 보증인도 의무를 면함. 다만 피참가인은 의무를 면하지 못하고 참가지급인에 대하여 의무를 부담함(어 63)
2) 참가지급인의 어음상의 권리의 취득 : 지급을 한 참가지급인은 피참가인과 그의 어음상 채무자에 대하여 어음으로부터 생기는 권리를 취득함. 그러나 다시 어음에 배서하지 못함(어 63 ①).
3) 청구권의 경합 : 상이한 피참가인을 위하여 수 인의 참가지급 희망자가 있는 경우에는 참가지급 희망자가 참가인수인 또는 예비지급인이든 또는 순수한 제3자이든 불문하고 가장 다수의 의무를 면하게 하는 자가 우선함(어 63).
4) 일반사법상의 보상청구권의 취득 : 참가지급인은 피참가인 등에 대하여 일반 사법상의 관계에 기한 보상청구권을 가질 수 있음

제4편 어음·수표법

4.3. 어음 · 수표법 각론

4.3.1. 어음상 권리의 의의
4.3.2. 어음상 권리의 발생
4.3.3. 어음상 권리의 이전
4.3.4. 어음상 권리의 행사
4.3.5. 어음상 권리의 소멸
4.3.6. 기타 제도
4.3.7. 수표에 특유한 제도

4.3.3. 어음상 권리의 이전

4.3.3.1.서설
어음상의 권리의 양도(이전) 방법에는 일반적인 양도방법과 어음에 특유한 양도방법이 있음

4.3.3.1.1.어음상의 권리의 양도 방법
- (1) 합병·상속과 같은 포괄승계와 경매·전부명령과 같은 특정 승계에 의하여 이전
- (2) 어음에 특유한 양도방법인 배서 또는 교부에 의하여 양도
- 어음은 배서 또는 교부에 의해서, 수표는 배서 외에 교부에 의해서도 이전
- 기명식 또는 지시식 어음(수표)은 배서에 의해서 양도되고 소지인출급식 수표는 단순한 교부에 의해서 양도
- 어음(수표)면상 배서(지시)금지의 문언이 있는 경우에는 배서에 의해서 양도 될 수 없고 지명채권양도방식에서만 양도
- 기명식 또는 지시식어음(수표)이라도 수취인(배서인)으로부터 백지식배서 또는 소지인출급식배서에 의하여 어음(수표)를 양수한 자는 단순한 교부에 의하여 어음(수표) 양도
- (3) 지명채권 양도방식에 따라서만 양도 됨

4.3.3.1.2.지명채권 양도방법에 의한 어음의 양도
- (1) 배서 또는 교부에 의하여 양도 할 수 있는 어음을 일반적 양도방법인 지명채권 양도방법에 의하여 양도 할 수 있는가에 대하여 학설은 긍정설(통설)과 부정설(소수설)로 나뉨
- 긍정설(통설)
- 부정설(소수설) : 지명채권양도방법에 의하여 어음을 양수한 자는 어음상의 권리를 취득하지 못하며 다시 제 3자에 대하여 양도 할 수도 없음. 다만 배서금지어음에 대하여만 지명채권양도방법에 의하여 권리를 양도할 수 있음

4.3.3. 어음상 권리의 이전

4.3.3.2. 배서의 의의
1.배서의 개념
배서란 어음의 수취인 또는 그 밖의 후자가 배서의 방식에 따라서 일정한 사항을 기재하고 기명날인 또는 서명하여 타인에게 교부하는 어음행위를 말함
- (1) 어음의 유통을 조장하기 위하여 법이 특히 인정한 어음의 간편한 양도방법
- (2) 어음상 권리이전의 효력요건이지 대항요건이 아님
- (3) 법률상 당연한 지시증권이므로 지시식 어음뿐만 아니라 기명식 어음도 배서에 의하여 양도 가(어 §11조1항·§77조1항1호·수 §14조1항).
- (4) 배서에 의하여 어음을 양도할 수 있는 권리(배서권)은 어음상의 권리 자체가 갖는 힘이므로, 배서 이외의 방법이라도 어음상의 권리를 정당하게 취득한 자는 다시 배서할 수 있음(통설).
- (5) 특수배서 – 무담보, 배서금지, 환배서, 추심위임배서, 기한후배서, 입질배서

2.배서의 법적 성질
- 어음상의 권리의 양도를 목적으로 하는 어음행위라고 보는 채권양도설이 통설임

3.배서금지어음(지시금지어음, 禁轉어음)
- (1) 의의 : 발행인이 기명식 어음에 '배서금지' 또는 이와 동일한 뜻의 문언을 기재한 어음(어 §11조 2항)
  - 배서금지어음은 발행인이 배서금지의 문언을 어음에 기재하고 배서성이 박탈되는 점에서, 배서인이 배서금지문언을 어음에 기재하고 또 배서성이 박탈되지 않는 배서금지배서와 구별됨
- (2) 지시금지문구
  - ① 증권면상에 그 뜻을 명시적으로 기재하여야 함. 발행인은 보통 어음상에 인쇄된 지시문언을 삭제하는 외에 어음상에 '배서금지' 또는 이와 동일한 의의가 있는 문언을 기재하여야 함
  - ② 지시금지문언은 어음의 표면에 기재해야(어음에 불기재된 배서금지특약은 인적항변사유에 불과)

4.3.3. 어음상 권리의 이전

- ② 지시금지문언은 어음의 표면에 기재해야 함
  - 어음에 불기재된 배서금지특약은 인적항변사유에 불과함. 즉, 당사자간에 어음 외에서 배서금지특약을 한 것은 어음상의 효력이 없음(판)
  - 환어음의 인수인이 배서금지의 문언을 기재한 경우에는 부단순인수가 되어, 어음소지인에 대한 관계에서 인수를 거절한 것이 되나, 인수인은 그 문언에 따라 어음상의 책임을 짐. 따라서 인수인은 현재의 어음소지인에 대하여 어음상의 책임을 부담하나, 인수 당시의 어음소지인에 대하여 가졌던 항변사유로써 현재의 어음소지인에게 대항할 수 있음
  - 배서금지문언을 기재한 보증인은 보증 당시의 어음소지인에 대한 항변이 부착된 대로 현재의 어음소지인에 대하여 어음보증인으로서 책임을 부담

- (3) 배서금지어음의 효력
  - ① 배서금지어음은 양도성 자체가 박탈되는 것이나 아니고 배서에 의한 양도성만 박탈되므로 지명채권의 양도에 관한 방식과 그러한 효력으로서만 양도 가. 따라서 양도인이 무권리자인 경우 자격수여적 효력이 인정되지 않고 선의취득이나 인적 항변의 단절은 인정되지 않으며, 양도인은 배서의 경우와 같이 담보책임을 부담하지 도 않음
  - ② 배서금지어음은 양도성이 없을 뿐 나머지 점에 관하여는 통상의 어음과 동일. 따라서 환어음의 발행인은 소구의무를 부담하며, 어음소지인이 권리를 행사 하기 위해서는 제시가 필요하며(제시증권성), 제시를 위해 어음소지인은 어음채무자의 영업소 또는 주소에 가서 어음금을 지급청구하여야 하며(추심채무), 어음금액과 동 어음을 상환하여야 함(상환증권성).
  - ③ 추심위임배서와 입질배서는 할 수 있으나, 권리가 양도되는 기한후배서는 불허
  - ④ 배서금지어음에 대하여 공시최고에 의한 제권판결이 인정되는지 여부에 대하여 긍정설과 부정설로 나뉨

4.3.3. 어음상 권리의 이전

4. 어음과수표의 배서의 차이

구분	어음	수표
수취인 기재	-필요적 기재사항(수취인 백지는 백지어음으로 인정) - 수취인은 반드시 배서하여야 권리를 양도함 - 백지식배서, 소지인출급식 배서는 교부에 의하여도 양도 가능	유익적 기재사항: 소지인출급식수표는 교부에 의하여 양도
소지인출급식	발행은 불인정(배서는 인정하나 백지식 배서로 봄.)	발행 인정. 소지인출급식수표에 한 배서는 담보적 효력만 있음(권리이전적 효력, 자격수여적 효력은 없음)
지급인에 대한 배서	- 배서인정(환배서) - 지급인이 하는 제3자에 대한 배서도 인정	영수증으로서의 효력만 인정. → 지급인이 제3자에 대하여 한 배서는 무효(수 15③).
입질배서	신용증권이므로 인정	지급증권이므로 불인정
등본에 의한 배서 인정	등본에 의한 배서 인정	등본제도가 인정되지 않음
만기	만기의 기재가 있음	만기가 없고 항상 일람출급이므로 수표에 한 배서인은 지급담보책임만을 부담하고 인수담보책임을 부담할 여지가 없음

4.3.3. 어음상 권리의 이전

4.3.3.3. 배서의 기재사항
- 배서에는 일정한 방식이 있으며, 어음이나 이에 결합한 보전에 기재하고, 배서인이 기명날인 또는 서명하여야 함(어음13①).
- 배서는 어음의 이면에 하는 것이 보통이나 배서는 어음의 표면(간략백지식 배서는 표면에는 하지 못함) 또는 등본에도 할 수 있음.
- 기재사항에는 필요적 기재사항, 유익적 기재사항, 무익적 기재사항, 유해적 기재사항이 있음.

4.3.3.3.1. 필요적 기재사항(배서요건)

(1) 배서문언
- 배서인의 의사 표시임. 배서문언은 피배서인과 함께 기재되지 않을 수도 있는데 이를 간략백지식배서라고 함.
- 간략백지식배서를 어음의 표면에 하게 되면 기명날인 또는 서명만으로써 하는 어음보증 또는 인수와 혼동될 염려가 있기 때문에 간략백지식배서는 반드시 어음의 이면이나 보전에 하여야 함

(2) 피배서인 : 어음상의 권리를 배서에 의하여 양수하는 자

4.3.3. 어음상 권리의 이전

1) 기명식배서 : 정식배서 또는 완전배서라고도 하며, 배서문언·피배서인 및 배서인의 기명날인 또는 서명이 모두 기재된 배서를 말함. 배서인의 표시는 거래에서 식별할 수 있는 정도이면 족하고, 수취인의 기재와 같이 중첩적·순차적·선택적 기재도 무방함.

2) 백지식배서 : 피배서인의 기재가 없는 배서를 말하며, 약식배서 또는 무기명식 배서라고도 함. 백지식 배서에 의하여 어음을 양수한 자는 자기의 명칭 또는 타인의 명칭으로 백지를 보충한 후에 백지식으로 다시 배서하거나 백지를 보충하지도 않고 또는 배서도 하지도 않고 제 3자에게 양도 (교부) 할 수 있음(어14②).

3) 소지인출급식 배서(무기명식 배서) : 소지인에게 배서양도 한다는 뜻으로 한 배서로서 백지식 배서와 동일한 효력이 있음(어12③).

4) 지명소지인출급식 배서(선택 무기명식 배서) : '갑'또는 소지인에게 지급하여 주십시오' 라고 배서하며, 소지인출급식 배서의 일종임.

(3) 배서인의 기명날인 또는 서명

배서인의 기명날인 또는 서명은 반드시 있어야 하며, 이의 기재가 없으면 배서는 무효임.

허무인의 명의로 한 배서의 기명날인 또는 서명이나 위조배서의 기명날인 또는 서명은 배서로의 권리이전적 효력이나 담보적 효력은 없으나, 배서의 연속에서 자격수여적 효력은 있으며, 그러한 결과로서 선의취득이 가능

4.3.3. 어음상 권리의 이전

4.3.3.3.2. 유익적 기재사항
유익적 기재사항은 어음에 기재하면 배서인에게 효력이 발생하는 사항임.

(1) 환어음, 약속어음, 수표 모두에 해당하는 사항
- 무담보문구(어15①) – 인수무담보, 지급무담보
- 배서금지 배서문구(어18②),
- 추심위임문구 (어18①) – 추심하기 위하여 문구 기재(공연한 추심위임배서)
- 배서일자(어20②) – 배서일자가 없으면 기한전배서로 추정함.
- 배서인의 주소(어45③) – 그 주소에 인수거절 또는 지급거절의 통지를 하면 됨. 주소가 불분명한 경우에는 배서인은 직접 전자에게만 통지함.
- 거절증서작성 면제문구(그 배서인에게만 효력 있음 어46①) 등이 있음

(2) 어음에만 해당하는 사항
- 입질문구(어19①)
- 인수제시기간 단축문구(어23③) – 일람 후 정기추급어음의 경우(일람후정기출급급의 환어음의 인수제시기간은 원칙적으로 1년간)
- 지급제시기간 단축문구(어34①)
- 예비지급인의 기재(어55①)
- 등본에만 배서하라는 문구(어68③)
- 인수제시요구문구(어22④) – 환어음에만 기재할 수 있으며, 발행인의 인수제시금지문구가 없는 경우에만 할 수 있음.

4.3.3. 어음상 권리의 이전

4.3.3.3.3. 무익적 기재사항

배서자체의 효력에는 영향이 없고 그 기재내용만이 어음상의 효력이 없는 기재임. 여기에는 배서에 붙은 조건(배서의 단순성)·대가문언·지시문언 등이 있음.

4.3.3.3.4. 유해적 기재사항

배서 자체를 무효로 하는 기재로서 일부배서(어12②)가 있음. 어음금액의 일부가 지급되어 그 잔액에 대하여 배서하는 경우는 일부배서가 아님.

4.3.3.4. 배서의 효력

배서에 의하여 권리 이전적 효력(의사표시상), 담보적 효력(법적 효력), 자격수여적 효력(법적 효력)이 발생하므로 일반적인 채권양도보다 양수인을 두텁게 보호하고 있음.

4.3.3.4.1. 권리 이전적 효력(본질적 효력)

- 배서인의 의사표시에 의하여 어음상의 모든 권리가 피배서인에게 이전하는 것을 말함. 배서인이 가지는 어음상의 권리가 피배서인에게 이전되어 피배서인이 승계취득하는 것이지 피배서인이 어음 소유권을 취득하여 그의 결과로 어음상의 권리를 취득하는 것은 아님(통설)
- 인적항변의 절단 : 어음채무자는 자기의 피배서인이 배서행위를 한 후에는 그 배서인에 대한 항변으로 피배서인에게 항변할 수 없게 되므로(인적항변의 절단), 어음채무자에 대하여 피배서인의 권리가 배서인의 권리보다 강화되고 어음의 유통이 강하게 보호됨.
- 종된 권리의 이전 : 종된 권리(질권, 저당권, 보증계약상의 권리)가 권리이전적 효력과 관련하여 이전되는가에 대하여 긍정설과 부정설로 나뉨
- 배서 후의 배서인의 지위 : 배서인은 배서에 의하여 어음상 권리를 상실. 후에 환배서, 배서의 말소에 의한 어음의 반환·상환 등에 의하여 어음상 권리를 다시 취득 가능

4.3.3. 어음상 권리의 이전

4.3.3.4.2. 담보적 효력

- 배서에 의하여 원칙적으로 배서인이 피배서인 및 기타 자기의 후자 전원에 대하여 인수 및 지급을 담보하는 효력을 말함(어15①). 담보의 효력을 통설은 법정책임으로 이해함
- 독립된 어음채무의 부담 : 배서인 및 기타 자기의 후자에 대하여 선행하는 어음행위의 실질적 효력 및 배서의 원인관계의 효력과는 관계없이 배서 그 자체의 효력에 의하여 담보책임을 부담함
- 범위 : 배서인은 피배서인 및 그 후자 전원에 대하여 어음금액 및 비용에 대한 상환책임을 부담하는데, 만기 전에 인수가 거절되거나 지급정지와 같은 불확실이 발생하거나(어43②) 만기에 지금이 거절되면 소구의무를 부담함(어48,49).
- 배서인이 수인인 때(공동배서)에는 각자가 배서인으로서 어음금액 전액에 대하여 인수 및 지급의 담보책임을 부담함(합동책임).
- 담보적 효력이 발생하지 않는 경우
- 무담보배서, 배서금지배서, 기한후배서(지급거절증서작성 후 또는 지급거절작성기간경과 후 의 배서)나 추심위임배서(대리배서)는 담보적 효력이 없음.
- 무담보배서와 관련하여 환어음의 발행인은 인수담보책임만을, 환어음의 배서인은 인수담보책임 및 지급담보책임만을 배제할 수 있음
- 배서금지배서의 경우 배서인은 자기의 직접의 피배서인에 대하여서만 담보책임을 부담하고 그 후자에 대하여서는 부담하지 않음
- 소지인출급식수표의 단순한 교부는 배서인의 기명날인이 수표상에 없는 상태에서 권리가 이전하는 것이므로 담보적 효력이 없음.

4.3.3. 어음상 권리의 이전

4.3.3.4.3. 자격수여적 효력

(1) 의의

– 어음소지인이 배서의 연속에 의하여 그 권리(형식적 자격)를 증명한 때에는 적법한 어음상의 권리자로 추정되어 실질적인 권리자라는 증명을 필요로 하지 않고 어음상의 권리를 행사할 수 있는 자격을 취득하게 되는 효력(어§16조)

(2) 배서의 연속

1) 개념

– 수취인이 제1배서인이 되고 제1배서의 피배서인이 제2배서인이 되어 최후의 소지인에 이르기까지 배서가 연속되어 있는 것. 발행인이 수취인을 겸한 어음이 아닌 한 발행인이 제1배서의 배서인으로서 기명날인 또는 서명을 하여도 어음법상 아무런 의미도 없음

1) 요건

①   배서의 연속은 어음상의 기재에 의하여 형식적 존재로 족함(실질적인 것은 불문). 형식적으로 연속되어 있는 한 허무인의 배서, 위조의 배서, 무권대리인의 배서, 무능력자의 배서, 하자있는 의사표시에 의한 배서 등이 있어도 연속에 있어서는 유효한 배서가 됨. 기재의 동일성은 주요부분에서만 일치가 있어도 족함

②   각 배서에 있어서 수취인(피배서인)과 배서인의 표시는 어음상 기재가 순차적으로 동일성이 있어야 함. 백지식 배서에 이어 다른 배서가 있는 경우, 그 배서인이 백지식 배서의 피배서인으로 보충 되어 있지 않아도 배서의 연속이 있는 것으로 보아 유효.

4.3.3. 어음상 권리의 이전

3) 효과

– 적법성 추정 : 배서가 연속한 어음소지인은 적법한 권리자로 추정되므로, 실질적 권리자라는 사실을 입증하지 않아도 어음상의 권리를 행사할 수 있음

– 선의취득 인정 : 배서의 연속이 있으면 그 어음소지인은 실제로 무권리자라고 하더라도 그로부터 어음을 취득한 자가 선의·무과실인 경우에는 어음상의 권리는 그 취득자에게 귀속함

– 선의지급(지급의 면책력) : 어음채무자가 배서의 연속이 있는 어음소지인에게 그 청구에 따라 어음금액을 지급하면 그 소지인이 실질적인 권리자가 아닐지라도 어음채무자는 사기 또는 중대한 과실이 없는 한 그 책임을 면함

4) 말소된 배서

– 말소된 배서는 배서의 연속에 관하여는 배서의 기재가 없는 것으로 봄(어 16①).

– 배서의 말소는 배서의 자격수여적 효력에만 영향을 미칠 뿐, 배서의 권리이전적 효력이나 담보적 효력에는 영향을 미치지 않음

– 배서란의 피배서인만이 말소된 경우에 학설은 전부말소설과 백지식배서설로 나뉨

4.3.3. 어음상 권리의 이전

5) 배서의 불연속

A → B

B → C

C → D

E → F

F → G

① 권리이전적 효력 :
- D-E 배서의 불연속되었다 하더라도 E가 상속이나 지명채권양도방법에 의하여 어음상의 권리를 취득한 경우에는 어음상의 권리는 F 및 G에게 이전(권리의 승계취득이지 선의취득 아님 즉, 배서의 권리이전적 효력은 배서의 자격수여적 효력을 전제로 하는 것은 아님)
- 어음법적 권리이전이 아니므로 어음채무자는 D에 대해 가지고 있는 항변을 E에게 대항할 수 있음. 그러나 F와 G는 배서에 의하여 취득한 것이므로 어음채무자자 E에 대하여 가지고 있는 항변을 가지고 F 및 G에 대해서 대항불가

② 담보적 효력
- 상속이나 지명채권 양도방법에 의하여 어음상 권리를 취득한 E가 배서에 의하여 권리를 양도한 경우에는 담보적 효력이 발생하여 E는 어음소지인에게 소구의무 부담(담보적 효력은 어음행위독립의 원칙과 관련하여 형식상 유효한 어음에 배서를 한 이상 독립적으로 발생함. E 및 F의 배서에는 권리이전적 효력과 담보적 효력은 있으나 자격수여적 효력은 인정X)
- E가 습득자 또는 절취자로서 무권리자인 경우에는 F는 형식적 및 실질적 무권리자로부터 어음을 취득한 것이므로 F는 아무런 어음상의 권리를 취득할 수 없는데 이 경우에 담보적 효력이 발생하는 지에 대해 견해가 나뉨

③ 자격수여적 효력
- D에서 E에게 배서의 연속이 단절 된 경우에는 E, F, G는 형식적 자격이 없으므로 자격수여적 효력이 인정 안됨
- E가 D로부터 상속 또는 지명채권양도방법 등과 같은 어음법적 양도 이외의 방법으로 승계받았으나 실질적 권리자임을 증명한 경우(단절된 배서의 가교) 자격수여적 효력이 발생하는 가에 대해 학설은 긍정설(다수설)과 부정설로 나뉨
- 부정설에 의하면 선의취득 및 선의지급의 면책을 부인함
- 자격수여적 효력의 내용 : 권리추정력, 선의취득, 선의지급(면책력)

4.3.3. 어음상 권리의 이전

4.3.3.5. 특수배서
- 양도배서에 있어서의 특수배서 : 무담보배서, 배서금지배서, 환(역)배서, 기한후배서
- 양도 이외의 목적에 의한 특수배서 : 추심위임배서, 입질배서

양도배서에서의 특수배서	양도배서 이외의 특수배서
무담보배서(어§15조①): 배서인이 어음상의 책임을 지지 아니한다는 뜻의 기재를 어음상에 한 배서	**추심위임배서(§18조):** 배서인이 피배서인에게 자기를 위하여 어음상의 권리를 행사할 수 있는 대리권을 줄 것을 목적으로 하는 배서
배서금지배서(어§15조②): 새로운 배서를 금지하는 뜻의 문언을 기재한 배서	**입질배서(§19조):** 어음상의 권리에 질권을 설정한다는 뜻의 표시가 들어 있는 배서
환배서(어§11조③): 어음채무자에 대하여 한 양도배서	
기한후배서(어§20조): 지급거절증서작성후 또는 지급거절증서작성기간 경과후의 배서	

4.3.3. 어음상 권리의 이전

4.3.3.5.1. 무담보배서
(1)의의
- 배서인이 어음상의 담보책임을 부담하지 않는다는 뜻을 기재한 배서로(어15①) 무담보는 인수무담보(환어음의 경우에만)와 지급무담보를 의미함(환어음, 약속어음, 수표).
- 단순히 무담보라 기재한 경우에는 인수와 지급 모두에 대하여 무담보배서로 해석.
- 어음금액의 일부에 대하여도 무담보기재를 할 수 있음.
- 무담보배서는 주로 단자회사 등이 매입한 C.P어음을 일반투자가에 매출할 때 이용
(2) 효력
- 무담보문구를 기재한 배서인만이 그 어음상의 담보책임을 지지 않음. 무담보문구를 기재한 <u>배서인의 피배서인 뿐만 아니라(배서금지와 차이점)</u> 그 후자 전원에 대하여도 담보책임을 부담하지 않음
- 담보적 효력은 없으나 권리이전적 효력 및 자격수여적 효력은 인정. 따라서 권리이전적 효력과 관련되는 인적항변의 절단의 효력도 있고, 자격수여적 효력과 관련되는 권리추정적, 선의취득 및 선의지급도 인정

4.3.3.5.2. 배서금지배서(禁轉배서)
(1)의의 : 배서인이 배서를 할 때에 새로운 배서를 금지하는 뜻을 기재한 배서로(어15②) 백지식 배서에도 금전문구를 기재할 수 있음. 배서금지배서도 배서에 의하여 양도가능하나 담보책임만 제한됨
(2) 효력 : 배서인은 직접의 피배서인에게 대하여만 담보책임을 짐. 직접의 피배서인 이후의 피배서인에 대해서는 담보책임을 지지 아니함. 배서금지배서에는 배서의 담보적 효력만이 제한되고, 권리이전적 효력 및 자격수여적 효력은 있음

4.3.3. 어음상 권리의 이전

4.3.3.5.3. 환배서
(1)의의
- 환배서는 어음채무자를 피배서인으로 하는 배서를 말하는데 역배서라고도 함(어11③).
- 어음채무자는 인수인, 발행인, 배서인, 보증인, 참가인수인이 모두 해당하며, 인수하지 않은 지급인에게 한 배서는 환배서가 아님.
- 환배서에는 민법상 혼동의 법리가 적용되지 않음
- 환배서에 의하여 어음을 취득한 배서인이 전자에 대하여 갖는 재소구권은 배서인이 종전에 대하여 가지고 있었던 어음상의 권리를 회복한 것이냐(권리회복설) 또는 어음상의 권리를 재취득 한 것이냐(권리재취득설)에 대하여 견해가 나뉘어 있음

(2) 효력 : 환배서도 배서이므로 배서의 일반적 효력인 권리이전적 효력, 담보적 효력, 자격수여적 효력이 있으나 환배서의 피배서인은 동시에 어음채무자이므로 어음상의 권리행사에 일정한 제한이 있음
- 환배서에 의하여 어음을 취득한 자의 권리행사와 배서성 여부
▪ 주채무자 : 주채무자(약속어음의 발행인, 환어음의 인수인)가 환배서에 의하여 어음을 취득한 경우에는 누구에 대하여도 어음상의 권리를 행사할 수 없음.
▪ 환어음과 수표의 발행인 : 환어음의 발행인이 환배서에 의하여 어음을 취득하면 인수인에 대하여만 어음상의 권리를 행사할 수 있고, 자기의 모든 전자(환배서 기준)에 대하여는 그가 종국적인 소구의 무자인 성질상 어음상의 권리를 행사할 수 없음.

4.3.3. 어음상 권리의 이전

- 배서인 : 배서인이 환배서에 의하여 어음을 취득한 경우에는 인수인(환어음에 한함), 발행인 및 원칙적으로 자기의 전자(원래의 배서를 기준)에 대하여만 어음상의 권리를 행사할 수 있음. 그러나 배서인이 무담보배서 또는 배서금지배서를 한 경우에는 배서인은 그가 소구의무를 부담하지 않는 후자에 대하여는 어음상의 권리(소구권)를 행사할 수 있음.
  어음항변은 속인적인 것이므로 어음채무자가 특정한 배서인에게 대항할 수 있는 인적항변은 그 배서인이 다시 환배서에 의하여 어음을 취득한 경우에도 절단되지 않음.

- 보증인 또는 참가인수인 : 환배서에 의하여 어음을 취득하면 각각 주채무자 및 피보증인 또는 피참가인의 전자에 대하여 어음상의 권리를 행사할 수 있음.

- 인수를 하지 않은 지급인 : 인수를 하지 않은 환어음의 지급인은 어음채무자가 아니므로 이러한 지급인에 대한 배서는 환배서가 아님. 따라서 그러한 지급인이 배서를 받아 어음을 취득한 경우에는 보통의 어음소지인과 같음.
  수표의 경우에는 수표의 지급증권성 성질과 신용증권화를 방지하기 위하여 수표의 지급인에 대한 배서는 원칙적으로 영수증의 효력만 있으며(수, 15⑤), 지급인의 배서는 무효(수 15 ③)

4.3.3. 어음상 권리의 이전

4.3.3.5.4. 기한후배서(후배서)

(1)의의

어음의 경우 기한후배서는 어음의 지급거절증서작성 후 또는 지급거절증서작성 기간 경과 후의 배서를 말함(어20①) → 기한후 배서의 개념은 만기후의 배서의 개념과 구별 → 만기후 배서는 만기전의 배서와 동일한 효력이 있음(어 20①, 77 ① 1호)
수표는 지급거절증서작성 또는 이와 동일한 효력이 있는 선언(지급인의 선언 또는 어음교환소의 선언)의 작성 후의 배서 또는 지급제시기간 경과 후의 배서를 말함(수 24)

(2) 지급거절 또는 인수거절과 기한후배서

1)지급거절과 기한후 배서 : 지급거절이 되었으나 지급거절증서 작성기간 경과 전에 한 배서가 기한후 배서인지 여부
　- 지급(담당)은행의 부도선언을 지급거절증서와 동일시 할 수 없다 하여 지급은행의 부도선언 후 지급거절증서 작성기간 경과 전의 배서는 기한후배서로 볼 수 없음(통설)
2)인수거절과 기한후배서 : 인수거절증서 작성 후의 배서에 대하여는 어음법에 아무런 규정이 없는데, 기한후 배서로 보는 것이 통설임

(3) 기한후배서와 배서일자

- 어음상에 배서일자의 기재가 없는 경우에는 기한전배서로 추정됨(어 20②, 77①, 수표 24)
- 배서일자(유익적 기재사항)가 실제 배서일자와 다른 경우에는 실제로 한 배서 또는 교부일을 기준으로 기한후배서인지 여부 결정(판례도 동지)

(4) 기한후배서와 입증책임

- 기한후배서에 의하여 이익을 보는 자는 어음채무자이므로, 어음상 배서일자의 기재유무에 불구하고 어음채무자(보통 배서인)는 실제로 배서한 날을 입증하여 기한후 배서임을 주장할 수 있음(통설)

4.3.3. 어음상 권리의 이전

(5) 효력
- 기한후배서의 경우 어음채무자를 보호하기 위하여 지명채권양도의 효력만 있음(어 20 ①)
1) 권리이전적 효력 : 기한후배서도 권리이전적 효력이 있으므로 기한후배서만에 의하여 어음상의 권리가 이전하며, 인적항변절단의 효력만 없음
2) 담보적 효력 : 어음행위자의 엄격한 어음상의 책임은 어음의 유통기간 내에 인정되는 것이므로 기한후배서에는 담보적 효력이 없음
3) 자격수여적 효력 : 기한후배서도 양도배서의 일종으로 권리이전적 효력이 있는 점에서 기한후 배서에도 자격수여적 효력이 있다고 보는 것이 통설임(판례도 동지). 따라서 권리추정력이 인정되며, 선의지급에 따른 지급인의 면책도 인정됨.
   다만 기한후배서에 자격수여적효력이 인정된다고 하여도 선의취득은 인정되지 않음(통설)

4.3.3. 어음상 권리의 이전

4.3.3.5.5. 추심위임배서
(1) 의의
   추심위임배서(대리배서, 추심배서, 권한배서, 위임배서)는 배서인이 피배서인에게 어음상의 권리를 행사할 권한(대리권)을 부여할 목적으로 하는 배서(어18)임.
   추심위임배서에는 배서란에 추심위임 등의 문언을 기재한 '공연한 추심위임배서'와 추심위임 등의 문언을 기재하지 않아 형식은 양도배서이나 실질은 추심위임의 목적인 '숨은 추심위임배서'가 있음

(2) 방식
1) 공연한 추심위임배서
   배서에 '회수하기 위하여', '추심하기 위하여', '대리를 위하여' 기타 대리관계를 표시하는 문언이 반드시 기재되어야 함.
   피배서인만을 기재하지 않은 백지식추심위임배서는 가능하나, 피배서인과 배서문언을 기재하지 않은 간략백지식추심위임배서는 하지 못함(추심위임문구, 즉 배서문구를 기재하면≠간략배지식 배서)

2) 숨은 추심위임배서
   추심위임배서처럼('추심을 위하여'와 같은 문구의 기재는 없으나 실제로는 배서인이 추심위임의 목적으로 한) 통상의 배서의 일종임. 어음상의 권리가 피배서인에게 이전함.

4.3.3. 어음상 권리의 이전

(3) 효력

1) 공연한 추심위임배서의 효력

① 권리이전적 효력

- 외부관계(피배서인과 배서인의 제3자에 대한 지위)
- 피배서인에게 어음상의 권리를 행사할 대리권만을 부여하므로 권리이전적 효력이 없으나 피배서인은 어음으로부터 생기는 모든 권리를 행사할 수 있음(어 18).
- 권리이전적 효력이 없으므로 인적항변의 절단의 효력도 없으므로, 어음채무자는 배서인에게 대항할 수 있는 모든 인적항변사유로써 피배서인에게 대항할 수 있음(어 18 ②)
- 피배서인은 어음상의 권리자가 아니므로 양도배서를 할 수 없고, 어음상의 권리에 관한 면제, 화해, 포기 등과 같은 권리의 처분행위를 하지 못하나(통설), 재추심위임배서는 가능
- 배서인은 추심위임배서를 하여도 어음상의 권리를 잃지 않으므로, 그가 어음을 회수한 경우에도는 추심위임배서를 말소하지 않고도 어음상의 권리를 직접 행사할 수 있음
- 내부관계(배서인과 피배서인의 관계)
- 민법상 대리관계이며, 그 관계는 위임인 경우, 고용·도급 등인 경우도 있음
- 배서인의 사망이나 무능력은 추심위임배서에서 대리권의 소멸사유가 되지 않으며(어 18 ③), 배서인이 내부관계에서 피배서인의 대리권을 철회 기타의 사유로 소멸시켜도, 추심위임배서를 말소하지 않는 한 어음상의 효력은 발생하지 않음(대리권의 제한은 당사자간에만 효력이 있음)

② 담보적 효력 : 피배서인에게 어음상의 권리를 행사할 권리만을 수여하고, 어음상의 권리자는 여전히 배서인이므로 배서인이 피배서인에 대하여 담보책임을 부담하지 않음.

③ 자격수여적 효력 : 자격수여적 효력이 인정되어 권리추정력과 선의지급이 인정되나(통설), 권리행사의 면에서만 인정되고 권리유통의 면인 선의취득은 인정되지 않음(통설)

4.3.3. 어음상 권리의 이전

2) 숨은 추심위임배서의 효력

① 숨은 추심위임의 법적 성질

- 신탁적 양도설(통설·판례) : 대외적으로는 보통의 양도배서와 효력 동일하고(형식 중시), 당사자간의 추심위임의 합의는 단지 인적항변사유에 불과. 어음 중의 배서부에 추심문언의 기재가 없으면 추심위임배서가 아님(판례)
- 자격수여설 : 공연한 추심위임배서와 효력 동일(실질 중시)
- 절충설 : 원칙적으로 당사자 의사, 불분명한 경우 자격수여로 추정

② 권리이전적 효력

- 신탁양도설에 의하면 권리이전적 효력이 있음. 인적항변의 절단의 효력이 인정되는 지에 대해서는 원칙적으로 인적항변의 절단의 효력이 있는데, 예외적으로 어음채무자가 숨은 추심위임배서임을 입증하면 인적항변이 절단되지 않는다는 학설에 따르면 어음채무자는 당연히 피배서인에게 대항할 수 있음

② 담보적 효력 : 피배서인에게 어음상의 권리를 행사할 권리만을 수여하고, 어음상의 권리자는 여전히 배서인이므로 배서인이 직접의 피배서인에 대하여 담보책임을 부담하지 않으나 그 이후의 양도배서를 받은 피배서인에 대하여는 담보적 효력이 있음

③ 자격수여적 효력 : 자격수여적 효력이 인정되어 권리추정력과 선의지급이 인정되나, 선의취득의 인정여부는 배서인과 피배서인간에는 논의할 실익이 없음

4.3.3. 어음상 권리의 이전

4.3.3.5.6. 입질배서
(1)의의
　배서인이 자기 또는 제3자의 채무를 담보하기 위하여 어음상의 권리에 질권을 설정할 목적으로 하는 배서임(어 19). 입질배서는 어음에만 인정되고 수표에는 인정되지 않음
　입질배서의 종류에는 입질문언을 기재한 공연한 입질배서와 입질문언을 기재하지 않고 양도배서의 형식을 취한 숨은 입질배서가 있음
1)공연한 입질배서 : 배서에 '담보하기 위하여', '입질하기 위하여' 기타 질권설정을 표시하는 문구를 기재한 것. 공연한 입질배서에는 입질문언이 반드시 기재되어야 하므로 간략백지식입질배서는 불가능함. 피배서인만을 백지로 한 백지식입질배서의 가능성에 대해서는 부정하는 견해와 긍정하는 견해로 나뉨
2)숨은 입질배서 : 실질적으로는 질권을 설정할 목적으로 배서를 하나 질권설정의 문구를 기재하지 않고 통상의 배서로 한 것.

(2) 효력
1) 공연한 입질배서의 효력
　① 권리이전적 효력 : 어음상의 권리 위에 질권을 설정하는 것이므로 권리이전적 효력은 없고 그 대신 질권설정의 효력은 있음.
　　피배피배서인은 질권이라는 독립적인 경제적인 이익을 가지고 있으므로 입질배서에는 인적항변의 절단의 효력이 있음
　　권리이전적 효력이 없으므로 피배서인은 양도배서나 입질배서를 할 수 없고 다만 추심위임배서만 할 수 있음

4.3.3. 어음상 권리의 이전

　② 담보적 효력 : 입질배서의 담보적 효력에 대해서는 긍정설(통설)과 부정설(소수설)로 나뉨
　③ 자격수여적 효력 : 입질배서에는 권리이전적 효력이 없어도 자격수여적 효력은 인정되어 권리추정력과 선의지급이 인정됨(통설). 입질배서의 피배서인은 추심위임배서의 피배서인과는 달리 독립된 경제적 이익을 가지고 있으므로, 어음상의 권리에 대한 질권을 선의취득할 수 있음(통설)

2) 숨은 입질배서의 효력
① 권리이전적효력 : 숨은 입질배서에는 권리이전적 효력이 있음(통설). 피배서인은 질권자로서가 아니라 어음상의 권리자로서 어음상의 권리를 행사할 수 있음.
　어음채무자는 숨은 입질배서의 배서인에게 대항할 수 있는 인적항변사유로써 피배서인에게 대항할 수 없음(배서의 권리이전적 효력과 관련하여 발생하는 인적항변의 절단의 효력)
② 담보적 효력 : 숨은 입질배서에는 담보적 효력이 당연히 인정되어, 배서인은 피배서인 및 그 후자에 대하여 소구의무를 부담함
③ 자격수여적 효력 : 자격수여적 효력이 인정되고, 권리추정력과 선의지급이 인정됨. 또한 피배서인은 선의취득도 할 수 있음

4.3.3. 어음상 권리의 이전

			권리이전	인적항변 절단	담보적 효력	자격수여적 효력 권리추정 선의지급	선의취득
보통의 양도배서			○	○	○	○	○
특수한 양도 배서		無擔保배서	○	○	X	○	○
		背書禁止배서	○	○	△1	○	○
		還(逆)배서	○	○	△2	○	○
		期限後배서	○	X	X	○	X
특수 배서	推尋 委任 배서	공연한	X(대리권만)	X	X	○	X
		숨은 자격 수여설	X(대리권만)	X	X	○	X
		숨은 신탁 양도설	○	○	△3	○	○
	入質 배서	공연한	X(질권만 취득)	○	△4	○	○
		숨은	○	○	○	○	○

△1 : 당사자 사이에서만 담보적 효력 ○
△2 : 소지인이 자신의 어음채무자인 경우는 담보적효력 X(항변 가능)
△3 : 직접의 피배서인에 대해서는 담보적 효력 X
△4 : 긍정설이 통설
cf) 수표의 교부, 수표의 배서, 백지식배서, 배서금지어음, 배서불연속

4.3.3. 어음상 권리의 이전

4.3.3.6. 단순한 교부

4.3.3.6.1. 서설

- 어음은 수취인이 필요적 기재사항(어음요건)이므로(어1⑩)소지인출급식어음 등이 존재할 수 없고, 수취인이 반드시 배서를 하여야 어음상의 권리가 양도됨. 그러나 어음에도 백지식배서가 인정되므로 기명식 또는 지시식어음(수표)의 수취인이 백지식배서를 하여 최후의 배서가 백지식배서인 어음소지인은, 소지인출급식수표의 소지인과 같이 '단순한 교부'만에 의하여 어음상의 권리를 양도할 수 있음(어14②).
- 수표는 어음과 달리 수취인이 임의적 기재사항이므로 소지인출급식수표, 무기명식수표 또는 지명소지인출급식수표가 가능하며, 이러한 수표는 처음부터 '단순한 교부'만에 의하여 수표상의 권리가 양도됨

4.3.3.6.2. 최후의 배서가 백지식배서인 어음(수표)의 단순한 교부의 효력

(1) 권리이전적 효력
- 단순한 교부만으로 어음상의 권리를 이전할 수 있음(어§14 ② 3호,§77①1호,수§17②2호).
- 배서에 의하여도 어음상의 권리를 이전할 수 있음.
- 단순한 교부에 의해 권리이전적 효력이 인정되는 것과 관련하여 인적 항변의 절단의 효력도 있음(어§17,§77①1호, 수§22).
(2) 담보적 효력
- 어음상에 양도인의 기명날인 또는 서명이 없으므로 양도인은 담보책임을 부담하지 않음
- 이러한 어음에 배서하여 양도한 자는 당연히 담보책임을 짐
(3) 자격수여적 효력
- 동어음의 단순한 소지만으로 형식적 자격을 갖게 되어 권리추정력(어§16①, §77①1호, 수§19)과 선의지급이 인정됨(어§40 ③, §77 ①3호). 또한 최후의 배서가 백지식배서인 어음의 소지인은 단순한 소지만으로 자격수여적 효력을 인정받게 되므로 그러한 소지인으로부터 선의·무중과실로 단순한 교부 만에 의하여 어음을 양수한 자는 선의취득도 하게 됨(어§16②, §77①1호, 수§21).

4.3.3. 어음상 권리의 이전

4.3.3.6.3. 소지인 출급식수표의 단순한 교부

(1) 권리이전적 효력
- 교부를 통해 권리이전적 효력이 생기며, 인적 항변의 절단의 효력도 있음(수§22, 민§524, §515).

(2) 담보적 효력
- 양도인의 기명날인 또는 서명이 수표 상에 없으므로 양도인은 담보책임을 부담할 여지가 없음.
- 소지인출급식수표에 배서하여 수표를 교부한 자는 수표소지인에 대하여 담보책임을 짐. 수표상의 권리가 이전되는 효력은 배서에 의하여 발생하는 것이 아니라 단순한 교부에 의하여 발생하는 것이므로, 소지인출급식수표에 한 배서는 권리이전적 효력은 없고 담보적 효력만이 발생함(수§20).

(3) 자격수여적 효력
- 권리추정력 : 소지인출급식수표의 단순한 소지인은 적법한 권리자로 추정됨.
- 선의지급 : 수표채무자는 소지인출급식수표의 단순한 소지인에게 수표금을 지급하여도 그가 사기 또는 중과실이 없는 한 당연히 면책됨.
- 선의취득 : 선의·무중과실로 단순한 교부에 의하여 수표를 양수한 자는 선의취득도 하게 됨(수§21).

구분	최후의 배서가 백지식배서인 어음	소지인출급식수표
권리 이전적 효력	단순한 교부만으로 어음(수표)상의 권리를 이전할 수 있으므로 권리 이전적 효력이 있음.	수표상의 권리를 양도할 의사로써 수표를 단순히 교부하면 권리 이전적 효력이 발생함.
담보적 효력	양도인의 기명날인 또는 서명이 없으므로 담보책임을 부담할 여지가 없음. 그러나 배서하여 양도한 자는 당연히 담보책임을 짐.	양도인의 기명날인 또는 서명이 수표상에 없으므로 담보적 효력이 없음. 그러나 배서하여 수표를 교부한 자는 수표소지인에 대하여 담보책임을 짐.
자격 수여적 효력	단순한 소지만으로 형식적 자격을 갖게 되어 권리 추정력과 선의지급이 인정됨.	소지인출급식수표의 소지인은 수표의 단순한 소지만으로 형식적 자격을 갖게 되어 권리 추정력과 선의지급이 인정됨.

4.3.3. 어음상 권리의 이전

4.3.3.7. 선의취득

4.3.3.7.1. 어음·수표상의 권리의 취득

(1) 취득의 태양
1) 어음·수표상의 권리취득
    ① 원시취득 : 어음·수표행위에 의하여 생긴 권리를 직접 취득하는 경우와 선의취득
    ② 승계취득
        ㉠ 특정승계 : 교부 또는 배서, 지명채권양도의 방법
        ㉡ 포괄승계 : 상속, 포괄유증, 합병
2) 어음·수표법은 어음·수표상의 권리취득방법으로 배서, 단순한 교부, 지명채권양도에 관한 방식, 선의취득, 어음·수표보증인의 보증채무이행에 의한 취득, 참가지급에 의한 취득의 6종을 규정하고 있음

4.3.3.7.2. 선의취득의 의의

1) 의의
- 선의취득이란 형식적 자격자로부터 악의 또는 중과실 없이 어음을 양수한 자는 배서인이 무권리자 또는 양도행위가 실질적으로 무효라 하더라도 어음·수표상의 권리를 취득하는 것을 말함(어16조 2항)
- 양도행위가 무효이어서 어음의 승계취득이 인정되지 않는 경우에 어음의 원시취득을 가능하게 함
- 즉 현재의 소지인은 어음증권의 소유권을 취득하여 어음상의 권리를 취득하게 되고 원 소유자는 어음증권의 상실과 함께 어음증권상의 권리도 상실

4.3.3. 어음상 권리의 이전

2) 취지
- 진정한 권리취득이 아니라 하더라도 선의의 어음취득자를 보호하여 어음의 유통성을 확보하는데 의의가 있음
- 일반원칙에 의하면 양수인이 유효하게 권리를 취득하려면 양도인에게 실질적 권리가 존재해야 함
- 원칙을 적용하면 모든 유통과정을 조사하여야 되므로 어음거래의 원활과 안전을 저해 할 것
- 민법에 의하더라도 선의취득이 가능하지만 어음법은 어음의 유통을 강화하기 위하여 도안의 선의취득에 관한 민법의 규정에 비하여 요건을 완화한 선의취득제도를 확립

☞ 동산(動産)과 어음의 선의취득

	동산	어음
요건	선의이며 무경과실	선의이며 무중과실
적용 범위	무권리자 ○ 무권리인·무능력자 X	무권리자○ 무권대리인○x 의사표시의하자○x 무능력자○x
제한 여부	도품·유실물에 대한 제한 (2년 내 물건의 반환 청구)	없음
주관적 요건	평온, 공연 필요	평온, 공연 규정 무
거래행위의 유효	원인행위가 유효해야 함 거래행위가 무능력, 착오, 사기, 강박, 대리권의 흠결 등의 경우에는 부정	원인행위와 무관

4.3.3. 어음상 권리의 이전

4.3.3.7.3. 선의취득의 요건
(1) 어음법적인 유통방법에 의한 취득
- 배서 또는 교부에 의하여 형식적 자격이 있는 자로부터 어음을 취득 하였어야 함(어음과 기명식 또는 지시식수표의 경우에는 배서에 의하여, 무기명식 또는 소지인출급식수표는 단순한 교부에 의하여)
- 백지어음도 선의취득이 인정되며 환배서에 의하여 어음을 취득한 경우와 무담보배서 및 배서금지배서 의 경우에도 권리이전효력이 있으므로 선의취득의 규정이 적용
- 입질배서의 경우 피배서인은 질권의 선의취득 인정
- 상속, 합병, 유증 등의 포괄승계나 전부명령에 의하여 어음을 취득한 경우 선의취득 인정x
- 피상속인이 어음을 절취한 경우 상속인이 악의나 중과실이 없더라도 어음상의 권리 취득x
- 어음법적인 방법이 아닌 지명채권양도의 방법만으로 양도 할 수 있는 지시금지어음이나 지명채권양도의 효력밖에 없는 기한후배서의 경우 선의취득 인정x
- 추심위임배서의 경우 권리이전이 아니고 추심권한만을 준 것이므로 선의취득 인정x

(2) 형식적 자격이 있는 자로부터의 취득
1) 배서의 연속 : 권리자로서의 형식적인 자격이 인정되는 자로부터 어음을 취득한 양수인을 보호하는 제도이므로 배서의 연속에 의하여 형식적 자격이 있는 소지인으로부터 어음을 양수하였어야 함
- 배서의 연속이 흠결된 경우에는 그 부분에 대한 실질적 권리의 이전을 형식적으로 입증하면 선의취득이 인정된다고 할 것임. 이 경우 배서의 연속이 가교되어 어음소지인의 형식적 자격이 회복되기 때문

4.3.3. 어음상 권리의 이전

2) 양도인의 범위 : 어음의 선의취득에 의하여 치유되는 하자의 범위에 대한 학설
 ① 무권리자한정설: 양도인이 무권리자인 경우에만 선의취득 인정. 진정한 권리자가 분실, 도난 등으로 어음의 점유를 잃고 다른 자가 자기 것처럼 가장하여 그 어음을 양도한 경우에 인정될 뿐임
 ② 무능력제외설: 양도인의 무권리 뿐만 아니라 무처분권,대리권의 흠결 및 의사표시의 하자 등도 치유한다고 하면서 무능력만은 치유할 수 없다고 함
 ③ 부분적 제한설: 선의취득에 의하여 치유되는 것은 양도인의 무권리·무권대리·무처분권만으로 제한된다고 함. 무능력은 제외되며 교부계약의 하자도 치유 되지 않는다고 함
 ④ 무제한설: 양도인이 무권리자인 경우에만 적용된다고 할 수 없음. '사유의 여하를 불문하고 어음의 점유를 잃은 자'라고 규정. 어음이 도난·분실 된 경우 뿐만 아니라 유효한 교부계약이 없이 어음이 타인의 수중에 있게 된 때에도 그자로부터의 선의취득이 인정 됨. 양도인에게 의사표시의 하자가 있는 경우, 어음의 보관자가 권리자의 의사에 반하여 유통시킨 때나 대리권의 흠결이 있는 경우도 같음.
 * 양도인이 무능력자인 경우에도 선의취득은 인정된다고 할 것. 민법에 의하면 무능력자의 행위는 취소할 수 있을 뿐이므로 선의취득은 당연히 인정되는 것으로 보아야 함. 이 경우 무능력자의 보호는 취소에 의하여 어음에 의한 책임을 지지 않게 됨으로써 충분한 것

4.3.3. 어음상 권리의 이전

(3) 악의 또는 중대한 과실이 없는 취득
　　악의라 함은 양도인이 무권리, 무처분권 또는 무대리권을 알면서 취득함을 말하고, 중과실은 그것을 모르고 있지만 모른 것에 대해 중대한 과실이 있음을 말함
　　악의·선의 여부 및 중대한 과실의 유무는 어음을 취득할 당시를 기준으로 판단함
　　특별히 의심스러운 상황에서는 어음취득자는 조사의무를 부담하고 이의 위반은 중과실이 되어 선의취득이 배제되는데, 조사의무를 지나치게 부과하면 유통증권으로서의 어음의 기능은 상실될 위험이 있음

　　☞ 중과실을 인정한 판례
　　 - ①자기앞수표 양도인의 인적사항을 주민등록증으로 확인 하지 않은 경우
　　 - ②자기앞수표의 뒷면에 있는 양도인의 전화번호 확인하지 않은 경우
　　 - ③신용금고가 어음할인하면서 양도인의 어음의 원인 관계 조사 하지 않은 경우
　　 - ④상인이 자기앞수표 취득하면서 지급은행에 사고유무 조사 하지 않은 경우
　　 - ⑤회사명의의 배서위조에서 회사대표직인이 아닌 개인 직인을 받고 취득
　　 - ⑥양도인의 말만 믿고 분실어음 할인한 채 지급은행에 확인 하지 않은 경우
　　 - ⑦어음양도인의 신분에 비추어 지나친 거액의 어음을 양도 받을 때
　　 - ⑧어음에 기재된 발행인의 구상호가 지워지고 신상호로 정정되어 있는 한편 날인은 구상호로 한 경우
　　 - ⑨법인이 발행한 어음이 시중에서 파는 저질의 어음용지로 작성되어있는 경우

　　☞ 중과실을 인정하지 않은 판례
　　 - ① 백지식배서 된 어음을 취득하면서 최후배서인에게 연락을 취하지 않은 것
　　 - ②취득자가 사채업자라고 해도 같다라고 한 것
　　 - ③백지식배서 된 어음을 취득하면서 상대방의 인적 사항을 확인하지 않고 지급은행에 조회해보지 않은 것
　　 - ④거액의 어음을 취득하면서 어음면의 지급장소란에 통상 사용하지 않은 마크가 찍혀 있는 것을 간과하고, 지급은행에 조회하면서 어음번호의 진정여부를 조사해 보지 않은 것
　　 - ⑤100만원 권 자기앞수표를 야간에 받으면서 지급은행에 조회해 보지 않음

4.3.3. 어음상 권리의 이전

(4) 독립된 경제적 이익의 존재
- 피배서인은 어음의 취득에 관하여 독립된 경제적 이익을 가져야 함. 따라서 추심의 권한 밖에 없는 추심위임배서의 피배서인에게는 선의취득의 규정이 적용되지 않음. 반면에 입질배서의 피배서인에게는 독립된 경제적 이익이 있으므로 질권의 선의취득이 인정

(5) 입증책임
- 배서의 연속이 있으면 어음의 점유자는 적법한 권리자로 추정되고, 선의취득의 적극적 요건은 객관적으로 증명됨
- 어음의 점유자의 악의나 중과실은 선의취득을 부정하는 자가 입증해야 함

4.3.3.7.4. 선의취득의 효과
(1) 어음상의 권리의 취득
- 어음법 제16조 2항 <어음을 반환할 의무가 없다>라고 규정하고 있는데, 이는 어음취득자가 어음상의 권리를 원시취득 한다는 의미함. 따라서 본래의 권리자는 어음상 권리를 상실

(2) 인적항변의 절단과의 관계
- 선위취득자의 권리는 제17조의 인적항변의 절단에 관한 규정에 의하여 보충되기는 하나, 양자는 별개의 요건을 구비하여야 하는 것으로 구별됨(통설)
- 선의취득이 인정된다고 하더라도 어음상의 기명날인자 또는 서명자가 반드시 어음채무를 부담하는 것은 아니고, 어음채무를 부담하는지의 여부는 어음항변의 문제로 선의취득과 별개의 문제임

4.3.3. 어음상 권리의 이전

- 따라서 항변의 부착을 알아도 양도인의 무권리(양도행위의 하자)를 모르고 어음을 선의취득하는 자는 항변이 부착된 어음을 취득하게 됨(선의취득은 '권리의 귀속'에 관한 것이고, 어음의 항변은 '채무의 존재'에 관한 문제임)

(3) 제권판결
- 어음을 분실·도난 당한 자가 공시최고절차를 거쳐 제권판결을 받은 경우에 어음의 선의취득자와 제권판결 취득자 중 누가 실질적 권리자인지가 문제 됨
- 선의취득자와 신청인의 지위
  ① 공시최고후 제권판결까지 권리신고가 있는 경우 : 선의취득자 보호
  ② 제권판결 후 취득한 자 : 불보호
  ③ 제권판결 전 취득했으나 권리신고가 없는 경우
  - 학설
    ① 제권판결취득자 우선설 : 제권판결제도의 의의
    ② 선의취득자 우선설(다수설) : 공시·최고의 한계, 거래안전
    ③ 절충설 : 회사에 명의개서한 경우에 보호
  - 판례 : 형식적으로 선의취득자 우선, 실질적으로 제권판결취득자 우선설
    ① 제권판결은 공시최고인에게 형식적 자격을 회복시켜 줄 뿐 선의취득자가 실질적 권리를 상실하는 것은 아님 → 선의취득자 우선
    ② 선의취득자가 수표상 권리를 행사하려면 불복의 소를 제기하여 제권판결취소판결을 받아야 함 → 제권판결자 우선

제4편 어음·수표법

4.3. 어음 · 수표법 각론

4.3.1. 어음상 권리의 의의
4.3.2. 어음상 권리의 발생
4.3.3. 어음상 권리의 이전
4.3.4. 어음상 권리의 행사
4.3.5. 어음상 권리의 소멸
4.3.6. 기타 제도
4.3.7. 수표에 특유한 제도

4.3.4. 어음상 권리의 행사

4.3.4.1. 총설
- 어음상 권리 즉 주채무자에 대한 어음금지급청구권과 소구의무자에 대한 소구권 행사는 지급제시에서 출발하여 지급인이 지급을 하면 종결되지만, 지급인이 지급을 거절하면 다시 소구권 행사절차를 밟게 됨
- 어음상의 권리 행사의 현실화 단계에 따라 지급제시, 지급, 어음항변, 소구 순으로 전개
- 어음관계는 약속어음의 발행인, 환어음의 인수인에 의한 지급으로 완전히 소멸함
- 넓은 의미의 지급에는 어음의 참가지금, 보증인에 의한 지급, 소구의무자에 의한 상환도 포함
- 지급인이나 발행인에 대한 통지·승낙 없이 전전유통되므로 일반 채무이행에서의 지참채무의 원칙을 적용할 수 없고 채권자가 추심해야 함
- 어음상의 권리는 어음에 표창되어 유통되므로 지급후에도 재차 유통될 가능성이 있음
- 어음의 지급이 거절된 때에는 여러 가지 청구권(소구권 ·이득상환청구권)에 의하여 어음소지인의 이익이 보호

4.3.4.2. 지급제시
4.3.4.2.1. 의의
- 어음소지인이 지급을 청구하기 위하여, 지급인(환어음 및 수표)·인수인(약속어음의 경우는 발행인)·지급보증인(수표) 또는 지급담당자에게, 지급장소 또는 지급지에 있어서의 지급인의 영업소·주소 또는 거소(지급장소의 기재가 없는 경우)에서, 완성어음 자체를 제시하는 것
- 어음소지인이 지급인 등에게 먼저 지급을 청구하여야 하고(추심채무),
- 자기가 권리자라는 것을 증명하는 수단으로 어음 자체를 제시하여야 함(제시증권성)
  ① 주채무자(환어음의 인수인 또는 약속어음의 발행인)에 대한 지급제시(어음지급청구권을 행사하기 위한 지급제시)
  ② 단순한 지급인(인수되지 않은 환어음의 지급인 또는 지급보증 되지 않은 수표의 지급인)에 대한 제급제시(어음금 수령권한을 행사하기 위한 지급제시)로 나뉨

4.3.4. 어음상 권리의 행사

4.3.4.2.2. 지급제시의 당사자

(1) 제시인
- 배서의 연속에 의하여 형식적 자격이 있는 어음소지인과 그 대리인 이지만 배서의 연속에 흠결이 있는 때에는 그 흠결된 부분에 대하여 실질 관계를 증명하면 지급제시를 할 수 있으며 그 대리인이나 사자도 할 수 있음(통설)
- 인수제시와는 달리 어음의 단순한 점유자는 지급을 위한 제시를 할 수 없음. 지급은 어음의 정당한 소지인에게 하여야만 어음채무자가 면책이 되기 때문

(2) 피제시인
- 지급제시의 상대방(피제시인)은 환어음의 경우 지급인·인수인, 약속어음의 경우 발행인, 수표의 경우 지급인·지급보증인임
  ① 지급인·인수인 : 지급제시 상대방은 지급인·인수인이지만 인수인이 무능력자인경우 법정대리인에게 제시. 지급장소에서 제3자의 기재가 있을 때 그 자에 대하여 하면 됨
  ② 인수인이 수인(數人)인 경우 : 전원에 대하여 제시하여야 하며 그 전원이 지급을 거절한 때에만 상환청구를 할 수 있다고 봄. 인수인 전원이 피제시자가 됨(공동인수인 또는 공동발행인은 연대책임이 아니라 합동책임을 부담)
  ③ 피제시자의 파산 : 파산관재인에 대하여 제시하여야 한다는 설도 있으나 어음소지인의 소구권보전을 위한 제시는 파산재단과는 무관하므로 파산자에 대하여 제시하여야 함
  ④ 어음교환소의 경우 : 어음교환소를 통하여 제시하는 경우에 수입은행의 담당행원이 피제시자가 됨

4.3.4.2.3. 지급제시기간
(1)어음의 지급제시기간
- 어음의 지급을 위한 제시를 할 수 있는 기간을 지급제시기간이라고 함. 이 기간은 제척기간임
  ① 주채무자(환어음의 인수인, 약속어음의 발행인)에 대한 지급제시기간 : 어음소지인이 어음상의 권리를 행사하기 위한 지급제시기간은 만기의 날로부터 3년간임(어 70, 77)
  ② 소구권보전을 위한 지급제시기간 : 확정일출급어음, 발행일자후정기출급어음, 일람후정기출급어음의 경우에는 지급을 할 날 및 이에 이은 2거래일 내에 해야 함
  -일람출급어음의 경우에는 발행일자(발행인이 일정한 기일까지 지급제시를 금한 경우에는 그 기일) 로부터 1년 내에 지급의 제시해야 함. 발행인은 기간을 단축 또는 연장할 수 있고 배서인은 단축만 가능

4.3.4. 어음상 권리의 행사

(2) 수표의 지급제시기간
- 지급보증인에 대하여 수표소지인이 수표상의 권리를 행사하기 위한 것과 소구권보전을 위한 것은 동일
- 국내수표는 10일, 외국수표는 동일 주가 20일이고 다른 주는 70일임
- 수표의 지급제시기간은 어음과는 달리 당사자가 임의로 단축 또는 연장할 수 없음
- 수표가 실제로 발행된 날이 수표에 기재된 발행일과 다른 경우에 수표에 기재된 발행일을 기준으로 지급제시기간을 계산

4.3.4.2.4. 지급제시의 장소 및 방법
(1)지급제시의 장소
1) 어음에 지급장소(또는 지급담당자)의 기재가 있는 경우
- 지급장소가 지급지 내의 장소로서 적법하게 기재된 경우에는 그 지급 장소에서 지급제시를 해야 함. 지급장소 이외에서 지급제시 하여도 지급제시로서의 효력이 없음. 즉 지급장소가 지급지 외의 장소로서 기재된 경우에는 그 지급장소의 기재는 무효가 됨.
- 지급장소로서 제삼자방 지급문언이 기재된 경우에는 언제나 삼자방에서 지급제시 해야 함
- 지급담당자의 기재가 있는 때는 지급지 내에 있는 지급담당자의 영업소 또는 주소에서 지급제시 해야 함
- 어음에 기재된 지급장소는 지급제시기간 내에 지급제시 한 경우에 한하여 효력이 있으므로 위 기간이 경과하면 주채무자의 영업소 또는 주소에서 지급해야 함
2) 어음에 지급장소(또는 지급담당자)의 기재가 없는 경우
- 어음에 지급장소의 기재가 없는 경우에 지급지내의 지급인의 영업소·주소·거소에서 지급제시 해야 함
- 지급지 내에 지급자의 영업소·주소·거소가 없는 경우에 지급지 내에서 지급인을 발견할 수 없고, 지급지 외에서 지급인의 영업소·주소·거소를 발견한 때에는 지급지 외의 지급인의 영업소·주소·거소에서 지급제시 할 것이 아니라 지급지 내에서 지급거절증서를 작성해야 함
3) 당사자간의 합의에 의하여 지급장소의 변경이 있는 경우
- 어음에 기재된 지급장소 이외의 장소에서 지급제시를 할 것을 지급인과 어음소지인간에 합의한 경우는 그 지급장소가 지급지 내의 장소면 유효

4.3.4. 어음상 권리의 행사

4) 어음교환소에서의 지급제시
- 어음에 지급장소나 지급담당자의 기재가 있든 없든 지급지 내에 어음교환소가 없는 경우에도 어음교환소에 한 지급제시는 효력이 있음(어 38, 77, 수 31)
- 실제로 금융기관이 지급인 또는 지급담당자인 어음은 직접 지급장소에 지급하는 경우는 드물고 자기의 거래 은행에 대한 추심위임을 통하여 어음교환소에 제시(교환제시)하여 결제함

☞ 지급제시기간 경과후의 지급제시장소

지급장소 유효설	- 지급장소·지급지 유효 - 지급지 내의 지급장소
지급장소 실효설	- 지급장소 실효, 지급지 유효 - 지급지 내의 채무자의 영업소 또는 주소
지급장소·지급지 실효설	- 지급장소·지급지 실효 - 채무자의 영업소 또는 주소
지급지효력 제한설	- 지급장소 실효, 지급장소 이외의 기타 관계에 있어서 지급지 유효 - 채무자의 영업소 또는 주소(지급장소·지급지 실효설과 동일)

4.3.4. 어음상 권리의 행사

(2) 지급제시의 방법
① 지급제시는 지급인의 면전에서 하여야 한다
- 소지인 또는 그의 보조자(수임인, 사자 등)는 지급인의 면전에서 지급제시 하여야 함.
- 예외(지급제시의 의제)
    - 지급인의 부재시
    - 지급지내의 지급인의 영업소, 주소나 거소가 없어 지급제시를 못한 경우
    - 공증인 또는 집달리 등에게 의뢰하여 면전에서 또는 부재시 거절증서를 작성케 할 수 있음

② 지급제시는 원칙적으로 완전한 어음증권으로 하여야 한다
- 어음의 지급제시는 완전한 어음에 의해야 함. 복본은 허용되나 등본은 허용되지 않음
- 재판상의 청구의 경우에 소장의 송달이나 지급명령의 송달이 있을 때 어음제시와 동일한 효력을 가짐
- 어음을 상실한 경우에 공시최고에 의한 제권판결을 획득하여 이를 증권에 대체하여 어음상의 권리를 주장함

4.3.4.2.5. 지급제시의 효력
(1) 주채무자에 대한 지급제시의 효력
- 환어음의 인수인 또는 약속어음의 발행인과 같은 주채무자에 대한 지급제시기간은 만기의 날로부터 3년간이므로 이 기간 내에 지급제시 하면 주채무자에 대한 어음금지급청구권을 보전할 수 있음. 기간이 경과하면 주채무자에 대한 어음상의 권리는 시효소멸 함.
- 이때 주채무자가 어음소지인에 대하여 지체책임을 지는 것은 어음의 제시증권성과 관련하여 볼 때 만기의 익일이 아니라 지급제시일(재판상의 청구에는 소장 또는 지급명령의 송달일)의 익일임

(2) 소구권 보전을 위한 지급제시의 효력
- 어음소지인이 소구권을 보전하기 위하여 소구권보전을 위한 지급제시 기간 내에 지급제시를 해야 함. 이 기간 내에 적법한 지급제시가 있었다는 사실은 지급거절증서에 의하여 증명되지 않으면 안됨. 지급거절증서의 작성이 면제된 경우에는 그러하지 않음

4.3.4. 어음상 권리의 행사

- 이 기간 내에 지급제시하지 않으면 어음과 수표에 따라 다음과 같은 효력 있음
  ① 어음의 경우
  - 어음소지인은 소구의무자에 대한 소구권을 상실
  - 환어음에서 인수하지 않은 지급인은 발행인의 계산으로 지급할 수 없음
  - 어음채무자는 어음소지인의 비용과 위험부담으로 어음금액을 공탁할 수 있음
  ② 수표의 경우
  - 수표소지인은 소구의무자에 대한 소구권 및 지급보증인에 대한 권리를 상실
  - 수표의 지급인은 지급위탁의 취소가 없는 한 지급제시기간 경과 후에도 발행인의 계산으로 지급할 수 있음(수표 채무자에게는 수표금액을 공탁할 권리를 인정하지 않음)
  - 수표에는 주채무자가 없고, 소구권은 지급제시기간의 경과로 소멸되므로, 지급제시기간의 경과로 이득상환청구권이 해제조건부(또는 정지조건부)로 발생하는 점도 어음의 경우와 다름

4.3.4.2.6. 지급제시의 면제
(1) 지급제시가 있은 것과 동일한 효력인 인정되는 경우(지급제시 없이 소구권 행사)
  ① 재판상(소장 또는 지급명령의 송달) 어음을 청구하는 경우
  ② 인수거절증서를 작성한 경우
  ③ 불가항력의 경우 : 어음의 경우 불가항력이 만기로부터 30일을 넘어 계속하거나 수표의 경우 수표소지인이 자기의 배서인에 대하여 불가항력을 통지한 날로부터 불가항력이 15일을 넘어 계속하는 경우
  ④ 지급지내의 지급인이 영업소·주소·거소를 발견할 수 없을 때 : 지급제시를 요하지 않고 (지급거절증서는 작성하여) 소구권을 행사할 수 있음
(2) 지급제시면제에의 특약이 있는 경우
  어음의 지급인·소구의무자 등과 어음소지인간에 지급제시면제의 특약을 하는 것은 어음의 제시증권성 및 상환증권성에 반하는 점에 의문이 있기는 하나 의무당사자간에서는 유효하다고 봄
  지급인 등과 어음소지인간의 지급제시유예 내지 지급제시기간연장의 특약도 이와 동일하게 당사자간에서만 유효하다고 봄. 따라서 이러한 특약에 의하여 기한후배서를 한 자도 소구의무를 부담할 수 있음

4.3.4. 어음상 권리의 행사

4.3.4.3. 지급
4.3.4.3.1. 의의

  협의의 어음의 지급이란 환어음의 지급인 또는 약속어음의 발행인 및 수표의 지급인이 하는 지급으로, 단순히 지급이라고 하면 협의의 지급을 의미. 이러한 지급으로 인하여 어음관계는 완전히 소멸

  광의의 어음의 지급이란 협의의 지급 이외에 소구의무자의 지급(상환), 보증인의 지급, 소구의무자의 지급을 저지하기 위한 예비지급인·참가인수인 또는 제3자의 지급 등을 포함. 이러한 지급은 어음관계를 완전하게 소멸시키지 못하고, 지급한 자의 구상을 위하여 어음관계간 잔존하게 됨

4.3.4.3.2. 지급의 시기
(1) 어음의 경우
  ① 만기 전의 지급
  - 어음채무자(또는 지급인)는 만기 전에는 원칙적으로 지급을 할 수 없고, 어음소지인도 만기 전에는 그 지급을 받을 의무가 없음
  - 어음의 지급인은 물론 어음소지인의 동의가 있으면 만기 전에도 유효하게 지급할 수 있으나, 이때 전적으로 지급인의 위험부담으로 지급하는 것이고 만기에 지급하는 지급인에 대한 보호가 인정되지 않음. 즉 지급인이 형식적 자격을 가진 어음소지인에게 지급하고 또 어음소지인의 실질적 자격에 대하여 사기 또는 중과실이 없더라도 지급인은 면책되지 않으며, 지급위탁이 취소된 경우에는 발행인에 대하여 자금관계상 상환을 청구하지 못함
  - 만기 전의 지급이라도 만기 전의 소구가 인정되어 지급하는 경우에는 만기에 있어서의 지급과 동일(통설)

  ② 만기에 있어서의 지급
  - 어음금을 지급할 시기인 만기는 만기일만 의미하는 것이 아니라 지급제시기간을 의미.
  - 지급제시기간 내에 지급제시를 하였음에도 불구하고 주채무자가 지급하지 않은 경우, 만기에 지급제시를 하였음에도 불구하고 지급하지 않은 경우와 같으므로 어음소지인은 어음채무자에게 만기 이후(만기 당일 포함)의 연 6분의 이율에 의한 지연이자를 청구할 수 있음

4.3.4. 어음상 권리의 행사

- 만기에 지급하는 지급인은 어음법에 의하여 선의지급에 대하여 특별한 보호를 받으며, 환어음의 인수인 또는 지급인이 만기에 지급하는 경우에는 자금관계상 당연히 발행인의 계산으로 지급함
- 만기에 지급할 채무가 있는 어음채무자는 어음소지인이 만기에 지급제시를 하지 않은 경우, 어음소지인의 비용과 위험부담으로 어음금액을 관할관서에 공탁하고 어음채무를 면할 수 있음

③ 만기후(지급제시기간 경과 후)의 지급
- 만기후의 지급이란 지급제시기간(또는 지급거절증서작성기간) 경과 후의 지급을 말함
- 환어음의 단순한 지급인이 만기 후에 지급하는 것은 발행인의 지급위탁의 취지와 다르므로, 지급인은 지급의 결과를 자금관계상 발행인의 계산으로 돌릴 수 없음. 따라서 환어음의 경우에 발행인은 만기 후에는 지급위탁을 철회할 필요가 없음(수표의 경우와 구별되는 점).
- 환어음의 지급인이 만기 후에 지급하는 경우에는 만기에 지급하는 경우에 인정되는 선의지급에 따른 보호도 받지 못함
- 어음의 주채무자는 만기 후에도 시효기간 내에는 어음금을 지급할 채무를 부담하는 것으로 만기 후의 지급의 경우에도 만기에 지급하는 경우와 같이 선의지급에 따른 보호를 받음. 환어음의 인수인은 지급의 결과를 자금관계상 발행인의 계산으로 돌릴 수 있음

④ 지급의 유예(또는 연기)
- 당사자의 의사 또는 법령의 규정에 의하여 유예되는 경우가 있음
- 당사자간의 합의에 의하여 지급을 유예하는 경우는 구어음에 갈음하여 만기만을 변경(연기)한(어음개서) 신어음(연기어음)을 발행하는 경우와 어음소지인과 특정한 어음채무자(또는 지급인)간에 지급유예의 특약을 하는 경우 등이 있음
- 어음소지인과 어음채무자간의 이러한 특약은 어음관계에는 아무런 영향을 미치지 않고, 당사자간에서만 어음 외에서 그 효력이 발생하여 인적 항변사유가 됨에 불과함
- 법령의 규정에 의하여 지급을 유예하는 경우는 전쟁·지진·홍수·공황·기타 전국 또는 어느 지방에 사변이 발생하여 어음채무의 지급이 유예되는 경우인데(어음지급유예), 소구권의 보전절차에 관하여 제시기간 및 거절증서작성기간이 연장됨을 규정(어 54, 77)

4.3.4. 어음상 권리의 행사

(2) 수표의 경우
① 지급제시기간 전 지급

 - 수표는 언제나 일람출급이므로 만기 전 지급은 이론상 불가능
② 지급제시기간 내의 지급
 - 지급제시기간 내에 수표금을 지급하는 경우는 만기에 있어서 어음금을 지급하는 경우와 같음
 - 지급인은 선의지급에 따른 보호를 받으며, 지급인은 지급의 결과를 발행인의 계산으로 돌릴 수 있음
 - 수표가 지급증권인 성질에서 발행인은 지급제시기간 내에는 지급위탁의 취소를 할 수 없도록 함
 - 수표에는 언제나 주채무자가 없고, 또 수표의 지급인은 지급제시기간 경과 후에도 지급위탁의 취소가 없는 한 지급할 수 있으므로(수 32), 수표 소지인이 지급제시기간 내에 지급제시를 하지 않았다고 하여 수표금을 공탁할 수 있는 제도는 없음(어 42, 77)

③ 지급제시기간 경과 후의 지급
- 지급제시기간 경과 후에 수표금을 지급하는 경우는 만기 후에 어음금을 지급하는 경우와 같은데, 다음의 점에서 어음과 구별
- 수표의 지급인은 지급제시기간 경과 후에도(지급위탁의 취소가 없는 한) 발행인의 계산으로 지급할 수 있음. 따라서 환어음의 경우와는 달리 발행인이 자금관계를 소멸시키기 위해서는 반드시 지급제시기간 경과 후에 지급위탁을 취소해야 함
- 수표에는 언제나 주채무자가 없으므로 지급제시기간 경과 후에도 어음의 경우와 같이 지급채무를 부담하는 수표채무자란 있을 수 없음

④ 지급의 유예(또는 연기)
- 소구의무자와 수표소지인간에 지급제시기간의 연장의 특약을 할 수 있는데 수표관계에 영향이 없고 당사자간에만 수표 외에서 인적 항변사유가 됨에 불과 함.
- 수표법에 의하여 (만기 자체를 유예하는 것은 없고) 소구권보전절차에 관한 지급제시기간 및 지급거절증서작성기간이 연장 되기도 함

4.3.4. 어음상 권리의 행사

4.3.4.3.3. 지급의 방법

(1) 지급채무의 소멸원인
- 지급이란 어음상에 기재된 어음금액의 전부 또는 일부를 현실로 급부하는 것
- 지급인의 어음채무는 상계·경개·대물변제·공탁 등의 원인에 의해서도 소멸할 수 있음. 상계는 지급인이 어음소지인에 대해 반대채권을 가지고 있고 법소정의 상계적상에 있을 때 지급인이나 어음소지인이 일방적인 의사표시로 할 수 있음
- 어음소지인은 지급인의 어음채무를 면제할 수 있는데, 면제로 인해 주채무자의 채무가 소멸하므로 소지인은 다른 어음채무자에 대해 소구할 수 없음. 즉 어음소지인은 소구권을 유보한 채 지급인의 주채무만 면제할 수 없음

(2) 어음금의 관할
- 제시기간 내에 지급제시가 없을 경우에는 지급인은 이행지체가 되지 아니하나, 소멸시효가 완성할 때까지 어음채무가 존속하는 미결의 부담을 안고 있어야 함
- 지급인은 소지인의 비용과 위험부담으로 어음금액을 관할관서에 관할할 수 있음
- 제시기간 내에 제시가 없으면 소구권이 발생하지 않으므로 배서인 등 다른 어음채무자들은 어음금에 관해 책임질 바 아니나, 이득상환청구를 예방하기 위해서, 단순히 호의에 의해 지급하고자 할 경우 같은 방법으로 공탁할 수 있음
- 공탁은 소지인의 위험부담으로 한다 함은 무권리자가 공탁소에 어음을 제시하여 어음금을 수령하더라도 이로 인하여 지급인의 책임을 물을 수 없음. 공탁에 의해 어음채무는 종국적으로 소멸

(3) 지급통화
- 내국통화로써 어음금액을 지정한 경우 : 지급인의 선택에 따라서 각종의 통화로 지급할 수 있되 강제통용력이 없는 화폐에 대해서는 소지인이 수령을 거부할 수 있음
- 외국통화로써 어음금액을 지정한 경우 : 이 경우에도 내국통화로써 지급할 수 있음이 원칙. 이 경우 환산율은 발행인이 어음상에 특별한 환산율을 정하지 않는 한 지급지의 관습에 따라서 정함(어 41, 77, 수 36). 그러나 채무자가 지급을 지연한 때에는 소지인은 그 선택에 따라서 만기일(수표의 경우에는 제시일) 또는 지급일의 환시세에 의하여 환산하여야 함(어 41, 77, 수 36).

4.3.4. 어음상 권리의 행사

- 외국통화현실지급문언이 있는 경우 : 어음금액을 지급지의 통화가 아닌 통화로 지급할 것을 기재한 경우에 지급인은 표시된 통화로 지급하여야 함
- 同名異價의 화폐의 표시가 있는 경우 : 발행국과 지급국에 있어서 동명이가의 화폐가 있는 경우에 어음의 금액을 그 통화로써 정한 때에는 지급지의 통화에 의하여 정한 것으로 추정함(어 41, 77, 수 36)

(4) 어음금의 일부지급
- 일부지급이란 지급인, 어음을 전액 인수한 자 또는 약속어음의 발행인이 어음금의 일부를 지급하는 것으로 어음소지인은 어음금의 일부지급을 거절하지 못함
- 이는 소지인이 그 수령을 거절하더라도 그 부분에 한해서는 지급인의 지급거절이 되지 아니하고 그 부분에 관해 소구권도 발생하지 아니함. 일부지급을 거절하더라도 주채무자에 대한 권리는 소멸하지 않음
- 어음소지인은 어음금 지급에 대응하는 의무를 부담하는 바가 없으므로 일부지급을 수령하더라도 아무 불이익이 없음. 또한 일부지급은 다른 소구의무자들의 책임을 감경 해 주므로 모든 어음채무자가 긍정적인 이해(利害)를 가짐
- 일부지급시에는 상환증권성이 적용되지 않음. 다만 일부지급 한다는 뜻을 어음에 기재하고 영수증을 교부할 것을 청구할 수 있을 뿐임. 어음상에 기재한 일부지급은 물적 항변사유가 됨

(5) 어음의 상환증권성
- 지급인 등이 어음금을 지급할 때에는 소지인에 대하여 어음에 어음금의 영수를 증명하는 기재를 하여 교부할 것을 청구 할 수 있음(어 39, 수 34). 어음의 상환증권성(환수증권성)은 상계·경개·대물변제 등 다른 방법으로 어음채무를 소멸시킬 때에도 적용될 수 있음
- 어음금의 일부만이 지급될 경우에 소지인이 다른 어음채무자들에게 소구해야 하므로 어음을 환수할 수 없음. 이 경우 지급인이 소지인에 대하여 일부지급한 뜻을 어음에 기재하고 영수증을 교부할 것을 청구할 수 있음
- 소구의무자들이 일부지급의 사실을 모르고 전액을 상환한 경우 소구의무자들의 재소구에 대항할 수 없음
- 어음의 점유를 상실한 자가 제권판결에 의해 권리를 증명하여 지급을 구할 경우에 어음의 환수가 있을 수 없음. 하지만 어음이 무효가 되어 재차 유통될 수 없으므로 이중변제의 위험은 없음

4.3.4. 어음상 권리의 행사

4.3.4.3.4. 지급인의 조사의무

(1) 서언
- 민법상 채무는 진정한 권리자 또는 그 자로부터 권리행사의 권한을 부여받은 자에게 변제하여야 하고, 이외의 자에 대한 변제는 채권의 준점유자에 대한 변제(민 470), 영수증소지자에 대한 변제(민 471) 등이 아닌 한, 채권자가 이익을 받은 한도에서만 그 효력이 있게 됨(민 472)
- 일반 채무의 변제라면 변제수령자의 권한 유무에 대해 변제자가 조사해야 하고 무권리자에게 변제한 경우에 변제자가 그 위험을 부담
- 어음의 경우에도 어음의 외관에 불구하고 어음의 제시자가 무권리자라면 지급하지 않아야 함
- 어음의 점유자는 배서의 연속에 의해 정당한 어음소지인으로 추정되는 까닭에 제시자의 권리 유무에 대해 의심이 가더라도 지급을 거절하기 위해서는 지급인이 입증의 부담을 안아야 함
- 그러나 어음의 지급인에게 일반채무자와 같은 주의의무를 과하는 것은 어음의 유통과 신속한 결제라는 제도의 취지에 부합하지 않아, 어음법은 제시자의 권리 유무에 대한 지급인의 조사의무의 대상을 어음 자체로 한정함으로써 지급인의 위험부담을 덜어 주는 동시에 어음채권의 추심을 용이하게 하는 한편, 무권리자에게 지급하였을 경우 책임의 소재에 대한 분쟁에 관해 해결의 기준제시하고 있음
- 지급인의 조사의무에 대하여 어음법은 만기에 지급하는 지급인은 사기 또는 중대한 과실이 없으면 그 책임을 면하며, 이 경우 지급인은 배서의 연속의 정부(整否)를 조사할 의무는 있으나 배서인의 기명날인 또는 서명을 조사할 의무는 없다고 규정하고 있음(어 40, 수 35)

(2) 형식적 자격의 조사(조사의무의 내용)
- 조사의무의 내용은 소지인의 형식적 자격에 대하여 조사하면 됨. 따라서 형식적으로 용이하게 알 수 있는 사항에만 조사의무가 있음.
  ① 어음의 요건이 구비되고 있는가 (어음 의 방식의 적합 여부)
  ② 어음소지인에 이르기까지 배서가 연속되었는가
  ③ 자기의 기명날인 또는 서명이 진정한 것인가

4.3.4. 어음상 권리의 행사

- 그러므로 어음소지인의 실질적 자격 등에 대하여는 조사의무가 없음
  ① 최후의 배서를 포함한 각 배서인이 한 기명날인 또는 서명의 진위
  ② 어음소지인이 진정한 권리자인가
  ③ 어음소지인과 제시자가 동일한가
  ④ 어음소지인의 지급수령능력 및 대리권
- 배서가 형식적으로 연속하지 않은 어음소지인인 실질적 권리자는 자기가 실질적 권리자임을 입증하여 어음상의 권리를 행사할 수 있는데 이 때 지급인은 어음소지인이 실질적 권리를 입증하여도 자기의 위험부담 하에서만 지급할 수 있음

(3) 실질적 자격의 조사
  ① 실질적 자격의 조사권 인정여부: 어음법과 민법의 차이(권리에 대한 언급이 없음)
  - 긍정설 (多數說) : 사기 또는 중과실을 면하기 위한 조사 인정. 지급지연의 책임을 지급인에게 주면 됨
  - 부정설: 지급지연을 위해 남용을 우려가 있음
- 배서가 연속된 어음소지인에 대해서는 즉시 지급을 해야 하고, 만약 의문이 있어 그 실질적 자격을 조사했으나 결국 실질적 권리자가 아닌 것을 입증하지 못했을 경우에는 지급인은 지급제시를 받은 때로부터 이행지체의 책임을 져야 함
  ② 실질적 자격에 대한 지급인의 사기 또는 중과실
- 사기란 어음소지인에게 변제수령의 권한이 없음을 아는 것만으로는 부족하고, 소송법상 이러한 사실을 입증할 확실한 증거방법이 있는 데도 불구하고 지급하는 경우이고
- 중과실이란 지급인이 보통의 조사를 하기만 하면 어음소지인이 무권리자이고 또 그 무권리자임을 입증할 수단을 확실히 획득하였을 터인데, 이 조사를 하지 않았기 때문에 무권리자인줄을 모르고 지급한 경우임
- 수표법은 지급인의 수표소지인에 대한 형식적 자격의 조사의무에 대하서만 규정하고 있을 뿐, 지급인의 수표소지인에 대한 실질적인 자격에 관한 사기 또는 중과실에 대하여는 규정하고 있지 않으나, 어음법 제40조 3항 1문과 같은 규정이 수표법 제35조에 없는 것은 입법상의 과오며, 해석상 당연히 동 규정을 유추적용 해야 함

4.3.4. 어음상 권리의 행사

☞ 민법, 어음법, 수표법상의 조사의무의 비교

	어음법	수표법	민법
조사권유무	규정 없음	규정 없음	규정 있음
귀책사유	사기, 중과실	규정 없음	악의, 중과실

(4) 치유되는 하자의 범위
- 어음법 제 40조 3항에 의하여 지급인에게 사기 또는 중과실이 없어 지급인이 면책되는 경우에, 이에 의하여 치유되는 하자는 소지인의 무권리 뿐만 아니라 무권리 이외의 하자(소지인의 수령능력의 흠결, 대리권의 흠결, 동일성의 흠결 등)도 치유된다고 봄

(5) 적용범위
1) 인적범위
- 어음법 제40조 3항의 문언에 의하면 지급인은 책임을 면한다라고 되어 있는데, 지급인에 한정하는 것은 아니고 단순한 지급인 및 지급담당자에게도 확장적용 되어야 함(통설)
2) 시적범위
- 어음법 제40조 3항의 문언에 의하면 만기라고 규정하고 있으나 만기일에 하는 지급을 뜻하는 것이 아니라 지급제시기간내에 하는 지급을 뜻함
- 만기전의 지급은 지급인의 위험부담으로만 지급할 수 있으나(임의지급), 만기전의 지급이라 하더라도 만기전 소구요건이 갖추어진 경우에는 만기지급과 동일하게 보아야 할 것임
- 만기후에 지급하는 경우 즉 지급제시기간 경과 후의 지급의 경우에는 어음채무자는 만기지급과 동일하게 보아야 할 것이나 어음채무자가 아닌 지급인(인수되지 않은 환어음의 지급인)이 만기 후에 지급하는 것은 지급위탁의 취지에 반하므로 별도의 특약이 없는 한 만기 지급과 동일하게 볼 수 없음
3) 배서금지어음
- 배서금지어음이 양도되지 않아 수취인이 지급제시한 경우에 어음법 제40조 3항이 적용됨은 명백.
- 동 어음이 양도된 경우에 동 어음의 소지인에게 지급하는 지급인에게는 어음법 제40조 3항 1문이 적용되지 않음. 왜냐하면 동 어음의 소지인은 배서(교부)에 의하여 어음을 양수한 자가 아니기 때문임

4.3.4. 어음상 권리의 행사

(6) 위조·변조된 어음(수표)의 지급인의 책임
1) 지급인의 책임
- 지급인이 조사의무를 이행하여 사기 또는 중과실 없이 형식적 자격자에게 지급한 경우에는, 진정한 권리자가 아닌 자에게 지급하였다 하더라고 그 책임을 면함
- '책임을 면한다'의 의미는 지급의무를 부담하는 자가 채무를 면하여 이중지급의 위험을 부담하지 않을 뿐만 아니라, 지급의무를 부담하지 아니하는 자가 지급의 결과를 자금관계상 유효하게 자금의무자에게 귀속시킬 수 있음을 의미
- 위조·변조어음을 지급인이 고의,과실 없이 지급한 경우 누가 그 손실을 부담하여야 할 것인가에 관하여 발행인부담설 과 지급인부담설(다수설)로 나뉨
- 다수설(多數說): 지급면책은 어음 자체가 유효한 것, 정당한 어음임을 전제로 하므로 특약 또는 상관습이 없는 한 위조어음에 관하여 지급인이 그 손실을 부담
- 소수설(小數說): 선의, 무과실의 지급자에게 손해를 부담시킬 수 없으므로 위험을 예방할 수 있는 지위에 있는 피위조자가 손해를 부담하여야 함. 피위조자가 위조를 예방할 지위에 있으며, 피위조자의 책임이 지급인보다 크고, 지급인이 선의지급을 하였기 때문
- 이론상 피위조자에게 귀책사유가 없는 한 지급인부담설이 타당
- 은행이 지급인 또는 지급부담자인 경우가 보통일 것이고, 은행이 인감을 대조하고, 형식적 자격을 조사하는 등 보통의 주의를 하고 지급한 이상 지급인은 면책된다는 특약을 하는 것이 보통
- 이와 같은 약정을 무효라고 할 수 없는 이상, 피위조자가 부담

2) 만기전 지급인의 조사의무
- 만기 전에는 소지인은 지급청구권이 없음은 물론 지급수령의무(支給受領義務)도 없음
- 소지인의 동의 하에 지급인의 위험부담으로 지급하게 됨
- 임의지급에는 어음법 제40조 3항이 적용될 여지가 없기 때문에 지급인은 실질적 자격의 조사의무도 부담
- 형식적 자격자에게 지급하였으나 실질적 자격자가 아닌 경우에는 지급인이 선의, 무과실이라도 지급의 면책력(선의지급의 효과)은 없기 때문에 이중지급을 하게 됨
- 만기전의 소구가 허용되는 경우는 예외로 유효한 지급이 됨

4.3.4. 어음상 권리의 행사

4.3.4.4. 어음항변
4.3.4.4.1. 어음항변의 의의
1.의의
- 어음항변이란 어음채무자가 어음소지인에 대해 권리행사를 거절하기 위해 주장할 수 있는 사유
- 어음채무자가 아닌 환어음의 지급인, 지급담당자, 수표의 지급은행이 소지인에게 형식적 자격 또는 실질적 자격이 없다는 이유 등으로 지급을 거절하는 것은 어음항변이 아님
- 어음항변권은 형성권의 일종임

2. 취지
- 민법 §451②은 양도될수록 효력 약해짐, 어음은 유통성 위해 항변 절단
- 채무자가 자기의 거래 상대방에 대하여 주장할 수 있는 항변이 있는 경우에는 이 항변을 그 후의 어음취득자에 대해서도 주장할 수 있는 것이 민법상의 일반 원칙임
- 승계 취득의 경우 취득자는 양도인보다 많은 권리를 갖지 못하기 때문임. 그러나 이 원칙을 어음거래에도 적용하면 어음의 유통성을 해칠 우려가 있기 때문에 어음법은 "어음에 의하여 청구를 받은 자는 발행인 또는 종전의 소지인에 대한 인적 관계로 인한 항변으로써 소지인에게 대항하지 못한다"고 규정하여 인적항변의 절단에 관한 규정을 둔 것임(어 17)
- 인적항변의 절단은 선의취득 및 선의지급과 함께 어음의 유통성과 피지급성을 강력히 보호하기 위한 제도

3. 근거
- 어음의 문언성 또는 무인성에서 그 근거를 구하는 견해
- 어음에 표창된 권리외관을 믿고 거래한 자를 보호하기 위하여 권리외관이론에서 근거를 구하는 견해(통설)
- 어음행위의 독립성에 그 근거를 구하는 견해

4.3.4. 어음상 권리의 행사

4.3.4.4.2. 어음항변의 분류
어음(수표)항변은 물적항변(절단불능의 항변, 절대적 항변)과 인적항변(절단가능항변, 상대적 항변)으로 구분.

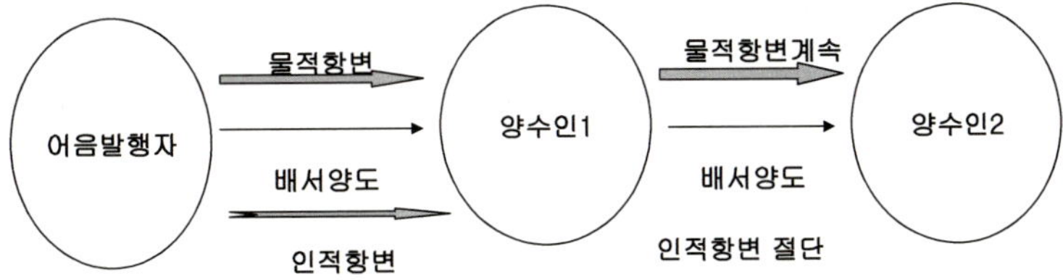

1. 물적 항변
- 어음 채무자가 어음의 소지인이 누구이든 간에 어음금의 지급을 거절할 수 있는 사유(항변)로 특정 소지인에 대하여서만 지급을 거절할 수 있는 권리인 인적항변과 구분됨.
- 물적항변의 경우도 그 형태는 사안에 따라 다소 다르다. 특히 어음요건을 갖춘 경우와 그렇지 않은 경우가 구분되는데, 증권상의 항변과 비증권상의 항변으로 나누어 설명함

(1) 증권상 항변(어음의 기재로부터 발생하는 항변, 내용상의 항변)
- 어음요건의 흠결 : 어음법 제1조의 필요적 기재 사항 의 흠결 이 있으면 보충규정이 있는 경우를 제외하고는 어음이 무효 가 된다
- 만기미도래(어33,37약77①) : 만기가 도래하기 전에 어음소지인이 어음금 지급 청구를 하면 어음채무자는 만기에 청구하라는 항변을 할 수 있음.
- 소멸시효 완성의 항변: 어음의 소멸시효가 완성되어 지급의 의무가 없다는 항변임.
- 어음면상 명백한 지급필 일부지급의 기재 : 어음소지인은 일부지급을 거절하지 못함(어33,약77①,수34,어음에 기재하거나 영수증을 교부 하면 된다).
- 배서불연속 : 배서가 연속된 어음의 소지인을 적법한 소지인으로 추정하므로 배서가 불 연속된 경우에는 적법한 권리자가 아니라는 항변을 할 수 있음(어16①,약77①1호,수19)

4.3.4. 어음상 권리의 행사

- 무담보문언이 있는 경우 : 무담보문언을 기재한 자는 누구에게도 담보책임을 지지 아니함. 그러나 환어음이 발행인이 기재한 지급무담보는 기재하지 아니한 것으로 봄.
- 권리보전절차의 흠결 : 소구권보전 절차를 해태하면 소구권 을 상실함. 예비지급인의 기재가 있는 경우에는 예비지급인에 대한 거절 증서를 작성하지 아니하면 그 자와 그 후자에 대하여 만기 전에 소구권을 행사 하지 못함.

(2) 비증권상 항변(어음행위의 효력에 관한 항변)
- 의사무능력, 행위무능력: 어음행위자가 의사무능력자인 때에는 무효를 주장 할 수 있으며, 행위무능력자인 때에는 취소할 수 있음(민5②,10,13,어71,약77②,수10)
- 위조, 변조 : 피위조자 또는 변조 전에 기명 날인한 자는 언제나 위조의 항변 또는 변조의 항변을 할 수 있음(어 7,69,약77,수10,50).
- 무권대리 : 본인이 대리권을 수여하지 않은 경우에는 무권대리의 항변을 할 수 있음(어8,약77②,수11)
- 제권판결 : 제권판결 선고 후에는 어음이 무효라는 항변을 할 수 있으며, 선의취득도 인정되지 않음.
- 공탁: 어음채무자가 어음금액을 공탁한 때에는 누구에 대해서도 항변을 할 수 있음.
- 법령위반 : 어음행위자가 법령을 위반한 때에(상호신용금고법(17)을 위반하여 상호 신용금고가 채무보증을 위하여 어음에 배서한경우(대판1985.11.26,85다카122) 위반행위가 효력발생 규정을 위반한 것이면 사법상 무효가 됨 (판례는 직접상대방에 대해서만 주장할 수 있는 경우에는 인적항변으로 보기도 함

2. 인적항변 : 특정채무자가 특정인에게만 제출할 수 있는 항변
- 인적항변은 피청구자(어음채무자)가 특정한 청구자(특정한 어음소지인)에 대해서 만 대항할 수 있는 항변으로 어음채무자와 특정 소지인 사이에서만 발생함.
- 인적항변은 주관적,상대적 항변이라고도 하는데, 어음법 제17조(수22)에 규정이 있으며, 어음채무자를 보호하기 위하여 인정한 것이므로 채무자를 해할 의사로 어음을 취득한 자에게도 적용됨

4.3.4. 어음상 권리의 행사

第17條(人的 抗辯의 切斷) 換어음에 依하여 請求를 받은 者는 發行人 또는 從前의 所持人에 對한 人的關係로 因한 抗辯으로써 所持人에게 對抗하지 못함. 그러나 所持人이 그 債務者를 害할 것을 알고 어음을 取得한 때에는 그러하지 아니함.

(1) 어음법 §17에 해당하는 항변(원인관계에 의한 항변) : 해의에 의해 확장됨
- 원인관계의 부존재·무효·취소 또는 해제의 항변
- 원인관계가 공서양속 기타 사회질서에 반하는 항변
- 법령위반의 항변(判例 : '이자제한법'에 위반한 어음행위는 §17의 항변)
- 어음과 상환하지 아니한 지급, 면제, 상계 등의 항변
- 어음금의 지급연기(개서)의 항변
- 대가 또는 할인금 미교부의 항변
- 어음 외의 특약의 항변
- 숨은 추심위임배서의 항변 등
(2) 17조 이외(§10) : 악의 또는 중과실로 확장됨
- 교부흠결의 항변 : 선의의 어음취득자에 대하여는 주장할 수 없고, 악의 또는 중과실로 인하여 어음을 취득한 자에 대하여만 주장할 수 있음
- 의사표시의 흠결·하자의 항변 : 위와 동일
- 백지어음의 보충권 남용의 항변 : 위와 동일
- 자기거래금지(자기계약, 쌍방대리; §398) 위반의 항변 : 위와 동일
  * 주식회사의 경우 이사는 이사회의 승인이 있는 때에 한하여 자기 또는 제3자의 계산으로 회사와 거래를 할 수 있는데(상 398) 이사가 원인관계에서 이사회의 승인없이 이러한 거래를 하고 이와 관련하여 어음행위를 한 경우 상법 제398조의 효력에 대해
    - 무효설에 따르면 물적항변사유가 되고
    - 유효설에 따르면 어음항변과 무관하고
    - 상대적 무효설에 따르면 선의의 어음소지인에게는 대항불가, 악의 또는 중과실의 어음소지인에 대해서만 항변주장 가능 → 어음법 제17조에 해당하지 않는 인적항변

4.3.4. 어음상 권리의 행사

(3) 융통어음항변 : 융통어음의 항변은 당사자간에서만 주장할 수 있고 제3자에게는 언제나 항변불가
- 융통어음에 대해 통설은 어음법 제17조에 해당하는 인적항변으로 보고, 융통어음이 제3자에게 양도된 경우에 제3자가 그러한 사정을 알았더라도 그것은 어음법 제17조의 "어음채무자를 해할 것을 알고" 취득한 것이라고 볼 수 없으므로 어음채무자는 지급을 거절할 수 없다고 하여 인적항변의 절단을 인정함
- 판례도 통설과 동일(융통어음을 발행한 자는 악의의 제3자에 대하여도 대가없이 발행한 융통어음이라는 항변을 주장할 수 없음 : 대판 1995.9.15, 94다54856)

4.3.4.4.3. 악의의 항변

1. 의의
- 어음법 제17조가 적용되는 인적항변에서의 악의의 항변이란 어음(수표)소지인이 그 채무자를 해할 것을 알고 어음(수표)을 취득한 소지인에 대하여 가지는 항변을 말함(어17조 단서,수 22조 단서)
- 어음법 제17조가 적용되지 않는 인적항변에서의 악의의 항변이란 어음소지인이 어음채무자의 양도인에 대한 인적항변사유에 대하여 악의 또는 중과실로 인하여 어음을 취득한 경우에 어음채무자의 항변
- 악의의 항변은 어음채무자의 전자에 대한 인적항변사유로써 어음소지인에게 대항하는 점에서, 어음소지인의 권리행사가 신의성실의 원칙에 반하거나 또는 권리남용이 되어 인정될 수 없다고 하는 것과 같은 일반악의의 항변과 구별됨

2. 악의의 내용
(1) 어음법 제17조가 적용되는 인적항변
- 채무자를 해할 것을 알고서는 어음소지인이 소지인의 전자(양도인)에 대한 어음채무자의 인적항변사유가 존재하는 것을 알면서(악의)어음을 취득한 경우를 말하는데, 특별한 사정이 없는 한 "해의"가 있는 것으로 추정함(통설).
- 판례는 단지 항변사유의 존재를 아는 것만으로는 부족하다고 함(대판1998.2.13.97다48319), 어음소지인이 어음채무자와 양도인과의 사이에서 발생한 문제가 잘 해결 될 것으로 믿었다면 해의가 아니라 일반적인 악의가 되므로 어음소지인은 악의의 항변으로 대항 받지 않음.
- 어음소지인이 항변의 존재를 모르는 데 대하여 중과실이 있는 경우에는 어음법 제17조 단서의 해의가 될 수 없음(통설)

4.3.4. 어음상 권리의 행사

(2) 어음법 제17조가 적용되지 않는 인적항변
- 인적항변이 절단되기 위해서는 어음소지인에게 항변의 존재에 대하여 악의 또는 중과실이 없어야 함. 따라서 어음소지인이 교부흠결, 의사의 흠결 또는 하자, 백지보충의 남용 등으로 인한 항변의 존재를 알고 있거나(악의) 또는 어음거래상 요구되는 주의를 현저하게 결하여(중과실) 항변의 존재를 알지 못한 경우에는 어음채무자는 악의의 항변을 주장할 수 있음
- 어음법 제17조가 적용되지 않는 인적항변에서는 어음법 제17조가 적용되는 인적항변과는 달리 중과실이 포함되는 점이 다름(해의와 악의는 크게 구별하지 않기 때문에 큰 차이가 없음)

3. 악의의 존재시기
- 악의는 어음(수표)를 취득한 때에 있어야 하며, 이에 대한 입증책임은 어음채무자가 부담함. 따라서 어음소지인이 이미 발생한 항변사유에 대하여 어음취득시에는 몰랐으나(선의) 그 후에 안 경우에는(악의) 어음채무자는 그러한 어음소지인에 대하여 악의의 항변을 주장할 수 없음.
- 그러나 어음의 취득시에 항변사유가 이미 존재하고 있어야 하는 것은 아니며, 만기 또는 어음상의 권리의 행사시 까지 존재하면 됨(통설)

4. 악의의 입증책임
- 어음소지인의 악의에 대한 입증책임은 어음채무자에게 있음(통설·판례).

5. 악의의 항변이 적용되지 않는 경우
(1) 어음소지인이 자기의 전전자에 대한 항변의 존재를 알고 어음을 취득하였으나 양도인인 자기의 전자가 그러한 항변의 존재를 모르고(선의) 어음을 취득한 경우에는, 어음소지인의 전자에 의하여 이미 인적 항변이 절단되고 또 어음소지인은 양도인의 그러한 권리를 승계취득하므로 어음소지인이 악의인 경우에도 어음채무자의 악의의 항변은 인정되지 않음. 그러나 어음소지인이 이미 어음무자로부터 악의의 항변으로 대항을 받고 있는 경우에는 그가 비록 선의의 어음취득자(양도인)로부터 환배서를 받았더라도 악의의 항변으로 대항을 받게 됨
(2) 비어음법적 유통방법(상속·합병·경매 등)에 의하여 어음이 유통되는 경우에는 인적 항변의 절단이 인정되지 않으므로, 어음채무자는 언제나 어음소지인에게 대하여 전자의 인적 항변을 주장할 수 있음.

4.3.4. 어음상 권리의 행사

5. 악의의 항변이 적용되지 않는 경우
(3) 어음법적 유통방법에 의하여 어음이 유통된 경우에도 위와 같이 어음항변과 무관한 경우가 있음.
  ① 유통의 예정기간을 경과한 후의 기한후배서의 경우에는 지명채권양도의 효력만이 있기 때문에, 어음항변과 무관함.
  ② 융통어음이 어음법적 유통방법에 의하여 유통된 경우에도 어음채무자는 직접 상대방 이외의 자에 대하여는 그의 선의·악의를 불문하고 언제나 융통어음이라는 항변을 주장할 수 없으므로, 이것도 어음항변과 무관함. 이 경우에는 인적 항변이 언제나 절단되는 결과와 같다.
  ③ 추심위임배서의 경우에는 피배서인에게 고유한 경제적 이익이 없기 때문에 어음채무자는 추심위임배서의 피배서인에 대하여 그의 선의·악의를 불문하고 배서인에 대한 모든 항변사유로써 대항할 수 있으므로, 이것도 어음항변과 무관함. 이 경우에는 인적 항변이 언제나 절단되지 않는 결과와 같다.
(4) 어음소지인이 무권리자라는 항변은 모든 어음채무자가 특정한 어음소지인에 대하여만 (항변의 존재에 관하여 그의 선의·악의를 불문하고) 주장할 수 있는 항변으로, 특정한 어음채무자가 모든 어음소지인에 대하여 (인적 항변의 경우에는 악의의 항변이 인정되는 범위에서) 주장할 수 있는 어음항변과는 구별됨.
(5) 대리인이 자기 또는 제3자의 이익을 위하여(대리권을 남용하여) 자기의 권한범위 내에서 어음행위를 한 경우에, 어음소지인(제3자)이 대리권의 남용에 대하여 알고 있으면(악의이면) 본인은 이를 입증하여 제3자에 대하여 어음채무의 이행을 거절할 수 있는데, 이것은 (대주가 악의인 것을 전제로 하여) 악의의 항변이 적용되기 때문이라기보다는 그러한 어음소지인이 어음금의 지급을 청구하는 것은 권리남용 내지 신의칙에 반하기 때문이라고 보아야 할 것임(권리남용설)[판례도 동지].

4.3.4. 어음상 권리의 행사

4.3.4.4.4. 제3자의 항변

1. 의의
- 제3자의 항변이란 다른 어음(수표)의 당사자의 항변사유를 자기를 위하여 원용하는 것을 말하며, 이러한 항변에는 전자의 항변과 후자의 항변이 있음.
- 전자의 항변 / 후자의 항변 : 예컨대 갑(甲)이 어음을 발행하여 을에게 교부하고 을(乙)이 동어음을 병(丙)에게 양도 한 경우, 을(乙)이 갑병(甲, 丙)간의 인적항변 사유로써 병(丙)에게 대항할 수 있는 경우를 전자의 항변이 라하고, 을병(乙, 丙)간의 인적항변 사유로써 갑(甲)이 병(丙)에게 대항 할 수 있는 경우를 후자의 항변이라고 함.
- 이러한 제3자의 항변에 대해서는 어음법 또는 수표법 에 명문규정이 없으며 학설과 판례에 맡겨져 있음.

2. 제3자의 항변의 인정근거
(1) 인적 항변의 개별성론
  어음행위의 무인성(추상성)을 전제로 하여, 어음채무자의 인적 항변은 각 어음행위자가 자기의 원인관계에 기하여 주장하는 것이므로 직접당사자간에서만 인적 항변으로써 대항할 수 있고, 타인의 인적 항변을 원용할 수는 없음. 이 견해에 의하면 갑은 을의 병에 대한 항변을 원용할 수 없어 병에게 책임을 부담함
(2) 권리남용론
  어음행위의 무인성(추상성)을 전제로 하나, 다만 어음소지인이 어음을 소지할 하등의 정당한 권한이 없어 어음상의 권리를 행사할 실질적 이유가 없음에도 불구하고 어음을 반환하지 않고 자기가 어음을 소지하고 있는 것을 기화로 자기의 형식적 권리를 이용하여 어음채무자에게 어음상의 권리를 행사하는 것은 권리남용에 해당되어 어음채무자는 어음법 제17조 단서의 취지에 따라서 어음소지인에게 어음금의 지급을 거절할 수 있다고 함. 이 견행에 의하면 갑은 병에게 어음상의 책임을 부담하지 않음
(3) 유인론
  어음이론 중 수정창조설(어음의 작성(무인행위) + 교부(계약으로서 유인행위))에 의하여 어음소지인의 권리행사를 저지하고자 하는 것임.즉 교부에 흠결이 있다면 유인행위로서 어음소지인이 정당한 권리자라고 주장할 수 없어 어음채무자는 어음상의 책임을 부담하지 않음

4.3.4. 어음상 권리의 행사

4.3.4. 어음상 권리의 행사

3. 후자의 항변
  ① 을병(乙丙)간의 원인관계가 소멸하거나 부존재한 경우
  ② 을병(乙丙)간의 원인관계가 불법하거나 위법한 경우
  ③ 을(乙)이 어음과 상환하지 않고 어음금을 지급·상계·면제 등을 한 경우

4. 전자의 항변
  ① 갑(甲)의 어음채무가 지급·소멸시효 등으로 소멸하거나 지급유예의 특약이 있는 경우에 을(乙)이 병(丙)에 대하여 이의 항변을 원용할 수 있는지 여부
  ② 甲의 어음보증인이 甲의 어음채무의 소멸·부존재·무효·취소 등의 항변을 어음소지인에게 원용가능 여부 → 보증채무의 부종성으로 인하여 어음보증채무가 소멸하였으므로 자신의 항변으로도 주장가능
  ③ 소구의무자(을)가 주채무자(갑)의 항변을 원용할 수 있는지 여부

5. 이중무권의 항변
  어음(수표)발행인과 수취인간의 원인관계 및 수취인과 피배서인(소지인)간의 원인관계가 모두 소멸되었을 경우, 어음(수표)소지인이 어음(수표)금청구를 한 경우에 발행인이 양쪽의 원인관계의 부존재를 이유로 이를 거절할 수 있는 항변을 이중무권의 항변이라 함.

6. 항변의 제한과 선의취득과의 관계

선의취득	인적항변의 제한
권리의 취득면에서 인정한것임. 진정한 권리자가 희생되고 제3자가 보호된다	채무의 존재 내지는 범위를 인정한 것임.어음채무자가 희생되고 어음소지인이 보호됨.
선의취득이 되지 않는 주관적 요건(악의 또는 중대한 과실)	어음항변이 제한되지 않는 주관적 요건(채무자를 해함을 알고서)
배서인에 관하여 존재하는 사유 원시취득임.	어음관계 외의 원인관계(배서인과 채무자 간) 승계취득임.

4.3.4. 어음상 권리의 행사

4.3.4.5.1. 의의
4.3.4.5.1. 1. 의의
- 소구(상환청구)란 어음이 만기(수표의 경우에는 지급제시기간 내)에 지급거절되었거나, 또는 만기 전에 인수거절(환어음의 경우) 또는 지급가능성이 현저하게 감소되었을 때에 어음소지인이 전자에 대하여 어음금액 기타 비용을 청구하는 것. 민법상 하자담보책임과 동일취지
- 법정담보책임에 기하여 어음소지인이 담보책임의 이행을 청구하는 것이 소구이며, 그 이행을 청구할 수 있는 어음상의 권리를 소구권 또는 상환청구권이라 함
- 어음의 주채무자와 소구의무자는 어음소지인에 대하여 합동책임을 부담하며, 소구의무는 주채무자에 대하여 종된 성질을 가짐

4.3.4.5.1. 2. 소구에 관한 입법주의
- 이권주의 : 인수거절과 지급거절을 구별. 인수거절시에는 담보청구권을 인정하고, 지급거절시에는 상환청구권을 인정하는 입법주의
- 일권주의(만기전 상환주의): 지급거절시는 물론이고 인수거절시에도 상환청구권만을 인정하는 입법주의. 우리나라 채택
- 선택주의 : 지급거절시에는 상환청구권을 인정하지만 인수거절시에는 담보청구권과 상환청구권 중의 하나를 선택권자에게 선택시키는 입법주의

4.3.4. 어음상 권리의 행사

4.3.4.5.2. 소구의 당사자

1.소구권자
- 1차적 : 최후의 정당한 어음소지인
- 2차적 : 소구의무를 이행하여 어음을 환수한 자, 소구의무자를 위한 담보의무를 이행한 보증인, 참가지급인이 소구의무를 이행한 경우, 어음채무를 변제한 무권대리인 등

2. 소구의무자
(1) 소구의무자
- 환어음의 발행인, 배서인 및 이들의 보증인, 참가인수인, 무권대리인 등. 환어음의 발행인은 소구의무를 어떠한 경우에도 면할 수 없지만, 배서인은 무담보배서나 추심위임배서 등의 경우에 소구의무를 면할 수 있음. 환어음의 인수인은 주채무자이지 소구의무자가 아님
- 약속어음의 경우는 배서인 및 이를 위한 보증인, 소구의무자의 무권대리인 등임. 약속어음의 발행인은 주채무자이지 소구의무자가 아님
- 수표의 경우에는 발행인, 배서인 및 이들을 위한 보증인, 소구의무자의 무권대리인 등임. 수표의 지급인이 지급보증을 한 경우에도 주채무자가 아니라 최종소구의무자의 지위를 갖음
(2) 책임의 성질
- 합동책임 : 소구의무자는 약속어음의 발행인, 환어음의 인수인과 더불어 소지인에 대하여 합동하여 어음지급에 대한 책임 부담(어47조 1항)
(3) 소구권의 양도
- 소구권은 어음상의 권리이므로 어음의 배서·교부에 의하여 양도

4.3.4. 어음상 권리의 행사

4.3.4.5.3. 소구의 요건

1. 만기전의 소구
(1) 환어음
① 실질적 요건(어43조)
- ㉠ 인수의 전부 또는 일부의 거절 : 어음소지인이 만기 전에 인수제시를 한 경우. 인수제시 여부는
  자유이나, 인수제시명령이 있거나 일람후정기출급어음의 경우에는 반드시 인수제시를 하여야 하므
  로 소정의 기간내에 인수제시를 하지 않으면 모든 소구권을 상실함(어 53)
- ㉡ 지급인 또는 인수인의 파산, 인수제시금지어음의 발행인의 파산(어 43) : 지급인 또는 인수인 등
  의 자력이 불확실하게 된 경우로 파산은 어음발행의 전후를 불문하고 파산절차가 종료되지 않은 것
  을 의미함(통설). 인수제시금지어음의 경우 지급인의 파산은 소구원인이 아니라 예비지급인이 있는
  경우에는 예비지급인의 인수거절까지 있어야 소구원인이 됨(어 56)
- ㉢ 지급인 또는 인수인의 지급정지 또는 그 재산에 대한 강제집행이 주효하지 아니한 경우(어 43) :
  예비지급인이 있는 경우에는 그의 인수거절까지 있어야 소구원인이 됨(어 56). 인수제시금지어음
  의 경우에는 발행인의 파산만 소구원인이 될 뿐 지급정지 또는 강제집행부주효는 소구원인이 아님
  (거절증서 등과 같은 공적인 입증방법을 작성할 수 없기 때문임)
② 형식적 요건
- ㉠ 인수의 전부 또는 일부의 거절이 소구원인인 경우에는 인수 거절증서의 작성
- ㉡ 지급인 또는 인수인의 파산이 소구원인인 경우에는 파산결정서의 제출
- ㉢ 지급인 또는 인수인의 지급정지, 강제집행부주효가 소구원인인 경우에는 거절증서작성
(2) 약속어음
  만기 지급거절로 인한 소구에 관한 환어음의 규정만 준용. 만기후의 소구만 규정하고 있으나 파산,
  지급정지 또는 만기에 지급이 불확실한 경우에는 만기전 소구를 인정(통설, 판례)

4.3.4. 어음상 권리의 행사

2. 만기후의 소구(환어음·약속어음)
① 실질적 요건 : 만기에 지급제시 하였으나 지급인, 인수인·발행인 등이 지급거절 하여야 함
- 지급제시 : 지급제시기간 내에 적법하게 지급제시하여야 하며, 안하는 경우 소구권 상실(어 53). 지
  급거절증서작성면제의 경우에도 지급제시는 면제되지 않으나 인수거절증서가 작성된 경우(어 44)
  또는 불가항력이 만기로부터 30일 넘어 계속하는 경우에는 지급제시가 면제됨
- 지급거절 : 지급인이 수인인 경우에는 그 전원이 지급거절을 하여야 어음소지인은 소구권을 행사할
  수 있음(통설)
② 형식적 요건 : 지급거절증서의 작성.
- 지급거절증서의 작성기간은 확정일출급어음, 발행일자후정기출급어음, 일람후정기출급어음의 경우
  에는 지급을 할 날에 이은 2거래일 내이고, 일람출급어음의 경우에는 어음법 제34조에서 정하는 지
  급제시기간 내(원칙 1년)임
- 지급거절증서 작성 불요 : 지급거절증서의 작성이 면제된 경우, 인수거절증서를 작성한 경우, 불가항
  력에 의하여 동 증서의 작성이 30일을 초과하여 방해되었을 때

3. 수표의 소구요건
(1)실질적 요건 : 지급거절만이 소구원인임(수 39)
(2)형식적 요건 : 지급거절증서의 작성. 그 외에 지급인의 선언 및 어음교환소의 선언도 소구원인이 됨.
  수표의 경우 불가항력의 경우에는 소지인이 배서인에 통지한 날로부터 15일임

4. 불가항력(피할 수 없는 장애)
- 불가항력이란 불가피한 일반적 장애로, 전쟁, 내란, 지진, 홍수, 유행병, 기타 천재적 사변으로 인한
  거래의 정지, 교통단절, 파업으로 인한 거절증서작성기관의 직무휴지, 교통기관의 마비 등 인위적 사
  유로 인한 경우도 있을 수 있으나 어음소지인 등의 인적 사유는 해당 없음

4.3.4. 어음상 권리의 행사

5. 거절증서

(1) 거절증서의 의의
- 어음상의 권리의 행사 또는 보전에 필요한 어음상의 행위가 정당한 사람에 대하여 정당한 권리자에 의하여 시·장소에서 행하여졌다는 것과 그 행위의 결과를 모든 이해관계인에 대하여 간이·신속·확실하게 증명하여 어음거래의 안전을 확보하고자 하는 목적을 가진 공증증서

(2) 거절증서의 작성이 필요한 경우
- 인수거절의 경우, 인수제시일자 또는 인수일자의 기재를 거절한 경우, 제2제시의 청구가 있는 경우, 지급거절의 경우, 지급인의 자력이 불확실하게 된 경우, 참가인수거절·참가지급거절·복본교부거절·원본반환거절의 경우

(3) 거절증서를 작성하지 않고 소구할 수 있는 경우
- ㉠ 거절증서의 작성이 면제되어 있는 경우
- ㉡ 인수거절증서를 작성시킨 후에 지급거절하는 경우 등

(4) 거절증서의 작성
- ㉠ 작성기관 : 공증인, 집달리 또는 합동법률사무소
- ㉡ 작성장소 : 지급 또는 인수를 위한 제시장소
- ㉢ 작성기간 : 제시기간의 정함이 있는 경우에는 그 기간 내에, 그렇지 않은 경우에는 만기의 전일까지(어44조 2항)
- ㉣ 작성방법 : 어음 또는 이에 결합한 보전에 하고 기재사항은 어음의 이면에 기재한 사항에 계속하여 이를 기재하고 동일한 어음에 관하여 순차로 수인에게 청구하는 경우에는 그 청구에 대하여 1통의 거절증서를 작성시킴으로써 충분

4.3.4. 어음상 권리의 행사

(5) 거절증서작성면제
㉠ 의의
- 환어음의 지급인 또는 약속어음의 발행인이 어음의 인수 또는 지급을 거절한 경우에 배서인 그 밖의 소구의무자에 대한 소구권보전의 조건으로서 작성하여야 하는 거절증서의 작성을 면제시키는 것(무비용상환)
㉡ 존재이유
- 소구의무자의 이익을 보호하고(거절증서작성비용의 부담면제), 인수 또는 지급거절사실의 공표를 방지하는 실익
㉢ 면제권자
- 소구의무자(발행인, 배서인, 보증인). 환어음의 인수인 및 약속어음의 발행인은 주채무자이므로 거절증서의 작성을 면제할 수 없음
㉣ 면제의 방식
- '무비용상환', '거절증서불요' 등의 문언을 어음에 기재하고 기명날인 또는 서명(어46조 1항)
㉤ 면제의효력
- 범위 : 발행인이 면제한 경우 모든 소구의무자에 대하여 절대적 효력을 가지나 배서인·보증인·참가인수인이 면제한 경우 그 자에 대한 관계에서만 거절증서의 작성을 불요(어46조 3항)
- 거절증서작성면제의 문언이 있더라도 어음제시 및 소구통지는 필요(어46조 2항). 제시 및 소구통지는 추정되기 때문에 이를 부인하는 자(소구의무자)가 입증책임 부담(판례)

4.3.4. 어음상 권리의 행사

4.3.4.5.4. 소구의 통지

1. 의의
- 소구권 행사에 앞서 인수거절·지급거절 등의 소구원인이 발생하였음을 소구의무자에게 알리는 것 (관념의 통지)으로, 우리 어음법은 통지의무주의를 취함(어45조 1항)

2. 통지를 요하는 경우
  ㉠ 인수 또는 지급이 거절된 경우
  ㉡ 지급인, 인수인 또는 약속어음의 발행인의 지급정지·강제집행 불주효시

3. 통지의 당사자
- 통지의무자는 어음의 최후의 소지인과 통지를 받은 배서인,
- 통지권리자는 발행인, 배서인 및 이들의 보증인(소구의무자)

4. 통지의 기간(어 45)
- 거절증서작성일에 이은 4거래일 내에,
- 무비용상환의 문언의 기재가 있는 경우에는 어음 제시일에 이은 4거래일 내에 통지하여야
- 배서인은 통지를 받은 날에 이은 2거래일 내에 통지하여야 함

5. 통지의 방법
- 제한 무(구술·서면으로 할 수 있고 단순한 어음의 반환도 가능)

6. 통지의무위반의 효과
- 통지를 하지 아니하더라도 소구권을 잃는 것은 아니며, 다만 과실로 인하여 손해가 생긴 때에는 어음금액의 한도 내에서 통지를 받을 권리자(전자) 전원에 대하여 손해배상책임을 부담할 뿐(어45조 6항)

4.3.4. 어음상 권리의 행사

4.3.4.5.5. 소구금액

1. 어음소지인의 소구금액
① 만기후의 소구금액(어48조 1항)
- 어음금액과, 이자의 기재가 있으면(일람출급 또는 일람후정기출급어음의 경우) 그 이자
- 6푼의 이율에 의한 만기 이후의 이자. 수표의 경우에는 만기가 없으므로 제시일 이후 이자
- 거절증서작성의 비용, 통지의 비용과 기타의 비용 : 기타의 비용이란 소구의무자에 대한 최고비용, 역어음의 비용 등과 같이 소구권의 행사·보전에 필요한 비용으로 소송비용은 불포함
② 만기전의 소구금액
- 수표는 만기가 없으므로 만기전의 소구금액이 없음. 그 밖에는 만기후와 동일함. 단 확정일출급 또는 발행일자후정기출급어음의 경우에는 만기까지 이자가 어음금액에 포함되어 있으므로 지급받는 날로부터 만기까지의 이자를 할인한 할인액만큼 감해짐(어48조 2항)

2. 어음환수자의 재소구금액
- 상환의무를 이행하고 어음을 환수한 자는 그 전자에 대하여 ㉠ 지급한 총금액 ㉡ 위 금액에 대한 년 6분의 이율에 의하여 계산한 지급의 날 이후의 이자 ㉢ 기타 지출한 비용을 청구 가(어49조)

4.3.4. 어음상 권리의 행사

4.3.4.5.6. 소구의 방법

1. 소구권자의 소구방법
(1) 소구의 순서
① 선택적.비약적 소구와 변경권 인정 – 소구권자는 배서순서에 구속 받지 않음(어47조 2항)
② 역어음
   ㉠ 의의 : 소구의무자 중의 1인을 지급인으로 하고 그 자의 주소에서 지급할 일람출급의 새로운 환
어음(어52조 1항)
   ㉡ 요건 :
       – 역어음의 발행이 금지되어 있지 아니할 것,
       – 소구의무자를 지급인으로 할 것,
       – 소구권자가 발행인이 될 것,
       – 지급지는 소구의무자의 주소지로 하되 제3자방지급으로 하지 않을 것,
       – 만기는 일람출급으로 할 것
       – 어음금액은 소구금액 이외에 중개료 및 인지세를 포함
   ㉢ 역어음의 양도 : 역어음과 함께 본어음, 거절증서 등도 양도하여야 함
   ㉣ 역어음의 지급 : 역어음 및 본어음과의 상환으로만 지급. 역어음의 지급인이 지급하지 않는 경우
에는 동 어음의 소지인은 본 어음에 의하여 소구할 수 밖에 없는데, 이 경우 역어음의 발행비용이
소구금액에 추가됨
(2) 소구절차 :
– 어음·기타 서류의 교부청구권 : 소구의무자는 지급과 상환하여 거절증서, 영수를 증명하는 기재를
한 계산서 및 어음의 교부를 청구 가(어50조 1항)
– 일부상환은 일부지급과는 달리 소구권자가 이를 거절할 수 있음(통설)

4.3.4. 어음상 권리의 행사

(3) 배서말소권
– 소구의무자가 소구의무를 이행하고 어음을 환수한 경우에는 자기의 후자의 배서를 말소할 수 있음
(어 50). 자기의무 소멸의 표시로 인해 소구를 다시 당할 염려가 없음
(4) 상환권
① 상환의 태양 : 금전채무이행의 일반원칙에 따라 소구금액의 지급, 대물변제, 상계 기타의 방법으로
가. 일부상환은 일부지급과는 달리 소구자가 이를 거절할 수도 있으나, 이를 받을 수도 있음
② 소구의무자의 상환권
   ㉠ 의의 : 소구의무자가 상환청구를 기다리지 않고 자진하여 그 의무를 이행할 수 있는 권리로 소구
금액의 증대를 방지함
   ㉡ 수인의 소구의무자가 동시에 상환권을 행사하는 경우에는 가장 많은 소구의무자로 하여금 의무
를 면하게 할 수 있는 자의 상환권에 우선권을 주어야 함

4.3.4.5.7. 재소구
1. 의의
– 어음소지인 또는 자기의 후자에 대하여 상환의무를 이행하여 어음을 환수한 자가 다시 자기의 전자
에 대하여 소구 하는 것

2. 재소구권의 법적 성질
– 재소구권의 법적 성질에 대해 권리회복설과 권리재취득설로 나뉘어 있음

4.3.4. 어음상 권리의 행사

3. 재소구의 요건
(1)실질적 요건 : 소구의무자가 소구권자에게 소구의무를 유효하게 이행하여야 함
(2)형식적 요건 : 소구의무자는 유효한 어음·거절증서 및 영수를 증명하는 기재를 한 계산서를 소구권
　자로부터 교부받아 소지하여 있어야 함

4. 재소구권의 행사
- 보통의 소구와 마찬가지로 도약적 소구 및 변경권이 인정됨

5. 재소구금액
- 지급한 총금액에 연 6푼의 이율에 의한 법정이자를 가산하고, 그 밖에 지출한 비용이 있으면 이를
　가산함

차이	환어음(약속어음)	수표
1.　종류	환어음은 만기전 소구 및 만기후 소구가 있으나 약속어음은 만기후 소구만 규정하고 있으나 만기전 소구도 인정(학설, 판례). 수표는 만기가 없으므로 만기전 소구는 없음	
2. 지급거절증명의 방법	거절증서만이 인정	거절증서, 지급인의 선언, 어음교환소의 선언
3. 거절증서 작성기간	제시기간 내에 작성하여야 함	제시기간 말일에 제시한 경우 1거래일까지 연장
4. 불가항력 보전기간	불가항력이 만기로부터 30일	소지인이 배서인에게 통지한 날로부터 15일
5. 소구금액	-약정이자도 포함 -법정이자는 만기부터	-약정이자는 무익적 기재사항 -법정이자는 지급제시일로부터 계산
6. 역어음에 의한 소구	인정	불인정
7. 소구권 시효기간	1년(재소구권은 6월)	6월(재소구권도 6월(

제4편 어음·수표법

4.3. 어음 · 수표법 각론

4.3.1. 어음상 권리의 의의
4.3.2. 어음상 권리의 발생
4.3.3. 어음상 권리의 이전
4.3.4. 어음상 권리의 행사
4.3.5. 어음상 권리의 소멸
4.3.6. 기타 제도
4.3.7. 수표에 특유한 제도

4.3.5. 어음상 권리의 소멸

4.3.5.1. 총설
- (어음도 금전채권이므로) 민법상 일반 채권의 소멸원인 + 어음상 권리의 소멸원인
- 어음소지인 보호하기 위한 이득상환청구권 인정

4.3.5.1.1. 일반적 소멸원인
- 일반적 소멸원인에는 지급, 대물변제, 상계, 경개, 변제, 공탁 등(환배서가 인정되므로 혼동은 어음·수표상의 권리소멸원인으로 되지 못함) 이 있음

(1) 변제
- 민법상 변제는 어음법상 지급의 규정으로 상세하게 규정하고 있으므로 민법상 변제보다 우선적으로 적용됨. 어음상 지급이 민법상 변제와 다른 점은 지급제시를 요하는 점(제시증권성), 지급을 한 경우에는 어음에 영수를 증명하는 기재를 하게 하여 어음을 환수해야 하는 점(상환증권성) 등이 있음

(2) 공탁
- 어음소지인이 지급제시기간 내에 지급제시를 하지 않은 때에는 각 어음채무자는 어음소지인의 비용과 위험부담으로 어음금액을 관할관서에 공탁할 수 있음(어 42).
- 소구의무자는 지급제시기간 내에 지급제시가 없으면 소구의무를 면하므로(어 53) 공탁의 문제가 생기지 아니하며, 수표도 주채무자가 없으므로 공탁을 인정하는 규정이 없음

(3) 상계
- 재판외의 상계의 경우에는 원칙적으로 어음채권자의 어음의 제시 및 교부가 있어야 상계의 효력이 발생하나(통설, 판례), 재판상의 상계는 어음의 제시와 교부가 불필요 함

4.3.5. 어음상 권리의 소멸

(4) 갱개
- 신채무를 위하여 어음을 다시 발행하고 구어음을 회수하지 않은 경우에는 어음채무자는 선의의 구어음 취득자에 대하여 구어음에 의한 어음채무를 부담하므로 어음채무는 소멸되지 않음

(5) 면제
- 주채무자의 어음채무의 면제는 소구의무자의 어음채무도 면제되나, 소구의무자의 어음채무의 면제는 그 자와 후자의 어음채무만이 면제 됨

(6) 혼동
- 어음채무자와 어음채권자가 동일인 경우(환배서 등)에도 민법상 혼동의 법리에 의하여 소멸되지 않음

4.3.5.1.2. 특별소멸원인
㉠ 어음의 주채무자와 그 보증인에 대한 어음상의 권리는 소멸시효에 의한 경우에만 소멸(어 53조)
㉡ 소구권은 보전절차의 흠결로 인하여 소멸
㉢ 어음소지인의 일부지급의 거절(어 39)
㉣ 어음소지인의 거절할 수 있는 참가인수의 승낙(어 56)
㉤ 어음소지인의 참가지급의 거절(어 61)
㉥ 참가지급이 경합하는 경우 자기에게 우선하는 참가지급의 신고인이 있음을 알면서 한 참가지급(어 63)
㉦ 소멸시효 (어 70)

4.3.5. 어음상 권리의 소멸

4.3.5.2. 어음시효
4.3.5.2.1. 서언
- 어음거래는 신속한 결제를 요하므로 단기의 소멸시효가 인정되고 있음
- 단기소멸시효가 인정된다고 하더라도 확정판결을 받은 때에는 시효기간이 10년임

4.3.5.2.2. 시효기간 및 시기
(1)어음의 시효기간 및 시기
- 어음소지인의 주채무자에 대한 청구권 : 만기의 날(만기의 날(초일)은 불산입)로부터 3년
- 어음소지인의 상환의무자에 대한 상환청구권 : 거절증서작성일자 또는 만기의 날(거절증서작성면
  제의 경우)로부터 1년
- 상환자의 그 전자에 대한 상환청구권(재소구권) : 환수한 날 또는 제소된 날로부터 6월

(2) 수표의 시효기간 및 시기
- 수표소지인의 지급보증인에 대한 청구권 : 지급제시기간 경과일로부터 1년(수 58)
- 수표소지인의 상환의무자에 대한 상환청구권 : 지급제시기간 경과일로부터 6월(수 51)

(3) 상환자의 그 전자에 대한 상환청구권 : 환수한 날 또는 제소된 날로부터 6월

4.3.5. 어음상 권리의 소멸

4.3.5.2.3. 시효중단
(1) 중단사유
- 일반적인 사유(청구, 압류 또는 가압류·가처분, 승인) 이외에 재소구권의 시효중단방법으로 소송고지
  (어음법 80조)가 있음
1)청구 : 재판상의 청구에는 어음의 제시를 요하지 않으나, 재판외의 청구에는 (완성)어음의 제시 요함(판례). 통설은
  재판상·재판외의 청구를 불문하고 어음의 제시가 필요없다고 함
2)압류 또는 가압류·가처분 : 어음상의 권리 실현을 위하여 어음채무자의 재산에 대하여 하며, 재판상의 청구와 같이
  법원에 의한 행위이기 때문에 어음의 제시가 불필요함
3)승인 : 어음채무자가 시효 완성 전에 하는 승인
4)소송고지 : 어음소지인으로부터 제소를 받아 배서인의 채무는 시효중단이 되었으나 그 전자에 대한 권리의 소멸시효
  는 진행하여 그가 아직 어음을 환수하지 못하여 자기의 전자에 대한 권리의 소멸시효는 진행되는 것을 막을 필요가
  있기 때문임

(2) 효력범위
- 시효중단의 개별성 : 중단은 그 중단사유가 생긴 자에 대해서만 효력 있음(어 71). 공동발행인의 1인
  에 대한 시효중단은 다른 발행인에게 영향을 미치지 않으며, 주채무자에 대한 시효중단은 그의 보증
  인 또는 다른 소구의무자에 대하여 영향을 미치지 않음

4.3.5.2.4. 각 시효간의 관계
(1)소구의무 등의 시효소멸이 주채무에 미치는 영향 : 시효의 효력은 독립적이므로 영향 무
(2)주채무의 시효소멸이 소구의무에 미치는 영향 : 소구의무가 소멸되는 지에 대해
- 긍정설(통설) : 소구의무의 종속성
- 부정설(일본의 소수설) : 어음채무의 독립성

4.3.5. 어음상 권리의 소멸

4.3.5.3. 어음의 말소·훼손·상실

4.3.5.3. 1. 어음·수표의 말소
(1)의의
- 어음·수표의 기명날인 또는 서명 및 그 밖의 기재사항을 삭제 등의 방법에 의하여 제거하는 것. 말소에 의하여 어음·수표의 동일성을 해하는 정도에 이르는 경우에는 어음·수표의 상실이 됨

(2) 말소의 효과
㉠ 어음·수표요건의 말소 : 일단 유효하게 성립한 어음·수표상의 권리는 말소 후에도 당연히 소멸하는 것은 아님
㉡ 어음·수표요건 이외의 기재의 말소 : 권리자에 의한 경우에는 그에 따르고, 무권리자에 의한 경우에는 변조의 문제로 됨
㉢ 교부전에 말소한 경우 : 어음·수표상 권리의 변경·소멸의 문제로 됨
㉣ 말소의 권한이 없는 자에 의하여 어음이 말소된 때에는 말소 전에 기명날인 또는 서명한 사람은 말소전의 문언에 따라, 또 말소 후에 기명날인 또는 서명한 사람은 말소 후의 문언에 따라 각각 책임을 짐.

(3) 배서의 말소
- 어음법 16조 1항은 말소한 배서는 배서의 연속에 관하여 이를 기재하지 아니한 것으로 보는데(어 16), 권한유무, 거절증서작성기간 경과 전후를 불문함
- 피배서인을 말소한 경우에 전부말소설(다수설)과 백지식배서설(소수설)로 나뉨
- 어음을 환수한 배서인의 배서말소권(어 50) : 자기의 배서가 남용되어 이중지급이 강요되는 것을 방지하기 위한 것
- 환배서에 갈음하는 배서의 말소(소극적 배서) : 어음법에 규정은 없으나 당사자에게 편리하고 또 제3자에게 손해를 주는 것도 아니므로 그 유효성이 인정됨(통설)

4.3.5. 어음상 권리의 소멸

4.3.5.3. 2. 어음·수표의 훼손
(1)의의
- 절단, 마멸 기타의 방법에 의하여 어음·수표증권의 일부에 물리적 파손을 일으키는 것. 어음·수표의 동일성을 해할 정도에 미치면 어음·수표의 상실이 됨
(2) 효력
- 어음의 훼손이 어음상의 기명날인 또는 서명자에 미치는 영향은 어음의 말소의 경우와 같음

4.3.5.3. 3. 어음·수표의 상실
(1) 의의
- 어음의 상실이란 어음·수표의 물리적 멸실(절대적 상실) 뿐만 아니라 분실·도난 등(상대적 상실)에 의하여 그 소재를 알 수 없는 경우 뿐만 아니라 어음의 동일성을 해할 정도의 말소·훼손 등을 포함하는 개념임
- 어음은 권리를 표창하는 수단이지, 권리 그 자체는 아니므로 상실로 인하여 어음·수표상의 권리가 당연히 소멸하는 것은 아님
(2) 공시최고에 의한 제권판결
- 제권판결이 있으면 상실된 어음·수표는 무효로 되어 그 후에는 어음·수표로서의 권리추정력이나 면책력은 없고 선의취득도 있을 수 없으므로 그 어음소지인은 어음상의 권리를 행사할 수 없음
(3) 선의취득자와 제권판결취득자와의 권리우선관계
- 제권판결 전에 어음상의 권리를 선의취득한 자는 공시최고신청인의 권리를 다투는 자로 당연히 공시최고내용 및 실권경고에 따라 법원에 권리의 신고나 청구를 하여야 하는데, 이를 하지 않아서 공시최고인이 제권판결을 받게 되면 제권판결의 적극적효력과 관련하여 누구의 권리가 우선하는가에 대해 선의취득자우선설과 제권판결취득자우선설(판례)로 나뉨
(4) 증권의 재발행
- 제권판결을 받은 자가 어음의 발행인에 대하여 재발행 청구가 가능한가에 대해 긍정설과 부정설로 나뉨

4.3.5. 어음상 권리의 소멸

4.3.5.3. 4. 이득상환청구권
(1)의의
– 어음상 또는 수표상의 권리가 시효 또는 절차의 흠결로 인하여 소멸하여 그 목적을 이루지 못한 경우에 소지인이 발행인, 인수인 또는 배서인에 대하여 그가 받은 이익의 한도에서 상환을 청구할 수 있는 어음·수표법상의 권리임(어79, 수 63)
(2) 법적 성질 : 어음·수표상의 권리의 잔존물 내지는 변형물이라는 학설과 형평의 견지에서 어음·수표법이 인정한 특별한 청구권이라는 학설(지명채권설 : 통설·판례)로 나뉨
(3) 발생요건
① 권리의 유효한 존재 : 기본요건을 흠결한 어음·수표에는 이득상환청구권이 생기지 않음. 따라서 백지어음의 경우에는 이득상환청구권의 성립을 인정하지 않는 것이 다수설·판례임
② 권리의 소멸
　㉠ 소멸사유 : (소구권보전)절차의 흠결 또는 시효로 인하여 소멸
　㉡ 소멸의 정도 : 학설의 대립이 있으나, 판례는 소지인이 널리 어음·수표법상 또는 민법상 아무런 구제방법도 가지지 못하는 경우에 한하여 이득상환청구권의 발생을 인정
③ 채무자의 이득 : 이득이라 함은 단순히 그 어음·수표채무를 면하였다는 것이 아니고 실질관계에서 현실적으로 재산상의 이익을 얻은 것을 의미(이득의 현존유무는 불문)
(4) 당사자
① 권리자 : 권리가 절차의 흠결·시효로 인하여 소멸할 당시의 어음·수표의 정당한 소지인
② 의무자 : 청구의 상대방은 발행인, 인수인(환어음), 배서인, 지급보증인(수표)

4.3.5. 어음상 권리의 소멸

(5) 이득상환청구권의 행사와 양도
① 이득상환청구권의 행사
– 　㉠ 어음·수표의 소지여부 : 지명채권설 → 권리의 행사에 어음·수표의 소지 불요(불요설). 따라서 어음을 소지하고 있지 않더라도 이득상환청구권 행사 가능
– 　㉡ 이행장소 : 채무자의 영업소 또는 주소(추심채무). 이득상환의무자는 이득상환청구권자가 누군지 모르는 경우가 발생하므로
– 　㉢ 입증책임 : 이득상환청구권자가 입증(통설, 판례)
– 　㉣ 채무자의 항변 : 이득상환의무자는 이득상환청구권자로부터 이득상환의 청구를 받는 경우에 어음채무자로서 어음소지인에게 대항할 수 있었던 모든 항변사유로써 이득상환청구권자에게 대항 할 수 있음(통설)
– 　㉤ 소멸시효 : 지명채권설 → 10년설 / 잔존물설 → 어음은 3년, 수표는 1년
– 이득상환청구권의 시효기간의 기산점은 어음상의 권리가 소멸한 때 → 어음의 경우에는 지급제시기간의 익일 또는 시효기간의 익일임. 수표의 경우에는 수표상의 권리를 해제조건설(통설, 판례)에서는 지급제시기간의 익일에 발생하는 것으로 봄
② 이득상환청구권의 양도
– 이득상환청구권은 양도가능한데, 그 방법은 상속이나 합병과 같은 포괄승계에 의하거나 이득상환청구권의 양도방법에 의하여서도 양도가능
– 지명채권설 → 지명채권의 양도방법에 따라 채무자에 대한 대항요건을 갖추어야 한다고 봄. 잔존물설 → 어음·수표의 교부만으로 권리 이전됨.
③ 이득상환청구권의 선의취득 여부 : 지명채권설(통설·판례) → 선의취득 불가
④ 담보이전의 문제 : 지명채권설(통설·판례) → 특약 없는 한 당연히 양도되는 것은 아님. 따라서 이득상환청구권을 양수한 자는 특약이 없더라도 어음상의 권리를 위하여 존재하는 보증인에 대한 권리 및 물상담보권을 취득하지 못함

4.3.5. 어음상 권리의 소멸

(6) 수표의 이득상환청권의 특징
- 수표의 이득상환청구권도 어음의 경우와 거의 같으나, 이득상환청구권의 발생시기 및 은행발행자기앞수표의 이득상환청구권의 양도방법 등이 문제됨

1) 이득상환청구권의 발생시기
① 정지조건설 : 지급제시기간의 경과로 바로 발생하는 것이 아니라 지급위탁의 취소 또는 지급거절을 정지조건으로 하여 발생
② 해제조건설 : 지급제시기간의 경과로 이득상환청구권은 발생하지만, 그 후 지급위탁의 취소가 없어 지급된 때에는 이미 발생한 이득상환청구권이 소멸(통설·판례)

2) 은행발행자기앞수표의 이득상환청구권
① 이득상환청구권 발생요건 중 '어음채무자가 이득하였을 것'이 추정됨(판례)
② 양도방법 : 판례는 지명채권양도방법 외에도 어음·수표법상의 양도방법인 교부에 의해서 권리 양도가 가능하다고 봄

제4편 어음·수표법

4.3. 어음 · 수표법 각론

4.3.1. 어음상 권리의 의의
4.3.2. 어음상 권리의 발생
4.3.3. 어음상 권리의 이전
4.3.4. 어음상 권리의 행사
4.3.5. 어음상 권리의 소멸
4.3.6. 기타 제도
4.3.7. 수표에 특유한 제도

4.3.6. 기타 제도

4.3.6.1. 복본

4.3.6.1.1. 의의
- 복본이라 함은 하나의 권리를 표창하지만 각자 권리행사가 가능한 수통의 유가증권임
- 환어음 및 수표에만 있고 약속어음은 복본제도가 인정되지 않음

4.3.6.1.2. 발행
(1) 환어음의 경우
- 복본의 방식 : 복본에는 그 증권의 본문 중에 번호를 붙여야 함. 이를 붙이지 아니한 때에는 그 수통의 복본은 이를 각별의 환어음으로 봄. 즉 각 통은 독립한 단일어음으로 보게 됨(어 64)
- 복본교부청구권 : 어음에 1통만으로 발행한다는 뜻을 기재하지 아니한 때에는 소지인은 자기의 비용으로 복본의 교부를 청구할 수 있음. 이 경우에는 소지인은 자기의 직접의 배서인에 대하여 이를 청구하고 그 배서인은 다시 자기의 배서인에 대하여 청구를 함으로써 이에 협력하여 순차로 발행인에게 미치게 함. 각 배서인은 새 복본에 배서를 재기(再記)하여야 함.(어 64)

(2) 수표의 경우
- 복본의 방식 : 수표를 복본으로 발행할 때에는 그 증권의 본문 중에 번호를 붙여야 함. 이를 붙이지 아니한 때에는 그 수통의 복본은 이를 각별의 수표로 봄(수 48).
- 발행의 요건 : 수표의 복본은 수표소지인의 유통상의 편의를 위하여 인정된 것이 아니므로, 환어음의 경우와는 달리 수표소지인에게 복본교부청구권이 인정되지 않고, 그 대신 복본의 발행에 다음과 같은 요건이 있음
① 원격성 : 수표의 복본은 분실 등의 위험이 있는 발행지와 지급지가 원거리인 경우에 필요(수 48)
　　– 일국에서 발행하여 타국이나 발행국의 해외영토에서 지급할 수표,
　　– 일국의 해외영토에서 발행하여 그 본국에서 지급할 수표,
　　– 일국의 동일해외영토에서 발행하고 지급할 수표 또는 일국의 해외영토에서 발행하여 그 국의 다른 해외영토에서 지급할 수표

4.3.6. 기타 제도

② 비소지인출급식수표 : 복본은 기명식 또는 지시식수표에만 허용되고, 소지인출급식수표에는 허용되지 아니함(수 48)

4.3.6.1.3. 효력
(1) 원칙(복본일체의 원칙; 완전성) : 각 복본에는 완전성이 있어 복본 1통의 소지인은 환어음·수표의 소지인으로서 어음·수표상 모든 권리를 행사할 수 있음.
(2) 동일성 : 각 복본은 표창된 권리에 동일성이 있어 비록 증권은 수통이지만 각 증권이 표창하는 권리는 동일하고 따라서 한 번 행사하면 그 권리가 소멸함.
(3) 예외(각 복본의 독립성)
- 복본의 1통에 대한 지급이 있는 때에는 이 지급이 다른 복본을 무효로 하는 뜻의 기재가 없는 경우에도 의무를 면하게 함.
- 그러나 복본의 이용이 잘못 된 경우 각 통이 독립화 할 수도 있음
1) 인수의 경우(어 65)
- 지급인은 인수한 각통으로서 반환을 받지 아니한 복본에 대하여 책임을 짐.
2) 배서의 경우(어 65)
- 수인에게 각 별로 복본을 양도한 배서인과 그 후의 배서인은 그 기명날인 또는 서명한 각통으로서 반환을 받지 아니한 것에 대하여 책임을 짐.

4.3.6.1.4. 인수를 위한 복본의 송부
- 인수를 위하여 복본의 1통(송부복본)을 송부한 자는 다른 각통(유통복본)에 이 1통을 보지하는 자의 명칭을 기재하고. 송부복본의 소지자는 유통복본의 정당한 소지인에 대하여 송부복본을 교부할 의무 있음
- 교부를 거절당한 때에는 소지인은 거절증서에 의하여 다음을 증명하지 아니하면 소구권 행사 불가함
　　① 인수를 위하여 송부한 1통이 소지인이 청구하여도 교부되지 아니하였다는 것
　　② 다른 1통으로 인수 또는 지급을 받을 수 없었다는 것

4.3.6. 기타 제도

4.3.6.2.등본(어음에 특유한 제도)
4.3.6.2.1. 의의
(1) 개념
- 등본이란 어음의 원본을 등사한 것. 소지인은 원본 대신 등본에 배서와 보증을 할 수 있음
- 등본 자체는 복본과 같은 어음의 효력이 없고, 다만 그 위에 유효하게 배서 또는 보증을 할 수 있을 뿐임
(2) 등본과 복본의 비교

	등본	복본
작성권자	모든 어음소지인	발행인만
이용되는 어음행위	배서 및 보증만	모든 어음행위
인정되는 유가증권	환어음 및 약속어음에서만 인정	환어음 및 수표
기타	원본에 차단문언을 기재하여 원본에 한 배서의 효력을 무효화	제한없음

4.3.6.2.2. 등본의 발행
1) 주체 : 등본은 복본과 달리 어음소지인이 임의로 등본을 작성할 수 있음.
2) 방식 : 등본에는 배서 기타 원본에 기재한 모든 사항을 정확히 다시 기재하고 그 말미를 표시하는 기재(경계문언, 예를 들어 이상 등사함)를 하여야 함. 등본에는 어음의 소지인을 기재하여야 하나 등본 유효요건은 아님

4.3.6. 기타 제도

4.3.6.2.3. 등본의 효력
1) 성립 : 등본에는 원본과 동일한 방법에 의하여 동일한 효력으로 배서 또는 보증할 수 있음.
2) 행사 : 권리를 행사하기 위해 소지인은 등본과 함께 원본도 제시하여야 함. 등본은 어음상 권리를 표창하는 유가증권이 아니므로 소지인은 등본만 가지고는 어음상의 권리를 행사할 수 없음. 또한 등본 그 자체로는 어음이 아니므로 이것에 의하여 인수, 참가인수 또는 지급을 청구하지 못함(어 67)
3) 차단문언에 의한 등본에 의한 권리의 양도
- 등본작성전에 한 최후의 배서의 뒤에 「이 후의 배서는 등본에 한 것만이 효력이 있다」는 문언 또는 이와 동일한 의의가 있는 문언을 원본에 기재한 때에는 원본에 기재한 그 후의 배서는 무효로 함(어 68 ③)
- 따라서 원본을 교부에 의하거나 지명채권 양도의 방법으로 도 양도할 수 없고(통설), 등본에 의하여 어음상의 권리를 배서양수한 자는 원본반환청구권이 있음

4.3.6.2.4. 원본반환청구권과 등본소지인의 소구권
(1) 원본소지인이 기재된 경우
- 등본의 정당한 소지인은 원본소지인에 대하여 그 반환을 청구할 수 있음. 반환을 거절하는 경우 등본소지인은 거절증서(원본반환거절증서)에 의하여 원본이 교부되지 않았음을 증명하여 등본에 배서 또는 보증한 자에 대하여 소구권을 행사할 수 있음(어 68)
- 복본반환청구의 경우와는 달리 등본만으로써 인수 또는 지급을 청구할 없으므로, 지급인에 대한 인수 또는 지급의 제시 및 인수 또는 지급거절증서의 작성을 요하지 아니하고 소구할 수 있으나, 등본에 기명날인 또는 서명한 배서인 또는 보증인에 대하여서만 소구할 수 있음
(2) 원본소지인이 기재되지 않은 경우
- 등본에 원본소지인의 기재가 없는 경우에도 원본반환거절증서를 작성하여야 등본에 배서 또는 보증을 한 자에 대하여 소구할 수 있는가에 대하여 학설은 나뉨

4.3.6. 기타 제도

- 소구권부정설 : 등본소지인에게는 원본반환청구권이 없고 따라서 등본상의 기명날인자 또는 서명자에 대하여 소구권을 행사할 수 없음

- 소구권전면긍정설 : 등본소지인은 원본반환청구권을 가지나 등본소지인을 보호하기 위하여 그는 원본반환거절증서를 작성하지 아니하고도 소구권을 행사 할 수 있다는 견해

- 소구권일부긍정설(통설) : 등본소지인은 원본반환청구권을 가지고 따라서 등본소지인이 원본소지인을 탐지하여 원본반환거절증서를 작성한 경우에만 소구권을 행사할 수 있다는 견해

제4편 어음·수표법

4.3. 어음 · 수표법 각론

4.3.1. 어음상 권리의 의의
4.3.2. 어음상 권리의 발생
4.3.3. 어음상 권리의 이전
4.3.4. 어음상 권리의 행사
4.3.5. 어음상 권리의 소멸
4.3.6. 기타 제도
4.3.7. 수표에 특유한 제도

4.3.7. 수표

4.3.7.1. 수표의 일반론
4.3.7.1.1. 수표의 의의
- 수표는 발행인이 지급인에 대하여 일정한 금액의 지급을 위탁하는 형식의 유가증권이며, 그 법률적 성질과 형식에 있어서 환어음과 흡사함.
- 수표를 어음으로 표시하면 『은행 앞으로 발행한 일람출급의 환어음』이라 할 수 있음

4.3.7.1.2. 수표의 연혁
- 수표도 어음과 같이 이탈리아에 그 기원을 두고 있으나, 어음이 중부 유럽에서 중세말경 송금과 추심의 수단으로서 발전되어 온 것과는 달리, 수표는 네덜란드를 거쳐 영국으로 들어가서 19세기경 주로 지급의 수단으로 발전되어 왔음

4.3.7.1.3. 수표의 경제적 기능
- 수표는 경제적으로는 오직 지급의 용구로서 현금대용물인 성질을 가지고 있음. 이것은 오늘날 어음이 주로 신용거래의 수단으로서 이용되는 것과 크게 다름. 물론 어음도 지급기능을 가지고 있으나, 어음의 주된 기능은 신용의 목적에 이바지하는 데에 있고, 그 지급기능은 부차적으로 이에 수반되는데 불과함
- 최근에는 수표의 지급기능을 대신하는 새로운 지급수단이 등장하여 점점 많이 이용되고 있는데, 신용카드와 전자자금이체, 전자금융거래 등이 있음

4.3.7.1.4. 수표의 종류
① 위탁수표 : 제3자의 계산으로 발행하는 수표이며, 제3자가 지급자금을 제공하는 것
② 선일자수표(연수표) : 수표를 신용증권화하기 위하여 많이 사용되는 것으로, 발행일자를 실제로 발행한 일자보다 앞으로 올 일자를 기재한 수표
③ 당좌수표 : 은행과 당좌거래가 있는 사람이 은행에 있는 수표자금에서 지급할 것을 위탁하는 수표

4.3.7. 수표

④ 자기앞수표(보증수표) : 은행이 발행인인 동시에 그 은행이 지급인이 되어 있는 수표
⑤ 쿠퐁 : 소액의 정액수표를 한 묶음으로 한 것
⑥ 가계수표 : 소액의 빈번한 가계지출을 위하여 사용되는 수표

4.3.7.2. 수표 발행의 의의와 성질
4.3.7.2.1. 수표발행의 의의
- 수표의 발행은 수표요건을 기재하여 작성한 수표를 최초의 권리자(수취인)에게 교부하는 것을 말함. 필수적 기재사항을 기재하고 발행인이 기명날인 또는 서명하여 작성한 수표를 기본수표라 함

4.3.7.2.2. 수표발행의 법적 성질
- 수표 발행의 성질은 환어음의 발행행위와 같이 지급지시로서, 지급인에 대하여 발행인의 계산으로 지급할 수 있는 권한을 수여함과 동시에, 수취인에 대하여 수표금액의 지급을 받을 수 있는 권한을 수여하는 2중수권 행위임.
- 발행행위는 기본수표를 작성하여 이를 수취인에게 교부함으로써 성립함

4.3.7.2.3. 수표의 기재사항
(1) 수표의 절대적 기재사항(수표요건)
    ㉠ 수표문구, ㉡ 일정한 금액의 무조건의 지급위탁문구(이자문구는 기재할 수 없음), ㉢ 지급인의 명칭, ㉣ 지급지, ㉤ 발행일과 발행지, ㉥ 발행인의 기명날인 또는 서명
(2) 유익적 기재사항
    ㉠ 수취인의 기재, ㉡ 지급인의 명칭에 부기한 지, ㉢ 발행인의 명칭에 부기한 지, ㉣ 제3자방지급문구, ㉤ 지시금지문구, ㉥ 외국통화환산율의 기재, ㉦ 외국통화현실지급문구, ㉧ 횡선, ㉨ 거절증서작성면제문구, ㉩ 복본의 번호

4.3.7. 수표

(3) 무익적 기재사항
  ㉠ 이자약정의 기재, ㉡ 지급무담보문구, ㉢ 일람출급 이외의 만기의 기재, ㉣ 위탁수표문구

4.3.7.2.4. 수표발행의 제한
(1) 수표발행의 제한
㉠ 지급인자격 : 은행을 지급인으로 하는 경우에만 허용
㉡ 자금관계와 수표계약 : 수표는 그것을 제시한 때에 발행인이 처분할 수 있는 자금(수표자금)이 있는 은행을 지급인으로 하고(자금관계가 있을 것), 발행인이 그 자금을 수표에 의하여 처분할 수 있는 명시 또는 묵시의 계약(수표계약)에 따라서만 발행 가(수3조)
㉢ 수표계약 : 은행이 발행인이 발행하는 수표를 지급할 의무를 지는 계약
㉣ 위탁수표의 경우 : 수표자금관계는 제3자인 위탁자와 지급인 사이에 존재하고 또 수표계약도 이들 양자 사이에 존재

(2) 제한위반의 효과
㉠ 수표계약은 수표관계와는 분리된 자금관계상의 것이므로 그 유무는 수표 효력에는 영향을 미치지 않음
㉡ 은행이 지급을 거절하여도 소지인은 단순히 발행인에 대하여 소구권을 행사할 수 있을 뿐임

4.3.7. 수표

4.3.7.3. 수표의 예입과 예금의 성립시기
- 은행에 현금 또는 이와 동일시되는 자기앞수표를 입금하지 아니하고 보통의 수표를 예입한 경우에 언제 예금의 효력이 발생하여 그 해당금액을 현금으로 인출할 수 있는가가 문제됨. 이 문제에 관하여 학설은 추심위임설과 양도설로 나뉨
- 추심위임설 : 수표를 입금한 때에 바로 예금채권이 성립하고, 다만 수표의 추심이 끝날 때까지는 예금의 환급을 하지 않기로 특약이 되어 있는 것으로 보는 견해
- 양도설 : 수표의 입금은 수표의 추심의 위임과 추심의 완료를 정지조건으로 하는 예금계약이라고 풀이하여, 수표의 추심이 끝났을 때 비로소 예금채권이 성립하는 것으로 보는 견해가 대립하고 있음
- 판례는 추심위임설을 따른 것도 있으나 양도설이 주류를 이루고 있음

4.3.7.4. 수표보증·지급보증
4.3.7.4.1. 개설
- 수표의 신용증권화 방지 : 수표는 지급증권으로서 일람출급증권이고, 제시기간도 극히 단기로 되어 있음. 또한 수표에는 인수제도가 인정되지 않으므로, 수표에 인수의 기재를 하더라도 이를 기재하지 아니한 것으로 보며, 이것을 잠탈하는 수단이 되는 지급인의 배서와 보증까지도 허용하지 않고 있음
- 이처럼 수표에 인수제도를 인정하지 아니하는 결과 지급인이 수표의 지급제시에 이를 꼭 지급한다는 보장이 없고, 그리하여 수표는 그 지급의 확실성이 결여되어 원활한 유통을 꾀할 수 없는 점이 발생
- 그리하여 수표의 지급을 확실하게 하기 위한 제도로 지급보증제도를 두고 있음
- 수표보증 : 수표법은 수표보증은 인정하고 있으나 실제로는 수표보증은 별로 행하여지지 않고 있음.
- 수표보증의 방식 및 효력에 관한 규정은 대체로 어음의 보증에 관한 그것과 동일함
- 판례는 수표를 담보로 하여 타인으로부터 돈을 빌린다는 사실을 알면서 수표에 대하여 보증을 하는 경우에는 돈을 대여하고 그 수표를 교부받아 소지하는 사람에 대하여 그 수표의 액면금 범위 내에서 민법상의 연대보증을 한 것으로 보고 있음

4.3.7. 수표

4.3.7.4.2. 의의
- 제시기간 내에 수표의 제시가 있을 때에 지급인이 수표금액을 지급하기로 약속하는 수표상의 단독행위(수53조)

4.3.7.4.3. 방식
① 수표(당좌수표)의 표면에 '지급보증' 기타 지급을 할 뜻을 기재하고 일자를 부기하여 지급인이 기명날인 또는 서명하여야 함
② 지급보증은 무조건이어야 하고 지급보증에 의하여 수표의 기재사항에 가한 변경은 이를 기재하지 않은 것으로 봄

4.3.7.4.4. 효력
① 지급보증인의 지급의무
- 지급보증을 한 지급인은 제시기간경과 전에 수표를 제시한 경우에 한하여 지급의무를 부담
- 지급보증인은 일반의 보증인과 같은 제2차적 담보의무자가 아니고 제1차적 수표금액지급 의무자이지만, 인수인의 의무와 같이 절대적인 것은 아니고 제시기간경과 전에 지급제시가 있는 경우에만 지급할 의무를 부담
② 다른 수표채무자의 채무
- 지급보증에 의하여 발행인, 배서인 기타 수표상의 채무자가 그 채무를 면하게 되는 것은 아님(수56조)
③ 지급인에 대한 지급청구권의 보전
- 제시기간 내에 제시하였음에도 불구하고 지급보증인이 지급을 거절할 경우에 그에 대한 지급청구권을 보전하기 위해서는 지급거절의 증서 또는 선언에 의하여 지급제시 및 지급거절을 증명하여야 함
④ 지급보증인에 대한 지급청구권의 시효
- 제시기간경과후 1년간 행사하지 아니하면 소멸시효가 완성함(수58조)

4.3.7. 수표

☞지급보증

방식	수표의 표면에 "지급보증" 기타 지급을 할 뜻을 기재 일자를 부기 지급인이 기명날인 서명
효력	수표의 지급보증인은 주채무도 아니며 소구의무도 아닌 특별한 유형의 채무를 부담함.
인수와의 비교	1.환어음 인수에는 약식인수가 인정되는 반면 지급보증의 요건은 매우 엄격 2.인수인은 주채무를 부담하지만 지급보증의 채무는 그와 구별됨 3.환어음의 지급인이 인수를 거절하면 만기전 소구의 사유가 되지만 지급보증의 거절에대한 소구는 인정되지 않음

☞지급보증과 수표보증차이

지급보증	수표보증
지급인만이 할 수 있음	지급인을 제외한 제3자가 함
지급인이 다른 수표채무와 무관하게 부담하는 것임	보증인이 다른 수표채무를 전제로 하여 수표채무를 부담 함
종속성이 없음	종속성이 있음
최종의무자와 같은 지위이므로 지급하여도 아무런 수표상의 권리를 취득하지 못함	피보증인의 소구의무를 보증하므로 지급한 때에는 피보증인과 그의 수표상의 채무자에 대하여 수표상의 권리를 취득함(수표법 제27조 3항)

4.3.7. 수표

4.3.7.5. 수표의 양도
4.3.7.5.1. 서설
- 수표의 양도방법은 수표상의 권리자의 지정방법에 따라 다름. 수표상의 권리자를 지정하는 방법에는 기명식·지시식·소지인출급식이 있고, 기명식의 특수한 것으로서 배서금지식이 인정되고, 그 밖에 지명소지인출급식도 허용되고 있음.

(1) 기명식수표와 지시식수표
- 수표는 법률상 당연히 지시증권이기 때문에 지시식인 경우는 물론, 기명식인 경우에도 배서에 의하여 양도할 수 있음 (다만 최후의 배서가 백지식이거나 소지인출급식인 경우에만 단순한 교부로 양도할 수 있음)

(2) 배서금지수표
- 기명식으로서 지시금지 또는 이와 동일한 의의가 있는 문언을 기재한 지시금지수표 또는 배서금지수표는 기명증권으로서, 지명채권양도의 방식에 따라 그 효력으로써만 양도할 수 있음. 이 점은 지시금지어음의 경우와 같음.

(3) 소지인출급식수표
- 소지인출급식수표는 증권의 단순한 교부에 의하여 양도. 소지인출급식수표는 양도의 합의와 증권의 단순한 교부에 의하여 양도 되는 것이므로, 본래 배서에 의한 양도를 할 수 없음
- 수표법은 소지인출급식 수표에 배서한 배서인도 상환의무를 부담하게 하여, 배서의 담보적 효력을 인정

(4) 지명소지인출급식수표·무기명수표
- 이것은 소지인출급식수표로 보므로, 소지인출급식수표에 관한 설명이 그대로 타당

4.3.7. 수표

4.3.7.5.2. 수표배서의 특징(어음배서와의 차이)
① 등본에 의한 배서의 불인정 : 수표에는 등본제도가 인정되지 않기 때문
② 인수담보의무가 없는 것 (약속어음과 동일)
③ 지급인의 배서 및 지급인에 대한 배서의 효력
- ㉠ 지급인의 배서 : 무효
- ㉡ 지급인에 대한 배서 : 권리이전적 효력은 없고 영수증으로서의 효력만 있음
- ㉢ 예비지급인의 기재를 허용하지 않는 것
- ㉣ 입질배서의 부인 : 수표는 금전대용물이기 때문

☞ 수표배서의 특징(어음배서와의 차이)
① 등본에 의한 배서의 불인정 : 수표에는 등본제도가 인정되지 않기 때문
② 인수담보의무가 없는 것 (약속어음과 동일)
③ 지급인의 배서 및 지급인에 대한 배서의 효력
㉠ 지급인의 배서 : 무효
㉡ 지급인에 대한 배서 : 권리이전적 효력은 없고 영수증으로서의 효력만 있음
㉢ 예비지급인의 기재를 허용하지 않는 것
㉣ 입질배서의 부인 : 수표는 금전대용물이기 때문

4.3.7. 수표

4.3.7.6. 수표의 지급제시·지급
4.3.7.6.1. 서설
- 수표도 어음과 같이 제시증권이므로, 수표금의 지급을 청구하기 위하여는 수표소지인이 이를 지급인에게 지급제시 하여야 함. 다만 수표에는 만기가 없으므로 만기전 지급이라는 것이 있을 수 없고, 또 인수제도가 없으므로 소지인의 청구가 없는 경우의 공탁에 관한 규정이 없음
- 수표의 일람출급성(수28조 1항)
① 수표는 지급증권이므로 법률상 당연히 일람 출급식으로 되어 있어 발행 후 언제든지 지급제시 가능
② 어음과 달리 만기라는 것이 없고 이에 위반되는 모든 기재는 기재하지 아니한 것으로 함

4.3.7.6.2. 수표의 지급제시기간
① 지급제시기간
㉠ 내국수표 : 발행 후 10일
㉡ 외국수표 : 발행지와 지급지가 동일 주에 있는 경우에는 20일, 다른 주에 있는 경우에는 70일
② 지급제시기간경과의 효과
　㉠ 소구권 상실함. 그밖에 지급보증인에 대한 지급청구권도 상실
　㉡ 발행인의 지급위탁취소는 지급제시기간의 경과 후에 비로소 효력이 발생(수32조 1항)
　㉢ 수표소지인은 소구권은 상실하지만 지급인이 지급해 주는 한 수표금 수령권을 가짐. 이에 따라 수표의 제시기간경과로 인하여 수표상의 권리를 잃게 된 수표의 정당한 소지인은 이득상환청구권을 가짐

4.3.7. 수표

4.3.7.6.3. 지급위탁의 취소
(1) 의의 : 수표의 발행인이 수표를 발행함으로써 지급인에 대하여 한 일정금액의 지급위탁을 철회 하는 것
(2) 방법 : 지급위탁의 취소는 지급인에 대한 의사표시에 의하여 하며, 그 방법은 묻지 않음
(3) 효과
1) 지시기간경과전의 취소
　지급위탁의 취소는 원래 발행인이 자유로 할 수 있는 것이지만, 수표법은 수표소지인의 지위를 보호하기 위하여 지급제시기간 경과 전에 지급위탁을 취소하는 것을 금지함
2) 지시기간경과후의 취소
　지급제시기간 경과 후에는 발행인은 마음대로 지급위탁을 취소할 수 있음

4.3.7.6.4. 지급인의 조사의무
(1) 형식적 자격의 조사의무
- 배서로 양도할 수 있는 수표의 지급인은 배서의 연속의 정부를 조사할 의무는 있으나, 배서인의 기명날인 또는 서명의 진부를 조사할 의무는 없음
(2) 주의의무
- 지급자는 형식적 자격자에게 지급을 하면 사기 또는 중대한 과실이 없는 한 면책됨
- 제시기간을 경과하면, 모든 소구의무자는 소구의무를 면하고 수표소지인은 이득상환청구권을 취득하게 되지만, 이 경우에도 지급인은 지급위탁의 취소가 없는 한 지급을 할 수 있음
(3) 위조·변조수표의 지급
- 수표의 위조·변조의 효과는 어음에 있어서와 동일함

4.3.7. 수표

4.3.7.7. 소구　　　☞ 어음에 관한 소구내용도 포함되어 있음을 주의하기 바람

4.3.7.7.1. 의의
- 소구란 어음·수표가 만기에 지급이 거절될 때 및 인수거절기타 사유로 만기에 지급될 가능성이 현저히 감소된 때에, 소지인이 인수 혹은 지급을 담보한 발행인·배서인·보증인 등에게 어음·수표금과 부수하는 비용에 상당하는 금액의 변상을 청구하는 제도

4.3.7.7.2. 입법주의
- 소구제도에 관한 입법주의로 일권주의·이권주의·선택주의 등 3종류가 있음.
① 일권주의 - 일권주의란 지급거절시는 물론 인수거절시에도 동일한 권리로서 상환청구권만을 인정하는 제도. 이 입법주의는 만기 전에도 상환청구를 인정하기 때문에 만기전 상환주의라고도 함.
② 이권주의 - 인수거절과 지급거절을 구별. 인수거절시에는 담보청구권을 인정하고, 지급거절시에는 상환청구권을 인정하는 입법주의
③ 선택주의 - 지급거절시에는 상환청구권만을 인정하지만, 인수거절시에는 소구권자 혹은 소구의무자의 선책에 쫓아 상환청구권 혹은 담보청구권을 인정하는 입법주의

4.3.7.7.3. 소구의 당사자 및 요건
(1) 소구권자 : 어음소지인, 소구의무를 이행하여 어음을 환수한 자, 담보의무를 이행한 보증인, 참가지급인, 어음채무를 변제한 무권대리인 등
(2) 소구의무자 : 환어음의 발행인, 배서인 및 이들의 보증인, 참가인수인, 무권대리인 등(약속어음의 발행인과 환어음의 인수인은 주채무자이지 소구의무자가 아님)

4.3.7. 수표

(3) 소구의 요건
1) 만기전의 소구
① 실질적 요건(어43조)
　　㉠ 인수 전부 또는 일부 거절
　　㉡ 지급인의 파산의 경우, 지급정지, 강제집행이 주효하지 아니한 경우
　　㉢ 인수제시를 금지한 어음(인수제시금지어음)의 발행인의 파산의 경우
② 형식적 요건
　　㉠ 인수제시
　　㉡ 거절증서의 작성
　　㉢ 파산결정서의 제출
　　㉣ 제시 또는 거절증서작성과 불가항력
2) 만기후의 소구
① 실질적 요건 : 만기에 지급제시 : 지급인, 인수인, 발행인 등이 지급 않았어야
② 형식적 요건 : 지급제시, 지급거절증서의 작성
3) 재소구
- 어음소지인에 대하여 또는 자기의 후자에 대하여 상환의무를 이행하여 어음을 환수한 자가 다시 자기의 전자에 대하여 소구하는 것

(3) 합동책임
- 소구의무자는 약속어음의 발행인, 환어음의 인수인과 소지인에게 어음금지급 합동책임(어47조 1항)

(4) 소구권의 양도
- 소구권은 어음상의 권리이므로 어음의 배서·교부에 의하여 양도

4.3.7. 수표

4.3.7.7.4. 거절증서의 작성과 그 면제

(1) 거절증서의 의의
- 어음상의 권리의 행사 또는 보전에 필요한 어음상의 행위가 정당한 사람에 대하여 정당한 권리자에 의하여 시·장소에서 행하여졌다는 것과 그 행위의 결과를 모든 이해관계인에 대하여 간이·신속·확실하게 증명하여 어음거래의 안전을 확보하고자 하는 목적을 가진 공증증서

(2) 거절증서의 작성이 필요한 경우
- 인수거절의 경우, 인수제시일자 또는 인수일자의 기재를 거절한 경우, 제2제시의 청구가 있는 경우, 지급거절의 경우, 지급인의 자력이 불확실하게 된 경우, 참가인수거절·참가지급거절·복본교부거절·원본반환거절의 경우

(3) 거절증서를 작성하지 않고 소구 할 수 있는 경우
    ㉠ 거절증서의 작성이 면제되어 있는 경우
    ㉡ 인수거절증서를 작성시킨 후에 지급거절 하는 경우 등

(4) 거절증서의 작성
    ㉠ 작성기관 : 공증인, 집달리 또는 합동법률사무소
    ㉡ 작성장소 : 지급 또는 인수를 위한 제시장소
    ㉢ 작성기간 : 제시기간이 있는 경우에는 그 기간 내에, 없는 경우에는 만기의 전일까지(어44조 2항)
    ㉣ 작성방법 : 어음 또는 이에 결합한 보전에 하고 기재사항은 어음의 이면에 기재한 사항에 계속하여 이를 기재하고 동일한 어음에 관하여 순차로 수인에게 청구하는 경우에는 그 청구에 대하여 1통의 거절증서를 작성시킴으로써 충분

4.3.7. 수표

(4) 거절증서의 작성의 면제
㉠ 의의 : 환어음의 지급인 또는 약속어음의 발행인이 어음의 인수 또는 지급을 거절한 경우에 배서인 그 밖의 소구의무자에 대한 소구권보전의 조건으로서 작성하여야 하는 거절증서의 작성을 면제시키는 것(무비용상환)
㉡ 존재이유 : 소구의무자의 이익을 보호하고(거절증서작성비용의 부담면제), 인수 또는 지급거절사실의 공표를 방지하는 실익
㉢ 면제권자 : 소구의무자(발행인, 배서인, 보증인)
㉣ 면제의 방식 : '무비용상환', '거절증서불요' 등의 문언을 어음에 기재(어46조 1항)
㉤ 효력
- 범위 : 발행인이 면제한 경우 모든 소구의무자에 대하여 절대적 효력을 가지고 배서인, 보증인, 참가인수인이 면제한 경우 그 자에 대한 관계에서만 거절증서의 작성을 불요(어46조 3항)
- 어음제시 및 소구통지는 필요(어46조 2항)

4.3.7.7.5. 소구의 통지
(1) 의의 : 소구권행사에 앞서 인수거절·지급거절 등의 소구원인이 발생하였음을 소구의무자에게 알리는 것(관념의 통지)으로, 우리 어음법은 통지의무주의를 취함(어45조 1항)
(2) 통지를 요하는 경우
    ㉠ 인수 또는 지급이 거절된 경우
    ㉡ 지급인, 인수인 또는 약속어음의 발행인의 지급정지, 강제집행 불주효시
③ 통지의 당사자 : 통지의무자는 어음의 최후의 소지인과 통지를 받은 배서인, 통지권리자는 발행인, 배서인 및 이들의 보증인
④ 통지의 기간 : 거절증서작성일에 이은 4거래일 내에, 무비용상환의 문언의 기재가 있는 경우에는 어음제시일에 이은 4거래일 내에 통지하여야 함

4.3.7. 수표

⑤ 통지의 방법 : 제한 무(구술·서면으로 할 수 있고 단순한 어음의 반환도 가능)
⑥ 통지의무위반의 효과 : 통지를 하지 아니하더라도 소구권을 잃는 것은 아니며, 다만 과실로 인하여 손해가 생긴 때에는 어음금액의 한도 내에서 통지를 받을 권리자(전자) 전원에 대하여 손해배상책임을 부담(어45조 6항)

4.3.7.7.6. 소구금액
(1) 소지인의 소구금액
① 만기후의 소구금액 : 어음금액과, 이자의 기재가 있으면 그 이자 및 년 6푼의 이율에 의한 만기 이후의 이자, 거절증서작성의 비용, 통지의 비용과 기타의 비용(어48조 1항)
② 만기전의 소구금액 : 만기후와 동일. 단 할인에 의해 어음금액이 감해짐(어48조 2항)
(2) 어음환수자의 재소구금액
- 상환의무를 이행하고 어음을 환수한 자는 그 전자에 대하여 ㉠ 지급한 총금액, ㉡ 위 금액에 대한 년 6푼의 이율에 의하여 계산한 지급의 날 이후의 이자, ㉢ 기타 지출한 비용을 청구 가(어49조)

4.3.7.7.7. 소구의 방법과 상환
(1) 소구의 방법
① 선택적.비약적 소구와 변경권 – 소구권자는 배서순서에 구속받지 않음(어47조 2항)
② 역어음
   ㉠ 의의 : 소구의무자 중의 1인을 지급인으로 하고 그 자의 주소에서 지급할 일람출급의 새로운 환어음(어52조 1항)
   ㉡ 요건 : 역어음의 발행이 금지되어 있지 아니할 것, 소구의무자를 지급인으로 할 것, 소구권자가 발행인이 될 것, 지급지는 소구의무자의 주소지로 하되 제3자방지급으로 하지 않을 것, 일람출급으로 할 것
③ 소구절차 : 소구의무자는 지급과 상환하여 거절증서, 영수를 증명하는 기재를 한 계산서 및 어음의 교부를 청구 가(어50조 1항)

(2) 상 환
① 상환의 태양 : 금전채무이행의 일반원칙에 따라 소구금액의 지급, 대물변제, 상계 기타의 방법으로 가능. 일부상환은 일부지급과는 달리 소구자가 이를 거절할 수도 있으나, 이를 받을 수도 있음
② 소구의무자의 상환권
   ㉠ 의의 : 소구의무자가 상환청구를 기다리지 않고 자진하여 그 의무를 이행할 수 있는 권리
   ㉡ 수인의 소구의무자가 동시에 상환권을 행사하는 경우에는 가장 많은 소구의무자로 하여금 의무를 면하게 할 수 있는 자의 상환권에 우선권을 주어야 함

4.3.7.7.8. 소구의 효력
- 소구의 요건이 충족되면 소지인은 소구의무자에 대하여 소구금액 상당의 지급을 청구할 수 있음. 이 권리는 법률의 규정에 의하여 당연히 발생하고, 그 후 소구의 원인이 소멸되거나 치유되어도 그로부터 영향을 받지 않음.
- 만기 전의 소구요건이 발생하면 소지인은 만기까지 기다릴 필요 없이 즉시 소구할 수 있음
- 어음·수표의 발행·배서·보증·참가인수 등을 한 사람은 소지인에 대하여 합동책임을 짐. 소구권의 발생사실은 어음의 주채무자나 수표의 지급보증인에 대한 권리에 하등 영향이 없음
- 소구권자는 소구권이 발생한 후에도 그 어음·수표를 다시 제3자에게 배서할 수 있지만 그 배서는 기한후배서의 효력밖에 갖지 못함
- 소구권의 소멸시효기간은 어음의 경우 1년, 수표의 경우 6월임

4.3.7. 수표

4.3.7.8. 수표에 특유한 제도

4.3.7.8.1. 선일자수표(연수표)
(1) 의의(먼저 발행되어 있는 수표)
- 수표를 발행할 때 발행일자를 실제로 발행한 날보다 앞으로 올 날짜로 기재한 수표(수 §28 ②)
- 기능 : 신용기능 창출목적으로 발행됨
- 문제의 소재 : 수표의 신용증권화 방지제도와 모순
(2) 유효성
- 유효성 : 유효(§28②)
- 수표에 기재된 발행일자가 사실상의 발행일자와 다르더라도 발행의 효력에는 영향이 없으며 이러한 선일자수표도 유효(판례)
(3) 선일자수표의 제시와 지급 (소지인·지급인 관계)
- 수표소지인은 발행일자 도래 전에도 지급제시할 수 있고, 그 제시가 있는 날 지급인은 지급하여야 함
- 발행일자 전이라도 지급인이 지급을 거절하면 수표소지인은 즉시 전자에 대하여 소구권을 행사 가능
☞ 수표의 일람출급성(수28조 1항)
　　① 수표는 지급증권이므로 법률상 당연히 일람출급식으로 되어 있어 발행 후 언제든지 지급제시 가
　　② 어음과 달리 만기라는 것이 없고 이에 위반되는 모든 기재는 기재하지 아니한 것으로 함
(4) 발행인과 수취인간의 관계
- 발행인·수취인 관계 : 내부적 계약도 유효, 위반시 채무불이행의 손해배상책임 (통설, 판례)
(5) 발행일자의 의의
- 제시기간의 기산점, 소멸시효의 기산점, 지급위탁의 취소기간의 기산점을 정하는 표준

4.3.7. 수표

4.3.7.8.2. 횡선수표
(1) 서설
- 수표는 일람출급이고 또한 소지인출급식이 일반적이므로, 이것을 분실하거나 절취 당한 경우에는 악의의 소지인이 지급받을 위험이 대단히 많음. 이러한 점을 보완하기 위하여 제도로 횡선수표와 계산수표가 있으나 우리나라는 횡선수표만을 인정하고 있음
- 횡선수표는 '수표의 표면에 2개의 평행선을 그은 수표'임
☞ 계산수표
- 계산수표라 함은 수표의 표면에 계산을 위하여 또는 이와 동일한 뜻을 가진 문자를 횡서하여 현금지급을 금하고 기장방법에 의한 거래의 결제에만 사용하는 수표를 말함
- 우리 수표법은 이 두 가지 제도 중 횡선수표만을 채용함. 그러나 계산수표를 인정하는 외국에서 우리나라를 지급지로 하는 계산수표를 발행하였다면 그 수표는 횡선수표와 같은 효력을 가짐(수표법 제65조)
(2) 종류
　　① 일반횡선수표 : 두 줄의 평행선 안에 아무런 지정을 하지 아니하거나 은행 또는 이와 동일한 뜻의 문자를 기재한 수표. 수표의 발행인 또는 소지인이 횡선을 그을 수 있음
　　② 특정횡선수표 : 두 줄의 평행선 안에 특정은행의 명칭을 기재한 수표
(3) 횡선수표의 효력
1) 지급의 제한
　　① 일반횡선수표의 경우 : 일반횡선수표의 지급인은 은행 또는 지급인의 거래처에만 지급 가(수38조 1항). 거래처는 지급은행에 당좌계좌가 반드시 있어야 하는 것은 아니며, 다소 계속적인 거래관계가 있는 자이면 족함
　　② 특정횡선수표의 경우 : 지급인은 원칙적으로 피지정은행에 대해서만, 또 지급인이 피지정은행일 때에는 자기의 거래처에 대해서만 지급 가(수38조 2항).

4.3.7. 수표

2) 취득의 제한
- 은행은 자기의 거래처 또는 다른 은행으로부터만 횡선수표를 취득할 수 있고, 또 은행은 이러한 자 이외의 자를 위하여 횡선수표의 추심을 할 수 없음(수38조 3항). 부정소지인의 은행에 추심위임 목적의 양도를 제한하고자 하는 것임
3) 횡선의 말소와 변경
   ① 횡선의 말소 : 이를 하지 아니한 것으로 봄(수37조)
   ② 횡선의 변경 : 일반에서 특정은 가능, 그 반대는 불가(수37조 4항)
4) 수개의 특정횡선이 있는 경우 지급인은 지급하지 못함(수38조 4항)
5) 제한위반의 효력
- 지급제한에 위반하여 횡선수표를 지급한 지급인 및 취득제한에 위반하여 횡선수표를 취득한 은행은 이로 인하여 발생한 손해에 대하여 수표금액의 한도 내에서 배상할 책임을 짐(수 제38조 3항).
6) 횡선배제특약의 효력 : 유효함

지급제한의 효력	취득제한의 효력	제한위반의 효력	횡선배제특약의 효력
1) 일반횡선수표 지급인은 다른 은행 또는 자기의 거래처 에만 지급할 수 있음. 2) 특정횡선수표 지정된 은행에만 지급할 수 있음. 지정된 은행이 지급인이면 자기의 거래처에 지급할 수 있음.	1) 일반횡선수표 은행은 자기의 거래처 또는 다른 은행에서만 횡선수표를 취득할 수 있음. 2) 특정횡선수표 은행은 자기의 거래처 또는 다른 은행에서만 특정횡선수표를 취득할 수 있음.	지급제한에 위반하여 횡선수표를 지급한 지급인 및 취득제한에 위반하여 횡선수표를 취득한 은행은 이로 인하여 발생한 손해에 대하여 수표금액의 한도 내에서 배상할 책임을 짐(수 제38조 3항).	횡선수표제도 및 이에 위반한 지급인의 손해배상책임 등은 모두 수표분실자 등의 이익을 보호하기 위한 것인데, 수표소지인이 이러한 이익을 포기하고 지급인과 일반횡선의 배제의 특약을 유효하게 해석하여야 할 것임.

4.3.7. 수표

4.3.7.8.3. 가계수표와 수표카드
- 가계수표는 당좌수표와 같이 수표법에서 규정하는 전형적인 형식의 수표이나, 사업자(기업)가 아닌 개인이 발행하고, 수표금액에 제한이 있는 점에서 당좌수표와 구별됨
- 수표카드 : 수표지급은행이 신용 있는 거래처(수표발행인)에게 수표카드를 발급하여 주고, 그 거래처가 발행하는 수표의 수취인에 대하여 그 지급을 담보하여 수표의 피지급성을 높이고자 하는 것임. 지급은행의 수표카드에 의한 지급담보책임은 수표법상의 책임이 아니라 민법상의 책임임
- 수표카드의 법적 성질 : 지급은행을 대리하여 수표수취인과 손해담보계약을 체결할 수 있는 대리권을 증명하는 증거증권임

4.3.7.8.4. 참가제도   ☞ 어음에 관한 참가제도 내용도 포함되어 있음을 주의하기 바람
(1) 의의
- 참가라 함은 소구권이 발생했을 경우 특정한 소구의무자에 대한 소지인의 소구권행사를 저지하기 위하여 제3자가 어음관계에 개입하는 것을 말함.
- 참가를 하는 사람을 참가인, 특정한 소구의무자를 피참가인이라고 함

(2) 참가인수
1) 의의
- 참가인수라 함은 만기전 소구권이 발생한 경우, 소구권행사를 저지할 목적으로 제3자가 특정한 소구의무자를 위하여 그 자와 동일한 어음상 채무를 부담할 것을 약속하는 어음행위를 말함
2) 요건
a. 어음의 소지인이 만기 전에 소구할 수 있는 모든 경우에 참가인수를 할 수 있음.
b. 인수제시금지어음의 경우 원칙적으로 참가인수도 하지 못함.
c. 참가인수를 하려면 소지인의 승낙이 있어야 함. 소지인은 원칙적으로 언제든지 참가인수를 거절 가능

4.3.7. 수표

   d. 지급지에 있는 예비지급인의 기재가 있는 경우, 예외적으로 그 사람의 참가인수는 이를 거절하지 못함
   e. 특정한 피참가인을 기재가 있으면 소지인은 먼저 예비지급인에게 참가인수를 승낙하면 그 피참가인과 그 자의 후자는 소구를 면하므로, 이미 의무를 면한 이들을 위한 참가인수는 승낙하지 못함.

3) 절차
① 당사자
    a. 참가인수인의 자격에는 원칙적으로 제한이 없음. 이미 어음상 채무를 부담한 발행인·배서인·보증인 등도 참가인수인이 될 수 있음
    b. 피참가인은 소구의무자임. 발행인, 배서인 및 이들의 보증인이 모두 피참가인이 될 자격이 있음
② 방법
    a. 참가인수인이 어음에 참가인수의 뜻을 기재하고 기명날인 또는 서명하고 어음을 소지인에게 교부
    b. 참가인수는 무조건이어야 하며, 일부 참가인수는 허용되지 않음
    c. 참가인수에는 피참가인을 표시하여야 함
③ 통지
– 참가인수인은 피참가인에 대하여 참가인수일로부터 2거래일 내에 그 참가인수의 통지를 하여야 함

4) 효력
① 의무의 발생
    a. 참가인수인은 소지인과 피참가인의 후자에 대하여 피참가인과 동일한 의무를 부담
    b. 적법한 지급제시에도 불구하고 지급이 거절되면 소지인은 지급거절증서를 작성하여 참가인수인을 포함한 소구의무자들에 대해 책임을 물을 수 있음
② 권리의 소멸
– 참가인수가 있으면 소지인은 피참가인과 그 후자에 대한 소구권을 잃음. 또한 그 전자는 소지인에 대하여 소구금액의 지급과 상환으로 어음의 교부를 청구할 수 있음

4.3.7. 수표

(3) 참가지급
1) 의의
– 참가지급이란 만기 전 또는 만기 후의 소구권이 발생한 경우, 소지인의 소구권행사를 저지할 목적으로 특정 소구의무자를 위하여 소지인에게 소구금액 상당을 지급하는 것을 말함

2) 요건
① 소구권의 발생 : 만기 전 또는 만기 후의 소구권이 발생한 모든 경우에 참가지급을 할 수 있음
② 승낙의 불요 : 참가지급은 참가인수와 달라 소지인의 승낙이 필요 없음

3) 절차
① 당사자 : 참가지급인의 자격에는 원칙적으로 아무런 제한이 없으나 피참가인이 될 수 있는 사람은 소구의무자임
② 방법 : 참가지급인은 피참가인이 지급할 전액을 소지인에게 지급하여야 함
③ 청구 : 소지인은 원칙적으로 제3자에게 참가지급을 요청할 필요는 없음
④ 통지 : 참가지급은은 피참가인에 대하여 2거래일 내에 참가지급의 통지를 하여야 하고, 만일 과실로 인하여 이 기간을 준수하지 아니한 경우 어음금액의 한도 내에서 그로 이한 손해를 배상할 책임을 짐

4) 효력
① 책임의 면제
– 참가지급으로 인하여 소지인은 소구금액을 상환받았으므로 만족을 얻은 것이 되고, 그 결과 모든 어음상 권리를 잃음. 그리고 피참가인도 소지인에 대한 소구의무를 면하고 나아가 피참가인보다 후의 배서인 및 그 보증인도 의무를 면함
② 청구권의 취득
– 지급을 한 참가지급인은 피참가인과 그의 어음상 채무자에 대하여 어음으로부터 생기는 권리를 취득함

☞ 수표의 신용증권화 방지제도

Ⅰ. 서설
1. 수표의 기능 : 송금이나 지급기능(어음은 신용, 송금, 추심, 지급, 담보기능)
2. 문제의 소재
    (1) 환어음과의 차이 : 구조는 비슷하나 신용기능이 없고 지급수단으로 주로 사용
    (2) 수표법(§28①): 일람출급성 규정하여 신용증권화 방지 → 지급증권으로서의 기능강화

Ⅱ. 수표의 일람출급성
1. 의의 : 제시 즉시 만기가 된다, 언제나 자금을 준비해야 하므로 자금 없이 발행 불가
2. 선일자수표의 인정(수표법 §28②) : 발행일자 도래 전에도 지급해야 함

Ⅲ. 지급제시기간
1. 지급제시기간의 단축 : 10일로 단축
2. 제시기간경과후 소지인의 보호(수표법 §32②) : 지급증권성 강화. 지급위탁의 취소가 있기 전까지 지급받을 수 있음

Ⅳ. 당사자
1. 지급인은 은행으로 한정
2. 발행인은 수표자금과 수표계약 있어야 함 : 위반시 처벌(수표법 §3)
3. 수취인의 기재가 강제되지 않아 소지인출급식 발행 가능(수표법 §5)

Ⅴ. 기타
1. 인수금지(수표법 §4) : 인수가 허용되면 주채무 부담후 장기간 유통될 우려 방지
2. 이자약정의 금지(수표법 §7) : 이자를 붙이는 것은 지급제시를 늦출가능성
3. 지급인의 배서의 금지 : 지급인의 배서는 인수와 같은 효력이 있으므로 금지
    (1) 지급인에 대한 배서 : 영수증의 효력만 인정(수표법 §15⑤)
    (2) 지급인이 하는 배서 : 효력이 없음(수표법 §15③)
4. 입질금지 : 수표는 일람출급성 있으므로 입질의 개념 불가

Ⅵ. 결론
1. 발행인이 수표를 교부하고 지급인이 이를 지급한다는 점에서 환어음과 유사한 구조
2. 현금의 대용물로서 신용기능이 없다는 면에서 본질적 차이가 있으므로 신용증권화 방지가 중요

제4편 어음·수표법

4.4. 기타지급제도

4.4.1. 전자어음

4.4.1. 전자어음

4.4.1.1. 전자어음법 서설
4.4.1.1.1. 어음제도의 폐해론 및 B2B 결제제도 현황
4.4.1.1.2. 어음제도의 주요 폐해
(1) 중소기업의 금융비용 부담 가중
(2) 연쇄부도 유발 가능성
(3) 어음의 남발에 따른 사회적 폐해 및 도덕적 해이 유발

4.4.1.1.3. 기업간(B2B) 결제제도
(1) 기업구매자금대출
- 구매자금금융(기업구매자금대출) 제도는 자금수요가 있는 구매기업이 자금을 융자받아 판매기업에 현금으로 결제할 수 있도록 하는 금융.결제수단으로 판매기업은 주거래은행을 통하여 전자적인 방법으로 구매기업으로부터 물품대금을 추심하게 됨.
(2) 기업구매전용카드
- 기업구매전용카드 제도는 납품대금을 신용카드로 결제하고 판매기업은 구매기업의 급대행은행(카드사)으로부터 동 대금을 수취함.
(3) 전자외상매출채권(전자채권)
- 전자외상매출채권(전자채권)이란 기업들이 은행과 약정을 맺은 후 구매업체가 외상매출채권(전자증서)을 발행해 납품업체에게 대금을 지급하는 방식의 결제수단으로 판매기업은 동 채권을 만기까지 보유하거나 만기 전에 이를 담보로 거래은행으로부터 대출을 받아 현금화하는 제도임.

4.4.1. 전자어음

4.4.1.2. 전자어음법의 제정경과
4.4.1.2.1. 전자어음법의 제정경과
- 2001년 민주당의 '전자거래활성화를 위한 법령정비 정책기획단' 산하 '전자결제분과위원회'는 "전자어음의발행및유통에관한법률안(이하 전자어음법)"을 입안함
- 전자적 방식으로 약속어음을 발행·유통하고 어음상의 권리를 행사할 수 있도록 함으로써 국민경제의 향상에 이바지함을 목적으로(§1) 2004년 3월 22일 전자어음법안이 국회를 통과하였고 2005년 1월 1일부터 시행됨
4.4.1.2.2. 전자어음의 도입에 관한 찬반논의
- 부정적 입장
- 긍정적 입장

4.4.1.3. 전자어음법의 의의 및 법적 성질
4.4.1.3.1. 전자어음의 의의
- "전자어음"이라 함은 전자문서로 작성되고 전자어음관리기관에 일정한 요건을 갖추어 등록된 약속어음을 말함(§2 ii).
- "전자문서"라 함은 정보처리시스템에 의하여 전자적 형태로 작성, 송신.수신 또는 저장된 정보를 말하며, "정보처리시스템"이라 함은 전자문서의 작성, 송신.수신 또는 저장을 위하여 이용되는 정보처리능력을 가진 전자적 장치 또는 체계를 말함.
- 전자어음은 약속어음을 전자적으로 바꾸어 놓은 것에 불과한 것으로 약속어음 및 환어음에 이은 제3의 어음이 아니라 기존의 어음과 병행 사용됨. 따라서 전자어음에 관하여 전자어음법에 규정이 있는 경우를 제외하고는 어음법이 정하는 바에 의함(§4). 따라서 전자어음법은 어음법을 기본법으로 하고 전자어음에 관한 특례만을 별도로 규정화하는 형식을 취하고 있음.

4.4.1. 전자어음

4.4.1.3.2. 전자어음의 법적 성질
- 전자증권(전자적 등록증권)으로 이해하여야 할 것임

4.4.1.4. 전자어음관리기관의 지정 및 역할
4.4.1.4.1. 전자어음관리기관의 지정요건
- 법무부 장관은 전자어음의 신용도 및 신뢰성을 제고하기 위하여 어음의 유통과정을 기록.관리하는 "전자어음관리기관"을 지정하여 운영하도록 하고 있음(§3①).
- 전자어음관리기관의 지정요건(§12②, 시행령 (§3②)
  ① 사단법인·재단법인 또는 주식회사일 것
  ② 기술능력 · 재정능력 · 시설 및 장비 등을 갖출 것등

4.4.1.4.2. 전자어음관리기관의 지정절차
- 관리기관으로 지정받고자 하는 자는 다음의 요건을 갖추어 법무부장관에게 지정신청을 하여야 함.
  ① 법인등기부등본 및 정관,
  ② 법인의 대표자 및 임원의 주민등록등본,
  ③ 기술능력·재정능력·시설 및 장비 그 밖의 필요한 사항을 갖추었음을 확인할 수 있는 증빙서류,
  ④ 사업계획서,
  ⑤ 전자어음기술지원사업자와 시설 및 장비사용에 관한 계약을 체결한 경우 계약사실 및 내용 증명서류
- 법무부장관은 관리기관 지정을 위한 심사를 함에 있어서 필요하다고 인정하는 때에는 신청인에게 자료의 제출을 요구하거나 신청인의 의견을 들을 수 있으며(시행령 §4②), 관리기관을 지정한 때에는 법무부령이 정하는 바에 따라 지정서를 교부하고 지정내용과 그 사실을 고시하여야 함(시행령 §4③).

4.4.1. 전자어음

4.4.1.5. 어음행위(발행.지급제시.지급거절.소구)의 전자화
- 전자어음의 배서, 보증 또는 전자어음상의 권리의 행사는 이 법의 규정에 의한 전자문서에 의하여서만 가능함(§5④).

4.4.1.5.1. 전자어음의 발행
(1) 전자어음 발행을 위한 전자어음관리관에의 등록
- 전자어음을 발행하고자 하는 자는 전자어음을 전자어음관리기관에 등록하도록 하고 있음(§5①).
- 전자어음을 발행하고자 하는 경우에 전자어음관리기관은 당해 전자어음의 지급을 청구할 금융기관이나 신용조사기관 등의 의견을 참고하여 전자어음의 등록을 거부하거나 전자어음의 연간 총 발행금액 등을 제한할 수 있음(§5②).
    - 이 경우 관리기관은 신용평가기관 또는 당좌예금계약을 체결한 금융기관의 전자어음 발행한도에 관한 의견 및 발행인의 연간 매출액 · 자본금 · 신용도 · 당좌거래실적 등을 종합하여 전자어음 발행한도를 제한할 수 있음(시행령 §5②).
- 관리기관의 등록거부 사유(시행령 §5③).
    ① 관리기관 또는 어음교환소로부터 거래정지처분(관리기관이 새로이 전자어음을 발행하고자 하는 자의 전자어음 등록을 거부하거나 이미 등록한 발행인의 전자어음 발행을 금지하는 처분)을 받고 거래정지 중인 자,
    ② 법 또는 시행령과 어음법에 위반되는 행위를 한 자,
    ③ 그 밖에 금융기관과의 거래에 관하여 신용을 훼손하는 행위를 한 자로서 법무부령이 정하는 자
- 전자어음관리기관의 전자어음 등록에 관한 절차 · 방법 그 밖에 필요한 사항은 대통령령으로 정하도록 하고 있음(§5③).

4.4.1. 전자어음

** 이하의 자료는 ㈜한국슈퍼체크에서 발표자료용으로 제공받은 자료입니다.

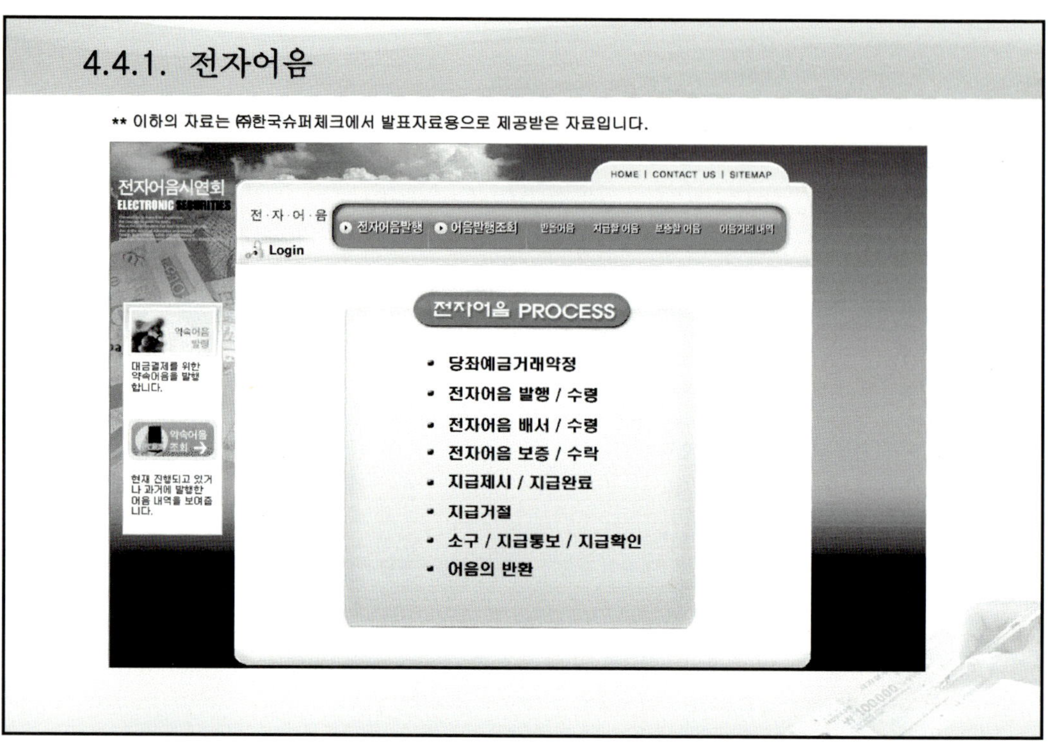

4.4.1. 전자어음

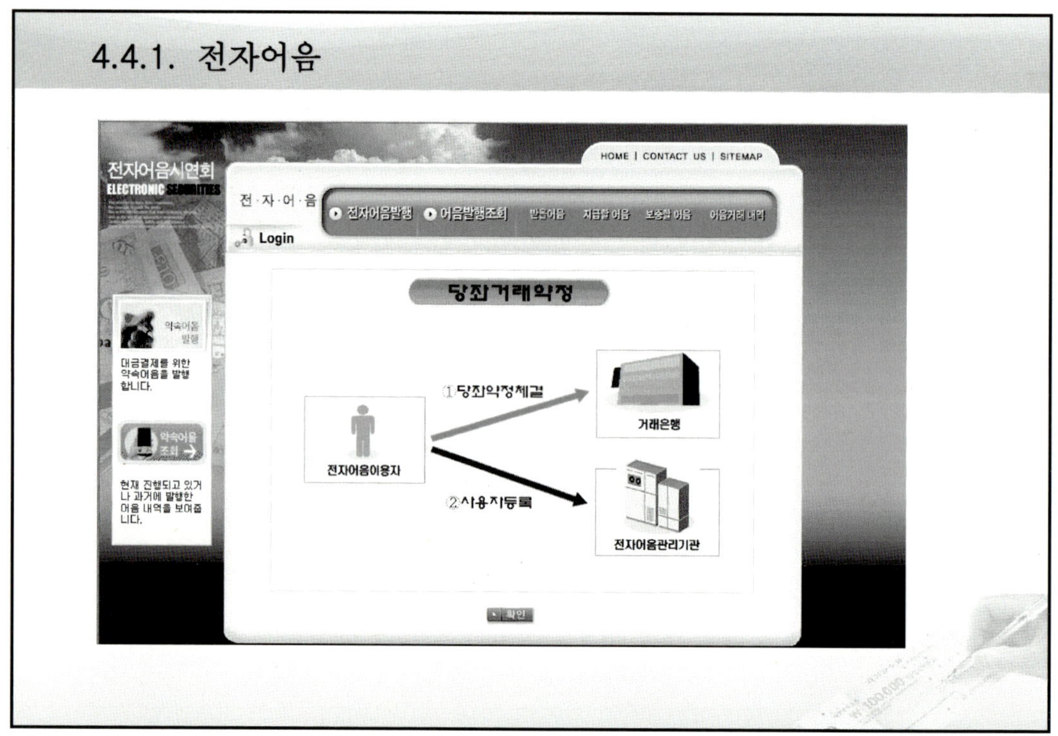

4.4.1. 전자어음

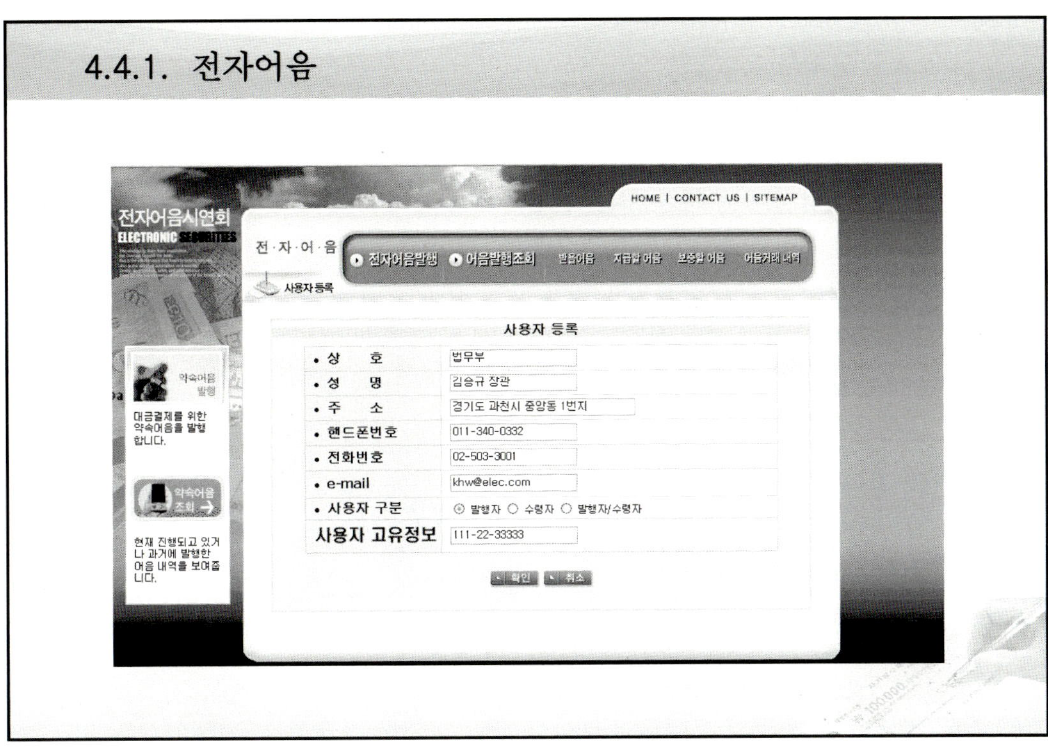

4.4.1. 전자어음

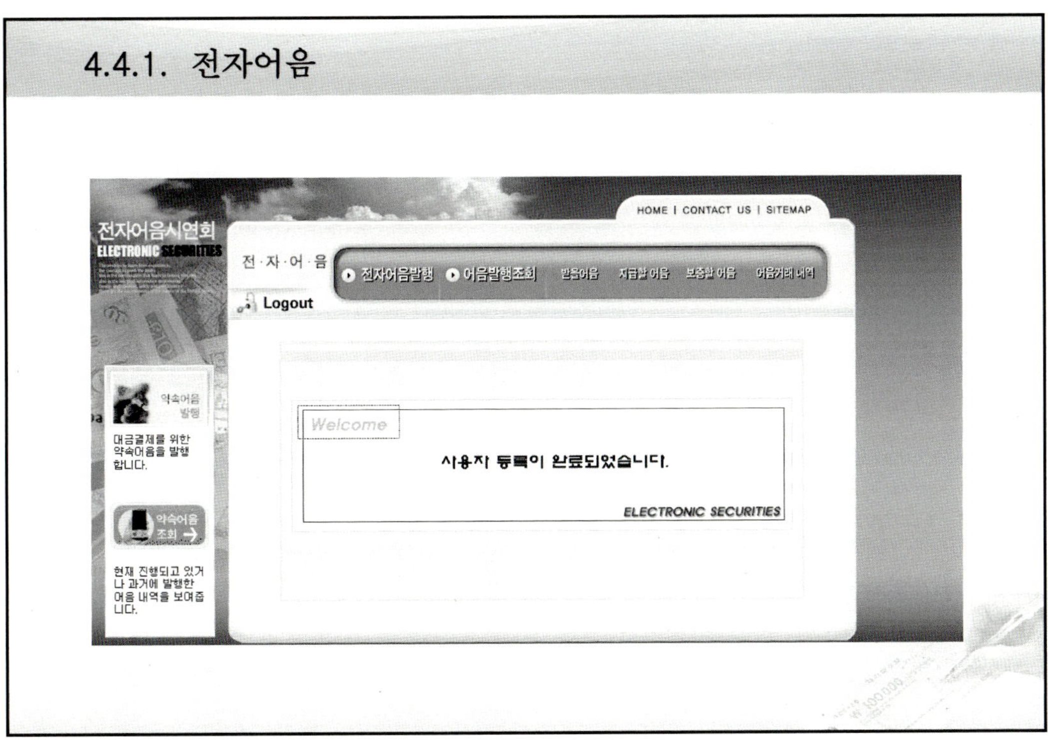

4.4.1. 전자어음

(2) 전자어음의 발행(§6 i)
- 전자어음의 기재사항에는 다음과 같은 약속어음의 필요기재사항과
  ① 증권의 본문 중에 그 증권의 작성에 사용하는 국어로 약속어음임을 표시하는 문자
  ② 일정한 금액을 지급할 뜻의 무조건의 약속
  ③ 만기의 표시
  ④ 지급을 받을 자 또는 지급을 받을 자를 지시할 자의 명칭
  ⑤ 발행일과 발행지
- 추가기재사항을 기재하여 발행(§6 ii, iii, iv)
  ⑥ 전자어음의 지급을 청구할 금융기관
  ⑦ 전자어음의 동일성을 표시하는 정보
  ⑧ 사업자고유정보 등
    - "사업자고유정보"라 함은 전자어음과 관련된 당사자의 상호나 사업자등록번호, 회원번호, 법인등록번호 또는 주민등록번호 등 사업자를 식별할 수 있는 정보를 말함(§2 vi).
- 발행인이 전자어음에 공인전자서명을 한 경우에는 어음법상의기명날인 또는 서명으로 간주(§6③).
- 발행인이 전자어음을 타인 또는 그 대리인이 당해 전자문서를 수신할 수 있는 정보처리시스템에 입력하고 그 타인이 전자어음을 수신할 정보처리시스템을 지정한 경우에는 지정된 정보처리 시스템에 입력된 때에 수신된 것으로 보며 이때에 전자어음을 발행한 것으로 봄(§6④).
    - 다만, 전자문서가 지정된 정보처리시스템이 아닌 정보처리시스템에 입력된 경우에는 수신자가 이를 출력한 때와 수신자가 전자문서를 수신할 정보처리시스템을 지정하지 아니한 경우에는 수신자가 관리하는 정보처리시스템에 입력된 때에 수신된 것으로 봄.
- 전자어음의 만기는 발행일로부터 1년을 초과할 수 없음(§6⑤)
- 백지어음은 전자어음으로 발행할 수 없음(§6⑥).

4.4.1. 전자어음

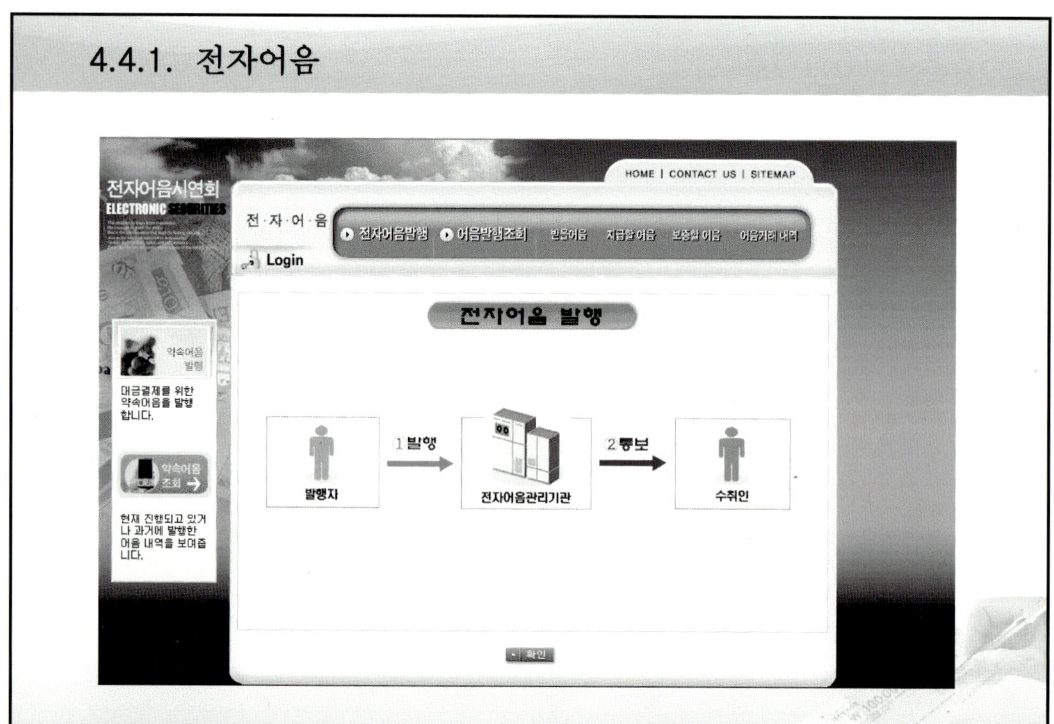

4.4.1. 전자어음

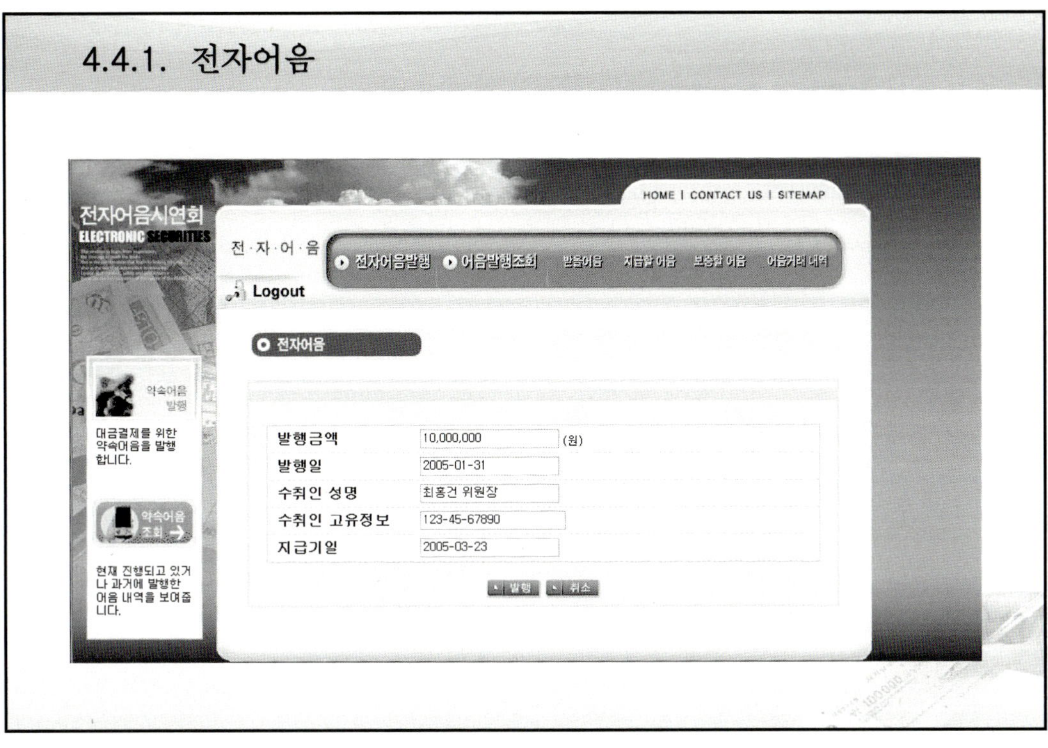

4.4.1. 전자어음

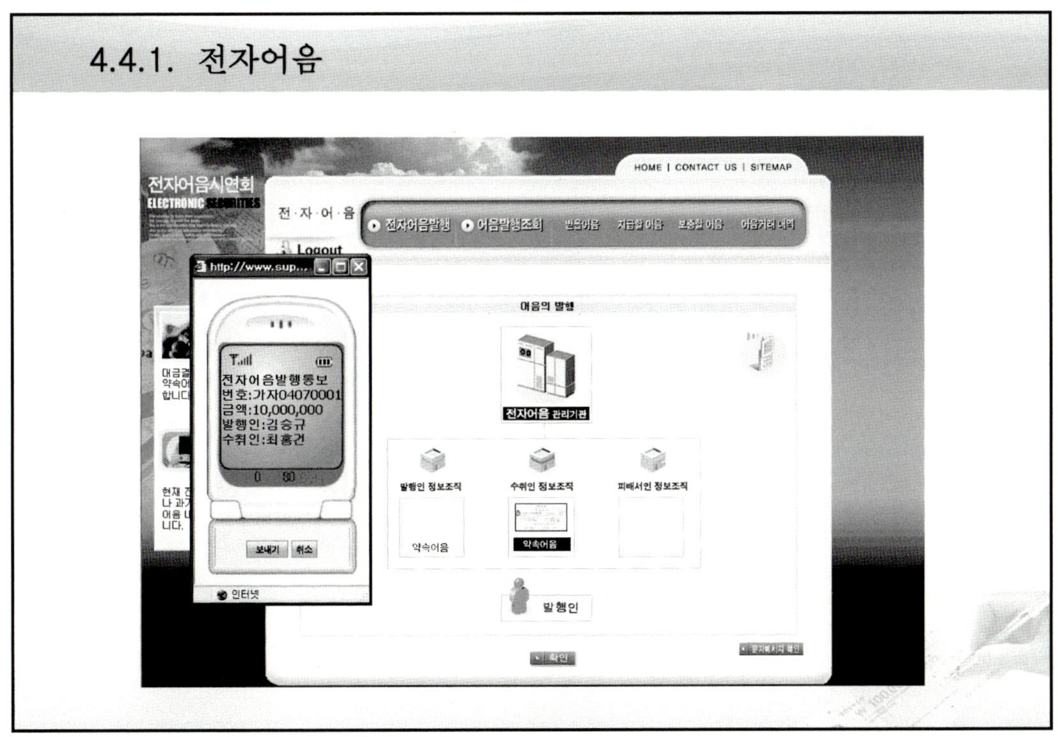

4.4.1. 전자어음

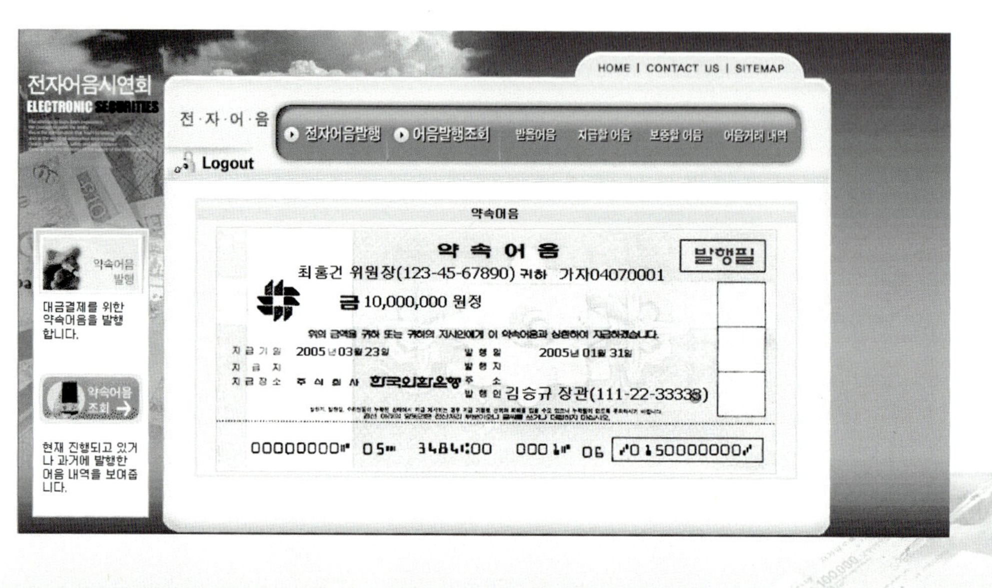

4.4.1. 전자어음

4.4.1.5.2. 전자어음의 양도(배서)

- 전자어음에 배서를 하는 경우에는 전자어음에 배서의 뜻을 기재한 전자문서(배서전자문서)를 첨부하여야 함(§7①).
- 배서전자문서에는 전자어음의 동일성을 표시하는 정보를 기재하여야 함(§7②).
- 배서인이 타인에게 전자적 방법으로 전자어음과 배서전자문서를 송신하고 그 타인이 전자적 방법으로 수신한 때에 배서 및 교부가 있는 것으로 봄(§7③).
- 피배서인이 다시 배서를 하는 경우에는 전자어음에 이전에 작성된 배서 전자문서를 전부 첨부하고 배서의 뜻을 기재한 전자문서를 첨부함으로써 배서를 하여야 함(§7④).
- 전자어음의 총 배서회수는 20회를 초과할 수 없음(§7⑤)
- 배서인이 전자어음에 공인전자서명을 한 경우에는 어음법상의 기명날인 또는 서명으로 봄(§7⑥).

4.4.1. 전자어음

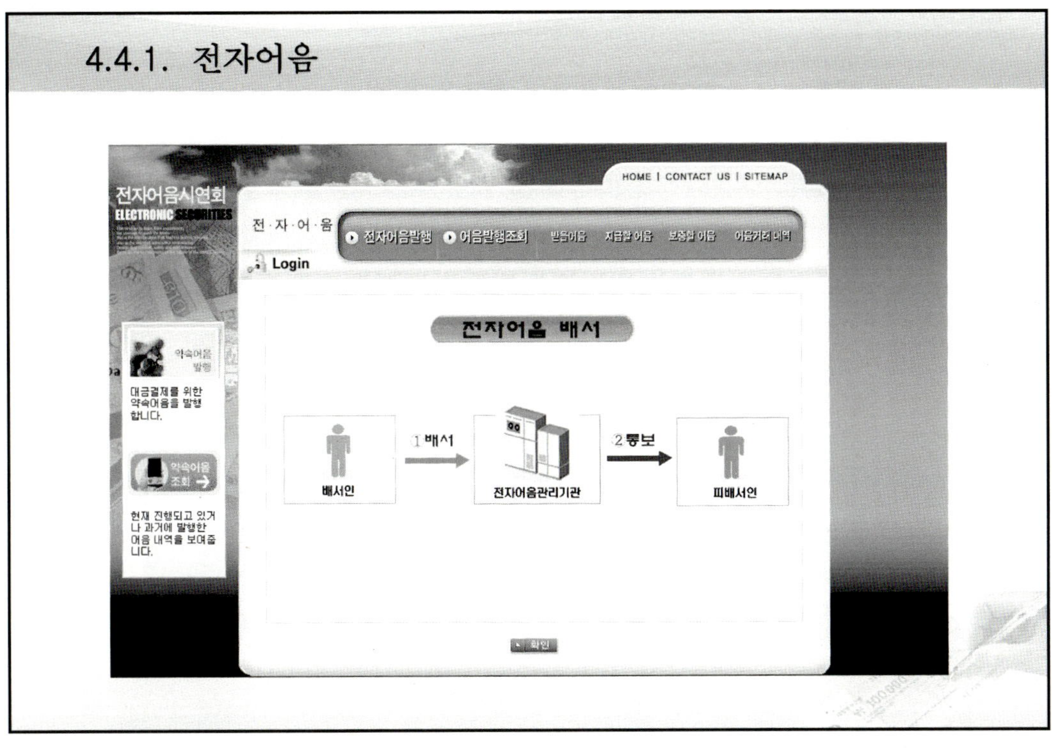

4.4.1. 전자어음

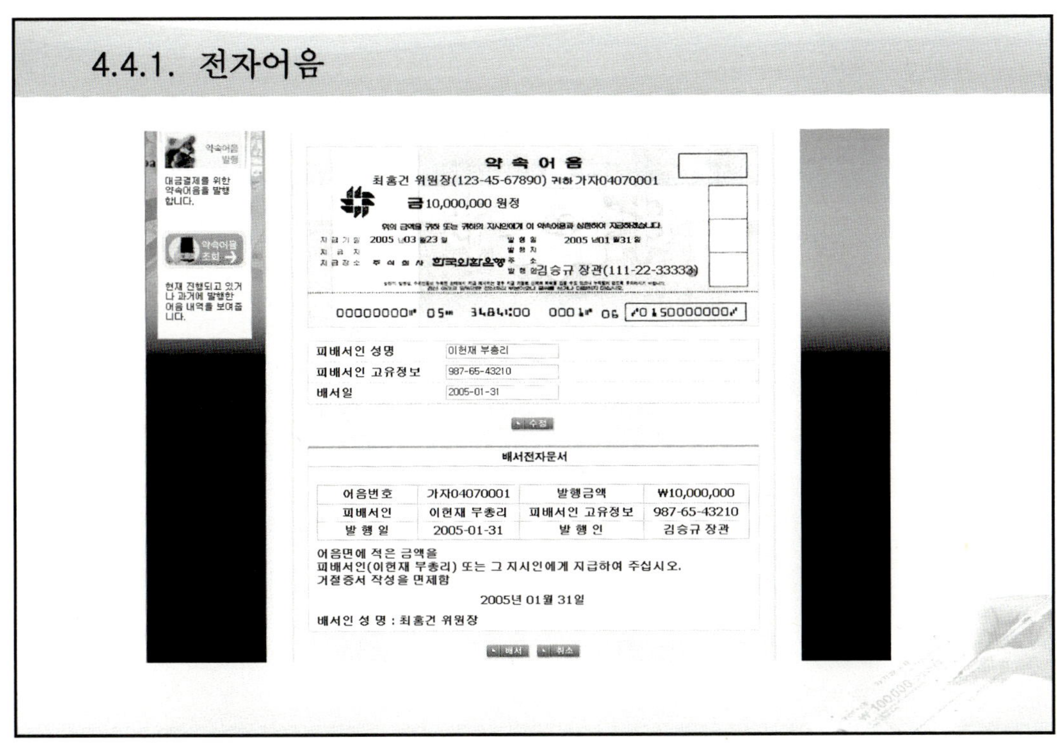

어음번호	가자04070001	발행금액	₩10,000,000
피배서인	이현재 무총리	피배서인 고유정보	987-65-43210
발행 일	2005-01-31	발행 인	김승규 장관

4.4.1. 전자어음

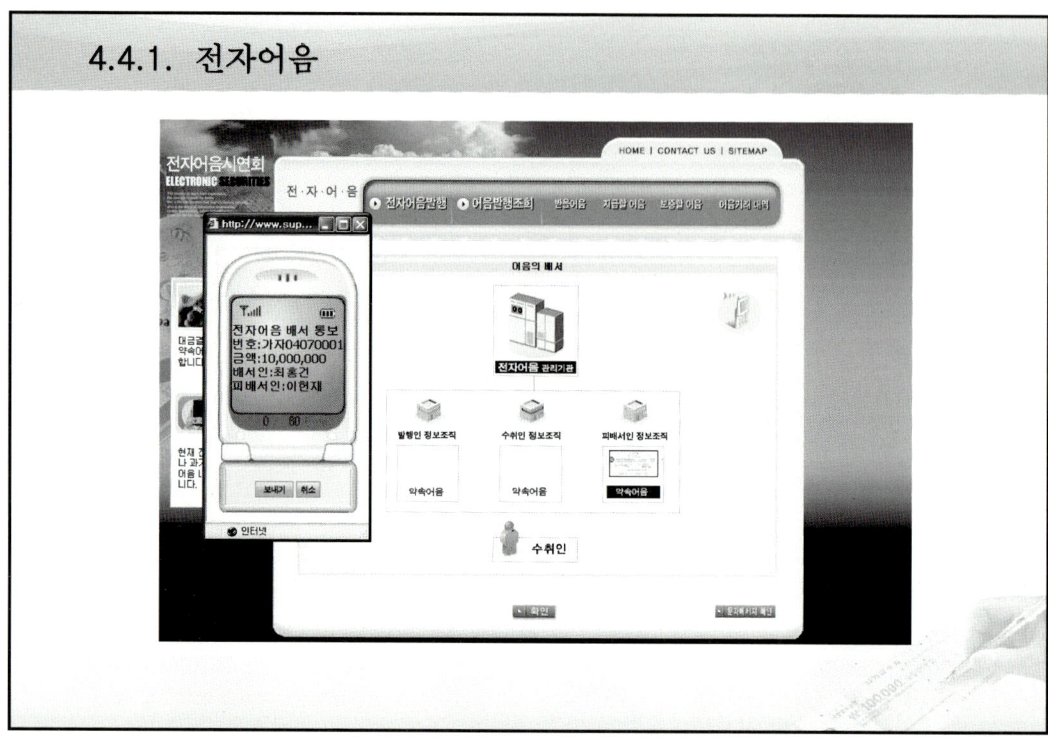

4.4.1. 전자어음

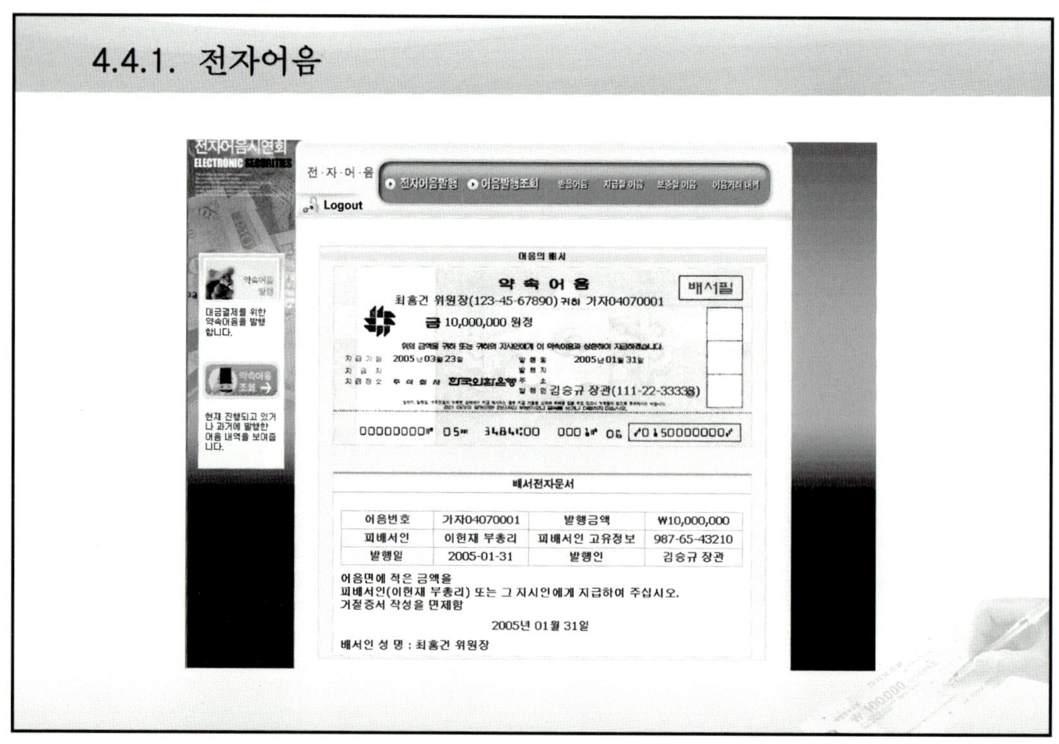

4.4.1. 전자어음

4.4.1.5.3. 전자어음의 보증
- 전자어음에 보증하는 자는 전자어음에 보증의 뜻을 기재한 전자문서를 첨부하여야 함(§8①).
- 공인전자서명의 기명날인 또는 서명으로서의 효과, 전자문서의 송수신, 전자어음의 동일성에 관한 규정(제6조 제3항.제4항 및 제7조 제2항)은 전자어음의 보증에 이를 준용함.
- 이 경우 "발행인"은 이를 "보증인"으로, "발행"은 이를 "보증"으로 봄(§8②).

4.4.1.5.4. 지급제시
- 전자어음의 소지인이 전자어음 및 전자어음의 배서에 관한 전자문서를 첨부하여 지급청구의 뜻이 기재된 전자문서를 금융기관에 송신하고 당해 금융기관이 이를 수신한 때에는 지급제시가 있는 것으로 봄.
- 다만, 전자어음관리기관에 대한 전자어음의 제시는 지급을 위한 제시의 효력이 있으며 전자어음관리기관이 운영하는 정보처리조직에 의하여 전자어음의 만기일 이전에 자동으로 지급제시 되도록 할 수 있음(§9①).
- 물론 지급제시를 위한 송신과 수신의 시기는 전자거래기본법 제6조 제1항 및 제2항에 의함(§9②).
- 지급제시를 하는 소지인은 지급청구의 뜻이 기재된 전자문서에 어음금을 수령할 금융기관의 계좌를 기재하여야 함(§9③).
- 지급제시를 받은 금융기관이 어음금을 지급할 때에는 전자어음관리기관에 지급사실을 통지하여야 함. 단, 전자어음관리기관에서 운영하는 정보처리조직에 의하여 지급이 완료된 경우에는 그러하지 아니함(§9④).

4.4.1. 전자어음

- 이 경우 관리기관은 어음금을 수령하는 금융기관이 어음금을 수령하는 동시에 소지인이 보관하는 전자어음에 지급이 이루어졌음을 표시하는 문언이 기재되도록 장치하여야 함(시행령 §9①).
- 그리고 관리기관은 지급이 이루어졌음을 표시하는 문언이 기재된 전자어음을 발행인에게 송신하여야 함(시행령 §9②).
- 통지가 있거나 전자어음관리기관의 정보처리조직에 의하여 지급이 완료된 경우 어음채무자가 당해 어음을 환수한 것으로 봄(§10).
- 지급제시를 하는 경우에도 지급인은 전부 또는 일부 지급을 할 때에 소지인에 대하여 어음에 영수를 증명하는 기재를 하여 교부할 것을 청구할 수 없음(§11).
- 이는 전자문서로 처리되고 전자어음관리기관이 관리하고 전자어음관리기관의 정보처리 조직에 의하여 지급이 완료된 경우에 어음채무자가 당해 어음을 환수한 것으로 의제되고 있어(§10) 환수의 현실적인 불가능성 때문에 인정된 것이라 생각됨.

4.4.1. 전자어음

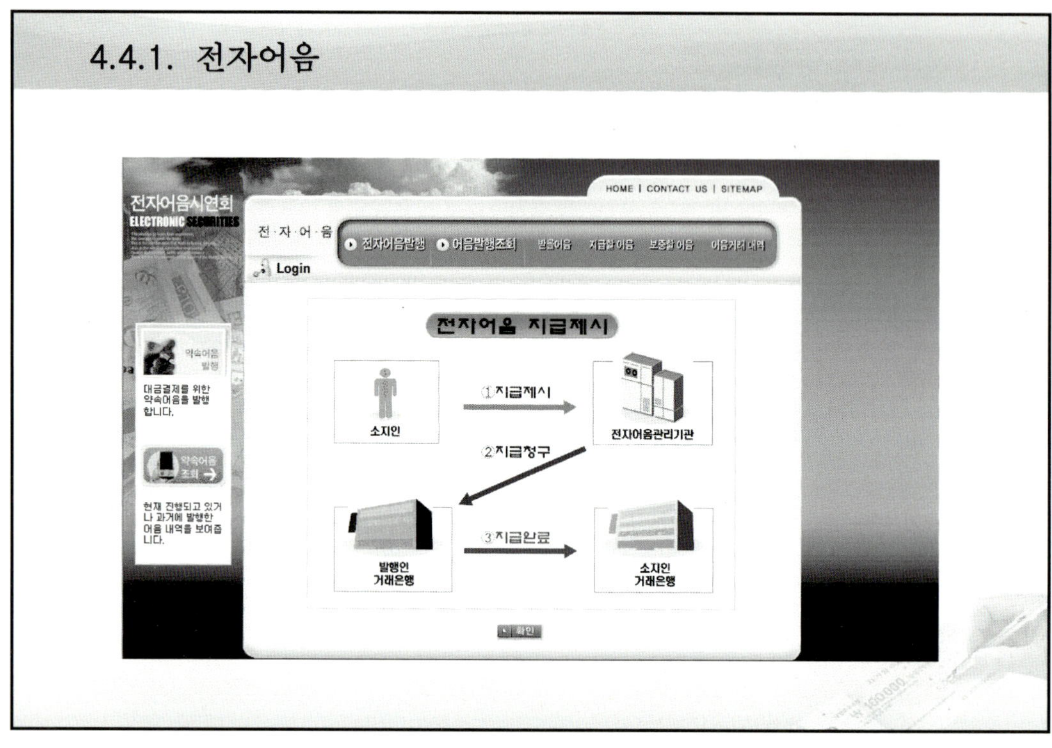

4.4.1. 전자어음

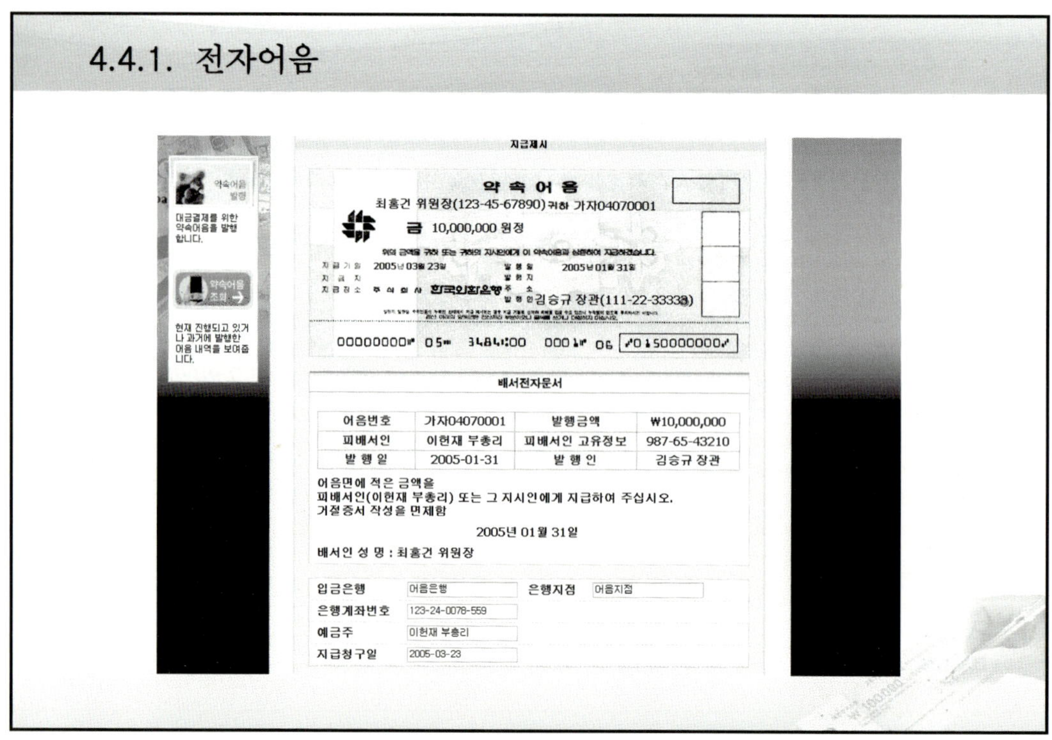

어음번호	가자04070001	발행금액	₩10,000,000
피배서인	이헌재 부총리	피배서인 고유정보	987-65-43210
발 행 일	2005-01-31	발 행 인	김승규 장관

어음면에 적은 금액을
피배서인(이헌재 부총리) 또는 그 지시인에게 지급하여 주십시오.
거절증서 작성을 면제함

2005년 01월 31일

배서인 성 명 : 최홍건 위원장

입금은행	어음은행	은행지점	어음지점
은행계좌번호	123-24-0078-559		
예금주	이헌재 부총리		
지급청구일	2005-03-23		

4.4.1. 전자어음

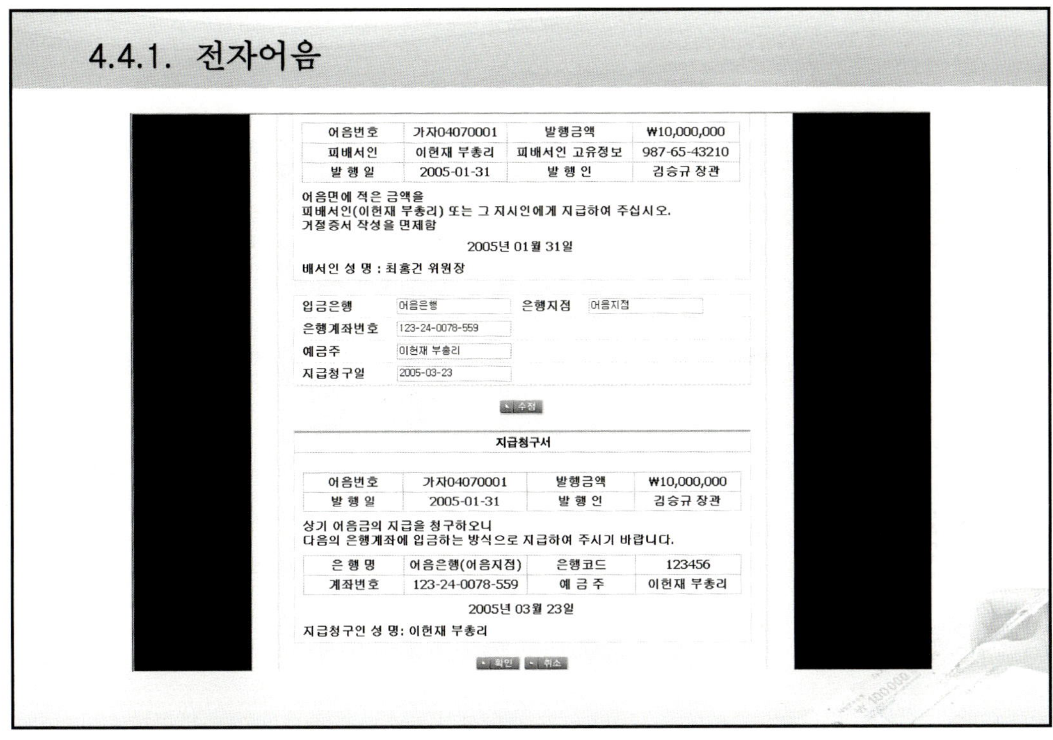

4.4.1. 전자어음

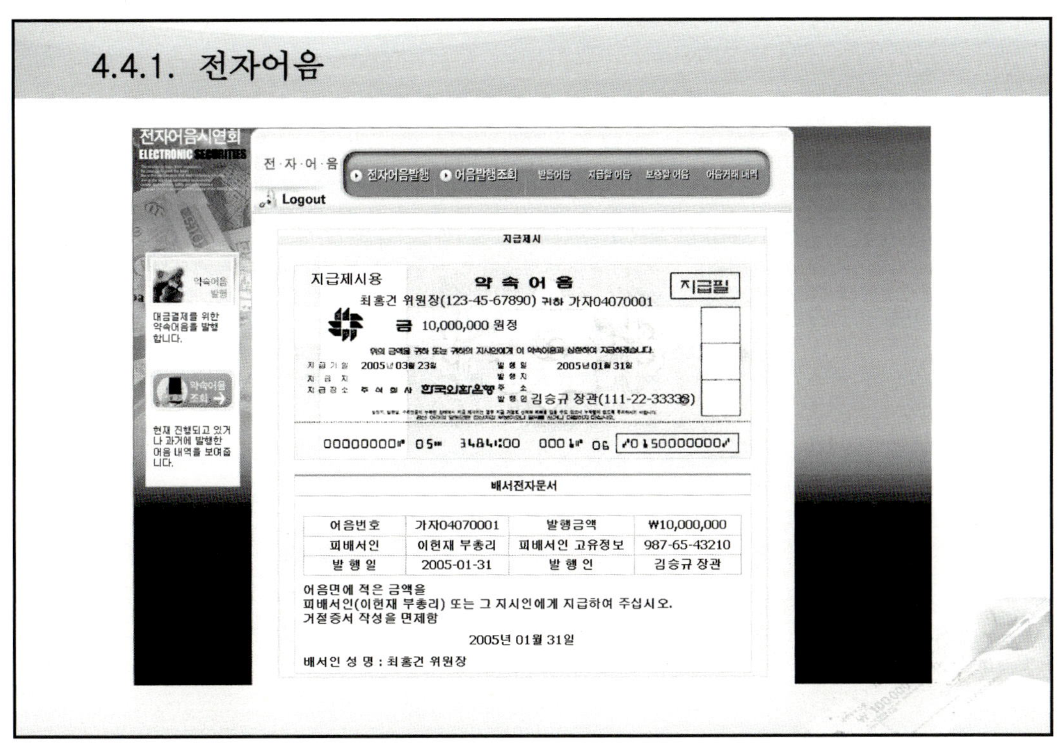

4.4.1. 전자어음

4.4.1.5.5. 지급거절
- 지급제시를 받은 금융기관이 지급을 거절할 때에는 지급거절 전자문서로 하여야 함(§12①). 지급거절 전자문서는 지급제시를 위하여 송신되는 전자어음의 여백에 지급이 거절되었음을 표시하는 문언을 기재하는 방식으로 작성하거나 전자어음의 일부가 되는 별도의 문서로 작성하여야 함(시행령 §10①).
- 지급거절 전자문서를 전자어음관리기관에 통보하고 동 기관이 이를 확인한 경우 동 전자문서를 어음법 제44조제1항의 규정에 의한 공정증서로 봄(§12②). 이 경우 지급거절 전자문서를 통보받은 경우에는 전자어음 소지인이 적법하게 금융기관에 지급을 위한 제시를 하였는지를 확인하여야 하며, 지급거절을 확인한 경우에는 지급제시를 위한 전자어음의 여백에 지급거절을 확인하였음을 표시하는 문언을 기재한 후 당해 전자어음을 즉시 소지인에게 송신하여야 함(시행령 §10②).
- 전자어음관리기관은 지급거절된 지급제시용 전자어음을 소지인에게 송신한 때에는 소지인이 보관하는 전자어음의 원본이 소멸되도록 하여야 함. 이 경우 지급 거절된 지급제시용 전자어음을 어음의 원본으로 봄(시행령 §10③). 전자어음의 소지인이 지급거절 전자문서를 수신한 날을 공정증서의 작성일로 봄(§12③).

4.4.1.5.6. 소구
- 전자어음의 소지인이 소구할 때에는 전자어음과 배서의 전자문서, 지급거절의 전자문서를 첨부하여 소구의 뜻을 기재한 전자문서를 소구의무자에게 송신하여야 함(§13①).
- 소구의무자가 소구금액을 지급한 때에는 전자어음관리기관에 지급사실을 통지하여야 함(§13②). 이 통지가 있으면 소구의무자가 전자어음을 환수한 것으로 봄(§13③).
- 소구인은 소구의 뜻이 기재된 전자문서에 어음금을 수령할 금융기관의 계좌를 기재하여야 함(§13④).

4.4.1. 전자어음

4.4.1.5.7. 어음의 반환·수령거부
- 전자어음을 발행 또는 배서한 자가 착오 등을 이유로 전자어음을 반환받고자 하는 때에는 그 소지인으로 하여금 전자어음관리기관에 반환의 뜻을 통지하게 하여야 함(§14①). 이 통지가 있으면 전자어음은 발행 또는 배서되지 않은 것으로 보며, 전자어음관리기관은 당해 전자어음의 발행 또는 배서에 관한 기록을 말소하여야 함(§14②).
- 전자어음의 수신자가 전자어음의 수령을 거부하고자 하는 경우에는 그 수신자는 법무부령이 정하는 전자어음의 수령거부 양식을 기입하고 공인전자서명을 하여 전자어음관리기관에 그 뜻을 통지하여야 함.
- 이 통지가 있으면 수신자가 전자어음을 수령하지 않은 것으로 보며, 전자어음관리기관은 수신자의 청구가 있을 경우 그 수신자가 전자어음의 수령을 거부한 사실을 증명하는 문서를 발급하여야 함(§14③, 시행령 §11②).

4.4.1.5.8. 어음의 분할양도.이중유통의 금지 문제
- 전자어음법안에는 전자어음의 최초 수취인이 어음금을 분할하여 양도할 수 있도록 함으로써 지급수단으로서의 기능을 제고하고 있었음(법안 §8).
- 또한 전자어음법안은 이중유통을 막기 위하여 전자어음관리기관이 1차 배서.양도된 전자어음이 이중 유통되지 않도록 인증서를 관리하도록 하고 있었음(법안 §9).
- 그러나 분할양도는 권리관계를 복잡하게 할 수 있다는 측면에서, 이중유통은 기술적 이유 등으로 인한 복제본의 유통 등의 문제가 발생될 수 있어서 법에서는 삭제된 것으로 보임.

4.4.1. 전자어음

4.4.1.5.9. 전자어음거래의 안전성 확보 및 이용자 보호

(1) 안전성 확보의무
- 전자어음관리기관은 전자어음에 관한 거래의 안전을 확보하고 지급의 확실성을 보장할 수 있도록 전자어음거래의 전자적 전송.처리를 위한 인력, 시설, 전자적 장치 등에 관하여 대통령령이 정하는 기준을 준수하여야 함(§15).
- 관리기관이 반드시 위 시설 또는 장비를 보유하여야 하는 것은 아니며 설비나 장비에 관한 권리를 가진 자와 시설 및 장비 사용계약을 체결할 수 있음(시행령 §12④). 이 경우 관리기관과 시설 및 장비사용계약을 체결한 자("전자어음기술지원사업자")가 준수하여야 할 사항, 시설 및 장비 사용계약의 기간 등에 관하여 필요한 사항은 법무부령으로 정함(시행령 §12⑤).

(2) 전자어음거래 기록의 생성 및 보존
- 전자어음관리기관은 전자어음의 발행, 배서, 보증 및 권리행사 등이 자신의 전자정보처리조직을 통하여 이루어지도록 하여야 하며, 전자어음별로 발행인과 배서인에 관한 기록, 전자어음 소지인의 변동사항 및 당해 전자어음의 권리행사에 관한 기록을 보존하여야 하고, 전자어음거래를 추적, 검색하고 오류가 발생할 경우 이를 확인.정정할 수 있는 기록을 생성하여 보존하여야 함(§16①).
- 기록은 위조 또는 변조가 불가능한 장치로 보존하여야 하며, 동일한 기록을 2 이상의 장소에 보존하여야 함. 이 경우 하나의 기록은 타인에게 보존을 위탁할 수 있음(시행령 §13②).
- 전자어음관리기관이 보존하여야 하는 기록의 종류와 방법 및 보존기간은 대통령령으로 정함(§16②).

4.4.1. 전자어음

(3) 전자어음거래 정보의 제공 등
- 전자어음관리기관은 이용자의 신청이 있는 경우에는 대통령령이 정하는 바에 따라 해당 전자어음 관련 발행상황 및 잔액 등의 결제정보를 제공하여야 함(§17①).
  - 관리기관에 정보를 요청할 수 있는 이용자는 전자어음을 소지한 자 또는 발행인의 허락을 얻은 자에 한함(시행령 §14①).
  - 전자어음의 소지인이 제공을 요청할 수 있는 정보는 ① 소지하는 전자어음의 진위, ② 소지하는 전자어음의 발행인이 최근 3년 이내에 지급거절을 한 사실이 있는지 여부, ③ 발행인에 관한 정보로서 상법.증권거래법 그 밖의 법령에 의하여 공시할 의무가 있는 정보 등임(시행령 §14②).
  - 어음발행인의 허락을 얻은 자가 요청할 수 있는 정보는 어음발행인이 관리기관에 통보한 범위 내의 정보로 하며(시행령 §14③), 관리기관은 발행인이 동의한 경우 발행인의 전자어음 발행한도, 유통 중인 전자어음 발행총액 등의 정보를 소지인에게 제공할 수 있음(시행령 §14④).
- 전자어음거래와 관련하여 업무상 다음의 사항을 알게 된 자는 이용자의 동의를 얻지 아니하고 이를 타인에게 제공하거나 누설하여서는 아니 됨.
  ① 이용자의 신상에 관한 사항,
  ② 이용자의 거래계좌 및 전자어음거래 내용과 실적에 관한 정보 또는 자료에 해당하는 사항
- 다만, 금융실명거래및비밀보장에관한법률 제4조제1항 단서의 규정에 의한 경우와 그밖에 법률에 정한 경우에는 그러하지 아니함(§17②).

4.4.1. 전자어음

- 전자어음관리기관은 건전한 전자어음 발행.유통과 선의의 거래자 보호를 위하여 대통령령이 정하는 경우에는 법무부장관의 사전승인을 받아 발행상황 및 잔액 등의 결제정보(제1항) 및 이용자의 신상에 관한 사항 및 이용자의 거래계좌 및 전자어음거래 내용과 실적에 관한 정보 또는 자료(제2항) 등을 공개할 수 있음(§17③).
    - 대통령령이 정하는 경우라 함은
      ① 전자어음의 발행인이 법에 의한 전자어음, 어음법에 의한 어음 또는 수표법에 의한 수표를 지급거절한 사실이 발생한 경우
      ② 전자어음의 발행인이 회사정리법 제30조의 규정에 의한 회사정리절차개시신청, 파산법 제122조의 규정에 의한 파산신청, 화의법 제12조의 규정에 의한 화의개시신청 또는 개인채무자회생법 제48조의 규정에 의한 개인회생절차개시신청을 한 경우를 말함(시행령 §14⑤).

    - 관리기관은 발행인이 거래정지처분을 받은 경우에는 그 사실을 발행인이 발행한 모든 전자어음의 이용자들에게 통보하여야 하고, 거래정지처분을 받은 발행자에 관한 사항을 관리기관의 홈페이지 등에 공시하여야 함(시행령 §14⑥).
    - 관리기관은 지급을 한 금융기관이나 발행인 등의 신청이 있는 경우에는 처리한 전자어음을 열람하게 하거나 그 사본을 제공할 수 있음(시행령 §14⑦).

4.4.1. 전자어음

(4) 약관의 명시.통지 등
- 전자어음관리기관은 전자어음을 등록함에 있어 이용자에게 전자어음거래에 관한 약관을 명시하고, 이용자의 요청이 있는 경우 대통령령이 정하는 바에 따라 당해 약관을 교부하고 그 내용을 설명하여야 함(§18①).
    - 관리기관은 이용자가 전자어음 이용을 위한 약정을 체결하기 전에 관리기관의 약관의 내용을 알 수 있도록 하여야 하며, 출력 및 복사가 가능하도록 하여야 함(시행령 §15①).
    - 약관의 교부와 설명은 전자문서로 할 수 있음. 다만, 이용자가 등록을 위한 전자문서를 작성함에 있어서 약관의 내용을 알 수 있도록 한 경우에는 약관의 교부와 설명이 있은 것으로 봄(시행령 §15②).
    - 약관에는 ① 관리기관이 이용자로부터 징수할 이용료, ② 전자어음의 등록에 관한 세부적인 사항, ③ 손해배상의 절차 등이 명시되어야 함(시행령 §15③).
- 전자어음관리기관이 전자어음거래에 관한 약관을 제정 또는 변경하고자 하는 때는 법무부장관의 승인을 얻어야 함. 다만, 약관의 변경으로 인하여 이용자의 권익이나 의무에 불리한 영향이 없다고 법무부장관이 정하는 경우에는 변경 후 10일 이내에 법무부장관에게 통보하여야 함(§18②).

4.4.1. 전자어음

(5) 이의제기와 분쟁처리
- 전자어음관리기관은 대통령령이 정하는 바에 따라 전자어음거래와 관련하여 이용자가 제기하는 정당한 의견이나 불만을 반영하고, 이용자가 전자어음거래에서 입은 손해를 배상하기 위한 절차를 마련하여야 함(§19①).
- 전자어음관리기관은 전자어음 등록시 위 절차를 명시하여야 함(§19②).
    - 관리기관은 전자어음 이용자가 전자어음을 출력한 상태에서 이의를 전자문서로 제기할 수 있는 장치를 두어야 하며, 이 장치에 이의에 대한 처리기한 및 처리결과의 통지방법을 명시하여야 함(시행령 §16①).
    - 관리기관은 이용자가 전자어음을 출력한 때에 약관을 확인할 수 있도록 하여야 함(시행령 §16②).
    - 관리기관은 이용자들이 제기하는 정당한 의견이나 불만을 반영하고 이용자가 전자어음 거래에서 입은 손해의 배상에 관한 사항을 심의하기 위하여 전자어음분쟁조정위원회를 설치·운영함(시행령 §16③).
    - 전자어음분쟁조정위원회는 위원장 1인을 포함한 5인 이상 10인 이내의 위원으로 구성함(시행령 §17①).
    - 위원은 비상임으로 하고, 위원의 임기는 2년으로 하되 연임할 수 있음(시행령 §17③). 위원장은 위원 중에서 호선하며, 위원회를 대표하고 그 업무를 총괄함(시행령 §17④). 위원회의 운영에 관한 구체적인 사항은 법무부령으로 정함(시행령 §17⑤).

4.4.1. 전자어음

4.4.1.5.10. 전자어음관리업무의 감독
(1) 전자어음관리기관에 대한 감독
1) 전자어음관리기관에 대한 감독
- 법무부장관은 전자어음관리기관에 대하여 이 법 또는 이 법에 의한 명령의 준수여부를 감독함(§20①).
- 법무부장관은 감독을 위하여 필요한 때에는 전자어음관리기관에 대하여 그 업무에 관한 보고를 하게 하거나 대통령령이 정하는 바에 따라 전자어음관리기관의 전자어음관리업무에 관한 시설, 장비, 서류 그 밖의 물건을 검사할 수 있음(§20②).
- 법무부장관은 전자어음제도의 원활한 운영 및 이용자 보호 등을 위하여 필요한 때에는 전자어음관리기관에게 이용자의 전자어음거래정보 등 필요한 자료의 제출을 명할 수 있음(§20③).
- 법무부장관은 전자어음 관리업무의 감독에 대해 필요한 경우 금융감독위원회에 협의를 요청하거나 대통령이 정하는 바에 따라 그 권한의 일부를 위임 또는 위탁할 수 있음(§20⑤).
- 금감위에 대한 감독의 위임이나 위탁과 관련하여서는 시행령에서 협의 요청대상 기관으로 명시되고 있을 뿐 시행령에서 규정하고 있지 않으므로 금감위가 감독권을 행사할 수 없을 것으로 생각됨(시행령 §18 및 §19 참조).

4.4.1. 전자어음

2) 전자어음관리기관에 대한 시정조치
- 법무부장관은 전자어음관리기관이 이 법 또는 이 법에 의한 명령을 위반하여 전자어음제도의 건전한 운영을 해하거나 이용자의 권익을 침해할 우려가 있다고 인정되는 경우에는 다음 각호의 1에 해당하는 조치를 할 수 있음(§20④).
  ① 당해 위반행위에 대한 시정명령
  ② 전자어음관리기관에 대한 주의·경고 또는 그 임·직원에 대한 주의·경고 및 문책의 요구
  ③ 전자어음관리기관 임원의 해임권고 또는 직무정지의 요구

4.4.1. 전자어음

(2) 전자어음관리기관에 대한 검사
1) 검사권한
- 법무부장관은 전자어음 관리업무의 검사와 관련하여 필요한 경우 금감위에 협의를 요청하거나 대통령이 정하는 바에 따라 그 권한의 일부를 위임 또는 위탁할 수 있음(법 §20⑤).
- 금감위에 대한 검사의 위임이나 위탁과 관련하여서는 시행령에서 법무부 장관이 위임할 수 있도록 하고 있음(시행령 §18②).
- 금감위의 상시적 검사권한은 아니며 법무부의 정기검사(2년마다 실시)와 비정기검사의 경우에 위임을 개별적으로 받은 경우에만 할 수 있다고 생각됨.

2) 검사항목(시행령 §18)
1) 정기검사
- 정기검사에서는 관리기관의 기술능력·재정능력·시설 및 장비의 안전운영 여부 등을 검사하게 됨(시행령 §12②).
- 이 경우 관리기관이 전자어음기술지원사업자와 시설 및 사용계약을 체결한 경우에는 전자어음 기술지원사업자를 관리기관으로 봄(시행령 §18①).
2) 수시검사
- 수시검사는 필요하다고 인정하는 때에는 수시로 관리기관의 시설·장비·서류 그 밖의 물건에 대해서 실시하는 검사임.
- 이 경우에도 관리기관이 전자어음기술지원사업자와 시설 및 사용계약을 체결한 경우에는 전자어음 기술지원 사업자를 관리기관으로 봄(시행령 §18①).

4.4.1. 전자어음

3) 전자어음관리기관에 대한 검사항목(시행령 §19③)
    ① 법령준수 여부 점검
    ② 보안성 심의 및 보안과 관련한 사항

(3) 지정의 취소
- 법무부장관은 전자어음관리기관이 다음 각호에 해당하는 때에는 전자어음관리기관 지정을 취소할 수 있음(§21①).
    ① 허위 그 밖의 부정한 방법으로 전자어음관리기관 지정을 받은 때
    ② 정당한 사유 없이 1년 이상 계속하여 영업을 하지 아니한 때
    ③ 법인의 합병·파산·영업의 폐지 등으로 사실상 영업을 종료한 때
- 전자어음관리기관은 지정이 취소된 경우에도 그 처분 전에 행하여진 전자어음거래의 지급을 위한 업무를 계속하여 행할 수 있음(§21②).
- 법무부장관은 지정을 취소하고자 하는 경우에는 청문을 실시하여야 하며 지정을 취소한 때에는 지체 없이 그 내용을 관보에 공고하고 컴퓨터통신 등을 이용하여 일반인에게 알려야 함(§21③).

4.4.1. 전자어음

4.4.1.5.11. 벌칙
(1) 5년 이하의 징역 또는 1억원 이하의 벌금
- 지정을 받지 아니하고 전자어음관리업무를 한 자는 5년 이하의 징역 또는 1억원 이하의 벌금에 처함(§22①).
(2) 3년 이하의 징역 또는 5천만원 이하의 벌금
- 다음 각호에 해당하는 자는 3년 이하의 징역 또는 5천만원 이하의 벌금에 처함(§22②).
    ① 전자어음관리기관에 등록하지 아니하고 전자어음을 발행한 자
    ② 전자어음거래 정보를 제공한 자
(3) 1년이하의 징역 또는 3천만원 이하의 벌금
- 검사를 기피하거나 방해한 자는 1년 이하의 징역 또는 3천만원 이하의 벌금에 처함(§22③).
(4) 유가증권에 관한 죄
- 전자어음은 형법 제214조 내지 제217조에 정한 죄의 유가증권으로 보아 각 그 죄에 정한 형으로 처벌함(§22④).
(5) 과태료
- 1천만원 이하의 과태료(§23①)
- 500만원 이하의 과태료(§23②)
(6) 전자어음관리기관의 금융기관 간주
- 지정을 받은 전자어음관리기관은 특정경제범죄가중처벌등에관한법률 제2조의 규정에 의한 금융기관으로 봄(§24).

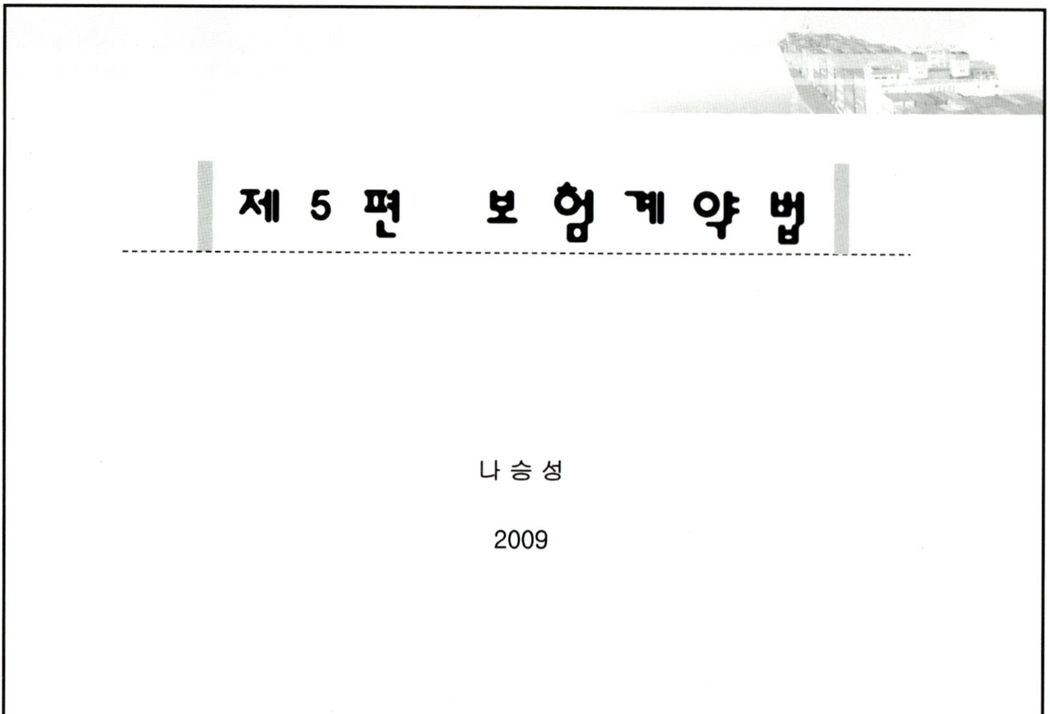
제 5 편   보험계약법
나 승 성
2009

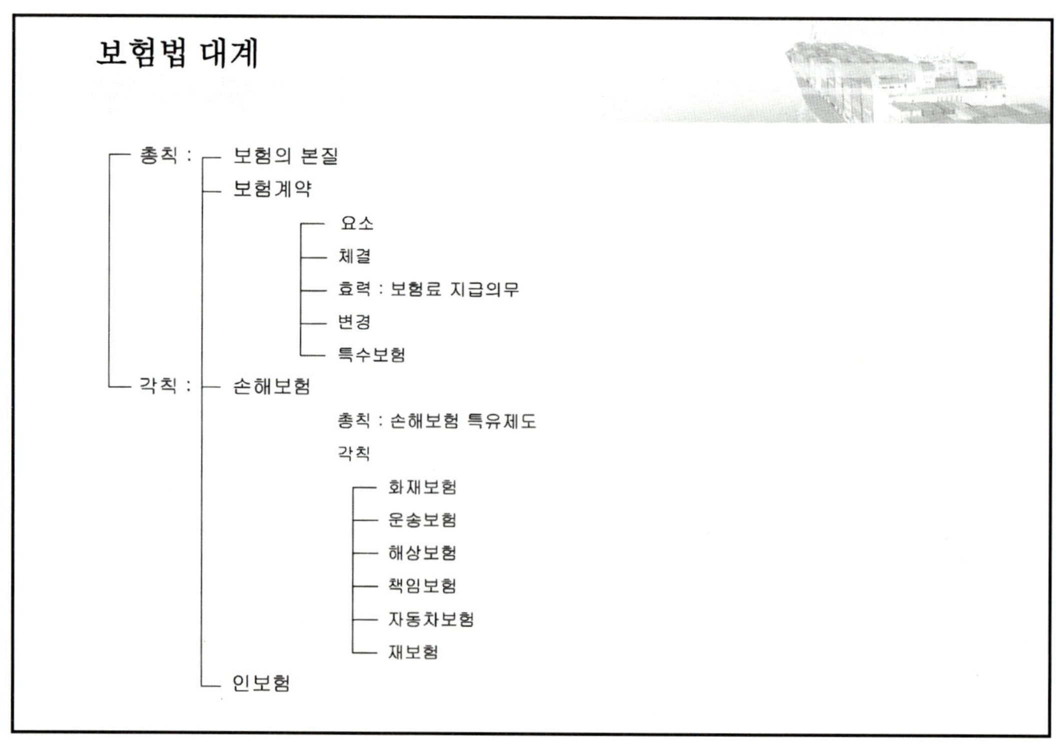
보험법 대계
총칙 : 보험의 본질
보험계약
요소
체결
효력 : 보험료 지급의무
변경
특수보험
각칙 : 손해보험
총칙 : 손해보험 특유제도
각칙
화재보험
운송보험
해상보험
책임보험
자동차보험
재보험
인보험

제5편 보험법

5.1. 서론

5.1.1. 보험제도
5.1.2. 보험법의 개념
5.1.3. 보험법의 법원

5.1. 서론

5.1. 서 론

5.1.1. 보험제도

5.1.1.1. 보험의 의의

5.1.1.1.1. 보험의 개념

(1) 보험의 개념
- 보험이란 같은 위험에 놓여 있는 사람들이 위험단체를 구성하여, 미리 일정률의 금액(보험료)을 내어 기금을 마련하고, 현실적으로 우연한 사고(보험사고)를 입은 사람에게 일정한 금액(보험금)을 지급함으로써 경제생활의 위험(Risk)을 제거 또는 경감시키려는 제도임.

(2) 보험계약의 요소
1) 사고의 우연성 · 불확실성
- 보험은 우연하고 불확실한 사고에 의하여 발생하는 사고를 보상하는 제도로 불확실성이 주관적으로 존재하는 경우에도 인정되는 경우가 있음.
- '우연한 사고'라 함은 사고가 피보험자가 예측할 수 없는 원인에 의하여 발생하는 것으로서, 고의에 의한 것이 아니고 예견치 않았는데 우연히 발생하고 통상적인 과정으로는 기대할 수 없는 결과를 가져오는 사고를 의미함(大判 2003. 11. 28, 2003다35215, 35222)

5.1. 서론

2) 위험의 동질성
- 위험이 동질하여야 보험료 산정 등이 가능하게 되며, 보험계약자 간에 동일한 조건으로 보험계약을 체결할 수 있음.

3) 위험의 다수성
   동일한 위험에 처한 사람이 많을수록 보험사고의 개연율의 정확성 및 공동재원의 마련 등이 확보 가능함.

4) 보험료.보험금의 산정
- 과거의 보험사고를 기초로 대수의 법칙에 의하여 개연율을 예측하게 되고 이에 근거하여 보험료나 보험금을 산정하게 됨.
- 보험금과 보험료의 비율은 대수의 법칙에 의하여 보험료수입과 보험금지급이 균형을 유지함. 즉 보험가입자가 납입하는 보험료총액과 보험회사가 지급하는 보험금 및 경비총액이 같도록 되는데 이를 수지상등의 원칙이라 함.

☞ 대수의 법칙(大數法則, Law of large number) : 집단 전체의 데이터를 조사 대상으로 하여 분석할 때 그 집단이 무한 모집단이거나, 그 규모가 너무 커서 기술적(記述的)으로 전수(total number) 조사가 불가능하거나 또는 시간적, 경제적 조건 때문에 표본 조사로 sample을 추정하는 경우, 집단의 본질적 성질을 정확하게 파악하기 위해 대수(Large number)의 사례를 관찰하여 그 data를 조사 대상의 근거로 삼는 확률론의 기본 법칙임.

5.1. 서론

(3) 보험과 유사한 제도
- 보험은 우연한 사고를 전제로 하는 점에서 저축 등과 다르고, 위험단체를 전제로 하는 점에서 복권 등과 다름.
- 또한 개인적 차원에서 이루어지는 저축이나 자가보험과 구별되며, 같은 직장, 직업 또는 지역에 속하는 사람들이 주축이 되어 운영하는 폐쇄성을 가진 공제와 차이가 있음.
- 보험과 비슷한 수적 원리로 이용되지만 위험을 회피하는 것이 아닌 투기수단으로 이용될 수 있는 도박이나 복권과는 차이가 있음.

5.1.1.1.2. 보험의 기능 · 폐단
- 보험은 개인적으로는 경제적 위험을 제거 또는 경감시켜 주어 경제적 생활의 안정을 도모하며, 보험회사는 보험계약자로부터 받은 보험료를 운영하여 경제의 발전에 도움을 주며, 거래와 관련하여서는 보험에 가입함으로써 신용을 제고하는 역할을 함.
- 이처럼 보험은 긍정적인 역할도 하나, 보험금을 노린 보험사고를 유발하는 폐단도 가지고 있음.

5.1. 서론

5.1.1.2. 보험의 종류
- 보험의 종류는 분류 기준에 따라 아래와 같이 다양하게 나누어질 수 있음. 그중에서도 중요한 분류는 보험사고의 객체가 물건이냐 사람이냐에 따라 물건보험과 인보험으로 구별됨.
- 물건보험은 발생하는 손해액에 따라서 보험금이 지급되는 손해보험이 일반적이고, 인보험은 보험금이 정해져 있는 정액보험이 일반적임.

☞ 보험의 분류

1	공보험	국가 기타의 공공단체가 사회정책(의료보험, 국민복지연금보험) 또는 경제정책(수출보험)적 목적으로 운영	사회보험 – 의료보험 경제정책 – 수출보험
	사보험	개인의 사경제적인 입장에서 운영됨	영리보험 / 상호보험

2	영리보험	보험자가 보험의 인수를 영업으로 하는 보험	상법 제46조 제17호
	상호보험	보험자가 사원상호의 이익을 위하여 영위하는 보험	보험업법 제5조 ① ②

5.1. 서론

3	물건보험	보험사고의 객체가 물건	
	인보험	보험사고의 객체가 사람(생명, 신체)	

4	손해보험	실제 발생한 재산상의 손해액에 대해 지급	재산보험
	정액보험	보험계약에 보험금이 정해져 있는 보험	인보험

- 상법은 크게 손해보험과 인보험으로 구별하고 있음.
- 손해보험이란 보험계약자가 보험료를 지급하고 보험자가 보험의 목적에 대하여 생길 수 있는 우연한 사고로 피보험자가 입은 재산상의 손해를 보상할 것을 약정함으로써 효력이 생기는 보험계약(상 665, 638)으로 화재보험, 운송보험, 해상보험, 책임보험 등이 있음.
- 반면에 인보험이란 보험자가 피보험자의 생명 또는 신체에 관하여 보험사고가 생길 경우에 보험계약이 정하는 바에 따라 보험금액 기타의 급여를 할 것을 목적으로 하는 보험계약을 말함(상 727).
- 인보험도 일반적으로 정액을 지급하는 생명보험을 제외한 상해보험, 질병보험, 의료보험 등은 보험사고로 피보험자가 지출한 치료비 또는 휴업보상비 등을 지급하는 이른바 손해보험의 성격을 띠고 있어서 인보험으로 분류하는 것이 애매할 수가 있음.
- 보험업법은 생명보험, 손해보험, 제3보험으로 나누고 있는데, 상해보험, 질병보험, 의료보험이 제3보험에 속함(보험업법 제2조 제2호·3호·제4호).

5.1. 서론

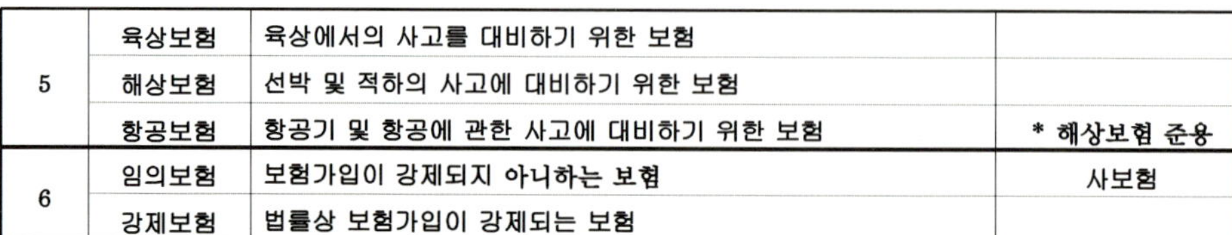

5	육상보험	육상에서의 사고를 대비하기 위한 보험	
	해상보험	선박 및 적하의 사고에 대비하기 위한 보험	
	항공보험	항공기 및 항공에 관한 사고에 대비하기 위한 보험	* 해상보험 준용
6	임의보험	보험가입이 강제되지 아니하는 보험	사보험
	강제보험	법률상 보험가입이 강제되는 보험	

- 강제보험의 예로는 산업재해보상보험, 원자력손해배상책임보험, 자동차손해배상책임보험, 창고화재보험, 도시·고압가스사용자의 손해배상책임보험, 국제여행알선업자의 여행자배상책임보험, 항공보험, 고용보험 등이 있음.

7	개별보험	개개의 물건 또는 사람을 보험목적으로 하는 보험	
	집합보험	집합된 물건을 보험의 목적으로 하는 보험	특정보험–특정된 집합물건 총괄보험–물건이 교체됨
	단체보험	사람의 단체를 보험의 목적으로 하는 보험	
8	원보험	제1의 보험자가 보험금 지급 책임이 있는 보험	**原保險/元受保險**
	재보험	제2의 보험자가 제1의 보험자의 위험을 인수	
9	가계보험	가계의 안정 도모(생명보험/화재보험) →보험계약자 등의 불이익변경금지원칙 적용	보험계약자의 약자적 지위(법의 후견적 개입)
	기업보험	기업경영에 따르는 위험 대비(해상/항공/재보험) →보험계약자 등의 불이익변경금지원칙 적용배제	기업대 기업의 대등한 관계

5.1. 서론

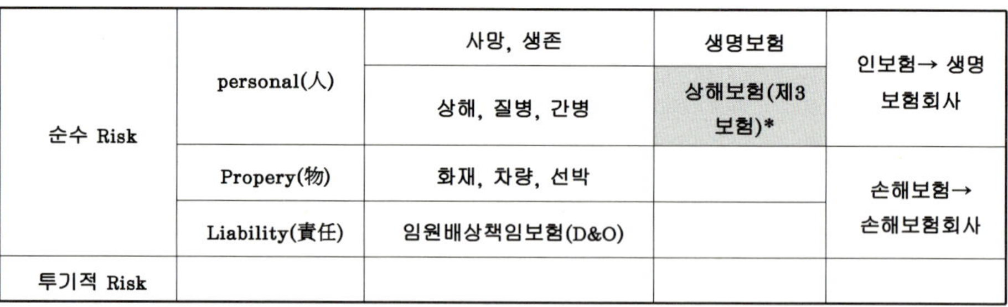

☞ 위험의 분류와 보험의 분류

		사망, 생존	생명보험	인보험→ 생명보험회사
순수 Risk	personal(人)	상해, 질병, 간병	상해보험(제3보험)*	
	Propery(物)	화재, 차량, 선박		손해보험→ 손해보험회사
	Liability(責任)	임원배상책임보험(D&O)		
투기적 Risk				

상해보험은 종래 인보험으로 분류되었으나 보험업법은 인보험과 손해보험적 요소를 다 가지므로 제3보험으로 칭하며, 그 제3보험에 대해서는 생명보험회사와 손해보험회사 모두 영업을 할 수 있도록 하고 있음. 다만 생명보험회사는 정액제를 채택하게 됨으로써 병원에 과다 입원과 같은 도덕적 해이를 유발할 염려가 있고, 손해보험은 실손해, 즉 실비용을 배상함으로써 생명보험회사와는 다른 특성을 가짐.

5.1. 서론

☞ 변액보험(變額保險/variable insurance)의 정의

- 변액보험이란 납입된 보험료의 전부 또는 일부를 정액 보험과는 다른 별도의 특별계정에 산입하여, 각각의 특별계정 자산운용의 성과를 사망보험금이나 만기보험금(내지는 해약 환급금)의 액수에 반영시킴으로써 보험금액이 보험기간 중 변동되는 방식의 생명보험임.
- 정액보험에서는 자산운용 이율이 예정 이율을 초과하였을 때에는 그만큼 이차배당(利差配當)으로 계약자들에게 환원시키기 때문에 계약 때 계산된 책임 준비금이 변동되는 일은 없으며, 따라서 보험가입 금액도 변동되지 않음.
- 반면에 변액보험(變額保險)에서는 특별계정마다 독자적인 자산운용이 집행되어, 그 결과가 직접 적립금(정액보험의 책임준비금에 배당금을 보탠 것에 해당)에 반영되므로, 결과에 따라 정액보험을 웃도는 급부를 얻을 수 있고, 인플레 대책의 구실을 수행하는 측면이 있는 한편, 계약자가 불이익을 입을 위험도 더불어 지님.
- 변액보험은 특별계정이 주로 주식 등의 장기적인 오름세를 겨냥해서 운용되기 때문에 현금 효과가 크고 더하여 장기적인 보험에 적합한 것으로 되어 있음.

5.1. 서론

☞ 보험료 계산 및 구성(생명보험의 경우)

- 보험료 산출 기초로는 ① 예정사망률 ② 예정이자율 ③ 예정사업비율 등이 있음.
- 보험회사(보험자)가 보험계약자로부터 받을 보험료를 정하기 위해서는 보험사고의 발생확률, 받은 보험료를 운용하여 얻을 수 있는 예정이자율, 보험사업을 영위하기 위한 비용인 예정사업비율을 각각 정하여 이를 근거로 보험료를 산출하게 됨. 즉 보험료는 장래 보험금 지급에 충당될 순보험료와 회사 운영비와 모집 경비 등의 지급을 위한 부가 보험료로 구성되게 됨.
- 보험료는 예정사망률 대개 2%, 예정이자율 대개 5%, 예정사업비율은 대개 10%로 가정되어 산정되는데, 보험회사의 경영의 건전성을 위해 율을 높여 잡아 보험료를 산정하게 됨(보수적 산정).
- 이러한 율은 가정에서 출발하므로 현실은 다르게 나타날 수 있으므로 예정사망률의 차이는 사차익(死差益), 예정이자율의 차이는 이차익(利差益), 예정사업비율의 차익은 비차익(費差益)이라 함.
- 보험료를 정함에 있어서 각 보험료 기초의 요소의 율을 높게 산정함으로써 보험계약자가 납입한 보험료의 합계가 보험사고의 발생 시 보험회사가 지급한 보험금의 합계액보다 많게 되는 경우, 이는 보험회사가 영업을 잘했다든가 보험계약자로부터 받은 보험료를 잘 운용해서 그런 것이 아니기 때문에 이 남은 이익을 보험계약자에게 환원시키는 것이 배당보험이고, 환원시키지 않고 회사의 이익으로 처리하는 것이 무배당 보험임(물론 무배당의 경우에는 그 율이 낮을 것임).
- 참고로 삼성생명의 상장과 관련한 논의는 삼성생명의 초과 잉여금을 보험계약자의 몫으로 인정하여 배당을 할 것인가 아니면 회사의 이익으로 보아 주주에게 배당할 것인가의 대립에서 오는 갈등임.
- 현재 금감원은 보험계약자와 회사의 몫을 9:1로 배당하도록 하고 있기 때문에 보험회사는 보험료 산정의 기초의 율을 높게 하지 않고 무배당 상품을 주로 취급하려고 하는데, 이는 보험회사의 자산 건정성과 관련하여서는 배당상품이 더 유리하다고 할 것임.

5.1. 서론

☞ 보험회사의 상호보험적 성격
- 상호보험은 상법상 보험이 아니라 보험업법상 사원 상호 간의 이익을 위하여 영위하는 보험임. 또한 상호보험은 보험의 인수를 통해 이득을 얻으려는 것을 목적으로 하는 것도 아니며 상호보험에 있어 회사의 사원은 동시에 보험계약자가 됨.
- 이처럼 상호보험은 일반적으로 상법 적용을 받는 영리보험과 몇 가지 점에서 차이가 있으나 근본적인 보험의 원리 면에서는 큰 차이가 없으며 보험료, 보험의 목적, 보험금액 등 동일한 용어를 사용하고 있음.
- 따라서 상호보험에서의 사원관계는 영리보험에서의 보험관계와 비슷한 내용을 이루고 있으므로 상법전 제4편(보험)의 규정은 그 성질이 상반되지 아니하는 한도에서 상호보험에 준용하는 것으로 하고 있음(상법 제664조).

5.1. 서론

5.1.2. 보험법의 개념
5.1.2.1. 보험법의 의의
- 보험법이란 보험관계를 규율하는 법규의 전체를 말함.
- 이러한 보험법에는 주로 감독관계 등을 다루는 보험공법뿐만 아니라, 주로 보험영업과 관련된 영업주체에 관한 법인 보험업법과 영업의 내용, 즉 보험계약의 당사자인 보험자와 보험계약자 간의 법률관계를 규율하는 상법전 제4편을 포함한 보험사법을 포함함.

5.1.2.2. 보험계약법의 특성
- 보험도 상행위의 하나이므로(상 46 xvii) 상법의 적용을 받음.
- 그러나 보험은 다른 상행위에 비해 다수의 보험계약자를 전제로 하는 단체성, 보험계약자의 윤리성 또는 선의성이 요구되며, 위험을 적정하게 분산시키기 위한 대수의 법칙 등을 원용하는 기술성을 가지며,
- 대등한 당사자로서가 아닌 약자인 보험계약자를 보호하기 위한 여러 강행법 규정을 두는 등 상대적 강행법규성 이라는 특색을 갖고 있음.

(1) 단체성
- 보험은 동질적 위험단체를 전제로 그 위험을 평균화 하는 특성상 대다수의 동질의위험을 공유하는 보험단체를 기반으로 하는 단체성을 가짐. 이 단체성에서 단체의 구성원간의 동등취급의 원리도 파생된다고 할 수 있음.

5.1. 서론

(2) 윤리성 또는 선의성
- 보험은 우연의 사고에 대한 보험금이 지급되는 사행적인 계약을 띠고 있으므로 보험계약자에게 윤리성 내지 선의성을 요구하고 있음.
- 상법은 그러한 요청을 실현하기 위한 제도로 고지의무제도, 고의의 보험사고에 대한 보험자의 면책, 사기로 인한 초과보험의 무효 등을 두고 있음.

(3) 기술성
- 보험제도는 위험단체를 기초로 대수의 법칙에 따라 그 위험을 효율적으로 분산시키기 위한 기술적 요소에 그 기반을 두고 있음.

(4) 사회성·공공성
- 보험은 보험계약자와 보험자 간의 개별적인 계약관계에 의하여 그 효력이 정하여지나 보험제도의 사회성 내지 공공성의 있기 때문에 국가는 보험자를 규제하는 법제(보험업법)를 둠으로써 간접적으로 보험계약자를 보호하고 있음이고 할 수 있음.

5.1. 서론

(5) 상대적 강행법규성
- 보험의 사회성 내지 공공성에서 비롯되는 법의 후견인적 역할이 필요하여 상법은 대등한 기업 간의 보험계약인 해상보험이나 재보험이 아닌 보험계약자와 보험자간의 보험에서는 보험계약자를 보호하기 위하여 불이익변경금지원칙을 두고 있음.
- 불이익변경금지원칙이란 보험계약도 상행위에 관한 법규이므로 임의법규임이 원칙이어서 계약당사자 간에 이와 다른 특약을 하는 경우에 그 계약은 당사자를 구속한다고 할 것이나 일반대중의 이익보호를 위한 법적 배려로 당사자 간의 특약으로도 보험계약법상의 내용을 보험계약자 또는 피보험자나 보험수익자의 불이익으로 변경할 수 없도록 하는 원칙을 말함.
- 보험계약자 등의 불이익변경금지의 원칙에 위배되는 약관조항은 그 조항만 무효임. 따라서 계약 전체가 무효가 되는 것은 아님.
- 적용범위도 보험계약자 등의 불이익변경금지의 원칙은 보험에 관한 전문지식이 없는 가계보험의 가입자를 보호하려는 것이므로 재보험 및 해상보험 기타 이와 유사한 보험의 경우에는 이 원칙이 적용되지 않음.

5.1. 서론

5.1.3. 보험법의 법원
- 보험법의 법원으로서 제정법.관습법.보통보험약관 등이 있음.

5.1.3.1. 제정법
- 보험법의 법원이 되는 제정법은 상법전(제4편 보험), 보험업법(1962.12.29,법률 제1241호), 자동차손해배상보장법(1963.4.4, 법률 제1314호), 원자력손해배상법(1969.1.24, 법률 제2094호), 수출보험법(1968.12.31, 법률 제2052호), 산업재해보상보험법(1963.1.15, 법률 제1438호), 의료보험법(1976.12.22, 법률 제2942호) 등이 있음.
- 상법전(제4편 보험)은 보험계약자와 보험자 간의 보험계약과 관련된 효력을 규정하고 있는 반면에 보험업법은 보험의 공공성·사회성에 기인한 보험자(보험사업자)의 규제를 주된 목적으로 하는 감독관련 법이라 할 수 있음.

5.1.3.2. 보통보험약관
5.1.3.2.1. 의의
- 약관이란 그 명칭이나 형태 또는 범위를 불문하고 계약의 일방당사자가 다수의 상대방과 계약을 체결하기 위하여 일정한 형식에 의하여 미리 마련한 계약의 내용이 되는 것을 말함(약관의 규제에 관한 법률 2 ①).
- 보험약관이란 보험자와 보험계약자 사이에 체결되는 보험계약의 내용을 이루는 조항들로 여기에는 보통보험약관, 특별보통보험약관(부가약관), 특별보험약관 등이 있음.

5.1. 서론

- 이처럼 보험약관은 보험자가 미리 작성한 보험계약의 내용을 이루는 일반적, 표준적 조항으로서 반대의 의사표시가 없는 한 계약당사자 쌍방을 구속하는 법원(法源)임.
- 이는 보험계약이 다수의 가입자를 상대로 대량적, 집단적으로 처리하고 구성원을 동일하게 취급하여야 할 필요성(부합계약성) 때문에 인정되는 것임.
- 즉 보험약관은 다수보험계약자를 상대로 하여 대량적으로 처리하여야 하는 부합계약성에서 비롯되는 기술적인 요청과 이들 다수보험계약자를 동일하게 취급하기 위한 합리적 조치로서 보통보험약관이 존재하게 됨.

5.1.3.2.2. 법적 효력
- 보통보험약관은 당사자 간에 반대의 특약이 없는 한 그 약관은 당사자를 구속하는데, 그 근거에 대하여 학설은 규범설과 의사설로 나뉘어 있음.
- 규범설은 보통보험약관은 상관습 또는 자치법으로서 구속력이 인정된다는 입장이고, 의사설은 계약당사자가 약관의 내용을 법률행위의 내용으로 하려는 의사가 있기 때문에 구속력이 인정된다는 입장임.
- 판례는 보통보험약관이 계약당자에 대하여 구속력을 가지는 것은 그 자체가 법규범 또는 법규범적 성질을 가진 약관이기 때문이 아니라 보험계약 당사자 사이에서 계약내용에 포함시키기로 합의하였기 때문이라 볼 것임(大判 1989.3.28, 88다4645; 大判 1989.11.14, 88다카29177; 大判 1990.4.27, 89다카24070; 大判 2000.4.25, 99다68027).

5.1. 서론

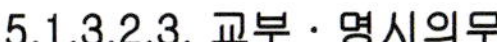

5.1.3.2.3. 교부 · 명시의무

- 보험자는 보험계약을 체결할 때에 보험계약자에게 보험약관을 교부하고 그 약관의 중요한 내용을 알려주어야 함(상 638 의3 ①). 보험자가 이를 위반한 때에는 보험계약자는 보험계약이 성립한 날부터 1월 내에 그 계약을 취소할 수 있음(상 638의3 ②).
- 보험자의 약관설명의무를 규정한 것은 보험계약이 성립되는 경우에 각 당사자를 구속하게 될 내용을 미리 알고 보험계약의 청약을 하도록 함으로써 보험계약자의 이익을 보호하자는 데 입법취지가 있음(大判 1998. 04. 14, 97다39308).
- 따라서 보험자는 보험계약을 체결함에 있어서 보험계약자가 알고 있거나 거래상 일반적이고 공통된 것이어서 별도의 설명이 없더라도 충분히 예상할 수 있었던 사항 또는 이미 법령에 의하여 정하여진 것을 되풀이하거나 부연하는 정도에 불과한 사항에 대해서는 설명의무를 부담하지 않음(大判 1999. 5. 11, 98다59842; 大判 1998. 11. 27, 98다32564).
- 보험자가 약관의 교부 및 설명의무를 위반한 때에 보험계약자가 보험계약 성립일로부터 1월 내에 행사할 수 있는 취소권은 보험계약자에게 주어진 권리일 뿐 의무가 아님.
- 따라서 보험계약자가 보험계약을 취소하지 않았다고 하더라도 보험자의 설명의무 위반의 법률효과가 소멸되어 이로써 보험계약자가 보험자의 설명의무 위반의 법률효과를 주장할 수 없다거나 보험자의 설명의무 위반의 하자가 치유되는 것은 아님(大判 1996. 04. 12, 96다4893).

5.1. 서론

5.1.3.2.4. 보통보험약관의 해석

- 보통보험약관은 보험계약의 단체성과 기술성 등의 특성을 고려하여 객관적.합리적으로 해석하되, 신의성실의 원칙에 따라 해석하여야 함.
- 보험약관의 내용이 애매한 경우 약관의 작성자인 보험자에게는 불리하고 엄격하게, 보험계약자 등에게는 유리하게 해석하여야 함(작성자불이익의 원칙).
- 보험약관을 수정하여 당사자 간에 개별적으로 약정한 것은 우선하여 적용됨(개별약정우선의 원칙).
- 보통거래약관 및 보험제도의 특성에 비추어 볼 때, 보험약관의 해석은 일반 법률행위와는 달리 개개 계약당사자가 기도한 목적이나 의사를 기준으로 하지 않고 평균적 고객의 이해가능성을 기준으로 하되 보험단체 전체의 이해관계를 고려하여 객관적, 획일적으로 해석하여야 하며,
- 다만 약관을 계약내용으로 편입하는 개별약정에 약관과 다른 내용이 있을 때에 한하여 개별약정이 우선할 뿐임.
- 또 약관이 작성자인 기업에 의하여 일방적으로 유리하게 작성되고 고객에게 그 약관내용에 관한 교섭이나 검토의 기회가 제대로 주어지지 않는 형성의 과정에 비추어 고객보호의 측면에서 약관내용이 명백하지 못하거나 의심스러운 때에는 약관작성자에게 불리하게 제한해석하여야 한다는 불명료의 원칙이 적용됨(大判 1991. 12. 24, 90다카23899).

5.1. 서론

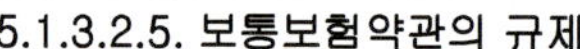

5.1.3.2.5. 보통보험약관의 규제
- 보통보험약관은 당사자인 보험자와 보험계약자를 구속하지만, 보험자에 의하여 일방적으로 작성되기 때문에 보험계약자에게 불리한 경우가 많음.
- 따라서 이를 규제할 필요가 있는데, 그 규제방법은
    - 약관규제법 등의 법의 제정으로 규제하는 입법적 규제,
    - 보험약관의 제정이나 변경 등에 재정경제부·금융위 등의 금융감독기관의 인가를 받도록 함으로써 규제를 하는 행정적 규제,
    - 분쟁이 발생하여 당사자 간에 합의가 안되는 경우 최종적으로 법원의 관여에 의한 사법적 규제가 있음.

5.1.3.2.6. 약관규제에 관한 법률과의 관계
(1) 약관규제에 관한 법률의 내용
- 약관규제에 관한 법률에 의하면 사업자는 계약체결에 있어서 고객에게 약관의 내용을 계약의 종류에 따라 일반적으로 예상되는 방법으로 명시하고, 고객이 요구할 때에는 당해 약관의 사본을 고객에게 교부하여 이를 알 수 있도록 하여야 함.
- 그리고 사업자가 이 규정에 위반하여 계약을 체결한 때에는 당해 약관을 계약의 내용으로 주장할 수 없음(약관규제에 관한 법률 제3조).

5.1. 서론

(2) 약관규제에 관한 법률과의 관계
- 동법 제30조 '적용범위'에 보면 '특정한 거래분야의 약관에 대하여 다른 법률에 특별한 규정이 있는 경우에는 이 법의 규정에 우선한다'라고 되어 있음.
- 보통보험약관에 관한 약관규제에 관한 법과 상법의 약관에 관한 조항의 관계에 대해 논의가 있음.
- 즉 약관법 제3조와 상법 제638조의3이 약관의 명시설명의무는 동일하게 정하면서, 의무위반 시의 효과에 있어서는 상법은 1개월 내의 취소를 그리고 약관법은 약관의 원용불가를 정하고 있어 서로 충돌되는 데 있음.
- 대법원은 상법 제638조의3 제1항 및 약관의규제에관한법률 제3조의 규정에 의하여 보험자는 보험계약을 체결할 때에 보험계약자에게 보험약관에 기재되어 있는 보험상품의 내용, 보험요율의 체계, 보험청약서상 기재 사항의 변동 및 보험자의 면책사유 등 보험계약의 중요한 내용에 대하여 구체적이고 상세한 명시·설명의무를 지고 있음이고 할 것이어서, 만일 보험자가 이러한 보험약관의 명시·설명의무에 위반하여 보험계약을 체결한 때에는 그 약관의 내용을 보험계약의 내용으로 주장할 수 없다고 하여 상법과 약관법을 중첩적으로 적용시키고 있음(大判 1999. 3. 9, 98다43342, 43359).

5.2. 보 험 계 약

5.2.1. 보험계약의 개념
5.2.2. 보험계약의 요소
5.2.3. 보험계약의 체결
5.2.4. 보험계약의 효과
5.2.5. 보험계약의 무효.소멸.부활
5.2.6. 타인을 위한 보험계약

5.2. 보험계약

5.2. 보험계약
5.2.1. 보험계약의 개념
5.2.1.1. 보험계약의 의의
- 보험계약은 당사자 일방이 약정한 보험료를 지급하고 상대방이 재산(손해보험) 또는 생명이나 신체(인보험)에 관하여 불확정한 사고가 생길 경우에 일정한 보험금액 기타의 급여를 지급할 것을 약정함으로써 효력이 생기는 것을 말함(상 638).
- 보험계약의 의의에 대하여 학설은 손해보험과 인보험을 통일적으로 설명하려는 일원설과 별개로 설명하려는 이원설(선택설)로 나뉨.
- 일원설은 다시 ① 손해보상계약설 ② 경제수요충족설 ③ 기술설 ④ 금액급여설 등으로 나뉘어 있음.
  - 손해보상계약설은 보험계약을 손해를 보상하는 계약이라고 이해하나 손해가 아닌 정액보험인 생명보험에는 설명이 곤란함.
  - 경제수요충족설은 보험을 위험에 대비하여 불예측의 손해를 보상받고 싶어 하는 경제적인 수요로 이해하는 입장으로 보험의 일반적인 존재의의를 잘 설명하고 있으나 막연한 점이 있음.
  - 기술설은 보험계약을 동질의 위험단체 구성원에게 그 위험을 기술적으로 분산시킨 점을 설명하고 있음.
  - 급액급여설은 보험계약을 우연한 사고에 대한 일정한 금액이 지급되는 것을 약정한 것이라고 설명하고 있음.

5.2. 보험계약

5.2.1.2. 보험계약의 특성
- 보험계약은 민법상의 전형계약에 속하지 않는 무명계약(독립계약성: 보험계약이 다른 계약에 수반되어 체결되는 것이 아니라 보험계약이 독자적 목적을 가지고 체결됨)임
- 다수의 보험계약자를 상대로 하여 대량적으로 체결되는 다수계약에 속하므로 그 계약의 정형화가 요구됨(부합계약성: 약관에 의한 거래),
- 보험의 인수를 영업으로 하는 상행위(상 46 xvii)임.
- 내용 면에서 보면 보험계약은 당사자 사이의 의사의 합치만으로 성립하며 계약의 성립요건으로서 특별한 요식행위를 요하지 않고(낙성 · 불요식계약)
- 보험료와 보험금액이 대가관계를 이루고(유상 · 쌍무계약성)
- 보험사고의 우연성(사행계약성)을 전제로 하며
- 보험계약자의 선의가 요구되는 계약(선의계약성)임.
- 보험계약은 보험기간에 발생한 보험사고에 대하여 보험자가 급여책임을 지는 것이므로 보험기간 동안 계속됨(계속계약성).
- 보험계약은 보험자와 보험계약자와의 개별적 계약에 근거하여 법률관계 발생(개별성)
- 개개의 법률관계는 보험자단체를 기반으로 한 것이므로 보험계약의 법률관계를 검토할 때에는 보험이 동질의 위험단체(단체성)를 전제로 하고 있는 점을 고려하여야 함.
- 보험계약은 당사자 사이의 의사합치에 의하여 성립되는 낙성계약으로서 별도의 서면을 요하지 아니함
- 보험계약을 체결할 때 작성 교부되는 보험증권은 증거증권에 불과한 것임(大判 1988. 02. 09, 86다카2933, 2934(참가), 2935(참가)).

5.2. 보험계약

5.2.2. 보험계약의 요소
5.2.2.1. 보험계약의 관계자

보험계약자	보험자
	보험대리점
	보험중개사
피보험자	보험모집인
보험수익자	보험의

5.2.2.1.1. 보험자
- 보험자는 보험사고가 발생한 경우에 보험금액을 지급할 의무를 지는 자임.
- 보험자는 손해보험이든 인보험이든 300억 원 이상의 자본금 또는 기금을 가지고 있는 주식회사 또는 상호회사로서 금융위로부터 보험사업의 허가를 받은 자여야 함(보험업법 제5조, 제6조 제1항).
- 보험자는 수인이 하나의 보험의 목적에 대하여 보험계약을 체결할 수 있는데, 2인 이상의 보험자가 공동으로 보험을 인수하는 경우에는 공동보험, 보험자 사이의 연결 없이 보험을 인수하는 경우에는 병존보험 또는 중복보험이라 함.

5.2.2.1.2. 보험계약자
- 보험계약자는 보험자와 보험계약을 체결하는 자임. 보험계약자의 자격에는 제한이 없고 자연인이든 법인이든 상관없음.
- 보험계약자는 보험계약 성립하면 보험료 지급의무가 있고, 보험증권교부청구권 가짐.

5.2. 보험계약

5.2.2.1.3. 피보험자
- 피보험자는 손해보험과 인보험에 따라 그 의미가 다름.
- 손해보험에서는 피보험이익의 주체로서 손해의 보상을 받을 권리를 갖는 자를 의미하고, 인보험에서는 생명 또는 신체에 관하여 보험이 붙여진 자로서 자연인에 한함.
- 인보험 특히 생명보험에 있어서 피보험자는 일정한 제한이 따르는데, 타인의 사망보험에 있어서는 피보험자의 동의를 얻어야 하거나(상 731①) 15세 미만자, 심신상실자 또는 심신박약자는 그 목적으로 할 수 없음(상 732).

5.2.2.1.4. 보험수익자
- 보험수익자는 인보험계약에 있어서 보험자로부터 보험금을 받을 자로 지정된 자임(상 733, 734).
- 보험계약자가 보험수익자인 경우에는 자기를 위한 인보험이고, 그렇지 아니한 경우에는 타인을 위한 보험계약임.

5.2.2.1.5. 보험대리점
- 보험대리점이란 일정한 보험자를 위하여 상시 그 영업부류에 속하는 보험계약의 체결을 대리(체약대리상)하거나 중개(중개대리상)함을 영업으로 하는 자임(상 87).
- 보험대리점은 자연인이든 법인이든 상관이 없으나 일정한 자격을 갖춘 자로서 금융위에 등록을 하여야 함(보험업법 제149조, 동법 시행령 제26조).
- 보험대리점은 보험자와의 사이의 보험대리점 위임계약에 의하여 보험모집을 하게 됨.

5.2. 보험계약

- 보험체약대리점은 체약대리상과 같이 보험자의 대리인으로서 보험계약체결권을 가지므로 고지수령권은 물론 보험료의 수령, 보험계약의 변경·연기·해지 등에 관한 권한을 가지는 것은 물론이고, 그 대리점이 안 사유는 보험자가 안 것과 동일한 효력이 있음(상 제90조).
- 보험중개대리점은 보험계약의 체결을 중개하는 권한을 가질 뿐 보험계약의 체결에 관한 대리권을 가지지 아니하므로 고지수령권이나 보험료수령권이 없음.
- 보험회사를 대리하여 보험료를 수령할 권한이 부여되어 있는 보험대리점이 보험계약자에 대하여 보험료의 대납약정을 하였다면 그것으로 곧바로 보험계약자가 보험회사에 대하여 보험료를 지급한 것과 동일한 법적 효과가 발생하는 것이고, 실제로 보험대리점이 보험회사에 대납을 하여야만 그 효과가 발생하는 것은 아님(大判 1995. 05. 26, 94다60615).

5.2.2.1.6. 보험중개사
- 보험중개사란 보험자의 보험자의 사용인이나 대리인이 아니면서 보험자와 보험계약자 사이의 보험계약의 성립을 중개하는 것을 영업으로 하는 자임(상 93).
- 보험중개사는 특정한 보험자만을 위하여 보조하는 자가 아니라는 점에서 보험대리점과 구별됨.
- 보험중개사는 보험에 대한 전문적인 지식이 요구되므로 일정한 자격을 갖추어 금융위에 등록을 하고 그 영업을 할 수가 있음(보험업법 제150조의2).

5.2. 보험계약

5.2.2.1.7. 보험설계사

- 보험설계사(보험외판원, 보험권유원, 보험모집인)란 보험자의 피용인으로서 보험자를 위하여 보험계약의 체결을 중개하는 자로서(보험업법 2 ③) 일정한 자격요건을 갖추어 금감원에 등록을 하여야 함(보험업법 145, 시행령 22).
- 보험설계사는 보험자에 종속되어 보험모집을 하고 있음은 점에서 독립된 지위에서 보험모집을 하고 있는 보험대리점이나 독립적으로 특정하지 아니한 보험자와 보험계약자 사이의 보험계약의 체결을 중개하는 보험중개사와 다름.
- 보험설계사는 보험계약의 체결을 권유하고 중개하는 사실행위만을 하는 자로, 보험자를 위하여 계약체결권 등의 대리권은 없음. 즉 보험설계사는 특정 보험자를 위하여 보험계약의 체결을 중개하는 자일 뿐 보험자를 대리하여 보험계약을 체결할 권한이 없고 보험계약자 또는 피보험자가 보험자에 대하여 하는 고지나 통지를 수령할 권한도 없음(大判 2006. 06. 30, 2006다19672, 19689).
- 보험료수령권에 대해서는 통상 수령권이 없다고 인정되고 있으나 보험자의 위임에 의하여 주어지는 경우도 있을 수 있음.
- 판례도 보험설계사가 선일자수표로 제1회 보험료를 받은 사안에서 보험설계사의 제1회 보험료수령권이 있는 현실을 인정하고 있음. 단 선일자 수표로 지급했을 때에는 수표의 일람출급성에 비추어 수표의 지급성을 인정하지만 그 성질 때문에 제1회 보험료 납입이 이루어졌다고 보지는 않고 있음.

5.2. 보험계약

- 선일자 수표는 그 발행자와 수취인 사이에 특별한 합의가 없었더라도 일반적으로 수취인이 그 수표상의 발행일 이전에는 자기나 양수인이 지급을 위한 제시를 하지 않을 것이라는 약속이 이루어져 발행된 것이라고 의사해석함이 합리적이며 따라서 대부분의 경우 당해 발행일자 이후의 제시기간내 제시에 따라 결제되는 것이라고 보아야 함.
- 물론 선일자수표도 본질적으로 일람불(출급)성을 잃은 것은 아니므로 위에서 본 발행일자 이전에 지급을 위한 제시가 있을 때에는 그날에 지급하여야 되게 되어 있음은 수표법 제28조제2항에 의하여 분명하고 이것은 동시에 발행자에게 위험(부도, 과료 등)부담을 강요하는 것과 같은 측면이 없지 아니하나 그렇다고 해서 선일자 수표가 발행 교부된 날에 액면금의 지급효과가 발생된다고 볼 수 없음.
- 이 사건에 있어서와 같이 보험약관상에 보험자가 제1회 보험료를 받은 후 보험청약에 대한 승낙이 있기 전에 보험사고가 발생한 때에는 제1회 보험료를 받은 때에 소급하여 그때부터 보험자의 보험금지급 책임이 생긴다고 되어 있는 경우에 이 사건과 같은 생명보험의 모집인이 그의 권유에 응한 청약의 의사표시를 한 보험계약자로부터 제1회 보험료로서 선일자 수표를 발행받고 보험료 가수증을 해준 경우에는 비록 보험모집인이 소속 보험회사와의 고용계약이나 도급적 요소가 가미된 위임계약에 바탕을 둔 소속보험회사의 사용인으로서 보험계약의 체결대리권이나 고지수령권이 없는 중개인에 불과하다 하여도 오늘날의 보험업계의 실정에 비추어 제1회 보험료의 수령권이 있음을 부정할 수는 없으나 그렇더라도 그가 선일자 수표를 받은 날을 보험자의 책임발생 시점이 되는 제1회 보험료의 수령일로 보아서는 안됨(大判 1989.11.28, 88다카33367).

5.2. 보험계약

5.2.2.1.8. 보험의
- 보험의란 생명보험계약에 있어서 피보험자의 신체상의 중요한 사항에 대하여 검진하여 이를 보험자에게 제공하여 주는 의사임.
- 보험자는 이 보험의의 검진결과를 토대로 보험계약자의 보험청약을 인수할 것인지를 정하게 됨.
- 보험의는 보험자의 고용이나 위임에 의하여 피보험자의 신체검사 등 건강상태 등을 조사하여 그 자료를 보험자에게 제공하여 주는 보조자로서 고지수령권을 갖게 됨.
- 보험의의 고의 또는 중과실은 보험자의 고의 · 중과실로 봄(통설).

☞ 보험모집조직의 권한 및 의무

구 분	보험자	대리점	중개인	설계사	보험의
요율협상권	O	X	O	X	X
보험료수령권	O	O	X	X	X
계약체결대리권	O	O	X	X	X
고지의무수령권	O	O	X	X	O
전속회사의 배상책임	O	O	X	O	O

5.2. 보험계약

5.2.2.2. 보험의 목적
- 보험의 목적이란 보험사고 발생의 객체가 되는 재화 또는 사람의 생명 · 신체임.
- 인보험에 있어서는 반드시 자연인에 한하고, 특히 사망보험에 있어서는 15세 미만자, 심신상실자 또는 심신박약자는 그 목적으로 할 수 없음(상 732).
- 심신박약이란 어떠한 심신장애로 말미암아 사물을 변별할 능력이나 의사를 결정할 능력이 미약한 것을 말하며, 심신박약자란 이러한 심신박약의 상태에 있는 자를 말하는바, 계속적으로 심신박약의 상태에 있어야 하는 것은 아니나 대체로 심신박약의 상태에 있을 것을 요구함(대전지방법원 2002.10.11, 2002나784).
- 보험의 목적이 물건일 경우에는 단일물건일 수도 있고 집합물건일 수도 있는데, 집합물건일 경우 처음부터 확정되어 있는 특정보험과 수시로 바뀌는 것이 예정되어 있는 총괄보험이 있음.
- 보험의 목적과 구별하여야 할 개념에 보험계약의 목적이 있음.
- 보험계약의 목적(피보험이익)이란 보험의 목적에 대하여 보험사고와 관련하여 피보험자가 가지는 경제적 이익관계임(상 668, 669).

5.2. 보험계약

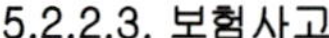

5.2.2.3. 보험사고

- 보험계약은 사행계약에 속하므로 보험자의 급여책임은 우연한 사고에 달려 있음.
- 이미 발생하였거나 또는 발생할 수 없는 사고와 같이 우연성이 결여된 사고를 담보하기로 한 보험계약의 효력은 무효임.
- 보험사고란 보험계약에서 보험자의 보험금 지급책임을 구체화시키는 우연한 사고임.
- 보험사고로 인정되기 위해서는 ① 우연성 ② 발생가능성 ③ 보험목적 및 범위의 한정 등이 요구됨.
- 우연성과 관련하여 보험계약 당시에 보험사고가 이미 발생하였거나 또는 발생할 수 없는 것인 때에는 그 계약은 무효로 함(大判 2002. 06. 28, 2001다59064).
- 당사자 쌍방과 피보험자가 이를 알지 못한 때에는 그러하지 아니함(상 644).
- 보험사고의 객관적 확정의 효과는 사고 발생의 우연성을 전제로 하는 보험계약의 본질상 이미 발생이 확정된 보험사고에 대한 보험계약은 허용되지 아니한다는 취지임(大判 1998. 08. 21, 97다50091).
- 보험사고가 이미 발생했을지라도 그 이후에 성립된 계약의 효력이 인정될 수 있는 것은 당사자와 보험자의 주관적 부지를 요건으로 하는 한 이것이 악용될 염려가 없기 때문임.

5.2. 보험계약

- 암 진단의 확정 및 그와 같이 확진이 된 암을 직접적인 원인으로 한 사망을 보험사고의 하나로 하는 보험계약에서 피보험자가 보험계약일 이전에 암 진단이 확정되어 있는 경우에는 보험계약을 무효로 한다는 약관조항은 보험계약을 체결하기 이전에 그 보험사고의 하나인 암 진단의 확정이 있었던 경우에 그 보험계약을 무효로 한다는 것으로서 상법 제644조의 규정 취지에 따른 것이라고 할 것이므로, 상법 제644조의 규정 취지나 보험계약은 원칙적으로 보험가입자의 선의를 전제로 한다는 점에 비추어 볼 때, 그 약관조항은 그 조항에서 규정하고 있는 사유가 있는 경우에 그 보험계약 전체를 무효로 한다는 취지라고 보아야 할 것이지, 단지 보험사고가 암과 관련하여 발생한 경우에 한하여 보험계약을 무효로 한다는 취지라고 볼 수는 없다(大判 1998. 8. 21, 97다50091)고 판시하여 암확정 진단 후에 보험에 가입하였으나 폭행으로 사망한 경우에 암에 의한 사망이 아니라도 암이라는 사실을 알았더라면 보험자가 보험을 체결하지 않았으리라 기대되므로 보험계약자는 보험금을 수령할 수 없음.
- 보험사고의 범위는 보험의 종류에 따라 정하여지는데, 한 가지로 한정되는 경우도 있고, 운송이나 항해에 관하여 발생할 수 있는 모든 사고와 같이 포괄적으로 한정되는 경우도 있음

5.2. 보험계약

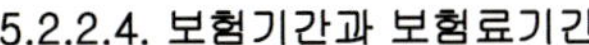

5.2.2.4. 보험기간과 보험료기간
5.2.2.4.1. 보험기간

- 보험기간(책임기간·위험기간)이란 보험자의 책임이 개시되어 종료하는 기간을 말함. 이 보험기간은 보험계약기간과 반드시 일치하는 것은 아니고 보험계약에서 보험기간을 달리 정할 수 있음.
- 보험자의 책임개시는 당사자 사이에 다른 약정이 없으면 최초의 보험료의 지급을 받은 때로부터 보험기간이 시작함(상 656).
- 생명보험에 있어서 진단을 받아야 하는 경우 진단을 받지 않았으나, 피보험자가 병리학적 검사에 응하였다면 책임개시일 이전에 약관조항상의 보험무효 사유인 질병의 확정진단이 나올 수 있었다면 그 보험계약은 무효로서 책임이 개시되지 않음(서울지방법원 2001.9.11, 2000가단5931(본소), 2000가단31794(반소)).
- 보험계약은 그 계약 전의 어느 시기를 보험기간의 시기로 할 수 있는데(상 643), 이를 소급보험이라 함.
- 소급보험이 인정되기 위해서는 보험계약 당시에 보험사고 기발생여부를 계약당사자 쌍방과 피보험자가 몰랐어야 함.
- 따라서 보험계약 당사자가 이미 그 보험사고가 발생한 것을 알고 보험계약을 체결한 경우에는 그 보험계약은 무효임.
- 보험계약 체결 전에 보험사고가 이미 발생하였을 경우, 보험계약의 당사자 쌍방 및 피보험자가 이를 알지 못한 경우를 제외하고는 그 보험계약을 무효로 한다는 상법 제644조의 규정은, 보험사고는 불확정한 것이어야 한다는 보험의 본질에 따른 강행규정으로, 당사자 사이의 합의에 의해 이 규정에 반하는 보험계약을 체결하더라도 그 계약은 무효임(大判 2002. 06. 28, 2001다59064).

5.2. 보험계약

5.2.2.4.2. 보험료기간
(1) 보험료기간

- 보험료기간이란 보험료 산정의 기준이 되는 단위기간을 말함. 즉 보험자가 일정한 기간을 단위로 보험사고의 발생률을 통계적으로 측정하여 그 위험률에 따라 보험료를 산정하게 되는 기간을 말함.
- 보험료기간은 반드시 보험기간과 일치하는 것은 아님.

(2) 보험료불가분의 원칙

- 보험료불가분의 원칙이란 보험료기간 내의 위험을 불가분적인 것으로 보아 그 기간 내의 보험료도 불가분의 성질을 갖는 원칙을 말함.
- 보험료는 이 일정기간을 하나의 단위로 하여 이 기간 내에 있어서의 사고발생률을 측정하여 산출하게 되므로 보험료기간에 대한 보험료는 보험료기간과 일체적인 것으로서 나누어질 수가 없다고 하는 원칙을 말함.
- 이 보험료불가분의 원칙은 보험자가 보험료기간의 일부에 대해서만 위험을 부담하였다 하더라도 보험료 전액을 취득할 수 있는 원칙을 말하므로 보험계약자가 보험기간 중간에 해지를 한 경우에 기간에 비례해서 보험료를 비율적으로 반환청구를 하는 경우에 보험자는 이를 보험료불가분의 원칙에 의하여 거절할 수 있음.

5.2. 보험계약

5.2.2.5. 보험금액과 보험료
5.2.2.5.1. 보험금액
- 보험금액이란 보험사고가 발생하였을 때에 보험자가 피보험자(손해보험) 또는 보험수익자(인보험)에게 지급하여야 할 금액을 말함. 보험금액은 금전으로 지급하는 것이 원칙이지만, 현물급여나 그 밖의 급여(치료행위)로 할 수도 있음.

5.2.2.5.2. 보험료
- 보험료라 함은 보험계약에서 보험자의 보험금 지급채무에 대한 대가로서 보험계약자가 지급하는 금액임(상 638).
- 대수의 법칙에 따라 사고발생 개연율에 의하여 산출되는 순보험료와 보험계약의 체결비용, 수수료 등 사업비로서 부가하는 부가보험료를 합한 것을 영업보험료라 함.

5.2. 보험계약

5.2.3. 보험계약의 체결
5.2.3.1. 보험계약의 성립
5.2.3.1.1. 보험계약의 청약
- 보험계약은 보험자가 보험계약자로부터 보험료를 지급받고 보험계약자 측의 재산 또는 생명이나 신체에 관하여 생길 수 있는 불확정한 사고에 대한 위험을 인수하여 사고발생시 보험금을 지급하기로 하는 불요식의 낙성계약임(상 638).
- 보험계약은 일정한 형식을 요구하지 않는 불요식.낙성계약이므로 보험계약자의 청약과 보험자의 승낙에 의하여 성립함.
- 보험계약의 청약은 구두이든 서면이든 상관없으나 실제거래에 있어서는 보험계약청약서를 이용하는 것이 일반적임.
- 보험계약청약서는 각종 보험에 따라 그 내용이나 형식에 있어서 일정한 것은 아니나 보험자에 의해서 작성된 정형화된 서식임.

5.2.3.1.2. 보험계약의 승낙
(1) 보험자의 승낙의 방법
- 보험자의 승낙은 특정한 보험계약의 청약에 대하여 보험자가 그 보험의 성립을 목적으로 하는 의사표시임.
- 보험자가 보험계약자의 청약을 승낙하면 보험계약이 성립하게 되고, 이로써 당사자는 보험계약상의 권리와 의무를 지게 됨.
- 승낙의 방법은 제한이 없음. 따라서 승낙은 명시적이든 묵시적이든 상관없음.

5.2. 보험계약

(2) 승낙통지의 해태와 보험계약의 성립
- 보험계약은 불요식의 낙성계약이므로 보험계약자의 청약과 보험자의 승낙에 의하여 성립하고, 보험자가 보험계약자의 청약을 받고 상당한 기간 안에 승낙통지를 발송하지 않으면 상시 거래관계가 없는 한 청약의 효력을 잃게 됨(상 52, 53).
- 다만 보험자의 승낙이 없는 경우에도 일정한 경우에는 보험계약자를 보호하는 규정을 두고 있음.
- 보험자가 보험계약자로부터 보험계약의 청약과 함께 보험료 상당액의 전부 또는 일부의 지급을 받은 때에는 다른 약정이 없으면 30일 내에 그 상대방에 대하여 낙부의 통지를 발송하여야 함.
- 인보험계약의 피보험자가 신체검사를 받아야 하는 경우에는 그 기간은 신체검사를 받은 날부터 기산함(상 638의2 ①).
- 보험자가 위 기간 내에 낙부의 통지를 해태한 때에는 승낙 의제함(상 638의2 ②).
- 보험자가 보험계약자로부터 보험계약의 청약과 함께 보험료 상당액의 전부 또는 일부를 받은 경우, 그 청약을 승낙하기 전에 보험계약에서 정한 보험사고가 생긴 때에는 그 청약을 거절할 사유가 없는 한 보험자는 보험계약상의 책임을 짐.
- 인보험계약의 피보험자가 신체검사를 받아야 하는 경우에 그 검사를 받지 아니한 때에는 그러하지 아니함(상 638의2 ③).
- 이는 승낙의제가 인정되기 전에 보험사고가 발생했을 때 적격피보험체를 보호하기 위한 규정임.

5.2. 보험계약

5.2.3.1.3. 보험약관의 교부 · 명시의무
- 보험자는 보험계약을 체결할 때에 보험계약자에게 보험약관을 교부하고 그 약관의 중요한 내용을 알려주어야 함(상 638의3 ①).
- 이는 보험약관에 보험계약의 구체적인 내용이 기술되어 있고, 이를 보험계약자에게 환기시킨다는 의미에서 보험자로 하여금 보험약관을 교부하고 중요한 내용을 알려주도록 한 것임.
- 보험자가 이를 위반한 때에는 보험계약자는 보험계약이 성립한 날부터 1월 내에 그 계약을 취소할 수 있음(상 638의3 ②).
- 약관설명의무를 위반한 경우 이에 관한 법으로 상법과 약관의규제에관한법률이 모두 해당될 수 있어 이의 적용과 관련하여 문제가 있을 수 있음.
- 약관에 대한 설명의무를 위반한 경우에 적용되는 상법 제638조의3 제2항과 설명의무를 게을리 한 경우에 그 약관을 계약의 내용으로 주장할 수 없는 것으로 규정하고 있는 약관의규제에관한법률 제3조 제3항과의 사이에는 아무런 모순 · 저촉이 없다고 해석되고 있음.
- 상법 제638조의3 제2항은 약관의규제에관한법률 제3조 제3항과의 관계에서는 그 적용을 배제하는 특별규정이라고 할 수가 없으므로 보험약관이 상법 제638조의3 제2항의 적용 대상이라 하더라도 약관의규제에관한법률 제3조 제3항 역시 적용이 됨(중첩적 적용설)(大判 1998.11.27, 98다32564).

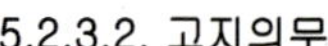

5.2. 보험계약

5.2.3.2. 고지의무
5.2.3.2.1. 고지의무의 의의
- 고지의무란 보험계약의 선의성의 반영으로 보험계약자 또는 피보험자가 보험계약의 체결 당시에 보험계약 성립 전에 보험자에 대하여 중요한 사항을 고지하거나 또는 부실고지를 하지 아니할 의무를 말함(상 651).
- 고지의무는 보험계약자 등이 자기의 불이익을 방지하기 위한 자기의무이고, 또한 보험계약의 효과로서 부담하는 의무가 아니고 단지 보험계약의 전제요건으로서 지는 간접의무이며(통설), 또한 법률에 의하여 인정되는 법정의무임.
- 이러한 고지의무를 인정하는 법적 근거는 보험사고 발생의 개연율을 측정하기 위하여 위험 선택의 자료를 얻고자 하는 데 있음은 의험추정설 또는 기술설에서 찾고 있는 것이 일반적이며, 보험계약의 선의성에 그 기초가 있음.
- 고지의무는 보험계약 체결 시 계약이 성립되기 전까지 지는 의무로서, 계약효과로 발생하여 보험기간 중에 일정사실 발생을 보험자에게 알려야 하는 통지의무와 구별됨.

5.2.3.2.2. 고지의무의 내용
(1) 당사자
1) 고지의무자
- 고지의무를 부담하는 자는 보험계약상 보험계약자와 피보험자임(상 651).
- 대리인에 의하여 보험계약을 체결한 경우에 대리인이 안 사유는 그 본인이 안 것과 동일하므로(상 646) 대리인에 의하여 보험계약을 체결한 경우에 대리인이 고지의무를 이행하지 않으면 그 본인의 고지의무 위반과 동일시됨.

5.2. 보험계약

- 대리인에 의하여 고지하는 경우에는 본인이 알고 있는 사실뿐만 아니라 대리인 자신이 알고 있는 사실도 고지하여야 하는 것으로 봄.
- 피보험자가 고지의무를 부담하는 경우에는 손해보험(보험계약상 보험금청구권을 가지는 자)과 인보험(보험사고발생의 객체가 되는 자)의 경우가 다름.
  ① 인보험에서 보험금청구권을 갖는 보험수익자는 고지의무자가 아님.
  ② 손해보험에서 보험금청구권을 가지는 피보험자는 고지의무자라고 할 수 있음.
  ③ 타인을 위한 손해보험계약에서 보험계약자가 그 타인인 피보험자에게 보험계약이 체결되었음을 알리지 않은 경우에는, 피보험자가 고지의무를 부담한다고 할 수 없을 것임.

2) 고지수령권자
- 고지의 상대방은 보험자와 그를 위하여 고지수령권을 가지는 대리인, 예컨대 보험대리인, 보험의 등임.
- 다만 보험계약의 체약대리권이 있는 보험대리점은 고지수령권을 갖고 또한 보험의도 고지수령권을 가지나, 보험계약의 체약대리권이 없는 보험중개사 및 긍정설(소수설)이 있으나, 보험계약의 체결을 중개하는 사실행위만을 하므로 고지수령권이 없다고 보아야 함(통설·판례).

5.2. 보험계약

(2) 고지의 시기와 방법
- 고지의 시기는 보험계약 당시, 즉 보험 계약이 성립할 때임(상 651).
- 따라서 보험계약자가 보험자에 대하여 보험청약을 하고 보험자가 승낙할 때까지 새로운 사항 등에 대해서도 고지하여야 함.
- 고지의 방법에는 법률상 특별한 제한이 없음. 즉, 서면이든 구두이든, 명시적이든 묵시적이든 상관없음.
- 실제의 거래계에서는 보험계약 청약서에 질문란을 두어 그에 기재하도록 하는 것이 일반적임.

(3) 고지사항
- 고지의무자가 보험자에 대하여 고지할 사항은 중요한 사항임(상 651).
- 중요한 사항이란 보험자가 위험을 측정하여 계약의 인수 여부 및 보험료액을 판단하는 데 영향을 미치는 사항으로서 보험자가 그 사실을 알았다면 청약을 승낙하지 않았거나 적어도 그 보험료로는 계약을 체결하지 않았을 것이라고 판단할 수 있는 사항임.
- 중요한 사항이란 보험자가 보험사고의 발생과 그로 인한 책임부담의 개연율을 측정하여 보험계약의 체결 여부 또는 보험료나 특별한 면책조항의 부가와 같은 보험계약의 내용을 결정하기 위한 표준이 되는 사항으로서, 객관적으로 보험자가 그 사실을 안다면 그 계약을 체결하지 않든가 적어도 동일한 조건으로는 계약을 체결하지 않으리라고 생각되는 사항을 말하고, 어떠한 사실이 이에 해당하는가는 보험의 종류에 따라 달라질 수밖에 없는 사실인정의 문제로서 보험의 기술에 비추어 객관적으로 관찰하여 판단되어야 함(大判 1997.9.5, 95다25268).

5.2. 보험계약

- 보험자가 서면으로 질문한 사항은 중요한 사항으로 추정함(상 651의2)(大判 1993. 04. 13, 92다52085, 52092(반소)).
- 보험계약자 등이 질문표에 기재한 질문사항에 사실과 다른 기재를 하였다면 특별한 사정이 없는 한 이는 고지의무위반이 됨.
- 이는 절대적인 것이 아니므로 질문표가 없는 계약도 유효하며 질문표에 없는 내용이라 할지라도 중요한 사항임을 알고서 숨긴 경우 등은 고지의무위반이 된다고 할 것임.
- 보험자가 서면으로 질문한 사항은 보험계약에 있어서 중요한 사항에 해당하는 것으로 추정되고(상법 제651조의2), 여기의 서면에는 보험청약서도 포함될 수 있으므로, 보험청약서에 일정한 사항에 관하여 답변을 구하는 취지가 포함되어 있으면 그 사항은 상법 제651조에서 말하는 '중요한 사항'으로 추정됨(大判 2004. 06. 11, 2003다18494).
- 판례에 의하면 손해보험의 경우는 다른 보험계약에 관한 사항, 보험사고의 발생사실 등이고, 생명보험에서는 피보험자의 기왕증·현재병, 피보험자의 부모의 생존여부, 피보험자의 나이, 피보험자의 신분·직업 등임.
- 중복보험을 체결한 사실은 고지의무의 대상이 되는 중요한 사항이 아님(大判 2003. 11. 13, 2001다49623).

5.2. 보험계약

5.2.3.2.3. 고지의무의 위반
(1) 요 건
1) 주관적 요건 : 고의 또는 중대한 과실
- 고지의무의 위반이 되기 위해서는 고지의무자의 고의 또는 중대한 과실로 중요한 사항에 관하여 불고지 또는 부실고지를 하여야 함(상 651).
- 고지의무위반의 주관적 요건으로는 고지의무자의 고의 또는 중대한 과실이 있어야 함
- 고의란 해의가 아니고 중요한 사실을 알면서 고지하지 않은 것(불고지) 또는 허위인 것을 알면서 고지하는 것(부실고지)를 말함.
- 중대한 과실이란 고지의무자가 거래상 필요로 하는 간단한 주의를 게을리 하여 불고지 또는 부실고지를 하는 것을 말함.

2) 객관적 요건 : 불고지 또는 부실고지
- 고지의무 위반의 객관적 요건으로는 중요한 사항에 대한 불고지 또는 부실고지가 있어야 함.
- 불고지라 함은 중요한 사항을 알면서 알리지 아니하는 것을 말하고, 부실고지란 사실과 다르게 거짓으로 알리는 것을 말함.

5.2. 보험계약

3) 입증책임
- 보험자는 사실의 불고지 또는 부실고지된 경우에는 그러한 사실이 보험계약자 등의 고의 또는 중대한 과실로 생긴 것임을 입증하여야 함.
- 보험자의 악의나 중대한 과실에는 보험자의 그것뿐만 아니라 이른바 보험자의 보험의를 비롯하여 널리 보험자를 위하여 고지를 수령할 수 있는 지위에 있는 자의 악의나 중과실도 당연히 포함됨(大判 2001. 01. 05, 2000다40353).
- 또한 보험자가 명시.설명의무를 위반하여 보험계약을 체결한 때에는 그 약관의 내용을 보험계약의 내용으로 주장할 수 없으므로 보험계약자나 그 대리인이 그 약관에 규정된 고지의무를 위반하였다 하더라도 이를 이유로 보험계약을 해지할 수 없음(大判 1996.4.12, 96다4893; 大判 1995. 08. 11, 94다52492).

(2) 효 과
1) 계약의 해지권
- 보험자는 고지의무위반의 요건이 성립하면 원칙적으로 보험계약을 해지할 수 있음(상 651). 즉 보험자는 보험사고의 발생 전후를 불문하고 일방적인 의사표시만에 의하여 보험계약을 해지할 수 있음.
- 이 해지권은 형성권이며 보험사고 발생 전후를 묻지 아니하고 계약을 해지할 수 있음.
- 해지의 의사표시의 상대방은 보험계약자 또는 그의 대리인임. 따라서 피보험자나 보험수익자는 해지의 상대방이 아님.

5.2. 보험계약

- 의사표시가 상대방에게 도달한 때에 해지의 효력이 발생하며, 장래에 대하여만 생김
- 보험사고의 발생 후에도 보험자는 고지의무위반을 이유로 보험계약을 해지할 수 있는데, 이 때에 보험자가 이미 보험금을 지급한 때에는 이의 반환을 청구할 수 있고, 아직 보험금을 지급하지 아니한 때에는 이를 지급할 책임이 없음(상 655).
- 고지의무위반의 사실이 보험사고의 발생에 영향을 미치지 아니하였음이 입증된 경우에는 지급책임 있음(상 655).

2) 해지의 제한
- 보험계약자가 고지의무를 위반하여도 다음의 경우는 보험자는 계약해지 할 수 없음.
  ① 제척기간의 경과(제651조 본문)
  - 보험자가 고지의무위반의 사실을 안 날로부터 1월을 경과하거나 계약을 체결한 날로부터 3년을 경과한 경우에는 해지할 수 없음(상 651).
  - 이 기간은 제척기간으로서 이 기간 경과 후에는 보험자는 고지의무위반에 대해 다툴 수가 없음. 이를 불가쟁기간이라고도 하며, 이러한 약관을 불가항쟁약관이라고 함.
  ② 보험자의 고의·중과실
  - 보험자가 보험계약 당시에 고지의무위반의 사실을 알았거나 중대한 과실로 인하여 알지 못한 경우에는 보험자의 계약해지권이 제한됨(상 651).
  - 이 때 보험자는 보험대리점·보험의 등의 고지수령권이 있는 자를 포함함.
  - 이러한 사정은 고지의무자가 입증하여야 함.

5.2. 보험계약

  ③ 인과관계의 부존재
  - 고지의무위반과 보험사고의 발생 사이에 인과관계가 없음이 입증되면 보험자측의 보험계약의 해지권은 제한됨.
  - 고지의무위반이 있는 경우 이 사실과 보험사고의 발생 사이에 인과관계가 없음의 입증책임은 고지의무자가 부담함(통설·판례(大判 1992.10.23, 92다28259; 大判 1994.2.25, 93다52082; 大判 1997.9.5, 95다25268)).
  - 보험계약을 체결함에 있어 중요한 사항의 고지의무를 위반한 경우 고지의무 위반사실이 보험사고의 발생에 영향을 미치지 아니하였다는 점, 즉 보험사고의 발생이 보험계약자가 불고지하였거나 부실고지한 사실에 의한 것이 아니라는 점이 증명된 때에는 상법 제655조 단서의 규정에 의하여 보험자는 위 부실고지를 이유로 보험계약을 해지할 수 없을 것이나, 위와 같은 고지의무 위반사실과 보험사고 발생과의 인과관계가 부존재한다는 점에 관한 입증책임은 보험계약자 측에 있음이고 할 것이라고 판시하고 있음.

3) 해지의 효과
- 원래 해지의 효과는 장래에 대해 효력을 상실하는 것이지만 이에 대한 특별 예외규정으로서 보험계약자 측의 보험료지급의무위반, 고지의무위반, 위험의 현저한 변경.증가의 통지의무위반, 고의·중과실로 인한 위험의 현저한 변경.증가 등으로 인해 보험사고가 발생한 경우에는 보험자가 사고발생 후에 계약을 해지하더라도 보험금지급책임을 지지 않도록 하고 있음.
- 그러므로 이미 지급한 보험금이 있으면 그 반환을 청구할 수 있음.

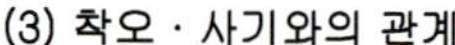

5.2. 보험계약

(3) 착오 · 사기와의 관계
- 상법상의 고지의무위반의 사실이 동시에 민법상 보험자의 착오(민 109)나 보험계약자의 사기(민 110)에 해당하는 이 경우에 보험자는 상법 제651조에 의하여 보험계약을 해지만을 할 수 있느냐 또는 민법 제109조 또는 제110조에 의하여 보험계약을 취소할 수도 있느냐의 문제가 있음.
- 이 경우에 상법만이 적용되어 해지할 수 있음이고 하면 그 보험계약은 원칙적으로 해지한 때로부터 장래에 대하여만 무효가 되고 또한 보험자는 일정한 제척기간이 경과하면 해지할 수 없으나, 민법도 적용된다고 보험 보험자가 민법에 의하여 보험계약을 취소하면 그 계약은 처음부터 무효가 되고(民 제141조) 또한 보험자는 상법상 일정한 제척기간이 경과한 후에도 보험계약을 취소하여 무효로 할 수 있음.
- 학설은 크게 ① 상법적용설(민법적용배제설) ② 민 · 상법적용설 및 ③ 절충설(착오 · 사기구별설 또는 착오배제사기적용설)로 나뉘어 있음.

i) 상법적용설(民法適用排除說)
- 고지의무위반에 관한 상법의 규정은 민법에 대한 특칙이므로, 이러한 상법이 적용되는 한 민법의 착오 및 사기에 관한 규정은 적용될 여지가 없다고 함.

ii) 민.상법적용설(중복적용설 또는 동시적용설)
- 고지의무위반에 관한 상법의 규정은 착오 · 사기 등의 의사의 흠결 또는 의사표시의 하자에 관한 민법의 규정과는 그 근거 · 요건 · 효과 등에서 완전히 다르므로, 양자는 다 같이 적용된다고 함.

5.2. 보험계약

iii) 절충설(착오 · 사기구별설 또는 착오배제사기적용설)
- 보험자의 착오의 경우에는 민법의 적용을 배제하나, 보험계약자의 사기의 경우에는 상법 외에 민법의 의사표시에 관한 규정도 적용된다고 함.
- 고지의무위반이 보험자로 하여금 객관적인 인식에 착오를 일으키게 하는 경우와 보험자를 일부로 속이는 사기의 경우를 구별하고, 착오의 경우에는 보험계약자 측을 보호하기 위하여 상법만이 적용되나 사기의 경우에는 보험계약자의 위법행위에 대하여 보험계약자를 보호하는 것은 보험제도의 원리에 맞지 않으므로 상법뿐만 아니라 민법의 규정도 적용됨.

5.2. 보험계약

5.2.3.3. 보험증권
5.2.3.3.1. 보험증권의 의의
(1) 보험증권의 개념
- 보험증권이란 보험계약의 성립과 그 내용을 증명하기 위하여 계약의 내용을 기재하고 보험자가 기명날인 또는 서명하여 보험계약자에게 교부하는 증권임.
- 보험증권은 보험계약의 성립과 그 내용을 증명하기 위하여 계약의 내용을 기재하고 보험자가 기명날인 또는 서명하여 보험계약자에게 교부하는 증권으로 증거증권이고, 면책증권이며, 상환증권임.
- 그러나 보험자만이 기명날인 또는 서명하므로 계약서도 아님.
- 보험계약에 관하여 분쟁이 발생할 경우 보험계약의 내용이 증거증권인 보험증권만에 의하여 결정되는 것이 아니라 보험계약 체결에 있어서의 당사자의 의사와 계약체결의 전후 경위 등을 종합하여 그 내용을 인정할 수도 있음(大判 1992. 10. 27, 92다32852).

(2) 법적 성질
- 보험증권의 법적 성질에 대해 보험계약에 관한 증거증권이며, 면책증권이고, 상환증권, 증거증권, 요식증권, 유가증권임.

5.2. 보험계약

1) 요식증권성
- 보험증권에는 일정사항 기재하고 보험자가 기명날인 또는 서명 하여야함(상 제666조).
- 따라서 보험증권은 요식증권이나 그 요식성은 어음.수표에 있어서와 같이 엄격한 것이 아니고, 법정사항의 기재를 결하거나 또는 그 밖의 사항을 기재하여도 보험증권의 효력에는 아무런 영향이 없음.

2) 증거증권성
- 보험증권은 증거증권으로서 보험계약의 성립과 그 내용에 관하여 사실상의 추정력을 가짐.
- 그러므로 보험증권의 기재내용과 보험계약의 내용이 다른 때에는 그 사실을 입증하여 진실한 계약의 내용에 따라 당사자는 그 권리를 주장할 수 있음이고 풀이함.
- 판례도 보험계약은 당사자 사이의 의사합치에 의하여 성립되는 낙성계약이고, 보험계약을 체결할 때 작성 교부되는 보험증권은 하나의 증거증권에 불과한 것이어서 보험계약의 내용은 반드시 위의 증거증권만에 의하여 결정되는 것이 아니라 보험계약 체결에 있어서의 당사자의 의사와 계약체결의 전후 경위 등을 종합하여 그 내용을 인정할 수도 있음이고 판시하여 이를 뒷받침 하고 있음(大判 1992. 10. 27, 92다32852).

3) 면책증권성
- 보험자는 보험금의 지급 기타의 급여를 함에 있어서 보험증권을 제시하는 자에 대하여 악의 또는 중과실 없이 지급하면 면책이 된다는 점에서 면책증권성을 가짐.

5.2. 보험계약

4) 상환증권성
- 보험자는 보험증권과 상환하여 보험금을 지급한다는 점에서 상환증권성을 가짐.
- 보험증권이 없는 경우에는 다른 방법에 의하여 권리를 증명하여 보험금을 청구하는 것도 가능함.

5) 유가증권성
- 보험증권이 유가증권인지 여부에 대하여는 ① 부정설 ② 긍정설 ③ 일부긍정설(절충설)로 학설이 나뉘어 있으나 일반적으로 유가증권성을 부정함.
- 특히 인보험증권은 그 성질상 유통과 관련하여 지시식 또는 무기명식의 보험증권으로 발행될 수도 없고, 비록 그러한 형식으로 발행되었다 하더라도 유가증권성을 인정할 수 없음(통설).
- 물건보험에서의 보험증권은 기명식에 한하지 않고 지시식 또는 무기명식으로 발행될 수 있는데(상 666), 지시식 또는 무기명식으로 발행되었다고 하여 이러한 보험증권이 반드시 유가증권이라는 근거가 되지는 못한다고 함.
- 따라서 보험증권에 법정사항의 기재를 결하거나 또는 그 밖의 사항을 기재하여도 보험증권의 효력에는 아무런 영향이 없음.
- 다만 해상적하보험 등에서만 예외적으로 인정되는 경우에는 유가증권성을 인정할 수 있을 것이라고 보는 것이 일부 긍정설의 입장으로 일면 타당한 면이 있음.

5.2. 보험계약

(3) 이의약관
- 보험증권은 증거증권으로서 계약내용에 대해 사실상의 추정력을 갖기 때문에 증권상의 기재내용이 사실과 다를 때에는 계약의 당사자가 이의를 제기하여 바로잡도록 해야 하며 이와 같은 내용을 정한 약관조항을 이의약관(異議約款)이라 함.
- 보험계약의 당사자는 보험증권의 교부가 있은 날로부터 1월을 내리지 않는 기간 내에 한하여 그 증권내용의 정부에 관한 이의를 할 수 있음을 약정할 수 있음(상 641).
- 따라서 이의약관에는 1월 이상의 충분한 기간이 확보되어야 함.
- 보험증권의 정부에 관한 이의제기는 보험계약자뿐만 아니라 보험자도 할 수 있음.

5.2.3.3.2. 보험증권의 발행
(1) 작성 · 교부
- 보험자는 보험계약이 성립한 때에는 지체 없이 보험증권을 작성하여 보험계약자에게 교부하여야 함.
- 그러나 보험계약자가 보험료의 전부 또는 최초의 보험료를 지급하지 아니한 때에는 그러하지 아니함(상 640①). 따라서 이 경우에도 보험자의 보험증권 교부의무가 면제되는 것임.

(2) 연장 · 변경
- 기존의 보험계약을 연장하거나 변경한 경우에는 보험자는 그 보험증권에 그 사실을 기재함으로써 보험증권의 교부에 갈음할 수 있음(상 640②).

5.2. 보험계약

(3) 재교부
- 보험증권을 멸실 또는 현저하게 훼손한 때에는 보험계약자는 보험자에 대하여 증권의 재교부를 청구할 수 있음.
- 그 증권작성의 비용은 보험계약자의 부담으로 함. 일반적으로 증권을 멸실 또는 훼손한 자는 민사소송법의 공시최고의 절차를 밟아 제권판결(除權判決)을 얻지 아니하면 증권의 재교부를 청구하지 못함.
- 그러나 보험증권은 증거증권으로서 엄격한 요식증권이 아니고 또 유상증권성이나 상환성을 가지는 것도 아니므로 제권판결을 얻지 않고도 재교부를 청구할 수 있음.
- 물론 유가증권성이 인정되는 보험계약에 있어서는 공시최고의 절차를 거쳐야 함.

5.2.3.3.3. 보험증권 교부 흠결의 효과
- 상법상 보험자의 보험증권 교부의무 위반 시 효과에 관한 규정은 없음.
- 보험자가 보험증권 교부의무를 위반한 때에도 보험계약의 효력에는 영향을 미치지 않는다고 봄.

5.2. 보험계약

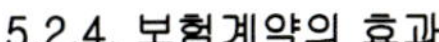

5.2.4. 보험계약의 효과
5.2.4.1. 보험자의 의무
5.2.4.1.1. 보험증권 교부의무
- 보험자는 보험계약이 성립한 때에는 지체 없이 보험증권을 작성하여 보험계약자에게 교부하여야 함(상 640 ①). 그러나 보험계약자가 보험료의 전부 또는 최초의 보험료를 지급 하지 아니한 때에는 그러하지 아니함.

5.2.4.1.2. 보험금 지급의무
(1) 보험금 지급의무의 발생
- 보험자는 보험사고가 발생한 경우에 피보험자 또는 보험수익자에게 보험금을 지급할 의무를 짐(상 638).

(2) 면책사유
- 면책사유는 보험약관에 의하여 인정되는 것과 법률상으로 인정되는 것이 있음.
- 법률상 면책사유에는 ① 보험사고가 보험계약자 또는 피보험자나 보험수익자의 고의나 중대한 과실로 인하여 생긴 때(상 659) ② 보험사고가 전쟁 그 밖의 변란으로 인하여 생긴 때(상 660) 두 가지를 규정하고 있는데, 이 경우에 보험자는 보험금을 지급할 책임이 없음.

5.2. 보험계약

- 피보험자나 보험수익자의 고의나 중대한 과실로 인하여 발생한 손해에 대해 보험금을 지급하지 않는 것은 반사회적인 범죄행위를 행한 자에 대하여 보험금을 지급하는 것은 보험계약에 관한 신의성실의 원칙에 반하고 또한 공적인 견지에서도 허용되지 않을 뿐만 아니라 보험의 특성인 보험사고의 우연성의 요구에도 반한다는 고려 외에도 도박보험의 위험성과 보험금을 목적으로 한 고의에 의한 보험사고가 발생하는 것을 방지하기 위한 것임(大判 2001.12.28, 2000다31502).
- 상법 제659조는 보험계약법의 통칙 규정이기 때문에 손해보험뿐만 아니라 인보험에도 적용되어야 함.
- 그러나 사망을 보험사고로 한 보험계약에는 사고가 보험계약자 또는 피보험자나 보험수익자의 중대한 과실로 인하여 생긴 경우에도 보험자는 보험금액을 지급할 책임을 면하지 못함.
- 즉 사망보험과 상해보험의 경우에는 피보험자나 보험수익자의 고의에 의한 경우에만 보험자가 면책되고, 중과실의 경우에는 면책되지 않음(상 732의2, 739).
- 인보험에 있어서는 인도적인 측면에서 보험수익자를 더 보호하고자 하는 취지임.
- 그러나 상법 제659조 제1항은 보증보험의 경우에는 특별한 사정이 없는 한 그 적용이 없음(大判 1998. 03. 10, 97다20403).
- 고의는 원인행위에 존재하면 족하고 결과의 발생에 대해서까지 인식하여야 하는 것은 아니며, 미필적 고의도 포함한다고 할 것임.

5.2. 보험계약

(3) 보험금의 지급방법과 지급시기

1) 보험금청구권자
- 보험금청구권자는 손해보험의 경우에는 피보험자이고, 생명보험의 경우에는 보험수익자임.
- 이 청구권은 재산권이므로 상속이 가능함.

2) 보험금지급의 방법과 시기
- 보험자의 보험금의 지급방법은 반드시 금전으로써 하여야 한다는 제한은 없으나 금전으로 지급하는 것이 원칙이고, 당사자 사이에 특약이 있는 경우에는 현물 또는 기타의 급여로써 할 수 있음(상 638).
- 보험자는 보험금의 지급에 관하여 약정기간이 있으면 그 기간 안에, 약정기간이 없으면 보험사고발생의 통지를 받은 후 지체 없이 보험자가 지급할 보험금액을 정하고 그것이 정하여진 날부터 10일 내에 보험금을 피보험자 또는 보험수익자에게 지급하여야 함(상 658).

(4) 소멸시효
- 일정한 사실상태가 오랫동안 지속된 경우에, 그 상태가 권리관계에 합치하는지 여부를 묻지 않고서, 사실상태를 그대로 존중하여, 이로써 권리관계를 인정하려는 제도가 이른바 '시효'임.
- 일정한 사실상태가 일정한 기간 동안 계속됨으로써 법률상 일정한 효과(권리의 취득 또는 권리의 소멸)가 일어나게 하는 법률요건이 시효임.

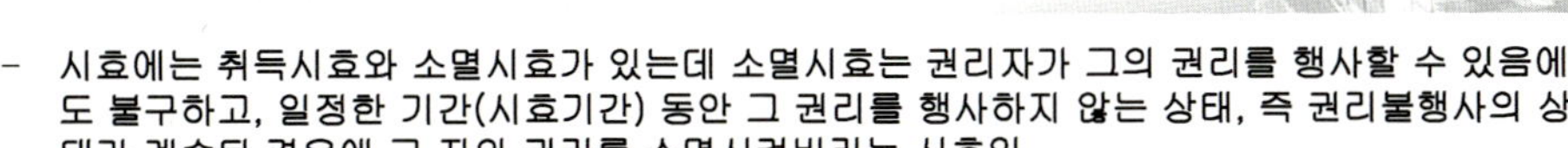

5.2. 보험계약

- 시효에는 취득시효와 소멸시효가 있는데 소멸시효는 권리자가 그의 권리를 행사할 수 있음에도 불구하고, 일정한 기간(시효기간) 동안 그 권리를 행사하지 않는 상태, 즉 권리불행사의 상태가 계속된 경우에 그 자의 권리를 소멸시켜버리는 시효임.
- 보험자의 보험금지급의무는 2년이 경과하면 소멸시효가 완성함(상 662).
- 보험금액청구권은 보험사고가 발생하기 전에는 추상적인 권리에 지나지 아니할 뿐 보험사고의 발생으로 인하여 구체적인 권리로 확정되어 그때부터 그 권리를 행사할 수 있게 되는 것이므로, 특별한 사정이 없는 한 원칙적으로 보험금액청구권의 소멸시효는 보험사고가 발생한 때로부터 진행함(大判 1997. 02. 13, 96다19666; 大判 1998.5.12, 97다54222).
- 따라서 소멸시효는 객관적으로 보아 보험사고가 발생한 사실을 확인할 수 없는 사정이 있는 경우에는, 보험금액청구권자가 보험사고의 발생을 알았거나 알 수 있었던 때로부터 보험금액청구권의 소멸시효가 진행함(大判 1993. 07. 13, 92다39822).
- 소멸시효에서 권리를 행사할 수 없는 때라 함은 권리행사에 법률상의 장애사유, 예컨대 기간의 미도래나 조건불성취 등이 있는 경우를 말하는 것이고 사실상 권리의 존부나 권리행사의 가능성을 알지 못하였거나 알지 못함에 과실이 없다는 사유는 법률상 장애사유에 해당한다고 할 수 없음(大判 1993. 04. 13, 93다3622).
- 보험금청구권에 대한 시효기간을 단축할 필요성에 있어서는 상호보험이나 주식회사 형태의 영리보험 간에 아무런 차이가 있을 수 없으므로, 단기시효에 관한 상법 제662조의 규정은 상법 제664조에 의하여 상호보험에도 준용됨(大判 1995. 03. 28, 94다47094).

5.2. 보험계약

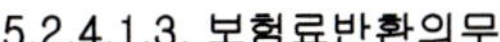

5.2.4.1.3. 보험료반환의무

(1) 보험료반환의무의 발생

1) 보험계약의 무효로 인한 보험료반환청구

- 보험계약의 전부 또는 일부가 취소 되거나(상 6388), 보험계약이 무효인 경우엔 보험계약자와 피보험자 또는 보험수익자가 선의이며 중대한 과실이 없는 때에는 보험자는 보험료의 전부 또는 일부를 보험계약자에게 반환하여 줄 의무를 짐(상 648).
- '선의이며 중대한 과실이 없는 때'라 함은 보험계약자 측이 보험계약의 무효사실을 알지 못함에 상당한 이유가 있는 등 계약이 무효가 된 것에 대해 보험계약자 측에 귀책사유가 없는 경우를 의미함.

2) 보험사고 발생 전에 보험계약을 해지한 경우

- 보험사고 발생전에는 보험계약자는 언제든지 계약 전부 또는 일부를 해지할 수 있음.
- 그러나 타인을 위한 보험계약의 경우에는 보험계약자는 그 타인의 동의를 얻지 아니하거나 보험증권을 소지하지 아니하면 그 계약을 해지하지 못함(상 649①).
- 이 경우에는 보험계약자는 당사자 간에 다른 약정이 없으면 미경과 보험료의 반환을 청구할 수 있음(상 649③).
- 즉 보험계약자는 보험사고의 발생 전에는 언제든지 보험계약의 전부 또는 일부를 해지할 수 있는데, 이 경우에는 다른 약정이 없으면 보험자는 미경과 보험료를 반환하여 줄 의무가 있음(상 649 ①.③).

5.2. 보험계약

- 생명보험의 경우는 일정한 사유에 의하여 보험계약이 해지되거나 보험금의 지급책임이 면제된 때에는 보험자는 보험수익자를 위하여 적립한 보험료적립금을 보험계약자에게 반환하여야 할 의무를 부담함(상 736).

(2) 소멸시효
- 이 보험료 또는 적립금의 반환의무도 2년의 단기시효로 소멸함(상 662).

5.2. 보험계약

5.2.4.2. 보험계약자.피보험자.보험수익자의 의무
5.2.4.2.1. 보험료지급의무
(1) 보험료지급의무
- 보험계약은 유상계약으로서 보험자가 보험계약상의 책임을 지는 대가로서 보험계약자는 보험료지급의무가 있음.
- 따라서 보험자의 책임이 개시되기 위해서는 보험계약자는 계약체결 후 지체 없이 보험료의 전부 또는 제1회 보험료를 지급하여야 함(상 650①).

1) 지급의무자
- 1차적으로는 보험계약자이며, 타인을 위한 보험계약의 경우 2차적으로는 타인인 피보험자 또는 보험수익자임.

2) 지급시기
- 보험료의 납입은 보험자의 책임개시의 요건이므로 보험계약이 성립한 후 지체없이 보험료의 전부 또는 제1회 보험료를 지급하여야 함.

3) 보험료의 액
- 보험계약에서 정하여지나 당사자간의 합의 없이 당사자가 일방적으로 이를 변경하지 못함. 그러나 일방만의 청구에 의하여(형성권) 증감하는 경우가 있음.

5.2. 보험계약

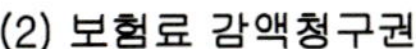

(2) 보험료 감액청구권
1) 예기한 특별위험이 소멸한 경우
- 보험계약 당사자가 특별한 위험을 예기하여 보험료의 액을 정한 경우에는 보험기간 중 그 위험이 소멸한 때 보험계약자는 그 후의 보험료 감액을 청구할 수 있음(상 647).
- 보험료감액청구권은 형성권이고 특별위험 소멸에 관한 입증은 보험계약자에게 있음.
- 보험계약자가 특별위험의 소멸로 인한 보험료의 감액을 청구할 때에는 특별한 사정이 없는 한 보험료불가분의 원칙이 적용되어야 함.
- 따라서 보험계약자가 특별위험의 소멸로 인한 보험료의 감액을 청구할 때에는 그 위험이 소멸한 이후 보험료만 감액의 대상이 됨.

2) 초과보험의 경우
- 보험금액이 보험계약의 목적의 가액을 현저하게 초과한 때에는 보험자 또는 보험계약자는 보험료와 보험금액의 감액을 청구할 수 있음.
- 그러나 보험료의 감액은 장래에 대하여서만 그 효력이 있음(상 669①).
- 보험가액이 보험기간 중에 현저하게 감소된 때에도 같음(상 669③).

(3) 보험료증액부담의무
- 보험자는 보험기간 중에 사고발생의 위험이 현저하게 변경 또는 증가하거나(상 652) 또는 보험계약자 등의 고의 또는 중과실로 인하여 사고발생의 위험이 현저하게 변경 또는 증가한 때에는(상 653), 보험료의 증액을 청구할 수 있음.
- 따라서 보험계약자 등은 보험료증액부담의무를 지게 됨.

5.2. 보험계약

(4) 보험료지급방법
1) 지급장소
- 상법의 규정이 없으므로 약정이 없으면 민법의 일반원칙에 의함.

2) 어음·수표에 의한 지급
- 보험자의 책임은 당사자 간에 다른 약정이 없으면 최초의 보험료의 지급을 받은 때로부터 개시함(상 656). 따라서 현금으로 지급을 하는 경우에는 문제가 없음.
- 어음이나 수표로써 보험료를 지급받은 때에는 현금과 마찬가지로 보험료의 지급이 있음이고 볼 수 있는지가 문제됨. 이에 대하여 학설은 다음과 같이 나뉨
- ① 어음이나 수표로 지급하는 경우도 현금으로 지급한 것처럼 효력이 발생하였다가 후에 어음이나 수표의 부도를 해제조건으로 하는 대물변제설
- ② 어음이나 수표의 일반법리에 따라 지급을 위하여 또는 지급을 담보하기 위하여로 해석하여 후에 어음이 비로소 결제될 때 보험자의 책임이 개시된다고 보는 유예설
- ③ 어음과 수표를 분리하여 어음의 경우는 신용증권이라는 성질에서 지급기일까지 보험료의 지급을 유예한 것으로 보고(유예설 또는 정지조건부지급설), 수표의 경우는 지급증권이라는 성질에서 지급거절을 해제조건으로 하여 교부 시에 대물변제가 있음이고(해제조건부 대물변제설)
- 판례는 선일자수표로 보험료를 지급한 경우에서 수표결제 전의 보험사고에 대하여 보험자의 책임을 부정하고 있음.
- 보험설계사가 보험계약자로부터 제1회 보험료로서 선일자수표를 발행받고 보험료 가수증을 해주었더라도 보험자의 책임발생이 안 된다고 판시(유예설; 大判 1989.11.28, 88다카33367).

5.2. 보험계약

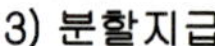

3) 분할지급
- 보험료는 보험료불가분의 원칙에 의하여 일시에 지급하도록 하는 것이 원칙이나, 보험계약자의 편의상 분할하여 지급하는 것도 가능하다 할 것임(상 650① ② 참조).

(5) 보험료청구권의 소멸시효
- 보험료의 청구권은 1년간 행사하지 아니하면 소멸시효가 완성함(상 662).

(6) 보험료불지급.지급의 효과
1) 최초보험료의 경우
- 보험계약자는 계약체결 후 지체 없이 보험료의 전부 또는 제1회 보험료를 지급하여야 하며, 보험계약자가 이를 지급하지 아니하는 경우에는 다른 약정이 없는 한 계약성립 후 2월이 경과하면 그 계약은 해제된 것으로 봄(상 650①).
- 따라서 보험자의 책임은 당사자 간에 다른 약정이 없으면 최초의 보험료의 지급을 받은 때로부터 개시함(상 656). 이것은 강행규정이 아니므로 다른 약정이 있으면 그 약정에 따르게 될 것임.

2) 계속보험료의 경우
- 계속보험료가 약정한 시기에 지급되지 아니한 때에는 보험자는 상당한 기간을 정하여 보험계약자에게 최고하고 그 기간 내에 지급되지 아니한 때에는 그 계약을 해지할 수 있음(상 650②).

5.2. 보험계약

- 최고라 함은 보험계약자에게 보험료를 지급하도록 요구하는 보험자의 의사통지이며, 그 방법은 제한이 없으며, 입증책임은 보험자에게 있음.
- 상당한 기간은 2주 이상을 정하는 것으로 충분함.
- 이러한 규정의 취지는 보험자가 보험계약자의 보험료 연체를 이유로 보험계약을 해지하기 위해서는 반드시 최고 및 해지 절차를 거치도록 하여 보험계약자에게 보험료 연체를 이유로 보험계약관계가 종료되었음을 명확히 인식시킴과 동시에 연체보험료를 납부함으로써 보험계약을 존속시킬 수 있는 기회를 부여하는 데 있음.
- 보험자의 보험계약자에 대한 최고 및 해지의 의사표시가 실제로 도달하였는지 여부를 묻지 아니하고 보험계약자에게 알릴 사항을 그의 최종 주소로 발송한 것만으로 의사표시가 도달하는 것으로 의제하는 약관은 무효이다(大判 2002.7.26, 2000다25002).
- 보험계약을 해지한 때에는 보험계약은 장래에 대하여 그 효력을 잃고, 보험계약을 해지하면 보험자는 향후 보험금액을 지급할 책임이 없고, 이미 지급한 보험금액은 반환청구할 수 있음(상 655).

3) 실효약관
- 보험계약자가 계속보험료를 약정한 지급기일까지 지급하지 않는 경우에 그 지급기일로부터 일정기간(유예기간, 납입유예기간) 보험계약자의 보험료의 지급을 유예해주고, 그 유예기간이 경과할 때까지도 지급이 없으면 보험자의 별도의 최고나 해지의 의사표시 없이 곧바로 보험계약의 효력이 상실된다는 실효약관(失效約款)이 계속보험료의 지체의 경우 최고를 하고 난 후에 해지하도록 한 조항에 위배되어 보험계약자의 불이익변경금지(상 663)에 반하는 무효조항이 아닌가 하는 문제가 있음.

5.2. 보험계약

- 판례는 상법 제650조는 보험료 미납을 원인으로 하여 보험자의 일방적인 의사표시로서 보험계약을 해지하는 경우에 있어 그 해지의 요건에 관한 규정으로서 보험자의 의사표시를 기다릴 필요 없이 보험료 납입유예기간의 경과로 인하여 보험계약이 당연히 실효되는 것으로 약정한 경우에는 그 적용의 여지가 없음(大判 1987.6.23, 86다카2995)고 판시하여 실효약관을 유효한 것으로 보았다가 입장을 바꾸어 상법 제650조는 보험료가 적당한 시기에 지급되지 아니한 때에는 보험자는 상당한 기간을 정하여 보험계약자에게 최고하고 그 기간 내에 지급하지 아니한 때에는 계약을 해지할 수 있도록 규정하고, 같은 법 제663조는 위 규정을 보험당사자 간의 특약으로 보험계약자 또는 보험수익자의 불이익으로 변경하지 못한다고 규정하고 있으므로, 분납 보험료가 소정의 시기에 납입되지 아니하였음을 이유로 그와 같은 절차를 거치지 아니하고 곧바로 보험계약이 해지되거나 실효됨을 규정하고 보험자의 보험금지급 책임을 면하도록 규정한 보험약관은 위 상법의 규정에 위배되어 무효이다(大判 1992.11.24, 92다23629; 大判 1995.11.16, 94다56852; 大判 1997.7.25, 97다18479; 大判 2002.)라고 판시함으로써 실효약관을 무효로 보고 있음.
- 그러나 계속보험료가 아닌 경우에 보험료의 지급을 최고하면서 일정기간 내에 보험료를 지급하지 않으면 그 기간 경과 시에 계약을 해지한다는 해지예고부 최고의 약관은 해석론상 허용된다고 봄.
- 보험계약이 해지되고 해지환급금이 지급되지 아니한 경우에 보험계약자는 일정한 기간 내에 연체보험료에 약정이자를 붙여 보험자에게 지급하고 그 계약의 부활을 청구할 수 있음(상 650의2).

4) 타인을 위한 보험의 경우
- 특정한 타인을 위한 보험의 경우에 보험계약자가 보험료의 지급을 지체한 때에는 보험자는 그 타인에게도 상당한 기간을 정하여 보험료의 지급을 최고한 후가 아니면 그 계약을 해제 또는 는 해지하지 못함(상 650③).

5.2. 보험계약

5.2.4.2.2. 통지의무
(1) 통지의무의 의의
- 통지의무란 보험기간 중에 일정한 사실의 발생을 보험자에게 알리는 보험계약자 측의 의무로서 보험계약성립 후 계약의 효과로서 발생되는 의무인 바, 보험계약체결 당시의 계약전제조건인 고지의무와는 구별되며 보험사고발생의 통지의무, 위험의 현저한 변경·증가의 통지의무, 기타 여러 가지 보험의 특수성에 따른 통지의무가 있음.

(2) 위험변경·증가의 통지의무
1) 의의
- 보험기간 중에 보험계약자 또는 피보험자가 사고발생의 위험이 현저하게 변경 또는 증가된 사실을 안 때에는 지체 없이 보험자에게 통지하여야 함(상 652 ①).
- '사고발생의 위험이 현저하게 변경 또는 증가된 사실'이란 그 변경 또는 증가된 위험이 보험계약의 체결 당시에 존재하고 있었다면 보험자가 보험계약을 체결하지 않았거나 적어도 그 보험료로는 보험을 인수하지 않았을 것으로 인정되는 사실을 말함(大判 1998. 11. 27, 98다32564).

2) 보험자의 보험료 증액청구청구권·계약해지권
- 위험의 현저한 변경·증가의 통지의무자는 보험계약자, 피보험자이며 보험수익자는 포함되지 않음.
- 보험계약자 등이 지체 없이 통지하여 보험자가 이를 안 경우에는, 보험자는 그 통지를 받은 후 1월 내에 보험료 증액을 청구하거나 또는 계약을 해지할 수 있음(상 652 ②).

5.2. 보험계약

3) 위험변경·증가통지의무 해태의 효과
- 보험계약자 또는 피보험자가 그 위험의 변경.증가의 사실을 알면서 지체 없이 보험자에게 통지하지 아니한 때에는, 보험자는 그 사실을 안 날로부터 1월 내에 한하여 계약을 해지할 수 있음(상 652 ①).
- 따라서 이에 의하여 보험계약을 해지하면 보험자는 향후 보험금액을 지급할 책임이 없고, 이미 지급한 보험금액은 반환청구할 수 있음.
- 그러나 위험의 현저한 변경이나 증가된 사실이 보험사고의 발생에 영향을 미치지 아니하였음이 증명된 때에는 보험자는 보험금액의 지급의무를 부담함(상 655).
- 인과관계가 없다는 사실에 대한 입증책임은 보험계약자에게 있음.
- 상법상 위험변경증가의 통지에 관한 규정은 보험계약자 등에게 고의 또는 중대한 과실이 없이 위험이 현저하게 변경 증가된 경우에만 적용됨.
- 만약 보험계약자 등에게 고의 또는 중대한 과실이 있는 경우에는 위험유지의무위반에 관한 규정이 적용될 것임.
- 위험증가와 관련하여 다수의 생명보험계약을 체결한 것이 위험이 증가한 경우에 해당하는가에 대해 판례는 다수의 생명보험계약이 체결된 경우 그 보험료나 보험금이 다액이며 발생경위가 석연치 않은 교통사고로 보험계약자가 사망하였다는 사정만으로는 생명보험 계약 체결 동기가 자살에 의하여 보험금의 부정취득을 노린 반사회질서적인 것이라고 단정하기 어렵다고 판시하고 있음(大判 2001. 11. 27, 99다33311).
- 즉 생명보험계약 체결 후 다른 생명보험에 다수 가입하였다는 사정이 상법 제652조의 사고발생의 위험이 현저하게 변경 또는 증가된 경우에 해당하는지에 대하여 소극적으로 판시하고 있음.

5.2. 보험계약

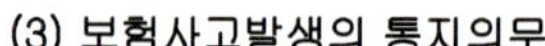

(3) 보험사고발생의 통지의무
1) 의의
- 보험계약자 또는 피보험자나 보험수익자는 보험사고의 발생을 안 때에는 지체 없이 보험자에게 그 통지를 발송하여야 함(상 657①).
- 보험사고발생의 통지의무자는 손해보험계약에서는 보험계약자와 피보험자이고, 생명보험에 있어서는 보험계약자와 보험수익자임.
- 그 통지의 상대방은 보험자와 보험대리점임.
- 지체없이라 함은 통지의무자가 귀책사유 없이 지연시키지 않는 것을 말함.
- 보험사고 발생의 통지의무에 관한 규정을 둔 것은 이 통지에 의해 보험자가 보험사고발생의 상황을 명확하게 파악하고 보험금지급의무의 유무와 범위를 명확히 할 수 있는 동시에 경우에 따라서는 손해의 확대를 방지하고 또 손해를 야기한 자에 대한 손해보상청구권의 보전에 필요한 조치 등을 취할 수 있도록 하기 위한 것임.

2) 사고발생통지의 효과
- 보험계약자 또는 피보험자나 보험수익자가 통지의무를 해태함으로 인하여 손해가 증가된 때에는 보험자는 그 증가된 손해를 보상할 책임이 없음(상 657②).

5.2. 보험계약

- 그 인과관계의 판단의 기준에 대해 법원은 보험계약을 체결함에 있어 중요한 사항의 고지의무를 위반한 경우 고지의무 위반사실이 보험사고의 발생에 영향을 미치지 아니하였다는 점, 즉 보험사고의 발생이 보험계약자가 불고지하였거나 부실고지한 사실에 의한 것이 아니라는 점이 증명된 때에는 상법 제655조 단서의 규정에 의하여 보험자는 위 부실고지를 이유로 보험계약을 해지할 수 없을 것이나, 위와 같은 고지의무 위반사실과 보험사고 발생과의 인과관계가 부존재하다는 점에 관한 입증책임은 보험계약자 측에 있음 할 것이므로, 만일 그 인과관계의 존재를 조금이라도 규지할 수 있는 여지가 있으면 위 단서는 적용되어서는 안 될 것이라고 판시하고 있음(大判 1992.10.23, 92다28259).

- 대법원은 고지의무 위반사실과 보험사고 발생과의 인과관계의 존재를 조금이라도 엿볼 수 있는 여지가 있으면 고지의무위반을 이유로 한 보험자의 계약해지권을 제한하여서는 아니 된다고 할 것인바, 당 사건 교통사고는 망인의 과실만에 의한 추돌사고인 점에 비추어 한쪽 눈이 실명된 상태에서 나머지 한쪽 눈으로만 운전한 사정에 기인한 것이라고 볼 여지가 충분하다 할 것이고, 이렇게 보는 한 위 교통사고의 발생과 한쪽 눈이 실명하였다는 고지의무 위반사실과의 사이에 전혀 인과관계가 존재하지 않는다고 단정할 수는 없다 할 것이라고 판시하여 고지의무 위반사실과 보험사고와의 인과관계를 인정하였음(大判 97.10.28, 97다33089).

5.2. 보험계약

5.2.4.2.3. 위험유지의무
1) 위험유지의무의 의의
- 보험계약자·피보험자·보험수익자 등은 보험료 산정의 기초가 된 위험을 보험기간 중에 증가시켜서는 안되는 위험유지의무를 부담한다고 할 것임.

2) 위반의 효과
- 보험기간 중에 보험계약자, 피보험자 또는 보험수익자의 고의 또는 중대한 과실로 인하여 사고발생의 위험이 현저하게 변경 또는 증가된 때에는 보험자는 그 사실을 안 날부터 1월 내에 보험료의 증액을 청구하거나 계약을 해지할 수 있음(상 653).
- 이 때의 위험은 보험계약자 등의 고의 또는 중과실로 인하여 발생한 것으로서 주관적 위험의 변경·증가를 의미함.
- 이에 의하여 보험계약을 해지하면 보험자는 향후 보험금액을 지급할 책임이 없고, 이미 지급한 보험금액은 반환청구할 수 있음.
- 그러나 위험의 현저한 변경이나 증가된 사실이 보험사고의 발생에 영향을 미치지 아니하였음이 증명된 때에는, 보험자는 보험금액의 지급의무를 부담함(상 655).
- 원래 보험자는 보험계약을 체결함에 있어서 피보험이익에 대한 위험사정을 파악하여 이를 기초로 보험사고가 발생할 개연율을 측정하고 그 결과에 따라 위험을 인수할 것인지의 여부와 보험료 및 그 조건 등을 결정하는 것인바, 이와 같은 과정을 거쳐 보험자가 인수한 위험은 보험기간 중에 그대로 유지되어야 하는 것이므로, 피보험이익에 대한 위험사정을 가장 잘 알 수 있는 위치에 있는 보험계약자와 피보험자에게 보험계약 당시에 그 위험사정을 고지할 의무를 지게 하고, 보험기간 중에도 보험자가 인수한 위험을 보험자의 동의 없이 변경하거나 증가시키지 아니할 위험유지의무를 보험계약자, 피보험자와 보험수익자에게 지우려는 것이 상법 제651조와 제653조의 규정취임(大判 1991. 12. 24, 90다카23899 [별개의견]).

5.2. 보험계약

5.2.5. 보험계약의 무효 · 소멸 · 부활
5.2.5.1. 보험계약의 무효
5.2.5.1.1. 보험사고 발생 후의 보험계약
- 보험계약 당시에 보험사고가 이미 발생하였거나 또는 발생할 수 없는 것인 때에는 그 보험계약은 당연히 무효가 됨(상 644).
- 이는 보험의 우연성에 기인하는 것인데 보험사고의 우연성은 반드시 객관적으로 우연한 것일 필요는 없고 주관적으로 우연한 것이면 선의의 보험계약자를 보호할 필요가 있음은 점에서 보험계약의 당사자 쌍방과 피보험자가 이미 보험사고가 발생한 사실을 알지 못하고 보험계약을 체결한 때에는 그 효력이 있음(상 644).

5.2.5.1.2. 사기로 인한 보험계약
- 보험계약자의 사기로 인한 초과보험(상 669 ④) 또는 중복보험(상 672 ③)은 당연히 무효가 됨.
- 그러나 이때 보험자는 그 사실을 안 때까지의 보험료를 청구할 수 있음(상 669 ④, 672 ③).

5.2.5.1.3. 심신상실자 등을 피보험자로 한 사망보험
- 15세 미만자, 심신상실자 또는 심신박약자의 사망을 보험사고로 한 보험계약은 당연히 무효가 됨(상 732).

5.2. 보험계약

5.2.5.1.4. 보험계약이 취소된 경우
- 보험자가 보험약관의 교부 · 명시의무에 위반한 경우에는 보험계약자는 보험계약이 성립한 날부터 1월 내에 그 계약을 취소할 수 있음(상 638의3 ②).
- 이 경우에 보험자는 보험계약자가 지급한 보험료를 전부 되돌려 주어야 할 것임.

5.2.5.2. 보험계약의 소멸
5.2.5.2.1. 소멸사유
- 보험계약은 ① 보험기간의 만료 ② 보험사고의 발생 ③ 보험목적의 멸실 등으로 소멸하게 됨. 즉 보험사고가 발생하지 않고 보험기간이 끝난 때에는 보험계약은 소멸함.
- 보험사고의 발생에 의하여 보험금액이 지급된 경우에는 보험계약은 목적의 달성에 의하여 종료됨.
- 그러나 보험사고가 발생해도 보험계약관계가 그대로 존속하는 경우에는 보험사고가 보험계약의 소멸원인이 되는 것은 아님.

5.2.5.2.2. 계약의 실효
- 보험자가 파산의 선고를 받은 때에는 보험계약자는 계약을 해지할 수 있음(상 654①).
- 해지하지 아니한 보험계약은 파산선고 후 3월을 경과한 때에 그 효력을 잃음(상 654②).

5.2. 보험계약

5.2.5.2.3. 당사자의 계약해지
(1) 보험계약자에 의한 계약해지
- 보험계약자는 보험사고가 발생하기 전에는 언제든지 보험계약의 전부 또는 일부를 해지할 수 있고(상 649), 보험자가 파산선고를 받은 때에는 3월이 경과하기 전에 그 계약을 해지할 수 있음(상 654 ①).
- 타인을 위한 보험계약의 경우에는 보험계약자는 그 타인의 동의를 얻지 아니하거나 보험증권을 소지하지 아니하면 그 계약을 해지하지 못함(상 649①).
- 보험계약자에 의한 계약해지의 경우에는 보험계약자는 당사자 간에 다른 약정이 없으면 미경과 보험료의 반환을 청구할 수 있음(상 649③).

(2) 보험자에 의한 계약해지
- 보험자는 보험계약자 등이 고지의무를 위반한 경우(상 651), 계속보험료를 약정한 지급기일에 지급하지 아니한 경우(상 650 ②), 보험기간 중에 객관적 위험의 변경.증가가 있거나(상 652 ①.②) 또는 주관적 위험의 변경.증가가 있는 경우(상 653), 보험계약상의 해지사유에 해당하는 때에는 보험계약을 해지할 수 있음.
- 보험계약의 해지권은 형성권이고, 해지권 행사기간은 제척기간이며, 해지권은 재판상이든 재판 외이든 그 기간 내에 행사하면 되는 것이나 해지의 의사표시는 민법의 일반원칙에 따라 보험계약자 또는 그의 대리인에 대한 일방적 의사표시에 의하며, 그 의사표시의 효력은 상대방에게 도달한 때에 발생함(大判 2000. 01. 28, 99다50712).

5.2. 보험계약

5.2.5.3. 보험계약의 부활
5.2.5.3.1. 의 의
- 계속보험에 있어서 보험계약이 해지되고 해지환급금이 지급되지 아니한 경우에 보험계약자는 일정한 기간 내에 연체보험료에 약정이자를 붙여 보험자에게 지급하고 그 계약의 부활을 청구할 수 있는데 이를 보험계약의 부활이라 함(상 650의2).

5.2.5.3.2. 법적 성질
- 보험계약의 부활의 법적 성질에 대해 해지 또는 실효된 보험계약의 보험계약자의 청구와 보험자의 승낙에 의하여 이전의 보험계약과 동일한 내용을 가진 새로운 보험계약이라고 보는 신계약설과
- 보험계약의 부활계약은 당사자 간의 계약에 의하여 해지 또는 실효된 보험계약을 다시 회복시키는 것을 내용으로 하는 특수한 계약이라는특수계약설(통설)로 나뉨.

5.2.5.3.3. 요 건
- 보험계약을 부활하기 위해서는 ① 계속보험료의 불지급으로 인한 보험계약의 해지 또는 실효(상 650의2, 650 ②) ② 해지환급금의 미지급(상 650의2) ③ 보험계약자의 부활계약의 청약과 보험자의 승낙(상 650의2) 등의 요건을 갖추어야 함.
- 계속보험료의 불지급으로 인한 보험계약 해지는 계속보험료가 불지급과 보험자의 상당한 기간 최고에도 불구하고 그 기간 내에 지급되지 않아야 함(상 650 ②).
- 보험계약자의 부활계약의 청약과 관련하여 보험계약자는 보험계약의 부활에 따르는 중요한 사항을 보험자에게 고지하여야 할 고지의무를 부담함(상 651).

5.2. 보험계약

5.2.5.3.4. 효 과
- 보험계약의 부활로 인하여 해지 또는 실효된 보험계약이 회복됨. 따라서 보험자의 책임은 부활계약의 승낙 시부터 다시 개시됨.
- 보험자가 부활계약을 승낙하기 전에도 연체보험료와 법정이자를 지급받은 후 그 청약을 거절할 사유가 없는 경우에는 발생한 보험사고에 대하여 책임을 짐(상 650의2, 638의2 ③).
- 다만 부활 시 계약 전 알릴의무를 최초계약 시와 동일하게 적용할 수 있는지 여부에 대해 적용하는 것으로 해석하고 있음.
- 예컨대 보험료 미납으로 계약이 실효된 후 보험계약을 정상적으로 부활시켰다고 하더라도, 실효되기 전에 간염으로 장기간(75일간) 투약치료 받은 사실을 부활 시 알리지 않았다면 보험자가 계약을 해지처리하고 관련보험금도 지급하지 않는 것은 정당하다고 하고 있음(금감원 분쟁조정 2001-50).

5.2. 보험계약

5.2.6. 타인을 위한 보험계약
5.2.6.1. 타인을 위한 보험계약의 의의
5.2.6.1.1. 개 념
- 타인을 위한 보험계약이란 보험계약자가 타인을 위하여 자기의 명의로 체결한 보험계약을 말함(상 639).
- 타인을 위한 보험계약에서는 보험계약의 이익이 제3자인 피보험자 또는 보험수익자에게 귀속하기 때문에 제3자를 위한 계약의 형식을 취함.
- 타인을 위한 보험에 있어서 타인은 손해보험의 피보험자, 인보험의 보험수익자를 말함.
- 타인이란 보험계약자가 제3자를 주체로 하는 피보험이익에 관하여 보험계약을 체결한 경우 그 제3자, 즉 피보험이익의 주체인 피보험자를 말하는 것이고, 단지 보험계약자에게 귀속되는 피보험이익에 관하여 체결된 손해보험계약에서 보험금을 수취할 권리가 있는 자로 지정되었을 뿐인 자는 여기에서 말하는 타인이라 할 수 없음(大判 1999. 06. 11, 99다489).

5.2.6.1.2. 법적 성질
- 타인을 위한 보험계약은 민법상 제3자를 위한 계약(민 539)의 일종임(통설.판례).
- 민법상의 제3자를 위한 계약에서는 제3자가 수익의 의사표시를 하여야 제3자의 권리가 발생하나(민 539 ②), 타인을 위한 보험계약에서는 피보험자 또는 보험수익자가 수익의 의사표시를 하지 않더라도 당연히 보험계약상의 권리를 취득하는 점(상 639 ②)에서 차이가 있음.
- 보험계약자는 직·간접으로 타인의 대리인으로서 보험계약을 맺는다는 대리설도 있음.

5.2. 보험계약

5.2.6.2. 타인을 위한 보험계약의 요건
5.2.6.2.1. 타인을 위한다는 의사의 존재
- 타인을 위한 보험계약을 체결하려면 먼저 타인을 위한다는 의사표시가 있어야 함.
- 그 의사표시는 명시적이든 묵시적이든 상관이 없으며, 피보험자 또는 보험수익자를 특정하거나 특정하지 아니하여도 무방함.

5.2.6.2.2. 타인의 위임여부
- 보험계약자는 타인의 위임을 받거나 또는 위임을 받지 아니하고 보험계약을 체결할 수 있으므로(상 639 ①), 타인의 위임은 이 보험계약 체결의 요건이 아님.
- 그러나 손해보험계약의 경우에 그 타인의 위임이 없는 때에는 보험계약자는 이를 보험자에게 고지하여야 하고, 그 고지가 없는 때에는 타인이 그 보험계약이 체결되었다는 사실을 알지 못하였다는 사유로 보험자에게 대항하지 못함(상 639 ①).
- 피보험자는 보험계약자의 동의가 없어도 임의로 권리를 행사하고 처분할 수 있음.
- 이는 타인을 위한 보험계약에 있어서 피보험자는 직접 자기 고유의 권리로서 보험자에 대한 보험금지급청구권을 취득하는 것이기 때문임.

5.2. 보험계약

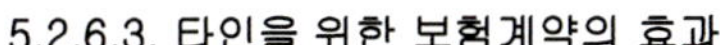

5.2.6.3. 타인을 위한 보험계약의 효과
5.2.6.3.1. 보험계약자의 지위
(1) 권 리
- 타인을 위한 보험계약의 성질상 보험계약자는 보험금 기타 급여청구권은 갖지 않음.
- 그러나 타인을 위하여 행사할 수 있는 계약상의 부수적인 권리인 보험증권교부청구권(상 640).보험료감액청구권(상 647).보험료반환청구권(상 648).보험수익자의 지정.변경권(상 733 ①) 등을 가짐.
- 다만 보험사고 발생 전의 보험계약해지권(상 649 ①)은 피보험자의 동의를 얻거나 보험증권을 소지한 때에만 해지할 수 있기 때문에 보험계약자가 당연히 보험사고 발생 전에 보험계약을 해지할 수 있음고는 할 수 없음.
- 고지의무위반을 이유로 한 해지의 경우에는 계약의 상대방 당사자인 보험계약자나 그의 상속인(또는 그들의 대리인)에 대하여 해지의 의미표시를 하여야 하므로 타인을 위한 보험에 있어서도 보험금 수익자에게 해지의 의미표시를 하는 것은 특별한 사정(보험약관상의 별도기재 등)이 없는 한 그 효력이 없음(大判 1989. 02. 14, 87다카2973).

(2) 의 무
- 보험계약자는 계약당사자로서 보험자에 대하여 가지는 계약상의 의무를 부담함.
- 따라서 보험료지급의무(상 639 ③), 고지의무(상 651), 위험변경 · 증가의 통지의무(상 652, 657) · 위험유지의무(상 653), 보험사고발생 통지의무(상 657), 손해방지의무(상 680) 등을 짐.

5.2. 보험계약

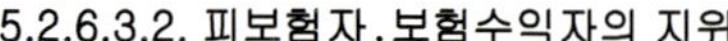

5.2.6.3.2. 피보험자.보험수익자의 지위

(1) 권 리

- 피보험자 또는 보험수익자는 그 수익의 의사표시를 하지 아니하여도 당연히 그 계약상의 이익을 받으므로(상 639 ②), 보험사고가 발생하면 직접 보험자에 대하여 보험금 그 밖의 급여를 청구할 수 있음.
- 타인을 위한 보험계약에 있어서 피보험자는 직접 자기 고유의 권리로서 보험자에 대한 보험금지급청구권을 취득하는 것이므로 특별한 사정이 없는 한 피보험자는 보험계약자의 동의가 없어도 임의로 보험계약상의 보험금 지급기한을 연기하는 등 그 권리를 행사하고 처분할 수 있음(大判 1981. 10. 06, 80다2699).

(2) 의 무

- 피보험자 또는 보험수익자는 보험계약의 당사자가 아니므로 원칙적으로 보험료지급의무를 부담하지 않으나, 보험계약자가 파산선고를 받거나 보험료 지급 지체시 예외적으로 그 계약상의 권리를 포기하지 않는 한 보험료지급의무를 부담함(상 639 ③).
- 따라서 보험료지급의무는 1차적으로 보험계약자가 부담하지만 2차적으로는 손해보험의 피보험자, 인보험의 보험수익자도 보험료지급의무를 부담함.
- 보험자도 특정한 타인을 위한 보험의 경우에 보험계약자가 보험료의 지급을 지체한 때에는 그 타인에게도 상당한 기간을 정하여 보험료의 지급을 최고한 후가 아니면 그 계약을 해제 또는 해지하지 못함(상 650③).
- 또한 보험계약의 당사자는 아니지만 보험계약자와 동일하게 고지의무(상 651), 위험변경.증가의 통지의무(상 652, 657), 위험유지의무(상 653), 보험사고발생 통지의무(상 657), 손해방지의무(상 680) 등을 짐.

♣ 메모 ♣

5.3. 손 해 보 험

5.3.1. 총칙
5.3.2. 각 칙
5.3.2.5. 자동차보험계약

5.3. 손해보험

5.3. 손해보험
5.3.1. 총 칙
5.3.1.1. 손해보험계약의 의의
- 손해보험계약이란 보험계약자가 보험료를 지급하고 보험자가 보험의 목적에 대하여 생길 수 있는 우연한 사고로 피보험자가 입은 재산상의 손해를 보상할 것을 약정함으로써 효력이 생기는 보험계약임(상 665, 638).
- 손해란 사고발생 전·후의 이익상태의 차이를 의미하고 손해보상은 보험금액의 한도에서 보험사고로 피보험자가 입은 재산상의 손해만을 보상하는 것임.

☞ 손해배상(損害賠償)과 손해보상(損害補償)
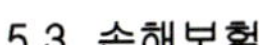
- 손해보상이나 손해보상은 그 손해를 원상회복하여 사고 전 상태로 복구하는 기능을 가지고 있음.
- 손해보험계약에서 손해보상은 보험료를 받고 위험을 담보한 대가로서 보험계약의 내용에 따라 보험금액의 한도에서 보험사고로 피보험자가 입은 재산상의 손해만을 보상하는 것이고, 채무불이행이나 불법행위의 경우에 손해배상은 배상의무자의 행위와 상당인과 관계가 있는 모든 손해를 배상하는 것임.

5.3.1.2. 손해보험계약의 종류
- 손해의 형태에 따라 재산보험·책임보험 및 상해·건강보험으로, 보험계약자에 따라 기업보험과 가계보험으로, 보험기간에 따라 단기보험과 장기보험으로, 위험의 소재에 따라 육상보험·해상보험 및 항공보험으로 분류할 수 있으나, 상법에서 규정하고 있는 손해보험의 종류에는 화재보험(상 683~687), 운송보험(상 688~692), 해상보험(상 693~718), 책임보험(상 719~726) 및 자동차보험(상 726의2~726의4)이 있음.

5.3. 손해보험

5.3.1.3. 손해보험계약의 요소
5.3.1.3.1. 피보험이익
(1) 피보험이익의 의의
- 피보험이익은 사행계약으로서 보험계약을 도박 등과 구별하는 기능을 함.
- 상법은 피보험이익을 '보험계약의 목적'이라고 표현하고 있는데(상 668, 669), 그 피보험이익은 금전으로 산정할 수 있는 이익으로 한정하고 있음.
- 보험계약의 목적은 그 목적에 대하여 피보험자가 가지고 있는 이익을 말하는 점에서 보험계약의 대상인 재화를 의미하는 보험의 목적과 구별됨.
- 피보험이익의 개념에 대해 크게 이익설과 관계설이 있으나 양자는 표현방식이 다를 뿐 같은 의미임.
- 이익설에 따르면 피보험이익이란 보험의 목적에 대하여 보험사고의 발생 여부에 관하여 피보험자가 가지는 경제상의 이해관계라고 함.
- 관계설에 따르면 피보험이익이란 피보험자가 일정한 목적에 대하여 보험사고가 발생하면 손해를 입게 되는 경우에 피보험자와 그 목적과의 관계임.
- 결국 피보험이익이란 보험의 목적에 대하여 보험사고와 관련하여 피보험자가 가지는 경제적 이익관계라고 할 수 있을 것임.

(2) 피보험이익의 요건
- 유효한 손해보험계약이 성립하고 존속하기 위해서는 ① 피보험이익의 적법성 ② 산정가능한 경제적 이익(상 668) ③ 확정가능성의 요건을 갖추어야 함.

5.3. 손해보험

- 즉 피보험이익은 선량한 풍속 기타 사회질서에 반하지 않고 적법한 이익이 있어야 하며, 금전으로 산정할 수 있는 경제적인 이익이어야 하며, 계약체결 당시 그 존재가 확정되어 있거나 또는 적어도 사고발생 시까지 확정할 수 있어야 함.
- 보험계약자가 타인 소유의 물건을 자기 소유인 것처럼 보험목적으로 하여 체결한 화재보험계약은 피보험이익이 없어 무효임(서울민사지법 1984. 01. 19, 83가합3629).

(3) 피보험이익의 기능
  ① 보험자의 책임범위의 기준 : 보험자의 보상책임의 최고한도는 이 피보험이익의 가액을 표준으로 함.
  ② 초과보험, 중복보험 판정의 기준 : 피보험이익을 평가한 보험가액을 기준으로 계약시 가입금액이 보험가액을 초과한 여부를 가지고 판정하게 됨.
  ③ 도박보험, 인위적 위험의 방지 : 적법한 이익이여야 함.
  ④ 일부보험의 보상액 결정 : 피보험을 평가한 가액의 일부를 보험에 붙인 보험으로 보험사고시도 손해액의 일부만 보험금이 지급되게 되는 원칙임.
  ⑤ 보험계약의 개별화 기능 : 동일한 건물에 대한 피보험이익도 소유자나 임차인에 따라 다르기 때문에 각기 다른 손해보험계약을 체결할 수 있음.
- 판례도 손해보험계약은 피보험이익에 생긴 손해를 전보하는 것을 목적으로 하는 것이며, 선박보험에 있어 피보험이익은 선박소유자의 이익 외에 담보권자의 이익, 선박임차인의 사용이익도 포함되므로 선박임차인도 추가보험의 보험계약자 및 피보험자가 될 수 있음이고 판시하고 있음(大判 1988.2.9, 86다카2933, 2934(참가), 2935(참가)).

5.3. 손해보험

5.3.1.3.2. 보험가액·보험금액
(1) 보험가액과 보험금액의 의의
1) 보험가액
- 보험가액이란 물건보험에 있어서 피보험이익의 평가액, 즉 피보험이익을 금전으로 평가한 가액으로서 물건보험에만 인정됨. 즉 보험가액은 보험사고가 발생한 때와 곳의 가격으로서 법률상 보상한도액을 의미함.
- 보험자가 보상할 법률상 최고 한도액을 의미하며, 손해보험의 기본원칙인 이득금지의 원칙도 보험가액을 초과해서 보상금을 받을 수 없다는 의미임.

2) 보험가액의 평가
가. 기평가보험
- 당사자 간에 보험가액을 정한 때(기평가보험)에는 그 가액은 사고발생 시의 가액으로 정한 것으로 추정함.
- 그러나 그 가액이 사고발생 시의 가액을 현저하게 초과할 때에는 사고발생 시의 가액을 보험가액으로 함(상 670).
- 원래 손해보험에 있어서 보험자가 보상할 손해액은 그 손해가 발생한 때와 곳의 가격에 의하여 산정하는 것이 원칙이지만(상 676 ① 본문), 사고발생 후 보험가액을 산정함에 있어서는 목적물의 멸실 훼손으로 인하여 곤란한 점이 있고 이로 인하여 분쟁이 일어날 소지가 많기 때문에 이러한 분쟁을 사전에 방지하고 보험가액의 입증을 용이하게 하기 위하여 보험계약체결 시에 당사자 사이에 보험가액을 미리 협정하여 두는 기평가보험제도가 인정되고 있음.

5.3. 손해보험

- 기평가보험으로 인정되기 위한 당사자 사이의 보험가액에 대한 합의는, 명시적인 것이어야 하기는 하지만 반드시 협정보험가액 혹은 약정보험가액이라는 용어 등을 사용하여야만 하는 것은 아니고 당사자 사이에 보험계약을 체결하게 된 제반 사정과 보험증권의 기재 내용 등을 통하여 당사자의 의사가 보험가액을 미리 합의하고 있는 것이라고 인정할 수 있으면 충분하다(大判 2002. 03. 26, 2001다6312).
- 당사자 사이에 보험가액을 정한 기평가보험에 있어서 협정보험가액이 사고발생 시의 가액을 현저하게 초과할 때에는 사고발생 시의 가액을 보험가액으로 하도록 규정하고 있는바, 양자 사이에 현저한 차이가 있는지의 여부는 거래의 통념이나 사회의 통념에 따라 판단하여야 하고, 보험자는 협정보험가액이 사고발생 시의 가액을 현저하게 초과한다는 점에 대한 입증책임을 부담함(大判 2002. 03. 26, 2001다6312).

나. 미평가보험
- 미평가보험이란 보험계약의 체결 당시 당사자 사이에 피보험이익의 가액에 대하여 아무런 평가를 하지 아니한 보험을 말함.
- 당사자 간에 보험가액을 정하지 아니한 때(미평가보험)에는 사고발생 시의 가액을 보험가액으로 함(상 671).
- 보험가격은 보험목적물에 대한 피보험이익의 평가로서 보험사고 발생 시 보험회사가 지급하여야 할 보험가액을 정한 기평가보험이 아닌 이상, 손해발생의 때와 장소의 객관적 가격에 의하여 산정되는 것이므로 보험계약 체결 시 보험금액을 보험가액으로 할 것을 합의한 사실이 없으면 보험금액이 바로 보험가액이라고 인정되지 아니함(大判 1991. 10. 25, 91다17429).

5.3. 손해보험 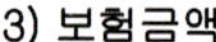

3) 보험금액

- 보험금액이란 보험자가 발생한 손해에 대하여 보상을 하기 위하여 지급하기로 한 금액의 최고한도임.
- 보험금액은 보험계약 당사자 사이에서 결정된 계약상 보상한도액을 의미함.
- 보험가액은 피보험이익의 가액, 즉 피보험이익을 금전으로 평가한 가액을 의미함.
- 보험금액은 손해보험이나 인보험 모두에 인정될 수 있는 개념이나 보험가액은 물건보험에만 인정될 수 있는 개념임.

(2) 보험가액과 보험금액의 불일치

- 보험금액과 보험가액은 일치가 기대되지만 양자가 일치하지 않는 경우도 있음.

1) 초과보험

- 초과보험이란 보험금액이 보험가액을 현저하게 초과한 보험을 말함(상 669 ①).
- 초과보험인지 여부는 원칙적으로 보험계약의 체결 시의 보험가액을 기준으로 하나(상 669 ②), 예외적으로 보험기간 중에 보험가액이 현저하게 감소된 때에는 그때의 보험가액을 기준으로 함(상 669 ③).
- 보험계약자의 선의로 초과보험계약이 체결된 경우에는 보험계약자 또는 보험자는 보험료와 보험금액의 감액을 청구할 수 있음(상 669 ①).
- 보험금액 또는 보험료의 감액청구권은 일종에 형성권에 속한다는 주장이 있으나 이는 의문이며, 보험료 감액은 보험료 불가분의 원칙에 따라 장래에 대해서만 그 효력이 있음(상 669 ① 단서).

5.3. 손해보험

- 보험계약자의 사기로 인하여 초과보험계약이 체결된 경우에는 보험계약 전체가 무효가 됨(상 669 ④).
- 보험계약자는 보험자가 그 사실을 안 때까지의 보험료 지급의무 부담함(상 669 ④).
- 사기라 함은 보험계약을 체결할 때에 보험계약의 목적의 가액을 부당하게 평가하여 재산상의 이익을 얻을 목적으로 한 경우임.
- 보험계약자로 하여금 보험자가 그 사실을 안 때까지의 보험료를 지급하도록 한 것은 보험계약의 선의성·윤리성에 따라 악의의 보험계약자를 제재하려는 것이고 사기에 의한 의사표시를 취소할 수 있도록 한 민법의 일반원칙에 대한 예외라 할 수 있음.
- 초과보험계약이라는 사유를 들어 보험가액의 제한 또는 보험계약의 무효를 주장하는 경우 그 입증책임은 무효를 주장하는 자가 부담함(大判 1988.2.9, 86다카2933, 2934(참가), 2935(참가)).
- 초과보험의 경우에는 보험가액 한도 내에서만 전부 보상하면 됨.

2) 중복보험

- 중복보험이란 보험계약자가 수인의 보험자와 동일한 피보험이익에 대하여 보험계약을 체결하고 그 보험금액의 총액이 보험가액을 초과하는 보험을 말함.
- 중복보험이 초과보험과 다른 점은 보험자가 2인 이상이고, 각각의 보험금액을 합한 것이 보험가액을 초과한다는 점에 있음.
- 중복보험이라 함은 동일한 보험계약의 목적과 동일한 사고에 관하여 수 개의 보험계약이 동시에 또는 순차로 체결되고 그 보험금액의 총액이 보험가액을 초과하는 경우를 말하므로 보험계약의 목적, 즉 피보험이익이 다르면 중복보험으로 되지 않음(大判 1997. 09. 05, 95다47398).

5.3. 손해보험

- 수 개의 보험계약의 보험계약자가 동일할 필요는 없으나 피보험자가 동일인일 것이 요구되고, 각 보험계약의 보험기간은 전부 공통될 필요는 없고 중복되는 기간에 한하여 중복보험으로 보면 됨(大判 2005. 04. 29, 2004다57687).
- 동일한 보험계약의 목적과 동일한 사고에 관하여 수 개의 보험계약이 동시에 또는 순차로 체결된 경우에 그 보험금액의 총액이 보험가액을 초과한 때에는 보험자는 각자의 보험금액의 한도에서 연대책임을 짐(연대비례보상).
- 이 경우에는 각 보험자의 보상책임은 각자의 보험금액의 비율에 따른다(상 672①).
- 이러한 상법의 규정은 강행규정이라고 해석되지 아니하므로, 각 보험계약의 당사자는 각개의 보험계약이나 약관을 통하여 중복보험에 있어서의 피보험자에 대한 보험자의 보상책임 방식이나 보험자들 사이의 책임 분담방식에 대하여 상법의 규정과 다른 내용으로 규정할 수 있음(大判 2002. 05. 17, 2000다30127).
- 따라서 보험자와 보험계약자 사이에 다른 보험에서 담보하는 손해를 초과하는 경우에 그 손해를 보상하도록 하는 초과전보조항은 유보하다고 봄.
- 보험계약자의 사기로 인하여 중복보험계약이 체결된 경우에는 그 보험계약 전체가 무효로 됨. 그러나 보험계약자는 보험자가 그 사실을 안 때까지의 보험료를 지급할 의무를 부담함(상 672①).
- 사기라 함은 보험계약자가 위법하게 재산적 이익을 얻을 목적으로 그 사실을 숨기고 각 보험계약을 체결한 것을 말함.
- 수 개의 보험계약을 체결한 경우에 보험자 1인에 대한 권리의 포기는 다른 보험자의 권리의무에 영향을 미치지 아니 함(상 673). 즉 피보험자가 어느 보험자에 대한 권리를 포기하였을 때에는 그 부분에 대해 다른 보험자에게도 주장할 수 없음.

5.3. 손해보험

- 동일한 보험계약의 목적과 동일한 사고에 관하여 수 개의 보험계약 체결시 보험계약자는 각 보험자에 대하여 각 보험계약의 내용을 통지하여야 함(상 672②).
- 통지의 방법은 제한이 없으며, 보험자의 명칭, 보험금액을 통지하여야 할 것임.
- 손해보험에 있어서 위와 같이 보험계약자에게 다수의 보험계약의 체결사실에 관하여 고지 및 통지하도록 규정하는 취지는, 손해보험에서 중복보험의 경우에 연대비례보상주의를 규정하고 있는 상법 제672조 제1항과 사기로 인한 중복보험을 무효로 규정하고 있는 상법 제672조 제3항, 제669조 제4항의 규정에 비추어 볼 때, 부당한 이득을 얻기 위한 사기에 의한 보험계약의 체결을 사전에 방지하고 보험자로 하여금 보험사고 발생시 손해의 조사 또는 책임의 범위의 결정을 다른 보험자와 공동으로 할 수 있도록 하기 위한 것임(大判 2003. 11. 13, 2001다49623).

3) 일부보험
- 보험가액의 일부를 보험에 붙인 경우에는 보험자는 보험금액의 보험가액에 대한 비율에 따라 보상할 책임을 짐(비례부담의 원칙).
- 보상과 관련하여 보험자는 일부보험의 경우에는 보험사고로 보험의 목적이 전손으로 된 때에는 보험금액의 전액을 지급하여야 하나, 분손이 된 때에는 보험가액에 대한 보험금액의 비율에 따라 손해액의 일부분만을 지급하면 됨.
- 일부보험 규정은 임의규정이므로 당사자 간에 보험자가 보험금액의 한도 내에서 그 손해액의 전액을 보상할 것을 정할 수 있는데(상 674), 이를 실손보상계약이라 함.
- 실손보상계약에서는 특약의 범위 내에서는 비율에 의한 보험금액이 아닌 그 특약으로 정한 보험금액 전액을 지급하여야 함.
- 일부보험에 있어서 보험자는 그 보상액을 범위로 하여 일부보험의 비율로 피보험자가 갖는 청구권의 일부를 대위 취득함(서울지법 1999. 06. 10, 98가합35186).

5.3. 손해보험

5.3.1.4. 손해보험계약의 효과
5.3.1.4.1. 보험자의 손해보상의무
- 손해보험계약의 보험자는 보험사고로 인하여 생길 피보험자의 재산상의 손해를 보상할 책임이 있음(상 665).
- 손해보상의무는 보험기간 중에 보험의 목적에 대한 보험사고의 발생에 의하여 발생함.
- 이러한 손해보상책임의 요건으로 ① 보험사고의 발생 ② 재산상의 손해 ③ 상당인과관계가 있음.

(1) 보험자의 손해보상의무 요건
1) 보험기간 내에 보험사고의 발생
- 보험사고는 보험기간 내에 발생하여야 하는데, 보험계약 체결당시에 보험사고가 이미 발생한 것을 당사자 쌍방과 피보험자가 알지 못한 경우(상 644)와 보험사고는 보험기간 안에 발생하였으나 손해가 보험기간 후에 발생하여도 보험자는 책임을 짐.

2) 재산상의 손해
- 손해란 피보험이익이 입은 경제상의 불이익으로 재산상 손해를 말하며 정신적 손해는 포함되지 않음.
- 보험사고로 인하여 상실된 피보험자가 얻을 이익이나 보수는 당사자 간에 다른 약정이 없으면 보험자가 보상할 손해액에 산입하지 아니함(상 667).

5.3. 손해보험

3) 인과관계
- 보험사고와 피보험이익의 손해와는 상당인과관계가 있어야 함(통설.판례).
- 민사분쟁에 있어서의 인과관계는 의학적.자연과학적 인과관계가 아니라 사회적.법적 인과관계이고, 그 인과관계는 반드시 의학적.자연과학적으로 명백히 입증되어야 하는 것은 아님(大判 2000. 03. 28, 99다67147).

(2) 면책사유
1) 면책사유의 종류
- 면책사유는 상대적 면책위험과 절대적 면책위험으로 분류할 수 있음.
- 상대적 면책위험이란 당사자 간의 약정에 의해 보험자가 보상책임을 질 수도 있는 면책위험을 말함.
- 즉 상대적 면책위험은 면책사유가 보험기술상으로 어렵거나 인수할 경우 고액의 보험료를 부과할 수밖에 없어 보험가격상의 난점 때문에 면책되는 것으로 한 것임.
- 따라서 할증보험료의 제공을 받아 인수할 수 있음.
- 상대적 면책위험에 대한 대칭어로는 '절대적 면책위험'이 있는데 이는 면책위험을 담보하는 것이 공서양속에 반하거나 보험본질상 이를 인정할 수 없기 때문에 할증보험료의 제공을 받아도 보험자로서 담보할 수 없는 종류의 위험을 말함.

5.3. 손해보험

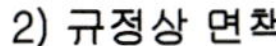

2) 규정상 면책
- 손해보험자는 보험계약자 등의 고의나 중대한 과실로 인한 보험사고거나(상 659), 보험사고가 전쟁 등으로 인한 경우에는(상 660) 면책될 수 있음.
- 그 이외에도 보험의 목적의 성질, 하자 또는 자연소모로 인한 손해는 보험자가 이를 보상할 책임이 없음(상 678).
- 면책사유를 인정하는 것은 통상적 사정에 의한 평균적 위험을 기초로 산정한 보험료로서는 전쟁 등으로 인한 막대한 손해를 보상할 수 없으며 사고발생 빈도나 손해정도를 예측하기 어려워 타당한 보험료의 산정이 곤란하고 사고발생가능성을 고려하면 보험료가 고액화될 뿐만 아니라 사고 발생 시 일시에 거액 보험금 지급사유가 생겨 보험자의 인수능력을 초과하게 되기 때문에 인정되는 것임.

3) 구체적 사례
- 자동차종합보험보통약관 제10조 제1항 제2호에서 전쟁, 혁명, 내란, 사변, 폭동, 소요 기타 이들과 유사한 사태 중 '소요'는 폭동에는 이르지 아니하나 한 지방에서의 공공의 평화 내지 평온을 해할 정도로 다수의 군중이 집합하여 폭행, 협박 또는 손괴 등 폭력을 행사하는 상태를 말하는 것으로 보아야 할 것이므로 프로야구 경기장에서 연고팀이 역전패 당한 것에 불만을 품은 1,000여 명의 관중들이 상대팀 선수들을 태우고 떠나려는 버스 앞을 가로막고 돌과 빈병 등을 던지는 소동 중 위 버스에 의해 야기된 교통사고는 소요에 해당하는 것으로는 보기 어렵다(大判 1991.11.26, 91다18682).

5.3. 손해보험

(3) 손해의 보상
1) 손해액의 산정
- 보험자가 보상할 손해액은 그 손해가 발생한 때와 곳의 가액에 의하여 산정함.
- 당사자 간에 다른 약정이 있는 때에는 그 신품가액에 의하여 손해액을 산정할 수 있음(상 676①).
- 손해액의 산정에 관한 비용은 보험자의 부담으로 함(상 676②).
- 상법 제676조 제2항은 보험자가 보상할 손해액의 산정에 관한 비용은 보험자의 부담으로 한다고 규정하고 있는바, 피보험자의 의뢰에 의하여 보험목적물인 화물의 손상 원인, 정도 및 수량의 조사에 소용된 비용은 보험회사가 지급하여야 할 보험금을 산정하기 위한 것으로서 보험회사가 부담하여야 하는 것이므로, 보험회사가 그 비용을 보험금에 포함하여 지급하였더라도 그 조사비용을 보험사고 야기자에게 구상금으로 청구할 수 없음(서울지법 1997. 03. 27, 95가합109000).
2) 손해보상의 범위
- 보험자의 손해보상의 범위는 원칙적으로 개별적인 보험계약에서 정한 보험금액의 범위 내에서 피보험자가 보험사고로 입은 실손해액임.
- 보험자는 손해방지비용을 부담하여야 하고(상 680 ①), 보험료의 체납이 있을 때에는 그 지급기일이 도래하지 아니한 때라도 보상액에서 이를 공제할 수 있음(상 677).

3) 손해보상의 방법
- 보험자의 손해보상의 방법은 금전으로써 하는 것이 원칙이나 현물보상을 정한 경우에는 현물로 보상할 수 있음.

5.3. 손해보험

(4) 손해보상의무의 이행
1) 보험금의 이행기
- 보험자의 손해보상의무의 이행기에 관하여는 당사자 간에 약정기간이 없는 경우에는 보험사고의 발생통지를 받은 후 지체 없이 보험자가 지급할 보험금액을 정하고 그 정하여진 날로부터 10일 내임(상 658).

2) 손해보상의무의 시효기간
- 보험자의 손해보상의무는 2년의 단기시효로 소멸함(상 662).

5.3.1.4.2. 보험계약자.피보험자의 손해방지.경감의무
(1) 의의
- 보험사고가 발생하였을 때에 보험계약자와 피보험자가 손해의 방지에 노력하여야 할 의무로서 형평의 견지에서 법이 특히 인정한 의무임(상 680).
- 보험계약자 또는 피보험자는 보험사고 전에는 위험변경·증가의 통지의무, 위험유지의무를 부담하나 보험사고가 발생한 후에는 그 손해의 방지 또는 감소를 위한 조치를 강구할 의무가 있음.
- 손해방지의무자는 보험계약자와 피보험자이며 그 대리인도 손해방지의무를 부담함.

(2) 법적성질
- 보험계약자.피보험자의 손해방지.경감의무 법에 의해 인정된 의무임.

5.3. 손해보험

(3) 손해방지비용의 부담
- 보험계약자와 피보험자는 손해의 방지와 경감을 위하여 노력하여야 함.
- 손해방지·경감비용이란 보험계약자 또는 피보험자가 보험사고로 인한 손해의 방지 또는 경감을 위하여 필요하고도 유익한 비용을 말하며, 이 비용과 보상액의 합계액이 보험금액을 초과한 경우라도 보험자가 부담함(상 680).
- 손해방지 비용이라 함은 보험자가 담보하고 있는 보험사고가 발생한 경우에 보험사고로 인한 손해의 발생을 방지하거나 손해의 확대를 방지함은 물론 손해를 경감할 목적으로 행하는 행위에 필요하거나 유익하였던 비용을 말함(大判 2006. 06. 30, 2005다21531).
- 손해방지 비용은 원칙적으로 보험사고의 발생을 전제로 하는 것이므로, 손해보험의 일종인 책임보험에 있어서도 보험자가 보상책임을 지지 아니하는 사고에 대하여는 손해방지의무가 없고, 따라서 이로 인한 보험자의 비용부담 등의 문제도 발생할 수 없다 할 것이나, 다만 사고발생 시 피보험자의 법률상 책임 여부가 판명되지 아니한 상태에서 피보험자가 손해확대방지를 위한 긴급한 행위를 하였다면 이로 인하여 발생한 필요.유익한 비용은 보험자가 부담하는 것이 상당함(大判 1993. 01. 12, 91다42777).
- 손해의 방지와 노력은 행위가 있으면 되지 그 효과가 반드시 생겨야 하는 것은 아님.

(4) 손해방지의무 해태의 효과
- 보험계약자와 피보험자가 고의 또는 중대한 과실로 손해방지의무를 게을리 한 때에도 의무자의 불이행에 의한 불법행위로 보아 의무위반과 상당인과 관계에 있는 손해에 대하여는 당연히 손해배상을 청구할 수 있음.
- 보험계약자 또는 피보험자가 손해방지의무를 위반한 때에는 방지 또는 경감할 수 있으리라고 인정되는 손해액을 보험자가 지급할 보험금에서 상계·공제함.

5.3. 손해보험

5.3.1.4.3. 보험자의 대위
(1) 보험자대위의 의의
1) 개 념
- 보험자대위라 함은 보험자가 보험사고로 인한 손실을 피보험자에게 보상하여 준 경우에 보험의 목적이나 제3자에 대하여 가지는 피보험자 또는 보험계약자의 권리를 법률상 당연히 취득하는 것을 말함(상 681, 682).

2) 법적 성질
- 보험자대위는 보험자가 보험금액을 지급함으로써 법률상 당연히 발생하는 민법상의 손해배상자의 대위(민 399)와 같은 성질의 것임.

3) 보험자대위의 근거
- 손해보험은 피보험이익의 손실보상을 목적으로 하는 것이고 이익을 얻게 하려는 것은 아님(이득방지설 또는 손해보상계약설)(통설).

(2) 보험의 목적에 대한 보험자대위
1) 의 의
- 보험의 목적에 대한 보험자대위(잔존물대위)란 보험의 목적의 전부가 멸실한 경우에 보험금액의 전액을 지급한 보험자가 피보험자의 보험의 목적에 관한 권리를 법률상 당연히 취득하는 제도를 말함(상 681).

5.3. 손해보험

2) 요 건
- 보험의 목적에 대한 보험자대위가 성립하기 위해서는 ① 보험목적의 전부멸실(전손) ② 보험금의 전부지급이 있어야 함(상 682).

가. 보험목적의 전부멸실
- 보험의 목적이 전부멸실하였다는 의미는 경제적인 전부멸실을 의미하는 것이므로 물리적 전부멸실뿐만 아니라 물리적으로 일부만이 멸실하여 잔존물이 남아 있어도 경제적인 가치가 전부 멸실하였다면 전부멸실로 봄.

나. 보험금의 전부지급
- 보험금액의 전부지급이라 함은 보험의 목적에 입은 손해뿐만 아니라 보험자가 부담하는 손해방지비용까지 지급한 것을 말함.
- 일부만을 지급한 때에는 그 지급부분에 대해서만 권리가 이전하는 것이 아니라 전혀 이전하지 않음.
- 잔존물대위는 보험위부제도와 비슷하나 다음과 같은 점에서 차이가 있음. 즉 잔존물대위는 법률상 당연히 발생하는 권리이나 보험위부는 특별한 의사표시에 의하여 발생하는 권리임.
- 그리고 잔존물대위에서 보험자는 그가 피보험자에게 지급한 이상으로 잔존물에 대한 권리를 취득할 수 없으나, 보험위부에서 보험자는 그가 피보험자에게 지급한 보험금액보다 위부목적물의 가액이 큰 경우에도 그 위부목적물의 소유권을 취득할 수 있음.

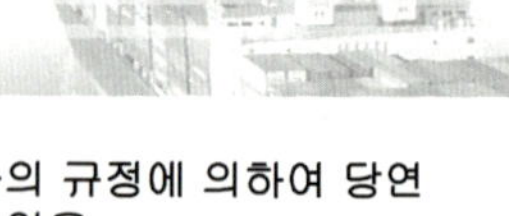

5.3. 손해보험

3) 효 과
- 보험자대위가 성립되면 피보험자의 보험목적에 대한 모든 권리가 법률의 규정에 의하여 당연히 보험자에게 이전됨. 따라서 민법상 물권변동절차 등을 밟을 필요가 없음.
- 이전되는 권리의 범위에 대해 상법은 '그 목적에 대한 피보험자의 권리'라고 정하고 있으므로, 보험자대위에 의하여 보험자에게 이전하는 권리는 피보험자가 보험의 목적에 대하여 가지는 피보험이익에 관한 모든 권리임.
- 권리이전의 시기는 보험자가 보험금액을 전부 지급한 때임.
- 일부보험의 경우는 보험자는 보험금액의 보험가액에 대한 비율에 따라 피보험자의 보험목적에 대한 권리를 취득함(상 681). 권리이전의 시기는 보험사고가 발생한 때가 아니고 보험금액을 전부 지급한 때임.

(3) 제3자에 대한 보험자대위(청구권대위)
1) 의 의
- 손해가 제3자의 행위로 인하여 생긴 경우에 보험금액을 지급한 보험자는 그 지급한 금액의 한도에서 그 제3자에 대한 보험계약자 또는 피보험자의 권리를 취득함.
- 보험자가 취득하게 되는 보험계약자 또는 피보험자의 권리란 피보험이익에 관하여 피보험자가 가지는 모든 권리를 의미함.
- 보험자대위에 의하여 보험자가 취득하는 권리는 당해 사고의 발생자체로 인하여 피보험자가 제3자에 대하여 가지는 불법행위로 인한 손해배상청구권이나 채무불이행으로 인한 손해배상청구권에 한한다(大判 1988.12.13, 87다카3166).

5.3. 손해보험

2) 요 건
- 제3자에 대한 보험자대위가 성립하기 위한 요건으로 ① 제3자의 행위로 인한 손해 ② 보험자의 피보험자에 대한 보험금 지급이 있어야 함.
- 제3자는 보험계약자 또는 피보험자 이외의 자로 보험계약자 또는 피보험자와 공동생활을 하는 가족 또는 사용인은 제3자에서 제외함(통설).
- 보험사고를 일으킨 자가 위 법 소정의 '제3자'가 아닌 '피보험자'에 해당될 경우에는 보험자는 그 보험사고자에 대하여 보험자대위권을 행사할 수 없음(大判 1991. 11. 26, 90다10063).
- 다만 그 가족이 고의로 보험사고를 일으킨 경우에 보험자의 면책 내지는 구상권을 인정하는 것은 다른 문제에 속함.
- 예컨대 자동차종합보험의 보통약관에서 보험증권에 기재된 피보험자 이외에 그 '피보험자를 위하여 자동차를 운전 중인 자'도 위의 피보험자의 개념에 포함시키고 있으므로 자동차종합보험에 가입한 차주의 피용운전사는 '피보험자'일 뿐, 상법 제682조에서 말하는 '제3자'에 포함되는 자가 아님. 더구나 무면허운전 면책약관부 보험계약에서 무면허 운전자가 동거가족인 경우 또는 보험계약자 또는 피보험자의 동거가족이 무면허운전을 한 경우에는 특별한 사정이 없는 한 상법 제682조 소정의 제3자의 범위에 포함되지 않음(大判 2002. 09. 06, 2002다32547).
- 보험금지급과 관련하여 보험자는 보험계약에 따라 피보험자에게 그 손해를 보상하여야 하는데 보험의 목적에 대한 보험자대위와 달리 반드시 보험계약에서 정한 한도의 모든 금액을 지급하여야 하는 것은 아님.

5.3. 손해보험

3) 효 과

가. 피보험자의 권리의 이전
- 보험금을 지급한 보험자는 그 지급한 금액의 한도에서 그 제3자에 대한 보험계약자 또는 피보험자의 권리를 취득함.
- 이 제3자에 대한 보험자대위는 보험자가 보험금의 일부를 지급한 때에도 피보험자의 권리를 해하지 아니하는 범위 내에서 그 권리를 대위한다는 점에서 보험금 전액을 지급하여야 대위가 인정되는 잔존물대위와 구별됨.
- 보험금을 지급한 보험자는 보험자대위제도에 따라 그 지급한 보험금의 한도 내에서 피보험자가 제3자에게 갖는 손해배상청구권을 취득하는 결과 피보험자는 보험자로부터 지급을 받은 보험금의 한도 내에서 제3자에 대한 손해배상청구권을 잃고 그 제3자에 대하여 청구할 수 있는 배상액이 지급된 보험금액만큼 감소됨(大判 1988.4.27, 87다카1012).
- 같은 취지로 제3자에 의한 보험사고 발생 후 보험자가 보험금을 지급하기 전에 피보험자 등이 제3자에 대한 권리를 행사하거나 또는 처분한 경우에는 피보험자 등은 보험자에 대하여 보험금청구권을 행사할 수 없음(大判 1981. 07. 07, 80다1643).
- 이는 이중으로 이득을 취득하는 것을 방지하기 위한 것임.
- 보험자대위는 피보험자가 보험자로부터 보험금액을 지급받은 후에도 제3자에 대한 청구권을 보유, 행사하게 하는 것은 피보험자에게 손해의 전보를 넘어서 오히려 이득을 주는 결과가 되어 손해보험제도의 원칙에 반하고 배상의무자인 제3자가 피보험자의 보험금수령으로 인하여 그 책임을 면하는 것도 불합리하므로 이를 제거하여 보험자에게 그 이익을 귀속시키려는 데 있고 이와 같은 보험자대위의 규정은 타인을 위한 손해보험계약에도 그 적용이 있음(大判 1989. 04. 25, 87다카1669).

5.3. 손해보험

나. 피보험자에 의한 권리의 처분
- 보험금지급에 의하여 보험자대위의 효과가 발생하면 피보험자는 보험금의 지급을 받은 한도 내에서 제3자에 대한 권리를 행사하거나 처분할 수 없음.
- 그럼에도 피보험자가 스스로 그 권리를 행사하거나 처분함으로써 보험자의 대위권을 침해한 때에는 보험자의 채권을 침해함으로 인한 불법행위가 성립함.

다. 대위권행사의 제한
- 보험자가 보상할 보험금액의 일부를 지급한 때에는 피보험자의 권리를 해하지 아니하는 범위 내에서 그 권리를 행사할 수 있음(상 682).
- 이처럼 제3자에 대한 보험자대위는 보험자가 보험금의 일부를 지급한 때에도 피보험자의 권리를 해하지 아니하는 범위 내에서 그 권리를 대위한다는 점에서 보험금 전액을 지급하여야 대위가 인정되는 잔존물 대위와 구별됨.

5.3. 손해보험

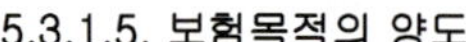

5.3.1.5. 보험목적의 양도

5.3.1.5.1. 보험목적의 양도의 의의

- 보험목적의 양도란 피보험자가 기본 보험계약의 대상으로 되어 있는 목적물을 의사표시에 의하여 개별적으로 타인에게 양도하는 것임.
- 개별적으로 양도되어야 하므로 피보험자의 사망에 의한 상속이나 회사의 합병과 같이 보험계약상의 권리·의무가 포괄적으로 승계되는 경우는 이에 포함되지 않음.
- 피보험자가 보험의 목적을 양도한 때에는 양수인은 보험계약상의 권리와 의무를 승계한 것으로 추정함(상 679①).
- 보험의 목적이 양도된 경우 양수인의 양도인에 대한 관계에서 보험계약상의 권리도 함께 양도된 것으로 당사자의 통상의 의사를 추정하는 취지는 이것을 사회경제적 관점에서 긍정한 것이고 동조에 위반한 법률행위를 공서양속에 반한 법률행위로서 무효로 보아야 할 것으로는 해석되지 아니하므로 위 규정은 임의규정이라고 할 것이고, 따라서 당사자 간의 계약에 의해 적용을 배제할 수 있음(大判 1991.8.9, 91다1158).

5.3.1.5.2. 보험목적의 양도의 요건

(1) 양도당시 유효(有效)한 보험계약관계

- 보험의 목적이 양도될 때 양도인과 보험자사이에 유효한 보험계약이 존속하여야 하는데, 유효한 보험계약이 존속하는 한 해지사유와 면책사유가 있더라도 보험계약은 일단 양수인에게 이전하고 보험자는 양수인에 대하여 보험계약의 해지와 면책을 주장할 수 없음.

5.3. 손해보험

(2) 보험의 목적이 물건(物件)일 것

- 동산, 부동산뿐만 아니라 유가증권 등 무체재산도 포함하는데 반드시 특정화, 개별화 되어야 함.
- 보험의 목적인 물건은 특정되고 개별화 되어 있어야 하며, 성질상 일정한 지위 예컨대 의사나 변호사 등의 지위에서 생기는 책임보험은 그 성질상 양도가 제한됨(통설).

(3) 보험의 목적이 물권적 양도(物權的 讓渡)일 것

- 양도는 유상이든 무상이든 묻지 않으나 물권적 양도이어야 함. 즉, 양도의 채권계약만이 있는 것으로는 부족하고 소유권이 양수인에게 이전한 때에 보험관계가 이전하게 됨.
- 그러나 보험의 목적의 양도가 반드시 소유권의 이전을 가져오는 것은 아님.
- 보험의 목적의 양도는 당사자의 의사표시에 의한 것이므로 상속이나 합병 등의 경우는 보험의 목적의 양도에 포함되지 않음.

(4) 양수인의 반대의사의 부존재

- 양도에 대하여 양수인의 명백한 반대의사가 존재하지 않아야 함.

5.3. 손해보험

5.3.1.5.3. 보험목적의 양도의 효과

1. 당사자 간의 효과

(1) 보험계약상 권리와 의무의 이전
- 피보험자가 보험의 목적을 양도한 때에는 양수인은 보험계약상의 권리와 의무를 승계한 것으로 추정함(상 679①).
- 따라서 양수인이 취득하는 권리는 보험금청구권이 될 것이고, 의무는 보험계약자로서의 의무, 즉 위험변경·증가의 통지의무(상 652), 위험유지의무(상 653), 보험사고발생의 통지의무(상 657), 손해방지의무(상 680) 등을 말함.
- 이 경우에 보험의 목적의 양도인 또는 양수인은 보험자에 대하여 지체 없이 그 사실을 통지하여야 함(상 679②).

(2) 추정의 배제
- 반대의 특약, 지위양도에 보험자의 동의를 구한다는 약관이 있는 경우임.

2. 보험자 및 제3자에 대한 효과 : 통지의무
- 양도한 경우에 양도인 또는 양수인은 보험자에 대하여 그 사실을 통지하여야 함.
- 양도인·양수인 모두 통지 가능함.
- 양도인 또는 양수인의 통지에 대해 보험자 기타 제3자에 대한 대항요건으로 보는 견해(대항요건설)와 대항요건은 아니며 단순히 보험자의 보호를 위한 규정이라고 보는 견해가 있음(비대항요건설; 다수설).
- 비대항요건설에 의하면 통지하지 않아도 양도사실 입증하여 보험금을 청구할 수 있음

5.3. 손해보험

3. 위험의 변경증가의 경우
- 상법은 양도의 통지의무를 게을리 한 때의 효과를 규정하고 있지 아니하나 보험목적의 양도로 보험계약 내지는 위험이 변경된 것이라 할 수 있으므로 그 통지의무를 게을리 한 때에는 보험자는 1개월 내에 증액청구나 해지 가능하다고 할 것임(통설).

4. 자동차 양도의 특칙
- 피보험자가 보험기간중에 자동차를 양도한 때에는 양수인은 보험자의 승낙을 얻은 경우에 한하여 보험계약으로 인하여 생긴 권리와 의무를 승계함.
- 보험자가 양수인으로부터 양수사실을 통지받은 때에는 지체없이 낙부를 통지하여야 하고 통지 받은 날부터 10일내에 낙부의 통지가 없을 때에는 승낙한 것으로 봄(상 726의4).

5. 선박양도의 특칙
- 선박을 보험에 붙인 경우에 보험자의 동의가 있는 때를 제외하고는 선박을 양도할 때에는 보험계약은 종료함(상 703의2).

5.3. 손해보험

5.3.2. 각 칙
5.3.2.1. 화재보험계약
5.3.2.1.1. 화재보험계약의 의의
- 화재보험계약이라 함은 화재로 인하여 생길 손해를 보상하기로 하는 손해보험계약을 말함(상 683).
- 화재보험에서의 화재는 사회통념상 화재로 볼 수 있는 성질과 규모를 가진 화력의 연소 작용임.

5.3.2.1.2. 화재보험계약의 요소
(1) 보험사고
- 화재보험계약에서의 보험사고는 화재임(상 683).
- 화재란 일반 사회통념에 의하여 화재라고 인정할 수 있는 성질과 규모를 가지고 화력의 연소작용에 의하여 생긴 재해라고 볼 수 있음(통설).

(2) 보험의 목적
- 화재보험의 목적은 동산과 부동산 등의 유체물임(상 685).
- 경제적으로 독립한 다수의 집합물을 보험의 목적으로 할 수도 있는데 이를 집합보험이라 함.
- 이러한 집합보험에는 그 객체가 특정되어 있는 특정보험과, 객체의 전부 또는 일부가 특정되어 있지 아니한 총괄보험이 있음.

5.3. 손해보험

1) 특정보험
- 집합된 물건을 일괄하여 보험의 목적으로 한 때에는 피보험자의 가족과 사용인의 물건도 보험의 목적에 포함된 것으로 함.
- 이 경우에는 그 보험은 그 가족 또는 사용인을 위해서도 체결한 것으로 봄(상 686).

2) 총괄보험
- 집합된 물건을 일괄하여 보험의 목적으로 한 때에는 그 목적에 속한 물건이 보험기간 중에 수시로 교체된 경우에도 보험사고의 발생 시에 현존한 물건은 보험의 목적에 포함된 것으로 함(상 687).

(3) 피보험이익
- 보험의 목적에 대하여 피보험자가 가지는 경제적인 이익인 피보험이익은 화재보험의 경우 피보험자가 누구냐에 따라 다름. 즉 피보험자가 소유자라면 소유자의 이익, 임차인이라면 임차인의 이익임.

5.3. 손 해 보 험

5.3.2.1.3. 화재보험증권
- 화재보험증권에는 다음의 사항을 기재하고 보험자가 기명날인 또는 서명하여야 함(상 666, 685).
  - ① 보험목적
  - ② 보험사고의 성질
  - ③ 보험금액
  - ④ 보험료와 그 지급방법
  - ⑤ 보험기간을 정한 때에는 그 시기와 종기
  - ⑥ 무효와 실권의 사유
  - ⑦ 보험계약자의 주소와 성명 또는 상호
  - ⑧ 보험계약의 연월일
  - ⑨ 보험증권의 작성지와 그 작성연월일
  - ⑩ 건물을 보험의 목적으로 한 때에는 그 소재지, 구조와 용도
  - ⑪ 동산을 보험의 목적으로 한 때에는 그 존치한 장소의 상태와 용도
  - ⑫ 보험가액을 정한 때에는 그 가액

5.3. 손해보험

5.3.2.1.4. 보험자의 보상책임
(1) 위험보편의 원칙
- 화재에 의하여 생긴 손해에 관하여는 그 화재와 상당인과관계가 있는 한 원인 여하를 묻지 아니하고 보험자는 그 보상책임을 짐(상 683).
- 화재로 인한 모든 손해에 대한 보험자의 보상책임을 위험보편의 원칙이라 함.

(2) 화재보험자의 면책사유
- 화재보험자의 면책사유로는 ① 전쟁 기타의 변란(제660조) ② 목적물의 성질, 자연소모(제678조) ③ 피보험자 등의 고의·중과실(제659조)이 있음.
- 화재보험보통약관에서 '지진, 분화, 해일, 전쟁, 외국의 무력행사, 혁명, 내란, 사변, 폭동, 소요 기타 이들과 유사한 사태'를 보험자의 면책사유로 규정하고 있음이면, 이러한 규정의 취지는 위와 같은 사태하에서는 보험사고 발생의 빈도나 그 손해정도를 통계적으로 예측하는 것이 거의 불가능하여 타당한 보험료를 산정하기 어려울 뿐만 아니라 사고발생 시에는 사고의 대형화와 손해액의 누적적인 증대로 보험자의 인수능력을 초과할 우려가 있음은 데에 있는바, 본래 보험제도 자체가 쉽게 예측하기 어려운 장래의 우연적, 돌발적 사고로 인한 손해를 담보하기 위한 것이므로 위와 같은 사고발생의 예측 곤란과 피해 극대화를 이유로 한 면책사유의 요건은 이를 엄격하게 해석하여야 할 것이고, 따라서 위 조항에 열거된 면책사유 중 소요는 폭동에는 이르지 아니하나 한 지방에서의 공공의 평화 내지 평온을 해할 정도로 다수의 군중이 집합하여 폭행, 협박 또는 손괴 등 폭력을 행사하는 상태를 말하는 것으로 보아야 할 것임(大判 1994. 11. 22, 93다55975).
- (3) 화재보험자의 손해보상범위
- 소방 또는 손해의 감소에 필요한 조치로 인하여 보험의 목적에 생긴 손해에 대하여서도 보험자는 보상책임을 짐(상 684).

5.3. 손해보험

5.3.2.2. 운송보험계약
5.3.2.2.1. 운송보험계약의 의의
- 운송보험계약이란 육상운송의 목적인 운송물의 운송에 관한 사고로 인하여 생긴 손해의 보상을 목적으로 하는 손해보험계약임(상 688).
- 운송보험에는 육상운송보험, 해상운송보험, 항공운송보험이 있으나 상법상 물건운송은 육상 또는 호천·항만에서의 물건운송을 의미하므로 운송보험의 대상은 해상운송이나 항공운송을 제외한 육상 또는 호천·항만에서의 물건운송만 해당함.

5.3.2.2.2. 운송보험계약의 요소
(1) 보험의 목적
- 운송보험의 목적은 운송물임.
- 운송과 관련된 차량 등은 차량보험에서, 승객에 대한 위험은 상해보험이나 책임보험 등으로 담보함.

(2) 보험사고
- 운송보험의 보험사고는 운송 중에 운송물에 생길 수 있는 모든 사고로 인한 운송물의 멸실·훼손 등임.

5.3. 손해보험

(3) 피보험이익
- 운송보험에 있어서의 피보험이익은 다양하게 존재함. 즉 송하인이 운송물의 소유자로서 가지는 이익, 운송물(상품)의 도착에 의하여 얻을 수 있는 이익(희망이익보험)(상 689 ②) 등이 있음.
- 운송인 운임손해에 대한 보험이나 송하인 또는 수하인의 손해에 대한 책임보험과 같은 소극적 이익도 피보험이익이 될 수 있음.

(4) 보험가액
- 운송보험에 있어서의 보험가액은 당사자 간의 합의가 있으면 그에 따르나(상 670), 당사자 간에 보험가액에 대한 정함이 없으면 발송한 때와 곳에 있어서의 그 가액과 도착지까지의 운임 기타의 비용을 보험가액으로 함(상 689 ①).
- 운송물의 도착으로 인하여 얻을 이익(희망이익)에 관하여는 당사자 간에 특약이 있는 때에 한하여 이것을 보험가액에 산입함(상 689 ②).

(5) 보험기간
- 운송보험기간은 당사자 간에 다른 특약이 없으면 운송인이 운송물을 수령한 때로부터 이것을 수하인에게 인도할 때까지임(상 688).

5.3. 손해보험

5.3.2.2.3. 운송보험증권
- 운송보험증권에는 다음의 사항을 기재하고 보험자가 기명날인 또는 서명하여야 함(상 666, 690).
  - ① 보험목적
  - ② 보험사고의 성질
  - ③ 보험금액
  - ④ 보험료와 그 지급방법
  - ⑤ 보험기간을 정한 때에는 그 시기와 종기
  - ⑥ 무효와 실권의 사유
  - ⑦ 보험계약자의 주소와 성명 또는 상호
  - ⑧ 보험계약의 연월일
  - ⑨ 보험증권의 작성지와 그 작성연월일
  - ⑩ 운송의 노순과 방법
  - ⑪ 운송인의 주소와 성명 또는 상호
  - ⑫ 운송물의 수령과 인도의 장소
  - ⑬ 운송기간을 정한 때에는 그 기간
  - ⑭ 보험가액을 정한 때에는 그 가액

5.3. 손해보험

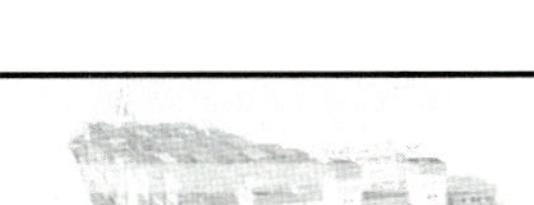

5.3.2.2.4. 운송의 중지.변경과 계약의 효력
- 보험계약은 다른 약정이 없으면 운송의 필요에 의하여 일시 운송을 중지하거나 운송의 노순 또는 방법을 변경한 경우에도 그 효력을 잃지 아니함(상 691).

5.3.2.2.5. 보험자의 보상책임
- 운송보험자는 다른 특약이 없으면 운송인이 운송물을 수령한 때로부터 수하인에게 인도할 때까지 생긴 모든 손해를 보상할 책임을 짐(상 688).
- 보험자는 보험계약자 또는 피보험자의 고의 또는 중대한 과실로 생긴 사고 등 일반면책사유(상 659 ①, 660, 678) 이외에 보험사고가 송하인 또는 수하인의 고의 또는 중대한 과실로 인하여 발생한 때에도 이로 인하여 생긴 손해를 보상할 책임이 없음(상 692).

5.3. 손해보험

5.3.2.3. 해상보험계약
5.3.2.3.1. 해상보험계약의 의의
(1) 해상보험계약의 의의
- 해상보험계약이란 해상사업에 관한 사고로 인하여 생길 손해를 보상할 것을 목적으로 하는 손해보험계약임(상 693).
- 즉, 해상보험계약은 해상사업과 관련된 사고로 선박이나 적하의 손해를 담보하기 위하여 이용되는 것임.

(2) 해상보험계약의 특징
- 해상보험은 기업 대 기업의 보험이므로 대등한 당사자 간의 관계에서 사적자치의 원칙이 존중됨(상 663).
- 보험계약자 등의 불이익변경 금지원칙은 보험계약자와 보험자가 서로 대등한 경제적 지위에서 계약조건을 정하는 이른바 기업보험에 있어서의 보험계약의 체결에 있어서는 그 적용이 배제됨(大判 2000. 11. 14, 99다52336).
- 해상보험은 국제간의 거래 경향이 강하여 보험약관 등이 국제적으로 통일된 약관을 이용하는 등 국제적 성질을 가짐.

5.3. 손해보험

5.3.2.3.2. 해상보험계약의 종류
- 피보험이익에 따라 선박보험.적하보험(상 697).운임보험(상 706 ⅰ).희망이익보험(상 698) 및 선비(船費)보험으로 분류됨.
- 선박보험은 보험의 목적인 선박의 소유자로서의 피보험이익에 관한 보험으로 선박보험의 대상은 선박 자체에 한정되는 것은 아니며 선박 이외에도 선박의 속구, 연료, 양식, 기타 항행에 필요한 모든 물건이 보험의 목적에 포함됨.
- 적하보험은 운송물을 보험의 목적으로 하여 그 적하에 대한 이익을 피보험이익으로 한 보험이며, 운임보험은 해상운송인이 받을 수 없는 운임을 피보험이익으로 한 보험임.
- 희망이익보험이란 보험의 목적인 적하의 도착으로 얻으리라고 기대되는 희망이익에 관한 보험이며, 선비보험이란 선박의 의장 기타 선박의 운항에 요하는 모든 비용에 대하여 가지는 피보험이익에 관한 보험임.
- 보험기간에 따라 항해보험.기간보험 및 혼합보험으로 분류됨.
- 항해보험이란 항해단위로 보험자의 책임기간이 정하여지는 보험이고, 기간보험이란 일정기간을 표준으로 보험자의 책임기간이 정하여지는 보험이며, 혼합보험이란 항해와 기간의 양자를 표준으로 하여 보험기간을 정하는 보험임.

5.3.2.3.3. 해상보험계약의 요소
(1) 보험의 목적
- 해상보험계약에 있어서의 보험의 목적은 해상사업에 관한 사고로 인하여 손해를 입게 될 모든 재산임.육상운송보험의 목적이 운송물에 한하는 것과 구별되고 있음(상 688

5.3. 손해보험

- 따라서 해상보험계약에 있어서의 보험의 목적은 선박(상 696).적하(상 697).희망이익(상 698).운임(상 706 ⅰ).선비 등임.

(2) 보험사고
- 해상보험의 보험사고는 해상사업에 관한 사고임(포괄책임주의).
- 해상사업에 관한 사고라 함은 항해의 결과 또는 항해에 부수해서 생기는 모든 위험으로서 해상에서 예측하지 않은 우연한 사고를 의미함.
- 예컨대 침몰, 좌초, 화재, 충돌, 폭발, 포획, 선원의 불법행위 등임. 다만 약관(당사자의 특약)에 의하여 특정사고를 보험사고에서 제외할 수 있음.
- 해상사업에 관한 사고라 함은 '해상사업에 고유한 사고(즉 항해의 결과 또는 항해에 부수해서 생기는 모든 위험)뿐만 아니라, 해상사업에 부수하는 육상위험'도 포함함.
- 해상보험은 해상사업에 관한 모든 사고를 담보하는 것이 원칙이기는 하나, 예외적으로 당사자 간의 특약에 의하여 일정한 사고를 보험사고에서 제외할 수도 있고, 또는 내수항행에 관한 사고나 육상에 있어서의 사고를 포함시켜 보험사고의 범위를 확대할 수도 있음.

(3) 보험기간
- 해상보험계약의 보험기간에 대하여 기간보험의 경우는 문제가 없으나, 항해보험의 경우는 보험기간의 개시와 종료에 대하여 문제가 있기 때문에 특별규정을 두고 있음.

5.3. 손해보험

1) 선박보험
- 항해단위로 한 선박보험의 보험기간은 하물(荷物) 또는 저하(底荷)의 선적에 착수한 때에 개시하고(상 699 ①), 도착항에서 하물 또는 저하를 양륙한 때에 종료함(상 700).
- 예외적으로 하물 또는 저하의 선적에 착수한 후에 보험계약이 체결된 경우에는 그 계약이 성립한 때에 개시하고(상 699 ③), 양륙이 지연된 경우로서 그 양륙이 불가항력으로 인하여 지연된 경우가 아니면 그 양륙이 보통 종료될 때에 종료됨(상 700).

2) 적하보험
- 원칙적으로 보험기간은 하물의 선적에 착수한 때에 개시하고(상 699 ②), 양륙항 또는 도착지에서 하물을 인도한 때에 종료함(상 700).
- 출하지를 정한 경우에는 그곳에서 운송에 착수한 때에 개시함(상 699②).
- 하물의 선적에 착수한 후에 보험계약이 체결된 경우에는 그 계약이 성립한 때에 개시하고(상 699 ③), 양륙이 지연된 경우로서 그 양륙이 불가항력으로 인하여 지연된 경우가 아니면 그 양륙이 보통 종료될 때에 종료됨(상 700).

(4) 보험가액
1) 서
- 당사자 간에 협정보험가액이 있는 경우(기평가보험)에는 원칙적으로 그 가액을 보험가액으로 함(상 670).

5.3. 손해보험

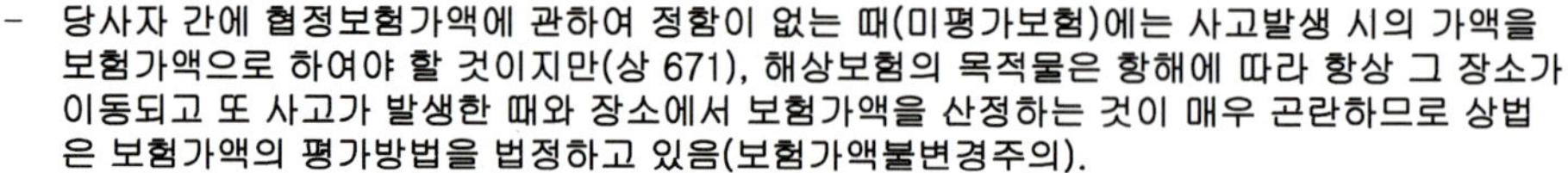

- 당사자 간에 협정보험가액에 관하여 정함이 없는 때(미평가보험)에는 사고발생 시의 가액을 보험가액으로 하여야 할 것이지만(상 671), 해상보험의 목적물은 항해에 따라 항상 그 장소가 이동되고 또 사고가 발생한 때와 장소에서 보험가액을 산정하는 것이 매우 곤란하므로 상법은 보험가액의 평가방법을 법정하고 있음(보험가액불변경주의).

2) 선박보험의 보험가액
- 선박보험에서는 보험자의 책임이 개시될 때의 선박가액(상 696 ①)을 보험가액으로 하는데, 이 경우에 선박의 속구·연료·양식 기타 항해에 필요한 모든 물건은 보험의 목적에 포함됨(상 696 ②).

3) 적하보험의 보험가액
- 적하의 보험에 있어서는 선적한 때와 곳의 적하의 가액과 선적 및 보험에 관한 비용을 보험가액으로 함(상 697).
- 적하의 가액은 적하의 선적시와 그 곳에서의 거래가격임.
- 적하보험의 보험가액에 육상운송보험의 경우와는 달리 운임을 포함시키지 않고 있음.

4) 희망이익보험의 보험가액
- 적하의 도착으로 인하여 얻을 이익 또는 보수의 보험에 있어서 계약으로 보험가액을 정하지 아니한 때에는 보험금액을 보험가액으로 한 것으로 추정함(상 698).

5.3. 손해보험

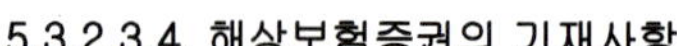

5.3.2.3.4. 해상보험증권의 기재사항
- 해상보험증권에 다음 사항을 기재하고 보험자가 기명날인 또는 서명함(상 666, 695).
- 해상보험증권에서는 일반손해보험증권의 기재사항(상 666조) 이외에 선박보험에서는 선박의 명칭,국적과 종류 및 항해의 범위(상 695조 1호), 적하보험에서는 선박의 명칭, 국적과 종류, 선적항과 양륙항 및 출하지와 도착지를 정한 때에는 그 지명(상 695조 2호), 보험가액을 정한 때에는 그 가액을 기재하여야 함.
  ① 보험목적
  ② 보험사고의 성질
  ③ 보험금액
  ④ 보험료와 그 지급방법
  ⑤ 보험기간을 정한 때에는 그 시기와 종기
  ⑥ 무효와 실권의 사유
  ⑦ 보험계약자의 주소와 성명 또는 상호
  ⑧ 보험계약의 연월일
  ⑨ 보험증권의 작성지와 그 작성연월일
  ⑩ 선박보험에서는 선박의 명칭·국적과 종류 및 항해의 범위
  ⑪ 적하보험에서는 선박의 명칭·국적과 종류, 선적항과 양륙항 및 출하지와 도착지를 정한 때에는 그 지명
  ⑫ 보험가액을 정한 때에는 그 가액

5.3. 손해보험

5.3.2.3.5. 해상보험계약의 변경.소멸
(1) 항해변경
- 항해의 변경은 발항항 도는 도착항의 한쪽 또는 양쪽을 변경하는 것임.
- 선박이 보험계약에서 정하여진 발항항이 아닌 다른 항에서 출항한 때에는 보험자는 책임을 지지 아니함(상 701①).
- 선박이 보험계약에서 정하여진 도착항이 아닌 다른 항을 향하여 출항한 때에도 같음(상 701②).
- 보험자의 책임이 개시된 후에 보험계약에서 정하여진 도착항이 변경된 경우에는 보험자는 그 항해의 변경이 결정된 때부터 책임을 지지 아니함(상 701③).
- 결정된 대로부터 보험자는 계약을 해지하지 아니하고 보험계약상의 책임을 지지 않게 되므로 도착항을 변경하여 항행하고 있는 경우에는 그 항행이 예정된 원항로를 떠나지 아니한 때라도 그 사고에 대한 보험자의 책임은 없음.
- 다만 항해의 변경이 전쟁이나 항구의 봉쇄 등과 같이 보험계약자의 책임과 관계없는 사유로 인한 경우에는 보험자는 항해변경 후의 사고에 대하여서도 보상책임을 짐.

(2) 이로
- 선박이 정당한 사유 없이 보험계약에서 정하여진 항로를 이탈한 경우에는 보험자는 그때부터 책임을 지지 아니함.
- 선박이 손해발생 전에 원항로로 돌아온 보험자는 책음을 지지 아니함(상 701의2).

5.3. 손해보험

(3) 발항 또는 항해의 지연
- 피보험자가 정당한 사유 없이 발항 또는 항해를 지연한 때에는 보험자는 발항 또는 항해를 지체한 이후의 사고에 대하여 책임을 지지 아니함(상 702).

(4) 선박변경
- 선박변경이란 보험계약에서 정하여진 선박이 다른 선박으로 변경되는 것을 말함.
- 적하를 보험에 붙인 경우에 보험계약자 또는 피보험자의 책임 있는 사유로 인하여 선박을 변경한 때에는 보험자는 그 변경 후의 사고에 대하여 책임을 지지 아니함(상 703).
- 선박자체를 보험의 목적으로 하는 선박보험에서는 선박의 대체로 선박보험 계약이 종료된다고 할 것임.

(5) 선박의 양도 등
- 선박보험의 경우에 보험자의 동의 없이 피보험자가 선박의 양도, 선급의 변경 또는 선박을 새로운 관리로 옮긴 때에는 보험계약은 종료함(상 703의2). 즉 선박의 양도에는 보험자의 동의가 있는 경우에만 보험계약이 이전되는 것임.
- 이 점은 손해보험법 통칙에서의 보험목적의 양도의 경우(상 697)와 구별됨.
- 선박의 양도를 보험계약의 자동종료사유의 하나로 규정하는 것은 선박보험계약을 체결함에 있어서 선박소유자가 누구인가 하는 점은 인수 여부의 결정 및 보험요율의 산정에 있어서 매우 중요한 요소이고, 따라서 소유자의 변경은 보험계약에 있어서 중대한 위험의 변경에 해당하기 때문임(大判 2004. 11. 11, 2003다30807).

5.3. 손해보험

5.3.2.3.6. 보험자의 면책사유

(1) 법정면책사유
- 해상보험자는 보험법 통칙(상 659, 660) 및 손해보험법 통칙(상 678)의 규정에 의하여 면책됨은 물론, 다음과 같은 해상보험자의 특유한 면책사유에 의하여도 면책됨.
- 해상보험자는 다음과 같은 사유에 대하여 면책됨.
   ① 선박보험 또는 운임보험에서 감항능력주의의무 해태로 인한 손해(상 706 ⅰ)
   ② 적하보험에서 용선자·송하인 또는 수하인의 고의 또는 중대한 과실로 인하여 생긴 손해(상 706 ⅱ)
   ③ 도선료·입항료·등대료·검역료 기타 선박 또는 적하에 관한 항해 중의 통상비용(상 706 ⅲ)
- 선박보험과 운임보험의 경우에는 발항 당시 안전하게 항해를 하기에 필요한 준비를 하지 아니하거나 필요한 서류를 비치하지 아니함으로써 생긴 손해에 대하여는 보험자는 보상책임을 지지 아니함(상 706 ⅰ).
- 보험사고가 감항능력의 결여 이후에 발생한 경우에는 보험자는 조건 결여의 사실, 즉 발항 당시의 불감항 사실만을 입증하면 그 조건 결여와 손해발생(보험사고) 사이의 인과관계를 입증할 필요 없이 보험금 지급책임을 부담하지 않게 됨(大判 1995. 09. 29, 93다53078).

(2) 약정면책사유
- 해상보험자는 법정면책사유 이외에도 약관의 규정에 의하여 면책될 수 있음.
- 해상보험의 약정면책약관에는 불이익변경금지규정이 적용되지 않음(상 663).

5.3. 손해보험

5.3.2.3.7. 해상보험자의 손해보상의무

(1) 보험자가 부담하는 손해
- 해상보험자는 원칙적으로 보험사고와 상당인과관계 있는 피보험이익에 관한 직접손해에 대하여만 보상할 책임을 부담하나(상 693), 예외적으로 간접손해에 대하여도 보상할 책임이 있음.

1) 공동해손으로 인한 손해의 보상
- 선박과 적하의 공동위험을 면하기 위한 선장의 선박 또는 적하에 대한 처분으로 인하여 생긴 손해 또는 비용은 공동해손으로 함(상 832).
- 해손은 선박과 적하의 공동위험을 면하기 위한 처분으로 인하여 생긴 손해와 비용을 말하는데, 이 해손을 다수가 나누어 부담하면 공동해손, 단독으로 부담하면 단독해손이 됨.
- 보험자는 피보험자가 지급할 공동해손 분담액을 보상할 책임이 있음.
- 그러나 보험의 목적의 공동해손분담가액이 보험가액을 초과할 때에는 그 초과액에 대한 분담액은 보상하지 아니함(상 694).

2) 해난구조료의 보상
- 항해선 또는 그 적하 기타의 물건이 어떠한 수면에서 위난에 조우한 경우에는 의무없이 이를 구조한 자는 결과에 대하여 상당한 보수를 청구할 수 있음.

5.3. 손해보험

- 항해선과 내수항행선간의 구조도 같음(상 849). 즉 해난구조라 함은 항해선 상호간 또는 항해선과 내수항행선간에 그 적하 기타의 물건이 어떠한 수면에서 위난을 당한 경우에 의무없이 이를 구조하는 것을 말함.
- 보험자는 피보험자가 보험사고로 인하여 발생하는 손해를 방지하기 위하여 지출한 구조료를 보상할 책임이 있음.
- 그러나 보험의 목적물의 구조료 분담가액이 보험가액을 초과할 때에는 그 초과액에 대한 분담액은 보상하지 아니함(상 694의2).

3) 특별비용의 보상
- 특별비용은 공동해손비용이나 해양사고구조료와는 구분되는 것으로 보험의 목적의 안전이나 보존을 위하여 지출하는 비용임.
- 보험자는 보험목적의 안전이나 보존을 위하여 지출한 특별비용을 보험금액의 한도 내에서 보상할 책임이 있음(상 694의3).

5.3. 손 해 보 험

(2) 보상책임의 범위
1) 전손의 경우
- 선박.적하 등에 관한 피보험이익이 전부 멸실한 경우 전부보험의 경우에는 보험가액의 전액이 보험금액이며 손해액이므로 그것이 곧 보상액임. 보험자의 보상액에는 이외에도 손해산정비용(상 676 ②), 손해방지비용(상 680 ①) 등이 포함됨.
- 또한 선박의 존부가 2월간 분명하지 아니한 때에는 그 선박의 행방이 불명한 것으로 하고, 이 경우에는 전손으로 추정하고 있음(상 711).
☞ 선박보험에 있어서의 전손

선박이 전멸된 경우	
피보험자가 선박의 점유를 상실한 경우	① 선박이 침몰하여 구조의 가능성이 없는 경우
	② 선박이 좌초하여 구조의 가능성이 없는 경우
	③ 선박이 선원에 의해 유기되어 회복의 가능성이 없는 경우
	④ 선박이 포획되어 회복의 가능성이 없는 경우
	⑤ 선박이 행방불명되어 회복이 불가능한 경우
물리적 수선불능의 경우	절대적 수선불능
	상대적 수선불능
경제적 수선불능의 경우	수선비가 선박가액에 육박하거나 초과하는 경우
	수선비가 선박의 가액의 3/4을 초과하는 경우(778 ① ii)

5.3. 손해보험

☞ 적하보험에 있어서의 전손

적하가 전멸되거나 이에 준하는 큰 손상을 입은 경우
피보험자가 적하의 점유를 상실한 경우
① 적하가 선박과 함께 침몰하여 구조의 가능성이 없는 경우
② 적하가 투하된 경우
③ 선박이 적하와 함께 행방불명된 경우
④ 포획의 판결을 받은 경우
⑤ 해적에 의해 약탈된 경우
⑥ 적하가 선장 또는 선원에 의하여 수하인 이외의 타인에게 양도되어 회복 가능성이 없는 경우
⑦ 항해도중에 적하가 매각된 경우 – 해상사고나 사고 수단으로 인해 매각된 경우에만 인정됨.

5.3. 손해보험

2) 분손의 경우

① 선박의 일부손해

- 선박의 일부가 훼손되어 그 훼손된 부분의 전부를 수선한 경우에는 보험자는 수선에 따른 비용을 1회의 사고에 대하여 보험금액을 한도로 보상할 책임이 있음(상 707의2 ①).
- 선박의 일부가 훼손되어 그 훼손된 부분의 일부를 수선한 경우에는 보험자는 수선에 따른 비용과 수선을 하지 아니함으로써 생긴 감가액을 보상할 책임 있음(상 707의2 ②).
- 선박의 일부가 훼손되었으나 이를 수선하지 아니한 경우에는 보험자는 그로 인한 감가액을 보상할 책임이 있음(상 707의2 ③).

② 적하의 일부손해

- 보험의 목적인 적하가 훼손되어 양륙항에 도착한 때에는 보험자는 그 훼손된 상태의 가액과 훼손되지 아니한 상태의 가액과의 비율에 따라 보험가액의 일부에 대한 손해를 보상할 책임이 있음(상 708).

③ 적하매각으로 인한 손해의 보상

- 항해도중 불가항력으로 보험의 목적인 적하를 매각한 때에는 보험자는 그 대금에서 운임 기타 필요한 비용을 공제한 금액과 보험가액과의 차액을 보상하여야 함(상 709①).
- 이 경우 매수인이 대금을 지급하지 아니한 때에는 보험자는 그 금액을 지급하여야 함.
- 보험자가 그 금액을 지급시 피보험자의 매수인에 대한 권리를 취득함(상 709 ②).

5.3. 손해보험

5.3.2.3.8. 보험위부
(1) 의 의
1) 보험위부의 개념
- 보험위부(保險委付)라 함은 해상보험의 성질상 전손과 동일하게 보아야 할 경우 또는 전손이 있음이고 추정되기는 하지만 그 증명이 곤란한 경우 등에는, 이것을 법률상 전손과 동일시하여 피보험자가 그 보험의 목적에 대한 모든 권리를 보험자에게 위부하고 보험자에 대하여 보험금의 전액을 청구할 수 있도록 하기 위한 제도임.
- 손해보험은 피보험이익의 전부 또는 일부의 멸실을 증명하지 않으면 손해의 보상을 받을 수 없다는 것이 일반원칙이나 해상위험의 특수한 성질상 이러한 손해보험의 일반원칙에 대한 예외를 두고 있는 것임.
- 해상위험의 특수한 성질상 손해의 입증이 어려운 때 당사자 사이의 보험계약관계를 원활하게 종료시키는 제도라고 할 수 있음.

2) 법적 성질
- 보험위부는 불요식의 법률행위이자 단독행위이며, 피보험자의 일방적 의사표시에 의하여 법적 효과가 발생하는 형성권임(통설).

3) 잔존물대위와 차이
- 잔존물대위는 보험위부와 다음과 같은 점에서 구별됨.

5.3. 손해보험

- 보험자대위는 법률상 당연히 발생하는 권리이나, 보험위부는 피보험자의 특별한 의사표시에 의하여 발생하는 권리임.
- 보험자대위에서 보험자는 그가 피보험자에게 지급한 이상으로 잔존물에 대한 권리를 취득할 수 없으나 보험위부에서 보험자는 그가 피보험자에게 지급한 보험금액보다 위부목적물의 가액이 큰 경우에도 그 위부목적물의 소유권을 취득할 수 있음.

(2) 보험위부의 원인
- 다음의 경우에 피보험자는 보험의 목적을 보험자에게 위부하고 보험금액의 전부를 청구할 수 있음(상 710).

i) 선박·적하의 점유상실
- 피보험자가 보험사고로 인하여 자기의 선박 또는 적하의 점유를 상실하여 이를 회복할 가능성이 없거나 회복하기 위한 비용이 회복하였을 때의 가액을 초과하리라고 예상될 경우에는 위부할 수 있음.
- 선박이나 적하의 점유를 상실한 원인은 묻지 않으며, 포획이나 압수 등의 경우도 포함된다고 봄.
- 포획이란 일반적으로 전시 국제법상, 교전국이 적 또는 중립국의 선박·화물을 몰수하는 것을 뜻함.

5.3. 손해보험

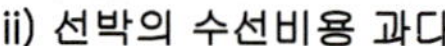

ii) 선박의 수선비용 과다
- 선박이 보험사고로 인하여 심하게 훼손되어 이를 수선하기 위한 비용이 수선하였을 때의 가액을 초과하리라고 예상될 경우. 단 선장이 지체 없이 다른 선박으로 적하의 운송을 계속한 때에는 피보험자는 그 적하를 위부할 수 없음(상 712).

iii) 적하의 수선비용·운송비용의 과다
- 적하가 보험사고로 인하여 심하게 훼손되어서 이를 수선하기 위한 비용과 그 적하를 목적지까지 운송하기 위한 비용과의 합계액이 도착하는 때의 적하의 가액을 초과하리라고 예상될 경우에는 피보험자는 그 적하를 위부할 수 있음.

(3) 보험위부의 요건
1) 위부의 무조건성
- 위부는 무조건이어야 함(상 714①). 즉 피보험자는 보험위부에 있어서 조건이나 기한을 붙여서는 안됨.

2) 위부의 범위
- 위부는 보험의 목적의 전부에 대하여 이를 하여야 함.
- 그러나 위부의 원인이 그 일부에 대하여 생긴 때에는 그 부분에 대하여서만 이를 할 수 있음(상 714②).
- 보험가액의 일부를 보험에 붙인 경우에는 위부는 보험금액의 보험가액에 대한 비율에 따라서만 이를 할 수 있음(상 714③).

5.3. 손해보험

3) 보험위부의 통지
- 피보험자가 위부를 하고자 할 때에는 상당한 기간 내에 보험자에 대하여 그 통지를 발송하여야 함(상 713①).
- 상당한 기간이란 피보험자가 위부의 원인을 증명하고 위부권을 행사할 수 있는 합리적인 기간임.

4) 보험의 목적에 관한 사항의 통지
- 피보험자가 위부를 함에 있어서는 보험자에 대하여 보험의 목적에 관한 다른 보험계약과 그 부담에 속한 채무의 유무와 그 종류 및 내용을 통지하여야 함(상 715①).
- 이는 보험자에게 중복보험의 유무를 알리기 위함과 담보물권자의 권리행사에 대비하기 위한 것임.
- 보험자는 위의 통지를 받을 때까지 보험금액의 지급을 거부할 수 있음(상 715②).
- 보험금액의 지급에 관한 기간의 약정이 있는 때에는 그 기간은 위의 통지를 받은 날로부터 기산함(상 715③).

5.3. 손해보험

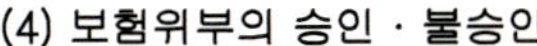

(4) 보험위부의 승인 · 불승인
- 보험위부는 피보험자의 일방적 의사표시에 의하여 효력이 발생하는 단독행위에 속하므로 보험자의 승인은 위부의 요건이 아니며 위부의 원인에 대한 증명을 요구하지 않는 다는 뜻임.

1) 위부의 승인
- 보험자가 위부를 승인한 때에는 위부원인을 증명할 필요가 없으며, 또 보험자는 후일 그 위부에 대하여 다시 이의를 하지 못함(상 716).
- 즉 보험자의 위부의 승인 또는 이의는 위부의 효력 자체에 관한 것이 아니고, 위부원인의 증명에 관한 것임.
- 보험자가 위부를 승인한 후에는 그 위부에 대하여 이의를 하지 못함. 즉 보험금 청구를 거절할 수 없음.

2) 위부의 불승인
- 보험자가 위부를 승인하지 아니한 때에는 피보험자는 위부의 원인을 증명하지 아니하면 보험금액의 지급을 청구하지 못함(상 717).

5.3. 손해보험

(5) 보험위부의 효과
1) 보험자의 권리 · 의무
- 보험자는 위부로 인하여 보험의 목적에 관한 피보험자의 모든 권리 취득(상 718①).
- 위부에 의하여 보험자에게 이전되는 권리는 모든 권리이므로 보험의 목적물에 관한 소유권과 피보험자가 가지고 있는 직접의 권리가 포함됨은 당연함.
- 그러나 위부의 원인인 손해가 제3자의 행위에 의하여 생긴 경우에 피보험자가 제3자에 대하여 취득하는 권리도 포함되는 지에 대해 적극설과 소극설로 나뉘어 있음.
- 권리이전의 시기에 대해 상법에 규정이 없으나 위부의 의사표시가 보험자에게 도달된 때에 그 권리가 이전한다고 풀이함(통설).
- 따라서 보험금액의 지급을 요건으로 하는 보험자대위와 구별되며 위부의 경우에는 보험자가 보험금액을 지급하였는지는 묻지 않음.

2) 피보험자의 권리 · 의무
- 피보험자는 원칙적으로 보험금액의 전액을 청구할 수 있음(상 710).
- 그러나 예외적으로 위부의 원인이 보험의 목적의 일부에 대하여 생긴 때에는 그 부분에 대한 보험금액만을 청구할 수 있음(상 714 ②).
- 또한 일부보험의 경우에는 보험금액의 보험가액에 대한 비율에 따라서만 청구할 수 있음(상 714 ③).
- 피보험자가 위부를 한 때에는 보험의 목적에 관한 모든 서류를 보험자에게 교부하여야 함(상 718②).

5.3. 손해보험

5.3.2.3.9. 예정보험
(1) 의 의
- 예정보험계약이란 보험계약의 체결 시에 그 계약내용의 전부 또는 일부가 미확정인 보험계약을 말함.
- 이에 반하여 계약내용이 전부 확정된 것을 확정보험이라고 함. 상법은 이러한 예정보험은 보험계약의 예약이 아니라 독립된 보험 계약으로 다루고 있음.
- 예정보험에는 개별적 예정보험과 포괄적 예정보험이 있음.
- 포괄적 예정보험이란 즉, 일정기간에 적재될 화물에 대하여 일정한 조건하에 포괄적·계속적으로 체결하는 보험계약을 말함.

(2) 선박미확정의 적하예정보험
- 선박미확정의 적하예정보험은 보험계약체결 당시에 하물을 적재할 선박을 지정하지 아니한 보험을 말함(상 704①).
- 보험계약의 체결 당시에 하물을 적재할 선박을 지정하지 아니한 경우에 보험계약자 또는 피보험자가 그 하물이 선적되었음을 안 때에는 지체 없이 보험자에 대하여 그 선박의 명칭, 국적과 하물의 종류, 수량과 가액의 통지를 발송하여야 함(상 704①).
- 통지 방법은 묻지 않으나 통지의 발송사실에 대한 입증책임은 보험계약자에게 있음.
- 이 통지를 해태한 때에는 보험자는 그 사실을 안 날부터 1월 내에 계약을 해지할 수 있음(상 704②).

5.3. 손해보험

5.3.2.4. 책임보험계약
5.3.2.4.1. 책임보험계약의 의의
(1) 책임보험계약의 개념
- 책임보험계약이란 피보험자가 보험기간 중의 사고로 인하여 제3자에게 손해배상책임을 지는 경우에 보험자가 이로 인한 손해를 보상할 것을 목적으로 하는 손해보험계약임(상 719).
- 책임보험은 피보험자가 보험사고로 인하여 직접 입은 재산상의 손해를 보상하는 것이 아니고, 제3자에 대한 손해배상책임을 짐으로써 입은 간접손해를 보상할 것을 목적으로 하는 점에서 일반손해보험과 다른 특징이 있음.

(2) 책임보험계약의 성질
- 책임보험은 물건에 대한 손해가 아니고 피보험자의 일반재산에 대한 손해를 보상하는 보험이므로 재산보험이면서 손해보험임.
- 그리고 책임보험은 피보험자가 보험사고 인하여 보험의 목적에 직접 입은 재산상의 손해를 보상하는 것이 아닌 피보험자의 제3자에게 손해배상책임을 부담함으로써 입은 간접손해를 보상하는 점에서 일반손해보험과 다름.

5.3.2.4.2. 책임보험계약의 요소
(1) 보험의 목적
- 보험의 목적은 피보험자가 지는 배상책임(소극재산)이며, 그 범위는 피보험자의 모든 재산임.

5.3. 손해보험

- 피보험자가 경영하는 사업에 관한 책임을 보험의 목적으로 한 때에는 피보험자의 대리인 또는 그 사업감독자의 제3자에 대한 책임도 보험의 목적에 포함됨(상 721).

(2) 피보험이익
- 책임보험은 물건보험과는 달리 금전으로 산정할 수 있는 이익을 가지고 있는 것이 아니므로 피보험이익의 관념을 인정할 수 있는 가에 대해 긍정하는 설과 부정하는 설로 나뉨.
- 긍정하는 견해에서도 피보험자가 제3자에 대한 재산적 급여를 하는 책임을 부담할 사실이 발생하지 아니하는 것에 대하여 가지고 있는 경제적 이익 또는 책임보험에 있어서의 피보험이익을 피보험자의 전 재산에 관하여 이를 감소하게 할 사고가 생기지 않음으로 인하여 가지는 경제적 이익이라고 풀이하는 견해 등으로 나뉨.

(3) 보험가액
- 책임보험에서는 물건보험에 있어서와 같이 피보험이익을 미리 평가할 수 없으므로 보험가액은 원칙적으로 존재하지 않음. 따라서 초과보험(상 699), 중복보험(상 672), 일부보험(상 674)의 관념은 없음.
- 다만 예외적으로 물건보관자의 책임보험(상 725)에서와 같이 보험자의 책임이 일정한 목적물에 생긴 손해로 제한되어 있어 보험가액을 측정할 수 있는 경우에는 초과보험, 중복보험, 일부보험이 인정될 수 있고, 수 개의 책임보험이 동시 또는 순차로 체결되어 보험금액의 총액이 피보험자의 제3자에 대한 손해배상액을 초과하는 경우(상 725의21)에는 중복보험의 규정이 준용됨.

5.3. 손해보험

(4) 보험사고
- 책임보험에서는 보험사고에 의해 손해를 입는 것은 제3자인 피해자이고, 이에 대해 피보험자가 배상책임을 지는지 여부 및 정도가 결정되어야 피보험자의 책임을 논할 수 있음.
- 이에 대해 책임보험에서의 보험사고가 무엇을 말하는지에 대하여 학설은 ① 사고발생설(손해사고설) ② 손해배상청구설 ③ 책임부담설 ④ 채무확정설 ⑤ 손해배상책임이행설로 나뉘어 있음.

(5) 손해배상책임
1) 손해배상책임의 발생원인
- 피보험자의 손해배상책임은 계약상 책임이든 법률상 책임이든 불문하고, 채무불이행에 의한 책임이든 불법행위에 의한 책임이든 불문함.

2) 손해배상책임의 범위
- 책임보험에서 보험자는 피보험자의 제3자에 대한 고의로 인하지 않은 모든 배상책임을 담보함(상 659 ①).

3) 제3자의 범위
- 책임보험에서는 그 성질상 피해자인 제3자가 존재함.
- 이때 제3자라 함은 피보험자 이외의 피해자를 말하는데, 피보험자의 동거가족은 제3자에 포함되지 않음.

5.3. 손해보험

5.3.2.4.3. 책임보험계약의 효과
(1) 보험자의 손해보상의무
1) 손해보상의 요건
- 책임보험계약의 보험자는 피보험자가 보험기간 중의 사고로 인하여 제3자에게 배상할 책임을 진 경우에 이를 보상할 책임이 있음(상 719).
- 제3자가 이로 인하여 인적 물적 손해를 입어야 하고, 피보험자(가해자)는 제3자(피해자)에 대하여 법률상 손해배상책임을 부담해야 하며 보험자에게 면책사유가 없어야 함.
- 손해사고의 발생은 보험기간 중에 생긴 것이어야 하나 피해청구가 그 기간 내에 행사 되어야 하는 것은 아님.
- 상법은 책임보험의 면책사유에 대해 따로이 정한 바가 없으므로 보험법 일반의 면책사유와 보험약관에서 정한 면책사유에 의해 보험자는 면책될 것임.

2) 손해보상의 범위
- 책임보험자의 보상책임의 범위는 보통 당사자 간에 약정한 보험금액의 범위 내에서, 피보험자가 피해자에게 지급한 손해배상액을 한도로 함.
- 약정보상책임 이외에도 일정한 경우에 보험자는 보상책임이 있음.
- 즉 피보험자가 제3자에 대하여 변제·승인·화해 또는 재판으로 인하여 확정된 채무(상 723 ①·③)를 지급하여야 함.

5.3. 손해보험

- 또한 피보험자가 제3자의 청구를 방어하기 위하여 지출한 재판상 또는 재판 외의 필요비용은 보험의 목적에 포함된 것으로 함.
- 피보험자는 보험자에 대하여 그 비용의 선급을 청구할 수 있음(상 720①).
- 피보험자가 담보의 제공 또는 공탁으로써 재판의 집행을 면할 수 있는 경우에는 보험자에 대하여 보험금액의 한도 내에서 그 담보의 제공 또는 공탁을 청구할 수 있음(상 720②).
- 위 행위가 보험자의 지시에 의한 것인 경우에는 그 금액에 손해액을 가산한 금액이 보험금액을 초과하는 때에도 보험자가 이를 부담하여야 함(상 720③).
- '방어비용'은 피해자가 보험사고로 인적·물적 손해를 입고 피보험자를 상대로 손해배상청구를 한 경우에 그 방어를 위하여 지출한 재판상 또는 재판 외의 필요비용을 말하는 것으로서, 방어비용 역시 원칙적으로는 보험사고의 발생을 전제로 하는 것임.
- 보험사고의 범위에서 제외되어 있어 보험자에게 보상책임이 없는 사고에 대하여는 보험자로서는 자신의 책임제외 또는 면책 주장만으로 피해자로부터의 보상책임에서 벗어날 수 있기 때문에 피보험자가 지출한 방어비용은 보험자와는 무관한 자기 자신의 방어를 위한 것에 불과하여 이러한 비용까지 보험급여의 범위에 속하는 것이라고 하여 피보험자가 보험자에 대하여 보상을 청구할 수는 없음.
- 피보험자가 경영하는 사업에 관한 책임을 보험의 목적으로 한 때에는 피보험자의 대리인 또는 그 사업감독자의 제삼자에 대한 책임도 보험의 목적에 포함된 것으로 함(상 721).

5.3. 손해보험

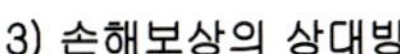

3) 손해보상의 상대방
- 책임보험자의 손해보상의 상대방은 피보험자(상 724 ①) 또는 피해자임(상 724 ②, 725).
- 임차인 기타 타인의 물건을 보관하는 자가 그 지급할 손해배상을 위하여 그 물건을 보험에 붙인 경우에는 그 물건의 소유자는 보험자에 대하여 직접 그 손해의 보상을 청구할 수 있음(상 725).

4) 손해보상의 시기
- 보험자는 특별한 약정이 없으면, 피보험자의 채무확정통지를 받은 날로부터 10일 이내에 보험금액을 지급하여야 함(상 723 ②).
- 그러나 보험자는 피보험자가 책임을 질 사고로 인하여 생긴 손해를 제3자에게 배상을 하기 전에는 보험금액의 전부 또는 일부를 피보험자에게 지급하지 못함(상 724 ①).

5) 수 개의 책임보험
- 피보험자가 동일한 사고로 제3자에게 배상책임을 짐으로써 입은 손해를 보상하는 수 개의 책임보험계약이 동시 또는 순차로 체결된 경우에, 그 보험금액의 총액이 피보험자의 제3자에 대한 손해배상액을 초과하는 때에는 각 보험자는 보험금액의 한도에서 연대책임을 지고, 각자의 보험금액의 손해배상액에 대한 비율에 따른 보상책임을 짐(상 725의2, 672, 673).

5.3. 손해보험

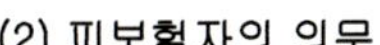

(2) 피보험자의 의무
1) 보험자에 대한 통지의무
- 보험계약자 또는 피보험자는 제3자에게 배상책임을 지게 될 사고가 생긴 때에는 지체 없이 이를 보험자에게 통지를 발송할 의무, 배상청구통지의무, 채무확정통지의무를 부담함.
- 피보험자는 제3자에게 배상책임을 질 사고가 발생한 것을 안 때에는 지체 없이 이에 관하여 보험자에게 통지를 발송하여야 하며(상 657), 피보험자가 제3자로부터 배상의 청구를 받은 때에는 지체 없이 보험자에게 그 통지를 발송하여야 함(상 7227).
- 또한 피보험자가 제3자에 대하여 변제, 승인, 화해 또는 재판으로 인하여 채무가 확정된 때에는 지체 없이 보험자에게 그 통지를 발송하여야 함(상 723①).
- 판결에 의하지 아니하고 가해자인 피보험자와 피해자 사이의 서면에 의한 합의로 배상액이 결정된 경우 보험회사는 보험약관에서 정한 보험금 지급기준에 의하여 산출된 금액의 한도 내에서 보험금을 지급할 의무가 있음(大判 1992. 11. 24, 92다28631).

2) 보험자와의 협의의무(보험자에 대한 협조의무)
- 피보험자가 손해사고로 인하여 제3자에게 손해를 배상하는 것은 결국 보험자의 부담으로 되므로, 피보험자는 제3자에 대한 변제 · 승인 · 화해 등으로 채무를 확정함에 있어서 보험자와 사전에 협의하여야 한다고 봄(통설).
- 상법도 피보험자는 보험자의 요구가 있을 때에는 필요한 서류 · 증거의 제출, 증언 또는 증인의 출석에 협조하여야 함(상 724④)고 규정하고 있는 것은 보험자에 대한 협조의무를 정하고 있는 것임.

5.3. 손해보험

(3) 보험자와 제3자와의 관계
1) 피해자의 보험금 직접청구권
- 보험자는 피보험자가 책임을 질 사고로 인하여 생긴 손해에 대하여 제3자가 그 배상을 받기 전에는 보험금액의 전부 또는 일부를 피보험자에게 지급하지 못함(상 724①).
- 제3자는 피보험자가 책임을 질 사고로 입은 손해에 대하여 보험금액의 한도 내에서 보험자에게 직접 보상을 청구할 수 있음.
- 그러나 보험자는 피보험자가 그 사고에 관하여 가지는 항변으로써 제3자에게 대항할 수 있음(상 724②).

2) 직접청구권의 법적 성질
- 보험자에 대한 피해자의 보험금 직접청구권의 법적 성질에 대해 학설은 손해배상청구권설과 보험금청구권설로 나뉨. 판례는 손해배상청구권설의 입장에 있음.
- 이 경우에 보험자가 지체 없이 피보험자에게 이를 통지하여야 함(상 724③).
- 아울러 피보험자는 보험자의 요구가 있을 때에는 필요한 서류·증거의 제출, 증언 또는 증인의 출석에 협조하여야 함(상 724④).

(4) 소멸시효
- 보험금청구권은 2년의 소멸시효로 소멸하므로 피해자인 제3자의 청구권도 가해자인 피보험자와 피해자인 제3자 사이에 채무가 확정된 때로부터 2년이 지나면 시효로 소멸하며 보험금청구권의 전제인 배상청구권이 시효로 소멸한 때에도 보험금청구권이 소멸한다고 봄

5.3. 손해보험

5.3.2.4.4. 재보험계약
(1) 재보험계약의 의의
- 재보험계약이란 위험의 분산을 도모하기 위하여 어떤 보험자가 보험계약에 의해 자기가 인수한 보험금지급 기타의 급여책임의 전부 또는 일부를 다른 보험자에게 다시 보험에 붙이는 보험계약임(상 661).
- 이 재보험에 대해 그 계약의 원인이 되는 본래의 보험계약을 원보험, 원수보험 또는 주보험(original insurance)이라고 함.

(2) 재보험계약의 법적 성질
- 재보험계약의 법적 성질에 관하여 재보험계약은 원보험자의 보험급여책임의 전부 또는 일부에 관하여 체결하는 보험계약이라는 점에서 책임보험의 일종이라고 봄(통설).
- 따라서 책임보험에 관한 규정을 재보험계약에 준용함(상 726).

(3) 재보험계약의 법률관계
1) 재보험자와 원보험자 간의 법률관계
- 재보험자는 책임보험의 보험자로서 권리.의무를 갖고, 원보험자는 책임보험의 보험계약자로서 권리·의무를 가짐.
- 재보험자는 손해보상의무를 부담하고 재보험자가 원보험자에게 보험금을 지급한 때에는 재보험금의 한도에서 원보험자가 가지는 제3자에 대한 권리를 대위하여 취득함(상 682).
- 원보험자의 가장 중요한 의무는 재보험료지급의무임.

5.3. 손해보험

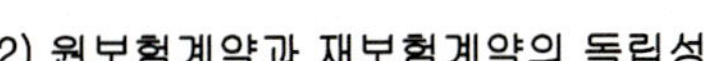

2) 원보험계약과 재보험계약의 독립성
- 재보험계약은 원보험계약과 법률상 완전히 독립한 계약이므로, 재보험계약은 원보험계약의 효력에 아무런 영향을 미치지 아니함(상 661 후단).
- 즉 원보험계약과 재보험계약은 법률적으로 독립된 별개의 계약임. 원보험이 인보험이든 손해보험이든 그 재보험은 손해보험이 됨.

3) 재보험자와 원보험계약의 피보험자 또는 보험계약자와의 법률관계
- 재보험자와 원보험계약의 피보험자와는 직접적인 법률관계는 없으나, 원보험계약의 피보험자는 원보험자가 보험금을 지급하지 않으면 재보험자에게 보험금을 직접 청구할 수 있음(상 726, 724 ②).
- 즉 책임보험계약에서 피보험자의 책임있는 사고로 제3자가 손해를 입은 경우 피해자의 보험금청구권을 인정하고, 재보험의 경우 책임보험에 관한 규정이 준용되므로 원보험자가 그 보험계약에 대하여 재보험계약을 체결하였을 때에 원보험계약의 피보험자 또는 보험수익자는 재보험자에 대하여 그가 지급할 보험금의 한도에서 직접 보험금청구권을 행사할 수 있는 것임.
- 그러나 재보험자는 원보험계약의 보험계약자에게 재보험료의 지급청구를 할 수 없음.

5.3. 손해보험

5.3.2.5. 자동차보험계약
5.3.2.5.1. 자동차보험계약의 의의
- 자동차보험은 피보험자가 자동차를 소유, 사용 또는 관리하는 동안에 발생한 사고로 인하여 생긴 손해의 보상을 목적으로 하는 손해보험임(상 726의2).
- 자동차보험에서 사고라 함은 보험증권에 기재된 자동차를 그 용법에 따라 사용 중 그 자동차에 기인하여 피보험자가 상해를 입거나 사망하는 경우를 의미함(大위 1989.4.25, 88다카 11787).

5.3.2.5.2. 자동차보험계약의 종류
- 자동차보험계약은 ① 개인용자동차보험 ② 업무용 자동차보험 ③ 영업용 자동차보험 ④ 이륜자동차보험 및 ⑤ 농기계보험으로 나뉜다(자동차보험 표준약관 1조).
- 또한 보험자가 담보하는 위험에 따라 ① 대물배상책임보험 ② 대인배상책임보험 ③ 차량보험 ④ 자기신체사고보험으로 나눌 수 있음.

대물(상대차)	책임보험: 강제보험, 한도 유	종합보험: 임의보험
대인(상대방)		대인/자손: 대인은 한도 무, 자손은 한도 유
자차(자기차)		대물/자차: 차량가액이 한도
자손(자기)		

5.3. 손해보험

5.3.2.5.3. 자동차보험증권의 기재사항
- 자동차보험증권에는 다음의 사항을 기재하고 보험자가 기명날인 또는 서명하여야 함(상 726의2).
  ① 보험목적
  ② 보험사고의 성질
  ③ 보험금액
  ④ 보험료와 그 지급방법
  ⑤ 보험기간을 정한 때에는 그 시기와 종기
  ⑥ 무효와 실권의 사유
  ⑦ 보험계약자의 주소와 성명 또는 상호
  ⑧ 보험계약의 연월일
  ⑨ 보험증권의 작성지와 그 작성연월일
  ⑩ 자동차소유자와 그 밖의 보유자의 성명.생년월일 또는 상호,
  ⑪ 피보험자동차의 등록번호 · 차대번호 · 차형연식과 기계장치
  ⑫ 차량가액을 정한 때에는 그 가액

5.3. 손해보험

5.3.2.5.4. 자동차의 양도와 보험의 승계
- 자동차의 양도라 함은 매매 또는 증여로 인하여 양도인이 양수인에게 소유권을 이전하는 것을 의미하는데, 자동차관리법상 그 소유권의 이전은 등록하여야 효력이 생긴다(동법 제5조).
- 피보험자가 보험기간 중에 자동차를 양도한 때에는 양수인은 보험자의 승낙을 얻은 경우에 한하여 보험계약으로 인하여 생긴 권리와 의무를 승계함(상 726의4 ①).
- 물건보험의 경우 보험목적이 양도된 때에는 양수인이 보험계약상의 권리와 의무를 승계한 것으로 추정하는 것(상 679 ①)과는 달리, 자동차보험의 경우는 보험자의 승낙이 있어야 양수인은 보험계약상의 권리와 의무를 승계하는 것으로 특칙을 두었음.
- 보험자가 양수인으로부터 양수사실을 통지 받은 때에는 지체 없이 낙부를 통지하여야 하고 통지 받은 날부터 10일 내에 낙부의 통지가 없을 때에는 승낙한 것으로 봄(상 726의4 ②).

5.4. 인 보 험

5.4.1. 총칙
5.4.2. 생명보험계약
5.4.3. 상해보험계약

제5편 보험법

5.4. 인 보 험

5.4.1. 총칙
5.4.1.1. 인보험계약의 의의
5.4.1.2. 인보험의 특성
5.4.1.3. 인보험증권의 기재사항
5.4.1.4. 제3자에 대한 보험자대위의 금지

5.4.2. 생명보험계약
5.4.2.1. 생명보험계약의 의의
5.4.2.2. 생명보험계약의 종류
5.4.2.3. 타인의 생명보험
5.4.2.4. 타인을 위한 생명보험

5.4.3. 상해보험계약
5.4.3.1. 상해보험계약의 의의
5.4.3.2. 상해보험증권의 기재사항
5.4.3.3. 상해보험의 보험사고
5.4.3.4. 생명보험에 관한 규정의 준용

5.4. 인 보 험

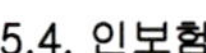

5.4. 인보험

5.4.1. 총 칙

5.4.1.1. 인보험 계약의 의의

(1)인보험계약의 의의

- 인보험 계약이란 보험자가 피보험자의 생명 또는 신체에 관하여 보험사고가 생길 경우에 보험계약이 정하는 바에 따라 보험금액 기타의 급여를 할 것을 목적으로 하는 보험계약을 말함(상 727).
- 상법은 인보험을 생명보험과 상해보험으로 나누고 있음.

(2) 인보험계약의 특성

- 인보험은 보험의 목적이 사람이고, 사람의 생명과 신체에 관한 사고를 보험사고로 하는 점, 보험계약을 체결하는 동기가 손해의 보상이 아닌 점에서 정액보험인 점, 피보험이익의 관념을 인정할 수 없고, 따라서 초과보험, 중복보험, 일부보험의 문제가 없는 점 등에서 차이가 있음.

5.4. 인 보 험

5.4.1.2. 인보험증권

- 인보험증권에는 다음의 사항을 기재하고 보험자가 기명날인 또는 서명하여야 함(상 727, 695).
    ① 보험목적
    ② 보험사고의 성질
    ③ 보험금액
    ④ 보험료와 그 지급방법
    ⑤ 보험기간을 정한 때에는 그 시기와 종기
    ⑥ 무효와 실권의 사유
    ⑦ 보험계약자의 주소와 성명 또는 상호
    ⑧ 보험계약의 연월일
    ⑨ 보험증권의 작성지와 그 작성연월일
    ⑩ 보험계약의 종류
    ⑪ 피보험자의 주소 · 성명 및 생년월일
    ⑫ 보험수익자를 정한 때에는 그 주소 · 성명 및 생년월일

5.4. 인 보 험

5.4.1.3. 제3자에 대한 보험자대위의 금지
- 인보험의 경우 보험자는 보험사고로 인하여 생긴 보험계약자 또는 보험수익자의 제3자에 대한 권리를 대위하여 행사하지 못함.
- 그러나 상해보험계약의 경우에 당사자 간에 다른 약정이 있는 때에는 보험자는 피보험자의 권리를 해하지 아니하는 범위 안에서 그 권리를 대위하여 행사할 수 있음(상 729).
- 인보험에서는 보험의 목적 및 그 멸실이 없으므로 잔존물대위는 문제되지 않음.
- 인보험계약에서 보험자대위를 금지하는 이유는 인보험에 있어서 보험의 목적인 사람의 생명, 신체는 보험가액을 산정할 수 없으므로 실손해액 이상의 이익을 보게 된다고 할 수 없으며, 또 실손해액과는 관계없이 일정한 보험금액 기타의 급여를 지급받도록 되어 있기 때문임

5.4.2. 생명보험계약
5.4.2.1. 생명보험계약의 의의
- 생명보험계약이란 보험자가 피보험자의 생명에 관한 보험사고가 생길 경우에 약정한 보험금액을 지급하기로 하는 인보험계약을 말함(상 730).
- 생명보험은 사람의 생존과 사망을 보험사고 하며, 보험사고가 생기면 피보험자에게 손해가 있느냐 없느냐를 따지지 아니하고 계약에서 정한 보험금액을 지급하는 정액보험임.

5.4. 인 보 험

5.4.2.2. 생명보험계약의 종류
- 보험사고에 따라 사망보험, 생존보험, 혼합보험(양로보험)으로 나뉘며,
- 피보험자의 수에 따라 개인보험, 연생보험(피보험자 2인 중 1인의 사망을 보험사고로 하는 보험계약), 단체보험으로 나뉘며,
- 보험금액의 지급방법에 따라 일시금보험(자금보험), 연금보험(보험금을 일시에 지급하지 않고 약정에 따라 나뉘어 지급하는 것으로 사망 시까지 생존을 조건으로 매년 연금을 지급하는 종신연금보험과 일정한 기간을 정하여 그 기간까지만 지급하는 정기연금보험으로 나뉨)
- 그 밖에 보험계약자를 보험회사의 이익배당에 참여시키는가에 따라 이익배당부보험과 무이익배당보험(무배당보험)이 있고, 신체검사의 유무에 따라 진사보험(診査保險)과 무진사보험이 있음.
- 사망보험은 피보험자의 사망만을 보험사고로 하는 보험이고, 생존보험은 일정한 연령까지 생존할 경우 보험금을 지급키로 하는 보험이며, 혼합보험(양로보험)은 사망과 생존의 양자를 모두 담보하는 보험을 말함.
- 즉 양로보험계약에서는 보험기간 중 피보험자가 사망하면 사망보험금을, 그 기간이 종료할 때까지 생존하면 생존보험금을 지급하는 보험으로서 피보험자의 생과 사를 모두 담보하므로 생사혼합보험이라고도 함.

5.4. 인 보 험

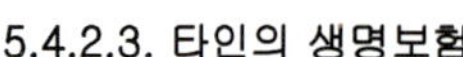

5.4.2.3. 타인의 생명보험
5.4.2.3.1. 의 의
(1) 타인의 생명의 보험계약의 의의
- 타인의 생명보험이라 함은 보험계약자가 자기 이외의 제3자를 피보험자로 한 생명보험을 말함.

(2) 타인의 생명의 보험계약의 제한
- 타인의 생명에 대해 보험을 무한정 인정하게 되면 인위적 사고의 위험 등 악용될 우려가 있으므로 이를 제한할 필요가 있음.
- 즉 타인의 생명보험을 제한하는 이유는 도박보험의 위험성과 피보험자 살해의 위험성 외에도 피해자의 동의를 얻지 아니하고 타인의 사망을 이른바 사행계약상의 조건으로 삼는다는 데서 오는 공서양속 침해의 위험성을 배제하기 위한 것임(大判 1989.11.28, 88다카33367; 大判 2003. 07. 22, 2003다24451).
- 그러나 피보험자와 보험수익자가 동일인인 타인을 위한 타인의 사망보험 및 생존만을 담보하는 타인의 생명보험(생존보험) 등에 있어서는 피보험자의 동의를 요하지 않는다고 봄.
- 제한하는 방법에는 보험수익자가 피보험자의 생존에 관해 이익을 갖는 경우에만 타인의 생명보험을 인정하는 이익주의와 보험수익자가 피보험자의 동의를 얻은 경우에만 보험이 허용되는 동의주의가 있는데 상법은 동의주의를 취하고 있음.

5.4. 인 보 험

5.4.2.3.2. 피보험자의 동의
(1) 동의를 요하는 경우
- 타인의 사망을 보험사고로 하는 보험계약에는 보험계약 체결 시에 그 타인의 서면에 의한 동의를 얻어야 함(상 731 ①).
- 타인의 사망을 목적으로 하여야 하므로 타인의 생존보험의 경우에는 그 동의를 요하지 아니함.
- 타인은 자기 이외의 사람을 의미하므로 부부 간일지라도 서면의 동의를 얻어야 함.
- 단체보험의 경우에는 개별적인 피보험자의 동의를 요하지 않음.
- 보험계약으로 인하여 생긴 권리를 피보험자가 아닌 자에게 양도하는 경우에도 같음(상 731 ②).
- 즉 타인의 사망보험계약이 성립되어 보험수익자가 가지는 보험계약상의 권리, 즉 보험금청구권을 피보험자가 아닌 제3자에게 양도하는 경우에도 피보험자의 동의를 얻어야 함.
- 타인의 사망보험계약을 체결한 후 보험계약자가 보험수익자를 지정·변경하는 경우에도 피보험자를 보험수익자로 하지 않는 한 피보험자의 동의를 얻어야 함.

(2) 동의의 성질
- 당사자의 특약으로 배제할 수 없는 강행법적 성질을 가지며, 피보험자의 동의는 효력요건으로 보아야 할 것임(통설). 판례도 효력요건으로 보고 있음.

5.4. 인 보 험

(3) 동의의 시기와 방식
- 피보험자인 타인의 동의는 보험계약 체결 시에 서면에 의하여야 함.
- 타인의 사망을 보험사고로 하는 보험계약에 있어서 피보험자가 서면으로 동의의 의사표시를 하여야 하는 시점은 보험계약체결 시까지임(大判 1996. 11. 22, 96다37084).
- 타인의 사망을 보험사고로 하는 보험계약에 있어 피보험자인 타인의 동의는 각 보험계약에 대하여 개별적으로 서면에 의하여 이루어져야 하고 포괄적인 동의 또는 묵시적이거나 추정적 동의만으로는 부족하나(大判 2006. 09. 22, 2004다56677), 피보험자인 타인의 서면동의가 그 타인이 보험청약서에 자필 서명하는 것만을 의미하지는 않으므로 타인으로부터 특정한 보험계약에 관하여 서면동의를 할 권한을 구체적.개별적으로 수여받았음이 분명한 사람이 권한 범위 내에서 타인을 대리 또는 대행하여 서면동의를 한 경우에도 그 타인의 서면동의는 적법한 대리인에 의하여 유효하게 이루어진 것임(大判 2006. 12. 21, 2006다69141).

(4) 동의의 철회
- 피보험자의 동의는 계약 성립 전에는 철회할 수 있으나, 일단 동의에 의하여 계약의 효력이 생긴 때에는 임의로 철회할 수 없고, 보험수익자나 보험계약자의 동의를 요함.
- 서면동의를 받지 않은 보험자 스스로가 무효주장을 하는 것도 가능한가에 대해 상법 제731조 제1항의 입법취지에는 도박보험의 위험성과 피보험자 살해의 위험성 외에도 피해자의 동의를 얻지 아니하고 타인의 사망을 이른바 사행계약상의 조건으로 삼는 데서 오는 공서양속의 침해의 위험성을 배제하기 위한 것도 들어 있음이고 해석되므로, 상법 제731조 제1항을 위반하여 피보험자의 서면 동의 없이 타인의 사망을 보험사고로 하는 보험계약을 체결한 자 스스로가 무효를 주장함이 신의성실의 원칙 또는 금반언의 원칙에 위배되는 권리 행사라는 이유로 이를 배척한다면, 그와 같은 입법취지를 완전히 몰각시키는 결과가 초래되므로 특단의 사정이 없는 한 그러한 주장이 신의성실 또는 금반언의 원칙에 반한다고 볼 수 없다고 판시하여 가능하도록 판시하고 있음(大判 1996. 11. 22, 96다37084).

5.4. 인 보 험

(5) 동의능력
- 15세 미만자, 심신상실자 또는 심신박약자의 사망을 보험사고로 한 보험계약은 무효로 함(상 732).
- 이는 나이가 어리거나 심신박약 또는 심신상실 상태에 있어서 스스로의 판단에 따라 동의를 할 수 있는 능력이 없다고 보이는 자들에 대해서는 사망보험계약의 피보험자가 될 수 없도록 하기 위한 것임.
- 상법 제732조의 규정은 정신적으로 온전하지 못한 자에 대한 규정이며 신체적으로 결함이 있는 경우에는 이 규정의 적용을 받지 않음.
- 따라서 신체불구자의 사망을 보험사고로 한 보험계약은 무효가 되지 않음.

5.4.2.3.3. 피보험자의 동의를 요하지 않는 경우
(1) 단체보험
- 단체보험 즉 단체규약에 따라 구성원의 전부 또는 일부를 피보험자로 하는 생명보험계약을 체결하는 경우에는 그 피보험자의 동의를 요하지 않음(상 735 의3 ①).
- 이 경우 보험계약이 체결된 때에는 보험자는 보험계약자에 대하여서만 보험증권을 교부함(상 735의2 ②).

5.4. 인 보 험

- '규약'의 의미는 단체협약, 취업규칙, 정관 등 그 형식을 막론하고 단체보험의 가입에 관한 단체내부의 협정에 해당하는 것으로서, 반드시 당해 보험가입과 관련한 상세한 사항까지 규정하고 있을 필요는 없고 그러한 종류의 보험가입에 관하여 대표자가 구성원을 위하여 일괄하여 계약을 체결할 수 있음은 취지를 담고 있는 것이면 충분하다 할 것이지만, 위 규약이 강행법규인 상법 제731조 소정의 피보험자의 서면동의에 갈음하는 것인 이상 취업규칙이나 단체협약에 근로자의 채용 및 해고, 재해부조 등에 관한 일반적 규정을 두고 있음은 것만으로는 이에 해당한다고 볼 수 없음. 규약을 구비하지 못한 단체보험의 유효요건으로서의 피보험자의 동의의 방식은 강행법규인 상법 제731조가 정하는 대로 서면에 의한 동의만이 허용될 뿐 묵시적, 추정적 동의는 허용되지 아니함(大判 2006. 04. 27, 2003다60259).
- 단체보험의 입법취지는, 타인의 생명보험계약을 체결함에 있어서 계약체결 시 피보험자의 서면동의를 얻도록 하는 개별보험의 일반원칙에서 벗어나 규약으로써 동의에 갈음할 수 있게 함으로써 단체보험의 특성에 따른 운용상의 편의를 부여해 주어 단체보험의 활성화를 돕는다는 것임(大判 1999. 09. 16, 98헌가6).
- 타인의 생명보험의 형태가 되고 타인의 사망을 보험사고로 하는 보험계약에서는 보험계약 체결 시에 그리고 보험계약으로 인하여 생긴 권리를 피보험자가 아닌 자에게 양도하는 경우에 그 타인의 서면에 의한 동의를 얻어야 한다는 상법 제731조의 규정이 적용되어야 하나 단체보험은 실무적으로 단체구성원 모두에게 동의를 얻는 것은 어려운 일이므로 상법 제731조의 적용을 배제시켜 주고 보험증권도 보험계약자에게만 교부할 수 있도록 규정하고 있음은 것임
.

5.4. 인 보 험

(2) 단체보험에 관한 위헌 논의
- 단체보험에서 타인의 생명보험에서 일반적으로 요구되는 피보험자의 개별적 동의를 요건으로 하지 않은 것이 인간의 존엄과 가치 등을 침해하는 것으로 위헌인지에 대해 헌법재판소는 "상법 제735조의3 제1항의 입법취지는, 타인의 생명보험계약을 체결함에 있어서 계약체결 시 피보험자의 서면동의를 얻도록 하는 개별보험의 일반원칙에서 벗어나 규약으로써 동의에 갈음할 수 있게 함으로써 단체보험의 특성에 따른 운용상의 편의를 부여해 단체보험의 활성화를 돕는다는 것임.
- 이 사건 법률조항은 단체구성원들의 복리 증진 등 이익에 기여하는 바가 있고, 단체보험의 특성에 따라 개별적 동의를 집단적 동의로 대체하는 것에 불과하며 그 방법은 합리성을 가지고 있으므로 인간의 존엄성과 가치를 훼손하고 행복추구권을 침해하는 것이며, 국가의 기본권 보장의무에 위배되는 것이라고는 할 수 없음(헌법재판소 1999. 9. 16. 98헌가6 전원재판).
- 이에 대해서 "이 사건 법률조항은 단체보험이라는 형식의 보험계약을 체결할 때에는 개인의 생사를 보험사고로 한다는 점에서는 개별보험과 아무런 차이가 없음에도 불구하고 타인의 생명보험의 피보험자가 되는 개인의 동의라는 제약을 부과하는 것을 포기한 것으로서, 경제적 장점만을 고려하여 단체원리를 적용함으로써 개인의 의사와 결정권을 무시하는 것임.
- 이 사건 법률조항에 의하여 체결된 단체보험에 있어서는 타인을 피보험자로 하는 생명보험계약을 그 당사자가 알지 못하는 사이에 용이하게 체결할 수도 있으므로 피보험자의 개별적 동의를 거쳐 체결되는 개별보험과 비교할 때 타인의 생명보험계약에 내재하는 가해 등 도덕적 위험도 더욱 커지게 되며, 각종 산업현장에서 재해방지대책이 소홀해질 우려도 있음. 그러므로 이 사건 법률조항은 헌법 제10조에 위반된다"는 소수의 반대의견도 있음.
- 또한 대법원은 단체보험의 보험수익자를 보험계약자 자신으로 한 경우에 보험사고가 발생하지 아니한 경우에는 보험료를 납부한 피고 회사(보험계약자 겸 보험수익자)가 보험료의 원금을 수령하여 이를 취득하고, 보험사고가 발생한 경우에는 피보험자나 그 유족에게 지급하기로 하는 의미로 보험수익자를 보험계약자인 피고 회사로 하는 데 대하여 피고 회사가 그 직원들에게 동의를 구하였고 직원들도 그와 같은 의미로 알고서 이에 동의한 것이라고 해석함이 그들 사이의 의사에 합치된다고 할 것이라고 판시하고 있음(大判 1999. 5. 25, 98다59613).

5.4. 인 보 험

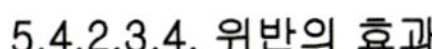

5.4.2.3.4. 위반의 효과
- 타인의 생명보험에서 피보험자가 서면으로 동의의 의사표시를 하여야 하는 시점은 '보험계약 체결 시까지'이고, 이는 강행규정으로서 이에 위반한 보험계약은 무효이므로, 타인의 생명보험계약 성립 당시 피보험자의 서면동의가 없다면 그 보험계약은 확정적으로 무효가 되고, 피보험자가 이미 무효가 된 보험계약을 추인하였다고 하더라도 그 보험계약이 유효로 될 수는 없음(大判 2006. 09. 22, 2004다56677).
- 따라서 보험설계사 또는 보험대리점 등이 타인의 생명보험계약을 모집함에 있어서는 보험계약자에 대하여 타인의 생명보험은 다른 보험과는 달리 피보험자의 서면 동의가 없으면 보험사고가 발생하더라도 보험금을 지급받을 수 없다는 내용을 설명하거나 정보를 제공하여야 할 법적 의무가 신의칙상 요구된다고 할 것이고, 객관적으로 보아 그와 같은 내용을 이해시킬 수 있도록 충분히 설명하거나 정보를 제공하지 아니하였다면 타인의 생명보험계약을 모집함에 있어서 요청되는 설명의무 내지 정보제공의무를 다하지 아니하였다고 할 것임(大判 2004. 04. 23, 2003다62125).
- 타인의 사망을 보험사고로 하는 보험계약에 있어서 보험설계사가 보험계약자에게 피보험자인 타인의 서면 동의를 받아야 한다는 점에 대한 설명의무를 이행하지 않고 보험계약자로 하여금 피보험자 대신 피보험자 자필서명란에 서명하게 함으로써 생명보험계약이 무효로 된 경우, 보험회사는 보험금을 지급받지 못하게 된 보험계약자에게 손해배상책임을 부담하여야 함(大判 2004. 04. 23, 2003다62125).
- 피보험자의 서면동의 없이 체결된 타인의 사망을 보험사고로 하는 생명보험계약의 보험자가 수년간 보험료를 수령하거나 종전에 그 생명보험계약에 따라 입원급여금을 지급한 경우에도 위 생명보험계약의 무효를 주장하는 것이 신의성실의 원칙 등에 위반하지 않음(大判 2006. 09. 22, 2004다56677).

5.4. 인 보 험

5.4.2.4. 타인을 위한 생명보험
5.4.2.4.1. 의 의
- 타인을 위한 생명보험이란 보험계약자가 자기 이외의 제3자를 보험수익자로 한 생명보험을 말함.
- 타인을 위한 생명보험에 있어서 보험수익자의 지정 또는 변경에 관한 상법 제733조는 상법 제739조에 의하여 상해보험에도 준용되므로, 상해보험계약을 체결하는 보험계약자는 자유롭게 특정 또는 불특정의 타인을 수익자로 지정할 수 있음.
- 타인을 위한 상해보험에서 보험수익자는 그 지정행위 시점에 반드시 특정되어 있어야 하는 것은 아니고 보험사고 발생 시에 특정될 수 있으면 충분함(大判 2006. 11. 09, 2005다55817).

5.4.2.4.2. 보험계약자의 보험수익자의 지정·변경권
(1) 지정·변경권의 행사
- 보험계약자는 보험수익자를 지정 또는 변경할 권리가 있음(상 733①).
- 보험수익자의 지정·변경권은 보험계약자가 보험자의 동의를 필요로 하지 않는 형성권이고 상대방의 수령을 요하지 않는 단독행위임.
- 보험수익자의 지정·변경의 방법은 제한이 없으므로 서면 또는 구두로 할 수 있음.
- 보험계약자가 지정권을 행사하지 아니하고 사망한 때에는 피보험자를 보험수익자로 하고 보험계약자가 변경권을 행사하지 아니하고 사망한 때에는 보험수익자의 권리가 확정됨.
- 그러나 보험계약자가 사망한 경우에는 그 승계인이 위의 지정·변경의 권리를 행사할 수 있음은 약정이 있는 때에는 승계인이 지정·변경함(상 733②).

5.4. 인 보 험

(2) 보험계약자의 사망과 보험수익자의 지위
- 보험수익자가 보험존속 중에 사망한 때에는 보험계약자는 다시 보험수익자를 지정할 수 있음.
- 이 경우에 보험계약자가 지정권을 행사하지 아니하고 사망한 때에는 보험수익자의 상속인을 보험수익자로 함(상 733③).

(3) 지정권 행사 전의 보험사고의 발생
- 보험계약자가 위 지정권을 행사하기 전에 보험사고가 생긴 경우에는 피보험자 또는 보험수익자의 상속인을 보험수익자로 함(상 733④).

(4) 지정·변경의 통지
- 보험계약자의 보험수익자의 지정·변경권은 일종의 형성권이므로, 보험계약자의 일방적인 의사표시만으로 그 효력이 발생하나, 이것을 보험자에게 대항하기 위해서는 보험자에게 통지를 하여야 함(상 734 ①).
- 보험자가 최초의 보험계약으로 인한 이익을 받을 자에게 보험금을 지급한 경우 이미 보험수익자가 다른 사람으로 지정 변경되었을지라도 보험계약자가 이를 보험자에게 통지하지 않았다면 그 다른 사람은 보험자에게 보험금을 청구할 수 없다는 뜻임.

5.4. 인 보 험

(5) 피보험자의 동의
- 보험계약자가 보험수익자를 지정하거나 변경하는 경우 타인의 생명보험에서 그 타인을 보험수익자로 하지 않은 때에는 그 타인의 서면동의를 얻어야 함(상 734 ②).
- 따라서 타인의 생명보험계약에서 보험계약자가 보험수익자의 지정·변경권을 행사함에 있어서 보험사고의 발생전에 피보험자의 동의를 얻지 못한 때에는 피보험자의 상속인 또는 이미 지정된 보험수익자가 보험계약상의 이익을 받게 됨.

5.4.2.4.3. 보험자의 의무
(1) 보험금지급의무
1) 승낙전 사고와 보험자의 책임
- 생명보험계약은 보험기간 중에 보험사고가 발생하면 이 보험금액을 지급하는 정액보험임.
- 보험자가 보험계약자로부터 보험계약의 청약과 함께 보험료 상당액의 전부 또는 일부를 받은 경우, 그 청약을 승낙하기 전에 보험계약에서 정한 보험사고가 생긴 때에는 그 청약을 거절할 사유가 없는 한 보험자는 보험계약상의 책임을 짐.
- 그러나 인보험계약의 피보험자가 신체검사를 받아야 하는 경우에 그 검사를 받지 아니한 때에는 그러하지 아니함(상 638의2 ③).

5.4. 인 보 험

2) 보험계약자 등의 중과실로 인한 보험사고
- 사망을 보험사고로 한 보험계약에는 사고가 보험계약자 또는 피보험자나 보험수익자의 중대한 과실로 인하여 생긴 경우에도 보험자는 보험금액을 지급할 책임을 면하지 못함(상 732의2).
- 보험수익자의 중대한 과실과 관련하여 무면허운전이나 음주운전이 문제 될 수 있음.
- 판례는 무면허운전이나 음주운전의 경우 미필적 고의에 의한 고의성보다는 중대한 과실로 보아 보험자에게 보험금 지급의무가 있음이고 판시하고 있음.
- 판례에 따르면, 무면허운전이 고의적인 범죄행위이기는 하나 그 고의는 특별한 사정이 없는 한 무면허운전 자체에 관한 것이고 직접적으로 사망이나 상해에 관한 것이 아니어서 그 정도가 결코 그로 인한 손해보상을 가지고 보험계약에 있어서의 당사자의 신의성, 윤리성에 반한다고는 할 수 없을 것이므로, 보험계약 약관 중 피보험자의 무면허운전이라는 사유로 생긴 손해는 보상하지 아니한다고 규정한 면책약관이 보험사고가 전체적으로 보아 고의로 평가되는 행위로 인한 경우뿐만 아니라 과실(중과실 포함)로 평가되는 행위로 인한 경우까지 보상하지 아니한다는 취지라면 과실로 평가되는 행위로 인한 사고에 관한 한 무효라고 함(大判 1996.4.26, 96다4909; 大判 1998.3.27, 97다48753; 大判 1998.10.27, 98다16043; 大判).
- 같은 취지에서 범죄행위로 인한 사형의 경우에도 보험금이 지급되어야 하는가가 논의가 될 수 있으나 형의 집행이 국가라는 제3자에 의한 것이어서 보험계약자나 보험수익자의 고의에 의한 사망이 아니라는 점에서 보험금이 지급된다고 해석하는 것이 일반적이지만 원인에 있어서 자유로운 행위처럼 고의성이 명백한 경우에는 제한적으로 해석될 필요성도 있음이고 할 것임.

5.4. 인 보 험

(2) 보험료적립금반환의무
- 보험사고발생 전의 보험계약자에 의한 임의해지(상 649), 보험료불지급으로 인한 계약해제·해지(상 650), 고지의무위반으로 인한 계약해지(상 651), 위험의 변경.증가의 통지의무 위반 또는 통지시의 계약해지(상 652, 653), 보험자의 파산으로 인한 계약해지(상 654) 및 피보험자나 보험수익자의 고의 또는 중대한 과실로 인한 보험사고가 발생되는 등 보험자의 면책사유(상 659, 660)로 보험금액의 지급책임이 면제된 때 보험자는 보험수익자를 위하여 적립한 금액을 보험계약자에게 지급하여야 함(상 736).
- 그러나 예외적으로 다른 약정이 없으면 보험사고의 발생이 보험계약자의 고의 또는 중대한 과실로 인하여 발생하여 보험자가 보험금지급책임을 면한 때에는 보험자는 보험료적립금반환의무를 면함(상 736).

5.4.2.4.4. 생명보험계약의 무효
(1) 피보험자의 승낙전 사망
- 보험계약 당시에 보험사고가 이미 발생하였거나 또는 발생할 수 없는 것인 때에는 그 보험계약은 당연히 무효가 됨(상 644).
- 따라서 생명보험계약은 피보험자의 생존과 사망을 보험사고로 하므로, 피보험자가 보험자의 승낙 전에 사망한 때에는 보험자와 보험계약자가 그 사실을 알지 못하였다 하더라도 그 보험계약은 무효가 됨.

(2) 심신상실자 등을 피보험자로 한 사망보험
- 15세 미만자, 심신상실자 또는 심신박약자의 사망을 보험사고로 한 보험계약은 당연히 무효가 됨(상 732).

5.4. 인 보 험

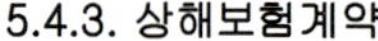

5.4.3. 상해보험계약
5.4.3.1. 상해보험계약의 의의
- 상해보험계약이란 보험자가 피보험자의 신체의 상해에 관한 보험사고가 생길 경우에 보험금액 기타의 급여를 할 것을 목적으로 하는 인보험계약을 말함(상 737).
- 보험사고는 ① 급격성 ② 우연성 ③ 외래성 ④ 인과관계로 발생한 것이어야 함.
- 상해란 외부로부터의 우연한 돌발적인 사고로 인한 신체의 손상을 말하는 것이므로, 그 사고의 원인이 피보험자의 신체의 외부로부터 작용하는 것을 말하고 신체의 질병 등과 같은 내부적 원인에 기한 것은 제외되며, 이러한 사고의 외래성 및 상해 또는 사망이라는 결과와 사이의 인과관계에 관해서는 보험금청구자에게 그 입증책임이 있음(大判 2001. 08. 21, 2001다27579).
- 상해보험은 지급하는 보험금을 결정하는 방법에 따라 정액보험의 형태와 부정액보험(손해보험)의 형태로 나뉘어지며 이 둘을 혼합하여 상해의 부위나 정도에 따라 등급을 정하고 등급별로 약정액을 지급하거나 혹은 등급별 최고한도액 내에서 실제 손해를 보상해 주기도 함.
- 이와 같이 상해보험은 정액보험과 손해보험의 중간적인 성격을 띠고 있어, 우리나라에서는 원칙적으로 보험자가 인보험사업과 손해보험사업을 겸업할 수 없지만 상해보험은 손해보험자도 영위할 수 있도록 하고 있음(보업 110).
- 상해보험은 보험의 객체가 사람이라는 점에서 생명보험과 더불어 인보험에 속하고, 피보험자의 물건이나 재산상의 손해를 보상하는 손해보험과는 다름.
- 또한 상법 739조는 상해보험에 관해 생명보험에 관한 규정을 준용하도록 함으로써 상해보험을 정액보험으로 나누고 있으나, 상해보험은 손해보험의 성질도 가지고 있기 때문에 중간적인 성질을 가지고 있음.

5.4. 인 보 험

5.4.3.2. 상해보험증권
- 상해보험증권에는 다음의 사항을 기재하고 보험자가 기명날인 또는 서명하여야 함(상 738, 695).
    ① 보험목적
    ② 보험사고의 성질
    ③ 보험금액
    ④ 보험료와 그 지급방법
    ⑤ 보험기간을 정한 때에는 그 시기와 종기
    ⑥ 무효와 실권의 사유
    ⑦ 보험계약자의 주소와 성명 또는 상호
    ⑧ 보험계약의 연월일
    ⑨ 보험증권의 작성지와 그 작성연월일
    ⑩ 보험계약의 종류
    ⑪ 피보험자의 주소·성명 및 생년월일 → 상해보험의 경우에 피보험자와 보험계약자가 동일인이 아닐 때에는 피보험자의 직무 또는 직위만을 기재할 수 있음(상 738). 이것은 기업 내에서 개인적 특성보다 직무 또는 직위에 따라 위험률이 다른 경우 기업주가 그 직무 또는 직위에 있는 자를 그자의 교체를 문제 삼지 않고 피보험자로 하는 타인의 상해보험계약을 체결할 수 있도록 한 것임.
    ⑫ 보험수익자를 정한 때에는 그 주소·성명 및 생년월일

5.4. 인 보 험

5.4.3.3. 상해보험의 보험사고

(1) 보험사고

- 상해보험 보험사고는 ① 신체에 가하여진(신체의 손상) ② 외부로부터 생긴(외래성) ③ 급격하고도(급격성) ④ 우연한 사고(우연성)이어야 함.
- 질병보험은 원인이 외부로부터의 급격한 사고에 있는 것이 아니고, 오로지 피보험자의 내부적인 원인에 의하여 발생한 것인 점에서 상해보험과 구별됨.
- 급격한 사고란, 갑작스럽게 당한 사고를 말하는데 본래부터 앓던 병이 더욱 악화되어 사망한 것이라면 불측의 사고라고 할 수 없다고 함.
- 또한 우연한 사고란, 우연히 당한 사고를 말하는데 외과적 수술을 받다가 사망한 경우에는 우연한 사고가 아니라고 함.

(2) 면책사유

- 보험자는 약관에 열거한 사유로 인하여 피보험자의 신체에 상해가 생긴 때에는 급여의 책임을 지지 않음.

(3) 보험금의 지급

- 상해보험에 있어서 보험사고가 발생하면 보험자는 사망보험금과 후유장해 보험금 및 의료보험금 등을 지급함.

5.4. 인 보 험

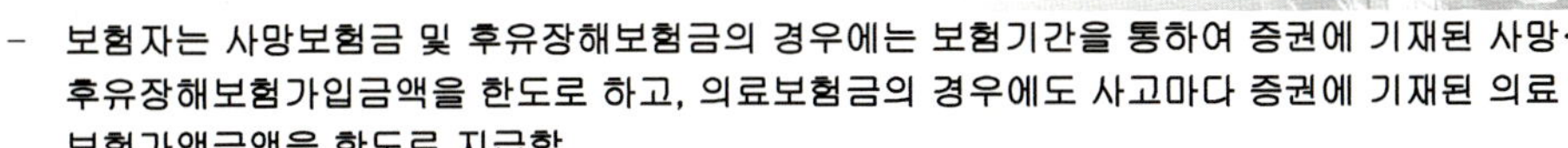

- 보험자는 사망보험금 및 후유장해보험금의 경우에는 보험기간을 통하여 증권에 기재된 사망·후유장해보험가입금액을 한도로 하고, 의료보험금의 경우에도 사고마다 증권에 기재된 의료보험가액금액을 한도로 지급함.
- 상해보험약관에서 계약체결 전에 이미 존재한 신체상해 또는 질병의 영향으로 상해가 중하게 된 때에는 보험자가 그 영향이 없었을 때에 상당하는 금액을 결정하여 지급하기로 하는 약관의 내용이 있는 경우에 한하여 그 약관에 따라 보험금을 감액하여 지급할 수 있음.

5.4.3.4. 생명보험에 관한 규정의 준용

- 상해보험에 관하여는 생명보험에 관한 규정을 준용하되, 15세 미만자.심신상실자 또는 심신박약자를 피보험자로 하는 계약을 금지하는 상법 제732조의 규정은 제외됨(상 739).
- 따라서 상해보험에서는 15세 미만자 등의 상해를 보험사고로 한 보험계약은 사망을 보험사고로 한 보험계약에서와 같은 위험이 없으므로 이를 허용하고 있음.
- 준용제외규정은 제732조인데 중과실에 의한 보험사고를 규정한 제732조의2도 준용제외규정에 포함되는지에 대해서는 견해가 나뉘어 있음.

제 6 편 해 상 법

나 승 성

2009

제6편 해상법 대계

총칙　　　: 의의, 해상기업보호문제
조직
　　　　인적조직
　　　　　　　선주
　　　　　　　공유자(기출)
　　　　　　　선장
　　　　물적조직
　　　　　　　선박
　　　　　　　용선자
　　　　　　　정기용선자
　　　　　　　선박임차인
계약
　　　　여객운송
　　　　물건운송
　　　　　　　손해배상책임
　　　　　　　보증도(상관습법)
　　　　　　　선하증권
특수제도
　　　　　　　공동해손
　　　　　　　선박충돌
　　　　　　　해난구조
담보제도

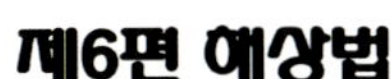

제6편 해상법

6.1. 서 론

6.1.1. 해상법의 의의
6.1.2. 해상법의 법원

6.1. 서 론

6.1. 서론
6.1.1. 해상법의 의의
6.1.1.1. 해상법의 의의
6.1.1.1.1. 실질적 의의의 해상법
- 실질적 의의의 해상법이란 해상기업에 관한 사법 및 공법의 법규 전체를 말함.
- 즉 실질적 의의의 해상법은 영리를 추구하는 해상기업에 관한 법으로서 상행위 그 밖에 영리를 목적으로 하는 선박을 둘러싼 사법적 법률관계 및 규제나 형사적 공법관계의 모든 법규를 그 대상으로 하고 있음.

6.1.1.1.2. 형식적 의의의 해상법
- 형식적 의의의 해상법은 상법전 제5편 '해상'을 말함.
- 제1장 해상기업(제1절 선박, 제2절 선장, 제3절 선박공유, 제4절 선박소유자 등의 책임제한, 제5절 선박담보),
- 제2장 운송과 용선(제1절 개품운송, 제2절 여객운송, 제3절 항해용선, 제4절 정기용선, 제5절 나용선, 제6절 운송증서),
- 제3장 해상위험(제1절 공동해손, 제2절 선박충돌, 제3절 해난구조)
- 2007년에 개정된 해상법은 해상운송계약 관련 법체계를 국제무역 실무에 맞게 재정비할 뿐만 아니라, 전자선하증권 및 해상화물운송장 제도 등 새로운 무역환경에 부합하는 제도를 마련하고, 선박소유자의 책임한도와 운송물의 포장.선적단위당 책임한도를 국제기준에 맞게 상향조정하기 위하여 「상법」 제5편 해상 부분을 전면적으로 개선·보완하였음.

6.1. 서 론
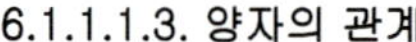

6.1.1.1.3. 양자의 관계
- 실질적 의의의 해상법과 형식적의 의의의 해상법이 일치하는 부분이 많을 것이나 일치하지 않는 부분도 있음.
- 예컨대, 상법의 해상편에 규정되어 있는 선박저당은 선박을 이용한 해상기업활동과는 직접적인 관련이 없다고 할 수 있음.
- 따라서 선박저당에 관한 규정은 형식적 의의의 해상법에는 속하지만 실질적 의의의 해상법에는 속하지 않는다고 할 것임.
- 서로 일치하지 않는 부분도 있지만 서로 영향을 미치면서 발전해가고 있음.

6.1.1.2. 해상법의 특성
6.1.1.2.1. 해상법의 특수성
- 해상법은 상법의 일부분이지만 다른 상법 영역에 비해 독자적인 영역 및 특성을 가지고 있음.
- 즉 공동기업의 형태인 선박공유제도, 해상운송물에 대한 선적이나 적부 또는 양육에 관한 기술적 배려, 해상운송인의 손해배상책임제한 제도, 해상운송과정에서의 부여되는 의무, 해상 항해의 기술성이나 고립적 상황에서 발생할 수 있는 선박충돌, 공동해손, 해난구조 등에 대한 특별규정을 두고 있음.

6.1. 서 론

6.1.1.2.2. 해상법의 독자성
- 해상법은 해상의 특유한 성질로 인해 해상법상의 문제는 해상법 자체의 규정으로 문제 해결하는 경향이 있음.
- 이러한 다른 법 영역과 비교되는 특수성을 해상법의 독자성이라고 함.

6.1.1.2.3. 해상법의 통일성
- 해상법은 선박이라는 비슷한 기술적 용구에 의하여 전개되는 기술성을 전제로 국제거래나 국제경영의 일부로 행해지기 때문에 세계적 통일화가 가능하며, 실제로 해상에 관한 국제조약이 발달되어 있음.
- 해상법에 관한 이러한 조약의 내용들이 국내입법에 영향을 점차로 미치면서 해상법은 통일법제화 되어 가고 있음.

6.1. 서 론

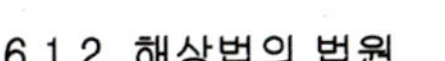

6.1.2. 해상법의 법원
6.1.2.1. 제정법
6.1.2.1.1. 상법전
- 상법전 제5편 '해상'은 해상법의 대표적인 법원임.
- 1962년 1월 20일 상법의 일부로서 제정공포(법률 제 1000호)되어 시행되고 있음.

6.1.2.1.2. 특별법령
- 해상법에 관한 특별법령으로는 도선법(1986.12.31, 법 제3908호), 선박등기법(1963.4.18, 법 제1331호), 선박법(1982.12.31, 법 제3641호), 선박안전법(1961.12.30, 법 제919호: 1991.3.8), 선박직원법(1983.12.31, 법 제3715호), 선원법(1984.8.7, 법 제3751호), 항만법(1991.3.8, 법 제4358호), 항만운송사업법(1963.9.19, 법 제1404호) 등이 있음.

6.1.2.1.3. 조약
- 해상법에 있어서 국제조약은 많은 영향을 미치고 있고 실제로 헤이그 규칙이나 함부르크 규칙 등은 상법전「해상」편에 중요 내용이 수용되었음.
- 국제조약은 해상법이 국제적으로 통일법제화 되어 가는 데 중요한 역할을 하고 있음.
- 해상운송과 관련한 국제조약에는 다음과 같은 것이 있음.

6.1. 서 론

(1) 선박소유자의 책임제한에 관한 조약
① 1976년 해사채권에 대한 책임제한에 관한 조약(Convention on Limitation of Liability for Maritime Claims)(1986.12.1 발효)
② 1979년 책임제한액의 표시단위에 관한 특별인출권에 관한 의정서(Protocol [SDR] [Modification], Brussels)

(2) 해상물건운송 및 선하증권에 관한 조약
① 1924년 선하증권통일조약(International Convention for the Unification of certain Rules of Law relating to Bill of Lading, signed at Brussels, Aug. 25, 1924) (Hague Rules)
② 1968년 1924년 조약의 개정의정서(Protocol done at Brussels on Feb. 23, 1968 to amend the International Convention for the Unification of certain Rules of Law relating to Bill of Lading, signed at Brussels, Aug. 25, 1924)(Hague – Visby Rules)(1977.6.23. 발효)
③ 1978년 UN해상물건운송조약(U.N. Convention on the Carriage of Goods by Sea) (Hamburg Rules)(1992.11 발효)
④ 1979년 특별인출권(SDR)에 관한 의정서(Protocol [SDR] [Modification], Brussels)(1984.2.14. 발효)
⑤ 1980년 UN국제복합운송조약(United Nations Convention on International Multimodal Transport of Goods, Geneva)

6.1. 서 론

(3) 공동해손에 관한 조약
① 1890년 요크 안트워프규칙(York – Antwerp Rules)

(4) 선박충돌에 관한 통일조약
- 1910년 선박충돌에 관한 조약(International Convention for the Unification of certain Rules of Law with respect to Collision between Vessels, Brussels)(1913.3.1. 발효)

(5) 해난구조에 관한 조약
① 1910년 해상구원구조에 관한 통일조약(Convention for the Unification of certain Rules of Law relating to Assistance and Salvage at Sea, Brussels)(1913.3.1. 발효, 1967년 改正)
② 1989년 구조에 관한 국제조약(International Convention on Salvage, London)

(6) 선박채권에 관한 조약
① 1926년 선박우선특권 및 저당권에 관한 통일조약(International Convention for the Unification of certain Rules relating to Maritime Lien and Mortgages, Brussels)(1931.6.2. 발효, 1967년 개정)

6.1. 서 론

(7) 그 밖의 조약
① 1952년 항해선의 압류에 관한 통일조약(International Convention for the Unification of certain Rules relating to the Arrest of Seagoing Ships, Brussels)(1956.2.24. 발효)
② 1969년 유류오염손해에 대한 민사책임에 관한 국제조약(International Convention on Civil Liability for Oil Pollution Damage [CLC], Brussels)(1975.6.19. 발효, 1967년 및 1984년 개정)
③ 1971년 유류오염손해배상을 위한 국제기금의 설치에 관한 국제조약(International Convention on the Establishment of an International Fund for Compensation for Oil Pollution Damage [IFC], Brussels)(1978.10.16. 발효, 1976년 및 1984년 개정)

6.1. 서 론

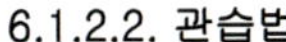

6.1.2.2. 관습법
- 해상법은 국제간의 거래가 이루어지다 보니 통일적인 법률체계의 규율이 어려워 실무적인 관행이 중시되는 경향이 강함.
- 즉 실무의 관행상 관습법이 발달하기 쉬운데 정박료의 계산기간, 하도지서 등이 그 예임.
- 해상에 관한 상관습법은 민법에 우선하여 적용함(상 1).

6.1.2.3. 운송약관
- 운송약관의 법원성에 대하여는 긍정설(자치법설·제한설)과 부정설(상관습법설·법률행위설)이 있음.
- 그러나 약관 그 자체는 법규범이 될 수 없고 개별계약의 내용이 됨에 불과하다 할 것이므로 약관의 법원성이 부정된다고 할 것임.

6.2. 해상기업조직

6.2.1. 서설
6.2.2. 선박
6.2.3. 해상기업의 주체
6.2.4. 해상기업의 보조자

6.2. 해상기업조직

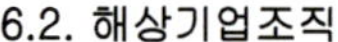

6.2. 해상기업조직

6.2.1. 서설
- 해상기업은 인적 조직인 해상기업 주체와 해상기업보조자가 물적 조직인 선박을 이용하여 운송 등의 영업을 하는 것임.
- 따라서 해상법은 해상기업을 운영하는 데 필수적인 물적 조직인 선박과, 인적 조직인 해상기업 주체 및 이들의 보조자와 책임을 중심으로 규정하고 있음.

6.2.2. 선박
6.2.2.1. 선박의 의의
6.2.2.1.1. 선박의 정의
(1) 상법의 규정
- 해상법상 선박이라 함은 상행위 그 밖의 영리를 목적으로 항해에 사용하는 선박을 말함(상 740). 항해용 선박에 대하여는 상행위 그 밖의 영리를 목적으로 하지 아니하더라도 해상편의 규정을 준용함.
- 다만, 국유 또는 공유의 선박에 대하여는 항해의 목적·성질 등을 고려하여 해상편의 규정을 준용하는 것이 적합하지 아니한 경우에는 해상편의 규정을 준용하지 않음(상 741 ①).

6.2. 해상기업조직

(2) 선박의 요건 : 영리성 + 항행성
- 해상편이 적용되는 선박은 항행성, 영리성과 선박으로서의 구조라는 요건이 필요한데, 2007년 개정상법은 해상편의 적용범위에 대해서 "항해용 선박에 대하여는 상행위 그 밖의 영리를 목적으로 하지 아니하더라도 이 편의 규정을 준용함."는 규정을 신설하여 항해하는 선박이 영리성이 없는 경우에도 해상편을 준용하고 있음.
- 항해란 호천 · 항만 외의 수면을 말함. 따라서 호천.항만을 항행하는 선박은 해상법상의 선박으로 보지 않음.

(3) 단정 등에 의한 운전하는 선박이 아닐 것
- 단정 또는 주로 노 또는 상앗대로 운전하는 선박은 해상편이 적용되지 아니함(상 741 ②).
- 단정 또는 주로 노 또는 상앗대로 운전하는 선박은 그 규모가 작고 해상기업의 주체로서 적합하지 않으며 또한 복잡한 해상법의 규정을 적용하는 것은 오히려 불편하므로 해상법의 규정을 적용하지 않도록 한 것임.

6.2. 해상기업조직

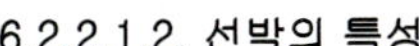

6.2.2.1.2. 선박의 특성
- 선박은 엄밀하게 말하면 민법상의 동산이라고 할 수 있지만 민법상의 동산과는 다른 다음의 특성이 있음.

(1) 합성물성
- 선박은 동체·갑판·추진기·기관 등의 각 부분이 유기적으로 결합된 합성물로서 1개의 독립한 물건이며, 선박의 상용에 제공되는 속구에는 식량·연료·해도·각종 공구·구명정 등이 있음.
- 속구 즉, 선박의 속구목록에 기재한 물건은 선박의 종물로 추정함(상 742). 따라서 종물인 속구는 주물인 선박의 처분에 따른다(민 100 ②)

(2) 유기체성
- 선박은 인격체처럼 인격자 유사성을 갖는데 명칭, 국적, 선적항 등이 그러한 예임.

1) 선명
- 등기·비등기선이든 총톤수 20톤 이상의 한국선박은 선명을 붙여야 함(선박법 제11조, 26조).

2) 국적
- 선박은 국제법상 반드시 하나의 국적을 가져야 함.
- 이 국적은 외국 선박과 국내선박으로 구별, 포획·해적·중립 등의 취급을 결정하는 표준이 됨.

6.2. 해상기업조직

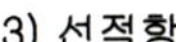

3) 선적항
- 총톤수 20톤 이상의 한국선박의 소유자는 대한민국에 선적항을 정하여야 함(선박법 7조 1항), 선박의 등기 또는 등록을 관할하는 등기소 또는 지방청장을 정하는 기준이 됨(선박법 8조 1항, 선박등기법 4조).

4) 톤수
- 톤수는 용선계약·선박의 임대차 등에 있어서 중요한 의미가 있으며, 등기선박과 비등기선박을 구분하는 기준이 됨(상 745).
- 총톤수는 선박 내부의 총용적을 말하고, 순톤수는 여객이나 화물의 적재에 이용할 수 있는 선내의 순용적으로서 총톤수로부터 선원사용실·해도실·기관실 등을 공제한 톤수를 말함.

(3) 부동산 유사성
- 선박도 가치 및 거래의 특수성 때문에 부동산과 같은 법적 취급을 받는 경우가 있음.
- 일정한 규모(총톤수 20톤) 이상의 선박에 대하여는 등기(상 743, 745 선박법 8), 저당권설정(상 871), 임대차등기(상 765)가 가능하며 부동산과 동일한 방법으로 강제 집행할 수도 있음(민사집행법 172조 이하, 276조 이하, 269조).
- 20톤 미만의 소형선박, 단정과 노도만으로 운전하는 선박은 동산으로 취급함.

6.2. 해상기업조직

6.2.2.2. 선박소유권의 득상.이전
6.2.2.2.1. 선박소유권의 취득
(1) 원시취득
- 선박소유권의 원시취득에 관한 사법상의는 원인으로 제조, 선의취득이 있고 공법상의 원인으로는 포획, (선박법상) 몰수·수용 등이 있음.

(2) 승계취득
- 선박소유권의 승계취득원인으로는 상법상 보험위부(상 710), 선박공유자의 지분매수 또는 경매청구(상 757, 758), 선장의 매각 또는 경매(상 777, 778, 832) 등에 의한 취득이 있음.

6.2.2.2.1. 선박소유권의 상실
- 선박소유권의 취득원인은 동시에 그 반면에서는 종전 소유자의 상실 원인이 되기도 하며(상대적 상실원인), 그 밖에 구조불능 선박침몰·해체·포획·몰수 등에 의해서 선박 소유권이 소멸되기도(절대적 상실원인) 함.

6.2. 해상기업조직

6.2.2.2.3. 선박소유권의 이전
(1) 서
- 선박에 관한 권리의 이전은 당사자 사이의 합의만으로 효력이 생김.
- 이를 등기하고 선박국적증서에 기재하지 아니하면 제3자에게 대항하지 못함(상 743).
- 이는 선박관련 선박소유권 이전시 의사주의를 취하되 등기의 효력은 제3자에 대한 대항요건임을 밝히고 있는 것으로서, 우리의 입법체계는 선박의 등기와 등록 요건 및 절차 등에 대하여는 「선박법」 및 「선박등기법」에서 규정하고 있고, 이러한 등기의 효력은 상법에서 정하는 구조로 되어 있음.
- 따라서 제743조는 「상법」과 「선박법」·「선박등기법」상의 선박 개념을 일치시키는 것을 전제로 하여 당사자 간의 합의만으로 소유권 이전의 효력이 발생하는 대상을 "등기 및 등록할 수 있는 선박"으로 제한하여 명확하게 규정하게 되었음.

(2) 요건
1) 기본원칙과 제한
- 선박도 재산권의 하나이므로 제3자에게 자유롭게 양도 또는 처분 할 수 있으며 그 방식에 있어서 특별한 방식을 요구하지 않음(불요식주의).

2) 등기선박
- 20톤 이상의 등기선박의 소유권이전은 당사자 간 무방식의 합의만으로써 효력이 생긴다(효력발생요건, 의사주의)(상 743 본문). 다만 대항하기 위해서는 이를 등기하고 선박국적증서에 등재하여야 함(상 743 단서).

6.2. 해상기업조직

3) 비등기선박

- 20톤 미만의 소형 선박, 단정 또는 주로 노도로 운전하는 선박의 양도에 있어서는 예외적으로 의사주의나 대항요건주의가 적용되지 않고 민법의 동산물권변동의 일반원칙에 따라 그 선박을 인도하여야 양도의 효력과 대항요건이 발생함(형식주의)(상 743 단서).

4) 건조중인 선박

- 건조중의 선박은 선박의 담보에만 준용되므로 저당권의 설정에만 예외적으로 등기가 인정되고 그 밖의 경우에는 통상의 동산에 지나지 않으므로(상 790) 민법상 동산물권 변동의 일반 법리에 따라 인도를 요함.

(3) 이전효과
1) 일반적 효과

- 선박소유권 양도의 효과로서 선박소유권이 이전됨.
- 그리고 다른 의사표시가 없는 한 선박의 속구목록(屬具目錄)에 기재한 물건은 선박의 종물로 추정되기 때문에 그 속구의 소유권도 이전함(상 742).

2) 선적을 완료한 선박의 양수인의 의무

- 양도(매매) 당시에 이미 선적이 끝났거나, 선적작업이 계속 되고 있는 동안에는 다른 특약이 없는 한 양수인이 기존 운송계약을 수행할 의무를 지는 것으로 봄.

6.2. 해상기업조직

3) 항해중 선박의 손익의 귀속과 권리관계

- 항해 중에 있는 선박이나 그 지분을 양도한 경우에 당사자 간에 다른 약정이 없으면 양수인이 그 항해로부터 생긴 이익을 얻고 손실을 부담함(상 763).

(4) 선박소유권이전의 대항요건
1) 등기선의 경우

- 등기선의 소유권 이전의 대항요건은 등기를 하여야 함.

2) 비등기선의 경우

- 비등기선의 소유권 이전의 대항요건은 없으므로 인도로써 효력이 발생함.

6.2. 해상기업조직

6.2.3. 해상기업의 주체
- 해상기업의 주체는 선박소유자, 선박공유자, 선체용선자, 정기용선자 등이 있음.

6.2.3.1 선박소유자
6.2.3.1.1. 선박소유자의 의의
- 광의의 선박소유자는 해상기업의 주체로서 선박소유권자를 말하고, 협의의 선박소유자는 자기가 소유하는 선박을 해상기업의 목적으로 항해에 사용하는 자를 말함.

6.2.3.2. 선박공유자
6.2.3.2.1. 의의
- 광의의 선박공유자는 단순히 선박을 공유하는 사람을 의미하고, 협의의 선박공유자는 선박을 공유하고 이것을 공동의 해상기업에 이용하는 자를 말함.
- 선박공유는 공동기업의 형태이며 단순한 조합의 성질을 갖는 것이 아님.
- 즉 선박공유관계는 인적 요소보다 물적 요소에 더 초점이 맞추어져 있음이고 할 것이므로 물적회사에 가깝다.

6.2. 해상기업조직

6.2.3.2.2. 내부관계
- 선박공유의 업무집행은 원칙적으로 선박관리인이 함.

(1) 업무결정
- 공유선박의 이용에 관한 사항은 공유자의 지분의 가격에 따라 그 과반수로 결정함(상 756 ①).
- 선박공유에 관한 계약 변경 사항은 공유자의 전원일치로 결정하여야 함(상 756 ②).

(2) 비용분담과 손익배분
- 선박공유자는 그 지분의 가격에 따라 선박의 이용에 관한 비용과 이용에 관하여 생긴 채무를 부담함(상 757).
- 손익의 분배는 매 항해의 종료 후에 있어서 선박공유자의 지분의 가액에 따라서 함(상 758).

(3) 지분의 양도
- 선박공유자 간에 조합관계가 있는 경우에도 각 공유자는 다른 공유자의 승낙 없이 그 지분을 타인에게 양도할 수 있음. 그러나 선박관리인의 경우에는 그러하지 아니함(상 759).
- 항해 중에 있는 선박이나 그 지분을 양도한 경우에 당사자 사이에 다른 약정이 없으면 양수인이 그 항해로부터 생긴 이익을 얻고 손실을 부담함(상 763).

6.2. 해상기업조직

(4) 지분매수청구권
1) 국적상실과 지분의 매수 또는 경매청구
- 선박공유자의 지분의 이전 또는 그 국적상실로 인하여 선박이 대한민국의 국적을 상실할 때에는 다른 공유자는 상당한 대가로 그 지분을 매수하거나 그 경매를 법원에 청구할 수 있음(상 760).

2) 결의반대자의 지분매수청구권
- 선박공유자가 신항해를 개시하거나 선박을 대수선할 것을 결의한 때에는 그 결의에 이의가 있는 공유자는 다른 공유자에 대하여 상당한 가액으로 자기의 지분을 매수할 것을 청구할 수 있음(상 761 ①).
- 매수청구를 하고자 하는 자는 그 결의가 있은 날로부터 결의에 참가하지 아니한 경우에는 결의통지를 받은 날로부터 3일 이내에 다른 공유자 또는 선박관리인에 대하여 그 통지를 발송하여야 함(상 761 ②).

3) 해임선장의 지분매수청구권
- 선박공유자인 선장이 그 의사에 반하여 해임된 때에는 다른 공유자에 대하여 상당한 가액으로 그 지분을 매수할 것을 청구할 수 있음(상 762 ①).
- 선박공유자가 위 청구를 하고자 하는 때에는 지체없이 다른 공유자 또는 선박관리인에 대하여 그 통지를 발송하여야 함(상 762 ②).

6.2. 해상기업조직

6.2.3.2.3. 외부관계
(1) 선박관리인의 선임
- 선박공유자는 선박관리인을 선임하여야 함(상 764 ①).
- 이 경우 선박공유자가 아닌 자를 선박관리인으로 선임함에는 공유자 전원의 동의가 있어야 함.
- 선박관리인의 선임과 그 대리권의 소멸은 이를 등기하여야 함(상 764 ②).

(2) 선박관리인의 대표권
1) 원칙
- 선박관리인은 대내적으로 업무집행권을 갖고 대외적으로는 대표권을 가짐.
- 선박관리인은 선박의 이용에 관한 재판상 또는 재판 외의 모든 행위를 할 권한이 있음(상 765 ①).
- 선박관리인의 대리권에 대한 제한은 선의의 제3자에게 대항하지 못함(상 765 ②).

2) 제한
- 선박관리인은 선박공유자의 서면에 의한 위임이 없으면 ① 선박을 양도.임대 또는 담보에 제공하는 일 ② 신항해를 개시하는 일 ③ 선박을 보험에 붙이는 일 ④ 선박을 대수선하는 일 ⑤ 차재하는 일 등의 행위를 하지 못함(상 766).

6.2. 해상기업조직

(3) 선박공유자의 의무
1) 장부의 기재, 비치
- 선박관리인은 특히 업무집행에 관한 장부를 비치하고 그 선박의 이용에 관한 모든 사항을 기재하여야 함(상 767).

2) 선박관리인의 보고, 승인
- 선박관리인은 매 항해의 종료 후에 지체 없이 그 항해의 경과 상황과 계산에 관한 서면을 작성하여 선박공유자에게 보고하고 그 승인을 얻어야 함(상 768).

6.2.3.2.4. 선박공유의 해산 · 청산
- 선박공유자는 선박의 침몰, 멸실, 양도 또는 이용의 폐지 등 독특한 사유에 의하여 해산하지만 상법상 선박공유의 해산과 청산에 관한 규정이 없으므로 민법상 조합에 관한 규정을 준용함.
- 다만 선박공유가 조합보다는 물적회사에 가깝기 때문에 물적회사에 관한 규정이 유추적용 되어야 할 것이라는 견해도 있음.

6.2. 해상기업조직

6.2.3.3. 선체용선자
- 선체용선자란 용선자의 관리·지배 하에 선박을 운항할 목적으로 선박소유자가 용선자에게 선박을 제공할 것을 약정하고 용선자가 이에 따른 용선료를 지급하기로 약정함으로써 그 효력이 생기는 선체용선계약상의(상 847) 용선자를 말함.

6.2.3.4. 정기용선자
- 정기용선자란 정기용선계약상의 용선자를 의미함.
- 정기용선계약은 선박소유자가 용선자에게 선원이 승무하고 항해장비를 갖춘 선박을 일정한 기간 동안 항해에 사용하게 할 것을 약정하고 용선자가 이에 대하여 기간으로 정한 용선료를 지급하기로 약정함으로써 그 효력이 생기는 계약을 말함(상 842).
- 이 정기용선계약에서는 선박소유자가 선박 및 선박의 인적·물적 장비를 다 갖추고 이를 정기용선자가 기간 단위로 사용하는 계약임.

6.2. 해상기업조직

6.2.4. 해상기업의 보조자
6.2.4.1. 서설
- 해상기업의 보조자로는 선장, 선원, 예선업자, 도선사 등이 있음.
- 일반적으로 예선업자나 도선사는 해상기업활동과는 직접적인 관련성은 없음.
- 그리고 선원도 선장의 지시에 따르므로 결국 가장 중요한 해상기업보조자는 선장이라 할 수 있음.
- 따라서 상법은 선장에 대하여 자세한 규정을 두고 있음.

6.2.4.2. 선장
6.2.4.2.1. 의의
- 광의의 선장이란 특정선박의 항해지휘자를 말하며, 협의의 선장이란 선박소유자의 고용인으로서 특정선박의 항해를 지휘하고 또 그 대리인으로서 항해에 관한 모든 행위를 할 수 있는 법정권한이 있는 자를 말함.
- 선장은 선박 소유자·임차인·운항자 등 해상기업인의 대리인으로서 공법상·사법상의 직무와 권한을 가짐.

6.2.4.2.2. 선임과 종임
(1) 선임
- 선장은 선박소유자가 선임함(상 745). 선박소유자는 선박공유자·선체용선자를 포함함.

6.2. 해상기업조직

- 예외적으로 선장이 불가항력으로 인하여 그 직무를 집행하기가 불능한 때에 법령에 다른 규정이 있는 경우를 제외하고는 자기의 책임으로 타인을 선정하여(代船長) 선장의 직무를 집행하게 할 수 있음(상 748).
- 선장의 선임계약의 법적 성질은 고용과 위임의 혼합계약임.

(2) 종임
- 선장의 선임계약의 법적 성질을 고용과 위임의 혼합계약으로 이해하면 선장의 종임도 고용과 위임의 일반적 종료원인인 고용계약기간의 만료, 선장의 사임, 사망, 파산, 금치산 등의 사유에 의하여 종임함.
- 선장의 선임행위는 상행위이므로 선박소유자 등의 사망에 의하여 종임하지 않음.
- 선장은 선박소유자가 해임함(상 745). 선박소유자가 정당한 사유 없이 선장을 해임한 때에는 선장은 이로 인하여 생긴 손해의 배상을 청구할 수 있음(상 746 ①).
- 선장이 선박공유자인 경우에 그 의사에 반하여 해임된 때에는 다른 공유자에 대하여 상당한 가액으로 그 지분을 매수할 것을 청구할 수 있음(상 762 ①).
- 선장이 지분매수의 청구를 하고자 하는 때에는 지체 없이 다른 공유자 또는 선박관리인에 대하여 그 통지를 발송하여야 함(상 762 ②).
- 선장이 항해 중에 해임 또는 임기가 만료된 경우에도 다른 선장이 그 업무를 처리할 수 있는 때 또는 그 선박이 선적항에 도착할 때까지 그 직무집행 책임 있음(상 747).
- 선장이 사망하였을 때, 선박을 떠났을 때 또는 이를 지휘할 수 없게 되었을 경우에 미리 타인을 지정하지 않았을 때에는 운항에 종사하는 선원은 그 직무의 순위에 따라 선장의 직무를 대행하여야 하는데 이를 대행선장이라 함.

6.2. 해상기업조직

6.2.4.2.3. 선장의 사법상의 권리.의무
- 선장은 선박소유자에 의하여 선임되어 선박의 운항책임을 맡고 있으나 선박소유자의 대리인으로서 뿐만 아니라 적하이해관계인, 여객, 구조료채무자 등의 대리인으로서의 대리권을 가짐.

(1) 선박소유자와의 관계에 있어서 권리 · 의무
- 선장의 대리권은 포괄적이며 대리권에 대한 제한으로 선의의 제3자에게 대항할 수 없다는 점에서 지배인, 대표이사의 대리권 및 대표권과 같지만, 선장은 ① 대리권이 영업소가 아니라 항해단위로 정해지고 범위가 선적항의 내외에 따라 다르고 ② 선장의선임·해임은 등기시항이 아니며 ③ 공동선장은 존재하지 않고 ④ 선장의 행위에 대하여는 선박소유자의 책임제한이 인정된다는 점 등에서 다름.
- 선박소유자를 위한 대리권의 범위에 관한 입법주의는 선박소유자소재지주의(불법주의), 선적항주의(독법주의), 선장행위주의(영법주의)가 있음.
    - ① 선박소유자소재지주의(불법주의) : 선박이 선박소유자 또는 그 대리인의 소재지에 있는가를 구별하여 그 소재지에서는 특별한 수권을 요한다는 주의
    - ② 선적항주의(독법주의) : 선적항의 안팎의 구별에 따라 선장의 대리권의 범위에 차이를 두는 주의
    - ③ 선장행위주의(영법주의) : 행위의 종류에 따라 구별하여 중요행위 이외의 선박이용에 관한 모든 행위에 대리권이 미친다는 주의(선장행위주의)
- 상법은 선적항주의(독법주의)를 채용하고 있는데, 그에 따라 선적항 내의 대리권과 선적항 외의 대리권으로 구별하고 있음.

6.2. 해상기업조직

- 선적항 내의 대리권(상 773 ②)에 관하여는 특히 위임을 받은 경우 외에는 선원의 고용과 해고를 할 권한만 가지며, 선적항 외에서의 대리권은 ㉠ 일반적 대리권(항해에 필요한 재판상·재판외의 모든 행위) ㉡ 신용행위의 대리권 ㉢ 적하처분권 ㉣ 선박경매권 등을 가짐.
- 선적항에서는 선장의 권한이 선원의 고용과 해고를 할 권한만 가지며 다른 권한을 가질 수 없는 것은 선적항에서는 선장이 선박소유자의 직접 지휘를 받을 수 있기 때문에 선장의 대리권을 인정하지 않는 것임.

1) 선장의 권한
ⅰ) 선장의 대리권
- 선적항 외에서는 선장은 항해에 필요한 재판상 또는 재판 외의 모든 행위를 할 권한이 있음(상 749 ①). 그러나 선적항에서는 선장은 특히 위임을 받은 경우 외에는 해원의 고용과 해고를 할 권한만을 가짐(상 749 ②).
- 선장의 대리권에 대한 제한은 선의의 제3자에게 대항하지 못함(상 751).

ⅱ) 대선장선임권
- 선장은 불가항력으로 인하여 그 직무를 집행하기가 불능한 때에 법령에 다른 규정이 있는 경우를 제외하고는 자기의 책임으로 타인을 선정하여 선장의 직무를 집행하게 할 수 있는 대선장 선임권도 가짐(상 748).

6.2. 해상기업조직

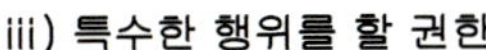

iii) 특수한 행위를 할 권한
- 선장은 선박수선료, 해난구조료 그 밖에 항해의 계속에 필요한 비용을 지급하여야 할 경우에는 ① 선박 또는 속구를 담보에 제공하는 일 ② 차재하는 일 ③ 적하의 전부나 일부를 처분하는 일을 할 수 있음(상 750 ①).
- 따라서 선박수선, 해난구조 또는 항해계속비용 지급을 위한 경우가 아니면 선장은 ① 선박 또는 속구를 담보에 제공하는 일 ② 차재하는 일 ③ 적하의 전부나 일부를 처분하지 못함.

iv) 위법선적물 처분권·위험물 처분권
- 선장은 법령 또는 계약에 위반하여 선적한 운송물은 언제든지 이를 양륙할 수 있고 그 운송물이 선박 또는 다른 운송물에 위해를 미칠 염려가 있는 때에는 이를 포기할 수 있음(상 800 ①).
- 선장이 위 물건을 운송하는 때에는 선적한 때와 곳에서의 동종 운송물의 최고운임의 지급을 청구할 수 있음(상 800 ②).
- 이 규정은 운송인 그 밖의 이해관계인의 손해배상청구에 영향을 미치지 아니 함(상 800 ③).
- 인화성·폭발성 그 밖의 위험성이 있는 운송물은 운송인이 그 성질을 알고 선적한 경우에도 그 운송물이 선박이나 다른 운송물에 위해를 미칠 위험이 있는 때에는 선장은 언제든지 이를 양륙·파괴 또는 무해조치할 수 있음(상 801 ①).
- 운송인은 위 처분에 의하여 그 운송물에 발생한 손해에 대하여는 공동해손분담책임을 제외하고 그 배상책임을 면함(상 801 ②).

6.2. 해상기업조직

ⅴ) 선박경매권
- 선적항 외에서 선박이 수선하기 불가능하게 된 때에는 선장은 해무관청의 인가를 얻어 이를 경매할 수 있음(상 753).
- 선박이 수선하기 불가능한 경우로는 ① 선박이 그 현재지에서 수선을 받을 수 없으며 또 그 수선을 할 수 있는 곳에 도달하기 불가능한 때 ② 수선비가 선박의 가액의 4분의 3을 초과할 때를 말함(상 754 ①).
- 수선비의 가액은 선박이 항해 중 훼손된 경우에는 그 발항한 때의 가액으로 하고 그 밖의 경우에는 그 훼손 전의 가액으로 함(상 754 ②).

2) 선장의 의무
- 선장은 보고·계산의 의무가 있는데, 선장은 항해에 관한 중요한 사항을 지체 없이 선박소유자에게 보고하여야 함(상 755 ①).
- 그리고 선장은 매 항해를 종료한 때에는 그 항해에 관한 계산서를 지체 없이 선박소유자에게 제출하여 그 승인을 얻어야 함(상 755 ②).
- 선장은 선박소유자의 청구가 있을 때에는 언제든지 항해에 관한 사항과 계산의 보고를 하여야 함(상 755 ③).

6.2. 해상기업조직

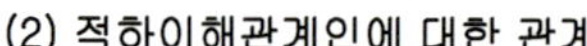

(2) 적하이해관계인에 대한 관계
- 선장은 원칙적으로 적하이해관계인과 직접적인 법률관계는 없지만 해상의 위험 등 때문에 선장이 항해 중에 적하를 처분하는 경우에는 이해관계인의 이익을 위하여 가장 적당한 방법으로 하여야 함(상 752 ①).
- 적하의 처분이란 매각하거나 투기 등 법률행위이든 사실행위이든 불문함.
- 이 경우에 이해관계인은 선장의 처분으로 인하여 생긴 채무가 있을 때에는 채권자에게 적하의 가액을 한도로 하여 책임을 짐.
- 그러나 그 이해관계인에게 과실이 있는 때에는 무한의 책임을 짐(상 752 ②).
- 적하를 처분할 경우의 손해배상액은 그 적하가 도달할 시기의 양륙항의 가격에 의하여 이를 정함.
- 그러나 그 가격 중에서 지급을 요하지 아니하는 비용을 공제하여야 함(상 750 ②).

(3) 여객에 대한 관계
- 여객이 사망한 때에는 선장은 그 상속인에게 가장 이익이 되는 방법으로 사망자가 휴대한 수하물을 처분하여야 함(상 824).

(4) 구조료채무자에 대한 관계
- 선장은 구조료를 지급할 채무자에 갈음하여 그 지급에 관한 재판상 또는 재판 외의 모든 행위를 할 권한이 있음(상 894 ①).
- 따라서 선장은 그 구조료에 관한 소송의 당사자가 될 수 있고, 그 확정판결은 구조료의 채무자에 대하여도 효력이 있음(상 894 ②).

6.2. 해상기업조직

6.2.4.2.4. 선장의 공법상의 권리.의무
(1) 선장의 공법상의 권리
- 선장의 공법(선원법)상의 권한은 다음과 같음.

1) 지휘·명령권
- 선장은 위험 공동체인 선박운항의 최고 책임자로서 해원(海員)을 지휘·감독하며, 또한 선내에 있는 여객·기타의 자에 대하여 직무를 행함에 있어 필요한 명령을 할 수 있음.

2) 징계권
- 선장은 규정된 선내의 규율을 지키지 아니하는 해원을 징계할 수 있음.

3) 강제 조치권
- 선장은 해원·여객·기타 선내에 있는 자가 흉기·폭발물 또는 발화하기 쉬운 물건을 소지한 때에는 필요에 따라 그 물건의 보관·폐기 기타 조치를 취할 수 있으며, 해원이 승선계약 종료의 공인이 있은 후 선박을 떠나지 아니할 때에는 그 해원을 강제로 조치할 수 있음.

4) 행정관청에 대한 원조의 청구권
- 선장은 해원·여객·기타 선내에 있는 자가 위험물을 소지하거나, 선내에 있는 사람의 인명이나 선박에 위해를 미치게 하거나, 선내 질서를 문란하게 할 경우 필요하다고 인정할 때에는 행정관청에 원조를 청할 수 있음.

6.2. 해상기업조직

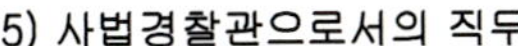

5) 사법경찰관으로서의 직무
- 원양·근해 또는 연해구역을 항해하는 총톤수 20톤 이상인 선박의 선장은 선내에서 발생한 범죄에 대하여 사법경찰관으로서 범죄의 수사, 범인의 체포 등을 할 수 있음.

6) 선내 사망자에 대한 수장권
- 선장은 선박의 항행 중 선내에 있는 사람이 사망한 때에는 적절한 조건의 구비 하에 사체를 수장할 수 있음.

7) 호적공무원의 직무
- 항행 중 선내에서 출생 또는 사망에 대한 신고사항을 항해일지에 기재·기명·날인하고, 선박이 입항한 후 이에 대한 항해일지의 등본을 관계 시·읍·면장에게 발송해야 함.

(2) 선장의 공법상의 의무
- 선장의 공법(선원법)상의 의무는 다음과 같음.

1) 출항 전의 검사의무
- 또한 공법상의 의무는 다음과 같음.
- 출항 전에 선박이 항해에 대한 감항성 여부와, 항해에 적응할 장비·적하(積荷)·인원·식료·연료·기타의 준비가 완료되어 있는지의 여부를 검사하여야 함(선원법 7).
- 선장은 선박에 ① 선박국적증서 또는 선적증서 ② 승무원명부 ③ 항해일지 ④ 화물에 관한 서류 ⑤ 그 밖에 해양수산부령이 정하는 서류 등을 비치하여야 함(선원법 20 ①).

6.2. 해상기업조직

2) 항행의 성취의무
- 선장은 항해의 준비가 완료된 때에는 즉시 출항하여야 하며(발항의무), 부득이한 경우 이외에는 예정항로를 변경하지 않고 도착항까지 항행하여야 함(직항의무)(선원법 8).

3) 재선의무
- 선장은 화물의 선적 또는 여객의 승선이 개시될 때부터 화물의 양륙과 여객의 하선이 완료될 때까지 그 선박에서 떠나지 못함(선원법 10).

4) 갑판상의 지휘의무
- 선장은 선박이 항구를 출입할 때, 선박이 좁은 수로를 통과할 때, 기타 선박에 위험성이 있을 때 갑판상에서 직접 선박을 지휘하여야 함(선원법 9).

5) 선박 위험시의 조치의무
- 선장은 자기가 지휘하는 선박에 급박한 위험이 있을 때에는 인명·선박 및 적화물의 구조에 필요한 수단을 다하여야 함(선원법 11).

6) 선박충돌시의 조치의무
- 선박이 충돌한 때에는 자기가 지휘하는 선박에 급박한 위험이 발생한 경우를 제외하고는 인명과 선박의 구조에 최선을 다하여야 하며, 또한 선박의 명칭·소유자·선적항·출항항·도착항을 상대방에게 통보하여야 함(선원법 12).

6.2. 해상기업조직

7) 조난선박 등의 구조의무
- 타선박 및 항공기의 조난을 알았을 때 자기가 지휘하는 선박에 급박한 위험이 있을 경우를 제외하고는 인명 구조에 필요한 조치를 다하여야만 함(선원법 13).

6.2.4.2. 해원
- 선원법상 선원이라 함은 임금을 받을 목적으로 배안에서 노무를 제공하기 위하여 고용된자로 선장·해원·예비원이 있음.
- 이러한 해원은 해상보조자에 불과하기 때문에 육상보조자나 선장과 같은 대리권이 없음(선원법 3 i).

6.2.4.2. 선박사용인
- 선박사용인이라 함은 임시로 선박상의 노무에 종사하기 위하여 고용된 자임.

6.2.4.2. 도선사
- 도선사라 함은 일정한 도선구(導船區)에서 도선업무를 할 수 있는 도선사의 면허를 가진 자를 말함(선원법 2 ii).

6.2. 해상기업조직

6.2.5. 선박소유자의 책임제한
6.2.5.1. 선박소유자의 책임제한 총설
6.2.5.1.1. 서
- 선박을 이용한 해상운송은 해상위험에서 오는 선박소유자의 운영리스크를 완화해줄 필요가 있었고 이와 관련한 여러 입법주의가 있음.
- 우리 상법상 선주유한책임제도는 1991년 개정상법시 금액책임주의로 일원화 하였음(상 769 이하).

6.2.5.1.2. 선주책임제한에 관한 입법주의
(1) 위부주의
- 일방적 의사표시에 의하여 소유권을 이전하는 것을 위부(委付)라 하는데, 위부주의(佛法主義)란 선박소유자가 원칙적으로 인적 무한책임을 지나, 채권자에 대하여 해산(海産), 즉 선박과 운임, 손해배상청구권 등의 소유권을 일방적 의사표시에 의하여 이전한 경우에는 책임을 면한다는 주의임.

(2) 선가책임주의
- 선가책임주의(美國法主義)란 선박소유자는 원칙적으로 항해말에 있어서의 선박의 가액과 그 선박에 의하여 생긴 채권액을 한도로 하여 인적 유한책임을 지고 동시에 선택적으로 해산의 위부권도 인정하는 주의임.

6.2. 해상기업조직

(3) 집행주의
- 집행주의(獨法主義)는 선박소유자의 책임을 선박해산으로 제한하는 것으로 채권자는 오직
  그 해산에 대해서만 강제집행을 할 수 있고 육산에는 미치지 못한다는 주의임.

(4) 금액책임주의
- 금액책임주의란 항해단위가 아닌 사고마다 선박소유자의 책임한도액을 정하여 선박소유자는
  선박의 톤당 얼마로 정하여진 금액의 한도 내에서 그 책임을 지는 주의임.

(5) 선택주의
- 선택주의는 선박소유자의 무한책임을 원칙으로 하며 다만 선박소유자는 위부주의·선가책임주
  의·금액책임주의 등에 대한 선택권을 가지는 주의임.

(6) 상법의 입장
- 선주책임제한에 관한 통일조약 중 1924년의 통일조약은 선가책임주의와 금액책임주의를 병용하였고, 1957
  년 통일조약에서는 금액책임주의로 단일화하였다가 1976년 통일조약은 1957년의 금액책임주의를 유지하면
  서 선주의 책임한도액을 선박톤수 단위로 증대시켰음.
- 1991년 개정상법은 1976년「해사채권에 대한 책임제한 조약」의 내용을 입법화하여 책임제한 주체의 책임한
  도액을 증액하고 해상기업 활동의 다양화에 대응한 합리적 책임제한 제도를 확립하기 위하여 책임제한 주체
  의 범위를 용선자, 이행보조자, 구조자까지 확대하되 금액책임주의를 취하고 있었음.
- 2007년 개정상법은 이전의 기본적인 틀을 유지하면서 다만 여객의 사망에 대한 책임제한액을
  국제조약에 맞추어 상향조정 하였음.

6.2. 해상기업조직

6.2.5.1.3. 책임제한의 주체

(1) 선박소유자 등
- 책임제한을 주장할 수 있는 자는 선박소유자뿐만 아니라(상 769), 용선자, 선박관리인 및 선
  박운항자임(상 774 ①).
- 이때 만일 동일한 사고에서 발생한 선박소유자의 책임과 용선자.선박관리인 및 선박운항자의
  책임이 경합하는 경우에는 그 책임의 총액은 선박마다 법정책임한도액(상 776)을 초과하지
  못함(상 774 ②).
- 선박소유자 또는 선박관리인 및 선박운항자들 중 1인이 책임제한 절차개시의 결정을 받은 때
  에는 책임제한을 할 수 있는 다른 자도 이를 원용할 수 있음(상 774 ③).

(2) 법인 선박소유자.무한책임사원
- 책임제한을 주장할 수 있는 자가 법인 또는 인적 회사인 경우 그의 무한책임사원도 책임제한
  을 주장할 수 있음(상 774 ① ii).

(3) 선장, 해원, 도선사 그 밖의 선박사용인 등
- 자기의 행위로 인하여 선박소유자, 용선자, 선박관리인 및 선박운항자에 대하여 책임을 생기
  게 한 선장, 해원, 도선사 그 밖의 선박소유자 등의 사용인 또는 대리인도 책임제한을 주장할
  수 있음(상 774 ① iii).

6.2. 해상기업조직

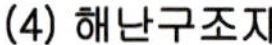

(4) 해난구조자
- 구조자라 함은 구조활동에 직접 관련된 용역을 제공한 자를 말하며, 구조활동이라 함은 해난 구조 시의 구조활동은 물론 침몰·난파·좌초 또는 유기 그 밖의 해양사고를 당한 선박 및 그 선박 안에 있거나 있었던 적하 그 밖의 물건의 인양·제거·파괴 또는 무해조치 및 이와 관련된 손해를 방지 또는 경감하기 위한 모든 조치를 말함(상 775 ④).
- 해난구조자가 구조활동과 직접 관련하여 과실 등으로 제3자에게 손해를 입혀 손해배상책임을 부담하는 경우도 책임제한을 주장할 수 있음.
- 즉 구조자 또는 그 피용자의 구조활동과 직접 관련하여 발생한 사람의 사망·신체의 상해, 재산의 멸실이나 훼손, 계약상 권리 외의 타인의 권리의 침해로 인하여 생긴 손해에 관한 채권 및 그러한 손해를 방지 혹은 경감하기 위한 조치에 관한 채권 또는 그 조치의 결과로 인하여 생긴 손해에 관한 채권에 대하여 구조자도 책임을 제한할 수 있음(상 775 ①).

6.2. 해상기업조직

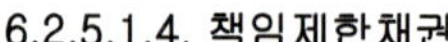

6.2.5.1.4. 책임제한채권
(1) 책임제한채권
1) 일반책임제한 채권
- 선박소유자 등(상 769, 774 ① i), 법인 또는 인적 회사의 무한책임사원(상 774 ① ii) 및 선장 등(상 774 ① iii)이 주장할 수 있는 책임제한 채권은 다음과 같음(상 769).

① 선박에서 또는 선박의 운항에 직접 관련하여 발생한 사람의 사망, 신체의 상해 또는 그 선박 외의 물건의 멸실 또는 훼손으로 인하여 생긴 손해에 관한 채권
⇒ 선박충돌 사고로 인한 손해배상채권은 "선박의 운항에 직접 관련하여 발생한 그 선박 외의 물건의 멸실 또는 훼손으로 인하여 생긴 손해에 관한 채권"에 해당하고, 그러한 채권은 불법행위를 원인으로 하는 것이라 하여도 "청구원인의 여하에 불구하고" 책임을 제한할 수 있는 것으로 규정하고 있는 같은 법상 책임제한의 대상이 됨(大判 1995. 06. 05, 95마325).
② 운송물, 여객 또는 수하물의 운송의 지연으로 인하여 생긴 손해에 관한 채권
③ 그 밖에 선박의 운항에 직접 관련하여 발생한 계약상의 권리 외의 타인의 권리의 침해로 인하여 생긴 손해에 관한 채권
④ 위의 채권의 원인이 된 손해를 방지 또는 경감하기 위한 조치에 관한 채권 또는 그 조치의 결과로 인하여 생긴 손해에 관한 채권

6.2. 해상기업조직

- 위 채권이 선박소유자 자신의 고의 또는 손해발생의 염려가 있음을 인식하면서 무모하게 한 작위 또는 부작위로 인하여 생긴 손해에 관한 것인 때에는 책임제한을 할 수 없음(상 769).
- 책임제한이 배제되는 주관적 요건은 책임제한의 주체별로 판단함(大判 1995. 03. 24, 94마 2431; 同旨 大判 1995. 06. 05, 95마325).

2) 구조자에 대한 책임제한 채권
- 구조자 또는 그 피용자의 구조활동과 직접 관련하여 발생한 사람의 사망·신체의 상해, 재산의 멸실이나 훼손, 계약상 권리 외의 타인의 권리의 침해로 인하여 생긴 손해에 관한 채권 및 그러한 손해를 방지 혹은 경감하기 위한 조치에 관한 채권 또는 그 조치의 결과로 인하여 생긴 손해에 관한 채권에 대하여 구조자도 책임을 제한할 수 있음.
- 단 구조자에 대한 채권에는 구조활동과 관련이 없는 운송물·여객 또는 수하물의 운송의 지연으로 생긴 손해에 관한 채권(상 769 ii) 및 여객의 사망 또는 신체의 상해로 인한 손해에 관한 채권(상 770 ① i)은 발생할 여지가 없음(상 775 ①).
- 구조활동을 선박으로부터 행하지 아니한 구조자 또는 구조를 받는 선박에서만 행한 구조자는 책임의 한도액에 관하여 1천500톤의 선박에 의한 구조자로 봄(상 775 ②).
- 구조자의 책임의 한도액은 구조선마다 또는 구조활동을 선박으로부터 행하지 아니한 구조자 또는 구조를 받는 선박에서만 행한 경우에는 구조자마다 동일한 사고로 인하여 생긴 모든 채권에 미친다(상 775 ③).

6.2. 해상기업조직

(2) 책임제한을 할 수 없는 채권
- 선박소유자는 다음 각 호의 채권에 대하여는 그 책임을 제한하지 못함(상 773).

① 선장·해원 그 밖의 사용인으로서 그 직무가 선박의 업무에 관련된 자 또는 그 상속인, 피부양자 그 밖의 이해관계인의 선박소유자에 대한 채권
→ 이는 선주의 책임제한을 통한 이익보다는 약자인 사용자를 보호하기 위한 것으로 사회보장적 측면을 고려한 것임.

② 해난구조로 인한 구조료 채권 및 공동해손의 분담에 관한 채권
→ 해난구조로 인한 구조료 채권 및 공동해손의 분담에 관한 채권에 대해서는 상법에 별도의 책임한도 규정을 두고 있기 때문에 제외한 것임.
- 즉 해난구조의 보수액은 다른 약정이 없으면 구조된 목적물의 가액을 초과하지 못하며(상 884 ①), 공동해손의 분담책임이 있는 자는 선박이 도달하거나 적하를 인도한 때에 현존하는 가액의 한도에서 그 책임을 짐(상 868).

③ 1969년 11월 29일 성립한 「유류오염손해에 대한 민사책임에 관한 국제조약」 또는 그 조약의 개정조항이 적용되는 유류오염손해에 관한 채권
→ 유류오염손해배상보장법에 의하여 선박소유자의 책임을 제한하고 있으므로 상법에서 다시 책임제한을 할 필요가 없어서 책임제한채권에서 배제한 것임.

6.2. 해상기업조직

④ 침몰·난파·좌초·유기 그 밖의 해양사고를 당한 선박 및 그 선박 안에 있거나 있었던 적하 그 밖의 물건의 인양·제거·파괴 또는 무해조치에 관한 채권

→ 이 규정의 의미는 선박소유자에게 해상에서의 안전, 위생, 환경보전 등의 공익적인 목적으로 관계 법령에 의하여 그 제거 등의 의무가 부과된 경우에 그러한 법령상의 의무를 부담하는 선박소유자에 한하여 난파물 제거채권에 대하여 책임제한을 주장할 수 없는 것으로 하자는 것임(大判 2000. 08. 22, 99다9646, 9653, 9660, 9677).

⑤ 원자력손해에 관한 채권

→ 원자력손해배상법에 의하여 선박소유자의 책임을 제한하고 있으므로 상법에서 다시 책임제한을 할 필요가 없어서 책임제한채권에서 배제한 것임.

⑥ 기타

- 선박소유자 자신의 고의 등으로 인하여 생긴 손해에 관한 채무도 책임제한이 인정되지 않음.
- 상법상 선박소유자의 면책규정이나 유한책임에 관한 규정은 선하증권상 면책조항이나 책임제한에 관하여 정한 경우가 아닌 한 오로지 운송계약상의 채무불이행책임에만 적용되고 당사자 사이에 이를 불법행위책임에도 적용키로 하는 별도의 합의가 없는 이상 당연히 불법행위책임에 적용되지는 않음.
- 따라서 해상운송인이 화물운송 중 자기나 사용인 등의 고의 또는 과실로 인하여 화물을 멸실 또는 훼손시킨 경우 화주는 운송인에 대하여 운송계약불이행으로 인한 손해배상과 불법행위로 인한 손해배상을 경합적으로 청구할 수 있음(大判 1989. 04. 11, 88다카11428).

6.2. 해상기업조직

6.2.5.1.5. 책임제한채권의 발생원인 및 단위

(1) 발생원인
- 상법은 책임제한채권의 발생원인에 대하여 청구원인의 여하를 불문함(상 769).
- 채무불이행으로 인한 채권이든 불법행위로 인한 채권이든 불문하고 책임제한채권이 됨

(2) 단위
- 책임제한채권은 선박마다 또 사고마다 하게 됨(사고주의)(상 770 ②, 775 ②).
- 동일한 사고에서 발생한 모든 채권에 대한 선박소유자 등의 책임한도액은 선박마다 동일한 사고에서 생긴 각 책임한도액에 대응하는 선박소유자에 대한 모든 채권에 미친다(상 770 ②,). 즉 동일한 사고에서 발생한 모든 채권에 대한 선박소유자 등의 책임제한액의 총액은 선박마다의 책임한도액을 초과하지 못함.
- 해난구조의 책임한도액은 사고마다 구조선 단위로 정하여지나 구조활동을 선박에 의하지 않고 하거나 피구조선에서만 한 구조자에 관하여는 구조자 단위로 정함(상 775 ③).
- 동일한 선박의 동일한 사고에서 발생한 손해라도 책임한도액은 다시 책임제한채권의 내용에 따라 정하여짐.
- 책임제한채권은 ① 여객의 사상으로 인한 손해에 관한 채권 ② 여객 외의 사람의 사상으로 인한 손해에 관한 채권 ③ 양자를 제외한 그 밖의 손해(물적 손해 등)에 관한 채권으로 3분되어 각각 별도의 책임한도액이 정하여짐(상 770 ①,).
- 채권자의 책임이 제한되는 채권은 각 책임한도액에 대하여 각 채권액의 비율로 경합함(상 770 ③).

6.2. 해상기업조직

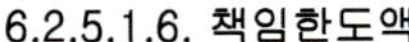

6.2.5.1.6. 책임한도액

(1) 서

- 선주의 책임한도액은 여객의 사상으로 인한 손해, 여객 외의 사람의 사상으로 인한 손해 및 그 밖의 손해로 3분하여 계산됨.
- 상법 제770조는 금액책임주의로 일원화하면서 동시에 선박의 톤수가 커질수록 책임한도액의 증가가 줄어드는 체감적 톤수비례방식을 채택하고 있음.
- 책임제한을 위한 선박의 톤수는 국제항해에 종사하는 선박의 경우에는 「선박법」에서 규정하는 국제총톤수로 하고 그 밖의 선박의 경우에는 동법에서 규정하는 총톤수로 함(상 772).

(2) 여객의 사상으로 인한 손해

- 여객의 사망 또는 신체의 상해로 인한 손해에 관한 채권에 대한 책임의 한도액은 그 선박의 선박검사증서에 기재된 여객의 정원에 17만5천 계산단위(국제통화기금의 1 특별인출권에 상당하는 금액을 말함)를 곱하여 얻은 금액으로 함(상 770 ① i).
- 이때 계산단위라고 하는 것은 국제통화기금(IMF: International Monetary Fund)의 1특별인출권(SDR: Special Drawing Rights)에 상당하는 금액을 말함.

여객의 사상으로 인한 손해액의 한도액
여객의 정원 X 17만5천 계산단위(SDR)

6.2. 해상기업조직

(3) 여객 외의 사람의 사상으로 인한 손해

- 여객 외의 사람의 사망 또는 신체의 상해로 인한 손해에 관한 채권에 대한 책임의 한도액은 그 선박의 톤수에 따라서 다음에 정하는 바에 의하여 계산된 금액으로 함. 3백 톤 미만의 선박의 경우에는 1십6만7천 계산단위 상당하는 금액으로 함(상 770 ① ii).
  ① 5백 톤 이하의 선박의 경우에는 33만3천 계산단위에 상당하는 금액
  ② 5백 톤을 초과하는 선박의 경우에는 위 ①의 금액에 500 톤을 초과하여 3천 톤까지의 부분에 대하여는 매 톤당 500 계산단위, 3천 톤을 초과하여 3만 톤까지의 부분에 대하여는 매 톤당 333 계산단위, 3만 톤을 초과하여 7만 톤까지의 부분에 대하여는 매 톤당 250 계산단위 및 7만 톤을 초과한 부분에 대하여는 매 톤당 167 계산단위를 각 곱하여 얻은 금액을 순차로 가산한 금액

☞ 여객 외의 사람의 사상으로 인한 손해

선박의 톤수	책임한도액
300톤 미만	167,000 SDR
300톤 ~ 500톤	333,000 SDR
500톤 초과 ~ 3,000톤	333,000 SDR + 초과톤당 500 SDR / 3,000톤인 경우: 1,583,000 SDR
3,000톤 초과 ~ 30,000톤	1,583,000 SDR + 초과톤당 333 SDR / 30,000톤인 경우: 10,574,000 SDR
30,000톤 초과 ~ 70,000톤	10,574,000 SDR + 초과톤당 250 SDR / 70,000톤인 경우: 20,574,000 SDR
70,000톤 초과	20,574,000 SDR + 초과톤당 167 SDR

6.2. 해상기업조직

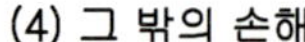

(4) 그 밖의 손해
- 채권에 대한 책임의 한도액은 그 선박의 톤수에 따라서 다음에 정하는 바에 의하여 계산된 금액으로 함. 그러나 3백 톤 미만의 선박의 경우에는 8만3천 계산단위에 상당하는 금액으로 함(상 770 ① ii).
① 5백 톤 이하의 선박의 경우에는 16만7천 계산단위에 상당하는 금액
② 5백 톤을 초과하는 선박의 경우에는 ①의 금액에 5백 톤을 초과하여 3만 톤까지의 부분에 대하여는 매 톤당 167 계산단위, 3만 톤을 초과하여 7만 톤까지의 부분에 대하여는 매 톤당 125 계산단위 및 7만 톤을 초과한 부분에 대하여는 매 톤당 83 계산단위를 각 곱하여 얻은 금액을 순차로 가산한 금액(상 747 ① iii)

☞ 그 밖의 손해

선박의 톤수	책임한도액
300톤 미만	83,000 SDR
300톤 ~ 500톤	167,000 SDR
500톤 초과 ~ 30,000톤	167,000 SDR + 초과톤당 167 SDR 30,000 톤인 경우: 5,093,500 SDR
30,000톤 초과 ~ 70,000톤	5,093,500 SDR + 초과톤당 125 SDR 70,000 톤인 경우: 10,093,500 SDR
70,000톤 초과	10,093,500 SDR + 초과톤당 83 SDR

6.2. 해상기업조직

- 이때 여객 외의 사람의 사상으로 인한 손해에 대한 책임한도액이 그 채권의 변제에 부족한 때에는 그 밖의 손해에 대한 책임한도액에서 그 잔액채권을 변제할 수 있는데, 이때 그 밖의 손해에 관한 채권이 있는 경우에는 이 채권과 여객 외의 사람의 사상으로 인한 손해에 대한 잔액채권이 각 채권액의 비율로 경합함(상 770 ④).
- 선박소유자 등 책임제한 채무자가 책임제한 채권자에 대하여 동일사고로 인한 손해 채권을 가지는 경우 그 채권액을 공제한 잔액에 한하여 책임제한을 받음(상 771).

(5) 해난구조자의 책임제한채권의 경우
- 구조자 또는 그 피용자의 구조활동과 직접 관련하여 발생한 사람의 사망·신체의 상해, 재산의 멸실이나 훼손, 계약상 권리 외의 타인의 권리의 침해로 인하여 생긴 손해에 관한 채권 및 그러한 손해를 방지 혹은 경감하기 위한 조치에 관한 채권 또는 그 조치의 결과로 인하여 생긴 손해채권에 대해 구조자도 책임제한할 수 있음(상 775 ①).
- 구조자에 대한 채권에는 구조활동과 관련 없는 운송물·여객 또는 수하물의 운송의 지연으로 생긴 손해에 관한 채권(상 769 ii) 및 여객의 사망 또는 신체의 상해로 인한 손해에 관한 채권(상 770 ① i)에 대한 책임한도액은 그 선박의 선박검사증서에 기재된 여객의 정원에 17만5천 SDR을 곱하여 얻은 금액으로 한다는 규정은 적용 안함(상 775 ① 단서).
- 이렇듯 구조자에 대한 정의규정을 두고 있는 것은 구조자의 책임제한에서 말하는 구조자의 개념이 해난구조에 있어서 구조자의 개념과 다르다는 것을 분명히 하기 위하여 「1976년 국제해사채권책임제한조약」과 같은 내용으로 규정하고 있는 것임.

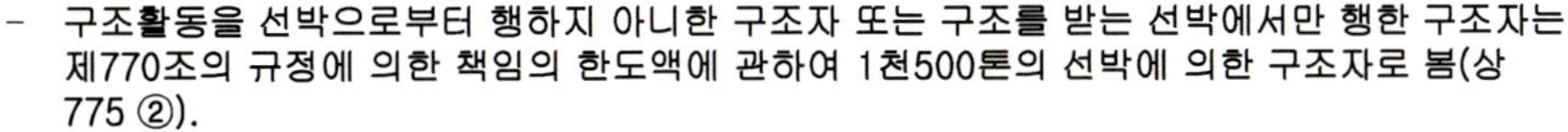

6.2. 해상기업조직

- 구조활동을 선박으로부터 행하지 아니한 구조자 또는 구조를 받는 선박에서만 행한 구조자는 제770조의 규정에 의한 책임의 한도액에 관하여 1천500톤의 선박에 의한 구조자로 봄(상 775 ②).

☞ 여객 외의 사람의 사상으로 인한 손해

선박의 톤수	책임한도액
500톤 초과 ~ 3,000톤	333,000 SDR + 초과톤당 500 SDR 1500톤인 경우 : 833,000 SDR

☞ 그 밖의 손해

선박의 톤수	책임한도액
500톤 초과 ~ 30,000톤	167,000 SDR + 초과톤당 167 SDR 1500 톤인 경우 : 334,000 SDR

6.2. 해상기업조직

6.2.5.1.7. 책임제한 절차

- 책임을 제한하고자 하는 자는 채권자로부터 책임한도액을 초과하는 청구금액을 명시한 서면에 의한 청구를 받은 날부터 1년 내에 법원에 책임제한절차 개시의 신청을 하여야 함(상 776 ①).
- 책임제한절차개시의 신청, 책임제한 기금의 형성, 공고, 참가, 배당 그 밖에 필요한 사항은 따로 법률로 정함(상 776 ②).
- 이에 대한 법률로 선박소유자 등의 책임제한절차에 관한 법률(1991.12.31, 법 제4487호)이 있음.
- 선박소유자 또는 기타 책임제한채무자(제1항 각 호에 규정된 자)의 1인이 책임제한절차개시의 결정을 받은 때에는 책임제한을 할 수 있는 다른 자도 이를 원용할 수 있음(상 774 ③).

6.3. 해 상 운 송

6.3.1. 서설
6.3.2. 해상물건운송계약
6.3.3. 해상여객운송계약

6.3. 해상운송

6.3. 해상운송

6.3.1. 서설

6.3.1.1. 해상운송의 의의

6.3.1.1.1. 해상운송의 개념

- 해상운송이란 호천·항만 외의 해상에서 선박에 의한 물건 또는 여객을 운송하는 것으로 해상물건운송과 해상여객운송으로 나뉨.
- 따라서 하천, 호수 등의 지역만을 운행하는 내륙수상운송은 일반적으로 해운의 개념에서 제외되며, 상선이 아닌 어선, 준설선 등도 해상운송의 개념에서 제외됨.
- 2007년 개정상법 이전에는 해상운송에 항해용선계약과 개품운송을 포함하고 있었으나 2007년 개정상법에서는 해상운송은 개품운송만을 의미하는 것으로 규정하고, 항해용선은 정기용선 및 선체용선과 같이 용선으로 별도로 규정하고 있음.

6.3.1.1.2. 해상운송계약의 법적 성질

- 해상운송계약은 일의 완성을 목적으로 하는 도급계약에 속하며 낙성계약이고 유상계약임.

6.3.1.2. 해상운송 주체

- 상법상 해상운송기업의 주체는 운송인임.
- 이에는 선박소유자 이외에 선체용선자 및 정기용선자도 포함됨.

6.3. 해상운송

6.3.2. 해상물건운송계약

6.3.2.1. 해상물건운송계약의 의의
- 해상물건운송계약이라 함은 당사자의 일방(해상운송인)이 상대방(송하인 또는 용선자)에 대하여 물건의 해상운송을 인수하고 상대방이 이에 대하여 보수를 지급할 것을 약정함으로써 성립하는 계약임.

6.3.2.2. 해상물건운송계약의 종류
- 해상운송계약의 종류를 물건운송(제1절)과 여객운송(제2절)으로 구별하고 있던 상법을 2007년 개정상법에서는 개품운송(제1절), 해상운송계약(제2절), 항해용선(제3절), 정기용선(제4절), 선체용선(제5절)으로 구별하여 세분화 하였으며, 해상운송에서 쓰이는 선하증권을 운송증서(제6절)라는 별도의 절로 나누어 규정하고 있음.

6.3.2.2.1. 개품운송계약
(1) 개품운송계약의 의의
- 개품운송계약이라 함은 운송인이 개개의 물건을 해상에서 선박으로 운송할 것을 인수하고, 송하인이 이에 대하여 운임을 지급하기로 약정함으로써 그 효력이 생기는 운송계약을 말함 (상791).
- 개품운송계약은 선박회사가 여러 하주와 화물의 운송을 개별적으로 맺는 것으로 화물을 여러 하주로부터 받아 함께 선적하므로 정기선(Liner)에 의하는 경우가 많음.

6.3. 해상운송

☞ 항해용선계약과 개품운송계약의 경제상 차이점

구분	항해용선계약	개품운송계약
선로	불특정한 선로에서 임시적	특정한 선로에서 정기적
선체	소형	대형 정기선
계약내용	선박소유자와 용선자간에 보통 하나의 계약관계 有 → 각 계약마다 정해짐	운송인과 다수의 송하인 간에 다수의 계약관계 有 → 선하증권 계약에 의한 부합계약성을 가짐
재운송계약	허용	불허용

6.3.2.2.2. 여객운송
- 해상여객운송계약은 운송인이 여객을 출발지에서 도착지까지 해상에서 선박으로 운송을 인수하고, 상대방이 운임지급을 약정함으로써 효력이 생기는 운송임(상 817).

6.3.2.2.3. 용선계약의 의의
- 용선계약(선복용선계약)이라 함은 운송인인 선박소유자 등이 선박의 전부 또는 일부의 선박을 제공하여 이것에 적재된 물건을 운송할 것을 약정하고 용선자가 이에 대하여 보수를 지급할 것을 약정하는 운송계약임.
- 용선계약은 용선자가 선박의 점유를 취득하지 못하고 선박소유자 등이 선장을 점유보조자로 하여 선박을 점유하고 감독하며 항해를 지휘하는 등의 도급계약적 성질 가짐.
- 용선계약의 종류에는 전부용선계약, 일부 용선계약, 항해용선계약, 기간용선계약, 주 용선계약, 재용선계약 등이 있음.

6.3. 해상운송

6.3.2.2.4. 항해용선계약
(1) 항해용선계약의 의의
- 항해용선계약은 특정한 항해를 할 목적으로 선박소유자가 용선자에게 선원이 승무하고 항해장비를 갖춘 선박의 전부 또는 일부를 물건의 운송에 제공하기로 약정하고 용선자가 이에 대하여 운임을 지급하기로 약정함으로써 그 효력이 생기는 계약을 말함(상 827 ①).

(2) 적용범위
- 이 항해용선에 관한 규정은 그 성질에 반하지 아니하는 한 여객운송을 목적으로 하는 항해용선계약에도 준용함(상 827 ②).
- 선박소유자가 일정한 기간 동안 용선자에게 선박을 제공할 의무를 지지만 항해를 단위로 운임을 계산하여 지급하기로 약정한 경우에도 그 성질에 반하지 아니하는 한 이 항행용선의 규정을 준용함(상 827 ③).

(3) 항해용선계약의 체결
1) 계약의 당사자
- 항해용선계약의 기본당사자는 선박소유자와 용선자임.

2) 계약의 체결
- 항해용선계약은 원칙적으로 자유롭게 체결할 수 있으며 불요식·낙성계약임.

6.3. 해상운송

(4) 항해용선계약의 효력
1) 선박소유자의 의무
i) 선적과 관련한 의무
① 선박제공의무
- 선박소유자는 운송계약에서 정한 선박을 선적지에서 용선자 또는 송하인에게 제공하여야 함.

② 선적준비완료통지의무
- 선박소유자(용선자)가 선적인인 경우에는 선박소유자는 운송물을 선적함에 필요한 준비가 완료된 때에는 지체 없이 용선자에게 그 통지를 발송하여야 함(상 829 ①).
- 운송물을 선적할 기간의 약정이 있는 경우에는 그 기간은 위의 통지가 오전에 있은 때에는 그 날의 오후 1시부터 기산하고, 오후에 있은 때에는 다음날 오전 6시부터 기산함. 이 기간에는 불가항력으로 인하여 선적할 수 없는 날과 그 항의 관습상 선적작업을 하지 아니하는 날을 산입하지 아니 함(상 829 ②).
- 이 기간을 경과한 후 운송물을 선적한 때에는 선박소유자는 상당한 보수를 청구할 수 있음(상 829 ③).
- 용선자 외의 제3자가 운송물을 선적할 경우에 선장이 그 제3자를 확실히 알 수 없거나 그 제3자가 운송물을 선적하지 아니한 때에는 선장은 지체 없이 용선자에게 그 통지를 발송하여야 함. 이 경우 선적기간 이내에 한하여 용선자가 운송물을 선적할 수 있음(상 830).

6.3. 해상운송

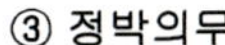

③ 정박의무
- 선적기간과 양륙기간을 합하여 정박기간이라고 하는데, 용선계약의 경우에는 운송인은 용선자가 운송물의 전부를 선적 또는 양륙하는 데 필요한 기간만큼 선박을 정박시킬 의무가 있음.
- 용선자는 운송물의 전부를 선적하지 아니한 경우에도 선장에게 발항을 청구할 수 있음(상 831 ①).
- 선적기간의 경과 후에는 용선자가 운송물의 전부를 선적하지 아니한 경우에도 선장은 즉시 발항할 수 있음(상 831 ②).
- 이 경우에는 용선자는 운임의 전액과 운송물의 전부를 선적하지 아니함으로 인하여 생긴 비용을 지급하고, 또한 선박소유자의 청구가 있는 때에는 상당한 담보를 제공하여야 함(상 831 ③).

④ 운송물 수령·적부의무
- 선박소유자는 용선계약에 따라 인도된 운송물을 수령할 의무가 있으며, 수령한 운송물을 적부할 의무를 부담함(상 841① 795 ①).
- 적부란 운송물을 배에 실어서 선창 내에 적절한 방법으로 배치하는 것이라 할 것임.

6.3. 해상운송

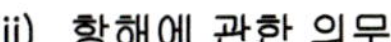
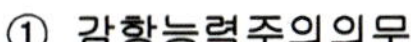

ii) 항해에 관한 의무
① 감항능력주의의무
- 감항능력주의의무란 선박소유자가 용선자나 송하인에 대하여 선적항을 발항할 당시 그 특정 항해를 안전하게 완성할 수 있는 선박을 제공함에 있어서 상당한 주의를 다하여야 할 의무를 말함.
- 운송인은 자기 또는 선원 그 밖의 선박사용인이 발항당시 감항능력주의의무를 해태하지 아니하였음을 증명하지 아니하면 운송물의 멸실, 훼손 또는 연착으로 인한 손해를 배상할 책임이 있음(상 794).

② 발항의무
- 선박소유자는 원칙적으로 선적기간 내에 운송물의 전부가 선적된 경우에만 발항하여야 함.
- 예외적으로 용선자는 선적기간 내에 운송물의 전부를 선적하지 아니한 경우에도 선장에게 발항을 청구할 수 있고(상 831 ①), 선장은 선적기간 경과 후에는 운송물의 전부가 선적되기 전이라도 즉시 발항할 수 있음(상 831 ②).
- 용선자는 운임전액과 운송물 전부를 선적하지 아니함으로 인하여 생긴 비용을 지급하고, 또한 선박소유자의 청구가 있는 때에는 상당한 담보를 제공하여야 함(상 831 ③).
- ③ 직항의무(이로금지의무)
- 선박소유자는 발항하면 원칙적으로 예정항로에 따라 도착항(양륙항)까지 직항하여야 할 의무를 부담함(상 796 viii)

6.3. 해상운송

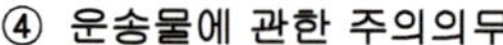
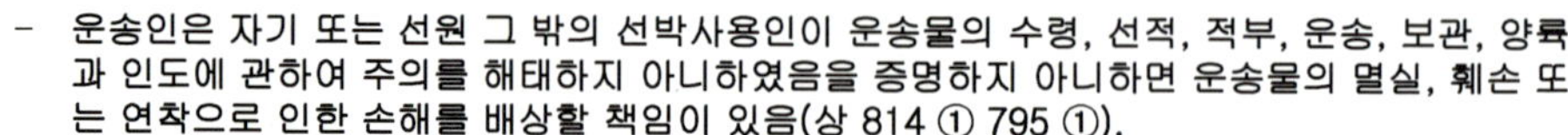

④ 운송물에 관한 주의의무
- 운송인은 자기 또는 선원 그 밖의 선박사용인이 운송물의 수령, 선적, 적부, 운송, 보관, 양륙과 인도에 관하여 주의를 해태하지 아니하였음을 증명하지 아니하면 운송물의 멸실, 훼손 또는 연착으로 인한 손해를 배상할 책임이 있음(상 814 ① 795 ①).

⑤ 위법선적물의 처분.위험물의 처분
- 법령 또는 계약에 위반하여 선적한 운송물 즉 위법선적물을 선장은 언제든지 이를 양륙할 수 있고 그 운송물이 선박 또는 다른 운송물에 위해를 미칠 염려가 있는 때에는 이를 포기할 수 있음(상 814 ① 800 ①).
- 선장이 위 물건을 운송하는 때에는 선적한 때와 곳에서의 동종운송물의 최고운임의 지급을 청구할 수 있음(상 814 ① 800 ②).
- 이 외에도 운송인 그 밖의 이해관계인은 손해배상을 청구 가능(상 814 ① 800③).
- 위험물 즉 인화성, 폭발성, 그 밖의 위험성이 있는 운송물은 운송인이 그 성질을 알고 선적한 경우에도 그 운송물이 선박이나 다른 운송물에 위해를 미칠 위험이 있는 때에는 선장은 언제든지 이를 양륙, 파괴 또는 무해조치할 수 있음(상 814 ① 801①).
- 운송인은 위 처분에 의하여 그 운송물에 발생한 손해에 대하여는 공동해손 분담책임을 제외하고 그 배상책임을 면함(상 814 ① 801②).

6.3. 해상운송

iii) 양륙에 관한 의무
① 입항의무
- 선박소유자는 운송물의 양륙, 인도를 위하여 운송계약상 정하여진 양륙항 또는 용선자(송하인)가 지정하는 양륙항에 입항하여야 할 의무를 부담함.

② 양륙 준비완료 통지의무
- 용선계약의 경우에는 운송물을 양륙함에 필요한 준비가 완료된 때에는 선장은 지체없이 수하인에게 그 통지를 발송하여야 함(상 838 ①).
- 운송물을 양륙할 기간의 약정이 있는 경우에는 그 기간은 통지가 오전에 있은 때에는 그 날의 오후 1시부터 기산하고, 오후에 있은 때에는 다음날 오전 6시부터 기산함.
- 이 기간에는 불가항력으로 인하여 선적할 수 없는 날과 그 항의 관습상 선적작업을 하지 아니하는 날을 산입하지 아니함(상 838 ② 829 ②).
- 위 양륙기간을 경과한 후 운송물을 양륙한 때에는 선박소유자는 상당한 보수를 청구할 수 있음(상 838 ③).

③ 정박(대박)의무
- 용선계약의 경우에는 운송인은 용선자가 운송물의 전부를 양륙하는 데 필요한 기간만큼 선박을 정박시킬 의무가 있음.
- 용선자가 위의 양륙기간을 경과한 후 운송물을 양륙한 때에는 운송인은 초과 정박기간에 상당하는 정박료(체선료)를 청구할 수 있음(상 838 ③).

6.3. 해상운송 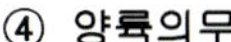

④ 양륙의무
- 용선계약의 경우는 용선자 측에서 양륙의무를 부담함.

⑤ 인도의무
- 선박소유자는 운송물을 정당한 수하인 즉 선하증권이 발행된 경우에는 선하증권의 정당한 소지인에게(상 841 ① 861), 선하증권이 발행되지 않은 경우에는 운송계약에서 지정된 수하인에게 운송물을 인도하여야 함.
- 수하인은 수령의무(상 841 ① 802), 운임 등 지급의무(상 841 ① 807), 통지의무(상 841 ① 804)를 부담함.

⑥ 공탁의무
- 수하인이 운송물의 수령을 해태한 때에는 선장은 이를 공탁하거나 세관 그 밖에 법령이 정하는 관청의 허가를 받은 곳에 인도할 수 있음.
- 이 경우에는 지체 없이 수하인에게 그 통지를 발송하여야 함(상 841① 803 ①).
- 또한 수하인을 확실히 알 수 없거나 수하인이 운송물의 수령을 거부한 때에는 선장은 이를 공탁하거나 세관 그 밖의 관청의 허가를 받은 곳에 인도하고 지체 없이 용선자 또는 송하인 및 알고 있는 수하인에게 그 통지를 발송하여야 함(상 841① 803 ②).
- 운송물을 공탁하거나 세관 그 밖에 관청의 허가를 받은 곳에 인도한 때에는 선하증권소지인 그 밖의 수하인에게 운송물을 인도한 것으로 봄(상 841① 803 ③).

6.3. 해상운송 

2) 선박소유자의 책임
- 감항능력주의의무(상 794)의 규정에 위반하여 선박소유자의 의무 또는 책임을 경감 또는 면제하는 당사자 사이의 특약은 효력이 없음.
- 운송물에 관한 보험의 이익을 선박소유자에게 양도하는 약정 또는 이와 유사한 약정도 또한 같음(상 839 ①).
- 이 규정의 취지는 안전하게 항해할 수 있는 선박을 제공해야 하는 최소한의 감항능력주의의무와 관련하여서는 선박소유자의 의무 또는 책임을 경감하거나 면제할 수 없도록 함으로써 선박소유자의 우월적 지위를 견제하고자 하는 것임.
- 그러나 개품운송계약의 경우와는 달리 항해용선계약에서는 제795조(운송물에 관한 주의의무), 제796조(운송인의 면책사유), 제797조(책임의 한도), 제798조(비계약적 청구에 대한 적용)의 규정에 반하여 선박소유자의 의무 또는 책임을 경감 또는 면제하는 당사자 사이의 특약은 효력이 있음(상 839 ①, 799 ① 비교).
- 그러나 항해용선계약에서도 선박소유자가 제3자에게 선하증권을 발행한 경우에는 이 선하증권을 선의로 취득한 제3자에 대하여 선박소유자는 운송인으로서 권리와 의무가 있으므로(상 855 ③) 개품운송계약의 경우와 동일하게 운송인으로서의 의무와 책임을 감경 또는 면제하는 특약을 하지 못함(상 855 ⑤).
- 산 동물의 운송 및 선하증권 그 밖에 운송계약을 증명하는 문서의 표면에 갑판적(甲板積)으로 운송할 취지를 기재하여 갑판적으로 행하는 운송에 대하여는 적용하지 아니함(상 839 ② 799 ②). 즉 산 동물의 운송 및 갑판적 운송의 경우에는 운송인의 책임감경 또는 면제특약이 유효함.

6.3. 해상운송

- 선박소유자의 용선자 또는 수하인에 대한 채권 및 채무는 그 청구원인의 여하에 불구하고 선박소유자가 운송물을 인도한 날 또는 인도할 날부터 2년 이내에 재판상 청구가 없으면 소멸함. 다만, 이 기간은 당사자의 합의에 의하여 연장할 수 있음(상 840 ①, 814 ① 단서).
- 기간을 단축하는 선박소유자와 용선자의 약정은 이를 운송계약에 명시적으로 기재하지 아니하면 그 효력이 없음(상 840 ②).
- 당사자 사이의 합의에 따라 이 기간을 연장할 수 있도록 하고, 기간단축에 대하여는 이를 가능하도록 하되 항해용선계약에 명시적으로 기재할 것을 조건으로 하였는데, 이것 또한 기본적으로 계약자유의 원칙이 적용되는 용선계약의 특성을 반영하면서 기간단축에 관한 다툼의 소지를 제거하기 위한 것임.
- 또한, 개정상법이 시행되기 전에 체결된 항해용선계약의 경우에는 종전대로 1년의 제척기간이 적용되도록 하는 경과조치를 두어 제척기간 변경으로 인한 혼란을 방지하고 있음(부칙 5 ①).

6.3. 해상운송

3) 선박소유자의 권리
i) 운임청구권
- 운송인은 원칙적으로 운송물이 목적지에 도착하여야 운임을 청구할 수 있음.
- 운송물의 전부 또는 일부가 송하인의 책임 없는 사유로 인하여 멸실한 때에는 운송인은 운임 청구하지 못함. 운송인이 이미 받은 운임을 반환하여야 함(상 841① 134①).
- 운송물의 전부 또는 일부가 그 성질이나 하자 또는 용선자의 과실로 인하여 멸실한 때에는 운송인은 운임의 전액을 청구할 수 있음(상841① 134 ②).
- 선박소유자는 선장이 항해의 계속에 필요한 비용을 지급하기 위하여 운송물을 처분하였을 때(상 750 ①)와 공동해손처분을 한 경우에도(상 865) 운임의 전액을 청구 可(상 841① 813).
- ① 선박의 침몰 또는 멸실 ② 선박의 수선불가능 ③ 선박의 포획 ④ 운송물의 불가항력적 멸실이 항해 도중에 생긴 때에는 용선자 또는 송하인은 운송의 비율에 따라 현존하는 운송물의 가액의 한도에서 운임을 지급하여야 하므로 운송인은 운임을 이 범위 내에서 청구할 수 있음(상 841① 810 ②).
- 운송물의 중량 또는 용적으로 운임을 정한 때에는 운송물을 인도하는 때의 중량 또는 용적에 의하여 그 액을 정함(상 841① 805).
- 기간으로 운임을 정한 때에는 운송물의 선적을 개시한 날로부터 그 양륙을 종료한 날까지의 기간에 의하여 그 액을 정함(상 841① 806 ①).
- 이 기간에는 불가항력으로 인하여 선박이 선적항이나 항해 도중에 정박한 기간 또는 항해도중에서 선박을 수선한 기간을 산입하지 아니함(상 841① 806 ②).

6.3. 해상운송

ii) 정박료 청구권
- 용선계약의 경우 약정한 선적기간 또는 양륙기간을 경과한 후 선적 또는 양륙을 한 때, 이 초과 정박기간에 대하여 선박소유자는 정박료(체선료)를 청구할 수 있음(상 841② 829 ③ 830 ③).
- 수하인이 운송물을 수령한 때에는 수하인도 이러한 정박료를 지급하여야 할 의무를 부담함(상 841① 807 ①).

iii) 부수비용 청구권 등
- 선박소유자는 운송계약 또는 선하증권에 따라 보관료, 공탁비용, 검사비용, 관세 등과 같은 부대비용, 체당금, 운송물의 가액에 따른 공동해손 또는 해난구조로 인한 부담액을 용선자 또는 송하인, 운송물 수령한 수하인에게 청구 가능(상 841① 807 ①).

iv) 담보권
- 선박소유자(선장)는 수하인이 운송물을 수령하는 때에 운임, 부수비용, 체당금, 정박료, 운송물의 가액에 따른 공동해손 또는 해난구조로 인한 부담액을 지급하지 않으면 운송물을 인도하지 않고 이를 유치할 수 있는 권리를 가짐(상 841 ① 807 ②).
- 선박소유자는 운임, 부수비용, 체당금, 정박료, 운송물의 가액에 따른 공동해손 또는 해난구조로 인한 부담액을 지급받기 위하여 법원의 허가를 얻어 운송물을 경매하여 우선변제를 받을 권리가 있음(상 841 ① 808 ①).
- 선장이 수하인에게 운송물을 인도한 후에도 선박소유자는 그 운송물에 대하여 위의 권리를 행사할 수 있음. 그러나 인도한 날로부터 30일을 경과하거나 제3자가 그 운송물에 점유를 취득한 때에는 그러하지 아니함.

6.3. 해상운송

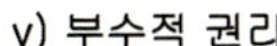

v) 부수적 권리
- 선박소유자는 운송과 관련하여 용선자에 대하여 다음과 같은 부수적 권리를 가짐.
① 선박소유자는 용선자에 대한 운송(용선)계약서의 교부청구권(상 828)
② 용선계약의 경우 용선자에 대한 선적청구권(상 829 ①)
③ 용선계약의 경우 선적기간 내에 선적이 완료되지 않은 때의 발항권(상 792① 831②)
④ 용선자에 대한 선적기간 내에 운송에 필요한 서류의 교부청구권(상 841 ① 793)
⑤ 위법선적물 또는 위험물에 대한 조치권(상 841 ① 801)
⑥ 용선자가 운송물의 전부 또는 일부를 선적하고 운송계약을 해제 또는 해지한 경우 선적과 양륙비용의 청구권(상 835)
⑦ 용선자에 대한 선하증권등본의 교부청구권(상 856)

4) 채권의 제척기간
- 선박소유자의 용선자 또는 수하인에 대한 채권 및 채무는 그 청구원인의 여하에 불구하고 선박소유자가 운송물을 인도한 날 또는 인도할 날부터 2년 이내에 재판상 청구가 없으면 소멸함.
- 다만, 이 기간은 당사자의 합의에 의하여 연장할 수 있음. 기간을 단축하는 선박소유자와 용선자의 약정은 이를 운송계약에 명시적으로 기재하지 아니하면 그 효력이 없음.

6.3. 해상운송

(5) 항해용선계약의 종료
1) 용선자의 임의해제
i) 발항 전의 임의해제
㈎ 전부용선계약의 경우
- 발항 전에 전부용선자는 운임의 반액을 지급하고 계약을 해제할 수 있음(상 832 ①).
- 왕복항해의 용선계약인 경우에 전부용선자가 그 회항 전에 계약을 해지하는 때와 선박이 다른 항에서 선적항에 항행하여야 할 경우에 전부용선자가 선적항에서 발항하기 전에 계약을 해지하는 때에는 운임의 3분의 2를 지급하여야 함(상 832 ②, ③).
- 용선자나 송하인이 계약을 해제 또는 해지를 한 때에도 부수비용과 체당금을 지급할 책임을 면하지 못함(상 834 ①).
- 이 경우 용선자나 송하인은 운송물의 가액에 따라 공동해손 또는 해난구조로 인하여 부담할 금액을 지급하여야 함(상 834 ②).
- 또한 운송물의 전부 또는 일부를 선적한 때에는 그 선적과 양륙의 비용은 용선자 또는 송하인이 부담함(상 835).

6.3. 해상운송

㈏ 일부 용선계약 또는 개품운송계약의 경우
- 일부용선자나 송하인은 다른 용선자와 송하인 전원과 공동으로 하는 경우에 한하여 운송계약을 해제 또는 해지를 할 수 있음(상 833 ①).
- 용선자나 송하인이 계약을 해제 또는 해지를 한 때에도 부수비용과 체당금을 지급할 책임을 면하지 못함(상 834 ①).
- 용선자와 송하인 전원이 공동으로 하지 않은 경우에는 일부 용선자나 송하인이 발항 전에 계약을 해제 또는 해지를 한 때에도 운임의 전액을 지급하여야 함(상 833 ②).
- 발항전이라도 일부 용선자나 송하인이 운송물의 전부 또는 일부를 선적한 경우에는 다른 용선자와 송하인의 동의를 얻지 아니하면 계약해제 또는 해지 못함(상 833 ③).
- 또한 운송물의 전부 또는 일부를 선적한 때에는 그 선적과 양륙의 비용은 용선자 또는 송하인이 부담함(상 835).

㈐ 용선자의 계약 해제·해지 의제
- 용선자가 선적기간 내에 운송물의 선적을 하지 아니한 때에는 계약을 해제 또는 해지한 것으로 봄(상 836).

- ii) 발항 후의 임의 해지
- 발항 후에는 용선자나 송하인은 운임의 전액, 체당금, 체선료와 공동해손 또는 해난구조의 부담액을 지급하고 그 양륙하기 위하여 생긴 손해를 배상하거나 이에 대한 상당한 담보를 제공하여야 계약을 해지할 수 있음(상 837).

6.3. 해상운송

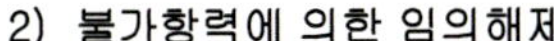

2) 불가항력에 의한 임의해제
- 항해 또는 운송이 법령에 위반하게 되거나 그 밖에 불가항력으로 인하여 계약의 목적을 달할 수 없게 된 때에는 각 당사자는 계약을 해제할 수 있음(상 841 ① 811 ①).
- 불가항력적 사유가 항해 도중에 생긴 경우에 계약을 해지한 때에도 용선자 또는 송하인은 운송의 비율에 따른 운임을 지급하여야 함(상 841 ① 811 ②).

3) 법정원인에 의한 당연종료
- 모든 해상물건 운송계약은 ① 선박이 침몰 또는 멸실한 때 ② 선박이 수선할 수 없게 된 때 ③ 선박이 포획된 때 ④ 운송물이 불가항력으로 인하여 멸실된 때에는 종료함(상 841 ① 810 ①).
- ① 선박의 침몰 또는 멸실 ② 선박의 수선불가능 ③ 선박의 포획이 항해도중에 생긴 때에는 용선자 또는 송하인은 운송의 비율에 따라 현존하는 운송물의 가액의 한도에서 운임을 지급하여야 함(상 841 ① 810 ②).

4) 운송물 일부에 관한 불가항력으로 인한 운송인의 선적권
- 운송물이 불가항력으로 인하여 멸실된 때(상 841 ① 810 ① iv) 및 항해 또는 운송이 법령에 위반하게 되거나 그 밖에 불가항력으로 인하여 계약의 목적을 달할 수 없게 된 때(상 841 ① 811 ①) 운송물의 일부에 대하여 생긴 때에는 송하인은 운송인의 책임이 가중되지 아니하는 범위 안에서 다른 운송물을 선적할 수 있음(상 841 ① 812 ①).
- 송하인이 권리를 행사하고자 하는 때에는 지체 없이 운송물의 양륙 또는 선적을 하여야 함. 양륙 또는 선적 게을리 한 때 운임의 전액 지급하여야 함(상 841 ① 812 ②).

6.3. 해상운송

6.3.2.2.5. 정기용선

(1) 정기용선계약의 개념
- 정기용선계약은 선박소유자가 용선자에게 선원이 승무하고 항해장비를 갖춘 선박을 일정한 기간동안 항해에 사용하게 할 것을 약정하고 용선자가 이에 대하여 기간으로 정한 용선료를 지급하기로 약정함으로써 그 효력이 생기는 계약을 말함(상 842).
- 이 정기용선계약에서는 선박소유자가 선박 및 선박의 인적·물적 장비를 다 갖추고 이를 정기용선자가 기간 단위로 사용하는 계약임.

(2) 용선계약의 종류
- 용선계약에는 정기용선계약과 항해용선계약이 있는데 가장 큰 차이점은 전자는 기간단위로 용선하는 하는 것이고 후자는 특정항해에 대하여 용선을 하는 것임.
- 정기용선계약은 선박임대차계약과도 구별되는데 선박임대차에서는 선주와는 독립적으로 선박임차인이 선박을 점유하고 선장의 선임, 감독권 등을 갖고 해상기업을 영위하는 데 반하여 정기용선에서는 선박의 점유가 용선자에게 인도되는 것이 아니라 점유는 여전히 선박소유자가 선장, 해원을 시켜 간접점유를 하고 정기용선자는 다만 그 선박의 자유사용권만을 가짐.
- 판례도 선박의 이용계약이 선박임대차계약인지, 항해용선계약인지 아니면 이와 유사한 성격을 가진 제3의 특수한 계약인지 여부 및 그 선박의 선장·선원에 대한 실질적인 지휘·감독권이 이용권자에게 부여되어 있는지 여부는 그 계약의 취지·내용, 특히 이용기간의 장단(長短), 사용료의 고하(高下), 점유관계의 유무 그 밖에 임대차 조건 등을 구체적으로 검토하여 결정하여야 한다고 판시하고 있음(大判 1999. 02. 05, 97다19090).

6.3. 해상운송

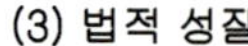

(3) 법적 성질
- 정기용선계약의 법적 성질에 대해 ① 용선계약의 일종으로 이해하는 용선계약설 ② 선박임대차계약과 노무공급계약의 혼합으로 보는 혼합계약설 ③ 통상의 용선계약과는 달리 선박임대차와 비슷하며 노무공급계약을 수반하는 특수한 계약이라고 보는 특수계약설 ④ 선박소유자 등이 운송물을 인수받아 자기의 관리·점유 하에 운송을 실행하는 것이므로 운송계약의 일종이라는 운송계약설 등이 있음.
- 판례는 당사자 간에 체결된 정기용선계약이 그 계약 내용에 비추어 선박에 대한 점유권이 용선자에게 이전되는 것은 아니지만 선박임대차와 유사하게 용선자가 선박의 자유사용권을 취득하고 그에 선원의 노무공급계약적인 요소가 수반되는 것이라면 이는 해상기업활동에서 관행적으로 형성 발전된 특수한 계약관계라 할 것임(특수계약설의 입장)(大判 1992. 2. 25, 91다14215).

(4) 내부관계
1) 정기용선자의 권리
- 정기용선자는 약정범위 안의 선박사용을 위하여 선장 지휘권이 있음(상 843 ①).
- 선장, 해원 그 밖의 선박사용인이 정기용선자의 정당한 지시에 위반하여 정기용선자에게 손해가 발생한 경우에는 선박소유자가 이를 배상할 책임이 있음(상 843 ②).
- 정기용선계약에 관하여 발생한 정기용선자의 선박소유자 등에 대한 이러한 채권은 선박이 반환된 날로부터 2년 내에 재판상 청구를 하지 않으면 소멸함(상 846 ①). 다만 이 기간은 당사자의 합의에 의하여 연장할 수 있음(상 846 ①).
- 반대로 이 기간을 단축하는 선박소유자와 용선자의 약정은 이를 운송계약에 명시적으로 기재하지 않으면 그 효력이 없음(상 846 ②).

6.3. 해상운송

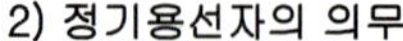

2) 정기용선자의 의무
i) 용선료지급의무
- 정기용선자는 선박을 일정 기간 항해에 사용한 대가로 선박소유자 또는 임차인에게 약정한 용선료를 지급할 의무를 부담함(상 842).
- 만일 정기용선자가 이러한 용선료를 약정한 기일에 지급하지 않는 경우에는 선박소유자 등은 계약해제.해지권(상 845 ①) 및 운송물의 유치권.경매권(상 844)을 가짐.

ii) 선박소유자의 운송물유치권 및 경매권
- 정기용선자가 선박소유자에게 용선료, 체당금 그 밖에 이와 유사한 정기용선계약에 의한 채무를 이행하지 아니하는 경우에는 선박소유자는 운송물에 대한 유치권과 경매권을 가짐.
- 즉 선장은 금액의 지급과 상환하지 아니하면 운송물을 인도할 의무가 없으며(상 807 ①), 운송인은 금액의 지급을 받기 위하여 법원의 허가를 얻어 운송물을 경매하여 우선변제를 받을 권리가 있음.
- 선장이 수하인에게 운송물을 인도한 후에도 인도한 날부터 30일을 경과하거나 제3자가 그 운송물에 점유를 취득한 때가 아니면 운송인은 그 운송물에 대하여 경매의 권리를 행사할 수 있음(상 808). 그러나 선박소유자는 정기용선자가 발행한 선하증권을 선의로 취득한 제3자에게 대항하지 못함(상 844 ① 단서).
- 선박소유자의 운송물에 대한 권리는 정기용선자가 운송물에 관하여 약정한 용선료 또는 운임의 범위를 넘어서 이를 행사하지 못함(상 844 ② 단서).

6.3. 해상운송

iii) 용선료의 연체와 계약해지 등
- 정기용선자가 용선료를 약정기일에 지급하지 아니한 때에는 선박소유자는 계약을 해제 또는 해지할 수 있음(상 845 ①).

iv) 채권의 제척기간
- 정기용선계약에 관하여 선박소유자 등이 정기용선자에 대하여 갖는 이러한 채권은 당사자 사이의 별도의 연장의 특약이 없는 한 선박이 반환된 날로부터 2년 내에 재판상 청구를 하지 않으면 소멸함(상 846). 당사자의 합의로 연장할 수 있음(상 846 ①).
- 반대로 이 기간을 단축하는 선박소유자와 용선자의 약정은 이를 운송계약에 명시적으로 기재하지 않으면 그 효력이 없음(상 846 ②).

(5) 외부관계
1) 정기용선자의 제3자에 대한 관계
- 정기용선자가 제3자와 운송계약을 체결하여 운송물을 선적한 후 선박의 항해 중에 선박소유자가 제1항의 규정에 의하여 계약을 해제 또는 해지한 때에는 선박소유자는 적하이해관계인에 대하여 정기용선자와 동일한 운송의무가 있음(상 845 ②).
- 구 상법상 이에 관한 명문규정이 없어서 정기용선자는 그 대외적인 책임관계에 있어서 선박임차인에 관한 상법 제766조의 유추적용에 의하여 선박소유자와 동일한 책임을 진다고 해석하였음(통설.판례)(大判 1992. 2. 25, 91다14215). 따라서 해석상 또는 명문의 규정에 의하든 정기용선자는 선박의 이용에 관한 사항에 있어서는 제3자에 대하여 선박소유자와 동일한 권리.의무가 있음.
- 선박소유자 또는 적하이해관계인의 정기용선자에 대한 손해배상청구에 영향을 미치지 아니함(상 845 ④).

6.3. 해상운송

2) 선박소유자 등과 제3자와의 관계
- 정기용선자가 제3자와 운송계약을 체결하여 운송물을 선적한 후 선박의 항해 중에 선박소유자가 계약을 해제 또는 해지한 때에는 즉 선박소유자가 계약의 해제 또는 해지 및 운송계속의 뜻을 적하이해관계인에게 서면으로 통지를 한 때에는 선박소유자의 정기용선자에 대한 용선료·체당금 그 밖에 이와 유사한 정기용선계약상의 채권을 담보하기 위하여 정기용선자가 적하이해관계인에 대하여 가지는 용선료 또는 운임의 채권을 목적으로 질권을 설정한 것으로 봄(상 845 ③).
- 선박소유자 또는 적하이해관계인의 정기용선자에 대한 손해배상청구에 영향을 미치지 아니함(상 845 ④).

6.3.2.2.6. 선체용선계약(나용선)
(1) 선체용선계약의 의의
- 선체용선계약은 용선자의 관리·지배 하에 선박을 운항할 목적으로 선박소유자가 용선자에게 선박을 제공할 것을 약정하고 용선자가 이에 따른 용선료를 지급하기로 약정함으로써 그 효력이 생기는 계약을 말함(상 847 ①).

(2) 선체용선계약의 종류
- 선체용선계약에는 용선자가 선박소유자로부터 선박만을 용선하는 경우와 선원과 함께 선박을 용선하는 경우가 있음.

6.3. 해상운송

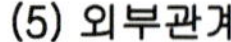

- 선원과 함께 제공되는 선체용선계약에 대해서 상법은 선박소유자가 선장 그 밖의 해원을 공급할 의무를 지는 경우에도 용선자의 관리·지배 하에서 해원이 선박을 운항하는 것을 목적으로 하면 이를 선체용선계약으로 본다라고 규정하고 있음(상 847 ②).
- 이 선원부용선계약에서는 용선자가 선박을 관리·지배하기 때문에 선박과 관련하여 일체의 책임 즉 선박수선의무, 선박충돌에 따른 책임 등의 의무를 부담하게 됨.

(3) 법적 성질
- 선체용선계약은 그 성질에 반하지 아니하는 한 「민법」상 임대차에 관한 규정을 준용함(상 848 ①).
- 용선기간이 종료된 후에 용선자가 선박을 매수 또는 인수할 권리를 가지는 경우 및 금융의 담보를 목적으로 채권자를 선박소유자로 하여 선체용선계약을 체결한 경우에도 용선기간 중에는 당사자 사이에서는 선체용선에 관한 권리와 의무가 있음(상 848 ②).

(4) 내부관계
1) 임대차계약 관계
- 선체용선계약은 그 성질에 반하지 아니하는 한 「민법」상 임대차에 관한 규정을 준용하므로 선체용선자는 용선한 선박을 사용·수익할 수 있고, 선박소유자는 용선료를 청구할 수 있음(민 618).
2) 선체용선자의 등기청구권
- 선체용선자는 선박소유자에 대하여 선체용선등기에 협력 청구할 수 있음(상 849 ①).
- 선체용선을 등기한 때에는 그 때부터 제3자에 대하여 효력이 생긴다(상 849 ②).

6.3. 해상운송

(5) 외부관계
1) 선체용선과 제3자에 대한 법률관계
- 선체용선자가 상행위 그 밖에 영리를 목적으로 선박을 항해에 사용하는 경우에는 그 이용에 관한 사항에는 제3자에 대하여 선박소유자와 동일한 권리의무가 있음(상 850 ①).

2) 선박소유자와 제3자와의 관계
- 선박의 이용에 관하여 생긴 우선특권은 선박소유자에 대하여도 그 효력이 있음. 다만, 우선특권자가 그 이용의 계약에 반함을 안 때에는 그러하지 아니함(상 850 ②).

(6) 선체용선계약상의 채권의 소멸
- 선체용선계약에 관하여 발생한 당사자 사이의 채권은 선박이 선박소유자에게 반환된 날부터 2년 이내에 재판상 청구가 없으면 소멸함. 다만 이 기간은 당사자의 합의에 의하여 연장할 수 있음(상 851 ①).
- 반대로 이 기간을 단축하는 선박소유자와 용선자의 약정은 이를 운송계약에 명시적으로 기재하지 않으면 그 효력이 없음(상 851 ②).

6.3. 해 상 운 송

☞ 항해용선.정기용선 및 나용선계약 비교

항해용선	정기용선	선체용선
특정한 1회의 항해 또는 연속된 항해를 단위로 하여 선복의 전부 또는 일부를 이용하게 하는 용선계약	일정기간 동안 항해에 사용할 것을 약정하는 용선계약	선박 이외의 선장과 선원.장비 등에 대하여 용선자가 관리·지배하고 그 책임을 부담하는 용선계약
선주가 선박지배(점유) → 선박소유자(선주)가 선장·선원 임명 및 지휘·감독함	좌동	선체용선자의 선박지배(점유) → 선체용선자가 선장·선원 임명 및 지휘·감독함(배타적으로 지배)
선박소유자가 해상운송인, 화주는 항해용선자	선박소유자가 실질운송인, 정기용선자는 화주 또는 다른 사람의 운송을 의뢰받는 계약운송인 → 정기용선자가 항해 지휘	계약기간 동안 일시적 선주 지위
운임은 화물의 수량 또는 선복을 기준으로 결정	좌동	임차료는 기간을 기준으로 결정

6.3. 해상운송

6.3.2.2.7. 그 밖의 분류
(1) 재운송계약
- 용선자가 자기명의로 제3자와 체결한 제2의 운송계약을 재운송계약이라 함(상 809).
- 제1의 용선계약을 주된 용선계약이라 함.
- 재용선계약의 경우에 선주와 용선자 사이의 주된 운송계약과 용선자와 재용선자 사이의 재운송계약은 각각 독립된 운송계약으로서 선주와 재운송계약의 운송의뢰인(재용선자)과의 관계에서는 아무런 직접적인 관계가 없으므로 선주가 직접 재용선자에 대하여 주된 운송계약상의 운임 등을 청구할 수는 없고 수하인에 대한 관계에서도 수하인이 화물을 수취하여도 수하인은 재용선계약의 운송인인 용선자에 대하여 운임 지불 의무를 부담하는 것일 뿐 선주가 수하인에 대하여 주된 운송계약의 운임 등을 직접 청구할 수는 없음(大判 1997. 01. 23, 97다31441).
- 항해용선자 또는 정기용선자가 자기의 명의로 제3자와 운송계약을 체결한 경우에는 그 계약의 이행이 선장의 직무에 속한 범위 안에서 선박소유자도 그 제3자에 대하여 감항능력주의의무(상 787)와 운송물(상 788)에 관한 주의의무의 책임을 짐(상 809).

(2) 통(연락)운송계약 · 복합운송조약
- 통(連絡)운송계약은 해상운송인이 자기 담당구간과 전구간의 운임을 받고 자기와 연락이 있는 다른 운송인의 운송수단에 의하여 목적지까지의 전 운송을 인수하는 계약
- 통운송계약은 하나의 계약에 복수의 운송수단이 예정되어 있고, 제1의 운송인이 계약당사자가 되는 단독통운송계약과 전 운송인이 공동계약하는 공동통운송계약이 있음.
- 통운송계약 중 육상, 해상, 항공과 같이 2가지 이상의 상이한 운송수단을 이용하여 운송하는 계약을 복합운송계약이라 함.

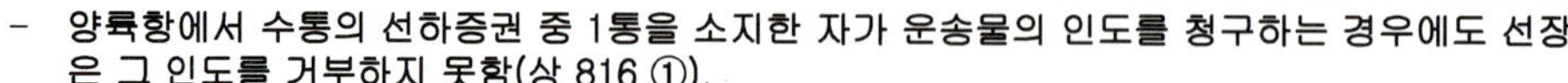

6.3. 해상운송

- 양륙항에서 수통의 선하증권 중 1통을 소지한 자가 운송물의 인도를 청구하는 경우에도 선장은 그 인도를 거부하지 못함(상 816 ①).
- 운송물의 일부를 인도한 후 다른 소지인이 운송물의 인도를 청구한 경우에도 그 인도하지 아니한 운송물에 대하여는 선장은 지체 없이 운송물을 공탁하고 각 청구자에게 그 통지를 발송하여야 함(상 818 ②).
- 수통의 선하증권 중 1통의 소지인이 운송물의 인도를 받은 때에는 다른 선하증권은 그 효력을 잃는다(상 816 ②).

(3) 계속운송계약
- 계속운송계약이라 함은 해상운송인이 송하인에 대하여 일정한 기간 일정한 운임률로써 일정한 종류의 적하를 수시로 계속하여 운송할 것을 약정한 계약을 말함.

(4) 혼합선적계약
- 혼합선적계약이라 함은 해상운송에서 서로 다른 용선자 또는 송하인이 자기의 적하를 다른 동종의 운송물과 혼합하여 운송할 것을 승인하는 물건 운송계약임.
- 이는 주로 곡물이나 유조선에 의한 원유의 수송을 위하여 많이 이용됨.

(5) 예선계약
- 예선계약이라 함은 해상운송인이 예선료를 받고 선박에 의하여 상대방의 선박을 일정한 지점에 예선하거나 또는 단순히 타선에 동력을 공급하거나 그 운항을 보조하여 예선하는 계약임.

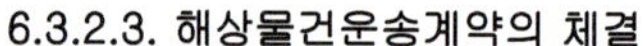

6.3. 해상운송

6.3.2.3. 해상물건운송계약의 체결

6.3.2.3.1. 계약의 당사자
- 해상운송계약이란 당사자의 일방(해상운송인)이 상대방(송하인 또는 용선자)에 대하여 선박에 의한 물건의 운송을 인수하고, 상대방은 이에 대하여 보수를 지급할 것을 약속함으로써 성립하는 계약임(상 780).
- 해상물건운송계약의 당사자는 운송인수인과 운송위탁자임.
- 운송인수인으로는 선박소유자, 선체용선자, 정기용선자, 항해용선자 등이 있고 운송위탁자로는 송하인, 용선자 등이 있음.
- 재운송계약에서 용선자(정기용선자 또는 항해용선자)는 송하인과 같은 운송을 위탁하는 경우도 있음.

6.3.2.3.2. 계약의 체결
- 해상물건 운송계약은 불요식의 낙성계약이므로 당사자 사이의 청약과 승낙의 합치로써 계약은 성립하고 특별한 서면이나 방식을 요하지 않음.
- 실무상 선하증권 등의 증서방식으로 하는 경우도 많으나 선하증권은 유가증권(면책증권)으로서 계약의 성립요건이 되는 것은 아님.

6.3. 해상운송

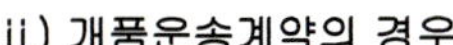

6.3.2.4. 해상물건운송계약의 효력
6.3.2.4.1. 해상물건운송인의 의무
(1) 선적과 관련한 의무
1) 선박제공의무
- 해상물건운송인은 운송계약에서 정한 선박을 선적지에서 용선자 또는 송하인에게 제공하여야 함.

2) 선적준비완료통지의무
ⅰ) 용선계약의 경우
- 선박소유자(용선자)가 선적인인 경우에는 선박소유자는 운송물을 선적함에 필요한 준비가 완료된 때에는 지체 없이 용선자에게 그 통지를 발송하여야 함(상 829 ①).
- 운송물을 선적할 기간의 약정이 있는 경우에는 그 기간은 위의 통지가 오전에 있은 때에는 그 날의 오후 1시부터 기산하고, 오후에 있은 때에는 다음날 오전 6시부터 기산
- 이 기간에는 불가항력으로 인하여 선적할 수 없는 날과 그 항의 관습상 선적작업을 하지 아니하는 날을 산입하지 아니 함(상 829 ②).
- 기간경과 후 운송물 선적시 선박소유자는 상당한 보수를 청구할 수 있음(상 829 ③).
- 용선자 외의 제3자가 운송물을 선적할 경우에 선장이 그 제3자를 확실히 알 수 없거나 그 제3자가 운송물을 선적하지 아니한 때에는 선장은 지체 없이 용선자에게 그 통지를 발송하여야 함. 이 경우 선적기간 이내에 한하여 용선자가 운송물을 선적할 수 있음(상 830).

6.3. 해상운송

ⅱ) 개품운송계약의 경우
- 개개의 물건을 운송계약의 목적으로 한 경우에는 운송인이 선적하므로 송하인은 당사자 사이의 합의 또는 선적항의 관습에 의한 때와 곳에서 운송인에게 운송물을 제공하여야 함(상 792 ①).
- 위의 때와 곳에서 송하인이 운송물을 제공하지 아니한 경우에는 계약을 해제한 것으로 봄.
- 이 경우 선장은 즉시발항할 수 있고 송하인은 운임 전액을 지급하여야 함(상 792 ②).

3) 정박의무
ⅰ) 용선계약의 경우
- 선적기간과 양륙기간을 합하여 정박기간이라고 하는데, 용선계약의 경우에는 운송인은 용선자가 운송물의 전부를 선적 또는 양륙하는 데 필요한 기간만큼 선박을 정박시킬 의무가 있음.
- 그러나 용선자는 운송물의 전부를 선적하지 아니한 경우에도 선장에게 발항을 청구할 수 있음(상 831 ①).
- 선적기간의 경과 후에는 용선자가 운송물의 전부를 선적하지 아니한 경우에도 선장은 즉시 발항할 수 있음(상 831 ②).
- 이 경우에는 용선자는 운임의 전액과 운송물의 전부를 선적하지 아니함으로 인하여 생긴 비용을 지급하고, 또한 선박소유자의 청구가 있는 때에는 상당한 담보를 제공하여야 함(상 831 ③).

6.3. 해상운송

ⅱ) 개품운송계약의 경우
- 개품운송계약의 경우에는 운송인 측에서 선적하므로 정박의무는 없으나 용선자 또는 송하인은 선적기간 내에 운송에 필요한 서류를 선장에게 교부하여야 함(상 793).

4) 선하증권교부의무
- 운송인은 운송물을 수령한 후 송하인의 청구에 의하여 1통 또는 수통의 선하증권을 교부하여야 함(상 852 ①).
- 운송인은 운송물을 선적한 후 용선자 또는 송하인의 청구에 의하여 1통 또는 수통의 선적선하증권을 교부하거나 수령선하증권에 선적의 뜻을 표시하여야 함(상 852 ②).
- 운송인은 선장 또는 그 밖의 대리인에게 선하증권의 교부 또는 선적의 표시를 위임할 수 있음(상 852 ③).
- 운송인은 증거를 보전하기 위하여 선하증권의 교부를 받은 용선자 또는 송하인에게 선하증권의 등본에 기명날인 또는 서명하여 교부를 청구할 수 있음(상 856).

6.3. 해상운송

(2) 항해에 관한 의무
1) 감항능력주의의무
㈎ 감항능력주의의무의 의의
- 감항능력주의의무란 해상운송인이 용선자나 송하인에 대하여 선적항을 발항할 당시 그 특정 항해를 안전하게 완성할 수 있는 선박을 제공함에 있어서 상당한 주의를 다하여야 할 의무를 말함.
- 운송인은 자기 또는 선원 그 밖의 선박사용인이 발항 당시 감항능력주의의무를 해태 하지 아니하였음을 증명하지 아니하면 운송물의 멸실, 훼손 또는 연착으로 인한 손해를 배상할 책임이 있음(상 794).

☞ 감항능력주의의무의 내용
① 항해능력: 선박이 안전하게 항해를 할 수 있게 할 것
② 운행능력: 필요한 선원의 승선, 선박의장과 필요 물품의 보급
③ 감하(堪荷)능력: 선창, 냉장실 그 밖에 운송물을 적재할 선박의 부분을 운송물의 수령, 운송과 보존을 위하여 적합한 상태에 둘 것

㈏ 구체적 사례
- 바다를 예정된 항로를 따라 항해하는 선박은 통상 예견할 수 있는 위험을 견딜 수 있을 만큼 견고한 항체를 유지하여야 하므로 발항 당시 감항능력이 결여된 선박을 해상운송에 제공한 선박소유자는 항해 중 그 선박이 통상 예견할 수 있는 파랑이나 해상부유물의 충격을 견디지 못하고 파열되어 침몰하였다면 불법행위의 책임조건인 선박의 감항능력 유지의무를 해태함으로써 운송물을 멸실케 한 과실이 있음 할 것임(大判 1985. 05. 28, 84다카966).

6.3. 해상운송

- 감항능력은 언제나 선체나 기관 등 선박시설이 당해 항해에 있어서 통상의 해상위험을 감내할 수 있는 능력(물적 감항능력)을 구비함과 동시에 그 선박에 승선하고 있는 선원의 기량과 수에 있어서도 그 항해에 있어서 통상의 해상위험을 감내할 수 있을 정도의 상태(인적 감항능력)에 완전히 갖추고 있어야만 함(大判 1995. 09. 29, 93다53078). 즉 선박소유자에게는 자기소유의 선박이 발항할 당시 안전하게 항해를 감당할 수 있도록 필요한 인적, 물적 준비를 하여 감항능력을 확보하여야 할 주의의무가 있는 것이고, 이러한 감항능력주의의무의 내용에는 선박이 안전하게 항해를 하는 데 필요한 자격을 갖춘 인원수의 선장과 선원을 승선시켜야 할 주의의무가 포함되어 있는 것임(大判 1989. 11. 24, 88다카16294).
- 따라서 판례도 약 2개월의 경험밖에 없는 항해사는 안전항해 능력이 부족하므로 그의 항해상 과실로 인한 사고에 대하여 선박소유자는 감항능력위반으로 인한 손해배상책임을 면할 수 없다고 판시하고 있음(大判 1975.12.23, 75다83).
- 그러나 원칙적으로 선박직원법에 따른 해기사면허가 없는 선원이 승선한 선박은 소위 인적 감항능력을 결여한 것으로 추정되나 선원이 위 면허를 소지하였는지 여부만이 선박의 인적 감항능력의 유무를 결정하는 절대적인 기준이 되는 것은 아니고 비록 위 면허가 없다고 하더라도 사실상 특정 항해를 안전하게 수행할 수 있는 우수한 능력을 갖춘 선원이 승선하였다면 이러한 경우까지 선박이 인적 감항능력을 결여하였다고 할 수는 없음(大判 1995. 08. 22, 94다61113).

6.3. 해상운송

(다) 주의의무위반의 효과
- 감항능력에 관하여 운송인이 주의를 하여야 할 시기는 선적항에서의 발항 당시이며 상당한 정도의 주의를 기울여야 하는 것으로 이해하고 있음.
- 무과실의 입증책임은 운송인에게 있음.
- 운송인은 감항능력주의의무를 위반하면 운송물의 멸실, 훼손 또는 연착으로 인한 손해를 배상할 책임이 있음(상 794).
- 이에 반하여 운송인의 의무 또는 책임을 경감 또는 면제하지 못함(상 799 ① 전단).
- 운송물에 관한 보험의 이익을 해상물건운송인에게 양도하는 약정 또는 이와 유사한 약정도 무효임(상 799 ① 후단).
- 그러나 산 동물의 운송 및 선하증권 그 밖에 운송계약을 증명하는 문서의 표면에 갑판적으로 운송할 취지를 기재하여 갑판적으로 행하는 운송에 대하여는 운송인의 의무 또는 책임을 경감 또는 면제하는 특약을 체결할 수 있음(상 799 ②).
- 운송인이 감항능력주의의무 위반을 입증한 경우에는, 운송인은 일정한 면책사유에 해당하는 사고로 인하여 발생한 손해의 경우에도 배상책임을 짐(상 796).

6.3. 해상운송

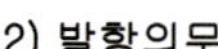

2) 발항의무

ⅰ) 용선계약의 경우
- 해상운송인은 원칙적으로 선적기간 내에 운송물 전부가 선적된 경우만 발항 가능
- 예외적으로 용선자는 선적기간 내에 운송물의 전부를 선적하지 아니한 경우에도 선장에게 발항을 청구할 수 있고(상 831 ①), 선장은 선적기간 경과 후에는 운송물의 전부가 선적되기 전이라도 즉시 발항할 수 있음(상 831 ②).
- 이 경우 용선자는 운임의 전액과 운송물의 전부를 선적하지 아니함으로 인하여 생긴 비용을 지급하고, 또한 선박소유자의 청구가 있는 때에는 상당한 담보를 제공하여야 함(상 831 ③).

ⅱ) 개품운송계약의 경우
- 개개의 물건을 운송계약의 목적으로 한 경우에 송하인은 운송인에게 운송물을 제공하여야 함에도(상 792 ①) 제공하지 아니한 경우에는 선장은 즉시 발항할 수 있고 송하인은 운임의 전액을 지급하여야 함(상 792 ②).

3) 직항의무(이로금지의무)
- 해상운송인은 발항하면 원칙적으로 예정항로에 따라 도착항(양륙항)까지 직항하여야 할 의무를 부담함.
- 이로는 허용되지 않는데 해상운송인은 예외적으로 해상에서의 인명이나 재산의 구조행위로 인한 이로나 그 밖에 정당한 이유가 있는 이로는 할 수 있음(상 796 ⅷ).

6.3. 해상운송

4) 운송물에 관한 주의의무
- 운송인은 자기 또는 선원 그 밖의 선박사용인이 운송물의 수령, 선적, 적부, 운송, 보관, 양륙과 인도에 관하여 주의를 해태하지 아니하였음을 증명하지 아니하면 운송물의 멸실, 훼손 또는 연착으로 인한 손해를 배상할 책임이 있음(상 795 ①).
- 적부란 운송물을 선박의 선창 내에 적절하게 배치하는 것을 말함.
- 운송인은 선장, 해원, 도선사 그 밖의 선박사용인의 항해 또는 선박의 관리에 관한 행위 또는 화재로 인하여 생긴 운송물에 관한 손해를 배상할 책임을 면함. 그러나 운송인의 고의 또는 과실로 인한 화재의 경우에는 그러하지 아니 함(상 795 ②).
- '화재'란, 운송물의 운송에 사용된 선박 안에 발화원인이 있는 화재 또는 직접 그 선박 안에서 발생한 화재에만 한정되는 것이 아니고 육상이나 인접한 다른 선박 등 외부에서 발화하여 당해 선박으로 옮겨 붙은 화재도 포함한다고 해석됨(大判 2002. 12. 10, 2002다39364).
- 그러나 단서에 따라 화재로 인한 손해배상책임의 면제에서 제외되는 사유인 고의 또는 과실의 주체인 '운송인'이란, 운송인 자신 또는 이에 준하는 정도의 직책을 가진 자만을 의미할 뿐이고 선원 그 밖에 선박사용인 등의 고의 또는 과실은 여기서의 면책제외 사유에 해당하지 아니한다고 해석하여야 할 것임(大判 2002. 12. 10, 2002다39364).

6.3. 해상운송

5) 위법선적물의 처분.위험물의 처분
- 법령 또는 계약에 위반하여 선적한 운송물 즉 위법선적물을 선장은 언제든지 이를 양륙할 수 있고 그 운송물이 선박 또는 다른 운송물에 위해를 미칠 염려가 있는 때에는 이를 포기할 수 있음(상 800 ①).
- 선장이 위 물건을 운송하는 때에는 선적한 때와 곳에서의 동종운송물의 최고운임의 지급을 청구할 수 있음(상 800 ②). 이 외에도 운송인 그 밖의 이해관계인은 손해배상을 청구할 수 있음(상 800 ③).
- 위험물 즉 인화성, 폭발성, 그 밖의 위험성이 있는 운송물은 운송인이 그 성질을 알고 선적한 경우에도 그 운송물이 선박이나 다른 운송물에 위해를 미칠 위험이 있는 때에는 선장은 언제든지 이를 양륙, 파괴 또는 무해조치할 수 있음(상 801 ①).
- 운송인은 위 처분에 의하여 그 운송물에 발생한 손해에 대하여는 공동해손 분담책임을 제외하고 그 배상책임을 면함(상 801 ②).

(3) 양륙에 관한 의무
1) 입항의무
- 해상운송인은 운송물의 양륙, 인도를 위하여 운송계약상 정하여진 양륙항 또는 용선자(송하인)가 지정하는 양륙항에 입항하여야 할 의무를 부담함.

6.3. 해상운송

2) 양륙 준비완료 통지의무
- 용선계약의 경우에는 운송물을 양륙함에 필요한 준비가 완료된 때에는 선장은 지체없이 수하인에게 그 통지를 발송하여야 함(상 838 ①).
- 운송물을 양륙할 기간의 약정이 있는 경우에는 그 기간은 통지가 오전에 있은 때에는 그 날의 오후 1시부터 기산하고, 오후에 있은 때에는 다음날 오전 6시부터 기산함. 이 기간에는 불가항력으로 인하여 선적할 수 없는 날과 그 항의 관습상 선적작업을 하지 아니하는 날을 산입하지 아니함(상 838 ② 829 ②).
- 위 양륙기간을 경과한 후 운송물을 양륙한 때에는 선박소유자는 상당한 보수를 청구할 수 있음(상 838 ③).
- 개품운송계약의 경우에는 운송인은 수하인에게 운송물의 도착을 통지하여야 함(상 802 참조).

3) 정박(대박)의무
- 용선계약의 경우에는 운송인은 용선자가 운송물의 전부를 양륙하는 데 필요한 기간만큼 선박을 정박시킬 의무가 있음.
- 용선자가 위의 양륙기간을 경과한 후 운송물을 양륙한 때에는 운송인은 초과 정박기간에 상당하는 정박료(체선료)를 청구할 수 있음(상 838 ③).
- 개품운송계약의 경우에는 정박의무가 없음.

6.3. 해상운송

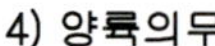

4) 양륙의무
- 용선계약의 경우는 보통 용선자 측에서 양륙의무를 부담하므로 운송인은 개품운송계약에서만 이러한 양륙의무를 부담함.
- 개개물건 운송을 계약한 경우 운송물 도착통지를 받은 수하인은 당사자 사이의 합의 또는 양륙항의 관습에 의한 때와 곳에서 지체 없이 운송물을 수령하여야 함(상 802).

5) 인도의무
ⅰ) 운송인의 의무의무
- 해상운송인은 운송물을 정당한 수하인 즉 선하증권이 발행된 경우에는 선하증권의 정당한 소지인에게(상 861), 선하증권이 발행되지 않은 경우에는 운송계약에서 지정된 수하인에게 운송물을 인도하여야 함.

ⅱ) 수하인의 의무.권리
㉮ 수령의무
- 운송물의 도착통지를 받은 수하인은 당사자 사이의 합의 또는 양륙항의 관습에 의한 때와 곳에서 지체 없이 운송물을 수령하여야 할 의무를 짐(상 802).

㉯ 운임 등 지급의무
- 수하인이 운송물 수령시 운송계약 또는 선하증권에 따라 운임·부수비용·체당금·체선료, 운송물 가액에 따른 공동해손 또는 해난구조 부담액을 지급하여야 함(상 807 ①).
- 선장은 위 금액 지급과 상환하지 아니하면 운송물을 인도할 의무가 없음(상 807 ②).

6.3. 해상운송

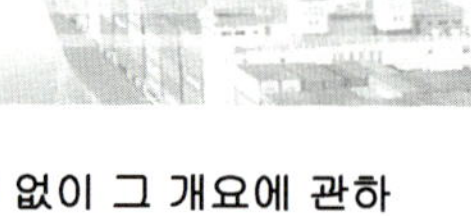

㉰ 통지의무
- 수하인이 운송물의 일부 멸실 또는 훼손을 발견한 때에는 수령 후 지체 없이 그 개요에 관하여 운송인에게 서면에 의한 통지를 발송하여야 함.
- 다만, 그 멸실 또는 훼손이 즉시 발견할 수 없는 것인 때에는 수령한 날부터 3일 내에 그 통지를 발송하여야 함(상 804 ①).
- 통지 없는 경우 운송물이 멸실 또는 훼손 없이 수하인에게 인도된 것으로 추정함(상 804 ②). 단 운송인 또는 그 사용인이 악의인 경우에는 적용하지 아니함(상 804 ③).
- 운송물에 멸실 또는 훼손이 발생하였거나 그 의심이 있는 경우에는 운송인과 수하인은 서로 운송물의 검사를 위하여 필요한 편의를 제공하여야 함(상 804 ④).
- 이에 위반하여 수하인에게 불리한 당사자 사이의 특약은 효력이 없음(상 804 ⑤).
- 수하인은 운송계약의 기본당사자는 아니지만 운송물이 도착지에 도착한 때에는 송하인과 동일한 권리를 취득하고(상 815, 140), 수하인이 그 운송물의 인도를 청구한 때에는 수하인의 권리가 송하인의 권리보다 우선함(상 815, 139 ②).

6) 공탁의무
- 수하인이 운송물의 수령을 해태한 때에는 선장은 이를 공탁하거나 세관 그 밖에 법령이 정하는 관청의 허가를 받은 곳에 수하인에게 통지하고 인도할 수 있음(상 803 ①).
- 수하인을 확실히 알 수 없거나 수하인이 운송물의 수령을 거부한 때에는 선장은 공탁 또는 세관 그 밖의 관청의 허가를 받은 곳에 인도 후 지체 없이 용선자 또는 송하인 및 알고 있는 수하인에게 그 통지를 발송하여야 함(상 803 ②).
- 공탁하거나 인도한 때에는 선하증권소지인 등에게 운송물 인도 의제함(상 803 ③).

6.3. 해상운송

6.3.2.4.2. 해상물건운송인의 책임

(1) 서설

- 상법은 해상운송인의 손해배상책임에 관하여 육상물건운송인의 책임규정을 준용하고 있으므로 행상물건운송인의 책임은 육상물건운송인의 책임과 대체로 같음.
- 행상운송의 특수성에 비추어 약간의 특별규정을 두고 있음.
- 해상물건운송인의 책임은 감항능력주의의무(상 794) 위반 및 상사과실(상 795 ①)이 있는 경우에만 발생하고 항해과실 및 선박화재가 있는 경우(상 795 ②)에는 원칙적으로 발생하지 않음.
- 또한 손해배상액이 정액배상으로 제한되어 있어서 육상물건 운송인의 책임보다 경감되어 있음.
- 운송인의 책임을 제한하는 이유는 해상운송이 바다라는 위험을 내포하고 있어서 운송인의 주의의무만으로는 한계가 있고 선박이 침몰한 경우에는 그 피해가 막대하여 운송인을 정책적으로 보호하기 위하여 책임을 제한한 것임.
- 이는 특히 해상운송에 관한 조약이 주로 선주국이 중심이 되어 제정되다 보니 선주국들의 입장이 반영된 것임.
- 2007년 개정상법은 오늘날 세계적으로 널리 통용되고 있고 주요 해운국들이 수용하고 있는「헤이그-비스비 규칙」에 맞추어 운송인의 책임한도를 매포장당 또는 선적단위당 666.67계산단위로 상향 조정하면서 중량기준을 도입하여 중량 1킬로그램당 2계산단위의 금액 중 큰 금액으로 책임한도를 정하도록 도입하였음.

6.3. 해상운송

(2) 책임부담의 주체

- 해상물건운송과 관련하여 발생한 손해에 대한 책임부담의 주체는 해상물건운송인임(상 794, 795,).
- 해상물건운송인이라 함은 해상물건운송인 스스로는 물론 그 사용인 또는 대리인, 책임보험자 및 실제운송인과 그 사용인 또는 대리인임.
- 그 밖에 상법상의 선박소유자, 선박공유자, 선체용선자, 정기용선자로서 자기명의로 해상운송을 하는 자를 포함함.
- 또한 재운송계약에 있어서의 항해용선자 또는 재운송계약의 경우에 용선자가 제3자와 운송계약을 체결한 경우 계약의 이행이 선장의 직무에 속하는 경우에는 선박소유자도 책임부담의 주체가 됨(상 809).
- 책임부담의 주체인 해상물건운송인은 책임제한의 주체가 될 수 있는 자이기도 함.

(3) 책임을 부담하는 경우

1) 감항능력주의의무 위반

- 해상물건 운송인은 감항능력에 관한 주의의무를 부담하며(상 794), 이 의무에 위반하는 경우에는 운송인은 손해배상책임을 부담함.
- 운송인은 자기 또는 선원 기타의 선박사용인이 발항 당시 선박이 안정하게 항해를 할 수 있게 하여야 하고, 필요한 선원의 승선·선박 의장과 필요품을 보급하여야 하며, 선창, 냉장실 기타 운송물을 적재할 선박의 부분을 운송물의 수령, 운송과 보존을 위하여 적합한 상태에 두어야 함.

6.3. 해상운송

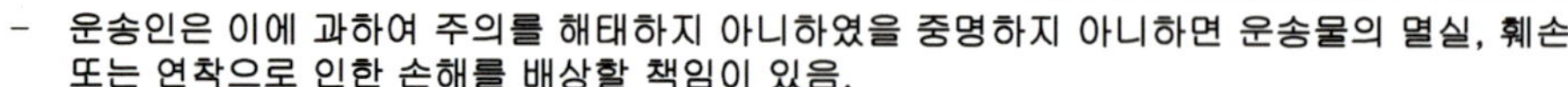

- 운송인은 이에 과하여 주의를 해태하지 아니하였을 중명하지 아니하면 운송물의 멸실, 훼손 또는 연착으로 인한 손해를 배상할 책임이 있음.

2) 상사과실
- 해상물건운송인은 상사과실이 있는 경우에는 손해배상책임을 부담함.
- 상사과실은 운송물의 수령, 선적, 적부, 운송, 보관, 양륙과 인도에 관한 과실을 말함.
- 운송인은 자기 또는 선원 그 밖의 선박사용인이 운송물의 수령, 선적, 적부, 운송, 보관, 양륙과 인도에 관하여 주의를 해태하지 아니하였음을 증명하지 아니하면 운송물의 멸실, 훼손 또는 연착으로 인한 손해를 배상할 책임이 있음(상 795 ①).
- 무과실의 입증책임을 운송인에게 지우고 있는 것은 적하이해관계인의 운송인 측의 과실입증의 어려움 및 운송인의 책임제한에 상응하는 것이라 할 것임.

3) 배상액
ⅰ) 정액배상주의
- 운송물의 전부멸실 또는 연착의 경우의 손해배상액은 인도할 날의 도착지의 가격에 의하고(상 815, 137 ①), 운송물의 일부멸실 또는 훼손의 경우의 손해배상액은 인도한 날의 도착지의 가격에 의함(상 815, 137 ②).
- 이러한 특칙은 운송인이 경과실로 인하여 손해가 발생한 경우에만 적용되고 운송인의 고의나 중과실로 인하여 손해가 발생한 경우에는 적용되지 않음(상 815, 137 ③).
- 운송물의 멸실·훼손 또는 연착 이외의 원인으로 인하여 발생한 손해에 대하여는 민법의 일반 원칙(민 393)에 의하여 운송인의 손해배상의 범위가 정하여짐.

6.3. 해상운송

ⅱ) 손해배상액의 제한
- 운송인의 손해배상의 책임은 당해 운송물의 매 포장당 또는 선적단위당 666.67 계산단위의 금액과 중량 1킬로그램당 2 계산단위의 금액 중 큰 금액을 한도로 이를 제한할 수 있음(상 797 ①).
- 운송물의 포장 또는 선적단위의 수는 다음과 같이 정함(상 797 ②).
- '포장'이란 운송물의 보호 내지는 취급을 용이하게 하기 위하여 고안된 것으로서 반드시 운송물을 완전히 감싸고 있어야 하는 것도 아니며 구체적으로 무엇이 포장에 해당하는지 여부는 운송업계의 관습 내지는 사회 통념에 비추어 판단하여야 할 것임(大判 2004. 07. 22, 2002다44267).
① 컨테이너 그 밖에 이와 유사한 운송용기가 운송물을 통합하기 위하여 사용되는 경우에 그러한 운송용기에 내장된 운송물의 포장 또는 선적단위의 수를 선하증권 그 밖에 운송계약을 증명하는 문서에 기재한 때에는 그 각 포장 또는 선적단위를 하나의 포장 또는 선적단위로 봄.
- 이외에는 이러한 운송용기 내의 운송물 전부를 하나의 포장 또는 선적단위로 봄.
② 운송인이 아닌 자가 공급한 운송용기 자체가 멸실 또는 훼손된 경우에는 그 용기를 별개의 포장 또는 선적단위로 봄.
- 다만, 운송물에 관한 손해가 운송인 자신의 고의 또는 손해발생의 염려가 있음을 인식하면서 무모하게 한 작위 또는 부작위로 인하여 생긴 것인 때에는 그러하지 아니함(상 797 ① 단서). 즉 운송인 자신에게 고의가 있는 경우에는 전액배상을 하여야 함.
- 운송인 이외의 선원 기타 선박사용인의 고의 등으로 인하여 발생한 손해에 대하여는 책임제한이 인정됨.

6.3. 해상운송

- '운송인 자신'은 운송인 본인을 말하고 운송인의 피용자나 대리인 등의 이행보조자를 포함하지 않지만 법인 운송인의 경우에 그 대표기관의 고의 또는 무모한 행위만을 법인의 고의 또는 무모한 행위로 한정한다면 법인의 규모가 클수록 운송에 관한 실질적 권한이 하부의 기관으로 이양된다는 점을 감안할 때 위 단서조항의 배제사유가 사실상 사문화되고 당해 법인이 책임제한의 이익을 부당하게 향유할 염려가 있음.
- 법인의 대표기관뿐만 아니라 적어도 법인의 내부적 업무분장에 따라 당해 법인의 관리 업무의 전부 또는 특정 부분에 관하여 대표기관에 갈음하여 사실상 회사의 의사결정 등 모든 권한을 행사하는 사람은 그가 이사회의 구성원 또는 임원이 아니더라도 그의 행위를 운송인인 회사 자신의 행위로 봄이 상당하다(大判 2006. 10. 26, 2004다27082).

iii) 손해배상액의 제한 배제 : 종류와 가액을 고지한 경우
- 송하인이 운송인에게 운송물을 인도할 때에 그 종류와 가액을 고지하고 선하증권 그 밖에 운송계약을 증명하는 문서에 이를 기재한 경우에는 기재된 가액에 따라 배상하여야 함.
- 그러나 송하인이 운송물의 종류 또는 가액을 고의로 현저하게 부실한 고지를 한 때에는 운송인은 자기 또는 그 사용인이 악의인 경우를 제외하고 운송물의 손해에 대하여 책임을 면함(상 797 ③).

6.3. 해상운송

iv) 선주유한책임과의 관계
- 해상운송인의 감항능력주의의무 위반 및 상사과실 등에 관한 책임과 면책사유 등에 의한 운송인의 손해배상책임 제한(포장당 또는 선적당 666.67 SDR 또는 1kg당 2 SDR)의 규정은 선박소유자의 책임제한에 관한 규정(상 769 ~ 774, 776)의 적용에 영향을 미치지 않음(상 797 ④).
- 따라서 상법 제797조의 책임한도액은 운송물 하나 하나에 대한 것이고(개별적 책임제한) 운송인은 그 한도에서 부담할 채무액을 포함하여 그가 부담할 채무의 전체에 관하여 다시 선주유한책임규정에 의한 책임제한을 받음(총체적 책임제한).

v) 고가물에 대한 특칙
- 화폐, 유가증권 기타의 고가물에 대하여는 송하인이 운송을 위탁할 때에 그 종류와 가액을 명시한 경우에 한하여 운송인이 손해를 배상할 책임이 있음(상 136). 그러나 운송인이 고의로 고가물을 멸실 혹은 훼손시킨 경우 운송인은 책임을 면하지 못함.
- 고가물 불고지로 인한 면책규정은 일반적으로 운송인의 운송계약상의 채무불이행으로 인한 청구에만 적용되고 불법행위로 인한 손해배상청구에는 적용 없음(大判 1991. 08. 23, 91다15409).
- 운송물이 고가물이라는 점과 그 종류·가액을 송하인이 명시하지 않았다는 점은 운송인이 입증하여야 함.
- 송하인이 고가물의 명시를 하지 아니하였으나 운송인이나 그 사용인이 우연히 고가물임을 안 경우에 ① 운송인은 면책된다고 하는 견해 ② 고가물로서의 주의를 게을리 한때에 고가물로서의 손해배상책임을 진다는 견해 ③ 보통물로서의 주의를 게을리한 때에 한하여 고가물로서의 손해배상책임을 진다는 견해(다수설)로 나뉘어 있음.

6.3. 해상운송

(4) 책임을 부담하지 않는 경우
1) 항해과실
- 해상물건운송인은 항해과실이 있는 경우에는 손해배상책임을 부담하지 않음.
- 항해과실이란 항해 또는 선박의 관리에 관한 선장 그 밖에 해원의 과실을 말함.
- 따라서 운송인은 선장, 해원, 도선사 그 밖의 선박사용인의 항해 또는 선박의 관리에 관한 행위로 인하여 생긴 운송물에 관한 손해를 배상할 책임을 면함.
- 운송인의 고의 또는 과실로 인한 화재의 경우에는 그러하지 아니함(상 795 ②).
- 해상물건운송인의 감항능력주의의무 위반이 사고와 인과관계가 있으면 운송인은 항해과실의 면책을 받지 못한다고 봄.

2) 선박화재
- 해상물건운송인은 선장, 해원, 도선사 그 밖의 선박사용인의 과실로 인한 선박화재로 인하여 생긴 운송물에 관한 손해에 대하여 책임을 지지 아니함.
- 그러나 해상물건 운송인 자신의 고의 또는 과실로 인한 화재의 경우에는 면책되지 않음(상 795 ②).

3) 고가물
- 고가물인 경우 송하인이 해상물건 운송인에게 운송을 위탁할 때에 이를 고지하지 않은 경우에는 그 고가물의 멸실, 훼손 또는 연착으로 인한 손해에 대하여 운송인은 자기 또는 그 사용인이 악의인 경우를 제외하고는 면책됨(상 815, 136).

6.3. 해상운송

4) 면책사유
- 운송인은 다음의 사실이 있었다는 것과 운송물에 관한 손해가 그 사실로 인하여 보통 생길 수 있는 것임을 증명한 때에는 이를 배상할 책임을 면함.
- 감항능력주의의무와 운송물에 관한 주의의무(상사과실)의 규정에 의한 주의를 다하였더라면 그 손해를 피할 수 있었음에도 불구하고 그 주의를 다하지 아니하였음을 증명한 때에는 배상책임을 짐(상 796).

① 해상 그 밖에 항행할 수 있는 수면에서의 위험 또는 사고
② 불가항력
③ 전쟁, 폭동 또는 내란
④ 해적행위 그 밖에 이에 준하는 행위 : 준하는 행위란 강도 등의 행위를 의미함.
⑤ 재판상의 압류, 검역상의 제한 그 밖의 공권에 의한 제한
⑥ 송하인 또는 운송물의 소유자나 그 사용인의 행위
⑦ 동맹파업 그 밖의 쟁의 행위 또는 선박 폐쇄
⑧ 해상에서의 인명이나 재산의 구조행위 또는 이로 인한 항로이탈(이로), 그 밖에 정당한 이유로 인한 항로이탈
⑨ 운송물의 포장의 불충분 또는 기호의 표시의 불완전
⑩ 운송물의 특수한 성질 또는 숨은 하자
⑪ 선박의 숨은 하자

6.3. 해상운송

(5) 면책약관

1) 면책약관 무효

- 운송인의 감항능력주의의무(상 794), 운송물에 관한 주의의무(상사과실)(상 795 ①), 운송인의 고의·과실로 인한 선박화재에 대한 책임(상 795 ② 단서), 운송인의 부주의에 의한 면책사유가 증명된 경우의 책임(상 795 단서), 운송인의 고의 또는 그에 준하는 사유로 인한 손해에 대한 무한책임(상 796), 선하증권 등에 기재된 운송물의 가액에 대한 운송인의 책임(상 797 ①) 등은 상법의 규정에 반하여 운송인의 의무 또는 책임을 경감 또는 면제하지 못함(상 799 ① 전단).
- 운송물에 관한 보험의 이익을 해상물건운송인에게 양도하는 약정 또는 이와 유사한 약정도 무효임(상 799 ① 후단).
- 운송인의 책임을 가중하는 당사자간의 특약은 유효하다고 할 것임.

2) 면책약관 유효

- 산 동물의 운송 및 선하증권 그 밖에 운송계약을 증명하는 문서의 표면에 갑판적으로 운송할 취지를 기재하여 갑판적으로 행하는 운송에 대하여는 운송인의 의무 또는 책임을 경감 또는 면제하는 특약을 체결할 수 있음(상 799 ②).
- 용선계약 중에서 ① 해상물건 운송인의 감항능력주의 의무위반이 있음에도 불구하고 이로 인한 운송인의 책임을 경감 또는 면제하는 당사자 사이의 특약과 ② 용선계약에 따라 선하증권이 발행된 경우 선하증권소지인에 대하여도 운송인의 책임을 경감 또는 면제하는 당사자 사이의 특약은 무효임(상 799 ①).

6.3. 해상운송

- 용선계약 중 나머지의 경우에는 원칙적으로 당사자 사이의 특약에 의하여 자유롭게 해상물건 운송인의 책임을 상법의 규정보다 경감 또는 면제할 수 있음(상 799 ②).
- 해상운송인의 책임결과의 일부를 감경하는 배상액제한약관은 원칙적으로 구 상법 제790조에 저촉되지 않는다고 할 것이지만 배상책임을 면제하는 것과 다름없다고 할 정도로 적은 액수를 책임한도액으로 정한 배상액제한약관은 실질적으로 책임제외약관과 다를 바 없는 것이므로 구 상법 제790조에 저촉되어 무효라고 할 것임(大判 1988. 09. 27, 86다카2377).

(6) 순차해상물건운송인의 책임

- 수인이 순차적으로 해상에서 운송할 경우에 각 운송인은 운송물의 멸실, 훼손 또는 연착으로 인한 손해에 대하여 연대책임이 있고 운송인 중 1인이 이러한 손해를 배상한 때에는 그 손해의 원인이 된 행위를 한 운송인에 대하여 구상권이 있음(상 815, 138 ①, ②).
- 이때 그 손해의 원인이 된 행위를 한 운송인을 알 수 없을 때에는 각 운송인은 그 운임의 비율로 손해를 분담하는데 그 손해가 자기의 운송구간 내에서 발생하지 아니하였음을 증명한 때에는 손해분담의 책임이 없음(상 815, 138 ③).

6.3. 해상운송

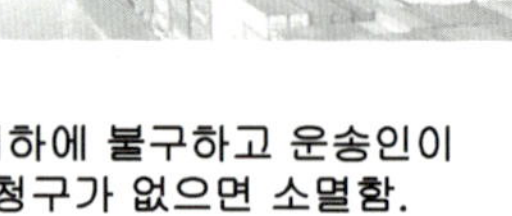

(7) 책임의 소멸
- 운송인의 송하인 또는 수하인에 대한 채권 및 채무는 그 청구원인의 여하에 불구하고 운송인이 수하인에게 운송물을 인도한 날 또는 인도할 날부터 1년 내에 재판상 청구가 없으면 소멸함. 이 기간은 당사자의 합의에 의하여 연장할 수 있음(상 814 ①).
- '운송물을 인도할 날'이라고 함은 통상 운송계약이 그 내용에 좇아 이행되었으면 인도가 행하여져야 했던 날을 말함(大判 1997. 11. 28, 97다28490).
- 해상운송계약에 따른 선하증권이 발행된 경우에도 그 선하증권의 정당한 소지인이 상법 제811조의 '수하인'이고, 상법 제811조는 운송인의 해상운송계약상의 이행청구 및 채무 불이행에 따른 손해배상청구의 경우뿐만 아니라 운송인의 불법행위에 따른 손해배상청구 등 청구원인의 여하에 관계없이 적용되므로, 상법 제811조는 선하증권의 소지인이 운송인에 대하여 운송물에 대한 양도담보권을 침해한 불법행위에 따른 손해배상책임을 묻는 경우에도 적용됨(大判 1999. 10. 26, 99다41329).
- 운송인이 인수한 운송을 다시 제3자에게 위탁한 경우에 송하인 또는 수하인이 위의 기간 이내에 운송인과 배상 합의를 하거나 운송인에게 재판상 청구를 하였다면, 그 합의 또는 청구가 있은 날부터 3개월이 경과하기 이전에는 그 제3자에 대한 운송인의 채권·채무는 소멸하지 아니함.
- 운송인과 그 제3자 사이에 제1항 단서와 동일한 취지의 약정이 있는 경우에도 또한 같음(상 814 ②).
- 이 경우에 있어서 재판상 청구를 받은 운송인이 그로부터 3개월 이내에 그 제3자에 대하여 소송고지를 하면 3개월의 기간은 그 재판이 확정 그 밖에 종료된 때부터 기산함(상 814 ③).

6.3. 해상운송

(8) 불법행위책임과의 관계
- 운송인의 책임에 관한 규정은 운송인의 불법행위로 인한 손해배상의 책임에도 이를 적용함(상 798 ①).
- 운송물에 관한 손해배상청구가 운송인의 사용인 또는 대리인에 대하여 제기된 경우에 그 손해가 그 사용인 또는 대리인의 직무집행에 관하여 생긴 것인 때에는 그 사용인 또는 대리인은 운송인이 주장할 수 있는 항변과 책임제한을 원용할 수 있음.
- 다만, 그 손해가 그 사용인 또는 대리인의 고의 또는 운송물의 멸실, 훼손 또는 연착이 생길 염려가 있음을 인식하면서 무모하게 한 작위 또는 부작위로 인하여 생긴 것인 때에는 그러하지 아니 함(상 798 ②).
- 책임을 지는 경우에 운송인과 그 사용인 또는 대리인의 운송물에 대한 책임제한금액의 총액은 당해 운송물의 매 포장당 또는 선적단위당 666.67 계산단위의 금액과 중량 1킬로그램당 2 계산단위의 금액 중 큰 금액의 한도를 초과하지 못함(상 798 ③).
- 운송물에 관한 손해배상청구가 운송인 외의 실제운송인 또는 그 사용인이나 대리인에 대하여 제기된 경우에도 이를 적용함(상 798 ④).
- '사용인 또는 대리인'이란 고용계약 또는 위임계약 등에 따라 운송인의 지휘감독을 받아 그 업무를 수행하는 자를 말하고 그러한 지휘감독 관계없이 스스로의 판단에 따라 자기 고유의 사업을 영위하는 독립적인 계약자는 포함되지 아니함(大判 2004. 02. 13, 2001다75318).

6.3. 해상운송

(9) 복합운송인의 책임
- 운송인이 인수한 운송에 해상 외의 운송구간이 포함된 경우 운송인은 손해가 발생한 운송구간에 적용될 법에 따라 책임을 짐(상 816 ①).
- 어느 운송구간에서 손해가 발생하였는지 불분명한 경우 또는 손해의 발생이 성질상 특정한 지역으로 한정되지 아니하는 경우에는 운송인은 운송거리가 가장 긴 구간에 적용되는 법에 따라 책임을 짐.
- 다만, 운송거리가 같거나 가장 긴 구간을 정할 수 없는 경우에는 운임이 가장 비싼 구간에 적용되는 법에 따라 책임을 짐(상 816 ②).
- 복합운송인의 책임원칙으로는 복합운송인의 책임을 각 운송구간에 적용되는 운송법상의 책임제도와 연결시키는 방법과 이를 분리시켜 독자적인 책임원칙에 의하도록 하는 방법, 그리고 양자를 절충하는 방법 등 3가지의 방법이 적용되고 있음.
- 그런 방법으로 ① 통일책임원칙 ② 네트워크책임원칙 ③ 변형통일책임원칙 등이 있음
① 통일책임원칙(uniform liability system)이란 운송물의 멸실 등이 복합운송의 어느 구간에서 발생하였느냐를 묻지 않고 별도의 동일한 기준에 따라 책임을 부담하는 것을 말함.
② 네트워크책임원칙(network liability system)이란 손해발생구간이 밝혀지지 않은 경우에는 그 손해가 해상구간에서 발생한 것으로 추정하여 독자적인 책임규정을 적용하고, 손해발생구간이 확인된 경우에는 그 손해발생구간에 적용될 국내법이나 국제조약을 적용하게 되는 것을 말함.

6.3. 해상운송

③ 변형통일책임원칙(modified uniform liability system)이란 「국제복합물건운송협약」이 채택하고 있는 것으로 이에 따르면, 손해발생구간의 확인 여부에 관계없이 동일한 책임규정을 적용하되, 손해발생구간이 확인되고 그 구간에 적용될 법에 규정된 책임한도액이 「국제복합물건운송협약」의 책임한도액보다 높은 경우에는 그 구간에 적용되는 법의 책임한도액을 적용하게 되는 것을 말함.

- 2007년 개정상법은 1992년 국제복합운송업자연맹(FIATA)의 선하증권, 1980년 UN의 「국제복합물건운송협약」(Convention on International Multimodal Transport of Goods) 및 독일 등의 입법례를 참조하여 원칙적으로 운송인은 손해가 발생한 운송구간에 적용될 법에 따라 손해배상책임을 지도록 하되, 다만 어느 운송구간에서 손해가 발생하였는지 불분명한 경우 및 손해의 발생이 성질상 특정한 지역으로 한정되지 아니하는 경우에는 주된 운송구간에 적용될 법에 따라 책임을 지고, 주된 운송구간은 법원이 운송거리.운임 그 밖의 제반사정을 참작하여 정하도록 하고 있음.

6.3. 해상운송

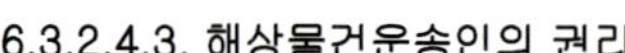

6.3.2.4.3. 해상물건운송인의 권리
(1) 기본적 권리
1) 운임청구권
ⅰ) 원칙
- 운송계약은 도급계약이므로 운송인은 원칙적으로 운송물이 목적지에 도착하여야 운임을 청구할 수 있음.
- 운송물의 전부 또는 일부가 송하인의 책임 없는 사유로 인하여 멸실한 때에는 운송인은 그 운임을 청구하지 못함.
- 운송인이 이미 운임의 전부 또는 일부를 받은 때에는 이를 반환하여야 함(상 134 ①).

ⅱ) 예외
- 운송물의 전부 또는 일부가 그 성질이나 하자 또는 송하인의 과실로 인하여 멸실한 때에는 운송인은 운임의 전액을 청구할 수 있음(상 815, 134 ②).
- 운송인은 선장이 항해의 계속에 필요한 비용을 지급하기 위하여 운송물을 처분하였을 때(상 750 ①)와 공동해손처분을 한 경우에도(상 865) 운임의 전액을 청구할 수 있음(상 813).
- ① 선박의 침몰 또는 멸실 ② 선박의 수선불가능 ③ 선박의 포획 ④ 운송물의 불가항력적 멸실이 항해 도중에 생긴 때에는 용선자 또는 송하인은 운송의 비율에 따라 현존하는 운송물의 가액의 한도에서 운임을 지급하여야 하므로 운송인은 운임을 이 범위 내에서 청구할 수 있음(상 810 ②).

6.3. 해상운송

ⅲ) 운임액
- 운송물의 중량 또는 용적으로 운임을 정한 때에는 운송물을 인도하는 때의 중량 또는 용적에 의하여 그 액을 정함(상 805).
- 기간으로 운임을 정한 때에는 운송물의 선적을 개시한 날로부터 그 양륙을 종료한 날까지의 기간에 의하여 그 액을 정함(상 806 ①).
- 이 기간에는 불가항력으로 인하여 선박이 선적항이나 항해 도중에 정박한 기간 또는 항해도중에서 선박을 수선한 기간을 산입하지 아니함(상 806 ②).

2) 정박료 청구권
- 용선계약의 경우 약정한 선적기간 또는 양륙기간을 경과한 후 선적 또는 양륙을 한 때, 이 초과정박기간에 대하여 해상운송인은 정박료(체선료)를 청구할 수 있음(상 829 ③ 830 ③).
- 수하인이 운송물을 수령한 때에는 수하인도 이러한 정박료를 지급하여야 할 의무를 부담함(상 807 ①).

3) 부수비용 청구권 등
- 해상운송인은 운송계약 또는 선하증권의 취지에 따라 창고 보관료, 운송물 공탁비용, 검사비용, 관세 등과 같은 부대비용, 체당금, 운송물의 가액에 따른 공동해손 또는 해난구조로 인한 부담액을 용선자 또는 송하인에게 청구할 수 있는데 수하인이 운송물을 수령한 때에는 수하인에게도 이를 청구할 수 있음(상 807 ①).

6.3. 해상운송

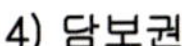

4) 담보권
- 해상운송인(선장)은 수하인이 운송물을 수령하는 때에 운임, 부수비용, 체당금, 정박료, 운송물의 가액에 따른 공동해손 또는 해난구조로 인한 부담액을 지급하지 않으면 운송물을 인도하지 않고 이를 유치할 수 있는 권리를 가짐(상 807 ②).
- 해상운송인은 운임, 부수비용, 체당금, 정박료, 운송물의 가액에 따른 공동해손 또는 해난구조로 인한 부담액을 지급받기 위하여 법원의 허가를 얻어 운송물을 경매하여 우선변제를 받을 권리가 있음(상 808 ①).
- 선장이 수하인에게 운송물을 인도한 후에도 운송인은 그 운송물에 대하여 위의 권리를 행사할 수 있음.
- 그러나 인도한 날로부터 30일을 경과하거나 제3자가 그 운송물에 점유를 취득한 때에는 그러하지 아니함(상 808 ②).

6.3. 해상운송

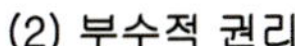

(2) 부수적 권리
- 해상운송인은 운송과 관련하여 용선자 또는 송하인에 대하여 다음과 같은 부수적 권리를 가짐.
① 해상운송인은 용선자에 대한 운송(용선)계약서의 교부청구권(상 828)
② 용선계약의 경우 용선자에 대한 선적청구권(상 829 ①)
③ 개품운송계약의 경우 운송물제공청구권(상 792 ①)
④ 용선계약의 경우 선적기간 내에 선적이 완료되지 않은 때 또는 개품운송계약의 경우 송하인이 당사자 사이의 합의 또는 선적항의 관습에 의한 때와 곳에서 운송인에게 운송물을 제공하지 않은 때의 발항권(상 792 ① 831②)
⑤ 용선자 또는 송하인에 대한 선적기간 내에 운송에 필요한 서류의 교부청구권(상 793)
⑥ 위법선적물 또는 위험물에 대한 조치권(상 801)
⑦ 용선자나 송하인이 운송물의 전부 또는 일부를 선적하고 운송계약을 해제 또는 해지한 경우 선적과 양륙비용의 청구권(상 835)
⑧ 용선자 또는 송하인에 대한 선하증권등본의 교부청구권(상 856)
- 운송물이 불가항력으로 인하여 멸실된 때(상 810 ① iv) 및 법정사유로 인한 해제 즉 제811조 제1항의 사유가 운송물의 일부에 대하여 생긴 때에는 송하인은 운송인의 책임이 가중되지 아니하는 범위 안에서 다른 운송물을 선적할 수 있음(상 123 ①).
- 송하인이 위의 권리를 행사하고자 하는 때에는 지체 없이 운송물의 양륙 또는 선적을 하여야 함.
- 그 양륙 또는 선적을 게을리 한 때에는 운임의 전액을 지급하여야 함(상 123 ②).

6.3. 해상운송

(3) 채권의 제척기간
- 운송인의 용선자, 송하인 또는 수하인에 대한 채권 및 채무는 그 청구원인의 여하에 불구하고 운송인이 수하인에게 운송물을 인도한 날 또는 인도할 날부터 1년 내에 재판상 청구가 없으면 소멸함.
- 그러나 이 기간은 당사자의 합의에 의하여 연장할 수 있음(상 814 ①).
- 운송인이 인수한 운송을 다시 제3자에게 위탁한 경우에 송하인 또는 수하인이 위의 기간 이내에 운송인과 배상 합의를 하거나 운송인에게 재판상 청구를 하였다면, 그 합의 또는 청구가 있은 날부터 3개월이 경과하기 이전에는 그 제3자에 대한 운송인의 채권·채무는 제1항의 규정에 불구하고 소멸하지 아니함.
- 운송인과 그 제3자 사이에 제1항 단서와 동일한 취지의 약정이 있는 경우에도 또한 같음(상 814 ②).
- 이 경우에 있어서 재판상 청구를 받은 운송인이 그로부터 3개월 이내에 그 제3자에 대하여 소송고지를 하면 3개월의 기간은 그 재판이 확정 그 밖에 종료된 때부터 기산함(상 814 ③).

6.3. 해상운송

6.3.2.5. 해상물건운송계약의 종료
6.3.2.5.1. 용선자의 임의해제
(1) 발항 전의 임의해제
1) 전부용선계약의 경우
- 발항 전에는 전부용선자는 운임 반액을 지급하고 계약을 해제할 수 있음(상 832 ①).
- 왕복항해의 용선계약인 경우에 전부용선자가 그 회항 전에 계약을 해지하는 때와 선박이 다른 항에서 선적항에 항행하여야 할 경우에 전부용선자가 선적항에서 발항하기 전에 계약을 해지하는 때에는 운임의 3분의 2를 지급하여야 함(상 832 ②, ③).
- 용선자나 송하인이 계약을 해제 또는 해지를 한 때에도 부수비용과 체당금을 지급할 책임을 면하지 못함(상 834 ①).
- 이 경우 용선자나 송하인은 운송물의 가액에 따라 공동해손 또는 해난구조로 인하여 부담할 금액을 지급하여야 함(상 834 ②).
- 또한 운송물의 전부 또는 일부를 선적한 때에는 그 선적과 양륙의 비용은 용선자 또는 송하인이 부담함(상 835).

2) 일부 용선계약 또는 개품운송계약의 경우
- 일부용선자나 송하인은 다른 용선자와 송하인 전원과 공동으로 하는 경우에 한하여 운송계약을 해제 또는 해지를 할 수 있음(상 833 ①).
- 용선자나 송하인이 계약을 해제 또는 해지를 한 때에도 부수비용과 체당금을 지급할 책임을 면하지 못함(상 834 ①).

6.3. 해상운송

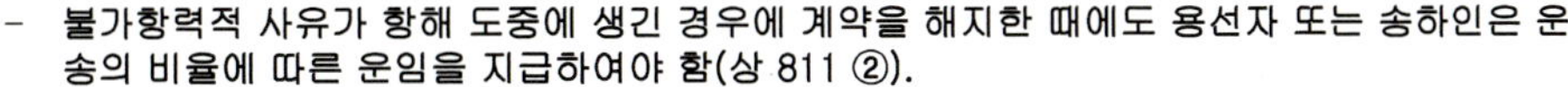

- 용선자와 송하인 전원이 공동으로 하지 않은 경우에는 일부 용선자나 송하인이 발항 전에 계약을 해제 또는 해지를 한 때에도 운임의 전액을 지급하여야 함(상 833 ②).
- 발항전이라도 일부 용선자나 송하인이 운송물의 전부 또는 일부를 선적한 경우에는 다른 용선자와 송하인의 동의를 얻지 아니하면 계약을 해제 또는 해지하지 못함(상 833 ③).
- 또한 운송물의 전부 또는 일부를 선적한 때에는 그 선적과 양륙의 비용은 용선자 또는 송하인이 부담함(상 835).

3) 용선자의 계약 해제.해지 의제
- 용선자가 선적기간 내에 운송물의 선적을 하지 아니한 때에는 계약을 해제 또는 해지한 것으로 봄(상 836).

(2) 발항 후의 임의해지
- 발항 후에는 용선자나 송하인은 운임의 전액, 체당금, 체선료와 공동해손 또는 해난구조의 부담액을 지급하고 그 양륙하기 위하여 생긴 손해를 배상하거나 이에 대한 상당한 담보를 제공하여야 계약을 해지할 수 있음(상 837).

6.3.2.5.2. 불가항력에 의한 임의해제
- 항해 또는 운송이 법령에 위반하게 되거나 그 밖에 불가항력으로 인하여 계약의 목적을 달할 수 없게 된 때에는 각 당사자는 계약을 해제할 수 있음(상 811 ①).

6.3. 해상운송

- 불가항력적 사유가 항해 도중에 생긴 경우에 계약을 해지한 때에도 용선자 또는 송하인은 운송의 비율에 따른 운임을 지급하여야 함(상 811 ②).

6.3.2.5.3. 법정원인에 의한 당연종료
- 해상물건운송계약은 ① 선박이 침몰 또는 멸실한 때 ② 선박이 수선할 수 없게 된 때 ③ 선박이 포획된 때 ④ 운송물이 불가항력으로 인하여 멸실된 때 종료함(상 810 ①).
- ① 선박의 침몰 또는 멸실 ② 선박의 수선불가능 ③ 선박의 포획이 항해도중에 생긴 때에는 용선자 또는 송하인은 운송의 비율에 따라 현존하는 운송물의 가액의 한도에서 운임을 지급하여야 함(상 810 ②).
- 운송물이 불가항력으로 인하여 멸실된 때에는 송하인은 운임을 전혀 지급하지 않아도 무방함.

- 6.3.2.5.4. 운송물 일부에 관한 불가항력으로 인한 운송인의 선적권
- 운송물이 불가항력으로 인하여 멸실된 때(상 810 ① iv) 및 항해 또는 운송이 법령에 위반하게 되거나 그 밖에 불가항력으로 인하여 계약의 목적을 달할 수 없게 된 때(상 811 ①) 운송물의 일부에 대하여 생긴 때에는 송하인은 운송인의 책임이 가중되지 아니하는 범위 안에서 다른 운송물을 선적할 수 있음(상 812 ①).
- 송하인이 제1항의 권리를 행사하고자 하는 때에는 지체 없이 운송물의 양륙 또는 선적을 하여야 함. 그 양륙 또는 선적을 게을리 한 때에는 운임의 전액을 지급하여야 함(상 812 ②).

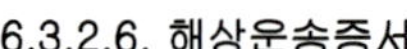

6.3. 해상운송

6.3.2.6. 해상운송증서
- 2007년 개정상법은 해상운송증서 선하증권(상 852 –862)과 해상운송장(상 863 –864)을 규정하고 있음.

6.3.2.6.1. 선하증권
(1) 의의
- 선하증권이란 해상운송인이 운송물을 수령 또는 선적하였음을 증명하고 목적지에서 운송물을 증권소지인에게 인도할 것을 약정하는 내용의 유가증권임.

(2) 성질
- 선하증권은 운송물인도청구권을 표창하는 유가증권으로서 지시증권성(상 861, 130), 요인증권성(상 852), 요식증권성(상 853), 문언증권성(상 854), 상환증권성(상 861, 129), 인도증권성(상 861, 133), 처분증권성(상 861, 132) 등을 가짐.

(3) 기능
- 선하증권은 송하인과 해상운송인 및 수하인을 포함한 선하증권소지인 사이에서 다음과 같은 세 가지의 기능을 함.
- 첫째, 운송인이 송하인으로부터 운송물을 수령하였음을 나타내는 화물수령증으로서의 기능, 둘째, 운송인과 송하인 간에 체결된 운송계약의 증거로서의 기능, 셋째로, 선하증권소지인은 목적항에서 물건인도청구권을 갖는 점에서 권원증권의 기능이 바로 그것임.

6.3. 해상운송

(4) 선하증권의 종류
- 선하증권의 발행시기가 운송물의 수령 후인가 또는 선적 후인가에 따라 수령선하증권과 선적선하증권이 있으며, 수하인의 표시방법에 따라 기명식 선하증권, 지시식 선하증권, 무기명식(소지인출급식) 선하증권이 있음.

(5) 선하증권의 발행
1) 발행의 당사자
- 운송인은 운송물을 수령한 후 용선자 또는 송하인의 청구에 의하여 1통 또는 수통의 선하증권을 교부하여야 함(상 852 ①).
- 선하증권의 발행청구권자는 소하인 또는 용선자이고 발행자는 해상운송인 또는 선박소유자임.
- 운송인은 운송물을 선적한 후 용선자 또는 송하인의 청구에 의하여 1통 또는 수통의 선적선하증권을 교부하거나 수령선하증권에 선적의 뜻을 표시하여야 함(상 852 ②).
- 운송인은 선장 또는 그 밖의 대리인에게 선하증권의 교부 또는 선적의 표시를 위임할 수 있음(상 852 ③).
- 운송인은 대리인을 통해서도 선하증권을 발행할 수 있으므로 선하증권에 직접 서명하여 이를 송하인에게 교부한 행위자인 대리인을 운송계약상의 운송인으로 인정하지 아니하고 본인을 운송인으로 인정할 수 있음(大判 1997. 06. 27, 95다7215).

6.3. 해상운송

(2) 선하증권의 기재사항
- 선하증권에는 다음 사항을 기재하고 운송인이 기명날인 또는 서명 함(상 853 ①).
  ① 선박의 명칭, 국적과 톤수
  ② 송하인이 서면으로 통지한 운송물의 종류, 중량 또는 용적, 포장의 종별, 개수와 기
→ 송하인은 기재사항이 정확함을 운송인에게 담보한 것으로 봄(상 853 ③). 운송물의 중량, 용적, 개수 또는 기호가 운송인이 실제로 수령한 운송물을 부정확하게 표시하고 있음이고 의심할 만한 상당한 이유가 있는 때 또는 이를 확인할 적당한 방법이 없는 때에는 그 기재를 생략할 수 있음(상 853 ②).
  ③ 운송물의 외관상태
  ④ 용선자 또는 송하인의 성명 또는 상호
  ⑤ 수하인 또는 통지수령인의 성명 또는 상호
  ⑥ 선적항
  ⑦ 양륙항
  ⑧ 운임
  ⑨ 발행지와 그 발행 연월일
  ⑩ 수통의 선하증권을 발행한 때에는 그 수
  ⑪ 운송인의 성명 또는 상호
  ⑫ 운송인의 주된 영업소 소재지
- 운송인이 선하증권에 기재된 통지수령인에게 운송물에 관한 통지를 한 때에는 송하인 및 선하증권소지인 그 밖의 수하인에게 통지한 것으로 봄(상 853 ④).

6.3. 해상운송

3) 등본의 교부
- 선하증권의 교부를 받은 용선자 또는 송하인은 발행자의 청구가 있는 때에는 선하증권의 등본에 기명날인 또는 서명하여 교부하여야 함(상 856).

(6) 선하증권의 양도
- 기명식 또는 지시식 선하증권은 배서에 의하여 양도됨.
- 기명식 선하증권으로서 증권상에 배서를 금지하는 뜻의 기재가 있는 경우에는 그러하지 아니함(상 861, 130).
- 무기명식 또는 소지인출급식 선하증권은 단순한 교부로 양도 됨(상 65, 민 523).

(7) 선하증권의 효력
1) 채권적 효력
- 선하증권이 발행된 경우 운송인과 송하인 사이에 선하증권에 기재된 대로 개품운송계약이 체결되고 운송물을 수령 또는 선적한 것으로 추정함(상 854 ①).
- 선하증권을 선의로 취득한 소지인에 대하여 운송인은 선하증권에 기재된 대로 운송물을 수령 혹은 선적한 것으로 보고 선하증권에 기재된 바에 따라 운송인으로서 책임을 짐(상 854 ②).
- 즉 운송계약당사자(송하인-운송인) 간에는 요인증권성에 의한 무효를 악의의 증권소지인에 대해서는 반증을 주장할 수 있으나 선의의 증권소지인에 대해서는 문언증권성에 의한 책임을 지게 됨.

6.3. 해상운송

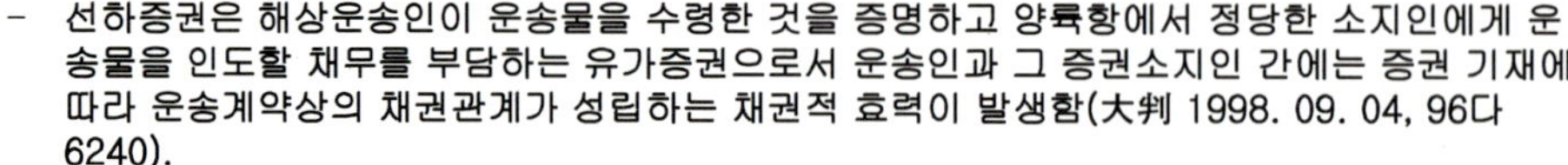

- 선하증권은 해상운송인이 운송물을 수령한 것을 증명하고 양륙항에서 정당한 소지인에게 운송물을 인도할 채무를 부담하는 유가증권으로서 운송인과 그 증권소지인 간에는 증권 기재에 따라 운송계약상의 채권관계가 성립하는 채권적 효력이 발생함(大判 1998. 09. 04, 96다 6240).
- 개정상법상 선하증권이 발행된 경우 선하증권에 기재된 대로 개품운송계약이 체결된 것으로 추정하는 이유는 개품운송의 경우 약관에 따른 표준계약이 일반적이어서 별도의 계약행위를 하지 않기 때문에 선하증권이 발행되면 일정한 약관계약이 체결된 것으로 추정하여 권리.의무관계를 발생시키고자 하는 것임.

2) 물권적 효력
- 선하증권에 의하여 운송물을 인도받을 수 있는 자에게 그 증권을 교부한 때에는 운송물에 행사하는 권리의 취득에 관하여 운송물 인도와 동일효력이 있음(상 861 133).

3) 수통의 선하증권이 발행된 경우 운송물의 인도
i) 양륙항에서의 운송물 인도
- 양륙항에서 수통의 선하증권 중 1통을 소지한 자가 운송물의 인도를 청구하는 경우에도 선장은 그 인도를 거부하지 못함(상 857 ①).
- 수통의 선하증권 중 1통의 소지인이 운송물의 인도를 받은 때에는 다른 선하증권은 그 효력을 잃는다(상 857 ②).
- 2인 이상의 선하증권소지인이 운송물의 인도를 청구한 때에는 선장은 지체 없이 운송물을 공탁하고 각 청구자에게 그 통지를 발송하여야 함(상 859 ①).

6.3. 해상운송

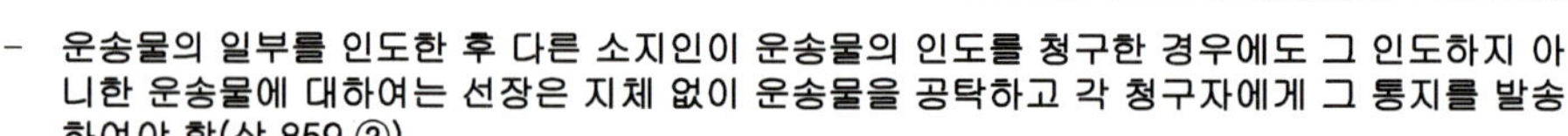

- 운송물의 일부를 인도한 후 다른 소지인이 운송물의 인도를 청구한 경우에도 그 인도하지 아니한 운송물에 대하여는 선장은 지체 없이 운송물을 공탁하고 각 청구자에게 그 통지를 발송하여야 함(상 859 ②).

ii) 양륙항 외에서의 운송물의 인도
- 양륙항 외에서는 선장은 선하증권의 각 통의 반환을 받지 아니하면 운송물을 인도하지 못함(상 858).

iii) 공탁
- 2인 이상의 선하증권소지인이 운송물의 인도를 청구한 때에는 선장은 지체 없이 운송물을 공탁하고 각 청구자에게 그 통지를 발송하여야 함(상 859 ①).
- 공탁한 운송물에 대하여는 수인의 선하증권소지인에게 공통되는 전자로부터 먼저 교부를 받은 증권소지인의 권리가 다른 소지인의 권리에 우선함(상 860 ①).
- 격지자에 대하여 발송한 선하증권은 그 발송한 때를 교부받은 때로 봄(상 860 ②).

4) 용선계약과 선하증권
- 용선자의 청구가 있는 경우 선박소유자는 운송물을 수령한 후에 선하증권을 발행함(상 855 ①).
- 선하증권이 발행된 경우 선박소유자는 선하증권에 기재된 대로 운송물을 수령 또는 선적한 것으로 추정함(상 855 ②).

6.3. 해상운송

- 제3자가 선의로 선하증권을 취득한 경우 선박소유자는 운송인으로서 권리와 의무가 있음.
- 용선자의 청구에 따라 선박소유자가 제3자에게 선하증권을 발행한 경우에도 또한 같음(상 855 ③). 이 경우에 그 제3자는 송하인으로 봄(상 855 ④).
- 운송인으로서의 의무와 책임을 감경 또는 면제하는 특약을 하지 못함(상 855 ⑤).

5) 전자선하증권
i) 전자선하증권의 의의
- 운송인은 선하증권을 발행하는 대신에 송하인 또는 용선자의 동의를 얻어 법무부장관이 지정하는 등록기관에 등록을 하는 방식으로 전자선하증권을 발행할 수 있음.
- 이 경우 전자선하증권은 선하증권과 동일한 법적 효력을 가짐(상 862 ①).

ii) 전자선하증권의 발행
- 전자선하증권에는 선하증권의 기재사항에 관한 정보가 포함되어야 하며, 운송인이 전자서명을 하여 송신하고 용선자 또는 송하인이 이를 수신하여야 그 효력이 생긴다(상 862 ②).

6.3. 해상운송

iii) 전자선하증권의 양도
- 전자선하증권의 권리자는 배서의 뜻을 기재한 전자문서를 작성한 다음 전자선하증권을 첨부하여 지정된 등록기관을 통하여 상대방에게 송신하는 방식으로 그 권리를 양도할 수 있음(상 862 ③).
- 이 정한 방식에 따라 배서의 뜻을 기재한 전자문서를 상대방이 수신하면 선하증권을 배서하여 교부한 것과 동일한 효력이 있고, 전자문서를 수신한 권리자는 선하증권을 교부받은 소지인과 동일한 권리를 취득함(상 862 ④).

iv) 전자선하증권의 등록기관의 지정요건 등
- 전자선하증권의 등록기관의 지정요건, 발행 및 배서의 전자적인 방식, 운송물의 구체적인 수령절차 그 밖에 필요한 사항은 대통령령으로 정함(상 862 ⑤).

6) 해상화물운송장
i) 해상화물운송장의 의의
- 해상화물운송장(Sea Waybill)은 실무에서 선하증권과는 달리 유가증권이 아니면서 운송을 증명하고 그 수하인에게 운송물을 인도하면 운송채무가 이행되는 운송증서임.
- 해상화물증서는 요인증권성(상 863), 요식증권성(상 863), 면책증권성(상 864 ②)은 있으나 선하증권과 같은 법률상 당연한 지시증권성(상 861, 130), 상환증권성(상 861, 129), 인도증권성(상 861, 133), 처분증권성(상 861, 132) 등을 가짐.

6.3. 해상운송

2) 해상화물운송장의 발행문언증권성(상 854),
- 운송인은 용선자 또는 송하인의 청구가 있으면 선하증권을 발행하는 대신 해상화물운송장을 발행할 수 있음. 해상화물운송장은 당사자 사이의 합의에 따라 전자식으로도 발행할 수 있음(상 863 ①).
- 해상화물운송장에는 해상화물운송장임을 표시하는 외에 선하증권의 기재사항(제853조 제1항 각 호)을 기재하고 운송인이 기명날인 또는 서명하여야 함(상 863 ②).
- 선하증권의 발행에 관한 책임 및 효력(제853조 제2항 및 제4항)의 규정은 이를 해상화물운송장에 준용함(상 863 ③).

3) 해상화물운송장의 효력
i) 추정적 효력
- 해상화물운송장이 발행된 경우 운송인이 그 운송장에 기재된 대로 운송물을 수령 또는 선적한 것으로 추정함(상 864 ①).
- 해상화물운송장을 발행한 운송인은 선의취득자에는 적용되지 않는 선하증권과는 달리 선의의 운송장 소지인에 대하여도 그가 운송물을 수령하지 않았거나 또는 수령한 운송물과 상이함을 증명하여 대항할 수 있는 것으로 봄.

ii) 면책적 효력
- 운송인이 운송물을 인도함에 있어 수령인이 해상화물운송장에 기재된 수하인 또는 그 대리인이라고 믿을만한 정당한 이유가 있는 때에는 수령인이 권리자가 아니라고 하더라도 운송인은 그 책임을 면함(상 864 ②).

6.3. 해상운송

- 해상화물운송장의 효력은 그 양도성이 없다는 점을 제외하고는 선하증권과 대체로 동일함.
- 다만, 선하증권의 경우에는 이 증권과 상환하지 아니하고 무권리자에게 운송물이 인도되면 어떠한 경우에도 운송인이 그 책임을 면하지 못하지만(선하증권의 상환증권성), 해상화물운송장의 경우에는 운송인이 운송물을 인도함에 있어서 화물운송장에 기재된 수하인 또는 그 대리인임을 확인하기 위한 모든 합리적인 주의를 다하였음을 증명하는 경우에는 수령인이 권리자가 아니었다 하더라도 운송인은 그 책임을 면하도록 하고 있음.

(8) 보증도
- '보증도(保證渡)'의 상관습은 운송인 또는 운송취급인의 정당한 선하증권 소지인에 대한 책임을 면제함을 목적으로 하는 것이 아니고 오히려 보증도로 인하여 정당한 선하증권 소지인이 손해를 입게 되는 경우 운송인 또는 운송취급인이 그 손해를 배상하는 것을 전제로 하고 있는 것이므로 운송인 또는 운송취급인이 보증도를 한다고 하여 선하증권과 상환함이 없이 운송물을 인도함으로써 선하증권 소지인의 운송물에 대한 권리를 침해하는 행위가 정당한 행위로 된다거나 운송취급인의 주의의무가 경감 또는 면제된다고 할 수 없고 보증도로 인하여 선하증권의 정당한 소지인의 운송물에 대한 권리를 침해하였을 때에는 고의 또는 중대한 과실에 의한 불법행위의 책임을 짐(大判 1992. 02. 25, 91다30026).

6.3. 해상운송

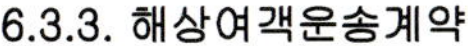

6.3.3. 해상여객운송계약
6.3.3.1. 해상여객운송계약의 의의
6.3.3.1.1. 의의
- 해상여객운송계약은 운송인이 특정한 여객을 출발지에서 도착지까지 해상에서 선박으로 운송할 것을 인수하고, 이에 대하여 상대방이 운임을 지급하기로 약정함으로써 그 효력이 생기는 계약을 말함(상 817).
- 즉 해상여객운송계약이라 함은 당사자의 일방(해상운송인)이 상대방(여객 또는 용선자)에 대하여 여객의 해상운송을 인수하고 상대방이 이에 대하여 보수를 지급할 것을 약정함으로써 성립하는 도급계약임.

6.3.3.1.2. 종류
- 해상여객운송에는 개개의 여객의 운송을 목적으로 하는 개별운송계약과 여객 전체의 운송을 인수할 목적으로 하는 용선계약이 있음.
- 해상운송계약의 경우에는 개별운송계약이 일반적임.

6.3. 해상운송

6.3.3.2. 해상여객운송계약의 성립
6.3.3.2.1. 계약의 당사자
- 해상여객운송계약의 기본당사자는 여객의 해상운송을 인수하는 해상여객운송인과 이에 대하여 보수를 지급하는 용선자 또는 여객임.
- 당사자의 지위를 양도할 수 있는가에 대해 상법은 기명식의 선표는 이를 타인에게 양도하지 못함(상 818)고 규정함으로써 부정하고 있음.
- 유가증권의 개념과 관련하여 기명식 승차(선)권은 일반적으로 유가증권으로 보지 않기 때문에 이는 당연한 규정이라 할 수 있음.

6.3.3.2.2. 계약의 체결
- 해상여객운송계약도 해상물건운송계약처럼 낙성·불요식의 계약임. 따라서 그 성립에 특별한 형식이 요구되지 않음.
- 해상여객운송계약이 운송약관에 의한 정형적 방식을 취하게 되는 경우에는 여객을 보호하기 위하여 운송인의 의무 또는 책임을 경감 또는 면제하는 면책약관은 무효로 함(상 826 ③, 799 ①).

6.3.3.3. 해상여객운송계약의 효력
6.3.3.3.1. 해상여객운송인의 의무
(1) 서

6.3. 해상운송

- 해상여객운송인은 운송을 목적으로 하는 점에서 육상여객운송인이나 해상물건 운송인과 같음. 따라서 해상여객운송인의 의무에 관하여 이들 규정을 준용(상 826).
- 해상여객운송의 경우는 여객을 해상물건운송에서의 물건처럼 취급할 수 없고 육상여객운송에 비해 장시간이므로 이들 제도와는 다른 특별규정을 두고 있음.

(2) 식사제공의무
- 여객의 항해 중의 식사는 다른 약정이 없으면 운송인의 부담으로 함(상 819 ①).

(3) 선박수선 중의 거처 및 식사 제공의무
- 항해의 중도에서 선박을 수선하는 경우에는 운송인은 그 수선 중 여객에게 상당한 거처와 식사를 제공하여야 함. 그러나 여객의 권리를 해하지 아니하는 범위 내에서 상륙항까지의 운송의 편의를 제공한 때에는 그러하지 아니함(상 819 ②).
- 이 경우 여객은 항해의 비율에 따른 운임을 지급하고 계약 해지할 수 있음(상 819 ③).

(4) 수하물 무임운송 의무
- 여객이 계약에 의하여 선내에서 휴대할 수 있는 수하물에 대하여는 운송인은 다른 약정이 없으면 따로 운임을 청구하지 못함(상 820).

(5) 사망한 여객의 수하물처분의무
- 여객이 사망한 때에는 선장은 그 상속인에게 가장 이익이 되는 방법으로 사망자가 휴대한 수하물을 처분하여야 함(상 824).

6.3. 해상운송

6.3.3.3.2. 해상여객운송인의 책임
(1) 해상운송인의 여객에 대한 책임
1) 해상여객운송인의 책임 발생원인
- 해상여객운송인의 여객 자신의 손해에 대한 손해배상책임은 육상여객운송인의 여객 자신의 손해에 대한 손해배상책임과 같음(상 826 ①, 148).
- 운송인은 자기 또는 사용인이 운송에 관한 주의를 해태하지 아니하였음을 증명하지 아니하면(과실책임주의) 여객이 운송으로 인하여 받은 손해를 배상할 책임을 면하지 못하며(상 148 ①), 손해배상의 액을 정함에는 법원은 피해자와 그 가족의 정상을 참작하여야 함(상 148 ②).
- 여객이 운송으로 인하여 받은 손해란 여객의 사상으로 인한 손해로서 재산적 손해와 정신적 손해를 포함하며, 재산적 손해는 장래의 일실이익도 포함함.
- 여객운송계약의 손해배상책임은 물건운송인의 책임이 획일적이고 또 정액배상책임인 점에 비해서 개별적이고 특별손해에 대하여도 그 배상책임을 부담하는 점에서 구별됨.
- 이에 더하여 해상여객은 해상여객운송인의 감항능력주의의무 위반으로 입은 손해에 대해서도 배상을 청구할 수 있음(상 826 ①, 794).
- 해상여객운송인의 책임 경감 또는 면제특약은 무효임(상 826 ①, 799 ①).
- 해상여객운송인이 용선계약을 체결하고 그 용선자가 자기명의로 제3자인 여객과 재운송계약을 체결한 경우에 그 운송계약의 이행이 선장의 직무에 속한 범위 안에서는 선박소유자도 제3자에 대하여 감항능력주의의무 위반과 상사과실이 있는 경우에 손해배상책임을 짐(상 826 ①, 809).

6.3. 해상운송

2) 해상여객운송인의 책임제한
- 상법은 해상여객운송인의 책임한도를 규정하고 있지 않으므로 선박소유자의 책임제한을 원용할 수 있을 것임.
- 따라서 여객의 사망 또는 신체의 상해로 인한 손해에 관한 채권에 대한 책임의 한도액은 그 선박의 선박검사증서에 기재된 여객의 정원에 17만5천 계산단위(국제통화기금의 1 특별인출권에 상당하는 금액을 말함)를 곱하여 얻은 금액으로 제한할 수 있을 것임(상 770 ① i).

(2) 수하물에 대한 책임
1) 위탁받은 수하물에 대한 책임
- 위탁받은 수하물의 손해에 대한 해상여객운송인의 손해배상책임은 해상물건운송인의 손해배상책임과 같음(6.3.2.4.2. 참조). 따라서 해상물건운송인의 책임에 관한 규정을 준용하고 있음.

2) 휴대수하물에 대한 책임
- 휴대수하물의 손해에 대한 해상여객운송인의 손해배상책임은 육상여객운송인의 손해배상책임과 해상물건운송인의 책임에 관한 규정을 준용하고 있음.

6.3. 해상운송

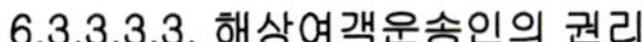

6.3.3.3.3. 해상여객운송인의 권리
(1) 운임청구권
- 해상여객운송인은 여객의 운송에 대한 보수로서 운임을 청구할 수 있음(상 817).

(2) 발항권
- 여객이 승선시기까지 승선하지 아니한 때에는 선장은 즉시 발항할 수 있음.
- 항해중도의 정박항에서도 이와 같으며(상 821 ①), 이 경우에는 여객은 운임의 전액을 지급하여야 함(상 821 ②).

(3) 공탁권.경매권
- 수하물이 도착지에 도착한 날로부터 10일 이내에 여객이 수하물의 인도를 청구하지 아니한 때에는 운송인은 수하물의 공탁.경매권(상 67)을 가짐.
- 그러나 주소 또는 거소를 알지 못하는 여객에 대하여는 최고와 통지를 요하지 않음(상 826 ②, 149 ②).

(4) 채권의 소멸
- 해상여객운송인의 수하물에 관하여 발생한 채권은 해상물건운송인의 채권과 같이 그 수하물을 인도한 날 또는 인도할 날로부터 1년의 제척기간의 경과로 소멸함. 그러나 당사자는 합의에 의하여 이 기간을 연장할 수 있음(상 826 ②, ③, 814).

6.3. 해상운송

6.3.3.3.4. 해상여객운송계약의 종료

(1) 여객의 임의해제.운임

- 여객이 발항 전에 계약을 해제하는 경우에는 운임의 반액을 지급하고, 발항 후에 계약을 해제하는 경우에는 운임의 전액을 지급하여야 함(상 822).

(2) 불가항력으로 인한 당사자의 임의해제.해지

- 여객이 발항 전에 사망, 질병 그 밖의 불가항력으로 인하여 항해할 수 없게 된 때에는 운송인은 운임의 10분의 3을 청구할 수 있고, 발항 후에 그 사유가 생긴 때에는 운송인의 선택으로 운임의 10분의 3 또는 운송의 비율에 따른 운임을 청구할 수 있음(상 823).

(3) 법정원인에 의한 당연종료

- 해상여객운송계약은 ① 선박이 침몰 또는 멸실한 때, ② 선박이 수선할 수 없게 된 때, ③ 선박이 포획된 때에는 종료함(상 825, 810 ①).
- 그 사유가 항해의 중도에서 생긴 때에는 여객은 운송의 비율에 따른 운임을 지급하여야 함(상 825, 810 ②).

6.4. 해상 기업 위험

6.4.1. 서설
6.4.2. 공동해손
6.4.3. 선박충돌
6.4.4. 해난구조

6.4. 해상기업위험

6.4 해상기업 위험

6.4.1. 서설
- 해상기업활동은 해상을 항해하여야 하므로 이에 따른 각종의 해상위험이 필연적으로 발생하게 됨.
- 따라서 해상법에서는 다양한 해상위험으로부터 인명과 재산을 보호하고 이로 인한 경제적 손해의 합리적인 처리를 위한 제도로서 공동해손.선박충돌.해난구조.해상보험에 관한 규정을 두고 있음.
- 해상보험은 보험편에서 규정하고 있으므로 여기에서는 공동해손.선박충돌.해난구조에 대해서 살펴보기로 함.

6.4.2. 공동해손
6.4.2.1. 공동해손의 의의
6.4.2.1.1. 공동해손의 의의
- 해손은 선박과 적하의 공동위험을 면하기 위한 처분으로 인하여 생긴 손해와 비용으로 이 해손을 다수가 나누어 부담하면 공동해손, 단독으로 부담하면 단독해손이 됨.
- 선박과 적하의 공동위험을 면하기 위한 선장의 선박 또는 적하에 대한 처분으로 인하여 생긴 손해 또는 비용은 공동해손으로 함(상 865).

6.4.2.1.2. 공동해손의 법적 성질
- 공동해손의 법적 성질에 대하여 공동대리설(美法), 부당이득설(佛法), 사무관리설, (해상법상의) 특수법률요건설(통설)로 나뉘어져 있음.

6.4. 해상기업위험

6.4.2.2. 공동해손의 요건
6.4.2.2.1. 공동위험의 존재
- 선박과 적하의 공동위험을 면하기 위하여 한 것이어야 함.
- 선박과 적하의 전부에 대한 위험이어야 하므로 일부에 대한 위험은 공동위험이 아니며 위험은 절박하여야 하며 발생원인은 불문하며, 객관적으로 존재하여야 함.
- 선박과 적하에 관한 것이므로 인명의 위험을 면하기 위한 손해는 공동해손 아님.
- 또한 위험을 면하기 위한 소극적인 것이어야 하므로 적극적으로 공동의 이익을 위한 것도 공동해손이 아님.
- 공동위험의 존부여부는 선장이 처분한 때 기준으로 하여 결정함.

6.4.2.2.2. 처분
- 선박 또는 적하에 대하여 선장의 고의의 처분이 있어야 함.
- 선박 또는 적하에 대하여 선장의 고의·비상의 합리적인 처분이어야 하므로 우연한 처분, 불가항력에 의한 처분, 비합리적인 처분은 공동해손이 아님.
- 처분인은 선장이며(대선장, 선장의 수임인) 처분의 목적물은 선박 또는 적하임.

6.4.2.2.3. 손해 또는 비용의 발생
- 선장의 처분으로 인하여 손해 또는 비용이 발생하여야 함.
- 손해란 선박 또는 적하의 처분으로 인하여 생긴 실손해를 의미하며, 비용이란 피난항으로의 입항비, 도선료, 예손료 등을 말함.

6.4. 해상기업위험

- 손해와 비용은 선장의 처분과 상당인과관계가 있어야 함.
- 손해와 비용에 대한 범위를 정하는 방법에는 세 가지 입법주의가 있는데, 우리 상법은 희생주의의 입장임(상 865).
① 공동안전의 손해와 비용을 범위로 하는 공동안전주의
② 공동항해의 계속을 위한 손해와 비용을 범위로 하는 공동이익주의
③ (공동안전이나 공동이익 어느 것도 증진하지 않아도) 선장의 처분과 상당인과관계 있는 손해와 비용을 범위로 하는 희생주의가 있음.

6.4.2.2.4. 목적물의 잔존
- 공동해손이 성립하기 위해서는 선장의 처분 후에 적어도 선박 또는 적하의 일부가 존재하여야 함(상 866).
- 잔존물의 범위에 대해 선박잔존주의, 병존주의, 잔존종류불문주의가 있음.
- 선박잔존주의는 적어도 선박이 잔존할 것을 요하는 주의이고(佛), 병존주의는 선박과 적하의 양자가 잔존할 것을 요하는 주의이고(獨), 잔존종류불문주의(우리나라)는 선박 또는 적하의 전부 또는 일부가 잔존하면 무방하다는 주의임(英美法).
- 선박 또는 적하의 보존에 있어서는 처분에 의하여 선박 또는 적하가 일시 보존되면 되고 항해의 종료 시까지 종국적으로 보전되어야 하는 것은 아님.
- 처분과 보존과의 인과관계 여부에 대한 입법주의에는 잔존주의와 인과주의가 있음.

6.4. 해상기업위험

☞ 처분과 보존과의 인과관계 여부에 대한 입법주의

	잔존주의(효과주의)	인과주의
나라	英(영국), 獨(독일), 韓(한국)	佛(프랑스), 日(일본)
인과관계	−처분과 보존 사이의 인과관계의 존재를 요하지 않음 −처분의 주효유무에 불구하고 처분 후에 선박 또는 적하가 잔존하면 무방함 −처분행위와 보존 사이의 인과관계를 입증하는 어려움 無 (공동해손 피해 채권자 유리)	−처분과 보존 사이의 인과관계의 존재를 요함 −처분물의 소유자(불리)〈잔존물의 소유자(유리) −처분행위와 보존 사이의 인과관계를 입증하는 어려움 有(처분행위 주저하게 됨) → 보존기회 상실 우려

6.4. 해상기업위험

6.4.2.3. 공동해손의 효과
- 공동해손의 효과로 공동해손채권 및 공동해손채무를 확정하고 이를 정산하게 됨.

6.4.2.3.1. 공동해손채권
(1) 채권자
- 공동해손채권자는 공동해손 처분에 의하여 손해를 입거나 비용을 지출한 해상운송인 또는 적하이해관계인임.

(2) 채권액의 범위
- 공동해손채권액은 원칙적으로 선장의 처분으로 인하여 생긴 선박 또는 적하에 대한 손해 또는 비용의 전액임.
- 채권액을 정함에 있어서 속구목록에 기재하지 아니한 속구, 선하증권 그 밖에 적하의 가격을 정할 수 있는 서류 없이 선적한 하물 또는 종류와 가액을 명시하지 아니한 화폐나 유가증권 그 밖의 고가물은 보존된 경우에는 그 가액을 공동해손의 분담에 산입하고 손실된 경우에는 그 가액을 공동해손의 액에 산입하지 아니함(상 872 ①).
- 갑판에 적재한 하물에 대하여도 연안항행의 경우를 제외하고는 산입하지 아니함. 다만, 갑판에 선적하는 것이 관습상 허용되는 경우와 그 항해가 연안항행에 해당되는 경우에는 산입함(상 872 ②).
- 컨테이너 운송이나 원목운송과 같이 갑판적 운송이 관습적으로 이루어지는 경우에 대하여도 공동해손분담청구에서 제외하는 것은 형평에 맞지 아니하므로 개정상법은 이를 공동해손분담 청구에 포함되도록 한 것임.

6.4. 해상기업위험

(3) 채권액의 산정
- 공동해손의 액을 정함에 있어서는 선박의 가액은 도달의 때와 곳의 가액으로 하고 적하의 가액은 양륙의 때와 곳의 가액으로 함. 그러나 적하에 관하여는 그 손실로 인하여 지급을 면하게 된 모든 비용을 공제하여야 함(상 869).
- 선하증권 그 밖의 적하의 가격을 정할 수 있는 서류에 적하의 실가보다 고액을 기재한 경우에 그 하물이 보존된 때에는 그 기재액에 의하여 공동해손의 분담액을 정하고 적하의 실가보다 저액을 기재한 경우에 그 하물이 손실된 때에는 그 기재액을 공동해손의 액으로 함(상 873 ①).
- 적하의 가격에 영향을 미칠 사항에 관한 허위의 기재를 한 경우에도 같음(상 873 ②).

6.4.2.3.2. 공동해손채무
(1) 채무자
- 공동해손에 있어서의 채무자는 선장의 처분으로 인하여 그 위험을 면한 해상운송인 또는 적하이해 관계인임.
- 공동해손의 분담책임이 있는 자는 선박이 도달하거나 적하를 인도한 때에 현존하는 가액의 한도에서 그 책임을 짐(상 868). 즉 공동해손채무자는 유한책임을 짐.

6.4. 해상기업위험

(2) 채무액
- 공동해손은 그 위험을 면한 선박 또는 적하의 가액과 운임의 반액과 공동해손의 액과의 비율에 따라 각 이해관계인이 이를 분담함(상 866).
- 공동해손의 분담액을 정함에 있어서는 선박의 가액은 도달의 때와 곳의 가액으로 하고 적하의 가액은 양륙의 때와 곳의 가액으로 함.
- 그러나 적하에 관하여는 그 가액 중에서 멸실로 인하여 지급을 면하게 된 운임 그 밖의 비용을 공제하여야 함(상 867).
- 채무액을 정하는 시기에 대해 즉시주의와 항해종료주의가 있는데 상법은 항해종료주의를 채택하고 있음.
- 선하증권 그 밖에 적하의 가격을 정할 수 있는 서류에 적하의 실가보다 고액을 기재한 경우에는 그 기재액을 공동해손의 채무액으로 하고(상 873 ①), 또한 적하의 가격에 영향을 미칠 사항에 관하여 허위의 기재를 한 경우에도 같음(상 873 ②).
- 선박에 비치한 무기, 선원의 급료, 선원과 여객의 식량과 의류는 보존된 경우에도 그 가액을 공동해손의 분담에 산입하지 아니하고, 손실된 경우에는 그 가액을 공동해손의 액에 산입함(상 871).

6.4. 해상기업위험

☞ 공동해손채권 및 공동해손채무

		공동해손채권	공동해손채무
사람		채권자 : 공동해손 처분에 의하여 손해를 입거나 비용을 지출한 해상운송인 또는 적하이해관계인	채무자 : 선장의 처분으로 위험을 면한 해상운송인 또는 적하이해관계인
범위	원칙	제865조	제866조–공동해손의 분담)
범위	제외	제872조 ① 화폐나 기타의 고가물의 보존 시 → 그 가액 산입 O 손실 시 → 가액산입에 산입 X ②갑판에 적재한 하물에 대하여도 연안항행의 경우를 제외하고는 산입 X	제871조 선박에비치한 무기 선원의 급료 선원과 여객의 식량과 의류 →보존 : 공동해손의 액에 산입 X →손실 : 공동해손의 액에 산입 O
산정	원칙	공동해손의 손해액의 산정(제869조)	공동해손의 분담액의 산정(제872조)
산정	예외	적하가액의 부실 기재와 공동해손 (제873조) ① 서류에 적하의 실가보다 고액기재 → 하물이 보존된 때 : 공동해손 분담액 　　　　실가보다 저액기재 → 손실된 때 : 공동해손액 ② 적하의 가격에 영향을 미칠 사항에 관하여 허위 기재를 한 경우에도 같음.	
산정	기타	공동해손채권의 소멸(제875조) : 계산이 종료한 날부터 1년 내에 재판상 청구가 없으면 소멸	공동해손 분담자의 유한책임(제868조)

6.4. 해상기업위험

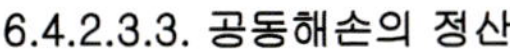

6.4.2.3.3. 공동해손의 정산
(1) 분담의 비율
- 공동해손은 그 위험을 면한 선박 또는 적하의 가액 및 운임의 반액과 공동해손의 액과의 비율에 따라 각 이해관계인이 이를 분담함(상 866).
- 공동해손의 정산에 대해서는 상법에 명문의 규정이 없으나 특약이나 관습이 없으면 선장이 담당한다고 봄(통설).

(2) 공동해손인 손해의 회복과 분담금반환의무
- 선박소유자, 용선자, 송하인 그 밖의 이해관계인이 공동해손의 액을 분담한 후 선박, 속구 또는 적하의 전부나 일부가 소유자에게 복귀된 때에는 그 소유자는 공동해손의 상금으로 받은 금액에서 구조료와 일부손실로 인한 손해액을 공제하고 그 잔액을 반환하여야 함(상 874). 이는 소유자의 부당이득을 막기 위한 것임.
- 선박과 적하의 공동위험이 선박 또는 적하의 하자나 그 밖의 과실 있는 행위로 인하여 생긴 경우에는 공동해손의 분담자는 그 책임이 있는 자에 대하여 구상권을 행사할 수 있음 (상 870).

6.4.2.3.4. 채권의 소멸
- 공동해손으로 인하여 생긴 채권 및 공동위험의 책임 있는 자에 대한 구상권은 그 계산이 종료한 날로부터 1년 내에 재판상 청구가 없으면 소멸하는데 이 기간은 당사자의 합의에 의하여 연장할 수 있음(상 875).

6.4. 해상기업위험

6.4.3. 선박충돌
6.4.3.1. 선박충돌의 의의
- 선박충돌은 항해선 상호 간 또는 항해선과 내수항행선 간에 어떠한 수면에서 충돌하여 선박 또는 선박 내에 있는 물건이나 사람에 관하여 손해가 발생하는 것을 말함.
- 선박충돌은 2척 이상의 선박의 선체 간 충돌이지만 적어도 하나는 항해선이어야 하며, 수면의 종류는 불문함. 그리고 충돌과 손해 사이에는 상당인과관계가 있어야 함(상 876 ①).
- 선박충돌이란 2척 이상의 선박이 그 운용상 작위 또는 부작위로 선박 상호간에 다른 선박 또는 선박 내에 있는 사람 또는 물건에 손해를 생기게 하는 것을 말하며, 직접적인 접촉의 유무를 묻지 아니함(상 876 ②).
- 2007년 개정상법의 규정에 의하면 선박의 충돌에 직접적인 접촉의 유무를 묻지 아니함으로써 선박충돌의 개념에 간접충돌도 입법적으로 포함시키고 있음. 따라서 선박의 조정의 부실 또는 규칙위반 등으로 인하여 다른 선박 또는 그 선박 내의 사람이나 물건에 손해를 끼친 경우에도 선박충돌에 해당함.
- 상법은 선박충돌에 관하여 불가항력으로 인한 충돌(상 877), 일방과실로 인한 충돌(상 878), 쌍방과실로 인한 충돌(상 879), 도선사의 과실로 인한 충돌의 경우로 나누어 규정하고 있음.

6.4. 해상기업위험

6.4.3.2. 선박충돌의 효과
6.4.3.2.1. 선박소유자 간의 관계
(1) 불가항력으로 인한 충돌
- 선박의 충돌이 불가항력으로 인하여 발생하거나 충돌의 원인이 명백하지 아니한 때에는 피해자는 충돌로 인한 손해의 배상을 청구하지 못함(상 877). 즉 원인불명인 경우에는 각 선박소유자는 그가 입은 손해를 각각 부담함.
- 선박충돌로 인하여 생긴 손해의 배상에 관하여는 상법 규정만이 적용되고 민법상의 공동불법행위에 관한 규정은 그 적용이 배제됨(大判 1972. 06. 13, 70다213).

(2) 일방과실로 인한 충돌
- 선박의 충돌이 일방의 선원의 과실로 인하여 발생한 때에는 그 일방의 선박소유자는 피해자에 대하여 충돌로 인한 손해를 배상할 책임이 있음(상 878).
- 과실 있는 선박소유자가 손해배상을 하는 경우에는 선주유한책임 주장 가능(상 769).

(3) 쌍방과실로 인한 충돌
- 선박의 충돌이 쌍방의 선원의 과실로 인하여 발생한 때에는 쌍방의 과실의 경중에 따라 각 선박소유자가 손해배상의 책임을 분담함. 그 과실의 경중을 판정할 수 없는 때에는 손해배상의 책임을 균분하여 부담함(상 879 ①).
- 이 경우에 제3자의 사상에 대한 손해배상은 쌍방의 선박소유자가 연대하여 그 책임을 짐(상 879 ②).

6.4. 해상기업위험

(4) 도선사의 과실로 인한 충돌
- 선박의 충돌이 도선사의 과실로 인하여 발생한 경우에도 선박소유자는 일방과실의 법리 또는 쌍방과실의 법리에 의하여 손해를 배상할 책임이 있음(상 680).

6.4.3.2.2. 제3자에 대한 관계
(1) 일방과실로 인한 충돌
- 선박충돌이 일방선박의 과실로 인한 때에는 과실 없는 선박의 적하·여객에 대한 손해에 대해서는 불법행위상의 손해배상책임을(민 750), 과실 있는 선박의 적하·여객에 대한 손해에 대해서는 채무불이행에 의한 손해배상책임을 짐(상 878).

(2) 쌍방과실로 인한 충돌
- 선박충돌이 쌍방선박의 과실로 어느 선박의 적하·여객에 대한 손해에 대해서는 각 선박소유자가
- 연대하여 손해배상책임을 지게 되나(민 760) 상법은 이에 대한 특칙을 두고 있음.

1) 인적손해
- 선박충돌이 쌍방선박의 과실로 인한 제3자의 사상에 대한 손해배상은 쌍방의 선박소유자가 연대
- 하여 그 책임을 짐(상 879 ②).
- 따라서 제3자에 대해서는 연대책임을 부담하므로 선박소유자간의 과실의 경중은 의미가 없으나
- 내부관계에서는 의미가 있음이고 할 것임(상 879 ① 참조).

6.4. 해상기업위험

2) 물적손해

- 제3자의 물적 손해에 대해서는 상법에 명문의 규정이 없으므로 선박소유자가 연대하여 손해배상책임을 진다고 할 것임(민 760).
- 다만 선박의 **충돌**이 쌍방의 선원의 과실로 인하여 발생한 때에는 쌍방의 과실의 경중에 따라 각 선박소유자가 손해배상의 책임을 분담하고 그 과실의 경중을 판정할 수 없는 때에는 손해배상의 책임을 균분하여 부담한다(상 879 ①)고 하는 이 규정을 적용한다는 견해도 있음

☞ 선박충돌과 손해배상의 관계

충돌종류	(1)선박소유자 사이의 관계	(2)제3자에 대한 손해배상관계
불가항력 / 원인불명	상법 제877조 : 배상청구 불가	
일방과실	상법 제878조 : 일방과실의 가해선박소유자는 피해자에게 손해배상책임을 짐	과실 無 선박상의 적하·여객 → 불법행위상의 손해배상책임을 짐 과실 有 선박상의 적하·여객 → 채무불이행에 의한 손해배상책임을 짐
쌍방과실	제879조 제1항 : 쌍방과실 경중 판단 가능 → 경중따른 손해배상책임 분담 불가 → 균분하여 손해배상책임부담	제3자의 사상 → 879 ② : 연대책임 제3자의 물건 → 규정 무

6.4. 해상기업위험

6.4.3.3. 선박충돌채권의 소멸

- 선박의 **충돌**로 인하여 생긴 손해배상의 청구권은 그 충돌이 있은 날부터 2년 내에 재판상 청구가 없으면 소멸함. 그러나 이 기간은 당사자의 합의에 의하여 연장할 수 있음(상 881).
- 2년간의 소멸시효가 적용되는 선박의 **충돌**로 인하여 생긴 손해배상청구권에는 인적 손해이든 물적 손해이든 불문하고 모두 포함됨(서울고법 1990. 09. 21, 90나29359).

6.4. 해상기업위험

6.4.4. 해난구조
6.4.4.1. 서설
6.4.4.1.1. 해난구조의 의의
- 해난구조라 함은 항해선 상호 간 또는 항해선과 내수항행선 간에 그 적하 그 밖의 물건이 어떠한 수면에서 위난을 당한 경우에 의무 없이 이를 구조하는 것을 말함.
- 항해선 또는 그 적하 그 밖의 물건이 어떠한 수면에서 위난에 조우한 경우에 의무 없이 이를 구조한 자는 그 결과에 대하여 상당한 보수를 청구할 수 있음.
- 항해선과 내수항행선 간의 구조의 경우에도 또한 같음(상 882).

6.4.4.1.2. 해난구조의 법적 성질
- 해난구조의 법적 성질에 대해 사무관리설, 준계약설, 부당이득설, 해상법상의 특수한 법률요건으로 보는 설(통설)로 나뉘어 있음.

6.4.4.2. 해난구조의 요건
6.4.4.2.1. 해난
- 해난이라 함은 항해에 관한 위험으로서 선박이 자력만으로는 극복할 수 없는 위험으로 인하여 선박 또는 적하에 관하여 멸실 또는 훼손의 염려가 있는 것을 말함.
- 위험은 반드시 급박하여야 하는 것은 아니나 현실로 예견할 수 있어야 함.
- 해난의 발생원인이나 발생장소에 제한이 없음.

6.4. 해상기업위험

6.4.4.2.2. 목적물
- 해난구조의 목적물은 항해선 또는 그 적하 그 밖의 물건이며 그 밖의 물건으로는 속구와 여객의 수하물 등을 말함.
- 해난구조의 목적물은 선박 또는 그 적하 그 밖의 물건이어야 하므로 인명만이 구조된 경우에는 해난구조가 아님.
- 따라서 재산구조와 함께 인명구조가 있는 경우에는 인명구조에 대한 보수를 청구할 수 있음.

6.4.4.2.3. 의무 없는 구조
- 의무 없이라 함은 사법상의 의무 없이 구조한 것을 의미함.
- 해난구조는 사법상의 의무 없이 구조하는 것이므로 사법상의 의무가 없는 한 공법상의 의무를 부담하는 자, 예컨대 선장이 구조하는 것도 해난구조에 해당함.
- 또한 구조행위는 그 결과를 가져와야 하므로 구조의 효과가 없으면 보수가 없다는 원칙이 적용되어 구조의 결과가 없으면 구조료를 청구할 수 없음.
- 환경손해방지 작업에 대한 특별보상은 결과가 없어도 청구할 수 있도록 하고 있음(상 885 ①).

6.4. 해상기업위험

6.4.4.3. 해난구조의 효과
6.4.4.3.1. 구조료청구권(보수청구권)
(1) 구조료청구권자
- 구조료청구권은 해난구조의 요건을 갖춘 구조자에게 인정됨(상 882).
- 선박소유자는 스스로 구조에 종사하지 않더라도 선박의 손해액과 구조비용에 관한 청구권을 인정하고 있음(상 889 ①).
- 동일소유자에 속한 선박 상호 간에 있어서도 구조에 종사한 자에 대하여 구조료청구권이 인정됨(상 891).
- 그러나 ① 구조 받은 선박에 종사하는 자 ② 고의 또는 과실로 인한 해난을 야기한 자 ③ 정당한 거부에도 불구하고 구조를 강행한 자 ④ 구조된 물건을 은닉하거나 정당한 이유 없이 처분한 자는 구조료를 청구하지 못함(상 892).
- 예선의 본선 또는 그 적하에 대한 구조에 관하여는 예선계약의 이행으로 볼 수 없는 특수한 노력을 제공한 경우가 아니면 구조의 구조료를 청구하지 못함(상 890).

(2) 구조자의 우선특권
- 구조에 종사한 자의 구조료채권은 구조된 적하에 대하여 우선특권이 있음.
- 그러나 채무자가 그 적하를 제3취득자에게 인도한 후에는 그 적하에 대하여 이 권리를 행사하지 못함(상 893 ①).
- 이 우선특권에는 선박채권자의 우선특권에 관한 규정(상 777)을 준용함(상 893 ②).

6.4. 해상기업위험

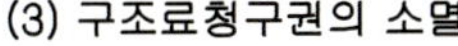

(3) 구조료청구권의 소멸
- 구조료청구권은 구조가 완료한 날로부터 2년 내에 재판상 청구가 없으면 소멸하는데 이 기간은 당사자의 합의에 의하여 연장할 수 있음(상 895).

6.4.4.3.2. 구조료액
- 구조의 보수에 관한 약정이 없는 경우에 그 액에 대하여 당사자 사이에 합의가 성립하지 아니한 때에는 법원은 당사자의 청구에 의하여 구조된 선박·재산의 가액, 위난의 정도, 구조자의 노력과 비용, 구조자나 그 장비가 조우했던 위험의 정도, 구조의 효과, 환경손해방지를 위한 노력 그 밖의 제반사정을 참작하여 그 액을 정함(상 883).
- 당사자가 미리 구조계약을 하고 그 계약에 따라 구조가 이루어진 경우에도 그 성질에 반하지 아니하는 한 구조계약에서 정하지 아니한 사항은 이 절에서 정한 바에 따른다(상 887 ①).
- 해난 당시에 구조료의 금액에 대하여 약정을 한 경우에도 그 금액이 현저하게 부당한 때에는 법원은 구조된 선박·재산의 가액, 위난의 정도, 구조자의 노력과 비용, 구조자나 그 장비가 조우했던 위험의 정도, 구조의 효과, 환경손해방지를 위한 노력 그 밖의 제반사정을 참작하여 그 금액을 증감할 수 있음(상 887 ②).
- 구조 보수액은 다른 약정이 없으면 구조된 목적물의 가액을 초과 못함(상 884 ①).
- 선순위의 우선특권이 있는 때에는 구조의 보수액은 그 우선특권자의 채권액을 공제한 잔액을 초과하지 못함(상 884 ②).

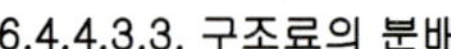

6.4. 해상기업위험

6.4.4.3.3. 구조료의 분배
- 수인이 공동으로 구조에 종사한 경우에 그 구조료의 분배비율에 관하여는 당사자의 합의에 의하고 당사자 간에 합의가 성립하지 아니한 때에는 법원은 당사자의 청구에 의하여 위난의 정도, 구조의 노력, 비용과 구조의 효과, 환경손해방지를 위한 노력 그 밖에 제반사정을 참작하여 그 액을 정함(상 888 ①).
- 인명의 구조에 종사한 자도 구조료의 분배를 받을 수 있음(상 888 ②).
- 선박이 구조에 종사하여 그 구조료를 받은 경우에는 먼저 선박의 손해액과 구조에 요한 비용을 선박소유자에게 지급하고 그 잔액을 절반하여 선장과 해원에게 지급하여야 함(상 889 ①).
- 해원에게 지급할 구조료의 분배는 선장이 각 해원의 노력, 그 효과와 사정을 참작하여 그 항해의 종료 전에 분배안을 작성하여 해원에게 고시하여야 함(상 889 ②).

6.4.4.3.4. 구조료의 지급
- 구조료 채무자는 구조된 선박.적하 그 밖의 물건의 소유자임.
- 해난구조가 있은 경우에 피구조선의 선장은 구조료를 지급할 채무자에 갈음하여 그 지급에 관한 재판상 또는 재판 외의 모든 행위를 할 권한이 있음(상 894 ①).
- 선장은 그 구조료에 관한 소송의 당사자가 될 수 있고 그 확정판결은 구조료의 채무자에 대하여도 효력이 있음(상 894 ②).
- 선박소유자와 그 밖에 구조된 재산의 권리자는 그 구조된 선박 또는 재산의 가액에 비례하여 구조에 대한 보수를 지급하고 특별보상을 하는 등 구조료를 지급할 의무가 있음(상 886).

6.4. 해상기업위험

6.4.4.3.5. 환경손해방지작업에 대한 특별보상
- 선박 또는 그 적하로 인하여 환경손해가 발생할 우려가 있는 경우에 손해의 경감 또는 방지의 효과를 수반하는 구조작업에 종사한 구조자는 구조의 성공 여부 및 보수의 한도(상 884)와 상관없이 구조에 소요된 비용을 특별보상으로 청구할 수 있음(상 885 ①).
- “비용”이라 함은 구조작업에 실제로 지출한 합리적인 비용 및 사용된 장비와 인원에 대한 정당한 보수를 말함(상 885 ②).
- 구조자는 발생할 환경손해가 구조작업으로 인하여 실제로 감경 또는 방지된 때에는 보상의 증액을 청구할 수 있고, 법원은 당사자의 청구에 의하여 구조된 선박·재산의 가액, 위난의 정도, 구조자의 노력과 비용, 구조자나 그 장비가 조우했던 위험의 정도, 구조의 효과, 환경손해방지를 위한 노력 그 밖의 제반사정을 참작하여(상 883) 증액 여부 및 그 금액을 정함.
- 이 경우 증액된다 하더라도 구조료는 제1항의 비용의 배액을 초과할 수 없음(상 885 ③).
- 구조자의 고의 또는 과실로 인하여 손해의 감경 또는 방지에 지장을 가져 온 경우 법원은 위에서 정한 금액을 감액 혹은 부인할 수 있음(상 885 ④).
- 하나의 구조작업을 시행한 구조자가 환경손해방지작업에 대한 특별보상을 청구하는 것 외에 해난구조에서 정한 보수(상 882)도 청구할 수 있는 경우 그 중 큰 금액을 구조료로 청구할 수 있음(상 885 ⑤).

6.4. 해상기업위험

☞ 소멸 기간 비교

	소멸 기간
공동해손채권	제875조 - 그 계산이 종료한 날로부터 1년 내에 재판상 청구가 없으면, 단 제814조 제1항에 의해 기간은 당사자의 합의에 의하여 연장할 수 있음.
선박충돌채권	제881조 - 그 충돌이 있던 날부터 2년 내에 재판상 청구가 없으면, 단 제814조 제1항에 의해 기간은 당사자의 합의에 의하여 연장할 수 있음.
구조료청구권	제895조 - 구조가 완료한 날로부터 2년 내에 재판상 청구가 없으면, 단 제814조 제1항에 의해 기간은 당사자의 합의에 의하여 연장할 수 있음.
선박우선특권	제786조 - 그 채권이 생긴 날로부터 1년 내에 실행하지 않으면, 그리고 이 제척기간은 당사자의 합의에 의하여 연장할 수 없음.

6.5. 해상 기업 금융

6.5.1. 서설
6.5.2. 선박우선특권
6.5.3. 선박저당권
6.5.4. 선박에 대한 강제집행

6.5. 해상기업금융

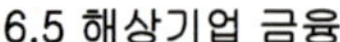

6.5 해상기업 금융
6.5.1. 서설
- 해상기업금융은 해상기업의 영업활동과 관련하여 발생한 각종의 채권을 확보하기 위하여 채권자에게 선박이나 그 밖에 해상기업활동으로 얻는 수익 등에 대해 우선특권을 부여함으로써 채권자를 보호하고 해상기업 주체에게도 이러한 자금조달의 방법을 인정하여 줌으로써 해상기업활동을 원활하게 할 수 있음.
- 상법상 해상기업금융과 관련한 제도로는 선박우선특권과 선박저당권제도가 있음.

6.5.2. 선박우선특권
6.5.2.1. 선박우선특권의 의의
- 선박우선특권이란 선박에 관하여 생긴 법정채권(상 777 ① ⅰ~ⅳ)의 담보를 위하여 채권자가 선박.속구.그 채권이 생긴 항해의 운임, 그 선박과 운임에 부수한 채권으로부터 다른 채권자보다 우선하여 변제를 받을 수 있는 해상법상 특수한 담보물권을 말함(상 777 ①).
- 우선특권을 가진 선박채권자는 다른 채권자보다 자기 채권의 우선변제를 받을 권리가 있으며 성질에 반하지 아니하는 한 「민법」의 저당권에 관한 규정 준용함(상 777 ②).
- 선박우선특권 제도는 원래 해상기업에 수반되는 위험성으로 인하여 해사채권자에게 확실한 담보를 제공할 필요성과 선박소유자에게 책임제한을 인정하는 대신 해사채권자를 두텁게 보호해야 한다는 형평상의 요구에 의하여 생긴 제도임(大判 2005. 10. 13, 2004다26799).

6.5. 해상기업금융

6.5.2.2. 선박우선특권을 발생시키는 채권
- 선박우선특권을 발생시키는 채권(피담보채권)은 다음과 같음(상 777 ①).
① 유익비채권 : 채권자의 공동이익을 위한 소송비용, 항해에 관하여 선박에 과한 제세금, 도선료·예선료, 최후 입항 후의 선박과 그 속구의 보존비·검사비
② 임금채권 : 선원 그 밖의 선박사용인의 고용계약으로 인한 채권
③ 위급채권 : 해난구조로 인한 선박에 대한 구조료 채권과 공동해손의 분담에 대한 채권
④ 사고채권 : 선박의 충돌 그 밖의 항해사고로 인한 손해, 항해시설·항만시설 및 항로에 대한 손해와 선원이나 여객의 생명·신체에 대한 손해의 배상채권

6.5.2.3. 선박우선특권의 목적물
- 선박우선특권의 목적물은 선박의 이용에 관하여 피담보채권이 발생한 선박과 그 속구, 피담보채권이 생긴 항해의 운임 및 그 선박과 운임에 부수한 부수채권임(상 777 ①).
- 선박과 운임에 부수한 채권은 ① 선박 또는 운임의 손실로 인하여 선박소유자에게 지급할 손해배상 ② 공동해손으로 인한 선박 또는 운임의 손실에 대하여 선박소유자에게 지급할 상금 ③ 해난구조로 인하여 선박소유자에게 지급할 구조료 등임(상 778).
- 운임에 대한 우선특권은 지급을 받지 아니한 운임, 지급을 받은 운임으로 선박소유자나 그 대리인이 소지한 금액에 한하여 이를 행사할 수 있음(상 779).
- 선박사용인의 고용계약으로 인한 채권은 고용계약 존속 중의 모든 항해로 인한 운임의 전부에 대하여 우선특권이 있음(상 781).

6.5. 해상기업금융

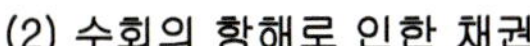

- 부수채권은 선박 또는 운임의 손실로 인하여 선박소유자가 제3자에 대하여 가지는 손해배상청구권(상 778, 846), 공동해손으로 인한 선박 또는 운임의 손실에 대하여 선박소유자가 가지는 보상청구권(공동해손분담청구권 등), 해난구조로 인하여 선박소유자가 갖는 보수청구권을 말함.
- 그러나 보험계약에 의하여 선박소유자에게 지급할 보험금과 그 밖의 장려금이나 보조금은 부수채권이 아님(상 780).

6.5.2.4. 선박우선특권의 순위

(1) 동일항해로 인한 채권에 대한 우선특권의 순위

- 동일항해로 인한 채권의 우선특권이 경합하는 때에는 그 우선의 순위는 다음의 순서(제777조 제1항 각 호의 순서)에 의함(상 782 ①).
① 채권자의 공동이익을 위한 소송비용, 항해에 관하여 선박에 과한 제세금, 도선료·예선료, 최후 입항 후의 선박과 그 속구의 보존비·검사비
② 선원 그 밖의 선박사용인의 고용계약으로 인한 채권
③ 해난구조로 인한 선박에 대한 구조료 채권과 공동해손의 분담에 대한 채권 → 구조료채권 및 공동해손분담채권의 우선특권이 경합하는 때에는 후에 생긴 채권이 전에 생긴 채권에 우선함. 동일한 사고로 인한 채권은 동시에 생긴 것으로 봄(상 782 ②).
④ 선박의 충돌 그 밖의 항해사고로 인한 손해, 항해시설·항만시설 및 항로에 대한 손해와 선원이나 여객의 생명·신체에 대한 손해의 배상채권

6.5. 해상기업금융

(2) 수회의 항해로 인한 채권
- 수회의 항해에 관한 채권의 우선특권이 경합하는 때에는 후의 항해에 관한 채권이 전의 항해에 관한 채권에 우선함(상 783 ①).
- 선박사용인의 고용계약으로 인한 채권은 고용계약존속 중의 모든 항해로 인한 운임의 전부에 대하여 우선특권이 있음(상 781).
- 이 고용관계로 인한 채권의 우선특권은 그 최후의 항해에 관한 다른 채권과 동일한 순위로 함(상 783 ②).

6.5.2.5. 선박우선특권의 효력
- 선박우선특권이 있는 채권자는 위의 여러 권리에 우선하여 그 목적물에 대한 경매권(민소 734, 728)과 우선변제권이 있음(상 777 ②).
- 선박채권자의 우선특권은 그 선박소유권의 이전으로 인하여 영향을 받지 아니함(상 785). 이를 우선특권의 추급권이라 함.
- 따라서 선박우선특권이 있는 채권자는 선박소유자의 변동에 관계없이 그 선박에 대하여 채무명의 없이도 경매청구권을 행사할 수 있으므로 채권자는 채권을 보전하기 위하여 그 선박에 대한 가압류를 하여 둘 필요가 없음(大判 1988. 11. 22, 87다카1671).
- 동일순위의 우선특권이 경합한 경우 즉 선박사용인의 고용계약으로 인한 채권(상 781), 동일항해로 인한 채권에 대한 우선특권의 순위(상 782), 수회항해에 관한 채권에 대한 우선특권의 순위(상 783)의 규정에 의한 동일순위의 우선특권이 경합하는 때에는 각 채권액의 비율에 따라 변제함(상 784).

6.5. 해상기업금융

6.5.2.6 선박우선특권의 소멸
- 선박채권자의 우선특권은 그 채권이 생긴 날로부터 1년 내에 실행하지 아니하면 소멸하며(상 786), 이 제척기간은 당사자의 합의에 의하여 연장할 수 없음.
- 그리고 선박우선특권에는 그 성질에 반하지 아니하는 한 민법의 저당권에 관한 규정이 준용되므로(상 787 ②) 저당권의 소멸원인에 의해서도 소멸함.

6.5.2.7. 건조중의 선박에 대한 선박우선특권
- 선박우선특권에 관한 상법의 규정은 건조중의 선박에도 준용됨(상 790).

6.5.3. 선박저당권
6.5.3.1. 선박저당권의 의의
- 선박저당권이라 함은 등기한 선박을 목적으로 계약에 의하여 설정되는 상법상 특수한 저당권임(상 787 ①). 따라서 선박저당권에 대하여는 부동산의 저당권에 관한 규정이 준용됨(상 787 ③).
- 등기선은 저당권의 목적이 될 수 있을 뿐 질권의 목적이 될 수 없음(상 789).

6.5.3.2. 선박저당권의 목적물
- 선박저당권의 목적물은 등기한 선박에 한하며(상 787 ①), 선박저당권은 그 속구에도 미침(상 787 ②).

6.5. 해상기업금융

6.5.3.3. 선박저당권의 순위
- 선박채권자의 우선특권은 질권과 저당권에 우선함(상 788).
- 선박저당권 상호 간의 순위는 등기의 전후에 의하여 결정됨.

6.5.3.4. 선박저당권의 효력
- 선박저당권자는 담보된 선박과 속구에 대하여 경매권(민 363)과 우선변제권(민 356)을 가짐(상 777 ②).

6.5.3.5. 건조중의 선박에 대한 선박저당권
- 건조중의 선박에 대하여도 선박저당권의 설정이 인정됨(상 790).

6.5. 해상기업금융

6.5.4. 선박에 대한 강제집행

6.5.4.1. 선박에 대한 강제집행절차

- 선박에 대한 강제집행절차에 대하여는 민사집행법이 별도로 규정하고 있음(민집법 172-186).
- 선박은 부동산과 유사하므로 선박에 대한 강제집행은 부동산의 강제집행에 관한 규정에 따라서 함(민집법 172).

6.5.4.2. 선박의 압류 · 가압류

- 선박에 대한 강제집행은 압류 당시의 정박항을 관할하는 지방법원이 함(민집법 173).
- 선박은 집행절차 중 압류항에 정박하여야 하지만 법원은 영업상의 필요 그 밖에 상당한 이유가 있음이고 인정한 때에는 채무자의 신청에 의하여 선박의 항행을 허가할 수 있음(민집법 176).
- 선박에 대한 가압류도 가압류 당시의 정박항에 정박하게 하여야 함(민집법 295).
- 항해의 준비를 완료한 선박과 그 속구는 압류 또는 가압류를 하지 못함. 그러나 항해를 준비하기 위하여 생긴 채무에 대하여는 가압류를 할 수 있음(상 744 ①).
- 총톤수 20톤 미만의 선박에는 선박의 압류 · 가압류 규정을 적용 안함(상 744 ②).
- 따라서 20톤 미만의 선박의 경우에는 아무런 제한 없이 이러한 선박을 압류 또는 가압류할 수 있음.

♣ 메모 ♣

나승성(羅承成) ——————————————————————— 

▌약력

高麗大學校 法科大學 法學科 卒業
高麗大學校 大學院(法學碩士)
法學博士(高麗大學校)
美國 Louisiana State Univ.에서 硏究
高大·明知大·光雲大·仁川大·호서대·강남대 등 講師 歷任
증권연수원·보험연수원·사법연수원 등에서 강의
法務部 專門委員 歷任
證券預託院 先任研究委員 歷任
金融監督院 調査役 歷任
하나金融經營研究所 首席研究員 歷任
(현) 서울사이버대 교수

▌주요 저서

『商法改正內容 解說』(韓國上場會社協議會)
『生活과 法律』(學文社)
『各國의 會社支配構造』(法務部)
『電子商去來國家戰略 樹立을 위한 分野別 政策研究』(共著), 情報通信政策研究院
『日本商法典』(自由)
『(개정판) 전자상거래법』(청림)
『조문별 상법판례 요지』(한국학술정보(주))
『상법총칙·상행위법 개설』, 『회사법개설』, 『어음·수표법 개설』(한국학술정보주㈜)
『보험법 개설』, 『해상법 개설』(한국학술정보주㈜)
『금융지주회사법』(한국학술정보㈜)
『증권거래법 개설』(한국학술정보㈜)
『은행법 개설』(한국학술정보㈜)
『전자거래법』(한국학술정보㈜)
論文 30여 편

▌연락처

카페 http://cafe.daum.net/lawsum
메일 ssna1@hanmail.net

상법요론

초판인쇄 | 2009년 2월 28일
초판발행 | 2009년 2월 28일

지은이 | 나승성
펴낸이 | 채종준
펴낸곳 | 한국학술정보㈜
주 소 | 경기도 파주시 교하읍 문발리 513-5 파주출판문화정보산업단지
전 화 | 031) 908-3181(대표)
팩 스 | 031) 908-3189
홈페이지 | http://www.kstudy.com
E-mail | 출판사업부 publish@kstudy.com

등 록 |
가 격 | 45,000원

ISBN 978-89-534-1147-0 93360 (Paper Book)
　　　978-89-534-1160-9 98360 (e-Book)